Das

Verwaltungsstreitverfahren.

Praktisches Handbuch

auf wissenschaftlicher Grundlage bearbeitet

von

Fritz Kunze,

Wirklicher Geheimer Oberregierungsrat.

Berlin 1908.

J. Guttentag, Verlagsbuchhandlung,

G. m. b. H.

Dem Präsidenten des Oberverwaltungsgerichts
Wirklichem Geheimen Rate

Herrn Dr. **Rudolf von Bitter**

in alter Verehrung und Freundschaft

gewidmet.

Vorwort.

Das Handbuch verfolgt im wesentlichen **praktische Zwecke**; es soll den Verwaltungsbeamten, den Anwälten, den Referendarien, jedem Laien, der auf dem kürzesten Wege über das Verwaltungsstreitverfahren seinen Gang, die Stellung der Parteien, die Rechtsmittel und über den Inhalt der hauptsächlichsten Klagen unterrichtet sein will, ein sicherer Wegweiser sein. Eine weitläufige Auseinandersetzung über Streitfragen mit andern Schriftstellern und Rechtssprüchen der Gerichte mußte ich deshalb vermeiden; wo ich zu Gegnern Stellung zu nehmen hatte, habe ich dies in ganz knapper Form getan. Aus gleichem Grunde mußte ich schließlich den ganzen Abschnitt über die Entwickelung des Verwaltungsstreitverfahrens in Preußen, seine Vergleichung mit den entsprechenden französischen, englischen und anderen fremdstaatlichen Einrichtungen sowie über die Kritik und den künftigen Ausbau des preußischen Verwaltungsstreitverfahrens resigniert weglassen.

Die Einteilung des Ganzen ergibt sich aus der beigefügten Inhaltsangabe. Im allgemeinen Teil werden Materien besprochen, z. B. Parteifähigkeit, Prozeßfähigkeit usw., aus Gesichtspunkten, wie ich sie noch nirgends berücksichtigt gefunden habe. Die prozessuale Stellung des Beigeladenen, des Streitgenossen usw. wird, wie ich hoffe, nach meinen Ausführungen Gemeingut der Rechtsprechung werden.

Die Kenntnis der Bestimmungen der Zivilprozeßordnung ist im allgemeinen verbreiteter, als die des Ganges im Verwaltungsstreitverfahren; daher habe ich, wo irgendwie angängig oder nützlich, die Vorschriften der Zivilprozeßordnung vergleichsweise herangezogen.

Schwierigkeiten bot die Frage, wie weit bei den einzelnen Klagen auf das **materielle** Recht einzugehen war. Auch hier mußte ich mir Abstriche auferlegen, doch konnte die Anführung des Klagegrundes und der hauptsächlichsten Einreden nicht entbehrt werden. Hat sich die Rechtsprechung des Oberverwaltungsgerichts mit der Materie bereits befaßt, so habe ich zur weiteren Information auf seine Entscheidungen in der IV. Auflage der Rechtsgrundsätze des Oberverwaltungsgerichts von Kunze-Kautz verwiesen. Da aus dem Handbuche überall zu ersehen ist, wer Partei und wo die Klage anzubringen ist, welche Rechtsmittel gegeben sind, so erschienen die üblichen Tabellen über diese Materie entbehrlich.

Berlin W, im Juni 1908.

Kunze.

Inhaltsverzeichnis.

Zweites Buch.

Verfahren bis zum Endurteil.

Drittes Buch.

Rechtsmittel und Verfahren in zweiter und dritter Instanz.

Viertes Buch.

Fünftes Buch.

Sechstes Buch.

Siebentes Buch.

II.

Die einzelnen Klagen.

Erste Abteilung.

Polizeiliche Angelegenheiten.

Zweite Abteilung.

Anderweitige Zuständigkeiten der Verwaltungsgerichte.

Anhang.

Abkürzungen.

AllgGerO. = Allgemeine Gerichtsordnung.
ALR. = Allgemeines Landrecht.
ArbVerf. = Zeitschrift „Die Arbeiter-Versorgung".
Arch. = Archiv.
AusfAnw. = Ausführungsanweisung.
BauflG. = Straßen- und Baufluchtengesetz v. 2. VII. 75.
Begr. = Begründung des Entwurfs eines Gesetzes.
Beschd. = Bescheid.
Beschl. = Beschluß.
BundG. = Bundesgesetz.
BGB. = Bürgerliches Gesetzbuch.
DJurZ. = Deutsche Juristenzeitung.
EinfG. = Einführungsgesetz.
Entsch. = Entscheidung.
Erk. = Erkenntnis.
Erl. = Erlaß.
G. = Gesetz.
GemTeilO. = Gemeinheitsteilungsordnung.
GewO. = Gewerbeordnung.
GKostG. = Gerichtskostengesetz.
GMBl. = Gesetz- und Ministerialblatt für die Herzogtümer Holstein und Lauenburg.
Gruchot = Gruchots Beiträge zur Erläuterung des deutschen Rechts.
GS. = Gesetzsammlung
GUVG. = Gewerbe-Unfallversicherungsgesetz.
GVG. = Gerichtsverfassungsgesetz.
HGB. = Handelsgesetzbuch.
HKamG. = Handelskammergesetz.
JagdO. = Jagdordnung.
JagdPolG. = Jagdpolizeigesetz.
JMBl. = Justiz-Ministerial-Blatt.
Instr. = Instruktion.
InvVG. = Invalidenversicherungsgesetz.
JW. = Juristische Wochenschrift.
KGJ. = Jahrbuch für Entscheidungen des Kammergerichts (KG.).
Kleinfeller 65 = Lehrbuch des deutschen Zivilprozesses von Kleinfeller, Seite 65.
KompG. = Kompetenzgesetz v. 26. VII. 76.
KonkO. = Konkursordnung.
KrankVG. = Krankenversicherungsgesetz
KreisO. = Kreisordnung.
Kunze-Kautz 1 200 = Rechtsgrundsätze des Oberverwaltungsgerichts von Kunze u. Kautz, IV. Aufl., Bd. 1 S. 200.
Kurh. = Kurhessisch.
LGemO. = Landgemeindeordnung.
LVG. = Landesverwaltungsgesetz v. 30. VII. 83.
MBl. = Ministerialblatt.
MinErl. = Ministerialerlaß.
OrgG. = Organisationsgesetz v. 26. VII. 80.
OVG. 5 33 = Offizielle Sammlung der Entscheidungen des Oberverwaltungsgerichts, Band 5 S. 33.
Pr. = Preußisch.
ProvO. = Provinzialordnung.
PrVBl. 2 55 = Preußisches Verwaltungsblatt, Jahrgang 2 S. 55.
ReichsG. = Reichsgesetz.
RG. (mit folgendem Datum) = Entscheidung des Reichsgerichts.
RGSt. 2 301 = Entscheidungen des Reichsgerichts in Straf sachen, Bd. 2 S. 301.
RGZ. 41 130 = Entscheidungen des Reichsgerichts in Zivilsachen, Bd. 41 S. 130.
RGBl. = Reichs-Gesetzblatt.
Rh. = Rheinisch.
ROHG. = Entscheidungen des Reichs-Oberhandelsgerichts.
RStGB. = Reichsstrafgesetzbuch
StPO. = Strafprozeßordnung.
StriethArch. = Striethorsts „Archiv für Rechtsfälle des Obertribunals".
Urt. = Urteil.
Vd. = Verordnung.
Verf. = Verfügung.
VerwGG. = Verwaltungsgerichtsgesetz v. 3. VII. 75/2. VIII. 80.
WassGenG. = Wassergenossenschaftsgesetz.
ZPO. = Zivilprozeßordnung.
ZustG. = Zuständigkeitsgesetz v. 1. VIII. 83.

Erstes Buch.
Allgemeine Bestimmungen.

Erster Abschnitt.
Gerichte.

Erster Titel.
Begriff und Umfang der Verwaltungsgerichtsbarkeit.

In Preußen gehört die Verwaltungsrechtspflege der Verwaltung an, sie ist ein Teil der Geschäfte der allgemeinen Landesverwaltung. Die Geschäfte der allgemeinen Landesverwaltung, der inneren Verwaltung, werden, soweit sie nicht anderen Behörden überwiesen sind, in den Provinzen von den Oberpräsidenten, in den Regierungsbezirken von den Regierungspräsidenten und dem Kollegium der Regierungen, in den Kreisen von den Landräten geführt. Zur Mitwirkung bei den Geschäften der allgemeinen Landesverwaltung sind Behörden gebildet, denen die Verwaltungsrechtspflege obliegt und die bei Erfüllung dieser Obliegenheit, wie die ordentlichen Gerichte, unabhängig und nur dem Gesetze unterworfen sind. Ihre Verfassung ist der gerichtlichen nachgebildet und sie verhandeln in einem förmlichen, kontradiktorischen Verfahren; sie erlassen Urteile, die von demselben Richter nicht abgeändert werden dürfen und die Streitigkeit endgültig erledigen, wodurch sie derselben Rechtskraft fähig werden, die die Zivilgerichtsurteile genießen.

Der § 7 LVG. nennt die Verwaltungsgerichtsbarkeit Entscheidung im Verwaltungsstreitverfahren; die dafür geschaffenen Behörden sind der Kreis- und der Stadtausschuß, der Bezirksausschuß und das Oberverwaltungsgericht; an Stelle des Stadtausschusses tritt in gewissen Fällen (LVG. § 4, vgl. z. B. ZustG. §§ 109, 114) der Magistrat (kollegialische Gemeindevorstand).

Das preußische Staatsrecht stellt keinen allgemeinen Rechtssatz darüber auf, welche Materien im Verwaltungsstreitverfahren zu verhandeln sind. Es bestimmt nur der § 7 Abs. 2:

> „Die sachliche Zuständigkeit dieser Behörden (Kreis- und Stadtausschuß usw.) zur Entscheidung in erster Instanz wird durch besondere gesetzliche Bestimmungen geregelt."

Damit findet die sog. Enumerationsmethode Anwendung, d. h. es muß ein **bestimmtes** Gesetz vorliegen, das die betreffende Streitsache dem Verwaltungsstreitverfahren zuweist; ohne besondere gesetzliche Vorschrift kein Verwaltungsstreitverfahren. Das OrgG. v. 26. VII. 80 bestimmte im § 1 Abs. 1:

> „Der Entscheidung der Verwaltungsgerichte unterliegen die in den Gesetzen bestimmten Streitsachen über Ansprüche und Verbindlichkeiten aus dem **öffentlichen Rechte** (streitige Verwaltungssachen)."

Eine solche Formel gibt es jetzt nicht mehr; sie wäre auch nicht richtig. Andere Staaten stellen bestimmte **allgemeine** Kriterien zur Beantwortung der Frage auf, was eine Verwaltungsstreitsache ist. So kann nach dem französischen G. v. 24. V. 72 **jede** Entscheidung und Verfügung einer Verwaltungsbehörde wegen Überschreitung der Amtsgewalt oder wegen Unzuständigkeit (excès de pouvoir et incompétence) bei dem Staatsrate angefochten werden. Der Art. 1 des württembergischen G. v. 16. XII. 76 bestimmt dagegen:

> „Der Verwaltungsweg findet statt bei Streitigkeiten und Beschwerden in Beziehung auf Ansprüche und Verbindlichkeiten aus dem öffentlichen Rechte in den im gegenwärtigen Gesetze bezeichneten Fällen."

Steht sonach in Preußen dem Verwaltungsrichter eine gesetzliche Vorschrift, die die Angelegenheit seiner Entscheidung überweist, nicht zur Seite, so muß er sich für unzuständig erklären. Im Wege der **Analogie** das Verwaltungsstreitverfahren zu **erweitern**, ist nicht gestattet. Nicht einmal eine allgemeine gesetzliche Klausel, wie sie der § 256 ZPO. kennt:

> „Auf Feststellung des Bestehens oder Nichtbestehens eines Rechtsverhältnisses, auf Anerkennung einer Urkunde oder auf Feststellung der Unechtheit derselben kann Klage erhoben werden, . . ."

ist für das Verwaltungsstreitverfahren zugelassen, selbst wenn die Partei für ein zu eröffnendes Streitverfahren ein rechtliches Interesse an jener Feststellung hat. Auch eine allgemeine Inzidentfeststellungsklage nach § 280 ZPO. gibt es nicht. Das Verwaltungsstreitverfahren kennt zwar Feststellungs- und Inzidentfeststellungsklagen, aber nur bestimmte, im Gesetze vorgesehene (siehe darüber den Abschnitt „Arten der Klagen").

Wenn oben gesagt ist „ohne besondere gesetzliche Vorschrift kein Verwaltungsstreitverfahren", so ist darunter begriffen, daß nach dem G. v. 27. IV. 85 (GS. 127) der König ermächtigt ist, für Streitigkeiten, die nach einem ReichsG. im Verwaltungsstreitverfahren zu entscheiden sind (vgl. z. B. § 58 KrankVG. v. 10. IV. 92), die Zuständigkeit der Verwaltungsgerichte, soweit dieselbe nicht anderweit gesetzlich feststeht, sowie den Instanzenzug durch Verordnung zu bestimmen. Davon ist vielfach Gebrauch gemacht worden: Vd. v. 12. IX. 85 (GS. 333), v. 26. VII. 86 (GS. 213), v. 23. III. 88 (GS. 73), v. 28. V. 90 (GS. 135), v.

28. V. 90 (GS. 181), v. 9. VIII. 92 (GS. 239), v. 19. VIII. 97 (GS. 401), v. 23. VIII. 99 (GS. 166).

So gewiß auch die Verwaltungsgerichte zur Mitwirkung bei den Geschäften der allgemeinen Landesverwaltung geschaffen sind, so hat das Gesetz den Verwaltungsgerichten nicht lediglich Verwaltungssachen, sondern aus Zweckmäßigkeitsgründen auch die Entscheidung von rein bürgerlichen Rechtsstreitigkeiten übertragen. Dies war reichsgesetzlich zulässig, denn § 13 GVG. verordnet:

„Vor die ordentlichen Gerichte gehören alle bürgerlichen Rechtsstreitigkeiten ...., für welche nicht entweder die Zuständigkeit von Verwaltungsbehörden oder Verwaltungsgerichten begründet ist."

Sofern die Verwaltungsgerichte an den Geschäften der allgemeinen Verwaltung teilnehmen, so können sie wie andere Verwaltungsbehörden auch Verwaltungsakte in den Formen der Rechtsprechung vollziehen. Dabei herrscht die Eigentümlichkeit, daß gewisse Verwaltungsakte nur in den Formen der Rechtsprechung, durch Urteil, zustande kommen, während bei anderen zunächst die Verwaltungsbehörde (Beschlußbehörde), nicht der Verwaltungsrichter, zuständig ist, der letztere aber von einem Beteiligten im Laufe des Verfahrens durch Klage oder den ihr gleichstehenden Antrag auf mündliche Verhandlung angerufen werden kann. Als Beispiel der ersteren Art sei erwähnt, daß die Entziehung einer Schankkonzession nur durch Urteil des Verwaltungsrichters erfolgen darf, während über den Antrag auf Genehmigung der Schankkonzession der Magistrat, der Kreis- oder Stadtausschuß im Beschlußverfahren befindet und erst beim Widerspruch eines Beteiligten oder, wenn die Genehmigung versagt wird, die Angelegenheit aus dem Beschlußverfahren in das Verwaltungsstreitverfahren übergeleitet wird. Die ZPO. kennt ähnliche Fälle: Gegen den Beschluß, durch welchen ein Arrest angeordnet wird, findet Widerspruch statt. Die widersprechende Partei hat den Gegner zur mündlichen Verhandlung zu laden. Über die Rechtmäßigkeit des Arrestes ist durch Endurteil zu entscheiden (§§ 924, 925). Der Ladung im Zivilprozeß entspricht die Stellung des Antrags auf mündliche Verhandlung im Verwaltungsstreitverfahren.

Die Entscheidungen des Verwaltungsrichters ergehen wie die des Zivilrichters auf Grund der Unterstellung eines gewissen Tatbestandes unter das geltende Recht oder nach billigem Ermessen. Handelt es sich dabei um einen Verwaltungsakt, so wird darin ein Verhältnis zur vollziehenden Gewalt des Staats, zur inneren Verwaltung, zu einer ihr angehörenden Behörde geregelt, für das das öffentliche Recht die Norm gibt. Es tritt der Staat, die Behörde, mit öffentlich-rechtlichen Ansprüchen an den Staatsbürger heran. Im Verwaltungsstreitverfahren wird entschieden, was auf diesem Gebiete dem Staatsbürger geboten, verboten oder erlaubt werden darf, welche Leistung von ihm zu fordern die Behörde berechtigt ist. Nicht zweifelhaft dürfte sein, daß es einen Verwaltungsakt darstellt, wenn die Polizei in einer polizeilichen Verfügung ein Gebot oder Verbot erläßt, oder die Genehmigung zu einem Tun erteilt oder versagt, ebenso wenn auf Beschwerde die höhere Polizeiinstanz die Verfügung aufhebt. Ein gleicher Verwaltungsakt liegt aber vor, wenn auf Klage des Betroffenen das Verwaltungsgericht die Verfügung im Verwaltungsstreitverfahren außer Kraft setzt. Was hier vom Staate gilt, gilt ebenso von den mit Hoheitsrechten ausgestatteten öffentlichen Korporationen und Genossenschaften. Der Verwaltungsrichter befindet über die Ansprüche, die die Korporationen und öffentlichen Genossenschaften an ihre Mitglieder auf Grund öffentlichen Rechts erheben. Die Überweisung dieser Streitigkeiten an den Verwaltungsrichter hat dazu geführt, ihn auch entscheiden zu lassen, wenn die Mitglieder der Korporationen und Genossenschaften über ihre im öffentlichen Rechte begründeten Berechtigungen und Verpflichtungen *unter sich* streiten. Das Recht der Gemeindemitglieder z. B. zur Mitbenutzung der öffentlichen Gemeindeanstalten und zur Teilnahme an den Nutzungen und Erträgen des Gemeindevermögens wird durch den Gemeindevorstand geregelt. Fühlt sich ein Gemeindemitglied durch einen Verwaltungsakt des Gemeindevorstandes beschwert, so kann es (nach erhobenem Einspruche) Klage gegen den Gemeindevorstand erheben, und das Verwaltungsgericht entscheidet über die angegebenen, im öffentlichen Rechte wurzelnden Berechtigungen. Dem einzelnen Gemeindemitgliede steht aber auch das Recht zu, gegen einzelne oder alle Gemeindemitglieder, die an den Rechten teilnehmen oder eine Teilnahme beanspruchen, eine abstrakte Klage über die im öffentlichen Rechte begründeten Berechtigungen anzustellen. Der Gemeindevorstand ist dabei nicht Partei; Parteien sind nur Gemeindemitglieder. Das Nähere wird bei den einzelnen Rechtsinstituten später erörtert werden.

Die bereits erwähnte Vorschrift im § 13 GVG. bezieht sich auf die Fälle, wo die Verwaltungsbehörden teils zu Entscheidungen unter Vorbehalt des Rechtsweges teils zu Vorentscheidungen über gewisse die Gerichte bindende Präjudizialfragen teils auf die Fälle, wo die Verwaltungsgerichte durch Reichsgesetze oder durch Landesgesetze zur *definitiven Entscheidung* berufen sind. Die Zahl der bürgerlichen Rechtsstreitigkeiten, die den Verwaltungsgerichten überwiesen sind, ist gering. Daneben haben sich die Verwaltungsgerichte in zahllosen Fällen inzidenter über Fragen des bürgerlichen Rechts schlüssig zu machen, wie der ordentliche Richter über öffentlich-rechtliche Fragen. Bei Vermengungen von privatrechtlichen und öffentlich-rechtlichen Fragen ist für die Prüfung der Zuständigkeit als Grundsatz festzuhalten, daß eine *bürgerliche Rechtsstreitigkeit* vorliegt, wenn der erhobene Anspruch auf einem privatrechtlichen Titel beruht, selbst wenn eine öffentlich-rechtliche Leistung dabei in Frage steht (JW. 97 1, 48). Wird daher ein Anspruch aus einem Vertrage geltend gemacht, so hat die Verneinung der Zulässigkeit des Rechtsweges zur Voraussetzung, daß die privatrechtliche

Natur des Vertrages verneint wird (JW. 98 582). Ist z. B. der Klageanspruch darauf gegründet, daß von dem Kläger für den Beklagten Ausgaben bestritten sein sollen, zu welchen dieser öffentlich-rechtlich verpflichtet gewesen ist (Steuern, Abgaben), so liegt ein privatrechtlicher Anspruch aus der nützlichen Verwendung vor, hinsichtlich dessen der Rechtsweg zulässig ist, auch wenn nach öffentlichem Rechte zu befinden ist, ob der Beklagte zu der Ausgabe verpflichtet war (JW. 99 320). Umgekehrt gehört die Angelegenheit nach den Vorschriften in den §§ 56, 66 ZustG. vor die Verwaltungsgerichte, wenn der Kläger in der Meinung, zu einer öffentlich-rechtlichen Leistung verpflichtet zu sein, oder von der Polizeibehörde dazu gezwungen, einen Weg ausbessert oder ein Gewässer räumt, und dann von dem nach öffentlichem Rechte wirklich Verpflichteten Ersatz des Geleisteten beansprucht, wiewohl auch hier die Leistung zugunsten des Beklagten nützlich verwendet war; die nützliche Verwendung ist aber nicht die Veranlassung und der Grund der Leistung.

In folgenden Fällen entscheidet der Verwaltungsrichter über privatrechtliche Ansprüche:

a) Nach dem Feld- und ForstpolizeiG. v. 1. IV. 80 kann bei Weidefreveln usw. ein Ersatzgeld gefordert werden. Darüber entscheidet zunächst die Ortspolizeibehörde durch einen Verwaltungsakt in Form eines Bescheides, gegen den die Verwaltungsklage zulässig ist (§ 76).

b) Ebenso hat nach der JagdO. v. 15. VII. 07 zunächst die Ortspolizeibehörde über Wildschadenansprüche durch Bescheid zu befinden (§ 58), worauf den Beteiligten die Verwaltungsklage zusteht (§ 59).

c) Die im § 24 JagdO. v. 15. VII. 07 erwähnte Klage auf Richtigkeitserklärung von Pachtverträgen, die der Jagdvorsteher hinsichtlich der Jagd auf einem gemeinschaftlichen Jagdbezirke geschlossen hat ist beim Verwaltungsgerichte anzubringen.

d) Wenn im Falle der § 7 Abs. 5, § 8 Abs. 2 u. § 11 Abs. 2 der JagdO. v. 15. VII. 07 der Inhaber des umschließenden Eigenjagdbezirks zur Anpachtung bereit ist, eine Einigung über die Höhe der Pachtentschädigung aber nicht erzielt wird, beschließt darüber der Kreisausschuß (der Bezirksausschuß), dagegen steht den Beteiligten (§ 26) der Antrag auf mündliche Verhandlung im Verwaltungsstreitverfahren zu.

e) Nach einzelnen Gesindeordnungen kann bei privatrechtlichen Streitigkeiten der Herrschaften und des Gesindes die Polizeibehörde eine polizeiliche Verfügung erlassen, über die der Verwaltungsrichter zu befinden hat.

f) An sich gehören Streitigkeiten darüber, ob die Höhe des Wasserstandes in rechtsverbindlicher und deutlicher Weise bestimmt sei, vor den Zivilrichter. Ist aber ein administratives Verfahren behufs Festsetzung der Höhe des Wasserstandes bei Stauwerken im Gange, so sind jene Streitigkeiten im Verwaltungsstreitverfahren zu entscheiden (ZustG. § 67 Abs. 3).

Unrichtig ist es anzunehmen (Otto Müller, Die Begriffe der Verwaltungsrechtspflege 55 ff.), daß Streitigkeiten der Beteiligten über ihre in dem öffentlichen Rechte begründeten Verpflichtungen zur Teilnahme an den Kommunallasten in Stadt- und Landgemeinden, zu Abgaben und Leistungen für Schulen, zum Bau oder zur Unterhaltung von Schulgebäuden, zur Anlegung oder Unterhaltung öffentlicher Wege, zur Räumung von Gräben und sonstigen Wasserläufen usw. an sich privatrechtlicher Natur sind. Bei diesen Streitigkeiten handelt es sich darum, welche von den Parteien die betreffende, auf öffentlich-rechtlichem Titel beruhende Verpflichtung gegen den Staat (die Polizei) oder gegen eine öffentlich-rechtliche, an die Stelle des Staates getretene, mit Hoheitsrechten ausgerüstete Korporation zu erfüllen hat oder in welchem Maße die Parteien zu diesen öffentlichen Lasten beizutragen haben. Die abstrakte öffentlich-rechtliche Pflicht, einen Wasserlauf zu räumen, besteht gegen den Staat (die Wasserpolizei), bei einem Streite aus § 66 Abs. 3 ZustG. (Streitigkeiten darüber, wem die öffentlich-rechtliche Verbindlichkeit zur Räumung von Wasserläufen obliegt) handelt es sich also nicht um die Erfüllung der Verbindlichkeiten eines Privaten gegen den andern, sondern darum, wer von den Beteiligten die öffentlich-rechtliche Räumungsverbindlichkeit gegen die Wasserpolizei zu erfüllen hat. Selbst bei Streitigkeiten aus §§ 105 u. 106 ZustG. sind niemals privatrechtliche Verbindlichkeiten in Frage; im ersteren Falle ist Streit, welche jagdrechtliche Stellung gewisse Grundstücke zu dem eine öffentliche Genossenschaft bildenden gemeinschaftlichen Jagdbezirke haben usw.; im zweiten Falle ist eine dem § 18 ZustG. nachgebildete Klage darüber zugelassen, welche Nutzungen dem Mitgliede dieser öffentlichen Genossenschaft (des gemeinschaftlichen Jagdbezirks) gegenüber der Genossenschaft zustehen (§ 16 JagdO. v. 15. VII. 07). Von Privatrechten ist da keine Rede.

Zweiter Titel.

Die Verwaltungsgerichte.

1. Der Kreisausschuß und sein Vorsitzender.

Der Kreisausschuß besteht nach der KreisO. v. 13. XII. 72 aus dem Landrate und sechs Mitgliedern, die vom Kreistage aus der Zahl der Kreisangehörigen mit absoluter Stimmenmehrheit gewählt werden. Sie müssen Angehörige des Deutschen Reiches und selbständig sein und sich im Besitze der bürgerlichen Ehrenrechte befinden (KreisO. §§ 131, 96). Geistliche, Kirchendiener und Elementarlehrer können nicht Mitglieder des Kreisausschusses sein, richterliche Beamte, zu denen jedoch die technischen Mitglieder der Handels-, Gewerbe- und ähnlicher Gerichte nicht zu zählen sind, nur mit Genehmigung des Ministers (§ 131). Hat der Kreistag einen Kreissyndikus bestellt, so nimmt dieser an den Sitzungen mit beratender Stimme Teil.

Die Wahl erfolgt auf sechs Kalenderjahre. Jedes Kalenderjahr, in welchem ein Mitglied im Amte gestanden hat, gilt als volles Jahr. Alle zwei Jahre scheidet ein Drittel der Mitglieder aus. Die das erstemal Ausscheidenden werden durch das Los bestimmt. Die Ausgeschiedenen können wieder gewählt werden. Der Vorsitzende vereidigt die Mitglieder. Sie können nach Maßgabe der Vorschriften in § 39 LVG. im Wege des Disziplinarverfahrens ihrer Stellen enthoben werden und zwar aus Gründen, welche die Entfernung eines Beamten aus seinem Amte rechtfertigen (§ 2 G. v. 21. VII. 52, betr. die Dienstvergehen der nicht richterlichen Beamten). Die Einleitung des Verfahrens, sowie die Ernennung des Untersuchungskommissars erfolgt durch den Regierungspräsidenten. Die entscheidende Behörde erster Instanz ist der Bezirksausschuß, die entscheidende Behörde zweiter Instanz der Disziplinarsenat des Oberverwaltungsgerichts (G. v. 8. V. 89 — GS. 107). Der Regierungspräsident ernennt den Vertreter der Staatsanwaltschaft für die erste Instanz, der Minister des Innern für die zweite Instanz.

Die Mitglieder erhalten eine ihren baren Auslagen entsprechende Entschädigung, die der Kreistag festsetzt, während der Landrat als Mitglied des Kreisausschusses für Reisen innerhalb des Kreises Diäten und Reisekosten nicht erhält.

In den Hohenzollernschen Landen tritt an die Stelle des Landrats der Oberamtmann und an die Stelle des Kreisausschusses der Amtsausschuß.

In der Provinz Posen (Art. IV G. v. 19. V. 89 — GS. 108) besteht der Kreisausschuß aus dem Landrate als Vorsitzenden und sechs vom Oberpräsidenten ernannten Mitgliedern.

Der Landrat führt in dem Kreisausschusse den Vorsitz mit vollem Stimmrechte. Ist er verhindert, so geht der Vorsitz an den vom Kreisausschusse gewählten Stellvertreter über, sofern nicht ein Kreisdeputierter mit der Vertretung der gesamten landrätlichen Verwaltung betraut oder ein kommissarischer Vertreter ebenso bestellt ist. Es ist auch zulässig, einen zweiten Stellvertreter durch den Kreisausschuß wählen zu lassen.

Der Landrat ist als Vorsitzender des Kreisausschusses ebenfalls der Aufsicht des Regierungspräsidenten unterworfen.

Der Vorsitzende des Kreisausschusses leitet und beaufsichtigt den Geschäftsgang und sorgt für die prompte Erledigung der Geschäfte, er beruft den Kreisausschuß, führt die laufenden Geschäfte, bereitet die Beschlüsse vor und trägt für die Ausführung Sorge. Er vertritt den Kreisausschuß nach außen, verhandelt namens desselben mit Behörden und Privatpersonen, führt den Schriftwechsel und zeichnet die Schriftstücke namens des Kreisausschusses.

Die Anwesenheit dreier Mitglieder mit Einschluß des Vorsitzenden genügt für die Beschlußfähigkeit des Kreisausschusses. Die Beschlüsse werden nach Stimmenmehrheit gefaßt. Ist eine gerade Zahl anwesend, so nimmt das dem Lebensalter nach jüngste gewählte Mitglied an der Abstimmung keinen Anteil. Ist der Landrat verhindert, so geht das Stimmrecht auf seinen Stellvertreter über; ist die gesamte landrätliche Verwaltung einem kommissarischen Vertreter (§ 75 KreisO.) übertragen, so ist dieser zugleich der Vorsitzende des Kreisausschusses; der Kreisausschuß kann einen besonderen Stellvertreter auch auf einen gewissen Zeitraum wählen. Die Beschlüsse im Verwaltungsstreitverfahren müssen in Sitzungen gefaßt werden, schriftliche Abstimmung nicht versammelter Mitglieder ist unzulässig (OVG. 19 4).

In den Protokollen ist zu vermerken, wer bei der Beschlußfassung mitgewirkt hat bzw. ausgeschieden ist. Sonst leidet das Verfahren an einem wesentlichen Mangel. Daß der Referent an der Abstimmung teilnehmen muß, ist für den Kreisausschuß nicht vorgeschrieben (vgl. LVG. § 40).

Im übrigen wird der Geschäftsgang bei dem Kreisausschusse durch ein vom Minister des Innern erlassenes Regulativ (v. 28. II. 84 — MBl. 41) geordnet.

Die dienstliche Aufsicht über die Geschäftsführung des Kreisausschusses wird vom Regierungspräsidenten geführt (LVG. § 48). Er ist zur Vornahme allgemeiner Geschäftsrevisionen befugt. Vorstellungen gegen geschäftliche Aufsichtsverfügungen des Regierungspräsidenten unterliegen der endgültigen Beschlußfassung des Oberpräsidenten. Materielle Anweisungen, die in Beschlüsse des Kreisausschusses eingreifen, darf die Aufsichtsinstanz nicht erlassen.

Der Kreisausschuß hat anderen Verwaltungsgerichten Rechtshilfe und den geschäftlichen Aufträgen und Anweisungen des ihm übergeordneten Bezirksausschusses und des Oberverwaltungsgerichts Folge zu leisten (§ 49).

Ist bei einer Verwaltungsstreitsache, die zur Zuständigkeit des Kreisausschusses gehört, die betreffende Kreiskorporation als Partei oder Beigeladene beteiligt, so wird von dem Bezirksausschusse mit der Entscheidung ein anderer Kreisausschuß beauftragt (§ 59). Wird der Antrag auf Beiladung der Kreiskorporation beim Kreisausschusse gestellt, aber abgelehnt, so liegt der Fall des § 59 nicht vor (Erk. v. 15. V. 79 OVG. 5 60). In dem Erk. v. 17. X. 87 (OVG. 16 423) ist die Entstehungsgeschichte des § 59 mitgeteilt.

In den mittleren alten Provinzen wählten die unmittelbaren Städte und Rittergutsbesitzer die Landstände. Für minder wichtige Angelegenheiten trat ein ständischer Ausschuß zusammen. Im 16. Jahrhundert bildete der Amtsbezirk des Landreiters, des Exekutionsorgans der oberen Gerichtshöfe, den Wahlbezirk für den Ausschuß. Zwischen dem Ausschuß und dem Landesherrn vermittelte der Kreiskommissar, um die Geld- und Materialleistungen der Stände zu sichern. Seit 1652 wurden in der Mark Brandenburg die Kreiskommissare auch Organe der Polizeibeaufsichtigung auf dem flachen Lande. Die Kreiskommissare erhielten später, 1701 in der Mark, den Titel Landrat (Lamotte, Von den Landräten in der Kurmark; Aufsatz in v. Kamptz Annalen 12 881 ff.; Bornhak, Geschichte des Preuß. Verwaltungsrechts 1 267; derselbe, Preuß. Staatsrecht § 117). Nachdem 1723 die Kreiskommissariate mit den kurmärkischen Amtskammern verbunden waren, wurden die Landräte Mitglieder der Kammer und ihr direkt untergeordnet. Ihre Ernennung erfolgte auf Vorschlag der Rittergutsbesitzer, dasselbe geschah später in den westfälischen Provinzen und in Preußen. Pommern und Magdeburg erhielten Kreisstände und Landräte schon unter Friedrich Wilhelm I. In Schlesien wurde 1741 die märkische Kreisverfassung eingeführt. Am 1. VIII. 1776 wurde für die Kurmark eine ausführliche Landratsinstruktion erlassen (Lamotte a. a. O.). Der Landrat war danach das Organ der Steuerverwaltung und der Landespolizei. Er hatte einen Kreisschreiber, und die Steuern wurden von dem Kreissteuereinnehmer vereinnahmt, auch wurde ein Kreisausreiter bestellt. Der Kreis war Kommunalverband (Bornhak a. a. O. § 117). In den Jahren 1825 bis 1828 wurden für die einzelnen Provinzen Kreisordnungen erlassen, jeder Kreis hatte einen Kreistag in heutigem Sinne. Er setzte sich aus den sämtlichen Rittergutsbesitzern, Vertretern der im Kreise gelegenen Städte und einzelnen Vertretern der Landgemeinden (in den östlichen Provinzen drei für jeden Kreis) zusammen; teils hatten die Rittergutsbesitzer teils der Kreistag das Recht, den Landrat dem Könige vorzuschlagen.

Unter dem $\frac{13.\ \text{XII.}\ 72}{19.\ \text{III.}\ 81}$ wurde eine neue KreisO. für (Ost- und West-) Preußen, Brandenburg, Pommern, Schlesien und Sachsen erlassen. Am 6. V. 84 erging die KreisO. für Hannover, am 7. VI. 85 für Hessen-Nassau, am 31. VII. 86 für Westfalen, am 30. V. 87 für die Rheinprovinz, am 26. V. 88 für Schleswig-Holstein. In der Provinz Posen gilt der § 36 LVG. nicht, an seine Stelle treten die Vorschriften des Art. IV G. v. 19. V. 89 (GS. 108). Der Kreistag in Posen setzt sich jetzt noch aus den Rittergutsbesitzern, Vertretern der Städte und Landgemeinden zusammen. Jeder Rittergutsbesitzer hat Virilstimme (KreisO. v. 20. XII. 28 — GS. 29 3). Die Mitglieder des Kreisausschusses werden vom Oberpräsidenten ernannt. Das G. v. 19. V. 89 enthält auch Bestimmungen über den Provinzialverband der Provinz Posen (vgl. noch G. v. 27. III. 24 — GS. 141, Vd. v. 15. XII. 30 — GS. 32 9 und v. 19. XII. 45 — GS. 46 18, Vd. v. 29. XI. 44 — GS. 706 [Löschung der Rittergüter]).

In Hannover und im Landkreise Frankfurt a. M. hat der Landrat die Ortspolizei (KreisO. v. 6. V. 84 § 24 [wegen der Städte siehe § 27]

u. KreisO. v. 7. VI. 85 § 30). Der Polizeipräsident zu Frankfurt a. M. ist zugleich Landrat des Landkreises Frankfurt a. M. Die Vertretung führt ein vom Minister des Innern ernannter Beamter. In Hannover kann der Minister des Innern die örtliche Polizeiverwaltung für ostfriesische Inseln, für das Jadegebiet, für Teile der Kreise Ilfeld, Bleckede, Geestemünde, Osterholz und Grafschaft Bentheim besonderen Hilfsbeamten des Landrats übertragen. Der Landrat kann die Befugnis der Hilfsbeamten unmittelbar übernehmen (Erl. v. 17. I. 85). Auch in Helgoland ist ein Hilfsbeamter des Landrats des Kreises Süderdithmarschen eingesetzt.

Dem Landrate gebührt in anderen Kreisen die Aufsicht über die gesamte Ortspolizei im Kreise. In dieser Befugnis liegt aber nicht ohne weiteres die Ermächtigung, statt der zu überwachenden Polizeibehörden direkt einzuschreiten (OVG. 2 423, 5 74, 340, 10 357, 11 396, 20 302, 425). Die Polizeiverwaltungen der Städte über 10000 Einwohner stehen in polizeilicher Beziehung ebenfalls unter der Aufsicht des Landrats (Bd. v. 30. IV. 55, Instr. v. 20. VI. 53 — MBl. 138, MinErl. v. 15. III. 74 — MBl. 103). Daneben besteht eine besondere Kreispolizei, welche die Verwaltung der Chausseepolizei, der Viehseuchenpolizei und die Jagdpolizei sowie das Recht zum Erlasse von Kreispolizeiverordnungen (§ 142 LVG.) umfaßt. Den Landräten sind als eigene Exekutivbeamten die Gendarmen unterstellt (Bd. v. 30. XII. 20 — GS. 21 1 — u. DienstInstr. von demselben Tage, Erl. v. 30. XII. 50 — GS. 51 703, Bd. v. 23. V. 67 — GS. 777). Die Gendarmen sind den Ortspolizeibehörden nicht untergeordnet, sie haben aber ihrer Requisition in polizeilichen Angelegenheiten zu genügen (KreisO. § 65). Zugleich haben sich die Landräte vielfach besondere Organe der Jagdpolizei bestellt, denen u. a. die Aufgabe zufällt, die Jagdscheine zu kontrollieren (Kunze u. Kühnemann, JagdpolizeiG. 177, 182ff.).

Zur Vertretung des Landrats (außer im Landkreise Frankfurt a. M.) werden zwei Kreisdeputierte vom Kreistage gewählt. Sie müssen Kreisangehörige, in Posen Rittergutsbesitzer und der deutschen und polnischen Sprache mächtig sein. Sie werden auf sechs Jahre, in Posen auf unbestimmte Zeit gewählt, vom Oberpräsidenten bestätigt (in Posen vom Regierungspräsidenten). Für kürzere Behinderungsfälle (in der Regel vierzehn Tage) tritt der Kreissekretär ein, doch darf dieser keine Vertretung im Kreisausschusse und im Kreistage übernehmen. Die Kreisdeputierten erhalten in Vertretungsfällen eine Remuneration von 6 Mk. für den Tag (MinErl. v. 29. X. 74 — MBl. 75 65), für Geschäfte außerhalb des Kreises die Reisekosten und Diäten der Räte IV. Klasse.

Nach § 87 G. v. 21. VII. 52 können Landräte zur Disposition gestellt und beliebig versetzt werden. Sind sie indessen für einen bestimmten Kreis auf Grund ihrer Ansässigkeit und infolge vorgängiger Wahl ernannt worden, so können sie außer im Wege des eigentlichen Disziplinarverfahrens wider ihren Willen in ein anderes Amt nicht versetzt werden, solange die Erfordernisse erfüllt bleiben, durch welche ihre Wahl bebedingt war.

Der Landrat als Vorsitzender des Kreisausschusses bedient sich zur Hilfeleistung im Bureaudienste des Kreisausschußsekretärs. Größere Landratsämter haben mehrere solcher Beamten. Alle Beamten des Kreises werden vom Kreisausschusse, in Posen vom Landrate ernannt. Der Landrat hat ihnen gegenüber ein Ordnungsstrafrecht; das Disziplinarverfahren ist dasselbe wie gegen die Amtsvorsteher (§ 134 KreisO. für die östlichen Provinzen usw.).

Durch Erl. v. 16. XII. 93 (MBl. 94 1) ist den Landräten der Gebrauch eines den Namenszug enthaltenden Stempels zur Vollziehung amtlicher Schriftstücke gestattet:

a) in Steuerangelegenheiten (vgl. auch Art. 70 Nr. 7 der AusfAnw. v. 5. VIII. 91 u. Art. 22 Nr. 13 der Anw. v. 10. IV. 92),
b) in Militärangelegenheiten (ausgenommen bei Entscheidungen, in Reklamationssachen, im Schriftverkehr mit übergeordneten Behörden und bei Bescheinigungen),
c) bei Impf-, Viehverladungs-, Feuerversicherungssachen, Erinnerungsverfügungen, Einladungen zu Sitzungen, Zirkularverfügungen, statistischen Nachweisungen.

2. Der Stadtausschuß.

Der Stadtausschuß für die Stadtkreise besteht aus dem Bürgermeister oder seinem gesetzlichen Stellvertreter als Vorsitzenden und vier Mitgliedern, die vom Magistrate (kollegialischen Gemeindevorstande) aus seiner Mitte für die Dauer ihres Hauptamtes gewählt werden. Für Fälle der Behinderung des Bürgermeisters und seines gesetzlichen Vertreters wählt der Stadtausschuß den Vorsitzenden aus seiner Mitte, der vom Regierungspräsidenten (in Berlin vom Oberpräsidenten) zu bestätigen ist. Der Vorsitzende oder ein Mitglied des Stadtausschusses muß zum Richteramt oder zum höheren Verwaltungsdienste befähigt sein, doch ist nicht erforderlich, daß das zum Richteramt oder höheren Verwaltungsdienste befähigte Mitglied an allen Beschlüssen teilnimmt. Bildet der Bürgermeister allein den Gemeindevorstand (z. B. in der Rheinprovinz), so werden die außer dem Vorsitzenden zu bestellenden Mitglieder von der Gemeindevertretung aus der Zahl der Gemeindebürger gewählt. Die Wahl erfolgt auf sechs Jahre und das Ausscheiden findet wie beim Kreisausschusse statt. Für die Wählbarkeit und die Wahl gelten die Vorschriften, die für unbesoldete Magistratsmitglieder gegeben sind Das Disziplinarverfahren regelt sich nach den für die Kreisausschußmitglieder erlassenen Bestimmungen; auch im übrigen ist für den Stadtausschuß das sinngemäß maßgebend, was oben für den Kreisausschuß angegeben ist. Ist in einer bei dem Stadtausschusse anhängigen Verwaltungsstreitsache eine Stadtgemeinde als solche beteiligt, so wird von dem Oberverwaltungsgerichte ein anderer Stadtausschuß mit der Entscheidung beauftragt.

Der Stadtkreis Altona umfaßt die Städte Altona und Ottensen; er hat einen Kreisausschuß, dessen Vorsitzender der Oberbürgermeister von Altona ist. Über seine Zusammensetzung vgl. §§ 134ff. KreisO. für Schleswig-Holstein v. 26. V. 88.

Die Stadtgemeinde (der Stadtkreis) trägt die Kosten des Stadtausschusses, bezieht dafür aber auch die Einnahme.

Der Stadtausschuß hat keine Zuständigkeit in kommunalen Angelegenheiten, er ist Beschlußbehörde und Verwaltungsgericht.

In Schankkonzessionssachen (ZustG. § 114), über die der Stadtausschuß im Beschluß- oder im Verwaltungsstreitverfahren zu entscheiden hat, ist die Gemeinde- und die Ortspolizeibehörde zu hören. Der Bürgermeister kann nicht gleichzeitig den Vorsitz im Stadtausschusse (oder Magistrat) führen und als Ortspolizeiverwalter oder Vorsitzender der Gemeindebehörde sein Gutachten abgeben. Hat er in letzterer Eigenschaft amtlich fungiert, so ist er gesetzlich behindert, im Stadtausschusse mitzuwirken. Dagegen sind diejenigen Mitglieder der Gemeindebehörde, welche bei der Beschlußfassung derselben nicht beteiligt gewesen sind, an der Ausübung des Richteramtes im Stadtausschusse in bezug auf solche Schankkonzessionsanträge, gegen welche die Gemeindebehörde Widerspruch erhoben hat, nicht behindert (OVG. 3 380, 4 339, 27 309; Erl. v. 30. IX. 74 — MBl. 236).

Ohne stichhaltigen Grund ist die Zuständigkeit des Stadtausschusses im Gesetze gegenüber der des Kreisausschusses beengt.

3. Der Magistrat.

An die Stelle des Stadtausschusses tritt in gewissen Fällen der Magistrat (kollegialische Gemeindevorstand) solcher Landstädte, die mehr als 10000 Einwohner haben. Für seine Zusammensetzung gelten die Gemeindeverfassungsgesetze (OVG. 5 456). In Stadtgemeinden, in denen der Bürgermeister allein den Gemeindevorstand bildet, treten an die Stelle des Magistrats der Bürgermeister und die Beigeordneten als Kollegium.

Das Regulativ zur Ordnung des Geschäftsganges bei den Kreisausschüssen v. 28. II. 84 gilt auch für den Stadtausschuß und den Magistrat. Es ist später auf alle Provinzen ausgedehnt worden.

Die Zuständigkeit des Magistrats im Verwaltungsstreitverfahren ist eine sehr geringfügige. Er erkennt namentlich in Angelegenheiten, betreffend die Genehmigung zur Errichtung oder Veränderung gewerblicher Anlagen und zum Betriebe der Schankwirtschaft usw. (ZustG. §§ 109, 114; § 1 Vd. v. 31. XII. 83).

4. Der Bezirksausschuß.

Nach dem G. über die Organisation der allgemeinen Landesverwaltung v. 26. VII. 80 u. dem G. v. 2. VIII. 80 bestand zur Mitwirkung bei den Geschäften der allgemeinen Landesverwaltung für jeden Regierungsbezirk am Amtssitze des Regierungspräsidenten der Bezirksrat (Beschlußbehörde) und daneben das Bezirksverwaltungsgericht unter der Besetzung von fünf Mitgliedern. Den Vorsitz im Bezirksrate hatte der Regierungspräsident, im Bezirksverwaltungsgerichte ein Direktor. Der Regierungspräsident war nicht Mitglied des Bezirksverwaltungsgerichts. Der Entwurf zum LVG. sah die Vereinigung des Bezirksrats und des Bezirksverwaltungsgerichts unter dem Vorsitze des Regierungspräsidenten vor. Die neue Behörde sollte Beschluß- und richterliche Behörde sein. Dieser Vorschlag ging durch. Der Bezirksrat wurde beseitigt und die neue Behörde erhielt den Namen Bezirksausschuß, während der Entwurf die Bezeichnung „Verwaltungsgericht" vorgeschlagen hatte. Der Bezirksausschuß ist nunmehr, wie der Kreisausschuß, Beschlußbehörde und Verwaltungsgericht. Er besteht aus dem Regierungspräsidenten als geborenem Vorsitzenden und sechs Mitgliedern. Zwei dieser Mitglieder, von denen eins zum Richteramte, eins zur Bekleidung von höheren Verwaltungsämtern befähigt sein muß, werden vom König auf Lebenszeit ernannt. Das eine dieser Mitglieder ist der Verwaltungsgerichtsdirektor, der den Regierungspräsidenten im Vorsitze vertritt. Zur sonstigen Vertretung des Regierungspräsidenten und zur Stellvertretung jedes der lebenslänglich angestellten Mitglieder ernennt der König aus der Zahl der Regierungsmitglieder je einen Stellvertreter. Die Ernennung der drei Stellvertreter erfolgt auf die Dauer ihres Hauptamtes. Die vier anderen Mitglieder und ihre Stellvertreter werden vom Provinzialausschusse aus den Einwohnern des Sprengels gewählt. Von der Wahl ausgeschlossen sind die Mitglieder des Provinzialrats und gewisse Beamtenkategorien (LVG. § 28). Auf die Wahlen finden die §§ 11, 12, 13 Anwendung. Die Wählbarkeit bestimmt sich nach den Vorschriften in den §§ 17ff. ProvO.

Ist der Verwaltungsgerichtsdirektor neben dem Regierungspräsidenten behindert, so geht der Vorsitz auf das zweite, lebenslänglich ernannte Mitglied, sodann auf den Stellvertreter des Verwaltungsgerichtsdirektors über. Das zum Richteramte befähigte Mitglied braucht nicht aus dem Richterstande hervorgegangen zu sein. Der Regierungspräsident kann aus tatsächlichen (Krankheit, Abwesenheit, Vakanz) oder rechtlichen Gründen behindert sein (die Reichsjustizgesetze sprechen von „verhindert"); in rechtlicher Beziehung gilt er als behindert (nach dem Wortlaute des § 30 LVG.) in allen Fällen, in welchen über eine Beschwerde gegen eine Verfügung verhandelt wird, die er als Regierungspräsident, nicht als Vorsitzender des Bezirksausschusses (zB. § 60) erlassen hat. Die Verfügung muß danach von dem Regierungspräsidenten oder seinem Vertreter unter seiner Firma ausgegangen sein. Sind Verfügungen der nachgeordneten Behörden nur auf seine Anweisung oder von ihm als Vorsitzenden des Bezirksausschusses erlassen, so gilt er nicht als behindert, es liegt dann keine Beschwerde gegen seine Verfügung im Sinne des Satz 2 § 30 LVG. vor, wie überhaupt die aufsichtübende Tätigkeit des Regierungspräsidenten kein Hindernis für seine Teilnahme am Richteramte bildet (OVG. 12 48). Der Fall, den Satz 2 § 30 im Auge hat, kann übrigens nach jetziger Lage der Gesetzgebung nicht vorkommen.

Besitzt der Regierungspräsident selbst die Richterqualifikation, so braucht kein Mitglied diese Qualifikation zu besitzen. Neben einem ernannten Mitgliede darf, wie im Erk. v. 18. I. 92 (OVG. 22 323) hervorgehoben ist, niemals zugleich sein ernannter Stellvertreter an der Entscheidung teilnehmen.

Die Stimme des Vorsitzenden entscheidet nicht bei Stimmengleichheit, vielmehr hat sich an der Abstimmung nur eine ungerade Anzahl der Richter zu beteiligen. Aus dem Protokolle muß hervorgehen, wer die stimmenden Mitglieder gewesen sind.

Bei den ernannten Mitgliedern gilt als das dem Dienstalter nach jüngste dasjenige Mitglied, das zuletzt die betreffende Charge (Regierungsrat, Regierungsassessor) erlangt hat, nicht wie v. Brauchitsch in Anm. 52 zu § 33 will, das bei dem betreffenden Bezirksausschusse zuletzt ernannte.

Das Oberverwaltungsgericht hat in dem Erk. v. 26. IX. 76 (OVG. 1 347) ausgesprochen, daß im Falle der Ernennung eines Korreferenten dieser dem Referenten bei der Abstimmung nicht gleichzustellen sei.

Sollte es vorkommen, daß zwei Mitglieder von gleichem Dienst- oder Lebensalter sind, die beim Ausscheiden in Frage kommen, so würde das Los zu entscheiden haben.

Für den Bezirksausschuß in Sigmaringen, auf den die §§ 29, 31 LVG. nicht in Anwendung kommen, sind in § 35 besondere Vorschriften erlassen. Der § 35 Satz 1 ist aber nicht ganz verständlich gefaßt; er hat den Sinn, daß §§ 29 u. 31 Satz 1 auf den dortigen Bezirksausschuß gar nicht und § 28 mit der Maßgabe Anwendung finden, die sich aus den §§ 5, 21 der Hohenzollernschen Amts- und LandesO. v. 2. IV. 73 (GS. 145) ergibt, d. h. wählbar ist, wer zum Kommunallandtage gewählt werden kann (vgl. G. v. 2. VII. 00 — GS. 228 u. Bek. v. 9. X. 00 — GS. 323).

Den ernannten Mitgliedern darf außer in Sigmaringen keine Tätigkeit in der Präsidialabteilung der Regierung aufgetragen werden. An den Plenarsitzungen der Regierung nehmen sie teil, selbst wenn sie kein Dezernat bei der Regierung zu verwalten haben. Auf ihre Stellvertreter bezieht sich diese

Vorschrift nicht (LVG. § 31). Alle gewählten und stellvertretenden Mitglieder werden vom Vorsitzenden vereidigt; sie unterliegen in dieser Eigenschaft den Vorschriften des G., betr. die Dienstvergehen der Richter, v. 7. V. 51 (GS. 218) u. des G. v. 26. III. 56 (GS. 201). Der Disziplinarsenat des Oberverwaltungsgerichts bildet das Disziplinargericht, der Präsident desselben ernennt den Vertreter der Staatsanwaltschaft (LVG. § 32; G. v. 8. V. 89 — GS. 107). Auf den Regierungspräsidenten bezieht sich diese Vorschrift nicht; er ist durch die Mitgliedschaft beim Bezirksausschusse (wie der Landrat) der sonstigen Disziplin nicht entrückt.

Die gewählten Mitglieder und ihre Stellvertreter erhalten Tagegelder und Diäten. Alle Einnahmen des Bezirksausschusses fließen zur Staatskasse (§ 34).

Der Bezirksausschuß ist bei Anwesenheit von fünf Mitgliedern, in Armensachen bei Anwesenheit von drei Mitgliedern, beschlußfähig, doch müssen sich darunter mit Einschluß des Vorsitzenden mindestens zwei ernannte, darunter ein zum Richteramte befähigtes, und ein gewähltes Mitglied befinden. Bei gerader Stimmenzahl scheidet, wenn außer dem Vorsitzenden zwei ernannte Mitglieder anwesend sind, das dem Dienstalter nach jüngste ernannte, wenn außer dem Vorsitzenden nur ein ernanntes Mitglied anwesend ist, das dem Lebensalter nach jüngste gewählte Mitglied mit der Maßgabe aus, daß das Stimmrecht vorzugsweise

1. unter den ernannten Mitgliedern, einem zum Richteramte befähigten, sofern es dessen zur Beschlußfähigkeit bedarf,
2. im übrigen dem Berichterstatter

verbleibt (§ 33).

Wenn diejenigen fünf Mitglieder, die das Urteil fällen, der dem Urteile vorangegangenen mündlichen Verhandlung von Anfang an beigewohnt haben, so genügt das. Daß auch noch der Regierungspräsident und ein weiteres gewähltes Mitglied an der Verhandlung teilgenommen haben, ist unerheblich. Ein Wechsel in der ursprünglichen Besetzung des Gerichtshofes ist nicht unzulässig, wenn nur obige Bedingung erfüllt bleibt. Das weitere gewählte Mitglied scheidet aus, sobald sich der Regierungspräsident entfernt hat (Erk. v. 8. X. 03 OVG. 44 357).

Für die Beratung und Abstimmung wird, wiewohl nicht direkt vorgeschrieben, die Vorschrift gelten müssen (vgl. § 195 GVG.), daß beide nicht öffentlich erfolgen. Eine Nichtigkeit wird anderseits durch die Anwesenheit anderer Personen nicht herbeigeführt. Referendare können der Beratung unbedenklich beiwohnen. Wenn der Vorsitzende auch die Beratung zu leiten hat, so wird das Kollegium im Falle von Meinungsverschiedenheiten über den Gegenstand, die Fassung und die Reihenfolge der Fragen zu entscheiden haben. Das deutsche Gerichtsverfassungsgesetz enthält keine Vorschrift über die Art der Fragestellung, insbesondere ob nach dem Ergebnisse oder nach den Gründen,

den einzelnen Tat- und Rechtsfragen abzustimmen sei (vgl. die Literatur bei: v. Rönne, Ergänzungen 5. Ausg. 3 283 ff.; v. Wilmowski u. Levy, Anm. zu § 196 GVG.; Struckmann-Koch ebenda; von Bar, Kritische Vierteljahresschrift 10 468 u. a.).

Kein Mitglied darf die Abstimmung über eine Frage verweigern, weil es bei der Abstimmung über eine vorhergegangene Frage in der Minderheit geblieben ist. Die Entscheidungen erfolgen nach der absoluten Mehrheit der Stimmen. Die Reihenfolge bei der Abstimmung richtet sich nach dem Dienstalter, der Jüngste stimmt zuerst, der Vorsitzende zuletzt. Wenn ein Berichterstatter ernannt ist, so gibt dieser seine Stimme zuerst ab (§ 199 GVG.). Diese Vorschriften, welche alte Praxis sind, reichen für die Bezirksausschüsse nicht aus. Als Analogie könnte die weitere für Schöffengerichte und Handelskammern gegebene Vorschrift dienen, daß bei diesen nach dem Lebensalter abgestimmt wird. Im Zweifel wird der Vorsitzende als Leiter der Abstimmung das Nähere zu bestimmen haben.

Durch Königliche Verordnung können Abteilungen des Bezirksausschusses gebildet werden (§ 29), der Vorsitzende und, sofern nicht besondere Ernennungen erfolgen, die ernannten Mitglieder gehören allen Abteilungen an. Die gewählten Mitglieder werden für jede Abteilung bestellt. Solche Abteilungen sind für die Bezirksausschüsse zu Berlin, Arnsberg und Düsseldorf gebildet. Für den Stadtkreis Berlin besteht ein besonderer Bezirksausschuß, über den in § 43 abweichende Vorschriften erlassen sind. Durch G. v. 13. VI. 00 (GS. 247) ist für die Stadtkreise Berlin, Charlottenburg, Schöneberg und Rixdorf ein eigener Landespolizeibezirk gebildet worden. Die erste Abteilung des Bezirksausschusses zu Berlin ist zuständig für die polizeilichen Angelegenheiten des ganzen Landespolizeibezirks. Das G. v. 27. III. 07 (GS. 37) zieht den Stadtbezirk Wilmersdorf in den Landespolizeibezirk Berlin ein.

Das LVG. (§§ 64, 86, 95, 111) ermächtigt den Vorsitzenden des Bezirksausschusses (zum Teil im Einvernehmen mit den ernannten Mitgliedern), namens der Behörde Bescheide zu erlassen; im übrigen darf er Verfügungen, die, ohne der sachlichen Entscheidung vorzugreifen, zur Vorbereitung derselben dienen oder die Leitung des Verfahrens bezwecken und für welche die Zustimmung des Kollegiums nicht vorgeschrieben ist, der Regel nach ohne Vortrag im Kollegium erlassen. Ein Referent kann mit der Abfassung betraut werden, doch wird dann der Bescheid vom Vorsitzenden mitgezeichnet. Bei Meinungsverschiedenheiten entscheidet das Kollegium.

Für den Geschäftsgang gilt das Regulativ v. 28. II. 84 (MBl. 37).

Der Vorsitzende des Bezirksausschusses hat insbesondere nachstehende Befugnisse:

1. Es liegt ihm ob, die regelmäßigen Sitzungen und nach Bedürfnis außerordentliche Sitzungen anzuberaumen, sowie
2. die Stellvertreter einzuberufen;
3. er leitet und beaufsichtigt den gesamten Geschäftsgang und sorgt für die prompte Erledigung der Geschäfte, eröffnet die eingehenden Schriftstücke und vermerkt darauf den Tag des Einganges;
4. er ordnet die Anfertigung von unterlassenen Abschriften eingegangener Schriftsätze auf Kosten der Partei an (§ 6 Regulativ);
5. er verteilt die Geschäfte unter die Mitglieder, bestellt den Referenten und Korreferenten, zeichnet alle Konzepte, ordnet den Vortrag im Kollegium an;
6. er vollstreckt namens der Behörde Erkenntnisse und Beschlüsse (§ 60), erläßt Vorbescheide und Bescheide (§§ 64, 86, 111), sowie vorbereitende Verfügungen (§ 8 Regulativ);
7. er eröffnet und leitet die mündliche Verhandlung, erteilt und entzieht das Wort und gestattet jedem Mitgliede, Fragen zu stellen, leitet die Beratung, stellt die Fragen bei der Abstimmung und sammelt die Stimmen;
8. er hat dahin zu wirken, daß das Sachverhältnis vollständig aufgeklärt wird und sachgemäße Anträge von den Beteiligten gestellt werden, auch auf die Bedenken aufmerksam zu machen, welche in Ansehung der von Amts wegen zu berücksichtigenden Punkte obwalten;
9. er unterzeichnet das Sitzungsprotokoll, handhabt die Ordnung in der Sitzung (§ 72) und führt einen Beschluß des Kollegiums über Ausschluß der Öffentlichkeit herbei;
10. er verkündet Entscheidungen und Beschlüsse des Gerichts, vollzieht die Ausfertigungen aller Entscheidungen, Beschlüsse, Verfügungen und Bescheide. Die Urschriften der Entscheidungen usw., die vom Kollegium erlassen werden, sind vom Vorsitzenden und wenigstens einem ernannten und einem gewählten Mitgliede zu vollziehen.

5. Das Oberverwaltungsgericht.

Das Oberverwaltungsgericht (G. v. $\frac{3.\ \text{VII.}\ 75}{2.\ \text{VIII.}\ 80}$) besteht aus einem Präsidenten, den Senatspräsidenten und der erforderlichen Anzahl von Räten. Die eine Hälfte der Mitglieder muß zum Richteramte, die andere Hälfte zur Bekleidung von höheren Verwaltungsämtern befähigt sein (§ 17). Die Ernennung erfolgt auf Lebenszeit (§ 18). Die Mitglieder unterliegen keinem Disziplinarverfahren. Nur wenn ein Mitglied zu einer Strafe wegen einer entehrenden Handlung oder zu einer Freiheitsstrafe von längerer als einjähriger Dauer rechtskräftig verurteilt worden ist, so kann es durch Plenarbeschluß des Oberverwaltungsgerichts seines Amts und seines Gehalts für verlustig erklärt werden (§§ 20, 21).

Wegen körperlicher Gebrechen und Schwäche der geistigen oder körperlichen Kräfte kann durch einen Plenarbeschluß die Versetzung in den Ruhestand erfolgen (§§ 23, 24).

Gegenwärtig bestehen acht Senate, deren Geschäfte durch das Präsidium (ersten Präsidenten, die Senatspräsidenten, das älteste Mitglied) nach Maßgabe eines Regulativs verteilt werden (§ 26). Über das für den Geschäftsgang und die Verteilung der Geschäfte zu erlassende Regulativ befindet das Plenum; das Staatsministerium hat es zu bestätigen (§ 30).

Zur Entscheidung in den auf Entfernung aus dem Amte gerichteten förmlichen Disziplinaruntersuchungen, wofür früher das Plenum des Oberverwaltungsgerichts zuständig war, ist jetzt ein Disziplinarsenat gebildet (G. v. 8. V. 89 GS. 107), in der Besetzung von zwei Präsidenten und sieben Räten. Die Zuständigkeit dieses Senats erstreckt sich auch auf das Verfahren, in welchem über die Tatsache der Dienstunfähigkeit jener Beamten Entscheidung zu treffen ist. Die Entscheidung auf Klagen, die die Verhängung von Ordnungsstrafen gegen Beamte zum Gegenstande haben, steht dem ersten Senate zu.

Im übrigen ist zur Fassung gültiger Beschlüsse der Senate die Teilnahme von wenigstens fünf Mitgliedern erforderlich. Bei einer geraden Anzahl anwesender Mitglieder verliert der zuletzt ernannte Rat und bei gleichem Dienstalter der der Geburt nach jüngere Rat sein Stimmrecht. Dem Berichterstatter steht es in allen Fällen zu.

Zur Fassung von Plenarentscheidungen ist die Teilnahme von wenigstens zwei Dritteln aller Mitglieder erforderlich. Will ein Senat von einer früheren Entscheidung eines anderen Senats oder des Plenums abweichen, so hat darüber das Plenum zu befinden. Seine Entscheidung ist für die zu entscheidende Streitsache bindend (G. v. 27. V. 88 GS. 226).

Das für das Oberverwaltungsgericht jetzt geltende Regulativ ist unter dem 22. II. 92 (MBl. 133) erlassen, dazu ein Nachtrag v. 15. V. 93 (betr. Staatssteuersachen — MBl. 123). Das Regulativ enthält Vorschriften über Bildung der Senate, die Zuständigkeit des Plenums, die Bearbeitung der Präsidialgeschäfte, Tätigkeit der Senatspräsidenten, die Sitzungen, Beratung und Abstimmung, über die im mündlichen Verfahren oder ohne ein solches zu erledigenden Spruchsachen, Form der Erlasse, Ausfertigung der Erkenntnisse, Siegel des Gerichts, Behändigung der Ausfertigung der Endurteile und Beschlüsse, das Geschäftsjahr, Ferien und Beurlaubung der Mitglieder, Geschäftsübersichten.

Das Oberverwaltungsgericht ist in erster und alleiniger Instanz zuständig:

a) für Klagen gegen den Beschluß des Provinzialausschusses, betr. die Wahlen der Mitglieder des Provinzialrats und des Bezirksausschusses (LVG. §§ 11, 28);

b) für Klagen gegen den Beschluß des Provinziallandtags, betr. die Wahlen zum Provinziallandtage (ProvO. v. 29. VI. 75 §§ 19, 23, 24);

c) für Klagen gegen den Beschluß des Provinzialausschusses, betr. die Wahlen zum Provinzialausschusse (a. a. O. § 48);

d) für Klagen der Kreise gegen die Beschlüsse der Provinzialausschüsse, betr. die Verteilung der Provinzialabgaben (ZustG. § 1; G. v. 23. IV. 06 § 28);

e) für Klagen gegen den Oberpräsidenten, betr. die Beanstandung gesetzwidriger oder unzulässiger Beschlüsse des Provinziallandtages, des Provinzialausschusses oder der Provinzialkommission (ProvO. § 118);

f) für Klagen gegen den Oberpräsidenten wegen Eintragung verweigerter gesetzlicher Leistungen in den Provinzialhaushaltsetat (a. a. O. § 121);

g) für Streitigkeiten zwischen Provinzialverbänden und Stadtgemeinden wegen Entschädigung für Übernahme von Straßenstrecken (DotationsG. v. 8. VII. 75 § 18);

h) für Klagen gegen den in letzter Instanz ergangenen Beschwerdebescheid des Regierungspräsidenten oder des Oberpräsidenten (LVG. § 127 Abs. 2, 130 Abs. 1), für Klagen gegen polizeiliche Verfügungen des Regierungspräsidenten in Sigmaringen (§ 130 Abs. 2);

i) für Klagen gegen den Regierungspräsidenten wegen Eintragung verweigerter gesetzlicher Leistungen der Kreise oder Stadtgemeinden in den Etat (ZustG. §§ 4, 19; in Berlin geht die Klage gegen den Oberpräsidenten);

k) für Klagen gegen den Oberpräsidenten von Berlin und den Regierungspräsidenten zu Sigmaringen wegen Festsetzung von Ordnungsstrafen gegen Bürgermeister, Beigeordnete usw. (§§ 15—21 DisziplG. v. 21. VII. 52, ZustG. § 20);

l) für Klagen des Schulverbandes einer Stadtschule gegen den Regierungspräsidenten wegen Eintragung in den Etat (ZustG. § 48; die Zwangsetatisierung gegen die einen eigenen Schulverband bildenden Gemeinden erfolgt gemäß G. v. 28. VII. 06 jetzt nach ZustG. §§ 19, 35);

m) für Klagen auf Zurücknahme der Genehmigung von Kleinbahnen und Privatanschlußbahnen seitens der zur Erteilung zuständigen Behörde (G. v. 28. VII. 92 §§ 24, 25, 49);

n) für Klagen gegen den Bescheid des Regierungspräsidenten, durch den Angehörigen eines anderen deutschen Bundesstaats die Erteilung der Aufnahmeurkunde versagt ist (ZustG. § 155);

o) für Klagen auf Anfechtung endgültiger Beschlüsse des Kreis- und Stadtausschusses, des Bezirksausschusses und Provinzialrats, die die Befugnisse der Behörde überschreiten oder das bestehende Recht verletzen (LVG. § 126);

p) für die Entscheidung von positiven oder negativen Kompetenzkonflikten zwischen Verwaltungsbehörden und Verwaltungsgerichten (LVG. § 113 Abs. 5);

q) für die Vorentscheidung darüber, ob ein Beamter sich einer Überschreitung seiner Amtsbefugnisse oder der Unterlassung einer ihm obliegenden Amtshandlung schuldig gemacht hat (LVG. § 114);

r) für das Disziplinarverfahren auf Entfernung aus dem Amte gegen gewählte und stellvertretende Mitglieder des Provinzialrats und des Bezirksausschusses (LVG. § 157 Nr. 2, 32; DisziplG. v. 21. VII. 52 § 14), gegen Mitglieder des Oberverwaltungsgerichts (Plenum, VerwGG. §§ 21ff.) und Beamte des Oberverwaltungsgerichts auf Entlassung (a. a. O. § 30a);

s) für Klagen der evangelisch-kirchlichen Gemeindeorgane gegen Verfügungen der Staatsbehörde nach Art. 27 G. v. 3. VI. 76, der katholischen Gemeindeorgane (G. v. 7. VI. 76 § 6) und die Klagen aus §§ 1 u. 5 G. v. 16. III. 82 (Kurmärkischer und Neumärkischer Ämterkirchenfonds).

Dritter Titel.

Gerichtsstand und Zuständigkeit.

1. Allgemeines.

Mit Zuständigkeit (Kompetenz) wird das Recht, das einem Gerichte auf die Entscheidung eines Rechtsstreites zusteht, benannt. Das Gesetz bezeichnet die Voraussetzungen, aus deren Vorhandensein sich die Kompetenz eines Gerichtes ergibt. Forum oder Gerichtsstand ist die Pflicht der Parteien, bei einem bestimmten Gerichte Recht zu nehmen. Das Forum ist das Korrelat zur Kompetenz. Die allgemeinen Regeln für die örtliche Zuständigkeit im Verwaltungsstreitverfahren finden sich in den §§ 57ff. LVG. Der § 57 bestimmt: „Zuständig in erster Instanz ist

1. in Angelegenheiten, welche sich auf Grundstücke beziehen, die Behörde (das Gericht) der belegenen Sache;
2. in allen sonstigen Fällen die Behörde desjenigen Bezirks (Kreis, Regierungsbezirk, Provinz), in welchem die Person wohnt oder die Korporation bzw. öffentliche Behörde ihren Sitz hat, welche im Verwaltungsstreitverfahren in Anspruch genommen wird . . .“

Diese Vorschriften sind absolut und können durch Vereinbarung der Parteien nicht geändert werden (prorogatio fori voluntaria — Erk. v. 21. X. 02 OVG. 42 163 und OVG. 47 367). Das Gesetz erkennt den Satz an: „actor sequitur forum rei.“ Wird die Klage wegen Unzuständigkeit des Gerichts abgewiesen, so hat die Abweisung nur Rechtskraft hinsichtlich des Nichtbestehens des vom Kläger behaupteten Gerichtsstandes. Es empfiehlt sich daher bei solchen Abweisungen, den Abweisungsgrund in den Urteilstenor aufzunehmen.

Indem das Gesetz (§ 57) einen persönlichen und einen dinglichen Gerichtsstand unterscheidet, knüpft es den persönlichen Gerichtsstand bei physischen Personen an den Wohnsitz, nicht auch, wie die ZPO., an den Aufenthaltsort oder den Ort der Beschäftigung, der Niederlassung, des Vermögens. Was unter Wohnsitz zu verstehen ist, darüber entscheidet das bürgerliche Recht (§§ 7 ff. BGB.). Der Wohnsitz ist dort, wo die Person den Mittelpunkt ihrer wirtschaftlichen Existenz hat. Die Ehefrau teilt den Wohnsitz des Ehemanns. Sie teilt ihn nicht, wenn der Mann seinen Wohnsitz im Auslande an einem Orte begründet hat an den sie ihm nicht folgt und zu folgen nicht verpflichtet ist. Solange der Mann keinen Wohnsitz hat oder die Frau seinen Wohnsitz nicht teilt, kann die Frau selbständig einen Wohnsitz haben. Eine Militärperson hat ihren Wohnsitz am Garnisonorte, doch nicht die Militärpersonen, die nur zur Erfüllung der Wehrpflicht dienen oder die nicht selbständig einen Wohnsitz begründen können.

Eigentümlich stellt sich die Sache, wenn ein Gewerbetreibender in einem Orte seinen Wohnsitz hat, in einem anderen Orte aber ein stehendes Gewerbe betreibt und der erstere Ort nicht innerhalb desselben Gerichtsbezirks liegt. Da die Ortspolizeibehörde des Betriebsortes die Aufsicht über das Gewerbe führt (Gewerbepolizei) und allein zuständig ist, die Klage auf Zurücknahme einer gewerblichen Bestallung (z. B. eines Fleischbeschauers, einer Hebamme) oder auf Untersagung der Ausübung des Gewerbes (z. B. eines Rechtskonsulenten) anzustellen (OVG. 20 343, 22 318), die Klage aber bei dem Gerichte des Wohnsitzes anzubringen ist, so wird mit der Entscheidung der Kreisausschuß des Wohnsitzes betraut, obwohl in seinem Bezirke die gewerbliche Niederlassung sich nicht befindet, auch das Gewerbe nicht ausgeübt wird. Schreitet die Ortspolizeibehörde des Betriebsortes mit einer gewerbepolizeilichen Verfügung gegen den Gewerbetreibenden ein, so ist bei erhobener Klage der Kreisausschuß zuständig, in dessen Bezirke die beklagte Polizeibehörde ihren Sitz hat (§ 57 Ziff. 2), weil die Klage dem Beklagten folgt.

Die gemäß § 53 RGewO. anzustellende Klage auf Entziehung der Schankkonzession ist bei dem Gerichte anzubringen, in dessen Bezirke das Schankgrundstück liegt (§ 97 Nr. 1 LVG.), wenn auch der Inhaber in einem anderen Bezirke seinen Wohnsitz hat (Erk. v. 29. V. 05 OVG. 47 331).

Das LVG. erwähnt nicht den Gerichtsstand der Widerklage; dennoch besteht dieser Gerichtsstand im Verwaltungsstreitverfahren wie im Zivilprozeßverfahren. Er ergreift alle Klagen, die sich zur Widerklage in dem mit der Klage eröffneten Verwaltungsstreitverfahren eignen. Der Kläger muß sich in dem Gerichtsstande des Beklagten auf dessen Widerklage einlassen, auch wenn der Kläger im Gerichtssprengel seinen Wohnsitz nicht hat.

Die Widerklage kann nur in erster Instanz erhoben werden, solange das Verfahren über die Klage dort schwebt. Die Widerklage muß in rechtlicher und tatsächlicher Weise mit der Klage zusammenhängen und dem Widerkläger muß ein rechtlich geschützter, mit Klage im Verwaltungsstreitverfahren verfolgbarer Anspruch gegen den Widerbeklagten zustehen (OVG. 7 321). Als Schulbeispiel dient die Klage aus § 66 Abs. 4 ZustG., Streitigkeit der Beteiligten, wem von ihnen die öffentlich-rechtliche Verbindlichkeit zur Räumung obliegt. Der Beklagte kann neben dem Antrag auf Abweisung der Klage beantragen, zu erkennen, daß nicht ihm, sondern dem Kläger die Räumung obliegt. Der Gerichtsstand ist für die Klage der dingliche, für die Widerklage der gleiche, zugleich aber der der Widerklage.

Das LVG. enthält keine allgemeinen Vorschriften über die sachliche Begrenzung der Kompetenz der Verwaltungsgerichte. Diese Vorschriften finden sich in den Spezialgesetzen, meist im ZustG. Nach diesen Gesetzen richtet sich auch, ob ein ausschließlicher Gerichtsstand gegeben ist. Nach dem Werte des Streitgegenstandes bestimmt sich weder der Gerichtsstand noch die Kompetenz.

Die Verfügungen, Beschlüsse und Entscheidungen eines Verwaltungsgerichts haben auch außerhalb des Gerichtssprengels Geltung; es kann außerhalb wohnende Personen, Zeugen und Sachverständige usw., vor sich laden und das Urteil ebenso außerhalb des Sprengels vollstrecken lassen. Die Vorschrift des GVG. (§ 167):

„Ein Gericht darf Amtshandlungen außerhalb seines Bezirks ohne Zustimmung des Amtsgerichts des Orts nur vornehmen, wenn Gefahr im Verzuge obwaltet. In diesem Falle ist dem Amtsgerichte des Orts Anzeige zu machen."

besteht für das Verwaltungsstreitverfahren nicht. Deshalb wird es für zulässig erachtet (vgl. § 77 LVG.), daß ein Kreis- oder Bezirksausschuß ohne weiteres außerhalb seines Gerichtssprengels die Einnahme des Augenscheins selbst vornimmt oder durch einen Kommissar vornehmen läßt.

2. Persönlicher Gerichtsstand.

Der § 12 ZPO. bestimmt:

„Das Gericht, bei welchem eine Person ihren allgemeinen Gerichtsstand hat, ist für alle gegen dieselbe zu erhebenden Klagen zuständig, sofern nicht für eine Klage ein ausschließlicher Gerichtsstand begründet ist."

der § 13:

„Der allgemeine Gerichtsstand einer Person wird durch den Wohnsitz bestimmt."

und der § 17 Abs. 1:

„Der allgemeine Gerichtsstand der Gemeinden, der Korporationen sowie derjenigen Gesellschaften, Genossenschaften oder anderen Vereine und derjenigen Stiftungen ...., welche als solche verklagt werden können, wird durch den Sitz derselben bestimmt. Als Sitz gilt, wenn nicht ein anderes erhellt, der Ort, wo die Verwaltung geführt wird."

Diese Bestimmungen können für das Verwaltungsstreitverfahren ebenfalls als maßgebend erachtet werden (§ 57 LVG.). Zu den Rechtssubjekten, die im § 17 ZPO. genannt sind, treten für das Verwaltungsstreitverfahren noch hinzu gewisse Behörden und Amtspersonen, die das öffentliche Interesse vertreten und gegen die gewisse Klagen zu richten sind (s. den Abschnitt „Parteien"). Bei diesen richtet sich der persönliche Gerichtsstand nach dem Orte, wo die Verwaltung geführt wird. Wird nach § 74 Abs. 3 LVG. ein Kommissar zur Wahrnehmung der Rolle des Beklagten ernannt, so ist in den möglichen Fällen (ZustG. §§ 9, 26, 114, 115; OVG. 21 390, 27 292, 356) der Gerichtsstand bereits bei Erhebung der Klage bestimmt gewesen und der Kommissar nimmt bei dem Gerichte Recht, das ihn ernannt hat. Wenn eine Korporation oder öffentliche Behörde ihren Sitz außerhalb ihres räumlichen Bezirks hat (z. B. haben die Landratsämter der Kreise Teltow und Niederbarnim ihren Sitz in Berlin), so ist diejenige Behörde zuständig, der dieser Bezirk angehört (also für jene Kreise der Bezirksausschuß zu Potsdam). Bei Klagen gegen den Kommunalverband der Provinz Brandenburg ist der Bezirksausschuß zu Potsdam das zuständige Gericht (§ 57 LVG.).

Im persönlichen Gerichtsstande sind die Klagen anzustellen: wegen Gültigkeit der Wahlen zum Kreistage, zum Kreisausschusse, Beanstandung gesetzwidriger oder unzulässiger Beschlüsse des Kreistages, der Kreiskommission, Eintragungen verweigerter gesetzlicher Ausgaben in den Etat der Landgemeinden durch den Landrat, in Streitigkeiten zwischen Armenverbänden über die Unterstützung Hilfsbedürftiger; ferner die Klagen gegen Polizeibehörden auf Aufhebung ihrer Anordnungen, gegen die Verfügungen der unteren Verwaltungsbehörden, durch die die Legitimationskarten versagt worden, gegen eine Krankenkasse auf Ersatz irrtümlich geleisteter Unterstützungen, Klage des Regierungspräsidenten auf Auflösung einer eingetragenen Genossenschaft, Klage gegen Beschlüsse der Handelskammer, der Landwirtschaftskammer, Klage der Aufsichtsbehörde auf Schließung eingeschriebener Hilfskassen usw.

Ist für das Verwaltungsstreitverfahren bei einer Angelegenheit, die zur Zuständigkeit des Kreis- oder Stadtausschusses gehört, die betreffende Kreiskorporation als solche beteiligt, so wird von dem Bezirksausschusse und, wenn ein Stadtkreis beteiligt ist, von dem Oberverwaltungsgerichte, ein anderer Kreis- oder Stadtausschuß für die Entscheidung bestimmt (LVG. § 59). Die Kreiskorporation muß aber wirkliche Partei oder wenigstens beigeladen sein. Hat die Korporation nur ein finanzielles

Interesse an dem Ausgange des Verwaltungsstreitverfahrens, so liegt der Fall des § 59 nicht vor (in dem Erk. v. 17. X. 87 OVG. 17 423 hatte ein Stadtausschuß über die Erteilung der Schankkonzession an einen Dritten zu erkennen, der in einem der Stadtgemeinde gehörigen Hause gemietet hatte; das Oberverwaltungsgericht nahm mit Recht an, daß § 59 nicht heranzuziehen sei).

Für die Fälle, wo ein doppelter Wohnsitz oder Sitz der Behörde vorliegt, siehe den nächsten Abschnitt (LVG. § 58).

3. Dinglicher Gerichtsstand.

In Angelegenheiten, die sich auf Grundstücke beziehen, bestimmt sich die örtliche Zuständigkeit der Verwaltungsgerichte nach der Lage des Grundstücks, es gilt das forum rei sitae als ausschließlicher Gerichtsstand (LVG. § 57). Die Zuständigkeit wird danach durch die Belegenheit des Grundstücks innerhalb des gerichtlichen Amtsbezirks bestimmt. Wege- und Vorflutstreitigkeiten, Streitigkeiten über die Grenzen eines Gemeinde- und Gutsbezirks, über die Eigenschaft einer Ortschaft als Gemeinde, wegen Heranziehung der Fabriken mit Vorausleistungen für den Wegebau (die Lage des Weges ist bestimmend), über die Frage, ob ein Gewässer als ein geschlossenes anzusehen ist, und ähnliche Streitigkeiten werden im sog. dinglichen Gerichtsstande (vgl. ZPO. § 24) entschieden. Sind mehrere Grundstücke in verschiedenen Gerichtsbezirken belegen oder handelt es sich um ein so belegenes Grundstück (rechtlich verbundene Einheit von Grundstücken) oder ist es zweifelhaft, zu welchem Bezirke sie gehören, so wird das zuständige Gericht durch den Bezirksausschuß und, wenn die Grundstücke in verschiedenen Regierungsbezirken liegen, durch das Oberverwaltungsgericht endgültig bestimmt (LVG. § 58). Dasselbe findet hinsichtlich des persönlichen Gerichtsstandes statt, wenn die Personen oder Korporationen, deren Angelegenheit den Gegenstand der Entscheidung bildet, in mehreren Bezirken wohnen oder ihren Sitz haben.

Die ZPO. (§§ 35, 36) läßt unter mehreren zuständigen Gerichten dem Kläger die Wahl (was sehr praktisch erscheint) und verordnet (§ 36), daß die Bestimmung des zuständigen Gerichts durch das im Instanzenzuge zunächst höhere Gericht nur zu erfolgen habe,

a) wenn es mit Rücksicht auf die Grenzen verschiedener Gerichtsbezirke ungewiß ist, welches Gericht zuständig sei,
b) wenn mehrere Streitgenossen zu belangen sind, die verschiedene persönliche Gerichtsstände haben,
c) wenn die Klage in dem dinglichen Gerichtsstande erhoben werden soll und die Sache (Grundstücke) in verschiedenen Gerichtsbezirken sich befinden usw.

Der Antrag auf Bestimmung des zuständigen Gerichts (LVG. § 58) hat vom Kläger auszugehen und kann bei dem Gerichte erster Instanz oder dem höheren gestellt werden (Erk. v. 22. XII. 94 OVG. 27 198 u. v. 9. I. 97 OVG. 31 23). Das Gesetz kennt eine Reihe von Fällen, in denen der Kreis- oder Stadtausschuß oder der Bezirksausschuß in Mitwirkung bei den Geschäften der allgemeinen Landesverwaltung zuerst in den Formen des Beschlußverfahrens (LVG. §§ 115ff.), alsdann auf Antrag eines Beteiligten (Klage oder Antrag auf mündliche Verhandlung) in denen des Verwaltungsstreitverfahrens verhandelt (z. B. §§ 68, 70, 77, 100, 115, 117, 140 usw. ZustG. u. § 19 des AnsiedelungsG. v. 15. VIII. 76); das Beschlußverfahren verwandelt sich in das Verwaltungsstreitverfahren, die Beschlußbehörde wird Verwaltungsgericht. Sind nun die für das Beschlußverfahren in Betracht kommenden Grundstücke in den Bezirken mehrerer Beschlußbehörden gelegen, so bestimmt nach § 58 LVG. der Regierungspräsident, der Oberpräsident oder der Minister des Innern die zuständige Beschlußbehörde, je nachdem die Bezirke demselben Regierungsbezirke, derselben Provinz, aber verschiedenen Regierungsbezirken, oder verschiedenen Provinzen angehören. Sobald eine derartige Bestimmung der Beschlußbehörde vorgenommen ist, verwandelt sich auf Klage eines Beteiligten die Beschlußbehörde in das Verwaltungsgericht von selbst, ohne daß der Bezirksausschuß oder das Oberverwaltungsgericht die Bestimmung des erkennenden Gerichts noch vorzunehmen haben. Wird dann ein Rechtsmittel gegen die Entscheidung des ernannten Kreis- oder Stadtausschusses eingelegt, so bedarf es ebenfalls keiner Bestimmung des für die Entscheidung über das Rechtsmittel zuständigen Bezirksausschusses, da der dem erkennenden Kreis- oder Stadtausschuß übergeordnete Bezirksausschuß gesetzlich zuständig ist (OVG. v. 17. I. 89 III 1015).

Ist entgegen den Vorschriften des § 58 LVG. ein Kreisausschuß vom Bezirksausschusse nicht bestimmt worden, hat vielmehr, ohne Einwendungen der Parteien, der Kreisausschuß, bei dem die Klage angebracht worden, erkannt, so hat der Bezirksausschuß in der Berufungsinstanz die Vorentscheidung aufzuheben und es kann sofort in einer Nebenverfügung (durch Beschluß) der zuständige Kreisausschuß bestimmt werden, vor dem das Verfahren auf Antrag des Klägers zu wiederholen ist. Die Klagefristen gelten nicht als versäumt.

Wenn der Bezirksausschuß oder das Oberverwaltungsgericht bei Prüfung der Frage, welches Gericht mit der Entscheidung zu betrauen ist (§ 58), Erhebungen anzustellen hat, so geschieht dies nicht in den Formen des Verwaltungsstreitverfahrens. Die Behörden handeln als gerichtliche Verwaltung. Der Beschluß, wodurch ein Gericht nach § 58 bestimmt wird, ist endgültig. Ist es zweifelhaft, in welchen Bezirken die in Betracht kommenden Grundstücke liegen, so darf nicht, wie beim Vorhandensein mehrerer Wohnsitze, ein Gericht unter mehreren nach freiem Ermessen gewählt werden, sondern die höhere Instanz hat den bestehenden Zweifel selbst zu beseitigen und festzustellen, in welchem der fraglichen

Gerichtsbezirke das Grundstück liegt, und danach das Gericht zu bestimmen. Diese Feststellung ist für den erkennenden Richter bindend (vgl. S. 28).

Lehnt der Bezirksausschuß die Bestimmung des Gerichts ab, weil nach seiner Ansicht die Voraussetzungen des § 58 nicht vorliegen, so ist dagegen die Beschwerde bei dem OVG. zulässig (§ 110 LVG.; vgl. § 567 ZPO.).

Nach § 61 KreisO. v. 13. XII. 72 bestimmt der Kreisausschuß endgültig denjenigen Amtsvorsteher (Bürgermeister), der die in bezug auf die öffentlichen Wege, Gewässer usw. notwendigen Anordnungen zu treffen hat, wenn die Wegestrecken usw. in verschiedenen Amtsbezirken liegen. Sind die Wegestrecken usw. in verschiedenen Kreisen, Regierungsbezirken oder Provinzen belegen, so bestimmt der Regierungspräsident oder der Oberpräsident oder der Minister zunächst denjenigen Kreisausschuß, der den Amtsvorsteher (Bürgermeister) nach § 61 KreisO. zu ernennen hat. Entsteht infolge des Erlasses einer polizeilichen Anordnung dieses Amtsvorstehers ein Verwaltungsstreitverfahren, so ist die Klage gegen den Amtsvorsteher zu richten, aber nicht ohne weiteres bei dem Kreisausschusse, in dessen Bezirke der Amtsvorsteher amtiert (persönlicher Gerichtsstand), anzubringen, vielmehr hat der Bezirksausschuß oder das Oberverwaltungsgericht vorab den zuständigen Kreisausschuß gemäß § 58 Abs. 1 Nr. 1 LVG. zu ernennen.

Für befristete Klagen nimmt das OVG. (Erk. v. 22. XII. 94 OVG. 27 195) an, daß, wenn die Klage bei einer der in Betracht kommenden Behörden rechtzeitig eingelegt ist, die Frist gewahrt sei. Es dürfte anzunehmen sein, daß die Frist auch gewahrt ist, wenn das Gesuch um Bestimmung des zuständigen Gerichts innerhalb der Klagefrist angebracht worden ist.

Stier-Somlo (LVG. § 57 Anm. 2) untersucht im Anschlusse an das Erk. des Oberverwaltungsgerichts v. 10. VI. 93 — I 581 (Zentralbl. d. UnterrichtsVerw. 798) die Frage, ob bei Klagen wegen Landschulbeiträgen gegen eine Stadtgemeinde (ZustG. § 46) der Kreisausschuß des Schulortes oder der Bezirksausschuß, in dessen Bezirk die Stadtgemeinde liegt, zuständig sei, also ob § 46 ZustG. oder § 57 LVG. ausschlaggebend sei. Es scheint kein Zweifel zu bestehen, daß der Kreisausschuß als dasjenige Gericht (dinglicher Gerichtsstand) ausschließlich zuständig ist, in dessen Bezirk die Schule liegt. Es geht dies schon aus dem Wortlaut des § 46 Abs. 4 insofern hervor, als darin ausgesprochen ist, daß alle in § 46 vorgesehenen Streitigkeiten nur dann vor den Bezirksausschuß gehören, wenn sie Stadtschulen betreffen. Daraus folgt, daß bei Landschulen, gleichgültig, ob gegen einen Beschluß der Schulbehörde (Abs. 1 u. 2) geklagt wird, oder ob die Beteiligten gegeneinander klagen, stets der Kreisausschuß, in dessen Bezirk die Schule liegt, ausschließlich zuständig ist. Der § 46 charakterisiert also alle darin genannten Streitigkeiten als solche, welche sich nach § 57 LVG. „auf Grundstücke beziehen". Ebenso liegt der Fall bei allen Streitigkeiten gemäß §§ 56 und 66 ZustG.; auch diese sind im dinglichen Gerichtsstande auszutragen, also vor dem Kreisausschusse, in dessen Bezirk die betreffenden Wege- oder Graben- oder Flußstrecken belegen sind; der Bezirksausschuß, in dessen Amtsbezirk die Strecken liegen, ist dann zuständig wenn ein Beschluß des Landrats angegriffen wird oder die Wege- und Flußstrecken in einem Stadtkreise usw. gelegen sind. Für Wegestreitigkeiten wird in § 56 Abs. 7 (Chausseen, Provinzialverbandswege usw.) noch eine hier nicht interessierende Ausnahme gemacht. Immer bleibt der dingliche Gerichtsstand ausschließlich maßgebend. Diese Beispiele zeigen, daß die Worte in § 57 LVG., „die sich auf Grundstücke beziehen", in weitestem Sinne aufzufassen sind. So hat das Oberverwaltungsgericht (Erk. v. 1. II. 04 — OVG. 45 259) mit Recht angenommen, daß selbst Klagen auf Erstattung des Geleisteten in Wegebausachen (§ 56 Abs. 6 ZustG.) bei dem Gerichte einzubringen sind, in dessen Bezirke der Weg liegt (Erk. v. 16. IX. 90 OVG. 20 246).

Nach § 26 ZPO. können persönliche Klagen gegen den Eigentümer oder Besitzer einer unbeweglichen Sache als solchen in dem dinglichen Gerichtsstande erhoben werden (erweiterter dinglicher Gerichtsstand), das Verwaltungsstreitverfahren dagegen hat hier nur einen ausschließlichen dinglichen Gerichtsstand. So wird z. B. auch die Klage des Jagdvorstehers (§ 24 JagdO. v. 15. VII. 07) auf Nichtigkeitserklärung des Jagdpachtvertrages bei dem Kreisausschusse der belegenen Sache, in dessen Amtsbezirk also der Jagdbezirk liegt, anzustellen sein, nicht bei dem Kreisausschusse, wo der beklagte Pächter wohnt. Gleiches gilt bei Streitigkeiten der Beteiligten über ihre im öffentlichen Rechte begründeten Berechtigungen und Verpflichtungen hinsichtlich der Ausübung der Jagd (§ 71 JagdO. v. 15. VII. 07, ZustG. § 105); denn das Jagdrecht steht jedem Eigentümer auf seinem Grund und Boden zu; es darf von dem Grundstücke nicht getrennt werden; das Recht und seine Ausübung ist eine Angelegenheit, die sich auf Grundstücke bezieht.

Die Vorschrift in § 58 LVG. findet infolge einer Spezialbestimmung des G. v. 6. VII. 75 § 30 keine Anwendung, wenn die zu einer Waldgenossenschaft zu vereinigenden Grundstücke in mehreren Waldschutzgerichts- bzw. Kreisausschußbezirken liegen. Es ist dann das Gericht zuständig, in dessen Bezirk der größte Teil der in Betracht kommenden Grundstücke liegt.

Den Gerichtsstand der Erbschaft, des Vertrages, des Meß- und Marktortes, der geführten Verwaltung, der unerlaubten Handlung (ZPO. §§ 27—32) kennt das Verwaltungsstreitverfahren nicht.

4. Prüfung der Zuständigkeit.

Da die Vorschriften über die Zuständigkeit der Verwaltungsgerichte im öffentlichen Interesse gegeben sind, hat der Verwaltungsrichter von

Amts wegen die Zuständigkeit durch alle Instanzen zu prüfen und im Falle der Verneinung, auch als Revisionsrichter unter freier Beurteilung des Sachverhalts, die Klage abzuweisen. Hängt die Beantwortung der Frage von der Prüfung gewisser Tatsachen ab, so erfolgt ihre Prüfung in der Form des Verwaltungsstreitverfahrens. Bejaht der Verwaltungsrichter seine Zuständigkeit, so hat er in der Sache selbst zu entscheiden. Während der Beklagte im Verwaltungsstreitverfahren auf Grund prozeßhindernder Einreden die Verhandlung zur Hauptsache im allgemeinen nicht verweigern, auch nicht eine Entscheidung über diese Einrede allein verlangen kann (vgl. § 275 ZPO.), so ist nach § 113 Abs. 4 LVG. gestattet, über die Einrede der Unzuständigkeit „vorab" zu entscheiden. Ist dies geschehen und das Urteil rechtskräftig geworden, so bindet es den Verwaltungsrichter, der über die Hauptsache entscheidet. Ist die Klage wegen Unzuständigkeit in erster Instanz abgewiesen worden und wird in höherer Instanz die Zuständigkeit bejaht, so kann der obere Richter je nach Lage der Sache gleich materiell erkennen, oder die Angelegenheit in eine Vorinstanz zurückverweisen. Er wird kein Bedenken tragen, sofort in der Sache in der Revisionsinstanz selbst zu erkennen, wenn es sich in der Hauptsache um Tatfragen nicht mehr handelt.

Hat der Bezirksausschuß auf Grund des § 58 LVG. die zuständige Gerichtsbehörde bestimmt, so ist daran das erkennende Gericht gebunden. Sollten aber die Voraussetzungen des § 58 überhaupt nicht vorgelegen haben und eine Bestimmung des zur Entscheidung berufenen Gerichts ungesetzlich erfolgt sein, weil z. B. die Grundstücke nicht in mehreren Bezirken belegen sind, so ist der erkennende Richter in der Beurteilung seiner Zuständigkeit frei.

Vierter Titel.

Ausschließung und Ablehnung der Gerichtspersonen.

Die Bestimmungen der bürgerlichen Prozeßgesetze über die Ausschließung und Ablehnung der Gerichtspersonen finden für das Verwaltungsstreitverfahren sinngemäße Anwendung (LVG. § 61 Abs. 1).

Das Verwaltungsstreitverfahren verlangt Unparteilichkeit der Gerichtspersonen, der Richter soll niemals dem subjektiven Zwecke der Partei dienen; deshalb werden persönliche Garantien gesucht, die verhindern sollen, daß dies etwa unbewußt geschieht (Wach, Deutscher Zivilprozeß 333).

Die ZPO. (§§ 41 ff.) nennt gewisse Tatsachen, die geeignet sind, einen Richter und einen Gerichtsschreiber (§ 49) gesetzlich von der Ausübung seines Amtes auszuschließen (Ausschließungsgründe), und gewisse Tatsachen, die den Parteien das Recht geben, die genannten Gerichtspersonen wegen Besorgnis der Befangenheit abzulehnen (Ablehnungsgründe).

Die ersteren stellt die ZPO. in § 41 zusammen; die Ausschließung erfolgt, wenn die Gerichtsperson selbst Partei ist oder ein Interesse an dem Ausgange des Prozesses hat (Erk. v. 7. XI. 01 — Kunze-Kautz 2 1182), wenn es sich um Angelegenheiten der Ehefrau, eines nahen Verwandten handelt, wenn der Richter in derselben Sache Prozeßbevollmächtigter oder Beistand gewesen ist, wenn er als Zeuge oder Sachverständiger vernommen worden ist, wenn er in der Sache bereits in einer Vorinstanz mitgewirkt hat usw.

So ist der auf Grund des § 74 Abs. 1 LVG. zum Vertreter eines Amtsvorstehers für die mündliche Verhandlung vor dem Kreisausschusse bestellte Kommissar gemäß § 41 Ziff. 4 ZPO. von der Ausübung des Richteramtes im Bezirksausschusse ausgeschlossen (Erk. v. 17. X. 90 — IV 1085). Ebenso darf eine Person, die im Merkpfahlsetzungsverfahren als Kommissar des Kreisausschusses tätig gewesen ist, nicht hinterher Richter sein (OVG. 21 196), wenn die Klage gegen die Festsetzung des Wasserstandes erhoben wird (ZustG. § 67 Abs. 2; OVG. 10 235). Auch darf jemand, der als Zeuge vernommen worden ist, in derselben Sache nicht Richter sein; das umgekehrte ist gesetzlich nicht ausgeschlossen (Erk. v. 13. V. 96 — IV 802).

Die Ausschließungsgründe sind von Amts wegen zu berücksichtigen. Die Parteien haben darüber kein Verfügungsrecht.

Die Ausschließungsgründe können von der Partei auch als Ablehnungsgründe geltend gemacht werden, daneben aber kann die Partei wegen allgemeiner Besorgnis der Befangenheit die Ablehnung beantragen. Eine Besorgnis der Befangenheit liegt vor, wenn gewisse Tatsachen geeignet sind, Mißtrauen gegen die Unparteilichkeit des Richters zu rechtfertigen. Solche Tatsachen sind u. a.: feindselige Gesinnung, Freundschaft mit dem anderen Teile, Bestechung, private Äußerung über den Rechtsstreit vor Beendigung der Erörterungen, Erteilung von Rat in derselben Sache.

Es ist nicht notwendig, daß die bestimmte Erwartung besteht, der Richter werde sich durch den Ablehnungsgrund wirklich beeinflussen lassen. Die auf Tatsachen gegründete Besorgnis genügt. Bei dem Mißtrauen gegen die Unparteilichkeit handelt es sich stets um die besonderen Verhältnisse einzelner richterlicher Personen; eine Ablehnung ganzer Verwaltungsgerichte kennt das Gesetz nicht (OVG. 39 449, 49 5).

Liegen die gesetzlichen Ausschließungsgründe vor oder wird von dem abgelehnten Richter der Ablehnungsgrund als richtig anerkannt, so tritt im Zivilprozesse der ein für allemal bestellte Vertreter ein; eines Gerichtsbeschlusses bedarf es dann nicht. Das gleiche gilt im Verwaltungsstreitverfahren für den Richter und Protokollführer. Da sowohl bei den Kreis- und Stadtausschüssen wie bei den Bezirksausschüssen an der Verhandlung meist mehr Richter teilnehmen, als zur Beschlußfassung notwendig sind, so scheidet das ausgeschlossene oder mit Recht abgelehnte

Mitglied einfach aus; das Kollegium braucht durch einen Stellvertreter des Ausgeschiedenen nicht ergänzt zu werden. Beim Bezirksausschusse müssen allerdings mit Einschluß des Vorsitzenden mindestens zwei ernannte, darunter ein zum Richteramt befähigtes, und ein gewähltes Mitglied mitwirken und fünf Mitglieder anwesend sein, bei dem Kreisausschusse drei. Hinsichtlich des Landrats und des Regierungspräsidenten besteht die besondere Vorschrift (LVG. § 61 Abs. 2), daß eine Besorgnis der Befangenheit aus der innerhalb ihrer Zuständigkeit geübten amtlichen Tätigkeit dieser Beamten nicht hergeleitet werden darf. Dies wird u. a. der Fall sein, wenn eine polizeiliche Verfügung auf Anweisung des Landrats oder Regierungspräsidenten von einer unterstellten Polizeibehörde erlassen ist und dagegen die Klage erhoben wird. Es ist zu beachten, daß der § 61 Abs. 2 LVG. nur von der Ablehnung aus Besorgnis der Befangenheit handelt, und lediglich eine Abänderung der Vorschrift in § 42 ZPO. sein soll. Die Vorschriften in § 41 ZPO., also die gesetzlichen Ausschließungsgründe werden davon nicht berührt. Sie bestehen für den Regierungspräsidenten und den Landrat, wie für jeden anderen Richter. Deshalb ist der Regierungspräsident gesetzlich ausgeschlossen, wenn er in erster Instanz als Landrat mitgewirkt hat, wenn die beklagte oder klagende Behörde durch ihn vertreten oder mit vertreten wird (Strombauverwaltung, Domänenverwaltung, Schulaufsichtsbehörde — OVG. 16 428, 27 309).

Es sind Zweifel entstanden, ob in Disziplinaruntersuchungen, für die die Verwaltungsgerichte zuständig sind, die Vorschriften des LVG. und der ZPO. oder die der StPO. hinsichtlich der Ausschließung und Ablehnung eines Richters maßgebend sind. In Übereinstimmung mit dem Erk. v. 9. VI. 88 (OVG. 16 396) ist das erstere anzunehmen.

Für das Verfahren, betreffend die auf Antrag einer Partei zu erfolgende Ablehnung eines Richters sind bestimmte Vorschriften gegeben (LVG. § 62), die durch die Bestimmungen der ZPO. eine Ergänzung erfahren.

Über das Ablehnungsgesuch beschließt das Gericht, soll der Vorsitzende des Kreis- oder Stadtausschusses oder des Bezirksausschusses abgelehnt werden, das nächst höhere Gericht. Der Beschluß, durch den das Gesuch für begründet erklärt wird, ist endgültig. Wird das Gesuch für unbegründet erklärt, so kann innerhalb zweier Wochen die Beschwerde an das im Instanzenzuge zunächst höhere Gericht eingelegt werden. Das letztere entscheidet endgültig. Die Verhandlung erfolgt in nicht öffentlicher Sitzung und zwar in allen Instanzen. Der abgelehnte Richter kann der Beschlußfassung, ohne sein Stimmrecht auszuüben, beiwohnen. Wird das Gericht durch das Ausscheiden eines Richters beschlußunfähig, so entscheidet das zunächst höhere Gericht und bestimmt, an welchen Gerichtshof die Sache zu verweisen ist, endgültig.

Bei Zurückweisung des Antrages muß, bevor in der Sache selbst erkannt wird, der Partei die Zeit zur Einlegung der Beschwerde gelassen werden (Erk. v. 9. II. 85 OVG. 11 279 u. OVG. 34 155). Nach der ZPO. hat die Beschwerde keine aufschiebende Wirkung. Wenn das Urteil im Verwaltungsstreitverfahren sofort erlassen wird, ist die Beschwerde als gegenstandslos überhaupt unzulässig.

Die im § 62 LVG. gemeinte höhere Instanz ist immer das im Instanzenzuge höhere Gericht. Dies zeigt sich z. B. in Streitigkeiten zwischen Armenverbänden über die Unterstützung Hilfsbedürftiger (§ 39 ZustG.). Da die Berufung gegen die Entscheidung des Bezirksausschusses an das Bundesamt für das Heimatwesen geht, so hat auch dieses die Befugnisse des „nächst höheren Gerichts". Das Oberverwaltungsgericht scheidet also aus. Bei der Feststellung der Entschädigung in Folge von Anträgen eines Uferbesitzers auf Einräumung von Rechten behufs Ausführung von Bewässerungsanlagen (§ 78 ZustG.), geht die Beschwerde gegen den Beschluß des Kreis- oder Stadtausschusses an das Oberlandeskulturgericht. Ist ein ordentliches Rechtsmittel in der Sache selbst nicht gegeben, so gilt als Beschwerdeinstanz des Kreisausschusses der Bezirksausschuß und als die des letzteren das Oberverwaltungsgericht.

Das Oberverwaltungsgericht beschließt, wenn eines seiner Mitglieder abgelehnt wird, selbst. Bei Ablehnung des Gesuchs kann sofort erkannt werden.

Die Berechtigung, einen Richter abzulehnen, haben die Parteien, ihre Vertreter und Beistände, ebenso der Beigeladene. Die Ablehnungserklärung kann wie jede andere Parteierklärung schriftlich oder mündlich im Verhandlungstermine oder vorher zu Protokoll abgegeben werden. Sie bedarf keiner besonderen Form. Der Ablehnungsgrund ist glaubhaft zu machen. Es kann auf die amtlich abzugebende Erklärung des abgelehnten Richters Bezug genommen werden (ZPO. § 44), worauf sich der Richter dienstlich zu äußern hat. Auch im übrigen muß sich der abgelehnte Richter über das Ablehnungsgesuch stets äußern.

Der Zeitpunkt für Anbringung des Ablehnungsgesuches im Zivilprozesse ist in § 43 ZPO. dahin bestimmt, daß es angebracht werden muß, bevor sich die Partei in eine Verhandlung eingelassen oder Anträge gestellt hat. Wird es später angebracht, so ist glaubhaft zu machen, daß der Ablehnungsgrund dem Antragsteller (oder der Partei) ebenfalls erst später bekannt geworden oder entstanden sei. Jedenfalls darf das Urteil noch nicht gesprochen sein. Im Verwaltungsstreitverfahren ist das Ablehnungsgesuch zu stellen vor dem Termine schriftlich oder vor der Verhandlung zur Sache durch die anwesende Partei bezw., wenn sie nicht anwesend oder nicht vertreten ist, vor Beginn der Verhandlung zur Sache überhaupt. Sind gesetzliche Ausschließungsgründe in erster Instanz nicht berücksichtigt worden, so kann ein späterer Hinweis darauf selbst bei Gelegenheit der Einlegung eines Rechtsmittels stattfinden. Hält der Berufungsrichter den Einwand für berechtigt, so kann er in der Sache selbst erkennen, ohne daß ein Zwang besteht, sie in die Vorinstanz zurückzuverweisen. Was vom Richter gilt, gilt sinngemäß vom Protokollführer, sofern die Gültigkeit der Verhandlung von seiner Mitwirkung abhängt, wie bei Beweisverhandlungen, bei der mündlichen Verhandlung (LVG. §§ 77, 75). Die Entscheidung über die Ablehnung erfolgt durch das Gericht, bei dem der Protokollführer angestellt ist, nicht etwa durch den Kommissar, der die Beweisverhandlungen leitet Der § 41 Ziff. 5 ZPO. ist unmittelbar auf den Protokollführer anwendbar, dagegen ist die Anwendung des § 41 Ziff. 6 im Verwaltungsstreitverfahren ausgeschlossen.

Nach § 46 ZPO. kann die Entscheidung über ein Ablehnungsgesuch ohne vorgängige mündliche Verhandlung erfolgen. Der § 62 Abs. 2 LVG. verordnet nur, daß die Verhandlung in nicht öffentlicher Sitzung erfolgen soll. Sind die Parteien nicht anwesend, so wird der Antrag vom Referenten vorgetragen und der Beschluß den Parteien zugestellt.

Die Wirkungen des Beschlusses, durch den das Gesuch für begründet erklärt worden, gehen, wenn der abgelehnte Richter oder Protokollführer dennoch mitgewirkt hat, dahin, daß dadurch die Revision und die Wiederaufnahmeklage begründet sind. Ipso jure ist der richterliche Akt nicht etwa nichtig (Erk. v. 22. I. 96 — IV 128).

Die Befugnisse des § 62 LVG. über das Ablehnungsgesuch zu befinden, hat das ganze Gericht; den beiden ernannten Mitgliedern des Bezirksausschusses kommt die Entschließung nicht zu (OVG. 11 279).

Fünfter Titel.

Dienstliche Aufsicht über die Verwaltungsgerichte.

Nach § 48 LVG. wird die dienstliche Aufsicht über die Geschäftsführung der Kreis- und Stadtausschüsse von dem Regierungspräsidenten, in Berlin von dem Oberpräsidenten, die Aufsicht über die Geschäftsführung des Bezirksausschusses von dem Oberpräsidenten geführt.

Der § 48 nennt die Aufsichtsinstanz für den Magistrat als Verwaltungsgericht nicht; er untersteht der dienstlichen Aufsicht des Regierungspräsidenten.

Die Aufsichtsbehörden sind zur Vornahme allgemeiner Geschäftsrevisionen befugt.

Auf Vorstellungen (Beschwerden) gegen die Aufsichtsverfügungen des Regierungspräsidenten entscheidet endgültig der Oberpräsident, auf die Vorstellungen gegen die Verfügungen des letzteren der Minister des Inneren.

Der § 48 LVG. ist nachgebildet den Vorschriften, welche für die richterlichen Behörden erlassen sind. Der § 78 des AusfG. zum Deutschen GVG. v. 24. IV. 78 (GS. 230) lautet:

„Das Recht der Aufsicht steht zu:

1. dem Justizminister hinsichtlich sämtlicher Gerichte und der Staatsanwaltschaften;
2. dem Präsidenten des Oberlandesgerichts hinsichtlich dieses Gerichts, sowie der Gerichte des Bezirks;
3. dem Präsidenten des Landgerichts hinsichtlich dieses Gerichts, sowie der Gerichte des Bezirks usw.

Das Recht der Aufsicht erstreckt sich auf alle bei den bezeichneten Behörden angestellten oder beschäftigten Beamten."

und § 80:

„In dem Recht der Aufsicht liegt die Befugnis, gegenüber nicht richterlichen Beamten die ordnungswidrige Ausführung eines Amtsgeschäftes zu rügen und die Erledigung eines Amtsgeschäfts durch Ordnungsstrafen . . . zu erzwingen.

Ob und in welchem Umfange gleichartige Befugnisse gegenüber richterlichen Beamten zur Anwendung gelangen, bleibt der Bestimmung der Disziplinargesetze vorbehalten."

Dazu bestimmt § 23 G. v. 9. IV. 79 (GS. 345):

„Richterlichen Beamten gegenüber liegt in dem Recht der Aufsicht (§ 78 G. v. 24. IV. 78) die Befugnis, die ordnungswidrige Ausführung eines Amtsgeschäfts zu rügen und zu dessen rechtzeitiger und sachgemäßer Erledigung zu ermahnen."

Nach § 85 G. v. 24. IV. 78 sind Beschwerden, welche Angelegenheiten der Justizverwaltung, insbesondere den Geschäftsbetrieb und Verzögerungen betreffen, im Aufsichtswege zu erledigen.

Im übrigen sind die Gerichte nur dem Gesetze unterworfen. Es darf mithin durch Ausübung der Dienstaufsicht bei den ordentlichen Gerichten (und ebenso bei den Verwaltungsgerichten) keine Einwirkung auf den Inhalt der Rechtsprechung und die sachliche Entscheidung versucht werden (Turnau, Justizverfassung in Preußen).

Die dienstliche Aufsicht (auch allgemeine Dienstaufsicht genannt) bezieht sich auf die Tätigkeit des Kreisausschusses und des Bezirksausschusses als Verwaltungsgericht, wie auf diejenige der einzelnen Mitglieder und der bei den Gerichten tätigen sonstigen Beamten.

Werden die Dienstaufsichtsinstanzen mit Beschwerden angegangen, welche die Leitung des Verfahrens betreffen, so sind die Beschwerden zur Behandlung nach den Vorschriften im § 110 LVG. an die danach zuständigen gerichtlichen Instanzen abzugeben. Das gleiche gilt in Kostensachen (§ 109). Geeignetenfalls kann, wenn sich die allgemeine dienstliche Aufsicht unbefugt einmischt, nach § 113 der Kompetenzkonflikt beim Oberverwaltungsgerichte erhoben werden.

Über das Oberverwaltungsgericht besteht keine allgemeine dienstliche

Aufsicht. Die dienstliche Aufsicht über die bei ihm angestellten nicht richterlichen Beamten übt der Präsident aus.

Sechster Titel.

Mündlichkeit und Schriftlichkeit.

Die ZPO. (§ 128) stellt bei den Vorschriften über das Verfahren den Satz an die Spitze:

„Die Verhandlung der Parteien über den Rechtsstreit vor dem erkennenden Gerichte ist eine mündliche."

Die Mündlichkeit bildet danach die Regel; sie geht so weit, daß das Gericht für die Entscheidung nichts berücksichtigen darf, was nicht mündlich vorgetragen worden ist. Die Mündlichkeit darf nur dann ausgeschlossen werden, wenn das Gesetz selbst dies gestattet und Schriftlichkeit vorschreibt. Solche Fälle sind: die Erhebung der Klage, die Einlegung eines Rechtsmittels, das Gesuch um Wiedereinsetzung in den vorigen Stand (§ 236), Streitverkündung usw. Das Gesetz läßt auch in gewissen Fällen den Richter oder die Partei zwischen Anwendung der Mündlichkeit und der Schriftlichkeit wählen (§§ 37, 46, 126, 573). Die Schrift dient anderseits ausschließlich zur Beurkundung von Förmlichkeiten und abgegebenen Willenserklärungen (§§ 159, 160, 164), des Tatbestandes im Urteil (§ 313, 314) usw. Schließlich ist die Schriftlichkeit dazu berufen, das Gedächtnis des Richters zu unterstützen, ohne daß das, was darin enthalten ist, bindende Kraft hat (z. B. in den vorbereitenden Schriftsätzen).

Das Verwaltungsstreitverfahren schließt sich dem alten preußischen Zivilprozesse an. Die Mündlichkeit bildet nicht das beherrschende Prinzip. Der § 6 VerwGG. hatte noch vorgeschrieben:

„Die Endurteile in streitigen Verwaltungssachen werden, soweit nicht nachstehend ein anderes bestimmt ist, auf Grund mündlicher Verhandlung unter den Parteien erlassen."

Diese Vorschrift ist in das LVG. nicht übernommen worden.

Die Schriftlichkeit ist u. a. ausdrücklich vorgesehen für:

a) die Klage (LVG. § 63), sie kann auch zu Protokoll beim Gerichte erklärt werden;
b) das Protokoll über die mündliche Verhandlung, Beurkundung ihrer wesentlichen Vorgänge (§ 75);
c) die Beweisverhandlungen (§ 77);
d) die Ausfertigung von Vorbescheiden und Erkenntnissen (§§ 64, 81);
e) die Einlegung der Berufung (§ 86);
f) die Zurückweisung der Berufung, weil verspätet (§ 86);
g) der Anschluß an die Berufung (§ 87) usw.

In einzelnen Fällen hat die Partei die Wahl, die Erklärungen in einem Schriftsatze oder in der mündlichen Verhandlung abzugeben. Der Richter ist sogar befugt, statt eines Endurteils einen Vorbescheid (§ 64

Abs. 1, 2, 3, 4, § 67) sofort nach Eingang der Klage oder nach stattgehabtem Schriftwechsel zu erlassen, ohne daß mündliche Verhandlung stattgefunden, im Falle des § 67, wenn keine der Parteien mündliche Verhandlung beantragt hat. Schreibt das Gesetz mündliche Verhandlung ausdrücklich vor (z. B. in Gewerbesachen, RGewO. § 21), so besteht kein Zwang für die Parteien, darin zu erscheinen und dort maßgebende mündliche Erklärungen abzugeben. Es muß nur ein Termin zur mündlichen Verhandlung anberaumt und der Termin abgehalten werden. Es ist damit das den Vorschriften der ZPO. entgegengesetzte Prinzip aufgestellt, daß gewisse Streithandlungen, für die die Schriftlichkeit vorgesehen ist, zwar in einem Schriftsatze oder zu Protokoll abgegeben werden müssen, daß aber ein Zwang zur Abgabe mündlicher Erklärungen nicht vorliegt. Der Richter hat das, was schriftlich von den Parteien niedergelegt ist, stets zu berücksichtigen. Ist gegen einen Beschluß der Beschlußbehörde der Antrag auf mündliche Verhandlung gestellt, so ist sogar das zu berücksichtigen, was im Beschlußverfahren vorgebracht ist, selbst wenn in dem eröffneten Verwaltungsstreitverfahren nicht ausdrücklich darauf Bezug genommen ist (z. B. in den Fällen des ZustG. §§ 114, 115). Nach dem LVG. kann das Gericht zur Aufklärung des Sachverhalts das persönliche Erscheinen einer Partei zwar anordnen (vgl. § 141 ZPO.); aber das Gericht hat kein Mittel, das Erscheinen oder die Abgabe von Erklärungen zu erzwingen; welche Folgen aus dem Ungehorsam zu ziehen sind, steht im freien Ermessen des Gerichts (ZPO. § 286, LVG. § 79). Ist das persönliche Erscheinen von der Gegenpartei angeregt, so ist das Unterbleiben der Anordnung kein Revisionsgrund (Erk. v. 8. V. 95 PrVBl. 16 486). Das Fernbleiben der Partei in der mündlichen Verhandlung gilt im allgemeinen nur als Verzicht auf den Vortrag mündlicher Ausführungen.

Ist Beweis erhoben oder wird auf Vorakten Bezug genommen, deren Inhalt den Parteien bekannt ist, so brauchen die Beweisverhandlungen und die Verhandlungen aus den Vorakten in der mündlichen Verhandlung nicht wörtlich vorgelesen zu werden. Es genügt, wenn in dem Vortrage des Referenten darauf im allgemeinen oder auf das Wesentliche Bezug genommen wird, es müßte denn die wörtliche Verlesung beantragt und beschlossen werden. Der Vortrag des Referenten hat überhaupt nur den Zweck, das Gericht und die Parteien auf die maßgebenden Gesichtspunkte aufmerksam zu machen. Der Vortrag des Referenten kann durch den der Parteien ersetzt werden. In der Entscheidung selbst muß allerdings das ganze schriftliche und mündliche Material berücksichtigt werden, mag es vom Referenten oder den Parteien in der mündlichen Verhandlung erwähnt worden sein oder nicht.

Haben mehrere Termine zur mündlichen Verhandlung stattgefunden, so brauchen die Parteien ihre früheren Erklärungen und Anträge nicht zu wiederholen.

Im Urteile selbst kann der Tatbestand, entgegen den Vorschriften der ZPO., fehlen, wenn auch gemeinhin in den Urteilen ein genauer Tatbestand gebracht wird. Er hat aber nicht die Bedeutung des Tatbestandes des Zivilprozesses (§§ 313, 314, 320).

In gewissen Fällen haben die Parteien das Recht, in mündlicher Verhandlung gehört zu werden. So kann jede Partei mündliche Verhandlung beantragen, bis das Endurteil erlassen oder wenn ein Bescheid ergangen, innerhalb zweier Wochen vom Tage seiner Zustellung (§§ 64 Abs. 4, 67, 89 LVG.). Der Verzicht einer Partei auf mündliche Verhandlung hindert die andere nicht, solche zu fordern. Ist einmal mündliche Verhandlung anberaumt gewesen, so braucht das Gericht den wiederholten Antrag auf mündliche Verhandlung nicht zu berücksichtigen; hat aber eine Beweisaufnahme außerhalb der mündlichen Verhandlung stattgefunden, so kann das Endurteil ohne mündliche Verhandlung nur erlassen werden, wenn beide Teile darauf verzichtet haben. Erläßt der Verwaltungsrichter nach der Beweisaufnahme oder nach der mündlichen Verhandlung unzweckmäßigerweise und entgegen dem Gesetze kein Endurteil, sondern nach § 67 einen Bescheid, so muß auf den Antrag einer Partei dann mündliche Verhandlung dennoch angesetzt werden (Erk. v. 16. XI. 97 OVG. 33 206), dabei wird vorausgesetzt, daß wirklich die Form des Bescheides gewählt worden ist.

Siebenter Titel.

Sitzungspolizei.

Das LVG. begnügt sich mit wenigen Vorschriften (§ 72). Der Vorsitzende kann aus einer öffentlichen Sitzung jeden Zuhörer entfernen lassen, der Zeichen des Beifalls oder des Mißfallens gibt oder Störung irgendeiner Art verursacht. Parteien, Zeugen, Sachverständige, die den zur Aufrechterhaltung der Ordnung erlassenen Befehlen des Vorsitzenden nicht gehorchen, können auf Beschluß des Gerichts aus dem Sitzungszimmer entfernt werden. Gegen die bei der Verhandlung beteiligten Personen wird sodann in gleicher Weise verfahren, wie wenn sie sich freiwillig entfernt hätten. Dem Vorsitzenden liegt also die Sitzungspolizei ob (ebenso GVG. § 177), und zwar gegenüber jeder im Sitzungszimmer anwesenden Person. Gelingt ihm die Aufrechterhaltung der Ordnung nicht, so kann die Sitzung vertagt werden. Das Einschreiten durch zwangsweise Entfernung von Parteien, wozu ihre Vertreter gehören, von Zeugen und Sachverständigen gebührt nur dem Gerichte selbst. Eine Strafgewalt, wie sie das GVG. §§ 178ff. festsetzt, steht den Verwaltungsgerichten nicht zu.

Man wird nicht fehlgreifen, wenn auch der Kommissarius des Gerichts bei Beweisaufnahmen für befugt erklärt wird, Zeugen, Parteien und

Sachverständige, die sich einer Ungebühr schuldig machen, entfernen zu lassen (vgl. GVG. § 182). Ohne diese Befugnis kann eine ordnungsmäßige Verhandlung nicht stattfinden.

Über die Vorgänge wird das Protokoll das Erforderliche zu enthalten haben, zumal wenn sich an die Entfernung rechtliche Folgen knüpfen (§ 75).

Bei der durch Beschluß des Gerichts bewirkten Entfernung einer Partei wird, da das LVG. das in der ZPO. durchgeführte Kontumazialverfahren nicht kennt, sofern die bisherigen Erklärungen der entfernten Partei nicht ausreichen, um das Endurteil zu erlassen, ein neuer Verhandlungstermin anberaumt werden müssen; gemäß § 104 können dann der entfernten Partei die entsprechenden Kosten auferlegt werden. Bei Zeugen und Sachverständigen treten die allgemeinen Folgen des Ungehorsams ein (LVG. § 78, ZPO. § 380). Auch der Zeuge und Sachverständige kann zur Tragung der durch die Entfernung verursachten Kosten, sowie zu einer Geldstrafe bis zu 150 Mk. verurteilt werden. Dagegen Beschwerde nach § 78 Abs. 2.

Die Entfernung von Zuhörern darf nicht zur gänzlichen Aufhebung der Öffentlichkeit führen. Sollten alle Zuhörer entfernt werden müssen und eine weitere Störung zu befürchten sein, so wird in Frage kommen, ob die Öffentlichkeit nicht in den Formen des § 72 Abs. 2 auszuschließen sei (vgl. JW. 00 616).

Die Maßnahmen des Vorsitzenden können weder durch Anrufung des Kollegiums noch sonst angefochten werden, wie auch bei gleichem Falle nach der ZPO. ein Rechtsmittel ausgeschlossen ist. Dagegen erscheint die Beschwerde aus § 110 gegen die Beschlüsse des Gerichts zulässig.

Achter Titel.

Fristen.

Wo die Gesetze für die Anbringung der Klage oder des Antrags auf mündliche Verhandlung im Verwaltungsstreitverfahren keine andere als zweiwöchentliche Frist vorschreiben, beträgt die Frist seit Erlaß des LVG. (§ 51) zwei Wochen. Durch diese Vorschrift werden aber die im ZustG. v. 1. VIII. 83 (vgl. §§ 71, 150 Abs. 4) und in späteren Gesetzen (OVG. 32 332) abweichend bestimmten Fristen nicht berührt. Alle Fristen im Verwaltungsstreitverfahren sind präklusivisch, d. h. sie wirken ausschließend, sind Notfristen; ihre Versäumnis zieht den Verlust des Rechtsbehelfs nach sich. Sie beginnen, sofern die Gesetze nichts anderes vorschreiben, mit der Zustellung. Mit dem Ablaufe des letzten Tages der Frist (Mitternacht) tritt der Verlust des Rechtsbehelfs ein. Zu bemerken ist gleich hier, daß die Fristen zur Gegenerklärung auf die Klage, auf die Berufung usw. nicht präklusivisch sind. Dagegen sind die Fristen zur Einlegung des Einspruchs, der Reklamation, des Antrags auf Beschluß durch das Kollegium (§ 117 Abs. 3 LVG.) präklusivisch.

Das LVG. kennt, wie die ZPO., gesetzliche und richterliche Fristen. Zu den gesetzlichen gehören die Notfristen, die, weil ihre Festsetzung im öffentlichen Interesse erfolgt ist, weder mit Zustimmung der Gegenpartei noch des Gerichts verlängert werden dürfen (OVG. 5 100, 6 130, 14 190, 22 178). Die Verlängerung einzelner gesetzlicher Fristen gestattet das Gesetz (z. B. zur Rechtfertigung der Berufung, Vervollständigung der Klage in den Fällen der §§ 47 Abs. 4, 56 Abs. 6, 66 Abs. 4 ZustG.). Werden Notfristen versäumt, so ist die Wiedereinsetzung in den vorigen Stand nach Vorschrift des § 112 LVG. zulässig. Der versäumte Rechtsbehelf kann dann mit dem Antrage auf Wiedereinsetzung nachgeholt werden.

Richterliche Fristen sind die „vom Richter“ gestellten, mag die Dauer durch das Gesetz begrenzt oder dem richterlichen Ermessen überlassen sein. Der Beginn und die Dauer der Frist hängen von der richterlichen Festsetzung ab. Solche Fristen werden zur gewöhnlichen Vervollständigung der Klage, zur Gegenerklärung auf die Klage, zur Rechtfertigung von Rechtsmitteln usw. gegeben. Der Richter kann eine Frist auch durch konkludente Handlungen bewilligen, doch wird dabei immer ein Antrag der Partei vorausgesetzt (Erk. v. 1. X. 87 PrVBl. 9 48). In einem Falle hatte eine Partei die Revision eingelegt und um Nachfrist zur Rechtfertigung gebeten; der Kreisausschuß hatte darauf keine Verfügung erlassen. Das Oberverwaltungsgericht nahm an, daß darin eine stillschweigende Verlängerung läge (Erk. v. 11. X. 01 OVG. 40 441). Der Antrag auf Bewilligung einer Nachfrist muß vor Ablauf der gesetzlichen Frist bei dem Gerichte eingegangen sein. Die Bewilligung einer Nachfrist ist gültig, selbst wenn die Verfügung selbst nach Ablauf der Frist ergangen ist (OVG. 34 146). Der Richter soll nicht unterlassen zu bestimmen, mit welchem Tage die Frist abläuft, oder mit welchem Tage die Frist beginnt. Wird eine Nachfrist von gewisser Dauer (z. B. zwei Wochen) bewilligt, so beginnt sie, wenn der Inhalt der Verfügung nichts anderes besagt, vom Tage des Ablaufs der gesetzlichen Frist (OVG. 26 434).

Verjährung und Frist sind zwei ganz verschiedene Rechtsinstitute. Der Unterschied besteht darin, daß durch die Verjährung ein zeitlich an sich unbeschränktes Recht infolge Nichtausübung innerhalb der Verjährungsfrist aufgehoben wird, während die Frist die Entstehung eines Rechts einer zeitlich bestimmten Schranke unterwirft, dergestalt, daß es nur durch Ausübung innerhalb der Frist zur Entstehung gelangt (Erk. v. 28. XI. 88 OVG. 17 232).

Die Innehaltung der Notfristen ist von Amts wegen zu prüfen, ihre Prüfung liegt auch dem Revisionsrichter ob.

Während nach der ZPO. der Lauf der Fristen durch die Gerichtsferien gehemmt wird (§ 223), geschieht dies im Verwaltungsstreitverfahren nicht. Fristen, deren Ende auf einen Sonntag oder staatlich anerkannten Feiertag fällt, laufen erst mit dem nächsten Werktage ab (ZPO. § 222). Im übrigen sind für die Berechnung der Fristen die bürgerlichen Prozeßgesetze (§§ 221ff.) maßgebend. Die ZPO. verweist für die Berechnung der Fristen (§ 222) auf die Vorschriften des BGB. Hier sind die §§ 187 bis 192 von Belang; danach endigt eine nach Tagen bestimmte Frist mit dem Ablaufe des letzten Tages der Frist. Unter einem halben Jahre wird eine Frist von sechs Monaten, unter Anfang des Monats der erste, unter der Mitte des Monats der fünfzehnte, unter Ende des Monats der letzte Tag des Monats verstanden.

In Preußen sind allgemeine Feiertage: Weihnachten, Ostern, Pfingsten mit je zwei Tagen. Neujahr, Karfreitag, Himmelfahrt, Bußtag (Mittwoch vor dem letzten Trinitatissonntage).

Der § 52 Abs. 1 LVG. bestimmt, daß alle Fristen mit der Zustellung beginnen, sofern nicht die Gesetze anderes vorschreiben; das letztere ist der Fall bei Nichtigkeits- und Restitutionsklagen (§ 100 LVG., § 586 ZPO.), bei Reklamation, wenn die Frist von der Offenlegung der Steuerlisten an gerechnet wird, ferner, wenn ohne Erlaß einer polizeilichen Verfügung mit unmittelbarem Zwange vorgegangen wird; dann beginnt die Frist, sobald der Beteiligte von dem Zwange Kenntnis erhalten hat, ebenso, wenn eine polizeiliche Verfügung an den A. erlassen ist, aber auch gegen den B. wirkt. Für den B. beginnt die Frist, sobald er Kenntnis von der Verfügung erhalten hat. Auch ist die Zustellung für den Beginn dann nicht bestimmend, wenn eine richterliche Frist bestimmt wird und der Richter den Beginn der Frist an einen gewissen Tag knüpft usw. Ein Telegramm wahrt die Frist (OVG. v. 7. XI. 83 I 1151, v. 19. III. 84 I 387), ebenso ein Schriftsatz, der von der Partei nicht unterschrieben ist, aus dessen Inhalt aber der Verwaltungsrichter entnimmt, daß er von der Partei oder ihrem Vertreter herrührt.

Neunter Titel.

Zustellungen. Belehrung über Rechtsmittel.

Für die Zustellung der Verwaltungsgerichte gibt es im allgemeinen keine gesetzlichen Vorschriften, wie sie die ZPO. (§§ 166ff.) aufstellt (OVG. 5 264, 17 442, 26 438). Alle Zustellungen erfolgen von Amts wegen, während im Zivilprozesse in der Regel der Betrieb der Zustellungen den Parteien obliegt. Die Regulative für die Kreisausschüsse, Bezirksausschüsse usw. enthalten Bestimmungen für die Zustellungen dieser Behörden; darin wird zugleich vorgeschrieben, wie an gesetzliche

Vertreter, an Behörden, im Auslande zuzustellen ist. Bei den Kreisausschüssen erfolgen die Zustellungen durch eigene Beamte oder durch die den Kreisausschüssen nachgeordneten Behörden (Polizeiverwaltungen, Gemeinde- und Gutsvorsteher) oder durch die Post. Jedenfalls haben die Behörden, gegen deren Verfügungen eine Klage erhoben wird, für die Beweismittel über die Zustellung und ihren Zeitpunkt zu sorgen. Im Zweifel liegt ihnen die Beweislast ob (OVG. 5 261, 31 245); der Kläger hat nicht unter Beweis zu stellen, daß er die Fristen innegehalten hat. Die Innehaltung ist übrigens von Amts wegen zu prüfen. Ist nur der Tag der Abgabe an die Post bekannt, der Tag der Zustellung aber nicht erwiesen, so kann zuungunsten des Klägers ohne weiteres nicht angenommen werden, daß die Zustellung nach dem regelmäßigen Laufe der Posten erfolgt sei. Das Oberverwaltungsgericht hat vielfach eine Wahrung der Fristen angenommen, wenn sich nicht erweisen ließ, wann zugestellt worden sei, weil jede aktenmäßige Unterlage fehle (OVG. 17 442). Zum Beweise des Zeitpunktes der Zustellung kann von allen zulässigen Beweismitteln, nicht bloß von urkundlichen Bescheinigungen, Gebrauch gemacht werden (vgl. im übrigen weiter unten den Abschnitt „Wiedereinsetzung in den vorigen Stand").

Das jetzt geltende Recht kennt wenig Fälle, in denen die Parteien über die zulässigen Rechtsmittel und ihre Fristen belehrt werden müssen. Eine Belehrung im Verwaltungsstreitverfahren findet seitens des Kreis- oder Stadtausschusses (Magistrats) nur noch gemäß der §§ 64 Abs. 4, 67, 86 Abs. 4, 111 Abs. 2 LVG., seitens des Bezirksausschusses nur noch gemäß der §§ 64 Abs. 4, 67, 86 Abs. 4, 89, 95, 111 Abs. 2 u. 3 LVG. statt. Der § 29 ZustG. v. 26. VII. 76 gilt nicht mehr. Belehrt der Verwaltungsrichter dort, wo eine Belehrung nicht vorgeschrieben, falsch, so kann daraus die Partei kein Recht für sich herleiten (OVG. v. 16. III. 93 III. 261), dagegen bilden die Unterlassung der vorgeschriebenen Belehrung oder falsche Angaben in derselben einen wesentlichen Mangel des Verfahrens.

Ist die Ausfertigung eines Schriftstücks gesetzlich erforderlich (z. B. § 132 Abs. 3 LVG.), so ist nicht notwendig, daß das Schriftstück nach Zustellung in den Händen des Betroffenen bleibt.

Die Zustellung kann in Fällen, wo eine Bevollmächtigung vorliegt, mit gleicher Wirkung an die Partei selbst oder an den Bevollmächtigten wirksam geschehen (BfOVG. v. 16. II. 83 I 298 u. v. 10. IX. 83 II 613).

Wenn der Schlußsatz des § 52 Abs. 1 LVG. verordnet, daß für die Berechnung der Fristen die bürgerlichen Prozeßgesetze maßgebend seien, so ist damit nicht ausgesprochen, daß die Prozeßgesetze die Beschaffenheit der Zustellungen bestimmen. Vielmehr ergibt sich aus den Vorschriften des LVG. und der auf Grund desselben erlassenen Regulative (Erk. v. 1. IV. 80, v. 6. XI. 95 OVG. 6 383, 30 457; Erk. v.

10. XII. 87 PrVBl. 11 127), was zuzustellen ist (Erk. v. 17. I 89 OVG. 17 441). In der Regel wird das ein Schriftstück sein.

Zehnter Titel.

Rechtshilfe.

Unter Rechtshilfe ist hier die Unterstützung zu verstehen, die eine Behörde oder ein Verwaltungsgericht dem erkennenden Verwaltungsgerichte im Interesse der Erreichung des Prozeßzweckes leistet.

Die Kreis- und Stadtausschüsse und die Bezirksausschüsse haben sich gegenseitig Rechtshilfe zu leisten (LVG. § 49); sie haben den geschäftlichen Aufträgen und Anweisungen der ihnen im Instanzenzuge vorgesetzten Behörden Folge zu geben, das Oberverwaltungsgericht kann daher den Kreis- und Stadtausschüssen und den Bezirksausschüssen Aufträge und Anweisungen erteilen. Bei Beweiserhebungen kann das Gericht diese durch eine zu ersuchende Behörde bewirken lassen (§ 77); zu diesen Behörden gehören die Amtsgerichte (GVG. § 158). Ist eine Vereidigung von Zeugen erforderlich, so kann damit nicht eine Behörde betraut werden, die aus eigenem Rechte zu solchen Vereidigungen nicht berechtigt ist, z. B. Polizeibehörden (Erk. v. 28. V. 85 II 583). Über die Vollstreckung von Entscheidungen wird weiter unten gehandelt werden (Abschnitt: Vollstreckung).

Die Verwaltungsgerichte bedienen sich vielfach, wie dies hinsichtlich der Zustellungen durch die Regulative gestattet ist, der Hilfe der städtischen Polizeiverwaltungen, der Amtsvorsteher, der Gemeinde- und Gutsvorsteher.

Für die Rechtshilfe zwischen dem Deutschen Reiche und dem Auslande ist das Haager Abkommen v. 14. XI. 96 (RGBl. 99 285) zu beachten. Ferner kommen für die Rechtshilfe im Auslande die Gesandten und Konsuln in Betracht. Die Zustellungen an einen Unteroffizier oder Gemeinen erfolgen an den Chef der zunächst vorgesetzten Kommandobehörde (Chef der Kompagnie, Schwadron, Batterie usw.).

Zweiter Abschnitt.

Parteien.

Erster Titel.

Parteifähigkeit, Prozeßfähigkeit.

Im Verwaltungsstreitverfahren stehen sich wie im Zivilprozesse zwei gleichberechtigte Streitteile, Parteien, gegenüber, zwischen denen der Verwaltungsrichter zu entscheiden hat (Parteiprozeß). Sie sind die Prozeßsubjekte.

Die ZPO., bei der es sich in erster Linie um Rechtssubjekte im Sinne des bürgerlichen Rechts handelt, unterscheidet Parteifähigkeit und

Prozeßfähigkeit. Parteifähig ist nach ihr, wer rechtsfähig ist. Über die Rechtsfähigkeit bestimmt das Nähere das BGB. (§§ 1ff.); sie beginnt mit der Vollendung der Geburt beim physischen Menschen. Außer dem physischen Menschen haben noch gewisse Personenvereinigungen nach Reichs- und nach Landesrecht Rechts- und somit Parteifähigkeit. So sind die offene Handelsgesellschaft, die Kommanditgesellschaft, die Aktiengesellschaft usw. parteifähig, ebenso die Erwerbs- und Wirtschaftsgenossenschaften, die Gesellschaften mit beschränkter Haftung, die Kolonialgesellschaften, die eingetragenen Vereine. Alle diese rechtsfähigen Subjekte können im Verwaltungsstreitverfahren ebenfalls als Parteien auftreten. Über die nicht eingetragenen Vereine bestimmt § 50 Abs. 2 ZPO., daß sie zwar als Beklagte, nicht aber als Kläger aufzutreten befugt sind. Dennoch ist es unzweifelhaft, daß solche Vereine im Zivilprozeß auch Widerklagen, Klagen auf Wiederaufnahme des Verfahrens usw. anstellen können. Im allgemeinen wird dies ebenfalls für das Verwaltungsstreitverfahren gelten, doch mit der Ausnahme, daß, wenn gegen einen nicht eingetragenen Verein eine polizeiliche Verfügung erlassen ist, der Verein als solcher Klage erheben kann. Es liegt dabei derselbe Gedanke, der zum Erlaß der Vorschrift in § 50 Abs. 2 geführt hat, zugrunde. Der Verein befindet sich in Verteidigungsstellung, er lehnt die gegen ihn erlassene polizeiliche Verfügung ab und kann dies nur dadurch tun, daß er selbst Klage erhebt.

Wer parteifähig ist, ist noch nicht prozeßfähig; der Prozeßfähige muß einen Prozeß (gleiches gilt für das Verwaltungsstreitverfahren), in dem er Partei ist, selbst zu führen oder durch einen von ihm bestellten Bevollmächtigten zu führen ermächtigt sein (legitima persona standi in judicio); ohne Prozeßfähigkeit kann die Partei keine Prozeßhandlung vornehmen, keinen „Einfluß auf Beginn, Fortsetzung und Beendigung des Prozesses" ausüben, über den Prozeßgegenstand nicht verfügen. Man unterscheidet beschränkte und allgemeine Prozeßfähigkeit. Die letztere fehlt den in der Geschäftsfähigkeit beschränkten und den geschäftsunfähigen Personen (BGB. §§ 104ff. u. §§ 2—5).

Jede prozeßfähige Partei ist im Verwaltungsstreitverfahren in der Lage, vor Gericht und an das Gericht Willenserklärungen abzugeben und Anträge zu stellen (Postulationsfähigkeit). Die Beschränkung des Anwaltsprozesses, in dem nur der Anwalt die Postulationsfähigkeit besitzt, kennt das Verwaltungsstreitverfahren nicht.

Neben den Rechtssubjekten im Sinne des bürgerlichen Rechts kennt der Zivilprozeß auch eine Behörde als wirkliche Partei: den Staatsanwalt. Er wirkt mit in Ehe-, Todeserklärungs- und Entmündigungsprozessen und in Prozessen betreffend die Feststellung des Rechtsverhältnisses zwischen Eltern und Kindern usw., er ist Hauptpartei in Entmündigungssachen und bei Klagen auf Anfechtung einer

Todeserklärung und fakultative Partei im Ehenichtigkeitsverfahren (ZPO. §§ 607, 634, 640, 646, 652, 664, 666, 684, 974). Er nimmt das öffentliche Interesse wahr, ist dabei aber nicht Bevollmächtigter oder gesetzlicher Vertreter der Justizhoheit, der Justizverwaltung, des Staates, sondern wirkliche Partei (Schultzenstein im VerwArch. 12 133 ff.). Nach dem Verhältnisse zu seiner Person richtet es sich deshalb z. B., ob ein Zeuge das Zeugnis verweigern darf (ZPO. §§ 383 ff.). Im Verwaltungsstreitverfahren gibt es unzählige Fälle, wo eine Behörde wirkliche Partei, Prozeßsubjekt ist, ohne daß die Behörde ein zivilrechtliches Rechtssubjekt (juristische Person) vertritt. Teils klagt die Behörde (Klage des Regierungspräsidenten auf Auflösung einer eingetragenen Genossenschaft, Klage der Aufsichtsbehörde auf Schließung einer eingeschriebenen Hilfskasse, Klage der Ortspolizeibehörde auf Untersagung gewerblicher Betriebe, auf Zurücknahme von gewerblichen Genehmigungen usw.), teils richtet sich die Klage eines zivilrechtlichen Rechtssubjekts gegen die Behörde (Klage auf Aufhebung einer polizeilichen Verfügung, Klage auf Anfechtung des Einspruchs des Landrats gegen die Eintragung eines Vereins usw.). Auch hier ist die Behörde oder der Einzelbeamte unbedingt wirkliche Partei (anderer Ansicht: Popitz, Der Parteibegriff). Die Behörde handelt, wenn auch im Einzelfalle auf Anweisung der vorgesetzten Instanz, selbständig; ihre Erklärungen sind eigene Parteierklärungen, und sie verfügt über den Gegenstand des Streitverfahrens, soweit dies überhaupt von einer Partei im Verwaltungsstreitverfahren geschehen kann. Erklärungen, die etwa die vorgesetzte Instanz im Verwaltungsstreitverfahren abgibt, sind keine Parteierklärungen, sie können als solche nicht berücksichtigt werden. Auch hierin zeigt sich, daß der als Kläger oder Beklagter auftretende Beamte (Behörde) nicht gesetzlicher Vertreter einer anderen Partei (Staatshoheit, Staat), sondern wirkliche Partei ist. Das Oberverwaltungsgericht hat dies stets angenommen (vgl. z. B. PlenEntsch. v. 15. I. 79 OVG. 5 441, 452). Nach § 114 ZustG. beschließt der Kreisausschuß über Anträge auf Erteilung der Erlaubnis zum Betriebe der Schankwirtschaft. Über den Antrag ist die Gemeinde- und die Ortspolizeibehörde zu hören. Wird von einer dieser Behörden (Gemeindevorsteher, Amtsvorsteher) Widerspruch erhoben, so darf die Erteilung der Erlaubnis nur auf Grund mündlicher Verhandlung im Verwaltungsstreitverfahren durch Erkenntnis erfolgen. Der Widersprechende ist Partei. Ist es der Gemeindevorsteher, so tritt er nicht als Vertreter oder Bevollmächtigter der Gemeindekorporation auf, sondern als Vertreter des öffentlichen Interesses, als Obrigkeit; gleiches gilt vom Amtsvorsteher. Hat der Gemeindevorsteher oder Amtsvorsteher an dem Ausgange des Streitverfahrens ein persönliches Interesse, so darf er sich an dem Verfahren als Partei nicht beteiligen, aber des Gemeindevorstehers eigenes Interesse, nicht das der Gemeinde entscheidet über Zulassung zum Verfahren (Erk. v. 12. X. 78 OVG. 4 326 u. Erk. v. 27. VI. 78 — Nr. II 451 — Kunze-Kautz 2 1267). Handelt es sich um die Frage, ob ein Richter (LVG. § 61, ZPO. §§ 41ff.) von der Ausübung des Richteramtes ausgeschlossen ist oder wegen Besorgnis der Befangenheit abgelehnt werden kann, so kommt dabei lediglich das Verhältnis des Richters zu dem Einzelbeamten, der das öffentliche Interesse vertritt, in Betracht, wenn nach dem Gesetze ein solches Verhältnis zur Partei ausschlaggebend ist.

Die Regel des Zivilprozesses, daß die Partei Subjekt des Prozeßrechtsverhältnisses (dominus litis) ist, gilt unbedenklich für alle diejenigen im Verwaltungsstreitverfahren auszutragenden Rechtsstreitigkeiten, die reine Zivilansprüche zum Gegenstande haben. Sie gilt ferner bei auf öffentlich-rechtlicher Grundlage bestehenden Ansprüchen einer öffentlichen Korporation an ein Mitglied oder eines Mitglieds an die Korporation (Kommunalabgaben, Reinerträge der Jagdgenossenschaft, Armenlasten usw.); entscheidend ist dabei immer, ob die Parteien über den Streitgegenstand frei verfügen, auf ihn verzichten, darüber einen Vergleich schließen können. Ebenso liegt es bei Streitigkeiten der Beteiligten über solche Ansprüche untereinander. Anders, wenn das Verwaltungsgericht in den Formen eines Prozesses durch Erkenntnis einen öffentlich-rechtlichen Verwaltungsakt vollzieht oder öffentlich-rechtliche Feststellungen trifft, die über die Rechtsverhältnisse der Parteien hinausgehen. Hier liegt eine Ähnlichkeit mit dem Strafprozesse vor. Angeklagter und Staatsanwalt sind darin zwar Parteien, aber sie sind nicht domini litis mehr, nachdem die öffentliche Klage erhoben ist. Ihre Erklärungen, Zugeständnisse usw. hat das Gericht materiell zu prüfen und es hat im Wege der selbständigen Untersuchung zu entscheiden, welchen Wert sie für die Entscheidung haben. So wird in einem Verfahren, betreffend die Erteilung einer Schankkonzession (ZustG. § 114), der Gemeindevorstand Partei im Verwaltungsstreitverfahren, wenn er Widerspruch erhoben hat. Er kann zwar Rechtsmittel einlegen oder zurücknehmen, wie der Staatsanwalt im Strafprozesse, aber seine Erklärungen im Verwaltungsstreitverfahren gehen nicht so weit, daß, wenn er den Widerspruch zurücknimmt, das Verwaltungsgericht die Schankkonzession etwa erteilen muß. Das Gericht befindet selbständig darüber. Dennoch bleibt der Gemeindevorstand Partei. Gleiches gilt bei Kompetenzkonflikten (LVG. § 113); die Erklärungen der über ihre Kompetenz streitenden Behörden und der ursprünglichen Parteien haben für die Entscheidung des Oberverwaltungsgerichts nur einen informatorischen Charakter.

Ähnlichkeiten liegen ferner im Verfahren wegen Ehesachen (ZPO. §§ 606ff.) vor; dort kommen u. a. die Vorschriften über die Wirkungen eines Anerkenntnisses nicht zur Anwendung (§ 617). Anderseits hat der Kläger in jeder Lage des Prozesses die Berechtigung, die Ehescheidungsklage zurückzunehmen. In dieser Beziehung kann auch im allgemeinen im Verwaltungsstreitverfahren eine von einer Behörde oder gegen eine Behörde angestellte Klage zurückgenommen werden, und insoweit ist der Kläger als dominus litis anzusehen. In dem in den Formen des Verwaltungsstreitverfahrens sich abspielenden Disziplinarverfahren gegen Beamte darf dagegen die erhobene Klage vom Staatsanwalt nicht zurückgenommen werden. Bei einem erhobenen Konflikt erscheint die Zurücknahme des Konflikts zulässig.

Die Rechtssubjektivität im Verwaltungsstreitverfahren deckt sich nicht überall mit der privatrechtlichen Fähigkeit, aktives oder passives Subjekt ziviler Rechtsverhältnisse zu sein; nach dieser Richtung besteht ein Unterschied, wie die nachfolgenden Beispiele zeigen werden. Nach § 11 RGewO. begründet das Geschlecht in Beziehung auf die Befugnis zum selbständigen Betriebe eines Gewerbes keinen Unterschied, wie denn überhaupt an Alter und Verfügungsfähigkeit die Zulässigkeit des Gewerbebetriebes nicht geknüpft ist (Ausnahme in §§ 30, 57a, 60b, 62). Ebensowenig hindert das Geschlecht ein Weib, ein Handelsgewerbe zu betreiben, Handelsfrau zu sein (Staub, HandelsGB. Anm. 64f. Einl.); auch die Verheiratung ist kein Hindernis für eine Frau, Handelsfrau zu sein. Ist eine Frau Gewerbs- oder Handelsfrau, gleichgültig, ob mit oder ohne Zustimmung ihres Ehemannes, Vaters, Vormunds, so hat sie alle öffentlich-rechtlichen Pflichten eines Gewerbsmanns oder Kaufmanns. Die Ehefrau kann danach ohne Zustimmung des Ehemannes beim Registerrichter die Eintragung ihrer Firma beantragen. Von dieser öffentlich-rechtlichen Seite ist die privatrechtliche zu unterscheiden. So bestimmt § 11a RGewO.:

> „Soweit die Frau infolge des Güterstandes in der Verfügung über ihr Vermögen beschränkt ist, finden die Vorschriften des § 1405 des BGB. Anwendung . . . Betreibt die Frau das Gewerbe mit Einwilligung des Mannes oder gilt die Einwilligung nach § 1405 Abs. 2 des BGB. als erteilt, so haftet für die Verbindlichkeiten der Frau aus dem Gewerbebetriebe ihr Vermögen ohne Rücksicht auf die dem Manne kraft des Güterstandes zustehenden Rechte; . . .“

Also es haftet aus dem eigenmächtig betriebenen Gewerbe lediglich das vorbehaltene Vermögen der Ehefrau (vgl. auch § 52 Abs. 2 ZPO., Art. 200 Abs. 3 EinfG. z. BGB.). Auch die privatrechtlichen Befugnisse des Vaters und Vormundes bleiben durch den Betrieb eines Gewerbes des Haussohnes oder des Mündels unberührt. Mündel, Haussohn, Ehefrau haben also eine Geschäftsfähigkeit im öffentlich-rechtlichen Sinne, ihre privatrechtliche Geschäftsunfähigkeit ändert sich durch den Betrieb eines Gewerbes nicht. Daraus folgt, daß ihre öffentlich-rechtliche Geschäftsfähigkeit sie zugleich für das Verwaltungsstreitverfahren prozeßfähig macht. Ein minderjähriger Gewerbsmann, gegen den eine gewerbepolizeiliche Verfügung erlassen ist, kann dagegen selbständig Klage erheben, gegen ihn kann die Klage auf Untersagung des Gewerbebetriebes, Entziehung der Gewerbeberechtigung erhoben werden. Im Strafverfahren hat der Geschäftsunfähige ebenfalls persona standi in judicio. Die StPO. bestimmt nur zu seinen Gunsten, daß der gesetzliche Vertreter eines Mündels selbständig Rechtsmittel einlegen darf (§ 340). Bei Beleidigungen und Körperverletzungen, die im Wege der Privatklage verfolgt werden, stellt der gesetzliche Vertreter des Verletzten die Klage an (§ 414).

Nach derselben Vorschrift kann eine Privatperson als Nebenklägerin auftreten (§ 435). Das RStGB. (§ 65) gestattet dem Verletzten, der das achtzehnte Lebensjahr vollendet hat, selbständig einen Antrag auf Bestrafung zu stellen. Während der Minderjährigkeit kann auch der gesetzliche Vertreter die Bestrafung beantragen. Geisteskranke und Taubstumme dagegen werden durch ihren Vormund vertreten.

Erläßt die Polizeibehörde eine polizeiliche Verfügung (LVG. § 127) und verlangt darin die Ausführung einer Handlung, so kann die Verfügung nur an den erlassen werden, der die Verfügungsgewalt über die Handlung hat. Danach müssen die Verfügungen wegen Räumung von Wasserläufen, Ausbesserung von Wegen, Leistungen zu Schulbauten usw. an den erlassen werden, der über die Leistung verfügen kann, d. h. bei Mündeln an den Vormund. Dasselbe gilt, wenn eine derartige polizeiliche Verfügung an den Eigentümer eines Grundstücks als solchen erlassen wird (z. B. weil vom Grundstücke eine Gefahr ausgeht); die Verfügung geht zu Händen des Vormundes des minderjährigen Eigentümers. Der Vormund allein hat die Verfügungsgewalt und er ist darauf im Verwaltungsstreitverfahren Vertreter der Partei.

Wird in einer polizeilichen Verfügung ein Verbot erlassen, so geht die Verfügung im allgemeinen gegen jeden, der etwas Polizeiwidriges vollbringen kann. Es scheint aber geboten, hier in Ermangelung von Sonderbestimmungen für das Polizeirecht und das Verwaltungsstreitverfahren die Vorschriften des RStGB. (§§ 55 ff.) und des Gesetzes, betr. den Erlaß von polizeilichen Strafverfügungen, v. 23. IV. 83 sinngemäß zur Anwendung zu bringen. Nach dem RStGB. wird nämlich eine Person, die das zwölfte Jahr noch nicht vollendet hat, zur Strafe nicht herangezogen; bei den Personen, die das achtzehnte Lebensjahr noch nicht volendet haben, ist zu prüfen, ob sie die erforderliche Einsicht der Strafbarkeit besitzen. Bei amtsrichterlichen Strafbefehlen (StPO. §§ 447 ff.) wird ebenso verfahren. Nach dem G. v. 23. IV. 83 kann eine polizeiliche Strafverfügung auch gegen Beschuldigte im Alter von 12 bis 18 Jahren selbst erlassen werden. Neben diesen Beschuldigten darf der gesetzliche Vertreter gerichtliche Entscheidung beantragen. Nach diesen Vorgängen ist der Grundsatz aufzustellen, daß polizeiliche Verfügungen (§§ 127 ff. LVG.), die ein Verbot enthalten, an Personen, die über 12 Jahre alt sind, direkt erlassen werden dürfen, und daß sowohl diese Personen als ihre gesetzlichen Vertreter die Klage gegen die Verfügung anzustellen und im Verwaltungsstreitverfahren als Partei aufzutreten befugt sind.

Es gibt eine Ausnahme von der Regel, daß die das öffentliche Interesse im Verwaltungsstreitverfahren wahrnehmende Behörde selbst Partei ist. Wenn nämlich die als selbständige Partei auftretende Behörde unterliegt, fallen die baren Auslagen des Verfahrens und des obsiegenden Teils demjenigen Verbande zur Last, der nach gesetzlicher Bestimmung die Amtsunkosten der als Partei auftretenden Behörde zu tragen hat (LVG. § 107 Ziff. 1). Dieser Verband ist hinsichtlich der Kosten Partei und er wird im Verwaltungsstreitverfahren von der im übrigen als eigene Partei auftretenden Behörde gesetzlich vertreten. Eine besondere Vertretung, wie sie sonst in anderen Prozessen des Verbandes gesetzlich geordnet ist, findet hier nicht statt. So trägt der Staat die Kosten, wenn der Oberpräsident oder der Regierungspräsident oder die Schulaufsichtsbehörde Partei ist, in gewissen Fällen auch, wenn es der Landrat ist, während in anderen Fällen die Kreiskorporation die Kosten trägt. Bei Prozessen des Amtsvorstehers trägt die Kosten der Amts- oder Gemeindeverband, des Gemeindevorstehers die Gemeinde. Richtig müßte der Tenor der Erkenntnisse nicht dahin gehen, daß die beklagte oder klägerische Behörde (der Oberpräsident, Amtsvorsteher usw.), sondern daß der betreffende Verband (Staat, Kreis, Gemeinde, Amtsbezirk) die Kosten zu tragen habe. So wird in Strafsachen wie in Zivilprozeßsachen (ZPO. §§ 97, 637, 658, 673, 677) tenoriert, wenn der Staatsanwalt unterliegt. Das nicht ganz korrekte Verfahren bei den Verwaltungsgerichten ist durch die Zirkularverf. des Oberverwaltungsgerichts v. 26. IX. 76 unter Ziff. 6 (OVG. 1 438) veranlaßt worden.

Der Verwaltungsrichter hat von Amts wegen die Partei- und Prozeßfähigkeit zu prüfen. Der Verzicht einer Partei, den Mangel zu rügen, enthebt den Richter nicht von der Pflicht zur selbständigen Prüfung. Ergeben sich Mängel, so kann das Gericht eine Frist zur Beseitigung setzen. Droht der Partei Schaden, so wird der Richter die Partei zur Abgabe vorläufiger Parteierklärungen zulassen müssen (vgl. ZPO. § 56).

Von der Partei- und Prozeßfähigkeit unterscheidet sich die Sachlegitimation (legitimatio ad causam). Der Kläger muß Aktivlegitimation besitzen, er muß nachweisen, daß er, der einen bestimmten Anspruch mit Klage verfolgt, in Wirklichkeit der Berechtigte ist. Der Beklagte muß passiv legitimiert sein; es muß der Nachweis erbracht werden, daß der Beklagte der wirklich Verpflichtete ist. Das Erforderliche hierüber wird bei den einzelnen Klagen auseinandergesetzt werden.

Zweiter Titel.

Streitgenossenschaft.

Nach § 59 ZPO. können mehrere Personen als Streitgenossen gemeinschaftlich klagen oder verklagt werden (subjektive Klagenhäufung), wenn sie in Ansehung des Streitgegenstandes in Rechtsgemeinschaft stehen; solche Personen sind Miteigentümer, Gesamtgläubiger, Gesamtschuldner (BGB. §§ 421 ff.), ebenso Personen, welche, ohne Gesamtgläubiger zu sein, eine unteilbare Leistung gemäß § 432 zu fordern haben. Rechtsgemeinschaft ist im weitesten Sinne zu verstehen. So können der Eigentümer und Nießbraucher zusammen klagen oder verklagt werden.

Ferner liegt nach § 59 ZPO. Streitgenossenschaft vor, wenn mehrere Personen aus demselben tatsächlichen und rechtlichen Grunde (ex eadem causa) berechtigt und verpflichtet sind. Hierzu gehört die Klage gegen den Hauptschuldner und den Bürgen; die Klage mehrerer Erben, die nicht mehr Gesamtgläubiger sind; die Klage gegen mehrere Personen, die gemeinschaftlich eine Beschädigung begangen haben.

Der § 59 behandelt die Fälle der echten oder eigentlichen Streitgenossenschaft.

Mehrere Personen können auch dann als Streitgenossen gemeinschaftlich klagen oder verklagt werden (unechte oder uneigentliche Streitgenossenschaft, § 60), wenn gleichartige und auf einem im wesentlichen gleichartigen tatsächlichen und rechtlichen Grunde beruhende Ansprüche oder Verpflichtungen den Gegenstand des Rechtsstreites bilden, z. B. Klagen verschiedener Aktionäre auf Aufhebung desselben Beschlusses der Generalversammlung; Klagen eines Grundbesitzers gegen seine Pächter, die verschiedene Grundstücke gepachtet haben.

Bei der objektiven Klagehäufung (ZPO. § 260) werden mehrere Ansprüche des Klägers gegen denselben Beklagten in einer Klage verbunden.

Sind mehrere Ansprüche in einer Klage erhoben, so kann das Gericht anordnen, daß sie in getrennten Prozessen verhandelt werden (§ 145). Auf der anderen Seite kann das Gericht die Verbindung mehrerer bei ihm anhängiger Prozesse derselben oder verschiedener Parteien zum Zwecke der gleichzeitigen Verhandlung und Entscheidung anordnen, wenn die Ansprüche in rechtlichem Zusammenhange stehen oder in einer Klage hätten geltend gemacht werden können (§ 147). Die Verbindung einer Streitgenossenschaft hört dadurch auf, daß der Anspruch eines Streitgenossen sich erledigt (z. B. durch Vergleich).

Als prozessualische Regel für die Streitgenossenschaft (J. Weismann, Hauptintervention und Streitgenossenschaft) gilt, daß, soweit nicht aus den Vorschriften des bürgerlichen Rechts oder der ZPO. sich ein anderes ergibt, die Streitgenossen untereinander und dem Gegner gegenüber selbständig dastehen; das Recht zur Betreibung des Prozesses steht jedem Streitgenossen zu; die Handlungen des einen Streitgenossen gereichen dem anderen weder zum Vorteile noch zum Nachteile (§ 61).

Ausnahmen von der Regel des § 61 liegen dann vor, wenn durch die Vorschriften des bürgerlichen Rechts oder der ZPO. eine rechtliche Abhängigkeit des einen Streitgenossen von dem andern besteht, wie dies u. a. im § 69 vorgesehen und in dem Falle des § 62 (notwendige Streitgenossenschaft) bestimmt ist. Kann nämlich das streitige Rechtsverhältnis allen Streitgenossen gegenüber nur einheitlich festgestellt werden oder ist die Streitgenossenschaft aus einem sonstigen Grunde (d. i. dem Klagegrunde, nicht nach der Verteidigung des Beklagten) eine notwendige, so werden, wenn ein Termin oder eine Frist nur von einzelnen Streitgenossen versäumt wird, die Säumigen als durch die nicht Säumigen vertreten angesehen. Diese Vertretungsbefugnis bezieht sich aber nur auf Prozeßhandlungen. Die säumigen Streitgenossen sind auch in dem späteren Verfahren zuzuziehen. Das Recht zur Betreibung des Prozesses steht jedem zu; er muß, wenn er den Gegner ladet, auch die übrigen Streitgenossen laden. Fälle der notwendigen Streitgenossenschaft sind nach der ZPO.: Entmündigungsanfechtungsklage gegen Staatsanwalt und ursprünglichen Antragsteller (§ 666 Abs. 3), Interventionsklage gegen Gläubiger und Schuldner (§ 771 Abs. 2), Klage mehrerer Pfandgläubiger gegen den Drittschuldner (§ 856) usw. Ferner sind notwendige Streitgenossen: Miteigentümer des dienenden oder herrschenden Grundstücks in einem Streite über die Grunddienstbarkeit; Miterben in einem Streite wegen der Nachlaßschulden, solange der Nachlaß ungeteilt ist; Miteigentümer, gegen die auf Auflassung des Grundstückes geklagt wird; die Gesellschafter einer offenen Handelsgesellschaft usw.

Die sämtlichen Arten der Streitgenossenschaft kommen im Verwaltungsstreitverfahren vor. Im allgemeinen sind daher die Vorschriften der ZPO. sinngemäß anzuwenden. Der Verwaltungsrichter kann, soweit eine notwendige Streitgenossenschaft nicht vorliegt, die Verbindung mehrerer Streitigkeiten derselben Partei anordnen und wieder lösen; mit einer Ausnahme:

Die JagdO. v. 15. VII. 07 (§§ 17 Abs. 2, 19, 26) schreibt vor, daß, wenn im Verwaltungsstreitverfahren über die Höhe der Pachtentschädigung gestritten wird und mehrere Beteiligte vorhanden sind, das Verfahren zu verbinden sei. Nach dieser bestimmten Vorschrift darf eine Trennung des Verfahrens durch den Verwaltungsrichter nicht vorgenommen werden, obwohl die Streitgenossenschaft keine notwendige ist.

Sowohl das materielle öffentliche Recht, als formelle gesetzliche Vorschriften gebieten, gewisse Streitgenossen als notwendige zu behandeln; ein Streit über die jagdrechtliche Stellung einer Grundfläche als Waldenklave (JagdPolG. § 7; ZustG. § 105) muß zwischen dem Jagdvorstande, dem Waldbesitzer und dem Eigentümer der Grundfläche ausgefochten werden (OVG. 29 303), zwei dieser Parteien sind notwendige Streitgenossen; handelt es sich um das von mehreren Eigentümern eines Grundstücks behauptete Recht, auf diesem ein und dieselbe gewerbliche Anlage in Betrieb zu erhalten, so liegt ein unteilbares Rechtsverhältnis vor (OVG. 9 303, 24 146, 151); dasselbe gilt, wenn mehrere Personen eine öffentlich-rechtliche Verpflichtung erfüllen sollen und eine Quote der Verpflichtung nicht feststeht (Gesamtschuldner) usw. Nach den §§ 47 Abs. 2, 56 Abs. 4, 66 Abs. 2 ZustG. ist gegen den Beschluß der Schulaufsichtsbehörde, der Wege- und der Wasserpolizeibehörde die Klage zulässig. Sie ist, soweit der Inanspruchgenommene zu der ihm angesonnenen Leistung (Schulbau, Wegebau, Räumung) statt seiner einen anderen für verpflichtet erachtet, zugleich gegen diesen zu richten. Das Rechtsverhältnis kann im Verwaltungsstreitverfahren zwischen den drei Rechtssubjekten nur **einheitlich** festgestellt werden. Diese Rechtssubjekte bleiben Parteien durch das **ganze Verfahren**; ist der andere in erster Instanz verurteilt und hat er allein Berufung eingelegt, so gilt die Wasserpolizeibehörde ebenfalls als Berufungsmitklägerin und Streitgenossin. Gemeinschaftlicher Gegner ist der frühere Kläger, nunmehrige Berufungsbeklagte.

Gehen im Verwaltungsstreitverfahren die Behauptungen der notwendigen Streitgenossen auseinander, so kann der Richter nicht ohne weiteres annehmen, daß eine von einem Streitgenossen zugestandene Tatsache auch von dem anderen zugestanden sei. Der Richter hat, wie in anderen Dingen, materiell nach seiner freien Überzeugung darüber zu urteilen, was als wahr und was als falsch anzunehmen ist (vgl. ZPO. § 286 u. Begründung dazu). Auch von dem Gegner der Streitgenossen kann eine Streithandlung gegenüber einem Streitgenossen nicht als mit rechtlicher Wirksamkeit gegen die übrigen vorgenommen erachtet werden. Die notwendigen Streitgenossen sind zu allen Terminen zu laden, die Schriftsätze der Gegner sind ihnen mitzuteilen. Die ergangene Entscheidung wird der Regel nach nur **einem** der Streitgenossen zugestellt. Die übrigen sind hiervon unter Beifügung einer Abschrift des Tenors der Entscheidung zu benachrichtigen. Vom Tage der Benachrichtigung läuft die Rechtsmittelfrist. Haben die Streitgenossen Deputierte aus ihrer Mitte bestellt, so erfolgt die Zustellung der Entscheidung nur an einen derselben.

Die Anschlußberufung des Gegners wirkt gegen alle Streitgenossen, auch dann, wenn die anderen Streitgenossen Berufung eingelegt, aber vor der Anschlußberufung zurückgenommen haben. Hat ein Streitgenosse die Berufung zurückgenommen, so bleibt er dennoch Berufungskläger.

Dritter Titel.

Beteiligung Dritter am Rechtsstreit.

1. Die Rechtsinstitute der Zivilprozeßordnung.

Die ZPO. nennt in §§ 64—77ff. als Beteiligung Dritter am Rechtsstreite die Haupt- und Nebenintervention, sowie die Streitverkündung.

Bei der Hauptintervention erhebt der Intervenient Klage gegen beide Parteien bei demselben Gerichte, bei dem der Prozeß in erster Instanz schwebt, indem er den Streitgegenstand ganz oder teilweise für sich in Anspruch nimmt. Solche Fälle kennt das Verwaltungsstreitverfahren nicht.

Der Nebenintervenient (§§ 66ff.) kann in jeder Lage des Prozesses bis zur rechtskräftigen Entscheidung, auch in Verbindung mit der Einlegung eines Rechtsmittels, einer der Parteien zum Zwecke ihrer Unterstützung beitreten, wenn er ein rechtliches Interesse daran hat, daß die betreffende Partei obsiege. Das rechtliche Interesse ist zu unterscheiden von einem tatsächlichen, wirtschaftlichen (RGZ. 23 343). Das Rechtsverhältnis des Intervenienten zu den Parteien bzw. zu dem Gegenstande des Rechtsstreites muß durch die Entscheidung, ihren Inhalt oder ihre Vollstreckung mit betroffen werden (RGZ. 14 437, 35 393, 36 368; JW. 96 187), oder es muß die Möglichkeit der Rückwirkung des Urteils auf das Verhältnis des Intervenienten zu einem Dritten gegeben sein (JW. 98 460). Der Nebenintervenient ist berechtigt, Angriffs- und Verteidigungsmittel selbst geltend zu machen und alle Prozeßhandlungen wirksam vorzunehmen, soweit seine Erklärungen und Prozeßhandlungen nicht mit denen der Hauptpartei im Widerspruche stehen, und Rechtsmittel namens der Hauptpartei einzulegen. Insofern nach den Vorschriften des bürgerlichen Rechts die Rechtskraft der Entscheidung auf das Rechtsverhältnis des Nebenintervenienten zu dem Gegner von Wirksamkeit ist, gilt der Nebenintervenient als Streitgenosse der Hauptpartei (§ 69). Er wird aber auch hier nicht selbst Partei, er bleibt Gehilfe. Er kann nur der Hauptpartei zum Siege verhelfen. Belastet ihn die Entscheidung direkt, sind ihm z. B. Kosten auferlegt, so kann er dagegen selbständig Rechtsmittel einlegen. Der Richter befindet über die Zulassung des Intervenienten durch Zwischenurteil. Der Beitritt erfolgt freiwillig; eine Streitverkündung kann aber dazu den Anlaß geben.

Wie weit die Nebenintervention Ähnlichkeit mit der Beiladung im Verwaltungsstreitverfahren hat, wird später behandelt werden. Eine Nebenintervention in der Form der Vorschriften der ZPO. gibt es im Verwaltungsstreitverfahren nicht (Erk. v. 23. X. 95 OVG. 28 419).

Eine Partei, die für den Fall des ihr ungünstigen Ausganges des Prozesses einen Anspruch auf Gewährleistung usw. gegen einen Dritten erheben zu können glaubt, oder den Anspruch eines Dritten besorgt, kann in allen Lagen des Prozesses dem Dritten nach der ZPO. gerichtlich den Streit verkünden. Tritt der Dritte dem Streitverkünder bei, so bestimmt sich sein Verhältnis zu den Parteien nach den Grundsätzen über die Nebenintervention (ZPO. §§ 72ff.); er bleibt also Gehilfe der Hauptpartei. Das Verwaltungsstreitverfahren kennt eine solche Streitverkündung nicht. Neben den genannten Rechtsinstituten gibt es in der ZPO. noch die

Beiladung in zwei Fällen (§§ 666 Abs. 3, 856 Abs. 3). Nach § 666 Abs. 3 ist, wenn gegen den Staatsanwalt die Nichtigkeitsklage gegen den eine Entmündigung aussprechenden Beschluß erhoben worden, derjenige, der die Entmündigung beantragt hatte, zu laden; er gilt im Falle des Beitritts als notwendiger Streitgenosse, also als Partei (§ 62). Der § 856 behandelt den Fall, wo mehrere Gläubiger eine Forderung gegen einen Dritten haben pfänden und sich überweisen lassen und einer der Gläubiger gegen den Drittschuldner Klage erhebt. Es muß der Drittschuldner die anderen Gläubiger zum Termin laden. Die ergehende Entscheidung ist dann für und gegen sämtliche Gläubiger wirksam; die geladenen Mitgläubiger sind notwendige Streitgenossen des Klägers, Parteien im Prozesse. Die ZPO. unterscheidet sehr genau, ob ein Dritter in einem bestehenden Prozesse sich einer der Parteien nur als Gehilfe zur Seite stellt oder ob er als Streitgenosse der Hauptpartei gilt (§ 69) oder wirkliche Partei ist.

2. Die Beiladung.

Das LVG. enthält über die Beiladung nur eine einzige Vorschrift in § 70:

„Das Gericht kann auf Antrag oder von Amts wegen die Beiladung Dritter, deren Interesse durch die zu erlassende Entscheidung berührt wird, verfügen. Die Entscheidung ist in diesem Falle auch den Beigeladenen gegenüber gültig."

In § 95 (Revision) ist auf § 70 nicht Bezug genommen, woraus folgt, daß in der Revisionsinstanz eine Beiladung selbst nicht mehr verfügt werden darf.

Die Materialien geben keinen Aufschluß über die Bedeutung des Begriffes der Beiladung. Die zur Zeit des Erl. des G. v. 3. VII. 75, das in § 40 die gleiche Vorschrift kannte, in Wirksamkeit stehende AllgGerichtsO. und die sie abändernden Gesetze weisen keine wörtlich gleichlautende Bestimmung auf. Die AllgGerichtsO. kennt die Beteiligung Dritter am Rechtsstreite in den Formen der Litisdenunziation, Adzitation und Nomination (Tit. 17 T. 1) und der Intervention (Tit. 18), die letztere als interventio principalis und accessoria. Der prinzipale Intervenient beginnt einen eigenen Prozeß als Kläger gegen die beiden Parteien des Hauptprozesses, in dem er das umstrittene Prozeßobjekt als ihm gebührend in Anspruch nimmt; die früheren Parteien sind ihm gegenüber Beklagte. Der akzessorische Intervenient schließt sich einer der Parteien unterstützend an, er macht mit ihr gemeinschaftliche Sache und stellt mit ihr eine Person dar. Seine Stellung im Prozesse zu der Partei, welche er unterstützt, ist dieselbe, wie die Stellung des assistierenden Litisdenunzianten zu dem Denunzianten (§§ 9, 10 Tit. 18; §§ 25, 32 Tit. 17). Die altländischen Vorschriften verlangen, daß der akzessorische Intervenient „bei der Sache", d. h. bei dem Hauptprozesse, ein „Interesse" habe, im Gegensatze zu dem „Rechte", das der prinzipale Intervenient direkt verfolgt. Koch (Beurteilung 118) sagt: „Das Recht oder Interesse, das der Dritte zu haben glaubt, muß so beschaffen sein, daß es durch den Ausfall des Prozesses irgendwie bedingt oder bedroht ist."

Die ZPO. unterscheidet zwischen einem sog. abhängigen Nebenintervenienten (§§ 66, 67; Fitting, Zivilprozeß[7] 111), dessen Prozeßhandlungen nur wirksam sind, soweit sich nicht widersprechende Erklärungen oder Handlungen der unterstützten Partei hindernd in den Weg stellen, und einen streitgenössischen Nebenintervenienten (§ 69), der, weil die rechtskräftige Entscheidung in der Hauptsache ihm gegenüber von Wirksamkeit ist, in jeder Hinsicht die Stellung eines unzertrennlichen Streitgenossen seiner Hauptpartei hat (Gaupp, ZPO.[2] 1 161 Anm. zu §§ 66, 69). Tritt der Intervenient der ersteren Gattung dem Hauptprozesse bei, so ist er Parteigehilfe, nicht selbst Partei- oder Streitgenosse. Als Parteigehilfe kann er Angriffs- und Verteidigungsmittel geltend machen, aber nur insoweit sie nicht mit den Erklärungen der Hauptpartei in Widerspruch stehen (§ 67). Auch der akzessorische Intervenient muß in den Grenzen des § 68 den Rechtsstreit auf seine Rechtsverhältnisse wirken lassen, also den Rechtsstreit als richtig entschieden gegen sich gelten lassen. Die Nebenintervention geht von dem Intervenienten aus, weder die Parteien noch der Richter kann sie veranlassen. Die ZPO. kennt, abgesehen von der nominatio auctoris (§ 76), noch die Streiterkundung (§§ 72ff.), wenn für den Fall des ungünstigen Ausfalls des Prozesses die Partei Anspruch gegen einen Dritten auf Gewährleistung oder Schadloshaltung erheben zu können glaubt oder den Anspruch eines Dritten besorgt.

Ferner kennt die ZPO. jene zwei Fälle der Beiladung (§ 666 Abs. 3 und § 856 Abs. 3). Die Klage gegen den eine Entmündigung aussprechenden Beschluß ist gegen den Staatsanwalt zu richten. Hatte eine der in § 646 Abs. 1 bezeichneten Personen die Entmündigung beantragt, so ist dieselbe zur mündlichen Verhandlung zu laden; sie gilt im Falle des Beitritts als notwendiger Streitgenosse (§ 62). Im zweiten Falle ist jeder Gläubiger, dem der Anspruch des Schuldners an einen Dritten überwiesen wurde, berechtigt, gegen den Dritten (Drittschuldner) Klage auf Erfüllung der nach den §§ 853—855 bestehenden Verpflichtungen zu erheben. Jeder Gläubiger, für den der Anspruch gepfändet ist, kann sich als Streitgenosse anschließen. Der Drittschuldner hat die Gläubiger, die sich nicht angeschlossen haben, zum Termine beizuladen. Die Entscheidung ist für und gegen sämtliche Gläubiger wirksam. Gegen einen Gläubiger, der nicht geladen worden, kann sich der Drittschuldner auf eine ihm günstige Entscheidung nicht berufen (vgl. den vorigen Abschn.: „Die Rechtsinstitute der Zivilprozeßordnung").

Im Gegensatze zu dieser vielgestaltigen Teilnahme Dritter am Rechtsstreite kennt das LVG. nur die Beiladung, die in der zivilprozessualischen Nebenintervention und der Beiladung der §§ 666, 856 vielfache Berührungspunkte hat, aber nicht mit ihnen identisch ist.

Mit Müller, Die Begriffe der Verwaltungsrechtspflege 124 f., ist anzunehmen, daß die Beiladung des § 70 aus dem badischen Rechte stammt. Das badische Recht geht, wie das preußische Recht, von der Regel aus, daß die Verwaltungsgerichte bei ihren Erkenntnissen nicht über den zur Entscheidung vor sie gebrachten Gegenstand und nicht über den Kreis der in den Verhandlungen vertretenen Parteien hinausgehen sollen (KreisO. v. 1872 § 149). Dabei werden die Entscheidungen, die für und gegen alle wirken, unberücksichtigt gelassen. Da es aber Fälle gibt, in denen eine Entscheidung auch gegenüber dritten Personen eine Wirkung ausüben könnte, so sollen, damit diese Wirkung eintritt, jene Personen zur Wahrung ihrer Rechte beigeladen werden; ohne Beiladung bleibt die Wirkung aus (Kunze, Die Beiladung, VerwArch. 1 198 f.; J. Weismann, Hauptintervention 5). Diese Vorgeschichte und das Rechtsinstitut der kanonischen Zitation lassen erkennen, daß das Gesetz nicht beabsichtigt hat, Interessenten, gegen die eine Entscheidung von selbst wirkt, weil sie gegen alle wirkt, beizuladen, sondern lediglich den engeren Kreis solcher Personen (Rechtssubjekte, Behörden), gegen die ohne die Beiladung jene Wirkung nicht eintreten kann und nicht eintritt, zum Verfahren durch Beiladung zuzuziehen.

Die Beiladung nun kann erfolgen in der ersten und in der Berufungsinstanz. Ist sie einmal erfolgt, so darf der Richter sie wider den Willen des Beigeladenen nicht aufheben, auch nicht die höhere Instanz (Erk. v. 6. X. 98 OVG. 34 450). Die Entscheidung des Oberverwaltungsgerichts v. 6. X. 98 irrt indessen in einem Punkte. Hat nämlich der Richter erster Instanz die Beiladung ohne Grund verfügt, z. B. weil die Entscheidung das Interesse des Beigeladenen gar nicht berührt, so war sie unzulässig, hatte keine Wirkung gegen den Beigeladenen und deshalb konnte sie wieder aufgehoben werden. Die Aufhebung benachteiligt den Beigeladenen in keiner Weise.

Die Frage, ob die Beiladung erfolgen soll, hängt trotz Antrags einer Partei von dem Ermessen des Gerichts ab. Gegen die Verfügung des Gerichts steht die Beschwerde nach § 110 LVG. an die zunächst höhere Instanz, die endgültig entscheidet, offen. Ein gleiches Ermessen waltete bei der Adzitation des § 5 Tit. 17 AllgGerichtsO. ob; auch diese wurde vom Richter von Amts wegen bewirkt. Beide Rechtsinstitute gehen indes darin auseinander, daß der Adzitat die Stellung einer Auskunftsperson hatte, während bei dem Beigeladenen davon nicht die Rede sein kann.

Da es dem freien Ermessen des Instanzrichters unterliegt, ob er die Beiladung verfügen will, so kann die nicht erfolgte oder ungerechtfertigte

Beiladung keinen Revisionsgrund abgeben (Erk. v. 9. III. 81 — I 605 u. OVG. 4 178, 15 357). Die Parteien haben keinen Rechtsanspruch auf die Beiladung (Erk. v. 19. VI. 78 — IV 173), durch die Unterlassung der Beiladung ändert sich materiell nichts zwischen den Parteien und dem Dritten, keiner von ihnen wird in seinen Rechten verletzt.

Das Gericht verfügt die Beiladung, d. h. es ladet den Dritten. Bei der Beiladung sind dem Beigeladenen die bisherigen Schriftsätze (Klage, Klagebeantwortung usw.) mitzuteilen und den Hauptparteien ist von der Beiladung Kenntnis zu geben. Die Aufschrift des Erkenntnisses muß die Bezeichnung des Beigeladenen als solchen mit enthalten; hat der Beigeladene ein Rechtsmittel eingelegt, so ist er zugleich als Berufungs- oder Revisionskläger zu bezeichnen. Die Beiladung ändert an der einmal begründeten Zuständigkeit des Gerichts nichts mehr (Erk. v. 14. V. 79 OVG. 5 60). Der § 59 LVG. findet hiernach nicht Anwendung, wenn die Kreiskorporation nicht als Partei, sondern nur als Beigeladene auftritt (OVG. 16 423). Dagegen gelten, sobald die Beiladung erfolgt ist, die Vorschriften über Ausschließung und Ablehnung von Gerichtspersonen (LVG. § 61, ZPO. §§ 41 f.); was darin von der Partei gesagt ist, bezieht sich auch auf den Beigeladenen.

Der Beigeladene ist, wie die Hauptpartei, zum gesamten Verfahren, also auch zur Beweisaufnahme zuzuziehen; er hat das Recht, zu hören und gehört zu werden, und zwar beiden Parteien gegenüber. Sollte er die Erklärung abgeben, daß er der verfügten Beiladung keine Folge leiste, oder sollte er sich überhaupt gar nicht äußern, so ändern sich damit die rechtlichen Folgen der Beiladung nicht, ebensowenig die Verpflichtung des Verwaltungsrichters, ihn zu allen Verhandlungen zu laden. Der Beigeladene kann in jeder Lage des Prozesses diesem wieder beitreten. Das Urteil gilt gegen ihn auf alle Fälle und ist ihm zuzustellen.

Das Gericht kann Dritte beiladen, deren Interesse durch die künftige Entscheidung berührt wird (über Interesse und Beiladung überhaupt siehe den Aufsatz des Verfassers im VerwArch. 1 198 ff.). Bei der Nebenintervention des Zivilprozesses muß der Nebenintervenient ein rechtliches Interesse haben. Es ist darin zu finden, daß durch den Ausgang des Prozesses die Rechtsverhältnisse des Nebenintervenienten zu den Parteien oder einem Dritten in irgendeiner Weise unmittelbar oder mittelbar betroffen werden. Ein anderweitiges Interesse z. B. der Neugierde, Liebhaberei, der Humanität usw. ist ohne Belang. Das Erkenntnis muß „auf die Rechtsverhältnisse bestimmend wirken, sei es, daß demselben unmittelbar eine Rechtskraft auch in dieser Richtung zukommt, sei es, daß es nur für die zwischen dem Intervenienten und der Partei obwaltenden Beziehungen Bedeutung hat" (RGZ. 14 437). Nach der AllgGerichtsO. mußte der Nebenintervenient ebenfalls ein rechtliches Interesse haben. Dasselbe gilt für die Beiladung im Verwaltungsstreitverfahren. Da im

Verwaltungsstreitverfahren reine Privatansprüche und öffentlich-rechtliche Berechtigungen verfolgt werden können, so muß die Entscheidung die entsprechenden rechtlichen Interessen des Beigeladenen berühren, entweder dergestalt, daß die Entscheidung direkt gegen den Beigeladenen wirkt, auf das Rechtsverhältnis des Beigeladenen zu dem Gegner von Wirksamkeit ist (ZPO. § 69), damit rechtskräftig wird, oder Elemente seines privatrechtlichen oder öffentlich-rechtlichen Interesses, eines Rechtsverhältnisses, zugleich mit der Hauptentscheidung feststellt. Das Oberverwaltungsgericht verlangt vielfach für die Beiladung mehr, nämlich, daß solche Rechte des Beigeladenen unmittelbar oder mittelbar betroffen werden, zu deren Schutze eine Klage im Verwaltungsstreitverfahren gegeben ist. Dies geht zu weit. Bei zahlreichen Fällen, z. B. OVG. 5 463, wo dies ausgesprochen wurde, war die Beiladung überhaupt zu Unrecht erfolgt, weil die Entscheidung in der Hauptsache das rechtliche Interesse des Beigeladenen in keiner Weise beeinflussen konnte. Statt dies anzuerkennen und auszusprechen, meint das Oberverwaltungsgericht, daß dem Beigeladenen „prozessualisch" oder „formell" das Recht zur Einlegung von Rechtsmitteln zwar zustehe, daß die Einlegung aber wirkungslos sei, weil nicht solche Rechte in Frage ständen, die im Verwaltungsstreitverfahren und vor den Verwaltungsgerichten Schutz finden. Dies ist ein logischer Widerspruch. Der § 7 LVG. bestimmt allerdings, daß die sachliche Zuständigkeit der Verwaltungsgerichte zur Entscheidung in erster Instanz, also durch Klage, durch besondere gesetzliche Bestimmungen geregelt werde. Die Beiladung ist aber keine Klage, sondern ein eigenes Rechtsinstitut. Durch sie wird im Interesse der Verringerung der Prozesse und zur Vermeidung widersprechender Erkenntnisse (wie bei der Intervention) die Zuständigkeit der Verwaltungsgerichte dahin erweitert, daß die Entscheidung gegen den Beigeladenen ebenfalls gültig ist. Das Bürgerliche Recht und die ZPO. kennen Fälle, wo die Rechtskraft eines Prozesses direkt gegen einen Dritten sich richtet (z. B. KonkO. § 135), der Prozeß gegen den Dritten wird erspart, der erste Prozeß hat die Wirkung, wie wenn der Dritte mitbeklagt wäre. Gerade aus diesem Grunde ist die erhöhte Stellung der streitgenössischen Nebenintervention eingeführt (ZPO. § 69). Der Dritte gilt als Streitgenosse (Fitting 107 ff.), wenn er auch nicht wirkliche Partei, wirklicher Streitgenosse ist, denn er unterstützt nur die Partei und kann lediglich dieser zum Siege verhelfen, nicht für sich selbst etwas direkt erstreiten (RGZ. 34 363), wie der Beigeladene.

Die Entscheidungen im Zivilprozesse und im Verwaltungsstreitverfahren, die gesetzlich für und wider alle gelten (vgl. Abschnitt „Rechtskraft der Urteile"), sind solche, die auf das Rechtsverhältnis Dritter von Wirksamkeit sind, die das Interesse Dritter berühren. Für diese bedarf es, wie oben dargetan ist, der Beiladung nicht, um die Wirkung zu erzielen. Dagegen liegt das Bedürfnis vor, für Fälle, wo die Entscheidung nicht für und wider alle, sondern nur für einzelne von Wirksamkeit sein kann, diese einzelnen am Prozesse dergestalt zu beteiligen, daß dadurch ein künftiger Rechtsstreit erspart und eine widersprechende Entscheidung vermieden wird. Hier ist die Beiladung angebracht. Als Schulbeispiel gilt ein Streit der Beteiligten darüber, wem von ihnen die öffentlich-rechtliche Verbindlichkeit zur Räumung eines Wasserlaufes obliegt (ZustG. § 66 Abs. 3). In diesem Verfahren wird entschieden, ob der Kläger oder der Beklagte die Räumungspflicht, d. i. eine Pflicht gegen den Staat, die Wasserpolizei, zu erfüllen hat. Das rechtliche Interesse der Wasserpolizei ist dabei beteiligt, denn die Verpflichtung ist gegen sie zu erfüllen. An sich wirkt die ohne Beiladung der Wasserpolizei ergehende Entscheidung nur zwischen den Parteien dergestalt, daß, wenn später die Wasserpolizei gegen den Sieger eine wasserpolizeiliche Verfügung auf Räumung erläßt, in dem sich nach § 66 Abs. 2 entspinnenden Verwaltungsstreitverfahren gegen die Polizei und den früher Unterlegenen der Einwand der rechtskräftigen Entscheidung der Polizei gegenüber wirkungslos ist. Der Einwand wird aber wirkungsvoll, wenn die Polizei in dem ersten Verfahren als Beigeladene zugezogen worden war. Dies Beispiel zeigt, daß im Gegensatze zu den Ausführungen des Oberverwaltungsgerichts die Verwaltungsgerichtsbarkeit eine Erweiterung durch den § 70 LVG. erfährt, denn die Polizei hat gegen einen Räumungspflichtigen (Beteiligten) keine Klage auf Feststellung der abstrakten Räumungspflicht, diese Klage steht nur einem Beteiligten gegen den anderen zu, vermöge der Beiladung erweitert sich die Tätigkeit des Verwaltungsrichters, er kann in dem Streite der Beteiligten zugleich die abstrakte Räumungspflicht gegenüber der Polizei feststellen.

Da im Verwaltungsstreitverfahren auch reine Privatansprüche verfolgt werden, das Verwaltungsstreitverfahren aber keine Streitverkündung kennt, so wird die Beiladung auch die Aufgabe der Streitverkündung zu erfüllen haben. Hat z. B. ein Grundbesitzer gegen den Jagdvorsteher (des gemeinschaftlichen Jagdbezirks) auf Ersatz von Wildschaden im Verwaltungsstreitverfahren geklagt, so unterliegt es keinem Bedenken, daß der Verwaltungsrichter den Jagdpächter, der sich im Jagdpachtvertrage zum Ersatze des Wildschadens gegenüber dem gemeinschaftlichen Jagdbezirke privatrechtlich verpflichtet hat, beiladet. Bei dem gegen den Pächter im Zivilprozesse zu verfolgenden Regresse kann dieser dann die exceptio mali processus nicht erheben, die Entscheidung des Verwaltungsrichters ist gegen ihn gültig. Sollte der Zivilrichter die Wirksamkeit des verwaltungsgerichtlichen Erkenntnisses gegen den Pächter verneinen, so steht dem Kläger die Erhebung des Kompetenzkonfliktes frei.

Ausgeschlossen ist die Beiladung, wo der Dritte als Partei zu erscheinen hat. Dies hat das Oberverwaltungsgericht in einzelnen Entscheidungen (Erk. v. 20. XI. 84 OVG. 11 274) richtig erkannt, in anderen verkannt (OVG. 13 219, 19 149, 22 324, 29 114, 31 113). Es hat u. a. bei Klagen gegen Beschlüsse der Gemeindevertretung, wodurch Wahlen zu letzterer angefochten werden (§§ 66, 67 LGemO. v. 3. VII. 91), ausgesprochen:

„Im Verwaltungsstreitverfahren kann über die Gültigkeit einer Wahl zur Gemeindevertretung ohne vorgängige Beiladung des Gewählten nicht entschieden werden."

Dies ist unrichtig. Kläger ist derjenige, der mit dem Einspruche abgewiesen worden, die Klage richtet sich gegen die Gemeindevertretung und den Gewählten. Ihn als Beigeladenen zu behandeln, ist deshalb schon nicht zulässig, weil der Beigeladene an sich zu nichts verurteilt werden kann, in dem Verfahren nach §§ 66, 67 LGemO. aber der Gewählte, wenn die Klage Erfolg hat, verurteilt wird, anzuerkennen, daß seine Wahl ungültig sei. Ist der Gewählte als Mitbeklagter in der Klage nicht bezeichnet, so hat das Gericht von Amts wegen den Kläger darauf aufmerksam zu machen. Die Entsch. v. 7. II. 91 (OVG. 21 212) ist richtig.

Es kommt weiter in Frage, welche prozessualischen Rechte dem Beigeladenen zustehen, namentlich, ob er Prozeßgehilfe oder Streitgenosse ist. Aus dem Umstande, daß die Entscheidung dem Beigeladenen gegenüber gültig ist, einer materiellen Vorschrift, folgt, daß der Beigeladene nicht die nebensächliche Stellung eines unselbständigen Gehilfen einer der Hauptparteien haben kann; seine Rechte gehen weiter, sie gehen so weit, daß er überhaupt die ihm drohende Rechtswirksamkeit einer ungünstigen Hauptentscheidung prozessualisch wirksam beeinflussen kann (VerwArch. a. a. O. 210, 211). Er muß imstande sein, sein rechtliches Interesse, über das im Hauptverfahren mit verhandelt wird, nach allen Richtungen verteidigungsweise wahrzunehmen und zu vertreten, denn er verficht nicht eine Sache um eines Dritten willen, sondern um seinetwillen. Er ist deshalb innerhalb des Rahmens, den die Parteien dem Prozesse geben, befugt, selbständig Anträge zur Abwehr und zur Unterstützung der Anträge der Hauptparteien zu stellen, sogar die Behauptungen und Zugeständnisse einer Partei, die er im übrigen unterstützt, zu bestreiten und gegen ihren Willen Rechtsmittel einzulegen, woraus folgt, daß er beim Unterliegen entsprechende Kosten zu tragen hat. Damit wird er nicht zur eigentlichen Partei, auch nicht zum notwendigen Streitgenossen, er klagt nicht und er wird nicht verklagt. Es kann sich gegen ihn kein Klageantrag richten, mit Ausnahme des Antrags, Kosten zu tragen. Der Beigeladene braucht sich nicht auf die Seite einer Partei zu stellen, er kann beide Parteien bekämpfen. Ein Beispiel: Kläger A. klagt gemäß § 66 Abs. 3 ZustG. gegen B. mit dem Antrage, zu erkennen, daß B. der Träger der Räumungspflicht sei. B. erhebt Widerklage mit dem Antrage, daß A. als Träger der Räumungspflicht erachtet werde. Die beigeladene Wasserpolizeibehörde, davon ausgehend,* daß ein Dritter C. der Räumungspflichtige sei, kann Kläger und Widerkläger bekämpfen. Siegt A. oder B., so wirkt die Entscheidung dennoch gegen die Polizei.

Nach obigem ist es unrichtig, wenn das Oberverwaltungsgericht (Erk. v. 23. II. 97 OVG. 31 113) eine Revision deshalb für begründet erachtet, weil die Beiladung eines Dritten nicht erfolgt sei. Die unterlassene Beiladung kann niemals einen Revisionsgrund abgeben, weil es dem Ermessen des Instanzrichters unterliegt, sie zu bewirken. Wird durch die Nichtzuziehung einer Person oder Behörde zum Verfahren ein Recht oder eine Prozeßvorschrift verletzt, so handelt es sich nicht um die unterlassene Beiladung, sondern um die unterlassene Zuziehung eines Dritten als Partei. In dieser Beziehung gehen zahlreiche Entscheidungen des Oberverwaltungsgerichts fehl.

Vierter Titel.

Kommissare zur Vertretung der Behörde und Kommissare als Partei.

Liegt einer öffentlichen Behörde die Wahrnehmung des öffentlichen Interesses als Partei ob, so kann auf ihren Antrag der Regierungspräsident für die mündliche Verhandlung vor dem Bezirksausschusse und der Ressortminister für die mündliche Verhandlung vor dem Oberverwaltungsgericht einen Kommissar zur Vertretung der Behörde bestellen (LVG. § 74 Abs. 1). Dieser Kommissar ist nicht Partei, er ist lediglich in der mündlichen Verhandlung und für dieselbe Vertreter der Parteibehörde, seine Erklärungen und Anträge sind Anträge der vertretenen Behörde. Das Gesetz geht davon aus, daß im übrigen der Prozeßbetrieb bei der Behörde selbst liegt. Wird auf Grund der mündlichen Verhandlung das Urteil gesprochen, so ist die Tätigkeit des Kommissars beendet. Er erhält keine Ausfertigung des Erkenntnisses, die Ausfertigung des Erkenntnisses geht an die Behörde selbst. Der Kommissar ist auch zur Einlegung von Rechtsmitteln nicht befugt (OVG. 8 426). Gelangt die Sache an das Oberverwaltungsgericht, so kann für die mündliche Verhandlung bei dem Ressortminister die Bestellung eines Kommissars beantragt werden. Die Behörden in der Provinz machen von dieser Ermächtigung vielfach Gebrauch, um keinen bezahlten Anwalt als Vertreter bestellen zu müssen.

Auch ohne Antrag der Partei kann im Verwaltungsstreitverfahren ein Kommissar (insbesondere für wichtigere Angelegenheiten) zur Wahrnehmung des öffentlichen Interesses bestellt werden (LVG. § 74 Abs. 2). Der Kommissar ist, wie der Staatsanwalt in Ehesachen (ZPO. § 607), dann nicht Vertreter einer Behörde, er wird lediglich am Schlusse der mündlichen Verhandlung gehört; er ist

Nebenpartei; er wirkt nur neben der Hauptpartei mit. Zur Einlegung von Rechtsmitteln ist er ebensowenig befugt, wie der nach § 607 ZPO. auftretende Staatsanwalt (anders § 634). Die Minister erhalten behufs Beschlußfassung darüber, ob die Bestellung von Kommissaren angezeigt erscheint, von den Senatspräsidenten des Oberverwaltungsgerichts regelmäßig ein Verzeichnis der wichtigeren Sachen, sobald Termin zur mündlichen Verhandlung anberaumt wird.

Der § 74 LVG. (Abs. 3) kennt noch einen dritten Kommissar zur Wahrnehmung des öffentlichen Interesses. Er wird vom Vorsitzenden des Kreis- oder des Bezirksausschusses oder vom Ressortminister dann ernannt, wenn das Gesetz die Behörde, die die Rolle des Klägers oder des Beklagten im Verwaltungsstreitverfahren wahrzunehmen hat, also Partei sein soll, nicht bezeichnet. Der Kommissar ist wirkliche Partei, er handelt nach seinem Ermessen, sofern er nicht von dem Vorsitzenden oder dem Minister bestimmte Anweisungen erhält. Er bleibt, einmal ernannt vom Vorsitzenden des Gerichts, bei dem die Klage angebracht ist oder wird, Partei für das ganze Verfahren und ist befugt, Rechtsmittel einzulegen; ihm werden die Entscheidungen zugestellt (Erk. v. 17. V. 83 — II 415). Der Fall des § 74 Abs. 3 tritt u. a. ein:

a) Wird gegen die Erteilung der Genehmigung zur Schankwirtschaft (ZustG. § 114) kein Widerspruch von der Gemeinde- und Ortspolizeibehörde erhoben, die Genehmigung aber versagt, darauf Antrag auf mündliche Verhandlung gestellt, so bezeichnet das Gesetz nicht die öffentliche Behörde, gegen welche sich die Klage (Antrag auf mündliche Verhandlung) richtet. Der Vorsitzende des Kreis- oder Stadtausschusses ernennt zu diesem Behufe einen Kommissar (OVG. 3 379, 30 334).

b) Bei Klagen (Anträgen auf mündliche Verhandlung im Verwaltungsstreitverfahren) der Fischereigenossenschaft gegen Aufsichtsverfügungen des Kreis- oder Stadtausschusses (FischereiG. v. 30. V. 74 §§ 9, 16, 46) ist die öffentliche Behörde nicht gesetzlich bezeichnet, die die Rolle des Beklagten zu übernehmen hat (OVG. v. 18. II. 95 27 292).

c) In dem Verwaltungsstreitverfahren, betreffend die Genehmigung eines Statuts der Gemeindekrankenversicherung, übernimmt, wenn die Krankenversicherung Antrag auf mündliche Verhandlung gestellt, ein vom Vorsitzenden des Bezirksausschusses zu bestellender Kommissar die Rolle des Beklagten (OVG. v. 7. I. 95 27 352).

d) Über die Abänderung eines Statuts für eine dem Gesetz über gemeinschaftliche Holzungen v. 14. III. 81 unterliegende Interessentenwaldung ist im Verwaltungsstreitverfahren zu entscheiden. Parteien sind der Waldvorstand und ein nach § 74 Abs. 3 LVG. zu ernennender Kommissar (OVG. 35 308).

e) Bei einem Streite über die Eigenschaft einer Ortschaft als Gemeinde oder eines Gutes als selbständigen Gutsbezirks bedarf es der Beteiligung eines Kommissars als Partei (ZustG. § 26, OVG. 12 178).

Wenn der Kommissar (§ 74 Abs. 3) unterliegt, so sind die Kosten des Rechtsstreits demjenigen zur Last zu legen, der die Amtsunkosten des Verwaltungsgerichtes erster Instanz zu tragen hat. Es trägt sie die Stadtgemeinde oder der Kreis, wenn der Kommissar vom Vorsitzenden des Kreis- oder Stadtausschusses, der Fiskus, wenn er vom Vorsitzenden des Bezirksausschusses oder vom Minister ernannt ist (vgl. OVG. 25 1).

Hierher gehört der Fall, daß der Vorsitzende des Verwaltungsgerichtes befugt ist, gegen Entscheidungen des Gerichts, dem er angehört, Rechtsmittel einzulegen. Es darf nämlich außer den Parteien der Vorsitzende des Kreis- oder Stadtausschusses aus Gründen des öffentlichen Interesses gegen die Entscheidungen dieser Behörde die Berufung (LVG. § 82) und der Vorsitzende des Bezirksausschusses ebenso die Berufung und Revision (§§ 83, 93) einlegen; die Vertretung der Partei vor dem Bezirksausschusse als Berufungsinstanz erfolgt aber nicht durch den Vorsitzenden, der das Rechtsmittel eingelegt hat, sondern durch einen vom Regierungspräsidenten, vor dem Oberverwaltungsgericht als Berufungs- oder Revisionsinstanz durch einen vom Ressortminister bestellten Kommissar. Es ist hier die Organisation der Staatsanwaltschaft (Staatsanwalt, Oberstaatsanwalt, Oberreichsanwalt) sinngemäß durchgeführt. Hat der Vorsitzende des Kreis- oder Stadtausschusses Berufung eingelegt, so hängt es nicht von dem für die Berufungsinstanz bestellten Kommissar, sondern nur vom Vorsitzenden des Bezirksausschusses ab, ob die an sich zulässige Revision eingelegt werden soll. Mit Fällung des Erkenntnisses ist die beschränkte Vertretung durch den Kommissar beendet.

Für die Einlegung der Rechtsmittel durch den Vorsitzenden ist eine bestimmte Form (§ 82) vorgeschrieben: Der Vorsitzende hat die betreffende Erklärung vor Verkündung der Entscheidung abzugeben; die Verkündung bleibt einstweilen, längstens 3 Tage, ausgesetzt. Das Berufungsgericht hat sich in der Berufungsinstanz vorab mit der Frage zu beschäftigen, ob das öffentliche Interesse beteiligt sei. Wird die Vorfrage verneint, so wird die Berufung als unstatthaft zurückgewiesen. Hat eine Partei die Berufung ebenfalls eingelegt, so wird in die Sache selbst eingetreten (§ 91). In der Revisionsinstanz ist jene Vorfrage (§ 91) nicht vorab zu prüfen (OVG. 2 258, Erk. v. 21. V. 83 I 496).

Die Einlegung von Rechtsmitteln im öffentlichen Interesse durch den Vorsitzenden des Gerichts charakterisiert sich als partie principale; er ist wirkliche Partei; über das Rechtsmittel wird materiell befunden, auch wenn sonst keine Partei ein solches eingelegt hat (vgl. § 634 ZPO.), freilich nur dann, wenn in der Berufungsinstanz das öffentliche Interesse als beteiligt vom Berufungsrichter ausdrücklich anerkannt worden ist. Das öffentliche Interesse gilt als beteiligt, wenn der Vorderrichter über Fragen von allgemeiner Bedeutung für die Verwaltung und Rechtsprechung entschieden hat; es können dies Ressortfragen, Fragen der Zuständigkeit, der Besetzung des Gerichts, selbst der Auslegung öffentlich-rechtlicher Normen sein. Das Oberverwaltungsgericht hat mehrfach (3 171, 4 347, 5 46, 331, 8 381, 9 347) solche Fälle behandelt.

In dem Urteil v. 9. V. 85 (OVG. 12 441) ist richtig davon ausgegangen, daß, wenn gemäß LVG. § 100, ZPO. §§ 578, 587 die Nichtigkeits- oder Restitutionsklage gegen ein in der Berufungsinstanz vom Bezirksausschusse erlassenes Erkenntnis angestellt wird, nicht der Vorsitzende des Kreisausschusses, sondern der Regierungspräsident die Klage anstellen muß. Die Ausführungen in dem Urteil tun zugleich dar, daß das Oberverwaltungsgericht davon ausgeht, der Vorsitzende des Kreisausschusses usw., der ein Rechtsmittel einlegt, wie überhaupt alle Behörden, die in der Rolle des Klägers oder des Beklagten auftreten, wirkliche Parteien sind.

Fünfter Titel.

Vertreter, Bevollmächtigte und Beistände. Armenanwalt.

Die Streithandlungen können von der Partei selbst ausgehen oder von einem Dritten, der für sie und statt ihrer mit juristischer Wirkung handelt. Der Dritte ist Stellvertreter oder Beistand. Die Stellvertretung ist in dem Sinne unbeschränkt zulässig, als keine Streithandlung im Verwaltungsstreitverfahren höchst persönlich ist. Die für den Zivilprozeß gegebene Ausnahme der Eidesleistung besteht für das Verwaltungsstreitverfahren nicht. Wenn das Gericht zur Aufklärung des Sachverhältnisses das persönliche Erscheinen der Partei anordnet (LVG. §§ 68, 90, 95), so kann dabei die Partei allerdings nicht durch einen Vertreter ersetzt werden (vgl. auch § 37 DisziplinarG. v. 21. VII. 52), aber da kein Zwang zum Erscheinen der Partei selbst besteht, braucht eine Streithandlung in dem Termin von ihr nicht vorgenommen zu werden. Handelt ein Vertreter für die Partei, so müssen sich die Streithandlungen als solche der Partei darstellen. Der Vertreter muß ferner prozeßfähig sein.

Das Vertretungsverhältnis leitet sich entweder aus dem Gesetze (notwendige Vertretung) oder der freien Entschließung des Vertretenen her. Die Vertretung ist vielfach gesetzlich notwendig, denn der Prozeßunfähige z. B. kann ohne Vertreter keine Streithandlung vornehmen. Gesetzlicher Vertreter ist der, der seinen Titel (Legitimation) nicht findet in einer Willenserklärung des Vertretenen, sondern unmittelbar in dem Gesetze bzw. in der Willensäußerung des das Gesetz ausführenden Organs, z. B. der den Vormund ernennenden obervormundschaftlichen Behörde (Wach, Handbuch des Zivilprozesses 587). Die Vertretung tritt für das ganze Verwaltungsstreitverfahren oder für einzelne Streithandlungen ein. Der Vertreter kann auf Grund einer Generalvollmacht, einer Prozeßvollmacht oder einer Spezialvollmacht für einzelne Streithandlungen in dem Verfahren auftreten.

Gesetzliche Vertreter sind die Inhaber der elterlichen Gewalt, der Vormund, Pfleger, die Organe einer juristischen Person, die Inhaber gewisser Polizeigewalten, Ämter usw. Der Vertreter übt, wie die Partei selbst, alle Parteirechte aus; selbst wenn er seine Instruktion überschreitet, gilt seine Streithandlung als solche der Partei. Er muß sich als Vertreter legitimieren. Wie er sich zu legitimieren hat und wer als Vertreter auftreten kann, richtet sich nach den Vorschriften für die einzelnen Rechtsinstitute. Der § 73 LVG. bestimmt, daß Gemeindevorsteher, die als solche legitimiert sind (d. h. sich als Gemeindevorsteher ausweisen), zur Vertretung ihrer Gemeinden einer besonderen Vollmacht (z. B. in den Formen des § 88 Nr. 7 LGemO. v. 3. VII. 91) nicht bedürfen. Der Gemeindevorsteher darf seinerseits einen Anwalt oder eine andere geeignete Person bevollmächtigen (Erk. v. 6. XII. 84 PrVBl. 6 196).

Wenn die Vertretung auf einer Willenserklärung beruht, so kann diese sich als Auftrag, Dienstvertrag, Werkvertrag, Gesellschaftsvertrag darstellen. Der Vertreter heißt dann Bevollmächtigter; als Beweismittel für seine Befugnis zur Vertretung dient die schriftliche Vollmacht. Die Parteien sind in der Wahl der Bevollmächtigten nicht beschränkt. Das Gericht kann aber Vertreter, die, ohne Rechtsanwälte zu sein, die Vertretung vor dem Gerichte geschäftsmäßig betreiben, zurückweisen. Eine Anfechtung dieser Anordnung findet nicht statt (vgl. §§ 79, 157 ZPO.). Das Wort „geschäftsmäßig" in § 73 LVG. hat das Wort „gewerbsmäßig" in § 43 VerwGG. ersetzt. Damit sollen solche Personen mitbetroffen werden, die für die Vertretung kein Entgelt nehmen. Wenn auch weder der Partei noch dem zurückgewiesenen Vertreter ein Beschwerderecht formell zusteht, kann die Zurückweisung doch unbegründet sein und die Partei in Nachteile bringen, z. B. insofern, als die Verteidigung unbefugt beschränkt worden ist. Dies würde einen Revisionsgrund abgeben (vgl. JW. 97 458). Die Zurückweisung wird stets zu erfolgen haben, wenn dem Vertreter gemäß § 35 GewO. die Besorgung fremder Rechtsangelegenheiten rechtskräftig untersagt worden ist. Wenn gleich eine Vollmacht sowohl schriftlich als mündlich (BGB. § 89) erteilt werden kann, wird die Vollmacht zum sicheren Nachweise der Bevollmächtigung vor Gericht schriftlich auszustellen sein. Die Partei kann in dem Verfahren hintereinander oder gleichzeitig mehrere Bevollmächtigte bestellen. Der Prozeßbevollmächtigte ist für alle Instanzen legitimiert. Er kann Untervollmacht erteilen. Eine bestimmte Form ist für die Vollmacht nicht vorgeschrieben (im Gegensatze zu § 81 ZPO.). Wie weit die Vollmacht reicht, muß im Verwaltungsstreitverfahren der Wortlaut ergeben. Einen gesetzlichen Umfang der Vollmacht gibt es nicht. Ist aber allgemeine Prozeßvollmacht erteilt, so ist der Bevollmächtigte zu allen Streithandlungen, auch zum Vergleiche, zur Verzichtleistung ermächtigt. Eine Vollmacht wird weder durch den Tod des Vollmachtgebers, noch durch Veränderung in betreff seiner Prozeßfähigkeit oder seiner gesetzlichen Vertretung aufgehoben (ZPO. § 86); der Bevollmächtigte hat nur, wenn er nach Aussetzung des Rechtstreits in den Fällen des Todes, des Wegfalls des gesetzlichen Vertreters usw. für den Nachfolger im Verwaltungsstreitverfahren weiter auftritt, eine Vollmacht desselben beizubringen. Hat z. B. in Behinderung des Gemeindevorstehers, weil er persönlich beteiligt war, und in seiner Vertretung ein Schöffe Prozeßvollmacht für die Gemeinde erteilt, und hört während des Laufes des Verfahrens die Behinderung des Gemeindevorstehers auf (also die persönliche Beteiligung), so erlischt damit die Vollmacht nicht (Erk. v. 3. II. 86 — I 190).

Der Tod des Bevollmächtigten und der Verlust seiner Prozeßfähigkeit heben das Vollmachtsverhältnis auf.

Handelt jemand für eine Partei als Geschäftsführer ohne Auftrag oder als Bevollmächtigter ohne Beibringung einer Vollmacht, so kann er einstweilen, bis zur Beibringung einer Vollmacht oder der Genehmigung, zugelassen werden. Ein Urteil darf aber erst erlassen werden, nachdem die für die Beibringung der Genehmigung oder Vollmacht zu bestimmende Frist vergeblich abgelaufen ist (ZPO. § 89). Die Genehmigung ist eine Streithandlung, sie bedarf keiner besonderen Form, sie kann durch schlüssige Handlungen erfolgen. Die nachträgliche Ausstellung einer Prozeßvollmacht enthält die Genehmigung durch eine schlüssige Handlung (OVG. 47 64). Welche Folgen das Unterbleiben der Genehmigung hat, siehe Wach a. a. O. 601.

Das LVG. spricht nur von Bevollmächtigten und Vertretern, die ZPO. kennt noch die Beistände (§ 90). Die letzteren können auch im Verwaltungsstreitverfahren auftreten. Es gilt von ihnen das in § 73 LVG. Bestimmte dahin, daß das Gericht Personen, die die Vertretung vor Gericht geschäftsmäßig betreiben, zurückweisen kann. Als Beistand kann jede prozeßfähige Person mitwirken. Das von einem Beistande Vorgetragene gilt als von der Partei vorgebracht, insoweit es nicht von dieser sofort widerrufen oder berichtigt wird. Einer Vollmacht bedarf der Beistand nicht, da er niemals allein auftritt; er wird durch die mündliche Erklärung der Partei oder ihres Vertreters, daß er als Beistand zu wirken habe, legitimiert. Ohne die Anwesenheit der Partei oder ihres Vertreters kann der Beistand keine Erklärungen abgeben.

Nach der ZPO. § 115 erlangt die Partei durch Bewilligung des **Armenrechts** das Recht, daß ihr zur vorläufig unentgeltlichen Wahrnehmung ihrer Rechte ein Rechtsanwalt beigeordnet werde. Diese Vorschrift gilt im Verwaltungsstreitverfahren nicht, da für dasselbe kein Anwaltszwang besteht, die Bewilligung des Armenrechts überhaupt bei **Beginn** eines Verwaltungsstreitverfahrens nicht nachgesucht werden kann. Es hat nach § 109 LVG. nur Bedeutung beim Unterliegen einer Partei. In der Praxis kommen Fälle vor, wo eine Partei wegen Krankheit, weiter Entfernung vor dem Verwaltungsgerichte nicht erscheinen kann. In diesen Fällen pflegen die Gerichte einen Referendar oder anderen Beamten als Vertreter auf Antrag der Partei zu bestellen, der die Vertretung unentgeltlich übernimmt. Hier kann noch erwähnt werden (was das LVG. nicht besonders hervorhebt), daß die Parteien und ihre Vertreter im allgemeinen die Befugnis haben, jederzeit von den Akten des Gerichts Einsicht zu nehmen und sich Abschriften auf ihre Kosten geben zu lassen. Über ihre Anträge entscheidet das Gericht.

Zweites Buch.

Verfahren bis zum Endurteil.

Erster Titel.

Einleitung.

Das Verwaltungsstreitverfahren kennt nicht wie der Zivilprozeß allgemein ein **Vorverfahren**, in dem lediglich über Prozeßvoraussetzungen und prozeßhindernde Einreden, unter Abtrennung von der Verhandlung in der Hauptsache, durch Zwischenurteil erkannt wird (contentio de ordinando judicio). Die Prozeßvoraussetzungen (Zuständigkeit des Gerichts, Vorhandensein von zwei Parteien, Prozeßfähigkeit der Parteien usw.) und prozeßhindernden Einreden im Sinne des Zivilprozesses werden mit der Hauptsache zugleich geprüft; finden sich Mängel, die zur Abweisung der Klage führen müssen, so erfolgt ihre Abweisung durch Urteil, wie wenn in der Hauptsache erkannt wäre. Billigt die Berufungsinstanz den Abweisungsgrund nicht, so kann sie, sofern die Verteidigung nicht beschränkt wird, sofort in der Sache selbst erkennen, ohne daß durch Zwischenurteil über die Vorfrage allein entschieden wird. Ist die Sache für ein Endurteil noch nicht reif, so erfolgt die Zurückverweisung in die Vorinstanz. Ebensowenig kann das Verwaltungsgericht allgemein anordnen, daß bei mehreren auf denselben Anspruch sich beziehenden selbständigen Angriffs- oder Verteidigungsmitteln (Klagegründen, Einreden, Repliken usw.) die Verhandlung zunächst auf eines oder einige dieser Angriffs- oder Verteidigungsmittel zu beschränken sei. Ist ein Anspruch nach Grund und Betrag streitig, so darf der Verwaltungsrichter nicht vorab über den Grund allein entscheiden (ZPO. § 304, OVG. 14 285). Nur in einem Falle kann eine Vorabentscheidung stattfinden (LVG. § 113), wenn nämlich von einer Partei in erster Instanz die Einrede der Unzuständigkeit erhoben wird (siehe das Nähere im Abschnitte „Zwischen- und Teilurteile").

Im Gegensatze zum Zivilprozesse kann aber im Verwaltungsstreitverfahren auch durch sog. Bescheid materiell entschieden werden. Dieser Bescheid ergeht entweder auf Klage oder auf Berufung oder auf Revision durch das erkennende Gericht und in erster Instanz sogar durch den Vorsitzenden des Kreisausschusses namens desselben bzw. durch den Vorsitzenden des Bezirksausschusses namens desselben im Einverständnis mit den ernannten Mitgliedern. Letzteres gilt nicht, wenn der Bezirksausschuß Berufungsgericht ist. Wird der Bescheid rechtskräftig, so wirkt er wie ein Endurteil (§ 64 Abs. 7 LVG.).

Die wesentlichen Vorgänge im Verfahren erster Instanz sind in der Regel folgende:

a) Anbringung der Klage (LVG. § 63),
b) sofortige Abweisung der Klage durch einen Bescheid (§ 64) oder
c) sofortige Verurteilung des Beklagten durch Bescheid (§ 64),
d) Antrag auf mündliche Verhandlung einer der Parteien nach Erlaß des Bescheides;
e) Wird ein Bescheid nicht erlassen, so findet eine Mitteilung der Klage an den Beklagten statt; geeignetenfalls wird neben der Klagebeantwortung noch Replik und Duplik eingefordert.
f) Ist nach dem Schriftwechsel von keiner Partei mündliche Verhandlung beantragt worden, kann das Gericht ohne solche in Form eines Bescheides (§§ 67, 64) eine Entscheidung fällen.
g) Gegen diesen Bescheid ist ebenfalls der Antrag auf mündliche Verhandlung zulässig.
h) Werden Bescheide nicht erlassen oder hat daraufhin mündliche Verhandlung stattgefunden, so erfolgt, falls erforderlich, ein Beweisbeschluß. Ein solcher kann aber auch vor Abhaltung der mündlichen Verhandlung erlassen werden (§ 74).
i) Im Laufe des Verfahrens kann das Gericht die Beiladung Dritter verfügen.

k) Beweisverfahren, das sich auf Grund neuer Beweisbeschlüsse wiederholen kann.

l) Mündliche Verhandlung nach beendigtem Beweisverfahren und Entscheidung. Auch diese mündliche Verhandlung braucht nicht abgehalten zu werden, wenn beide Teile ausdrücklich auf eine solche verzichtet haben (§ 80).

m) Zufertigung der Entscheidung.

In der Berufungsinstanz können auf Einlegung der Berufung dieselben Abschnitte des Verfahrens vorkommen. Die nicht rechtzeitig eingelegte Berufung wird von dem Gerichte erster Instanz durch einen Bescheid zurückgewiesen. Dieser Bescheid kann wie ein Vorbescheid erster Instanz vom Vorsitzenden des Kreisausschusses bzw. vom Vorsitzenden des Bezirksausschusses (im Einverständnisse mit den ernannten Mitgliedern) erlassen werden. Dagegen ist nur Beschwerde an das Berufungsgericht gegeben. Der Schriftwechsel (Beantwortung der Berufung usw.) findet in der ersten Instanz statt. Ist darauf die Sache an das Berufungsgericht gelangt, so kann dasselbe statt eines Urteils einen Bescheid erlassen, sofern von keiner der Parteien mündliche Verhandlung verlangt worden ist. Gegen diesen Bescheid ist nur der Antrag auf mündliche Verhandlung zulässig (§ 89). Zur Abänderung des angefochtenen Erkenntnisses bedarf es stets der vorgängigen mündlichen Verhandlung mit darauf folgendem Urteile.

Das Verfahren nach Einlegung der Revision ist mit Rücksicht auf die Beschränktheit des Rechtsmittels einfacher. Die Revision wird bei dem Gericht erster Instanz angebracht. Es wird bei ihr verfahren, wie bei Einlegung der Berufung. Der Schriftwechsel findet bei dem Gerichte erster Instanz statt. Über die Beschwerde wegen Zurückweisung der nicht rechtzeitig angebrachten Revision befindet das Oberverwaltungsgericht (Erk. v. 9. IV. 97 — I 491). Das Oberverwaltungsgericht kann die Vorentscheidung ebenfalls durch einen Vorbescheid bestätigen, aber sie nicht abändern. Dazu bedarf es der mündlichen Verhandlung und eines Endurteils.

Der wesentliche Unterschied zwischen dem Zivilprozesse und dem Verwaltungsstreitverfahren liegt darin, daß, weil bei letzterem meist das öffentliche Interesse mitbeteiligt ist, die dem ersteren zugrunde liegende Verhandlungsmaxime nicht durchgeführt ist; das Verwaltungsgericht ist nicht überall an die Anträge und Erklärungen der Parteien, namentlich nicht hinsichtlich der Beweisanträge und eines Anerkenntnisses, gebunden. Der Prozeßbetrieb liegt lediglich dem Gerichte ob. Diese Offizialtätigkeit ist indessen insoweit beschränkt, als die Verwaltungsgerichte über die Anträge in der Klage und den Rechtsmitteln nicht hinausgehen dürfen und das Verwaltungsstreitverfahren nur auf Antrag einer Partei begonnen wird.

Zweiter Titel.

Einreichung der Klage. Inhalt.

Im Verwaltungsstreitverfahren gilt der Grundsatz (LVG. § 63), daß die Klage bei dem zuständigen Gerichte schriftlich einzureichen ist. Ist der Kreisausschuß zuständig, so kann sie dort mündlich zu Protokoll erklärt werden. Bei befristeten Klagen muß das Klageschriftstück beim Gerichte innerhalb der Frist eingegangen sein.

Für einzelne Klagen kennt das Gesetz hinsichtlich jenes Grundsatzes (§ 63) Ausnahmen. Klagen gegen polizeiliche Verfügungen, die unter die §§ 127 ff. LVG. fallen, sind, wenn sie gegen eine Orts- oder Kreispolizeibehörde (§ 128) angebracht werden, bei den Behörden einzureichen, gegen deren Verfügung sie gerichtet sind, doch ist die Frist als gewahrt anzusehen, wenn die Klage bei dem zuständigen Gerichte selbst angebracht ist (§ 129). Klagen gegen die Androhung von Zwangsmitteln (§ 133) werden ebenso behandelt. Wird gegen jene polizeilichen Verfügungen zunächst das Beschwerdeverfahren (§ 127) beschritten, so ist die Klage gegen den letztinstanzlichen Beschwerdebeschluß des Regierungspräsidenten und Oberpräsidenten unmittelbar bei dem Oberverwaltungsgericht anzubringen. Ebenso bei Klagen gegen polizeiliche Verfügungen des Regierungspräsidenten in Sigmaringen. In wege- und wasserpolizeilichen Angelegenheiten (ZustG. §§ 56, 66) ist die Klage gegen den Einspruchbeschluß bei dem Gerichte selbst einzulegen, ebenso in Strombauverwaltungssachen (§ 13 G. v. $\frac{20.\ \text{VIII}.\ 83}{31.\ \text{V}.\ 84}$).

Wird statt der Klage mit gleicher Wirkung der Antrag auf mündliche Verhandlung gegen den Beschluß einer Beschlußbehörde gestellt, so ist dieser stets bei der beschließenden Behörde anzubringen.

Die Klageschrift braucht sich als Klage nicht zu bezeichnen, wenn nur aus dem Schriftstücke hervorgeht, daß und worüber eine Entscheidung im Verwaltungsstreitverfahren verlangt wird (Erk. v. 15. VI. 85 Kunze-Kautz 2 1212). Die Klage hat einen Antrag (petitum) zu enthalten. Der Klageantrag muß ausdrücklich oder wenigstens so gestellt sein, daß für den Richter erkennbar ist, was der Kläger begehrt, worin die Absicht und das Ziel der Klage besteht (Erk. v. 24. I. 00 Kunze-Kautz 2 1212); der Gegenstand des Anspruchs, die den bestimmten Antrag begründenden Tatsachen müssen gleichfalls genau bezeichnet sein (LVG. § 63, ZPO. § 253; vgl. den Abschnitt „Rechtskraft des Urteils"). Ebensowenig darf die Person des Beklagten fehlen.

Geht in letzterer Hinsicht mit Sicherheit aus den Vorverhandlungen hervor, wer als Beklagter zu gelten hat oder wen der Kläger als Beklagten bezeichnen wollte und bezeichnet hat, so wird der Verwaltungsrichter über eine irrtümliche Bezeichnung des Beklagten hinwegsehen können. Vielfach wird bei Klagen gegen letzte Beschwerdebescheide des Regierungspräsidenten oder Oberpräsidenten statt dieser Behörden die Polizeibehörde, gegen deren Verfügung die erste Beschwerde erhoben worden ist (LVG. § 127) als Beklagte bezeichnet; das Oberverwaltungsgericht stellt in diesem Falle die Klage dem richtigen Beklagten ohne weitere Anfrage beim Kläger zu und gibt letzterem nur davon Nachricht. Ebenso wird, wenn bei Klagen auf Wildschadenersatz gegen Bescheide der Ortspolizeibehörde irrtümlich die letztere als Beklagte angegeben ist, während der richtige Beklagte der Schadensersatzpflichtige ist, verfahren. Das Oberverwaltungsgericht ist so weit gegangen, daß es die Vorentscheidungen aufgehoben und die Sache an den Kreisausschuß zurückverwiesen hat, wenn statt des Schadensersatzpflichtigen die Ortspolizeibehörde irrtümlich als Beklagte zugezogen war, mit der Weisung, das Verfahren unter Beteiligung des richtigen Beklagten zu wiederholen (Kunze-Kautz 2 211, 1214).

Die Partei ist nach Namen, Stand, Wohnort so genau wie möglich zu bezeichnen, damit über ihre Identität kein Zweifel besteht.

Auch bei Stellung des Klageantrages verfährt das Oberverwaltungsgericht mild und übersieht ohne weitere Erinnerung kleine Fehler desselben und stellt sie mit Zustimmung der Parteien richtig, wenn nur erkennbar ist, worauf die Absicht des Klägers gerichtet ist.

Die den Anspruch begründenden Tatsachen müssen, abgesehen von der Beurteilung seiner Identität, so weit angegeben sein, daß der Beklagte sich gehörig verteidigen kann. Der Kläger kann mehrere Klagegründe miteinander verbinden, zu dem Zwecke, daß, wenn der eine Grund als stichhaltig nicht angesehen wird, der andere gelten soll, um denselben Antrag zu stützen (ZPO. §§ 146, 278). Auch die eventuelle Verbindung mehrerer Klageanträge kann im Verwaltungsstreitverfahren vorkommen, wie sie im Zivilprozeß (vgl. BGB. § 462 — Wandelungsklage) zulässig ist. Ist z. B. auf den Einspruchbescheid der Wegepolizeibehörde (ZustG. § 56 Abs. 4) die Klage gegen diese und den Drittverpflichteten erhoben und inzwischen die Wegebesserung ausgeführt worden, so kann statt des ursprünglichen Antrags auf Substituierung des Dritten in die öffentlich-rechtliche Verpflichtung auf Ersatz des Geleisteten geklagt werden.

In diesen Fällen wird nur eine Klage und zwar eine unbedingte Klage erhoben; denn die Klage muß stets einheitlich, auf dasselbe Rechtsverhältnis gestützt sein und dasselbe Ziel verfolgen (Kleinfeller 270). Eine sog. bedingte Klageerhebung erscheint im Verwaltungsstreitverfahren wie im Zivilprozeß unzulässig (Erk. v. 27. II. 93 — III 207). Als bedingte Klageerhebung wird angesehen, wenn die Klage alternativ gegen zwei verschiedene Beklagte gerichtet wird mit dem Antrage, den zweiten Beklagten zu verurteilen, falls der Verwaltungsrichter den ersten nicht verurteilen sollte (Erk. v. 27. II. 93 — III 207 — Kunze-Kautz 2 1215);

solche bedingte Klagen sind in Wirklichkeit zwei verschiedene Klagen, von denen jede für sich zu beurteilen ist.

Ist die Klage beim Gerichte eingegangen, so erfolgt die Aufforderung an den Beklagten zur Abgabe einer Klagebeantwortung, die Ladung der Parteien usw. von Amts wegen.

Kein Schriftsatz im Verwaltungsstreitverfahren braucht von einem Anwalte unterzeichnet zu sein. Die Unterschrift der Partei oder des Vertreters dagegen ist erforderlich. Sollte das Schriftstück von der Partei oder dem Vertreter selbst geschrieben sein und die Partei oder den Vertreter im Rubrum oder im Texte genau nennen, so kann von der unterschriftlichen Vollziehung abgesehen werden.

Eine bloße Anmeldung der Klage, die einer Klageschrift nicht entspricht, genügt nicht (Beschd. v. 22. XI. 90 — I 804 u. Erk. v. 18. IV. 94 PrVBl. 15 417). Dagegen wird die Klagefrist durch Einreichung einer unvollständigen, demnächst aber vervollständigten Klage gewahrt (OVG. 9 84, 158 u. Erk. v. 15. VI. 88 u. v. 27. III. 94 PrVBl. 10 35 u. 15 593), dabei wird vorausgesetzt, daß die notwendigen Erfordernisse einer Klage erfüllt sind; deshalb muß die unvollständige Klage deutlich erkennen lassen, welches Ziel der Kläger verfolgt, was Gegenstand des Klageanspruchs ist (§ 63). Eine Ausnahme machen nur die nach den §§ 47 Abs. 4, 56 Abs. 6, 66 Abs. 4 ZustG. anzustellenden Klagen. Innerhalb der zweiwöchigen Frist können diese Klagen eingereicht werden, auch wenn sie den Erfordernissen des § 63 LVG. nicht entsprechen. Die Praxis ist dabei sehr milde; wenn die Person des Beklagten nicht leicht zu ermitteln ist, wird zu ihrer Ermittelung eine längere Frist gestellt. Der Kläger muß nur deutlich erkennbar machen, daß er die Klage gegen den Beschluß der Behörde und zugleich gegen den nach öffentlichem Rechte statt seiner verpflichteten Dritten, dessen Namen zu nennen er noch nicht in der Lage sei, richtet. Unzulässig ist es, diese Vorschriften auf andere Klagen auszudehnen (Erk. v. 20. I. 05 OVG. 47 449).

Dritter Titel.

Arten der Klagen.

So wie im Zivilprozesse durch Erhebung der Klage das ordentliche Verfahren vor dem Zivilrichter eröffnet wird, ebenso leitet die Einlegung der Klage das Verwaltungsstreitverfahren ein. In denjenigen Fällen, wo die Angelegenheit bereits bei einer Verwaltungsbehörde (Stadt-, Kreis- oder Bezirksausschuß), die gleichzeitig Beschlußbehörde und Verwaltungsgericht ist, im Beschlußverfahren schwebt, wird die Klage durch den Antrag auf mündliche Verhandlung im Streitverfahren ersetzt. Das Beschlußverfahren verwandelt sich damit in das Verwaltungsstreitverfahren. Die Beschlußbehörde wird Verwaltungsgericht. Im allgemeinen gilt der Grundsatz: Kein Verwaltungsstreitverfahren ohne Klage. In dem Verfahren (§§ 113 Abs. 5, 114 LVG.), betreffend die Entscheidung von positiven und negativen Kompetenzkonflikten zwischen Verwaltungsbehörden und Verwaltungsgerichten, und bei der Vorentscheidung darüber, ob ein Beamter sich einer Überschreitung seiner Amtsbefugnisse oder der Unterlassung einer ihm obliegenden Amtshandlung schuldig gemacht habe, wird kein als Klage bezeichneter Schriftsatz beim Oberverwaltungsgericht eingereicht. Der Schriftsatz, in dem der Kompetenzkonflikt oder der Konflikt erhoben wird, ersetzt die Klage.

Das Verwaltungsstreitverfahren kennt Leistungs-, Feststellungs- und Rechtsgestaltungsklagen; der Kläger beantragt die Verurteilung des Beklagten zu einer Leistung oder Feststellung des Bestehens oder Nichtbestehens eines Rechtsverhältnisses oder Schaffung eines neuen Rechtsverhältnisses (Kleinfeller 203). Auch mit der Feststellungs- und Rechtsgestaltungsklage wird im letzten Grunde ein Anspruch geltend gemacht, so daß sie als Leistungsklagen im weiteren Sinne anzusehen sind. Bei der Leistungsklage (im engeren Sinne) beantragt der Kläger die Verurteilung des Beklagten zu einer Leistung, zu einem Tun, Dulden oder Unterlassen. Es fallen darunter die Klagen auf Zahlung einer Entschädigung wegen Wildschadens, eines Ersatzgeldes bei Weidefreveln, eines Jagdpachtzinses an den Enklavenbesitzer, eine Entschädigung für aufgehobene Gewerbeberechtigungen, auf Ersatz für verauslagte Räumungs- oder Wegeunterhaltungskosten usw.

Die Feststellungsklage zielt dahin, das Bestehen oder Nichtbestehen eines Rechtsverhältnisses festzustellen; der Kläger behauptet dabei einen auf Dulden oder Unterlassen gerichteten Anspruch gegen den Beklagten (Kleinfeller 264). Zur Durchführung gehört ein rechtliches Interesse daran, daß das Rechtsverhältnis durch Erkenntnis alsbald festgestellt wird (vgl. ZPO. § 256). Das Interesse muß sich in irgendeiner Weise auf die Rechtsverhältnisse des Klägers beziehen; ohne baldige Feststellung muß die Rechtslage des Klägers gefährdet erscheinen. Während nach der ZPO. den Feststellungsklagen ein weiter Spielraum gegeben ist, kann im Verwaltungsstreitverfahren eine solche Klage nur angestellt werden, wenn sie das Gesetz ausdrücklich zuläßt. Nach § 66 ZustG. können die Beteiligten untereinander im Verwaltungsstreitverfahren streiten, wem von ihnen die öffentlich-rechtliche Verbindlichkeit zur Räumung von Wasserläufen obliegt, während ein solches Streitverfahren zwischen einem Beteiligten als Kläger oder Beklagten gegenüber der Wasserpolizeibehörde als Klägerin oder Beklagte nicht zugelassen ist, obwohl die öffentlich-rechtliche Verbindlichkeit gegen die Wasserpolizei zu leisten ist und die Wasserpolizei sehr wohl ein rechtliches Interesse daran haben kann, daß festgestellt wird, welchem Rechtssubjekte die Verbindlichkeit zur Räumung obliegt. Nach Lage der Gesetzgebung kann die Wasserpolizei in den Streit der Beteiligten untereinander nur durch Beiladung hereingezogen werden; dann ist allerdings die Entscheidung auch ihr gegenüber gültig.

Die ZPO. kennt die Inzidentfeststellungsklage (§ 280). Die Parteien können ein im Laufe eines Prozesses streitig gewordenes Rechtsverhältnis, von dessen Bestehen oder Nichtbestehen die Entscheidung des Rechtsstreits abhängt, durch richterliche Entscheidung vorab feststellen lassen.

Das Verwaltungsstreitverfahren läßt nur im Einzelfalle, nicht allgemein die Inzidentfeststellungsklage zu. Wenn im Laufe des Verfahrens zur Feststellung der Höhe des Wasserstandes bei Stauwerken streitig ist, ob die Höhe des Wasserstandes in rechtsverbindlicher und deutlicher Weise bestimmt sei, so entscheidet darüber, nach Unterbrechung des administrativen Verfahrens, der Verwaltungsrichter (ZustG. § 67 Abs. 3). Die entsprechende Klage hat noch das Besondere, daß sie außerhalb des administrativen Verfahrens vor dem ordentlichen Richter zum Austrage zu bringen ist (OVG. v. 6. V. 95 — III 581; RG. v. 22. X. 90 JW. 90 419, ebenso Erk. v. 5. V. 94 von Brauchitsch Anm. zu § 67 ZustG.). Dasselbe trifft zu, wenn über Widersprüche gegen eine Bewässerungsanlage des Uferbesitzers (ZustG. § 75) gestritten wird. Ist kein Präklusionsverfahren vor den Verwaltungsbehörden anhängig, so wird über die Widersprüche vom ordentlichen Richter entschieden (RG. v. 19. X. 95 PrVBl. 17 129).

Inzidentfeststellungsklagen können ferner erhoben werden, z. B. wenn bei Klagen gegen polizeiliche Verfügungen streitig ist, ob ein Gewässer als ein geschlossenes anzusehen ist, wohin gewisse Grundstücke in gemeinderechtlicher Beziehung gehören usw. Ist zur Entscheidung über solche Präjudizialfragen ein besonderes Verfahren vor den Verwaltungsgerichten zwischen bestimmten Beteiligten vorgeschrieben oder zugelassen, so empfiehlt es sich, daß der Verwaltungsrichter über die Streitfrage nicht gelegentlich eines anderen Verfahrens (inzidenter) entscheidet, sondern das Hauptverfahren unterbricht und den Parteien innerhalb gewisser Frist aufgibt, die Feststellungsklage anzustellen. Die Partei hat aber kein Recht, daß so verfahren wird.

Wird eine Feststellungsklage rechtskräftig, so kann das durch Urteil festgestellte Rechtsverhältnis zwischen den Parteien in einem anderen Verfahren nicht mehr mit Erfolg bestritten werden.

Der Vollstreckbarkeit ist ein Urteil auf Feststellungsklage nicht fähig.

Mit der Rechtsgestaltungsklage soll entweder ein Verwaltungsakt aufgehoben oder ein Verwaltungsakt geschaffen, oder es soll ein früher rechtskräftig gewordenes Urteil oder ein endgültiger Beschluß beseitigt (LVG. §§ 100, 126) oder überhaupt ein Anspruch auf Begründung eines neuen Rechtsverhältnisses und auf Duldung dieser Neugestaltung durch den Beklagten oder die Parteien oder gewisse Behörden durchgeführt werden

(Kleinfeller 265). In der Rechtsgestaltungsklage liegt insofern vielfach eine Leistungsklage im weiteren Sinne, als nach Rechtskraft des Urteils die beklagte Behörde, wenn auch das Urteil nur formell einen ihrer Verwaltungsakte aufhebt, doch gehalten ist, gemäß des Urteils zu verfahren und einen Verwaltungsakt zu schaffen. Streitet nicht der Kläger mit der Behörde, deren Verwaltungsakt im Verwaltungsstreitverfahren angegriffen ist, sondern bestimmt das Gesetz andere Personen, zwischen denen der Streit auszufechten ist, so kann in dem Urteil indirekt ausgesprochen werden, daß eine Verwaltungsbehörde einen Verwaltungsakt schafft. Daß die Behörde nach dem Urteile verfährt, kann im Vollstreckungsverfahren (LVG. § 60) vom Verwaltungsrichter erzwungen werden. Der Verwaltungsrichter tritt hier an die Stelle der früher zuständigen höheren Verwaltungsbehörde. Sein Urteil gilt als Anweisung. Als Beispiel in ersterer Hinsicht dient eine jagdpolizeiliche Verfügung, durch die dem Kläger der Jagdschein versagt worden ist. Der Verwaltungsrichter hebt, wenn die Klage begründet ist, durch Erkenntnis lediglich die versagende Verfügung der beklagten Jagdpolizeibehörde auf, verurteilt nicht die Beklagte direkt zur Erteilung des Jagdscheines. Dennoch ist die Beklagte den Jagdschein zu erteilen verpflichtet (sofern nicht etwa neue Versagungsgründe vorliegen, die im Streite nicht befangen waren). Oder der Stadtausschuß als Beschlußbehörde hat die Erteilung der Schankerlaubnis versagt (ZustG. § 114); auf Klage des Antragstellers (Antrag auf mündliche Verhandlung im Verwaltungsstreitverfahren) hebt der Bezirksausschuß in der Berufungsinstanz die Versagung durch Urteil auf und erkennt, daß die Erlaubnis zu erteilen sei. Partei ist dabei nicht der Stadtausschuß. Dennoch ist letzterer als Beschlußbehörde nach Rechtskraft des Urteils verpflichtet, die Schankerlaubnis zu erteilen und die Schankkonzessionsurkunde auszufertigen. Also auch hier enthält das Rechtsgestaltungsurteil mittelbar einen Zwang zu einer Leistung im weiteren Sinne. So wird ferner in der Entscheidung des Oberverwaltungsgerichts auf Erhebung des positiven Kompetenzkonfliktes der für zuständig erachteten Behörde (Verwaltungsbehörde oder Verwaltungsgericht) die Weisung erteilt, sich mit der Sache zu befassen. Ist der Konflikt erhoben (G. v. 13. II. 54), so darf, wenn das Oberverwaltungsgericht entschieden hat, daß der Rechtsweg unzulässig sei, die mit der Sache befaßte Behörde das Verfahren nicht fortsetzen. Rechtsgestaltungsklagen finden noch statt: auf Aufhebung einer Zwangsetatisierung, auf Aufhebung von Strafverfügungen des Bürgermeisters, Regierungspräsidenten, Oberpräsidenten (ZustG. § 20), als Disziplinarklagen, Klagen auf Ungültigkeit von Wahlen, auf Heranziehung zu Gemeindelasten, auf Untersagung eines Gewerbebetriebs, auf Zurücknahme der Erlaubnis zum Betriebe eines Gewerbes usw. Hat die Klage auf Aufhebung einer Zwangsetatisierung Erfolg gehabt, so besteht die letztere mit Eintritt der Rechtskraft des Urteils nicht mehr, und keine Behörde darf Folgen aus der aufgehobenen Zwangsetatisierung ziehen. Ist im Disziplinarverfahren ein Beamter des Amts entsetzt, so hat er mit der Rechtskraft des Urteils aufgehört, Beamter zu sein. Ist eine Strafverfügung durch Urteil aufgehoben, so besteht sie mit Beschreitung der Rechtskraft nicht mehr. Wird eine Wahl für ungültig erklärt, so hören mit dem Urteil die Rechte aus der Wahl von selbst auf. Wird die Wahl für gültig erklärt, so gilt sie, als ob sie niemals angefochten worden. Der Gewerbetreibende, dem der Betrieb rechtskräftig untersagt ist, darf fortan das Gewerbe nicht mehr betreiben. Mit der Rechtskraft des Erkenntnisses auf Entziehung der Erlaubnis zum Betriebe eines Gewerbes erlischt die erteilte Erlaubnis zum Betriebe des Gewerbes usw. Das Urteil schafft eine neue Rechtslage, ändert eine frühere ab, der Verurteilte oder ein Dritter muß die neue Rechtslage dulden, danach verfahren.

Zu den Rechtsgestaltungsklagen gehört auch die Klage aus § 126 LVG., wonach der Oberpräsident endgültige Beschlüsse des Provinzialrats, der Regierungspräsident endgültige Beschlüsse des Bezirksausschusses usw. anfechten kann. Ist ein solcher Beschluß durch Urteil aufgehoben, so geht er über diese Aufhebung oder Beseitigung indessen nicht hinaus; durch das Urteil wird kein anderer Beschluß an Stelle des beseitigten gesetzt, vielmehr die Sache in den Stand nur zurückversetzt, in dem sie sich vor Abfassung des Beschlusses befand. Gemäß des Urteils hat dann der Provinzialrat, der Bezirksausschuß usw. einen neuen Beschluß zu fassen. Beispiel: Der Bezirksausschuß hat durch einen endgültigen Beschluß, der das bestehende Recht verletzt hatte, ein Ortskrankenkassenstatut genehmigt (KrankVG. § 24). Wird der Beschluß durch Urteil gemäß § 126 LVG. aufgehoben, so hat dies Urteil nur eine *kassatorische Wirkung*. Seine Folge ist lediglich, daß der Bezirksausschuß von *neuem* über das ihm vorliegende Gesuch um Genehmigung des Statuts Beschluß zu fassen hat; das Urteil enthält keine weitere sachliche Entscheidung, keine endgültige Versagung der Genehmigung (Erk. v. 22. I. 98 OVG. 32 319). Anders wenn der Bezirksausschuß die Genehmigung des Statuts versagt hat und dagegen Klage (Antrag auf mündliche Verhandlung) angebracht ist. Der damit angerufene Verwaltungsrichter hat über die Genehmigung des Statuts durch Urteil zu befinden. Wird durch rechtskräftiges Urteil die Genehmigung ausgesprochen, so hat das Urteil positive Wirkung, es beseitigt den versagenden Beschluß und schafft einen das Statut genehmigenden Verwaltungsakt.

Vierter Titel.

Rechtshängigkeit. Klagezurücknahme.

Nach der ZPO. (§§ 263ff.) wird durch die Erhebung der Klage mittelst *Zustellung* (§§ 253, 499, 643, 696, 697) die *Rechtshängig*-

keit der Streitsache begründet. Die Rechtshängigkeit hat folgende Wirkungen:

1. Wenn während der Dauer der Rechtshängigkeit von einer Partei dieselbe Sache anderweitig anhängig gemacht wird, so kann der Gegner die Einrede der Rechtshängigkeit erheben;
2. die Zuständigkeit des Prozeßgerichts wird durch eine Veränderung der sie begründenden Umstände nicht berührt;
3. eine Änderung der Klage ist nur dann zuzulassen, wenn der Beklagte einwilligt oder wenn nach dem Ermessen des Gerichts die Verteidigung des Beklagten nicht wesentlich erschwert wird.

Das LVG. (§ 154) und das ZustG. (§ 163) behandeln nur den Fall, wenn zur Zeit des Inkrafttretens der beiden Gesetze Sachen bereits anhängig gewesen sind; es sollen dann in Beziehung auf die Zuständigkeit, das Verfahren usw. die früheren Gesetze Anwendung finden. Anhängig ist im Sinne der §§ 154 und 163 eine Sache auch dann, wenn ein Rechtsmittel überhaupt (Einspruch, Widerspruch, Reklamation, Beschwerde), das erst die Voraussetzung einer Klage bildet, eingelegt worden ist (Erk. v. 3. XI. 84 OVG. 21 156). Anhängigkeit ist verschieden von der Rechtshängigkeit (Litispendenz). Vorschriften über die Rechtshängigkeit im Verwaltungsstreitverfahren gibt es nicht, sie können aber durch Analogie gefunden werden. Die AllgGerichtsO. behandelt die Rechtshängigkeit in §§ 48, 49 I 7. Sie beginnt mit der „richtig insinuierten" Vorladung des Beklagten oder der öffentlichen Bekanntmachung einer Ediktalzitation. Ihre Wirkungen sind:

1. daß das mit der Angelegenheit zuerst befaßte Gericht, sofern die Klage noch bei einem anderen Gerichte vorgebracht wird, die „Prävention" hat (§ 166 Tit. 2);
2. daß eine nachher mit dem Vorgeladenen sich ereignende Veränderung auf den Gerichtsstand keinen Einfluß hat (Änderung des Wohnsitzes des Beklagten, Tod);
3. daß der Streitgegenstand zur res litigiosa wird;
4. daß der Beklagte in mora versetzt wird (Verzugszinsen usw.).

Die Wirkungen der Zitation fallen weg, wenn der Kläger den Prozeß nicht fortsetzt, die Klage zurücknimmt, wenn die Unzuständigkeit des Gerichts durch Erkenntnis ausgesprochen wird.

Eine nachträgliche Änderung des Klagegrundes ist in der AllgGerichtsO. nicht zugelassen, ebensowenig in den späteren preußischen Gesetzen (Förster, Klage und Einrede 34, 35).

Die Wirkungen der Rechtshängigkeit beginnen im Verwaltungsstreitverfahren mit der Zustellung der Klage an den Beklagten, nicht mit der Einreichung derselben bei dem Gerichte; denn die Rechtshängigkeit hat nicht bloß prozeßrechtliche, sondern auch materiell-rechtliche Wirkungen gegenüber dem Beklagten. Sobald die Klage zugestellt ist, hat das zustellende Gericht die „Prävention"; es entsteht eine dauernde Beziehung zwischen der Streitsache und dem angerufenen Gerichte (ubi semel est coeptum judicium ibi et finem accipere debet). Eine Bezirksveränderung ändert den dinglichen Gerichtsstand, der einmal durch die Rechtshängigkeit gewonnen ist, nicht mehr. Ändert der Beklagte beim Gerichtsstande des Wohnsitzes nach der Zustellung den letzteren, so bleibt das Gericht ferner zuständig. Es gelten danach nach dieser Richtung die Vorschriften der ZPO. auch im Verwaltungsstreitverfahren. Insbesondere hat jede Partei eine prozeßhindernde Einrede für den Fall, daß der Gegner während der Dauer der Rechtshängigkeit bei einem anderen Verwaltungsgerichte dieselbe Sache anhängig macht (ZPO. §§ 263, 274). Ihre Elemente sind dieselben wie die der Rechtskraft des Urteils (dieselben Parteien, derselbe Anspruch). Die Rechtshängigkeit wird aufgehoben durch ein rechtskräftiges Urteil, Vergleich, Klageänderung, Klagezurücknahme. Wird gemäß § 64 LVG. nach Einreichung der Klage sofort ein Bescheid erlassen, so ist bei Behändigung des Bescheides die Klage mit zuzustellen. Mit dieser Zustellung beginnt die Rechtshängigkeit.

Die Rechtshängigkeit schließt das Recht der Parteien nicht aus, den Streitgegenstand (res litigiosa) zu veräußern, ebensowenig hebt die Veräußerung des Streitgegenstandes die Rechtshängigkeit auf (vgl. ZPO. § 265). Hat der Kläger während der Rechtshängigkeit veräußert, so kann ihm, sofern das Urteil gegen den Rechtsnachfolger nicht wirksam sein würde, der Einwand entgegengesetzt werden, daß er zur Geltendmachung des Anspruchs nicht mehr befugt sei (vgl. ZPO. §§ 265 Abs. 3, 325).

Im allgemeinen wirkt das rechtskräftige Urteil für und gegen die Parteien und diejenigen Personen, die nach dem Eintritte der Rechtshängigkeit Rechtsnachfolger (spätere Inhaber des Rechts) der Parteien geworden sind. Diese Wirkung tritt namentlich ein, wenn es sich um Rechte und Verbindlichkeiten handelt, die mit einem Grundstücke verbunden sind, wenn gewissermaßen das personifizierte Grundstück klagt oder verklagt wird. Ist ein Streit über solche mit einem Grundstücke verbundenen Rechte oder Verbindlichkeiten anhängig, so ist im Falle der Veräußerung des Grundstücks der Rechtsnachfolger berechtigt und auf Antrag des Gegners verpflichtet, den Rechtsstreit in der Lage, in der er sich befindet, als Partei zu übernehmen. Der Veräußerer scheidet als Partei aus. In dem Falle, daß das Urteil gegen den Rechtsnachfolger nicht wirksam sein würde, ist der letztere zur Vermeidung der Häufung von Prozessen mit Zustimmung des Gegners berechtigt, den Streit als Partei an Stelle des Rechtsvorgängers zu übernehmen. Der letztere Fall liegt vor, wenn eine polizeiliche Verfügung an den Eigentümer eines Grundstücks als solchen mit der Aufforderung erlassen ist, das Grundstück in einen polizeigemäßen Zustand zu versetzen; wird vom Eigentümer Klage erhoben, so kann der Erwerber des Grundstücks in den Streit mit Zustimmung der Polizei eintreten; eine Berechtigung besteht nicht, weil die Verpflichtung mit dem Grundstücke nicht in obigem Sinne verbunden ist, sondern von dem jeweiligen Eigentümer zu erfüllen ist. Bei Streitigkeiten der Beteiligten über ihre in öffentlichen Rechten begründeten Berechtigungen und Verpflichtungen hinsichtlich der Ausübung der Jagd (ZustG. § 105) ist der Grundeigentümer der Repräsentant des Grundstücks; das Urteil wirkt für und gegen die Parteien und gegen die Rechtsnachfolger im Eigentume; die Rechtskraft und die Vollstreckbarkeit erstrecken sich gegen die Parteien und die Rechtsnachfolger. In diesem Falle ist der Rechtsnachfolger eines Grundeigentümers berechtigt, in den Streit als Partei einzutreten, ja sogar dazu verpflichtet, wenn der Gegner dies verlangt.

Die Erklärung, als Partei eintreten zu wollen, geschieht durch Schriftsatz oder in der mündlichen Verhandlung. Die Zustimmung des Gegners kann ausdrücklch oder stillschweigend erfolgen. Die Rechtshängigkeit setzt sich dann fort.

Im Falle des Todes einer Partei gelten im allgemeinen die Vorschriften des bürgerlichen Prozesses. In zahlreichen Fällen wird aber im Verwaltungsstreitverfahren der Tod bewirken, daß der Rechtsstreit in Ansehung der Hauptsache als erledigt anzusehen ist, während in Ansehung der Kosten der Rechtsstreit mit dem Erben des Verstorbenen weitergeführt wird. Bei Klagen gegen polizeiliche Verfügungen, wo zu entscheiden ist, ob die Verfügung gegenüber dem Erblasser rechtswidrig war, ändert der Tod des Klägers materiell nichts. Die Erben treten ohne weiteres in das Verfahren ein. Dagegen sind die Klagen bei Wahlen, bei Anträgen auf Erteilung der Erlaubnis zum Betriebe verschiedener Gewerbe, bei Entziehung der Genehmigung dazu, bei Untersagung von Gewerbebetrieben usw. im Falle des Todes des Klägers bzw. des Beklagten, weil höchst persönlich, in der Hauptsache erledigt. Im Zivilprozeß werden Ehescheidungsklagen usw. (ZPO. § 628) ebenso behandelt, die Hauptsache erscheint durch casus beendet. Wenn wegen der Kosten weiter gestritten werden kann und gestritten wird, so muß sich der Verwaltungsrichter über die Schuldfrage usw. allerdings schlüssig machen, um zu ermessen, ob die Klage mit Recht angestrengt war (vgl. die Schankkonzessionsentziehungssachen).

Die materiell-rechtlichen Wirkungen der Rechtshängigkeit gleichen denen des bürgerlichen Rechts, soweit solche Wirkungen überhaupt im Verwaltungsstreitverfahren eintreten. Die Verjährung und Ersitzung wird unterbrochen (BGB. §§ 209, 941), der Schuldner kommt in Verzug (BGB. §§ 284, 291), der Anspruch auf Zögerungszinsen beginnt usw.

Wie nach der AllgGerichtsO. kann auch im Verwaltungsstreitverfahren die Klage zurückgenommen werden, und zwar bis zum Erlasse eines Bescheides oder Erkenntnisses. Der Beklagte kann aber nicht, wie im Zivilprozesse, mit dem Antrage klagen, den Kläger zu verurteilen, daß er bei Verlust seines Rechts gehalten sei, binnen einer bestimmten Frist die Klage anzustellen (Diffamationsklage). Auch die Vorschrift der ZPO. (§ 271), daß, wenn von neuem geklagt wird, der Beklagte die Einlassung verweigern darf, bis die Kosten des ersten Prozesses erstattet sind, ist dem Verwaltungsstreitverfahren fremd.

Fünfter Titel.

Verfügungen auf die Klage. Erlaß eines Bescheides.

Stellt sich der erhobene Anspruch sofort als rechtlich unzulässig oder unbegründet heraus, so kann der Verwaltungsrichter die Klage ohne weiteres durch einen mit Gründen versehenen Bescheid (Vorbescheid) zurückweisen (LVG. § 64). Der Verwaltungsrichter hat frei darüber zu befinden, ob ein Vorbescheid zu erlassen ist; ein Zwang dazu besteht nicht. Durch einfache Verfügung darf die Einleitung der Klage nicht abgelehnt werden; das Gesetz kennt überhaupt die Ablehnung der Einleitung der Klage nicht, es kennt nur die Zurückweisung der Klage (Erk. v. 10. V. 78 OVG. 3 387). Der Bescheid soll die Parteien genau bezeichnen und einen Tenor der Entscheidung sowie eine Festsetzung des Wertes des Streitgegenstandes enthalten.

Hält der Verwaltungsrichter den Anspruch für begründet, so kann ebenso dem Beklagten durch einen mit Gründen versehenen Bescheid die Klaglosstellung des Klägers aufgegeben werden. Diese Form der Verurteilung ist dem zivilprozessualischen Mahnverfahren (ZPO. §§ 688 ff.) nachgebildet (vgl. auch § 7 I 6 AllgGerichtsO.). Der ZPO., die die Mündlichkeit zur herrschenden Form gemacht hat und die verlangt, daß die Behauptungen und Beweise mündlich vorgetragen, die Urkunden verlesen werden, daß der der Urteilsfällung zugrunde liegende Stoff mündlich vorgetragen wird, ist ein Vorbescheid über den Klageanspruch fremd, wiewohl andere Entscheidungen ohne mündliche Verhandlung zugelassen werden, so über die Ablehnung von Gerichtspersonen (§§ 46, 406), über Anordnung eines Arrestes (§ 921), über Anordnung einer einstweiligen Verfügung (§§ 937, 942), über Aufhebung eines vollzogenen Anrechtes (§ 934), über Aussetzung des Verfahrens (§ 248) usw. Der § 142 KreisO. v. 13. XII. 72 und § 15 G. v. 6. VII. 75, betr. die Schutzwaldungen und Waldgenossenschaften (GS. 416) sehen bereits Vorbescheide vor.

Der Erlaß eines Vorbescheides im Verwaltungsstreitverfahren ist dann gesetzlich ausgeschlossen, wo Spezialgesetze oder ein Reichsgesetz ein

Urteil auf mündliche Verhandlung vorschreiben. So im Disziplinarverfahren, in den Fällen des ZustG. §§ 114, 115, 116, 117, 119, 120, 121, 124, 125, 126, 141, 142 (Erteilung gewerblicher Konzessionen, Erlaubnis zum gewerbsmäßigen öffentlichen Vertreiben von Druckschriften, Erteilung eines Legitimationsscheines usw.), auf Grund des § 21 RGewO. (OVG. 11 307). Wird gegen den Beschluß einer Verwaltungsbeschlußbehörde statt der Klage der zulässige Antrag auf mündliche Verhandlung im Verwaltungsstreitverfahren gestellt (LVG. § 69), so muß diese anberaumt werden, der Erlaß eines Vorbescheides ist hier unzulässig, da der angegriffene Beschluß bereits eine ähnliche Natur hatte und die Partei das Verlangen gestellt hat, mündlich gehört zu werden (Verf. v. 3. VII. 86 — III 44 u. v. 8. VI. 87 — III 395).

Ist die Klage nur unvollständig, so darf nicht schon deshalb ihre Abweisung durch Vorbescheid erfolgen. Vielfach haben Klagen formelle Mängel, die sich aber aus den Vorgängen (z. B. polizeilichen Akten) ergänzen lassen. Diese Mängel abzustellen hat der Vorsitzende des Gerichts die amtliche Pflicht, er soll die „Intentionen" des Klägers ermitteln und dahin wirken, daß von ihm sachdienliche Anträge gestellt werden (Erk. v. 14. III. u. 19. IX. 81 OVG. 7 278, 8 284, Erk. v. 22. XI. 87 PrVBl. 9 122). Der Kläger kann zur Vervollständigung der Klage beim Kreisausschusse vorgeladen oder durch Verfügung des Gerichts oder des Vorsitzenden auf die Mängel aufmerksam gemacht werden.

Der Vorbescheid wird vom Verwaltungsgerichte selbst oder von dem Vorsitzenden des Kreisausschusses oder von dem Vorsitzenden des Bezirksausschusses, im letzteren Falle im Einverständnisse mit den ernannten Mitgliedern, erlassen. Das Oberverwaltungsgericht beschließt über einen Vorbescheid im Kollegium.

Die Urschriften der Vorbescheide, die der Vorsitzende des Bezirksausschusses erläßt, sind von dem Vorsitzenden und den ernannten Mitgliedern zu vollziehen. Die Ausfertigung erhält die Unterschrift: „Namens des Bezirksausschusses der Vorsitzende". Die Unterschrift der Bescheide des Vorsitzenden des Kreisausschusses lautet entsprechend. Die Unterschrift wird nur vom Vorsitzenden vollzogen. Der Vorbescheid ist den Parteien wie ein Erkenntnis zuzustellen. Zugleich ist den Parteien zu eröffnen, daß sie befugt seien, innerhalb zweier Wochen vom Tage der Zustellung entweder die Anberaumung der mündlichen Verhandlung vor demselben Gerichte zu beantragen oder das Rechtsmittel einzulegen, das zulässig wäre, wenn ein Endurteil ergangen wäre. Diese Belehrung ist so wesentlich, daß bei ihrem Fehlen rechtlich ein Vorbescheid nicht besteht.

Ja, ein Bescheid ohne Belehrung gilt nur als eine prozeßleitende Verfügung, die im Wege der Beschwerde (§ 110 LVG.) angefochten werden kann. Diese Beschwerde ist an keine Frist gebunden. Ein Zwangsverfahren auf Grund des mangelhaften Bescheides ist nicht zulässig. Wird mündliche Verhandlung beantragt, so ist sie unter Vorladung der Parteien (die Gegenpartei erhält Abschrift des Antrages) anzuberaumen. Ist teils ein Rechtsmittel eingelegt teils die mündliche Verhandlung beantragt worden, so ist dem letzten Antrage der Vorzug zu geben. Dies ist auch der Fall, wenn von mehreren Klägern oder Beklagten die Anträge verschieden gestellt werden. Die Einlegung des Rechtsmittels hat dann keine Wirkung. Bleibt der Vorbescheid unangefochten, so gilt er als Endurteil (LVG. § 64 Abs. 7). Sollte nach Ablauf von zwei Wochen der Antrag auf mündliche Verhandlung eingehen, so ist er durch eine einfache Verfügung (§ 110) zurückzuweisen (Kunze-Kautz 2 1217). Wird ein Vorbescheid nach der Vorschrift des § 64 LVG. nicht erlassen, so ist die Klage, von der der Kläger für jeden Beklagten ein Exemplar oder eine Abschrift beizufügen hat, der Gegenpartei zuzufertigen. Fehlen die Duplikate, so werden sie auf Kosten des Klägers von Amts wegen hergestellt oder der Kläger wird aufgefordert, sie nachträglich einzureichen. Der Mangel der Beifügung der Duplikate oder Abschriften hat nicht etwa die Versäumung der Streithandlung zur Folge (Verf. v. 8. X. 88 — II 912). Bei einer zu Protokoll vor dem Kreisausschusse erhobenen Klage erfolgt die Anfertigung einer Abschrift von Amts wegen.

Mit der Zufertigung der Klagebeantwortung wird der Beklagte aufgefordert, die Gegenerklärung innerhalb einer bestimmten Frist (von einer bis vier Wochen) schriftlich (oder vor dem Kreisausschusse zu Protokoll) abzugeben. In nicht schleunigen Fällen kann die Frist der Regel nach nicht über zwei Wochen verlängert werden (LVG. § 65). Das Duplikat oder die Abschrift der Gegenerklärung erhält der Kläger, im Bedarfsfalle zur Einreichung einer Replik, deren Abschrift dem Beklagten zur Erklärung zugehen muß. In einfachen Sachen wird nach Eingang der Klagebeantwortung mündliche Verhandlung anberaumt (Verf. v. 14. III. 85 — II 241).

Hat sich der Beklagte nicht oder nicht genügend erklärt, so kann er dies in der mündlichen Verhandlung oder bis zu dieser schriftlich nachholen.

Wenn nach dem Schriftenwechsel keine der Parteien ausdrücklich die Anberaumung der mündlichen Verhandlung verlangt hat, so kann das Gericht ohne solche Verhandlung schon auf Grund der Parteierklärungen seine Entscheidung in Form eines mit Gründen versehenen Bescheides fällen (LVG. § 67). Gegen den Bescheid ist ebenfalls der Antrag auf Anberaumung der mündlichen Verhandlung oder die Einlegung des Rechtsmittels wie gegen einen Vorbescheid (§ 64) zugelassen. Der Bescheid muß eine entsprechende Belehrung enthalten, und es gelten auch sonst die für den Vorbescheid erlassenen Vorschriften hinsichtlich seiner Wirkung und hinsichtlich des Falles, wenn teils mündliche Verhandlung beantragt, teils ein Rechtsmittel eingelegt ist (§ 64 Abs. 4 bis 7). Wie auf Klage, so kann auch nach Einlegung eines Rechtsmittels der Bezirksausschuß und das Oberverwaltungsgericht nach dem Schriftwechsel einen Bescheid erlassen. Gegen den Bescheid des Oberverwaltungsgerichts ist natürlich nur der Antrag auf mündliche Verhandlung zulässig. Eine Abänderung der Vorentscheidung darf vom Berufungs- oder Revisionsgerichte durch Bescheid nicht vorgenommen werden (LVG. §§ 89, 95). In allen Instanzen kann der auf Bescheid oder Vorbescheid gestellte Antrag auf mündliche Verhandlung bis zur Fällung des Urteils zurückgenommen werden (OVG. 16. IX. 91 — I 980). Damit wird der Bescheid rechtskräftig. Hat auch nur eine Partei die Anberaumung der mündlichen Verhandlung gefordert oder erachtet das Gericht eine solche für erforderlich, so werden die Parteien nach Eingang der Parteierklärungen zur mündlichen Verhandlung unter der Verwarnung geladen, daß beim Ausbleiben nach Lage der Verhandlungen werde entschieden werden. Das Gericht kann zur Aufklärung des Sachverhalts das persönliche Erscheinen einer Partei anordnen, ohne daß ihm ein Zwangsmittel zusteht, die Anordnung durchzusetzen. Welche Folgen das Nichterscheinen, abgesehen von der Verlegung des Termins und der dadurch den Säumigen treffenden Kosten, hat, bleibt der freien Beweiswürdigung des Gerichts überlassen. Jedenfalls hat bei der Offizialmaxime das Nichterscheinen oder das Nichterklären einer Partei in der mündlichen Verhandlung nicht die Folgen, welche die ZPO. daran knüpft (vgl. oben S. 35). Das Gericht erkennt nach Lage der abgegebenen Erklärungen. Vor und zu dem Termine können schriftliche Erklärungen der Parteien eingereicht werden, deren Inhalt die Gegenpartei, sofern er wesentlich ist, erfahren muß. Ist die Gegenpartei im Termine nicht erschienen, so ist derselbe zu verlegen, um ihr die Erklärung zuzufertigen und Gelegenheit zur Gegenerklärung zu geben.

Der Tenor des Urteils, der nach Erlaß eines Vorbescheides oder Bescheides ergeht, ist so zu fassen, als wenn ein Bescheid nicht erlassen worden wäre, also auf Abweisung der Klage oder Verurteilung des Beklagten. Einzelne Verwaltungsgerichte tenorieren auf Bestätigung oder Aufrechterhaltung des Bescheides; dies ist nicht sachgemäß (OVG. 26. III. 90 — I 335 u. v. 3. XI. 93 — II 1208); denn die Vorbescheide verlieren durch den Antrag auf mündliche Verhandlung und Fällung des Urteils ihre rechtliche Existenz.

Hat das Gericht übersehen, daß ein Antrag auf mündliche Verhandlung vom Kläger gestellt war, und ist ein Vorbescheid (§ 64) erlassen worden, so muß zur Erreichung der mündlichen Verhandlung der Antrag nach Erlaß des Vorbescheides von neuem gestellt werden, sonst wird, falls kein Rechtsmittel eingelegt worden, der Vorbescheid rechtskräftig. Dasselbe gilt von einem nach § 67 erlassenen Bescheide (Erk. v. 6. XI. 95 OVG. 30 457).

Sechster Titel.

Tatsachenfeststellung.

1. Feststellung ohne Beweis.

Nach § 291 ZPO. bedürfen Tatsachen, die bei dem Gerichte offenkundig sind, keines Beweises. Dieser Satz hat auch im Verwaltungsstreitverfahren seine Berechtigung (Erk. v. 5. VII. 99 OVG. 35 304). Werden Tatsachen als offenkundig (gerichtskundig) von dem Gerichte, wozu nur die Mehrheit der Richter gehört, angesehen, so können sie nicht Gegenstand des Gegenbeweises sein (Stein, Das private Wissen des Richters 139, 157; JW. 96 229). Die Notorietät kann darauf beruhen, daß sie in einem weiteren Personenkreise aus häufiger Wahrnehmung oder auf andere allgemein zugängliche Weise (der Landrat ist gestorben, eine Überschwemmung hat stattgefunden, ein Haus ist eingefallen) oder dem Gerichte durch amtliche Tätigkeit zuverlässig bekannt geworden (der Kläger ist mit einer anderen Klage von demselben Gerichte abgewiesen worden, der Vertreter ist Gemeindevorsteher der beklagten Gemeinde). Die Notorietät bei einer Instanz bindet die höhere nicht; die letztere kann aber mit Rücksicht auf jene Notorietät die Tatsache als bewiesen annehmen.

Eine allgemein anerkannte wissenschaftliche Wahrheit (die Erde dreht sich um die Sonne) kann eine Grundlage der Offenkundigkeit bilden, gleiches gilt von einzelnen Fragen der Technik und der täglichen Erfahrung (Schießpulver explodiert). Die bloße Eintragung in ein öffentliches Register begründet die Notorietät nicht, wenn die Eintragung dem Gerichte selbst nicht bekannt geworden.

Im Zivilprozesse bedürfen die von einer Partei behaupteten Tatsachen insoweit keines Beweises, als sie im Laufe des Rechtsstreites von dem Gegner bei einer mündlichen Verhandlung oder zum Protokolle eines beauftragten oder ersuchten Richters zugestanden sind (§ 288 ZPO.). Der Widerruf des gerichtlichen Geständnisses hat nur dann Einfluß, wenn die widerrufende Partei beweist, daß das Geständnis der Wahrheit nicht entspreche oder durch einen Irrtum veranlaßt sei. In diesem Falle verliert das Geständnis seine Wirksamkeit. Das gerichtliche Geständnis ist kein Beweismittel, sondern ein Akt der Disposition über das streitige Recht durch Beweiserlaß (Begr. 210). Das außergerichtliche Geständnis ist zu beweisen und bildet nur ein Indizium (RGZ. 6 197), das gerichtliche Geständnis bindet den Richter.

Im Verwaltungsstreitverfahren steht den Parteien nicht überall ein gleiches Dispositionsrecht in dem Sinne zu, daß sie die Macht haben, durch das Geständnis einer Tatsache (oder das Anerkenntnis eines Anspruchs) die betreffende Tatsache oder den Anspruch der Prüfung des Richters zu entrücken (Erk. v. 13. I. 96 — III 59). Der Verwaltungsrichter kann zwar zugestandene Tatsachen oder anerkannte Ansprüche seiner Entscheidung zugrunde legen. Er ist hierzu aber keineswegs verbunden; hat er Zweifel, so hat er die Zweifel anderweitig zu beseitigen und die Tatsachen zu untersuchen. Ebenso ist es dem freien Ermessen des Verwaltungsrichters überlassen, welches Gewicht er dem Widerruf eines Geständnisses beilegen will (Erk. v. 2. I. 86 — I 5, v. 20. XI. 86 — I 1344 und v. 28. XI. 93 — IV 1255). Eine bei der mündlichen Verhandlung aufgestellte neue Behauptung einer Partei kann, wenn die Gegenpartei bei der Verhandlung gefehlt hat, als von ihr zugestanden nicht erachtet werden (OVG. v. 26. IX. 95 — III 1193, v. 14. IV. 97 — IV 726 und v. 24. X. 93 — Kunze-Kautz 2 1239, 1240). Damit hängt zusammen, ob der Verwaltungsrichter überhaupt eine Behauptung, weil nicht bestritten, als zugestanden erachten kann (LVG. 79). Es unterliegt dies seiner freien Beweiswürdigung. Auf alle Fälle muß dem Gegner Gelegenheit zur Erklärung über alle Behauptungen gegeben sein; es darf keine Verurteilung auf einer Grundlage erfolgen, zu deren Anfechtung die Partei nicht in der Lage war. Im Urteile hat das Gericht die Gründe anzugeben, welche für die richterliche Überzeugung leitend gewesen sind. An bestimmte Beweisregeln ist es nicht gebunden (Erk. v. 23. IV. 03 PrVBl. 25 28, Kunze-Kautz 2 1233).

2. Feststellung durch Beweis. Beweisbeschluß. Beweislast.

Wenn der § 286 ZPO. ausspricht, daß das Gericht unter Berücksichtigung des gesamten Inhalts der Verhandlungen und des Ergebnisses einer Beweisaufnahme nach freier Überzeugung zu entscheiden habe, so wird damit der Grundsatz der freien Beweiswürdigung aufgestellt (§ 14 EinfG. z. ZPO.). Dennoch hat der Grundsatz Ausnahmen, indem für Urkunden (§§ 415ff.) und den Parteieneid (§§ 463, 464, 477) bestimmte Beweisregeln aufgestellt werden (vgl. auch § 164: Sitzungsprotokoll, §§ 167, 198: Zustellung, § 292: gesetzliche Vermutungen, § 314: Urteilstatbestand usw.).

Das LVG. enthält (§ 79) den kurzen Satz:

> „Das Gericht hat nach seiner freien, aus dem Inbegriffe der Verhandlungen und Beweise geschöpften Überzeugung zu entscheiden."

Damit hat das LVG. die freie Beweistheorie angenommen. Aber wenn der Verwaltungsrichter auch darin frei ist, was er aus dem Inbegriffe der Verhandlungen und Beweise als seine Überzeugung entnehmen will, so stellt doch das Gesetz besondere Vorschriften darüber auf, in welcher Weise der Verwaltungsrichter die Verhandlungen abhalten und Beweise gewinnen soll. Das Gesetz enthält Bestimmungen, wie die Grundlage für die erforderliche richterliche Überzeugung herzustellen ist, die nicht umgangen werden dürfen; dazu gehören die Vorschriften, daß die mündliche Verhandlung unter Zuziehung eines vereidigten Protokollführers erfolgt (§ 75) und daß bei der Beweiserhebung durch ein Mitglied des Gerichts oder eine ersuchte Behörde ein vereidigter oder durch Handschlag verpflichteter Protokollführer zuzuziehen ist (§ 77), sowie daß die Parteien zu den Beweisverhandlungen zu laden sind (Erk. v. 8. IX. 80 OVG. 6 392, v. 2. IV. 92 — III C 101/91 — Kunze-Kautz 2 1243).

Gelangt das Verwaltungsgericht vor der mündlichen Verhandlung (LVG. § 76) oder im Anschlusse an dieselbe zu der Entschließung, Beweis zu erheben (Untersuchungen an Ort und Stelle, Vernehmung von Zeugen und Sachverständigen usw.), so faßt es einen Beweisbeschluß über den Gegenstand des Beweises (Beweissatz) und wie der Beweis erhoben werden soll. Die Beweisbeschlüsse sind durch die Beschwerde (§ 110) nicht anfechtbar, eine Anfechtung würde die Selbständigkeit des erkennenden Gerichts beeinträchtigen. Ist der Beweisbeschluß falsch gefaßt und führt er zur Schädigung einer Partei im Urteilsspruche, so ist letzterer nach den dafür gegebenen Vorschriften angreifbar. Auch der Vorsitzende darf nicht etwa Mängel des Beweisbeschlusses ohne Mitwirkung des Kollegiums selbständig beseitigen (Erk. v. 13. VI. 87 — III 433). Den Parteien ist ein Beweisbeschluß zu verkündigen, sie können die Erteilung von Abschriften desselben und der Beweisverhandlungen beantragen.

Die Erledigung des Beweisbeschlusses erfolgt in einer mündlichen Verhandlung oder in einem von dem Kommissar des Gerichts anberaumten Termine, sofern der Beweisbeschluß dahin gegangen ist, oder durch eine beauftragte oder ersuchte Behörde, die im Falle der Notwendigkeit von eidlichen Vernehmungen dazu gesetzlich berufen sein muß. Polizeibehörden sind dies nicht. Es ist nur angemessen, die Amtsgerichte um Erledigung zu ersuchen, wenn die Erledigung durch einen Kreisausschuß mit besonderen Schwierigkeiten verknüpft ist. Der Landrat als solcher kann eidliche Vernehmungen nicht vornehmen, der Kreisausschuß kann ihn aber, als seinen Kommissar und Mitglied, damit beauftragen.

Das Gericht ist befugt, die Einnahme des Augenscheins zu beschließen, und zwar kann die Ausführung dadurch erfolgen, daß damit ein Mitglied des Gerichts beauftragt oder eine andere Behörde angegangen wird oder daß das ganze Gericht sich an Ort und Stelle begibt und dort verhandelt (OVG. 8 178). Im letzteren Falle braucht das Ergebnis der Augenscheineinnahme nicht ausführlich protokolliert zu werden, in dem andern Falle hat das Protokoll das, was gesehen worden ist, zu enthalten. Bei Anwesenheit des ganzen Gerichts empfiehlt es sich aber, das Ergebnis in das Protokoll ebenfalls ganz aufzunehmen, weil sonst bei einem Wechsel der Richter bis zur Urteilsfällung das neu zusammengesetzte Gericht die Einnahme des Augenscheins wiederholen müßte.

Zur Einnahme des Augenscheins können Sachverständige und Zeugen zugezogen werden.

Im Zivilprozeß gilt der Satz: „Jede Partei hat diejenigen feststellungsbedürftigen Tatsachen zu beweisen, deren Behauptung für die erfolgreiche Begründung ihres Antrags notwendig ist" (Kleinfeller 316). Wo im Zivilprozeß das Offizialverfahren maßgebend ist (§§ 622, 640, 670, 684, 686, 975), hat der Richter, wie im Strafprozesse, die Aufgabe, die Beweise selbst zu sammeln, aber die Parteien haben den Richter darin zu unterstützen, indem sie ihm Beweise für ihre Behauptungen an die Hand geben. Das LVG. stellt keine Regeln über die Beweislast auf. Es ist in dieser Beziehung wesentlich im Geiste der alten preußischen Prozeßgesetze erlassen, und man wird nicht fehl gehen, wenn angenommen wird, daß für das Verwaltungsstreitverfahren die §§ 16, 17 der Einltg. zur AllgGerichtsO. noch passen:

§ 16.

„Wenn eine erhebliche Tatsache geleugnet wird, so ist zwar vornehmlich derjenige Teil, welcher darauf sich gründet, schuldig, dem Richter die Mittel anzuzeigen, durch welche die Wahrheit derselben an den Tag gebracht werden könne.

§ 17.

Der Richter ist jedoch an diese Angabe nicht gebunden, sondern er hat das Recht und die Pflicht, auch andere Mittel, die aus dem Vortrage der Parteien und aus dem Zusammenhange ihrer Verhandlungen sich ergeben, zur Erforschung der Wahrheit, selbst ohne das ausdrückliche Verlangen der Parteien, anzuwenden."

Der § 71 LVG. bestimmt auch, daß die Parteien sämtliche Beweismittel anzugeben und die schriftlichen ihnen zu Gebote stehenden Beweismittel vorzulegen haben. Dieser Satz hat nun nicht die Bedeutung, daß, wenn die Partei keine Beweismittel vorlegt, sie beweisfällig wird, sondern nur die, daß, wenn es sich beim Mangel anderer Beweismittel darum handelt, wer zu beweisen hat, die Regel des Zivilprozesses und des § 16 der Einlt. z. AllgGerichtsO. auch im Verwaltungsstreitverfahren anzuwenden ist. Diese Regel nennt das Oberverwaltungsgericht vielfach einen dem Prozeßrechte überhaupt angehörigen Fundamentalsatz. Es spricht z. B. aus, daß der Steuerpflichtige, schon weil er die Stellung des Klägers einnehme, seinerseits alle diejenigen Tatsachen beweisen müsse, auf welche er seinen Freilassungs- und Ermäßigungsanspruch gründe (Erk. v. 4. III. 87 OVG. 14 137). Bei einer Klage gegen eine polizeiliche Verfügung, die mit der Behauptung angegriffen wurde, es fehle ihr an den erforderlichen tatsächlichen Voraussetzungen, stellte das Oberverwaltungsgericht den Grundsatz auf, daß der Kläger sein Klagefundament zu beweisen habe (Erk. v. 14. XI. 78 OVG. 4 270). In dem Erk. v. 29. X. 83 (OVG. 10 260) wird dem Kläger die gleiche Beweislast zugeschoben. Also trotz der Offizialmaxime und neben der Pflicht des Richters, die Wahrheit zu erforschen, kann für das Verwaltungsstreitverfahren nicht geleugnet werden, daß die Partei die Verpflichtung hat, diejenigen Tatsachen nachzuweisen, auf die sie sich zur Geltendmachung ihres Rechts beruft. Anderseits ist für den Zivilprozeß und das Verwaltungsstreitverfahren der Satz gültig, daß einem geführten Beweise gegenüber es nicht auf die Beweislast mehr ankommt (Erk. v. 13. XI. 93 OVG. 25 300; Planck, Lehrbuch des Zivilprozesses 2 175).

Haben die Parteien Beweismittel genannt oder vorgelegt, so braucht der Verwaltungsrichter den Beweis nicht zu erheben, wenn er aus materiellen Gründen die Erhebung nicht für erforderlich erachtet (Erk. v. 10. X. 76 OVG. 1 301). Die Überzeugung und das freie Ermessen haben den Verwaltungsrichter zu leiten, ähnlich wie bei der Ausübung des Fragerechts nach Maßgabe des § 71 Abs. 3 bis 5, so daß daraus, daß von diesem Ermessen kein genügender Gebrauch gemacht ist, ein Revisionsgrund nicht hergeleitet werden kann. Anders liegt die Sache, wenn der Richter die Erheblichkeit einer Tatsache selbst anerkennt, gleichwohl die Beweiserhebung unterläßt, trotzdem die Beweismittel gegeben waren (Erk. v. 12. VI. 96 — I 779 — Kunze-Kautz 2 1241).

3. Beweis durch Urkunden.

Die Parteien haben die als Beweismittel in Bezug genommenen Urkunden im Original oder in Abschrift einzureichen. Von allen Schriftstücken sind Duplikate vorzulegen (LVG. § 66). Fehlen die Duplikate, so erfolgt die Anfertigung auf Kosten der zur Beifügung verpflichteten Partei. Andere Nachteile sind damit nicht verknüpft (OVG. v. 8. X. 88 — II 912). Statt der Einreichung von Duplikaten kann das Gericht geeignetenfalls gestatten, daß die Schriftstücke in seinem Geschäftslokale offen gelegt werden (§ 66 Abs. 2). Bei dem letzteren Beschlusse ist das Gericht befugt, eine Zeit zu bestimmen, während welcher die Offenlegung erfolgt. Die Offenlegung (vgl. ZPO. §§ 142, 143) wird insbesondere für umfangreiche Schriftstücke, Stammbäume, Pläne, sonstige Zeichnungen, Akten, Handelsbücher angemessen erscheinen. Über die Offenlegung der Urkunden nach § 66 Abs. 2 bestimmt der Praxis nach ohne Vortrag im Kollegium der Vorsitzende. Wird gegen das Verfügte Einspruch erhoben, so ist ein Beschluß des Kollegiums hierüber zu fassen (OVG. v. 30. IV. 94 — III 464). Eine Urkunde ohne Schriftzeichen gibt es im Sinne des § 66 nicht.

Die ZPO. stellt über die Beweiskraft der Urkunden (§§ 415ff.) bestimmte Regeln auf, die das LVG. nicht kennt. Das Oberverwaltungsgericht hat allerdings (Erk. v. 26. VI. 82 — II 564 — Kunze-Kautz 2 1230) angenommen, daß das Protokoll über die mündliche Verhandlung regelmäßig den vollen Beweis des beurkundeten Vorgangs begründet. Das LVG. spricht dies nicht ausdrücklich aus. Der Beweis der Fälschung ist selbstverständlich zulässig. Ja, es wird bei der im Verwaltungsstreitverfahren herrschenden freien Beweiswürdigung weiter davon auszugehen sein, daß der Beweis, das Protokoll enthalte unrichtige Angaben über Vorgänge, zulässig ist, wie auch die ZPO. (§ 418) den Beweis der Unrichtigkeit der in einer öffentlichen Urkunde über tatsächliche Vorgänge bezeugten Tatsachen zuläßt.

Ist die Partei, die sich auf eine Urkunde beruft, nicht in deren Besitze, besitzt vielmehr die Gegenpartei die Urkunde, so kann das Gericht nach der ZPO. die Vorlegung der Urkunde anordnen. Wird die Vorlegung der Urkunde verweigert, so ist, wenn der Beweisführer eine Abschrift beigebracht hat, diese als richtig anzusehen. Ist die Abschrift nicht beigebracht, so kann das Gericht die behauptete Beschaffenheit und den Inhalt der Urkunde als bewiesen annehmen (§ 427). Bestreitet der Gegner den Besitz der Urkunde, so hat er den Editionseid zu leisten (§ 426). Diese Vorschriften sind auf das Verwaltungsstreitverfahren nicht sinngemäß anzuwenden. Der Verwaltungsrichter ist frei in der Beurteilung dessen, was aus der Weigerung, die Urkunde vorzulegen usw., folgt.

Befindet sich die Urkunde im Besitze eines Dritten, so kann dieser im Zivilprozeß durch Klage zur Vorlegung gezwungen werden (§ 429). Diese Klage ist im Verwaltungsstreitverfahren nicht zulässig. Dagegen wird der Verwaltungsrichter der Partei eine Frist zur Anstellung der Klage im Zivilprozesse stellen können. Der Verwaltungsrichter kann sich übrigens durch Vernehmung des Besitzers der Urkunde als Zeugen oder auf andere geeignete Weise über den Inhalt der Urkunde Überzeugung verschaffen.

Befindet sich die Urkunde in den Händen einer öffentlichen Behörde, so steht dem Verwaltungsrichter dieser Behörde gegenüber kein Zwangsmittel zu Gebote, die Herausgabe der Urkunde zu erzwingen. Die Vorschriften in § 169 GVG. und § 432 Abs. 3 ZPO. gelten für das Verwaltungsstreitverfahren nicht. Verweigert die Behörde die Herausgabe der Urkunde, so steht nur die Beschwerde an ihre Aufsichtsbehörde offen. Für die Verwaltungsgerichte gelten dabei die Vorschriften in §§ 48, 49 LVG. über die Rechtshilfe. Das Oberverwaltungsgericht legt fremden Behörden seine Akten grundsätzlich nicht vor.

Die Vorlegung der Urkunden in Urschrift oder Abschrift erfolgt vor dem erkennenden Gerichte in der mündlichen Verhandlung oder vor einem beauftragten oder ersuchten Richter. Dem Gegner muß Gelegenheit zur Einsicht und Erklärung über die Urkunde gegeben werden. Bildet die Urkunde den Gegenstand der mündlichen Verhandlung, so ist sie zu verlesen entweder durch den Referenten oder den Beweisführer. Die

Parteien können auf die Verlesung verzichten. Die Urkunden werden nach Beendigung des Rechtsstreits zurückgegeben. Wird ihre Echtheit bestritten, so bleiben sie bei den Akten behufs Auslieferung an die Staatsanwaltschaft, wenn dazu Veranlassung vorliegt.

Urkunden, die nach Form und Inhalt als von einer öffentlichen Behörde oder Urkundsperson errichtet sich darstellen, werden die Vermutung der Echtheit für sich haben (vgl. § 437 ZPO.).

Im Verwaltungsstreitverfahren wie im Zivilprozesse wird die Schriftvergleichung vorkommen. Über das Ergebnis derselben, geeignetenfalls nach Anhörung von Sachverständigen, hat das Gericht nach freier Überzeugung zu entscheiden.

4. Beweis durch Zeugen und Sachverständige.

Das Gericht ist befugt — geeignetenfalls schon vor Anberaumung der mündlichen Verhandlung — Zeugen und Sachverständige zu laden und eidlich zu vernehmen (LVG. § 76). Die Beweiserhebung findet durch eines der Mitglieder des Gerichts oder eine ersuchte Behörde oder in der mündlichen Verhandlung statt (§ 77). Hinsichtlich der Verpflichtung, sich als Zeuge oder Sachverständiger vernehmen zu lassen, sowie hinsichtlich der im Falle des Ungehorsams zu verhängenden Strafen ist die ZPO. maßgebend (§ 78). Doch darf der Ungehorsam höchstens mit 150 Mark bestraft werden. Die Umwandlung in Haft (ZPO. § 380) ist im Verwaltungsstreitverfahren nicht vorgesehen. Das Rechtsmittel gegen die betreffenden Beschlüsse des Gerichts ist die innerhalb zwei Wochen einzulegende Beschwerde an das im Instanzenzuge zunächst höhere Gericht. Gegen die in zweiter Instanz ergangene Entscheidung des Bezirksausschusses geht die Beschwerde an das Oberverwaltungsgericht. Für die Form der Einlegung der Beschwerde gilt § 111 LVG.

Der verurteilte Zeuge kann beim Gerichte selbst die Wiederaufhebung der Strafe beantragen, falls er glaubt, genügende Entschuldigung beigebracht zu haben. Wird der Antrag abgelehnt, so ist die fristlose Beschwerde (LVG. § 110) zulässig (VerfOVG. v. 5. X. 91 |— III 668). Die sonstigen Bestimmungen der ZPO. (§§ 375ff., 402ff.) kommen nur subsidiär zur Anwendung, sofern sie dem Rahmen des Verwaltungsstreitverfahrens entsprechen (OVG. v. 11. I. 98 — PrVBl. 20 76). Die Partei benennt die Zeugen und gibt die Tatsachen an, über welche die Vernehmung stattfinden soll. Die Tatsachen können auch innerliche sein. Wie für den Zivilprozeß wird für das Verwaltungsstreitverfahren anzunehmen sein, daß eine Beweisaufnahme nicht etwa abgelehnt werden darf, wenn der Zeuge von vornherein unglaubwürdig erscheint, oder weil die Behauptung von anderen Zeugen bereits widerlegt ist, oder wegen der Unwahrscheinlichkeit, daß der Beweis werde erbracht werden, sofern nur neue Tatsachen unter das Zeugnis des Zeugen gestellt werden. Die Ablehnung wird aber statthaft sein, wenn aus besonderen Gründen (z. B. weil der Zeuge bei der Sache interessiert ist) ein Gegenbeweis gegen eine bereits für erwiesen erachtete Tatsache gar nicht würde erbracht werden können (JW. 99 433, 573, 00 272, 894).

Die Ablehnung der Vernehmung von Zeugen ist zulässig, wenn das Gericht die Überzeugung gewinnt, daß die Benennung nur erfolgt ist, um den Prozeß zu verschleppen (vgl. ZPO. § 374). Sind die Zeugen aus grober Nachlässigkeit erst nach Erledigung der ganzen Beweisaufnahme benannt worden, so wird das Gericht die Vernehmung aus diesem Grunde allein nicht verweigern können. Ein Teil der Kosten wird dann aber der Partei nach § 104 LVG. aufzuerlegen sein. Öffentliche Beamte, auch wenn sie nicht mehr im Dienste sind, dürfen über Umstände, auf die sich ihre Pflicht zur Amtsverschwiegenheit bezieht, als Zeugen nur mit Genehmigung ihrer vorgesetzten Dienstbehörde vernommen werden (ZPO. § 376 enthält darüber noch weitere Vorschriften hinsichtlich des Reichskanzlers, der Minister usw.).

Zur Verweigerung des Zeugnisses sind berechtigt (§ 383):

1. der Verlobte einer Partei;
2. der Ehegatte (auch nach Trennung der Ehe);
3. diejenigen, welche mit einer Partei in gerader Linie verwandt, verschwägert oder durch Adoption usw. verbunden sind;
4. Geistliche in Ansehung dessen, das ihnen bei der Seelsorge anvertraut ist;
5. Personen, welchen kraft ihres Amtes, Standes oder Gewerbes Tatsachen anvertraut sind, deren Geheimhaltung durch die Natur derselben oder durch gesetzliche Vorschrift geboten ist, in betreff solcher Tatsachen, auf welche die Verpflichtung zur Verschwiegenheit sich bezieht.

Der § 384 benennt die Personen, die ihr Zeugnis verweigern können; dazu gehören Personen, die sich sonst der Gefahr strafrichterlicher Verfolgung aussetzen oder die ein Kunst- oder Gewerbegeheimnis offenbaren würden.

Sachverständige (§ 408) können aus gleichen Gründen das Gutachten verweigern. Der Sachverständige hat der Ernennung Folge zu leisten (§ 407), wenn er zur Erstattung von Gutachten der erforderten Art öffentlich bestellt ist oder die betreffende Kunst, Wissenschaft, das Gewerbe öffentlich zum Erwerbe ausübt oder dazu öffentlich bestellt ist. Die Vernehmung eines öffentlichen Beamten kann durch seine vorgesetzte Behörde verboten werden (§ 408).

Bei der im Verwaltungsstreitverfahren herrschenden Offizialmaxime kann das Gericht Zeugen und Sachverständige vernehmen, die die Parteien nicht benannt haben. Im Verwaltungsstreitverfahren wird der Grundsatz (ZPO. § 394) befolgt, daß jeder Zeuge einzeln und in Abwesenheit der später abzuhörenden Zeugen zu vernehmen ist. Zeugen, deren Aussagen sich widersprechen, können einander gegenübergestellt werden. Ebenso wird der § 395 befolgt (Vernehmung über Personalien, Stand, Gewerbe, Interesse zur Sache), ferner § 396 (Abfrage des Zeugen). Haben die Parteien Fragen zu stellen, so haben sie dies durch den Mund des Vorsitzenden oder des beauftragten Richters zu tun, falls ihnen nicht gestattet wird, selbst zu fragen (§ 397). Eine Berechtigung dazu haben die Parteien nicht.

Während die ZPO. grundsätzlich die Beeidigung der Zeugen und Sachverständigen vorschreibt (§§ 391, 410), aber den Verzicht der Parteien auf die Beeidigung zuläßt, hat das Oberverwaltungsgericht in zahlreichen Entscheidungen ausgesprochen, daß nach § 76 LVG. das Gericht zwar befugt sei, Zeugen zu laden und eidlich zu vernehmen, daß diese Bestimmung aber nicht die Beeidigung der Zeugen durchaus erfordert, der Verwaltungsrichter vielmehr berechtigt sei, auch unbeeidigten Aussagen Glauben zu schenken. Später ist das Oberverwaltungsgericht dazu übergegangen, anzunehmen, daß die eidliche Vernehmung, wenn ihr gesetzliche Gründe nicht entgegenstehen, die Regel bilden müsse (Erk. v. 8. XI. 88 — III 893, v. 22. XII. 97 — III 1728 — Kunze-Kautz 2 1233, 1234). Von der eidlichen Vernehmung wird danach abgesehen werden können, wenn die Parteien bei der Vernehmung zugegen gewesen, die Beeidigung nicht verlangt worden ist, auch nicht behauptet wird, daß die Zeugen etwas Unrichtiges ausgesagt haben (Erk. v. 20. XI. 93 — Kunze-Kautz 2 1233) oder wenn der Verwaltungsrichter besondere Gründe dafür hat, von der Beeidigung abzusehen; auf keinen Fall kann davon Abstand genommen werden, wenn die Beeidigung das einzige Mittel ist, die Wahrheit zu erforschen oder eine Partei sonstige triftige Gründe für die Beeidigung vorbringt. So hat die Entsch. v. 22. XII. 97 — III 1728 (Kunze-Kautz 1234) ausgesprochen, das Gericht sei berechtigt, falls es die Richtigkeit polizeilicher Aussagen nicht bezweifelt, auch ihm Zweifel in dieser Richtung nicht unterbreitet werden, die eidliche Aussage der Zeugen zu unterlassen und seine Feststellung lediglich auf die polizeiliche Aussage zu begründen. Die Vorlegung polizeilicher Aussagen spielt im Verwaltungsstreitverfahren eine große Rolle. Der Verwaltungsrichter wird bei ihrer Verwertung aber zu prüfen haben, ob der Polizeibeamte imstande war, die Aussage richtig wiederzugeben und ob er sie richtig wiedergegeben hat und ob bei eidlicher Vernehmung sich nicht eine andere Aussage ergeben würde.

Weder die Partei, selbst wenn sie nicht prozeßfähig ist, noch der gesetzliche Vertreter einer nicht prozeßfähigen Partei kann als Zeuge oder Sachverständiger zugelassen werden. Gleiches trifft zu beim Vormunde, dem Vorsteher einer Aktiengesellschaft, dem Geschäftsführer einer Gesellschaft mit beschränkter Haftung, einer eingetragenen Genossenschaft, bei den Kommanditisten im Streitverfahren einer Kommanditgesellschaft, bei dem Ehemanne, der im

Streitverfahren der Ehefrau als ihr Beistand auftritt, selbst wenn er auf sein Verwaltungsrecht verzichtet hat usw. Hat eine Partei (z. B. öffentliche Korporation) mehrere gesetzliche Vertreter, so darf keiner als Zeuge vernommen werden, selbst wenn nicht der einzelne volle Vertretungsmacht hat. Dagegen sind vernehmungsfähig die ausgeschiedene Partei, der Prozeßbevollmächtigte, der ausgeschiedene gesetzliche Vertreter; denn hinsichtlich der Frage der Zulässigkeit der Zeugenvernehmung kommt es auf den Zeitpunkt der Vernehmung an. So ist auch die Aussage eines Zeugen, der erst später Partei geworden, zu berücksichtigen.

Das LVG. formuliert nicht den abzuleistenden Eid, ebensowenig verordnet es, ob der Eid vor der Vernehmung zu leisten sei. Praxis ist, daß der Eid nach der Vernehmung geleistet wird und daß die Norm des § 392 ZPO. dahin gewählt wird:

> daß Zeuge nach bestem Wissen die reine Wahrheit gesagt, nichts verschwiegen und nichts hinzugesetzt habe.

Der Sachverständige schwört:

> daß er das von ihm geforderte Gutachten unparteiisch und nach bestem Wissen und Gewissen erstattet habe.

Ist der Sachverständige für die Erstattung von Gutachten der betreffenden Art im allgemeinen beeidigt, so genügt die Berufung auf den geleisteten Eid. Dagegen deckt der Zeugeneid nicht den Sachverständigeneid.

S c h r i f t l i c h e Gutachten eines Sachverständigen werden dem Gerichte übersandt. Das Gericht kann das Erscheinen des Sachverständigen in der mündlichen Verhandlung oder seine Vernehmung durch ein beauftragtes Mitglied oder andere Behörde anordnen. Auch die gemeinschaftliche Begutachtung durch mehrere Sachverständige kann veranlaßt werden.

Sind sachkundige Personen zum Beweise früherer Tatsachen oder Zustände, zu deren Wahrnehmung eine besondere Sachkunde erforderlich war, zu vernehmen, so gelten sie als Zeugen (§ 414 ZPO.).

Zeugen und Sachverständige, die am Sitze des Gerichts oder in der Nähe wohnen, sind möglichst durch das Gericht selbst oder durch ein Mitglied zu vernehmen. Bei der mündlichen Vernehmung ist ein Protokollführer (LVG. §§ 75, 77) zuzuziehen.

Es hängt lediglich von dem freien pflichtgemäßen Ermessen des Gerichts ab, ob es sich der Beihilfe von Sachverständigen, um dem eigenen Mangel an Sachkunde abzuhelfen, und welcher Sachverständigen bedienen will. Benutzt der Verwaltungsrichter ein Gutachten bei seiner Entscheidung, so muß vorher den Parteien Gelegenheit gegeben werden, sich darüber zu äußern (Entsch. v. 17. XII. 94 OVG. 27 315). Es bleibt dem Ermessen des Richters überlassen, welcher Wert einem Gutachten beizulegen ist. Die Verwertung des Gutachtens darf aber nicht auf Rechtsirrtum oder Mangel des Verfahrens beruhen. Jedes Gutachten muß eine Begründung enthalten, damit die Parteien und der Richter in der Lage sind, das Gutachten nachzuprüfen. Nimmt der Richter auf ein danach fehlerhaftes Gutachten Bezug, so liegt darin ein wesentlicher Mangel des Verfahrens (Erk. v. 29. III. 04 OVG. 46 63).

An die Vorschläge der Parteien ist der Verwaltungsrichter bei der Auswahl der Sachverständigen nicht gebunden, ebensowenig ist er beim Widerspruche zweier Gutachten genötigt, ein Obergutachten einzuholen. Er darf auch ein Gutachten, das eine Partei aus freien Stücken übergeben hat, benutzen, nachdem es der Gegenpartei behufs Äußerung zur Kenntnis gebracht worden.

Ein Richter erster Instanz darf als Sachverständiger in zweiter Instanz nicht vernommen werden (OVG. 12 433).

Der Protokollführer, der nach § 77 LVG. bei der Beweiserhebung durch ein Mitglied des Gerichts mitzuwirken hat, muß vereidigt oder von dem Kommissarius durch Handschlag als Protokollführer verpflichtet sein. Für eine ersuchte Behörde gilt dies ebenfalls.

Eine ohne Zuziehung eines Protokollführers nach § 77 aufgenommene Beweisverhandlung darf der Verwaltungsrichter nicht verwerten. Die informatorische Augenscheinseinnahme eines Sachverständigen ohne Beisein des Richters und Protokollführers ist keine Beweisaufnahme (Kunze-Kautz ErgBd. 06 271), sie ist aber zulässig. Was der Sachverständige gesehen hat, darüber kann er unter seinem Eide vernommen werden. Auch auf einen nur durch Handschlag verpflichteten Protokollführer beziehen sich die Ausschließungsgründe (LVG. §§ 61, 62; ZPO. §§ 41, 42, 49).

5. Parteieneid.

Das Oberverwaltungsgericht hat den Parteieneid und den Vorlegungs- oder Editionseid für unzulässig im Verwaltungsstreitverfahren erklärt (OVG. 9 82, 10 331, 24 276, 25 253), während das Bundesamt für das Heimatwesen in Armensachen den Parteieneid zugelassen hat. Das Oberverwaltungsgericht vermißt für die Zulassung eine positive gesetzliche Bestimmung, die sich allerdings im LVG. nicht findet. Anderseits ermächtigt das LVG. (§ 76), neben der Untersuchung an Ort und Stelle und der eidlichen Vernehmung von Zeugen und Sachverständigen „den angetretenen oder nach dem Ermessen des Gerichts erforderlichen Beweis in vollem Umfange zu erheben". Ist der Beweis der Wahrheit nicht anders als durch Leistung eines Eides zu erbringen, so würde vom Standpunkte des Verwaltungsstreitverfahrens theoretisch gegen eine Eidesleistung durch die Partei nichts einzuwenden sein. In Ehesachen (ZPO. § 617 Abs. 2), wo die Offizialmaxime ebenfalls herrscht, und die Vorschriften über die Wirkungen eines Anerkenntnisses nicht zur Anwendung kommen, gelten die Bestimmungen über die Eideszuschiebung in Ansehung gewisser Tatsachen nicht, aber der richterliche Eid (§ 475) ist unbedingt zulässig, wenn das Gericht bei ermangelnden anderen Beweisen der Partei einen Eid auferlegt, um die Überzeugung von der Wahrheit oder Unwahrheit einer sonst nicht zu erweisenden Tatsache zu gewinnen. Unter Billigung der für den Erlaß des § 475 maßgebend gewesenen Motive liegen Bedenken gegen die Zulassung eines richterlichen Eides im Verwaltungsstreitverfahren nicht vor. Das Gericht (nicht die Partei) entscheidet nach freiem Ermessen, ob und wem der Eid auferlegt werden soll; dadurch paßt die Einrichtung des richterlichen Eides in das dem Verwaltungsstreitverfahren eigene Offizialprinzip.

Ebensowenig bestehen Bedenken für die Zulassung des Editionseides, der allerdings im Verwaltungsstreitverfahren selten zur Anwendung kommen würde. Dagegen sind die vom Oberverwaltungsgerichte geltend gemachten Gründe gegen die freie Zulassung des Parteieneides zutreffend in allen den Streitsachen, in denen Verwaltungsakte geschaffen oder umgeschaffen werden und in denen die Partei kein Verfügungsrecht über den Streitgegenstand hat. Da aber im Verwaltungsstreitverfahren auch reine Privat- und solche Ansprüche verfolgt werden können, über die die Partei freie Verfügung hat, so würde in diesen Streitsachen der Parteieneid theoretisch nicht unzulässig erscheinen. Denn die Eideszuschiebung ist, wie Kleinfeller 376 richtig bemerkt, „eine vor Gericht abgegebene Erklärung der Partei des Inhalts, eine Behauptung des Gegners als wahr gelten zu lassen, wenn der Gegner seine Behauptung beschwört.“ Es kommt also dabei auf ein Anerkenntnis der Richtigkeit einer gegnerischen durch Eid erhärteten Erklärung heraus und, soweit ein Anerkenntnis im Verwaltungsstreitverfahren zugelassen wird, würde auch die Eideszuschiebung nicht abzuweisen sein. Wenn der Instanzrichter, davon ausgehend, daß die Ansicht des Oberverwaltungsgerichts über die Unstatthaftigkeit des Parteieneides unrichtig sei, einen Parteieneid abgenommen und darauf allein die beschworene Tatsache als richtig angenommen hat, so würde das Oberverwaltungsgericht das Erkenntnis aufzuheben haben. Bei freier Beurteilung könnte die Entscheidung aber aufrecht erhalten werden, wenn das Oberverwaltungsgericht aus der Gesamtheit der Umstände in Verbindung mit dem abgeleisteten Eide zu der Überzeugung gelangt, daß die beschworene Tatsache richtig ist.

6. Sicherung des Beweises.

Das LVG. enthält keine Vorschriften, wie die ZPO. in den §§ 485 bis 494, über die Sicherung des Beweises (den Beweis zum ewigen Gedächtnisse). Das Oberverwaltungsgericht ist auch bisher nicht in der Lage gewesen, dahin Stellung zu nehmen, ob eine sinnentsprechende Anwendung jener Vorschriften zulässig sei. Im Wesen des Verwaltungsstreitverfahrens liegt nichts, was dagegen spräche, und gegen die Zweckmäßigkeit der Zulassung wird nichts einzuwenden sein. Danach wird die Einnahme des Augenscheins und die Vernehmung von Zeugen und Sachverständigen zur Sicherung des Beweises erfolgen können, wenn zu besorgen ist, daß das Beweismittel verloren oder die Benutzung desselben erschwert werde. Das Gesuch ist bei dem Verwaltungsgericht anzubringen, vor welchem der Rechtsstreit anhängig ist. Fehlt es an dieser Anhängigkeit, so ist die Sicherung des Beweises durch ein Verwaltungsgericht ausgeschlossen; den Beteiligten ist in Fällen dringender Gefahr zu empfehlen, das Amtsgericht, in dessen Bezirke die zu vernehmenden Personen sich aufhalten oder der in Augenschein zu nehmende Gegenstand sich befindet, gemäß §§ 496ff. anzugehen, obwohl streng genommen diese Vorschriften nur auf zivilrechtliche Streitigkeiten passen.

Für das Verwaltungsstreitverfahren ist aber gewiß, daß. wenn eine Sicherung des Beweises vor Beginn eines Verwaltungsstreits oder, nachdem das Verfahren bei dem Verwaltungsgerichte anhängig gemacht worden, stattgefunden hat, und die Beweisverhandlungen, die unter Beachtung der für die Aufnahme des betreffenden Beweismittels überhaupt geltenden Vorschriften stattgefunden haben, im Verwaltungsstreitverfahren benutzt worden sind, dies keinen wesentlichen Mangel des Verfahrens darstellt, da der Verwaltungsrichter auch polizeiliche und unbeeidete Aussagen und Protokolle seiner Entscheidung zugrunde legen kann.

Handelt es sich um die Sicherung des Beweises durch Urkunden, so ist für den Zivilprozeß die Klage auf Anerkennung oder Feststellung der Unechtheit (ZPO. § 256) gegeben; diese Klage kann im Verwaltungsstreitverfahren nicht angestellt werden.

Siebenter Titel.

Mündliche Verhandlung. Öffentlichkeit. Gerichtssprache.

In der mündlichen Verhandlung hat ein vereidigter Protokollführer mitzuwirken. Der Protokollführer braucht nicht für das Geschäft des Protokollführens besonders vereidigt zu sein; es genügt, wenn er ein vereidigter Beamter ist (OVG. v. 11. I. 89 — II 1223). Das Protokoll hat die wesentlichen Hergänge der Verhandlung zu enthalten. Es wird von dem Vorsitzenden und dem Protokollführer unterzeichnet (LVG. § 75). Der Unterzeichnung durch die Parteien oder die vernommenen Zeugen bedarf es nicht. Das Protokoll selbst oder eine als integrierender Bestandteil bezeichnete Anlage muß die Aussage der Zeugen nach ihrem Wortlaute wiedergeben. Es begründet regelmäßig (vgl. S. 87) den vollen Beweis des beurkundeten Herganges (OVG. v. 26. VI. 82 — II 564). Den Beteiligten ist auf Antrag Abschrift des Protokolles zu erteilen. Die Geschäftregulative geben an, was im Protokolle festzustellen ist. Frühere Erklärungen der Parteien, die bereits aktenmäßig geworden sind, sind im Protokol nicht zu wiederholen. Neue Erklärungen und Anträge der Parteien, Anerkenntnisse, Verzichtleistungen, Vergleiche, Aussagen von Zeugen und Sachverständigen usw. sind vorzulesen oder zur Durchsicht vorzulegen. Daß dies geschehen, ist im Protokolle zu vermerken, ebenso die etwa dagegen erhobenen Einwendungen. Wird dagegen verstoßen, so besitzt das Protokoll keine Beweiskraft (Erk. v. 21. X. 02 OVG. 42 181 und Erk. v. 28. IV. 90 — III 358). Hat eine gerade Anzahl von Mitgliedern an der Verhandlung teilgenommen, so muß das Protokoll ersichtlich machen, wer bei der Abstimmung ausgeschieden war (Kunze-Kautz 2 1231). Es gehört nicht in das Protokoll, wie die Richter gestimmt haben (OVG. 18. 11. 84 — II 932), dagegen der Tenor der verkündeten Entscheidung (Verf. v. 9. I. 89 — II 1223). Die mündliche Verhandlung wird durch einen Vortrag des Referenten über das Sachverhältnis eingeleitet; sind sämtliche Beteiligte erschienen, so kann ihnen der Vortrag überlassen werden. Die Parteien haben keinen Anspruch darauf, daß ihre schriftlich abgegebenen Erklärungen vollständig und ihrem ganzen Inhalte nach vom Referenten vorgetragen werden (OVG. v. 8. III. 80 — II 492). Die Parteien (oder ihre Vertreter) sind in der mündlichen Verhandlung zu hören. Ist keine Partei erschienen, so hält der Referent dennoch den Vortrag und darauf findet die Beratung und Beschlußfassung in Abwesenheit Nichtbeteiligter und des Protokollführers statt. Zur Ausbildung dem Gerichte überwiesene Personen (Referendarien) können bei der Beratung und Abstimmung zugegen sein (vgl. § 195 GVG.).

Die erschienenen Parteien können ihre tatsächlichen und rechtlichen Anführungen auch trotz Widerspruchs des Gegners (OVG. 18 374), ergänzen oder berichtigen, neue Angriffs- und Verteidigungsmittel (Einreden, Widerklagen usw.) geltend machen und sogar die Klage abändern, letzteres insofern durch die Abänderung des Klagegrundes (fundamentum agendi) nach dem Ermessen des Gerichts das Verteidigungsrecht der Gegenpartei nicht geschmälert oder eine erhebliche Verzögerung des Verfahrens (vgl. ZPO. §§ 278, 279) nicht herbeigeführt wird (LVG. § 71). Wird durch Abänderung der Klage eine Klage angestellt, die befristet war, so wird bei Abhaltung der mündlichen Verhandlung die Frist wohl regelmäßig abgelaufen sein. In diesem Falle nützt dem Kläger die Vorschrift in § 71 nichts, vielmehr wird die neue (zweite) Klage wegen Fristversäumnis abzuweisen sein. In der Berufungs- und Revisionsinstanz ist die Unterschiebung einer ganz neuen Rechtsunterlage, also die Anstellung einer neuen Klage, unstatthaft (Erk. v. 29. V. 91 OVG. 21 390, 399). Nach der ZPO. § 279 können auf Antrag Verteidigungsmittel zurückgewiesen werden, wenn das Gericht die Überzeugung gewinnt, daß der Beklagte in der Absicht, den Prozeß zu verschleppen, oder aus grober Nachlässigkeit die Verteidigungsmittel nicht früher vorgebracht hat. Diese Vorschrift besteht für das Verwaltungsstreitverfahren nicht. Der Vorsitzende kann einem Mitgliede des Gerichts gestatten, das Fragerecht auszuüben. Die Frage ist zu stellen, wenn das Gericht diese für angemessen erachtet. Das Gesetz weiß nichts davon, daß die Parteien an anwesende Zeugen direkt Fragen stellen dürfen. In der Praxis geschieht dies mit Erlaubnis des Vorsitzenden. Ein Mangel des Verfahrens wird darin an sich nicht zu finden sein, auch wenn die Gegenpartei etwa dagegen Widerspruch erhebt.

Der Vorsitzende hat die Pflicht, dahin zu wirken, daß der Sachverhalt vollständig aufgeklärt und sachdienliche Anträge gestellt werden. Diese Vorschrift findet sich bereits in den §§ 6 und 7 der Einleitung zur AllgGerichtsO. (Der Richter ist schuldig und befugt, den Grund oder Ungrund der in einem Prozesse vorkommenden Tatsachen selbst und unmittelbar zu untersuchen und soweit es zur richtigen Anwendung der Gesetze erforderlich ist, ins Licht zu setzen.) Zu der gleichen Vorschrift in § 41 G. v. 3. VII. 75/2. VIII. 80 bemerkte der Antragsteller: „Das Verwaltungsstreitverfahren geht überall von der Untersuchungsmaxime aus; es erkennt überall an, daß in diesen Streitigkeiten ein öffentliches Interesse obwalte, welches die objektive Richtigkeit des Sachverhältnisses aufgedeckt wissen will." Dasselbe Offizialprinzip findet sich in Ehesachen, im Entmündigungsverfahren, im Verfahren zur Feststellung des Eltern- und Kindesverhältnisses, über die Klage auf Anfechtung der Todeserklärung (ZPO. §§ 606ff., 975). In § 139 ZPO. ist dem Vorsitzenden des Zivilgerichts im allgemeinen die Pflicht auferlegt, dahin zu wirken, daß unklare Anträge erläutert, ungenügende Angaben ergänzt werden usw.

Sobald dem Vorsitzenden der Sachverhalt aufgeklärt erscheint und keine Anträge auf Abgabe von Erklärungen mehr gestellt werden oder der Vorsitzende der Ansicht ist, daß nichts Erhebliches mehr vorgebracht werden kann, so wird bei stillschweigender Billigung des Gerichts die mündliche Verhandlung geschlossen. Das Gericht kann von einer Partei nicht gezwungen werden, die mündliche Verhandlung fortzusetzen, wenn ihm der Sachverhalt vollständig aufgeklärt erscheint (OVG. v. 22. I. 81 — I 319).

Bei der Beratung ist der Wortlaut des gefaßten Beschlusses (Entscheidung) festzustellen.

Der Vorsitzende verkündet in der wieder eröffneten Sitzung das Ergebnis der Beratung und Beschlußfassung. Es bleibt ihm überlassen, die Gründe der Entscheidung mitzuteilen oder zu verlesen. Das Gericht kann sich auch vorbehalten, die Entscheidung den Parteien schriftlich statt der Verkündigung zuzustellen im Gegensatze zur Vorschrift in § 310 ZPO. Nach der ZPO. ist die Ausfertigung oder Zustellung nicht verkündeter Urteile wirkungslos.

In Gewerbesachen, für die der § 21 RGewO. maßgebend ist, muß die Verkündung des Erkenntnisses stets in öffentlicher Sitzung erfolgen, welche, sofern das Erkenntnis nicht festgestellt ist, sofort anzuberaumen und den Parteien bekannt zu machen ist. Die Zustellung genügt, wenn die Verkündigung in öffentlicher Sitzung nicht erfolgt ist und erfolgen durfte.

Sollten Unterschiede zwischen der mündlichen Mitteilung und den schriftlich abgefaßten Gründen der Entscheidung vorkommen, so sind die letzteren für das einzulegende Rechtsmittel maßgebend. Der mündlich verkündete Tenor der Entscheidung darf in dem schriftlichen Erkenntnisse keine Abänderung erfahren.

Der § 29 KompG. v. 26. VII. 76, wonach bei Eröffnung der Entscheidungen der Verwaltungsgerichte eine Belehrung über die Rechtsmittel, die Fristen usw. stattzufinden hat, gilt in seiner Allgemeinheit nicht mehr (§ 91 OrgG.). Die Belehrung findet jetzt nur noch bei Vorbescheiden und Bescheiden (LVG. §§ 64, 67, 86, 95, 111) statt.

Die mündliche Verhandlung erfolgt in öffentlicher Sitzung (LVG. §§ 72, 92, 95). Die Öffentlichkeit kann durch einen öffentlich zu verkündigenden Beschluß ausgeschlossen werden, wenn das Gericht dies aus Gründen des öffentlichen Wohls oder der Sittlichkeit für angemessen erachtet (§ 72). Für die Handhabung der Öffentlichkeit in Gewerbestreitigkeiten ist der § 21 RGewO. maßgebend. Er bestimmt:

> „Die Öffentlichkeit der Sitzungen kann unter entsprechender Anwendung der §§ 173 bis 176 des GVG. ausgeschlossen oder beschränkt werden."

Nach den letzteren Vorschriften kann das Gericht die Öffentlichkeit ausschließen, wenn sie eine Gefährdung der öffentlichen Ordnung, insbesondere der Staatssicherheit, oder eine Gefährdung der Sittlichkeit besorgen läßt. Die Verkündigung des Urteils erfolgt in jedem Falle öffentlich, doch kann die öffentliche Verkündung der Urteilsgründe oder eines Teils derselben unterbleiben, wenn sie eine Gefährdung der Staatssicherheit oder der Sittlichkeit besorgen läßt. Die Verhandlung über die Ausschließung findet in nicht öffentlicher Sitzung statt, wenn ein Beteiligter es beantragt oder das Gericht es für angemessen erachtet. Der Beschluß über die Ausschließung wird öffentlich verkündet. Vorstehende, im § 179 GVG. noch weiter ausgeführten Bestimmungen finden z. B. Anwendung bei der Verhandlung über Erteilung der Schankerlaubnis und ihrer Entziehung, bei den im ZustG. §§ 115, 116, 117, 119, 120, 121 usw. behandelten Sachen. Ist eine gewerbepolizeiliche Verfügung gemäß § 127 LVG. erlassen und durch Klage angefochten worden, so finden die Vorschriften des § 21 RGewO. keine Anwendung. Es gilt lediglich § 72 LVG.

Das LVG. schreibt nicht vor, daß zunächst über die Ausschließung mit den Parteien zu verhandeln ist. Das Gericht kann vielmehr sofort, ohne die Parteien zu hören, die Öffentlichkeit ausschließen. Unter der Gefährdung der öffentlichen Ordnung (§ 173 GVG.) ist auch der Mißbrauch der Öffentlichkeit zur Störung der Gerichtsverhandlung und zur Erschwerung der Wahrheitsermittelung zu verstehen, wie aus der Begründung des § 173 hervorgeht. Dazu gehört jede Gefährdung des Prozeßzwecks, zu befürchtende Belästigung der Zeugen, der Parteien usw. Das Gericht entscheidet nach seinem Ermessen. Bei der Verkündung eines nach § 175 GVG. gefaßten Beschlusses ist anzugeben, ob die Ausschließung wegen Gefährdung der öffentlichen Ordnung usw. erfolgt. Das Fehlen der Angabe des Grundes im Sitzungsprotokolle macht das Verfahren nichtig. Auch nach dem LVG. bildet die Verletzung der Vorschriften über die Öffentlichkeit der Verhandlung einen wesentlichen Mangel des Verfahrens. Der Verwaltungsrichter wird bei Verkündung des Beschlusses aus Gründen des § 72 den Grund der Ausschließung im Protokolle anzugeben haben. Hat er die Öffentlichkeit ausgeschlossen, so kann die Entscheidung mit der Revision angegriffen werden, wenn kein objektiver Anhalt für die erforderliche Gefährdung des öffentlichen Wohls oder der Sittlichkeit überhaupt gegeben war. „Öffentliches Wohl" begreift „öffentliche Ordnung" im Sinne des § 173 GVG. in sich. Während für die Gewerbestreitsachen der § 175 GVG. noch dahin gilt, daß das Gericht bei Ausschließung der Öffentlichkeit wegen Gefährdung der Staatssicherheit den anwesenden Personen die Geheimhaltung bestimmter Tatsachen zur Pflicht machen darf (Bestrafung nach Art. II ReichsG. v. 5. IV. 88 RGBl. 133, § 184^{b} RStGB.), besteht diese Vorschrift für die übrigen Verwaltungsstreitsachen nicht. Der Verwaltungsrichter (der Vorsitzende) wird aber keine Personen zulassen, bei denen die Geheimhaltung nicht gesichert ist.

Eine unzulässige Ausschließung der Öffentlichkeit wird mit dem Reichsgerichte (RGSt. 2 301) nicht anzunehmen sein, wenn wegen Überfüllung des Zuschauerraumes die Türen geschlossen oder die Zuhörer nur nach Lösung von Karten eingelassen werden. Dagegen darf die Tür ohne solche oder ähnliche Gründe nicht gänzlich verschlossen gehalten werden (JW. 92 419).

Während der § 176 GVG. anordnet, daß der Zutritt zu öffentlichen Verhandlungen unerwachsenen und solchen Personen versagt werden kann, die sich nicht im Besitze der bürgerlichen Ehrenrechte befinden oder die in einer der Würde des Gerichts nicht entsprechenden Weise erscheinen, spricht sich darüber das LVG. nicht aus. Indessen wird die Vorschrift sinngemäß anzuwenden sein. Ebenso ist es dem Vorsitzenden des Verwaltungsgerichts gestattet, zu nicht öffentlichen Verhandlungen einzelnen Personen den Zutritt zu gewähren.

Gegen den Beschluß des Gerichts auf Ausschließung der Öffentlichkeit wird die Beschwerde (LVG. § 110) zuzulassen sein, ohne daß ihr aufschiebende Wirkung beizumessen ist. Ist das Urteil gefällt, so wird die Beschwerde hinfällig.

Wird Beweis durch einen Kommissar des Gerichts erhoben, so ist für diese Verhandlung die Öffentlichkeit nicht vorgeschrieben; der Kommissar braucht sie also nicht zuzulassen.

Die Gerichtssprache ist die deutsche (G. v. 28. VIII. 76 GS. 389). Ist vor einem Verwaltungsgerichte mit Personen zu verhandeln, die der deutschen Sprache nicht mächtig sind, so muß ein beeidigter Dolmetscher zugezogen werden. Personen, die der deutschen Sprache nicht mächtig sind, leisten Eide in der ihnen geläufigen Sprache. Das Protokoll ist in diesen Fällen in deutscher Sprache aufzunehmen und, falls es einer Genehmigung seitens einer der deutschen Sprache nicht mächtigen Person bedarf, derselben durch den Dolmetscher in der fremden Sprache vorzutragen. Die Führung eines Nebenprotokolls in der fremden Sprache findet nicht statt. Wichtige Erklärungen und Aussagen in fremder Sprache können auch in der fremden Sprache nach Befinden des Gerichts in das Protokoll aufgenommen werden. Die Beeidigung des Dolmetschers erfolgt ein für allemal oder vor Ausübung seiner Verrichtung. Bei einem Beamten ersetzt der Diensteid den Dolmetschereid (§ 5). Der Dolmetscher braucht nicht notwendig geprüft sein (OVG. 17. I. 89 — III 55). Der Dolmetscher ist kein Zeuge und kein Sachverständiger im prozessualen Sinne; er ist ein Gehilfe des Gerichts (Kleinfelder 168).

Achter Titel.

Schluß des Verfahrens in erster Instanz. Endurteil. Nachtragsurteil. Berichtigung des Tatbestandes.

Mag die Beweisaufnahme vor Anberaumung der mündlichen Verhandlung oder nach Abhaltung einer solchen beschlossen und durchgeführt worden sein, nach Beendigung der Beweisverhandlungen hat das Gericht mündliche Verhandlung anzuberaumen, wenn nicht beide Teile auf sie ausdrücklich verzichtet haben (LVG. § 80). Dies geschieht häufig, wenn die Parteien bereits bei Aufnahme des Beweises Gelegenheit gehabt haben, sich über das Ergebnis zu erklären. Die Schlußverhandlung hat jedenfalls den Zweck, daß den Parteien zu dieser Erklärung Gelegenheit gegeben wird.

Der Wegfall der mündlichen Schlußverhandlung ist in Disziplinarsachen und in den Gewerbestreitsachen, auf die der § 21 RGewO. Anwendung findet, nicht zulässig. In den letzteren Sachen muß die Entscheidung auch stets in öffentlicher Sitzung verkündet werden, während in Disziplinarsachen die Verkündung nicht in öffentlicher Sitzung stattfindet. Eine mit Gründen versehene Ausfertigung des Erkenntnisses ist den Parteien (ihren Vertretern) und, sofern ein besonderer

Kommissar zur Wahrnehmung des öffentlichen Interesses bestellt war (LVG. § 74 Abs. 2), gleichzeitig auch diesem zuzustellen. War die Entscheidung nicht verkündigt worden, so ersetzt ihre Zustellung (§ 81) die Verkündigung. Sind Streitgenossen vorhanden, so ist die Ausfertigung des Urteils der Regel nach nur einem derselben zuzustellen, die übrigen erhalten Nachricht hiervon und eine Abschrift der Urteilsformel.

Bei der mündlichen Verkündigung wird nach dem Gerichtsgebrauche die Urteilsformel verlesen. Die Verkündung der Gründe ist nicht vorgeschrieben; der Vorsitzende kann sie schriftlich verlesen oder ihren wesentlichen Inhalt mündlich vortragen oder sie dem schriftlichen Urteil vorbehalten. Die Urteilsformel ist bei der Beratung festzustellen.

Wenn nach Schluß der mündlichen Verhandlung das Gericht zu einem abschließenden Urteile nicht gelangt, kann es die Verkündigung auf einen späteren Termin durch mündliche Ladung der anwesenden Parteien verschieben, oder es kann die zu treffende Entscheidung den Parteien zugestellt werden, was ihnen im Termine mitzuteilen ist. Das Berufungs- und Revisionsgericht läßt durch Vermittelung des Gerichts erster Instanz zustellen, das Gericht zweiter Instanz erhält Abschrift des Revisionsurteils zu seinen Akten.

Über die Form des Urteils bestehen keine besonderen Vorschriften (vgl. § 7 I 13 AllgGerichtsO.; Instr. v. 7. IV. 39 Nr. 17; § 5 Nr. 9 u. 10 Bd. v. 14. XII. 33). Die Bestimmungen in § 313 ZPO. gelten nicht sämtlich sinngemäß für das Verwaltungsstreitverfahren. Es wird das Urteil zu enthalten haben:

1. die Bezeichnung der Parteien und ihrer gesetzlichen Vertreter nach Namen, Stand oder Gewerbe, Wohnort und Parteistellung;
2. die Bezeichnung des Gerichts und die Namen der Richter, welche bei der Entscheidung mitgewirkt haben;
3. die Entscheidungsgründe und
4. die Urteilsformel (Tenor).

Zu 3 wird bemerkt: Die *Entscheidungsgründe* können einen gesonderten Tatbestand enthalten, Tatbestand und Entscheidungsgründe können aber auch verschmolzen sein. Der Tatbestand kann selbst mehr oder weniger fehlen, wenn der Richter auf die tatsächlichen Ausführungen in den Schriftsätzen Bezug nimmt oder den Tatbestand nur kurz einflicht, insbesondere dann, wenn es sich nur um Entscheidung einer Rechtsfrage handelt. Die Begründung muß logisch und ausreichend sein. Eine *allgemeine* Bezugnahme auf das „Ergebnis der Beweisaufnahme" reicht nicht aus (OVG. 47 168). Sind gewisse tatsächliche Feststellungen auf Grund der Beweiswürdigung erforderlich, so müssen diese Feststellungen als solche klar zum Ausdrucke gebracht werden, ebenso das angewandte Gesetz und seine Auslegung. Wenn erforderlich, ist anzugeben, welche Behauptungen als unerheblich angesehen werden. Wesentlich ist die Vorschrift, daß die mitwirkenden Richter benannt werden; hat eine gerade Anzahl mitgewirkt, so muß das Urteil die Angabe enthalten, wer bei der Beschlußfassung ausgeschieden ist.

Sind Streitgenossen oder Beigeladene vorhanden, so sind sie im Rubrum (der Aufschrift) genau aufzuführen, ebenso der Kommissar behufs Wahrnehmung des öffentlichen Interesses. (Das Wort „Rubrum", das Rote, rührt daher, daß früher die Aufschriften mit roter Tinte, im Gegensatze zum Texte, dem Nigrum, geschrieben wurden.)

Die Urteilsformel (tenor sententiae) bedarf der genauen Feststellung und muß möglichst so gefaßt werden, daß darauf, wenn das Urteil exekutionsfähig, das Zwangsverfahren gegründet werden kann. Sie hat sich von den Gründen deutlich abzuheben, z. B. „Es wird dahin erkannt: der Beklagte ist schuldig usw. oder die Klage auf Erstattung der Kosten für die im Jahre 1907 ausgeführte Wegebesserung in Höhe von . . . wird abgewiesen". Stimmt die Begründung der Entscheidung mit dem Tenor nicht überein, so liegt ein wesentlicher Mangel des Verfahrens vor (Erk. v. 6. II. 95 Kunze-Kautz 2 1244).

Die Urschriften der Erkenntnisse werden von den Richtern, die mitgewirkt haben, unterschrieben. Ist ein Mitglied verhindert, so ist der Grund der Verhinderung vom Vorsitzenden anzugeben und zu bescheinigen. Der § 315 Abs. 1 ZPO. ist für das Verwaltungsstreitverfahren anwendbar (OVG. 47 193). Die Ausfertigungen vollzieht der Vorsitzende allein. Ist der Vorsitzende verhindert oder gestorben, so vollzieht das älteste beisitzende Mitglied. Wenn der Amtsnachfolger vollzieht, so wird dadurch nicht das Urteil nichtig.

Über die Form der Zustellungen der Urteile enthalten die Regulative die erforderlichen Vorschriften. Sie erfolgen durch die Post oder durch besonders damit beauftragte Beamte. Für die Ausführung der Zustellungen gelten im allgemeinen die in §§ 118—186 ZPO. gegebenen Vorschriften (im übrigen siehe die Regulative). Die Zustellungen werden von Amts wegen bewirkt.

Wie im Zivilprozesse (ZPO. § 319) können Schreibfehler, Rechnungsfehler und ähnliche offenbare Unrichtigkeiten in einem Erkenntnisse des Verwaltungsgerichts von Amts wegen oder auf Antrag durch Beschluß ohne mündliche Verhandlung (OVG. 49 436) berichtigt werden, ohne daß der Richter befugt ist, eine ganz neue Begründung zum Ausdrucke zu bringen; den Schreibfehlern stehen offenbare Auslassungen gleich. Selbst versehentliche Abweichungen des verkündeten Tenors von dem schriftlich abgefaßten Erkenntnisse können durch Beschluß berichtigt werden (RGZ. 55 278). Ebenso ist (ZPO. § 321) ein von einer Partei geltend gemachter Haupt- oder Nebenanspruch oder, wenn der Kostenpunkt übergangen ist, dieser auf Antrag durch Nachtragsentscheidung zu ergänzen. Eine Frist hierfür, wie in Zivilprozeß

(§ 321 Abs. 2), kennt das Verwaltungsstreitverfahren nicht (Erk. v. 20. IV. 03 Kunze-Kautz 2 1245). Durch ein Rechtsmittel kann nur eine vom Richter wirklich getroffene, nicht eine, wenn auch zu Unrecht, unterlassene Entscheidung angefochten werden. Lehnt der Richter die beantragte Nachtragsentscheidung ab, so ist nur die Beschwerde über die Leitung des Verfahrens gegeben (§ 110 LVG.; Erk. v. 3. X. 94 OVG. 42 46). Die Ergänzung geschieht dann durch ein Urteil.

Enthält der Tatbestand Unrichtigkeiten, die nicht unter den § 319 ZPO. fallen, Dunkelheiten oder Widersprüche, so kann eine Berichtigung, wie sie nach § 320 zulässig ist, im Verwaltungsstreitverfahren nicht beantragt werden (Erk. v. 21. IX. 98 Kunze-Kautz 2 1245, 1246). Der § 320 steht im engsten Zusammenhange mit der Bedeutung, die der Tatbestand des Urteils im Zivilprozesse (§ 314) hat und die dem Verwaltungsstreitverfahren unbekannt ist und hat ferner zur Voraussetzung, daß ein Verzeichnis der Urteile ausgehängt wird, eine Voraussetzung, die für das Verwaltungsstreitverfahren fehlt (OVG. 27 26, v. 23. I. 94 — II 97, v. 26. IX. 99 — IV 1303).

Neunter Titel.

Zwischen- und Teilurteile.

Die ZPO. (§ 303) bestimmt:

> „Ist ein einzelnes selbständiges Angriffs- oder Verteidigungsmittel oder ein Zwischenstreit zur Entscheidung reif, so kann die Entscheidung durch Zwischenurteil erfolgen",

und (§ 304):

> „Ist ein Anspruch nach Grund und Betrag streitig, so kann das Gericht über den Grund vorab entscheiden. Das Urteil ist in betreff der Rechtsmittel als Endurteil anzusehen."

Daneben kennt die ZPO. noch eine zweite Art von Zwischenurteilen bei einem Streite, welchen eine Partei oder beide Teile mit einem Dritten (z. B. Nebeninterventienten) führen. Von der letzteren Art kann im Verwaltungsstreitverfahren nicht die Rede sein. Die erstere (§§ 303, 304) unterscheidet sich von der zweiten wesentlich durch ihr Verhältnis zum Hauptrechtsstreite. Bei den Fällen der §§ 303, 304 erledigen die Zwischenurteile zwischen denselben Parteien einzelne Streitpunkte, die für das Endurteil präjudizierlich sind. Das Endurteil hat den durch das Zwischenurteil gewonnenen Standpunkt festzuhalten. Das Zwischenurteil ist ein voraus gewonnener Bestandteil der Hauptentscheidung.

Für das Verwaltungsstreitverfahren sind die Regeln der §§ 303, 304 nicht in ihrer Allgemeinheit anwendbar (Erk. v. 24. VI. 87 OVG. 15 120, ebenso OVG. 14 265), weil das LVG. nur zwei Fälle benennt, in denen der Richter über Präjudizialpunkte vorab zu befinden hat.

Nach § 82 LVG. steht gegen die in erster Instanz ergangenen Endurteile der Kreisausschüsse und gegen ihre Bescheide (§§ 64, 67) dem Vorsitzenden des Kreisausschusses aus Gründen des öffentlichen Interesses die Berufung an den Bezirksausschuß zu, ebenso die Berufung dem Vorsitzenden des Bezirksausschusses (§ 83) gegen Endurteile des letzteren.

Das Berufungsgericht hat zunächst darüber zu entscheiden, ob das öffentliche Interesse für beteiligt zu erachten ist (§ 91). Wird die Vorfrage verneint, so weist das Berufungsgericht, ohne im übrigen in die Sache selbst einzutreten, die Berufung als unstatthaft durch Urteil zurück.

Der zweite Fall ist in § 113 Abs. 3 u. 4 gegeben:

„Die zur Entscheidung im Verwaltungsstreitverfahren berufenen Behörden haben ihre Zuständigkeit von Amts wegen wahrzunehmen.

Wird von einer Partei in erster Instanz die Einrede der Unzuständigkeit erhoben, so kann über dieselbe vorab entschieden werden."

Damit wird das im § 303 ZPO. behandelte Zwischenurteil getroffen. Der § 304 findet im Verwaltungsstreitverfahren überhaupt keine Anwendung, es darf daher, wenn ein Anspruch nach Grund und Betrag streitig ist, über den Grund allein vorab nicht entschieden werden.

Die Rechtsmittel gegen Zwischenurteile regeln sich nach den Rechtsmitteln, die für die Hauptsache gegeben sind. Die Wirkungen der Zwischenurteile weichen von den in der ZPO. bestimmten nicht ab.

Der Erlaß von Teilurteilen beruht im Zivilprozeß darauf, daß von demselben Kläger gegen den Beklagten mehrere Ansprüche (§ 145) mit einer Klage (§ 260: objektive Klagehäufung) geltend gemacht werden können, daß Widerklage erhoben werden kann, deren Gegenanspruch mit dem in der Klage geltend gemachten Anspruche nicht in rechtlichem Zusammenhange steht, und daß der Beklagte die Aufrechnung einer solchen Gegenforderung beanspruchen kann.

Die ZPO. bestimmt in § 145, daß das Gericht mehrere in einer Klage erhobene Ansprüche in getrennte Prozesse zerlegen und bei jenen Widerklagen und Aufrechnungen ebenso verfahren darf. Ist die Trennung erfolgt, so wird ein Teilurteil erlassen (§§ 301, 302).

Das ältere Preußische Prozeßrecht kennt ebenfalls die Klagenhäufung (Kumulation). Man versteht darunter im allgemeinen die Verbindung mehrerer Klagen in derselben Klageschrift. Eine subjektive Klagenhäufung liegt vor, wenn auf seiten einer der beiden Parteien mehrere Personen stehen; dabei kann unter den Parteien in bezug auf das Prozeßobjekt eine Rechtsgemeinschaft vorliegen. Besteht keine Gemeinschaft, so wird das Rechtsinstitut eigentliche subjektive Klagenhäufung genannt. Im letzten Falle beschränkt die AllgGerichtsO. die Zulässigkeit der Klagenhäufung auf den Fall, daß mehrere Personen aus demselben Rechtsgeschäfte oder aus unerlaubten Handlungen klagen oder verklagt werden (§§ 35, 36, 37 I 1). Die KabO. v. 7. V. 38 dehnte die subjektive Klagenhäufung weiter aus. Eine objektive Klagenhäufung findet statt, wenn ein Kläger gegen einen Beklagten verschiedene Forderungen aus denselben oder verschiedenen Fundamenten geltend macht. Auch sie war nach altpreußischem Rechte zulässig. In der Regel soll der Richter den ganzen Prozeß durch ein Urteil erledigen, er kann aber die Ansprüche trennen, wenn keine Verwirrung zu befürchten oder einzelne Ansprüche zur Entscheidung reif sind.

Das LVG. enthält weder eine Vorschrift über die Verbindung mehrerer Ansprüche durch Klagenhäufung in derselben Klage noch eine Vorschrift über die Trennung nach stattgehabter Verbindung und über Teilurteile. Ob die letzteren im Verwaltungsstreitverfahren zulässig sind, ist streitig. Das Oberverwaltungsgericht hat die Frage in den Entsch. v. 12. V. 92 (OVG. 23 219) u. v. 24. VI. 87 (OVG. 15 120) implicite bejaht, Schultzenstein im PrVBl. 28 505 (siehe dabei die Literatur) verneint. Der letztere kommt zu dem Ergebnisse, daß der Erlaß eines Teilurteils einen Revisionsgrund abgibt. Seinen Ausführungen kann aber nicht beigetreten werden. Man denke sich folgenden Fall: A. macht gegen B. drei Ansprüche geltend. Der erste Richter verurteilt den B. wegen des ersten Anspruchs durch Teilurteil. In der Revisionsinstanz wird dies Urteil, weil Teilurteile nicht zulässig seien, aufgehoben, und die Sache soll in die Vorinstanz zurückgewiesen werden; es fragt sich aber, in welche, denn inzwischen ist A. mit dem zweiten Anspruch mittelst Teilurteils durchgedrungen und dieser Anspruch schwebt in zweiter Instanz, während über den dritten noch in erster Instanz wegen Weitläufigkeit der Beweisaufnahme verhandelt wird oder bereits rechtskräftig entschieden ist. Da die Befugnis des Verwaltungsrichters nicht geleugnet werden kann, verschiedene Sachen zu verbinden oder zu trennen, was durch eine prozeßleitende Verfügung geschieht, wofür nur Fragen des freien Ermessens maßgebend sind, so muß diese Befugnis auf demselben Rechtsgrunde, dem Prozeßleitungsrechte, auch hinsichtlich der Zweckmäßigkeit des Erlasses eines Teilurteils beruhen. Wird danach ein Teilurteil erlassen, so liegt, weil für die Verbindung und Trennung mehrerer Ansprüche in einem Verfahren nur Zweckmäßigkeitsgründe maßgebend gewesen sind, niemals ein Rechtsirrtum oder Verletzung einer wesentlichen Verfahrensvorschrift vor; die Verneinung von Zweckmäßigkeitsgründen ist aber niemals eine Grundlage für die Revision.

Schultzenstein ist den Nachweis schuldig geblieben, auf den es beim Mangel an positiven Vorschriften im LVG. allein ankommt, nämlich daß Teilurteile dem Wesen und den Eigentümlichkeiten des Verwaltungsstreitverfahrens fremd sind, und dieser Nachweis kann überhaupt nicht erbracht werden. Daß Teilurteile praktisch sein können, beweist die Erfahrung mit den Bestimmungen der ZPO.

Das von Schultzenstein herangezogene Urteil v. 9. X. 06 (PrVBl. 28 411), welches aufstellt, daß „Teilurteile im engeren Sinne, die nur über einen Teil des erhobenen Anspruchs entscheiden, dem Verwaltungsstreitverfahren fremd und in ihm unzulässig seien", versteht unter „Teilurteilen im engeren Sinne" die in den §§ 303, 304 ZPO. behandelten Zwischenurteile. Daß diese nicht allgemein zugelassen sind, ist oben dargetan.

Hier mag noch folgendes Erwähnung finden: Nach § 114 LVG. hat das Oberverwaltungsgericht im Verwaltungsstreitverfahren über Konflikte (G. v. 13. II. 54) zu entscheiden. Diese Entscheidungen werden in § 114 LVG. u. in § 11 EinfG. z. GVG. „Vorentscheidungen" genannt. Sie ergehen in Form eines Urteils, das Gesetz nennt sie aber nicht Urteil oder Endurteil, weil durch sie nur vorab die Feststellung getroffen werden soll, ob der Beamte sich der Überschreitung seiner Amtsbefugnisse usw. schuldig gemacht habe. Wird die Frage bejaht, so erläßt der Zivil- oder Strafrichter das Endurteil über die Schuldfrage.

Zehnter Titel.

Beendigung des Streits durch Vergleich. Zögerungszinsen.

Wo im Zivilprozesse das Offizialprinzip nicht gilt, haben die Parteien die freie Verfügungsgewalt über den Prozeßgegenstand. Im letzteren Falle können sie den Rechtsstreit ganz oder zum Teil durch Vergleich beenden (ZPO. §§ 81, 98, 160 Nr. 1, 794 Nr. 1). Im Verwaltungsstreitverfahren wird die Beendigung des Rechtsstreits durch freien Vergleich nur dann zugelassen werden können, wenn der Rechtsstreit einen privatrechtlichen Anspruch oder doch einen solchen Anspruch betrifft, auf den die Parteien frei verzichten können. In anderen Fällen kann der Kläger zwar die Klage und die Parteien die Rechtsmittel stets und beliebig zurücknehmen, aber ein Vergleich selbst vor dem Verwaltungsrichter unterliegt immer noch der richterlichen Beurteilung dahin, ob dadurch öffentliche Interessen verletzt werden und er deshalb unzulässig ist (Friedrichs im VerwArch. 6 427, 535). Die Zulassung eines Vergleichs wird danach nur gegeben sein, wenn ein Anerkenntnis frei zuzulassen ist. Ist aber im Verwaltungsstreitverfahren ein Vergleich geschlossen worden, so kann er von der Partei ebenso wie im Zivilprozesse angefochten werden, die Anfechtung geschieht dadurch, daß die Partei die Fortsetzung des Verfahrens und die Entscheidung des Richters durch Urteil beantragt. Eine prozeßleitende Verfügung ist dazu nicht geeignet (Erk. v. 5. II. 03 OVG. 43 458). Eine Vollstreckung der vor dem Verwaltungsrichter abgeschlossenen Vergleiche gibt es nicht.

Der Verwaltungsrichter hat, wie der Zivilrichter, die Befugnis, auf Zahlung von Zögerungszinsen zu erkennen. Der Anspruch darauf setzt stets eine Säumnis des Zahlungspflichtigen voraus (Erk. v. 4. IV.

81 OVG. 8 16). Auf der anderen Seite ist der Verwaltungsrichter nicht befugt, einer Partei etwas zuzusprechen, was nicht beantragt ist (ZPO. § 308).

Elfter Titel.

Wirkungen der Rechtsprechung der Verwaltungsgerichte auf privatrechtliche Verhältnisse.

Der § 7 Abs. 1 LVG. enthält den Satz:

„Die Entscheidungen (der Verwaltungsgerichte) ergehen unbeschadet aller privatrechtlichen Verhältnisse".

Der § 127 Abs. 5 lautet:

„Die Entscheidung (auf Klage gegen eine in der Beschwerdeinstanz aufrechterhaltene polizeiliche Verfügung) ist endgültig, unbeschadet aller privatrechtlichen Verhältnisse".

Beide Bestimmungen sollen verschiedene Entscheidungen der ordentlichen Gerichte und Verwaltungsgerichte möglichst ausschließen und beziehen sich nach ihrer Rechtsgeschichte zunächst auf die Entscheidungen der Verwaltungsgerichte über die Rechtmäßigkeit polizeilicher Verfügungen; die die öffentlich-rechtlichen Rechtsverhältnisse endgültig entscheidenden Urteile der Verwaltungsgerichte sollen nicht zugleich die dabei etwa mitberührten privatrechtlichen Rechtsverhältnisse einer Partei treffen (Erk. v. 6. I. 96 — III 19; G. v. 11. V. 42). Sie haben aber auch eine allgemeine Bedeutung. Dem Satz in § 7 kann ein anderer Grundsatz gegenübergestellt werden:

„Die Entscheidungen der ordentlichen Gerichte ergehen unbeschadet aller öffentlich-rechtlichen Verhältnisse".

Beide Sätze sind richtig, haben aber Ausnahmen. Was zunächst die Wirkungen der Entscheidungen der ordentlichen Gerichte betrifft, so gilt für sie zunächst die allgemeine Regel des § 325 ZPO.:

„Das rechtskräftige Urteil wirkt für und gegen die Parteien und diejenigen Personen, welche nach dem Eintritte der Rechtshängigkeit Rechtsnachfolger der Parteien geworden sind" usw.

Diese Regel wird dadurch durchbrochen, daß es Zivilurteile gibt, die „für und gegen alle" Wirkung, haben, z. B. in Ehesachen das Urteil auf Nichtigkeits- und Anfechtungsklage (§ 629), bei Feststellung des Rechtsverhältnisses zwischen Eltern und Kindern (§ 643). Handelt es sich um die Entmündigung wegen Geisteskrankheit oder Geistesschwäche, so treten die rechtlichen Wirkungen der Entmündigung mit einem gewissen Zeitpunkte (§ 661) in Kraft. Auch diese Wirkungen sind allgemein, und wenn sie in einem Verwaltungsstreitverfahren in Frage stehen, so muß sie der Verwaltungsrichter gelten lassen, ohne berechtigt zu sein, darüber zu befinden, ob der Entmündigungsbeschluß etwa durch Klage vor dem Zivilrichter (§ 664) anfechtbar ist. Ebenso hat der Verwaltungsrichter eine Entscheidung des Zivilrichters, durch die eine Ehe für nichtig erklärt ist, in einem Verwaltungsstreitverfahren als für ihn maßgebend anzuerkennen. Er darf seinerseits nicht etwa inzidenter feststellen, daß die Ehe dennoch besteht. Die Voraussetzung der Bindung des Verwaltungsrichters durch ein Urteil des Zivilrichters ist, daß der Zivilrichter berufen war, eine Entscheidung für und gegen alle zu treffen, und getroffen hat. Dies ist bei den gewöhnlichen Feststellungsklagen (§ 256) nicht der Fall. Hat demnach der Zivilrichter durch Urteil die Unechtheit einer Urkunde festgestellt und wird von der Urkunde in einem Verwaltungsstreitverfahren Gebrauch gemacht, dabei aber behauptet, sie sei echt, so muß sich der Verwaltungsrichter, auch wenn der Streit unter denselben Parteien vor ihm stattfindet, selbständig darüber schlüssig machen. In jedem Zivilprozesse würde jenes Feststellungsurteil unter denselben Parteien allerdings die Wirkungen der Rechtskraft äußern.

Gleiches gilt im umgekehrten Falle, wenn der Verwaltungsrichter ein Urteil „für und gegen alle“ (vgl. den Abschnitt „Rechtskraft der Urteile“) gefällt hat; auch solche Urteile hat der Zivilrichter als für sich bindend anzuerkennen. Von dieser Annahme geht der § 148 ZPO. aus:

> „Das Gericht kann, wenn die Entscheidung des Rechtsstreits ganz oder zum Teil von dem Bestehen oder Nichtbestehen eines Rechtsverhältnisses abhängt, welches . . . von einer Verwaltungsbehörde festzustellen ist, anordnen, daß die Verhandlung bis . . . zur Entscheidung der Verwaltungsbehörde auszusetzen sei.“

Unter der Verwaltungsbehörde ist der Verwaltungsrichter mit zu verstehen (§ 13 GVG.). Also das Rechtsverhältnis muß von einem Verwaltungsgerichte allgemein für und gegen alle festzustellen sein. Unterläßt der Verwaltungsrichter, das Rechtsverhältnis derartig festzustellen, so kann der Zivilrichter den Prozeß fortsetzen und über das Rechtsverhältnis selbständig, aber nur inzidenter befinden. Im anderen Falle bindet ihn die Entscheidung des Verwaltungsrichters. Beispiel: Ein Erfinder (Kläger) hat die Lizenz zur Ausbeutung einer Erfindung dem Beklagten für den geographischen Bezirk einer Stadtgemeinde überlassen und der Beklagte sich verpflichtet, bei Überschreitung der Grenzen des Bezirks eine Vertragsstrafe zu zahlen. Kläger behauptet, daß Beklagter diese Verpflichtung nicht innegehalten habe, und klagt auf Zahlung der Vertragsstrafe. Dabei ist streitig, ob ein Grundstück, auf dem von der Lizenz Gebrauch gemacht worden ist, zum Stadtbezirke gehört. Der Zivilrichter setzt die Verhandlung aus, bis der Bezirksausschuß (ZustG. § 9) durch Urteil den Streit über die bestehenden Grenzen des Stadtbezirks in dem dafür vorgeschriebenen Verfahren zwischen den beteiligten Gemeinden usw. erkannt hat. Das ergehende Erkenntnis wirkt für und gegen alle, es bindet daher den Zivilrichter in jenem Prozesse. Klagen die Beteiligten (ZustG. § 9) gegeneinander nicht, so kann der Zivilrichter, ohne daß dies später dem Verwaltungsrichter bei einer Entscheidung aus § 9 präjudiziert, unter den Parteien feststellen, ob das fragliche Grundstück zur Stadtgemeinde gehört oder nicht.

Es gibt überhaupt gesetzlich eine große Anzahl Vorentscheidungen der Verwaltungsbehörden und Verwaltungsgerichte über Präjudizialfragen, die für die Gerichte bindend oder Voraussetzungen eines Zivilprozesses sind, u. a.:

1. Streitigkeiten zwischen mehreren Krankenkassen über die Kassenzugehörigkeit ganzer Kategorien von Versicherten werden im Verwaltungswege (nicht im Rechtswege) entschieden (§ 57b KrankVG.).

2. Streitigkeiten zwischen den Organen der Versicherungsanstalten einerseits und Arbeitgebern oder Arbeitnehmern anderseits über die Frage, ob oder welcher Versicherungsanstalt oder in welcher Lohnklasse Beiträge zu entrichten sind, werden von der Verwaltungsbehörde entschieden (§ 155 InvVG.).

3. Vorentscheidung der Verwaltungsbehörde über Ansprüche an die Krankenkassen wegen Erkrankung infolge eines Betriebsunfalles (§ 14 GUVG. v. 5. VII. 00).

4. Nach dem G. v. 11. V. 42 findet der ordentliche Rechtsweg wegen Ansprüche auf Entschädigung wegen eines polizeilichen Eingriffs in Privatrechte statt, wenn die Verfügung durch die Verwaltungsbehörde oder das Verwaltungsgericht (§§ 127 ff. LVG.) aufgehoben ist; bleibt die Verfügung bestehen, so ist der Rechtsweg ausgeschlossen.

Hier interessieren nur Entscheidungen der Verwaltungsgerichte. Zahlreiche Feststellungsklagen gehören dazu nicht, z. B. die Klagen aus ZustG. § 56 Abs. 5, § 66 Abs. 3, wenn die Beteiligten darüber streiten, wem von ihnen die öffentlich-rechtliche Verbindlichkeit zur Unterhaltung eines öffentlichen Weges, zur Räumung von Gräben obliegt. Es handelt sich hierbei um Erfüllung einer Leistung gegen die Wege- oder Wasserpolizei. Die Entscheidungen wirken, wenn die Polizei nicht beigeladen ist, nicht einmal für oder gegen diese und überhaupt nicht für und gegen alle, so daß in einem späteren Zivilprozesse die Rechtskraft der angeführten Entscheidungen nicht geltend gemacht werden kann.

In Jagdsachen haben die Zivilgerichte vielfach unbeachtet gelassen, daß gewisse Entscheidungen der Verwaltungsgerichte, weil sie inter omnes wirken, auch den Zivilrichter binden. Wenn im früheren Geltungsgebiete des JagdpolizeiG. v. 7. III. 50 der Besitzer eines größeren Gutes, das über 300 Morgen groß war, eine Parzelle durch Auflassung erworben hatte, die im Zusammenhange mit dem Gute stand, so ging das Recht zur eigenen Ausübung der Jagd mit der Auflassung auf den neuen Eigentümer über; die Parzelle schied aus dem gemeinschaftlichen Jagdbezirke der Gemeinde von selbst aus, und das Pachtrecht des Pächters des gemeinschaftlichen Jagdbezirks hörte damit ebenfalls von selbst auf. Entstand gemäß § 105 ZustG. Streit und der Verwaltungsrichter entschied rechtskräftig, daß die Parzelle aus dem gemeinschaftlichen Jagdbezirke ausgeschieden sei, so mußte, wenn der Pächter der Gemeindejagd gegen den Jagdvorsteher auf Gewährung der Jagd auf der Parzelle gemäß des früher abgeschlossenen, dem bürgerlichen Rechte angehörenden Jagdpachtvertrages klagte, die Klage abgewiesen werden, da die verwaltungsgerichtliche Entscheidung inter omnes wirkte, also auch gegenüber dem Pächter (vgl. jetzt JagdO. v. 15. VII. 07 §§ 4 ff., 71).

Die Vorschrift des § 148 ZPO. ist übrigens für das Verwaltungsstreitverfahren entsprechend anwendbar, wenn es sich um ein Rechtsverhältnis handelt, zu dessen Feststellung der Zivilrichter inter omnes berufen ist, wie hinsichtlich des Bestehens einer Ehe. Auch für das Verwaltungsstreitverfahren empfiehlt es sich, das Verfahren bis zur Entscheidung durch den Zivilrichter auszusetzen.

In zahlreichen anderen Fällen ist der Verwaltungsrichter ebenfalls in der Lage, sich über bestrittene Zivilrechtsverhältnisse in einem Streite über öffentliches Recht schlüssig zu machen. Er tut dies inzidenter, die Feststellung gilt nur für den vorliegenden Streit. Eine Wirkung für den Zivilrichter hat sie nicht. Der Besitz von 75 ha landwirtschaftlicher benutzter Fläche im Zusammenhange berechtigt zur eigenen Ausübung der Jagd. Besitzt jemand in einem gemeinschaftlichen Jagdbezirke 70 ha, erwirbt aber 10 ha im Zusammenhange dazu, so entsteht das Recht zur eigenen Ausübung der Jagd auf den 80 ha. Streitigkeiten darüber werden gegen den Jagdvorsteher im Verwaltungsstreitverfahren auf Klage des Grundbesitzers entschieden (§ 71 Pr.JagdO. v. 15. VII. 07). Macht dabei der Jagdvorsteher den Einwand, daß der Erwerb der 10 ha simuliert sei, so hat sich darüber der Verwaltungsrichter selbständig schlüssig zu machen (Erk. v. 15. III. 94 OVG. 26 264). Seine Entscheidung bindet aber Käufer und Verkäufer nicht; sie können im Zivilverfahren von neuem über die Simulation streiten; denn die erstere Entscheidung hat hinsichtlich der Simulation nur für die damaligen Parteien selbst und für das im Streit befindliche Rechtsverhältnis Wirkung gehabt; anderseits berührt die rechtskräftige Zivilentscheidung zwischen Käufer und Verkäufer, wenn sie derjenigen nach § 105 ZustG. (§ 71 JagdO.) vorausgegangen ist, den Verwaltungsrichter ebenfalls nicht, weil sie nicht „für und gegen alle" ergangen ist.

Hierher gehört der Fall der Aufrechnung einer privatrechtlichen Forderung gegen eine öffentlich-rechtliche und umgekehrt. Das BGB. (§ 387 bis 396) erwähnt bei den Bestimmungen über die Aufrechnung sogar einzelne öffentlich-rechtliche Forderungen. Goez (Verwaltungsrechtspflege in Württemberg 17) nimmt an, daß das Institut der Aufrechnung in das öffentliche Recht keinen Eingang gefunden habe. Dem kann nicht beigetreten werden. Es wird hier vielmehr davon ausgegangen, daß öffentlich-rechtliche Forderungen gegen öffentlich-rechtliche Gegenforderungen aufgerechnet werden können, daher der zur Entscheidung über beide Forderungen zuständige Verwaltungsrichter die Aufrechnung zu berücksichtigen hat, während die Entscheidung über die Aufrechnung einer privatrechtlichen Gegenforderung gegen eine öffentlich-rechtliche Forderung im Verwaltungsstreitverfahren abzulehnen ist (vgl. den Abschnitt „Rechtskraft des Urteils"). Der Zivilrichter wird sich sinngemäß der Entscheidung über die Aufrechnung einer öffentlich-rechtlichen Gegenforderung zu enthalten haben, sofern zur Entscheidung über die letztere der Verwaltungsrichter zuständig ist; das Urt. v. 5. IV. 00 (OVG. 37 45) steht der Ansicht nicht entgegen, unterstützt sie vielmehr.

Für die entsprechende Anwendung der §§ 302, 145 Abs. 3 ist im Verwaltungsstreitverfahren kein Raum.

Zwölfter Titel.

Rechtskraft des Urteils.

Das Prozeßrecht bestimmt, ob ein Urteil anfechtbar ist und mit welchen Mitteln (Rechtsmitteln) die Anfechtung erfolgen kann (formelle Rechtskraft). Ist ein Urteil durch die sog. ordentlichen Rechtsmittel (wozu die Wiederaufnahmeklagen LVG. § 100, ZPO. § 578ff. nicht gehören) nicht mehr angreifbar, so ist es rechtskräftig. Über den Beginn der formellen Rechtskraft im Zivilprozesse bestimmt der § 705 ZPO.:

> „Die Rechtskraft der Urteile tritt vor Ablauf der für die Einlegung des zulässigen Rechtsmittels oder des zulässigen Einspruchs bestimmten Frist nicht ein."

Für das Verwaltungsstreitverfahren ist eine ähnliche besondere Vorschrift nicht erlassen, aber auch hier werden Urteile (und die ihnen gleichstehenden Bescheide §§ 64, 67 LVG.) rechtskräftig, sofern sie mit der Berufung oder Revision oder mit dem Antrage auf mündliche Verhandlung nicht mehr angefochten werden können oder mit den ersteren Rechtsmitteln überhaupt nicht anfechtbar gewesen sind.

Das Urteil stellt ein Recht zwischen den Parteien fest oder spricht aus, daß ein beanspruchtes Recht nicht besteht (Streitigkeiten der Beteiligten über ihre im öffentlichen Rechte begründeten Berechtigungen oder Verpflichtungen, Streit über Privatrechte usw.) oder es begründet ein Rechtsverhältnis, einen Rechtszustand (Streitigkeiten darüber, ob ein Gewässer als geschlossenes anzusehen ist, über die Eigenschaft einer Ortschaft als Gemeinde, über die bestehenden Grenzen einer Gemeinde) oder es setzt ein neues Rechtsverhältnis an Stelle eines früheren (Entziehung einer Gewerbekonzession, Ausschließung eines Innungsmitgliedes aus der Innung) oder es schafft einen Verwaltungsakt oder schafft ihn um (Konflikt, Kompetenzkonflikt, Erteilung einer polizeilichen Genehmigung, Aufhebung einer polizeilichen Verfügung). Im Namen des Königs erläßt der Verwaltungsrichter einen von den Parteien oder von jedermann zu beachtenden Befehl. Dem mit der Klage abgewiesenen Kläger wird befohlen, mit derselben Klage gegen den Beklagten nicht mehr zu klagen und dem Beklagten oder jedermann, das Verhalten nach dem Urteile einzurichten, etwas zu tun, zu dulden, zu unterlassen.

Der Inhalt des Befehls richtet sich nach dem Klageanspruche und dem Klageantrage. Auf Grund des vom Verwaltungsrichter für begründet erachteten Klageantrages wird der Befehl (Urteilstenor) erlassen. Wie der Befehl über den Klageantrag nicht hinausgehen soll, so soll er alles, was dieser enthält, auch erfassen. Der Befehl muß durch den auf den Klageanspruch gestützten Klageantrag (die Klage) gedeckt sein. Diese Deckung betrifft noch ein drittes Prozeßinstitut, die Rechtshängigkeit. Klage, Rechtshängigkeit, Urteil stehen in innigem Zusammenhange, so daß die Einrede der Rechtshängigkeit denselben Umfang hat, wie die der Rechtskraft (Gruchot 28 1136), die Wurzel beider ist die Klage. Die Elemente sind überall gleich. Wenn für die Klage in § 253 ZPO. bestimmt ist, daß sie enthalten müsse „die bestimmte Angabe des Gegenstandes und des Grundes des erhobenen Anspruchs, sowie einen bestimmten Antrag“ und der § 63 LVG. von dem „bestimmten Antrage, dem Gegenstande des Anspruchs, sowie den den Antrag begründenden Tatsachen“ spricht, so wird in beiden Gesetzesstellen dasselbe verlangt. Um den Inhalt des Urteils zu bestimmen, muß daher der Inhalt der Klage (oder Widerklage) geprüft und bestimmt werden; ebenso ist das, was im Klageantrage liegt, ohne Prüfung des Gegenstandes und des Grundes des erhobenen Anspruchs nicht festzustellen. Den sog. Klagegrund stellen diejenigen Tatsachen dar, welche in Verbindung mit einem bestimmten Rechtssatze geeignet sind, den Anspruch als in der Person des Klägers entstanden und zugleich als durch den Beklagten verletzt oder nicht anerkannt erscheinen zu lassen (RGZ. 10 434; JW. 96 31). Der Klagegrund bildet danach die der Klage zugrunde liegende Tatsache, aber nicht die nackte Tatsache, sondern die Tatsache unter eine bestimmte Rechtsform gebracht, eine qualifizierte Tatsache, aus der der Kläger ein Recht herleitet, das die Gesetze daran knüpfen (Gesetzesrevision, Pens. IV 65). Wird der Klagegrund oder der Gegenstand der Klage beim Gleichbleiben des Klageantrags geändert, so ändert sich die Klage; jede solche Änderung wirkt auf die Rechtshängigkeit und die Rechtskraft des Urteils zurück. Eine Änderung liegt nicht vor, wenn nur neue Tatsachen angeführt werden, ohne daß daraus ein neues Recht hergeleitet wird; der Anspruch bleibt dann derselbe. Ebensowenig ändert sich der Klagegrund wenn die rechterzeugenden Tatsachen dieselben bleiben und daraus nur ein anderes Recht abgeleitet wird; denn wenn die faktischen Unterlagen des klägerischen Rechts in der Klage bereits richtig angegeben waren, so muß angenommen werden, daß auch nur das daraus herzuleitende Recht verfolgt werden sollte (Förster-Eccius, Privatrecht 1 255). Beispiele aus dem Zivilrecht: Es wird auf Zahlung einer bestimmten Summe geklagt; Kläger legt einen Schuldschein vor und behauptet eine darin verbriefte Darlehnsschuld. Später gibt er an, daß die Schuld aus einem Kaufgeschäft entstanden und in dem Schuldschein der schuldige Kaufpreis verbrieft sei. Darin liegt keine Klageänderung im Sinne des § 268 ZPO., auch dann nicht, wenn der Kläger behauptet, die verbriefte Darlehnsforderung sei durch Novation einer Deliktsobligation entstanden (RGZ. 10 395). Gleiches gilt, wenn zuerst eine Feststellungsklage angestellt worden ist und dann auf die Leistung, die fällig geworden, geklagt wird. Dagegen liegt eine Klageänderung vor, wenn der Kläger in der Klage den Anspruch für sich geltend macht, demnächst aber ihn als Vertreter eines Dritten erhebt (Gruchot 41 179), oder wenn der Anspruch auf einen Kaufvertrag gestützt und der Kaufpreis eingeklagt, dann aber behauptet wird, der Kläger sei durch Abschluß eines ungültigen Kaufgeschäfts geschädigt worden (JW. 97 567).

Im Verwaltungsstreitverfahren würde eine Klageänderung zu finden sein, wenn der Klageantrag sich später nicht gegen den ursprünglich Beklagten, sondern gegen den Beigeladenen richtet, oder wenn der Kläger als Eigentümer eines zu einer öffentlichen Wassergenossenschaft gehörigen Grundstücks gemäß § 66 Abs. 2 G. v. 1. IV. 79 auf Erlaß der Genossenschaftsbeiträge klagt, darauf aber unter Bestreiten, daß das Grundstück zur Genossenschaft gehört, auf Anerkennung dieses Zustandes klagt (§ 53) oder wenn zuerst auf Erteilung der Erlaubnis zum Betriebe der Gastwirtschaft geklagt ist und darauf Erteilung der Schankkonzession beantragt wird, oder wenn zwei Gemeinden (ZustG. § 26) über die bestehenden Gemeindegrenzen streiten und darauf der Antrag gestellt wird, anzuerkennen, daß die eine beteiligte Ortschaft die Eigenschaft einer Landgemeinde hat; dagegen liegt keine Klageänderung vor, wenn anfänglich die Klage auf Entziehung der Schankkonzession gestützt wird auf zahlreiche Übertretungen der Vorschriften über die Polizeistunde, später auf Verabreichung von Getränken an Betrunkene, Minderjährige; wenn bei Streitigkeiten der Beteiligten darüber, wem von ihnen die Räumungspflicht obliegt, der Kläger die Räumungspflicht des Beklagten anfänglich auf das Herkommen, dann auf einen Regreß gründet; wenn anfänglich auf Aufhebung einer Räumungsanordnung und Substituierung des Dritten in die Verpflichtung (ZustG. § 66 Abs. 2) geklagt ist und dann, nachdem Kläger die Räumung inzwischen ausgeführt hat, auf Erstattung des Geleisteten anträgt usw. Im allgemeinen spielt die Klageänderung im Verwaltungsstreitverfahren keine bedeutende Rolle, weil die Klagegründe sich nicht so leicht verwischen wie im Zivilprozesse.

Hinsichtlich der materiellen Rechtskraft bestimmt § 322 Abs. 1 ZPO.:

„Urteile sind der Rechtskraft nur insoweit fähig, als über den durch die Klage oder durch die Widerklage erhobenen Anspruch entschieden ist.“

Der in dieser Vorschrift enthaltene Grundsatz gilt auch für das Verwaltungsstreitverfahren. Es ergibt sich daraus (der Fall der Geltendmachung einer Gegenforderung, § 322 Abs. 2, bleibt vorläufig außer Betracht), daß der Einwand der rechtskräftig entschiedenen Sache ebenfalls von der Begrenzung in § 322 Abs. 1 „insoweit“ betroffen wird. Hat der Richter im Zivilprozesse oder im Verwaltungsstreitverfahren über einen in der Klage geltend gemachten Anspruch versehentlich noch nicht entschieden, so ist dieser Anspruch nicht abgewiesen; eine rechtskräftige Abweisung liegt nicht vor; hat die neue Klage oder Widerklage andere Parteien genannt als die erste Klage, so können andere Parteien den Einwand der rechtskräftig entschiedenen Sache nicht erheben (Rechtsnachfolge wird hier nicht berücksichtigt); ebenso muß stets Identität des Anspruchs selbst (causa) vorliegen. Der Zivil- und der Verwaltungsrichter haben deshalb im Urteile die Parteien wie den Anspruch genau zu bezeichnen; letzterer soll möglichst aus der Urteilsformel hervorgehen, damit seine Identität sicher festzustellen ist. Allerdings ist es zulässig, die Urteilsgründe, die an sich nicht rechtskräftig werden, zur Erläuterung der Urteilsformel und zur Klarstellung des Anspruchs, über den das Urteil entscheidet, heranzuziehen; aber dies ist nur ein Aushilfsmittel. Bei der Frage, ob eine Sache bereits rechtskräftig entschieden ist, muß sonach geprüft werden, ob dieselben Tatsachen und dieselben rechtlichen Umstände, aus denen der Anspruch in der neuen Klage hergeleitet wird, auch schon im Vorprozesse den Klagegrund gebildet haben, und ob weiter der aus diesen Umständen hergeleitete Anspruch seiner Richtung und seinem Inhalte nach als derjenige anzusehen ist, der früher geltend gemacht, eingeklagt ist (RGZ. 41 130; JW. 01 139).

Für das Verwaltungsstreitverfahren ist die Literatur in der Annahme wohl kaum zweifelhaft, daß die Erkenntnisse der Verwaltungsgerichte der materiellen Rechtskraft fähig sind, soweit reine privatrechtliche Ansprüche verfolgt werden oder insofern die Beteiligten über ihre im öffentlichen Rechte begründeten Berechtigungen oder Verpflichtungen unter einander streiten. Über letztere wurde vor Einführung der Verwaltungsgerichtsbarkeit meist im ordentlichen Rechtswege erkannt, und niemand zweifelte, daß die darüber ergangenen Erkenntnisse der Zivilgerichte materielle Rechtskraft besaßen. Die Überweisung der Streitigkeiten an die Verwaltungsgerichte änderte daran nichts. Bei anderen Streitsachen liegen Bedenken für einzelne Schriftsteller (vgl. Müller a. a. O. 191; Fuisting, VerwArch. 4 293ff.; Zorn, VerwArch. 2 122ff.; dagegen Loening, Deutsches Verwaltungsrecht 828 u. VerwArch. 7 1ff.; von Sarwey, Das öffentliche Recht und die Verwaltungsrechtspflege 733, Schultzenstein, VerwArch. 4 86ff. u. a.) vor. Das Oberverwaltungsgericht hat sich an verschiedenen Stellen teils bestimmt, teils unbestimmt ausgesprochen; es kann aber als sicher angenommen werden, daß es auf dem Standpunkte von Loening und Schultzenstein steht. Besonders den Ausführungen Loenings, VerwArch. 7 1ff., ist durchaus beizutreten (vgl. Goez a. a. O. 591). Wenn nämlich mit der Verwaltungsklage der Erlaß oder die Veränderung oder die Aufhebung einer polizeilichen Anordnung, eine Konzession usw. begehrt wird, so soll das Urteil nach der Ansicht der Gegner keine Streitentscheidung sein und der materiellen Rechtskraft ermangeln, weil die aufgehobene Anordnung von neuem erlassen, die abgelehnte Konzession von neuem nachgesucht werden kann. Die Gegner verkennen dabei meist den Begriff der Identität des Klageanspruchs (vgl. OVG. 5 291), somit den Inhalt der Entscheidung und die Bedeutung der Rechtskraft. Letztere besteht wesentlich darin, daß der Richter, der das Urteil erlassen, dasselbe nicht abändern darf, und daß das streitige Rechtsverhältnis endgültig für alle Zeiten geregelt worden ist (Goez a. a. O. 4). Zur Klarstellung der hier vertretenen Ansicht müssen Rechtsinstitute der ZPO. herangezogen werden.

Die Entmündigung wegen Geisteskrankheit oder Geistesschwäche erfolgt durch Beschluß des Amtsgerichts (§ 645). Der die Entmündigung aussprechende Beschluß kann im Wege der Klage angefochten werden. Hat die Klage Erfolg, so wird der angefochtene Beschluß auf Entmündigung aufgehoben. Die Aufhebung tritt mit der Rechtskraft des Urteils, gegen das die ordentlichen Rechtsmittel zulässig sind, ein (§ 672). Niemand bezweifelt, daß dieses Urteil der materiellen Rechtskraft fähig ist, obwohl jederzeit der Antrag auf Entmündigung erneut werden kann, und daß ein neuer darauf ergehender Beschluß nicht deshalb abgelehnt werden darf, weil das Urteil die frühere Entmündigung aufgehoben hat. Gleiches gilt bei Arresten und einstweiligen Verfügungen. Die Entscheidung über ein Arrestgesuch erfolgt im Falle einer vorgängigen mündlichen Verhandlung durch Endurteil (§ 922). Dieses Urteil kann die Anlegung des Arrestes ablehnen, es ist mit den ordentlichen Rechtsmitteln anfechtbar. Hat eine mündliche Verhandlung nicht stattgefunden, so wird der Arrest durch Beschluß angeordnet. Dagegen kann Widerspruch erhoben werden, worüber durch Endurteil entschieden wird (§ 925). Es besteht auch hier kein Zweifel, daß diese Endurteile, auch wenn sie den angeordneten Arrest aufheben, der materiellen Rechtskraft fähig sind, und daß trotz dieser Urteile der Antrag auf Anordnung eines Arrestes jederzeit erneuert und die Arrestlegung nicht lediglich deshalb, weil der frühere Arrest durch Urteil aufgehoben worden, ausgeschlossen ist. Ebenso bei einstweiligen Verfügungen. Die Prüfung des neuen Antrags bezieht sich auf die nunmehr zur Unterstützung vorgebrachten Tatsachen und rechtlichen

Umstände, und dieser Prüfung kann der Zivilrichter nicht deshalb ausweichen, weil die früher geltend gemachten Arrestgründe nicht für ausreichend erachtet und der Arrest deshalb abgelehnt oder aufgehoben worden. Erklärt er die nunmehr vorgebrachten Tatsachen für arrestbegründend, so muß er dem Antrage Folge geben. Ähnliche Fälle aus dem Zivilprozeßrechte können noch zahlreich angeführt werden. Der Einrede der rechtskräftig entschiedenen Sache fehlt überall die Identität des Klagegrundes und Klageanspruchs.

Im Verwaltungsstreitverfahren liegt die Sache nicht anders. Über einen Antrag auf Genehmigung der Schankkonzession, also über einen auf öffentlichem Rechte beruhenden Anspruch wird, wenn kein Widerspruch erfolgt, im Beschlußverfahren, sonst durch Endurteil befunden. Die Gründe der Ablehnung können verschieden sein, weil kein Bedürfnis vorliegt, weil die Räume gesundheitsschädlich sind usw. Ist das Urteil, das die beantragte Schankkonzession ablehnt, mit einem ordentlichen Rechtsmittel nicht mehr angreifbar, so wird es ebenso der Rechtskraft fähig sein müssen, wie gemäß der obigen Darlegungen das Urteil über die Rechtmäßigkeit eines Arrestes, obwohl nach der Abweisung des Antrags durch Urteil auch hier ein erneuter Antrag auf Erteilung der Schankkonzession vom früheren Kläger gestellt werden kann. Wie für die Anordnung des Arrestes auf einen neuen Antrag hin die neuen Tatsachen und geltend gemachten rechtlichen Umstände maßgebend sind, so für einen erneuten Antrag auf Erteilung der Schankkonzession u. a. die Ausführung, nunmehr sei ein Bedürfnis vorhanden, die Räume seien den gesundheitlichen Anforderungen gemäß hergestellt. Das neue Gesuch stellt eine neue causa der Entscheidung dar, über das alte wird nicht mehr befunden (OVG. 5 291), und, was wesentlich ist, der Verwaltungsrichter läßt das, was auf Grund des ersten Antrags erkannt ist, bestehen, das ist für ihn unabänderlich. Die Gegner der hier entwickelten Ansicht ziehen namentlich die Entscheidungen, die die Aufhebung von polizeilichen Verfügungen betreffen, zur Beweisführung heran. Aber gerade hier ist die Analogie mit den Arresten und einstweiligen Verfügungen der ZPO. recht augenfällig. Beispiel: Der Kläger hat im Mai 1907 ein Geräusch verursacht, das die Polizei für gesundheitsgefährlich hält, sie verbietet ihm die Erregung gesundheitsschädlichen Geräusches durch eine im Mai 1907 erlassene polizeiliche Verfügung. Auf Klage wird diese Verfügung durch Erkenntnis aufgehoben, weil das Geräusch die Gesundheit nicht gefährdet, also weil nach LVG. § 127 Abs. 3 Ziff. 2 die tatsächlichen Voraussetzungen nicht vorhanden gewesen sind, die die Polizeibehörde zum Erlasse der damaligen Verfügung berechtigt haben würden. Das durch ein ordentliches Rechtsmittel nicht mehr angreifbare, durch den Verwaltungsrichter nicht mehr abzuändernde Urteil genießt zweifellos materielle Rechtskraft, wie ein Zivilurteil, hinsichtlich der im Mai 1907 erlassenen

8*

Verfügung mit der darin enthaltenen Begründung ihrer tatsächlichen Voraussetzungen. Trotz dieser Rechtskraft kann die Polizei, die durch das Erkenntnis verurteilt ist, danach zu handeln, gegen den Kläger mit einem neuen Verbote, gesundheitsgefährliches Geräusch zu unterlassen, vorgehen, wenn für dieses Verbot die erforderlichen tatsächlichen Momente (LVG. § 127 Abs. 3 Ziff. 2) nunmehr vorliegen. Das frühere Urteil hat sich nur mit der Verfügung aus dem Mai 1907 und den sie begründenden Tatsachen befaßt; jetzt stehen neue Tatsachen und eine neue Verfügung in Frage, die mit den früheren nicht identisch sind. Über die Rechtmäßigkeit der neuen Verfügung hat auf Klage der Verwaltungsrichter von neuem zu befinden. Goez a. a. O. (592) sagt: „Zu beachten ist, daß in jedem Urteil stillschweigend eine gewisse Zeitbestimmung hinzuzudenken ist, daß die Verneinung oder Anerkennung eines Rechts in der Person des Klägers rechtskräftig nur für den Zeitpunkt wird, in welchem das Urteil gesprochen ist, daß also die Rechtskraft des Urteils ohne Einwirkung bleibt auf jeden Rechtsstreit, der auf Behauptungen beruht, die erst nach dem Urteil eingetreten sein sollen.“ Damit stellt sich Goez auf den hier vertretenen Standpunkt.

Weitere Beispiele: Die Schankkonzession wird durch Erkenntnis des Verwaltungsrichters entzogen (RGewO. § 53, ZustG. § 119). Ist die darauf gerichtete Klage der Ortspolizeibehörde abgewiesen worden, weil dem Inhaber der Konzession nicht die vom Gesetze erforderlichen, von der Klägerin vermißten Eigenschaften abhanden gekommen sind, so kann die Klage, gestützt auf neue Tatsachen, mit Erfolg trotz der früheren Abweisung jederzeit von neuem angebracht werden. Die frühere Entscheidung steht der neuen Klage nicht entgegen, weil die die letztere begründenden Tatsachen andere als die früheren sind; es ist eine neue Klage mit neuen Tatsachen angestellt. In der ZPO. herrscht darüber im entsprechenden Falle gar kein Zweifel. Eine auf Ehebruch usw. gestützte Ehescheidungsklage, die abgewiesen ist, weil der Ehebruch nicht nachgewiesen worden, wird rechtskräftig mit allen der Rechtskraft innewohnenden Wirkungen, obwohl sie mit der durch neue Tatsachen unterstützten Behauptung, der Beklagte habe sich des Ehebruchs anderweitig schuldig gemacht, erneuert werden kann. Die neue Klage ist nicht dieselbe wie die früher angestellte. Hat der Vermieter auf Auflösung des Mietverhältnisses geklagt, weil der Mieter für zwei aufeinander folgende Termine mit der Entrichtung des Mietzinses im Verzuge ist (BGB. § 554), und ist der Vermieter mit der Klage abgewiesen worden, indem der Richter feststellte, daß der Verzug nicht nachgewiesen sei, so steht der Rechtskraft der Entscheidung nicht der Umstand entgegen, daß, wenn der Mieter später in Verzug geraten, gegen ihn mit der neuen Behauptung auf Auflösung des Mietverhältnisses geklagt werden kann. Anderseits schützt den Beklagten der Einwand der früher rechtskräftig entschiedenen Sache nicht gegen die Verurteilung, sobald der Richter die neue Behauptung, er sei nunmehr im Verzuge, feststellt. Die Identität beider causae ist nicht vorhanden.

Die Gegner der hier vertretenen Ansicht gehen von dem an sich richtigen Grundsatze aus, daß durch das Urteil die dem Kläger zustehende Klage verbraucht (konsumiert) sei, sowohl bei der Verurteilung wie bei der Abweisung, und daß derjenige Anspruch, der durch das Urteil festgestellt oder abgeurteilt ist, einer zweiten Feststellung oder Aberkennung durch ein anderes Urteil des Verwaltungsrichters nicht unterworfen werden darf. Dabei wird aber bei den Klagen gegen polizeiliche Verfügungen und bei ähnlichen Klagen fälschlich angenommen, daß der Anspruch, der mit Klage gegen die Behörde erhoben worden ist, ein allgemeines Rechtsverhältnis zwischen Kläger und Behörde schafft oder feststellt oder ändert, während in Wirklichkeit das abstrakte öffentliche Recht des Klägers unberührt bleibt und durch die polizeiliche Verfügung und die darauf ergehende Entscheidung des Verwaltungsrichters nur die Ausübung des abstrakten Rechts in einem bestimmten Falle betroffen wird, und dieser selbe Fall darf durch ein neues Urteil des Verwaltungsrichters nicht berührt werden. Beispiel: Jeder Staatsbürger hat das abstrakte Recht, sein Grundstück zu bebauen. Die Bauordnungen oder gewisse Gesetze bestimmen, wie dies abstrakte Recht ausgeübt werden kann. Die Polizei lehnt in der Annahme, daß ein Baugesuch der Bauordnung nicht entspricht, das Baugesuch ab. Wird die gegen die Versagung eingelegte Klage abgewiesen, so wird damit nicht das abstrakte Recht zu bauen negiert, sondern es wird nur ausgesprochen, daß die Ablehnung des vorgelegten Baugesuchs, in dem vorliegenden Falle und unter den vorliegenden Umständen, gerechtfertigt war. Der Verbrauch der Klage geht mithin über den vorliegenden Fall und die vorliegenden Umstände, das vorliegende Gesuch, nicht hinaus. Das abstrakte Recht des Klägers wird nicht berührt. Sein abstraktes Recht besteht weiter, und die Polizei ist ein darauf sich herleitendes neues Baugesuch zu prüfen verpflichtet. Selbst ein wörtlich gleichlautendes Gesuch kann neu vorgebracht und die Ablehnung im Verwaltungsstreitverfahren mit Erfolg angefochten werden, abgesehen von anderen Gründen, wenn die Bauordnung zugunsten des Klägers inzwischen geändert worden ist. Jedenfalls hat die Abweisung der Klage niemals die Bedeutung, daß die auf das allgemeine Baurecht sich stützende Berechtigung des Klägers irgendwie aufgehoben oder beeinträchtigt, daß zwischen ihm und der Baupolizei ein unumstößliches allgemeines Rechtsverhältnis hergestellt sei, wie dies unter Parteien durch ein Urteil auf Feststellungsklage geschieht. Ebensowenig wie durch die Abweisung einer auf Ehebruch begründeten Ehescheidungsklage der Kläger das abstrakte Recht verliert, sich wegen Ehebruchs künftig scheiden zu lassen.

Ein anderes Beispiel: Jedermann hat das abstrakte, durch die

Gewerbeordnung garantierte Recht, das Schankgewerbe zu betreiben. Unter welchen Bedingungen dies Recht ausgeübt werden darf, bestimmt das Gesetz u. a. dahin, daß dazu eine polizeiliche Genehmigung gehört, bei der zu prüfen, ob das Lokal in gesundheitlicher Beziehung einwandsfrei sei, ob ein Bedürfnis für die neue Schankstätte vorliege. In Preußen erteilt die Genehmigung der Kreisausschuß (Stadtausschuß, Magistrat, ZustG. § 114), in gewissen Fällen im Verwaltungsstreitverfahren. Lehnt der Kreisausschuß durch Urteil die im Mai 1907 bei ihm für ein bestimmtes Lokal nachgesuchte Genehmigung ab, weil das Lokal gesundheitsschädlich sei oder weil das Bedürfnis verneint werde, so spricht er dem Antragsteller gegenüber nicht aus, daß er überhaupt kein Recht habe, das Schankgewerbe zu betreiben, was gesetzlich unzulässig wäre, sondern lediglich, daß das vorgebrachte Gesuch für das darin bezeichnete Lokal oder bis zum Vorhandensein eines Bedürfnisses abgelehnt werde. Sobald das Urteil rechtskräftig ist, ist nur unabänderlich festgestellt, daß dem im Mai 1907 vorgebrachten Gesuche keine Folge zu geben gewesen sei.

Es wird danach hier der Rechtssatz verfochten, daß die Entscheidungen im Verwaltungsstreitverfahren, auch wenn dadurch Verwaltungsakte oder Rechtsverhältnisse geschaffen oder festgestellt oder abgeändert werden, dieselben materielle Rechtskraft genießen, wie die Entscheidungen im Zivilprozesse, und daß gerade diese Rechtskraftwirkung zugunsten der Staatsbürger mitbestimmend gewesen ist, die Verwaltungsrechtspflege einzuführen. Der Streit wird im Verwaltungsstreitverfahren definitiv wirklich erledigt (Savigny, System 6 257; Unger, System 2 615) im Sinne des Ausspruchs: res judicata dicitur, quae finem controversiarum pronuntiatione judicis accepit. Gegen das Definitivum spricht auch nicht der Umstand, daß bei polizeilichen Verfügungen die Polizei nach Abweisung der Klage die aufrecht erhaltene Verfügung nicht zu vollstrecken braucht, ja diese Verfügung zurückzunehmen befugt ist, wie ja auch im Zivilprozesse die materielle Rechtswirkung des rechtskräftigen Urteils nicht aufgehoben wird durch das Vertragsrecht der Parteien, indem diese durch eine Vereinbarung die Wirkungen des Urteils ganz oder teilweise beseitigen, darauf verzichten können. Nach Zivilrecht können sogar die Parteien vor Erlaß des Urteils in gewissen Fällen einen Vertrag dahin abschließen, daß die Wirkungen des Urteils ausbleiben (JW. 00 295). Dieses Vertragsrecht besteht im Verwaltungsstreitverfahren ebenfalls insoweit, als die Parteien über den Gegenstand des Streites frei verfügen dürfen.

Es bleiben noch verschiedene Einzelheiten hinsichtlich der Rechtskraft der Urteile zu besprechen. Der § 322 Abs. 2 ZPO. bestimmt:

„Hat der Beklagte die Aufrechnung einer Gegenforderung geltend gemacht, so ist die Entscheidung, daß die Gegenforderung nicht besteht, bis zur Höhe des Betrages, für welchen die Aufrechnung geltend gemacht worden ist, der Rechtskraft fähig."

Dieser Grundsatz kann im Verwaltungsstreitverfahren ebenfalls Anwendung finden, er erscheint aber dann ausgeschlossen, wenn für die Geltendmachung der Gegenforderung im Wege der Klage das Verwaltungsgericht überhaupt nicht oder dasselbe Gericht nicht zuständig ist (vgl. § 33 Abs. 2 ZPO.).

Beispiel: A. hat auf Anweisung der Wegepolizeibehörde einen öffentlichen Weg ausgebessert und klagt gegen B., den öffentlich-rechtlich Verpflichteten, auf Erstattung der Kosten im Verwaltungsstreitverfahren (ZustG. § 56 Abs. 6). B. will gegen diese Forderung eine Gegenforderung aus einem Kaufvertrage aufrechnen. Der Verwaltungsrichter muß ihn damit abweisen, weil er für eine Klage aus dem Kaufe nicht zuständig ist. Diese Abweisung hat aber auf die künftige Geltendmachung vor dem Zivilrichter keinen Einfluß, weil die Abweisung nur wegen Unzuständigkeit des Gerichts erfolgt ist. Konnte aber die Gegenforderung im Verwaltungsstreitverfahren und vor demselben Richter auf Klage geltend gemacht werden (z. B. die Erstattung von anderen Wegeunterhaltungskosten, die B. für den A. erlegt hat, § 56 Abs. 6) und spricht die Entscheidung aus, daß die Gegenforderung nicht besteht, so erreicht das Erkenntnis in dieser Beziehung Rechtskraft. In solchen Fällen empfiehlt es sich stets, in der Urteilsformel dahin Ausdruck zu geben, welche Gegenforderung abgewiesen oder aufgerechnet worden ist.

Nach den §§ 323, 324 ZPO. kann trotz rechtskräftigen Urteils in betreff der Verurteilung zukünftig fällig werdender, wiederkehrender Leistungen eine neue Klage angestellt werden, wenn eine wesentliche Änderung derjenigen Verhältnisse eingetreten ist, die für die Verurteilung maßgebend waren. Diese Vorschrift findet namentlich bei Schadensersatzansprüchen (§§ 843, 844 BGB.) und bei Ansprüchen auf Zahlung von Alimenten (§§ 1602, 1603, 1708 BGB.) Anwendung; es handelt sich dabei oft um die im Erkenntnisse ausgesprochene mutmaßliche Dauer eines Zustandes. Die Natur des Verwaltungsstreitverfahrens steht ähnlichen Klagen nicht entgegen. Ergibt sich z. B. nach Ausführung eines Ent- oder Bewässerungsunternehmens (§ 66 WassGenG. v. 1. IV. 79), daß ein der Genossenschaft angehöriges Grundstück keinen Vorteil von dem Unternehmen hat, so kann von den Genossen für die Dauer dieses Zustandes der Genossenschaft gegenüber der gänzliche Erlaß der Genossenschaftsbeiträge verlangt werden. Streitigkeiten unterliegen der Entscheidung im Verwaltungsstreitverfahren. Das Oberverwaltungsgericht nimmt viel zu eng an, daß nur der Genosse, nicht die Genossenschaft die Klage habe, und zwar müsse der Genosse als Kläger eine bestimmte Zeit angeben, in welcher das Grundstück keinen Vorteil habe; für die Dauer dieser Zeit habe die Freistellung von den Beiträgen zu erfolgen

(Kunze-Kautz 2 70). Nach richtiger Meinung ist die Klage auch der Genossenschaft gegeben und nicht anders zu begründen, wie eine Klage aus § 844 Abs. 2 BGB., und trotz der Rechtskraft des ergangenen Erkenntnisses ist in sinngemäßer Anwendung des § 323 ZPO. die Genossenschaft berechtigt, gegen den Genossen zu klagen auf Anerkennung, daß er die Beiträge wegen veränderter Umstände nunmehr zu zahlen habe.

Ein ergangenes rechtskräftiges Erkenntnis hat der Verwaltungsrichter, wenn er von neuem mit derselben Sache befaßt wird, von Amts wegen zu berücksichtigen. Ist dies aus Irrtum nicht geschehen, so findet gegen das zweite Urteil die Restitutionsklage (§ 580 Ziff. 7 ZPO.) statt.

Abgesehen von regelmäßig wiederkehrenden, erst künftig fällig werdenden Leistungen verjährt der durch ein Zivilurteil festgestellte Anspruch in dreißig Jahren (BGB. § 218). Die entsprechende Anwendung dieser Vorschrift auf im Verwaltungsstreitverfahren festgestellte Ansprüche erscheint geboten.

Der Satz, daß das rechtskräftige Urteil für und gegen die Parteien wirkt, findet seine natürliche Erweiterung durch den weiteren Grundsatz, daß es auch für und gegen diejenigen Personen wirkt, die nach dem Eintritte der Rechtshängigkeit Rechtsnachfolger der Parteien geworden sind; er gilt im Zivilprozesse (§ 325 ZPO.) und im Verwaltungsstreitverfahren (vgl. im übrigen den Abschnitt „Rechtshängigkeit"). Der Rechtsnachfolger kann ein Gesamtrechtsnachfolger (Erbe) oder ein Sonderrechtsnachfolger sein, er ist der derzeitige Inhaber des Rechts.

Nach § 327 ZPO. wirkt für und gegen den Erben ein Urteil, das zwischen einem Testamentsvollstrecker und einem Dritten über ein der Verwaltung des Testamentsvollstreckers unterliegendes Recht ergeht, wirkt ein Urteil zwischen dem Konkursverwalter und einem Dritten für und gegen die Masse bzw. gegen den Gemeinschuldner, wenn der Konkurs aufgehoben ist. Ähnliche Verhältnisse gibt es im Verwaltungsstreitverfahren noch auf anderen Gebieten. Wenn gegen den Plan, betreffend die Verteilung der Jagdpachtgelder, Einspruch erhoben und vom Jagdvorsteher Bescheid erlassen, dagegen aber von einem Jagdgenossen Klage erhoben worden ist (§ 25 JagdO. v. 15. VII. 07), so wirkt das ergehende Urteil für und gegen alle Jagdgenossen; denn wenn auf Grund des ergangenen Erkenntnisses der Plan abgeändert werden muß, kann kein Genosse gegen diese Abänderung mit Erfolg Einspruch und Klage erheben, seiner Klage steht der Einwand der rechtskräftig entschiedenen Sache entgegen Ferner: Wenn auf Beschwerde und Einspruch, betreffend das Recht zur Mitbenutzung der öffentlichen Gemeindeanstalten, sowie zur Teilnahme an den Nutzungen und Erträgen des Gemeindevermögens der Gemeindevorstand beschlossen hat und dagegen geklagt ist (§ 18 ZustG.), so wirkt das Erkenntnis für und gegen alle, die die öffentlichen Gemeindeanstalten mitbenutzen oder an den Nutzungen und Erträgen des Gemeindevermögens teilnehmen. Das Erkenntnis, das gegen den Fischereigenossenschaftsvorstand in betreff der Teilnahme an den Aufkünften der gemeinschaftlichen Fischereinutzung ergeht (ZustG. § 101, FischereiG. v. 30. V. 74 § 10), wirkt gegen alle Genossen. Ihrer Zuziehung zum Verwaltungsstreitverfahren bedarf es nicht, ja ihre Zuziehung wäre nicht einmal angängig, weil jene Wirkung des Urteils von selbst eintritt. In diesen Fällen, die erheblich vermehrt werden können, räumt das Gesetz den Parteien eine Verfügungsbefugnis über den Streitgegenstand ein, ohne daß eine gesetzliche Vertretung vorliegt (Kleinfeller 245). In anderen Fällen wirken Erkenntnisse für und gegen jedermann. In der ZPO. handeln die §§ 629, 643, 976 von diesen Materien (Ehenichtigkeits-, Eheanfechtungsklage, Anfechtung der Ehelichkeit eines Kindes, Anfechtung einer Todeserklärung usw.). Im Verwaltungsstreitverfahren gehören hierher gewisse Feststellungsurteile. So das Erkenntnis, das die Grenzen eines Gemeinde- oder Gutsbezirkes, sowie die Eigenschaft einer Ortschaft als Gemeinde oder eines Gutes als Gutsbezirk feststellt, das die Zugehörigkeit zu einer Wassergenossenschaft einer Jagdgenossenschaft ausspricht, das feststellt, ob ein Gewässer als ein geschlossenes anzusehen ist, die Disziplinarerkenntnisse, die Erkenntnisse, betreffend Schließung einer eingeschriebenen Hilfskasse usw.

Im besonderen Teile dieses Werkes wird bei den einzelnen Klagen die Frage erörtert werden, ob die darauf ergangenen Urteile nur für und wider die Parteien oder für und gegen jedermann wirken.

Drittes Buch.

Rechtsmittel und Verfahren in zweiter und dritter Instanz.

Erster Titel.

Arten der Rechtsmittel.

Prozeßhandlungen, durch die die Beseitigung eines im Prozeßverfahren erlittenen Nachteils erstrebt wird, sind Rechtsmittel im weitesten Sinne. Durch Rechtsmittel im engeren Sinne soll das höhere Gericht eine ergangene gerichtliche Entscheidung abändern. Werden die Rechtsmittel während eines schwebenden Verfahrens, nicht nach rechtskräftiger Entscheidung, durch Anrufen einer höheren Instanz ergriffen, so heißen sie **ordentliche**, während bei der Einlegung eines **außerordentlichen** Rechtsmittels entweder keine höhere Instanz angegangen wird oder das Rechtsmittel sich gegen eine rechtskräftige Entscheidung richtet.

Das Verwaltungsstreitverfahren kennt als ordentliche Rechtsmittel nur die **Berufung**, die **Revision** und die **Beschwerde**; außerordentliche Rechtsmittel sind die Restitutions- und Nichtigkeitsklagen (Wiederaufnahmeklagen LVG. § 100; ZPO. §§ 578—583, 585—589) gegen rechtskräftige Erkenntnisse, den Antrag auf mündliche Verhandlung gegen Bescheide des Vorsitzenden und des Gerichts (LVG. §§ 64, 67) und die Wiedereinsetzung in den vorigen Stand (§ 112).

Soweit nicht besondere gesetzliche Vorschriften erlassen sind, findet gegen die Bescheide in den Fällen der §§ 64 und 67 LVG. (statt des Antrags auf mündliche Verhandlung) und gegen die Erkenntnisse der Kreis- oder Stadtausschüsse (Magistrats) und der Bezirksausschüsse als erster Instanz die Berufung, im ersteren Falle an den Bezirksausschuß, im letzteren Falle an das Oberverwaltungsgericht statt. Gegen die in zweiter Instanz erlassenen Urteile der Bezirksausschüsse ist, sofern das Gesetz nichts anderes bestimmt, die Revision an das Oberverwaltungsgericht zulässig.

Gegen folgende Entscheidungen des Kreis- bzw. Bezirksausschusses ist **kein ordentliches Rechtsmittel** gegeben:

a) gegen Urteile über die Rechtmäßigkeit der Ablehnung des Schiedsrichteramtes (§ 30 VorflutG. v. 15. XI. 11), über die Zurückweisung unzulässiger Schiedsrichter (§§ 28, 29 a. a. O.), überhaupt über alle in § 70 ZustG. behandelten Streitsachen;

b) gegen Urteile, die auf Klage gegen den Bescheid der Ortspolizeibehörde, betreffend Festsetzung eines Ersatzgeldes und betreffend die Aufrechterhaltung oder Aufhebung einer Pfändung in Feldpolizeisachen (§§ 75, 76, 82, 83, 84 G. v. 1. IV. 80 GS. 230). In Stadtkreisen ist für die Klagen der Bezirksausschuß zuständig, dessen Entscheidungen ebenfalls endgültig sind;

c) endgültig ist ferner die Entscheidung des Bezirksausschusses in Streitigkeiten über die Notwendigkeit und die Art des Transportes Hilfsbedürftiger (§ 58 Abs. 2 ReichsG. v. 6. VI. 70).

In Streitigkeiten zwischen Armenverbänden über die Unterstützung Hilfsbedürftiger (§ 39 a. a. O.) geht die Berufung an das **Bundesamt für das Heimatwesen** (Frist zur Anmeldung der Berufung 14 Tage, zur Rechtfertigung weitere 4 Wochen).

In Bewässerungsangelegenheiten (§§ 43—47, 54, 55 G. v. 28. II. 43) ist gegen das Urteil des Kreis- oder Stadtausschusses, betreffend die Festsetzung einer Entschädigung (ZustG. § 78), nur die Berufung an das **Oberlandeskulturgericht** gegeben.

Die Fälle, in denen gegen die Erkenntnisse des Bezirksausschusses in erster Instanz nur die Revision und gegen die Erkenntnisse des Bezirksausschusses zweiter Instanz kein ordentliches Rechtsmittel gegeben ist, werden bei den einzelnen Klagen behandelt werden. Die häufigsten Fälle der ersteren Art sind: Streitigkeiten über die Heranziehung und Veranlagung zu den Kreisabgaben (ZustG. § 3), Streitigkeiten über die Heranziehung oder Veranlagung zu städtischen Gemeindelasten (§ 18), Streitigkeiten über die Heranziehung zu den Lasten der Landarmenverbände (§ 44), Streitigkeiten, betreffend die Erteilung gewerblicher Konzessionen (§§ 115—118), Streitigkeiten nach §§ 58 Abs. 2, 65 Abs. 3, 72 Abs. 4, 73 KrankVG. v. 10. IV. 92 (Vd. v. 29. VIII. 00).

Die Entscheidungen des Bezirksausschusses in zweiter Instanz über Anträge auf Erteilung der Erlaubnis zum Betriebe der Schank- oder Gastwirtschaft usw. (ZustG. § 114), sowie im Falle des § 74 ZustG. und des § 1 Vd. v. 31. XII. 83 (GS. 84 7) sind endgültig (vgl. OVG. 30 334).

In dem Verfahren auf Entfernung aus dem Amte gegen einen Gemeindevorsteher, Schöffen, Gutsvorsteher (ZustG. § 36) ist gegen die Urteile des Kreisausschusses nur die Berufung an das Oberverwaltungsgericht gegeben.

Zweiter Titel.

Berufung, Revision, Beschwerde.

Das Recht zur Einlegung der Berufung gegen Entscheidungen des Kreis- oder Stadtausschusses steht den Parteien und dem Beigeladenen, sowie dem Vorsitzenden des Gerichts, letzterem nur aus Gründen des öffentlichen Interesses, zu (wegen des Beigeladenen siehe den Abschnitt „Beiladung"). Gleiches gilt für die Einlegung der Berufung und der Revision gegen Endurteile des Bezirksausschusses. Der zur Vertretung der öffentlichen Behörde nach § 74 Abs. 1 LVG. und der nach § 74 Abs. 2 bestellte Kommissar haben die Rechtsmittel nicht, dagegen sind sie dem nach § 74 Abs. 3 ernannten Kommissar zur Wahrnehmung des öffentlichen Interesses gegeben. Hat der Vorsitzende des Kreisausschusses die Berufung an den Bezirksausschuß eingelegt, so steht ihm das weitere Rechtsmittel der Revision nicht zu. Das öffentliche Interesse wird dann vom Vorsitzenden des Bezirksausschusses wahrgenommen, und ihm liegt ob, zu erwägen, ob noch die Revision von ihm selbst einzulegen ist (OVG. 6 381, 12 439). Bei der Einlegung der Berufung durch den Vorsitzenden des Kreisausschusses oder des Bezirksausschusses hat das Berufungsgericht vorab zu prüfen, ob das öffentliche Interesse wirklich beteiligt ist. Wird die Frage verneint, so ist die Berufung als unstatthaft zurückzuweisen (LVG. § 91). Bei Einlegung der Revision durch den Vorsitzenden des Bezirksausschusses braucht die Vorfrage wegen Beteiligung des öffentlichen Interesses vom Oberverwaltungsgericht nicht vorab geprüft zu werden (Erk. v. 23. IV. 77 OVG. 2 258 u. Erk. v. 21. V. 83 — I 496). Durch die Einlegung des Rechtsmittels des Vorsitzenden wird der höhere Richter mit ganzen Sache befaßt, auch wenn die Parteien ihrerseits kein Rechtsmittel eingelegt haben sollten. Der höhere Richter prüft die Sache, als wenn beide Parteien das Rechtsmittel eingelegt hätten. Bei der Berufung des Vorsitzenden ist es aber vorsichtig, wenn die Partei selbst, sofern sie dazu Veranlassung zu haben glaubt, die Berufung einlegt, weil, wenn der Berufungsrichter das Vorliegen des öffentlichen Interesses verneint, die Berufung des Vorsitzenden zurückgewiesen wird, die Partei also eine nochmalige Prüfung durch den Berufungsrichter nicht erreicht. Das öffentliche Interesse wird als beteiligt gelten, wenn ein besonderes, für die Verwaltung wichtiges Prinzip ausgesprochen oder Behörden-, Organisations- oder Zuständigkeitsfragen erörtert werden sollen (vgl. OVG. 4 347, 5 46, 331, 8 381, 9 347). Hierher gehören namentlich Machtbefugnisse der Behörden (OVG. 3 168). Bei Einrichtung des ganzen Instituts hat der Gesetzgeber zunächst an die Fälle gedacht, wo in Streitigkeiten unter Privaten ein öffentliches Interesse mitspielt, dessen Wahrnehmung durch die privaten Parteien nicht genügend gesichert erscheint. Auch sollen die von den Lokalbehörden als Partei geltend gemachten engen Gesichtspunkte von den höheren Behörden eine allgemeinere Beleuchtung erfahren (OVG. 1 315).

Für die Förmlichkeiten bei Einlegung des Rechtsmittels durch den Vorsitzenden (LVG. §§ 82, 95) bestehen bestimmte Vorschriften. Der Vorsitzende hat, sobald vom Gerichte die Entscheidung gefällt, aber noch nicht verkündet ist, sofort zu erklären, daß er die Berufung (die Revision) einlege. Die Verkündung der Entscheidung bleibt einstweilen, jedoch längstens drei Tage, ausgesetzt. Sie erfolgt dann mit der Eröffnung, daß das Rechtsmittel vom Vorsitzenden im öffentlichen Interesse eingelegt worden sei. Ohne diese Eröffnung findet die Berufung (Revision) nicht statt. Die Begründung der Berufung ist den Parteien zur schriftlichen Erklärung binnen zwei Wochen mitzuteilen. Nach Ablauf der Frist gehen die Akten an das höhere Gericht. Haben die Parteien selbst ein Rechtsmittel eingelegt, so wird dieses nach den dafür gegebenen Vorschriften behandelt. Zur Publikation der Entscheidung müssen die anwesenden Parteien in den Fällen, auf die § 21 RGewO. sich bezieht, mündlich geladen werden, in anderen Fällen genügt die Zustellung der Entscheidung. Einer Vorladung der ausgebliebenen Parteien bedarf es nicht. Die Sitzung für die Publikation kann am nämlichen Tage, wie die erste, stattfinden.

Wird die Entscheidung nicht in der Sitzung verkündigt, so muß bei der Zustellung des Urteils den Parteien eröffnet werden, daß der Vorsitzende das Rechtsmittel im öffentlichen Interesse eingelegt habe. Die Zustellung hat binnen längstens drei Tagen nach Aussetzung der Verkündigung der Entscheidung zu erfolgen (Verf. v. 22. V. 82 OVG. 8 425).

Die Beschwerden im Verwaltungsstreitverfahren sind (LVG. § 111) innerhalb der dafür vorgeschriebenen Fristen bei dem Gerichte, gegen dessen Entscheidung sie gerichtet sind, schriftlich einzulegen. Ist die Frist versäumt, so wird die Beschwerde durch einen mit Gründen versehenen Bescheid des Gerichts oder namens des Kreisausschusses durch Bescheid des Vorsitzenden und namens des Bezirksausschusses durch Bescheid des Vorsitzenden, in letzterem Falle im Einverständnis mit den ernannten Mitgliedern, unter Angabe des dagegen zulässigen Rechtsmittels der Beschwerde (§ 86 Abs. 4), die in zwei Wochen an das im Instanzenzuge höhere Gericht geht, zurückgewiesen. Die Frist zur Einlegung der Beschwerde (§ 111) gilt als gewahrt, wenn sie bei der Beschwerdeinstanz rechtzeitig eingelegt ist. Die letztere gibt sie an das Gericht, über das die Beschwerde eingelegt ist, zur weiteren Behandlung ab.

Beschwerden, welche die Leitung des Verfahrens betreffen, sind nicht befristet; über sie entscheidet das im Instanzenzuge zunächst höhere Gericht endgültig (§ 110 LVG.; vgl. §§ 567, 568 ZPO.). Das Verfahren, in dem die Beschwerde eingelegt wird, muß noch im Gange sein, so daß durch die Entscheidung der Beschwerdeinstanz auf dasselbe eine Einwirkung stattfinden kann (OVG. 49 443). Gegen Beweisbeschlüsse findet keine Beschwerde statt (Verf. v. 29. XII. 76 OVG. 1 445).

Die Beschwerden werden ohne mündliche Verhandlung erledigt. Doch steht nichts entgegen, daß die Gegenpartei vor der Entscheidung über die Beschwerde gehört wird; in wichtigeren Sachen geschieht dies regelmäßig. Gegen den Bescheid auf eine befristete Beschwerde (§ 111) ist die weitere Beschwerde nicht überall zulässig (vgl. die in den §§ 60, 62, 78, 86, 95, 108 verschieden geordneten Rechtsmittel). Statt des angerufenen Gerichts kann über die Beschwerde auch sein Vorsitzender nach Analogie des Verfahrens in § 64 befinden. Gegen den Bescheid des Vorsitzenden (§ 64 Abs. 3) ist nicht der Antrag auf mündliche Verhandlung, sondern nur der Antrag auf Entscheidung durch das Gericht selbst (§ 111 Abs. 3) gegeben. Der Bescheid des Vorsitzenden hat eine Belehrung über die Rechtsmittel zu enthalten. Unter den § 111 fallen die Beschwerden bei Ablehnungsgesuchen (§ 62), bei Bestrafungen ungehorsamer Zeugen und Sachverständigen (§ 78), bei Kostenfestsetzungsbeschlüssen (§ 108), bei Vollstreckungen (§ 60), bei Zurückweisung der Berufung und Revision bei versäumter rechtzeitiger Anmeldung (§§ 86, 95).

Die Wiedereinsetzung in den vorigen Stand gegen die Versäumung der Frist zur Einlegung der Beschwerde richtet sich nach den Vorschriften im § 112. Der Antrag auf Wiedereinsetzung ist mit der Beschwerde zu verbinden und bei dem Gerichte, gegen dessen Entscheidung sie gerichtet ist, einzulegen (§ 111 Abs. 1 und 4). Liegt die Beschwerde dem Gerichte bereits vor, so wird unter Berufung darauf lediglich der Antrag auf Wiedereinsetzung ebenso angebracht. Über den Antrag entscheidet das Gericht, gegen dessen Entscheidung die Beschwerde eingelegt ist (§ 111 Abs. 2, § 86 Abs. 4).

Dritter Titel.

Verzicht und Widerruf von Rechtsmitteln. Anschließung an ein Rechtsmittel.

Die Parteien können nach Erlaß eines Urteils auf Einlegung der Berufung und der Revision verzichten. Die Wirksamkeit des Verzichtes ist nicht davon abhängig, daß der Gegner die Verzichtleistung annimmt. Der Verzicht muß aber ausdrücklich ausgesprochen sein, und zwar durch eine Erklärung gegenüber dem Gericht oder dem Gegner, der seinerseits dann dem Gerichte Kenntnis geben kann.

Auch kann ein Rechtsmittel nach seiner Einlegung, aber spätestens bis zur Fällung des Urteils, zurückgenommen werden. Die Zurücknahme in der Hauptsache hat den Verlust des Rechtsmittels auch bezüglich der Kosten zur Folge.

Der Berufungs- oder Revisionsbeklagte kann sich der Berufung oder Revision anschließen (LVG. § 87), selbst wenn er auf die Berufung oder die Revision innerhalb der Rechtsmittelfrist verzichtet oder die Frist zur Einlegung des Rechtsmittels hat verstreichen lassen. Dem Verzichte steht die Zurücknahme eines bereits eingelegten Rechtsmittels gleich. Die Anschließung kann noch im Termin zur mündlichen Verhandlung erfolgen (OVG. 25 207; Erk. v. 7. XI. 94 PrVBl. 15 521), selbst wenn vorher eine Beweisaufnahme stattgefunden hat (Erk. v. 21. X. 90 — IV 1100). Ferner kann, wenn ein notwendiger Streitgenosse die von ihm eingelegte Berufung (Revision) zurückgenommen hat, der Gegner sich der Berufung (Revision) der anderen Streitgenossen noch mit der Wirkung anschließen, daß die Anschlußberufung auch gegen jenen Streitgenossen gilt (ReichsG. 38 426). Die Anschließung gilt stets nur an das vom Gegner eingelegte Rechtsmittel (Erk. v. 3. V. 93 — I 437; Erk. v. 18. I. 06 OVG. 48 251). Die Anschließung kann auch lediglich wegen des Kostenpunktes erfolgen (Erk. v. 28. X. 97 — IV 1803 — Kunze-Kautz 2 1283). Dies trifft bei dem Beigeladenen gleichfalls zu (Erk. v. 11. II. 95 — III 181). Für die Anschließung ist keine bestimmte Form vorgeschrieben; es genügt jede Erklärung, aus welcher die Absicht der Anschließung ersichtlich ist (OVG. 7 256, 260; 25 207).

Ist durch das eingelegte Rechtsmittel die Vorentscheidung nur teilweise angefochten, so kann der Anschließende die Entscheidung in vollem Umfange angreifen (Erk. v. 30. I. 89 — I 142; OVG. 29 3).

Nach § 522 ZPO. verliert die Anschließung ihre Wirkung, wenn die Berufung zurückgenommen oder als unzulässig verworfen wird. Dasselbe gilt im Verwaltungsstreitverfahren (Erk. v. 8. XI. 89 OVG. 18 444). Dabei wird als selbstverständlich vorausgesetzt, daß die Anschließung nach Ablauf der Frist zur Einlegung des Rechtsmittels erfolgt ist; war innerhalb der Rechtsmittelfrist ein eigenes Rechtsmittel, selbst wenn es Anschlußberufung genannt worden, eingelegt worden, so wirkt das Rechtsmittel in vollem Umfange.

Im Disziplinarverfahren ist der Anschluß an die Berufung seitens der Gegenpartei nicht zulässig (OVG. 12 433), ebensowenig in dem nach § 108 LVG. geordneten Verfahren, betreffend die Beschwerde über den Festsetzungsbeschluß (Verf. v. 3. VI. 90 — IV 511).

Ein Widerruf des Verzichtes oder der Zurücknahme eines Rechtsmittels ist wirkungslos (Erk. v. 21. XII. 81 OVG. 8 384). Auf die Anschließung an ein Rechtsmittel kann nach Einlegung desselben ebenfalls verzichtet werden (OVG. 39 453). Ist ein Verzicht oder ein Widerruf ausgesprochen, so wird das Erkenntnis dem Erklärenden gegenüber sofort rechtskräftig.

Vierter Titel.

Verfahren in zweiter und dritter Instanz.

Bei der Berufung beantragt der Berufungskläger, daß die höhere Instanz den ganzen Prozeßstoff von neuem prüfe, und deshalb gelten im allgemeinen die Vorschriften über das Verfahren der ersten Instanz. Die Revision ist ein beschränkteres Rechtsmittel. Die Frist zur Einlegung der Berufung und der Revision beträgt zwei Wochen. Bei Verlust des Rechtsmittels ist die Berufung innerhalb dieser Frist bei dem Gerichte, dessen Entscheidung angegriffen wird, schriftlich anzumelden und zu rechtfertigen. Zur Rechtfertigung kann das Gericht eine angemessene Frist gewähren. Geschieht die Einlegung bei dem Berufungsgerichte, so wird dadurch die Frist nicht gewahrt. Die Partei hat kein Recht, zu verlangen, daß die bei dem Berufungsgerichte eingelegte Berufung auf das schleunigste an das Gericht erster Instanz abgegeben wird. Indessen geschieht dies nach Gerichtspraxis (Verf. v. 26. IX. 76 OVG. 1 436). Gleiches gilt für die Revision, die ebenfalls bei dem Gerichte erster Instanz anzumelden und zu rechtfertigen ist.

1. Weiteres Verfahren bei Einlegung der Berufung.

Das preußische Recht, das zur Zeit des Erlasses des VerwGG. galt und dem große Bedeutung für die Auslegung des LVG. zukommt, zerlegte die Berufung (und die Revision) in zwei Prozeßhandlungen, die bei verschiedenen Gerichten vorgenommen werden mußten. Das Rechtsmittel wurde innerhalb der Notfrist zunächst bei demjenigen Gerichte angebracht, welches das Erkenntnis erster Instanz abgefaßt hatte. Diese Anbringung bei der ersten Instanz bestand in der bloßen Anmeldung. Ihre Einführung und Rechtfertigung mit den weiteren Verhandlungen darüber gehörte vor das in höherer Instanz erkennende Gericht (Ausnahmen waren gegeben § 15 Bd. v. 21. VII. 46). Für die Anmeldung genügte die Erklärung, daß der Anmeldende sich über das ergangene Erkenntnis beschwere. Die Angabe bestimmter Beschwerdepunkte war dabei nicht erforderlich. Die Anmeldung war an keine Form gebunden. Auch auf den Namen des Rechtsmittels kam es nicht an. Das Gericht erster Instanz prüfte nur, ob die Anmeldung rechtzeitig erfolgt und das Rechtsmittel dem Gegenstande nach zulässig war, und gab dann, wenn beides zutraf, die Akten, unter Benachrichtigung der Parteien, an das Gericht höherer Instanz. Die Einführung und Rechtfertigung des Rechtsmittels mußte binnen bestimmter Frist nach Ablauf der Anmeldungsfrist, ohne besondere Aufforderung, dem Gerichte höherer Instanz schriftlich überreicht werden. Jede Einführungs- und Rechtfertigungsschrift mußte die bestimmten Beschwerdepunkte angeben. Die nicht angegriffenen Punkte wurden rechtskräftig.

Nach der ZPO. (§§ 518ff.) erfolgt die Einlegung der Berufung durch Zustellung eines einzigen Schriftsatzes, der enthalten muß:

a) die Bezeichnung des angegriffenen Urteils;
b) die Erklärung, daß dagegen Berufung eingelegt werde;
c) die Ladung des Berufungsbeklagten vor das Berufungsgericht.

Instruktionell wird dann vorgeschrieben, die Berufungsschrift solle enthalten: die Erklärung, inwieweit das Urteil angefochten werde und welche Abänderungen beantragt werden (Berufungsanträge), sowie die Angabe der neuen Tatsachen und Beweismittel. Sind Berufungsanträge nicht gestellt, gilt das Urteil als im ganzen Umfange angefochten. Das LVG. zerlegt die Berufung auch in zwei Prozeßhandlungen, doch sind beide bei dem Gerichte erster Instanz vorzunehmen: die Anmeldung und die (Einführung und) Rechtfertigung des Rechtsmittels. Beide Prozeßhandlungen können in einem Schriftsatze verschmolzen werden, wie die Berufungsschrift nach der ZPO. Jedenfalls sind nach dem LVG. alle Beschwerdepunkte, mögen sie in der Anmeldung oder der Rechtfertigungsschrift vorgebracht sein, zu berücksichtigen. Während nach der ZPO. eine Berufung vor Zustellung des Urteils wirkungslos ist (§ 516), ebenso nach dem preußischen Rechte eine Anmeldung vor Publikation keine Wirkung hatte, hat das Oberverwaltungsgericht (6 384) mit Recht ausgesprochen, daß nach dem LVG. die Einlegung der Berufung schon vor Zustellung des Erkenntnisses zulässig sei.

Die Frist zur Einlegung der Berufung und der Revision beginnt nach dem LVG. mit der Zustellung des Urteils. Sind Streitgenossen vorhanden, so ersetzt, wenn das Urteil einem Streitgenossen zugestellt ist und die anderen eine Abschrift des Tenors (unter Benachrichtigung, wem die Ausfertigung des Urteils zugefertigt ist), erhalten haben, diese Benachrichtigung die Zustellung des Urteils. Für jeden Streitgenossen beginnt die Notfrist mit der Zustellung an ihn selbst, es kommt bei ausgebliebener Zustellung nicht in Betracht, ob der Streitgenosse sonst von der Zustellung Kenntnis erhalten hat. Die rechtzeitige Einlegung des Rechtsmittels durch einen notwendigen Streitgenossen erhält das Rechtsmittel dem Säumigen.

Die bewilligte Nachfrist ist ebenfalls präklusivisch. Diese Wirkung ist davon abhängig, daß überhaupt der Lauf der Berufungsfrist durch ordnungsmäßige Zustellung begonnen hat (Erk. v. 23. XII. 96 OVG. 31 316). Ist eine Nachfrist erbeten, aber bis zum Ablaufe der ersten Frist nicht oder von einer unzuständigen Behörde erteilt, so verliert die Partei das Recht, wenn sie bis zum Ablaufe der ersten Frist keine Rechtfertigung eingereicht hat. Die Anmeldung und Rechtfertigung pflegen, wenn nicht eine Nachfrist für die Rechtfertigung erbeten ist, in einem Schriftsatze zu erfolgen. Jedenfalls bedarf es einer besonderen Anmeldung neben einer Rechtfertigungsschrift nicht. Erfolgt eine besondere Anmeldung, so prüft das Gericht erster Instanz, ob sie fristgemäß eingegangen, und erteilt durch prozeßleitende Verfügung, falls beantragt, eine Nachfrist zur Rechtfertigung. Die Verfügung ist der Partei zuzustellen (vgl. den Abschnitt „Fristen").

Ist die Frist zur Anmeldung versäumt, so ist die Berufung ohn weiteres (also ohne daß die Gegenpartei gehört wird) durch einen mit Gründen zu versehenden Bescheid des Gerichts (oder des Vorsitzenden des Kreisausschusses bzw. des Bezirksausschusses, im letzteren Falle gemeinsam mit den ernannten Mitgliedern) zurückzuweisen mit der Eröffnung, daß die Beschwerde gegen den Bescheid an das Berufungsgericht zulässig ist; das Berufungsgericht entscheidet dann endgültig. Besondere Formen für den Bescheid und Beschwerdebescheid sind nicht vorgeschrieben, die Bescheide haben nicht die Natur der Bescheide nach den §§ 64, 67.

Das Gericht erster Instanz hat nicht zu prüfen, ob die Berufungsschrift etwa nur als Anmeldung, sondern auch als Rechtfertigung zu erachten sei. Ist ein Schriftstück, das mindestens als Anmeldung anzusehen, fristzeitig eingegangen und das Rechtsmittel zulässig, so ist das Rechtsmittel weiter vom Gerichte erster Instanz zu instruieren.

Die Berufungsschrift wird mit ihren Anlagen der Gegenpartei zur schriftlichen Gegenerklärung binnen richterlicher Frist zugefertigt.

Hat der Berufungskläger nur angemeldet, so wartet das Gericht erster Instanz ab, ob innerhalb der gesetzlichen oder vom Richter gestellten Frist die Rechtfertigung eingeht. Geht eine besondere Rechtfertigungsschrift ein, so wird diese mit der Anmeldung dem Gegner in Abschrift zugefertigt.

Es ist nicht Aufgabe des ersten Richters, zu prüfen und zu entscheiden, ob die rechtzeitig angebrachte und zulässige Anmeldung die

Merkmale einer Rechtfertigung enthält. Dies ist Aufgabe der höheren Instanz.

Für das Verwaltungsstreitverfahren gilt der Satz des alten preußischen Rechts, daß die Anmeldung formlos sein kann und daß es auf den Namen des Rechtsmittels nicht ankommt. Es muß nur sichtbar sein, daß sich die Partei durch ein bestimmtes Erkenntnis beschwert fühlt und die höhere Instanz anruft.

Was ist nun unter Rechtfertigung der Berufung zu verstehen? Die Entscheidungen des Oberverwaltungsgerichts widersprechen sich, eine feste Praxis hat sich bisher nur bei dem III. Senat gebildet. Bei Beantwortung der Frage ist das oben erwähnte Preußische Recht in Betracht zu ziehen und zu beachten, daß die Berufung gewissermaßen eine Klage ist, die über den in erster Instanz abgeurteilten Fall beim höheren Richter angebracht wird (Berufungskläger, Berufungsbeklagter). Aus letzterem Grunde dürfen an die Berufungsrechtfertigung nicht höhere Anforderungen gestellt werden, als an die Klage. Wenn es auch zum Wesen einer Klage (LVG. § 63) gehört, daß ein bestimmter Antrag gestellt und der Gegenstand des Anspruchs, sowie die den Antrag begründenden Tatsachen genau bezeichnet werden, so ist doch nach den Ausführungen im Abschnitte „Inhalt der Klage" dargetan, daß es genügt, wenn der Klageantrag nur mit Sicherheit erkennen läßt, was der Kläger begehrt, wohin er abzielt, und daß das Oberverwaltungsgericht überaus milde verfährt, kleinere Fehler übersieht und daß es auf korrekte Formulierung des Klageantrags nicht ankommt, zumal wenn sich sein Inhalt aus Vorverhandlungen sicher ergibt. Wenn schon die sehr formreiche ZPO. nachläßt, daß beim Fehlen der Angabe der Beschwerdepunkte das ganze Urteil als angegriffen anzusehen ist, so wird dem Ausspruche des Oberverwaltungsgerichts recht zu geben sein, es brauche in der Rechtfertigungsschrift nur Gegenstand und Ziel der Beschwerde für den höheren Richter erkennbar zu sein (Erk. v. 31. I. 77 OVG. 2 433). Was aber Gegenstand und Ziel der Beschwerde ist, haben verschiedene Entscheidungen des Oberverwaltungsgerichts wieder mißverstanden. Nach den Materialien und der Entstehungsgeschichte (OVG. 2 433; Sten. Ber. des Abgeordnetenhauses v. 1875 S. 1577), insbesondere nach der Rede des Abgeordneten Miquel sollen in der Rechtfertigungsschrift nur die „Beschwerdepunkte" enthalten sein. Der Berufungskläger soll also angeben, worüber er sich beschwert und inwieweit die Vorentscheidung abgeändert werden soll; wird dies nicht ausdrücklich angegeben, so muß es sonst erkennbar sein. Der Name „Rechtfertigung" hat mithin keine andere Bedeutung als „Einführungs- und Rechtfertigungsschrift" im Sinne des Preußischen Rechts. Enthielt die Rechtfertigung keine Angabe der zur Unterstützung der Beschwerdepunkte dienenden Beweismittel usw., so wurde angenommen, daß der Appellant sich lediglich auf die Verhandlungen und Anträge erster Instanz beziehe. Während also in der Anmeldung der Berufungskläger anzugeben hatte, daß er das zulässige Rechtsmittel einlege, sollte die Einführungsschrift die Beschwerdepunkte enthalten, also was er beabsichtigt und beantragt. Ebenso nach dem LVG. Die Rechtfertigungsschrift hat Gegenstand und Ziel der Beschwerde zu enthalten. Gegenstand der Beschwerde ist die Bezeichnung des Teils des Urteils, der den Berufungskläger beschwert, und Ziel ist der Antrag, wie das Urteil abzuändern ist. Nach beiden Richtungen wird eine wohlwollende Auslegung der Erklärungen des Berufungsklägers durch den Verwaltungsrichter am Platze sein. Während die Ausführungen in dem Erk. v. 23. IV. 86 (OVG. 13 222) nicht für gerechtfertigt erachtet werden können, wird denen in dem Erk. v. 12. IV. 99 — III 166 (Kunze-Kautz 2 1256) durchaus beigetreten, ebenso dem im Urt. v. 25. IX. 79 (OVG. 5 200). Im ersteren Falle hatte der Berufungskläger, gegen den auf Untersagung des Gewerbes als Konzipient geklagt und der nach dem Klageantrage verurteilt war, die Berufung mit den Worten eingelegt:

„Mit dem Urteile des Kreisausschusses .... bin ich unmöglich zufrieden, weil mir der Kreisausschuß das Gewerbe als Schriftkonzipient untersagt und zur Tragung der Kosten verurteilt hat."

Im zweiten Falle war dem Beklagten der Jagdschein entzogen worden; er legte die Revision in einem Schriftsatze ein, in welchem er sich lediglich für „nicht befriedigt" erklärte und die „Revision nach dem Klageantrage", „zunächst die Abhörung der von ihm benannten Zeugen" beantragte. In beiden Fällen sah das Oberverwaltungsgericht eine ausreichende Rechtfertigung. Grundsätzlich irrt das Oberverwaltungsgericht, wenn es annimmt, daß die Rechtfertigung der Berufung eine Begründung der Berufungsanträge enthalten muß. Das brauchte nach altpreußischem Rechte nicht der Fall zu sein. Träte man der Ansicht des Oberverwaltungsgerichts bei, dann würde die törichste Ausführung in der Berufungsschrift eine Rechtfertigung bedeuten, während die Angabe der Beschwerdepunkte und der wichtige Antrag, wie die Vorentscheidung abzuändern sei, als bedeutungslos zu behandeln sein würden (vgl. auch Erk. v. 18. IX. 90 — III 726 — Kunze-Kautz 2 1265). Das LVG. verlangt also in der Berufungsschrift nicht die Angabe derjenigen neuen Tatsachen und Beweismittel, die der Berufungskläger zur Unterstützung der Beschwerdepunkte geltend zu machen hat, auch nicht die Angabe, worin der erste Richter fehlgegriffen (rechtlich oder tatsächlich), zumal in den mündlichen Verhandlungen vor dem Berufungsgerichte die tatsächlichen und rechtlichen Anführungen der Berufungsschrift ergänzt und berichtigt werden können (LVG. §§ 92, 71); denn es kann für die Berufungsschrift nicht etwas als wesentlich erachtet werden, was in der mündlichen Verhandlung ohne Prozeßnachteil widerrufen werden darf. Es ist danach festzustellen, daß der Ausdruck „Rechtfertigungsschrift" nur die Bedeutung von „Einführungs- und Rechtfertigungsschrift" im Sinne des altpreußischen Rechts hat.

2. Verfahren bei Einlegung der Revision.

Was von der Einlegung der Berufung gesagt ist, gilt entsprechend von der Einlegung der **Revision** (LVG. § 95); auch sie wird bei dem Gericht erster Instanz angemeldet und gerechtfertigt; von der ersten Instanz wird nur geprüft, ob die Anmeldung rechtzeitig eingegangen ist. Geeignetenfalls erfolgt die Zurückweisung der nicht rechtzeitig eingegangenen Anmeldung durch das Gericht erster Instanz.

Das LVG. bestimmt hinsichtlich der Begründung der Revision (§ 94); sie könne nur darauf gestützt werden:

1. daß die angefochtene Entscheidung auf der Nichtanwendung oder auf der unrichtigen Anwendung des bestehenden Rechts, insbesondere auch der von den Behörden innerhalb ihrer Zuständigkeit erlassenen Verordnungen beruhe;
2. daß das Verfahren an wesentlichen Mängeln leide.

Dazu bestimmen die §§ 96, 97, daß in der Revisionsschrift anzugeben sei, worin die behauptete Nichtanwendung des Rechts usw. bestehe, doch sei das Oberverwaltungsgericht an diejenigen Gründe nicht gebunden, die zur Rechtfertigung der gestellten Anträge geltend gemacht worden. Daraus ist zu folgern, daß der Revisionsrichter die Vorentscheidung und das Verfahren nach allen Seiten selbständig und von Amts wegen zu prüfen hat (OVG. 3 364). Revisionsgründe können übrigens in der mündlichen Verhandlung noch geltend gemacht werden (Erk. v. 19. II. 87 — I 229).

Das Gesetz unterscheidet Rechtsverletzungen (Verletzungen eines Rechtsgrundsatzes) und wesentliche Mängel des Verfahrens. Den Unterschied hat schon bei gleicher Rechtslage das Obertribunal durch den Plen-Beschl. v. 5. III. 49 dahin angegeben, daß ein Rechtsgrundsatz (das bestehende Recht) einen von einem Prozeßverfahren unabhängigen Grundsatz in sich schließt, der als Norm für das materielle Recht gilt, und daher nicht bloß bei **prozessualischen Entscheidungen**, sondern auch **außerhalb** solcher, überhaupt in allen Fällen zur Anwendung kommen kann, wo es sich um eine Beurteilung von Rechten und Rechtsverhältnissen eines Menschen handelt, daß dagegen eine Prozeßvorschrift (Vorschrift des Verfahrens) eine solche ist, die im Prozeßverfahren und der richterlichen Tätigkeit in demselben ihre Grundlage hat, die also zur Regelung des formellen Verfahrens gegeben ist.

Zu bestimmen, was **wesentliche** Mängel des Verfahrens sind, liegt im Ermessen des Revisionsrichters. Auf alle Fälle muß die Partei durch den Mangel benachteiligt sein, es muß durch ihn die Grundlage der mit der Revision angegriffenen Entscheidung, nicht des ihr vorgehenden Erkenntnisses, berührt sein. Selbst wenn es nicht sicher, sondern nur möglich ist, daß das richtige Verfahren zu einer anderen Entscheidung geführt hätte, ist die Revision begründet. Die ZPO. (§ 551) kennt absolute Nichtigkeitsgründe, von der Fiktion ausgehend, daß die Entscheidung selbst auf der verletzten Prozeßvorschrift beruht; solche absoluten Revisionsgründe führt das LVG. nicht ausdrücklich an, doch besteht kein Bedenken, den gleichen Standpunkt für das Verwaltungsstreitverfahren anzunehmen. Danach wäre ein Erkenntnis aufzuheben,

1. wenn das erkennende Gericht nicht vorschriftsmäßig besetzt war,
2. wenn bei der Entscheidung ein Richter mitgewirkt hat, der von der Ausübung des Richteramtes kraft Gesetzes ausgeschlossen war, sofern nicht dieses Hindernis mittelst eines Ablehnungsgesuches ohne Erfolg geltend gemacht ist,
3. wenn ein abgelehnter Richter mitgewirkt hat, nachdem das Ablehnungsgesuch für begründet erklärt worden,
4. wenn das Gericht seine Zuständigkeit oder Unzuständigkeit mit Unrecht angenommen hat,
5. wenn eine Partei in dem Verfahren nicht nach Vorschrift der Gesetze vertreten war, sofern sie nicht die Prozeßführung genehmigt hat,
6. wenn die Vorschriften über die Öffentlichkeit des Verfahrens verletzt sind,
7. wenn die Entscheidung nicht mit Gründen versehen ist.

Das Oberverwaltungsgericht spricht sich in den Entsch. 1 311, 324, 407, 409, 412, 2 209, 379, 450, 3 109, 4 131, 178, 253, 367, 5 63, 6 394, 8 187, 9 433, 12 433, 25 310, 397 usw. über wesentliche Mängel des Verfahrens aus (Kunze-Kautz 2 1265 ff.).

Aus der Rechtsprechung des Oberverwaltungsgerichts seien einzelne Fälle benannt.

Wesentlicher Mangel des Verfahrens liegt vor:

1. wenn einer Partei die Behauptungen des Gegners nicht zugefertigt worden,
2. wenn der Partei keine Gelegenheit gegeben worden, sich über das Beweismaterial, das der Richter seiner Entscheidung zugrunde gelegt hat, zu äußern,
3. wenn der Vorderrichter nicht angibt, welche von den angeführten Behauptungen er für tatsächlich erwiesen oder unerwiesen und welche er für rechtlich erheblich oder unerheblich erachtet.
4. wenn ein bei der Sache persönlich beteiligter Beamter die beklagte Behörde vertritt.

Kein Revisionsgrund ist es, wenn in erster Instanz zwar wesentliche Mängel des Verfahrens vorgekommen, durch das Verfahren in zweiter Instanz aber geheilt sind und dies letztere Verfahren nicht beeinflußt haben (Erk. v. 3. X. 99 — II 1178 u. v. 7. XI. 01 — III 1830).

Was die Verletzung von materiellen Rechtsnormen betrifft, so gelten als solche auch Observanzen, weil sie objektives Recht sind (Erk. v. 29. X. 87 OVG. 16 290), überhaupt alle Lokalgesetze. Der Revisionsrichter ist daher in der Beurteilung, ob und in welchem Umfange eine Observanz, ein Lokalgesetz besteht, frei. Die nach dieser Richtung vom Instanzrichter getroffene tatsächliche Feststellung bindet ihn nicht. Handelt es sich dagegen um Innungsbeschlüsse und ähnliches, so wird bei der Prüfung ihres Inhalts davon ausgegangen, daß sie Willenserklärungen der Innungsversammlung sind. Ein Angriff gegen die Auslegung kann demnach darauf gestützt werden, daß sie aktenwidrig ist oder daß bei Beurteilung der Erklärungen gegen die gesetzlichen Auslegungsregeln verstoßen ist. Im übrigen ist der Revisionsrichter an die Auslegung des Berufungsrichters wie an eine sonstige tatsächliche Feststellung desselben gebunden, sofern und soweit sie nicht auf Rechtsirrtum oder einem wesentlichen Mangel des Verfahrens beruht. Ja sogar, wenn der Vorderrichter aus dem richtig aufgefaßten Beweismaterial unrichtige Schlüsse über tatsächliche Verhältnisse herleitet, ohne daß sie auf logischen Fehlern beruhen, liegt kein Revisionsgrund vor.

Gegenstand des Revisionsverfahrens ist das, was in der Vorinstanz von den Parteien behauptet und beantragt ist. Neue Tatsachen berühren die Prüfung des Revisionsrichters nicht, sie müßten denn dartun, daß ein wesentlicher Mangel des Verfahrens vorliegt; zur Begründung eines sonstigen Angriffs- oder Verteidigungsmittels sind sie nicht geeignet. Wird vom Revisionskläger behauptet, daß unter Verletzung des Gesetzes Tatsachen festgestellt, übergangen oder als vorgebracht angenommen seien, so sind diese Tatsachen allerdings zu bezeichnen.

Neue Ansprüche können nicht erhoben werden. Ist eine Beiladung bisher nicht erfolgt, so kann sie der Revisionsrichter nicht mehr veranlassen.

Erachtet das Oberverwaltungsgericht die Revision für begründet, so hebt es die angefochtene Entscheidung auf. Ergeben aber die Entscheidungsgründe zwar eine Gesetzesverletzung, stellt die Entscheidung selbst aber aus anderen Gründen sich als richtig dar, so ist die Vorentscheidung aufrecht zu erhalten. Im Zivilprozesse (ZPO. § 563) wird die Revision zurückgewiesen. Nach Aufhebung des angefochtenen Urteils wird der Revisionsrichter zum Berufungsrichter. Als solcher ist er in der Beurteilung der ganzen Sach- und Rechtslage frei, wie ein Berufungsrichter. Er kann in der Sache selbst erkennen, wenn sie spruchreif erscheint (§ 98), oder sie im anderen Falle in eine Vorinstanz zurückweisen (§ 99), ebenso wie der Berufungsrichter ausnahmsweise befugt ist, eine Sache in die erste Instanz zurückzuweisen, wenn er dies für angemessen erachtet, z. B. wenn es sich um die Beurteilung spezieller örtlicher Verhältnisse handelt, für deren Feststellung das Gericht erster Instanz geeigneter erscheint (Erk. v. 12. X. 06 OVG. 49 445). Jedenfalls liegt kein wesentlicher Mangel des Verfahrens vor, wenn danach der Berufungsrichter die Sache praktischerweise in die erste Instanz zurückgewiesen hat (Kunze-Kautz 2 1262, 1263). Die Stellung des Berufungs- und des Revisionsrichters ist verschieden. Der letztere prüft nur das Vorderurteil nach, dem Berufungsrichter steht die Entschließung über die Klage in vollem Umfange und in ganz derselben Weise wie dem ersten Richter zu (OVG. 6 270, 35 95, 49 445). Gelangt er zu einem anderen Ergebnisse als jener, so hebt er die Entscheidung nicht auf, sondern ändert sie ab (§ 89 Abs. 2 LVG.). Nach Aufhebung der Vorentscheidung sind von dem als Berufungsrichter erkennenden Revisionsrichter neue Tatsachen zu berücksichtigen.

Der Tenor der Entscheidungen des Oberverwaltungsgerichts als Revisionsgerichts bei Aufhebung der Vorentscheidung pflegt zu lauten:

daß auf die Revision des Klägers das Urteil des . . . vom . . . aufzuheben und auf die Berufung des Klägers das Erkenntnis des Kreisausschusses . . . dahin abzuändern, daß der Beklagte schuldig . . .

Die Zufertigung der Entscheidungen des Oberverwaltungsgerichts erfolgt durch Vermittelung desjenigen Gerichts, das in erster Instanz entschieden (§ 98).

In der Praxis kommt es nicht selten vor, daß eine Klage statt bei dem Bezirksausschusse bei dem Kreisausschusse angebracht und schließlich die Revision bei dem Oberverwaltungsgerichte eingelegt ist. Das Oberverwaltungsgericht hebt dann nicht etwa die Vorentscheidung auf, sondern erkennt als Berufungsgericht (Erk. v. 4. I. 06 OVG. 48 274), indem es das erste Erkenntnis ignoriert. War die Klage befristet, so ist allerdings zu prüfen, ob sie rechtzeitig eingegangen ist. In einem Falle, wo die Klage gegen eine polizeiliche Verfügung des Landrats (LVG. §§ 127 ff.) gerichtet und bei dem Kreisausschusse statt bei dem Bezirksausschusse rechtzeitig eingegangen war, nahm das Oberverwaltungsgericht mild an, daß die Klagefrist gewahrt sei, weil durch den Eingang der Klage beim Kreisausschusse die Klage zugleich bei dessen Vorsitzendem, dem Landrate, eingegangen gewesen sei, was nach § 129 zulässig war.

Viertes Buch.
Wiedereinsetzung in den vorigen Stand.

Die Wiedereinsetzung in den vorigen Stand kann beantragen, wer durch Naturereignisse oder andere unabweisbare Zufälle verhindert worden ist, Notfristen einzuhalten (LVG. § 112). Dasselbe ist in § 233 ZPO. vorgesehen. Das HGB. spricht in § 456 von höherer Gewalt. Das Naturereignis muß bei aller Vorsicht nicht berechenbar und unüberwindlich eintreten. Gleiches gilt bei Zufällen, auch bei solchen, die durch Menschenhand veranlaßt sind (von Wilmowski u. Levy, ZPO. Anm. zu § 233). „Das Hindernis der Versäumung muß ein Ereignis sein, das unter den gegebenen, nach der Besonderheit des Falles zu berücksichtigenden Umständen auch durch die äußerste, diesen Umständen angepaßte und vernünftigerweise zu erwartende Sorgfalt weder abzuwehren, noch in seinen schädlichen Folgen vermeidlich ist, „casus cui infirmitas humana resistere non potest“ (Mot. zur ZPO. S. 171, 172), also schwere Krankheit, Epidemien, Eisenbahnunfälle, Krieg, Verhaftung, Stürme usw., nicht aber Arbeitsüberlastung. Die Verhinderung muß „durch“ die Naturereignisse und Zufälle bewirkt sein. So gelten Versehen der Postbeamten bei der Postbeförderung als unabweisbare Zufälle. Das OVG. v. 3. VI. 93 — III 475 (Kunze-Kautz 2 1196, 1197) drückt sich dahin aus, daß ein unabweisbarer Zufall ein bei der äußersten, nach Lage der Sache vernünftigerweise zu erwartenden Vorsicht weder ganz zu verhinderndes, noch unschädlich zu machendes Ereignis sei; dabei dürfe weder den zur Handlung Berufenen noch dessen Vertreter ein Verschulden treffen; sie müssen ihrerseits alles getan haben, was nach menschlichem Ermessen die Einhaltung der Frist gewährleiste (ROHG. 2 58, 259, 8 30, 161; RGZ. 2 426, 17 390; Seuffert, Arch. 48 341).

Die Partei kann sich nicht darauf berufen, daß nicht sie selbst, sondern ihr Bevollmächtigter die Fristversäumnis schuldhaft verursacht hat. Die Partei muß vielmehr die Fristversäumnis des Bevollmächtigten gegen sich gelten lassen (OVG. 25 133; RG. v. 4. VI. 88 in Gruchots Beitr. 28 176). Nur wenn bei dem Bevollmächtigten selbst ein unabwendbarer Zufall vorliegt, ist dies für die Partei ein Grund zur Wiedereinsetzung in den vorigen Stand (Erk. v. 4. X. 96 — IV 1581).

Wird ein Schriftsatz bei einer nicht zuständigen Behörde irrtümlich eingereicht, von der letzteren an die zuständige abgegeben, ist dann aber dennoch die Frist versäumt worden, so hat die Partei kein Recht auf Wiedereinsetzung (Erk. v. 24. XI. 94 — IV 1449).

Die Partei darf auch das, was sie zur Wahrung der Frist zu veranlassen hat, nicht bis zur letzten Stunde verschieben (RGZ. 4 385, 17 339). Diesem Gedanken folgend verordnet die ZPO. in § 235 (was im LVG. nicht entsprechend anzuwenden ist), daß die Wiedereinsetzung zu gewähren sei, wenn spätestens am dritten Tage vor Ablauf der Notfrist das Schriftstück dem behändigenden Gerichtsvollzieher übergeben sei. Im Verwaltungsstreitverfahren hat der Verwaltungsrichter freies Ermessen.

Das LVG. enthält in § 112 die Bestimmung:

„Als unabwendbarer Zufall ist es anzusehen, wenn der Antragsteller von einer Zustellung ohne sein Verschulden keine Kenntnis erlangt hat."

Weder die Partei noch deren Vertreter darf ein Verschulden für die Unkenntnis treffen, daß eine Zustellung stattgefunden hat. Gleiches gilt für den Zivilprozeß (JW. 95 199). Ein Verschulden wird aber u. a. anzunehmen sein, wenn die Partei nach Kündigung des Mandats seitens des alten Vertreters nicht einen neuen Vertreter bestellt hat. Unbekanntschaft mit den prozessualen Vorschriften begründet keine Wiedereinsetzung (OVG. 9 432). Unter die Bestimmung des § 112 fallen (Erk. v. 2. III. 94 OVG. 26 430) die Fälle, in denen die Zustellung an den Adressaten selbst nicht ausgeführt werden konnte, weil derselbe an dem Orte, wo sie zu erfolgen hatte, nicht vorgefunden worden, wo aber die Zustellung nach gesetzlicher Vorschrift mit rechtlicher Wirksamkeit für ihn an eine andere Person stattfinden durfte und tatsächlich an letztere ausgeführt worden ist (sog. Ersatzzustellung, ZPO. §§ 166, 168ff.). Gerade hinsichtlich dieser will das Gesetz verhüten, daß die Partei, an welche die Zustellung nicht in Person erfolgen konnte, dadurch zu Schaden komme, daß sie von der an den Ersatzmann geschehenen Zustellung ohne ihr Verschulden keine Kenntnis erlangt hat. Es erhellt daraus (sagt das Erk. v. 2. III. 94), daß ein Versehen oder Verschulden des Ersatzmannes nicht ohne weiteres der Partei zur Last gelegt werden darf. Die Anwendbarkeit des § 112 setzt voraus, daß die säumige Partei erst nach Ablauf der Frist von der Zustellung Kenntnis erhalten hat oder zwar innerhalb der Frist, aber so spät, daß sie die Frist nicht mehr innehalten konnte. Die Bestimmungen wegen der Bevollmächtigung finden hier keine Anwendung. Die Bevollmächtigung beruht auf eigener Entschließung des Machtgebers, die Ersatzzustellung auf dem Gesetze.

Zahlreiche vom Oberverwaltungsgericht beurteilte Fälle siehe bei Kunze-Kautz 2 1189ff.

Über den Antrag auf Wiedereinsetzung entscheidet das Gericht, dem die Entscheidung über die versäumte Streithandlung zusteht, in den Formen, wie über die Streithandlung zu entscheiden ist, und zugleich mit dieser. Die versäumte Streithandlung ist, unter Anführung der Tatsachen, mittelst deren der Wiedereinsetzungsantrag begründet werden soll, sowie der Beweismittel, innerhalb zweier Wochen nachzuholen. Der Lauf dieser Frist beginnt mit dem Ablaufe des Tages, mit welchem das Hindernis gehoben ist. Nach Ablauf eines Jahres, von dem Ende der versäumten Frist an gerechnet, findet die Nachholung der versäumten Streithandlung und des Antrages nicht mehr statt. Gegen die Versäumung der Wiedereinsetzungsfrist findet keine Wiedereinsetzung statt (JW. 93 382).

Die Vorschrift, daß über den Wiedereinsetzungsantrag das Gericht zu entscheiden habe, dem die Entscheidung über die versäumte Streithandlung zusteht, wird vielfach nicht beachtet. Das LVG. will, wie die ZPO. (§§ 215, 216), daß das Verfahren über den Antrag mit dem Verfahren über die nachgeholte Streithandlung verbunden werde. Ist z. B. die Klagefrist versäumt, so hat der Kläger mit dem Wiedereinsetzungsantrage die Klage selbst mit einzureichen, falls sie sich nicht schon beim Gerichte befindet. Der Richter, der über die Klage befindet, prüft den Wiedereinsetzungsantrag mit der Klage, und da letztere nur durch einen Vorbescheid oder ein Erkenntnis zurückgewiesen werden darf, erfolgt die Entscheidung über den Antrag zugleich mit der Entscheidung über die Klage; es wird also ein Bescheid oder Erkenntnis gefällt, falls der Antrag abzuweisen ist. Ist die Berufung nicht rechtzeitig angemeldet worden, so hat der Berufungskläger diese mit dem Wiedereinsetzungsantrage bei dem ersten Richter nachzuholen (sofern er sie nicht schon früher eingereicht hat), und der erste Richter befindet bei Zurückweisung des Antrages über beide Streithandlungen zugleich in Form eines Bescheides nach § 86 Abs. 4, gegen den allein die Beschwerde an das Berufungsgericht zulässig ist. Oder die rechtzeitige Einreichung der Rechtfertigungsschrift für die Berufung ist versäumt; dann ist die Rechtfertigungsschrift mit dem Wiedereinsetzungsantrage bei dem Richter erster Instanz (§ 86 Abs. 1) anzubringen. Dieser hat aber keine Entscheidung über die Wiedereinsetzung; sie liegt vielmehr dem Berufungsrichter ob, weil er darüber zu befinden hat, ob die versäumte Streithandlung, Rechtfertigung, rechtzeitig eingegangen (OVG. 14 174). Der erste Richter instruiert danach nach Eingang des Antrags das Rechtsmittel weiter und gibt die Akten an den zweiten Richter ab; dieser erläßt einen Vorbescheid oder ein Erkenntnis zugleich über den Wiedereinsetzungsantrag, indem gewöhnlich dahin tenoriert wird, daß unter Verwerfung des Antrags auf Wiedereinsetzung in den vorigen Stand die Berufung . . . . . zurückzuweisen sei. Im allgemeinen muß daran festgehalten werden, daß der Wiedereinsetzungsantrag nur in einem noch schwebenden Verfahren zulässig ist, solange also der Richter darüber zu entscheiden hat, ob die versäumte Streithandlung rechtzeitig vorgenommen worden ist. Die Wiedereinsetzung ist kein Rechtsbehelf gegen rechtskräftige Urteile. Der Antrag allein kann niemals selbständig ein Verfahren mit darauf folgender Entscheidung oder eine

Instanz eröffnen. Die Frist für die Streithandlung verlängert sich bis zum Wegfall des Hindernisses; bis dahin kann die Streithandlung, der Rechtsakt, nachgeholt werden (sofern sie nicht etwa vor Anbringung des Antrages bereits vorgenommen war).

Bewilligt das Gericht das Gesuch, so geschieht dies meist stillschweigend oder in der Weise, daß das Gericht die Parteien veranlaßt zur Sache zu verhandeln. Sollte das Gericht einen Beschluß lediglich über den Wiedereinsetzungsantrag publizieren, so ist dagegen kein besonderes Rechtsmittel gegeben. Das Rechtsmittel richtet sich immer gegen die auf die zugelassene Streithandlung erfolgende Entscheidung.

Die durch die Erörterung des Antrags auf Wiedereinsetzung entstehenden baren Auslagen trägt in allen Fällen der Antragsteller (§ 112). Ein besonderes Pauschquantum wird aber für die Behandlung des Antrags nicht erhoben.

Im Verwaltungsstreitverfahren ist bei vorangegangenen polizeilichen Verfügungen und dagegen erhobenen Beschwerden, bei Einspruch und Beschwerden (ZustG. §§ 18, 34 usw.) oft zu prüfen, ob die Fristen für die bei den Verwaltungsbehörden (nicht Verwaltungsgerichten) einzulegenden Rechtsmittel, welche Voraussetzung einer Klage im Verwaltungsstreitverfahren sind, eingehalten worden. Dabei kommt in Frage, ob bei Versäumnis der Frist zur Einlegung der Beschwerde usw. Wiedereinsetzung in den vorigen Stand von der Verwaltungsbehörde bewilligt ist. Dazu ist zu bemerken, daß die Verwaltungsbehörden außerhalb des Verwaltungsstreitverfahrens an die strengen Erfordernisse des § 112 LVG. nicht gebunden sind. Der angerufenen Behörde (§ 52 Abs. 2) ist die Prüfung, ob die Fristversäumung unverschuldet ist, gänzlich freigestellt, und hat sie die Wiedereinsetzung gewährt, so hat der Verwaltungsrichter sie ohne weiteres anzuerkennen. Die Gewährung kann dabei auch stillschweigend dadurch stattgefunden haben, daß die Behörde auf eine verspätet eingelegte Beschwerde oder Einspruch einen sachlichen Bescheid erteilt. Ist die Wiedereinsetzung einmal gewährt, so kann sie später nicht rückgängig gemacht werden. Andererseits kann, wenn in dem Vorverfahren keine Wiedereinsetzung bewilligt ist, diese nicht nachträglich durch den Verwaltungsrichter gewährt werden.

Der § 112 findet nach dem Erk. v. 20. XII. 84 (OVG. 12 431) keine Anwendung auf die Berufung in Streitsachen der Armenverbände, sowie im Disziplinarverfahren auf Entfernung aus dem Amte (G. v. 21. VII. 52). Ein Zweifel, daß die Anwendung bei Gewerbestreitsachen, für die der § 21 RGewO. maßgebend ist, stattfindet, besteht nicht.

Der Revisionsrichter ist befugt, in eine Nachprüfung derjenigen tatsächlichen Momente frei einzutreten, die für die Erteilung der Wiedereinsetzung gegen die Versäumung von Ausschlußfristen im Verwaltungsstreitverfahren maßgebend gewesen sind. Denn es handelt sich dabei um die Innehaltung der in den Gesetzen vorgeschriebenen Fristen, die als auf zwingenden Vorschriften des Prozeßrechts beruhend, die Verwaltungsrichter aller Instanzen von Amts wegen zu prüfen haben (Erk. v. 25. IV. 04 Kunze-Kautz ErgBd. 06 272).

Fünftes Buch.
Wiederaufnahme des Verfahrens.

Für die Klagen auf Wiederaufnahme des Verfahrens ist das Oberverwaltungsgericht allein zuständig (LVG. § 100). Sie finden gegen rechtskräftige Urteile (und die ihnen gleichstehenden Bescheide) der Verwaltungsgerichte statt und bewirken ebenfalls eine Wiedereinsetzung in den vorigen Stand (restitutio in integrum contra rem judicatam). Die Partei wird nach Aufhebung der angegriffenen rechtskräftigen Entscheidung in die Lage des früheren Verfahrens zurückversetzt. Ist die Klage begründet befunden worden, so hebt das Oberverwaltungsgericht das angefochtene Urteil auf, verweist die Sache zur anderweitigen Entscheidung an die dazu nach der Sachlage geeignete Instanz und verordnet die Wiederholung oder Ergänzung des Verfahrens, soweit es von dem Anfechtungsgrunde betroffen wird.

Die Wiederaufnahmeklagen regeln sich gänzlich nach den Vorschriften der ZPO. über die Restitutions- und Nichtigkeitsklage (§§ 578 bis 583, 585 bis 589). Beide Klagen sind vor Ablauf der Notfrist eines Monats zu erheben. Die Frist beginnt mit dem Tage, an welchem die Partei von dem Anfechtungsgrunde (nach Eintritt der Rechtskraft) Kenntnis erhalten hat. Nach Ablauf von fünf Jahren sind die Klagen unstatthaft (für die Klagen wegen mangelnder Vertretung — § 575 Nr. 4 — sind besondere Vorschriften erlassen).

Der Restitutionsgrund kann sein: ursächlicher Zusammenhang des angegriffenen Erkenntnisses mit einer strafbaren Handlung (§ 580 Nr. 1 bis 5, Falscheid einer Partei, falsche Urkunde, falsches Zeugnis, Verletzung einer Amtspflicht usw.), Aufhebung eines strafgerichtlichen Urteils (§ 580 Nr. 6, das strafgerichtliche Urteil, auf das sich die Entscheidung stützt, wird durch ein anderes aufgehoben), Entdeckung eines in derselben Sache erlassenen, früher rechtskräftig gewordenen Urteils oder einer anderen wichtigen Urkunde (§ 580 Nr. 7). Der Gegner, der Zeuge, der Vertreter, der Richter müssen wegen der strafbaren Handlungen nunmehr rechtskräftig verurteilt sein oder die Einleitung oder Durchführung des

Strafverfahrens muß aus anderen Gründen als wegen Mangels an Beweis nicht erfolgen können (§ 581 z. B. Tod, Abwesenheit).

Wichtig ist, daß die Partei ohne ihr Verschulden außerstande war, den Restitutionsgrund in dem früheren Verfahren irgend wie, auch durch ein Rechtsmittel, geltend zu machen (§ 582).

Zu § 580 Nr. 7 ist zu bemerken, daß die restitutio propter noviter repertum ebenso wie im gemeinen und altpreußischen Rechte geregelt ist (im Gegensatze zum französischen Rechte). Zu dem noviter repertum zählt nicht ein Urteil, das nach der angegriffenen Entscheidung ergangen ist. Das gleiche gilt für „andere Urkunden" im Sinne der Nr. 7 b. Gerade für diese ist verordnet, daß die Klage nur stattfinden dürfe, wenn die Urkunde eine dem Kläger günstigere Entscheidung bei Vorlegung im Vorverfahren herbeigeführt haben würde (Erk. v. 14. XI. 89 — III 100 — Kunze-Kautz 1271). Damit sind Urkunden ausgeschlossen, die zur Zeit des Vorverfahrens noch nicht existierten (vgl. Tit. 16 §§ 12—28 AllgGerichtsO.).

Die Vorschrift in § 580 Nr. 7 findet auch keine Anwendung, wenn die Urkunde dort, wo sie hingehörte und wo sie gesucht werden mußte, gar nicht gesucht worden ist. Die Urkunde ist dann nicht verloren, sondern nur augenblicklich nicht zur Hand, z. B. wenn die Urkunde in der Registratur der klagenden Behörde gelegen, die Registratur aber unzweckmäßig eingerichtet oder in Unordnung gewesen ist oder wenn zur Herbeischaffung der Urkunde überhaupt keine geeigneten Schritte getan worden sind (Erk. v. 23. IX. 02 OVG. 42 447).

Das angegriffene Erkenntnis muß von einem Verwaltungsgerichte erlassen sein. Mit keiner der Klagen kann ein endgültiger Bescheid einer sonstigen Verwaltungsbehörde angefochten werden. Gegen die Anfechtung der letzteren ist nur die Klage aus § 126 LVG. gegeben.

Die ZPO. kennt innerhalb des Prozeßverfahrens keine Nichtigkeit, die von Rechts wegen eintritt. Die Nichtigkeit muß geltend gemacht werden. Liegen Nichtigkeiten vor, wie sie der § 579 benennt, so können diese die Grundlage für eine Nichtigkeitsklage nach rechtskräftig entschiedener Sache sein; dabei wird die Einschränkung gemacht, daß wenn in den Fällen Nr. 1 u. 3 (unvorschriftsmäßige Besetzung des Gerichts, judex inhabilis) die Nichtigkeit mittelst eines Rechtsmittels geltend gemacht werden konnte, sie nicht Voraussetzung der Nichtigkeitsklage sein darf. Insonderheit ist daher im Verwaltungsstreitverfahren zu prüfen, ob der Nichtigkeitskläger etwa hätte die Revision einlegen können.

Die Nichtigkeits- und Restitutionsklagen können miteinander verbunden und gegeneinander als Widerklage erhoben werden (§ 578).

Bei der Wiederaufnahmeklage ist zu beachten, daß wenn die Mängel des Verfahrens der ersten Instanz anhaften, das Erkenntnis zweiter Instanz aber, das mit jener Klage angefochten wird, auf diesen

Mängeln nicht beruht, die Klage unbegründet ist. Die Klage selbst steht den Parteien des Vorprozesses und dem Beigeladenen, der durch den Vorprozeß beschwert ist, zu. Hat eine Beiladung nicht stattgefunden, so kann ein Dritter, der mit seinem Beiladungsantrage abgewiesen worden ist, die Klage nicht erheben.

Die Bestimmung im Abs. 2 des § 586 besagt, daß die Klage bis zum Ablaufe der fünfjährigen Frist erhoben sein muß, selbst wenn die Notfrist von einem Monate zu diesem Zeitpunkte noch nicht abgelaufen sein sollte. Die Frist von fünf Jahren ist daher eine absolute (Erk. v. 5. VII. 99 — III 1093).

Die Vorschrift in § 29 Abs. 1 VerwGG. (jetzt G. v. 27. V. 88 Art. 1), wonach eine Sache vor das Plenum des Oberverwaltungsgerichts zu verweisen ist, wenn ein Senat von einer früheren Entscheidung eines anderen Senats oder des Plenums abweichen will, enthält nach dem Erk. v. 9. III 87 (OVG. 15 456) nur eine Dienstvorschrift, auf deren Verletzung eine Nichtigkeitsklage nicht zu gründen ist. Ferner hat das Erk. v. 17. V. 93 (OVG. 25 420) ausgesprochen, daß die Wiederaufnahmeklage gegen Konfliktsentscheidungen nicht zulässig sei, ebenso wenig gegen Disziplinarerkenntnisse (Beschl. v. 15. XI. 90 — D. J. Nr. 106) und gegen Erkenntnisse des Bezirksausschusses in Armenverbandsstreitigkeiten (Erk. v. 12. III. 95 — I 348).

Sechstes Buch.

Kosten.

Die Vorschriften des LVG. (§§ 102ff.) über die Kosten im Verwaltungsstreitverfahren sind dürftig. § 102 bestimmt zunächst, daß das Verwaltungsstreitverfahren stempelfrei ist. Diese Bestimmung bezieht sich einerseits auf alle Verhandlungen im Verwaltungsstreitverfahren, auch wenn diese Verhandlungen außerhalb des Verfahrens eines Stempels bedürfen, wie bei Vergleichen, anderseits nicht auf Schriftstücke, die zwar zum Verfahren erforderlich, aber in diesem nicht zustande gekommen sind, wie bei Vollmachten (MinErl. v. 7. XI. 76 MBl. 77 276, MinErl. v. 3. XI. 90 MBl. 203). Geht die Verhandlung (ein Vergleich) über den Gegenstand des Streitverfahrens hinaus, so ist die Verhandlung insoweit stempelpflichtig. Untervollmachten bedürfen keines Stempels (MinErl. v. 12. IV. u. 14. VII. 99, MBl. 135 u. 250) Vollmachten, die im Auslande ausgestellt sind, sind ebenfalls zu versteuern (RG. v. 15. XI. 98 JMBl. 99 119). Um die Frist zur Verwendung des Stempels nicht beginnen zu lassen, pflegt man zunächst die Formulare zu Vollmachten ohne Datum und ohne Ausfüllung zu unterzeichnen. Mit der Datierung und Ausfüllung beginnt die Frist zur Lösung des Stempels. Werden Vollmachten ohne den vorgeschriebenen Stempel zu den Akten überreicht, so haben die Verwaltungsgerichte dieselben einzuziehen und zu entwerten. Die Aussteller sind von Stempelstrafe frei, wenn die Vollmachten innerhalb der Stempelverwendungsfrist (zwei Wochen) eingereicht worden sind.

Während nach § 80 ZPO. eine Privatvollmacht auf Verlangen des Gegners gerichtlich oder notariell beglaubigt werden muß, besteht diese Vorschrift für das Verwaltungsstreitverfahren nicht. Das Gericht prüft die Vollmacht von Amts wegen und kann die Beglaubigung verlangen. Ist darauf die Beglaubigung erfolgt, so sind die Kosten dem Sieger zu erstatten.

Ist in einem Urteile (§§ 103, 104, 105) über den Kostenpunkt erkannt, so kann diese Entscheidung nur gleichzeitig mit der Entscheidung in der Hauptsache durch Berufung oder Revision angefochten werden. Der Anschluß an eins dieser vom Gegner eingelegten Rechtsmittel lediglich wegen der Kosten ist zulässig (OVG. 48 251).

Wer ist nun Gläubiger und Schuldner hinsichtlich der Kosten? Die Kosten und die baren Auslagen des Verfahrens sind dem unterliegenden Teile zur Last zu legen (§ 103); Gläubigerin ist die durch das Gericht vertretene Staatskasse (der Fiskus) für die bei dem Bezirksausschusse und dem Oberverwaltungsgerichte entstandenen Kosten, im übrigen der Kommunalverband, der die Amtsunkosten für den Kreis- oder Stadtausschuß, den Magistrat (Kreiskorporation, Stadtgemeinde) zu tragen hat. Schuldner ist der „unterliegende" Teil. Da erst durch eine rechtskräftige Entscheidung festgestellt wird, wer unterlegen ist, so unterbleibt die Festsetzung und Einforderung der Kosten, bis eine solche vorliegt (Erl. v. 26. V. 80 MBl. 161). Unterliegend ist derjenige Teil (Partei), der in der Hauptsache unterlegen ist, also der Kläger, der mit der Klage abgewiesen, der Beklagte, der verurteilt worden ist. Wenn jede Partei teils obsiegt, teils unterliegt, so sind die Kosten gegeneinander aufzuheben oder verhältnismäßig zu verteilen (vgl. § 92 ZPO.; OVG. v. 15. IV. 90 — II 372 u. v. 8. I. 91 — III 22). Das Gericht handelt dabei nach freiem Ermessen. Für die Art der Teilung ist lediglich das Verhältnis des zuerkannten zu dem aberkannten Teile der Forderung maßgebend. Dabei können Nebenforderungen in Anschlag gebracht werden (JW. 98 114, 88 177). Werden die Kosten gegeneinander aufgehoben, so hat jeder Teil die ihm selbst erwachsenen Kosten ohne Anspruch auf Erstattung selbst zu tragen; die Gerichtskosten fallen jedem Teile zur Hälfte zur Last. Das Gericht kann aber auch, wenn die Zuvielforderung geringfügig ist und keine besonderen Kosten veranlaßt hat, einer Partei alle Kosten auferlegen. Die Kosten bleiben nach der Vorschrift in § 104 der obsiegenden Partei zur Last, wenn sie durch ihr eigenes Verschulden entstanden sind. Dieses Verschulden muß im Verwaltungsstreitverfahren selbst hervorgetreten sein (OVG. v. 4. XI. 87 PrVBl. 9 455, v. 14. VI. 89 PrVBl. 11 43, und v. 21. XII. 97 PrVBl. 19 543). Es muß prozessualisch sein, z. B. wenn der Sieger einen Termin versäumt, ein Angriffs- oder Verteidigungsmittel (Klagegründe, Einreden, Repliken, Beweisanträge, Beweiseinreden — Gruchot 35 1183) ohne Erfolg geltend gemacht hat und dadurch Kosten verursacht sind (vgl. §§ 95, 96 ZPO.). Die Kosten eines ohne Erfolg eingelegten Rechtsmittels fallen der Partei zur Last, die es eingelegt hat. Es wird auch anzunehmen sein, daß die Kosten der Berufungsinstanz der obsiegenden Partei ganz oder teilweise auferlegt werden dürfen, wenn sie auf Grund eines neuen Vorbringens obsiegt, das sie nach dem Ermessen des Gerichts in erster Instanz geltend zu machen imstande gewesen ist. Kein prozessualisches Verschulden ist die Ablehnung eines im Verwaltungsstreitverfahren angebotenen Vergleichs (Erk. v. 28. IX. 92 OVG. 23 378).

An Kosten kommt ein Pauschquantum zur Hebung, über das der § 106 nähere Vorschriften enthält. Die Erhebung des Pauschquantums findet in den im § 107 benannten Fällen nicht statt. Die Vorschrift in § 107 greift u. a. Platz, wenn der unterliegende Teil eine öffentliche Behörde ist (gleiches gilt für den Kommissar, § 74 Abs. 3), sofern die Entscheidung nicht lediglich die Wahrung der Haushaltsinteressen eines von der Behörde vertretenen Kommunalverbandes zum Gegenstande hatte. Ist z. B. gegen eine Gemeinde eine polizeiliche Verfügung erlassen und die von ihr eingelegte Klage abgewiesen worden, so handelt es sich um Haushaltungsinteressen der Gemeinde und sie hat das Pauschquantum zu zahlen. Hat dagegen der Bürgermeister einer Gemeinde, die die Polizeiverwaltungskosten zu tragen hat, als Polizeiverwalter eine Verfügung erlassen und wird die Verfügung aufgehoben, so findet die Erhebung des Pauschquantums nicht statt; denn der Bürgermeister ist nicht zur Wahrung der Haushaltungsinteressen der Gemeinde aufgetreten.

Von der Tragung der baren Auslagen des Verfahrens ist die Partei nicht entbunden, wenngleich sie von der Erhebung des Pauschquantums befreit ist (OVG. 3 176, 5 295). Der Reichs- und Staatsfiskus sind kostenfrei (§ 107 Nr. 5).

Dem unterliegenden Teile kann im Falle des bescheinigten Unvermögens (§ 30 GKostG. v. 10. III. 79) oder wenn sonst ein besonderer Anlaß dazu vorliegt (LVG. § 109), gänzliche oder teilweise Kostenfreiheit bzw. Stundung bewilligt werden. Lehnt der Kreisausschuß oder der

Bezirksausschuß das Gesuch ab, so findet an das im Instanzenzuge höhere Gericht die Beschwerde binnen zwei Wochen statt. Das Gesuch ist bei dem erstinstanzlichen Gerichte anzubringen (vgl. Erl. v. 11. X. 95, betr. die Ausstellung der Zeugnisse zur Bewilligung des Armenrechts, MBl. 223). Die Vorschriften über das Armenrecht in §§ 114ff. ZPO. sind im Verwaltungsstreitverfahren nicht anwendbar. Wegen Zubilligung der Kostenfreiheit aus „besonderem Anlaß" vgl. OVG. 25 432, Erk. v. 19. XI. 94 u. 18. IX. 03, PrVBl. 16 335 u. 25 682.

Neben der Forderung der Staatskasse (bezw. des Kommunalverbandes) kommen noch die Kosten in Betracht, die dem obsiegenden Teile entstanden sind. Der § 103 Abs. 1 LVG. bestimmt:

„Dem unterliegenden Teile sind die Kosten und die baren Auslagen des Verfahrens, sowie die erforderlichen baren Auslagen des obsiegenden Teils zur Last zu legen. Die Gebühren eines Rechtsanwalts des obsiegenden Teils hat der unterliegende Teil nur insoweit zu erstatten, als dieselben für Wahrnehmung der mündlichen Verhandlung vor dem Bezirksausschusse oder dem Oberverwaltungsgerichte zu zahlen sind. An baren Auslagen für die persönliche Wahrnehmung der mündlichen Verhandlung vor dem Bezirksausschusse und dem Oberverwaltungsgerichte kann die obsiegende Partei nicht mehr in Anspruch nehmen, als die gesetzlichen Gebühren eines sie vertretenden Rechtsanwalts betragen haben würden, es sei denn, daß ihr persönliches Erscheinen von dem Gerichte angeordnet war."

Diese Vorschrift weicht vom § 91 ZPO. wesentlich ab. Das LVG. beschränkt die Verpflichtung zur Erstattung zunächst auf die „erforderlichen" Auslagen des Siegers; erforderlich sind Auslagen, die objektiv zur zweckentsprechenden Rechtsverfolgung oder Rechtsverteidigung notwendig gewesen sind. Die Auslagen dürfen nicht in überflüssiger Weise aufgewendet sein. Das Gericht entscheidet darüber nach billigem Ermessen. Es wird die Erstattung von solchen Auslagen unter Umständen auch bewilligen, die vor Anstellung der Klage entstanden sind, wie die Aufnahme eines technischen Gutachtens, wenn es später im Verwaltungsstreitverfahren Verwendung gefunden oder die Unterlage für die Klage abgegeben hat.

Was die Vertretung der Partei durch einen Rechtsanwalt in der mündlichen Verhandlung vor dem Bezirksausschusse und dem Oberverwaltungsgerichte, sowie das persönliche Erscheinen der Partei vor diesen Gerichten anlangt, so gibt der § 103 LVG. nach dieser Richtung eine bestimmte Anweisung. Der § 103 spricht nur von den Gebühren eines Rechtsanwalts; dem Rechtsanwalte ist ein gewerblicher Rechtskonsulent nicht gleichzustellen. Jene Gebühren bemessen sich nach dem G. v. 20. V. 98. Der Art. 2 G. v. 27. IX. 99 (GS. 317) schreibt vor, daß die deutsche GebührenO. für Rechtsanwälte auf die Berufstätigkeit des Rechtsanwalts im Verwaltungsstreitverfahren entsprechende Anwendung findet. Es sind aber überhaupt nur diejenigen Gebühren zu erstatten, die einem Rechtsanwalte zustehen, wenn ihm lediglich die Vertretung in der mündlichen Verhandlung übertragen ist; danach stehen ihm neben der Verhandlungsgebühr die Prozeßgebühr zu fünf Zehnteilen zu (Kunze-Kautz 2 1277f.). Hat der Anwalt nach stattgehabter Beweisaufnahme eine weitere mündliche Verhandlung wahrgenommen, so kommen ihm nochmals fünf Zehnteile zu. Die Schreibgebühren der Anwälte sind nicht erstattungsfähig (OVG. v. 9. II. 99 — IV 200), wenn sie auch die Partei selbst dem Anwalte zu bezahlen hat. Die Vertretung einer Partei in einem Beweisaufnahmetermin ist nur dann zur Erstattung dem Gegner zu liquidieren, wenn die Beweisaufnahme vor dem erkennenden Gerichte (Bezirksausschuß oder Oberverwaltungsgerichte) erfolgt ist. Ist der Anwalt im Termine zur mündlichen Verhandlung erschienen, so sind die dafür gezahlten Gebühren zu erstatten, auch wenn keine kontradiktorische Verhandlung stattgefunden hat (OVG. v. 19. I. 98 — II 23), z. B. weil sie sich erübrigt hat oder weil der Gegner nicht erschienen ist. Die Kosten der Vertretung vor dem Kreis- oder Stadtausschuß oder dem Magistrat werden nicht ersetzt, das Gesetz geht davon aus, daß die Partei die mündliche Verhandlung vor diesen Behörden möglichst selbst wahrnehmen soll und kann. Erscheint die Partei, so sind die von ihr dafür aufgewendeten Kosten (Reisekosten usw.) darauf zu prüfen, ob sie erforderlich waren. Eine Entschädigung für Zeitversäumnis oder für entgangenen Gewinn kann dabei nicht beansprucht werden (OVG. 23. III. 99 — IV 496).

Bei der Wahrnehmung eines Termins zur mündlichen Verhandlung vor dem Bezirksausschuß oder dem Oberverwaltungsgerichte durch die Partei selbst darf letztere an baren Auslagen höchstens soviel zum Ersatze liquidieren, als ein sie vertretender Anwalt hätte liquidieren können. Ist neben der Partei ein Anwalt aufgetreten, so fällt die Erstattung der baren Auslagen für die Unkosten des Erscheinens der Partei fort. Wenn das Gericht das Erscheinen der Partei angeordnet hat und die Partei erschienen ist, so können im Höchstfalle die Gebühren des Anwalts zweimal liquidiert werden.

Das LVG. hat keine dem § 93 ZPO. entsprechende Vorschrift, wonach dem Kläger die Kosten zur Last zu legen sind, wenn der Beklagte zur Klage durch sein Verhalten keine Veranlassung gegeben und den Anspruch sofort anerkennt.

Streitig ist, wie zu verfahren, wenn der unterliegende Teil aus mehreren Personen besteht. Die ZPO. (§ 100) läßt sie nach Kopfteilen haften. Bei erheblicher Verschiedenheit der Beteiligung kann nach dem Ermessen des Zivilgerichts die Beteiligung zum Maßstabe genommen werden. Diese Vorschrift gilt auch, wenn die Klagen mehrerer Personen verbunden worden sind (§ 147), die Kläger aber unterliegen (Gruchot 41 1158). Für das Verwaltungsstreitverfahren ist eine Bestimmung für diese Fälle nicht erlassen. Schultzenstein (VerwArch. 1 88ff.) verwirft die Haftung nach Kopfteilen, er will in allen Fällen die Verschiedenheit der materiellen Beteiligung am Rechtsstreite zum Maßstabe für die Kostenhaftung nehmen. Hier wird der Standpunkt der ZPO. § 100 Abs. 2, 3 und 4 als sachlich richtig und für das Verwaltungsstreitverfahren passend dahin vertreten, daß die Haftung sich nach der materiellen und prozessualischen Beteiligung am Rechtsstreite bemißt; ist die Beteiligung keine erheblich verschiedene, so kann die Haftung nach Kopfteilen ausgesprochen werden. Das Gericht entscheidet dabei nach freiem Ermessen; genaue mathematische Berechnung findet nicht statt. Hat ein Streitgenosse ein besonderes Angriffs- oder Verteidigungsmittel vergeblich geltend gemacht, so sind die übrigen Streitgenossen für die durch dasselbe verursachten Kosten nicht verhaftet. Werden mehrere Beklagte als Gesamtschuldner verurteilt, so haften sie auch für die Kostenerstattung als Gesamtschuldner. Siegt nur einer der Streitgenossen, während der andere unterliegt, so sind die Kosten nach Quoten zu verteilen. Was von Streitgenossen gesagt ist, gilt auch bei der Verbindung der Klagen mehrerer Personen.

Es mag noch darauf hingewiesen werden, daß die Verwaltungsgerichte künftig mehr wie bisher im Urteile aussprechen mögen, in welchem Verhältnisse die unterliegenden Personen gegenüber dem Kostengläubiger haften. Meist werden von den Verwaltungsgerichten unrichtigerweise die mehreren Unterliegenden ohne Teilung zur Tragung der Gesamtkosten verurteilt. Dem Kostenfestsetzungsverfahren (§ 108 LVG.) kann aber die Teilung nicht vorbehalten werden. Anderseits darf in dem Urteile über die Ersatzansprüche der Streitgenossen untereinander nichts bestimmt werden. Ebensowenig findet hierüber eine Kostenfestsetzung statt.

Im Urteile und in dem Vorbescheide (§§ 64, 67) ist der Wert des Streitgegenstandes festzusetzen (§ 103 Abs. 2). Dabei handelt der Verwaltungsrichter als Verwaltungsbeamter. Die Festsetzung ist ein reiner Akt der Verwaltung, nicht der Rechtsprechung (OVG. 3 383); der Richter ist dabei an die Anträge der Parteien nicht gebunden, er setzt den Wert des Streitgegenstandes in erster Linie fest als Unterlage für die Berechnung der an die Staatskasse (den Kommunalverband) zu entrichtenden Kosten. Die Festsetzung geschieht nach Schätzung und freiem Ermessen; der höhere Richter, selbst der Revisionsrichter, kann die Feststellung, auch ohne Beschwerde der Parteien, abändern. Der Wert des Streitgegenstandes bestimmt sich nach dem Werte dessen, was eingeklagt wird; wird im Laufe des Verwaltungsstreitverfahrens ein Teil durch die Gegenpartei anerkannt, so hat dies keinen Einfluß auf die Schätzung des Wertes des Streitgegenstandes (OVG. v. 3. XII. 91 — III 1085), nur auf die Höhe der Kosten nach diesem Werte (OVG. v. 29. VI. 96 — III 872).

Wird die Klage zurückgenommen, so ist der Wert des Streitgegenstandes dennoch durch Verfügung festzusetzen (contra OVG. v. 31. V. 97 — IV 474 — Kunze-Kautz 2 1273f.).

Die Festsetzung des Wertes des Streitgegenstandes kann durch das ordentliche Rechtsmittel wie die Entscheidung in der Hauptsache angefochten werden. Wird ein Rechtsmittel nicht eingelegt, so wird auch die Festsetzung rechtskräftig (Kunze-Kautz 2 1275). Erfolgt die Festsetzung durch Verfügung oder Beschluß, so ist dagegen die fristlose Beschwerde (§ 110) gegeben.

Nach der rechtskräftigen Festsetzung des Wertes des Streitgegenstandes erfolgt die Festsetzung der erstattungsfähigen Kosten aller Instanzen durch das Gericht, bei dem die Sache in erster Instanz anhängig gewesen ist (§ 108); das Gesuch ist schriftlich vorzubringen, kann aber auch zu Protokoll erklärt werden. Der Schuldner erhält praktisch Abschrift zur Erklärung, worauf das Gericht einen Beschluß faßt; gegen den Beschluß des Kreisausschusses (Stadtausschusses, Magistrats) geht binnen zwei Wochen die Beschwerde an den Bezirksausschuß, gegen den in erster Instanz gefaßten Beschluß des Bezirksausschusses an das Oberverwaltungsgericht; letzteres entscheidet auch dann, wenn es zur Entscheidung über ein in der Hauptsache einzulegendes Rechtsmittel nicht zuständig wäre, wie in Armenstreitsachen (OVG. v. 1. VII. 82 — I 728). Der Vorsitzende des Gerichts ist zum Erlasse des Beschlusses allein nicht befugt. Eine mündliche Verhandlung findet nicht statt.

Die Kosten und baren Auslagen, die an die Staatskasse (den Kommunalverband) zu entrichten sind, werden für jede Instanz von dem Gerichte festgesetzt, bei dem die Sache selbst anhängig gewesen ist (§ 108 Abs. 1).

Für die Berechnung der Kosten gilt jetzt der Tarif v. 27. II. 84 (MBl. 30).

Siebentes Buch.
Vollstreckung der Entscheidungen.

Die ordentlichen Rechtsmittel im Verwaltungsstreitverfahren haben Suspensiveffekt, indem der Eintritt der Rechtskraft und deshalb der Eintritt der Vollstreckbarkeit gehindert wird. Eine vorläufige Vollstreckbarkeit kennt das Verwaltungsstreitverfahren nicht. Es können nur rechtskräftige Entscheidungen vollstreckt werden. Die Vorschrift, daß Verfügungen, Bescheide und Beschlüsse der Behörden, ungeachtet der Einlegung der Beschwerde oder Klage, zur Ausführung gebracht werden können (LVG. § 53), bezieht sich nicht auf Beschlüsse, Bescheide und Verfügungen im Verwaltungsstreitverfahren.

Dem Verwaltungsgerichte steht ebensowenig die Befugnis zu, einstweilige Verfügungen oder Arreste nach Analogie der Bestimmungen in §§ 916ff. ZPO. auszubringen (VerfOVG. v. 19. I. 98 — I 51).

Die Vollstreckung rechtskräftiger Erkenntnisse erfolgt im Wege des Verwaltungszwangsverfahrens (LVG. § 60). Die Vollstreckung wird vom Vorsitzenden des Gerichts erster Instanz namens des Gerichts verfügt. Über Beschwerden entscheidet das Gericht selbst, die weitere Beschwerde geht an die zunächst höhere Instanz. Diese entscheidet endgültig. Die Funktionen des Vorsitzenden kommen diesem in der Eigenschaft als solchem zu. Er hat hierbei den Anweisungen des Disziplinarvorgesetzten oder der dienstlichen Aufsichtsinstanz (§ 48) nicht zu folgen. Er wirkt als unabhängiger richterlicher Beamter.

Handelt es sich um die Beitreibung von Geldbeträgen, so bewegt sich das Verfahren in dem Rahmen der Vd., betr. das Verwaltungszwangsverfahren wegen Beitreibung von Geldbeträgen, v. 15. IX. 99 (GS. 545); dazu Anw. v. 28. XI. 99; handelt es sich um ein Tun oder Unterlassen, so stehen dem Vorsitzenden die Zwangsbefugnisse im § 132 LVG. zur Seite. Läßt der Vorsitzende die Vollstreckung durch eine andere Behörde im Wege des Auftrags oder des Ersuchens erfolgen, so gelten die Maßnahmen dieser anderen Behörde als Vollstreckungsmaßregeln des Vorsitzenden des Gerichts (Erk. v. 15. XI. 99 OVG. 36 317).

Zweiter Teil.

Die einzelnen Klagen.

Erste Abteilung.

Polizeiliche Angelegenheiten.

Erster Abschnitt.

Die nach Tit. IV des LVG. (§§ 127 ff.) zu behandelnden polizeilichen Verfügungen.

Erster Titel.

Begriff, Inhalt, Form, Zuständigkeit.

Die im IV. Titel des LVG. zugelassenen Rechtsmittel finden, abgesehen von dem Falle des § 134 (Oberfischmeister, vgl. § 46 FischereiG. v. 30. V. 74), nur statt, wenn die polizeilichen Verfügungen von der Orts- oder Kreispolizeibehörde oder dem Regierungspräsidenten oder von den Organen dieser Behörden erlassen sind und soweit für gewisse Angelegenheiten der Rechtsmittelgang nicht anders geordnet ist.

Zum Begriffe einer polizeilichen Verfügung im allgemeinen gehört, daß sie ihrem Gegenstande nach polizeilicher Natur und von einer Behörde erlassen ist, der eine Polizeigewalt irgendwelcher Art zusteht (OVG. 2 424, 3 347, 4 410, 5 74, 8 215, 11 398, 29 223; StriethArch. 3 136; Oppenhoff, Ressortverhältnisse 344; JMBl. 56 72, 61 270). Im Sinne des IV. Titels des LVG. muß aber auch die Verfügung einer Polizeibehörde, die, objektiv gemessen, nicht polizeilicher Natur ist, hinsichtlich der Rechtsmittel als polizeilich angesehen werden, wenn dieser Behörde außer der polizeilichen keine andere obrigkeitliche Gewalt zusteht und die Behörde eine Anordnung erläßt, die sich auf ihre Polizeigewalt stützt. Das Oberverwaltungsgericht hat dies in mehreren Fällen mit Recht ausgesprochen. Zur Klarstellung dienen folgende Beispiele: Die Kosten, die entstehen, wenn die Ortspolizei periodisch Bierdruckapparate durch ihre Beauftragten untersuchen läßt, sind Polizeikosten, die der betreffende Kommunalverband (§ 3 G. v. 11. III. 50) zu tragen hat. Eine Ortspolizeibehörde glaubte, daß sie die Kosten dem Besitzer des Bierdruckapparates auferlegen dürfe, und forderte sie durch Verfügung von ihm ein. Das Oberverwaltungsgericht (Erk. v. 11. I. 97 OVG. 31 310) sah aus obigen Gründen die Verfügung als polizeiliche an, ließ das Verwaltungsstreitverfahren zu und hob die Verfügung auf, weil die Polizeibehörde zur Einforderung der Kosten nicht befugt gewesen. Ein Regierungspräsident (Erk. v. 29. VI. 98 OVG. 33 356) hatte in der Annahme, daß ihm die Disziplinargewalt über einen Apotheker zustehe, letzterem eine Ordnungsstrafe auferlegt. Das Oberverwaltungsgericht sprach aus, daß dem Regierungspräsidenten die beanspruchte Disziplinargewalt nicht zustehe und daß die Aufforderung, eine Strafe zu zahlen, von einer mit Polizeigewalt ausgerüsteten Behörde ausgehend, als eine polizeiliche Verfügung im Sinne des LVG. Tit. IV angesehen werden müsse. Ebenso im Erk. v. 29. III. 97 (OVG. 31 270), wo die Annahme einer Polizeibehörde, es stehe ihr ein von der Polizeigewalt verschiedenes, besonderes Aufsichtsrecht gegenüber den approbierten Ärzten zu, zurückgewiesen und die Festsetzung einer Ordnungsstrafe gegen einen Arzt aufgehoben wurde, indem das Oberverwaltungsgericht die Festsetzung der Strafe durch die Polizeibehörde als eine polizeiliche Verfügung ansah. Eine Androhung war nicht vorausgegangen (vgl. auch OVG. 17 403, 415; Kunze-Kautz 2 724, 725). In dem Erk. v. 3. I. 89 (Kunze-Kautz 2 725—731) ist der Fall behandelt, wo eine Polizeibehörde sich ein Aufsichtsrecht über Privatgesellschaften angemaßt und eine Zwangsverfügung mit der Bezeichnung „von Aufsichts wegen" erlassen hatte. Das Oberverwaltungsgericht hob die Verfügung auf und sprach aus, daß der Polizeibehörde ein besonderes Aufsichtsrecht über Privatgesellschaften nicht zustehe, daß die von ihr erlassene Verfügung durch die Bezeichnung „von Aufsichts wegen" ihres polizeilichen Charakters nicht entkleidet werde; sonst würde die durch das Gesetz eingeführte verwaltungsgerichtliche Kontrolle der polizeilichen Verfügungen nur insoweit stattfinden können, als die zu kontrollierende Behörde selbst diese Kontrolle zulasse. Anders liegt der Fall, wenn die Polizeibehörde, wie der Landrat, obere Polizei- und Staatsaufsichtsinstanz zugleich ist. Wird von ihm eine Verfügung an jemanden erlassen, der unter seiner Staatsaufsicht steht, z. B. an den Jagdvorsteher des gemeinschaftlichen Jagdbezirks (§ 70 JagdO. v. 15. VII. 07), und ist die Verfügung als Aufsichtsverfügung bezeichnet, so ist das dagegen in § 70 beschriebene Rechtsmittel (Beschwerde an die Aufsichtsinstanz) allein zulässig, mag der Landrat auch seine Aufsichtsbefugnisse überschritten haben.

Die Ortspolizeibehörden sind zugleich Organe der Staatsanwaltschaft, sie bilden einen Zweig der gerichtlichen Polizei. Als solche sind sie der Staatsanwaltschaft unterstellt. Beschwerden gegen die in dieser Eigenschaft erlassenen Verfügungen gehen daher an die Staatsanwalt-

11*

schaft und deren übergeordnete Behörden. Die Rechtsmittel aus §§ 127ff. finden keine Anwendung. Anders, wenn die Ortspolizei in einer militärgerichtlichen Angelegenheit infolge des Ersuchens eines Militärgerichts mitwirkt und Anordnungen erläßt; dann ist ihre Tätigkeit, weil sie kein Organ der Militärgerichtsbehörde ist, eine rein polizeiliche, auf die Polizeigewalt gestützt so, daß ihre Verfügungen der verwaltungsgerichtlichen Kontrolle unterliegen (Erk. v. 1. VI. 97 OVG. 32 387).

Über den Begriff und den Umfang der Polizeigewalt, der polizeilichen Verfügungsgewalt, sprechen sich zahlreiche Erkenntnisse des Oberverwaltungsgerichts aus (OVG. 9 374, 11 372, 26 328); die Wissenschaft ist den Ausführungen nur zum Teil gefolgt (Rosin im VerwArch. 3 249ff.; Rosin, Polizeiverordnungsrecht 2 121ff.; Bornhak, VerwArch. 5 137ff.). Das Gesetz gibt keine Definition von Polizei und dem allgemeinen Amte der Polizei, der Polizeigewalt, den polizeilichen Angelegenheiten. Das G. über die Polizeiverwaltung v. 11. III. 50 (§ 6) benennt zahlreiche Gegenstände, die der ortspolizeilichen Regelung fähig sind, fügt aber unter dem Buchstaben i die Bemerkung bei:

„alles andere, was im besonderen Interesse der Gemeinden und ihrer Angehörigen polizeilich geordnet werden muß."

Dazu bemerkt der ministerielle Vorentwurf v. 12. IX. 49 (Rosin 129):

„Welche Gegenstände überhaupt einer ortspolizeilichen Regulierung fähig und bedürftig sind, läßt sich schwer bestimmen. Das Gebiet der Polizei ist überhaupt ein fast unbegrenztes. Sie ist der Rest oder das notwendige Komplement der übrigen Zweige der Staatsgewalt. Sie fängt an, wo die Rechtspflege, die Finanz- oder Kriegsverwaltung aufhört und umgekehrt. Was die Staatsgesetze und allgemeinen Verordnungen einer höheren Autorität ungeregelt gelassen haben, das muß, wenn es nach den besonderen Verhältnissen einer Gemeinde von örtlichem Interesse ist, durch ortspolizeiliche Vorschriften erledigt werden."

Auch hier wird der Begriff „polizeiliche Angelegenheit" nicht näher bestimmt. Ebensowenig erschöpft ihn die dem ganzen preußischen Staatsrechte angehörende Vorschrift in § 10 Tit. 17 Teil II ALR., wonach es das „Amt der Polizei" ist, „die nötigen Anstalten zur Erhaltung der öffentlichen Ruhe, Sicherheit und Ordnung und zur Abwendung der dem Publikum oder einzelnen Mitgliedern desselben bevorstehenden Gefahr zu treffen." Polizeiliche Angelegenheiten sind Angelegenheiten der inneren staatlichen Verwaltung, die ein Gesetz ausdrücklich oder stillschweigend den Polizeibehörden als polizeiliche zur Verwaltung überwiesen hat. Im Laufe dieser Darstellung wird bei den einzelnen Materien hervorgehoben werden, ob die von den Polizeibehörden ausgehenden Verwaltungsakte einen polizeilichen oder anderen Charakter tragen. Erstreckt sich nach der Vorschrift eines Gesetzes die Wirksamkeit der Polizei „nicht bloß auf die

Abwendung von Gefahren und Nachteilen und Erhaltung dessen, was schon da ist, sondern auch auf die Mehrung und Förderung der allgemeinen Wohlfahrt" (Wohlfahrtspolizei), wird aber durch Gesetz der Polizei eine Zwangsgewalt behufs Herbeiführung des gewollten Zustandes verliehen, so fallen die von ihr in Ausübung der Befugnis erlassenen Verfügungen ebenfalls unter den Begriff der polizeilichen im gewöhnlichen Wortsinne. Die Verwaltung des Unterrichtswesens z. B., einer zweifellos öffentlichen Wohlfahrtseinrichtung des Staats, ist nicht den Polizeibehörden, sondern besonderen Behörden, dem Provinzialschulkollegium und den Abteilungen der Regierungen für Kirchen- und Schulwesen, übertragen. Dennoch sind die Polizeibehörden berufen, selbsttätig, nicht als Organe der Schulbehörden, mitzuwirken; es liegt ihnen nämlich die gesetzliche Aufgabe ob, den Schulzwang zu verwirklichen, sie dürfen durch polizeiliche Verfügung den Schulbesuch erzwingen, die Kinder zwangsweise zur Schule führen (§ 48 Tit. 12 Teil II ALR., KabO. v. 14. V. 25 GS. 149, OVG. 16 409, 34 232). Ihre Aktion beruht auf der eigenen polizeilichen Verfügungsgewalt.

Eine polizeiliche Verfügung im Sinne des Titels IV kann nur vorliegen, wenn der Behörde, die sie erlassen hat, eine wirkliche Polizeigewalt zusteht. Hat sich eine Behörde unbefugt eine Polizeigewalt angemaßt, so ist die Verfügung entweder pro nihilo und in jeder Beziehung unwirksam, oder wenn der Behörde eine Zwangsgewalt zusteht, mit den Rechtsmitteln zu bekämpfen, die gegen sonstige Verfügungen der Behörde zulässig sind. Die Postanstalten z. B. sind berechtigt, unbezahlt gebliebene Beträge an Porto nach den für die Beitreibung öffentlicher Abgaben bestehenden Vorschriften zwangsweise einziehen zu lassen. Wenn eine Postanstalt unter Überschreitung dieser Befugnisse mit polizeilichen Zwangsmitteln droht, so wird diese Androhung nicht zu einer polizeilichen Verfügung im Sinne des Titels IV, weil der Postanstalt keine Polizeigewalt zusteht.

Von den polizeilichen Verfügungen, die ein Ausfluß der Polizeigewalt sind, unterscheiden sich ferner die in Anwendung eines Strafgesetzes auf Übertretungen erlassenen polizeilichen Strafverfügungen, für welche die Zuständigkeit der Orts- oder Kreispolizeibehörden nicht aus der eignen Polizeigewalt folgt, vielmehr auf dem besonderen, sie zur Übung der richterlichen Strafgewalt ermächtigenden G. v. 23. IV. 83 (GS. 65) beruht (Erk. v. 21. XII. 89 — III 1505).

Die Polizei hat die Befugnis, mit Klagen gegen Gewerbetreibende, Vereine, Genossenschaften usw. vorzugehen. Droht sie mit diesen Klagen, so ist dies ebenfalls keine Androhung eines polizeilichen Zwangsmittels im Sinne des Titel IV. Beispiel: Die Polizeibehörde hatte einem Tanzlehrer eine Verfügung des Inhalts zugehen lassen, daß sie gegen ihn unter bestimmten Voraussetzungen die Klage auf Untersagung des

Gewerbebetriebes erheben würde. Die gegen diese Verfügung vom Tanzlehrer eingelegte Klage wies das Oberverwaltungsgericht durch Erk. v. 9. XII. 95 — III 1530 mit folgender Begründung zurück: „Die Polizeibehörde hat weder beabsichtigt, gegen den Kläger mit einer polizeilichen Anordnung (LVG. § 127) auf Untersagung des Gewerbebetriebes vorzugehen, noch auch einer solchen Anordnung Ausdruck gegeben. Es hat sich überhaupt bei der Behörde nicht um die Handhabung der polizeilichen Verfügungsgewalt (OVG. 11 372) gehandelt; die Verfügung hat nicht die Bedeutung einer dem Kläger gemachten Auflage, zu deren Erhaltung er durch polizeiliche Gewalt angehalten werden sollte; auch ist der Kläger nicht etwa aufgefordert worden, den Gewerbebetrieb einzustellen usw. unter der Androhung, daß andernfalls die Polizeibehörde mit eigenen polizeilichen Mitteln vorgehen werde. Die Verfügung hat nur den Charakter der Mahnung an den Kläger, den Gewerbebetrieb zu unterlassen, verbunden mit der Ankündigung, daß im Weigerungsfalle die Klage auf Untersagung von der Polizei werde angebracht werden" (vgl. Kunze-Kautz 2 858).

Ebensowenig liegt eine mit den Rechtsmitteln aus Tit. IV angreifbare polizeiliche Verfügung vor, wenn die Polizei jemandem die Eröffnung macht, sie würde im Betretungsfalle strafgerichtliche Anzeige erstatten (Erk. v. 25. III 99 — III 484, v. 24. II. 90 — III 159, v. 3. II. 90 — III 100).

Die Polizei (Baupolizei) ist nicht verpflichtet, eine Erklärung über ein bei ihr eingereichtes sog. Vorprojekt zu einem Bau, das nicht alle der Polizei vorzulegenden Stücke, sondern nur Bruchstücke, wie z. B. eine Skizze statt genauer Bauzeichnungen enthält, abzugeben. Gibt sie aber eine Erklärung dahin ab, daß ein auf Grund der Vorlagen einzureichendes definitives Projekt abgelehnt werde, so sind dagegen die Rechtsmittel aus Titel IV zulässig.

Weigert sich die Polizei, in die Prüfung eines Baugenehmigungsgesuches einzutreten, so liegt eine die Genehmigung einstweilen versagende polizeiliche Verfügung gleichfalls vor (OVG. 33 414). Dasselbe gilt, wenn die Polizei einen vorläufigen Bescheid dahin gibt, daß vor Prüfung noch gewisse Schriftstücke, Zeichnungen usw. einzureichen seien.

Lehnt die Polizei ein beantragtes Einschreiten gegen Dritte ab, so sind dagegen die ordentlichen Rechtsmittel nicht gegeben (OVG. 9 402, 12 364, 14 382, 18 248); dem Antragsteller bleibt nur die Beschwerde an die Aufsichtsinstanz, damit diese die Polizei zum Einschreiten veranlaßt.

Wenn die Ortspolizeibehörden um Erteilung eines Unvermögensattestes zur Erlangung des Armenrechts angegangen werden (ZPO. § 118), so wirken sie lediglich als Obrigkeit, nicht kraft ihrer Polizeigewalt, und ihre Verfügungen gelten nicht als polizeiliche im Sinne des IV. Titels LVG. (OVG. 11 372).

Was stellt nun der Inhalt einer von der Polizeibehörde kraft ihrer Polizeigewalt erlassenen polizeilichen Verfügung dar? Die polizeiliche Verfügung kann bestehen in dem Verbote oder Gebote einer Handlung oder in dem Gebote einer Unterlassung oder in der Verweigerung oder Erteilung der Genehmigung zu einer Handlung oder in Erteilung oder Verweigerung gewisser Bescheinigungen. Die polizeiliche Verfügung ist ein amtlicher Akt, ein Verwaltungsakt, ein Ausfluß oder ein Mißbrauch der Polizeigewalt. Die polizeiliche Verfügung kann an den einzelnen oder an die Allgemeinheit ergehen. Wenn die Polizeibehörde eine Bekanntmachung erläßt, worin z. B. allgemein verboten wird, einen Weg zu benutzen, so enthält diese Bekanntmachung ebenso eine polizeiliche Verfügung, wie das Gebot des Schutzmanns an den einzelnen, den Weg nicht zu betreten. Polizeiliche Verfügungen an die Allgemeinheit sind aber nicht etwa objektive Rechtsnormen, wie die Polizeiverordnungen (§§ 5ff. G. v. 11. III. 50; Bornhak im VerwArch. 5 142), sie bleiben Einzelverfügungen.

Von der Erteilung einer polizeilichen Genehmigung muß, wenn sie unter die polizeilichen Verfügungen im Sinne des Titel IV fallen sollen, die gesetzmäßige Zulässigkeit der Handlung, die genehmigt wird, abhängen. Wenn Bornhak (VerwArch. 5 167) des näheren ausführt, daß die Erteilung einer polizeilichen Genehmigung keine polizeiliche Verfügung sei, so kann ich ihm darin nicht beitreten, auch steht ihm hierin die Entsch. v. 30. IV. 77 (OVG. 2 351) nicht zur Seite. Das Erkenntnis nennt vielmehr einen Baukonsens „eine polizeiliche Verfügung, die an die freiwillige Vornahme oder Ausübung bestimmter Handlungen oder Tätigkeiten geknüpft sind, deren verbindende Kraft demnach innerhalb dieser Grenzen eine bedingte ist." Der Umstand, daß gegen die Erteilung einer Genehmigung die Rechtsmittel aus den §§ 127ff. LVG. nicht gegeben sind, entkleidet die Erteilung der Genehmigung noch nicht ihres Charakters als polizeilicher Verfügung. Eine solche liegt nicht bloß in der „Willensaktion der Verwaltung zur Hervorbringung oder Geltendmachung der im Gesetze abstrakt festgestellten Verpflichtungen der Staatsbürger und in einem Befehle", sondern auch in dem „Willensakt der Verwaltung, durch welchen ein einzelner realer Tatbestand in der im Gesetze abstrakt oder individuell vorgesehenen Weise rechtlich geordnet wird" (Rosin, Das Polizeiverordnungsrecht² 11, 12).

Die JagdO. v. 15. VII. 07 (§ 29 Abs. 1) schreibt vor:

„Wer die Jagd ausübt, muß einen auf seinen Namen lautenden Jagdschein bei sich führen."

Diese Vorschrift hat die Bedeutung, daß ohne einen gültigen Jagdschein das Jagen ungesetzmäßig und verboten (§§ 72, 73) ist. Der

Jagdschein enthält also die polizeilich notwendige Erlaubnis zum Jagen. Seine Erteilung oder Versagung stellen eine polizeiliche Verfügung, einen Verwaltungsakt dar.

Bedarf jemand zu einer Handlung keiner polizeilichen Genehmigung, sucht er sie dennoch nach, so gilt die Verweigerung der Genehmigung nicht als eine mit den Rechtsmitteln aus den §§ 127 ff. LVG. angreifbare polizeiliche Verfügung. Die Versagung einer polizeilichen Genehmigung kann entweder bei deren Nachsuchung sogleich oder nach der Erteilung der Genehmigung durch ihren Widerruf stattfinden. Der Widerruf wird hinsichtlich der Rechtsmittel wie die Versagung behandelt. Gleiches gilt, wenn die Polizei sich zur Erteilung einer Genehmigung für unzuständig erklärt und sie deshalb ablehnt (Erk. v. 30. III. 01 Kunze-Kautz 2 864). Verhält sich die Polizei nur passiv und äußert sich auf einen Genehmigungsantrag gar nicht oder nicht ablehnend, so liegt keine nach §§ 127 ff. angreifbare Verfügung vor. Zur Aktivität kann die Polizei nur durch ihre Aufsichtsinstanz angehalten werden. Von den Bescheinigungen, deren Erteilung oder Versagung unter die polizeilichen Verfügungen fallen, sind u. a. zu nennen: die nach dem VereinsG. erforderliche Bescheinigung über die Anzeige einer in Aussicht genommenen öffentlichen Versammlung, die Weigerung der Polizei zur Berichtigung des Zeugnisses eines Dienstboten, die Bescheinigung der Fischereipolizei über erfolgte Anmeldung gemäß § 16 FischereiG. v. 30. V. 74.

Die Befugnis der Polizei, polizeiliche Verfügungen zu erlassen, kann vielfach nicht eher ausgeübt werden, als bis die Polizei Ermittelungen über Tatsächliches angestellt, Lokalbesichtigungen vorgenommen, informatorische Vernehmungen veranlaßt hat. Um diese vorbereitenden Tätigkeiten durchzuführen, wozu die Polizei berechtigt ist, bedarf sie sog. Vorverfügungen, die ihrerseits ebenfalls dem Gebiete der polizeilichen Verfügungen angehören (OVG. 7 385, 154 23; Kunze-Kautz 2 853). Der Befugnis der Polizei zur Vornahme dieser präparatorischen Handlungen entspricht die Verpflichtung, sich den entsprechenden Geboten der Polizei zu unterwerfen. So kann die Polizei jemanden zur Vernehmung laden, wenn die betreffende Ermittelung zu ihrer Zuständigkeit gehört. Auf der anderen Seite ist die Polizei zur Erzwingung einer Auskunft dann nicht befugt, wenn die Verhältnisse anderweitig bekannt sind, z. B. wenn die Auskunft einem jedermann zugänglichen Register entnommen werden kann (Erk. v. 2. III. 00 OVG. 37 427). Wenn das Oberverwaltungsgericht in dem Erk. v. 8. X. 87 (OVG. 15 423) ausspricht, daß jedermann verpflichtet sei, der Polizei eine verlangte Auskunft zu erteilen, wenn nur die Angelegenheit zum Ressort der Behörde gehört, so wird doch zu erwägen sein, ob nicht, nachdem die deutsche Zivilprozeß- und Strafprozeßordnung (§§ 383 ff. bzw. §§ 51 ff.) in gewissen Fällen die Verweigerung des Zeugnisses zugelassen hat, von diesem höheren Standpunkte aus das ungeschriebene preußische Polizeirecht eine entsprechende Wandelung erfahren hat, dergestalt, daß bei den in den Reichsgesetzen gegebenen Voraussetzungen die Verweigerung des Zeugnisses der Polizei gegenüber zulässig ist. Bei den Recherchen, die die Polizei anzustellen befugt ist, darf sie an Personen, gegen die sie einzuschreiten gedenkt oder einschreiten könnte, nicht das Verlangen stellen, daß sie ihr die Unterlagen zum Einschreiten selbst beschaffen (Erk. v. 26. IX. 89 Kunze-Kautz 2 858). Die Polizei darf sie deshalb auch nicht zwingen, vor ihr in Person zu erscheinen und sich verantwortlich vernehmen zu lassen.

Im allgemeinen ist die polizeiliche Verfügung an keine Form gebunden. Der Polizeibeamte kann mündlich einen polizeilichen Befehl erteilen, er kann dies durch Winken mit der Hand (z. B. beim Straßenverkehr) tun; es kann eine schriftliche Anordnung erlassen werden. Wenn aber die Polizeibehörde eine zu erzwingende Handlung durch einen Dritten ausführen lassen und den vorläufig zu bestimmenden Kostenbetrag im Zwangswege von dem Verpflichteten einziehen oder eine Strafe festsetzen will, muß immer eine schriftliche Androhung vorhergehen. In diesem Falle ist, sofern eine Handlung erzwungen werden soll, die Frist zu bestimmen, innerhalb welcher die Ausführung gefordert wird (§ 132). Die schriftliche Androhung wird durch protokollarische Androhung oder durch eine Kurrende nicht ersetzt. Dem Verpflichteten soll die Möglichkeit gewährt werden, sich durch Einsicht der schriftlichen Verfügung Gewißheit darüber zu verschaffen, was er zu tun oder zu unterlassen habe und welche Strafe ihn im Übertretungsfalle treffe (Erk. v. 27. III. 78 OVG. 4 394). Ferner ist schriftliche Form für polizeiliche Verfügungen in verschiedenen Gesetzen ausdrücklich vorgeschrieben. Ein Jagdschein muß schriftlich ausgestellt sein, während seine Versagung mündlich erfolgen kann. Ebenso gehört die Beobachtung der schriftlichen Form zur Gültigkeit einer Baugenehmigung (Erk. v. 3. IV. 95 PrVBl. 16 489; Erk. v. 20. I. 97 — IV 123; Baltz, Preuß. Baupolizeirecht[2] 235, 236). Der Inhaber eines Wandergewerbescheins ist verpflichtet, diesen während der Ausübung des Gewerbebetriebes bei sich zu führen (GewO. § 60c) usw. Die schriftliche Verfügung einer Polizeibehörde muß mit der Firma der Behörde versehen und von dem zuständigen Beamten vollzogen sein. Repräsentiert ein Einzelbeamter die Behörde, so muß in dem Schriftstücke entweder die Firma, die der Beamte vertritt, genannt, oder eine Bezeichnung gewählt sein, die erkennen läßt, in welcher Eigenschaft der Beamte auftritt. Der Name braucht handschriftlich nicht vollzogen zu sein, es genügt die Herstellung des Namens auf mechanischem Wege, insbesondere durch Druck oder Stempel (OVG. 31 428, 46 407).

Eine polizeiliche Verfügung kann selbst in der Ausübung des unmittelbaren Zwanges (§ 132 Nr. 3) liegen (siehe im übrigen den

Titel „Zwangsmittel"); letzterer darf aber nur angewendet werden, wenn die Anordnung ohne einen solchen nicht ausführbar, also nicht durchzusetzen ist (vgl. den Aufsatz im PrVBl. 31 558). In der Ausübung des unmittelbaren Zwanges liegt hinsichtlich der zu ergreifenden Rechtsmittel dreierlei: eine Anordnung, die Androhung des physischen Zwanges und seine Ausführung. Beispiele:

1. Ein Sicherheitsbeamter sieht, daß A. den B. widerrechtlich verletzt; er kann sofort Gewalt gegen den A. anwenden, um ihn von weiteren Verletzungen des B. abzuhalten, wenn ohne die Gewalt die polizeiliche Anordnung, daß A. von den Verletzungen abläßt, nicht ausführbar ist. Es liegt dann in der sofortigen Gewaltanwendung die bezeichnete Anordnung nebst der Androhung des physischen Zwanges und der Ausführung dieses Zwangsmittes.
2. Betritt ein Polizeibeamter ohne vorhergegangene polizeiliche Verfügung und Androhung eine Privatwohnung und wird er von dem Inhaber vergeblich aufgefordert, den Raum zu verlassen, so liegt in dem längeren Verweilen unmittelbarer Zwang und damit das Gebot, die Anwesenheit zu dulden mit der Androhung, dies physisch durchzusetzen und die Ausführung solchen Zwangsmittels.
3. Ein Polizeibeamter betrifft eine erkrankte Prostituierte auf der Straße, indem sie Männer anlockt; er läßt sie ohne weiteres in ein Krankenhaus zur Heilung schaffen. Seine Handlung charakterisiert sich als Anordnung der Polizeiverwaltung an die Prostituierte, sich im Krankenhause heilen zu lassen bei Vermeidung der zwangsweisen Zuführung und die Ausführung des Zwangsmittels.

Im Gegensatze zu einzelnen Ausführungen des Oberverwaltungsgerichts (vgl. Erk. v. 9. III. 92 OVG. 22 409, v. 10. X. 96 Kunze-Kautz 2 913) muß dem Worte „unmittelbar" die Bedeutung beigelegt werden, daß der Zwang durch ein psychologisches Mittel, die entsprechende Androhung, nicht vermittelt wird (Erk. v. 26. X. 06 u. v. 28. IV. 88 — OVG. 49 207 u. 16 284). Geht eine Androhung voraus, so vermittelt diese die Ausführung der Anordnung und es wird ein mittelbarer Zwang angewendet. Meist ist der unmittelbare Zwang „persönlicher Zwang", „physische Gewalt gegen die Person" (Rosin, Polizeiverordnungsrecht 111); wenn die physische Gewalt vorher angedroht worden ist, z. B. wenn nach § 147 Abs. 2 RGewO. die Polizei die Wegschaffung einer nicht genehmigten gewerblichen Anlage anordnet und im Falle des Ungehorsams die Wegschaffung selbst bewirken läßt, so liegt kein unmittelbarer Zwang vor. Keine Gewalt gegen die Person braucht vorzuliegen, wenn die Polizei bei Gefahr im Verzuge einen Graben aufräumen läßt, ein Wegehindernis durch unmittelbaren Zwang wegschaffen läßt. Der Zwang kann durch die Polizeiorgane selbst oder durch fremde Arbeiter vollzogen werden. Hier, wo es sich nur um die Form einer durch unmittelbaren Zwang in die Erscheinung tretenden polizeilichen Verfügung handelt, genügt es darauf hinzuweisen, daß irgendeine Form, in der der unmittelbare Zwang auszuüben und damit die darin liegende Anordnung zu treffen ist, nicht vorgeschrieben ist (wegen der Rechtsmittel: Titel „Zwangsmittel").

Eine polizeiliche Verfügung kann vorliegen, wenn sie nicht von der Behörde selbst, sondern von einem Organe derselben erlassen ist. Es besteht die Einrichtung der Schutzmannschaft und der Gendarmerie, die Gemeinden haben Polizeisergeanten oder Polizeidiener, es gibt Polizeiinspektoren, Exekutivbeamte der Schiffahrtspolizei usw. Erlassen diese Beamte ein polizeiliches Gebot oder Verbot, so gilt dieses Gebot oder Verbot als erlassen von der betreffenden Polizeibehörde, und die letztere hat die Maßnahmen als eigene zu vertreten. Die Gendarmen sind zugleich Organe der Orts- wie der Kreispolizei. Bei ihren Eingriffen ist zu prüfen, ob sie als Organ der Orts- oder Kreispolizei eingeschritten sind. Die Jagdpolizei ist Kreispolizei; verlangt ein Gendarm die Vorzeigung des Jagdscheines, so tritt er als Organ des Landrats auf, weil letzterem die Jagdpolizei zusteht. Ordnet der Gendarm die Beseitigung eines Wegehindernisses auf einem gewöhnlichen öffentlichen Wege an, so fungiert er für die Ortspolizei (Wegepolizei). Für die polizeilichen Verfügungen der Organe der Polizei besteht der Grundsatz, daß die Verfügungen, solange sie von der Polizei selbst nicht reprobiert, also aufgehoben werden, als deren eigene Aktion gelten und mit den gegen die eigenen Verfügungen dieser Behörden gegebenen Rechtsbehelfen angegriffen werden können (Erk. v. 18. II. 95 OVG. 27 292).

Hat also ein Gendarm, auch ohne besonderen Auftrag der Jagdpolizeibehörde, eine jagdpolizeiliche Anordnung getroffen (die Vorzeigung des Jagdscheins verlangt), so geht die dagegen erhobene Klage gegen den Landrat als Jagdpolizeibehörde, während bei einer ortspolizeilichen Anordnung des Gendarmen (der Anordnung, einen öffentlichen Weg nicht zu betreten) die Klage gegen die Ortspolizeibehörde zu richten ist. Der erste Senat des Oberverwaltungsgerichts hat unrichtigerweise den Satz aufgestellt, daß die Verfügung eines Organs als Verfügung der Behörde gilt, wenn die Behörde sie gebilligt hat. Auf die Billigung braucht der Betroffene nicht zu warten, er hat die Rechtsmittel sofort (actio nata), sobald die Verfügung durch ein Organ erlassen ist. Namentlich braucht er vor Einlegung eines Rechtsmittels nicht die Behörde anzurufen. Mißbilligt die Behörde die Verfügung ihres Organs, so gilt die Verfügung als von ihr aufgehoben, richtiger zurückgenommen (vgl. Erk. v. 10. XII. 55 — I B 22/95). Das Erk. v. 18. VII. 95 (OVG. 9 27, 292) spricht sich in dieser Beziehung richtig, wie folgt, aus: „Die Vorstände der Fischereigenossenschaften sind nur Organe der Ortspolizeibehörden. Sie nehmen dieser gegenüber dieselbe Stellung ein, wie die Gemeinde- und Gutsvorsteher gegenüber dem Amtsvorsteher oder wie die Polizeireviervorstände gegenüber einer Polizeidirektion. Die polizeiliche Aktion der Vorstände der Fischereigenossenschaften muß daher, solange sie nicht von der Ortspolizeibehörde reprobiert wird, als deren eigene Aktion gelten und kann mit den gegen die eigenen Verfügungen dieser Behörden gegebenen Rechtsbehelfen angegriffen werden, dergestalt, daß die Klage gegen eine Verfügung des Vorstandes sich gegen die Ortspolizeibehörde zu richten hat."

Einige Worte über den oben angeführten § 10 Tit. 17 Teil II ALR.: Die Polizei hat vornehmlich die Pflicht, die öffentliche Ruhe Sicherheit und Ordnung aufrecht zu erhalten. Um dieser Pflicht nachzukommen, hat sie die „nötigen Anstalten" zu treffen. Unter „Anstalten" sind die der Polizei zu Gebote stehenden Mittel, namentlich Anordnungen und Zwangsmittel aus §§ 127 ff., 132 LVG. zu verstehen. Diese Mittel müssen „nötig", d. h. erforderlich und zweckdienlich sein. Der von der Polizei berechtigterweise zu verfolgende Zweck muß durch das anzuwendende Mittel zu erreichen sein. Geht die Polizei darüber hinaus oder ergreift sie ein zweckwidriges Mittel, so ist ihre Verfügung rechtswidrig (Kunze-Kautz 2 859). Dazu gehört, daß die Anordnung rechtlich möglich ist. Unmögliches darf die Polizei nicht fordern. In vielen Fällen (z. B. in Wegebausachen) richtet sich auch das Mittel nach den Kräften des Verpflichteten; eine polizeiliche Anforderung darf dann nicht gestellt werden, wenn sie die Kräfte (auch die pekuniären) des Betroffenen übersteigt oder ihn wirtschaftlich ruiniert oder nicht in einem richtigen Verhältnisse zu dem zu Erreichenden steht. Handelt es sich um die Erhaltung oder Wiederherstellung der gestörten öffentlichen Ordnung, so muß geprüft werden, ob die Polizei auf Grund der Generalklausel des § 10 einschreiten darf oder ob die Pflichten des Betroffenen in einem Spezialgesetze genauer bestimmt sind. Beispiel: Ein Graben verbreitete infolge zugeführter Klosettabgänge und Hauswässer gesundheitsgefährliche Ausdünstungen. Die Polizei verlangte von dem zur Räumung verpflichteten Grundbesitzer, über dessen Eigentum der Graben ging, die Kanalisation nebst Herrichtung von Klärungs- und Desinfektionseinrichtungen. Das Oberverwaltungsgericht hob die Verfügung auf. Es führte aus, daß zwar der Eigentümer eines Grundstücks zur Abstellung von polizeiwidrigen Zuständen, die vom Grundstücke ausgehen, verpflichtet sei, daß aber der § 10 II 17 hier nicht Anwendung finde, weil die Materie durch § 100 Tit. 8 Teil I ALR. u. § 10 VorflutG v. 15. IX. 11 spezialgesetzlich dahin geordnet sei, daß der Eigentümer nur zur Unterhaltung und Räumung verpflichtet sei, die Anordnung der Polizei aber darüber hinaus gehe (Erk. v. 2. I. 88 OVG. 16 321).

Was ferner die Erhaltung der öffentlichen Ordnung betrifft, so bezieht sich die Vorschrift des § 10 II 17 auf alle vom Gesetze geordneten öffentlichen Zustände (Jagd, Gewerbe, Wasser, Wege usw.). Die Polizei ist befugt, die erforderlichen polizeilichen Mittel anzuwenden, um die öffentliche Ordnung zu erhalten und die gestörte wieder herzustellen. Öffentliche Ordnung bedeutet die „rechtliche Ordnung"; die Polizei hat die „Rechtsordnung, wie sie durch die im öffentlichen Interesse erlassenen Normen des Verwaltungsrechts bestimmt ist", zu wahren (Rosin, Begriff der Polizei 68ff.; Löning, Handwörterbuch, Artikel „Polizei" 164). Beispiele:

a) Wenn jemand den selbständigen Betrieb eines stehenden Gewerbes, zu dessen Beginn eine besondere polizeiliche Genehmigung nach der Gewerbeordnung erforderlich ist, ohne die vorschriftsmäßige Genehmigung unternimmt oder fortsetzt, so kann die Polizei die Ausübung des Gewerbes polizeilich hindern; denn die Ausübung verstößt gegen die von der Gewerbeordnung festgesetzte Norm.

b) Wenn eine gewerbliche Anlage, zu der eine besondere polizeiliche Genehmigung erforderlich ist (§§ 16, 24 GewO.), ohne diese Genehmigung errichtet ist, kann die Polizei die Wegschaffung der Anlage anordnen.

c) Deiche dürfen im Überschwemmungsgebiete eines Stromes ohne Genehmigung des Bezirksausschusses nicht errichtet werden. Wird dagegen gefehlt, so ist die Landespolizeibehörde befugt, die Wegschaffung des Deiches anzuordnen.

d) Es ist verboten, in die Gewässer aus Betrieben Stoffe von solcher Beschaffenheit und in solchen Mengen einzuwerfen, einzuleiten oder einfließen zu lassen, daß dadurch fremde Fischereirechte geschädigt werden. Dagegen kann die Polizei einschreiten und die schädlichen Stoffe entfernen lassen.

e) Wenn auch die Beteiligten (§ 103 ZustG., § 71 PrJagdO.) befugt sind, im Verwaltungsstreitverfahren untereinander darüber zu streiten, ob Beschränkungen in der Ausübung der Jagd auf eigenem Grund und Boden bestehen, wie der gemeinschaftliche Jagdbezirk gebildet wird usw., so kann die Jagdpolizeibehörde bis zum Austrage dieses Streites, im öffentlichen Interesse mit polizeilicher Verfügung vorgehen, um der durch die Jagdordnungen bestimmten Rechtsordnung Geltung zu verschaffen (OVG. 35 313; Kunze-Kautz 2 197, 198).

Wenn die öffentliche Ordnung durch eine Polizeiverordnung geregelt ist, so kann die Polizei auch die so geregelte öffentliche Ordnung mit den ihr zu Gebote stehenden Mitteln aufrechterhalten oder wiederherstellen.

Der § 10 II 17 ALR. ermächtigt die Polizei ferner, „zur Abwendung der dem Publikum oder einzelnen Mitgliedern desselben bevorstehenden Gefahren" Anstalten zu treffen. Gefahren in diesem Sinne sind nicht gleichbedeutend mit Unbequemlichkeit, mit Nachteil oder Belästigung (OVG. 4 418, 6 352, 9 344, 12 408, 21 411, 41 322; Rosin, Begriff der Polizei 61); deshalb rechtfertigt sich auf dieser Grundlage das polizeiliche Einschreiten nicht, wo der Nachweis einer Gefahr für Leib, Leben, Gesundheit, Vermögen, Ehre, Sittlichkeit des zu Schützenden nicht zu erbringen ist (vgl. dagegen § 6 zu b G. v. 11. III. 50, § 27 GewO.). Es darf und kann nicht Aufgabe der Polizei sein, einen absoluten Schutz gegen Gefahren auf jedem einzelnen Gebiete, gegen Naturereignisse, außerordentliche Einwirkungen herbeizuführen, doch soll die Polizei möglichst die Zustände aufrecht erhalten, die auf einzelnen Gebieten als die regelmäßigen, weil regelrechteren, bestehen. Die Gefahren müssen „über das im gewöhnlichen Leben, im regelmäßigen Verkehre mit Menschen und Naturkräften an sich gegebene Maß des Risikos nicht unwesentlich hinausgehen". Die Gefahr muß ferner bevorstehen; ganz entfernte Gefahren, deren Eintritt keine Wahrscheinlichkeit für sich hat, fallen nicht darunter. Die bloße Möglichkeit in dem Sinne, daß die Unmöglichkeit des Eintritts der Gefahr nicht feststeht, reicht nicht aus. Deshalb wird eine bevorstehende Gefahr auch eine unmittelbare genannt (OVG. 12 401).

Zu schützen hat die Polizei das Publikum oder seine Mitglieder, das sind die Menschen in ihrer Allgemeinheit und im besonderen. Es kann eine einzelne Person sein. In dem Erk. v. 27. IV. 82 (OVG. 9 344) war die Polizei für befugt erachtet worden, die Gesundheitsgefahr, die einem einzelnen Nachbarn aus einer Rauchbelästigung entstand, zu verbieten. Dabei kommt es nicht darauf an, daß sich die Person auch durch Zivilklage schützen kann (Kunze-Kautz 2 826). Werden Gefahren für die Menschen in obigem Sinne erzeugt, so liegt ein allgemeines Interesse zum Einschreiten der Polizei vor.

Das Oberverwaltungsgericht hat zahlreiche Entscheidungen über diese Materie gefällt (vgl. Kunze-Kautz 2 822ff.). Hier einige Beispiele:

1. Erk. v. 25. X. 86 (OVG. 14 323): Anhaltender Mangel an frischer Luft wirkt nachteilig auf die menschliche Gesundheit. Wird die Luft häufig so verunreinigt, daß man gezwungen ist (auch der einzelne), sich dagegen abzuschließen (Fenster zu schließen), so handelt es sich um eine Beschädigung der Gesundheit, Gesundheitsgefahr; namentlich müssen Kinder, schwächliche Personen und besonders solche, die an Ernährungsstörungen leiden, dadurch Schaden erleiden.
2. Erk. v. 13. XII. 94 — III 1376: Das Oberverwaltungsgericht hat vielfach ausgeführt, daß es bei der Feststellung einer Gesundheitsgefahr nicht gerade darauf ankommt, ob die Gerüche an sich und unmittelbar der menschlichen Gesundheit schädlich sind, sondern ob die Gerüche den von ihnen betroffenen einzelnen Personen wegen

ihrer Widerlichkeit und Ekelerregung dasjenige Maß von reiner Luft, das zur Erhaltung der Gesundheit notwendig ist, verkümmern.

3. Erk. v. 12. VI. 97 — III 865: Ein Geräusch, das einem nervös beanlagten oder kranken Menschen zur Gesundheitsgefahr wird, kann von der Polizei verboten werden.

4. Erk. v. 22. VI. 96 — III 848 u. v. 9. I. 96 — III 34: Wenn dem Publikum oder einzelnen Mitgliedern (dem Nachbar) auf Kosten des Wohlbefindens in erheblicher Weise die Nachtruhe entzogen wird, so besteht eine Gesundheitsgefahr. Ob der Tatbestand des § 360 Nr. 11 StGB. vorliegt, ist unerheblich.

5. Erk. v. 11. II. 95 — III 181: Das subjektive Empfinden der Nachbarn, die durch Geräusch in ihrer Gesundheit gefährdet werden, ist bei Beurteilung der Gefährlichkeit des Geräusches mit zu berücksichtigen (ebenso Erk. v. 6. XI. 97 — III 1502 u. v. 24. VI. 99 — III 1022).

6. Erk. v. 23. IV. 03 — III 809: Das Recht der Polizei zum Einschreiten gegen Gesundheitsgefahr liegt auch dann vor, wenn die Gefahr durch das Verhalten der Mitbewohner eines Hauses gegeneinander hervorgerufen wird; es ist unabhängig davon, in welchem Privatrechtsverhältnisse diese Personen zueinander oder zum Eigentümer des Hauses stehen; die Polizei kann einschreiten, selbst wenn die gefährdeten Personen in Kenntnis von der Gefahr das Haus bezogen haben.

Die öffentlichen Güter, die die Polizei zu schützen hat, von denen sie Gefahren abzuhalten hat, sind nicht bloß der Staat und sein Bestand, Gesundheit, Leben, Rechte, Vermögen, sondern auch Güter idealen und geistigen Inhalts (Rosin, Begriff der Polizei 63, 64; Schilling im VerwArch. 2 511ff.), wie Ehre, Sitte, Sittlichkeit, Anstand, religiöses Empfinden, geistige Aufklärung, Vaterlandsliebe. So heißt es in einzelnen Entscheidungen des Oberverwaltungsgerichts:

1. Erk. v. 8. III. 94 — III 301: In der Erregung leidenschaftlicher Erbitterung gegen den Staat und seine Einrichtungen und in der dadurch veranlaßten Abneigung gegen den auf der allgemeinen Wehrpflicht beruhenden Militärdienst liegt eine Gefahr für das Gemeinwesen (es handelte sich um die Aufführung des Schauspiels „Die Notwehr").

2. Erk. v. 15. II. 98 (OVG. 33 445): Die in § 10 II 17 ALR. unter den Schutz der Polizei gestellte öffentliche Ordnung begreift die öffentliche Sittlichkeit und den öffentlichen Anstand in sich.

3. Erk. v. 19. I. 03 (OVG. 43 300): Der Schutz der christlichen Religion bildet im Preußischen Staate nach seiner geschichtlichen

und verfassungsmäßigen Gestaltung einen Teil der öffentlichen Ordnung, und ein Angriff kann polizeilich abgewehrt werden.

4. Erk. v. 18. I. 99 (Kunze-Kautz 2 699) III 86: Kann das Vertrauen zur Strafrechtspflege in erheblichem Maße durch ein Theaterstück erschüttert werden, so darf die Polizei seine Aufführung verbieten.

5. Erk. v. 20. II. 96 (Kunze-Kautz 2 699) III 231: Die Polizei kann verhindern, daß in Ärgernis erregender Weise das Scham- und Sittlichkeitsgefühl gröblich verletzt werde.

Wenn die Befugnisse der Polizei sich auf Gesetz (objektive Norm) gründen sollen, so ist nicht ausgeschlossen, daß dort, wo durch Observanz, also durch einen öffentlich-rechtlichen Titel (z. B. in Schleswig-Holstein), sich ein Rechtssatz, der öffentlich-rechtliche, von der Polizei wahrzunehmende Verbindlichkeiten schafft, bilden kann, die Polizei die Befolgung dieser Verbindlichkeiten erzwingen darf (Erk. v. 26. I. 98 — III 126; Friedrichs im PrVBl. 29 218ff.).

Die durch eine gesetzliche Norm geschaffenen öffentlich-rechtlichen Verbindlichkeiten können durch Vereinbarungen zwischen der Polizei und den Privaten oder zwischen den Parteien im allgemeinen nicht abgeändert werden (jus publicum privatorum pactis mutari non potest); nur in besonderen Fällen ist es zugelassen, daß Private gewisse öffentlich-rechtliche Verpflichtungen durch Vertrag abändern können, meist mit Zustimmung der Polizei (vgl. die Provisorische Verfügung für die Geestdistrikte v. 6. IX. 63, die WasserlösungsO. v. 16. VII. 57, dann die Wegebauverpflichtungen, OVG. 20 242, 28 224). Öffentliche Vorschriften absoluten Inhalts sind unabänderlich, und freiwillige Unterwerfungen der Beteiligten unter neue Verpflichtungen, die in dem öffentlichen Recht nicht enthalten sind, bleiben ohne öffentlich-rechtliche Bedeutung (OVG. 24 369, baupolizeiliche Vorschriften).

In der Theorie wird vielfach der Satz verfochten, daß die Polizei in ihren Verfügungen „dem einzelnen nicht bloß dasjenige gebieten oder verbieten dürfe, wozu sie durch Gesetz positiv berechtigt, sondern alles, was ihr nicht durch Gesetz ausdrücklich verboten sei". Dem ist das Oberverwaltungsgericht stets entgegengetreten (vgl. Rosin, Das Polizeiverordnungsrecht[2] 18; Laband, Reichsstaatsrecht bei Marquardsen, Handbuch[2] 106). Die Polizei muß ihr Vorgehen, ihre Ansprüche an den Privaten überall auf eine gesetzliche Ermächtigung stützen.

Auf der anderen Seite sind ihre Befugnisse unverjährbar, niemand kann sich gegen polizeiliche Ansprüche mit dem Einwande schützen, daß er durch Verjährung ein Untersagungsrecht gegen die Polizei erworben habe. Wenn die Polizei einen polizeiwidrigen Zustand längere Zeit unbeanstandet gelassen, so hat niemand ein Recht auf seine Fortdauer (OVG. 31 355).

Der Verwaltungsrichter hat bei Klagen gegen polizeiliche Verfügungen stets von Amts wegen zu prüfen, ob die verfügende Polizeibehörde zum Erlasse der Verfügung **zuständig** gewesen ist. Hier ist der Grundsatz maßgebend, daß Verfügungen der unzuständigen Behörde, auch wenn sie im ordentlichen Beschwerdeverfahren von der zuständigen höheren Behörde gebilligt und aufrechterhalten worden sind, vom Verwaltungsrichter lediglich wegen der Unzuständigkeit der verfügenden unteren Behörde **aufgehoben werden müssen.** Bei den später zu behandelnden einzelnen Klagen wird hervorgehoben werden, welche Polizeibehörde zum Einschreiten befugt ist; hier wird nur bemerkt, daß die **Landespolizei** von dem Regierungspräsidenten, die Ortspolizei in den Städten von besonderen königlichen Behörden (Polizeipräsidien, Polizeidirektionen) oder vom Bürgermeister oder vom Magistrat verwaltet wird. Bei dem Polizeipräsidium zu Berlin ist der Polizeipräsident zugleich Landespolizeibehörde. In den östlichen Provinzen und in Schleswig-Holstein verwaltet der **Amtsvorsteher** die Ortspolizei, der Gemeindevorsteher ist nur sein Organ; in der Provinz Posen die Distriktskommissarien, in Westfalen die Amtmänner, in der Rheinprovinz die Bürgermeister. In der Provinz Hannover steht die Ortspolizei dem Landrate zu und der Gemeindevorsteher ist auch hier zunächst sein Organ (KreisO. v. 6. V. 84 §§ 24, 29, 30, 34, 35), jedoch kann letzterer auch selbständig da, wo die Erhaltung der öffentlichen Ruhe, Ordnung und Sicherheit ein **sofortiges** polizeiliches Vorgehen erheischt, das Erforderliche vorläufig anordnen und ausführen lassen. Dieses Vorgehen ist eine „**Verfügung der Ortspolizeibehörde auf dem Lande**" im Sinne des § 127. Den hannoverschen Gemeindevorstehern steht ferner noch die Erhebung der Klage in gewerbepolizeilichen Angelegenheiten zu (§§ 33, 33a, 34, 35, 37, 42b, 53 Abs. 3, 59a). Wegen Hessen-Nassau und der Hohenzollernschen Lande siehe KreisO. v. 7. VI. 85 §§ 28ff., Sigmaringische GemG. v. 6. VI. 40 § 58, Hue de Grais, Handbuch §§ 221ff. Im Landkreise Frankfurt a. M. hat der Landrat die Ortspolizei, der Polizeipräsident zu Frankfurt a. M. ist zugleich Landrat des Landkreises. Als solcher wird er von einem vom Minister ernannten Beamten vertreten. Ebenso auf den ostfriesischen Inseln, im Jadegebiete, auf Helgoland. Schreitet ein solcher Beamter ein, so ist die Verfügung so anzugreifen, als ob der Landrat die Verfügung erlassen hätte (OVG. 30 281). Sowenig der Verwaltungsrichter eine polizeiliche Verfügung bestehen lassen kann, die eine Ortspolizeibehörde unzuständigerweise statt der Landespolizeibehörde oder Kreispolizeibehörde oder überhaupt einer anderen Polizeibehörde (Berg-, Eisenbahn-, Hafen-, Strompolizeibehörde) erlassen hat, ebensowenig dürfen die **höheren** Polizeibehörden trotz der Einheitlichkeit der Polizei die Funktionen der **unteren Behörde ohne weiteres** an sich ziehen. Jede Polizeiaufsichtsinstanz kann der unteren Polizeibehörde **Anweisung** erteilen, daß und wie letztere selbst polizeilich handeln soll. Dadurch verlieren die Verfügungen der unteren Behörde nicht ihren Charakter als selbständige Verfügungen derselben (OVG. 5 75, 12 321, 29 105, 30 281), vorausgesetzt, daß der Wortlaut die Verfügung als eigene Verfügung der unteren Behörde kennzeichnet. Durch Entschließung der höheren Verwaltungsbehörde darf die Ortspolizeigewalt nicht beliebig erweitert und namentlich nicht auf Angelegenheiten erstreckt werden, die den Landespolizeibehörden gesetzlich vorbehalten sind (Erk. v. 17. II. 96 OVG. 30 281; ferner OVG. 10 207, 366, 26 381, 27 299). Bedient sich die Kreis- oder Landespolizeibehörde der Ortspolizeibehörde nur als Organ für die Übung ihrer eigenen Polizeigewalt oder bringt die Ortspolizei die Verfügungen der oberen Polizeibehörde nur zur Kenntnis eines Dritten, so richten sich die Rechtsmittel gegen die obere Behörde. Die Beteiligten dürfen aber nicht im Zweifel sein, welche Behörde die Verfügung erlassen hat. In ganz besonderen Fällen kann die obere Behörde die Funktionen der unteren an sich ziehen, namentlich da, wo wegen besonderer Dringlichkeit der zu erreichende Erfolg nicht auf dem als Regel gegebenen Wege, wie z. B. Einsetzung einer Stellvertretung und besonderer Anweisung der zuständigen Behörde zu erreichen ist (OVG. 232 09). Sind z. B. der Inhaber der Ortspolizei und sein Stellvertreter persönlich behindert oder verstorben oder abwesend, so liegt ein Grund, wenn die Angelegenheit unaufschiebbar ist, dafür vor, daß der Landrat die Funktionen der Ortspolizeibehörde übernimmt (OVG. 2 415, 11 393, 20 297, 411, 24 344, 410). Wiewohl dann der Landrat eine auf dem Gebiete der Ortspolizei liegende Verfügung erläßt, richten sich die Rechtsmittel danach nicht; seine Verfügungen werden so angefochten, als ob er kreispolizeilich vorgegangen wäre.

Hat umgekehrt die regelmäßige Instanz eine polizeiliche Verfügung auf Anweisung der Aufsichtsinstanz erlassen, so ändert sich dadurch der Charakter der Verfügung nicht (Erk. v. 27. IV. 82 OVG. 9 344, und Erk. v. 9. III. 92 OVG. 22 409), mithin ist eine vom Amtsvorsteher auf Anweisung des Landrats oder Regierungspräsidenten erlassene Verfügung auf ortspolizeilichem Gebiete mit den Rechtsmitteln anzugreifen, die gegen ortspolizeiliche Verfügungen des Amtsvorstehers überhaupt gegeben sind. Benutzt die höhere Polizeiinstanz eine untere dagegen lediglich als ihr Organ, indem die erstere der letzteren aufträgt, eine polizeiliche Auflage als Auflage der höheren Instanz zu erlassen, und wird dem in der Verfügung Ausdruck gegeben, so gilt die Verfügung als polizeiliche der höheren Instanz. Es muß namentlich ersichtlich sein, daß die Polizeigewalt der höheren Instanz mit den ihr zustehenden Mitteln zur Anwendung gebracht werden soll (Erk. v. 11. V. 98 — III 711 — Kunze-Kautz 2 879, 880), sonst gilt die Verfügung als eigene der unteren Instanz.

Einzelne Polizeibehörden fügen ihren Verfügungen, ohne daß dafür eine gesetzliche Vorschrift besteht, eine Rechtsbelehrung über die zu ergreifenden Rechtsmittel bei. Ist die Rechtsbelehrung unrichtig, so kann die Partei daraus Rechte nicht herleiten.

Die Verfügungen sollen nach der rechtlichen und tatsächlichen Seite ausreichend begründet sein, der Betroffene muß bei Einlegung eines Rechtsmittels wissen, gegen welchen rechtlichen oder tatsächlichen Irrtum sich sein Angriff zu richten hat (OVG. 7 255, 24 342, 30 11). Fehlt es an einer ausreichenden Begründung oder ist die Begründung unrichtig, die Verfügung aber doch anderweitig sachlich und rechtlich zutreffend, so ist sie nicht schon deshalb rechtswidrig; gleiches gilt, wenn die Polizeibehörde die Verfügung mit Gesetzesstellen versieht, die nicht passen. In einer Verfügung hatte die Jagdpolizeibehörde einen Jagdschein versagt, weil „gegen den Antragsteller aus den §§ 6ff. des JagdscheinG. Bedenken" vorlägen. Diese Begründung hielt das Oberverwaltungsgericht für unzureichend, hob aber die Verfügung nicht auf, nachdem im Verwaltungsstreitverfahren dargetan worden war, daß von dem Kläger eine unvorsichtige Führung des Schießgewehres zu besorgen sei. Rechtlich liegt die Sache so, wie wenn der Revisionsrichter eine auf Rechtsirrtum beruhende Entscheidung aufhebt, aber aufrecht erhält, weil sie anderweitig begründet ist. Die Polizeibehörden sollen sich aber, wie die richterlichen Behörden, bei ihren Beschlüssen mehr und mehr daran gewöhnen, ihre Verfügungen stets, wenn auch kurz, sachlich und rechtlich zu begründen.

Wie bei richterlichen Anordnungen und Entscheidungen soll auch die polizeiliche Verfügung einen klaren Tenor haben, d. h. die Verfügung soll deutlich und bestimmt aussprechen, welche Anforderung die Polizei stellt. Die Verfügung muß so gehalten sein, daß sie eine bestimmte Grundlage für die Zwangsvollstreckung bildet. Undeutlichkeit und Unbestimmtheit der Verfügung rechtfertigt ihre Aufhebung im Verwaltungsstreitverfahren.

Jebens (Verwaltungsgerichtliche Aufsätze 302ff.) stellt folgende Sätze auf:

1. Jede polizeiliche Verfügung muß dergestalt inhaltlich bestimmt formuliert werden, daß kein Raum bleibt für Zweifel darüber, welchen den konkreten Verhältnissen angepaßten Erfolg der Adressat selbst herbeiführen soll.
2. Die Verfügung darf dem Adressaten nur in dem Umfange beschränkend oder ihn verpflichtend entgegentreten, in dem die Wahrung des öffentlichen Interesses dies erheischt.
3. Bei einer Konkurrenz mehrerer, für den herbeizuführenden Erfolg gleichwertiger Mittel steht die Wahl unter diesen dem Pflichtigen

zu, dergestalt, daß er sich insbesondere für das ihn am wenigsten belastende entscheiden darf.

4. Wo der den Zweck des Einschreitens darstellende Erfolg sich durch verschiedene, insoweit gleichwertige Mittel erreichen läßt, hat der Pflichtige keinen Anspruch auf eine behördliche Bestimmung des von ihm anzuwendenden Mittels.

Im einzelnen wird hier dazu bemerkt:

Zu 1. Wird jemandem lediglich die Unterhaltung eines öffentlichen Weges aufgegeben, so genügt dies nicht. Es muß angeordnet werden, wie die Unterhaltung und Instandsetzung geschehen soll; ebensowenig genügt, wenn jemandem aufgegeben wird, einen Abort „den sanitätspolizeilichen Vorschriften entsprechend" herzustellen (OVG. 20 278, 283).

Zu 2. Ein Warenhändler hatte ohne Erlaubnis Branntwein ausgeschenkt; die Polizeibehörde droht mit der Schließung des ganzen Geschäfts. Durch Erk. v. 10. IV. 86 (OVG. 13 424) hob das Oberverwaltungsgericht die Verfügung als zu weit gehend auf, es hätte genügt, Vorkehrungen zu treffen, daß lediglich der verbotene Ausschank unterbleibt. Ein mehreres war im öffentlichen Interesse nicht erforderlich.

Zu 3. Gibt es mehrere Mittel, um den polizeimäßigen Zustand herzustellen, so darf die Polizei nicht eins auswählen und dies allein dem Betroffenen aufgeben. Bis zur Vollstreckung muß ihm die Wahl bleiben. Für das öffentliche Recht sind die Vorschriften des BGB. §§ 262ff. sinngemäß anzuwenden.

Zu 4. Der Polizeibehörde liegt nicht die Verpflichtung ob, zur Erreichung des erstrebten Zweckes — z. B. der Beseitigung polizeilich unzulässiger Zustände — einzelne bestimmte Maßregeln sich auszudenken und anzugeben. Wenn in dem Falle des OVG. 14 323 die Beseitigung von gesundheitsgefährlicher Verräucherung eines Grundstücks gefordert wird, so kann sich die Polizei darauf beschränken, dies zu verbieten. Dem Adressaten ist es überlassen, diejenigen Vorkehrungen zu treffen, die die Verräucherung verhüten.

Mit den polizeilichen Geboten oder Verboten wendet sich die Polizei an physische oder juristische Personen (Rosin im VerwArch. 3 249 ff.; Bornhak, ebenda 5 137), einen rechtsfähigen Verein, während nichtrechtsfähige Vereine (BGB. § 54) in ihren Rechtsverhältnissen nach außen den für die Gesellschaft (§§ 705 ff.) gegebenen Vorschriften unterliegen. Die Polizei verlangt von dem Rechtssubjekte die Erfüllung einer ihm gesetzlich obliegenden Pflicht oder verbietet ihm ein vom Gesetze nicht zugelassenes Tun. Sie darf ihre Verfügung daher nur an den richten, der die Handlung rechtlich vornehmen kann, oder dem jene Pflicht rechtlich obliegt; ist es eine juristische Person, an diese, vertreten durch das gesetzliche Organ.

Hinsichtlich der juristischen Personen spricht sich das Erk. v. 16. X. 96 (PrVBl. 18 357) I 1225 zutreffend dahin aus:

„Die juristischen Personen sind den Einwirkungen der Polizei nicht anders unterstellt, wie ein Privatmann (OVG. 7 359 u. Erk. v. 10. VII. 94 PrVBl. 15 502). Das Wollen und Handeln ihrer Vertreter, soweit es in den Grenzen der Vertretung sich bewegt, ist nicht der letzteren Wollen und Handeln, sondern das der juristischen Person, die dadurch allein nach außen hin verantwortlich wird. Daher haften der Polizei gegenüber nicht die Vorsteher von fiskalischen, Kommunalanstalten, der Magistrat der Städte oder einzelne Mitglieder desselben persönlich, sondern die juristische Person allein."

Neben der polizeilichen Verpflichtung einer juristischen Person kann natürlich auch eine solche eigene Verpflichtung des Vertreters bestehen. In diesem Falle geht die Verfügung an den Vertreter, und dieser ist der Polizei gegenüber passiv und bei Einlegung der Rechtsmittel aktiv legitimiert. Hat der Vertreter einer juristischen Person, der ein Grundstück gehört, dieses in einen polizeiwidrigen Zustand versetzt, so kann sich die Polizei an den Vertreter als Urheber dieses Zustandes halten (OVG. 28 273); anderseits ist es ihr nicht verwehrt, die Eigentümer daneben in Anspruch zu nehmen (Kunze-Kautz 2 838 ff.), weil die Eigentümer eines Grundstücks als solche der Polizei gegenüber dafür haften, daß das Grundstück in polizeimäßigem Zustande sich befindet. Hiermit zusammen hängt die Frage, ob die Polizei sich bei Miteigentümern an einen allein halten kann oder die Verfügung an sämtliche Eigentümer zu erlassen habe. Das Oberverwaltungsgericht (Erk. v. 7. V. 92 OVG. 23 393) hat das erstere angenommen und ausgesprochen, daß die mehreren Miteigentümer solidarisch haften und daher ein jeder von ihnen auf das Ganze von der Polizei in Anspruch genommen werden darf (ebenso Erk. v. 6. VI. 94 OVG. 26 393). Die anderen Miteigentümer, in deren Rechte durch die Verfügung eingegriffen wird, haben aber die Rechtsmittel dagegen (Erk. v. 29. XII. 83 OVG. 10 198) ebenfalls.

In dem Erk. v. 6. II. 95 (OVG. 28 389) wird es für zulässig erachtet, daß die Polizei, um einen polizeigemäßen Zustand eines Grundstücks (OVG. 18 411) herzustellen, sich an den Generalbevollmächtigten mit einer eigenen, ihn bindenden Verfügung hält, wofern seine Vollmacht so weit reicht, daß er der Anordnung der Polizei nachkommen kann. In letzterem Falle kann die Polizei die angedrohte Exekutivstrafe gegen ihn persönlich vollstrecken (in Anbetracht des Neubaues eines Hauses siehe Erk. v. 27. I. 88 — II 121, des Ehemannes als des Nießbrauchers der Einzelrechte der Ehefrau Erk. v. 12. XI. 87 — I 1253).

Im allgemeinen ist bei der Frage, an wen die Polizei ihre Verfügungen zu adressieren hat, das zu beachten, was S. 41 ff. im Abschnitte „Parteifähigkeit, Prozeßfähigkeit" gesagt ist. Die Polizei darf ihre Verfügungen nur an den richten, der sich dagegen verteidigen kann, der demnach im kommenden Verwaltungsstreitverfahren die Prozeßfähigkeit besitzt. Wendet sie sich an eine juristische Person, so geht die Verfügung an den gesetzlichen Vertreter; wendet sie sich an einen Entmündigten, so adressiert sie an seinen Vormund. Wird eine polizeiliche Genehmigung nachgesucht, so ist der Antrag von dem gesetzlichen Vertreter im Namen des Vertreters zu stellen; der Antrag eines Entmündigten ist nicht beachtenswert.

Zweiter Titel.

Zwangsmittel.

(§ 132 bis 134 LVG.)

Der Regierungspräsident, der Landrat, die Ortspolizeibehörde, der Gemeinde- und Gutsvorsteher sind berechtigt, die von ihnen in Ausübung der obrigkeitlichen Gewalt getroffenen, durch ihre gesetzlichen Befugnisse gerechtfertigten Anordnungen durch Anwendung gewisser Zwangsmittel durchzusetzen.

Was ist unter obrigkeitlicher Gewalt zu verstehen? Das KompG. v. 26. VII. 76 § 33 bestimmt:

> „Die Orts- und Kreispolizeibehörden sind berechtigt, die von ihnen in Ausübung der Polizeigewalt getroffenen, durch ihre gesetzlichen Befugnisse gerechtfertigten Anordnungen durch Anwendung der folgenden Zwangsmittel durchzusetzen."

Dieser § 33 wiederholt in besserer Fassung und mit der Maßgabe, daß er auch die Zwangsbefugnisse der Ortspolizeibehörden in den Stadtkreisen regelt, den § 72 KreisO. v. 13. XII. 72. Das OrgG. v. 26. VII. 80 § 68 enthält dann die in das LVG. § 132 übergegangene Vorschrift. Über den Inhalt des § 68 hat sich das Erk. v. 14. X. 82 (OVG. 9 57) näher ausgesprochen und ausgeführt, daß der Ausdruck „obrigkeitliche Gewalt" nur gewählt sei, um neben den polizeilichen Anordnungen auch die sonstigen in der allgemeinen Landesverwaltung (Landeshoheitssachen) erlassenen Verfügungen einzubegreifen. Dabei ist darauf hingewiesen worden, daß jene Vorschriften Teil eines Gesetzes seien, das lediglich die Organisation der allgemeinen Landesverwaltung zum Gegenstande habe, u. a. die örtliche Gemeindeverwaltung unberührt lasse, soweit es sich nicht um die Staatsverwaltung durch Gemeindeorgane oder um die Ausübung der Aufsicht über die Gemeindeverwaltung durch den Staat oder endlich um Akte der Gemeindeverwaltung handele, die von der Staatsverwaltung untrennbar seien (Polizeiverordnungen). Dieselben Grundsätze finden auf die §§ 132, 133 LVG. Anwendung.

In der Entsch. v. 14. X. 82 war folgender Fall behandelt: Der Gemeindevorsteher hatte ein Gemeindemitglied unter Androhung der

Zwangsmittel aus § 68 OrgG. aufgefordert, sich an einem von der Gemeinde auszuführenden Wegebau zu beteiligen. Das Oberverwaltungsgericht sprach aus, daß der Gemeindevorsteher dabei keine polizeiliche Aufgaben erfüllt habe und nicht berechtigt gewesen sei, die Beteiligung unter Anwendung der Zwangsmittel aus § 68 OrgG. zu erzwingen. Der Entsch. v. 18. III. 90 (OVG. 19 70) liegt der Fall zugrunde, in dem ein Magistrat in Westfalen unter Anwendung der Zwangsmittel aus § 132 LVG. einen Anlieger aufforderte, den Bürgersteig zu pflastern. Das Oberverwaltungsgericht hält auch hier den Magistrat zur Anwendung der Zwangsmittel nicht für befugt.

In dem Erk. v. 9. II. 00 (OVG. 37 106) ist ausgesprochen, daß die §§ 132, 133 nicht auf die von der Ortsobrigkeit (Magistrat) innerhalb der Gemeindeverwaltung erlassenen Verfügungen, vorliegend zur Erzwingung des in Hannover noch üblichen Bürgereides, sich bezögen. Ebensowenig stehen einem Lehrer die genannten Zwangsbefugnisse gegenüber den Schülern zur Erzwingung der Schulzucht zu (Erk. v. 16. IV. 90 OVG. 19 445).

Der § 132 bezieht sich nur auf die Zwangsbefugnisse der darin benannten, nicht auf die Zwangsbefugnisse anderer Behörden. So bleiben die in § 11 Regierungsinstruktion, §§ 34 ff., 48 Vd. v. 26. XII. 08 den Regierungen eingeräumten Zwangsbefugnisse unberührt. Gleiches gilt für die Provinzialschulkollegien (OVG. 16 409). Ebensowenig beziehen sie sich auf Zwangsvollstreckung wegen aller derjenigen Abgaben, Gefälle und Geldbeiträge, die der Beitreibung im Verwaltungszwangsverfahren unterliegen (Vd. v. 15. XI. 99) und nicht auf die Vollstreckung von Erkenntnissen gegen den Fiskus und öffentliche Verbände (OVG. 5 86, 23 369). Auch die Verhängung von Zwangsstrafen durch die Dienstvorgesetzten gegen nachgeordnete Beamte fällt nicht unter § 132 (MinErl. v. 5. VII. 66 MBl. 133).

Die Guts- und Gemeindevorsteher haben zum Teil polizeiliche Aufgaben zu erfüllen; deshalb können sie zu ihrer Erzwingung u. a. die Zwangsbefugnisse aus § 132 in den Fällen der §§ 34 ff. der KreisO. für Hannover v. 6. V. 84 ausüben.

Die Kommunalaufsicht, die dem Regierungspräsidenten und dem Landrate zusteht, fällt unter den § 132, auch wenn der Landrat als Organ des Regierungspräsidenten auftritt (OVG. 11 398). Haben die Genannten eine staatliche Aufsicht über einen öffentlichen Verband, z. B. einen gemeinschaftlichen Jagdbezirk, auszuüben, so stehen ihnen die Zwangsbefugnisse aus § 132 ebenfalls zu.

Soll nun in Ausübung der obrigkeitlichen Gewalt eine Handlung erzwungen werden, so hat die Behörde, sofern es tunlich ist, anzudrohen, daß die Handlung durch einen Dritten werde auf Kosten des Verpflichteten ausgeführt werden; sie kann den vorläufig zu bestimmenden

Kostenbetrag im Zwangswege von dem Verpflichteten einziehen. Die Behörde hat zu prüfen, ob es im gegebenen Falle zweckmäßig und möglich ist, die Handlung durch die Arbeit eines Dritten auszuführen (Erk. v. 2. X. 80 OVG. 7 341, vgl. auch 1 363, 2 386 u. Erk. v. 27. II. 03 PrVBl. 24 745). Die „Tunlichkeit“ bezieht sich nicht auf die Anwendbarkeit der Zwangsbefugnisse überhaupt, sondern nur auf die Wahl des Zwangsmittels. So werden sich Räumungsarbeiten, Wegereparaturen, Wegschaffung eines Wegehindernisses, Abnahme eines Firmenschildes und ähnliche Verrichtungen gewöhnlich durch Dritte ausführen lassen. Bei der Prüfung hinsichtlich des angedrohten Zwangsmittels durch den Verwaltungsrichter (§ 133) liegt ihm nur ob, zu befinden, ob in rechtlicher Beziehung geirrt ist, also z. B. ob eine Verkennung des Begriffes „tunlich“ vorliegt, ob die Handlung überhaupt durch einen Dritten nicht geleistet werden kann. Gänzliche Unmöglichkeit macht die Androhung rechtswidrig.

Die Verfügung kann sich darauf beschränken, dem Verpflichteten anzudrohen, daß die Ausführung „auf seine Kosten“ werde ausgeführt werden. Die Nichtbenennung eines vorläufigen Kostenbetrages in Zahlen macht die Verfügung nicht rechtswidrig (OVG. 44 418). In gewöhnlichen Fällen überschlägt die Behörde die Kosten und fordert sie vom Verpflichteten danach ein. Fordert sie einen Kostenbetrag ohne jede vorherige Berechnung ein, und ist der Betrag willkürlich oder schikanös zu hoch begriffen, so liegt auch darin eine Rechtswidrigkeit. Der Kostenbetrag wird im Zwangsverfahren eingezogen und zwar gemäß § 53 LVG. schon vor Erledigung eines eingelegten Rechtsmittels, falls die Ausführung der Androhung ohne Nachteil für das Gemeinwesen nicht ausgesetzt werden kann. Wird die Androhung oder Anordnung später aufgehoben, so sind die beigetriebenen Kosten zurückzuerstatten. Dafür sorgt die Beschwerdeinstanz, die die Androhung oder Anordnung aufgehoben, oder der Verwaltungsrichter im Wege der Vollstreckung (§ 60). Der Rechtsweg ist ausgeschlossen. Sollte dieser beschritten werden, so kann der Kompetenzkonflikt erhoben werden.

Dagegen kann gemäß G. v. 11. V. 42 (GS. 192) der Regreß gegen den verfügenden Beamten und den Drittverpflichteten (abgesehen von den Spezialvorschriften in §§ 47, 56 und 66 ZustG.) im ordentlichen Rechtswege genommen werden.

Ist eine Androhung gemäß § 133 Nr. 1 nicht erlassen worden, z. B. weil Eile erforderlich war, hat vielmehr die Behörde die Handlung sofort durch einen Dritten ausführen lassen, so kann sie den aufgewendeten Geldbetrag vom Verpflichteten nachträglich einfordern. Diese Einforderung stellt dann die Anordnung bzw. Androhung des Zwangsmittels dar, und dagegen sind die gewöhnlichen Rechtsmittel (Beschwerde und Klage §§ 127 ff., 133) zulässig. Daneben kann sich der Verpflichtete im Aufsichtswege darüber beschweren, daß die Behörde das Zwangsmittel ohne

Anordnung und Androhung gleich ausgeführt hat (§ 133 Abs. 2); diese Beschwerde berührt aber nicht jene ordentliche Beschwerde und Klage gegen die Anordnung und Androhung.

Kann die zu erzwingende Handlung nicht durch einen Dritten geleistet werden oder steht fest, daß der Verpflichtete nicht imstande ist, die aus der Ausführung durch einen Dritten entstehenden Kosten zu tragen oder soll eine Unterlassung erzwungen werden, so sind die Behörden berechtigt, Geldstrafen anzudrohen und festzusetzen. Gleichzeitig ist nach Maßgabe der §§ 28 und 29 RStGB. die Dauer der Haft festzusetzen, die für den Fall des Unvermögens an die Stelle der Geldstrafe treten soll. Es genügt nicht, eine „verhältnismäßige" Haftstrafe anzudrohen (Erk. v. 11. XII. 00 PrVBl. 23 197). Der Ausführung der Handlung durch einen Dritten, sowie der Festsetzung einer Strafe muß immer eine schriftliche Androhung vorangehen; in dieser ist im ersteren Falle die Frist zu bestimmen, innerhalb welcher die Ausführung gefordert wird (§ 132 Nr. 2).

Eine zu erzwingende Handlung kann durch einen Dritten dann nicht geleistet werden, wenn z. B. der Betreffende einen Raum verlassen, einer Vorladung Folge leisten soll usw. Die im § 133 geforderte Feststellung, daß der Verpflichtete nicht imstande sei, die Kosten zu tragen, kann auf vielerlei Weise getroffen werden, sie kann auf Notorietät beruhen, auf einer vorhergegangenen fruchtlosen Pfändung. Die Feststellung unterliegt der Nachprüfung des Verwaltungsrichters (§ 127 Abs. 3 Nr. 2); denn die Androhung einer Geldstrafe ist rechtswidrig, wenn der Verpflichtete die Kosten tragen kann und die Ausführung durch einen Dritten tunlich gewesen ist.

Bei einer zu erzwingenden Unterlassung kann die Strafe nur für einzelne Zuwiderhandlungen angedroht werden. Währt die Zuwiderhandlung längere Zeit, mehrere Tage hindurch, so ist zu prüfen, ob mehrere Zuwiderhandlungen oder nur eine fortgesetzte Zuwiderhandlung vorliegen. Ist letzteres der Fall, so kann die Strafe nur einmal festgesetzt werden (OVG. 21 324, 38 453, 40 240). Eine Verfügung ist demnach hinsichtlich der Androhung aufzuheben, wenn sie, wie folgt, lautet:

> „Sie werden aufgefordert, das gesundheitsgefährliche Hämmern zu unterlassen, und es wird Ihnen für jeden Tag der Zuwiderhandlung eine Geldstrafe von 10 Mk. angedroht."

Denn es ist unstatthaft, für jeden Tag oder jeden sonstigen Zeitabschnitt der fortgesetzten Unterlassung oder Nichtausführung einer gebotenen Handlung eine besondere Strafe anzudrohen. Ist die Androhung unrichtig, die Anordnung aber gesetzmäßig, so wird nur erstere aufgehoben, die letztere bleibt bestehen (OVG. 10 262, 266 u. Erk. v. 14. IV 97 — IV 726). Der Verwaltungsrichter tenoriert dann:

daß die in der Verfügung vom .... enthaltene Androhung außer Kraft zu setzen, im übrigen die Klage abzuweisen.

Bei der Umwandlung der Geldstrafe in Haft ist der Betrag von einer bis zu fünfzehn Mark einer eintägigen Haft gleichzuachten. Der Mindestbetrag der Haftstrafe beträgt einen Tag. Die Vollstreckung der Haftstrafe darf nicht vor fruchtloser Zwangsvollstreckung verfügt werden (Erk. v. 30. X. 99 D. 39). Gegen eine juristische Person darf eine Haftstrafe nicht angedroht werden (OVG. 42 240 u. Erk. v. 15. X. 96 PrVBl. 18 187). Wird die Geldstrafe eingezogen, so ist (§ 7 Vd. v. 15. XI. 99) nicht erforderlich, daß der Schuldner vorher gemahnt worden (Erk. v. 15. III. 88 MVBl. 90).

Die Gemeinde- und Gutsvorsteher dürfen nur Geldstrafen bis zur Höhe von fünf Mark (ev. einen Tag Haft), die Ortspolizeibehörden und die städtischen Gemeindevorsteher in einem Landkreise bis zur Höhe von sechzig Mark (ev. bis zu sieben Tagen Haft), die Landräte, sowie die Polizeibehörden und Gemeindevorsteher in einem Stadtkreise bis zur Höhe von einhundertfünfzig Mark (ev. bis zu zwei Wochen Haft), der Regierungspräsident bis zur Höhe von dreihundert Mark (ev. bis zu vier Wochen Haft) androhen und festsetzen.

Zwei verschiedene Zwangsmittel dürfen nicht gleichzeitig angedroht werden (OVG. 32 290), ebensowenig ist gestattet, sämtliche zulässigen Zwangsmittel derartig in einer Androhung zu verbinden, daß die Wahl des demnächst anzuwendenden Mittels der Behörde freigelassen ist (Erk. v. 5. VI. 84 — II 518, v. 8. II. 87 — III 84, v. 3. VI. 98 — I 1017 — Kunze-Kautz 2 905).

Hat die Polizeibehörde die Kosten für eine Handlung vorgeschossen, so braucht sie diese nicht etwa von dem Verpflichteten im Wege des Zivilprozesses einzuklagen, sie fordert sie mit einer polizeilichen Verfügung ein und vollstreckt die letztere dann (Erk. v. 16. IV. 79 OVG. 5 204).

Die Bestimmung der Höhe der anzudrohenden Exekutivstrafe innerhalb der gesetzlich zulässigen Grenzen ist lediglich dem Ermessen der Behörde überlassen; der Verwaltungsrichter hat nicht die Angemessenheit der angedrohten Strafe, nur die Gesetzmäßigkeit zu prüfen. Es kann deshalb die Höhe der Strafe nur mit Erfolg angegriffen werden, wenn sie das gesetzlich zulässige Maß übersteigt oder schikanös bestimmt ist. Die Zulässigkeit der Festsetzung von Exekutivstrafen ist im allgemeinen davon abhängig, daß die zu erzwingende Handlung noch geschehen kann. Ist die Handlung schon geleistet oder die Leistung aus einem anderen Grunde unmöglich geworden, so muß die Festsetzung unterbleiben (OVG. 2 413).

Das Oberverwaltungsgericht und die Literatur (Rosin, Polizeiverordnungsrecht 2 103 ff.) haben sich vielfach mit der Frage beschäftigt, ob die Androhung und Festsetzung einer Strafe zur Erzwingung einer Handlung oder Unterlassung zulässig sei, wenn dieselbe Handlung oder Unterlassung bereits durch eine allgemeine Polizeivorschrift (Gesetz, Polizeiverordnung) mit Strafe bedroht ist (vgl. von Brauchitsch, Anm. 263 zu § 133 LVG.). Das Oberverwaltungsgericht verneint die Frage (Kunze-Kautz 2 906, 911 ff.). Es handelt sich hier um den Grundsatz „ne bis in idem“. Das Oberverwaltungsgericht führt in den älteren Entscheidungen aus, die Polizeibehörde könne gegen einen nicht konzessionierten Schankwirt in jedem einzelnen Falle der Ausübung des Gewerbes mit Androhung von Geldstrafen vorgehen und nebenher dessen Bestrafung bei dem Strafrichter beantragen (GewO. §§ 15, 147 Nr. 1), weil die Polizeibehörden bei der Auswahl der ihnen zu Gebote stehenden Zwangsmittel (Ausführung durch einen Dritten, Geldstrafe, unmittelbarer Zwang) nur durch die von ihnen selbst zu prüfenden Rücksichten der Zweckmäßigkeit beschränkt und weil sie sogar verpflichtet sind, das stärkere Zwangsmittel nicht anzuwenden, wenn sie mit dem schwächeren zum Ziele zu gelangen hoffen dürfen, zumal bei Exekutivstrafen die Absicht nicht dahin gerichtet ist, zu bestrafen, sondern zu Handlungen zu zwingen, aus denen die Absicht erkennbar wird, die verbotene Handlung nicht fortsetzen zu wollen. Dem ist aber entgegengehalten worden (Erl. v. 26. II. 79 MBl. 232): „es sei unzulässig, das Zwangsmittel in der Form der Androhung einer Geldstrafe auch dann anzuwenden, wenn mit demselben tatsächlich nichts anderes gewollt sein könne und auch nichts anderes erreicht werde, als durch die konkurrierende Strafvorschrift. In einem solchen Falle erübrige nur, sogleich zum unmittelbaren Zwange zu schreiten, sofern es nicht auf die Erzwingung einer fungiblen Handlung ankomme. Dies beziehe sich auch auf die Androhung der Exekutivstrafe, wenn eine ganze Reihe künftiger Handlungen, von denen jede einzelne die Ausübung oder Fortsetzung eines Gewerbes in sich schließe, verhütet werden solle; denn jede dieser einzelnen Handlungen sei bereits mit Strafe bedroht (OVG. 5 278, 7 300, 16 391, 23 384, 32 290).“ Die entgegenstehende Ansicht wird durch Neukamp (VerwArch. 3 1) lebhaft verteidigt. Es wird indessen gegen die feste, neuere Praxis des Oberverwaltungsgerichts schwer anzukämpfen sein. Geprüft muß aber jedesmal werden, ob Identität des Strafverbots und Identität der polizeilich zu erzwingenden Unterlassung oder Handlung vorliegt. Wird die Identität verneint, so gilt der Grundsatz ne bis in idem nicht. Beispiel: Wer ein unkonzessioniertes Schankgewerbe betreibt, wird bestraft. Um die Ausübung dieses Gewerbes zu verhindern, kann die Polizei jemandem bei Androhung einer Exekutivstrafe aufgeben, keine Schankgefäße im Laden zu haben oder die vorhandenen zu entfernen. Hier liegt keine Identität vor (siehe das Weitere im Abschn.: Gewerbepolizei, Titel 1).

Das LVG. kennt noch den unmittelbaren Zwang. Er darf nur angewendet werden, wenn die Anordnung ohne einen solchen unausführbar ist. Die Behörde kann auf ihn zurückgreifen, wenn ihr andere Zwangsmittel überhaupt nicht zu Gebote stehen, oder wenn nach den Umständen des einzelnen Falles erwartet werden muß, daß andere Zwangsmittel erfolglos sind (Erk. v. 9. I. 96 — III 34). Wie oben (S. 156) dargetan, liegt in dem unmittelbaren Zwange die Anordnung, die Androhung und Ausführung des Zwangsmittels.

In dem Erk. v. 9. III. 92 (OVG. 22 409, das im übrigen kleine Fehler enthält) heißt es: „Es liegt der „unmittelbare Zwang" des § 132 vor, wenn die Behörde die Herstellung des von ihr verlangten Zustandes der Dinge nicht von einer Handlung des Verpflichteten erwartet und auf dessen Willen auch nicht durch die Mittel der Nr. 1 u. 2 des § 132 (durch Erfordern der Kosten oder durch Strafe) einwirkt, sondern genannten Zustand selbsttätig durch eigenes Handeln herstellt. Tut sie letzteres, ohne dem Verpflichteten eine Handlung durch vorgängige Anordnung aufzuerlegen, so enthält die tatsächliche Herstellung des verlangten Zustandes nicht lediglich die Anwendung eines Zwangsmittels, sondern zugleich das durch die Tat ausgedrückte Verlangen (die Anordnung), daß dieser Zustand hergestellt werden muß. Und dann steht dem Verpflichteten wegen dieser Anordnung die Klage aus §§ 127, 128 zu, während er wegen Mängel in der Ausführung des Zwangsmittels selbst nur die Beschwerde an die Aufsichtsinstanzen aus § 133 Abs. 2 hat." In der Entsch. v. 28. IV. 88 (OVG. 16 284) wird gesagt: „Die Anordnung kann auch in dem tatsächlichen Eingreifen der Polizei selbst bestehen, zu welchem die letztere nach § 132 Nr. 3 jedoch nur ausnahmsweise und nur dann befugt erscheint, wenn die beabsichtigte Anordnung ohne ein solches, ohne unmittelbaren Zwang nicht ausführbar ist. Dessen Anwendung enthält nicht nur die Anordnung der Handlung, sondern auch die Ausführung eines Zwangsmittels; dem durch tatsächliches Eingreifen der Polizei in seinen Rechten Verletzten stehen daher die Rechtsbehelfe entweder der Rechtskontrolle (§§ 127, 128) oder der Beschwerde (§ 133 Abs. 2) zu, je nachdem er die behauptete Verletzung in dem polizeilichen Gebote oder in der zwangsweisen Ausführung der erzwungenen Handlung erblickt. Die Anwendung unmittelbaren Zwanges schließt die vorgängige Androhung desselben begriffsmäßig aus; an die Stelle der letzteren ist eben die sofortige Ausführung des Zwangsmittels getreten."

Diese Rechtsausführungen erscheinen im ganzen richtig (vgl. auch OVG. 28 396, 40 123), aber in dem unmittelbaren Zwange liegt zugleich, was in den Erkenntnissen nicht erwähnt ist, auch die Androhung der Ausführung durch körperlichen Zwang, vis absoluta. Und diese Androhung kann zugleich mit der Anordung durch ordentliche Beschwerde und Klage (§ 133 Abs. 1) angefochten werden.

Was dagegen die Androhung und Ausführung eines Zwangsmittels anlangt, so finden (§ 133 Abs. 1) gegen die Androhung dieselben Rechtsmittel statt, wie gegen die Anordnungen, um deren Durchsetzung es sich handelt (also ordentliche Beschwerde und Klage §§ 127, 128). Die Rechtsmittel gegen die Androhung erstrecken sich zugleich auf diese Anordnungen, sofern dieselben nicht bereits Gegenstand eines besonderen Beschwerde- oder Verwaltungsstreitverfahrens gewesen sind. Beispiele:

1. Zunächst gibt die Polizei jemandem (A) auf, einen auf der Straße stehen gebliebenen Wagen wegzuschaffen. A legt dagegen kein Rechtsmittel ein. Darauf fordert die Polizei den A bei Vermeidung der Beseitigung des Wagens auf seine Kosten (Androhung) nochmals auf, den Wagen wegzuschaffen. Nunmehr erhebt A Klage. Diese richtet er dann gegen die Anordnung und die Androhung zugleich, weil die Anordnung noch nicht Gegenstand eines besonderen Beschwerde- oder Verwaltungsstreitverfahrens gewesen ist.
2. A hat gegen die erste Anordnung (ohne Androhung) sofort Klage erhoben, die rechtskräftig abgewiesen worden ist. Darauf erläßt die Polizei nochmals die Aufforderung unter Androhung der Wegschaffung auf seine Kosten. A kann gegen die Androhung, die noch nicht im Streite befangen war, selbständige Klage (oder ordentliche Beschwerde) einlegen. Bei ihrer Prüfung geht der Verwaltungsrichter davon aus, daß die Anordnung selbst nicht mehr angreifbar ist. Er wird die Klage abweisen, wenn sich die Androhung in den gesetzlichen Grenzen hält.

Anders sind die Rechtsmittel gegen die Festsetzung und Ausführung eines Zwangsmittels geordnet (§ 133 Abs. 2). Dagegen findet nur die Beschwerde im Aufsichtswege innerhalb zweier Wochen statt. Die Aufsichtsinstanzen sind nicht immer dieselben wie die ordentlichen Beschwerdeinstanzen (vgl. S. 179). So ist die Aufsichtsinstanz über den Polizeipräsidenten von Berlin der Minister. Beispiele:

1. Gegen A wird eine polizeiliche Anordnung erlassen und ihm zur Erzwingung einer Unterlassung eine Geldstrafe von 3 Mk., ev. 1 Tag, Haft angedroht. Nachdem die Anordnung und Androhung durch Fristablauf vollstreckbar geworden, setzt die Polizei die angedrohte Strafe von 3 Mk. fest und zieht sie exekutivisch ein. Gegen diese Festsetzung und Einziehung ist nur die Beschwerde an die Aufsichtsinstanz gegeben.
2. Ein Betrunkener stört den Verkehr auf der Straße, er wird durch unmittelbaren Zwang in Polizeihaft genommen. Darin liegt das Gebot, sich der Störungen zu enthalten, die Androhung, sonst in Polizeihaft genommen zu werden, und die Ausführung dieses Zwangsmittels. Gegen die Anordnung und Androhung sind die ordentliche Beschwerde oder Klage gegeben, gegen die Ausführung

nur die Beschwerde an die Aufsichtsinstanz. Während die Klage u. a. damit begründet werden kann, daß der Kläger den Verkehr nicht gestört habe (§ 127 Abs. 3 Nr. 2), wird er die Beschwerde im Aufsichtswege damit begründen können, daß er zwar den Verkehr gestört, aber kein Grund vorgelegen habe, ihn sofort in Polizeihaft zu nehmen, er sei ganz nüchtern gewesen und er würde, auf die Störung aufmerksam gemacht, sie sofort unterlassen haben, auch hätte die Polizei ihn in eine Droschke setzen und nach Hause fahren können, oder der Vorfall habe sich, wie der Polizei bekannt, vor seinem Hause ereignet, und es hätte genügt, ihn dorthin zu bringen.

Haftstrafen, die an Stelle einer angedrohten Geldstrafe treten, dürfen vor ergangener endgültiger Beschlußfassung oder rechtskräftiger Entscheidung im Verwaltungsstreitverfahren bzw. vor Ablauf der zur Einlegung der Rechtsmittel bestimmten Frist nicht vollstreckt werden (§ 133 Abs. 3). Diese Vorschrift durchbricht die Bestimmungen in § 53, betreffend die vorläufige Vollstreckbarkeit von Verfügungen und Beschlüssen der Behörden.

Dritter Titel.

Rechtsmittel gegen polizeiliche Verfügungen.

1. Allgemeines. Gegenvorstellung.

Die §§ 127 ff. LVG. behandeln die formelle (ordentliche) Beschwerde (ex debito justitiae) und die Klage gegen polizeiliche Verfügungen und die darin enthaltenen Androhungen eines Zwangsmittels (§ 133). Diese Vorschriften beziehen sich nicht auf polizeiliche Verfügungen, für die Spezialbestimmungen erlassen sind (z. B. ZustG. §§ 56, 66). Neben der in den §§ 127 ff. behandelten formellen Beschwerde, die an Fristen und einen bestimmten Instanzenzug gebunden ist, besteht, wie auf sonstigen Gebieten der Verwaltung, die allgemeine Beschwerde (via gratiae) an die vorgesetzten Polizeibehörden (vgl. Erk. v. 2. VII. 79 OVG. 5 68). Die allgemeine Beschwerde ist weder durch Fristen beschränkt noch an einen Instanzenzug gebunden. Gegen eine ortspolizeiliche Verfügung des Amtsvorstehers kann sich der Betroffene direkt an den Minister wenden. Der Minister braucht sich auf eine Prüfung indessen nicht einzulassen, sondern kann den Beschwerdeführer auf den ordentlichen Beschwerde- oder Klageweg verweisen, er kann aber auch direkt die Ortspolizei anweisen, die erlassene Verfügung aufzuheben, oder ferner die nächste Aufsichtsinstanz mit der Prüfung beauftragen. In gleicher Weise kann, auch ohne Beschwerde, jede vorgesetzte Polizeiaufsichtsinstanz eingreifen. Durch die Einlegung der allgemeinen Beschwerde wird die Frist zur Einlegung der ordentlichen Beschwerde nicht gewahrt. Überweist eine obere Polizeiinstanz die bei ihr zu Unrecht eingelegte ordentliche Beschwerde rechtzeitig der für die Behandlung der Beschwerde zuständigen Behörde, so gilt die Frist natürlich als gewahrt. Aufsichtsinstanz des Amtsvorstehers und Polizeiverwalters einer zu einem Landkreise gehörigen Stadt unter 10000 Einwohnern ist der Landrat, in höherer Instanz der Regierungspräsident, schließlich der Minister; Aufsichtsinstanz des Landrats sind der Regierungspräsident und der Minister; Aufsichtsinstanz des Regierungspräsidenten ebenfalls der Minister (nicht der Oberpräsident). Die Aufsichts- und die ordentlichen Beschwerdeinstanzen decken sich nicht überall (vgl. S. 177, MinErl. v. 9. III. 82 MBl. 64). Die ordentliche Beschwerde muß, mindestens stillschweigend, zum Ausdrucke bringen, daß der Beschwerdeführer sich an die Beschwerdeinstanz wendet und bei ihr eine Abänderung der von der unteren Instanz erlassenen Verfügung beantragt (Erk. v. 19. XII. 83 OVG. 10 347). Der Ausdruck der Unzufriedenheit allein genügt nicht. Bei der Gegenvorstellung wird der Unzufriedenheit Ausdruck gegeben, aber der Betroffene wendet sich an die verfügende Behörde selbst mit dem Antrage, den Sachverhalt nochmals nach Inhalt der Gegenvorstellung zu prüfen; die Gegenvorstellung ist danach keine Beschwerde. Prüft die verfügende Behörde den Suchverhalt nochmals und erläßt sie darauf einen Bescheid, so gilt dieser als neue polizeiliche Verfügung, gegen die die Rechtsmittel wiederum von der Zustellung ab laufen; der Bescheid hat die erste Verfügung aufgehoben und ersetzt (Erk. v. 2. VI. 81 OVG. 7 252, Kunze-Kautz 2 868 ff.). Wer statt der Beschwerde eine Gegenvorstellung anbringt, läuft Gefahr, die Rechtsmittelfrist gegen die erste Verfügung zu verlieren, wenn die Polizeibehörde sich auf die erneute Prüfung nicht einläßt und dies in einer Verfügung zum Ausdrucke bringt. Um dieser Gefahr zu entgehen, wird in der Gegenvorstellung zweckmäßig der Antrag zu stellen sein, diese als Beschwerde zu behandeln, falls die Behörde die erneute Prüfung oder Remedur ablehnen sollte. Dieses Auskunftsmittel ist aber nur anwendbar in den Fällen, wo die Beschwerde bei der verfügenden Behörde selbst angebracht werden darf (§ 129). Beispiel: Der Landrat entzieht dem A. den Jagdschein wegen unvorsichtiger Behandlung des Schießgewehrs durch Verf. v. 11. XI. 07. A. macht eine Gegenvorstellung, benennt Zeugen und beantragt nochmalige Untersuchung des Falles. Der Landrat entgegnet, daß er keine Veranlassung habe, auf die Anträge näher einzugehen, da der Fall bereits vorher gründlich untersucht worden. Es bleibe daher bei der Verf. v. 11. XI. 07.

Durch die zweite Verfügung des Landrats wird zum Ausdrucke gebracht, daß die erneute Prüfung abgelehnt werde und der Landrat sich nicht anderweitig in der Sache habe schlüssig machen wollen und nicht schlüssig gemacht habe. Deshalb ist die zweite Verfügung nicht an die Stelle der ersteren getreten, und die Rechtsmittelfrist läuft von der Zustellung der ersten ab.

Anderes Beispiel: Auf die Gegenvorstellung vernimmt der Landrat die benannten Zeugen, untersucht den Vorfall nochmals und bescheidet den A dahin, daß er auf Grund der neuen Untersuchung keine Veranlassung habe, von der Verf. v. 11. XI. 07 abzugehen. Dies ist der in OVG. 7 252 behandelte Fall; die neue Verfügung ersetzt die erste, und die Rechtsmittel laufen von der Zustellung der zweiten ab.

2. Die ordentliche Beschwerde.

(§§ 127 ff. LVG.)

Die in diesem Abschnitte behandelte Beschwerde wird die ordentliche oder Wahlbeschwerde genannt, weil gegen polizeiliche Verfügungen (§§ 127, 128) zum Teil entweder die Beschwerde oder Klage wahlweise zulässig ist. Aus demselben Grunde heißt dann diese Klage auch Wahlklage. Das Fundament der Wahlklage ist beschränkt (§ 127 Abs. 3). Gibt das Gesetz (z. B. ZustG. §§ 46, 56, 66) zwar eine Klage, aber nicht die Wahlklage, also nicht neben der Beschwerde, so ist der Verwaltungsrichter freier gestellt, er tritt vollständig an Stelle der Polizeibehörde und hat die Notwendigkeit, Angemessenheit und Zweckmäßigkeit zu prüfen, worüber bei den einzelnen Klagen das Erforderliche gesagt werden wird.

Soweit nicht Sonderbestimmungen bestehen, findet die ordentliche Beschwerde, die noch kein Teil des Verwaltungsstreitverfahrens ist, aber eine seiner Voraussetzungen sein kann, statt:

a) gegen die polizeilichen Verfügungen der Ortspolizeibehörden auf dem Lande oder einer zu einem Landkreise gehörigen Stadt, deren Einwohnerzahl bis zu 10000 Einwohnern beträgt, an den Landrat und gegen dessen Bescheid an den Regierungspräsidenten;

b) gegen die Verfügungen der Ortspolizeibehörden eines Stadtkreises, mit Ausnahme von Berlin, einer zu einem Landkreise gehörigen Stadt mit mehr als 10000 Einwohnern, oder des Landrats an den Regierungspräsidenten und gegen dessen Bescheid an den Oberpräsidenten;

c) gegen ortspolizeiliche Verfügungen in Berlin an den Oberpräsidenten.

Weiter geht die Beschwerde nicht. Gegen den in letzter Instanz ergangenen Bescheid des Regierungs- oder Oberpräsidenten ist dann die Klage beim Oberverwaltungsgerichte gegeben. Gegen polizeiliche Verfügungen des Regierungspräsidenten findet innerhalb zweier Wochen die Beschwerde an den Oberpräsidenten und gegen den von letzterem erlassenen Bescheid innerhalb gleicher Frist die Klage bei dem Oberverwaltungsgerichte statt. Dieselben Rechtsmittel sind gegeben, wenn der Polizeipräsident von Berlin als Landespolizeibehörde verfügt hat. Gegen polizeiliche Verfügungen des Regierungspräsidenten zu Sigmaringen findet innerhalb zweier Wochen unmittelbar die Klage bei dem Oberverwaltungsgerichte statt.

Hat der Regierungspräsident ausnahmsweise (vgl. S. 166) eine ortspolizeiliche Verfügung, weil Gefahr im Verzuge war, erlassen, so finden die gleichen Bestimmungen (§ 130) Anwendung. Wenn umgekehrt die Ortspolizeibehörde in durchaus eiligen Fällen statt des Regierungspräsidenten selbständig einschreitet, so schreitet sie nicht als Organ des letzteren, sondern in Übung der eigenen Amtsgewalt ein (Erk. v. 5. V. 02 OVG. 41 234), und die Rechtsmittel ändern sich ebenfalls nicht.

Die Beschwerdeinstanz ist in der Beurteilung des Sach- und Rechtsverhältnisses vollkommen frei; sie kann Erhebungen anstellen, aber nicht eidliche Vernehmungen vornehmen, die angegriffene Verfügung durch Abweisung der Beschwerde bestätigen oder abändern oder aufheben. Bei der Abänderung darf nur ein minus, kein aliud verfügt werden; denn niemals darf der Beschwerdeführer durch die Beschwerdeinstanz mehr belastet werden. Ihre eigene Zuständigkeit reicht nur so weit, als die Verfügung oder der darauf ergangene Beschwerdebescheid den Beschwerdeführer beschwert. Beispiel: Ein Gewerbetreibender macht durch Hämmern ruhestörenden, gesundheitsschädlichen Lärm. Die Ortspolizei verbietet das Hämmern von abends 8 Uhr bis früh 6 Uhr. Auf Beschwerde des Gewerbetreibenden verbietet der Landrat das Hämmern überhaupt. Das letztere ist unzulässig. Findet der Landrat, daß das Hämmern auch bei Tage gesundheitsschädlich ist, so muß er die Beschwerde zurückweisen und die Ortspolizeibehörde anweisen, mit eigener, neuer Verfügung das Hämmern ganz zu verbieten. Gegen dieses letztere Verbot sind dann die Rechtsmittel von neuem gegeben.

Erläßt eine Ortspolizeibehörde (Amtsvorsteher) eine polizeiliche Verfügung und hebt der Landrat im Beschwerdeverfahren die Verfügung auf, setzt aber an ihre Stelle eine den Beschwerdeführer mehr belastende neue Verfügung, so ist für die Rechtsmittel nicht mehr die ursprüngliche Verfügung der Ortspolizei der Ausgangspunkt, sondern der landrätliche Bescheid. Gegen diesen ist, wie gegen jede Verfügung des Landrats, daher die weitere Beschwerde an den Regierungspräsidenten und darauf an den Oberpräsidenten mit anschließender Klage bei dem Oberverwaltungsgerichte gegeben (Erk. v. 6. V. 99 — III 732 — Kunze-Kautz 2 882).

Ist in der Beschwerdeinstanz eine polizeiliche Verfügung aufgehoben worden, so darf sie demnächst, unter Widerruf des Beschwerdebescheides, mittelst anderweiten Bescheides der Beschwerdeinstanz nicht wieder in Kraft gesetzt werden (OVG. 11 393, 19 384). Hat die Beschwerdeinstanz geirrt, so kann sie nur die zuständige untere Instanz anweisen, die Verfügung von neuem zu erlassen. Damit wird der Rechtsmittelweg wiederum eröffnet.

Darauf, ob die von einer Polizeibehörde erlassene Verfügung auch der ihr zuständigerweise zugewiesenen polizeilichen Aufgabe entspricht, kommt es bei der Prüfung des Rechtsmittelweges nicht an; sollte die Verfügung zum Ausdrucke bringen, daß die Polizeibehörde als Organ einer anderen Behörde, z. B. der Landespolizeibehörde, einschreite, so richten sich die Rechtsmittel gegen die Landespolizeibehörde. Die Zulässigkeit des Rechtsmittels wird lediglich durch diejenige Auffassung von der rechtlichen Natur der angegriffenen Verfügung bestimmt, die in der letzteren zum Ausdrucke gelangt ist, nicht aber durch diejenige, die ihr von der zur Entscheidung über das eingelegte Rechtsmittel berufenen Stelle beigelegt wird (OVG. 3 367, 16 284).

Vielfach ist zweifelhaft, gegen wen sich die Beschwerde (Klage) richtet. Hat z. B. ein Gendarm eine ortspolizeiliche Anordnung erlassen, so geht die Beschwerde (Klage) gegen die Ortspolizeibehörde (OVG. 31 418), ist aber der Gendarm, der zugleich Organ der Kreispolizei (des Landrats) ist, auf kreispolizeilichem Gebiet eingeschritten (Vorzeigung des Jagdscheins verlangt, Jagdschein abgenommen), so geht die Beschwerde (Klage) gegen die Kreispolizei (Landrat). Hat der Polizeiverwalter einer Stadt einem Polizeiinspektor einen Teil des polizeilichen Dezernats übertragen und ist eine von der Polizeiverwaltung erlassene Verfügung im Auftrage des Polizeiverwalters von dem Polizeiinspektor gezeichnet, so liegt eine polizeiliche Verfügung der städtischen Polizeiverwaltung vor (OVG. 30 412). Hat der Hilfsbeamte des Landrats, z. B. auf Helgoland, eine polizeiliche Verfügung erlassen, so gilt die Verfügung als solche des Landrats hinsichtlich der Rechtsmittel (Kunze-Kautz 2 881).

Die Beschwerdeinstanzen können dieselben Billigkeitsgründe walten lassen, die der verfügenden Behörde zu Gebote standen. Sie prüfen neben der Rechtmäßigkeit auch die Angemessenheit und Notwendigkeit der angegriffenen Verfügung, eine Aufgabe, die bei Einlegung der Klage (§ 127 Abs. 3) dem Verwaltungsrichter nicht obliegt.

Die Frist zur Einlegung der Beschwerden und weiteren Beschwerden und dann der Klage beträgt zwei Wochen (§ 129). Die erste Beschwerde kann sowohl bei der Behörde, gegen deren Verfügung sie gerichtet ist, als bei der Beschwerdeinstanz angebracht werden (§ 129 Abs. 5; Erk. v. 9. IX. 82 OVG. 9 389). Die letztere hat die Beschwerde zur weiteren Veranlassung an die Behörde abzugeben, gegen deren Verfügung sie gerichtet ist. Diese Behörde äußert sich sodann in einem Berichte über ihren Standpunkt und reicht die Akten an die Beschwerdeinstanz ein. Die weitere Beschwerde darf nicht bei der erstverfügenden Behörde, auch nicht bei der ersten Beschwerdeinstanz eingelegt werden, sie muß bei der dritten Beschwerdeinstanz angebracht werden (Erk. v. 9. IX. 82 OVG. 9 389). Für die gegen eine Verfügung des Regierungspräsidenten einzulegende Beschwerde (§ 130) besteht die besondere Vorschrift, daß sie bei dem Oberpräsidenten selbst anzubringen ist (OVG. 34 432). Es hängt dies damit zusammen, daß gegen die Verfügungen der Ortspolizeibehörde und des Landrats neben der Beschwerde wahlweise die Klage stattfindet, gegen die polizeiliche Verfügung einer Landespolizeibehörde aber nur ein Rechtsmittel, die Beschwerde, gegeben ist (in Sigmaringen nur die Klage, § 130 Abs. 2). In jeder neuen Beschwerdeinstanz können von dem Beschwerdeführer neue tatsächliche und rechtliche Ausführungen gemacht werden.

Bei Versäumung der Fristen kann die Beschwerdeinstanz Wiedereinsetzung in den vorigen Stand gewähren. Die Vorschriften in § 112 LVG. gelten nur für das Verwaltungsstreitverfahren. In diesem ist dann nicht etwa zu prüfen, ob Grund zur Wiedereinsetzung in den vorigen Stand durch die Beschwerdeinstanz vorlag (OVG. 21 244, 26 254, 30 294, 35 138). Die Wiedereinsetzung braucht auch nicht mit ausdrücklichen Worten, sie kann stillschweigend durch materielles Eingehen auf die Sache erfolgen (Erk. v. 12. V. 91 u. 11. V. 96 — OVG. 21 244 u. 30 290). Ebensowenig braucht sie besonders beantragt worden zu sein. Bei der Wiedereinsetzung stehen die Beschwerdeinstanzen (§ 52) freier, als die Verwaltungsgerichte, da; es bleibt ihnen überlassen anzunehmen, wann eine „unverschuldete Fristversäumung" vorliegt.

Die Fristen für die Einlegung der Beschwerden (und der Klagen) beginnen mit der Zustellung (§ 52) der polizeilichen Verfügung oder des Beschwerdebescheides. Die Polizeibehörden werden gut tun, Nachweise für die Zeit der Zustellung zu den Akten zu beschaffen. Läßt sich der Tag der Zustellung nicht erweisen, so kann zuungunsten einer Partei nicht angenommen werden, daß sie eine Frist versäumt habe (Erk. v. 22. X. 96 — III 1311, vgl. S. 37, 38 „Fristen").

Ist keine schriftliche polizeiliche Verfügung, sondern eine mündliche Anordnung ergangen, so beginnt die Frist mit der Bekanntgabe der Anordnung (Erk. v. 17. I. 89 OVG. 17. 441), mag dabei ein Protokoll aufgenommen sein oder nicht.

Eine Verlängerung der Fristen zur Einlegung der Beschwerde steht den Verwaltungsbehörden nicht zu; die letzteren dürfen nur zur Begründung der rechtzeitig eingelegten Beschwerde eine Nachfrist gewähren.

Der Verwaltungsrichter hat in dem vor ihm schwebenden Verfahren die Fristen für das Beschwerdeverfahren von Amts wegen zu prüfen.

Für die Begründung und Tenorierung der Beschwerdebescheide gilt das, was oben über die Begründung usw. der polizeilichen Verfügungen überhaupt gesagt worden ist. Praktisch ist es, bestimmt zu tenorieren, z. B. dahin:

„daß auf Ihre Beschwerde vom . . . die Verfügung der Ortspolizeibehörde zu . . . . vom . . . . außer Kraft zu setzen" oder „daß Ihre Beschwerde gegen die Verfügung . . . zurückzuweisen."

Darauf folgt die Begründung, die einen tatsächlichen oder rechtlichen Inhalt haben kann, so, daß für Erhebung der Klage dem Kläger die Angriffspunkte (LVG. § 127 Abs. 3 zu 1 u. 2) erkennbar sind.

Kosten werden den Beschwerdeführern nicht berechnet.

Die Polizeibehörde, deren Verfügung abgeändert oder außer Kraft gesetzt ist, hat die ordentlichen Rechtsmittel nicht (OVG. 3 345). Es ist ihr natürlich nicht verwehrt, sich mit der auch ihr zustehenden allgemeinen Beschwerde an die weitere Aufsichtsinstanz zu wenden. Greift diese ein, so kann dies nur in der Weise geschehen, daß die zuständige Polizeibehörde angewiesen wird, eine neue Verfügung zu erlassen, gegen die die Rechtsmittel von neuem zulässig sind (vgl. S. 165, 166).

3. Die Klage.

(§§ 127 Abs. 2 u. 3, 128, 129, 130 LVG.)

Neben der ordentlichen Beschwerde findet die Klage (Wahlklage) statt und zwar

a) gegen die Verfügungen der Ortspolizeibehörden auf dem Lande oder einer zu einem Landkreise gehörigen Stadt bis zu 10000 Einwohnern bei dem Kreisausschusse,

b) gegen die Verfügungen des Landrats oder der Ortspolizeibehörde eines Stadtkreises oder einer Stadt mit mehr als 10000 Einwohnern bei dem Bezirksausschusse.

Diese Klagen können bei der Behörde angebracht werden, gegen deren Verfügung sie gerichtet sind; die Frist beträgt zwei Wochen. Die Anbringung des einen Rechtsmittels schließt das andere aus (§ 129). Ist die Schrift nicht als Klage bezeichnet oder enthält sie nicht ausdrücklich den Antrag auf Entscheidung im Verwaltungsstreitverfahren, so gilt sie als Beschwerde. Bei gleichzeitiger Anbringung beider Rechtsmittel ist nur der Beschwerde Fortgang zu geben. Die Klage wird dann durch Verfügung der angegriffenen Behörde zurückgewiesen; dagegen findet nur die Beschwerde an das zur Entscheidung auf die Klage berufene Verwaltungsgericht (Kreis- oder Bezirksausschuß) statt.

Wird die Klage direkt bei dem Kreisausschusse oder Bezirksausschusse angebracht, so geht sie zunächst an die angegriffene Polizeibehörde zur weiteren Veranlassung, d. h. zur Gegenerklärung und späteren Wiedervorlage bei dem Verwaltungsgerichte mittelst Berichtes. Beklagte ist die angegriffene Behörde.

Gegen die polizeilichen Verfügungen des Regierungspräsidenten (Sigmaringen macht eine Ausnahme) ist keine Klage, sondern nur die Beschwerde an den Oberpräsidenten zulässig, gegen dessen Beschwerdebescheid die Klage beim Oberverwaltungsgerichte gegeben (§ 130). Ebenso ist die Klage (nicht Wahlklage) zulässig, wenn der Regierungs- oder Oberpräsident auf wiederholte Beschwerde (§ 127 Abs. 1 u. 2) durch Bescheid entschieden hat, gegen diesen Bescheid. In diesen Fällen ist der Regierungspräsident bzw. der Oberpräsident der Beklagte (nicht die untere Polizeibehörde).

Alle diese Klagen haben das gemeinsam, daß sie nur auf die Behauptungen gestützt werden können (§ 127 Abs. 3):

a) die angefochtene Verfügung oder der angefochtene Bescheid verletze den Kläger in seinen Rechten durch Nichtanwendung oder unrichtige Anwendung des bestehenden Rechts, also auch der von den Behörden innerhalb ihrer Zuständigkeit erlassenen Verordnungen, und
b) die tatsächlichen Voraussetzungen seien nicht vorhanden, die die Behörde zum Erlasse der Verfügung berechtigt haben würden.

Der Verwaltungsrichter hat sich danach bei Prüfung dieser Klagen folgende Fragen vorzulegen:

1. Welches ist das bestehende Recht (Rechtsnorm), oder welche rechtmäßig erlassene behördliche Verordnung liegt der Verfügung zugrunde?
2. Ist das bestehende Recht überhaupt und richtig angewendet?
3. Ist der Kläger durch die Verfügung in seinen subjektiven Rechten verletzt?
4. Waren die erforderlichen tatsächlichen Voraussetzungen beim Erlasse der Verfügung gegeben? Im Bejahungsfalle:
5. Hat die Polizeibehörde nicht die äußersten ihrem Ermessen gezogenen Grenzen überschritten, nicht nach Willkür oder Schikane oder sonstigen Pflichtwidrigkeiten, sondern nach rein sachlichen Gesichtspunkten gehandelt?

Dagegen ist der Verwaltungsrichter unter keinen Umständen befugt, die Prüfung einer im Wege jener Klage angefochtenen polizeilichen Verfügung (Bescheides) bis zu einer freien Würdigung der Notwendigkeit, Angemessenheit und Zweckmäßigkeit auszudehnen. Eine solche Prüfung steht ihm nur bei besonders gearteten polizeilichen Verfügungen (vgl. ZustG. §§ 56, 66, 103 Abs. 2, 116, 117) zu; der § 127 LVG. weist auf solche Ausnahmen mit den Worten hin: „soweit das Gesetz nicht ausdrücklich anderes bestimmt".

Die Klageschrift unterliegt den allgemeinen Vorschriften des § 63. Wird die Klage gegen den Regierungs- oder Oberpräsidenten gerichtet, so ist sie allein beim Oberverwaltungsgericht anzubringen. Die Anbringung bei einer anderen Behörde wahrt die Frist nicht. Die Klage richtet sich, wenn vorher Beschwerde eingelegt war, gegen den letzten Beschwerdebescheid. Bei den Wahlklagen gegen polizeiliche Verfügungen ist der Klageantrag dahin zu formulieren, daß die Verfügung aufzuheben oder außer Kraft zu setzen sei. Ist Beschwerde eingelegt gewesen, so pflegt das Oberverwaltungsgericht zu tenorieren, daß „unter Aufhebung des Bescheides des beklagten Königlichen Oberpräsidenten vom .... die Verfügung des Königlichen Landrats des Kreises ... vom ... außer Kraft zu setzen" oder „daß der Bescheid des beklagten Oberpräsidenten vom ... und die dadurch aufrechterhaltene Verfügung des Landrats ... vom ... außer Kraft zu setzen." Auf keinen Fall darf sich der Verwaltungsrichter nach Aufhebung der polizeilichen Verfügung oder des Bescheides an Stelle der Polizeibehörde setzen und dort, wo es sich um die Versagung einer polizeilichen Genehmigung handelt, diese selbst erteilen. Die Polizeibehörden haben die Entscheidungen der Verwaltungsgerichte so zu beachten, wie die Verfügungen ihrer vorgesetzten Dienstbehörde. Dies liegt so im Wesen der Verwaltungsrechtsprechung, daß es darüber keiner weiteren Ausführung bedarf. Die Rechtsprechung in Verwaltungssachen gegenüber den Behörden, deren Verfügungen der Rechtskontrolle unterliegen, ist hierin grundsätzlich nicht verschieden von der Prüfung der Verfügungen durch die vorgesetzten Verwaltungsinstanzen.

Die Polizeibehörde hat niemals die Klage. Ist ihre Verfügung aber auf Klage des Betroffenen durch Urteil aufgehoben worden, so steht ihr dagegen das Rechtsmittel zu, das dem Gegner zusteht.

Die Frage, ob eine Partei die Beschwerde oder Klage anstellen soll, hängt von verschiedenem ab. Der Beschwerdeweg ist kürzer, die Rechtsprechung bei den Verwaltungsgerichten dauert gewöhnlich länger. Glaubt der Betroffene, daß die erlassene Verfügung in erster Linie nicht der Billigkeit entspricht, so wird er zweckmäßig zunächst den Beschwerdeweg einschlagen und die Klage erst gegen den letztinstanzlichen Beschwerdebescheid richten, wenn sie auf die Unterlagen des § 127 Abs. 3 zu stützen ist.

4. Prüfung des bestehenden Rechts.

Jede Polizeibehörde hat sich bei ihren Maßnahmen zunächst zu fragen: was gestattet ihr das bestehende Recht und dann, welches ist der angemessenste Weg, um innerhalb der gesetzlichen Schranken das gesetzlich erlaubte Ziel zu erreichen. Das bestehende Recht kann geschriebenes oder ungeschriebenes Recht sein, letzteres sind vielfach Herkommen, Observanzen und Verwaltungsgrundsätze, die sich wissenschaftlich begründen lassen und dieselbe Kraft haben wie geschriebenes Recht.

Es ist z. B. kein geschriebenes Gesetz, daß der Eigentümer eines Grundstücks zur Abstellung polizeiwidriger Zustände eines Grundstücks verpflichtet sei (OVG. 7 348, 8 223, 10 180, 12 310, 13 323), ferner daß öffentliche Rechte durch Verjährung keine Veränderung erfahren können. Ebenso ist der Grundsatz, daß niemand aus einem polizeiwidrigen Zustande ein Recht auf dessen Fortdauer hat (OVG. 31 355) und daß im Falle persönlichen Interesses ein Polizeiverwalter sich jeder Amtshandlung zu enthalten habe, ein für alle Gebiete des Verwaltungsrechts allgemein geltendes (OVG. 23 209) ungeschriebenes Recht.

Zur Prüfung des bestehenden Rechts gehört die Prüfung der Zuständigkeit der verfügenden Behörde. Keine polizeiliche Verfügung, die von einer unzuständigen Behörde erlassen ist, kann bestehen, selbst wenn der davon Betroffene das, was verlangt wird, gesetzlich zu leisten hat.

Unzuständig ist insbesondere ein Polizeiverwalter, der bei dem Amtsgeschäfte persönlich beteiligt ist. Der Rechtsbegriff der persönlichen Beteiligung ist im Gesetze nicht näher bestimmt, er läßt sich aber nach der Rechtsprechung des Oberverwaltungsgerichts dahin feststellen, daß er persönliche Beziehungen bedeutet, die geeignet sind, den Verdacht aufkommen zu lassen, das Urteil des Beamten könne kein ganz ungetrübtes, kein völlig objektives sein (Erk. v. 10. XI. 88 u. v. 18. III. 02 — Kunze-Kautz 2 902). Darauf, daß sich der Beamte durch seine persönlichen Beziehungen habe wirklich leiten lassen oder werde leiten lassen, kommt es nicht an; daher ist in der gesetzlich gebotenen Ausschließung eines persönlich beteiligten Beamten von der Erledigung eines Amtsgeschäfts durchaus nicht der Ausdruck eines im Einzelfalle etwa vorliegenden Beweises von der Pflichtvergessenheit desselben zu erblicken (Erk. v. 17. X. 98 Kunze-Kautz 2 903), es gebietet vielmehr unabhängig davon das Gesetz in solchen Fällen, wo objektiv eine Kollision zwischen der Amtspflicht und dem Privatinteresse des Beamten besteht, die Ausschließung der Beamten von der amtlichen Tätigkeit ausnahmslos, um gleichmäßig die Interessen des Publikums wie der Beamten durch die Sicherung völliger Unbefangenheit des letzteren bei seiner Amtswirksamkeit zu wahren. Im Verwaltungsstreitverfahren hat der Revisionsrichter selbständig und von Amts wegen zu prüfen, wie die Zuständigkeit, so die Unbefangenheit des Beamten. Die persönliche Beteiligung ist übrigens einem amtlichen Interesse des Beamten nicht gleichzustellen (Erk. v. 10. X. 76 OVG. 1 210).

Unter den „Verordnungen" des § 127 Abs. 3 Nr. 1 sind nicht lediglich Polizeiverordnungen im Sinne der §§ 6, 12 G. v. 11. III. 50 zu verstehen, sondern auch andere Beschlüsse, Erlasse und Bekanntmachungen der Behörden, die von diesen innerhalb ihrer Zuständigkeit erlassen sind, und objektives Recht schaffen, sowie den Verwaltungsrichter binden. Es sei hier nur an die vielen Ermächtigungen, die der Bundesrat und die Landesregierungen in den Reichsgesetzen erhalten haben, erinnert.

Prüft der Verwaltungsrichter eine Polizeiverordnung auf die Gesetzmäßigkeit, so darf er seine Prüfung nicht dahin ausdehnen, ob die erlassenen Vorschriften auch überall zweckmäßig oder angemessen sind (OVG. 2 390, 8 331). Über den rechtlich zulässigen Inhalt einer Polizeiverordnung sind zahlreiche Erkenntnisse ergangen. Hier einige Beispiele:

1. Eine Polizeiverordnung kann die gesetzliche Zuständigkeit der Behörden nicht abändern. Die höhere Polizeibehörde ist nicht befugt, ihre Zuständigkeit auf eine nachgeordnete oder andere Polizeibehörde zu übertragen (Erk. v. 25. XI. 89 OVG. 18 390 u. v. 12. XII. 93 OVG. 26 380).
2. Hat eine höhere Behörde eine Polizeiverordnung über einen Gegen-

stand erschöpfend erlassen, so dürfen die unteren Polizeibehörden die getroffenen Bestimmungen weder einschränken noch erweitern (Erk. v. 24. X. 00 Kunze-Kautz 2 918).

3. Eine Polizeiverordnung kann öffentlich-rechtliche Verbindlichkeiten weder neu begründen, noch bestehende abändern; es können nur Anordnungen über die Art und Weise der Erfüllung solcher Verbindlichkeiten getroffen werden, die auf anderweiten öffentlich-rechtlichen Grundlagen beruhen (Erk. v. 26. XI. 86 OVG. 8 355, v. 4. XI. 97 Kuntze-Kautz 2 918, 919, v. 19. I. 03 OVG. 42 353).

4. Es gehört zum Wesen einer Polizeiverordnung, daß sie gegenüber den Staatsbürgern, um diese zu binden, bestimmte polizeiliche Gebote oder Verbote aufstellt und unter Strafe stellt, nicht aber den unteren Behörden Instruktionen oder sie bindende Normen erteilt (Erk. v. 19. I. 98 OVG. 33 341).

5. Die Vorschriften einer Polizeiverordnung sind Rechtsnormen, die befolgt werden müssen, sobald die in ihr angegebenen Voraussetzungen vorliegen; das Vorhandensein eines besonderen polizeilichen Interesses in jedem einzelnen Falle, wie es jeder polizeilichen Verfügung zugrunde liegen muß, wird hier nicht erfordert (Erk. v. 3. VII. 92 Kunze-Kautz 2 919).

6. Gegenüber den in Polizeiverordnungen aufgestellten allgemeinen Geboten und Verboten werden oft einzelne Ausnahmefälle denkbar sein und vorkommen, bei welchen derjenige Beweggrund, der die polizeiliche Rechtsnorm veranlaßt hat, wegen besonderer Umstände tatsächlich nicht geltend gemacht werden kann. Daraus folgt indes nicht, daß, wenn eine Polizeibehörde sich an die Vorschrift hält, ihre Verfügung rechtswidrig oder die Polizeiverordnung ungültig sei (Erk. v. 27. VI. 84 OVG. 11 374).

7. Eine lediglich zur Abwehr einer Gesundheitsgefahr erlassene Polizeiverordnung ist ungültig, wenn das, was sie um der Gesundheitsgefahr willen verbietet, mit einer solchen überhaupt gar nicht verbunden ist und verbunden sein kann (Erk. v. 19. XII. 95 OVG. 29 447).

8. Verwaltungsgebühren für polizeiliche Akte können in einer Polizeiverordnung nicht eingeführt werden (Erk. v. 10. VII. 00 — I 1052).

9. Bekanntmachungen, welche an eine Polizeiverordnung sich anschließen, müssen, wenn sie bindende Kraft haben sollen, formell wie Polizeiverordnungen erlassen werden (OVG. 33 420).

10. Hat der Strafrichter eine Polizeiverordnung für ungültig erklärt, so bindet die Entscheidung nicht den Verwaltungsrichter (Erk. v. 7. IX. 89 PrVBl. 11 97).

11. Ist ein Polizeibezirk nach Erlaß einer Polizeiverordnung erweitert worden, so dehnt sich die Wirksamkeit derselben nicht ohne weiteres

auf den erweiterten Bezirk aus (KGJ. 20 C 57; contra OVG. 37 411).

Bei der Prüfung des bestehenden Rechts handelt es sich nur darum, ob zur Zeit des Erlasses der Verfügung das bestehende Recht der Polizeibehörde zur Seite gestanden hat. Eine Änderung des bestehenden Rechts im Laufe des Beschwerde- oder Verwaltungsstreitverfahrens ist einflußlos. Dies hat das Oberverwaltungsgericht überall anerkannt. Auffälligerweise hat längere Zeit in Baupolizeisachen bei dem IV. Senat eine andere Praxis Platz gegriffen. Der IV. Senat hat ausgesprochen (Kunze-Kautz 2 262 ff.), daß, wenn gegen die Versagung der Bauerlaubnis geklagt ist, der Verwaltungsrichter nach dem zur Zeit seiner Entscheidung geltenden öffentlichen Baurechte zu befinden sei (OVG. 8 290, 24 354, 30 374). Dies ist falsch. Richtig war die Rechtsprechung, solange der § 155 KompG. v. 26. VII. 76 galt. Der § 155 war an Stelle des § 135 Nr. VI KreisO. v. 13. XII. 72 getreten. Gegen Versagung des Baukonsenses sollte nicht die Wahlbeschwerde oder Wahlklage, sondern nur die Klage stattfinden. Bei diesem Stande der Gesetzgebung hatte der Verwaltungsrichter den Baukonsens selbst zu erteilen und er hatte das öffentliche Recht anzuwenden, das zur Zeit seines Urteils bestand. Anders bei den nach §§ 30 ff. KompG. mit Beschwerde oder Klage angreifbaren polizeilichen Verfügungen. Den letzteren sind die nach den §§ 127 ff. LVG. zu behandelnden polizeilichen Verfügungen gleichgestellt; sie werden nur daraufhin geprüft, ob das zur Zeit des Erlasses der Verfügung geltende Recht verletzt sei. Ist danach die Verfügung durch den Verwaltungsrichter aufgehoben worden, hat sich aber inzwischen das öffentliche Baurecht geändert, und zwar zuungunsten des Klägers, so kann die Polizeibehörde doch die Ausfertigung des Baukonsenses versagen, und ihre Verfügung unterliegt nicht schon deshalb in dem sich daran erneut anknüpfenden Verwaltungsstreitverfahren der Aufhebung (vgl. den Abschnitt „Rechtskraft des Urteils" S. 117); denn der Verwaltungsrichter hat eben darüber zu befinden, ob bei der neuen Verfügung das dann geltende Recht verletzt ist. Selbst wenn eine früher abgelehnte polizeiliche Erlaubnis später erteilt wird, kann doch mit dem Antrage geklagt werden, darüber zu befinden, daß die frühere Verfügung rechtswidrig gewesen, wie dies das Erk. v. 17. I. 00 OVG. 36 386 (vgl. PrVBl. 16 611, DJurZ. 5 27) scharf ausspricht. Die alte Praxis des IV. Senats scheint nunmehr aufgegeben werden zu sollen; denn in dem Erk. v. 24. III. 02 (OVG. 41 372) wird ausgeführt, der Kläger könne auch eine Entscheidung darüber verlangen, ob die Versagung eines Baukonsenses in dem Zeitpunkte des Erlasses der angefochtenen Verfügung berechtigt gewesen sei.

5. Verletzung subjektiver Rechte.

Die Klage gegen polizeiliche Verfügungen und gegen solche Bescheide der Beschwerdeinstanz, welche eine polizeiliche Verfügung aufrecht erhalten, steht nur demjenigen zu, der durch die Verfügung oder den Bescheid „in seinen Rechten verletzt“ ist. Durch diese Vorschrift soll ausgedrückt werden, daß ein Dritter, dessen Rechte keine Verletzung erfahren haben, zur Klage nicht legitimiert ist; denn das Verwaltungsgericht soll nach § 127 Abs. 3 nur über bestimmte, durch die Polizei verletzte Rechte entscheiden auf Anrufen des Verletzten selbst, während sowohl die allgemeinen Popularklagen beim Angriffe auf polizeiliche Verfügungen (OVG. 3 186, 4 229, 233, 7 334, 8 194, 215) als auch die Klage eines Dritten, der durch die Verfügung keine Verletzung eines Rechts erfahren hat, hier ausgeschlossen sind. In letzterer Beziehung ist hervorzuheben, daß anderseits eine polizeiliche Verfügung nicht notwendig an diejenige Person direkt gerichtet zu sein braucht, die als Kläger aufzutreten befugt ist; die Verfügung muß dann aber indirekt in seine Rechte eingreifen. So war eine Stadtgemeinde (Erk. v. 29. XII. 83 OVG. 10 198) legitimiert, gegen die Polizei zu klagen, weil die letztere einer Eisenbahngesellschaft aufgegeben hatte, Schienen in städtischen Straßen zu legen. In dem Erkenntnisse heißt es: „Ob die Polizeibehörde durch ihre eigenen Organe, in Ausübung unmittelbaren Zwanges in subjektive Rechte eingreift, oder durch die einem Dritten gemachte Auflage, zu deren Erfüllung sie veranlaßt und nötigt, dazwischen ist für die Frage des Rechtsschutzes gegen den Eingriff nicht zu unterscheiden (quod per alium fecimus, ipsi fecisse videmur).“ Ebenso kann ein Grundbesitzer gegen eine Räumungsverfügung klagen, die nicht an ihn, sondern an den Räumungspflichtigen erlassen ist, wenn dem letzteren eine Räumung aufgegeben ist, die das Grundstück des ersteren überschwemmt und dadurch seine Rechte verletzt (OVG. 3 218). Die Verletzung muß nur Rechte des Klägers betreffen; wenn er durch die Verfügung nur Nachteile erleidet, die indirekt entstehen, weil ein anderer in seinen Rechten verletzt ist, und die meist auf finanziellem Gebiete liegen, so ist die Klage nicht gegeben. Gegen die Versagung des Baukonsenses z. B. kann der Bauherr klagen, nicht aber derjenige, der dem Bauherrn eine Hypothek zugesagt hat und dessen Zusage durch die Nichtausführung des Baues hinfällig wird. Die Polizei hat auch nicht indirekt ein Recht des Hypothekengläubigers verletzt. Wenn die Polizei jemandem eine Bauerlaubnis erteilt, so kann der Nachbar dagegen nicht klagen, selbst wenn der erstere beabsichtigte, über die Grenze zu bauen; denn die Bauerlaubnis selbst greift nicht in die Rechte des Nachbarn ein (OVG. 14 378; vgl. ferner OVG. 1 330, 3 222, 5 412, 7 313, 10 199, 15 419, 21 357, 26 400, 28 391, enthaltend Beispiele, wo die Klage des Dritten, an den die Verfügung nicht ergangen ist, zugelassen wird). Die Befugnis, für das Publikum Tanzlustbarkeiten abzuhalten, ist ein Ausfluß der persönlichen Freiheit des einzelnen; wird die Erlaubnis polizeilich untersagt, so steht dem Antragsteller die Klage zu. Aber derjenige, der dem Antragsteller die Getränke liefert, hat die Klage nicht, auch wenn er durch die Versagung einen vermögensrechtlichen Nachteil hat, weil die Polizei in seine eigenen Rechte nicht eingegriffen hat. In dem Erk. v. 17. XII. 81 (OVG. 9 400) wird gesagt: „Die bloße Berührung subjektiver Interessen von den Wirkungen polizeilicher Verfügungen gewährt kein Klagerecht im Verwaltungsstreitverfahren; vielmehr ist Voraussetzung der Klage die Rechtsverletzung, der Eingriff in subjektive Rechte, welcher als ungesetzlich und rechtswidrig angefochten wird" (vgl. OVG. 2 351, 3 186, 14 378). In dem Erk. v. 17. XII. 00 (OVG. 38 376) soll dasselbe ausgesprochen werden, nur ist der Ausdruck: „Zur Einlegung der Rechtsmittel gegen eine polizeiliche Verfügung ist auch jeder Dritte befugt, dessen Rechtssphäre durch die Verfügung unmittelbar berührt wird" nicht ganz korrekt, die Rechtssphäre muß eine Verletzung erfahren haben.

Was sind subjektive Rechte? Sie sind gewisse Freiheiten der Staatsbürger, die die Grundlage des Rechtsstaates bilden. Diese Freiheiten können durch Spezialgesetze beschränkt sein, oder die Polizei kann die allgemeingesetzliche Ermächtigung haben, sie aus gewissen polizeilichen Gründen zu beschränken, aber die Polizei darf darüber nicht hinaus gehen. Die Rechte (Freiheiten) sind teils in bestimmten Gesetzen und in der Verfassungsurkunde verbrieft, teils ergeben sie sich aus dem Wesen der öffentlichen Einrichtungen usw. Nirgends steht z. B. geschrieben, daß ein öffentlicher Weg von jedermann begangen werden darf, doch greift die Polizei in die Rechtssphäre des Staatsbürgers ein, wenn sie ihm, ohne daß besondere polizeiliche Gründe vorliegen, die Benutzung eines öffentlichen Weges verbietet. Nach dem Freizügigkeitsgesetz kann ein jeder Deutsche sich grundsätzlich an beliebigen Orten aufhalten oder niederlassen, wo er eine eigene Wohnung oder ein Unterkommen sich zu verschaffen imstande ist. Dies ist ein subjektives Recht, dessen Schutz den Verwaltungsrichtern anvertraut ist, wenn es die Polizei verletzt. Die Grundrechte für das deutsche Volk in der Reichsverfassung v. 28. III. 49 enthalten subjektive Rechte: überall Grundeigentum zu erwerben, Gewerbe zu betreiben usw. Der Tit. II (Artt. 3 ff.) PrVerfUrk. v. 31. I. 50 spricht „von den Rechten der Preußen". Wenn danach (Art. 29) alle Preußen berechtigt sind, sich ohne vorgängige obrigkeitliche Erlaubnis friedlich und ohne Waffen in geschlossenen Räumen zu versammeln, so verletzt die Polizei dieses Recht, wenn sie eine entsprechende Versammlung nur gegen vorherige Erlaubnis oder überhaupt gar nicht zulassen will. Die meisten Eingriffe der Polizei ergehen gegen die sog. natürliche Handlungsfreiheit der Menschen, indem sie gegen Handlungen einschreitet, die jedem Staatsbürger an sich erlaubt sind. Solche an sich erlaubte Betätigungen des

Willens müssen aber zurücktreten, wenn durch ihre Betätigung polizeiliche Interessen verletzt werden, die die Polizei nach ihrer allgemeinen Aufgabe zu schützen hat (§ 10 II 17 ALR.). Die Polizei hat u. a. die Aufgabe, Gefahren vom Publikum abzuwehren. Wird durch die Ausübung einer an sich erlaubten Handlung (Musikmachen, Hämmern, Rauchentwickelung) das Publikum gefährdet, so kann die Polizei die Handlung insoweit einschränken, als die Gefahr besteht. Dadurch tritt eine Verletzung subjektiver Rechte des Handelnden nicht ein; denn in der Erlaubnis zur Vornahme der Handlung liegt das stillschweigende Verbot, dadurch keine Gefahren für das Publikum hervorzurufen. Ist nun die Verhinderung der Handlung aus rechtlichen oder tatsächlichen Gründen rechtswidrig, so wird ein subjektives Recht des Staatsbürgers verletzt. Gleiches liegt vor, wenn die Polizei die zur Vornahme einer Handlung erforderliche polizeiliche Genehmigung rechtswidrig versagt, z. B. die Aushändigung eines Jagdscheines ablehnt, obgleich die gesetzlichen Versagungsgründe nicht vorliegen.

In der Weigerung der Polizei, gegen einen Dritten mit polizeilicher Verfügung (Gebot oder Verbot) einzuschreiten, liegt keine mit den Rechtsmitteln aus den §§ 127 ff. angreifbare Verfügung. Es wird kein subjektives Recht des Antragstellers verletzt (OVG. 2 354, 3 224, 4 270, 6 234, 9 402, 12 364, 14 376). Der Antragsteller kann sich nur an die Aufsichtsbehörden wenden. Hat die Beschwerdeinstanz eine auf Antrag eines Dritten erlassene polizeiliche Verfügung aufgehoben, so hat dagegen der erste Antragsteller keine Klage (OVG. 5 261).

6. Tatsächliche Voraussetzungen für den Erlaß polizeilicher Verfügungen.

(LVG. § 127 Abs. 3 Nr. 2.)

Der Verwaltungsrichter hat auf Klage gegen eine polizeiliche Verfügung zu prüfen, ob die tatsächlichen Voraussetzungen vorhanden sind, die die Polizeibehörde zum Erlasse der Verfügung berechtigt haben würden. Der Verwaltungsrichter, der über einen Beschwerdebescheid zu entscheiden hat, hat ebenfalls auf den Zeitpunkt zurückzugehen, in dem die mit Beschwerde angegriffene polizeiliche Verfügung erlassen ist. Es ist daher eine tatsächliche Feststellung dahin zu treffen, ob Tatsachen, die die Behörde in abstracto, auf Grund der Gesetze berechtigen, eine Verfügung, wie die angegriffene, zu erlassen, in concreto vorgelegen haben oder nicht. Haben die tatsächlichen Voraussetzungen nicht vorgelegen, so ist die Verfügung rechtswidrig. Die erforderlichen tatsächlichen Voraussetzungen sind die für den Erlaß der Verfügung maßgebend gewesenen polizeilichen Motive, sie sind auf ihre rechtliche Zulässigkeit und auf ihr tatsächliches Zutreffen selbständig zu prüfen. Es kommt niemals darauf an, daß die Polizei geglaubt hat, ein zwar rechtlich zulässiges, aber tatsächlich nicht vorhandenes Motiv liege vor, sondern ob dieses Motiv auch tatsächlich oder rechtlich vorgelegen hat. Jeder Irrtum nach einer dieser Seiten macht die Verfügung rechtswidrig.

Die Polizei geht z. B. von der Annahme aus, daß A. ruhestörenden Lärm verursacht, und schreitet gegen A. ein. A. erhebt Klage und es wird festgestellt, daß nicht A., sondern B. den Lärm verursacht hat. Die Verfügung muß aufgehoben werden, da die erforderlichen tatsächlichen Voraussetzungen für das Einschreiten gegen A. nicht vorliegen. Oder die Jagdpolizei versagt einen Jagdschein, weil sie annimmt, der Antragsteller stehe unter polizeilicher Aufsicht (§ 34 JagdO. v. 15. VII. 07). Zeigt sich im Verwaltungsstreitverfahren, daß der Kläger nicht unter Polizeiaufsicht steht, so muß der Verwaltungsrichter die Verfügung aufheben. Ändern sich die tatsächlichen Voraussetzungen nach dem Erlasse einer angegriffenen Verfügung, so sind diese Änderungen im Verwaltungsstreitverfahren nicht zu berücksichtigen; denn der Verwaltungsrichter hat nur zu prüfen, ob zu dem Zeitpunkte, wo die Verfügung erlassen ist, die Verfügung den gesetzlichen Bestimmungen entsprochen hat. In dem Erk. v. 26. X. 88 (OVG. 18 418) ist der Fall behandelt, wo ein Gesinde polizeilich zurückgeführt werden sollte, das Gesindedienstverhältnis aber im Laufe des Verwaltungsstreitverfahrens seine Endschaft erreicht hatte. Das Oberverwaltungsgericht sprach mit Recht aus, daß dies auf den Ausspruch des Verwaltungsrichters, ob die Verfügung bei ihrem Erlasse gerechtfertigt war, einflußlos sei (vgl. G. v. 11. V. 42 § 6).

Der Grundsatz, daß bei der Prüfung der Rechtmäßigkeit des polizeilichen Einschreitens oder der Versagung einer polizeilichen Erlaubnis alle tatsächlichen Vorgänge ausscheiden, die erst nach dem Erlasse der polizeilichen Verfügung eingetreten sind (Erk. v. 13. XI. 89 — I 1332, v. 15. XII. 90 — III 1002 und v. 23. III. 98 OVG. 29 233), gilt auch bei polizeilichen Verfügungen, die für die Dauer berechnet sind (Erk. v. 4. X. 01 — I 1339). Eine solche Verfügung liegt vor, wenn A. auf die Liste der Trunkenbolde gesetzt ist (OVG. 1 327); in der Verfügung wird den Schankwirten dauernd untersagt, dem A. Spirituosen zu verabreichen; die Verfügung ist gerechtfertigt, wenn A. in der Tat ein Trunkenbold gewesen ist, mag er sich auch nachträglich geändert haben.

Veränderungen in den tatsächlichen Verhältnissen können aber Einfluß darauf haben, daß die Befugnis ersteht, die Aufhebung der dauernd wirkenden Verfügung zu verlangen. Wenn nämlich der Trunkenbold sich bessert und kein Trunkenbold mehr ist, so kann er verlangen, daß er von der Säuferliste gestrichen wird, wozu es einer polizeilichen Verfügung bedarf. Lehnt die Polizei den Erlaß der Verfügung ab, so hat der frühere Trunkenbold die Klage auf Aufhebung der früher zu Recht bestehenden Verfügung; denn in deren Aufrechterhaltung bei dem Fortfalle der tatsächlichen Vorbedingungen der Verfügung liegt eine neue polizeiliche

Anordnung, welche mit den Rechtsmitteln aus den §§ 127, 128 wegen Mangels der tatsächlichen Voraussetzungen anfechtbar ist (OVG. 15 413, 21 351, 414, 29 438).

Bei der selbständigen Prüfung des Verwaltungsrichters hinsichtlich der tatsächlichen Voraussetzungen einer polizeilichen Verfügung wird letztere aufrecht zu erhalten bzw. die Klage abzuweisen sein, wenn sich zwar nicht alle von der Polizei behaupteten Vorgänge, aber doch diejenigen wirklich zugetragen haben, die für den Erlaß der Verfügung erforderlich sind (Erk. v. 16. VI. 91 — IV 500).

Welche tatsächlichen Vorgänge im Verwaltungsstreitverfahren jedesmal bewiesen werden müssen, hängt von den verschiedenen polizeilichen Verfügungen und denjenigen Voraussetzungen ab, aus denen die Berechtigung der Polizei folgt, die Verfügung zu erlassen. Der Verwaltungsrichter erhebt nach den für ihn maßgebenden Vorschriften den Beweis und er trifft, gleichgültig, welche Überzeugung die angegriffene Polizeibehörde hatte, die notwendige tatsächliche Feststellung. Vermißt er die erforderlichen tatsächlichen Voraussetzungen, so hebt er die Verfügung auf.

Sind die gesetzlichen Voraussetzungen vorhanden, so darf der Verwaltungsrichter die Verfügung nicht deshalb aufheben, weil er bei freier Würdigung die Notwendigkeit, Angemessenheit und Zweckmäßigkeit des Verfügten nicht anzuerkennen vermag (OVG. 6 226, 354, 7 306, 352, 9 403, 22 380). Dieses Moment ist der Prüfung des Verwaltungsrichters hinsichtlich der nach Tit. IV LVG. zu beurteilenden polizeilichen Verfügungen entzogen, dagegen ist die Verfügung rechtswidrig, wenn die Polizei zu dem polizeilich zu erstrebenden Zweck ein gänzlich untaugliches Mittel anwenden läßt oder wenn sie Unmögliches fordert oder den Betroffenen mehr belastet, als der polizeiliche Zweck erfordert (Kunze-Kautz 2 859, 860).

Niemals darf aber die Polizei ein polizeiliches Gebot oder Verbot aus Schikane oder willkürlich erlassen oder aus gleichem Grunde eine polizeiliche Genehmigung versagen oder widerrufen. In einem Erk. v. 17. I. 98 (Kunze-Kautz 2 864, 865) IV 121 war folgender Fall behandelt: Nach einer Polizeiverordnung waren die Anlieger eines Weges verpflichtet, ihre Grundstücke mit Zäunen zu versehen. Dem Kläger war (entgegen der Polizeiverordnung) aufgegeben worden, einen „dichtschließenden" Zaun anzulegen, damit der Weg vor Schneeverwehungen geschützt werde, ein Zweck, den die Polizeiverordnung nicht im Auge gehabt hatte. Das Oberverwaltungsgericht hob die Verfügung auf und führte aus: „Wenn die Polizei nach freiem Ermessen ein gewisses Gebot erlassen darf, so unterliegt dem Verwaltungsrichter zwar nicht die Kontrolle, ob die Entschließung angemessen oder notwendig war, aber doch dafür, ob das Ermessen nicht willkürlich, d. h. ob der Entschließung überhaupt polizeiliche

Motive, zu deren Wahrung der Polizei die Handhabung des Ermessens gegeben ist, zugrunde liegen. Verfolgt die Polizei dabei andere Zwecke, als für welche die Bestimmung in der Polizeiverordnung gegeben ist, so liegt ein willkürlicher unberechtigter Eingriff in die Rechtssphäre des davon Betroffenen vor. Ein solcher Fall liegt hier vor."

Bei dem der Polizei zustehenden Ermessen kann es vorkommen, daß bei anscheinend gleichen Fällen sie verschieden verfährt; dennoch braucht dabei keine Willkür vorzuliegen. Die Polizei ist nicht verpflichtet, im Verwaltungsstreitverfahren die inneren Gründe ihrer Entschließung zu offenbaren. Tut sie es und zeigt sich dabei Willkür, so hebt der Verwaltungsrichter die Verfügung auf. Ein Landrat hatte einem Wirtschaftsinspektor, der wegen einer jagdpolizeilichen Übertretung bestraft worden war, den Jagdschein entzogen, während er den Jagdschein einem Gutsbesitzer beließ, der wegen derselben Übertretung bestraft worden war. Als Grund der verschiedenen Behandlung der Fälle hatte der Landrat angegeben, daß der Inspektor, sein politischer Gegner, „politisch tot" gemacht werden müsse. Diese Verfügung wurde vom Verwaltungsrichter als willkürlich mit Recht aufgehoben. Durch Schikane darf ebensowenig eine polizeiliche Verfügung beeinflußt sein. Schikane beruht auf böser Absicht, bewußter Rechtswidrigkeit, um die zulässige Ausführung einer Sache zu verzögern oder zu verhindern. Dies ist kein polizeiliches Motiv, selbst wenn der Polizei der Buchstaben des Gesetzes zur Seite steht.

Ebensowenig darf die Polizei aus Gründen, die nicht ihrer Obhut anvertraut sind, einschreiten oder eine Genehmigung versagen. Die JagdO. bestimmt, unter welchen Voraussetzungen ein Jagdschein versagt werden darf. Darunter befindet sich die Aasjägerei nicht. Versagt deshalb die Jagdpolizeibehörde den Jagdschein, so unterliegt ihre Verfügung der Aufhebung, obwohl aus allgemeinen jagdlichen Gründen ein Aasjäger von der Ausübung der Jagd ferngehalten werden müßte.

7. Wiederholung einer polizeilichen Anordnung.

Eine polizeiliche Verfügung wird unanfechtbar, wenn binnen der gesetzlichen Fristen dagegen ein Rechtsmittel nicht erhoben wird. Das hindert aber nicht den Erlaß einer neuen zweiten Verfügung desselben Inhalts; diese zweite Verfügung kann niemals bloß deswegen aufgehoben werden, weil sie nach Ansicht des Verwaltungsrichters entbehrlich war (Erk. v. 3. VI. 90 OVG. 19 217). Umgekehrt könnte vielmehr der Umstand, daß früher ganz dieselbe Anordnung ergangen und unanfechtbar geworden ist, dem Verwaltungsrichter die Befugnis geben, von vornherein jeden sachlichen Angriff gegen die zweite Verfügung als unbegründet zurückzuweisen. Das setzt allerdings voraus, daß nicht die zweite Verfügung an die Stelle der ersten getreten (also die erste stillschweigend oder ausdrücklich zurückgenommen) ist; liegt ein solcher Fall vor, so besteht die alte Verfügung rechtlich nicht mehr, und die neue Verfügung muß ganz ebenso behandelt werden, als wäre jene erste überhaupt nicht ergangen. Die Rechtsmittel sind also zulässig. Ein Beispiel:

Dem Kläger war durch Verfügung vom 29. Februar aufgegeben worden, den Betrieb eines Gasmotors einzustellen, oder ihn zu verlegen Am 28. April teilte die Polizeibehörde dem Kläger mit, daß sie nunmehr die rechtskräftig gewordene Verfügung vollstrecken werde, falls ihr nicht Genüge geschehe. Die Klage gegen die Verfügung vom 28. April wurde durch Erk. v. 12. VI. 97 — III 865 zurückgewiesen und dabei ausgeführt: „In der Verfügung vom 28. April wurde keine neue Anordnung oder Androhung erlassen. Vielmehr nimmt die Polizei nur auf die rechtskräftig gewordene Verfügung vom 29. Februar Bezug und kündigt die früher angedrohte zwangsweise Außerbetriebsetzung des Motors mit dem Hinzufügen an, daß der Zwangsweg beschritten werden würde, falls eine letzte Frist fruchtlos verstreichen sollte. Die Verfügung vom 28. April ist daher als eine polizeiliche im Sinne des IV. Titels des LVG. nicht anzusehen und deshalb die Klage gegen sie nicht gegeben. Sollte die Verfügung vom 28. April aber unter dem Gesichtspunkte des IV. Titels LVG. in Betracht kommen können, so würde gegen sie die Klage an sich zulässig sein, indessen keinen Erfolg haben, weil der Kläger, gegen den die Polizeibehörde gemäß der Verfügung vom 29. Februar einschreiten durfte, durch die Verfügung vom 28. April in seinen Rechten nicht verletzt wird, indem von ihm nur das gefordert wird, was er nach der Verfügung vom 29. Februar schon leisten mußte." (Weitere Beispiele siehe Kunze-Kautz 2 870, 871).

Wenn danach die Polizeibehörde eine Anordnung von neuem erläßt, so ist durch den Verwaltungsrichter zu prüfen, ob sie damit eine neue Verfügung erlassen hat, welche an die Stelle der früheren getreten ist, ob sie ein neues Verfahren gegen den in Anspruch Genommenen eröffnet hat. Bietet die Sachlage für diese Annahme genügenden Anhalt, so besteht allerdings die alte Verfügung rechtlich nicht mehr, und die neue Anordnung muß so behandelt werden, als wäre jene erste überhaupt nicht ergangen. Enthält die erste Verfügung keine Androhung, dagegen die zweite Verfügung eine solche, so sind gegen die Androhung die Rechtsmittel gemäß § 133 Abs. 1 LVG. immer gegeben (Erk. v. 28. XI. 96 — IV 1936).

Die Anwendung des § 133 Abs. 1 Satz 2 LVG. setzt stets voraus, daß in der ersten Verfügung nur eine Anordnung ohne Androhung erlassen worden und die Androhung später, also in der zweiten Verfügung, nachfolgt.

Zweiter Abschnitt.

Wasserpolizei.

(Vgl. den Abschnitt „Wegepolizei").

Erster Titel.

Wasser- und Strompolizei.

Nach § 59 KreisO. v. 13. XII. 72 verwaltet die Wasserpolizei der Amtsvorsteher, in den Städten die Ortspolizeibehörde, wie überhaupt die Wasserpolizei Ortspolizei ist; in Hannover verwaltet sie demnach der Landrat (Magistrat). In Holstein ist der Amtsvorsteher nur das Organ des Landrats, der eigentlichen Wasserpolizeibehörde; im Geltungsgebiete der Provisorischen Verf. v. 6. IX. 63 haben Wasserlösungskommission und die Schauungsmänner die Wasserpolizei zu verwalten (§ 82 ZustG.). Im ehemaligen Herzogtum Lauenburg gebührt sie dem Amtsvorsteher.

Die öffentlichen Ströme sind in allen ihren drei Bestandteilen — dem Wasser, dem Bette und dem Ufer — der Fürsorge nicht den Ortspolizeibehörden, sondern der Landespolizeibehörde (dem Regierungspräsidenten) unterstellt, und zwar besteht die Zuständigkeit der letzteren, sofern nicht gemäß besonderer gesetzlicher Ermächtigung eine abweichende Organisation vorgesehen ist, überall da, wo es sich, wie OVG. 11 233 sagt, darum handelt, den Strom in einer polizeilich zu überwachenden, durch das öffentliche Interesse erforderten Verfassung zu erhalten. Nicht nur die Sicherheit und Bequemlichkeit der Schiffahrt (Schiffahrtspolizei) gehört zu den Aufgaben der Landespolizei, sondern auch die Überwachung der öffentlichen Ströme in sanitärer Beziehung, die Fernhaltung jeder dem Publikum nachteiligen Verunreinigung (KabO. v. 24. II. 16 GS. 108), ferner die Benutzung der Ströme zur Aufnahme unreiner Abwässer usw. Ebenso gebührt die Hafenpolizei der Landespolizeibehörde.

Der Minister für Handel (§ 138 LVG.) kann mit der Verwaltung der Strom-, Schiffahrts- oder Hafenpolizei im ganzen Umfange der Aufgaben der Landespolizeibehörden besondere, ihm direkt unterstellte Behörden beauftragen. So kann einem Regierungspräsidenten diese Verwaltung auf Stromstrecken übertragen werden, die nicht in seinem Regierungsbezirke liegen; gleiches kann bei einem Oberpräsidenten geschehen. Dadurch wird eine Spezialbehörde geschaffen. Die von diesen Behörden erlassenen polizeilichen Verfügungen sind nicht den Vorschriften in den §§ 127 ff., 130 LVG. unterworfen. Demnach ist die Klage im Verwaltungsstreitverfahren überhaupt nicht gegeben (Erk. v. 24. X. 87 OVG. 15 339, OVG. 30 281). Die Beschwerden gehen direkt an den Minister für Handel (Erk. v. 4. IV. 00 und v. 27. II. 03 — PrVBl. 21 564 u. 25 266), und auch die von diesen Spezialbehörden erlassenen Polizeiverordnungen bedürfen nicht der Zustimmung des Bezirksausschusses oder des Provinzialrats. Wo Spezialbehörden bestehen, hört die Zuständigkeit der Landespolizeibehörde auf (OVG. 11 239, 30 285, 48 268).

Ist eine Ortspolizeibehörde oder ein Wasserbauinspektor zum Organ des Regierungspräsidenten für die Wahrnehmung der Strom-, Schiffahrts- oder Hafenpolizei bestimmt worden, ohne daß der Regierungspräsident zur Spezialbehörde gemacht worden, so gelten ihre Anordnungen als Anordnungen des Regierungspräsidenten, bis sie von ihm gemißbilligt oder aufgehoben werden (Erk. v. 11. V. 96 u. v. 2. XII. 96 — OVG. 30 290 u. 31 233). Die Beschwerde geht daher an den Oberpräsidenten mit darauffolgender Klage bei dem Oberverwaltungsgerichte.

Die von dem Landrate und dem Wasserbauinspektor in Hannover auf Grund der HannVd. v. 1. IX. 52 erlassenen strompolizeilichen Anordnungen sind als ortspolizeiliche Verfügungen des Landrats anzusehen. Der Regierungspräsident ist für ihren Erlaß nicht zuständig. Haben etwa die genannten Beamten eine wasserpolizeiliche Anordnung im Sinne des § 66 ZustG. erlassen, so richten sich die Rechtsmittel gegen den Landrat nach § 66 (OVG. 25 290, 34 292).

Zweiter Titel.

Räumung von Gräben, Bächen und Wasserläufen.

(§ 66 ZustG.)

1. Allgemeines.

Der § 66 ZustG. spricht von Anordnungen der für die Wahrnehmung der Wasserpolizei zuständigen Behörde. Das ZustG. bestimmt nichts darüber, welche Behörden für die Wahrnehmung der Wasserpolizei zuständig sind, es regelt nur das Verfahren (Erk. v. 20. II. 93 OVG. 24 250). Die Regelung der Zuständigkeit erfolgt in anderen Gesetzen; aus dem ZustG. (§§ 66, 95) ergibt sich aber, daß die Wahrnehmung der Wasserpolizei hinsichtlich der in § 66 erwähnten Wasserläufe grundsätzlich der Ortspolizeibehörde obliegt (vgl. S. 197).

Die in § 66 ZustG. genannten Bäche und Wasserläufe sind Privatflüsse im Sinne des PrivatflußG. v. 28. II. 43. Das HannG. v. 22. VIII. 47 spricht von natürlichen Wasserzügen (Flüssen, Bächen usw.), die Provisorische Verfügung für die Geestdistrikte v. 6. IX. 63 von natürlichen Wasserläufen, die WasserlösungsO. für die Geestdistrikte des Herzogtums Holstein v. 16. VII. 57 von natürlichen Wasserzügen, Bächen, Auen usw. Auf keinen Fall gehören zu den „Wasserläufen" im Sinne des § 66 die öffentlichen Flüsse (Erk. v. 23. VI. 00 — III 913); das in § 66 behandelte Verfahren paßt nicht auf diese und die Behörden, unter deren Aufsicht die öffentlichen Flüsse gestellt sind; denn dies sind abgesehen von Hannover die Landespolizeibehörden (vgl. S. 197 u. § 95 ZustG.).

Anderseits ist zu beachten, daß die Befugnis der Ortspolizeibehörde, eine polizeiliche Anordnung wegen Räumung von künstlich hergestellten Gräben zu erlassen, nur dort besteht, wo für sie eine öffentlich-rechtliche Pflicht zur Räumung gesetzlich begründet ist. Dies ist im Geltungsbereiche des HannG. v. 22. VIII. 47 nicht der Fall (OVG. 19 302). Auch nicht für jeden Graben im Geltungsbereiche des § 100 I 8 ALR. besteht eine öffentlich-rechtliche Räumungspflicht. Wasserfurchen, die zwar zum Abflusse des Wassers dienen, aber vom Besitzer jedes Jahr neu hergestellt werden, dann aber wieder verschwinden, sind keine Gräben, durch die das Wasser seinen ordentlichen und gewöhnlichen Ablauf hat (Erk. v. 24. IX. 96 — III 1194). Darunter fallen zwar künstlich hergestellte Rinnen (Erk. v. 27. VI. 01 — III 1113), nur muß durch sie das Wasser seinen ordentlichen und gewöhnlichen Ablauf haben, ordentlichen, d. h. im Gegensatze zu dem Ablaufe des wild fließenden Wassers, und gewöhnlichen, d. h. den seit geraumer Zeit regelmäßig fortdauernden. Es muß eine gewisse vetustas vorliegen. Entscheidend ist, daß der Graben tatsächlich zur ordentlichen und gewöhnlichen Ableitung des Wassers dient und längere Zeit gedient hat. Es ist ohne Belang, aus welchem Grunde und zu welchem Zwecke der Graben ursprünglich angelegt worden ist; lediglich die Tatsache, daß er vorhanden ist und das Wasser durch ihn seinen geregelten Ablauf hat, ist entscheidend. Es steht selbst eine unbefugte oder widerrechtliche oder lediglich im Interesse nur eines oberhalb liegenden Grundeigentümers erfolgte ursprüngliche Anlegung der Anwendung des § 100 und damit des § 66 ZustG. nicht entgegen (Erk. v. 3. III. 87 PrVBl. 8 245).

Gräben, bei denen eine öffentlich-rechtliche Räumungspflicht besteht (§ 100), sind nicht allein solche Gräben und Kanäle, die das Wasser aus Privatflüssen abführen oder wodurch Privatflüsse geleitet werden; sondern auch solche, durch die das wild ablaufende Wasser gefaßt wird. Auch bei diesen besteht ein öffentliches Interesse für ihre Unterhaltung. Solche Gräben (Vorflutgräben) können innerhalb ländlicher und städtischer Feldmarken, auch auf für die Bebauung vorbehaltenem Gebiete sich befinden (Erk. v. 5. X. 96 — III 1231). Es ist auch gleichgültig, ob sie wesentlich städtischen Entwässerungszwecken dienen (Erk. v. 19. X. 98 — III 1412), und ob dem Graben befugter- oder unbefugterweise Gewässer zugeführt werden, die den früheren Umfang des abfließenden Wassers vergrößern oder die Räumungspflicht, z. B. durch Zuführung unreiner Gewässer, vermehren (Erk. v. 19. XII. 00 — III 2181).

Allerdings kann sich der Räumungspflichtige gegen die unberechtigte Zuleitung von Wasser durch Anrufung des ordentlichen Richters schützen (Erk. v. 19. X. 96 — III 1291). Ein Graben, der nur innerhalb des

Grundstücks des Räumungspflichtigen liegt und kein fremdes Grundstück entwässert, fällt nicht unter den § 100 I 8 ALR. Der Graben muß mehrere Grundstücke in der Weise berühren, daß er entweder Scheidegraben ist oder von einem Grundstücke auf ein anderes führt, oder wie § 100 sagt, „über das Grundstück" des andern geht (Gruchot 18 763; Erk. v. 19. X. 96 — III 1291 — PrVBl. 18 108, wo die ganze Judikatur über § 100 zusammengefaßt ist). Unerheblich ist, ob das Grundstück, das nach einem Graben entwässert, sein natürliches Gefälle nach dem Grundstücke, über das der Graben geht, hat; wesentlich ist, ob nach der Beschaffenheit des Grabens und nach dessen Niveau das Wasser in diesem seinen ordentlichen und gewöhnlichen Ablauf findet. Der Graben kann auf dem Grundstücke der Verpflichteten enden und er kann sein Wasser über dieses wild fließen lassen.

Wer Subjekt der Räumungspflicht, die zur Unterhaltungspflicht gehört, ist, richtet sich nach den in den einzelnen Landesteilen bestehenden öffentlich-rechtlichen Vorschriften. Für das Gebiet des ALR. bestimmen die §§ 100, 101 I 8, daß in der Regel ein jeder die über sein Eigentum gehenden Gräben und Kanäle, wodurch das Wasser seinen ordentlichen und gewöhnlichen Ablauf hat, zu unterhalten verbunden und daß bei Scheidegräben in der Regel die Unterhaltung von den beiderseitigen Nachbarn zu bewirken sei. Die Regel kann durch öffentlich-rechtliche Titel abgeändert sein; dazu gehören die Observanz, Abmachungen der Rechtbeteiligten mit Zustimmung der Wasserpolizei, welche die Gläubigerin ist, Abmachungen in Auseinandersetzungsrezessen usw. Für Privatflüsse verordnet der § 7 G. v. 28. II. 93:

> Die Uferbesitzer sind, wo nicht Provinzialgesetze, Lokalstatuten, ununterbrochene Gewohnheiten oder spezielle Rechtstitel ein anderes bestimmen, zur Räumung des Flusses insoweit verpflichtet, als es zur Beschaffung der Vorflut notwendig ist.

Hinsichtlich der übrigen Landesteile wird auf die dort geltenden Wassergesetze verwiesen.

2. Inhalt und Wesen einer wasserpolizeilichen Anordnung.

(§ 66 ZustG.)

Wasserpolizeiliche Anordnungen (§ 66 ZustG.) wegen Räumung von Wasserläufen usw. müssen entweder in der Anordnung einer Handlung (Gebot) oder in der Anordnung einer Unterlassung (Verbot) bestehen. Wenn die Wasserpolizeibehörde unmittelbar tatsächlich ohne vorherige Anordnung und Androhung eingreift, z. B. einen Graben selbst räumen läßt, so kann dieses Vorgehen zugleich eine wasserpolizeiliche Anordnung nebst Androhung und Ausführung eines Zwangsmittels enthalten, also unmittelbaren Zwang (§ 132 Nr. 3 LVG.) enthalten (vgl. S. 156, 157); die Ausführung eines Zwangsmittels kann nur durch Anrufung der Aufsichtsbehörde im Wege der Beschwerde, im übrigen die Anordnung nebst Androhung selbst gemäß § 66 angefochten werden (d. h. durch Einspruch mit darauffolgender Klage, § 133 Abs. 2 LVG., vgl. S. 177; OVG. 5 408, 9 177, 16 286, 25 408). Die Androhung der Ausführung durch einen Dritten, sowie die Festsetzung einer Exekutivstrafe hat schriftlich zu erfolgen; in der Verfügung ist, wenn eine Handlung erzwungen werden soll, die Frist zu bestimmen, innerhalb welcher die Ausführung gefordert wird (§ 132 Nr. 2 LVG.). Die Anordnung muß ferner bestimmt sein, insbesondere muß sie genau bezeichnen, was der Verpflichtete tun oder unterlassen soll; sie muß z. B. angeben, wie geräumt werden soll; sie darf nicht aussprechen, daß wegen der Art der Räumung das Nähere ein technischer Beamter später noch angeben werde (Erk. v. 7. XI. 00 — III 1892). Auch eine in sich widersprechende Verfügung ist keine haltbare Grundlage für die Durchführung einer wasserpolizeilichen Anordnung (Erk. v. 17. XI. 00 — III 1962). Diese Eigenschaften haben an sich alle polizeilichen Verfügungen (vgl. S. 167). Insoweit der § 66 ZustG. nicht Abweichungen zuläßt, die hier weiter unten noch werden behandelt werden, gelten auch hier die allgemeinen Vorschriften für polizeiliche Verfügungen. Wesentlich für die Anwendung des § 66 ist, daß die Anordnung die öffentlich-rechtliche, dauernde Räumungspflicht geltend machen will (Erk. v. 13. XII. 99 OVG. 36 310; Erk. v. 28. X. 95 — III 1335; Erk. v. 21. III. 00 — III 551), und daß damit entweder die Räumung von Gräben, Bächen und Wasserläufen aufgegeben oder die dazu erforderlichen Kosten aufgebracht oder verteilt werden sollen. Es ist dabei gleichgültig, aus welchen polizeilichen Motiven heraus die Anordnung erlassen ist (Erk. v. 28. X. 95 — III 1335 und OVG. 27 274). Die Wasserpolizeibehörde muß sich dabei an denjenigen wenden wollen und wenden, den sie nach öffentlichem Rechte zur dauernden Räumung verbunden hält. Dies ist sehr wichtig, weil sich danach die zu ergreifenden Rechtsmittel richten. Einige Beispiele sollen dies erläutern: Ein Vorübergehender wirft lose Steine, Erde oder andere Materialien in einen Privatfluß und versperrt den Flußlauf; die Polizei untersagt ihm dies und gibt ihm außerdem auf, die Steine usw. aus dem Flusse fortzuschaffen. Hier wendet sich die Polizei nicht an denjenigen, der dauernd zur Räumung verpflichtet ist, sondern an den Täter, weil er Urheber des Abflußhindernisses ist; die Verfügung charakterisiert sich als eine zwar wasserpolizeiliche, aber als eine den Vorschriften der §§ 127 ff. LVG. unterworfene allgemein-polizeiliche Verfügung, und deshalb sind die dort angegebenen Rechtsmittel, nicht die in § 66 beschriebenen, allein anwendbar. Wenn die in den Fluß geworfenen Steine ein Abflußhindernis bilden (§ 7 G. v. 28. II. 43), so kann sich die Wasserpolizei allerdings auch an den öffentlich-rechtlich zur Räumung Verpflichteten halten und ihm die Beseitigung der Steine aufgeben. Die gegen ihn erlassene Verfügung charakterisiert sich dann als eine wasserpolizeiliche im Sinne des § 66. Macht im ersteren Falle der angebliche Urheber den Einwand, nicht er, sondern ein Dritter habe die Steine in den Fluß geworfen, so ist der Einwand zulässig. Erweist er sich als tatsächlich begründet, so wird, weil die erforderlichen tatsächlichen Voraussetzungen für die Verfügung gefehlt haben, die letztere aufgehoben (§ 127 Abs. 3 LVG.; Erk. v. 3. XI. 90 OVG. 20 308; vgl. auch OVG. 38 253), während bei dem Angriffe auf die wasserpolizeiliche Verfügung aus § 66 ZustG. zur erfolgreichen Durchbringung des Einwandes notwendig ist, daß der Dritte mit verklagt wird; bei Klagen aus §§ 127 ff. LVG. ist dies nicht einmal zulässig. Ja, die Beiladung ist dabei nicht einmal angebracht.

Lehnt die Wasserpolizeibehörde den Antrag auf Erlaß einer wasserpolizeilichen Verfügung ab, so kann nur die Beschwerde im Aufsichtswege helfen, das Verfahren aus § 66 ZustG. ist nicht zulässig (Erk. v. 26. VI. 02 PrVBl. 24 183).

Eine wasserpolizeiliche Verfügung (§ 66) kann auch wegen Aufbringung oder Verteilung der zur Räumung von Wasserläufen und Gräben erforderlichen Kosten erlassen werden. Das letztere wird namentlich dann der Fall sein, wenn die Polizei selbst die Räumung hat bewirken lassen und nunmehr die Kosten von den Pflichtigen einfordert oder unter sie verteilt (Erk. v. 8. XI. 99 OVG. 36 302).

Was unter „Räumung" zu verstehen ist, richtet sich nach den verschiedenen Wassergesetzen (z. B. § 10 Vorflutedikt v. 15. XI. 11; § 2 VorflutG. v. 9. II. 67; § 7 G. v. 28. II. 43; §§ 1 ff. HannG. v. 22. VIII. 47). Bei der von der Polizei geforderten Räumung muß der früher bestandene Zustand des Wasserlaufes, mag er sich nun durch Vernachlässigung der Räumung oder durch die natürliche Kraft des Wassers oder durch positives Eingreifen der Menschen oder Tiere usw. verändert haben, zur Wiederherstellung gelangen sollen. Der Wasserlauf ist deshalb auszukrauten, bis auf die alte Sohle zu vertiefen, der normale Zustand herzustellen, ja auch die ausgekolkte Sohle ist zu erhöhen, wenn dies zur Beseitigung von Vorfluthindernissen erforderlich ist (OVG. 9 263, Erk. v. 21. III. 00 — III 551), die Anschwemmungen sind abzustechen, soweit solche die normale Breite des Wasserlaufes einengen und die Vorflut behindern, mögen sie bereits mit dem Ufer verwachsen sein oder nicht (OVG. 4 270, 9 257). Regelmäßig wird das Hindernis eines gehörigen Abflusses in der Beschaffenheit eines unterhalb belegenen Grundstücks oder Flußteiles zu finden sein; liegen aber die Umstände so, daß die mangelnde Vorflut in der vernachlässigten Räumung oberhalb ihren Grund hat, so ist die Polizei ermächtigt, auch die Beseitigung des oberhalb belegenen Hindernisses zu fordern (Erk. v. 6. IV. 83 OVG. 9 257). Was bei einem Wasserlaufe das Normale ist, ist eine Tatfrage, es braucht dabei nicht auf unvordenkliche Zeiträume zurückgegriffen zu werden (Erk. v. 22. IV. 99 OVG. 30 301).

Ist zur Räumung bzw. zur Fortschaffung des Schlammes notwendig, daß ein Uferstreifen zur Ablagerung benutzt wird, so kann die Polizei die Beschaffung dieses Streifens vom Unterhaltungspflichtigen mit einer Anordnung aus § 66 fordern. Wendet sie sich damit an einen Fremden, so liegt eine mit den Rechtsmitteln des § 127 LVG. angreifbare Verfügung vor (OVG. 13 316).

Auf eine Erweiterung der bestehenden Abflußverhältnisse abzielende Neuanlagen liegen außerhalb des Rahmens der Unterhaltungs- und Räumungspflicht (OVG. 2 277, 8 223); dazu ist meist die Eröffnung eines förmlichen Entwässerungsverfahrens (§ 68 ZustG.) erforderlich.

3. Rechtsmittel gegen wasserpolizeiliche Anordnungen.
(§ 66 ZustG.)

a) Einspruch.

Gegen wasserpolizeiliche Verfügungen im Sinne des § 66 (ebenso gegen die Androhungen) findet als ordentliches Rechtsmittel nur der Einspruch statt, der bei der Wasserpolizeibehörde selbst binnen zwei Wochen anzubringen ist. Wird dieser Vorschrift zuwider der Einspruch bei einer Behörde eingelegt, die sonst zur Beschlußfassung oder zur Entscheidung auf Beschwerden gegen Beschlüsse oder Verfügungen der Wasserpolizeibehörde zuständig ist, so gilt dennoch die Frist als gewahrt (vgl. § 56 Abs. 2 ZustG., §§ 111 Abs. 4, 122 Abs. 5, 129 Abs. 5 LVG.). Als solche Behörden kommen die Aufsichtsbehörden in Betracht, namentlich der Landrat oder der Kreisausschuß, wenn der Einspruch gegen die Verfügung der Ortspolizeibehörde auf dem Lande oder einer zu einem Landkreise gehörigen Stadt bis zu 10000 Einwohnern, der Regierungspräsident und der Bezirksausschuß, wenn der Einspruch gegen eine Verfügung der Ortspolizeibehörde einer größeren Stadt oder des Landrats eingelegt wird. Diese Behörden haben den Einspruch an die verfügende Behörde zur Beschlußfassung abzugeben (vgl. OVG. 8 188). Wird diese Vorschrift nicht befolgt und auf die Beschwerde zu Unrecht von der angerufenen Behörde ein Beschluß gefaßt, so ist dieser, wenn die Angelegenheit in das Verwaltungsstreitverfahren gelangt, nebst den etwa ergangenen weiteren Beschlüssen höherer Instanzen aufzuheben und der betreffende Schriftsatz als Einspruch an die Wasserpolizeibehörde zur ordnungsmäßigen Beschlußfassung abzugeben. Der Tenor würde lauten: „daß unter Aufhebung des Bescheides vom . . . der Einspruch des Klägers vom . . . dem Amtsvorsteher . . . . (der Polizeiverwaltung, dem Landrate) zur Beschlußfassung gemäß § 66 Abs. 1 u. 2 des ZustG. abzugeben." Dieser Fall kommt oft so vor, daß gegen die wasserpolizeiliche Anordnung sofort

Klage erhoben ist. Haben etwa die erste und zweite Instanz in der Sache selbst entschieden, so sind die Vorentscheidungen ebenfalls aufzuheben. Denn der Verwaltungsrichter darf sich mit der Sache materiell nicht eher befassen, als bis die Wasserpolizeibehörde im Wege des Einspruchverfahrens Beschluß gefaßt hat, ein Formalismus, der bei einer Revision des Verwaltungsstreitverfahrens wohl abgeschafft werden könnte. Es dürfte praktischer sein, zu bestimmen, daß wahlweise der Einspruch mit darauffolgender Klage oder gleich die Klage zuzulassen sei.

In dem Einspruche können alle Einwendungen vorgebracht werden, die geeignet sind zur Aufhebung oder Abänderung der Verfügung. Die Einwendungen werden meist dahin gehen, entweder daß die Verfügung überhaupt niemanden gegenüber rechtsgültig sei, z. B. weil sie zu unbestimmt, weil sie mehr verlange als zur Räumung erforderlich sei, weil sie die unzuständige Behörde erlassen habe, oder daß sie zwar an sich rechtsbeständig sei, aber einem unrichtigen Verpflichteten die Auflage mache. Hebt die Wasserpolizeibehörde die Verfügung insoweit auf, als nicht der Einsprechende, sondern ein Dritter für verpflichtet gehalten wird, und wird der Beschluß dem Dritten, den die Wasserpolizeibehörde nunmehr für verpflichtet hält, behändigt, so hat dieser dann nicht mehr Einspruch, sondern sofort Klage zu erheben.

Anordnung und Beschluß sind dem Betroffenen zum Zwecke der Feststellung des Zeitpunktes der Behändigung gegen Bescheinigung zuzustellen.

b) Klage gegen den Einspruchbeschluß.

Innerhalb zweier Wochen ist gegen den Beschluß der Wasserpolizeibehörde die Klage zulässig. In Stadtkreisen und wenn die Klage gegen Beschlüsse des Landrats und der Ortspolizeibehörde einer Stadt mit mehr als 10000 Einwohnern gerichtet ist, ist für die erste Instanz der Bezirksausschuß, im übrigen der Kreisausschuß zuständig. Die Klage ist bei dem Gericht erster Instanz anzubringen (§ 63 LVG.); die Einlegung bei der Wasserpolizeibehörde wahrt die Frist nicht. Gegen die Erkenntnisse des Kreisausschusses ist die Berufung und Revision, gegen die des Bezirksausschusses nur die Berufung an das Oberverwaltungsgericht gegeben.

Die Klage hat in dem Falle etwas Besonderes, wenn sich der Kläger auf den Einwand stützt, daß zu der ihm im Beschlusse angesonnenen Leistung aus Gründen des öffentlichen Rechts statt seiner ein Anderer verpflichtet sei. Damit dieses Klagefundament Erfolg habe, muß die Klage gegen den „Andern" mit gerichtet werden. Die Klageaufschrift würde dementsprechend sein: „Klage des Grundbesitzers X. zu Z. wider a) den Amtsvorsteher zu A. und b) gegen den Grundbesitzer B. zu Z." Der Klageantrag geht dahin:

a) den Beschluß des Amtsvorstehers vom . . . insoweit aufzuheben, als darin dem Kläger die Auflage zur Räumung des . . . Grabens gemacht worden und

b) statt des Klägers den beklagten Grundbesitzer B. zur angesonnenen Räumung zu verurteilen, ferner

c) die Kosten den beiden Beklagten je zur Hälfte zur Last zu legen.

Ist der Beschluß noch aus anderen Gründen rechtswidrig, so sind diese Gründe mit vorzubringen. Werden sie für durchschlagend erachtet, so ist schon deshalb der Beschluß aufzuheben, ohne daß es einer Prüfung bedarf, ob der Drittbeklagte räumungspflichtig sei. Im andern Falle dreht sich der Streit um die subjektive Räumungspflicht, also lediglich darum, wer die von der Polizei geforderte Räumung zu bewirken habe. Wenn sich der Richter auch dabei um die abstrakte Räumungspflicht in den Gründen schlüssig zu machen hat, geht die Abänderung des angegriffenen Beschlusses immer nur dahin, daß die angesonnene Leistung (oder ein Teil derselben) statt dem Kläger dem Mitbeklagten obliege. Eine Klage (§ 66 Abs. 3 ZustG.) auf Feststellung der abstrakten Räumungspflicht läßt sich damit nicht verbinden.

Das Gesetz hat die Vorschrift in § 66 Abs. 2 Satz 3 (gleichzeitige Belangung des Dritten) eingeführt im Interesse der Beschleunigung des Verfahrens; es soll durch den Streit immer etwas Positives erreicht werden. Entweder bleibt, wenn die Anordnung nicht im übrigen rechtswidrig ist, der Kläger zur Räumung verpflichtet oder der mitbeklagte Dritte wird substituiert und dazu verurteilt.

Wegen der prozessualischen Stellung des „Dritten" und der Wasserpolizeibehörde siehe S. 57ff.

Der Titel, auf Grund dessen der Drittverpflichtete mit der Klage in Anspruch zu nehmen ist, muß ein öffentlich-rechtlicher sein. Die Klage entbehrt daher von vornherein der Begründung, wenn sie auf einen privatrechtlichen Titel gestützt wird, z. B. darauf, daß der Mitbeklagte gegenüber dem Kläger die Räumung kontraktlich übernommen habe, daß die Räumungspflicht durch Verjährung auf den Mitbeklagten übergegangen sei, und ähnliches. Der in der Praxis üblichste und zulässige Einwand ist, daß durch ununterbrochene Gewohnheit (Observanz, ein öffentlich-rechtlicher Titel) die Räumungspflicht sich geändert habe. Der § 7 G. v. 28. II. 43 nennt die ununterbrochene Gewohnheit ausdrücklich. Der § 100 I 8 ALR., der öffentliches Recht enthält (Erk. v. 2. I. 88 OVG. 16 321, v. 19. III. 88 u. 19. VI. 93 — III 557), besagt, daß in der Regel ein jeder die über sein Eigentum gehenden Gräben zu unterhalten verbunden sei. Die Regel kann Ausnahmen, namentlich durch Observanz, erleiden (Erk. des Rev. Kollegiums v. 13. V. 61; Zeitschrift desselben 14 76; Erk. v. 28. I. 99 — III 146; OVG. 30 298).

Was die öffentlich-rechtliche Räumungspflicht bei Privatflüssen anlangt, so liegt da das Eigentümliche vor, daß es vor dem G. v. 28. II. 43 keine allgemeine (jedoch provinzielle) öffentlich-rechtliche Räumungspflicht gab, es entstanden aber vielfach privatrechtliche Verpflichtungen durch Observanz, die das Gesetz demnächst zugleich zu einer öffentlich-rechtlichen machte (Erk. v. 2. I. 02 — III 5 — Kunze-Kautz 2 38). Wurde die öffentlich-rechtliche Pflicht nunmehr solchen auferlegt, die früher gar keine Pflicht gehabt hatten, so durfte sie mit noch größerem Rechte denen auferlegt werden, denen schon eine, wenn auch nur privatrechtliche Pflicht oblag. Schon daraus folgt, daß das Gesetz nicht bloß solche Observanzen im Auge hatte, die sich bei Erlaß des Gesetzes bereits gebildet hatten, daß vielmehr der späteren Bildung und Fortbildung nichts im Wege steht (OVG. 30 301). Wiewohl durch die Observanz eine Verpflichtung gegen den Staat (die Wasserpolizei) entsteht, trägt doch das eigene Interesse, einen Wasserlauf zu räumen, vielfach zur Bildung von Observanzen bei. Dieses eigene Interesse wird oft von dem Bewußtsein getragen, daß der Räumende sich selbst schließlich für räumungspflichtig hält und daß er von einem gewissen Kreise anderer Interessenten, insbesondere auch von der Wasserpolizeibehörde, dafür gehalten wird. So ist observanzmäßig die Räumungspflicht auf die Müller übergegangen, die anfänglich nicht im eigentlichen Vorflutinteresse, sondern nur geräumt hatten, um ihrer Mühle das erforderliche Wasser zuzuführen (vgl. z. B. Erk. v. 5. XI. 91 — III 983, v. 2. VII. 96 OVG. 30 296, v. 10. XII. 98 — III 1706 u. v. 21. XI. 01 — III 1921). Die aufgestellte Ansicht, daß die Observanz nur innerhalb eines weiteren Verbandes als eine allgemeine, für die gleichartigen Rechtsverhältnisse der Verbandsgenossen maßgebende Rechtsnorm in Räumungssachen in Betracht kommt, ist nicht richtig (Erk. v. 2. VII. 96 OVG. 30 296, v. 28. VI. 99 — III 1041); es genügt, wenn die objektive Rechtsnorm sich zwischen den für den vorliegenden Fall in Betracht kommenden Rechtsbeteiligten gebildet hat; rechtsbeteiligt können in Räumungssachen lediglich der früher Verpflichtete, der neu Verpflichtete und die Wasserpolizeibehörde sein.

Bei polizeilichen Verfügungen gemäß §§ 127ff. LVG. hat der Verwaltungsrichter die Angemessenheit und Notwendigkeit des Geforderten nicht zu prüfen; im Falle des § 66 steht ihm diese Prüfung im vollen Umfange zu (OVG. 32 267 u. Erk. v. 26. VI. 02 — III 1140). Es liegt dies darin, daß nur ein Rechtsmittel gegeben ist, während bei den sonstigen polizeilichen Verfügungen (§§ 127ff. LVG.) Beschwerde und Klage wahlweise zulässig sind und bei ersterem Rechtsmittel die Beschwerdeinstanzen zur Prüfung der Angemessenheit und Notwendigkeit berufen sind. Bei der Prüfung der Angemessenheit und Notwendigkeit des in Räumungssachen Geforderten wird auch in Betracht zu ziehen sein, ob die Forderung über das Maß dessen hinausgeht, was der Verpflichtete ohne Gefährdung seiner eigenen Existenz zu leisten vermag. Das Oberverwaltungsgericht hat dies bei Räumungsklagen noch nicht auszusprechen Gelegenheit gehabt, diesen Grundsatz aber bei der Wegeunterhaltungsklage anerkannt. Jedenfalls ist der Verwaltungsrichter bei der Prüfung dessen, wie und was innerhalb der gesetzlichen Verpflichtung zu leisten ist, ebenso frei wie die Wasserpolizeibehörde selbst bei ihren Anordnungen.

Bei den Klagen auf Aufhebung eines wasserpolizeilichen Beschlusses und Substituierung des Drittverpflichteten für den Kläger in die geforderte Leistung kann die Beiladung (§ 70 LVG.) keine Anwendung finden, insonderheit ersetzt sie nicht die notwendige Parteirolle des Drittverpflichteten als Beklagten.

Es gibt sehr viele wasserpolizeiliche Verfügungen, die keine solche wegen Räumung (§ 66 ZustG.) sind, z. B. wenn einem Müller verboten wird, über die festgesetzte Höhe zu stauen, oder wenn einem Müller aufgegeben wird, die Schleusen zu öffnen oder bewegliche Aufsatzstücke von seinem Wehre wegzunehmen oder wenn jemandem verboten wird, Steine in einen Flußlauf zu werfen, oder wenn dem, der nicht räumungspflichtig ist, als Urheber aufgegeben wird, die von ihm hineingeworfenen Steine herauszunehmen usw. In solchen Fällen richten sich die Rechtsmittel, wie bereits oben dargetan, nach den Vorschriften in den §§ 127 ff. LVG. Es findet also kein Einspruch statt. Ist der Einspruch dennoch eingelegt und die Wasserpolizeibehörde hat einen Beschluß irrtümlich gefaßt, so gilt dieser Beschluß als neue polizeiliche Verfügung, erlassen auf Gegenvorstellung des Betroffenen, gegen die die Rechtsmittel nach den §§ 127 ff. zulässig sind. Die Klage kann dann bei dem Gerichte erster Instanz oder bei der Wasserpolizeibehörde angebracht werden (vgl. S. 179).

c) Erstattungsklage.

Es kommt vielfach der Fall vor, daß im Laufe eines Verwaltungsstreitverfahrens, bei dem der Drittverpflichtete mit verklagt ist (§ 66 Abs. 2 Satz 3 ZustG.), die Wasserpolizeibehörde auf schleunige Räumung besteht (§ 53 LVG.) und daß die Verfügung von dem Kläger ausgeführt wird; dann kann der Kläger den Klageantrag dahin umwandeln, daß der Drittverpflichtete ihm die aufgewendeten Kosten erstattet (vgl. S. 69). Abgesehen von diesem Falle kann nach Ablauf der für den Einspruch und der für Einlegung der Klage gegebenen Frist der von der Wasserpolizeibehörde in Anspruch Genommene gegen den Dritten die Klage auf Erstattung des Geleisteten richten. Ihr Klagegrund ist, daß der Kläger geräumt habe und der Dritte aus Gründen des öffentlichen Rechts dazu verpflichtet sei. Streitig ist, ob der Erstattungsklage eine an den Kläger ergangene wasserpolizeiliche Verfügung voraufgegangen sein muß. Nach der Analogie in Wegebausachen würde es nach der Rechtsprechung des

IV. Senats des Oberverwaltungsgerichts genügen, wenn der Kläger lediglich in Erfüllung einer vermeintlichen öffentlich-rechtlichen Räumungspflicht geräumt hat und nunmehr von dem nach öffentlichem Rechte Verpflichteten die Erstattung verlangt. Ist die Räumung von jemandem bewirkt, der weiß, daß er nicht räumungspflichtig ist, der der dauernden Räumungspflicht nicht genügen wollte, sondern z. B. nur als Bevollmächtigter des Pflichtigen gehandelt hat, so ist die Erstattung im Wege der Verwaltungsklage natürlich nicht zu fordern (RGZ. 26. V. 99 PrVBl. 21 39). In den Erk. v. 27. VI. 00 — III 1198 u. v. 18. VI. 96 OVG. 30 305 ist aber vom III. Senat des Oberverwaltungsgerichts ausgesprochen worden, daß Voraussetzung der Erstattungsklage sei, der Kläger habe auf Grund einer Anordnung der Wasserpolizei gemäß § 66 ZustG. geräumt. Es läßt sich auch nicht verkennen, daß der Wortlaut des Gesetzes für die Richtigkeit dieser Ansicht sprechen mag. Dennoch verdient die Ansicht des IV. Senats den Vorzug (ebenso im Falle des § 47 Abs. 4, OVG. 15 259, 20 192).

Die Erstattungsklage ist nicht gegeben, wenn der Kläger zunächst Einspruch gegen die wasserpolizeiliche Verfügung, dann Klage und zwar zugleich gegen den Drittverpflichteten erhoben und mit dieser Klage, weil der Dritte nicht verpflichtet sei, abgewiesen worden ist (Erk. v. 24. III. 02 PrVBl. 24 342). Es liegt dann res judicata vor. Ferner findet die Erstattungsklage nicht statt, wenn sie nicht auf die dauernde öffentlich-rechtliche Räumungspflicht, sondern auf eine sonstige öffentlich-rechtliche Verpflichtung, ein Vorfluthindernis zu beseitigen, gestützt wird. In dem Erk. v. 1. V. 93 (OVG. 25 286) wird der Fall behandelt, wo ein Rückgriff auf eine Gemeinde aus § 3 PolVG. v. 11. III. 50 stattgefunden hatte. Das Oberverwaltungsgericht wies die Erstattungsklage mit Recht ab, weil durch den § 3 keine dauernde Räumungspflicht der Gemeinde begründet werde. Der ordentliche Rechtsweg ist aber gestattet.

Der Beklagte hat gegen eine Erstattungsklage alle diejenigen Einwendungen, welche er gehabt hätte, wenn er gleich in einem Verfahren aus § 66 Abs. 2 neben der Wasserpolizeibehörde mit verklagt worden wäre, also die Einwendung, die Polizeibehörde sei zur Anordnung nicht zuständig, die Räumung sei nicht notwendig gewesen, die Verfügung sei sonst rechtswidrig.

Bei der Erstattungsklage handelt es sich stets um einzelne oder mehrere Räumungsfälle, nicht um eine im Tenor festzustellende abstrakte dauernde Räumungspflicht. Für die Beiladung der Wasserpolizeibehörde ist keine Veranlassung.

Hat die Wasserpolizeibehörde im Wege des Zwangsverfahrens räumen lassen und die Räumungskosten verlangt, so hat sie diese Kosten nur im Wege einer Verfügung „wegen Aufbringung der Räumungskosten" (§ 66 Abs. 1) vom Pflichtigen einzufordern. Der Weg der Erstattungsklage ist dafür nicht gangbar; die Wasserpolizeibehörde gehört nicht zu den Beteiligten.

Für die Erstattungsklage ist in erster Instanz der Kreisausschuß, in Städten und Stadtkreisen (d. h. wenn die genannte Strecke in Stadtkreisen oder in Städten liegt) der Bezirksausschuß. Gegen die Entscheidungen sind die ordentlichen Rechtsmittel gegeben.

Im übrigen siehe den Abschnitt „Erstattungsklage" unter „Wegepolizei".

d) Klage auf Feststellung der abstrakten Räumungspflicht.

Nach § 66 Abs. 4 ZustG. unterliegen Streitigkeiten der Beteiligten darüber, wem von ihnen die öffentlich-rechtliche Verbindlichkeit zur Räumung von Gräben und sonstigen Wasserläufen obliegt, der Entscheidung im Verwaltungsstreitverfahren. Zuständig ist in Stadtkreisen und in Städten der Bezirksausschuß, sonst der Kreisausschuß. Da der Rechtsstreit sich auf ein Grundstück bezieht (§ 57 LVG.), richtet sich die Zuständigkeit der Behörde danach, ob die zu räumende Strecke sich in einer Stadt oder in einem Stadtkreise oder in einem Landkreise oder in beiden befindet (§ 58).

Nur Streitigkeiten der Beteiligten sind im Verwaltungsstreitverfahren auszufechten. Der Ausdruck „Beteiligte" stammt aus der KreisO. v. 13. XII. 72. Nach § 61 waren in Wegebausachen die Beteiligten diejenigen, an die die Wegepolizeibehörde Anforderungen in betreff eines polizeilich zu erzwingenden Wegebaues stellen wollte und stellte. Gehörten sie verschiedenen Amtsbezirken an, so sollte der Kreisausschuß denjenigen Amtsvorsteher bezeichnen, der mit der Zwangsverfügung usw. vorzugehen hatte. Ebenso sollte er nach § 135 II 1b entscheiden, von wem und auf wessen Kosten das Erforderliche für den Wegebau geschehen müsse. Jedem Beteiligten blieb der Rechtsweg offen gegen den, den er zu der ihm vom Kreisausschuß angesonnenen Leistung für verpflichtet erachtete. Eine gleiche Vorschrift bestand, nur daß das Wort „Beteiligte" nicht gebraucht wurde, in Räumungssachen (§ 135 III 1c). Der § 61 Abs. 3 wurde durch § 55 KompG. v. 26. VII. 76 ersetzt; der Ausdruck „Beteiligter" blieb; für § 135 III 1c erging § 98 KompG.:

> „Entsteht über die Verpflichtung zur Räumung von Gräben usw. unter den Beteiligten Streit, so entscheidet der Kreisausschuß im Streitverfahren."

v. Brauchitsch bemerkt dazu:

> „Nach vorgängiger Vernehmung der Beteiligten: es handelt sich um Räumung auf gemeinsame Rechnung."

Auch brachte das KompG. die §§ 77ff., welche von dem Streite der Beteiligten über Leistung von Schulbeiträgen und zum Bau und zur Unterhaltung einer Schule handeln. Die Motive sagen, daß von den

Kreisverwaltungsgerichten die Rechtsfrage zu entscheiden sei, wem die Verpflichtung zur Tragung der Kosten obliege und nach welchen Grundsätzen die Kosten unter die Verpflichteten zu verteilen seien. Die Novelle zur KreisO. v. 19. III. 81 enthielt dann in bezug auf die Unterhaltung der öffentlichen Wege in Art. IV § 2 Abs. 4 die Vorschrift, daß die Streitigkeiten der Beteiligten darüber, wem von ihnen die öffentlich-rechtliche Verpflichtung zur Anlegung usw. eines öffentlichen Weges obliege, zur Zuständigkeit der Verwaltungsgerichte gehören. Das ZustG. v. 1. VIII. 83 hat diese Bestimmung auch auf Räumungs- und Schulbausachen ausgedehnt. In OVG. 3 208 wird ausgeführt, daß zu den Beteiligten im Sinne des § 98 KompG. nur diejenigen zu rechnen seien, denen eine Leistung von der Polizeibehörde angesonnen werde, oder die sich als Verpflichtete gegenüberstehen. Ebenso OVG. 3 190, und in Schulsachen ist das Wort „Beteiligte" gleichfalls in jenem Sinne aufgefaßt in OVG. 7 221, 9 136, 137. Der Abs. 3 § 66 ZustG. spricht deutlich: „wem von ihnen" die Pflicht obliegt. Es gibt also eine Feststellungsklage, die im Verwaltungsstreitverfahren zu verfolgen wäre, nicht schon dann, wenn der Kläger ein Vermögens- oder anderes Interesse an der Feststellung eines Rechtsverhältnisses, hier der abstrakten Räumungspflicht hat, vielmehr ist erforderlich, daß der Kläger zu den Beteiligten im Sinne des § 66 ZustG. gehört; beteiligt wird allemal der sein, von dem die Polizei eine Räumung fordert oder gefordert hat, oder der sich durch eine Anordnung der Polizei bedroht sieht, nicht aber der Oberlieger, der nur ein Privatinteresse hat, daß der sein Wasser abführende Graben geräumt wird und der als Verpflichteter nach Lage der betreffenden Sache niemals in Frage kommt.

Demgemäß hat der Verwaltungsrichter bei einem Streite der Beteiligten schon die Aktivlegitimation zu prüfen. Die Wasserpolizeibehörde gehört nicht zu den Beteiligten, denn sie kann niemals als zur dauernden Räumung verpflichtet in Frage kommen. Die Passivlegitimation hängt davon ab, ob der Beklagte nach der vom Kläger behaupteten öffentlich-rechtlichen Norm räumungspflichtig ist.

In diesem Streitverfahren kann der Beklagte widerklagend beantragen, daß der Kläger zu dem Anerkenntnisse verurteilt werde, er sei zur dauernden Räumung verpflichtet.

Es empfiehlt sich, die Wasserpolizeibehörde beizuladen, weil die Entscheidung nicht inter omnes wirkt, damit nicht widersprechende Erkenntnisse ergehen. Das Gesetz hätte die Zuziehung vorschreiben müssen.

Die Klage ist unabhängig von jeder Frist. Da sie nur über die abstrakte dauernde Räumungspflicht Entscheidung bringen soll, so kann sie mit der Klage auf Aufhebung einer wasserpolizeilichen Verfügung (§ 66 Abs. 2) nicht verbunden werden. Mittelst der Klage kann auch nicht die Frage zum Austrage gebracht werden, was der Beklagte etwa zur Erfüllung der abstrakten Pflicht zu tun habe, also wie er räumen soll (vgl. OVG. 25 219). Dies ist Sache der Wasserpolizeibehörde. Der § 10 VorflutG. v. 15. XI. 11 sagt daher ganz richtig: „Die Bestimmung, wann und wie die Auskrautung oder Räumung bewirkt werden soll, gehört bloß zur Kognition der Polizeibehörden."

Über die abstrakte Pflicht, einen öffentlichen Fluß zu räumen, kann in diesem Verfahren nicht gestritten werden (OVG. 24 253).

e) Wasserläufe im Bezirke eines Deichverbandes.

Nach § 66 Abs. 6 ZustG. finden die Vorschriften des § 66 auf Gräben, Bäche und sonstige Wasserläufe im Bezirke eines Deichverbandes keine Anwendung. Nach den Materialien soll durch diese Bestimmung ausgedrückt werden, daß die Befugnisse der Deichbehörden durch den § 66 nicht beeinflußt werden. Die Worte „im Bezirke eines Deichverbandes" sind nicht örtlich zu verstehen, sondern gleichlautend mit „für welche die Zuständigkeit eines Deichverbandes besteht". Haben demgemäß Organe eines Deichverbandes die polizeiliche Aufsicht über gewisse Wasserläufe, so bleibt es bei dieser Aufsicht und bei den Rechtsmitteln gegen die Anordnungen der Deichorgane (Erk. v. 20. II. 93 OVG. 24 250, wo die Entstehungsgeschichte des Abs. 6 mitgeteilt wird; Erk. v. 28. X. 95 OVG. 29 274). Die Vorschrift des Abs. 6 findet auch Anwendung, wenn ein Sielverband die Aufsicht über einen Wasserlauf hat (Erk. v. 19. IX. 95 OVG. 28 261).

Welche Rechtsmittel gegen die Räumungsverfügung eines Organs des Deichverbandes stattfinden, hängt davon ab, ob die Anforderung von der Deichpolizei gestellt wird oder ob der Pflichtige eine Verbandslast erfüllen soll. Im ersteren Falle sind die Rechtsmittel zu ergreifen, die gegen deichpolizeiliche Verfügungen zulässig, im letzteren Falle die, die gegen Heranziehung zu Verbandskosten (das sind Kommunallasten) gegeben sind. Hat ein Nichtverpflichteter geräumt, so kann er den Ersatz nur im ordentlichen Rechtswege verfolgen.

Dritter Titel.

Holsteinisches Wasserrecht.

(§ 82 ZustG.)

Für die Geestdistrikte des Herzogtums Holstein (also nicht für die Marschdistrikte) gilt die WassLösO. v. 16. VII. 57 (GMBl. 208). Nach § 1 ist jeder Grundbesitzer verpflichtet, das von den benachbarten Gründen nach dem natürlichen Gefälle ihm zugeführte Wasser aufzunehmen und nötigenfalls einen Graben bis zu vier Fuß Tiefe zu legen. Unter „Fuß" ist der hamburger Fuß gemeint, gleich 28,7 cm.

Zugunsten der Trockenlegung eines Teiches, den der Besitzer zuschütten will, besteht die Verpflichtung nicht (Erk. v. 27. XI. 05 OVG. 48 277). Genügt eine Tiefe von vier Fuß nicht, so kommt § 2 zur Anwendung, es muß eine Enteignung gegen Schadloshaltung eintreten (OVG. 44 311); gleiches gilt bei den zu öffentlichen Wegen gehörigen Gräben oder Sielen (OVG. 45 324).

Das Verwaltungsstreitverfahren kann nach drei Richtungen sich entwickeln. Zunächst kann irgend ein Beteiligter bei dem Kreis- oder Stadtausschusse die „Regulierung" einer Wasserlösung beantragen, insbesondere, wenn der unterhalb liegende Grundbesitzer die in § 1 bestimmte Verpflichtung nicht freiwillig übernehmen will. Der Kreisausschuß läßt die Angelegenheit durch die Schaukommission untersuchen, und wenn eine Einigung der Parteien nicht erreicht wird, gibt die Schaukommission die Akten mit gutachtlichem Berichte an den Kreisausschuß ab, der im Beschlußverfahren die Regulierung vornimmt; in größeren Sachen, z. B. bei der Bestimmung über die Räumung von Bächen und Auen, bei der eine größere Anzahl von Verpflichteten in Frage kommt, wird ein sog. Regulativ erlassen. Regulative sind Reglements, wie sie der § 3 VorflutG. v. 9. II. 67 im Auge hat. Gegen den Beschluß des Kreisausschusses findet innerhalb zweier Wochen der Antrag auf mündliche Verhandlung im Verwaltungsstreitverfahren statt (§ 82 Abs. 5). Handelt es sich dabei nur um zwei Personen, unter denen streitig ist, ob und welche Verpflichtungen sie gegeneinander haben, so ist derjenige, der über den Beschluß unzufrieden ist, der Kläger und der andere der Beklagte. Sind beide unzufrieden, so sind beide Kläger und Beklagte. Bei dem Erlasse von Regulativen wird es oft erforderlich sein, gemäß § 74 Abs. 3 LVG. einen Kommissar zur Wahrnehmung des öffentlichen Interesses zu bestellen.

Die Klage wird sich darauf gründen lassen, daß der Kreisausschuß, entgegen dem bestehenden Rechte oder unter Außerachtlassung spezieller Rechtstitel, eines unbestrittenen Herkommens oder rechtskräftiger Entscheidungen die Rechte und Pflichten der Parteien festgesetzt habe.

Gleiches Verfahren findet bei vorhandenen Stauanlagen (§§ 6 ff. WassLösO.) statt; die vorhandenen Stauanlagen sind, den landwirtschaftlichen Erfordernissen entsprechend, auf das dem Zwecke ihrer Anlage Genügende in den Fällen zu beschränken und durch feste Merkmale zu bestimmen, wo es an einer gehörigen Begrenzung fehlt oder die vorhandene über ihren Zweck hinausgeht. Zu beachten ist, daß neue Stauanlagen für Wassertriebwerke und ihre wesentliche Veränderung nach §§ 109 ff. ZustG. zu behandeln sind. Wird bei der nach der WassLösO. vorzunehmenden Regelung von Stauanlagen (und Wasserlösungen) von einem Beteiligten ein spezieller Rechtstitel behauptet (§ 9), so soll nach dem Erk. v. 23. X. 05 (OVG. 49 271) jetzt das ordentliche Gericht entscheiden. Dieser Ansicht kann nicht beigetreten werden.

Es ist unzweifelhaft, daß in § 66 Abs. 3, § 81 Abs. 3 u. § 82 Abs. 1 Ziff. 2, wie der Vater des § 82, Professor Dr. Haenel, mir mitgeteilt und die Materialen ergeben, dasselbe ausgedrückt werden sollte.

Der § 82 ZustG. kennt noch zwei weitere Fälle, wo das Verwaltungsstreitverfahren in das in der WassLösO. vorgeschriebene Verfahren eingefügt worden ist; dabei ist zu beachten, daß die Vorschriften des § 66 ZustG. im Geltungsgebiete der HolstWassLösO. überhaupt nicht anwendbar sind und daß das Wasserlösungswesen vom Landrat in den „Amts- und landschaftlichen Distrikten“, von den städtischen Polizeibehörden in den Städten verwaltet wird. Die Amtsvorsteher sind nur Organe des Landrats. Der Landrat läßt das Wasserlösungswesen durch sie beaufsichtigen, wie dies früher durch die Kirchspielvögte geschehen ist; zum Erlasse von eigenen polizeilichen Verfügungen sind die Amtsvorsteher nicht berechtigt.

Die Landräte und die städtischen Polizeiverwaltungen sind nun (§ 82 ZustG.) befugt, zwei Arten von wasserpolizeilichen Entschließungen zu fassen. Sie können wasserpolizeiliche Anordnungen auf Räumung, Herstellung einer Entwässerung, Erneuerung eines Stauziels usw. erlassen, oder sie können tätig werden, indem sie auf Anrufen eines Beteiligten gegen den anderen eine Entscheidung darüber treffen, was der Verpflichtete gemäß Gesetz oder Regulativ zu tun oder zu lassen verpflichtet sei, ohne damit zugleich eine Zwangsanordnung auszusprechen.

Es sind dies die beiden Fälle, von denen Nr. 1 u. 2 Abs. 1 § 82 ZustG. handelt. In Nr. 1 Abs. 1 hätte es besser heißen können: „die Entscheidung auf Klage gegen Verfügungen der Behörden“ und im Abs. 2 Satz 2: „Zuständig ist in erster Instanz der Kreisausschuß, in Stadtkreisen und in Städten über 10000 Einwohner, sowie wenn die Klage gegen die Verfügung oder Entscheidung des Landrats gerichtet ist, der Bezirksausschuß.“ Die Rechtsmittel sind also die Klage, mag die Wasserpolizeibehörde eine wasserpolizeiliche Anordnung oder eine Entscheidung getroffen haben. Im ersteren Falle richtet sich die Klage gegen die verfügende Behörde (die Polizeiverwaltung oder den Landrat), im anderen gegen die Gegenpartei; denn bei den Entscheidungen der Wasserpolizeibehörde hat die letztere einen Akt administrativer Rechtsprechung vorgenommen. Das Nähere siehe Kunze-Kautz 2 129ff.

Ein Streit über die Erweiterung und Vertiefung der zu öffentlichen Wegen gehörigen Gräben kann unter den Beteiligten im Verwaltungsstreitverfahren nach § 82 ZustG. nicht zum Austrage gebracht werden. Hier kann nur die Wegepolizei mit einer wegepolizeilichen Verfügung einschreiten (OVG. 45 324).

Da der § 82 ZustG. sich auch auf die WassLösO. für den Kreis Herzogtum Lauenburg v. 22. V. 57 (GMBl. 8 135) bezieht, so gilt das

Vorstehende zugleich für die dieser WassLösO. unterliegenden polizeilichen Anordnungen und Entscheidungen. Indessen versieht statt des Landrats der Amtsvorsteher die Geschäfte der Wasserpolizei.

Vierter Titel.

Schleswigsches Wasserrecht.

In den Geestdistrikten des Herzogtums Schleswig gilt die Provisorische Verfügung, betreffend die Ableitung und Benutzung des Wassers behufs Verbesserung der Ländereien, v. 6. IX. 63 (Chronologische Sammlung 232). Nach dieser beaufsichtigen die Wasserlösungskommissionen die größeren und die Schaumänner die kleineren Wasserläufe. Die Wasserlösungskommissionen und Schaumänner haben sowohl die exekutive Wasserpolizei zu verwalten und Zwangsverfügungen zu erlassen, als auch eine administrative Rechtsprechung bei Streitigkeiten der Beteiligten auszuüben. Die Wasserlösungskommissionen, welche für größere Distrikte bestellt werden, können die Lokalunterbeamten, Gutsobrigkeiten und andere zuverlässige Unterbeamte als Organe bestellen. Gegen die von diesen erlassenen Zwangsverfügungen ist Beschwerde an die Wasserlösungskommission zulässig. Eine ordentliche weitere Beschwerde an den Oberbeamten (Landrat) findet jetzt nicht mehr statt, vielmehr regelt der § 81 ZustG. nunmehr den weiteren Instanzenzug, entsprechend so wie er für das Herzogtum Holstein geordnet ist. Danach findet gegen die Anordnungen der Wasserlösungskommissionen und der Schaumänner, sowie gegen ihre Erkenntnisse die Klage beim Kreisausschusse binnen zwei Wochen statt. Ebenso findet, wenn die Kommissionen oder die Schaumänner ein Regulativ erlassen und über die Einsprüche ein Erkenntnis abfassen, die Klage bei dem Kreisausschusse statt; mit Klage werden auch die erlassenen Regulative angefochten (OVG. 43 267).

Im Abs. 3 § 81 ZustG. ist ein Druckfehler, es muß dort statt „§ 17" heißen „§ 16". Nach § 16 hat die Wasserlösungskommission das Staumaß bei Mühlen und anderen ähnlichen Anlagen festzusetzen. Macht ein Beteiligter geltend, daß ihm ein spezieller Rechtstitel zur Seite steht, so hat darüber der Kreisausschuß im Verwaltungsstreitverfahren zu entscheiden (Analogie in § 67 Abs. 3 ZustG.).

Fünfter Titel.

Hannoversches Wasserrecht.

Der § 66 ZustG. gilt auch in der Provinz Hannover. Das G. über Ent- und Bewässerung der Grundstücke, sowie über Stauanlagen v. 22. VIII. 47 (HannGS. 262) kennt aber keine öffentlich-rechtliche Pflicht zur Räumung von künstlich hergestellten Gräben (Kanälen, Drains). Die Vorschriften in den §§ 1 u. 2 a. a. O. sind jedoch auch auf solche natürliche Wasserzüge anwendbar, die später, insbesondere im Teilungsverfahren, begradigt worden sind (OVG. 19 302). Auf die Räumung von Flüssen, die der Ebbe und Flut unterliegen, findet das HannG. v. 22. VIII. 47 keine Anwendung. In Ostfriesland gilt das ALR., und dort besteht eine öffentlich-rechtliche Pflicht zur Räumung von Gräben.

Der Landrat hat die örtliche Wasserpolizei, und gegen seine Anordnungen findet der Einspruch gemäß § 66 ZustG. statt. Im übrigen siehe über das Hann. Wasserrecht Kunze-Kautz 2 118 ff.

Die Bestimmungen in § 84 ZustG. bieten keine besonderen Schwierigkeiten, dagegen haben die bezüglichen Vorschriften im G. v. 22. VIII. 47 zu Zweifeln Anlaß gegeben. Die Judikatur siehe bei Kunze-Kautz 2 122 ff. Wegen der Bedeutung des Wortes „Aufräumung" in § 82 G. v. 22. VIII. 47 vgl. OVG. 44 308.

Sechster Titel.

Kurhessen.

Für Kurhessen sind maßgebend die zu den §§ 85 und 86 ZustG. in der Überschrift benannten Gesetze. Wenn nach § 85 der Bezirksausschuß über die Genehmigung der Errichtung neuer und der Veränderung bestehender Wasserbauanlagen an Flüssen und Bächen beschlossen hat, so ist dagegen nur die Beschwerde an den Provinzialrat gegeben (OVG. 34 297). Nach dem in § 85 ZustG. in Bezug genommenen § 86 Nr. 1 hat dagegen der Kreis- oder Stadtausschuß über Anträge auf Zulassung oder Veränderung solcher Wasserbauanlagen gegen den Widerspruch Beteiligter zu beschließen, und gegen dessen Beschluß findet der Antrag auf mündliche Verhandlung im Verwaltungsstreitverfahren statt. Diese Regelung ist dahin zu verstehen, daß es bei der Zuständigkeit des Bezirksausschusses für die Genehmigung im Beschlußverfahren in allen Fällen bewendet und daß die Zuständigkeit des Kreis- oder Stadtausschusses auf die Entscheidung über die Berechtigung der Widersprüche Beteiligter beschränkt ist (OVG. 34 297).

Das ZustG. bestimmt in den §§ 87—93 die Zuständigkeiten, die für die nassauischen, bayerischen und hohenzollernschen Gesetze neu geregelt sind. Das formelle Verfahren bietet keine Schwierigkeiten.

Siebenter Titel.

Stauanlagen.

Im ZustG. handelt der § 67 von der Festsetzung der Höhe des Wasserstandes bei Stauwerken. Hierbei ist zu beachten, daß nach der RGewO. (§§ 16 ff.) Stauanlagen für Wassertriebwerke, wenn sie neu gebaut oder wesentlich verändert werden sollen, der gewerbepolizeilichen Genehmigung durch den Kreis- oder Stadtausschuß (§§ 109ff. ZustG.) im Beschlußverfahren bedürfen. In das Verwaltungsstreitverfahren gelangt die Sache dabei nicht. Anders werden die Mühlen behandelt, welche vor der PrGewO. v. 17. I. 45 und der RGewO. entstanden waren. War bei diesen Mühlen (Wehren, Schleusen) kein Merkpfahl unter polizeilicher Aufsicht gesetzt worden, so kann diese Setzung jetzt als ein Teil des früheren Konzessionierungsverfahrens nachgeholt werden, allerdings nicht in den Formen, welche für die Genehmigung neuer Stauanlagen für Wassertriebwerke nach der GewO. und dem ZustG. §§ 109ff. vorgeschrieben sind, sondern in den Formen, die der § 67 ZustG. in Verbindung mit den an dessen Kopf vermerkten und insoweit aufrechterhaltenen alten Gesetzen bestimmt. Die PrGewO. und die RGewO. führten die Konzessionspflicht der Stauanlagen für Wassertriebwerke ein, und bei der Genehmigung dieser Stauanlagen wurde und wird die Stauhöhe zugleich im Konzessionsverfahren bestimmt. Ist dies unterlassen worden oder wird dies künftig unterlassen werden, so kann die Festsetzung der Stauhöhe nur im gewerblichen Konzessionsverfahren nach der GewO. nachgeholt werden. Wenn der § 23 RGewO. vorschreibt, daß dabei die dafür bestehenden landesgesetzlichen Vorschriften anzuwenden seien, so sind darunter nur die materiellen zu verstehen, insbesondere die, daß ein Merkpfahl zu setzen, der den Sommer- und Winterwasserstand angibt, und daß seine Höhe durch nivellistische Vergleichung mit nahebelegenen, unverrückbaren Gegenständen festzulegen ist (§ 3 VorflutG. v. 15. XI. 11; Erk. v. 5. XII. 95 OVG. 39 279). Die formellen Vorschriften sind durch die RGewO. und die dazu erlassenen Landesgesetze beseitigt.

Das durch das ZustG. abgeänderte Verfahren für die Nachholung der polizeilichen Festsetzung der Stauhöhe ist dann ausgeschlossen, wenn bei einer alten Mühle ein Merkpfahl unter polizeilicher Mitwirkung zwar bereits gesetzt war, aber abhanden gekommen ist. In diesem Falle hat die Gewerbepolizeibehörde die Befugnis, den Müller zur Wiederherstellung des Merkpfahles durch eine polizeiliche Verfügung anzuhalten; denn das Vorhandensein des Merkpfahles ist eine Konzessionsbedingung, wie sich überhaupt das Verfahren nach dem VorflutG. als eine Ergänzung der landrechtlichen, nur die Lage des Fachbaums betreffenden Konzessionierungsverfahrens darstellt. Ähnlich ist zu verfahren, wenn ein nach der Preußischen oder RGewO. gesetzter Merkpfahl abhanden kommt. Auf die Wiederherstellung zu dringen, ist Sache der Gewerbepolizei (OVG. 23 230, 24 264, 32 269); sie erläßt eine polizeiliche Verfügung zwecks Einhaltung einer Konzessionsbedingung. Die Rechtsmittel ergeben sich in beiden Fällen aus den §§ 127ff. LVG.

Ist allerdings der Festpunkt, nach dem der zulässige höchste

Wasserstand äußerlich erkennbar gemacht worden, nicht mehr vorhanden, so ist wieder das Verfahren nach § 67 ZustG. zulässig.

Ein Verwaltungsstreitverfahren bei der **Festsetzung** der Höhe des Wasserstandes bei Stauwerken, die **vor** der Preußischen und der ReichsgewO. entstanden sind, entwickelt sich, wenn gemäß Antrags eines **Beteiligten** (§ 1 VorflutG., im Geltungsbereiche des Rheinischen Ressortreglements auch von Amts wegen — Erk. v. 11. XII. 99 OVG. 36 341) bei dem Kreis- oder Stadtausschusse das Verfahren eröffnet ist, der Kreisausschuß sachverständige Kommissarien (§ 2) ernennt und diese beim **Mangel rechtsverbindlicher deutlicher Bestimmungen** darüber, wie hoch der Müller stauen darf, die zulässige Maximalstauhöhe festsetzen (§ 67 Abs. 2 ZustG.). Die von dem Stauberechtigten innezuhaltende Stauhöhe ist dabei nach billigem, das Interesse des Provokanten, der durch den Stau beeinträchtigt oder bedroht wird, und des Stauberechtigten möglichst vereinigendem Ermessen festzusetzen. Eine Mitwirkung des ordentlichen Gerichts findet nicht mehr statt. Eine besondere Qualifikation der Kommissarien ist nicht vorgeschrieben, nur darf nicht einer allein ernannt werden. Ist der Stauberechtigte oder ein Gegeninteressent mit der Festsetzung unzufrieden, so kann er gegen die Festsetzung bei dem Kreisausschusse die **Verwaltungsklage** erheben. Die Klage geht auf Vernichtung der Festsetzung der Stauhöhe, wenn wesentliche Fehler vorgekommen sind, oder auf anderweitige Festsetzung nach billigem Ermessen. Klagt der Stauberechtigte, so geht die Klage gegen den Antragsteller als Beklagten, klagt dieser oder ein sonstiger Interessent, so ist der Stauberechtigte Beklagter. Hat die Nichtigkeitsklage Erfolg, so haben die Kommissarien die Festsetzung von neuem vorzunehmen.

Für die Anstellung der Klage ist keine Frist gesetzt, die Rechtsmittel gegen die Entscheidungen der Verwaltungsgerichte sind nicht abweichend geordnet.

Das Verwaltungsstreitverfahren kann nach § 67 Abs. 3 ZustG. noch auf einem andern Grunde beruhen. Wird nämlich vor den Kommissarien von einer Partei behauptet, daß die Höhe, bis zu welcher gestaut werden darf, bereits in rechtsverbindlicher, deutlicher Weise (z. B. Vertrag, Verleihung, Ersitzung) bestimmt sei, von der anderen Partei aber bestritten, so haben die Kommissarien ihre Tätigkeit einzustellen und die Sache (gewöhnlich mit einer Frist) zum Verwaltungsstreitverfahren zu verweisen. Die Durchführung als Kläger liegt derjenigen Partei ob, welche den speziellen Titel geltend macht. Der Gegenpartei ist es aber nicht verwehrt, negatorisch vorzugehen und auf Aberkennung des behaupteten Titels zu klagen. Wird der Titel aberkannt, so haben die Kommissarien die zulässige Stauhöhe nach billigem Ermessen zu bestimmen und den Merkpfahl zu setzen, im anderen Falle die Setzung des Merkpfahls nach dem im Erkenntnisse erstrittenen Titel vorzunehmen.

Die beiden Klagen aus § 67 Abs. 2 und 3 können miteinander verbunden werden, insbesondere dann, wenn ein Beteiligter anfangs von dem vorhandenen Titel keine Kenntnis gehabt oder die Kommissarien auf die Behauptung, es liege ein spezieller Titel vor, keine Rücksicht genommen haben.

Besteht vor dem Kreisausschuß kein Merkpfahlsetzungsverfahren, so kann eine Streitigkeit darüber, ob die Höhe des Wasserstandes in rechtsverbindlicher und deutlicher Weise bestimmt sei, nur vor den ordentlichen Gerichten ausgefochten werden (OVG. 29 279).

Im Laufe eines Verwaltungsstreitverfahrens über das Vorhandensein eines Titels kann der Kreisausschuß durch endgültigen Beschluß (im Beschlußverfahren) einen Wasserstand vorläufig festsetzen; dieser Beschluß tritt außer Wirksamkeit, sobald im Streitverfahren rechtskräftig anderweitig erkannt wird.

Hat die Festsetzung der Stauhöhe durch den Kreisausschuß (§ 67 ZustG.) stattgefunden, so kann diese Festsetzung nicht etwa auf Antrag eines nicht zugezogenen Interessenten wieder durch den Kreisausschuß abgeändert werden (Erk. v. 11. XII. 99 OVG. 36 341). Das VorflutG. läßt übrigens eine Vorschrift vermissen, wie die Beteiligten zu ermitteln bzw. daß alle Beteiligten zum Verfahren zuzuziehen sind (Erk. v. 20. IV. 91 — III 339).

Sollten bei Stauanlagen für Wassertriebwerke wesentliche Veränderungen vorgenommen werden, so ist jetzt das Konzessionsverfahren nach der GewO. einzuschlagen (§§ 16, 24 GewO., 109 ZustG.). Es muß angenommen werden, daß schon eine Veränderung der Gerinne und der sie abschließenden Schützen, wenn sie auf den Abfluß des Wassers von direktem Einflusse ist, für sich allein, auch wenn keine Veränderung der Wasserräder stattgefunden hat, eine genehmigungspflichtige Veränderung der Betriebsstätte in sich schließt. Ebenso bedarf die Aufstellung einer Turbine an Stelle eines Wasserrades der gewerbepolizeilichen Genehmigung (Erk. v. 25. II. 99 Kunze-Kautz 2 114).

Gegen Verletzungen in den Beschränkungen der Stauberechtigung kann die Polizei gemäß §§ 9, 10 VorflutG. mit einer polizeilichen Verfügung einschreiten (Kunze-Kautz 2 118).

Benutzt ein Stauwerkbesitzer (§§ 16ff. GewO.) die Stauanlage nicht mehr und hat er während dreier Jahre den Gewerbebetrieb eingestellt, ohne eine Fristung nachgesucht und erhalten zu haben (§ 49), so erlischt die gewerbepolizeiliche Genehmigung, und die Polizei kann die Beseitigung der Anlage fordern (OVG. 47 304).

Achter Titel.

Verschaffung von Vorflut.

Nach § 68 ZustG. beschließt der Kreis- oder Stadtausschuß über Anträge auf Verschaffung von Vorflut gemäß der im § 68 genannten

Gesetzesstellen und über Anträge auf Mitbenutzung einer Entwässerungsanlage im Beschlußverfahren. Gegen den Beschluß findet innerhalb zweier Wochen der Antrag auf mündliche Verhandlung im Verwaltungsstreitverfahren statt. Die §§ 70, 71 geben noch weitere Fälle an, in denen das Verwaltungsstreitverfahren eintritt. Die Rechtsmittel sind nicht abweichend geordnet.

Das Recht auf Vorflut ist ein Quasi-Expropriationsrecht (§ 54 G. v. 11. VI. 74; Oppenhoff, ResſVerh. 198 Anm. 5); es soll dem Antragsteller die Möglichkeit und das Recht gegeben werden, auf seine Kosten Veranstaltungen auf fremdem Grund und Boden zu treffen, auf seine Kosten sich ein fremdes Grundstück behufs Ablenkung stehenden Wassers dienstbar zu machen (OVG. 25 282). Wie im Wesen jeder Enteignung liegt, muß von dem, der den Anspruch auf Vorflutbeschaffung (§§ 105, 108, 109, 113, 115 I 8 ALR., §§ 11, 12, 13, 15 VorflutG. v. 15. XI. 11) erhebt, demjenigen, gegen den der Anspruch erhoben wird, vollständige Entschädigung gewährt werden; der Anspruch ist zurückzuweisen, wenn er als ein unentgeltlicher erhoben wird (Erk. v. 16. X. 93 — III 942), z. B. wenn jemand auf Grund eines Vertrages, Rezesses den Anspruch zu haben glaubt. Wird dem Antrage stattgegeben, so muß der Verpflichtete die Anlage neuer oder die Erweiterung vorhandener Gräben auf seinem Grundstücke behufs Abführung des Wassers, auch des bisher wild ablaufenden Wassers gestatten. In dem Verfahren ist zugleich über die künftige öffentlichrechtliche Unterhaltung der Gräben Bestimmung zu treffen (OVG. 36 306).

Die im § 68 benannten Vorschriften haben durch das BGB. keine Änderung erfahren (Art. 65 EinfG.). Bei dem Verfahren gelten als Beteiligte alle diejenigen, die ihren Widerspruch auf die Behauptung stützen, daß sie in ihren Rechten durch die Entwässerungsanlage geschädigt würden, also nicht bloß diejenigen, die eine Ausführung von Gräben auf ihren Grundstücken dulden oder Land zur Erweiterung von Gräben hergeben sollen, sondern auch die, deren Gräben in dem Zustande, in dem sie sich befinden, Wasser neu zugeführt werden soll oder die sonst in ihren wohlbegründeten Rechten verletzt werden würden (OVG. 7 278; Erk. v. 2. IV. 93 Kunze-Kautz 2 80, 81).

Den Antrag nach § 68 kann auch eine Wassergenossenschaft stellen; er kann sogar gestellt werden, nachdem der Grundbesitzer sich die Vorflut eigenmächtig verschafft hat. Der Antrag setzt voraus, daß der Zweck in der Förderung der Bodenkultur liege. Jedes der Ableitung bedürfende, sonst schädliche Wasser ist in dem Verfahren nach § 68 zu berücksichtigen (OVG. 22 476). Soll der Wasserabfluß von einem mit Gebäuden besetzten Grundstücke (OVG. 6 251) oder zur Entwässerung einer Lehmgrube behufs besserer Ausbeutung für den Ziegeleibetrieb (OVG. 37 280) oder zur Entwässerung einer Dorfstraße (OVG. 22 267) stattfinden, so ist das Verfahren nach § 68 nicht anwendbar (Erk. v. 16. VI. 04 Kunze-Kautz Erg. 06 162).

Wird im Beschluß- oder in dem sich darauf entwickelnden Verwaltungsstreitverfahrens die Ausführung des Entwässerungsplanes genehmigt, so wird durch Schiedsrichter sowohl der Betrag der Entschädigung ausgemittelt, als auch die Entwässerung selbst nach dem Plane zur Vollziehung gebracht (§ 21 VorflutG.). Die Anfechtung der schiedsrichterlichen Entscheidung bei Überschreitung ihrer Befugnisse erfolgt innerhalb sechs Wochen durch Klage (§§ 25, 26 VorflutG. u. § 26 G. v. 6. II. 67) bei dem Kreis- oder Stadtausschusse.

Die Klage ist u. a. begründet, wenn die Schiedsrichter vom Plane abweichen. Eine solche Abweichung liegt vor, wenn die Schiedsrichter den Gegenstand der vom Verwaltungsrichter getroffenen Festsetzung in anderer Weise regeln, oder wenn sie einen mangehaften Entwässerungsplan selbständig ergänzen oder die Rechte und Pflichten der Beteiligten ändern (OVG. 6 244).

Soweit der Spruch der Schiedsrichter der zwangsweisen Durchführung bedarf, steht jetzt die Vollstreckung namens des Kreisausschusses dessen Vorsitzenden (§ 60 LVG.) zu, mögen Handlungen oder Unterlassungen zu erzwingen sein (Erk. v. 15. XI. 99 OVG. 36 317). Es ist als Grundsatz festzuhalten, daß dem Kreisausschusse anheimfällt, was nicht ausdrücklich den Schiedsrichtern überwiesen ist.

Parteien in dem Verfahren wegen Kassation des Schiedsspruchs sind die Beteiligten, nicht etwa die Schiedsrichter. Die Aufhebung des Schiedsspruchs, wenn sie auf Klage nur eines Beteiligten notwendig wird, tritt gleichmäßig für alle in Wirksamkeit, auch für solche, die nicht geklagt haben. Daraus folgt, daß die Beteiligten sämtlich als Parteien zuzuziehen sind. Es liegt der Fall der notwendigen Streitgenossenschaft (§ 62 ZPO.) vor.

Neunter Titel.

Bewässerungsanlagen.

Ein Uferbesitzer bedarf zu Bewässerungsanlagen in Privatflüssen (§ 19 G. v. 28. II. 43; §§ 6 ff. WiesenO. v. 28. X. 46) der polizeilichen Genehmigung nicht (OVG. 45 304); er darf nur durch die Anlage keine polizeiwidrigen Zustände, insbesondere keine Gesundheitsgefahr herbeiführen (OVG. 11 263, 33 305, 38 253, 257). Das erstere gilt selbst dann, wenn die Abdämmung des Wasserlaufs unberechtigt ist. Dagegen ist der Uferbesitzer befugt, die Vermittelung der Verwaltungsbehörde (Kreis- oder Stadtausschuß) in Anspruch zu nehmen, wenn er sich darüber Sicherheit verschaffen will, welche privatrechtliche Widerspruchsrechte oder Entschädigungsansprüche bei seinem Unternehmen bestehen usw.

Der Kreisausschuß faßt nach Bekanntmachung der beabsichtigten Anlage und nach etwaiger Anmeldung von Widersprüchen einen Präklusionsbescheid (§ 74 ZustG.). Gegen die Präklusion ist das Restitutionsgesuch innerhalb zweier Wochen bei dem Kreisausschusse anzubringen, der im Verwaltungsstreitverfahren entscheidet. Auf Berufung entscheidet der Bezirksausschuß endgültig. Das gleiche gilt bezüglich des Präklusionsverfahrens bei Entwässerungen (G. v. 23. I. 46; Art. 3 G. v. 11. V. 53; § 29 G. v. 9. II. 67).

Ebenso entscheidet der Kreis- oder Stadtausschuß über im Vermittelungsverfahren angebrachte Widersprüche gegen eine Bewässerungsanlage des Uferbesitzers (§§ 16a u. b, 17, 23 Abs. 1 u. 2 G. v. 28. II. 43; § 12 WiesO.; OVG. 15 334, 16 308; RG. 19. X. 95 PrVBl. 17 129). Ist der Widerspruch im Vermittelungsverfahren nicht vorgebracht, so kommt die Entscheidung dem ordentlichen Richter zu. Vor diesem kann auch geklagt werden, wenn jemand, der nicht präkludiert ist, behauptet, eine Bewässerungsanlage verletze seine Privatrechte.

Die Vorbedingung der Ausübung des in dem G. v. 28. III. 43 geregelten Nutzungsrechts ist der Uferbesitz, aber nicht in dem Sinne, daß, wer an irgend einer Stelle des Ufers anliegt, nunmehr den gesamten Privatfluß oder solche Teile desselben, deren Ufer sich in fremdem Eigentume befinden, für sich in Anspruch nehmen dürfe; vielmehr bildet der Uferbesitz wie die Voraussetzung so auch die räumliche Grenze für die Benutzung nach Maßgabe des Gesetzes. An den Grenzen oberhalb und unterhalb beginnt, sofern es sich um die gesetzlichen Befugnisse handelt, das gleich starke Recht der Nachbarn; deshalb muß der Uferbesitzer auch unterhalb das Wasser in das Bett zurückleiten, bevor der Fluß das Ufer eines fremden Grundstücks berührt. Die Wirkungen einer von ihm vorgenommenen Stauung dürfen sich ebensowenig über die Grenzen des eigenen Grundstücks erstrecken, wobei das Stauwerk als innerhalb der Grenzen liegend gedacht ist (§ 13 Nr. 1 u. 2; Erk. v. 3. III. 81 OVG. 7 270).

Der § 25 Nr. 3 gestattet eine stärkere Anspannung des Wassers, bestimmt aber nichts darüber, daß das Stauwerk zwischen Ufer gelegt werde, von welchen keins dem Unternehmer zugehört. Der Fall der Stauung des zwischen zwei fremden Ufern dahinfließenden Wassers liegt außerhalb des Rahmens des Gesetzes.

Die Rechte der Uferbesitzer können durch Vereinbarung geändert werden, sie gehören dem Privatrechte an (OVG. 11 263).

Das Wassernutzungsrecht (§§ 13, 19) ist auf Zwecke der Bodenkultur nicht beschränkt, es kann auch auf gewerbliche Anlagen ausgedehnt werden.

Die Klage (Restitutionsgesuch) gegen die Präklusion stellt der Präkludierte gegen den Unternehmer an; bei der Klage wegen eines Widerspruchs klagt jeder Beteiligte gegen den anderen auf Anerkennung oder

Nichtanerkennung eines Rechtes, auf welches ein Widerspruch oder ein Entschädigungsanspruch gegründet wird (§ 23) usw. Die Entschädigungsansprüche selbst sind dem ordentlichen Rechtswege vorbehalten. Die in § 23 behandelten Fälle betreffen nach §§ 16, 17, 19 die Müller, Triebwerksbesitzer und die in § 19 Nr. 1 genannten Widerspruchsberechtigten. Wenn bei dem Widerspruche der Unternehmer einwendet, daß der Widerspruch in einem zwischen ihm und dem Widersprechenden abgeschlossenen Vergleiche zurückgenommen sei, so kann er dann nicht im Verwaltungsstreitverfahren gemäß § 75 ZustG. klagen auf Anerkenung der Rechtsgültigkeit des Vergleichs. Dies kann nur im ordentlichen Rechtswege geschehen (OVG. 45 319). Die Pflicht zur Zurückleitung des Wassers gegenüber anderen Uferbesitzern besteht schlechthin (Erk. v. 27. VI. 95 — III 847). Neben sie treten zugunsten der Triebwerksbesitzer die besonderen Beschränkungen nach den §§ 16, 17. Ist der erhobene oder vorbehaltene Widerspruch nicht auf die Unterlassung der Zurückleitung, sondern lediglich auf Entziehung des zum Betriebe notwendigen Wassers gestützt, so kann im Verwaltungsstreitverfahren hinsichtlich dieses Widerspruchs auch nur untersucht werden, ob seine Grundlage vorhanden, also ob das zum Betriebe in bisherigem Umfange notwendige Wasser entzogen wird oder nicht (Kunze-Kautz 2 92).

Der Kreisausschuß darf das Vermittelungsverfahren nicht eintreten lassen, wenn jemand nicht an seinem Uferbesitze, sondern sonst irgendwo im Flusse eine Bewässerungsanlage anbringen will. Hat dennoch der Kreisausschuß das Verfahren eingeleitet und sind Widersprüche erhoben, so findet das Verwaltungsstreitverfahren über die Widersprüche nach § 75 ZustG. nicht statt, weil die Zuständigkeit nur insoweit begründet ist, als es sich um Widersprüche gegen eine Anlage des Uferbesitzers handelt (Erk. v. 18. XII. 05 OVG. 48 270).

Zehnter Titel.

Wassergenossenschaften.

1. Zwangsetatisierung.

Das Gesetz, betr. die Bildung von Wassergenossenschaften, v. 1. IV. 79 (GS. 297) in Verbindung mit dem ZustG. kennt mehrfach die Anwendung des Verwaltungsstreitverfahrens.

Wenn eine öffentliche Wassergenossenschaft es unterläßt oder verweigert, die ihr gesetz- oder statutenmäßig obliegenden Leistungen und Ausgaben in den Haushaltungsplan aufzunehmen oder außerordentlich zu genehmigen, so kann die Aufsichtsbehörde (Regierungspräsident, Landrat oder Ortspolizeibehörde) unter Anführung der Gründe die Aufnahme in den Haushaltungsplan verfügen oder die außerordentliche Ausgabe feststellen (§ 50 G. v. 1. IV. 79). Gegen die Verfügung oder Feststellung des Landrats oder der Ortspolizeibehörde steht der Genossenschaft innerhalb zweier Wochen die Klage bei dem Bezirksausschusse, gegen die Verfügung oder Feststellung des Regierungspräsidenten die Klage bei dem Oberverwaltungsgerichte zu (§ 94 ZustG.). Wie bei anderen Arten von Zwangsetatisierungen muß die Genossenschaft auf Grund des Gesetzes oder des Statuts verbunden sein, die Ausgabe zu leisten. Die Aufsichtsbehörde darf nicht eine im Statute nicht vorgesehene Verbesserung einer Anlage durch Zwangsetatisierung erzwingen wollen (OVG. 47 300). Ebensowenig darf sie etwa einschreiten, wenn zwischen der Genossenschaft und einem Privaten ein Streit über privatrechtliche Ansprüche entsteht, um diese Ansprüche interimistisch oder definitiv festzustellen. Dagegen darf sie einschreiten, wenn der Private eine rechtskräftige Entscheidung erlangt hat und die Genossenschaft sich weigert, dieser Entscheidung zu genügen (vgl. §§ 19 u. 35 ZustG., OVG. 8 50, 13 57, 14 7, 16 219, 18 142, 20 67). Die Feststellung und die Verfügung der Eintragung in den Etat dürfen nicht miteinander verbunden werden; die erstere muß vorausgehen. Die richterliche Prüfung der Feststellung hat sich nur auf deren Recht- und Statutenmäßigkeit zu erstrecken, nicht auf deren Angemessenheit (OVG. 13 68, 14 107, 19 119, 20 67, 26 144).

Gegen die Entscheidung des Bezirksausschusses findet die Berufung an das Oberverwaltungsgericht statt. Klägerin ist die Genossenschaft; die Klage geht gegen die Ortspolizeibehörde, den Landrat oder den Regierungspräsidenten.

2. Zugehörigkeit zur Genossenschaft.

Wird die Zugehörigkeit zur Genossenschaft, insonderheit die Verpflichtung zur Teilnahme an den Lasten streitig, so hat hierüber der Genossenschaftsvorstand Bescheid zu erteilen. Eine Frist ist dafür nicht gesetzt. Gegen den Bescheid findet binnen zwei Wochen (§ 51 LVG.) die Klage bei dem Kreis- bzw. Stadtausschusse und, insofern die Genossenschaft unter der Aufsicht des Regierungspräsidenten steht, die Klage beim Bezirksausschusse statt (§ 53 WassGenG., § 94 Abs. 2 ZustG.). Der im § 53 Abs. 3 WassGenG. noch vorgesehen gewesene Rechtsweg ist nicht mehr zulässig (§ 94 Abs. 6 ZustG.). Die Verwaltungsgerichte haben diese Zuständigkeit erhalten. Gegen die Entscheidungen der ersten Instanz sind die ordentlichen Rechtsmittel gegeben.

Der Genosse hat nach Inhalt des § 53 zunächst gegen seine Heranziehung zu den Genossenschaftslasten bei dem Vorstand Einspruch zu erheben, und gegen den auf Einspruch ergangenen Bescheid findet die Klage gegen den Vorstand statt. Liegt ein solcher Bescheid nicht vor, hat vielmehr der Vorstand die Einspruchschrift als Klage an das Verwaltungsgericht abgegeben, so ist die Klage abzuweisen. Ähnlich wie bei den Klagen aus § 66 ZustG. wird der Tenor dahin gehen können, daß die Klageschrift dem Vorstande zur Bescheidung zuzufertigen sei. Die Rechtsmittel des Einspruchs und der Klage sind gegeben, wenn der Genosse allgemein bestreitet, zur Genossenschaft zu gehören und zur Teilnahme an der Lastentragung verpflichtet zu sein, aber auch, wenn er behauptet, er sei zur Tragung eines einzelnen, ihm abverlangten Beitrages nicht verbunden (Erk. v. 16. VI. 90 OVG. 19 292). Der Einspruch gegen die Veranlagung und Heranziehung zu Gemeindelasten (§ 18 ZustG.) setzt dagegen stets eine bereits erfolgte Heranziehung voraus und kann nicht im voraus gegen eine erst in Zukunft erwartete oder in Aussicht gestellte Heranziehung gerichtet werden (Erk. v. 16. XI. 94 PrVBl. 16 246). Eine abstrakte Klage auf Anerkennung, daß Kläger Gemeindemitglied sei, gibt es im Kommunalrechte nicht.

3. Androhung, Festsetzung und Ausführung eines Zwangsmittels.

Der § 44 WassGenG. in Verbindung mit § 94 Abs. 4 ZustG. bestimmt, daß der Genossenschaftsvorstand die in Ausübung seiner Befugnisse gegen einzelne Genossen gerichteten Anordnungen auf Kosten der Ungehorsamen zur Ausführung bringen oder nötigenfalls mittelst vorher anzudrohender Ordnungsstrafen bis zu 30 Mark aufrecht erhalten könne und daß in betreff der Rechtsmittel gegen die Androhung, Festsetzung und Ausführung des Zwangsmittels die Bestimmungen der §§ 132 ff. LVG. zur Anwendung zu bringen seien. Dieser Wortlaut ist ungenau. Er hat den Sinn, daß gegen Zwangsverfügungen des Vorstandes, durch die die Genossen zur Erfüllung ihrer Genossenschaftsverpflichtungen angehalten werden sollen, dieselben Rechtsmittel stattfinden, wie wenn es sich um den Erlaß einer polizeilichen Verfügung (§§ 127 ff.) handelte, also wahlweise Beschwerde oder Klage, ferner, daß gegen die Androhung eines Zwangsmittels dieselben Rechtsmittel stattfinden, wie gegen die Anordnungen, um deren Durchführung es sich handelt (§ 133), daß aber gegen die Festsetzung in allen Fällen nur die Beschwerde im Aufsichtswege zulässig ist. Zuständig für die Klage gegen die Verfügungen des Landrats und der Ortspolizeibehörde ist der Bezirksausschuß; gegen die Verfügungen des Regierungspräsidenten wird neben der Klage beim Oberverwaltungsgerichte (§ 94 Abs. 3) die Beschwerde an den Oberpräsidenten mit nachfolgender Klage stattfinden können, man müßte denn annehmen, daß die direkte Klage beim Oberverwaltungsgerichte durch ein Versehen in den § 94 hineingekommen ist, was wahrscheinlich ist. Das OVG. v. 5. XI. 98 (PrVBl. 20 207, Kunze-Kautz 2 74) spricht sich darüber näher aus. Es wird aus dieser Entscheidung ferner zu folgern sein, daß die sofortige Klage sowohl bei dem Vorstande als bei dem Verwaltungsgerichte angebracht werden kann (§ 129 LVG.).

Hinsichtlich der Rechtsmittel liegen Sonderheiten nicht vor.

Wird Beschwerde gegen die Verfügung des Landrats oder der Ortspolizeibehörde (§ 127 Abs. 1 b LVG.) eingelegt, so ist erste Beschwerdeinstanz der Regierungspräsident, zweite der Oberpräsident, gegen dessen Bescheid die Klage bei dem Oberverwaltungsgerichte gegeben ist.

Der Beklagte ist bei der sofortigen Klage der Landrat oder die Ortspolizeibehörde oder der Regierungspräsident, sonst der Oberpräsident (wie wenn eine polizeiliche Verfügung vorgelegen hätte).

Für die Klagen ist der § 127 Abs. 3 maßgebend.

Wäre anzunehmen, daß keine Wahlklage, sondern nur die Klage stattfindet, so würde der Verwaltungsrichter an die Beschränkungen des § 127 Abs. 3 nicht gebunden sein.

4. Erlaß der Genossenschaftsbeiträge.

In Ermangelung anderweiter Vereinbarung, die der ausdrücklichen Zustimmung aller Beteiligten bedarf, soll die Teilnahme an den Genossenschaftslasten nach Maßgabe der den Genossen aus den Genossenschaftsanlagen erwachsenden Vorteile geregelt werden (§ 66 Abs. 1 WassGenG.).

Ergibt sich nach Ausführung eines Ent- oder Bewässerungsunternehmens, daß ein der öffentlichen Genossenschaft angehöriges Grundstück keinen Vorteil von dem Unternehmen hat, so kann von dem Genossen für die Dauer dieses Zustandes der Genossenschaft gegenüber der gänzliche Erlaß der auf das Grundstück entfallenden Genossenschaftsbeiträge verlangt werden (§ 66 Abs. 2). Streitigkeiten entscheidet der Bezirksausschuß (§ 70), gegen seine Entscheidungen ist die Berufung zulässig. Hierbei ist, was die Legitimation anlangt, zu beachten, daß die Klage nur dem Eigentümer, nicht etwa dem Pächter, der die Last privatrechtlich zu tragen sich verpflichtet hat, zusteht; denn die Beitragspflicht ruht auf den Grundstücken, vertreten durch den Eigentümer. Allerdings kann nach § 55 die Genossenschaft sich im Wege der Zwangsvollstreckung wegen rückständiger Beiträge auch an den Pächter halten, allein diese Vorschrift hat nur die Bedeutung, daß wenn erst Beiträge des Eigentümers exekutionsreif geworden sind, dann die Exekution gegen den Pächter mit vollstreckt werden darf.

Die Klage des Genossen (§ 66 Abs. 2) setzt voraus, daß das Unternehmen ausgeführt ist und daß das Grundstück, nicht etwa bloß der zeitige Eigentümer, von dem Unternehmen keinen Vorteil hat. Unter der Ausführung des Unternehmens ist die Ausführung des durch das Statut für das genossenschaftliche Unternehmen bestimmten Planes (§ 56 Nr. 2) zu verstehen (OVG. 11 250). Das Grundstück kann Vorteil von dem Unternehmen haben, ohne daß gerade dem Besitzer dieser Vorteil zugute kommt. Auf das letztere kommt es nicht an. Kann z. B. ein Besitzer wegen schlechter Vermögenslage die erforderlichen Folgeeinrichtungen nicht treffen und deshalb von den durch das Unternehmen erfahrenen Wertserhöhungen und ermöglichten Verbesserungen des Grundstücks keinen Gebrauch machen, so ist ihm die Klage nicht gegeben (Kunze-Kautz 2 71ff.). Die Beiträge sind zu zahlen und das Grundstück hat einen Vorteil, wenn durch Ausführung des Planes für das Grundstück schon günstigere Produktionsbedingungen geschaffen sind. Dem Eigentümer steht ferner die Klage nicht zu, wenn er das Grundstück so gestaltet, daß er die Entwässerungsanlagen der Genossenschaft nicht mehr benutzen kann, indem er z. B. mit der landwirtschaftlichen Benutzung aufhört. Gleiches gilt, wenn dies der Vorbesitzer getan. Nur wenn die Genossenschaft infolge eines ihr anzurechnenden Ereignisses den Genossenschaftszweck vereitelt, findet ein Erlaß der Beiträge statt (Erk. v. 4. XI. 01 — III 1817). Der Klageantrag muß bestimmt angeben, auf welche Zeit das Grundstück von Beiträgen freigestellt werden soll (Kunze-Kautz 2 70); denn nach § 66 Abs. 2 soll der Erlaß von Beiträgen „für die Dauer des Zustandes" gefordert werden können. Läßt sich die Dauer des Zustandes nicht übersehen, so ist im Klageantrage die Zeit anzugeben, während welcher der Zustand sicher dauern wird, und für diese Zeit muß der Nachweis erbracht werden, daß das Grundstück keinen Vorteil hat. Später ist, wenn der Zustand fortdauert, von neuem zu klagen. An sich ist diese Ordnung der Verhältnisse nicht erwünscht (vgl. meine Ausführungen S. 119, 120); de lege ferenda wäre die Angelegenheit so zu gestalten, daß geklagt wird auf die Freistellung von Beiträgen überhaupt und die Genossenschaft später die Klage mit der Behauptung und Beweisführung hat, daß der Zustand sich geändert hat, und dem Antrage, den Genossen zur Beitragsleistung nunmehr heranzuziehen. Das Gesetz, betr. die Vorausleistungen zum Wegebau, v. 18. VIII. 02 (GS. 315) ist diesem Gedanken gefolgt.

Bei Prüfung der Frage, ob kein Vorteil für das Grundstück besteht, kommt es übrigens nicht darauf an, ob die Beitragslast in einem richtigen Verhältnisse zu dem Nutzen aus dem Unternehmen steht, wenn das Grundstück nur überhaupt einen Vorteil hat. Die Klage ist nicht zur Regelung des Teilnehmerverhältnisses unter den Genossen gegeben, sondern nur zur Durchführung des Anspruchs auf Beitragserlaß (Kunze-Kautz 2 71).

Der Reichsfiskus ist gesetzlich ebensowenig von Beiträgen befreit, wie der Preußische Fiskus (OVG. 44 304).

Während bei der Klage aus § 53 die Behauptung zur Grundlage dient, daß das herangezogene Grundstück überhaupt nicht zur Genossenschaft gehört, oder daß es zur Teilnahme an der auferlegten Last nicht verpflichtet sei, ist die Klage aus § 66 Abs. 2 darauf zu stützen, daß nach der Ausführung des Planes ein zur Genossenschaft unzweifelhaft gehöriges Grundstück keinen Vorteil von dem Unternehmen hat.

Die Zuständigkeit des Bezirksausschusses (§ 70) liegt auch dann vor, wenn das Grundstück gerade im Auseinandersetzungsverfahren begriffen ist. Auf die Generalkommission geht diese Streitigkeit nicht über (OVG. 33 309).

5. Ausscheiden aus der Genossenschaft.

Ergibt sich, daß ein der Genossenschaft angehöriges Grundstück dauernden Nachteil von einem Ent- oder Bewässerungsunternehmen hat, so kann der Eigentümer das Ausscheiden des Grundstücks aus der Genossenschaft verlangen (§ 66 Abs. 3). Voraussetzung der Klage ist ebenfalls, daß das Unternehmen ausgeführt ist und daß das Grundstück selbst dauernden Nachteil von dem Unternehmen hat; die Produktionsbedingungen des Grundstücks müssen sich dauernd verschlechtert haben (Kunze-Kautz 2 72, 73). Der Umstand, daß der Eigentümer das Grundstück durch Benutzung zu industrieller Anlage vorteilhafter verwerten kann, berechtigt nicht zum Ausscheiden (Erk. v. 9. III. 98 OVG. 33 309). Es muß sich darum handeln, daß der dauernde Nachteil auf das Unternehmen selbst oder auf die Wirkungen der genossenschaftlichen Anlage zurückzuführen sei (Erk. v. 6 X. 04 — III 1734). Vorübergehende Schäden werden nicht berücksichtigt. Lassen sich ferner die Wirkungen des Unternehmens noch gar nicht übersehen, so ist die Klage verfrüht.

Die fristlose Klage ist beim Bezirksausschusse anzubringen; die Berufung ist zulässig.

6. Aufnahme benachbarter Grundstücke.

Eine öffentliche Ent- und Bewässerungsgenossenschaft ist verpflichtet, Eigentümer benachbarter Grundstücke auf deren Verlangen in die Genossenschaft aufzunehmen, wenn die Ent- oder Bewässerung dieser Grundstücke durch Mitbenutzung der genossenschaftlichen Anlagen auf die zweckmäßigste Weise erfolgen kann und die Anlagen der Genossenschaft bei entsprechender Einrichtung hinreichen, um ohne Nachteile für die bereits vorhandenen Mitglieder den gemeinsamen Bedürfnissen zu entsprechen (§ 69). Die Klage geht gegen die Genossenschaft und ist beim Bezirksausschusse anzubringen (§ 70). Was unter Entwässerung zu verstehen, darüber spricht sich OVG. 28 288 (Kunze-Kautz 2 75) aus. Nach diesem Erk. hatte das Oberverwaltungsgericht eine Entwässerungsgenossenschaft für verpflichtet erklärt, ein der Stadt Berlin gehöriges Gelände aufzunehmen, auf welchem die städtischen Kanalisationswässer zur Berieselung benutzt wurden und dann durch Drains in einen Genossenschaftsgraben geleitet werden sollten. Die Berieselung war so eingerichtet, daß sie tatsächlich den bewässerten Grundstücken landwirtschaftlichen Nutzen brachte. In der Entsch. war zugleich ausgesprochen, daß ein auf Grund des § 69 aufzunehmendes Mitglied nicht verpflichtet sei, einen Anteil von denjenigen Anlagekosten zu erstatten, die durch unentgeltliche Zuschüsse des Staats oder der Provinz bereits gedeckt seien.

Das WassGenG. kennt noch in § 68 das zwangsweise Ausscheiden eines Grundstücks aus der Genossenschaft, wenn andernfalls die Erreichung des Genossenschaftszwecks gefährdet werden würde, gegen Entschädigung. Die Klage ist ebenfalls bei dem Bezirksausschusse anzubringen. Der Fall kommt sehr selten vor.

Elfter Titel.

Strombauverwaltungsgesetz.

Das G., betreffend die Befugnisse der Strombauverwaltung gegenüber den Uferbesitzern an öffentlichen Strömen, v. 20. VIII. 83 (GS. 333), dessen § 13 Abs. 2 durch das G. v. 31. V. 84 (GS. 103) geändert worden ist (dazu ergangen ist die AusfAnw. v. 7. IX. 83 MBl. 237) ermächtigt die Lokalbaubeamten als Organe der Strombauverwaltung, strompolizeiliche Anordnungen zu erlassen. In denjenigen Bezirken, für welche die Strombauverwaltung einer besonderen Behörde (Strombaubehörde) übertragen ist, geht gegen die Anordnungen der Lokalbaubeamten die Beschwerde an den diesen vorgesetzten Oberpräsidenten, im übrigen an den Regierungspräsidenten; gegen den auf die Beschwerde erlassenen Bescheid ist jedesmal die Klage bei dem Oberverwaltungsgerichte (oder die weitere Beschwerde an den Minister) zulässig. Über den Geschäftskreis der Strombau- und Strompolizeibehörden lassen sich die AllgVerf. v. 22. I. 89 (MBl. 22) und die AllgO. v. 23. III. 03 (MBl. 107) aus.

Für die Beschwerde gegen die Anordnungen der Lokalbaubeamten ist eine gesetzliche Frist nicht gegeben; während die Klage gegen den auf Beschwerde ergangenen Bescheid innerhalb zweier Wochen anzustellen ist. Das Erk. v. 25. IX. 05 OVG. 48 266 schränkt den Begriff der Anordnung erheblich ein. Es heißt da: „Unter einer Anordnung (§ 13) ist nur diejenige Willensäußerung des Strombaubeamten zu verstehen, durch die er in Übung seiner sachlichen Zuständigkeit den Uferbesitzern gegenüber ein Gebot oder Verbot erläßt oder die ihm vorbehaltene Genehmigung versagt, und ist eine solche, die zum Zwecke der Durchführung eines vorausgegangenen Gebots oder Verbots oder zur Verhinderung von Handlungen, für die er die Genehmigung versagt hat, Zwangsmaßregeln androht oder vollstreckt." In dem Erl. v. 17. II. 88 haben die Minister die Befugnis der Strombaubeamten zur Anwendung von Zwangsmaßregeln zum Zwecke der Durchführung ihrer Verfügungen grundsätzlich auch für das G. v. 22. VIII. 83 anerkannt. In dem Erl. v. 22. I. 95 hat der Arbeitsminister die

Strombaubeamten ebenso hinsichtlich des Schutzes gegen Störungen der den Uferbesitzern bekannt gegebenen Besitznahme von Anlandungen auf die administrativen Zwangsmittel verwiesen.

Die wichtigsten Anordnungen der Lokalbaubeamten betreffen den Schutz der Anlandungen (§ 5). Nach § 5 Abs. 1 gehören Anlandungen, die infolge von Anlagen der in § 3 gedachten Art entstehen, demjenigen, an dessen Ufer sich dieselben angesetzt haben, nach denselben Grundsätzen, wie die sich von selbst bildenden Anlandungen; der Uferbesitzer darf jedoch, vorbehaltlich der Bestimmungen des § 6 nicht ohne Genehmigung der Strombauverwaltung in den Besitz der so entstehenden Anlandungen treten. Die Strombauverwaltung ist berechtigt, die gedachten Anlandungen, mögen sie in Zukunft entstehen oder bereits entstanden sein, auszubilden und so weit zu befestigen, daß sie ohne Nachteil für den Strom mit Vorbehalt der Vorschriften in §§ 7 und 10 benutzt werden können. Zu diesem Zwecke tritt der Staat in den Besitz und die Nutzung derselben (Abs. 2).

Der § 5 Abs. 2 findet auch auf solche bei Inkrafttreten des Gesetzes noch nicht reifen Anlandungen Anwendung, die bereits vor dessen Erlaß auf Grund fiskalischer Anlagen entstanden und von dem Uferbesitzer in Besitz genommen worden waren. Die Vorschrift im letzten Satze des § 5 Abs. 2 ist nach OVG. 41 261 dahin auszulegen, daß der Staat mit dem Tage des Inkrafttretens des Gesetzes ohne weiteres kraft Gesetzes den Besitz der sämtlichen auf Grund fiskalischer Anlagen entstandenen, noch nicht reifen Anlandungen erlangt hat, ohne daß es dazu bei der einzelnen Anlandung noch einer Besitzergreifung oder Erklärung irgend welcher Art bedurft hätte. Für diejenigen Anlandungen, welche erst nach Inkrafttreten des Gesetzes entstehen, ergibt sich der Übergang in den Besitz und die Nutzung des Staats kraft Gesetzes ohne weiteren Besitzergreifungsakt aus den Vorschriften der §§ 5 Abs. 1 u. 6 Abs. 1 (OVG. 41 261, 43 274). Anderseits ist das G. auf Anlandungen, die bei dem Inkrafttreten bereits reif waren, auch dann nicht anwendbar, wenn sie durch fiskalische Anlagen entstanden sind (OVG. 43 274).

Der § 5 Abs. 2 kommt für jedes Gelände zur Anwendung, das im Sinne des Gesetzes eine infolge von Anlagen des Staats (§ 3) entstandene, noch nicht ausgebildete und so weit, daß sie ohne Nachteil für den Strom mit Vorbehalt der Vorschriften der §§ 7 und 10 benutzt werden kann, befestigte Anlandung ist, gleichviel, was es vorher und namentlich, ob es früher eine Insel gewesen ist, und es gilt selbst in bezug auf schon vor den Anlagen vorhandene Anlandungen und Inseln im Sinne des ALR., wenn sie noch nicht bestandsfähig waren, sondern erst durch die Anlagen (§ 3) Bestandsfähigkeit erlangt haben (Erk. v. 28. II. 00 Kunze-Kautz 2 66).

Eine Anordnung aus § 5 kann nur erlassen werden, wenn die

Anlandung nicht bereits im Eigentum des Staats steht (OVG. 38 275).

Der § 5 Abs. 4 bestimmt, daß die Strombauverwaltung Fürsorge für zweckmäßigen Zugang zu den Fähren schaffen soll. Damit ist den Fährinteressenten indessen kein im Verwaltungsstreitverfahren verfolgbares Recht auf die Herstellung eines Zuganges gegeben (OVG. 26 258). Es bleibt nur die Beschwerde an die Aufsichtsinstanz.

Dritter Abschnitt.

Wegepolizei.

(Vgl. die entsprechenden Titel im Abschnitte „Wasserpolizei".)

Erster Titel.

Allgemeines. Zuständigkeit. Öffentliche und Privatwege.

Die Wegepolizei ist im allgemeinen Ortspolizei (vgl. S. 233). Sie hat alle Arten von öffentlichen Wegen zu beaufsichtigen und dafür zu sorgen, daß den Bedürfnissen des öffentlichen Verkehrs in bezug auf das Wegewesen Genüge geschieht (ZustG. § 55). Handelt es sich um die Anlegung, Regulierung und Unterhaltung öffentlicher Wege, so wird dieser Zweig der Wegepolizei Wegebaupolizei genannt. Öffentliche Wege und Plätze, die für den Verkehr innerhalb von Ortschaften und für den Anbau bestimmt sind, heißen öffentliche Straßen, und die Beaufsichtigung ihrer Anlegung, Unterhaltung usw. ist Aufgabe der Straßenbaupolizei. Durch KabO. v. 28. XII. 75 ist die Straßenbaupolizei in Berlin dem Magistrat übertragen worden, während die übrigen straßen- bzw. wegepolizeilichen Funktionen dem Polizeipräsidium verblieben sind.

Das ZustG. behandelt in § 55 ganz allgemein die Befugnisse der Wegepolizei. Ihre wegepolizeilichen Verfügungen folgen in bezug auf ihren Inhalt usw. sowie die Rechtsmittel den Generalregeln der §§ 127 ff. LVG. Die Rechtsmittel ändern sich, sobald die Anordnungen den Bau und die Unterhaltung der öffentlichen Wege oder die Aufbringung oder Verteilung der dazu erforderlichen Kosten oder die Inanspruchnahme von Wegen für den öffentlichen Verkehr betreffen (§ 56 ZustG.). Über beide Arten von Verfügungen und die dagegen zulässigen Rechtsmittel wird weiter unten die Rede sein.

Zu den öffentlichen Wegen gehören die Chausseen. Die Chausseebaupolizei gebührt den Regierungspräsidenten, während der Schutz der Chausseen und der damit verbundenen Zollerhebung dem Publikum gegenüber den Landräten zusteht (OVG. 3 355, 11 204, 34 264, 39 244). Chaussee wird ein Weg nicht schon durch die besondere Art seines Ausbaues, vielmehr muß er den für Chausseen erlassenen gesetzlichen und reglementarischen Bestimmungen unterworfen sein (OVG. 15 280, 21 233, 24 267). Bei Land- und Heerstraßen (ALR. II 15 § 1) hat der Regierungspräsident die Anordnung zur Leistung der Hand- und Spanndienste und die zu ihrer Durchführung erforderlichen Verfügungen zu erlassen (OVG. 17 291). Ebenso trifft der Regierungspräsident die Anordnungen hinsichtlich der Nachbarhilfe (OVG. 11 219, 15 294).

Die polizeiliche Aufsicht über die Wege begreift die Aufsicht über ihre Zubehörungen in sich. Zu den Zubehörungen werden gerechnet: die Böschungen, Brücken, Durchlässe, Zugänge, Entwässerungen, Baumpflanzungen, Wegweiser, Wegetafeln u. a. Im Einzelfalle kann ein Wegegraben oder eine Brücke kein Zubehörstück eines öffentlichen Weges sein, sondern eine selbständige Rechtsstellung einnehmen. So sind Brücken über öffentliche Flüsse in der Regel als besondere, für sich bestehende, in keinem Zugehörigkeitsverhältnisse zu dem öffentlichen Wege stehende Kommunikationsanstalten aufzufassen (OVG. 12 243).

Den öffentlichen Wegen stehen die Privatwege gegenüber. Letztere sind Teile der Erdoberfläche, die lediglich dem Privatrechte unterliegen, während die öffentlichen Wege für den Gemeingebrauch bestimmt sind, den die Wegepolizei, nicht eine Privatperson, regelt. Öffentliche Wege brauchen nicht jeder Art der Benutzung durch das Publikum freizustehen, sie können allein zum Gehen oder Reiten oder zu bestimmten Zwecken dienen, wie Wege zur Kirche, Schule, zum Kirchhof usw. (OVG. 12 282).

Wer das Eigentum an einem öffentlichen Wege hat, d. h. an seinem Fundus, ist für die Frage nach der Öffentlichkeit belanglos; der öffentliche Weg kann in dem Eigentum einer Privatperson, einer Gemeinde, eines Kreises, einer Provinz, des Staates sein; meist wird er im Eigentum des Unterhaltungspflichtigen stehen. Entscheidend ist, daß der Weg unter Zustimmung des rechtlich Beteiligten dem öffentlichen Verkehre, dem Gemeingebrauche, gewidmet ist. Diese Widmung kann stillschweigend oder ausdrücklich erfolgt sein. Als rechtlich beteiligt gelten: der Eigentümer des Fundus, der Wegeunterhaltungspflichtige und die zuständige Wegepolizeibehörde (Erk. v. 27. II. 95 OVG. 27 399). Daraus allein, daß der Eigentümer längere Zeit den ungehinderten Verkehr des Publikums auf einem Wege zuläßt, ohne daß er beabsichtigt, den Weg dem öffentlichen Verkehre wirklich zu widmen und ihn der Beaufsichtigung der Wegepolizei und der Wegebaupflicht des öffentlichen Wegebaupflichtigen zu übergeben, wie z. B. bei Wegen in Parkanlagen, bei Eisenbahnzufuhrwegen, folgt noch keine Schaffung eines öffentlichen Weges (Kunze-Kautz 2 331, 332). Ebensowenig wird ein privater Weg zum öffentlichen, wenn der Private mit Zustimmung der Wegepolizei, aber im Widerspruche mit dem Wegebaupflichtigen, einen neuen Weg herstellt und dem öffentlichen Verkehre überläßt (Erk. v. 7. X. 96 OVG. 30 252).

Zwischen den öffentlichen und privaten Wegen stehen die sog. Interessentenwege (§§ 95, 96 GemhTeilO. v. 7. VI. 21); sie stehen nicht unter der Obhut der Wegepolizei. Weinbergswege können öffentliche Wege sein, wenn sie nicht nur einem bestimmten Kreise von Interessenten nach rein privatrechtlichen Verhältnissen zur Kultur der Weinberge dienen, sondern dem öffentlichen Verkehre gewidmet sind (Erk. v. 4. XI. 97 OVG. 32 425). Auch ein Gewannenweg (§ 19 Instr. v. 2. I. 30) im ehemaligen Herzogtume Nassau ist als solcher kein öffentlicher Weg. Werden nichtöffentliche Interessentenwege usw. von jemandem unbefugt gesperrt, steht es der Wegepolizei nicht zu, die Sperrung polizeilich zu beseitigen; Hilfe kann nur der Zivilrichter auf Grund privatrechtlicher Vorschriften leisten.

Der Gemeingebrauch gestattet, daß der Weg zu den Zwecken, für die er bestimmt ist, von jedermann, vom Publikum benutzt wird. Dabei hat sich das Publikum an die Vorschriften zu halten, die die Polizei zur Regelung des Verkehrs erläßt. Die Polizei kann zeitweilig den Gemeingebrauch der öffentlichen Wege ausschließen, z. B. wenn der Weg wegen Wegebesserungen gesperrt wird, wenn sie die Benutzung von Wegeteilen durch Private in einer den Gemeingebrauch beeinträchtigenden Weise zeitweise ausschließt, z. B. behufs Aufstellung von Buden, Tribünen, Christbäumen usw. Neben dieser polizeilichen Vergünstigung kann der Wegebaupflichtige eine Entschädigung beanspruchen (Standgeld). Wird der Gemeingebrauch unbefugt beeinträchtigt, so kann der Beeinträchtigte die Polizei anrufen, die im Weigerungsfalle durch die Aufsichtsbehörde zum Einschreiten gezwungen wird. Eine Verwaltungsklage gegen die Polizei zur Erzwingung ihres Einschreitens oder gegen den Beeinträchtigenden auf Untersagung der Beeinträchtigung gibt es nicht. Die Verfügung, die die Wegepolizei erläßt, fällt ebenfalls unter den § 55 ZustG.

Nach § 61 KreisO. v. 13. XII. 72 bestimmt der Kreisausschuß endgültig denjenigen Amtsvorsteher bzw. Bürgermeister, der die in bezug auf die öffentlichen Wege notwendigen Anordnungen (ZustG. §§ 55, 56, 57) zu treffen hat, wenn die Beteiligten verschiedenen Polizeibezirken angehören; wie das Erk. v. 11. VII. 92 (OVG. 23 175) richtig darlegt, setzt die Anwendung dieser Vorschrift, die in die anderen Kreisordnungen übernommen worden ist, voraus, daß die Wegestrecke, derentwegen eine polizeiliche Verfügung zu erlassen ist, in mehreren Polizeibezirken liegt. Um die Angelegenheit einheitlich zu ordnen, wird eine der zuständigen Wegepolizeibehörden mit der Erledigung der ganzen Angelegenheit betraut. Darauf, daß diejenigen, gegen die eine wegebaupolizeiliche Verfügung zu erlassen ist, in mehreren Amtsbezirken wohnen, kommt es nicht an. Liegt die Wegestrecke in verschiedenen Kreisen, so bestimmt der Regierungspräsident den Kreisausschuß, der seinerseits den Amtsvorsteher zu ernennen hat (LVG. § 58).

Die Gemeinde- und Gutsvorstände sind auch in wegepolizeilichen Angelegenheiten nur ausführende Organe (§§ 65, 29, 30 Nr. 3, 31 KreisO.) des Amtsvorstehers (der Wegepolizei). Zur selbständigen Verwaltung der Wegepolizei können sie nicht bestellt werden. Haben sie als Organe der Wegepolizei in deren Auftrage Verfügungen erlassen, so gelten letztere als Verfügungen der Wegepolizeiverwaltung (Erk. v. 4. II. 80 OVG. 6 206), sie sind daher nur gegen die Polizeiverwaltung selbst angreifbar.

Zweitel Titel.

Der § 55 ZustG.

In § 55 ZustG. ist nur wesentlich die Vorschrift:

„Die Aufsicht über die öffentlichen Wege und deren Zubehörungen, sowie die Sorge dafür, daß den Bedürfnissen des öffentlichen Verkehrs in bezug auf das Wegewesen Genüge geschieht, verbleibt in dem bisherigen Umfange der für die Wahrnehmung der Wegepolizei zuständigen Behörde."

Was dann in dem § 55 folgt, ist überflüssig und aus den früheren Entwürfen zu einer allgemeinen Wegeordnung usw. mit hinüber genommen. Es ist jetzt ersetzt durch die für alle polizeilichen Verfügungen erlassenen Vorschriften in den §§ 53, 132 LVG. Eine den Sätzen 2 und 3 des § 55 ZustG. entsprechende Vorschrift findet sich im § 66 ZustG. nicht. Ja, es ist nicht einmal richtig, daß die Wegepolizei einen Pflichtigen zur Leistung nur anhalten darf, wenn er die Verbindlichkeit nicht bestreitet. Dies stände im Widerspruch mit § 53 LVG. Das ZustG. beläßt die Wegepolizeibehörde, wie sie bisher bestanden hat, in ihrer Zuständigkeit. Grundsätzlich ist Wegepolizei eine ortspolizeiliche Angelegenheit, es steht deshalb die Wegepolizei im Geltungsbereiche der KreisO. v. $\frac{13.\ XII.\ 72}{19.\ III.\ 81}$ und in Schleswig-Holstein auf dem platten Lande dem Amtsvorsteher, in Hannover dem Landrat, in Hessen-Nassau und in der Rheinprovinz dem Bürgermeister, in Westfalen dem Amtmann, in der Provinz Posen dem Distriktskommissar zu. Die Wegepolizei in Kurhessen verwalten die Landräte hinsichtlich der Landwege (OVG. 20 284). Wenn die von der Polizei verlangten Leistungen nicht unter § 56 ZustG. fallen und nicht vom Wegebaupflichtigen gefordert, sondern lediglich zum Schutze der Wege und des ungehinderten Verkehrs erlassen werden (z. B. Entfernung eines Wildgatters), so finden hinsichtlich der Rechtsmittel die Vorschriften in den §§ 127 ff. LVG. statt. Diese Materie bietet somit nichts besonderes dar. Selbstverständlich finden die Vorschriften des § 56 ZustG. auf diese Art von wegepolizeilichen Verfügungen keine Anwendung.

Dritter Titel.

Wegebaupolizeiliche Anordnungen.

(§ 56 ZustG.)

Die Wegepolizei (Wegebaupolizei) kann Anordnungen treffen, welche den Bau und die Unterhaltung der öffentlichen Wege oder die Aufbringung und Verteilung der dazu erforderlichen Kosten betreffen. Eine Verfügung des letzteren Inhalts wird auch erlassen, wenn bei Gefahr im Verzuge (§ 53 LVG.) die Wegepolizei den erforderlichen Wegebau selbst ausführen läßt und hinterher den Pflichtigen zur Aufbringung anhält oder die Kosten unter mehrere verteilt. Der Angriff auf alle diese Anordnungen regelt sich nach § 56. Mit der Anordnung muß die öffentliche Wegebaulast geltend gemacht werden.

Der Umfang der Wegebaulast wird bedingt durch die Bedürfnisse des öffentlichen Verkehrs; auf der anderen Seite ist aber die Leistungsfähigkeit des Pflichtigen mit in Betracht zu ziehen (OVG. 5 222, 7 257). Eine wegebaupolizeiliche Verfügung würde also im Verwaltungsstreitverfahren aufzuheben sein, wenn der Pflichtige nur mit dem eigenen wirtschaftlichen Ruine die Last erschwingen könnte. Im übrigen würde es hier zu weit führen, nach den geltenden Provinzialrechten im einzelnen anzugeben, welche Leistungen vom Wegebaupflichtigen gefordert werden können (vgl. Kunze-Kautz, Wegepolizei; von Brauchitsch, Anm. zu §§ 55, 56 ZustG.; Germershausen, Das Wegerecht).

Die WegeO. für die Provinz Sachsen v. 11. VII. 91 bestimmt z. B. in § 4.

Die Wegebaulast begreift, vorbehaltlich der näheren Bestimmungen dieses Gesetzes, die Verpflichtung in sich:

1. die Wege anzulegen, zu verlegen und einzuziehen;
2. die Wege dem Verkehrsbedürfnisse entsprechend zu unterhalten, zu verbreitern und zu verbessern;
3. Verkehrshindernisse auf den Wegen zu beseitigen;
4. die durch Anlegung, Verbreiterung, Verbesserung, Verlegung und Einziehung von Wegen, sowie durch Umwandlung von Privatwegen in öffentliche gesetzlich begründeten Entschädigungsansprüche zu gewähren.

Diese Umgrenzung der Wegebaulast wird im allgemeinen für die meisten Wegerechte zutreffend sein.

Die Last selbst ist eine öffentlich-rechtliche, wie die Armen-, Steuerlast usw., sie wird dem Staate, dem Gemeinwesen, der Polizei gegenüber geleistet, nur die Polizei ist berufen, die betreffende Anforderung an den Pflichtigen zu stellen. Es gibt weder eine Popularklage eines Privaten oder einer Korporation auf Erfüllung der Last, noch eine solche Klage auf Anerkennung des Inhalts der Last.

Im übrigen soll hier nur in einzelnen Punkten auf den Inhalt der Wegebaulast eingegangen werden. Der Wegebaupflichtige kann zur Sicherung eines Weges gegen Wasserabbruch polizeilich angehalten werden (OVG. 10 178), was selbstverständlich erscheint; denn wenn das Wasser den Weg unfahrbar macht oder wegreißt, so hat der Pflichtige für Ersatz zu sorgen. Die Polizei kann aber auch schon der bevorstehenden Gefahr durch entsprechende Anordnungen vorbeugen. Wie die Polizei verlangen kann, daß der Pflichtige einen Ersatz- oder neuen Weg über fremdes Terrain anlege, indem sie den Pflichtigen selbst zur Enteignung zwingt, so kann sie auch verlangen, daß der Pflichtige auf fremdem Grund und Boden Sicherungsmaßregeln ergreift (Erk. v. 26. IX. 88 u. v. 16. XII. 92 — OVG. 17 307, 24 194).

Die Wegeunterhaltungslast umfaßt ferner in der Regel die Verpflichtung zur Wegräumung des Schnees, wenn er Verkehrshindernis ist (Erk. v. 11. X. 84 u. v. 8. I. 87 — OVG. 11 229 u. 14 281), dagegen fällt, wie weiter unten gezeigt werden wird, die Reinigung der Straßen innerhalb der Ortschaften und die Beleuchtung nicht unter die Wegebaulast. Fällt sie darunter nicht, so ist eine sie fordernde polizeiliche Verfügung nicht mit den Rechtsmitteln aus § 56, sondern aus § 55 ZustG., §§ 127 ff. LVG. angreifbar.

Es wird vielfach darüber gestritten, ob eine Pflasterung, die im öffentlichen Verkehrsinteresse geboten ist, vom Pflichtigen gefordert werden kann. Das Oberverwaltungsgericht bejaht diese Frage (Erk. v. 9. I. 78 u. v. 28. XI. 99 — OVG. 3 179 u. 36 247) mit Recht.

Der Grundsatz, daß die Wegebaulast, deren Erfüllung von der Polizei zu kontrollieren ist, nur auf öffentlichem Rechte beruhen darf, schließt es aus, daß die Polizei solche Verpflichtungen erzwingt, die lediglich zwischen zwei Rechtssubjekten privatrechtlich eingegangen sind. Nichtsdestoweniger kann eine öffentlich-rechtliche Wegebaulast durch Abkommen zwischen Privatpersonen begründet oder verändert werden, wenn die Wegepolizeibehörde diesem Abkommen beitritt. Ohne die ausdrückliche oder stillschweigende Zustimmung der Wegepolizei kann schon deshalb sich eine Wegebaulast nicht verändern, weil die Last gegen die Polizei zu leisten ist. Die Polizei ist das berechtigte Subjekt. Von den Titeln des öffentlichen Rechts, die im Verwaltungsstreitverfahren eine große Rolle spielen, ist die Observanz zu erwähnen. Während die Verjährung ein Institut des Privatrechts ist, ist die Observanz geeignet, die bestehende Wegebaulast zu ändern. Sie besteht in der Rechtsüberzeugung, die sich unter den Teilnehmern einer gewissen rechtlichen oder tatsächlichen Gemeinheit, unter Umständen auch einer bestimmten Klasse und eines Inbegriffs von Personen an einem Orte oder in einem größeren Distrikte über eine Verpflichtung gegen den Staat (das Gemeinwesen, die Polizei) gebildet hat. Bei der Entstehung der Observanz muß eine jenen Teilnehmern gemeinsame Rechtsüberzeugung vorliegen (Erk. v. 29. X. 87

OVG. 16 290). Diese Rechtsüberzeugung betrifft nicht subjektive Rechte zwischen einzelnen Rechtssubjekten, sondern Pflichten gegen die Polizei (Erk. v. 28. XI. 96 OVG. 31 194). Eine einmal entstandene Observanz (Gewohnheitsrecht) ist nichts Unveränderliches. Ihr Fortbestehen hängt von denselben Voraussetzungen ab, die ihr Entstehen bedingen (Erk. v. 21. V. 98 — II 785 — Kunze-Kautz 2 341). Irrtum schließt die Bildung der Observanz nicht aus (Erk. v. 19. XII. 98 OVG. 34 250).

Vierter Titel.

Rechtsmittel gegen wegebaupolizeiliche Anordnungen.

(§ 56 ZustG.)

Wie bei den Verfügungen wegen Räumung von Wasserläufen (ZustG. § 66) findet gegen solche Anordnungen der Wegepolizeibehörde (Wegebaupolizeibehörde), die den Bau und die Unterhaltung der öffentlichen Wege oder die Aufbringung und Verteilung der dazu erforderlichen Kosten betreffen, nur der Einspruch bei der Wegepolizeibehörde statt. Die Ausdrücke „Bau und Unterhaltung" sind im weitesten Sinne zu verstehen, ihr Inhalt ist der Inhalt der öffentlichen Wegebaulast.

Der Einspruch ist bei der Wegepolizeibehörde selbst anzubringen, er ist eigentlich nur eine Remonstration, eine Gegenvorstellung gegen die Anordnung, daher an keine Form gebunden. Der Einsprechende muß nur zu erkennen geben, daß er mit der Verfügung unzufrieden ist und was er an Stelle der Anordnung gesetzt haben möchte.

Die Frist für den Einspruch beträgt zwei Wochen. Ist der Einspruch irrtümlich nicht bei der Ortspolizeibehörde (Wegepolizeibehörde), sondern bei der Aufsichtsbehörde, z. B. dem Landrate oder dem Kreisausschusse, angebracht worden, so gilt die Frist als gewahrt (ZustG. § 56 Abs. 2). Gleiches gilt, wenn der Landrat die Verfügung erlassen hat und der Einspruch bei dem Regierungspräsidenten oder dem Bezirksausschusse angebracht ist. Die zu Unrecht angerufene Aufsichtsbehörde hat den Einspruch an die Wegepolizei zur Beschlußfassung abzugeben. Hat, dem § 56 zuwider, der Landrat oder Regierungspräsident den Einspruch als Beschwerde behandelt und entschieden oder hat der Kreisausschuß (Bezirksausschuß) den Einspruch als Klage angesehen und eine Entscheidung getroffen, so müssen in dem weiteren Verfahren von den Verwaltungsgerichten diese Entscheidungen durch Urteil aufgehoben und die Einspruchsschrift an die Wegepolizeibehörde zur förmlichen Beschlußfassung abgegeben werden.

Die Wegepolizei faßt, nachdem sie geeignetenfalls die Sache instruiert hat, über den Einspruch Beschluß. Es ist üblich und richtig, daß diese amtliche Entschließung der Wegepolizei auch mit „Beschluß" bezeichnet und mit Gründen versehen wird. Beschluß und die vorausgegangene Anordnung sind, da von ihrer Behändigung der Lauf von Fristen abhängt, gegen Quittung zuzustellen. Der Beschluß tritt an Stelle der angegriffenen Anordnung; die weiteren Rechtsmittel richten sich lediglich gegen den Beschluß und nicht gegen die erste Anordnung.

Hält die Wegepolizei den Einspruch für begründet, so hebt sie die erste Verfügung auf, und wenn sie, davon ausgehend, daß statt des Inanspruchgenommenen ein Dritter wegebaupflichtig sei, den Dritten in dem Beschlusse als verpflichtet einsetzt und den Beschluß dem Dritten zustellt, so hat letzterer gegen den Beschluß nicht mehr den Einspruch, sondern sofort die Klage zu erheben (Erk. v. 29. XI. 82 OVG. 9 248). Der Dritte muß allerdings aus dem Beschlusse ersehen, daß er auf Einspruch eines anderen ergangen ist, sonst, d. h. wenn sich der Beschluß als einfache wegebaupolizeiliche Anordnung darstellt, wird kein Bedenken vorliegen, einen bei der Wegepolizeibehörde angebrachten Einspruch als solchen zu behandeln. Im übrigen ist zu bemerken (Erk. v. 24. I. 98 Kunze-Kautz 2 356), daß das Einspruchverfahren lediglich ein Informationsverfahren ist, das weder die Wegepolizei noch den Kläger in Beziehung auf ihre Verteidigung im späteren Verwaltungsstreitverfahren irgendwie beschränkt. Das Einspruchverfahren bildet keinen Teil des Verwaltungsstreitverfahrens. Die Wegepolizei kann bei Versäumung der Einspruchsfrist Wiedereinsetzung in den vorigen Stand gewähren (§ 52 LVG.; vgl. S. 139).

Gegen den Beschluß findet binnen zwei Wochen die Klage statt Zuständig ist in erster Instanz der Kreisausschuß, in Stadtkreisen, in Städten mit mehr als 10000 Einwohnern und, sofern es sich um Chausseen handelt oder ein Provinzial-, Landeskommunal- oder Kreiskommunalverband als solcher oder in Hannover ein Wegeverband als Partei beteiligt ist oder wenn die Klage gegen den Landrat gerichtet ist, der Bezirksausschuß. Gegen die Entscheidungen des Kreisausschusses ist Berufung und Revision, gegen die des Bezirksausschusses die Berufung an das Oberverwaltungsgericht zulässig.

Die Klage ist bei dem zuständigen Verwaltungsgerichte selbst einzureichen (LVG. § 63); sie kann auch beim Gerichte zu Protokoll erklärt werden. Die Einreichung der Klage bei der Wegepolizeibehörde wahrt die Frist nicht.

In der Klage ist ein bestimmter Antrag zu stellen, die Person des Beklagten, der Gegenstand des Anspruchs sowie die ihn begründenden Tatsachen sind genau zu bezeichnen. Ist die Klage versehentlich bei einer anderen Behörde eingereicht, so gilt die Klagefrist nur dann als gewährt, wenn die andere Behörde die Klage rechtzeitig an das zuständige Gericht abgegeben hat. Ein amtlicher Zwang zur schleunigsten Abgabe dahin besteht nicht. Eine unvollständige Klage kann innerhalb einer vom

Richter gegebenen Frist vervollständigt werden. Über die Bedeutung des Wortes „Vervollständigung" in § 56 Abs. 6 ZustG. siehe S. 70 dieses Handbuches.

Die Klage muß darauf gegründet werden, daß die Verfügung rechtswidrig oder nicht angemessen noch notwendig ist, der Verwaltungsrichter entscheidet in Wegebausachen auch über die Angemessenheit und Notwendigkeit des Geforderten. Die Rechtswidrigkeit bzw. Unangemessenheit der Anordnung kann darin bestehen, daß eine unzuständige Wegepolizeibehörde die Anordnung erlassen habe, daß der Inhaber der Behörde bei der Angelegenheit persönlich beteiligt, daß der Weg kein öffentlicher sei, daß der Kläger nur bei gänzlichem Ruin seiner eigenen Wirtschaft der Anforderung gerecht werden könne, daß die Wegepolizei Anforderungen stelle, die über die öffentlich-rechtliche Wegebaulast oder das Verkehrsbedürfnis hinausgehe usw. In diesem Streite ist der, an den der Beschluß ergangen ist und der seine Aufhebung oder Abänderung beantragt, Kläger und die Wegepolizeibehörde die Beklagte. Die Wegepolizei kann weder in diesem Verfahren noch in irgend welchen anderen Wegebaustreitigkeiten Klägerin sein.

Wird die Klage darauf gestützt, daß nicht der durch den Beschluß in Anspruch Genommene, sondern ein anderes Rechtssubjekt statt seiner aus Gründen des öffentlichen Rechts zu der angesonnenen Leistung verpflichtet sei, so ist die Klage neben der Wegepolizei gegen das andere Rechtssubjekt als Partei mit zu richten, widrigenfalls die auf jene Behauptung gestützte Klage abzuweisen ist. Der Klageantrag geht dann dahin, daß statt des Klägers der Mitbeklagte zu der in dem wegepolizeilichen Beschlusse dem Kläger angesonnenen Leistung zu verurteilen sei. Liegen Klagegründe dafür vor, daß der Beschluß auch sonst rechtswidrig sei (Unzuständigkeit, persönliche Beteiligung usw.), so wird der Kläger vorsichtig handeln, auch diese Gründe mit geltend zu machen. Substituiert der Verwaltungsrichter den mitbeklagten Dritten im Erkenntnisse nicht, hebt er den Beschluß wegen anderweitiger Rechtswidrigkeit auf, so pflegen die für die Zuziehung des Dritten entstandenen besonderen Kosten auch der Wegepolizeibehörde auferlegt zu werden, während es richtiger ist, mit diesen Kosten den Kläger zu belasten, weil ja die Zuziehung des Dritten nicht erforderlich gewesen.

Wird dagegen der Beschluß aufgehoben und der Dritte in die Leistung substituiert, so werden die Kosten beiden Beklagten zu gleichen Teilen auferlegt. Die prozessuale Stellung der Behörde und des Dritten ist sehr interessant und eigenartig; in der notwendigen Zuziehung des Dritten bei der Abwälzung der sonst rechtsbeständigen Anordnung liegt gewissermaßen eine umgekehrte Hauptintervention vor. Bei der Hauptintervention (ZPO. §§ 64, 65) wird das Recht oder die Sache, worüber zwischen anderen Personen ein Rechtsstreit anhängig ist, ganz oder teilweise von einem Dritten in Anspruch genommen. Bei der Klage aus § 56 Abs. 4 Satz 3 ZustG. behauptet der Kläger, daß nicht er, sondern der Dritte zu der von der Polizei ihm angesonnenen Leistung verpflichtet sei. Daraus ergeben sich eigentümliche Prozeßrechtsverhältnisse (vgl. Schultzenstein im VerwArch. 2 148ff.). Der Dritte ist Streitgenosse der Wegepolizeibehörde, beide stehen dem Kläger dergestalt als einzelne gegenüber, daß die Prozeßhandlungen des einen Streitgenossen dem andern weder zum Vorteile noch zum Nachteile gereichen. Beide sind durch das ganze Verwaltungsstreitverfahren als Parteien (nicht als Beigeladene) zuzuziehen (Erk. v. 19. IV. 00 OVG. 37 249). Das streitige Rechtsverhältnis (die Frage, ob der Kläger oder der Dritte zur Leistung verpflichtet ist) kann nur einheitlich gegen die Polizei und den Dritten festgestellt werden.

Ist in der ersten Instanz der Dritte verurteilt, so können beide Beklagte die Berufung einlegen. Die Berufung des Dritten ist materiell zugleich die Berufung der Polizei. Hat sie selbst keine Berufungsanträge gestellt oder Berufung nicht eingelegt, so werden bei Zurückweisung des Rechtsmittels die sämtlichen Kosten dem Berufungskläger (dem Dritten) auferlegt. Das gleiche findet statt, wenn nur die Polizei die Berufung allein eingelegt hat.

Ist die Klage auf zwei Fundamente gestützt, einmal darauf, daß die Anordnung, weil rechtswidrig (wegen Unzuständigkeit der Behörde, wegen Unangemessenheit des Geforderten usw.), überhaupt gegen niemanden wirksam sei, und dann darauf, daß nicht der Kläger, sondern der Dritte zur Leistung verpflichtet sei (vgl. Erk. v. 15. XI. 00 OVG. 38 233), so ist bei Erörterung des ersten Fundaments die Zuziehung des Dritten nicht erforderlich, dies streitige Rechtsverhältnis kann einseitig zwischen Kläger und Polizei festgestellt werden. Hat die Klage mit diesem Fundamente Erfolg, so wird der Beschluß schlechthin aufgehoben, und die Polizei trägt die sämtlichen Kosten, dem Kläger sind nur die durch die nichtbegründete Zuziehung des Dritten erwachsenen besonderen Kosten aufzuerlegen. Die Berufung steht dann allein der Polizei zu. Sie ist Berufungsklägerin. Ihr Antrag geht auf Abweisung der Klage. Der Kläger kann aber in der Berufungsinstanz neben dem Antrage auf Bestätigung der Vorentscheidung eventuell den Antrag auf Substituierung des Dritten wiederholen und sich damit der Berufung des Gegners anschließen. Damit wird die Zuziehung des Dritten als Berufungsbeklagten geboten. Sollte der Kläger den Klageantrag nicht aufrecht erhalten, so fällt die Zuziehung des Dritten fort. In dem Streite mit dem Dritten kann dieser alle Einwendungen gegen den Beschluß erheben, die daraufhin abzielen, den Beschluß als rechtswidrig zu kennzeichnen. Er braucht sich nicht darauf zu beschränken, zu behaupten, daß nicht er, sondern der

Kläger (oder gar noch ein anderer) zur Leistung verpflichtet sei. Bei Erörterung dieser Einwendungen ist er Gegner der Wegepolizei.

In zahlreichen Fällen wird es dem Kläger nicht möglich sein, bis zur Einreichung der Klage den Drittverpflichteten zu ermitteln. In diesem Falle muß die Klage aber angeben, daß sie sich gegen den noch zu ermittelnden Dritten mit richtet. Unterläßt der Kläger diese Angabe, richtet er die Klage nur gegen die Wegepolizeibehörde, so kann er nach Ablauf der Klagefrist nicht nachträglich mit Erfolg um eine richterliche Frist zur Ermittelung und Vervollständigung der Klage nachsuchen (OVG. 22 175) oder die Klage gegen den Dritten richten (vgl. S. 70 u. 237 dieses Handbuches).

In der Praxis kommt es häufig vor, daß der Kläger nicht mit Bestimmtheit ermitteln kann, wer unter mehreren der Wegebaupflichtige ist, und daß er deshalb einen Dritten zwar mit belangt, aber beantragt, einen Vierten zu verurteilen, falls die Wegebaulast den prinzipaliter Benannten nicht trifft. Das Oberverwaltungsgericht hat in dem Erk. v. 15. XI. 00 OVG. 38 233 eine solche alternative Klage, wie sie dort genannt wird, für zulässig erachtet. Der Zulässigkeit muß aber widersprochen werden; denn ihre Zulassung widerstreitet allen prozessualischen Regeln (ebenso Schultzenstein, VerwArch. 2 150); sie verstößt auch gegen LVG. § 63, worin vorgeschrieben ist, daß der Kläger einen bestimmten Antrag zu stellen und die Person des Beklagten genau zu bezeichnen habe. Die Bezeichnung ist nicht genau, wenn der Kläger nicht einen Beklagten, der verurteilt werden soll, nennt, sondern mehrere dem Richter zur Auswahl stellt. Man denke sich den Fall, daß nicht zwei, sondern zehn Beklagte benannt werden, unter denen nun der Verwaltungsrichter den auszuwählen hätte, den er für schuldig befindet. Wie stellen sich die neun Beklagten prozessualisch? sollen sie gleich als Beklagte behandelt und vorgeladen werden oder erst, wenn der Verwaltungsrichter zu der Überzeugung gelangt ist, daß der zuerst Bezeichnete nicht der Wegebaupflichtige ist? Die Beantwortung der Fragen führt zu prozessualischen Ungeheuerlichkeiten. Weder in wegebaupolizeilichen Streitigkeiten, wo möglichst schnell ein praktisches Ziel erreicht werden soll, noch in anderen Arten von Streitigkeiten ist die Zulässigkeit bedingter Klagen anzuerkennen (S. 69, 70 dieses Handbuches).

In dem Verwaltungsstreitverfahren nach § 56 Abs. 4 Satz 3 handelt es sich immer nur um den einzelnen Baufall, der zur Klage Anlaß gegeben hat. Mag nun die Klage abgewiesen worden sein oder Erfolg gehabt und der Verwaltungsrichter inzidenter festgestellt haben, daß der Kläger oder der Dritte der nach öffentlichem Rechte Verpflichtete ist, die Rechtskraft der Entscheidung geht über den Rahmen des Prozesses nicht hinaus. Es bleibt den Parteien überlassen, in einem Verfahren nach § 56 Abs. 5 über die abstrakte Unterhaltungspflicht zu streiten. Ebensowenig kann der Polizei der Einwand der rechtskräftig entschiedenen Sache bei späteren neuen Anordnungen entgegengehalten werden (Erk. v. 16. XII. 82 OVG. 24 194).

Wird die im angegriffenen Beschlusse angeordnete Leistung im Laufe des Verwaltungsstreitverfahrens von dem Kläger, weil unaufschiebbar, ausgeführt, so verwandelt sich die bisherige Klage auf Substitution des Mitbeklagten in eine Klage auf Erstattung des Geleisteten (§ 56 Abs. 6) dergestalt, daß der Mitbeklagte verurteilt werde, die aus der Ausführung der Anordnung erwachsenen Kosten zu tragen und dem Kläger zu erstatten. Hierin liegt keine unzulässige Klageänderung (vgl. S. 69 dieses Handbuchs). Durch die Richtung der Klage gegen den Dritten ändert sich der an sich gemäß § 57 LVG. begründete dingliche Gerichtsstand nicht; denn es handelt sich bei allen Klagen aus § 56 ZustG. um Angelegenheiten, die sich auf Grundstücke beziehen. Ist ein Provinzialverband, Landeskommunal- oder Kreiskommunalverband oder in der Provinz Hannover ein Wegeverband beteiligt oder wird die Klage gegen den Landrat gerichtet, so muß sie stets statt bei dem Kreisausschusse beim Bezirksausschusse angebracht werden (§ 56 Abs. 7; OVG. 14 269, 40 262, 42 231, 45 268). Dieser Grundsatz ändert sich nicht, wenn außer gegen einen jener Verbände zugleich gegen andere Rechtssubjekte auf Übernahme einer wegepolizeilichen Leistung geklagt oder wenn bei Abweisung der Klage gegen den Dritten die Berufung nur gegen die Wegepolizei eingelegt wird (OVG. 47 270, 48 254).

Fünfter Titel.

Erstattungsklage.

Derjenige, der eine wegepolizeiliche Verfügung ausgeführt hat, kann nach Ablauf der Frist (§ 56 Abs. 6 ZustG.) im Verwaltungsstreitverfahren auf Erstattung des Geleisteten gegen einen aus Gründen des öffentlichen Rechts verpflichteten Dritten klagen. Diese Klage geht nicht etwa gegen die Wegepolizei mit der Behauptung, daß die wegepolizeiliche Verfügung rechtswidrig gewesen; auch nicht, wenn die Wegepolizei die Verfügung wegen Eilbedürftigkeit hat ausführen lassen und die Kosten vom Kläger eingezogen hat, später aber die Anordnung aufgehoben oder zurückgenommen wird. Im letzteren Falle kann nur die Aufsichtsbehörde die Erstattung des Verlangten durch die Polizei veranlassen. Der ordentliche Rechtsweg mit Klage auf Erstattung gegen die Polizei ist ausgeschlossen. Dagegen ist der ordentliche Rechtsweg auf Grund des G. v. 11. V. 42 (GS. 192) nach Aufhebung der Anordnung gegen den verantwortlichen Beamten auf Schadensersatz zulässig. Die vor die Verwaltungsgerichte gehörende Erstattungsklage, die ebenfalls im dinglichen Gerichtsstande anzustellen ist, kann nicht darauf gegründet werden, daß der Beklagte privatrechtlich die Erstattung der Kosten versprochen oder daß der

Beklagte den Kläger mit der Aufwendung beauftragt habe. Derartige Klagen gehören vor die Zivilgerichte. Anderseits kann der Beklagte einwenden, daß der Kläger privatrechtlich zu der streitigen Leistung verpflichtet gewesen sei (Erk. v. 27. IX. 06 OVG. 49 223; Germershausen, Das Wegerecht[3] 648).

Die Erstattungsklage (§ 56 Abs. 6) setzt stets voraus, daß entweder die Wegepolizei dem Kläger die Leistung für einen öffentlichen Weg durch eine Verfügung angesonnen habe, oder daß der Kläger wenigstens in der Annahme, zu der Leistung öffentlich-rechtlich verpflichtet zu sein, eine Wegebaulast erfüllt hat (Erk. v. 6. VII. 99 OVG. 36 251). Er muß im Sinne des Abs. 5 „Beteiligter" sein.

Hat der Kläger dem § 56 Abs. 4 zuwider die Klage gegen die Wegepolizeibehörde und den Drittverpflichteten nach Ablauf der zweiwöchigen Frist angestellt, so muß zwar die Klage gegen die Wegepolizeibehörde wegen Fristversäumnis abgewiesen werden, der Klage gegen den Dritten ist dagegen als Befreiungs- oder Erstattungsklage Fortgang zu geben und zwar mit dem Antrage, daß der Dritte den Kläger von der Leistung befreie (Erk. v. 22. III. 00 OVG. 37 226) bzw. die Kosten für die ausgeführte Leistung erstatte; die Rechte, welche die Polizei aus dem unangefochtenen Beschlusse herleitet, bleiben unberührt. Auf der anderen Seite verliert der Beklagte die Einwendungen nicht, die er gehabt hätte, wenn er zugleich mit der Polizei belangt worden wäre, die Einwendungen dahin, daß die Anordnung gegen niemanden rechtsbeständig sei

Ist der Kläger von der Polizei zur Ausführung der Wegeunterhaltung angehalten worden, so ist sein Klagefundament bei der Erstattungsklage:

a) die Rechtsbeständigkeit der polizeilichen Anordnung und
b) die Behauptung, daß nicht der Kläger, sondern der Beklagte aus öffentlichem Rechte zur Leistung verpflichtet sei.

Hat der Kläger ohne polizeiliche Anordnung in dem Glauben, dazu öffentlich-rechtlich verpflichtet zu sein, eine Wegeunterhaltung vorgenommen und verlangt er Erstattung, so ist die Klage ebenfalls mit der zu b) bezeichneten Behauptung zu begründen und der weiteren, daß das Geleistete dem Verkehrsbedürfnisse entsprochen habe und notwendig gewesen sei. Der Verwaltungsrichter stellt dies Bedürfnis selbständig fest (Erk. v. 31. 00 V. OVG. 37 239). Ist eine wegepolizeiliche Anordnung vorausgegangen, so kann der Beklagte zwar einwenden, daß die Anordnung, abgesehen von der Verpflichtungsfrage, rechtswidrig sei. Allein dieser Einwand ist nicht durchschlagend, wenn der Kläger etwas geleistet, das objektiv demjenigen entspricht, das nach der bestehenden Wegebaulast von Beklagten zu leisten gewesen wäre. Ist danach z. B. der angegriffene Beschluß zwar von einer unzuständigen Behörde oder einem beteiligten Beamten erlassen worden, so ist der Beklagte doch bei der Vorbringen eines durch das Geleistete objektiv befriedigten Verkehrsbedürfnisses zur Erstattung verpflichtet, wenn er dies Bedürfnis zu befriedigen gehabt hätte und seine Leistung technisch und wirtschaftlich sachgemäß gewesen ist (OVG. 37 239).

Der Erstattungsanspruch unterliegt nicht der kurzen, sondern der dreißigjährigen Verjährung (Erk. v. 22. VI. 03 OVG. 43 231). Die Erstattungsverbindlichkeit wird nicht dadurch aufgehoben, daß der zur streitigen Einzelleistung öffentlich-rechtlich früher Verpflichtete demnächst aufhört, Träger der Wegebaulast zu sein (OVG. 42 226 ff., 230, 233, 43 219). Maßgebend ist die Zeit der Behändigung des auf Einspruch gefaßten Beschlusses bzw. die Zeit der Ausführung. Wird der Betroffene später (z. B. durch die Gesetzgebung) von der Unterhaltungspflicht frei, so ist dies kein im Verwaltungsstreitverfahren zu erhebender zulässiger Einwand. Wegen Verbindung der Klagen aus § 56 siehe S. 244 f.

Sechster Titel.

Klage auf Feststellung der abstrakten Verpflichtung zur Anlegung oder Unterhaltung eines öffentlichen Weges.

(§ 56 Abs. 5.)

Der § 56 Abs. 5 ZustG. bestimmt:

> Auch im übrigen unterliegen Streitigkeiten der Beteiligten darüber, wem von ihnen die öffentlich-rechtliche Verpflichtung zur Anlegung und Unterhaltung eines öffentlichen Weges obliegt, der Entscheidung im Verwaltungsstreitverfahren.

Ein solcher Streit muß unter „Beteiligten" stattfinden; es sind dies Rechtssubjekte, denen die öffentlich-rechtliche Verpflichtung zur Anlegung und Unterhaltung eines öffentlichen Weges obliegen kann, niemals die Wegepolizeibehörde; es muß unter ihnen ferner streitig sein, wem von ihnen die Wegebaulast obliegt; der Kläger muß behaupten, daß nicht er, sondern der Beklagte wegebaupflichtig sei (siehe den Abschnitt „Wasserpolizei"). Ein Kläger, der Aufwendungen für eine Strecke gemacht hat, die gar nicht unter seine vermeintliche Wegebaulast fällt, für die er sich also nicht öffentlich-rechtlich verpflichtet hält und halten kann, ist überhaupt nicht als Beteiligter anzusehen (Erk. v. 21. XI. 01 OVG. 40 233; vgl. OVG. 30 244, 249 und 43 213). Die Klage aus § 56 Abs. 5 ist eine Feststellungsklage (§ 256 ZPO.) und ihre Voraussetzung ferner, daß der Kläger ein rechtliches Interesse an der Feststellung überhaupt habe; auch muß sein rechtliches Interesse so weit gehen, daß die Feststellung alsbald getroffen wird. Das Rechtsverhältnis (Erk. v. 11. IX. 91 OVG. 21 226; Gruchots Beitr. 30 1109) muß ein solches sein, daß zur Zeit noch Ansprüche an den Kläger auf Erfüllung der Wegebaulast begründet werden können oder möglich sind; ist das Rechtsverhältnis dergestalt bereits beseitigt, daß keinerlei rechtliche Ansprüche an den Kläger mehr aus demselben hergeleitet werden können, dann fehlt es an einem rechtlichen Interesse. Hatte z. B. der Besitzer eines Gutes als solcher ein rechtliches Interesse daran, festzustellen, ob er oder ein anderer (z. B. die Gemeinde) wegebaupflichtig sei, weil die Wegepolizei gegen ihn mit Ansprüchen auf Wegebesserung aufgetreten, so wird dieses Interesse aufhören, wenn das Gut verkauft ist. Jemand, der einen öffentlichen Weg zu benutzen pflegt, hat kein rechtliches Interesse daran, daß festgestellt werde, ein anderer sei wegebaupflichtig, wenn er selbst als solcher gar nicht in Frage kommt. Sein Interesse mag ein wirtschaftliches, aber kein rechtliches sein.

Die Feststellungsklage muß den Antrag enthalten, daß (nicht der Kläger, sondern) der Beklagte zur öffentlich-rechtlichen Unterhaltung oder Anlegung der betreffenden Wegestrecke verpflichtet sei. Die Klage darf nicht lediglich dahin gehen, daß der Kläger nicht wegebaupflichtig sei (negative Feststellungsklage), wie in dem Erk. v. 20. III. 95 (OVG. 28 207) zutreffend ausgeführt ist. Eine Verpflichtung für denjenigen, dem selbst die Wegebaulast nicht obliegt, anzuerkennen, daß auch ein anderer — der Kläger — der Verpflichtete nicht sei, läßt sich nicht begründen.

Mit der Feststellungsklage soll und kann nicht festgestellt werden, welche Leistungen im einzelnen von dem Pflichtigen gefordert werden dürfen; denn dies ist Sache der Wegepolizeibehörde; der Klageantrag darf daher z. B. nicht dahin gehen, daß der Beklagte zur Pflasterung einer Wegestrecke verurteilt werde, auch nicht, ob ein Weg als öffentlicher neu anzulegen oder ob ein Weg, dessen Eigenschaft als öffentlicher streitig ist, für den öffentlichen Verkehr in Anspruch zu nehmen sei. Die Klage gibt auch keinen Ersatz für eine wegebaupolizeiliche Anordnung, dergestalt, daß eine Privatperson gegen den Wegebaupflichtigen mit dem Antrage klagt, einen Wegebau auszuführen (Leistungsklage).

Hat die Feststellungsklage zur Verurteilung des Beklagten geführt oder ist auf Gegenklage, die zulässig ist, der Kläger verurteilt worden, anzuerkennen, daß ihm die abstrakte Wegeunterhaltung obliegt, so macht das rechtskräftige Erkenntnis nur jus inter partes, es bindet nicht die Wegepolizeibehörde. Die letztere wird aber, wenn ihre Beiladung erfolgt ist, dadurch gebunden. Die Beiladung empfiehlt sich dringend, damit nicht widersprechende Urteile ergehen.

Es hat die Frage, ob sich die verschiedenen Klagen aus § 56 ZustG. verbinden lassen, vielfach Anlaß zu Streitigkeiten gegeben. Dazu ist zu bemerken, daß die abstrakte Feststellungsklage sich nicht mit der Klage gegen den Beschluß der Wegepolizeibehörde (Abs. 4) verbinden läßt. Ebensowenig kann in dem Verfahren gegen den Beschluß der Wegepolizeibehörde (Abs. 4) ein Streit zwischen dem Kläger und dem Dritten auf Ersatz von Wegeunterhaltungskosten, die in einem andern Baufalle entstanden sind (Erk. v. 19. XII. 94 OVG. 27 185, ebenso OVG.

15 284, 18 231, 20 239), ausgefochten werden. Dagegen ist eine Verbindung der abstrakten Klage mit der Ersatzklage zulässig, vorausgesetzt, daß es sich um dieselbe Wegestrecke handelt (Erk. v. 1. II. 04 OVG. 45 259).

Siebenter Titel.

Inanspruchnahme von Wegen für den öffentlichen Verkehr.

(§ 56 ZustG.)

Ein Weg wird für den öffentlichen Verkehr im Sinne des § 56 ZustG. in Anspruch genommen durch eine Verfügung der Wegepolizeibehörde. Gegen die Verfügung findet Einspruch und gegen den darauf ergehenden Beschluß der Klage statt. Andere Rechtsmittel sind unzulässig; die Rechtsmittel sind hier ebenso geordnet, wie bei Anordnungen der Wegepolizei, die den Bau und die Unterhaltung der öffentlichen Wege betreffen. Das Nähere darüber siehe in dem Titel „Rechtsmittel gegen wegebaupolizeiliche Anordnungen."

Die Voraussetzung der Rechtmäßigkeit einer polizeilichen Anordnung, die die Inanspruchnahme eines Weges für den öffentlichen Verkehr betrifft, ist, daß der Weg bereits den Charakter eines öffentlichen hat. Derartige Anordnungen sind nicht zu verwechseln mit Verfügungen der Wegepolizei, wodurch diese dem Wegebaupflichtigen die Anlegung neuer Wege aufgibt. Die letztere Verfügung hat sich stets gegen den Wegebaupflichtigen zu richten, während sich die Verfügung wegen Inanspruchnahme eines Weges für den öffentlichen Verkehr gegen den richtet, der den Bestand eines öffentlichen Weges beeinträchtigt, mag dies nun dadurch geschehen, daß er den Weg oder einen Teil dem öffentlichen Verkehre ganz entzieht oder daß er privatrechtliche, den öffentlichen Verkehr beeinträchtigende Rechte (Eigentums- oder Nutzungsrechte) geltend macht (OVG. 2 238, 9 207, 10 208, 20 220). Der, gegen den sich die Anordnung richtet, kann zum Erlasse der Verfügung verschiedenen Anlaß gegeben haben, indem er z. B. behauptet, der Weg sei kein öffentlicher, sondern Privatweg, oder indem er den Weg sperrt oder sonstige Maßnahmen trifft, die den Verkehr auf dem Wege hindern oder stören, oder indem er einen Teil des Weges eingattert und in sein Privatgrundstück hineinzieht.

Der § 56 ZustG. ordnet die Rechtsmittel gegen Inanspruchnahme eines Weges für den öffentlichen Verkehr anders als die Rechtsmittel gegen die ähnlichen Verfügungen der Wasserpolizei, wodurch der Bestand eines öffentlichen Wasserlaufs gesichert wird. Die Polizei hat den Gemeingebrauch an Privat- und öffentlichen Flüssen zu regeln, sie hat für den Bestand der Flüsse zu sorgen. Ohne ihre Genehmigung findet ein Ausscheiden einer dazu gehörigen Grundfläche nicht statt (OVG. 32 263). Geschieht dies ohne Genehmigung oder wird der Gemeingebrauch überschritten, so schreitet sie mit einer wasser-(strom-) polizeilichen Verfügung ein, die nach den allgemeinen Vorschriften der §§ 127 ff. LVG. (nicht durch Einspruch) angegriffen wird.

Soll ein offensichtlicher Privatweg in einen öffentlichen Weg umgewandelt werden, so geschieht dies durch eine an den Wegebaupflichtigen zu erlassende Verfügung, durch die er angehalten wird, den Weg dem öffentlichen Verkehre zu widmen, mag er Eigentümer des Weges sein oder nicht. Es können von altersher Grundgerechtigkeiten an öffentlichen Wegen bestehen; diese Grundgerechtigkeiten darf die Polizei nicht durch polizeiliche Anordnung ohne weiteres beseitigen, sie muß, falls die Beseitigung im Verkehrsinteresse geboten ist, die Beseitigung dem Wegebaupflichtigen durch eine entsprechende Verfügung aufgeben. Erreicht der Wegebaupflichtige die Beseitigung im Wege des Vertrages nicht, so bleibt nur die Enteignung, die er durchzuführen polizeilich angehalten werden kann.

Achter Titel.

Einziehung und Verlegung öffentlicher Wege.

(§ 57 Abs. 1 ZustG.)

Das Verfahren nach § 57 Abs. 1 ZustG. greift nur insoweit Platz, als es durch besondere gesetzliche Vorschriften nicht anders geregelt ist (OVG. 31 198, 36 294 — Schleswig-Holstein, Hannover; § 4 G. v. 3. XI. 38).

Über Einziehung oder Verlegung öffentlicher Wege beschließt zunächst die Wegepolizeibehörde, nachdem von ihr das Vorhaben mit der Aufforderung, Einsprüche binnen vier Wochen zur Vermeidung des Ausschlusses geltend zu machen, in ortsüblicher Weise, sowie durch das Kreisblatt und das Amtsblatt veröffentlicht worden ist. Gegen den Beschluß der Wegepolizeibehörde steht dem mit dem Einspruche Zurückgewiesenen innerhalb zweier Wochen die Klage bei dem Kreisausschusse (dem Bezirksausschusse nach Maßgabe der Vorschrift in § 56 Abs. 7 ZustG.) zu (§ 57 Abs. 1). Für die Rechtsmittel gegen die Entscheidungen des Kreis- und des Bezirksausschusses bestehen keine Sondervorschriften.

Die Voraussetzung eines Verfahrens nach § 57 Abs. 1 ist, daß es sich um einen öffentlichen Weg handelt (OVG. 30 224). Ist dies streitig, so hat die Wegepolizeibehörde das Verfahren nach § 57 zu unterbrechen und gemäß § 56 durch Verfügung den Weg für den öffentlichen Verkehr in Anspruch zu nehmen und das Verfahren nach § 56 fortzusetzen, das, wenn die Klage des Einsprechenden rechtskräftig abgewiesen ist, inter omnes dahin entscheidet, daß ein öffentlicher Weg vorliegt. Ist ein solches Verfahren vorausgegangen oder wird nicht bestritten, daß es sich um einen öffentlichen Weg handelt, so gibt der § 57 an, wie seine Einziehung oder Verlegung erfolgt, über die schließlich der Verwaltungsrichter durch Erkenntnis befindet. Die Förmlichkeiten des § 57 müssen dabei streng beobachtet werden, widrigenfalls das Verfahren, weil mit wesentlichen Mängeln behaftet, wiederholt werden muß (OVG. 18 236, 19 256, 21 250, 42 273).

Die Einziehung eines Weges liegt dann nicht vor, wenn die Polizei darauf nur den Fahrverkehr zeitweilig sperrt. Gegen eine derartige Anordnung sind nur die Rechtsmittel nach § 55 ZustG., §§ 127 ff. LVG. (Beschwerde und Klage) gegeben (OVG. 21 250, 32 213). Ebensowenig handelt es sich um die Einziehung eines öffentlichen Weges, wenn eine Landstraße in eine andere Klasse der öffentlichen Wege versetzt wird (OVG. 34 246). Dagegen wird ein öffentlicher Weg eingezogen, wenn die völlige Ausschließung jedes öffentlichen Verkehrs dergestalt, daß der Weg die Eigenschaft als öffentlicher verliert, erreicht oder wenn von den mehreren bisher zulässigen Verkehrsarten (Fuß-, Reit-, Fahrverkehr) eine oder die andere dauernd ausgeschlossen werden soll (Erk. v. 6. XII. 92 OVG. 24 228). Hat die Wegepolizeibehörde die beabsichtigte Einziehung (das Vorhaben) bekannt gemacht, so kann jedermann, der an der Einziehung interessiert ist, Einspruch erheben. Über den Einspruch beschließt die Wegepolizeibehörde, der Beschluß wird den Einsprechenden behändigt und dagegen ist die Klage gegeben. Sind die Einsprüche rechtskräftig abgewiesen, so erfolgt dann die Verfügung über die Einziehung des Weges. Die Polizei kann aber diese Verfügung zugleich erlassen mit der Zurückweisung der Einsprüche, in welchem Falle dieser Teil der Verfügung erst nach Erledigung der Einsprüche Wirksamkeit erlangt. Erscheinen die Einsprüche der Wegepolizeibehörde a limine beachtenswert und wird der Antrag auf Einziehung von ihr zurückgewiesen, so kann dagegen vom Antragsteller nur die formlose Beschwerde bei der Aufsichtsbehörde eingelegt werden (Abs. 2).

Die Klage aus § 57 ist eine echte Popularklage; allerdings darf nur derjenige, welcher Einspruch erhoben hat, klagen (OVG. 21 257, 35 265). Der Einspruch gilt als gerechtfertigt, wenn ein polizeilich zu verfolgendes Interesse zur Einziehung nicht ersichtlich oder die dadurch geschädigten Privatinteressen von überwiegender Bedeutung sind (OVG. 18 239). Ein zu schützendes Interesse wird sein, daß Glieder des Publikums einen öffentlichen Weg zu ihren Wohnplätzen, Grundstücken, Gewerbeanlagen, Steinbrüchen usw. haben müssen (OVG. 30 231, 39 196). Bei der Prüfung können auch künftige Verkehrsverhältnisse, wie sie sich voraussichtlich gestalten werden, berücksichtigt werden (OVG. 25 222).

Ähnliches gilt bei der Verlegung öffentlicher Wege. Unter der Verlegung öffentlicher Wege kann nicht jede Regulierung eines Wegeteiles verstanden werden, bei welchem zum Zwecke der Geradelegung oder sonstigen Verbesserung ein Stück des Wegekörpers durch ein anderes Stück Land ersetzt wird, vielmehr ist nach dem Erk. v. 25. II. 90 (OVG. 19 259) zu prüfen, ob nach den örtlichen Verhältnissen das Wegestück eine solche Bedeutung und Selbständigkeit hat, daß es als Weg im Gegensatze zum Wegeteile zu behandeln ist.

Festgestellte Bebauungspläne (G. v. 2. VII. 75) beseitigen nicht ohne weiteres öffentliche Wege (auch nicht Privatwege). Werden durch die Anlegung neuer, im Bebauungsplane vorgesehener Wege ältere Wege oder Straßen überflüssig, so kann ihre Einziehung nur im Verfahren nach § 57 ZustG. erfolgen. Ein Bebauungsplan wirkt nur so weit rechtlich, als er Fluchtlinien für neue Straßen festsetzt. Die sonst vorhandenen Wege und Straßen, auf welche die Fluchtlinien sich nicht beziehen, werden in ihrem Rechtsverhältnisse nicht verändert, insbesondere hören auch die zwischen den projektierten Straßen liegenden Flächen öffentlicher Wege nicht etwa auf, Teile öffentlicher Wege zu sein (OVG. 21 264, 268).

Neunter Titel.

Polizeiliche Reinigung von öffentlichen Wegen.

Während es dem Wegebaupflichtigen obliegt, den Schnee, wenn er Verkehrshindernis ist, von öffentlichen Wegen zu beseitigen, fällt die Verpflichtung zur Straßenreinigung innerhalb der Ortschaften nicht unter die Wegebaulast; sie wird deshalb nicht durch eine Anordnung aus § 56 ZustG., sondern durch eine gewöhnliche wegepolizeiliche Verfügung (§ 55) erzwungen. Das Reinigen (Säubern) der Wege und Straßen innerhalb der Ortschaften beschränkt sich nicht auf die Entfernung „beschmutzender Gegenstände“, sondern auf die Entfernung von allem nicht auf die Straße Gehörigen, was polizeilich auf derselben nicht zu dulden ist (MinErl. v. 18. V. 54 MBl. 112; Erk. v. 23. VI. 88 OVG. 17 323). Schnee muß, auch wenn er nicht beschmutzt, aber die Passanten belästigt, beseitigt werden. Die Last zur Straßenreinigung trägt die Gemeinde, selbst wenn sie Chausseestrecken sind, als Polizeilast (§ 3 PolVG. v. 11. III. 50); durch Observanz kann sie den Anliegern auferlegt sein. Den Eigentümer des Wegekörpers als solchen trifft die Last nicht, ebensowenig wie ihm die Beleuchtung eines öffentlichen Weges obliegt. Die letztere Pflicht hat die Gemeinde ebenfalls als Trägerin der Polizeilast.

Die Anforderung an den Wegebaupflichtigen, den Schnee, der ein Verkehrshindernis bildet, zu beseitigen, ist eine Anordnung nach § 56 und nur mit dem Einspruche usw. angreifbar (OVG. 10 178, 11 229, 14 281), während Verfügungen, die die polizeiliche Reinigung oder Beleuchtung fordern, mit den Rechtsmitteln aus §§ 127 ff. LVG. angreifbar sind.

Zehnter Titel.

Heranziehung der Fabriken, Bergwerke und ähnliche Unternehmungen zu Vorausleistungen für den Wegebau.

Die Unternehmer von Fabriken, Bergwerken und ähnlichen Unternehmungen, durch deren Betrieb Wege in erheblicher Weise benutzt werden, haben zu den Kosten des Neubaues oder der Unterhaltung eines öffentlichen Weges einen besonderen Beitrag zu leisten; darüber entscheidet auf Klage des Wegebaupflichtigen in erster Instanz bei Gemeindewegen in Landkreisen der Kreisausschuß, bei Wegen, die von den Provinzialverbänden, den Bezirksverbänden, dem Landeskommunalverbande oder von den Kreisen unterhalten werden, sowie bei Wegen in Stadtkreisen usw. der Bezirksausschuß (§ 6 G. v. 18. VIII. 02).

Bei Erlaß des ZustG. bestimmten über Präzipualbeiträge das für Hannover erlassene G. v. 26. II. 77, die WegeO. für Lauenburg v. 7. II. 76 u. das WegeG. für den Regierungsbezirk Cassel v. 16. III. 79; dann erschien für die Provinz Sachsen das G. v. 28. V. 87; es folgten die Gesetze für Westfalen v. 14. V. 84, für Schlesien v. 16. IV. 89, für den Regierungsbezirk Wiesbaden v. 27. VI. 90, für Schleswig-Holstein v. 2. VII. 91, für Brandenburg v. 7. VII. 91 und für die Rheinprovinz v. 4. VIII. 91. Für den Umfang der Monarchie erging das ErgänzungsG. v. 11. VII. 91, das durch das G. v. 18. VIII. 02 (GS. 315), wieder Abänderungen erfahren hat.

Die Forderung des Wegebaupflichtigen an den Unternehmer hat keine öffentlich-rechtliche Natur; sie ist privatrechtlich und die Entscheidung darüber ist nur aus praktischen Gründen den Verwaltungsgerichten übertragen. Das prinzipaliter gegebene Rechtsmittel der Klage ist etwas seltsam. Nach Analogie der Gemeindesteuern oder der Wildschadensansprüche oder der Ersatzansprüche (§ 75 Feld- und Forstpolizei G. v. 1. IV. 80) wäre es praktischer gewesen, daß zunächst ein beschließendes Organ (z. B. die Wegepolizeibehörde) den Beitrag festsetzt und gegen den festsetzenden Beschluß die Klage gegeben worden wäre. Dadurch wären zahlreiche Prozesse erspart worden.

Der Klageantrag geht auf Zahlung einer Summe. Kläger ist der Wegebaupflichtige (§§ 1, 2, 3 G. v. 28. VIII. 02). Für das Verwaltungsstreitverfahren ist dasjenige Gericht örtlich zuständig, in dessen Bezirke der zu unterhaltende Weg belegen ist (LVG. § 57 Nr. 1, dinglicher Gerichtsstand).

Gegen die Entscheidung des Kreisausschusses ist die Berufung und Revision, gegen die des Bezirksausschusses in erster Instanz die Berufung zulässig. Der Verwaltungsrichter ist in der Bemessung des Beitrags vollkommen frei. Er hat nach Billigkeit zu entscheiden. Aus der bisherigen

Judikatur des Oberverwaltungsgerichts sollen nur einzelne Streitpunkte hervorgehoben werden.

Die dem Unternehmer eines Fabrikbetriebes auferlegte Beitragspflicht darf nicht davon abhängig gemacht werden, daß die Wegestrecke bis unmittelbar an die Betriebsstätte heranführt; ebensowenig ist der Einwand zulässig, daß der Unternehmer mit seinen Lieferanten ein Abkommen getroffen hat, wonach diese die Präzipualbeiträge für ihn übernommen haben (Erk. v. 24. V. 97 OVG. 31 230). Es kommt ferner nicht darauf an, ob die Betriebsstätte im Geltungsbezirke des Gesetzes liegt; die Verpflichtung zur Beitragsleistung entsteht, wenn durch den auswärtigen Betrieb Wege, die im Geltungsbereiche des Gesetzes liegen (Erk. v. 1. XI. 92 OVG. 23 222), in erheblicher Weise und dauernd abgenutzt werden. Selbst ausländische Fabriken sind daher beitragspflichtig (OVG. 29 260).

Das Wort „dauernd" in den Gesetzen bildet den Gegensatz zu „vorübergehend". Neben einer dauernden Abnutzung eines Weges kann eine Abnutzung nicht verstanden werden, die nach der besonderen Art der Unternehmung nur für einen im voraus absehbaren kürzeren Zeitraum sich vollzieht. In einem Erk. v. 16. III. 95 (OVG. 27 243) hatte das Oberverwaltungsgericht eine Abnutzung auf 9 Monate als eine dauernde nicht erachtet.

Als eine erhebliche Abnutzung ist es nicht anzusehen, wenn die Benutzung des Weges nicht über das Maß der gewöhnlichen Benutzung durch die ländlichen Anwohner hinausgeht. Die Abnutzung muß infolge des Betriebes sich vielmehr als eine außerordentliche, das gewöhnliche Maß überschreitende kennzeichnen; dabei muß die Unterhaltungslast vermehrt werden. Die Nutzung des Weges muß danach auf die Wegeunterhaltung von nennenswertem Einfluß sein.

Eine Mehrbelastung kann aus dem Verhältnisse zwischen dem Umfange des gesamten, auf dem Wege stattfindenden Fuhrwerksverkehrs zu der Vekturanz des Fabrikbetriebes entnommen werden, weil regelmäßig davon auszugehen ist, daß die Abnutzung des Weges in demselben Verhältnis steigt, wie die Vermehrung des Fuhrwerkverkehrs. Das Verhältnis zwischen Gesamt- und Spezialvekturanz ist nicht nur für die Erheblichkeit der Abnutzung, sondern auch für das Maß der Mehrbelastung bestimmend (OVG. 27 255). Der Beitrag des Unternehmers bemißt sich dann nach dem Teile der Unterhaltungskosten, welcher dem Anteile der Spezialvekturanz an der Gesamtvekturanz entspricht.

Die Festsetzung eines Beitrags setzt voraus, daß der Unterhaltungspflichtige den Nachweis führt, in welchem Maße der durch den Betrieb des Unternehmens bewirkte Verkehr an den in dem Abnutzungszeitraume entstandenen Gesamtunterhaltungskosten beteiligt ist. Dieser Nachweis läßt sich dadurch erbringen, daß außer jenem Einzelverkehr der Umfang des Gesamtverkehrs festgestellt wird. Es wäre unrichtig, nur den Umfang des Einzelverkehrs festzustellen, und sodann den Beitrag auf Grund eines für eine Gewichts- und Wegelängeneinheit (z. B. Tonnenkilometer) nach theoretischen Grundsätzen berechneten allgemeinen Satzes (Einheitssatzes) zu bestimmen. Haben dabei die Parteien eine Vereinbarung getroffen, so sind sie an derartige Schranken nicht gebunden. Soweit eine Vereinbarung vorliegt, ist das Verwaltungsstreitverfahren ausgeschlossen und der ordentliche Richter zuständig. Ist nur das Beitragsverhältnis oder ein bestimmter Einheitssatz vereinbart, so ist das Verwaltungsstreitverfahren über die durch die Abrede nicht erledigten Punkte zulässig. Der Verwaltungsrichter darf die Vereinbarung nicht ausschalten (Erk. v. 15. XII. 05 OVG. 48 259).

Die gesetzlichen Vorausleistungen stellen keine dingliche Belastung der beitragspflichtigen Betriebe dar, sie sind vielmehr als persönliche Verpflichtungen der jeweiligen Unternehmer aufzufassen (OVG. 24 241, 31 225). Jeder Besitzer ist nur für die Zeit seines Besitzes haftbar.

Die Voraussetzung für die Beitragspflicht eines Speditionsbetriebes ist eine feste Betriebsstätte, nach und von der die Güter bewegt werden (OVG. 47 292).

Nach § 4 G. v. 18. VIII. 02 kann ein Beitrag oder ein Beitragsverhältnis mit der Maßgabe festgesetzt werden, daß die Festsetzung so lange gilt, bis der Beitrag oder das Beitragsverhältnis im Wege gütlicher Vereinbarung oder anderweiter Festsetzung durch den Verwaltungsrichter geändert ist. In diesem Falle hat die Klage auf Abänderung auch der Unternehmer.

Liegt die Unterhaltung eines Weges mehreren Wegebaupflichtigen anteilig oder gemeinschaftlich ob, so kann jeder von ihnen selbständig für seinen Teil Vorausleistungsbeiträge fordern (Erk. v. 4. I. 06 OVG. 49 259). Ist die Unterhaltungslast auf einen Zweckverband übergegangen, so hat mit der Bildung des Verbandes der letztere das Forderungsrecht (Erk. v. 28. VI. 06 OVG. 49 264).

Im übrigen siehe die Rechtsprechung bei Kunze-Kautz 2 438 ff. und in den ErgBänden.

Vierter Abschnitt.

Baupolizei.

Die Baupolizei gehört zur Ortspolizei. An solchen Orten, wo Königliche Polizeibehörden eingesetzt sind, hat der Minister des Innern von der ihm zustehenden Ermächtigung (§ 2 G. v. 11. III. 50) vielfach Gebrauch gemacht und die Baupolizei städtischen Polizeibehörden übertragen.

Die Grenzen des Gebietes der Baupolizei sind streitig. Der Verwaltungsrichter wird sich darüber, ob eine baupolizeiliche oder eine andere polizeiliche Verfügung vorliegt, jedesmal schlüssig machen müssen, wenn von der Beantwortung der Frage die Zuständigkeit der verordnenden Behörde oder die Rechtsmittel abhängen. Bei der Prüfung der Zuständigkeit der verfügenden Behörde ist zu beachten, daß es bei baupolizeilichen Verfügungen nicht lediglich auf bautechnische Gesichtspunkte ankommt (z. B. Stärke der Mauern, Art der Bedachung, Beschaffenheit des Baumaterials, Aufstellung der Baugerüste), sondern daß die Baupolizei hinsichtlich der Gebäude auch Rücksichten der Feuerpolizei und der Gesundheitspflege zu beachten hat. Selbst dann liegen baupolizeiliche Motive vor, wo es sich um Nebenanlagen eines Baues, z. B. um das Setzen von Bäumen und Pfählen, die Einrichtung der Bürgersteige vor einem Gebäude, die Anlegung von Wasserabzügen aus dem Gebäude nach der Straße, die Anlegung von Rinnsteinbrücken zu dem Gebäude handelt. Die Entwässerung der Gebäude gehört sicher dazu (Erk. v. 1. V. 79 OVG. 5 360, v. 7. XI. 94 Kunze-Kautz 2 252). Als selbstverständlich muß hervorgehoben werden, daß ohne das Vorhandensein eines Bauwerks die Baupolizei nicht einzuschreiten befugt ist. Das Bauwerk kann in einem Hochbau oder in einem Tiefbau bestehen, sofern bei letzterem z. B. die Konstruktion, das Baumaterial usw. in Frage kommt, während allerdings das Oberverwaltungsgericht in dem Erk. v. 1. V. 79 OVG. 5 360 richtig ausgeführt hat, daß, wenn eine Gemeinde eine Straßenentwässerung mittelst Röhrenleitung anzulegen oder zu ändern beabsichtigt, die dazu einzuholende polizeiliche Genehmigung wege-, straßen- und gesundheitspolizeilichen Inhalts ist, daß somit die baupolizeilichen Gesichtspunkte gänzlich zurücktreten, daher die Baupolizei für die Genehmigung nicht zuständig ist.

Ist die Baupolizei aus der allgemeinen Ortspolizei als besonderer Zweig der Polizei ohne nähere Bestimmung einer besonderen Behörde übertragen, so ist zu beachten, daß zwei verschiedene Polizeibehörden für ein und dasselbe polizeiliche Gebiet von demselben polizeilichen Standpunkte aus und zu demselben polizeilichen Zwecke nicht gleichzeitig zuständig sein können, und daß die Zuständigkeit nicht davon abhängig gemacht werden darf, welche Behörde sich zuerst der Angelegenheit angenommen hat (Erk. v. 10. VI. 92 OVG. 23 315). Wie nun die polizeiliche Forderung, daß ein Bauwerk zum Zwecke seiner Bewohnbarkeit einer baulichen Umänderung unterzogen werden muß, unbestreitbar in das Gebiet der Baupolizei fällt, so liegt ihr auch ob, anzuordnen, daß eine gesundheitsschädliche Wohnung von einem Mieter geräumt wird (Erk. v. 8. VI. 06 OVG. 49 365).

In dem Falle des Erk. v. 14. XI. 94 OVG. 27 386 hatte die Polizei einem Hausbesitzer aufgegeben, die aus seinem Hause nach dem Rinnsteine und von da nach der Straße abfließenden Hauswässer, die die Straße verpesteten, in einer anzulegenden Sammelgrube aufzufangen und diese regelmäßig zu reinigen. Das Oberverwaltungsgericht sprach aus, daß die Angelegenheit — Entwässerung eines bebauten Grundstücks — zu den Aufgaben der Baupolizei gehöre, wenn sich auch die Mißstände in sanitärer und straßenpolizeilicher Hinsicht bemerkbar gemacht hätten.

Die Handhabung des Gesetzes gegen die Verunstaltung von Ortschaften und landschaftlich hervorragenden Gegenden v. 15. VII. 07 (GS. 260) steht der Baupolizei zu. Durch das Gesetz verlieren einzelne Entscheidungen des Oberverwaltungsgerichts ihre Anwendbarkeit.

Aus den noch ferner gültigen Entscheidungen des Oberverwaltungsgerichts auf anderen Gebieten werden hier noch einige hervorgehoben Das Gericht hat angenommen, daß die Baupolizei zuständig, wenn polizeilich verlangt wird, ein Grundstück mit einem Zaun zu versehen, damit verhindert wird, daß auf dem Grundstücke Müll und Unrat von Unbefugten abgeladen und die Umgebung gesundheitlich geschädigt wird (OVG. 41 362 u. Erk. v. 25. XI. 91 Kunze-Kautz 2 256). Ferner wird als zur Aufgabe der Baupolizei gehörig angesehen das Verbot, daß Fabriken, Brauereien usw. in bestimmten Teilen eines Gemeindebezirks aus gesundheitlichen Rücksichten angelegt werden.

Verlangt die Polizei, daß Schaukästen an den Häuserfronten, weil sie dem Verkehre auf der Straße hinderlich sind, beseitigt werden, so liegt eine straßenpolizeiliche Verfügung vor (Erk. v. 8. VII. 01 Kunze-Kautz 2 257).

Die Grundlage für ein Verwaltungsstreitverfahren wird meist in der Versagung des sog. Baukonsenses liegen. Ein Baukonsens enthält die amtliche Erklärung der Baupolizeibehörde, daß nach dem geltenden öffentlichen Rechte gegen einen beabsichtigten Bau öffentlich-rechtliche Bedenken, namentlich Bedenken aus dem örtlichen Baurechte, nicht vorliegen. Der Entschließung des Antragstellers bleibt es überlassen, ob er von dem Baukonsense Gebrauch machen will. Ist die Bauerlaubnis versagt worden, so kann die Genehmigung immer wieder nachgesucht werden. Auch eine rechtskräftige Abweisung der Klage gegen die Versagung des Baukonsenses hindert die Stellung eines neuen Antrags nicht (Kunze-Kautz 2 259). Der Baukonsens ist an sich keine Anordnung (Gebot oder Verbot), an welche sich ohne weiteres ein Zwangsverfahren (LVG. § 132) anschließt. Aber der Baukonsens kann in Form von Bedingungen auch Anordnungen enthalten, die dem Bauenden gewisse Schranken bei der Ausführung des Baues auferlegen. Diese Anordnungen werden durch die polizeilichen Zwangsmittel durchgesetzt und überhaupt erst wirksam (Erk. v. 24. V. 92 OVG. 23 321), wenn der Bauende von dem Baukonse Gebrauch macht. So kann die Baupolizei im Baukonsense vorschreiben, daß die vorgesehenen Düngergruben gemäß den Vorschriften der Bauordnung aus undurchlässigem Material hergestellt, daß die Bedachung nicht aus Stroh bestehen dürfe usw.

Während der Antragsteller sowohl gegen die Versagung des Baukonsenses wie gegen die damit verknüpften Bedingungen und Anordnungen die gewöhnlichen Rechtsmittel (LVG. §§ 127 ff., Beschwerde und Klage) hat, sind diese Rechtsmittel einem Dritten, der sich durch die Ausführung des Baues in der von der Polizei genehmigten Fassung beeinträchtigt sieht, nicht gegeben. Er hat aber die formlose Beschwerde an die Aufsichtsinstanz, und letztere kann die Baupolizeibehörde, wenn sie bei Erteilung des Konsenses gegen das öffentliche Baurecht verstoßen hat, anweisen, den Konsens zurückzunehmen oder abzuändern. Unter gleicher Voraussetzung ist dazu die Baupolizeibehörde stets befugt.

Aufgabe des Verwaltungsrichters ist lediglich, die Klage abzuweisen oder die polizeiliche Verfügung (Versagung des Baukonsenses) ganz oder teilweise aufzuheben. Er ist an die Schranken des § 127 Abs. 3 LVG. gebunden. Er kann den Konsens selbst nicht erteilen (Erk. v. 23. VI. 00 OVG. 37 309). Das Urteil des Verwaltungsrichters bewirkt gegenüber der Polizeibehörde, daß sie nach Abweisung der Klage und bei erneuter Prüfung des Baugesuches verpflichtet ist, auf die vom Verwaltungsrichter für rechts- und sachwidrig erklärten Versagungsgründe nicht wieder zurückzugreifen. Aus anderen Gründen kann das Gesuch von neuem abgewiesen werden (Erk. v. 25. IV. 98 Kunze-Kautz 2 260), soweit reicht die Rechtskraft des Urteils nicht (vgl. oben S. 113 ff.). Das Oberverwaltungsgericht hat wiederholt ausgesprochen (z. B. OVG. 24 354, 30 374; Kunze-Kautz 2 262, 263), daß der Verwaltungsrichter nach dem zur Zeit der Entscheidung geltenden öffentlichen Baurechte über die Rechtsgültigkeit der angegriffenen Verfügung zu befinden habe. Dieser Grundsatz ist unrichtig und widerstreitet den Vorschriften in § 127 LVG. Er wäre nur dann richtig, wenn gegen die Verfügung nicht wahlweise die Beschwerde oder Klage, sondern nur die Klage gegeben wäre und der Verwaltungsrichter auf Erteilung des Konsenses zu befinden hätte, wie dies in § 155 KompG. v. 26. VII. 76 bestimmt war. In dem Erk. v. 24. III 02 (OVG. 41 372) sagt das Oberverwaltungsgericht, der Kläger habe den Anspruch auf eine Entscheidung darüber, ob die Versagung des Baukonsenses auch im Zeitpunkte des Erlasses der angefochtenen Versagung (§ 6 G. v. 11. V. 42) berechtigt gewesen. Das gegen eine polizeiliche Verfügung (LVG. § 127) eröffnete Verwaltungsstreitverfahren dreht sich immer nur um die Frage, ob die Verfügung im Zeitpunkte ihres Erlasses rechtswidrig war (Abs. 3 Nr. 1 u. 2). Darum hat bei Klagen gegen die Versagung eines Baukonsenses der Verwaltungsrichter lediglich zu befinden, ob die Klage nach § 127 Abs. 3 zu 1 u. 2 begründet ist. Hat sich inzwischen das öffentliche Baurecht geändert, so übt diese Änderung keinen Einfluß auf die Entscheidung des Gerichts. Nach erfolgter Abweisung der Klage und nach erfolgter Erneuerung des Baugesuchs hat allerdings die Baupolizei das neue Baurecht zu berücksichtigen.

Die Polizei ist verpflichtet, ein ihr vorgelegtes Baugesuch zu prüfen und den Antragsteller zu bescheiden. Weigert sich dessen die Behörde, so liegt darin eine die Baugenehmigung einstweilen versagende polizeiliche Verfügung, gegen die die Rechtsmittel aus den §§ 127 ff. LVG. zulässig sind (Erk. v. 28. II. 98 OVG. 33 414). Bedarf der Antragsteller keiner Baugenehmigung, so fehlen die Voraussetzungen für eine mit jenen Rechtsmitteln angreifbare polizeiliche Verfügung (Erk. v. 20. I. 00 OVG. 38 353), und die Klage muß abgewiesen werden. Es ist zulässig, daß der Antragsteller vor Vorlage der sämtlichen zur Erwirkung der Baugenehmigung erforderlichen Unterlagen (Zeichnungen usw.) die Polizei ersucht, grundsätzlich Stellung zu einem beabsichtigten Baue zu nehmen. Geht die Polizei freiwillig darauf ein und versagt die Genehmigung zu dem Bauvorprojekte, so liegt auch darin eine polizeiliche Verfügung (Erk. v. 10. V. 04 OVG. 45 393). Die Polizei kann im Verwaltungsstreitverfahren dann nicht einwenden, sie sei nicht verpflichtet gewesen, auf das Vorprojekt eine Erklärung abzugeben.

Es kommt vielfach vor, daß der Polizei ein Bauprojekt vorgelegt wird, das auszuführen der Antragsteller überhaupt nicht die Absicht hat; der Zweck der Vorlage geht gewöhnlich dahin, durch die Erlangung des Baukonsenses irgend eine prinzipielle Frage, z. B. über die Zulässigkeit der Höhe der Geschosse, Entscheidung herbeizuführen. In solchen Fällen braucht die Polizei in eine Prüfung des Projekts nicht einzutreten (Erk. v. 21. X. 96 OVG. 30 370).

Ebenso darf die Polizei ein Baugesuch ablehnen, wenn die tatsächliche und rechtliche Unmöglichkeit, das Vorhaben auszuführen, offenkundig ist (OVG. 41 372, 45 413), z. B. wenn das Gebäude unbefugt auf eine öffentliche Straße gesetzt werden soll.

Hat jemand ohne Konsens gebaut, so ist nicht etwa lediglich deshalb der Bau zu beseitigen. Die Forderung der Beseitigung ist nur dann zulässig, wenn das Bestehen oder die Beschaffenheit des Bauwerks gegen besondere positive öffentlich-rechtliche Rechtsnormen verstößt oder die gemäß § 10 II 17 ALR. von der Polizei sonst zu schützenden Interessen verletzt (Erk. v. 19. II. 00 OVG. 36 424) und wenn den im öffentlichen Interesse zu stellenden Anforderungen auf keine andere Art genügt werden kann (Erk. v. 24. X. 05 OVG. 48 360).

Auf dem Gebiete der Baupolizei macht der Rechtsprechung die Handhabung des Straßen- und BauflG. v. 2. VII. 75 nicht unerhebliche Schwierigkeiten. Bei dem Zustandekommen von Straßen- und Baufluchten, insbesondere bei der Aufstellung von Bebauungsplänen, findet eine Mitwirkung des Verwaltungsrichters nicht statt. Dennoch hat er oft inzidenter zu entscheiden, ob ein Bebauungsplan ordnungsmäßig zustande gekommen ist; denn durch den Fluchtlinienplan werden örtliche Normen für die künftige Anlegung oder Veränderung öffentlicher

Straßen und Plätze geschaffen. Der Plan selbst schafft noch keine öffentliche Straßen; ebensowenig gehen vorhandene öffentliche Wege ohne weiteres durch Aufstellung eines Bebauungsplans ein. Soll ein durch eine neue Straße überflüssig gewordener öffentlicher Weg fortfallen, so muß mit dessen Einziehung nach § 57 ZustG. verfahren werden (vgl. Abschnitt „Wegepolizei, Einziehung von öffentlichen Wegen" S. 248).

Ein festzustellender Bebauungsplan ist nach erfolgter Zustimmung der Ortspolizeibehörde vom Gemeindevorstande offen zu legen (G. v. 2. VII. 75 § 7 Abs. 1). Mit dem Tage, wo die Offenlegung beginnt tritt die Beschränkung des Grundeigentümers, daß Neu-, Um- und Ausbauten über die Fluchtlinie hinaus versagt werden können, endgültig ein (§ 11). Aus dem Worte „endgültig" ist entnommen worden, daß auch schon vor der Offenlegung die Ausführung von Neubauten, Um- und Ausbauten über die Fluchtlinie hinaus versagt werden kann. Das Oberverwaltungsgericht nimmt an, daß die Versagung gerechtfertigt ist, wenn die Polizei und die städtischen Behörden (Magistrat und Stadtverordnete) sowie die Ortspolizeibehörde sich über die Fluchtlinien geeinigt haben (Erk. v. 21. I. 87 OVG. 14 381). Bloße Verhandlungen unter den Behörden genügen hierzu nicht. Wo keine Fluchtlinien bestehen, ist die Polizeibehörde nicht befugt, solche im Einzelfalle, z. B. in Gestalt einer Baubedingung, vorzuschreiben. Wohl aber können in Ermangelung von Fluchtlinien durch Polizeiverordnung allgemein für Gebäude Entfernungen von öffentlichen Wegen vorgeschrieben werden (OVG. 50 425).

Das Oberverwaltungsgericht versteht unter „Neubau" im Sinne des § 11 jede selbständige neue bauliche Anlage, alles, was nach dem Sprachgebrauche im technischen Sinne gebaut wird, Gebäude, Häuser, Schuppen, Türme, Denkmäler, Tore (Erk. v. 10. III. 77 — IV 443; Friedrichs, BaufluchtenG., Bem. 3 zu § 11), nicht Umfriedigungen von Grundstücken, wozu es Zäune oder Mauern rechnet (Erk. v. 22. IX. 93 OVG. 25 379). Nicht jede Veränderung der Substanz eines Gebäudes stellt einen Umbau dar; sonst müßte der größte Teil der baulichen Vorkehrungen, die mit Reparatur bezeichnet werden, zu den Umbauten gerechnet werden. Zu den letzteren rechnet das Oberverwaltungsgericht nur die, bei denen es sich um eine immerhin eingreifende, das Gebäude teilweise umgestaltende und um eine wesentliche Veränderung der Substanz handelt (Erk. v. 25. I. 96 OVG. 29 372). Jedenfalls müssen bauliche Maßnahmen vorliegen (OVG. 50 417). Reparatur bedeutet Ersatz einzelner abhängig gewordener Teile. Der Begriff des Ausbaues wird gewöhnlich im Gegensatze zu Rohbau angewendet, und damit die Fertigstellung der inneren Einrichtung eines Gebäudes für seinen besonderen Zweck bezeichnet (Erk. v. 15. IX. 81 OVG. 8 300). Allein es ist unbedenklich, nach dem Erk. v. 21. IV. 02 (OVG. 41 364) unter Ausbau auch andere

Fälle baulicher Vollendung unfertiger oder teilweise zerstörter Bauwerke zu verstehen. Wie man die Herstellung der inneren Einrichtung eines im Rohbau fertigen Hauses dessen inneren Ausbau nennt, bezeichnet man einen Bau, der vorhandene Baureste, Trümmer, Ruinen durch ergänzende bauliche Maßnahmen zu einem vollendeten Ganzen gestaltet, als Ausbau.

Gemäß § 12 kann durch Ortsstatut festgestellt werden, daß an Straßen und Straßenteilen, die noch nicht gemäß der baupolizeilichen Bestimmungen für den öffentlichen Verkehr und den Anbau fertiggestellt sind, Wohngebäude, die nach diesen Straßen einen Ausgang haben, nicht errichtet werden dürfen. Diese Vorschrift hat eine umfangreiche Rechtsprechung veranlaßt. Zunächst ist zu beachten, daß der § 12 ein fakultatives Bauverbot zuläßt und daß dieses Bauverbot in einem gesetzmäßig zustande gekommenen Ortsstatute enthalten sein muß. Anderseits hat dieses Bauverbot keinen Wert und keine Geltung, wenn nicht daneben polizeiliche allgemeine Vorschriften erlassen werden, welche bestimmen, wie diejenigen Straßen beschaffen sein müssen, die für den öffentlichen Verkehr und den Anbau als fertiggestellt anzusehen sind. Als Muster hat vielfach das Berliner Ortsstatut v. 8. X./19. XI. 75 und die daneben erlassene PolVd. v. 12. IX. 79 gedient. Wenn das Oberverwaltungsgericht (vgl. Friedrichs, Baufluchtengesetz, Anm. zu § 12; OVG. 8 344 u. Erk. v. 1. XII. 94 — IV 486) annimmt, daß über die Form, in welcher die baupolizeilichen Bestimmungen zu ergehen haben, Freiheit bestehe und die Bestimmungen nicht in eine Polizeiverordnung eingekleidet zu werden brauchen, so kann dem nicht beigetreten werden, vielmehr scheint es richtiger, anzunehmen, daß die „baupolizeilichen Bestimmungen" in Form von Polizeiverordnungen erlassen werden müssen. So sind auch unzählige Gemeinden vorgegangen. Der Verwaltungsrichter hat das Ortsstatut auf seine Gültigkeit, sofern es im übrigen rechtmäßig zustande gekommen ist, nur dahin zu prüfen, ob es sich im Rahmen des § 12 hält, und die baupolizeilichen Bestimmungen, ob sie rechtmäßig erlassen und ihnen überall polizeiliche Motive zugrunde liegen. Die Zweckmäßigkeit einzelner Vorschriften, das geringere oder höhere Maß der polizeilichen Anforderungen unterliegt nicht seiner Beurteilung. Von diesem Gesichtspunkte aus hat das Oberverwaltungsgericht es nicht für rechtswidrig erachtet, wenn, wie jetzt fast überall geschieht, gefordert wird, daß der zu den Straßen erforderliche Grund und Boden an die Gemeinde lasten- und kostenfrei aufzulassen sei (Friedrichs a. a. O. Bem. 3 zu § 12).

Durch den § 12 werden nur Straßen erfaßt, die für den öffentlichen Verkehr und den Anbau erst fertiggestellt werden sollen, aber noch nicht fertig sind. Die Straßen müssen projektiert, aber ihr Ausbau noch nicht vollendet sein. Eine Vollendung liegt erst vor, wenn alle die Erfordernisse erfüllt sind, die die „baupolizeilichen Bestimmungen“ vorschreiben. Die Beurteilung der Sachlage macht keine Schwierigkeiten, wenn durch einen Bebauungsplan auf einer Stelle, wo bisher kein Weg und Steg gegangen, wo keine Straßen bestanden, eine Straße projektiert worden. Eine solche projektierte Straße wird von dem Anbauverbote bis zur gänzlichen Vollendung betroffen. Es finden sich aber, nachdem Statut und Polizeiverordnung erlassen worden, in der Gemeinde Straßen und öffentliche Wege, die ganz oder teilweise mit Wohnhäusern besetzt sind und deren Anbau die Baupolizei nach früherem Rechte nicht verbieten durfte Sind diese Straßen sog. historische, so fallen sie nicht unter das Bauverbot des § 12. Eine historische unterscheidet sich von einer im § 12 genannten, noch nicht fertiggestellten Straße dadurch, daß erstere bereits vor Inkrafttreten des Statuts zum Anbau bestimmt gewesen und eine fertige Ortsstraße ist. Sie muß „fertig“ und „Ortsstraße“ sein, die „fertige Ortsstraße“ muß im „Orte“, als dem Hauptteile der Ortschaft oder in einem Nebenteile gelegen, dem inneren Verkehre der Ortschaft dienen und nach den bis dahin geltenden Bestimmungen anbaufähig gewesen sein; es dürfen keine Vorschriften bestanden haben, die den Anbau an diesen Straßen nicht zulassen. Auf einen einheitlichen Namen solcher Straßen kommt es nicht an, eine größere Straßenstrecke kann teils in der Ortschaft, teils außerhalb liegen, innerhalb dem inneren Ortsverkehre dienen, außerhalb nur Kommunikationsweg und für den Anbau nicht bestimmt sein, wie dies z. B. bei durchgehenden Chausseen in Dörfern und kleineren Städten oft der Fall ist (siehe Friedrichs, Bem. 5 zu § 12). Eine Chausseestrecke unterliegt nicht dem Bauverbote nach § 12, sobald ihr durch den Chausseebaupflichtigen hergestellter Zustand den baupolizeilichen Bestimmungen des Orts über die Fertigstellung von Straßen für den öffentlichen Verkehr und den Anbau entspricht (OVG. 47 388). In dem Erk. v. 2. XII. 78 (OVG. 5 341) ist ausgesprochen, daß für die Frage, ob eine Straße zu den noch nicht gemäß der baupolizeilichen Bestimmungen des Orts für den öffentlichen Verkehr und den Anbau fertig hergestellten Straßen gehört, es nicht von Bedeutung sei, daß die angrenzenden Grundstücke noch nicht gänzlich bebaut seien oder daß in Beziehung auf eine längst bestehende Ortsstraße neuerlich die bis dahin eingehaltenen Fluchtlinien anderweitig festgesetzt seien. Also eine neue Bauflucht ändert den Charakter einer historischen Straße nicht. Unerheblich ist für den Begriff der historischen Straße ferner, ob darauf ein Wagenverkehr stattfinden kann (Kunze-Kautz 2 307). Ein in einer Ortschaft als historische Straße anerkannter Straßenzug behält jene Eigenschaft auch, wenn die Ortschaft einem Gemeinwesen einverleibt wird, das für den Anban an Straßen schärfere Vorschriften als die bisherige Gemeinde hat (Erk. v. 11. X. 97 OVG. 32 360).

Das Bauverbot in § 12 gilt nur für Wohnhäuser. Wohnhäuser

müssen Wohnräume enthalten. Wohnhäuser sind daher (Erk. v. 10. XI. 80 OVG. 8 315) nicht schon solche Gebäude, die nur zum dauernden Aufenthalte von Menschen dienen, wie Schulen, Fabriken, Werkstätten, Restaurants, Bahnhöfe, Wachtgebäude, sofern es darin an eigentlichen Wohnräumen fehlt. Unter das Bauverbot fällt anderseits sowohl ein Anbau an ein bisher zu Wohnräumen nicht benutztes Gebäude, wenn der Anbau als Wohngebäude dienen soll, als auch ein Anbau an ein vorhandenes Wohnhaus, wenn dies als solches erweitert und vergrößert wird. Aber nicht jede, auch noch so geringe Erweiterung eines Wohnhauses fällt unter den § 12, vielmehr ist (Erk. v. 8. VII. 97 OVG. 32 363) stets nach Lage des einzelnen Falles zu prüfen, ob die Erweiterung nach ihrer Art und ihrem Umfange, sowie nach ihrem Verhältnisse zur Art und dem Umfange des bereits vorhandenen Wohngebäudes als „Errichten eines Wohnhauses" aufgefaßt werden kann. Lediglich der Ausbau eines Tanzsaales, des Empfangszimmers einer Villa, für die nicht mehr Wohnräume geschaffen werden, gilt nicht als Errichtung eines Wohngebäudes. Der Zweck des § 12 besteht, wie das Erk. v. 28. IX. 84 (OVG. 9 315) hervorhebt, darin, daß die Gemeinde gegen den Nachteil geschützt werden solle, die erfahrungsmäßig das wilde Bauen von Wohnhäusern herbeiführt, indem schließlich die Gemeinden wider ihren Willen zur Herstellung von Straßen gezwungen werden, die an sich hätten entbehrt werden können.

Über Anliegerbeiträge, die gemäß den Vorschriften des BauflG. zu zahlen sind, wird in dem Abschnitte „Kommunalabgaben" gehandelt werden.

Fünfter Abschnitt.

Jagdpolizei.

Erster Titel.

Jagdpolizei- und Jagdaufsichtsbehörde.

Die Jagdpolizei ist Kreispolizei; sie wird vom Landrate (Oberamtmann), in Stadtkreisen von der Ortspolizeibehörde verwaltet (ZustG. § 103, JagdO. v. 15. VII. 07 § 69). Gegen die jagdpolizeilichen Verfügungen dieser Behörden finden die allgemeinen Rechtsmittel der §§ 127 ff. LVG. (Beschwerde an den Regierungspräsidenten, weitere Beschwerde an den Oberpräsidenten mit darauffolgender Klage bei dem Oberverwaltungsgericht oder direkte Klage gegen den Landrat beim Bezirksausschusse) statt. Handelt es sich aber um Anordnungen wegen Abminderung des Wildstandes oder um Ablehnung von Anträgen auf Anordnung oder Gestattung solcher Abminderung, so ist nur die Beschwerde an den Bezirksausschuß innerhalb zweier Wochen im Beschlußverfahren zulässig. Der Bezirksausschuß beschließt endgültig (ZustG. § 103; PrJagdO. § 69).

Die Jagdpolizei hat die Aufgabe, die durch die Jagdgesetze geschaffene öffentliche Ordnung aufrecht zu erhalten; sie kann gegen Störungen dieser Ordnung mit jagdpolizeilichen Verfügungen vorgehen und die Ordnung wieder herstellen (Erk. v. 21. III. 07 OVG. 50 353); zugleich hat sie die Erlaubnisscheine, die zur Ausübung der Jagd erforderlich sind (Jagdscheine), zu erteilen bzw. wieder abzunehmen, wenn bei der Ausübung der Jagd durch den Inhaber ein Mißbrauch droht (§§ 29ff. JagdO.). Die öffentliche Ordnung in Jagdsachen wird verletzt, wenn gegen die Bestimmungen der Jagdgesetze, die im öffentlichen Interesse, also absoluter Natur sind, gehandelt wird; dahin gehören z. B. aus der PrJagdO. die Vorschriften über Bildung der Jagdbezirke, die Vorschriften, daß zur eigenen Ausübung der Jagd der Eigentümer auf seinem Grund und Boden nur unter bestimmten Voraussetzungen (§ 4ff.) befugt ist, daß die Grundstücke, auf denen die Eigenjagd nicht gestattet ist, dem gemeinschaftlichen Jagdbezirke zufallen, ferner, daß die Jagd auf Grundstücken, die im Miteigentume von mehr als drei Personen sich befinden, nur von höchstens dreien der Miteigentümer ausgeübt werden darf, daß Gemeinden auf eigenen Grundstücken nur durch Verpachtung oder durch höchstens drei angestellte Jäger die Jagd ausüben dürfen usw. (Kunze-Kautz 2 197ff.).

Von den Aufgaben der Jagdpolizeibehörde ist wohl zu unterscheiden die Aufsicht der Kommunalbehörden über die Verwaltung der Jagd auf den den öffentlichen Korporationen gehörenden Grundstücken und die Aufsicht über gemeinschaftliche Jagdbezirke. Hat eine Gemeinde im Geltungsgebiete der PrJagdO. mehr als 75 ha zusammenhängender Fläche (§ 4), so darf sie nur die Jagd darauf verpachten oder durch angestellte Jäger ausüben oder ruhen lassen (§ 6). Das Einschreiten der Kommunalaufsichtsbehörde gegen die Art der Nutzung der Jagd auf den der Gemeinde gehörigen Ländereien ist nur gestattet, wenn der Beschluß die Befugnisse der beschließenden Versammlung überschreitet oder das Gesetz verletzt (vgl. § 140 LGemO. v. 3. VII. 91). Auf Anweisung der Kommunalaufsichtsbehörde hat der Gemeindevorsteher den Beschluß dann zu beanstanden, und gegen die Beanstandung findet die Klage im Verwaltungsstreitverfahren statt.

Während die JagdO. für die Hohenzollernschen Lande v. 10. III. 02 (GS. 33) keine ausdrückliche Vorschrift, welche Behörde die kommunale Aufsicht über die Angelegenheiten der gemeinschaftlichen Jagdbezirke zu führen hat, enthält, die Befugnisse der Aufsichtsbehörden daher für dieses Rechtsgebiet aus den allgemeinen Vorschriften namentlich des ZustG. hergeleitet werden müssen, bestimmt der § 70 PrJagdO. formell folgendes:

> Die Aufsicht über die Verwaltung der Angelegenheiten der gemeinschaftlichen Jagdbezirke wird, soweit in diesem Gesetze nicht etwas anderes bestimmt ist, in Landkreisen von dem Landrate, in höherer

und letzter Instanz von dem Regierungspräsidenten, in Stadtkreisen von dem Regierungspräsidenten, in höherer und letzter Instanz von dem Oberpräsidenten geübt.

Beschwerden bei den Aufsichtsbehörden sind in allen Instanzen innerhalb zwei Wochen anzubringen.

Welchen Inhalt die Aufsichtsbefugnisse haben, wird auch hier nicht gesagt.

Nach der HannJagdO. ist die Aufsichtsbehörde u. a. befugt, zu verhindern, daß die Rechte der Feldmarksgenossen durch Beschlüsse der Gesamtheit verletzt werden oder daß durch den Abschluß eines ungültigen Pachtvertrages Unzuträglichkeiten und Nachteile für die Feldmarksgenossen entstehen (Erk. v. 12. XI. 92 OVG. 22 284). Im allgemeinen verbindet das Aufsichtsrecht des Staates über die Korporationen des öffentlichen Rechts, wozu der gemeinschaftliche Jagdbezirk gehört, obervormundschaftliche Fürsorge für die Korporationen (§§ 25 ff. II 6 ALR., potestas inspectoria) mit Wahrung des Staatsinteresses gegenüber den Korporationen. Seine Aufgabe ist, dahin zu wirken, daß ihre gesetzlichen (und statutarischen) Zwecke auf dem vorgeschriebenen Wege verfolgt und erreicht werden. Hierdurch unterscheidet es sich von der Polizeigewalt, deren Aufgabe darin besteht, mittelst Beschränkung der allgemeinen bürgerlichen Freiheit die dem Gemeinwohl förderlichen oder in der öffentlichen Ordnung geregelten Zustände durch polizeiliche Zwangsmittel herbeizuführen oder zu erhalten. Die Aufsichtsbehörde hat die Zwangsmittel aus § 132 LVG.

Werden Aufsichtsverfügungen erlassen, so kann sich daraus kein Verwaltungsstreitverfahren entwickeln. Da der Landrat die Jagdpolizeibehörde und die Jagdaufsichtsbehörde in einer Hand ist, wird er in der Verfügung klar zum Ausdrucke bringen müssen, in welcher Eigenschaft er einschreitet. Sollte er in einer Aufsichtsverfügung seine Befugnisse überschreiten, so ist dagegen dennoch nur die Beschwerde an den Regierungspräsidenten zulässig (§ 70). Dabei wird betont, daß sich die Aufsicht nach § 70 lediglich über den gemeinschaftlichen Jagdbezirk erstreckt und Aufsichtsverfügungen nur an den Jagdvorsteher erlassen werden dürfen. Maßt sich der Landrat (oder Regierungspräsident), in der Annahme, daß er eine Aufsichtsverfügung gegen einen Dritten erlassen dürfe, eine Aufsicht über den Dritten an, so ist diese Verfügung, wenn sie ein Gebot oder Verbot enthält, als polizeiliche Verfügung anzusehen und zu behandeln.

Nur in einem (von der JagdO. falsch konstruierten) Falle kann die Aufsichtsbehörde auch einen Privaten binden. Wenn nämlich (§ 24) Pachtverträge vom Jagdvorsteher oder Jagdpächter als nichtig im Verwaltungsstreitverfahren angefochten werden, so kann die Aufsichtsbehörde bis zur rechtskräftigen Entscheidung dem Pächter für die Dauer des Verwaltungsstreitverfahrens die Ausübung der Jagd untersagen und wegen der anderweiten Nutzung der Jagd Anordnungen treffen, gegen die nur die Beschwerde nach § 70 zulässig ist. Diese intermistischen Anordnungen müßte (in sinngemäßer Anwendung des § 67 ZustG.) richtiger das Verwaltungsgericht treffen.

Während des Streites aus § 24 und wenn sonst die Berechtigung zur Ausübung der Jagd streitig ist, kann auch die Jagdpolizeibehörde, falls die von ihr wahrzunehmenden Interessen (§ 10 II 17 ALR.) bedroht sind, mit polizeilicher Verfügung vorgehen (vgl. Erk. v. 10. II. 01 OVG. 3 305, v. 17. III. 81, v. 25. II. 99 u. v. 11. III. 99 — Kunze-Kautz 2 196ff.). Hat z. B. keiner der Beteiligten beim Vorliegen eines als nichtig anfechtbaren Vertrages Klage erhoben, so kann die Jagdpolizeibehörde (nicht die Aufsichtsbehörde) mit polizeilicher Verfügung die Ausübung der Jagd regeln; gleiches findet statt, wenn zwar kein nichtiger Vertrag vorliegt, aber zwei Prätendenten sich im Zivilprozesse gegenüber stehen und eine Störung der öffentlichen Ordnung deshalb zu befürchten ist, weil sich die Prätendenten mit Gewalttätigkeiten bedrohen (vgl. Kunze u. Kühnemann, Die Preuß. Jagdpolizeigesetze 85, 86).

Die Jagdpolizeibehörde kann auch in Konkurrenz (nicht in Kollision) mit den Verwaltungsgerichten treten. Streitigkeiten der Beteiligten über ihre in den öffentlichen Rechten begründeten Berechtigungen und Verpflichtungen hinsichtlich der Ausübung der Jagd unterliegen, soweit die PrJagdO. nicht etwas anderes bestimmt, der Entscheidung im Verwaltungsstreitverfahren (§ 71 PrJagdO.; § 105 ZustG.). Es kann der Fall vorkommen, daß die Beteiligten die Klage nicht erheben, das öffentliche Interesse aber nicht duldet, daß von einem der Beteiligten gegen die JagdO. weiter verstoßen wird, und deshalb die Jagdpolizeibehörde einschreitet (OVG. 50 353). Dies Einschreiten geschieht mit einer jagdpolizeilichen Verfügung, die, falls vom Verwaltungsrichter nicht aufgehoben oder von der Jagdpolizeibehörde nicht zurückgenommen, so lange in Kraft bleibt, bis der Verwaltungsrichter eine rechtskräftige Entscheidung zwischen den Beteiligten getroffen hat. Diese Entscheidungen wirken inter omnes, auch gegen oder für die Jagdpolizeibehörde, sie schaffen einen gewissen status.

Beispiel: Ein Eigentümer behauptet, daß eine Grundfläche dauernd und vollständig gegen den Einlauf von Wild eingefriedigt sei und daß der Landrat dies anerkannt habe (§ 4 PrJagdO.); er übt auf der Fläche die Jagd selbst aus. Der Jagdvorsteher kann, wenn er dies alles bestreitet, die Klage gegen ihn auf Anerkennung, daß die Fläche zum gemeinschaftlichen Jagdbezirk gehöre, erheben. Die Klage wird aber vorläufig nicht angestrengt. Der Landrat hat die Berechtigung, wenn er die Behauptungen des Eigentümers ebenfalls bestreitet, ihm die Jagd auf der Fläche polizeilich zu untersagen. Sollte sich daraus ein Verwaltungsstreitverfahren entwickeln (§§ 127 ff. LVG.) und der Landrat unterliegen, so macht das Erkenntnis nur Recht inter partes. Klagt der Jagdvorsteher gegen den Eigentümer, so macht die Entscheidung Recht inter omnes, und die vorher erlassene polizeiliche Verfügung verliert von selbst ihre Kraft, während sie bis zur rechtskräftigen Entscheidung aus § 105 ZustG. und § 71 PrJagdO. ihre Wirkung behält.

Die Amtsvorsteher und die Polizeiverwalter der kleinen Städte haben an sich keine Polizeigewalt in Jagdpolizeisachen, es können ihnen aber solche Funktionen von der Jagdpolizei übertragen werden. Sie werden damit Organe der Jagdpolizei. Die Gendarmen sind ständige gesetzliche Organe der Kreispolizei ohne besonderen Auftrag, ebenso die Reviervorstände der Polizeipräsidien. Ihre Verfügungen gelten als Verfügungen der Jagdpolizei, bis sie von dieser gemißbilligt werden; die anzustellende Klage geht gegen die Jagdpolizeibehörde selbst.

Von jeher Schwierigkeiten hat die Frage bereitet, ob die Königlichen Forst- und Jagdschutzbeamten zugleich Beamte oder Organe der Jagdpolizei von Rechts wegen sind. Das OVG. 32 136 spricht dies aus, ebenso das Kammergericht in einer Entsch. v. 23. VI. 98 (DJurZ. 99 Nr. 28. Die Gründe für die Ansichten dieser beiden Gerichtshöfe sind gänzlich verfehlt, wie ich im VerwArch. 2 550, im PrVBl. 20 545 und in Kunze-Kühnemann 182 ff. dargetan habe. Der Minister teilt übrigens in einem Erl. v. 12. I. 00 (PrVBl. 21 32) meine Ansicht. In Wirklichkeit sind die Forst- und Jagdschutzbeamten nur dann Organe der Jagdpolizei, wenn sie von den Jagdpolizeibehörden als solche eigens dazu bestellt worden sind; dasselbe kann mit privaten oder kommunalen Forst- und Jagdbeamten geschehen.

Zweiter Titel.

Jagdscheine.

(JagdSchG. v. 31. VII. 95 u. PrJagdO. §§ 29 ff.).

In der Rechtsprechung des Oberverwaltungsgerichts nehmen die Entscheidungen darüber, ob einem Schützen der Jagdschein mit Recht versagt oder abgenommen ist, einen breiten Raum ein. Die Materie ist in dem JagdSchG. v. 31. VII. 95 (GS. 304) für den Umfang der Monarchie, mit Ausnahme der Insel Helgoland, geregelt worden. Helgoland hat seine eigene Jagdgesetzgebung behalten, die in der PolVd. v. 21. XII. 92 (Kreisblatt für Süderdithmarschen Nr. 52) zusammengefaßt und in Kunze-Kühnemann, Die PrJagdpolizeiG. 267 wiedergegeben ist. Die JagdO. für die Hohenzollernschen Lande v. 10. III. 02 hat die Vorschriften des JagdSchG. aufrecht erhalten, die letzteren gelten ferner weiter in der Provinz Hannover, während die PrJagdO. v. 15. VII. 07 im wesentlichen die Bestimmungen in die §§ 29 ff. aufgenommen hat.

Wer die Jagd ausübt, bedarf dazu der jagdpolizeilichen Erlaubnis, indem er bei dem Landrate (Oberamtmann), in Stadtkreisen bei der Ortspolizeibehörde desjenigen Kreises, in welchem er einen Wohnsitz hat oder zur Ausübung der Jagd berechtigt ist, einen Jagdschein löst. Diesen Jagdschein muß er bei Ausübung der Jagd bei sich führen. Wird der Jagdschein erteilt, so kann von keiner Seite ein Verwaltungsstreitverfahren veranlaßt werden; solches entwickelt sich erst, wenn die Erteilung abgelehnt oder ein erteilter Jagdschein für ungültig erklärt und wieder abgenommen wird; denn die Versagung und Abnahme eines Jagdscheines ist eine polizeiliche Verfügung, die mit den gewöhnlichen Rechtsmitteln der §§ 127 ff. LVG. angreifbar ist. Dort, wo die Jagdpolizeibehörde bei bestimmt vorliegenden Tatsachen ein Ermessen walten lassen kann (§ 7 JagdSchG., § 35 PrJagdO.), geht die Befugnis, dieses Ermessen auszuüben, nicht auf den Verwaltungsrichter über, da diesem nach § 127 Abs. 3 LVG. nur eine beschränkte Prüfung zusteht (Kunze-Kühnemann a. a. O. 127 ff.).

Ebensowenig unterliegt der Entschluß der Jagdpolizeibehörde, von der Ermächtigung, den Jagdschein zu erteilen oder zu versagen, Gebrauch zu machen, der Kritik des Verwaltungsrichters, wenn nur nicht Willkür oder Schikane vorliegt (siehe S. 194 oben).

Das Verwaltungsstreitverfahren findet nicht bloß dann statt, wenn der Jagdschein gänzlich versagt wird (§§ 6, 7, JagdSchG., §§ 34, 35 PrJagdO.), sondern auch dann, wenn die Erteilung an die Bedingung der Bürgerschaftsleistung oder der Zahlung einer erhöhten Jagdscheinabgabe geknüpft oder die Erteilung eines unentgeltlichen Jagdscheins abgelehnt wird (OVG. 33 333; MinErl. v. 12. V. 96).

Das JagdSchG. und die PrJagdO. unterscheiden die Fälle, wo der Jagdschein versagt werden muß und wo er versagt werden kann. Er muß namentlich versagt werden Personen, von denen eine unvorsichtige Führung des Schießgewehrs oder eine Gefährdung der öffentlichen Sicherheit zu besorgen ist. Hat die Jagdpolizeibehörde aus diesen Gründen die Versagung ausgesprochen, so hat der Verwaltungsrichter selbständig zu prüfen, ob nach seiner Überzeugung eine unvorsichtige Führung des Schießgewehrs usw. zu besorgen ist. Die Überzeugung der Jagdpolizeibehörde bindet den Verwaltungsrichter nicht. Seine Überzeugung kann der Verwaltungsrichter nur auf Grund bestimmter, erwiesener Tatsachen gewinnen. Das Oberverwaltungsgericht hat sie gewonnen bei einem notorischen Trunkenbolde (Erk. v. 15. V. 79), bei allgemeiner Neigung zu Gewalttätigkeiten (Erk. v. 20. VI. 81 u. 9. IX. 86), bei grober Fahrlässigkeit auf der Jagd (Erk. v. 27. III. 81, v. 12. XI. 91 u. v. 23. III. 91), bei wiederholter unvorsichtiger Behandlung des geladenen Schießgewehrs usw. (siehe Kunze-Kühnemann a. a. O. 121 ff.) Der Verwaltungsrichter muß aus den ihm vorliegenden Tatsachen den Schluß ziehen, der Schütze entbehre der Eigenschaft, daß er mit dem geladenen Gewehre vorsichtig umgehe. Dabei hat das Oberverwaltungsgericht die Forderung der Jagdpolizeibehörde, der Antragsteller solle sich einer Prüfung in der Handhabung der Waffe unterziehen, abgelehnt (Erk. v. 19. XI. 91 — III 1028). Während es auf der einen Seite ausgesprochen hat, daß der Mangel jener Eigenschaft aus einer einzigen Handlung gefolgert werden könne, hat es anerkannt, daß nicht jede Unvorsichtigkeit den Schluß zwingend zulasse. Den Verwaltungsbehörden bereitet der Begriff der Gefährdung der öffentlichen Sicherheit vielfach Schwierigkeiten. Zu beachten ist, daß die Gefährdung in der Öffentlichkeit, also gegen das Publikum, befürchtet werden muß. Das Publikum soll vor gewaltsamen und widerrechtlichen Angriffen in Ansehung der Person, der Gesundheit gesichert sein; von demjenigen, der seinen Nebenmenschen nach dieser Richtung mißachtet und zu Übergriffen neigt, ist eine Gefährdung der öffentlichen Sicherheit zu befürchten. Die Besorgnis vor einer Gefährdung der öffentlichen Ordnung im allgemeinen genügt nicht (OVG. 18 299; Kunze-Kühnemann 120 ff.), die öffentliche Sicherheit im besonderen muß gefährdet sein.

Die weiteren Versagungsgründe aus § 6 JagdSchG. (§ 34 PrJagdO.) bedürfen keiner weiteren Erläuterung.

Der § 7 JagdSchG. (§ 35 PrJagdO.) gibt die fakultativen Versagungsgründe an. Danach kann u. a. der Jagdschein versagt werden solchen Personen, die wegen der Übertretung einer jagdpolizeilichen Vorschrift bestraft sind. Der Verwaltungsrichter hat dabei zu prüfen, ob die Bestrafung rechtskräftig verhängt und wegen Übertretung einer jagdpolizeilichen Vorschrift erfolgt ist. Jagdpolizeiliche Vorschriften sind z. B. in den §§ 11 u. 12 JagdSchG. (§§ 72, 73 PrJagdO.) enthalten. Im allgemeinen ist das maßgebend, was das Oberverwaltungsgericht in den Entsch. 2 222 u. 20 332 ausgesprochen hat; danach wird unter einer Übertretung jagdpolizeilicher Vorschriften ein jedes Zuwiderhandeln gegen eine in bezug auf die Jagd und deren Ausübung gegebene Vorschrift zu verstehen sein. Dazu gehören die Übertretung der Vorschriften im § 17 JagdPolG. und derjenigen bezüglich der Schonzeiten, das unbefugte Betreten eines Jagdreviers in Jagdausrüstung, das unbefugte Ausnehmen der Eier und Jungen von jagdbarem Federwild usw. Die Provinzialrechte enthalten ferner eine große Anzahl von jagdpolizeilichen Vorschriften, die unter Strafe gestellt sind. Keine Übertretung jagdpolizeilicher Vorschriften soll nach der Ansicht des OVG. 20 332 die Übertretung von Polizeivorschriften sein, die bezüglich des Wildtransports auf Eisenbahnen erlassen sind. Der Minister für Landwirtschaft ist anderer Ansicht (Erl. v. 28. V. 98 Kunze-Kühnemann 129 ff.), der beizutreten ist.

Wenn Tatsachen, die die Versagung des Jagdscheins rechtfertigen, erst nach Erteilung desselben eintreten oder zur Kenntnis der Behörde gelangen, so muß oder kann der Jagdschein von der für die Erteilung zuständigen Behörde für ungültig erklärt und abgenommen werden. Unter der letzten Behörde ist im Gegensatze zu dem Erk. v. 2. II. 01 OVG. 39 283 jede Behörde zu verstehen, in deren Bezirke der Inhaber wohnt oder die Jagd auszuüben berechtigt ist (§ 1 JagdSchG.). Die Gründe des

Oberverwaltungsgerichts, das annimmt, nur die Behörde, die den Jagdschein erteilt hat, sei für die Zurücknahme zuständig, sind nicht stichhaltig; doch ist das Oberverwaltungsgericht auch nach erneuter Prüfung bei der Entsch. v. 2. II. 01 stehen geblieben. Wenn die Behörde, wissend, daß der Antragsteller nach § 7 JagdSchG. bestraft ist, den Jagdschein erteilt, im folgenden Jahre aber ohne neue Gründe den Schein versagt, so wird Willkür anzunehmen und die Verfügung aufzuheben sein (OVG. 37 306). Das Wort „Grundbesitz" in § 4 JagdSchG. legt das OVG. 36 365 wörtlich aus. Es genügt also ein minimaler Grundbesitz.

Infolge dieser Entscheidung ist in der PrJagdO. (§ 32) der Wortlaut dahin geändert:

> „Personen, welche weder Angehörige eines deutschen Bundesstaates sind, noch in Preußen einen Wohnsitz oder einen Grundbesitz mit einem Grundsteuerreinertrage von 150 Mk. haben, müssen eine erhöhte Abgabe für den Jahresjagdschein von 100 Mk. und für den Tagesjagdschein von 20 Mk. entrichten.

Es kommt also das OVG. 36 365 jetzt nur noch für die Hohenzollernschen Lande und für Hannover in Betracht; dadurch entsteht das Kuriosum, daß in Hannover ein Jagdschein von einem Ausländer, der daselbst einen Grundbesitz mit einem Grundsteuerreinertrage von 1 Mk. besitzt, für 15 Mk. erlangt werden kann und daß dieser Jagdschein in der ganzen Monarchie gilt, während in den Provinzen Preußen, Posen usw. dieser Jagdschein 100 Mk. kostet.

Dritter Titel.

Streitigkeiten der Beteiligten.

Der § 105 ZustG., der für das Geltungsgebiet der PrJagdO. aufgehoben und durch den § 71 derselben ersetzt worden ist, gilt noch für die Hohenzollernschen Lande und für Hannover.

Die in § 105 und in § 71 erwähnten Streitigkeiten müssen die in dem öffentlichen Rechte begründeten Berechtigungen und Verpflichtungen hinsichtlich der Ausübung der Jagd betreffen. Der Kläger nimmt eine solche Berechtigung für sich in Anspruch, oder der Kläger behauptet, daß dem Beklagten das öffentliche Recht eine Verpflichtung auferlege. Was zunächst die „Beschränkung in der Ausübung des Jagdrechts auf eigenem Grund und Boden" anlangt (§ 105 Nr. 1), so ist darunter die Verpflichtung des Grundeigentümers zu verstehen, sich der Ausübung der Jagd auf seinem Grundstücke in gewissen Fällen zu enthalten und die Ausübung einem anderen zu überlassen, obwohl grundsätzlich das Jagdrecht jedem Eigentümer auf seinem Grund und Boden zusteht und eine Trennung des Jagdrechts von Grund und Boden als dingliches Recht nicht stattfinden darf. Allein dieses Jagdrecht darf nur ausgeübt werden auf sog. Eigenjagdbezirken und sog. gemeinschaftlichen Jagdbezirken (in letzterem Falle in Masse) und auf Grundflächen, die diesen Jagdbezirken angeschlossen oder zugelegt sind. Erfolgt die Zulegung oder der Anschluß oder gehört das Grundstück zu einem gemeinschaftlichen Jagdbezirke, so hört damit das Recht der eigenen Ausübung der Jagd auf und das Recht des gemeinschaftlichen oder des fremden Jagdbezirks beginnt. Die Repräsentanten dieses Rechts streiten nun über die Befugnisse und Beschränkungen im Verwaltungsstreitverfahren untereinander.

In den Hohenzollernschen Landen stehen sich als Parteien gegenüber der Gemeindevorstand als Vertreter des gemeinschaftlichen Jagdbezirks und der Eigentümer des einzelnen Grundstücks, und wenn es sich um Grundstücke handelt, die keinen eigenen Jagdbezirk bilden, aber von eigenen Jagdbezirken ganz oder größtenteils umschlossen sind, so sind Beteiligte die Eigentümer jener Grundstücke und der Eigentümer des sie umschließenden eigenen Jagdbezirks (§ 5). Die Hohenz.-JagdO. v. 10. III. 02 macht dabei im Gegensatze zum JagdPolG. v. 7. III. 50 keinen Unterschied zwischen Wald- und Feldenklaven. Voraussetzung des Anspruchs des Eigentümers des umschließenden Grundstücks ist, daß die Grundstücke des Verpflichteten zungenartig in den umschließenden Eigenjagdbezirk einspringen. Der umschließende Eigenjagdbezirk muß sie gewissermaßen umklammern (OVG. 30 319). Es kommt dabei nicht darauf an, daß die Enklave kataster- oder grundbuchmäßig eine Grundstückseinheit bildet. Das OVG. 36 348 sagt: „Springen z. B. von einem 10 ha großen Grundstücke nur 50 a sack- oder zungenartig in das einschließende Grundstück ein, während die übrige Fläche freiliegt, so sind nur 50 a als Enklave anzusehen, gleichgültig, ob sie eine selbstständige Bezeichnung im Grundbuche oder Kataster haben oder ob die gefundene Grenzlinie für die Enklave mit einer Grenzlinie des Grundstücks gegen andere Grundstücke zusammenfällt.“ Gleichgültig ist auch, ob die Enklave nur einem einzigen Eigentümer gehört oder ob die Enklave aus Grundstücken verschiedener Eigentümer besteht.

Der Besitzer des Eigenjagdbezirks hat gemäß § 5 HohenzJagdO. eine nach dem Jagdvertrage zu bemessende Entschädigung an den oder die Enklavenbesitzer zu zahlen. Der abzuschließende Vertrag ist ein Jagdpachtvertrag; er bedarf der schriftlichen Form. Einigen sich die Beteiligten über die Höhe des Pachtpreises nicht, kommt also ein Pachtvertrag nicht zustande, so entscheidet darüber das Verwaltungsgericht im Verwaltungsstreitverfahren gemäß § 105 Nr. 3 ZustG. (OVG. 36 356).

Ein Verwaltungsstreitverfahren entwickelt sich auch, wenn weder der Enklavenbesitzer noch der Jagdvorsteher des gemeinschaftlichen Jagdbezirks anerkennt, daß es sich um eine Enklave handelt und die Zuschlagung zum eigenen Jagdbezirk, der die Enklave umschließt, verweigert wird. Dann klagt der Besitzer des eigenen Jagdbezirks gegen den Jagdvorsteher und den Enklavenbesitzer. Die Beiladung einer dieser Parteien genügt nicht.

Soweit die Bestimmungen der HohenzJagdO. mit den Vorschriften des JagdPolG. Ähnlichkeiten haben oder übereinstimmen, wird auf die zahlreichen Erk. des Oberverwaltungsgerichts in Kunze-Kautz 2 165ff. verwiesen. Zu beachten ist, daß auch in Hohenzollern die Eigentümer der zum gemeinschaftlichen Jagdbezirke gehörenden Grundstücke eine Genossenschaft des öffentlichen Rechts bilden. Die Genossenschaft wird durch den Gemeindevorstand in Personalunion gesetzlich vertreten und durch den Oberamtmann als Kommunalaufsichtsbehörde beaufsichtigt. Eine parlamentarische Vertretung hat die Genossenschaft nicht.

Die HannJagdO. v. 11. III. 59 betrachtet das Recht zur Ausübung der Jagd ebenfalls als einen Ausfluß des Grundeigentums; sie geht davon aus, daß grundsätzlich jedem Grundeigentümer die Ausübung zusteht. Von diesem Grundsatze macht sie für Flächen von weniger als 300 hannoverschen Morgen u. a. eine Ausnahme in der Weise, daß die Ausübung der Jagd darauf nicht dem einzelnen Grundeigentümer zusteht, sondern regelmäßig von der Gesamtheit der beteiligten Grundeigentümer jeder Feldmark (Feldmarkgenossenschaft), die wieder durch die Gesamtflur der politischen Gemeinde gebildet wird (OVG. 33 336), zu verwalten ist (§ 3). Zugleich wird bestimmt, daß beim Vorhandensein der Größe unter 300 Morgen der Übergang der Jagdausübung auf die Feldmarkgenossenschaft, ebenfalls einer Genossenschaft des öffentlichen Rechts, erfolgt. Der Übergang dauert nur so lange, als die maßgebende Tatsache vorhanden ist; er findet seine Erledigung, sobald die tatsächliche Voraussetzung nicht mehr besteht, also sobald das bisher weniger als 300 Morgen große Grundstück durch Zukauf zu einer zusammenhängenden Fläche von mindestens 300 Morgen vergrößert wird. Dann greift die Regel von selbst Platz und der Eigentümer erlangt das Recht zur eigenen Ausübung der Jagd sofort mit der Auflassung oder dem sonstigem Eigentumserwerbe trotz bestehender Jagdpachtverträge (OVG. 20 320, 24 285). Die Anerkennung dieses Rechts erstreitet der Eigentümer im Verwaltungsstreitverfahren gegen die Feldmarkgenossenschaft, vertreten durch den Jagdvorstand (Kunze-Kautz 2 204). Der Pächter der Feldmark ist in dem Streite nicht Mitpartei, sein Recht hört mit dem Ausscheiden des Grundstücks aus dem gemeinschaftlichen Jagdbezirke von selbst auf. Seine Beiladung ist zulässig (vgl. S. 57 dieses Handbuches).

Streiten zwei gemeinschaftliche Jagdbezirke darüber, zu welchem Jagdbezirke ein gewisses Grundstück gehört, so ist der Eigentümer als Partei zum Verwaltungsstreitverfahren ebenfalls zuzuziehen; die Beiladung genügt nicht (Kunze-Kautz 2 204, 205).

Dem Eigentümer steht der mit erblichem Nutzungsrechte versehene Eigentümer (dominus utilis) unter Ausschluß des Obereigentümers (dominus directus) in Hannover gleich.

Die PrJagdO. v. 15. VII. 07 enthält mancherlei Abweichungen

von den Grundsätzen des JagdPolG. v. 7. III. 50 und deshalb Verschiedenheiten von den in letzterem Gesetze aufgestellten Berechtigungen und Verpflichtungen hinsichtlich der Ausübung der Jagd. Über sie wird ebenfalls im Verwaltungsstreitverfahren (§ 71) entschieden, soweit dieses Gesetz nicht etwas anderes bestimmt.

Eine solche Bestimmung findet sich u. a. in § 4; darüber, ob eine Grundfläche dauernd und vollständig gegen den Einlauf von Wild eingefriedigt ist, ob und unter welchen Bedingungen dabei die Jagd auf Flugwild ausgeübt werden darf, oder ob die unter Ziff. 2 Abs. 2 § 4 aufgeführten Grundflächen (Zubehörstreifen von Eisenbahnen, Kanälen usw.) zur Bildung eines Eigenjagdbezirks oder zur Herstellung des Zusammenhanges geeignet sind, entscheidet die Jagdpolizeibehörde. Gegen ihre Entscheidung findet nur die Beschwerde an den Bezirksausschuß statt. Hat danach die Jagdpolizeibehörde oder auf Beschwerde der Bezirksausschuß endgültig entschieden, daß eine Grundfläche dauernd und vollständig gegen den Einlauf von Wild eingefriedigt ist, so ist diese Entscheidung rebus sic stantibus für den Verwaltungsrichter bindend in einem Streite zwischen dem Grundeigentümer und dem Jagdvorsteher, in dem der erstere behauptet, ein Recht auf eigene Ausübung der Jagd zu haben.

Auch im Geltungsbereiche der PrJagdO. steht jedem Eigentümer auf seinem Grund und Boden das Jagdrecht (§ 2) zu. Dies Recht darf aber (§ 3) nur ausgeübt werden auf Jagdbezirken, Eigenjagdbezirken, gemeinschaftlichen Jagdbezirken und auf Grundflächen, die Eigenjagdbezirken angeschlossen oder gemeinschaftlichen Jagdbezirken zugelegt sind.

Die den Eigenjagdbezirk bildende Grundfläche steht entweder im Eigentum einer physischen oder juristischen Person (§ 6 Abs. 2) oder im Miteigentume mehrerer solcher Personen. Diese Personen nennt die JagdO. Inhaber des Eigenjagdbezirks. Besteht an der Grundfläche ein erbliches oder ein zeitlich nicht beschränktes Nutzungsrecht oder ein Nießbrauch (§ 5 Abs. 3), so gilt der Nutzungsberechtigte als Inhaber, und ihm stehen die öffentlich-rechtlichen Befugnisse zu. Im gemeinschaftlichen Jagdbezirke gilt gleiches (vgl. OVG. 50 353).

Die Entstehung eines Eigenjagdbezirks vollzieht sich nur mit dem Willen des Eigentümers, der sich äußert. Die Äußerung des Willens kann durch schlüssige Handlungen geschehen.

Meist wird eine Erklärung gegen den Jagdvorsteher des gemeinschaftlichen Jagdbezirks abgegeben werden. Erkennt der Jagdvorsteher das Recht zur Bildung eines Eigenjagdbezirks nicht an, so liegt actio nata für das Verwaltungsstreitverfahren vor. Das erste Erfordernis für die Bildung eines Eigenjagdbezirks ist, daß die erforderlichen Grundflächen ein- und derselben physischen oder juristischen Person, beim Vorliegen von Miteigentum denselben Miteigentümern gehören (vgl. Kunze-Kühnemann 29, 38, 39). Dem Eigentümer steht ein erbliches

Nutzungsrecht (Lehn- oder Fideikommiß) oder ein Nießbrauch gleich, dergestalt, daß, wenn z. B. eine Person 70 ha zu Eigentum und 10 ha in Nießbrauch hat, damit das Erfordernis des § 4 erfüllt ist. Die gegenteiligen Ausführungen im OVG. 9 149 sind nicht richtig.

Für die Bildung des Eigenjagdbezirks kommt, wenn ein Nutzungsberechtigter (§ 5 Abs. 3) vorhanden ist, nur dieser, nicht der Eigentümer selbst in Betracht. Der Eigentümer muß sich die Verfügungen und Erklärungen des Nutzungsberechtigten gefallen lassen, der letztere vertritt das Grundstück in jagdrechtlicher Hinsicht. Hat sich daher der Ehemann wegen des Frauenguts, der Pfarrer wegen des Pfarrlandes, der Lehrer wegen des Schullandes (OVG. 9 149, 28 319; Kunze-Kautz 2 165) dem gemeinschaftlichen Jagdbezirke angeschlossen und auf Bildung eines Eigenjagdbezirks verzichtet, so bindet dies den Eigentümer. Daraus folgt, daß der Nutzungsberechtigte, nicht der Eigentümer, in einem entstehenden Verwaltungsstreitverfahren Partei ist.

Ein nach § 4 Ziff. 2 Abs. 1 zu bildender Eigenjagdbezirk muß

1. mindestens 75 ha Grundfläche aufweisen (Ausnahmen sind nur in den besonderen Fällen der §§ 9 und 10 zugelassen);
2. die Fläche muß land- oder forstwirtschaftlich benutzbar sein;
3. ferner muß das ganze Areal in sich zusammenhängen.

Eine forst- oder landwirtschaftliche Benutzung braucht tatsächlich nicht stattzufinden, sie muß nur an der Grundfläche nach deren Natur möglich sein. Darüber entscheidet vielfach die Bestimmung des Grundstücks. Ein öffentlicher Schmuckplatz, auf dem Gras geschnitten oder Zierbäume wachsen, wird als landwirtschaftlich benutzbares Grundstück nicht anzusehen sein. Dagegen können es Seen, Teiche, Wasserstücke sein (vgl. Kunze-Kautz 2 167).

Wegen der Trennung durch Wege und Gewässer vgl. Kunze-Kühnemann 34, 35, Kunze-Kautz 2 170.

Die nicht im Eigentume des Eigenjagdberechtigten stehenden Wege, Deiche, Privatflüsse gehören zum gemeinschaftlichen Jagdbezirke und bilden Teile desselben (§ 7; OVG. 10 156, 16 344). Sie unterstehen daher an sich dem Jagdausübungsrechte des Inhabers des gemeinschaftlichen Jagdbezirks (OVG. 19 319). Um zu verhindern, daß dadurch der Eigenjagdbezirk gegen den Willen des Inhabers durchschnitten wird, hat die JagdO. in Satz 3 u. 5 Ziff. 2 Abs. 1 § 4 Fürsorge getroffen. Diese Flächen werden, insoweit sie zwischen ein und demselben Jagdbezirke liegen, diesem angeschlossen. Liegen sie zwischen verschiedenen Jagdbezirken, so erfolgt der Anschluß bis zur Mitte an jeden Bezirk. Sie gelten dann gemäß § 12 Abs. 2 als dem Eigenjagdberechtigten verpachtet, und er hat dafür ein freiwilliges oder gemäß § 19 festzustellendes Pachtgeld an den Eigentümer der angeschlossenen Fläche zu zahlen. Über die Dauer des Anschlusses bestimmt der § 11 das Nähere. Lehnt der

Eigenjagdberechtigte den Anschluß ab, so verbleiben die Flächen Teile des gemeinschaftlichen Jagdbezirks.

Streitigkeiten über diese Fragen entscheidet der Verwaltungsrichter, doch ist das Verwaltungsstreitverfahren lediglich über die Frage, ob die unter Ziff. 2 Abs. 2 § 4 aufgeführten Grundflächen wegen ihrer Schmalheit zur Bildung eines Eigenjagdbezirks oder zur Herstellung des Zusammenhangs geeignet sind, ausgeschlossen. Die Jagdpolizeibehörde befindet darüber; dagegen Beschwerde an den Bezirksausschuß.

Über die Bildung des gemeinschaftlichen Jagdbezirks befindet § 7 (vgl. dazu die Anm. in Kunze-Kühnemann 43 ff.).

Der § 7 behandelt ferner die Waldenklaven (vgl. § 7 JagdPolG. und die sich daran knüpfenden Entscheidungen des Oberverwaltungsgerichts in Kunze-Kautz 2 184 ff.).

Die früheren Vorschriften im JagdPolG. sind hierbei verschieden geändert worden. Der einschließende Wald von mindestens 750 ha muß die Enklave zu mindestens 90 Prozent begrenzen. Dies vereinfacht die Sache gegenüber dem JagdPolG.

Als Waldenklaven kommen nur Grundstücke eines gemeinschaftlichen Jagdbezirks in Betracht. Gleichgültig ist, ob die Enklave kataster- oder grundbuchmäßig eine Einheit bildet oder nur ein Teil einer solchen Grundstückseinheit ist oder ob die durch die 90prozentige Umschließung gefundene mathematische Linie mit einer Grenzlinie gegen andere Grundstücke zusammenfällt (OVG. 36 348), ebenso ob die Enklave aus einem nur einem Eigentümer gehörenden Grundstücke oder aus mehreren verschiedenen Eigentümern gehörigen Grundstücken besteht. Der Anschluß an den Eigenjagdbezirk des Waldbesitzers erfolgt nur auf Verlangen des letzteren; das Verlangen ist bis zum Ablaufe der Auslegungsfrist der Pachtbedingungen für den gemeinschaftlichen Jagdbezirk (§ 21) auszusprechen. Der Anschluß erfolgt pachtweise (§ 12 Abs. 2). Der Pachtpreis wird nötigenfalls nach §§ 12, 19 u. 26 durch den Kreisausschuß (Bezirksausschuß) festgesetzt. Gegen den Beschluß kann jeder Teil binnen zwei Wochen den Antrag auf Entscheidung im Verwaltungsstreitverfahren stellen. Der Verwaltungsrichter befindet dann über die Höhe des Pachtschillings. Des formellen Abschlusses eines Pachtvertrages bedarf es in diesem Falle nicht, er kann aber erfolgen. Über die Zeit des Beginnes der Anpachtung vgl. Kunze-Kühnemann 47, 48.

Der Anschluß einer Waldenklave kann nicht verlangt werden, wenn sie entweder selbst einen Flächenraum von 75 ha im Zusammenhange hat oder wenn nach ihrer Abtrennung die übrig bleibenden Flächen des Gemeindebezirks nicht mehr 75 ha umfassen würden.

Die als Waldenklaven in Anspruch zu nehmenden Grundstücke dürfen aber weder Eigenjagdbezirke im Sinne des § 2a oder 2b bilden oder Teile eines solchen sein (OVG. 11 289, 18 294). Stoßen mehrere umschlossene Grundstücke aneinander, so daß sie eine zusammenhängende Fläche von mindestens 75 ha umfassen, so bilden sie einen für sich bestehenden gemeinschaftlichen Jagdbezirk (§ 5). Die Regelung der Verhältnisse aus § 5 wird die Jagdpolizeibehörde im allgemeinen den Beteiligten überlassen müssen. Sie könnte aber polizeilich einschreiten, wenn entgegen den positiven Vorschriften in § 5 von den Beteiligten verfahren wird (Kunze-Kautz 2 186, 198).

Behauptet bei einem Streite der Jagdvorsteher, daß die Enklave zum gemeinschaftlichen Jagdbezirke gehöre und der Eigentümer des umschließenden Grundstücks kein Recht habe, die Anpachtung zu verlangen, so geht die Klage des Jagdvorstehers gegen den Eigentümer des einschließenden Grundstücks und gegen den oder die Enklavenbesitzer. Die letzteren sind Streitgenossen; die Beiladung genügt nicht.

Der § 8 behandelt die Zulegung oder die Anschließung derjenigen Flächen eines Gemeindebezirks, die nach den §§ 4, 7 zu einem Jagdbezirke nicht gehören. Sie werden angrenzenden gemeinschaftlichen Jagdbezirken zugelegt oder angrenzenden Eigenjagdbezirken angeschlossen oder es wird aus ihnen zusammen mit angrenzenden Flächen eines anderen Gemeindebezirks ein besonderer gemeinschaftlicher, mindestens 75 ha umfassender Jagdbezirk gebildet. Der Anschluß an einen Eigenjagdbezirk kann nur im Wege der freien Vereinbarung erfolgen. Die Zulegung an einen gemeinschaftlichen Jagdbezirk kann nach § 18 von der Beschlußbehörde erzwungen werden. Ein Verwaltungsstreitverfahren findet darüber nicht statt.

Werden die in § 8 Abs. 1 bezeichneten Flächen ganz oder größtenteils von demselben Jagdbezirke umschlossen, so sind sie zunächst dessen Inhaber oder Vertreter zum Anschlusse anzubieten. Die Verletzung dieser Verpflichtung kann zum Verwaltungsstreitverfahren führen. Dagegen darf der Inhaber des Eigenjagdbezirks oder der Vertreter des gemeinschaftlichen Jagdbezirks nicht gezwungen werden, gemäß des Angebots die Enklave anzuschließen. Er kann den Antrag ablehnen.

Werden Grundflächen einem gemeinschaftlichen Jagdbezirke zugelegt, so gelten sie als Teile desselben (§ 12), die Besitzer als Jagdgenossen. Der Anschluß an einen Eigenjagdbezirk erfolgt pachtweise. Der Inhaber des Eigenjagdbezirks wird Pächter (Kunze-Kühnemann 57 ff.). Kommt eine Vereinbarung über den Pachtschilling nicht zustande, so wird er nach den §§ 12, 19, 26 zunächst durch die Beschlußbehörde, dann im Verwaltungsstreitverfahren zwischen den Parteien festgestellt. Wegen der Pachtdauer siehe Kunze-Kühnemann 59.

Die bisherigen Jagdgesetze mit Ausnahme des KurhG. enthalten keine ausdrückliche Bestimmung darüber, ob der Eigentümer, der sich einen Eigenjagdbezirk neu schafft, mit diesem Augenblicke aus dem gemeinschaftlichen Jagdbezirk auszuscheiden berechtigt ist oder nicht. Das

Oberverwaltungsgericht hat diese Streitfrage in bejahendem Sinne entschieden (OVG. 14 291, 20 320, 31 239). Die PrJagdO. (§ 14) hat aus Billigkeitsgründen den Interessen des Jagdpächters soweit Rechnung getragen, als der Eigentümer des neu gebildeten Eigenjagdbezirks dem Jagdvorsteher und dem Pächter des gemeinschaftlichen Jagdbezirks, aus dem er seine Grundfläche aussondern will, sechs Monate vor Ablauf des Pachtjahres anzeigen muß, daß er von seinem Rechte Gebrauch machen werde. Ist diese Anzeige rechtzeitig erfolgt, so beginnt das Jagdausübungsrecht auf dem neugebildeten Eigenjagdbezirke mit dem Ablaufe des Pachtjahres, in dem die Erklärung abgegeben wird. Der Jagdpächter hat seinerseits das Recht, von dem Jagdpachtvertrage zurückzutreten, wenn er den Pachtvertrag fünf Monate vor Ablauf des Pachtjahres kündigt. Der rechtzeitig ausgesprochene Rücktritt wird mit dem Ablaufe des Pachtjahres wirksam. Ein Streit hierüber zwischen Jagdvorsteher und Jagdpächter ist im Zivilprozesse auszufechten. Dagegen wird im Verwaltungsstreitverfahren entschieden über die Frage, ob der Eigenjagdbezirk entstanden ist, und zwar sicherlich zwischen dem Grundbesitzer und Jagdvorsteher. Wenn aber der Pächter widerspricht, mit der Behauptung, er sei gemäß § 4 nicht rechtzeitig in Kenntnis gesetzt worden? Sein Widerspruch gründet sich auf eine öffentlich-rechtliche Berechtigung, und es ist anzunehmen, daß auch er gemäß § 71 klagen und verklagt werden kann zur Entscheidung darüber, ob ein Eigenjagdbezirk entstanden ist. Widerspricht zugleich der Jagdvorsteher, so sind sie Streitgenossen.

Verliert ein Eigenjagdbezirk eines seiner gesetzlichen Erfordernisse, so hört damit seine Eigenschaft als Eigenjagdbezirk von selbst auf. Die Folgen sind verschieden geordnet. Hängen die Grundflächen des früheren Eigenjagdbezirks mit den Grundflächen des gemeinschaftlichen Jagdbezirks, in dem sie belegen sind, zusammen, so fallen sie diesem von selbst zu. Haben die Grundflächen keinen räumlichen Zusammenhang mit einem gemeinschaftlichen Jagdbezirk, so ist mit ihnen nach §§ 7 bis 10 zu verfahren, soweit nicht der Eigentümer von dem Ausschlußrechte aus § 13 Gebrauch macht. Die Wirkung tritt sofort ein.

Die JagdO. stellt die Gutsbezirke den Gemeindebezirken gleich. Die Eigentümer der Grundstücke eines gemeinschaftlichen Jagdbezirks (im Guts- oder Gemeindebezirke) bilden eine Genossenschaft des öffentlichen Rechts, die Rechtsfähigkeit besitzt (§ 16). Die gesetzliche Vertretung ordnet § 16. Die Zusammensetzung der Jagdgenossenschaft kann nicht durch Privatabmachungen gegen das Gesetz geändert werden (Kunze-Kautz 2 177 ff., 192). Die Jagdgenossenschaft kann Rechte erwerben und veräußern, Verträge abschließen, Verpflichtungen auf sich nehmen, klagen und verklagt werden. Sie hat den Wildschaden nach § 52 zu ersetzen; der Anspruch darauf geht gegen die Jagdgenossenschaft; sie wird in dem Wildschadenverfahren durch den Jagdvorsteher vertreten.

Die Genossenschaft wird stets durch eine Einzelperson, auch im Verwaltungsstreitverfahren, vertreten. Die parlamentarische Vertretung der politischen Gründe ist kein Organ der Genossenschaft, ebensowenig die Versammlung der Eigentümer oder Nutzungsberechtigten. Die Jagdgenossen treten nur im Einspruch oder in der Beschwerde auf.

Streitigkeiten darüber, ob ein Genosse mit seinem Grundstücke zur Jagdgenossenschaft gehört, werden nach § 71, wie bisher, im Verwaltungsstreitverfahren entschieden. Auch wenn nur ein Grundstück in einer Gemeinde vorhanden ist, das keinen Eigenjagdbezirk bildet, wird ein gemeinschaftlicher Jagdbezirk damit geschaffen.

Über die Nutzung der Jagd in einem gemeinschaftlichen Jagdbezirke bestimmen die §§ 20 ff. Der Jagdvorsteher hat die von ihm beabsichtigte Art der Verpachtung in ortsüblicher Weise bekannt zu machen. Jeder Jagdgenosse kann gegen die Art und Pachtbedingungen Einspruch beim Kreisausschuß (in Stadtkreisen beim Bezirksausschuß) erheben. Über den Einspruch ist im Beschlußverfahren zu befinden. Kommt darauf der Pachtvertrag (§ 22) zustande, so ist dieser zwei Wochen lang öffentlich auszulegen. Während der Auslegungsfrist kann jeder Jagdgenosse Einspruch erheben, worüber der Kreisausschuß (Bezirksausschuß) im Beschlußverfahren befindet. Der Einspruch darf sich jedoch gegen die Art der Verpachtung und gegen die Pachtbedingungen insoweit nicht richten, als dieselben durch das im § 71 vorgeschriebene Einspruchsverfahren festgestellt sind. Haben die Pachtbedingungen (§ 21) nicht alle wesentlichen Punkte des Pachtvertrages enthalten, weil z. B. erst die öffentliche Ausbietung die Höhe des Pachtschillings oder die Person des Pächters ergeben sollte, so kann sich der Einspruch auch gegen diese richten.

Pachtverträge, die gegen die vorstehenden Vorschriften (§§ 20, 21, 22, 23) verstoßen, sind nichtig. Sie können vom Jagdvorsteher und dem Jagdpächter im Verwaltungsstreitverfahren (einer gegen den andern) angefochten werden. Der Verwaltungsrichter ist dabei an die Beschlüsse des Kreis- und Bezirksausschusses im Beschlußverfahren gebunden (Erk. v. 4. XI. 07 — III 2173). Die Klage ist an keine Frist gebunden und bei dem Gerichte selbst anzubringen. Eine Popularklage ist sie nicht (Kunze-Kühnemann 84). Andere Anfechtungsgründe (§§ 123 ff., 143 BGB.) gehören vor den ordentlichen Prozeßrichter. Der letztere ist auch zuständig für Klagen auf Zahlung des Pachtzinses, Aufhebung des Vertrages wegen Nichtbezahlung des letzteren usw.

Wie weit auch die Jagdpolizeibehörde gegen die Ausübung der Jagd auf Grund eines nichtigen Pachtvertrages einschreiten kann, s. oben S. 262.

Ein weiterer Streit der Beteiligten kann bei Verteilung der Pachtgelder entstehen (§ 25). Der Jagdvorsteher hat, nachdem er die Auslagen aus der Jagdkasse bestritten, die Verteilung nach der Größe der Grundstücke vorzunehmen und den Verteilungsplan auszulegen. Jeder Beteiligte (Grundeigentümer oder Nutzungsberechtigter) kann binnen zwei Wochen nach Beendigung der Auslegung Einspruch bei dem Jagdvorsteher einlegen. Gegen dessen Bescheid findet innerhalb zweier Wochen die Klage statt. Die Klage ist beim Gerichte einzureichen. Sind mehrere Klagen angebracht, so sind sie zu verbinden. Ist auf Grund eines Erkenntnisses der Plan geändert worden, so ist dagegen nicht nochmals Einspruch und Klage zulässig.

Der Verwaltungsrichter befindet, ob die Einnahmen, Ausgaben, Berechnung der Anteile, Größe des ganzen Jagdbezirks richtig angegeben sind, kurz, er prüft alles, was auf die Berechnung des Anteils der Genossen von Einfluß ist.

Wenn der Jagdvorsteher in der Aufstellung des Planes oder in der Ausschüttung säumig ist, kann er zur Tätigkeit von der Jagdaufsichtsbehörde angehalten werden (Zwangsmittel aus § 132 LVG.). Eine Klage mit dem Ziele, daß der Jagdvorsteher den Plan aufstellt, gibt es nicht.

Der Kläger soll die Summe, die er mehr beansprucht, ziffernmäßig angeben. Ist er nicht benachteiligt, so hat er keine Klage.

Zuständig für alle bisher benannten Klagen ist in erster Instanz der Kreisausschuß, in Stadtkreisen der Bezirksausschuß. Im ersten Fall ist Berufung und Revision, im letzten Falle nur Berufung an das Oberverwaltungsgericht zulässig. Die Jagdpolizeibehörde und die Jagdaufsichtsbehörde sind bei Streitigkeiten der Beteiligten (§ 71) niemals Partei, dagegen kann es die Militärverwaltung (§ 28 Abs. 1) sein.

Vierter Titel.

Wildschadenersatz.

Wird durch Schwarz-, Rot-, Elch-, Dam- oder Rehwild oder durch Fasanen ein Grundstück beschädigt, an welchem dem Eigentümer das Jagdrecht nicht zusteht, so ist der Jagdberechtigte verpflichtet, dem Verletzten den Schaden zu ersetzen. Die Ersatzpflicht erstreckt sich auf den Schaden, den die Tiere an den getrennten, aber noch nicht eingeernteten Erzeugnissen des Grundstücks anrichten (§ 835 BGB). Der Wildschaden gilt als Quasidelikt. Eigenes Verschulden des Verletzten ist nach § 254 BGB. zu berücksichtigen.

Für den nach § 835 zu ersetzenden Schaden hat die JagdO. v. 15. VII. 07 in den §§ 51 ff. besondere Bestimmungen erlassen. Für die Art und den Umfang des Ersatzes gelten die §§ 249 ff. BGB. (entzogener Gewinn: Erk. v. 17. XI. 02 OVG. 42 269; hinsichtlich der Bäume und Ziersträucher: Kunze-Kühnemann 155).

Die gesetzliche Ersatzpflicht findet statt für Grundstücke, die zu einem gemeinschaftlichen Jagdbezirke gehören, und solche, die an einen Eigenjagdbezirk angeschlossen worden (§§ 52, 53). Ersatzpflichtig ist in gemeinschaftlichen Jagdbezirken die Jagdgenossenschaft, vertreten durch den Jagdvorsteher, und bei Grundflächen, die gemäß § 4 Abs. 1 Ziffer 2 Abs. 1, § 7 Abs. 5, §§ 8, 9 einem Eigenjagdbezirk angeschlossen sind, der Inhaber des letzteren als Pächter. Im Falle des § 10 ist der Inhaber des einschließenden Eigenjagdbezirks auch dann ersatzpflichtig, wenn er den angebotenen Anschluß abgelehnt hat und ein selbständiger Jagdbezirk gebildet worden ist. Hat der Inhaber des Eigenjagdbezirks diesen verpachtet, so haftet gesetzlich nicht der Pächter, sondern der Inhaber des Eigenjagdbezirks. Gegen ihn richtet sich das Verfahren und die Klage. Ist der Pächter des Eigenjagdbezirks oder des gemeinschaftlichen Jagdbezirks vertraglich verpflichtet, dem Verpächter für den Wildschaden aufzukommen, so kann der Pächter im Verwaltungsstreitverfahren beigeladen werden (siehe S. 57 dieses Handbuchs).

Bei Bodenerzeugnissen, die geerntet werden, läßt sich der ganze Umfang eines längere Zeit vor der Ernte angerichteten Schadens nicht immer mit Sicherheit erkennen; es soll deshalb die Zeit der Ernte maßgebend sein (§ 54).

Der Beschädigte (Eigentümer, Nutzungsberechtigte, Pächter) hat den Anspruch bei der für das geschädigte Grundstück zuständigen Ortspolizeibehörde binnen drei Tagen seit Kenntnis von der Beschädigung anzumelden (§ 55); sonst findet kein Ersatzanspruch statt. Für die Berechnung der Frist gelten die §§ 187, 188, 193 BGB. Sie ist eine Präklusiv-, keine Verjährungsfrist. Präklusiv-(Ausschluß-)fristen sind solche Fristen, welche die Entstehung eines Rechts einer zeitlich bestimmten Schranke unterwerfen, dergestalt, daß es nur durch Ausübung innerhalb der Frist zur zur Entstehung gelangt (OVG. 17 234, 38 133; Erk. v. 4. II. 04 — III 242). Bei der Versäumung der Frist zur Anmeldung kommt es auf ein Verschulden nicht an (Erk. v. 3. XII. 96 OVG. 31 245, Kunze-Kautz 2 208). Innerhalb der Frist muß die Ortspolizei in dem Besitze der Anmeldung sein; die Öffnung des Schriftstücks ist nicht notwendig (Erk. v. 6. I. 00 OVG. 36 360). Wer die Ortspolizeibehörde ist, siehe Kunze-Kühnemann 160).

Die Ortspolizeibehörde beraumt einen Lokaltermin zur Ermittelung und Schätzung des Schadens an und ladet die Parteien (Ersatzberechtigten und Ersatzpflichtigen), nötigenfalls auch Sachverständige (§ 56). Hat der Jagdpächter vertraglich gegenüber dem gesetzlich zum Schadenersatze Verpflichteten die Tragung des Schadens übernommen, so ist dieser mit zu laden. Die Parteien (nicht der Jagdpächter) können beantragen, daß die Schätzung kurz vor der Ernte stattfindet (§ 57). Diesem Antrage muß stattgegeben werden.

Auf Grund des Ergebnisses der Vorverhandlungen hat die Ortspolizeibehörde einen Vorbescheid über den Anspruch und die Tragung der Kosten zu erlassen und den Beteiligten (Ersatzberechtigten und Ersatzpflichtigen) zuzustellen. Es ist zweckmäßig, dem Jagdpächter Abschrift zuzufertigen. Sollte versehentlich der nur vertraglich zur Übernahme der Ersatzpflicht verbundene Jagdpächter zur Tragung des Wildschadens durch die Ortspolizeibehörde verurteilt worden sein, so steht ihm die Klage (§ 59) zu (Erk. v. 22. IX. 97 Kunze-Kühnemann 162). Neuerdings hat aber das Oberverwaltungsgericht angenommen, dieser Vorbescheid sei als polizeiliche Verfügung zu erachten und danach angreifbar (§§ 127 ff. LVG.; Kunze-Kautz 2 211). Diese Ansicht ist aber nicht richtig.

Der Vorbescheid ist wie ein Erkenntnis abzufassen, mit Tenor und Gründen. Er ist ein Akt der Rechtsprechung, nachgebildet dem Verfahren nach § 75 Feld- und ForstPolG. v. 1. IV. 80).

Gebühren für den Vorbescheid werden nicht erhoben (OVG. 26 272, 275; Kunze-Kautz 2 212). Die durch die Zuziehung der Sachverständigen entstandenen Kosten, Portoauslagen usw. hat der Unterliegende zu ersetzen.

Gegen den Vorbescheid findet innerhalb zweier Wochen die bei dem Kreisausschusse einzureichende Klage statt; in Stadtkreisen geht die Klage an den Bezirksausschuß. In ersterem Falle ist Berufung und Revision, in letzterem die Berufung zulässig.

Ist die Frist versäumt, so ist nach § 112 LVG. die Wiedereinsetzung in den vorigen Stand gegeben.

Die Klage ist auch zulässig, wenn die Ortspolizeibehörde die Vornahme der in § 56 angeordneten Ermittelungen und den Erlaß eines materiellen Bescheides ablehnt, z. B. weil sie annimmt, die Frist sei versäumt (Kunze-Kautz 2 209) oder sie sei nicht zuständig.

Die Klage ist nicht etwa gegen die Ortspolizeibehörde zu richten; denn es ist ein Streit der Beteiligten.

Örtlich zuständig ist derjenige Kreisausschuß (Bezirksausschuß), in dessen Bezirk das beschädigte Grundstück belegen ist.

Hat die Ortspolizeibehörde im Vorverfahren mangelhafte Feststellungen getroffen, so ist die Sache vom Verwaltungsrichter nicht an sie zurückzuweisen, sondern das Verwaltungsgericht hat seinerseits die betreffenden Ermittelungen anzustellen.

Über die Tragung der Kosten des Vorverfahrens bestimmt gleichzeitig das Verwaltungsgericht (§ 60; OVG. 26 275).

Ist gegen den Vorbescheid die Klage nicht eingelegt, so kann aus ihm im Wege des Verwaltungszwangsverfahrens die Vollstreckung erfolgen.

Der § 59 enthält eine im Verwaltungsstreitverfahren selten vorkommende (vgl. § 101 ZustG., § 21 WaldschutzG. v. 6. VII. 75 u. § 53 UnterstützungsG. v. 12. III. 94) Bestimmung:

Die Entscheidungen des Kreisausschusses und des Bezirksausschusses sind vorläufig vollstreckbar.

Die Vollstreckung verfügt nach § 60 LVG. der Vorsitzende des Gerichts.

Sechster Abschnitt.

Fischereipolizei.

Nach § 100 ZustG. führt der Kreis- bzw. der Stadtausschuß die Aufsicht über die nach den §§ 9, 10 FischG. v. $\frac{30.\ V.\ 74}{30.\ III.\ 80}$ gebildeten Fischereigenossenschaften. Gegen die Verfügungen findet binnen zwei Wochen der Antrag auf mündliche Verhandlung (mit den weiteren gewöhnlichen Rechtsmitteln) statt. Voraussetzung ist, daß die Verfügung die (kommunale) Aufsicht über die öffentliche Genossenschaft betrifft; die Klage kann nur darauf gestützt werden, daß die Verfügung dem Statute oder dem Gesetze widerspricht. Die Regelung entspricht nicht den sonstigen Vorschriften über Angriffe gegen Aufsichtsverfügungen (vgl. §§ 7, 24 ZustG., § 49 G. v. 1. IV. 79).

Im Verwaltungsstreitverfahren ist gemäß § 74 Abs. 3 LVG. ein Kommissar zur Wahrnehmung des öffentlichen Interesses als Beklagter zu bestellen, da weder der § 100 ZustG. noch eine andere gesetzliche Vorschrift die öffentliche Behörde bezeichnet, die die Rolle des Beklagten wahrzunehmen hat (Erk. v. 18. II. 95 OVG. 27 292). Die Klage ist bei dem Gerichte vorzubringen.

Die eigentliche Fischereipolizei wird entweder von der ordentlichen Ortspolizei oder von besonderen Oberfischmeistern verwaltet, deren Organe die Fischereiaufseher (Fischmeister) sind. Hinsichtlich der Rechtsmittel gegen polizeiliche Verfügungen der Oberfischmeister bestimmt der § 134 LVG., daß sie den Beamten der Ortspolizei gleichzustellen sind (§§ 127 ff. a. a. O.). Die polizeiliche Aktion eines Fischereiaufsehers ist gleichzuachten der polizeilichen Aktion eines Polizeirevierorstandes gegenüber einer Polizeidirektion. Solange sie nicht von dem Oberfischmeister reprobiert ist, gilt sie als dessen Aktion und ist mit den gegen die eigenen Verfügungen des Oberfischmeisters zulässigen Rechtsbehelfen anzugreifen (OVG. 27 292). Übt der Genossenschaftsvorstand eine polizeiliche Funktion aus, indem er eine Bescheinigung nach § 16 FischG. auszustellen sich weigert, so sind die Rechtsbehelfe dieselben, als wenn ein Fischereiaufseher die Ausstellung der Bescheinigung versagt hätte (§§ 127 ff. LVG.); denn der Vorstand ist auch ein Organ der Ortspolizeibehörde oder des Oberfischmeisters (Kunze-Kautz 2 150).

Was die Ausstellung der Bescheinigungen anlangt, so ist die Behörde ohne weiteres verpflichtet, jedem, der ihr anzeigt, daß er die Fischerei auf bestimmten nicht geschlossenen Gewässern aus eigenem Rechte oder als Pächter betreiben will, die Bescheinigung zu erteilen. Eine materielle Prüfung des behaupteten Rechts zur Fischerei steht der Polizei nicht zu (OVG. 7 285 u. 27 292).

Wird die Verpflichtung zur Teilnahme an den Lasten einer nach den §§ 9 u. 10 FischG. gebildeten Fischereigenossenschaft oder das Recht auf Teilnahme an den Aufkünften aus der gemeinschaftlichen Fischereinutzung (§ 10) streitig, so hat vorab der Genossenschaftsvorstand (wie in Kommunalangelegenheiten) Bescheid zu erteilen, und dagegen findet binnen zwei Wochen die Klage im Verwaltungsstreitverfahren statt. Die Klage ist beim Kreis- oder Stadtausschusse anzubringen, seine Entscheidung ist vorläufig vollstreckbar (§ 101 ZustG.). Diese Klagen bieten keine besonderen Schwierigkeiten.

Beklagter ist der Genossenschaftsvorstand. Gegen die Entscheidungen sind Berufung an den Bezirksausschuß, dann Revision an das Oberverwaltungsgericht zulässig.

Nach § 102 a. a. O. unterliegen der Entscheidung des Bezirksausschusses, wogegen die Berufung an das Oberverwaltungsgericht gegeben ist,

a) Streitigkeiten über die Frage, ob ein Gewässer als geschlossen (§ 4 FischG.) anzusehen sei, und
b) Klagen der Fischereiberechtigten oder Fischereigenossenschaften auf weitere Beschränkung oder gänzliche Aufhebung von Fischereiberechtigungen, die auf die Benutzung einzelner bestimmter Fangmittel oder ständiger Fischereivorrichtungen gerichtet sind.

Bei Streitigkeiten über die Frage, ob ein Gewässer als geschlossen anzusehen ist, muß der Fischereiberechtigte behaupten, daß das Gewässer geschlossen sei, während die Fischereipolizeibehörde (Amtsvorsteher, Polizeiverwaltung, Oberfischmeister), in deren Amtsbezirke das Gewässer liegt, von dem Gegenteile ausgeht. Die Polizeibehörde ist Partei in diesem Verfahren. Gegenpartei ist der Eigentümer des Gewässers, nicht aber derjenige, der von ihm die Fischerei gepachtet hat (Erk. v. 7. VII. 04 — III 1285). Zwischen zwei Privaten kann sich dieser Streit vor dem Verwaltungsgerichte nicht abspielen. Die Fischereipolizei kann Klägerin oder Beklagte sein, sie muß immer behaupten, daß das Gewässer nicht geschlossen sei; sie hat keine Aufgabe, für die Geschlossenheit des Gewässers einzutreten. Als Beigeladene kann die Polizei nicht erscheinen (OVG. 11 274, 22 277). Die Fischereipolizei wird Veranlassung haben, mit Klage vorzugehen, wenn jemand von der Anschuldigung, er habe in nicht geschlossenem Gewässer unerlaubt gefischt, freigesprochen wird, auf Grund der Feststellung des Strafrichters, daß das Gewässer geschlossen sei (OVG. 8 238). Die Klage unterliegt keiner Verjährung. Das FischG. bezieht sich auf alle Arten von Gewässern, fließende und stehende, mögen sie vorübergehend oder dauernd Wasser führen (OVG. 28 305). Nach OVG. 8 238 u. 35 306 ändert sich der Begriff eines geschlossenen Gewässers nicht, auch wird eine im übrigen tatsächlich für den Wechsel der Fische noch „geeignete" Verbindung nicht zu einer im Sinne des Gesetzes nicht mehr

„geeigneten", wenn etwaige bei dem Passieren zu überwindende Hindernisse und Erschwernisse sowie zeitweilige Unterbrechungen der Verbindung vorkommen. Steigt ferner das Wasser eines sonst geschlossenen Gewässers durch plötzliche Regengüsse über die Ufer oder wird der Damm eines geschlossenen Gewässers fortgerissen, so machen diese vorübergehenden Umstände das geschlossene Gewässer noch nicht zu einem nicht geschlossenen im Sinne des Gesetzes. Nur da, wo es sich um einen örtlich abgegrenzten Bestand von Fischen handelt, über den die Verfügung tatsächlich und rechtlich in der Hand eines einzelnen liegt (Fischteiche), hat es der Gesetzgeber nicht für geboten erachtet, schützend einzutreten, während überall da, wo eine Konkurrenz mehrerer Fischender stattfindet, der gesetzliche Schutz treten soll (Kunze-Kautz 2 146ff.).

Unter Fischwechsel ist der Zug der Fische zu verstehen. Schon die Möglichkeit des Herausgehens der Fische aus einem Gewässer genügt; ein Rückwechsel ist nicht erforderlich.

Die ergehende Entscheidung über die Frage, ob ein Gewässer als geschlossenes anzusehen, macht jus inter omnes, gilt also für die Privatpartei wie für die Polizei und den Strafrichter (Kunze-Kautz 2 146; OVG. 15 344).

Bei Streitigkeiten der Fischereiberechtigten oder Fischereigenossenschaften auf weitere Beschränkung oder Aufhebung von Fischereiberechtigungen (§ 102 Nr. 2 ZustG.) wird ein nicht geschlossenes Gewässer vorausgesetzt. Solche Gewässer dürfen durch ständige Fischereivorrichtungen niemals auf mehr als auf die Hälfte der Wasserfläche versperrt werden, auch dürfen die Vorrichtungen nicht so nahe aneinander angebracht sein, daß der Zug der Fische behindert wird, es müßten denn die bereits bestehenden Fischereivorrichtungen auf einer Fischereiberechtigung beruhen, die dies besondere Fangmittel zuläßt. Derartige Fischereiberechtigungen wurden früher durch landesherrliches Privileg vielfach verliehen. Durch Ersitzung kann eine solche Berechtigung nicht erworben werden (Kunze-Kautz 2 147, 148). Das FischG. erfordert ferner, daß die Vorrichtung, die auf Grund einer wirklichen Berechtigung errichtet ist, zur Zeit des Inkrafttretens des Gesetzes auch tatsächlich vorhanden gewesen ist. Die Klage ist ebenfalls der Verjährung nicht unterworfen.

Sind die Fischereiberechtigten oder Fischereigenossenschaften mit der Klage durchgedrungen, so findet gemäß des Erkenntnisses eine Beschränkung oder Aufhebung von Fischereiberechtigungen statt, wie wenn das Enteignungsrecht verliehen worden wäre, aber nur gegen Entschädigung. Über letztere befindet aber nicht das Verwaltungsgericht, sondern das ordentliche Gericht (§ 5 Abs. 6 FischG.).

Siebenter Abschnitt.

Schutzwaldungen und Waldgenossenschaften.

Das G., betr. Schutzwaldungen und Waldgenossenschaften, v. 6. VII. 75 (GS. 416) behandelt in Abschn. II §§ 2 bis 22 Schutzmaßregeln zur Abwendung von Gefahren, denen durch die Beschaffenheit von Sandländereien benachbarte Grundstücke, öffentliche Anlagen, Wasserläufe ausgesetzt sind usw. Zu diesem Zwecke kann sowohl die Art der Benutzung der gefahrbringenden Grundstücke, als auch die Ausführung von Waldkulturen oder sonstigen Schutzanlagen auf Antrag vom Kreisausschusse, der den Namen Waldschutzgericht führt, angeordnet werden. Nach der seit 1875 veränderten Gesetzgebung hat der Kreisausschuß zunächst im Beschlußverfahren und, falls mündliche Verhandlung beantragt wird, im Verwaltungsstreitverfahren zu verhandeln. Der Antrag auf Erlaß von Anordnungen ist bei dem Waldschutzgerichte zu stellen (§ 8), seine Zuständigkeit bestimmt sich nach der Belegenheit des gefahrbringenden Grundstücks. Geht der Antrag gegen den Kreisverband oder ist er selbst Antragsteller, so bestimmt der Bezirksausschuß das zuständige Waldschutzgericht (LVG. § 59), das natürlich nicht der Kreisausschuß des antragstellenden Kreises sein darf. Nachdem das Waldschutzgericht zur Untersuchung des Sachverhalts einen Kommissar ernannt hat, kann es auf dessen Antrag oder auf den eines Beteiligten die Vorfrage, ob eine Gefährdung im Sinne des § 2 des G. vorliegt, ev. durch Erkenntnis entscheiden. Gegen dies Erkenntnis ist Berufung und Revision zulässig. Im übrigen hat der Kommissar ein Regulativ zu entwerfen, worin die in § 11 genannten Gegenstände ihre Erledigung finden müssen. Das Regulativ gelangt zur Kenntnis der Beteiligten (§ 13). Werden Einwendungen nicht erhoben, kann das Waldschutzgericht das Regulativ durch Bescheid festsetzen und für vollstreckbar erklären. Der Bescheid ist den Beteiligten zuzustellen. Diese können binnen zwei Wochen Einspruch erheben und zugleich mündliche Verhandlung beantragen. Wird kein Einspruch erhoben, so gilt der Bescheid vom Tage der Zustellung als Endurteil. Im Fall der Erhebung des Einspruchs beginnt das Verwaltungsstreitverfahren. Das Waldschutzgericht hat dann durch Endurteil (mit Berufung, Revision) über die Einwendungen zu entscheiden und schließlich das Regulativ festzusetzen oder den Antrag auf Erlaß eines solchen abzuweisen.

Der Vorsitzende des Waldschutzgerichts hat die Aufsicht darüber, daß die festgesetzten Anordnungen befolgt werden. Wenn er Anordnungen gegen das Regulativ erläßt, kann binnen 10 Tagen beim Waldschutzgerichte Einspruch erhoben werden. Das letztere erläßt einen Beschluß, gegen den die Beschwerde an den Bezirksausschuß zulässig ist. Letzterer entscheidet endgültig (LVG. § 60).

Eine Sonderheit besteht für diese Art Vollstreckung im Verwaltungsstreitverfahren darin, daß, im Falle Gefahr im Verzuge ist, der Vorsitzende des Waldschutzgerichts im öffentlichen Interesse schon vor rechtskräftiger Entscheidung vorläufige Anordnungen zur Verhinderung solcher Unternehmungen treffen darf, die eine die Gefahr vergrößernde oder begünstigende Veränderung in der Bewirtschaftung eines Grundstücks vorbereiten, eine sicher zu billigende Vorschrift.

Rechtsverbindlich festgestellte Regulative können später auf gleiche Weise abgeändert werden.

Das G. v. 6. VII. 75 enthält ferner (§§ 23ff.) Bestimmungen, betreffend die Bildung von Waldgenossenschaften, für den Fall, wo die forstmäßige Benutzung nebeneinander oder vermengt gelegener Waldgrundstücke oder Flächen oder Heideländereien nur durch das Zusammenwirken aller Beteiligten zu erreichen ist. Das Rechtsverhältnis der Genossenschaft und ihrer Mitglieder wird durch ein Statut geregelt. Der Kreisausschuß als Waldschutzgericht erläßt das Statut, nachdem ein von ihm bestellter Kommissar an Ort nnd Stelle den gestellten Antrag geprüft, das Regulativ entworfen und die Beteiligten darüber gehört hat. Das Waldschutzgericht hat durch Endurteil (mit Berufung, Revision) zu entscheiden, ob ein Bedürfnis zur Bildung der Waldgenossenschaft vorliegt, ob das Statut die Zustimmung der gesetzlich erforderlichen Mehrheit der Beteiligten gefunden, sowie ob dasselbe den gesetzlichen Vorschriften entspricht und ob ein öffentliches Interesse nicht verletzt ist; schließlich trifft das Waldschutzgericht Entscheidung, daß die Genossenschaft nach dem Statute zu begründen sei. Zugleich entscheidet es über die Widersprüche gegen die vorgeschlagenen Beschränkungen der Servitutberechtigten und über die Höhe der Entschädigungen.

Das Oberverwaltungsgericht hat nicht viel Gelegenheit gehabt, sich über Grundsätze der hier behandelten Materie auszusprechen. Betreffs der Verteilung der Parteirollen im Streitverfahren über Anträge auf Anordnung von Waldschutzmaßregeln (§§ 2, 7—13) ist derjenige, der den Antrag auf Erlaß der Anordnungen gestellt hat, als Kläger anzusehen und zubezeichnen (Erk. v. 7. II. 82 OVG. 8 176). In der kommissarischen Verhandlung liegt der Schwerpunkt des Verfahrens; ist gegen die dafür gegebenen Vorschriften verstoßen, so kann ein wesentlicher Mangel des Verfahrens vorliegen, der zur Vernichtung des Verfahrens führt. Der Antrag auf mündliche Verhandlung vertritt die Klage nach § 63 LVG. Der für die Klageschrift im Verwaltungsstreitverfahren vorgeschriebene Inhalt braucht nicht notwendig in der Klageschrift selbst zu stehen, er kann sich aus den Anlagen oder aktenmäßigen Vorgängen ergeben (OVG. v. 22. IV. 95 Kunze-Kautz 2 215).

Ein Beteiligter, der bei der mündlichen Verhandlung vor dem Kommissar dem Statute für eine Waldgenossenschaft zugestimmt hat, kann im Laufe des nachfolgenden Verwaltungsstreitverfahrens die Zustimmung nicht wieder zurückziehen (OVG. v. 22. X. 83 10 170).

Achter Abschnitt.

Deichpolizei.

Das G. über das Deichwesen v. 28. I. 48 (GS. 54), das durch das G. v. 11. IV. 72 (GS. 377) auf die Provinzen Schleswig-Holstein und Hannover ausgedehnt worden ist, mit Ausnahme derjenigen Gebietsteile, für welche besondere Deichordnungen bestehen, hat durch das ZustG. keine solchen Veränderungen erfahren, daß dadurch Entscheidungen oder Beschlüsse der Deichbehörden direkt dem Verwaltungsrichter übertragen werden. Das Verwaltungsstreitverfahren entwickelt sich nur dann, wenn gewisse Polizeibehörden (Regierungspräsident, in Hannover Landrat und Magistrat, in Schleswig-Holstein Landrat, G. v. 11. IV. 72 Art. 1; Erk. v. 4. VI. 88 OVG. 16 331) eine deichpolizeiliche Verfügung erlassen und diese mit den gewöhnlichen Rechtsmitteln aus den §§ 127 ff. LVG. angefochten wird. Der oft vorkommende Fall ist der, daß jemand ohne Genehmigung des Bezirksausschusses (ZustG. § 96 Abs. 1) Deiche oder ähnliche Erhöhungen der Erdoberfläche, die die Ausbreitung der zeitweise aus ihren Ufern tretenden Gewässer beschränken, in der Breite, die das Wasser bei der höchsten Überschwemmung einnimmt (Inundationsgebiet), neu anlegt, verlegt, erhöht oder ganz oder teilweise zerstört (§ 1 DeichG.). Dagegen vorzugehen ist die vom Regierungspräsidenten (Landrat, Magistrat) gehandhabte Deichpolizei ermächtigt. Sie kann die Wiederherstellung des früheren Zustandes verlangen. Die Rechtsmittel sind beim Einschreiten des Regierungspräsidenten Beschwerde an den Oberpräsidenten mit darauffolgender Klage an das Oberverwaltungsgericht (§ 130 LVG.), beim Einschreiten des Landrats oder Magistrats die Rechtsmittel nach §§ 127 ff. Hierbei ist folgendes zu beachten: Die §§ 1—10 DeichG. beziehen sich nur auf Deiche, die zu keinem Deichverbande gehören. Schreitet bei Deichen, die zu einem solchen gehören, mit polizeilicher Verfügung der Deichhauptmann ein, so kann seine Verfügung nicht mit den Rechtsmitteln aus den §§ 127 ff. LVG. angegriffen werden, da der Deichhauptmann keine Kreis- oder Ortspolizeibehörde im Sinne des § 127 ist (Kunze-Kautz 2 138). Über die Frage, was deichähnliche Erderhöhungen im Sinne des § 1 DeichG. sind, hat sich das Oberverwaltungsgericht (Kunze-Kautz 2 139 ff.) mehrfach ausgesprochen. Anpflanzungen gehören jedenfalls nicht dahin. Als deichähnliche Erhöhung kann nur in Betracht kommen, was mit der Erdoberfläche in eine feste Verbindung gebracht ist und deshalb gleich einem Damme hinsichtlich der Ausbreitung des Wassers im Überschwemmungsgebiete wirkt, die Ausbreitung hindert. Dies kann hinsichtlich einstweilen niedergelegter Materialien, wie Steine und Hölzer, nicht anerkannt werden. Werden Steine oder Hölzer zu festen Mauern zusammengefügt und hindern diese die Ausbreitung des Wassers wie Deiche, so gelten sie als deichähnliche Erderhöhungen. Einzelne Gebäude, die nicht die Natur der Umwallung haben, werden als unter den § 1 fallend nicht anzusehen sein (Erk. v. 6. VI. 04 Kunze-Kautz Erg. 06 168). Das Erk. v. 24. IX. 03 (OVG. 44 316) sagt: „Gebäude gehören nicht zu den deichähnlichen Erhöhungen; der Rechtszustand bei ihnen ist derselbe wie bei land- und forstwirtschaftlicher, sowie gartenmäßiger Bodenbenutzung (OVG. 42 262)." Ufermauern, die die Uferhöhe überragen, können als Deiche erachtet werden. Feldziegelöfen hat das Oberverwaltungsgericht freigegeben. Das Erk. v. 15. VI. 98 (Kunze-Kautz 2 140) ist zu beanstanden, dagegen die Ausführung in dem v. 30. I. 99 (Kunze-Kautz 2 142) als richtig anzuerkennen.

Den Unterschied zwischen Deichen und deichähnlichen Erhöhungen der Erdoberfläche sieht das Erk. v. 24. IX. 06 OVG. 50 296 darin, daß erstere zum Schutze der Ländereien benachbarter Besitzer, wenn auch nicht notwendig ausschließlich zu diesem Zwecke, bestimmt sein müssen, während unter letzteren, abgesehen von natürlichen Erhöhungen der Erdoberfläche, z. B. Dünen, solche Anlagen zu verstehen sind, die zwar zu einem anderen Zwecke bestimmt sind, allein ähnlich wie die Deiche auf das Überschwemmungsgebiet einwirken.

Wenn der § 1 DeichG. die Worte enthält, „wenn es erforderlich ist", so ist damit nicht etwa dem Verwaltungsrichter die freie Prüfung übertragen, ob der Regierungspräsident von der Beseitigung der nicht genehmigten Deichanlage absehen konnte; der Verwaltungsrichter hat vielmehr die Klage als unbegründet abzuweisen, wenn ein Deich ohne Konsens errichtet ist, mag in dem nachträglich einzuholenden Konzessionsverfahren auch der Bezirksausschuß den Deich nachträglich genehmigen oder mögen im Verwaltungsstreitverfahren Gründe geltend gemacht werden, die solche Genehmigung als wahrscheinlich oder sicher hinstellen (OVG. 44 318). Für die Bestimmung der Grenzen des Überschwemmungsgebiets sind außergewöhnliche (abnorme) Hochwasser nicht zu berücksichtigen. Bei den danach zu berücksichtigenden Hochwassern ist nicht der Durchschnitt zwischen den höchsten Wasserständen, die die einzelnen Hochwasser erreicht haben, sondern der höchste Wasserstand entscheidend, der auch nur bei einem der gewöhnlichen Hochwasser vorgekommen ist (OVG. 44 318).

Wird gemäß § 7 DeichG. (§ 96 ZustG.) interimistisch festgesetzt, wer zur Unterhaltung eines zerfallenen Deiches verbunden ist, so steht dem Herangezogenen die Klage auf Erstattung des Geleisteten im ordentlichen Rechtswege, nicht im Verwaltungsstreitverfahren zu.

Ebenso ist vor dem ordentlichen Richter auf Feststellung der abstrakten Deichunterhaltungspflicht (§ 8) zu klagen.

Nach § 24 DeichG. (der sich auf Deiche, die zu einem Deichverband gehören, mit bezieht) ist der Regierungspräsident befugt, eine solche Benutzung der Deiche zu beschränken oder zu verbieten, die die Widerstandsfähigkeit eines Deiches zu schwächen geeignet sind. Die Bestimmung gab Anlaß zu der Entsch. v. 5. XII. 03 OVG. 45 332. Es hatte jemand auf einem Deiche ein Haus erbaut, der Regierungspräsident ordnete die Beseitigung des Hauses an, weil die Voraussetzungen des § 24 vorlägen. Das Oberverwaltungsgericht hob die Verfügung auf, indem es annahm, nicht der Regierungspräsident, sondern der Deichhauptmann sei zum Erlasse der Anordnung berechtigt gewesen, weil nach § 24 nur solche Benutzungsarten verboten werden könnten, die sonst das gemeine Deichrecht zuließe; die Errichtung eines Gebäudes auf dem Deiche gehöre nicht zu dieser Benutzungsart und statutenwidrige Benutzungsarten zu verbieten sei der Deichhauptmann allein berechtigt.

In dem Erl. v. 30. VIII. 97 (MBl. 191) wird auseinandergesetzt, was ein Deich ist und welche Befugnisse die Polizei hat. In Schleswig-Holstein sind die Landräte vielfach Oberdeichgrafen (Deich-Regl. v. 6. IV. 1803); in den Städten wird dies Amt von den Magistraten, in den klösterlichen und adeligen Gutsbezirken von den betreffenden Gutsobrigkeiten verwaltet. Werden von diesen Behörden als Oberdeichgrafen deichpolizeiliche Verfügungen erlassen, so können sie im Verwaltungsstreitverfahren nicht angefochten werden (Erk. v. 25. X. 99 OVG. 36 323); es geht nur die Beschwerde an die Aufsichtsbehörde (den Regierungspräsidenten und Minister).

Neunter Abschnitt.

Ansiedelungen und Kolonien. Errichtung von Feuerstellen in der Nähe von Waldungen.

Durch das G., betr. die Gründung neuer Ansiedelungen in den Provinzen Ostpreußen, Westpreußen, Brandenburg, Pommern, Posen, Schlesien, Sachsen und Westfalen, v. 10. VIII. 04 (GS. 227) hat der Abschnitt II des AnsiedlG. v. 25. VIII. 76 (GS. 405) unter Berücksichtigung des ErgG. v. 16. IX. 99 (GS. 497) erhebliche Veränderungen erfahren. Die auf das G. v. 1876 bezüglichen Entscheidungen des Oberverwaltungsgerichts und die bezügliche Literatur sind auf das neue Gesetz nicht überall anwendbar.

Wer nach letzterem Gesetze sich ansiedeln will (§ 13), bedarf einer vom Kreisausschusse, in Stadtkreisen von der Ortspolizeibehörde zu erteilenden Ansiedelungsgenehmigung. Vor ihrer Aushändigung darf die polizeiliche Bauerlaubnis nicht erteilt werden. § 13 Abs. 2

bestimmt, wann es einer Ansiedelungsgenehmigung nicht bedarf. Die Genehmigung ist erforderlich (§ 13a), wenn infolge oder zum Zwecke der Umwandlung eines Landguts oder eines Teiles eines solchen in mehrere ländliche Stellen eine Ansiedelung errichtet werden soll. Im Geltungsgebiete des G., betr. die Beförderung deutscher Ansiedelungen in Westpreußen und Posen, v. 26. IV. 86 (GS. 131) ist die Genehmigung zu versagen, solange nicht eine Bescheinigung des Regierungspräsidenten vorliegt, daß die Ansiedelung mit den Zielen des Gesetzes nicht im Widerspruche steht. Diese Vorschrift findet in den Provinzen Ostpreußen und Schlesien, den Regierungsbezirken Frankfurt, Stettin und Cöslin jetzt ebenfalls Anwendung. Gegen die Versagung der Bescheinigung findet nur die Beschwerde an den Oberpräsidenten statt (§ 13b). Die Ansiedelungsgenehmigung ist ferner zu versagen (§ 14), wenn nicht nachgewiesen ist, daß der Platz für die Ansiedelung durch einen jederzeit offenen fahrbaren Weg zugänglich oder daß die Beschaffenheit eines solchen Weges gesichert ist. Unter besonderen Umständen kann von der Bedingung der Fahrbarkeit des Weges usw. abgesehen werden.

Wird der Bedingung hinsichtlich des Weges entsprochen, so hat in Stadtkreisen die Ortspolizei, sonst der Kreisausschuß den Antrag in der Ortsgemeinde und in den benachbarten Gemeinde- und Gutsbezirken ortsüblich bekannt zu machen mit dem Bemerken, daß innerhalb 21 Tagen mit Tatsachen belegter Einspruch dahin erhoben werden kann, es sei zu befürchten, daß die Ansiedelung den Schutz der Nutzungen benachbarter Grundstücke aus dem Gartenbau, aus der Land- oder Forstwirtschaft, der Jagd oder der Fischerei gefährden werde (§ 15). Die Gemeinde- und Gutsvorsteher, die Grundstückseigentümer, Nutzungs- oder Gebrauchsberechtigten oder Pächter benachbarter Grundstücke sind zur Erhebung des Einspruchs berechtigt. Die Ortspolizeibehörde (der Kreisausschuß) untersucht die Angelegenheit und erläßt einen Bescheid auf Genehmigung oder Ablehnung des Antrags, wogegen der Antragsteller und die Einsprechenden binnen zwei Wochen den Antrag auf mündliche Verhandlung bei dem Kreisausschusse, in Stadtkreisen Klage bei dem Bezirksausschusse (§ 18) erheben können. Die Klage ist auch gegen einen Bescheid gegeben, durch den die Ansiedelungsgenehmigung auf Grund des § 14 (offener Weg) versagt worden. Die Klage ist bei dem Gerichte selbst einzureichen. Das Gericht ist bei der Beurteilung der Rechts- und Sachlage vollkommen frei und an die Schranken des § 127 Abs. 3 LVG. nicht gebunden. Es erkennt auf Abweisung der Klage oder auf Aufhebung des Bescheides. Im letzteren Falle hat die Ortspolizei den Konsens zu erteilen, falls nicht etwa noch andere Gründe, die nicht im Rechtsstreite befangen waren, vorliegen. Hat demnach z. B. die Ortspolizei die Genehmigung lediglich versagt, weil dem Ansiedler kein jederzeit offener Weg zur Verfügung steht, so ist nach Aufhebung des Bescheides das Verfahren fortzusetzen, der Antrag bekannt zu machen und ein neuer Bescheid zu erteilen, gegen den die Rechtsmittel (Klage, Berufung) wieder gegeben sind (Erk. v. 25. III. 96 OVG. 36 397). Gegen die Urteile des Kreisausschusses ist die Berufung, dann die Revision gegeben.

Ist der Antrag auf mündliche Verhandlung im Verwaltungsstreitverfahren gestellt, so hat der Vorsitzende des Kreisausschusses stets einen Vertreter des öffentlichen Interesses zu bestellen. Wird diese Vorschrift verletzt, so liegt ein wesentlicher Mangel des Verfahrens vor (Erk. v. 30. XI. 05 OVG. 48 387). Die Klage richtet sich stets gegen die Ortspolizeibehörde. Außer dieser und dem Vertreter des öffentlichen Interesses (§ 74 Abs. 3 LVG.) befinden sich in der Rolle des Beklagten noch die Einsprechenden. Ist die Genehmigung erteilt, so sind sie die Kläger, die Klage geht gegen den Antragsteller und den Kommissar bzw. die Ortspolizeibehörde.

In dem Bescheide des Kreisausschusses oder der Ortspolizeibehörde sind die Namen der Einsprechenden anzugeben, weil sich gegen sie ebenso wie gegen die versagende Ortspolizeibehörde die Klage des Antragstellers zu richten hat. Erforderlichenfalls hat der Verwaltungsrichter die Parteirollen von Amts wegen zu regeln (Erk. v. 11. VI. 06 OVG. 49 393).

Zu dem AnsiedlG. v. 10. VIII. 04 sind bereits mehrere Entscheidungen des Oberverwaltungsgerichts (49 382—393) ergangen, aus denen folgendes hervorzuheben ist.

Erk. v. 31. V. 06: Der Tatbestand des § 13a liegt z. B. vor, wenn die Eigentümer eines Landguts zunächst mehrere Bauerstellen abzweigen, sodann das Gut selbst ohne ein Vorwerk verkaufen, dann das Vorwerk veräußern. Dadurch wird ein Landgut in mehrere ländliche Stellen umgewandelt; denn statt des vorher einheitlichen Gutes besteht jetzt eine größere Zahl selbständiger landwirtschaftlicher Betriebe. Unerheblich ist es, ob die ländlichen Stellen in den Grenzen eines festgestellten Bebauungsplanes errichtet werden.

Erk. v. 22. X. 06: Die Umwandlung eines Gutes in mehrere Stellen muß keineswegs die alleinige oder notwendige oder unmittelbare Ursache für die Errichtung des neuen Wohnhauses sein; es genügt, wenn die Errichtung des Wohnhauses überhaupt in ursächlichem Zusammenhange mit der Gutsteilung steht.

Erk. v. 27. IX. 06: Dadurch, daß der Regierungspräsident die Bescheinigung aus § 13b G. v. 10. VIII. 04 versagt hat, ist noch keineswegs bindend festgestellt, daß das Vorhaben der Ansiedelungsgenehmigung bedürfe. Darüber hat der Verwaltungsrichter frei zu befinden.

Nicht jeder ländliche Besitz ist ein Landgut; letzteres muß eine selbständige Ackernahrung, ein landwirtschaftlicher Betrieb sein, groß genug, das wirtschaftliche Leben des Besitzers ganz oder doch zum größten Teile auszufüllen.

Erk. v. 27. IX. 06: Wenn es sich um die einmalige Teilung zwischen gesetzlichen Erben oder um die einmalige Überlassung im Wege der Teilung seitens der Eltern an ihre Kinder handelt, so ist zwar nach § 13b Abs. 4 die von dem Regierungspräsidenten nach Abs. 1 zu erteilende Bescheinigung nicht erforderlich, die Notwendigkeit der Ansiedelungsgenehmigung bleibt dagegen unberührt.

In dem Erk. v. 30. XI. 05 (OVG. 48 387) heißt es: Ein der Ansiedelungsgenehmigung nicht bedürfender Ersatzbau liegt nur vor, wenn an Stelle eines bestehenden Wohnhauses alsbald ein anderes errichtet wird, welches dem früheren wirtschaftlich im wesentlichen gleich steht. Bestand z. B. früher ein einfacher Holzbau, während nunmehr ein massives, größeres Haus an anderer Stelle errichtet werden soll, nachdem der Holzbau schon vor längerer Zeit abgebrochen worden, so fehlt es an einem Zusammenhange mit dem früheren Gebäude.

In dem Erk. v. 11. XII. 05 (OVG. 48 392) wird ausgesprochen: Das Recht, Einspruch zu erheben, kann nur auf die in den §§ 15 und 15b namhaft gemachten Gründe gestützt werden, nicht auf solche, die die Behörde von Amts wegen zu berücksichtigen hat. Hat die Klage Erfolg, so ist der Bescheid lediglich außer Kraft zu setzen, nicht die Genehmigung auszusprechen. Hatte der Bescheid die Erteilung einer Ansiedelungsgenehmigung nicht für erforderlich erachtet, so hat nach Aufhebung des Bescheides der Kreisausschuß im Beschlußverfahren weiter zu verfahren und zu erörtern, ob Versagungsgründe vorliegen.

Das Erk. v. 29. III. 06 (OVG. 48 402) spricht aus: Der Beschluß eines Kreisausschusses, durch den auf Grund des § 13 G. v. 10. VIII. 04 eine Ansiedelungsgenehmigung schlechthin erteilt wird, ist im Sinne des § 126 LVG. endgültig und kann von dem Vorsitzenden durch Klage bei dem Oberverwaltungsgericht angefochten werden. (Hat die Ortspolizeibehörde die Genehmigung erteilt, so kann sie die Genehmigung später widerrufen, und dagegen finden die Rechtsmittel, wie gegen die Versagung statt).

In dem Erk. v. 26. IV. 06 (OVG. 48 404) wird gesagt: Für die zusammenhängende Bebauung einer Ortschaft kommen nicht nur die Wohngebäude, sondern auch die Wirtschaftsgebäude in Betracht, und eine ländliche Ortschaft gilt auch dann als im Zusammenhange gebaut, wenn sich zwischen den einzelnen Gebäuden unbebaute, als Hof und Gärten dienende Flächen befinden. Als ländliche Stellen sind nicht anzusehen Wohnhäuser für Industriearbeiter, auch wenn sie mit etwas Land ausgestattet sind (Anw. v. 28. XII. 04 MBl. 05 2).

Erk. v. 5. X. 05 (OVG. 48 408): Durch den § 13a G. v. 10. VIII. 04 ist nur die Schaffung neuer Wohnstellen infolge oder bei der Umwendung eines Landguts in mehrere ländliche Stellen gemeint, nicht die Einrichtung eines bereits auf dem Gute vorhandenen Wohnhauses, z. B. eines Insthauses für die besonderen Zwecke einer neuen ländlichen Stelle.

Im § 13 Abs. 2 G. v. 10. VIII. 04 ist unter einem „bereits bebauten Grundstücke" nicht jede einzelne im Kataster oder Grundbuche besonders bezeichnete Parzelle gemeint, sondern jedes bebaute Grundstück in seiner wirtschaftlichen Begrenzung als Baugrundstück, also z. B. ein Gehöft. Man kann nicht ein ganzes Gut als ein bebautes Grundstück ansehen, weil darauf ein Wohnhaus und einige Gebäude stehen (Erk. v. 1. XI. 06 OVG. 50 226). Ein der Ansiedelungsgenehmigung nicht bedürfender Ersatzbau liegt vor, wenn zwar nicht genau auf derselben Stelle, aber auf demselben Grundstücke und in der Nähe des bisherigen Bauplatzes statt eines bestehenden Wohnhauses ein anderes errichtet wird, das nicht erheblich größer ist.

Wird für eine Ansiedelung, die polizeilich nicht genehmigt worden, der Antrag später wiederholt, so darf ihn die Polizei nicht lediglich deshalb ablehnen, weil der frühere Antrag rechtskräftig abgewiesen ist (Erk. v. 21. IX. 81 u. 1. III. 82 — OVG. 8 352 u. 349; vgl. S. 117ff. dieses Handbuchs). Es kommt vielfach vor, daß ein Wohnhaus, für das eine Ansiedelungsgenehmigung erforderlich war, ohne diese erbaut worden. In diesem Falle darf die Polizei verfügen, daß die Ansiedelungsgenehmigung binnen gewisser Frist nachzubringen oder die besonderen Einrichtungen zu Wohnzwecken zu beseitigen seien (OVG. 23 355, 35 390). Die Wegnahme des ganzen Gebäudes darf die Polizei nicht fordern. Lehnt die Baupolizei die Erteilung der Baugenehmigung ab, weil die Ansiedelungsgenehmigung nicht erteilt sei, so hat im entstehenden Verwaltungsstreitverfahren der Richter darüber zu befinden, ob eine Ansiedelung vorliegt und die Genehmigung dazu erforderlich ist.

Das Verwaltungsstreitverfahren dreht sich bei Einsprüchen lediglich um die vorgebrachten Einwendungen; andere Versagungsgründe dürfen in dem Verwaltungsstreitverfahren nicht geltend gemacht werden, weil es sich nur darum handelt, ob der Bescheid nach damaliger Lage der Sache rechtswidrig war. Nicht geltend gemachte Versagungsgründe können aber bei der Polizei vorgebracht werden, wenn der die Ansiedelung gewährende Bescheid vom Verwaltungsrichter aufgehoben und das Verfahren bei der Polizei (dem Kreisausschusse) fortgesetzt wird. Die bereits im Einspruche geltend gemachten Versagungsgründe dürfen aber im Verwaltungsstreitverfahren durch neue Tatsachen unterstützt werden.

Zahlreiche Entscheidungen des Oberverwaltungsgerichts lassen sich über die Begriffe „Wohnhaus", „jederzeit offener Weg", „Zugänglichkeit",

„außerhalb einer Ortschaft", „benachbartes Grundstück", „angrenzender Bezirk", „Gefährdung", „Nutzungs- und Gebrauchsberechtigter" usw., (§ 14, 15, 16) aus, siehe Kunze-Kautz 2 220ff. Hervorgehoben soll hier nur werden, daß auch der Jagdpächter als Nutzungsberechtigter zur Einlegung des Einspruches berechtigt ist. Eine bloße Störung der Ruhe des Wildes fällt allerdings nicht unter die Gefährdung der Jagdnutzung (OVG. 24 40 u. 50 219, 221). Ebensowenig die Besorgnis, daß ein Wasserlauf werde verunreinigt werden. Die Ansiedelung soll darin nicht anders stehen, als jeder Anbau innerhalb einer geschlossenen Ortschaft.

Das G. v. 25. VIII. 76 stellt den Begriff der Kolonie auf. Das G. v. 10. VIII. 04 regelt die Materie in anderer Weise und bestimmt in § 17:

> Ist anzunehmen, daß infolge der Ansiedelung eine Änderung oder Neuordnung der Gemeinde-, Kirchen- oder Schulverhältnisse erforderlich wird, so sind die beteiligten Gemeinde-(Guts-)vorsteher und die Vorstände der beteiligten Kirchen- und Schulgemeinden (Schulverbände, Schulsozietäten usw.) von dem Antrage mit dem Eröffnen in Kenntnis zu setzen, daß sie binnen einer Ausschlußfrist von 21 Tagen bei der Genehmigungsbehörde die Festsetzung besonderer Leistungen des Antragstellers für den Zweck dieser Änderung oder Neuordnung beantragen können. — — Die Behörde kann die Leistung in ihrem Bescheide festsetzen oder einem besonderen Bescheide vorbehalten.

Wenn für die Ansiedelung im öffentlichen Interesse Anlagen (§ 17a) erforderlich sind, so können dem Antragsteller diese Anlagen auferlegt werden.

Gegen diese Festsetzungen (§§ 17, 17a) steht dem Antragsteller innerhalb zweier Wochen nur die Beschwerde an den Bezirksausschuß und die weitere Beschwerde an den Provinzialrat offen. Das Beschwerdeverfahren ist vorab zu erledigen, ehe das Verwaltungsstreitverfahren durchgeführt wird (§ 18 Abs. 5). Eine Nachprüfung der nach den §§ 17, 17a getroffenen Festsetzungen findet im Verwaltungsstreitverfahren nicht statt (Abs. 6).

Das Recht, die Ansiedelungsgenehmigung zu beantragen, ist nur dem gegeben, der außerhalb einer im Zusammenhange gebauten Ortschaft ein Wohnhaus errichten will (§ 13 G. v. 10. VIII. 04). Deshalb ist der zum Antrage nicht berechtigt, der gar nicht die Absicht hat, ein Wohnhaus herzustellen, sondern der nur für das Verfahren als Ansiedler vorgeschoben wird. Ob die Voraussetzungen für den Antrag vorliegen, hat das Revisionsgericht selbständig zu prüfen (Erk. v. 14. III. 07 OVG. 50 222). Es ist aber nicht notwendig, daß der Antragsteller schon Eigentümer des Grundstücks ist.

Ein Grundbesitzer hatte die Genehmigung zur Errichtung einer

Ansiedelung beantragt. Während des Verwaltungsstreitverfahrens veräußerte er das Grundstück. Das OVG. 44 409 erklärte den Antrag als in der Hauptsache erledigt und legte die Kosten dem Einsprechenden auf. Es führte aus: „Der neue Eigentümer kann in das Verfahren nicht eintreten, er muß von neuem die Genehmigung selbst nachsuchen, weil unter den Tatsachen, die vor der Erteilung zu prüfen sind, neben den Eigenschaften des Grundstücks auch die des Ansiedelungsunternehmers von wesentlicher Bedeutung sein können. Hinsichtlich des neuen Erwerbers muß zur Erhebung der Einsprüche Gelegenheit durch die Bekanntmachung gegeben werden" (vgl. auch OVG. 50 222). Vielfach wird die Klage vom Antragsteller erhoben, ohne daß die Einsprechenden oder die Polizei ausdrücklich als Beklagte benannt sind; sie sind indessen stets als Partei zuzuziehen (Erk. v. 28. IX. 05 — IV 1274 — Kunze-Kautz Erg. 06 173).

Ist eine Ansiedelungsgenehmigung beantragt worden, so ist sie nach den Vorschriften des zur Zeit des Erlasses der Verfügung geltenden Rechts zu beurteilen (Erk. v. 13. VI. 77 OVG. 2 377 u. v. 2. X. 05 OVG. 48 385). Wird die Verfügung im Verwaltungsstreitverfahren aufgehoben und ist inzwischen ein anderes Gesetz erlassen, so erfolgt die weitere Behandlung danach; daran ändert nichts, daß der Antrag unter der Herrschaft des alten Gesetzes gestellt war; die Stellung des Antrags begründet kein Recht, daß der Antrag nach früherem Rechte beurteilt werde (OVG. 4 383).

Auf Ansiedelungen, die durch Rentengutsbildung unter Vermittelung der Generalkommission nach dem G. v. 7. VII. 91 entstehen, finden die §§ 13 bis 16, 17c, 19, 20 mit der Maßgabe Anwendung, daß die Genehmigungsbehörde die Generalkommission ist. In diesem Falle treten gemäß Art. III G. v. 10. VIII. 04 andere Vorschriften in Kraft.

Über die für die neuen Provinzen erlassenen Ansiedelungsgesetze s. Kunze-Kautz 2 238.

Wer in der Umgebung einer mindestens 100 Hektar großen Waldung innerhalb einer Entfernung von 75 m eine Feuerstelle errichten will, bedarf dazu der Genehmigung der Ortspolizeibehörde. Vor der Aushändigung der Genehmigung darf die Bauerlaubnis nicht erteilt werden. Die Genehmigung kann versagt oder an Bedingungen, die die Verhütung von Feuersgefahr bezwecken, geknüpft werden, sofern eine Feuersgefahr für den Wald zu besorgen ist (§§ 47, 48 Feld- und ForstPolG. v. 1. IV. 80). Soll die Feuerstelle innerhalb einer im Zusammenhange gebauten Ortschaft errichtet werden, so darf die Genehmigung nicht versagt werden. Die Polizei kann aber Sicherheitsbedingungen der Genehmigung beifügen. Im übrigen lehnt sich das Verfahren an dasjenige an, das bei Anlegung einer Ansiedelung vorgeschrieben ist. Im G. v. 10. VIII. 04 (Art. II) ist der Abs. 2 des § 52 G. v. 1. IV. 80

aufgehoben worden. Die Polizei teilt den Antrag dem Waldeigentümer mit, der innerhalb 14 Tagen Einspruch erheben kann. Die Behörde faßt einen Bescheid, gegen den der Waldeigentümer und der Antragsteller Klage beim Kreisausschusse binnen zwei Wochen erheben können. Wer Klage erhebt, ist Kläger. Hat der Antragsteller Klage erhoben, ist Beklagter der Waldeigentümer, sofern er Einspruch erhoben, und zugleich die Polizeibehörde, letztere allein, wenn sie ohne Erhebung eines Einspruchs den Antrag abgelehnt hat. Die Zuziehung als Beigeladene ersetzt die Parteirolle nicht. Ist der Waldeigentümer oder die Polizei versehentlich als Partei von dem Instanzrichter nicht zugezogen worden, so steht dennoch beiden die Einlegung von Rechtsmitteln zu (Erk. v. 23. X. 95 OVG. 28 417). Hat der Landrat oder die Ortspolizeibehörde eines Stadtkreises den Bescheid erlassen, ist der Bezirksausschuß für die Entscheidung zuständig.

Zehnter Abschnitt.

Vereinsrecht.

Die wesentlichen gesetzlichen Grundlagen finden sich in der Preuß. Verfassungsurkunde (der Verwaltungsrichter hat aber nicht zu prüfen, ob die nachfolgend genannten Gesetze mit den Bestimmungen der Verfassungsurkunde übereinstimmen, OVG. 44 434) Artt. 29, 30, 38, 39, in der Vd. über die Verhütung eines die gesetzliche Freiheit und Ordnung gefährdenden Mißbrauchs des Versammlungsrechts v. 11. III. 50 (GS. 277), der Vd. v. 25. VI. 67 (GS. 921), der Vd. v. 13. V. 67 (GS. 700), der Vd. v. 22. V. 67 (GS. 729), dem G. v. 23. VI. 76 (GS. 169), dem G. über das Vereinswesen v. 11. XII. 99 (RGBl. 699), dem BGB. §§ 61 ff. Der Erlaß eines ReichsvereinsG. steht noch aus.

Das Verwaltungsstreitverfahren entwickelt sich im Gebiete des Vereinsrechts in erster Linie, wenn die Vereinspolizei, das ist die Ortspolizei, gegen Personen, die von dem wirklichen oder vermeintlichen Vereinsrechte Gebrauch machen, mit einer polizeilichen Verfügung vorgeht. Die Rechtsmittel richten sich dann nach den §§ 127 ff. LVG. Eine mit diesen Rechtsmitteln angreifbare polizeiliche Verfügung liegt auch vor, wenn die Polizei sich weigert, über die erfolgte Anzeige einer abzuhaltenden Versammlung eine Bescheinigung zu erteilen (VereinsG. § 1), wenn sie die Einreichung der Statuten oder des Verzeichnisses der Mitglieder des Vereins fordert, wenn sie die Ausstellung einer Bescheinigung über die erfolgte Einreichung der Statuten oder des Verzeichnisses verweigert, wenn sie eine Versammlung verbietet oder auflöst, wenn sie auf Entfernung der Versammelten dringt oder sie gewaltsam entfernt, wenn sie Vereine schließt usw.

Es könnte zweifelhaft erscheinen, ob eine mit den Rechtsmitteln aus §§ 127 ff. LVG. angreifbare polizeiliche Verfügung besteht, wenn die Polizei die Ausstellung von Bescheinigungen (VereinsG. §§ 1, 2) versagt. Nach richtiger Meinung muß die Frage bejaht werden (Erk. v. 21. XI. 91 OVG. 22 397). Der Fall liegt hier entsprechend, wie in Fischereipolizeisachen, wo die Polizeibehörde demjenigen, der aus eigenem Rechte oder als Pächter in nicht geschlossenen Gewässern fischen will, eine Bescheinigung über die erfolgte Absicht zu fischen zu erteilen verweigert (FischG. v. 30. V. 74 § 16). Das Oberverwaltungsgericht hat angenommen, daß die Versagung der Erteilung dieser Bescheinigung, die nicht etwa eine Erlaubnis enthält, eine polizeiliche Verfügung im Sinne der §§ 127 ff. darstellt (Erk. v. 18. XI. 80 u. v. 18. II. 95 — OVG. 7 285 u. 27 292).

Die Funktionen der Ortspolizeibehörde werden bei Abhaltung von Versammlungen durch Organe der Polizei ausgeübt (Polizeisergeanten, Schutzmänner, Gendarmen, Polizeiwachtmeister, Polizeileutnants); lösen diese eine Versammlung auf oder äußert sich sonst ihr Tun als polizeiliche Verfügung, so gelten die Tätigkeiten der Organe als Tätigkeiten der Ortspolizeibehörde selbst. Die Rechtsmittel sind daher gegen die letztere zu richten. In dem Erk. v. 21. V. 97 (OVG. 32 391), worin die Frage über die Rechtmäßigkeit einer durch einen Polizeibeamten bewirkten Auflösung einer Versammlung behandelt wurde, heißt es:

> „Die Auflösung der Versammlung (durch den Polizeibeamten) stellt, da sie von dem Amtsvorsteher gebilligt wurde, eine mit den Rechtsmitteln des § 127 LVG. anfechtbare polizeiliche Verfügung dar."

Diese Ausführung ist irreführend. Jede Auflösung einer Versammlung durch ein Organ der Polizei gilt als polizeiliche Verfügung der Ortspolizeibehörde, und die polizeiliche Verfügung besteht so lange als eigene der Polizeibehörde, als die letztere die Auflösung nicht gemißbilligt hat. In dem Erk. v. 18. II. 95 (OVG. 27 292) ist dies klar ausgesprochen. Wird danach die Auflösung einer Versammlung durch einen Polizeibeamten bewirkt, so kann direkt gegen die Polizeibehörde geklagt oder die ordentliche Beschwerde bei der Beschwerdeinstanz eingelegt werden. Einer Beschwerde über die Aktion des Polizeiorgans bei dessen Behörde bedarf es nicht. Ist sie aber vorab eingelegt und von der Ortspolizeibehörde abgewiesen worden, so sind gegen den abweisenden Bescheid dann die ordentlichen Rechtsmittel zulässig. Jene Beschwerde gilt dann nur als Gegenvorstellung gegen die Aktion des Polizeiorgans.

Wenn die Polizei an einen Verein schreibt, daß eine vom Vereine als privat betrachtete Versammlung als eine öffentliche anzusehen sei und daher der Auflösung unterliege, so liegt auch darin eine polizeiliche Verfügung, weil mit der Auflösung gedroht ist (Erk. v. 1. II. 98 — I 201 — Kunze-Kautz 2 744).

Auf das ganze materielle Vereinsrecht hier einzugehen, geht zu weit; nur einige Beziehungen sollen berührt werden. Nach dem Erk. v. 24. II. 98 (OVG. 34 439) haben das VereinsG. und die ihm nachgebildeten Verordnungen eine Definition des Begriffs „Verein“ nicht gegeben. Das Gesetz stellt aber für das Vorhandensein eines Vereins eine Reihe von rechtlich erheblichen Merkmalen auf. Es knüpft seinen Bestand an einen konstituierenden Akt (Stiftung des Vereins, § 2 VereinsG.) und läßt ihn durch die polizeiliche oder gerichtliche Schließung zu vorläufiger oder endgültiger Aufhebung gelangen (§§ 8, 16). Der Verein muß Statuten haben, welche schriftlich abzufassen und der Polizei vorzulegen sind (§ 2). Die Vereine unterscheiden sich nach ihren Zwecken (§§ 2, 8, 21); sie haben Vorsteher, Leiter, Ordner und bloße Mitglieder (§§, 2, 8, 13, 16). Ein Verein kann sich gegen gesetzliche Vorschriften vergehen (§§ 8, 16). Das gedachte Erk. faßt die Kriterien dahin zusammen, daß als wesentlich für den Vereinsbegriff im Sinne des öffentlichen Rechts zu gelten hat das Dasein eines auf einem Vertrage beruhenden Rechtsverhältnisses, durch das eine Mehrheit von Personen behufs eines ihnen gemeinsamen Zweckes mittelst Unterordnung unter eine geordnete Willensmacht nach außen hin zu einer Einheit zusammengeschlossen wird. Damit ist der Gegensatz zu dem Begriffe der Versammlung gegeben. Letztere sind bloße Augenblicksverbände (Haenel, Deutsches Staatsrecht I 147) selbst wenn sie in regelmäßiger Wiederkehr mit einem konstanten Teilnehmerbestande auftreten (OVG. 34 439).

Mitglieder eines Vereins können nur physische Personen sein; denn die Tätigkeit der Vereine ist als eine Ausübung des Vereinigungsrechts physischer Personen anzusehen (Erk. v. 3. I. 96 OVG. 29 425). In dem Erk. v. 12. II. 01 (OVG. 39 426) ist angenommen worden, daß ein Gewerkschaftskartell, in welchem zahlreiche Gewerkschaften durch Abgeordnete vertreten waren, nicht einen Verein im Sinne des G. v. 12. III. 50 bilde; insbesondere bestehe ein Verein dann nicht, wenn zwischen den Abgeordneten eines Kartells kein rechtliches Band begründet werde, wenn sie vielmehr in rechtlichen Beziehungen nur zu den Gewerkschaften, deren Abgeordnete sie sind, stehen (Erk. v. 13. XI. 00 — I A 131/99); denn ohne eine wechselseitige persönliche rechtliche Verbindung der Abgeordneten untereinander als Mitglieder der Vereinigung lasse sich ein zwischen ihnen bestehender Verein nicht annehmen (Gruchot, Beiträge 37 220). Das Oberverwaltungsgericht hat dementsprechend das Verlangen der Polizei auf Einreichung des Statuts und des Mitgliederverzeichnisses eines Gewerkschaftskartells für ungerechtfertigt erklärt.

Anlaß zu vielfachen Klagen im Verwaltungsstreitverfahren gibt die Vorschrift des VereinsG., daß die Vorsteher von Vereinen, die eine Einwirkung auf öffentliche Angelegenheiten bezwecken, verpflichtet sind, Statuten des Vereins und das Verzeichnis der Mitglieder binnen drei Tagen der Polizei nach der Stiftung des Vereins, und ebenso jede Änderung der Statuten usw. einzureichen.

Die Einreichung des Mitgliederverzeichnisses usw. geschieht, wenn der

Verein sich über mehrere Polizeibezirke erstreckt, an die Behörde, in deren Bezirke der Verein seinen Sitz hat (OVG. 31 412). Ist die Einreichung nicht binnen drei Tagen geschehen, so kann die Polizei die nachträgliche Einreichung verlangen und durch Zwangsmittel (§ 132 LVG.) erzwingen. Unter Umständen hat die Polizei das Recht, die nochmalige Einreichung des Verzeichnisses zu verlangen, z. B. wenn das frühere Verzeichnis abhanden gekommen oder unbrauchbar geworden ist. Ein bestimmtes Muster für das Verzeichnis darf von der Polizei nicht vorgeschrieben werden (OVG. 42 398, 401). Ebensowenig kann verlangt werden, daß das Verzeichnis alphabetisch geordnet ist (Erk. v. 29. V. 03 — I 907 — Kunze-Kautz 2 741).

Über die Frage, was unter einer „Einwirkung auf öffentliche Angelegenheiten" zu verstehen ist, liegt eine reiche Judikatur vor (Erk. v. 26. I. 97, 11. XI. 98, 2. III. 00, 16. X. 00, 1. III. 01, 8. VII. 02, 16. I. 03 usw. bei Kunze-Kautz 2 737 ff.). Das Gesetz spricht in § 8 nicht von Vereinen, die die Erörterung politischer Gegenstände in ihren Versammlungen bezwecken. Daher werden in § 8 auch Vereine betroffen, von denen die Erörterung politischer Gegenstände in anderen Versammlungen bezweckt wird (Entsch. v. 12. IV. 04 Kunze-Kautz Erg. 06 222). Die politischen Vereine sind nicht verpflichtet, ihre in fremder Sprache abgefaßten Statuten in deutscher Sprache einzureichen (OVG. 44 427 u. 432). Die Polizei ist befugt, in Versammlungen, in denen öffentliche Angelegenheiten erörtert oder beraten werden, Abgeordnete zu entsenden. Falls Tatsachen vorliegen, die auch nur den Verdacht begründen, daß eine Versammlung (z. B. ein Sokolverein) zur Erörterung oder Beratung öffentlicher Angelegenheiten bestimmt sei oder übergehen wolle, so ist die Polizei berechtigt, sich durch anwesende Polizeibeamte die Gewißheit zu verschaffen, ob eine solche Versammlung ohne vorherige Anzeige abgehalten wird (OVG. 49 419).

Für die politischen Vereine sind die Sondervorschriften in den §§ 2, 13 VereinsG. gegeben. Dadurch sind die allgemeinen, aus § 10 II 17 ALR. herzuleitenden Befugnisse der Polizei, gegen Gefährdung der öffentlichen Sicherheit und Ordnung Verfügungen zu treffen, näher geregelt und enger begrenzt bezüglich solcher Störungen, die lediglich aus der Tatsache des Zusammentretens mehrerer Personen in Vereinen und Versammlungen entspringen, im Gegensatze zu Störungen, die daraus entstehen, daß die so zusammengetretenen Personen andere, dem Schutze der Polizei anvertraute öffentliche Interessen gefährden, oder daß die Personen selbst gefährdet werden (Erk. v. 3. IV. 94 OVG. 26 401).

So müssen Vereine und Versammlungen die Polizeistunde wie andere Personen innehalten (OVG. 23 402, 35 427, 41 415), während anderseits die Polizeibehörde für Versammlungen nicht eine besondere Polizeistunde festsetzen darf. Stellt sich heraus, daß für die Versammelten eine Lebensgefahr besteht, so kann die Polizei zur Abwendung der Gefahr einschreiten, wie wenn es sich nicht um Ausübung des Vereinsrechts handelte (OVG. 6 370, 11 382, 49 425 u. 430). Die Sonntagsruhe darf von Vereinen nicht verletzt werden (OVG. 35 426, 41 409). Liegen solche oder ähnliche Gründe vor, so kann die Polizei Versammlungen auch von vornherein verbieten, insbesondere, wenn die Versammlungen nach vorliegenden Tatsachen zu Gewalttätigkeiten, Aufruhr usw. voraussichtlich übergehen würden (contra Erk. v. 12. VI. 03 Kunze-Kautz Erg. 06 224).

Das Recht zur Beschwerde und zur Klage im Verwaltungsstreitverfahren (§§ 127 ff. LVG.) hat jedes Mitglied eines Vereins oder einer Versammlung, dessen Rechte durch das Einschreiten der Polizei, durch die Versagung der Ausstellung einer Bescheinigung usw. verletzt werden, insbesondere derjenige, der eine Versammlung angemeldet hat, und der Unternehmer der Versammlung (OVG. 49 433). Das Klagerecht hat aber auch der Vorstand.

Das BGB. (§§ 21—79) hat neue Vorschriften über Vereine gebracht. Ein Verein, dessen Zweck nicht auf einen wirtschaftlichen Geschäftsbetrieb gerichtet ist, erlangt Rechtsfähigkeit durch Eintragung in das Vereinsregister des zuständigen Amtsgerichts (§ 21). Der Vorstand hat den Verein zur Eintragung anzumelden (§ 59). Wird die Anmeldung vom Amtsgerichte zugelassen (§ 61), so hat sie das Amtsgericht der zuständigen Verwaltungsbehörde mitzuteilen. Die Vd. v. 16. XI. 99 (GS. 562) bezeichnet als zuständige Verwaltungsbehörde den Landrat, in Stadtkreisen die Ortspolizeibehörde. Die Verwaltungsbehörde kann gegen die Eintragung Einspruch erheben, wenn der Verein nach dem öffentlichen Vereinsrecht unerlaubt ist oder verboten werden kann oder wenn er einen politischen, sozialpolitischen oder religiösen Zweck verfolgt (BGB. § 61). Der Einspruch wird dem Vorstande des Vereins mitgeteilt. Der Einspruch kann im Wege des Verwaltungsstreitverfahrens gegen die Verwaltungsbehörde angefochten werden. Die Eintragung darf, sofern nicht die Verwaltungsbehörde dem Amtsgerichte mitteilt, daß Einspruch nicht erhoben werde, erst erfolgen, wenn seit der Mitteilung der Anmeldung an die Verwaltungsbehörde sechs Wochen verstrichen sind und Einspruch nicht erhoben oder wenn der erhobene Einspruch endgültig aufgehoben ist (§ 62). Über die Rechtmäßigkeit des Einspruchs entscheidet auf Klage des Vorstandes der Bezirksausschuß. Für die Klage ist eine Frist nicht gegeben (OVG. 44 438). Gegen das Urteil des Bezirksausschusses ist die Berufung an das Oberverwaltungsgericht zulässig. Der Verwaltungsrichter hat nur über das Vorhandensein der gesetzlichen Voraussetzungen zur Erhebung des Einspruchs zu entscheiden, nicht auch darüber, ob die Erhebung des Einspruchs im öffentlichen Interesse zweckmäßig oder geboten erscheine (Erk. v. 1. III. 01 OVG. 39

440). Bei Erhebung des Einspruchs braucht die Verwaltungsbehörde besondere Gründe nicht anzugeben, in dem Fehlen der Angabe eines Grundes ist kein formaler Mangel zu finden (Erk. v. 3. VI. 02 OVG. 41 397).

Das letztere Erkenntnis spricht sich darüber aus, was unter einem sozialpolitischen Vereine zu verstehen sei (Kunze-Kautz 2 776 ff.). In dem Erk. v. 1. III. 01 — I B 1/01 weist das Oberverwaltungsgericht die Klage gegen einen Einspruch zurück, der einen Verein für Feuerbestattung betrifft, indem es diesen Verein für einen politischen erklärt, weil er einen Akt der Gesetzgebung über die Feuerbestattung herbeizuführen bezwecke (Kunze-Kautz 2 777, 778).

Zur Ermittelung des Vereinszwecks sind neben der Satzung auch Tatsachen zu berücksichtigen, die sich auf das Vereinsleben, auf Äußerungen der Gründer, die sonst ausgesprochenen oder angedeuteten Ziele des Vereins beziehen. Jedenfalls sind die Satzungen allein nicht maßgebend, wenn sich Anhaltspunkte dafür ergeben, daß die Zwecke des Vereins in den Satzungen nicht vollen Ausdruck gefunden haben (vgl. auch OVG. 44 444). Es kann vorkommen, daß dem Gerichte nur ein Scheinstatut vorgelegt wird.

Elfter Abschnitt.

Gesindepolizei.

Wiewohl die Gesetze die Rechtsverhältnisse zwischen Herrschaft und Gesinde im allgemeinen nach den Regeln des Zivilrechts behandeln und die hieraus entspringenden Streitigkeiten der Entscheidung des Zivilrichters unterwerfen, so ist den Polizeibehörden (Ortspolizei) in gewissem Umfange eine selbständige Zuständigkeit eingeräumt, indem der Gesetzgeber das Gesindeverhältnis im Interesse der häuslichen Wirtschaft und Sitte als einen Teil der öffentlichen Ordnung behandelt (OVG. v. 6. XII. 76 1 387). Diese Tätigkeit der Polizei ist nach der Ansicht des Oberverwaltungsgerichts nicht eine richterliche, sondern eine rein polizeiliche. Mit den Mitteln der Polizei soll eine schleunige Ordnung von streitigen Gesindedienstverhältnissen erfolgen. Die zu erlassenden Verfügungen sind polizeiliche Verfügungen im Sinne des IV. Titels des LVG. und mit den dort vorgesehenen Rechtsmitteln angreifbar. Nach den §§ 160, 167 GesindeO. v. 8. XI. 1810 kann eine Herrschaft, die das Gesinde unrechtmäßig entläßt, zur Wiederannahme, ein Gesinde, das den Dienst ohne gesetzmäßige Ursache verläßt, zur Fortsetzung des Dienstes angehalten werden. Die Befugnis der Polizei zu diesen Anordnungen hört auf, sobald durch richterliche rechtskräftige oder vollstreckbare Entscheidung ausgesprochen ist, daß das Verlassen des Dienstes oder die Entlassung des Gesindes gerechtfertigt gewesen ist. Hat die Polizei vor Beschreitung des Rechtsweges eine entsprechende polizeiliche Verfügung erlassen, so verliert diese mit jener Entscheidung im ordentlichen Rechtswege ihre Kraft, da der Polizei nur ein vorläufiges Einschreiten während des Bestehens des Gesindeverhältnisses zusteht. Ist gegen die Verfügung der Polizei das Verwaltungsstreitverfahren begonnen, so kann der Kläger aber trotz der Entscheidung des ordentlichen Richters einen Ausspruch dahin verlangen, ob die Polizei zum Erlasse der Verfügung befugt war (LVG. § 127 Abs. 3; G. v. 11. V. 42 — GS. 192 — § 6).

Die Polizei hat, wenn sie einschreiten will, den Sachverhalt schleunigst zu untersuchen, und auf Grund der stattgehabten Ermittelungen die Anordnung zu erlassen. Lehnt die Polizei die Zurückführung in den Dienst ab, so kann gegen diese Ablehnung nur Beschwerde bei der Polizeiaufsichtsbehörde eingelegt werden.

Anders, wenn die Polizei sich weigert, ein von der Herrschaft fälschlich ausgestelltes Zeugnis zu berichtigen (GesindeO. §§ 172 ff.). Das OVG. v. 19. XI. 92 24 410 sagt darüber: „Das Einschreiten der Behörde ist ein amtlicher Akt, von welchem das Gesetz die Ausübung des dem Dienstboten gesetzlich zuerkannten subjektiven Rechtes auf Berichtigung erwiesenermaßen unrichtiger Atteste abhängig macht.“ Das letztere ist richtig. Bei einem Antrage auf Berichtigung eines Zeugnisses wird zu unterscheiden sein, ob die Polizei das Zeugnis für unrichtig ansieht und trotzdem die Berichtigung verweigert oder ob die Polizei das Zeugnis für richtig hält und darum die Berichtigung ablehnt. Im ersteren Falle trifft das OVG. v. 19. XI. 92 zu, im letzteren Falle ist das Verwaltungsstreitverfahren nicht gegeben, sondern nur die allgemeine Beschwerde bei der Aufsichtsbehörde zulässig.

Hat eine Änderung des Zeugnisses durch die Polizei stattgefunden, so stehen dagegen der Dienstherrschaft die ordentlichen Rechtsmittel aus §§ 127 ff. LVG. zu (Erk. v. 30. IX. 04 — I 1150).

Weigert sich Gesinde, ein Abschiedszeugnis in das Dienstbuch eintragen zu lassen, so kann es dazu durch Zwangsmittel von der Polizei angehalten werden (Erk. v. 10. II. 05 — I 170). Nach den dem öffentlichen Rechte angehörenden Vorschriften der KabO. v. 8. VIII. 37 sind in den Provinzen Ost- und Westpreußen die Streitigkeiten der Instleute über An- und Abzug der vorläufigen Regelung durch die Polizei in der Weise unterworfen, wie es für die eigentlichen Gesindesachen vorgeschrieben ist (Erk. v. 13. V. 04 — I 635). Die sog. Hofmeister sind als Instleute anzusehen.

Zuständig für das polizeiliche Einschreiten ist die Ortspolizeibehörde, in deren Amtsbezirke die Herrschaft wohnt und der Dienst geleistet werden soll (OVG. v. 2. IV. 01 39 420); die Polizeibehörde des jeweiligen Aufenthalts- oder Wohnortes des Dienstboten ist dafür nicht zuständig (Kunze-Kautz a. a. O. 2 785 ff.).

Der Polizei stehen die allgemeinen Zwangsbefugnisse aus den §§ 132 f. LVG. zu; vgl. jedoch für Rheinland OVG. 46 415.

Minderjährige Dienstboten, gegen die eine polizeiliche Verfügung erlassen ist, können selbständig die Klage erheben, wenn sie mit Zustimmung des gesetzlichen Vertreters (§ 113 BGB.) in den Dienst getreten sind (Erk. v. 20. X. 05 — I 1132).

Die Rechtsprechung des OVG., die in dem Erk. v. 20. X. 05 OVG. 48 418 ihren klarsten Ausdruck gefunden hat und auf der die vorstehenden Ausführungen fußen, hat insofern Widerspruch erfahren, als die Tätigkeiten der Polizei in Gesindestreitigkeiten über die Erfüllung der aus dem Mietvertrage entstehenden Verbindlichkeiten während des Dienstes, über die Weigerung der Herrschaft, das Gesinde anzunehmen oder zu behalten, über die Weigerung der Dienstboten, den Dienst anzutreten und darin zu bleiben, oder über verweigertes Abziehen und Entlassen u. a. nicht als Ausfluß der polizeilichen Verfügungsgewalt, als polizeiliche Verfügungen im Sinne der §§ 127 ff. LVG., sondern als eine vorläufige richterliche Entscheidung der Obrigkeit anderweitig angesehen worden sind. Die polizeiliche Entscheidung soll danach nur so lange bestehen, als der ordentliche Richter nicht befunden hat, und nur während der Dauer des Dienstverhältnisses zulässig sein. Es wird von gegnerischer Seite so argumentiert:

Aus Zweckmäßigkeitsgründen, um eine sofortige Entscheidung der stets bereiten Polizei eher als die des ordentlichen Richters herbeizuführen, ist die Kognition der Ortspolizeibehörde, wo die Dienste geleistet werden, übertragen. Die Polizeibehörde amtiert in Gesindestreitsachen nicht anders, als jetzt die Ortspolizeibehörde in Wildschadenersatzansprüchen (§ 58 JagdO. v. 15. VII. 07). Ihr Bescheid ist hier ebenfalls eine Entscheidung in einem Zivilstreit, nur daß die JagdO. klar das Rechtsmittel dagegen vorschreibt (§ 59). Ist der Bescheid rechtskräftig geworden, so erfolgt die Vollstreckung nach der Vd., betr. das Verwaltungszwangsverfahren wegen Beitreibung von Geldbeträgen, v. 15. XI. 99 und nicht nach den Vorschriften der §§ 127 ff. LVG. Gleiches gilt für die Gesindestreitigkeiten, und überall, wo es sich dabei nicht um ein Gebot oder Verbot handelt, sind die Rechtsmittel aus den §§ 127 ff. nicht zulässig, nicht einmal die Beschwerde an die Aufsichtsinstanz; mithin ist das Verwaltungsstreitverfahren ausgeschlossen. Die Aktion der Polizei hat lediglich possessorischen Charakter.

Abgesehen von der klaren Bestimmung des § 171 der GesindeO. für Neuvorpommern und Rügen v. 11. IV. 45 (GS. 331), die das damals geltende Recht wiedergibt, hat demgemäß der Minister des Innern in einem Erl. v. 11. II. 35 (von Kamptz, Annalen 19 180) sich dahin geäußert:

„Die Absicht des polizeilichen Einschreitens in die Vertragsverhältnisse beim Gesindedienste ist nur die, durch eine vorläufige Bestimmung augenblicklichen Störungen vorzubeugen. Diese vorläufige Bestimmung hat den Charakter einer possessorischen Anordnung, und sie muß ihn auch darin behalten, daß eine weitere polizeiliche Instanz nicht zulässig ist; wer sich dabei nicht beruhigen will, muß das eigentliche Rechtsverhältnis zur Kognition der dazu bestimmten Behörde (des ordentlichen Richters) bringen."

Gleiches nimmt der grundlegende Erl. v. 17. IV. 12 (von Kamptz a. a. O. 5 104) an. Damit erscheint es unvereinbar, daß der Verwaltungsrichter sich an Stelle der Polizeibehörde stellt und den Fall dahin untersucht, ob die richterliche Entscheidung der Polizeibehörde über den Zivilstreit zwischen der Herrschaft und dem Gesinde richtig entschieden sei. Vgl. die Streitigkeiten der selbständigen Gewerbetreibenden mit ihren Gesellen und Lehrlingen auf Grund des § 11 GewO. v. 17. I. 45, zwischen Reisenden und Handwerkern, in Pfändungssachen auf Grund der FeldpolO. v. 1. XI. 47 usw. (VerwArch. 1 364; Förstemann, Prinzipien des preuß. Polizeirechts 294 ff.; Oppenhoff, Ressortverhältnisse 189 ff.).

Zwölfter Abschnitt.

Gewerbepolizei.

(GewO. für das Deutsche Reich v. 26. VII. 00 RGBl. 871 und AusfAnw. v. 1. V. 04, Beil. zu Nr. 9 des MBl. der Handels- u. GewVerw. 123.)

Erster Titel.

Allgemeines. Gewerbefreiheit. Beginn des Gewerbebetriebes. Polizeiliche Verhinderung. Ne bis in idem.

Wenn § 1 Abs. 1 GewO. bestimmt:

> „Der Betrieb eines Gewerbes ist jedermann gestattet, soweit nicht durch dieses Gesetz Ausnahmen oder Beschränkungen vorgeschrieben oder zugelassen sind",

so ist zu beachten, daß durch diese Vorschrift nur das Prinzip der Gewerbefreiheit anerkannt und ausgesprochen wird: jedermann soll berechtigt sein, ein Gewerbe zu betreiben, soweit die GewO. selbst nicht Ausnahmen oder Beschränkungen vorschreibt oder zuläßt. Danach bezieht sich der § 1 nur auf die Zulassung zum Gewerbebetriebe (OVG. 17 386), nicht auf die Art und Weise, wie das Gewerbe ausgeübt wird. Die GewO. hat im allgemeinen die Gewerbetreibenden bei Ausübung eines Gewerbes nicht von der Beachtung derjenigen landesrechtlichen Vorschriften entbinden wollen, die jedermann zu beachten hat, mag er eine gewerbliche oder andere Tätigkeit ausüben (Erk. v. 21. X. 89 OVG. 18 302; Friedrichs im PrVBl. 39 240 ff.). Ein Gewerbetreibender darf daher zB. bei Ausübung seines Gewerbes das Leben oder die Gesundheit anderer nicht in Gefahr bringen oder schädigen, er darf die bestehenden bau-, feuer-, wasser-, sitten-, sicherheitspolizeilichen Vorschriften nicht außer acht lassen.

Deshalb knüpft die GewO. bewußterweise in § 1 nicht an den Betrieb des Gewerbes, sondern an die Person des Gewerbetreibenden an, um dem Mißverständnisse vorzubeugen, als seien bei der Ausübung der Gewerbe durch die nach den Vorschriften der Gesetze dazu verstatteten Personen die allgemeinen Bestimmungen nur insoweit zu beachten, als dieselben in der GewO. ausdrücklich vorbehalten seien. Jeder Gewerbebetrieb ist vielmehr, auch wenn sein Beginn nach der GewO. als zulässig anerkannt ist, nach wie vor den örtlichen und allgemeinen Beschränkungen unterworfen, die sich als Folge der Handhabung der allgemeinen polizeilichen Vorschriften darstellen, die für alle gelten, sie mögen ein Gewerbe betreiben oder nicht (Mot. zur GewO. v. 21. VI. 69; Schell, GewO. Anm. 2 zu § 1; Biermann, Privatrecht und Polizei 30 ff.; Bornhak, Arch. für öffentl. Recht 4 416; Seydel, Gewerbepolizei 596, 599).

Die Ausnahmen und Beschränkungen hinsichtlich der Zulassung zum Gewerbebetriebe sind entweder absolute, von der GewO. selbst (§§ 16, 24, 25, 27, 29, 30, 31—33b, 34 Abs. 1, 35, 43, 44a, 55) aufgestellte oder von der GewO. nur zugelassene, d. h. der Landesgesetzgebung überlassene (§§ 5, 7, 8, 28, 30a, 33c, 34 Abs. 3, 37, 39, 51—53; siehe Spangenberg, GewO.[16] 2 ff.).

Die so gekennzeichnete Gewerbefreiheit enthält ein subjektives Recht, dessen Schutz dem Verwaltungsrichter in den ihm übertragenen Fällen obliegt. Das Recht ist öffentlich-rechtlicher Natur (Anschütz im PrVBl. 18 153). Laband (Deutsch. Staatsrecht 2 201) bemerkt: „Gewerbefreiheit ist kein Begriff von positivem Rechtsinhalt und noch viel weniger ein subjektives Recht, sondern die Negation gesetzlicher Beschränkungen der allgemeinen Handlungsfreiheit in bezug auf die gewerbliche Tätigkeit." Dagegen Rehm, Die rechtliche Natur der Gewerbekonzession 10, 17 ff. Auch das OVG. hat sich in der Entsch. v. 11. I. 01 38 59, 66 dahin ausgesprochen, daß die Gewerbefreiheit kein subjektives Recht sei. Damit stehen im Widerspruche die zahlreichen Entscheidungen, die zu Aufhebungen von solchen polizeilichen Verfügungen geführt haben, durch die die Polizei die von der GewO. zugelassene Freiheit zur Ausübung eines Gewerbes beschränkt hatte. Die Aufhebung der Verfügungen beruhte darauf, daß durch letztere der Kläger in seinen Rechten verletzt worden (§ 127 Abs. 3 LVG., vgl. OVG. 2 295, 4 329, 5 278, 8 363, 12 339 usw.). Die Entsch. v. 11. I. 01 ist vom II. Senate erlassen, der für gewerbepolizeiliche Verfügungen nicht zuständig ist. Der dafür zuständige III. Senat steht auf einem anderen Standpunkte.

Die GewO. findet nach § 6 keine Anwendung auf die Fischerei (G. v. 30. V. 74; OVG. 12 349; der Handel mit selbstgewonnenen Erzeugnissen der Fischerei steht ebenfalls nicht unter den Vorschriften der GewO.; zum Verkaufe von Fischen im Umherziehen bedarf es keines Wandergewerbescheines, § 59 Abs. 1), die Errichtung und Verlegung von Apotheken, die

Erziehung von Kindern gegen Entgelt, das Unterrichtswesen usw. Auf die Ausübung der Heilkunde, den Verkauf von Arzneimitteln, den Vertrieb von Lotterielosen (vgl. §§ 35, 56 Abs. 2, 56a, 56c, 14 Abs. 1), die Viehzucht usw. findet die GewO. nur insoweit Anwendung, als sie ausdrückliche Bestimmungen darüber enthält.

Der § 6 hat nicht den Zweck, den Begriff des Gewerbes abzugrenzen.

Das Verwaltungsstreitverfahren kann sich in Gewerbesachen nach verschiedenen Richtungen entwickeln. Vielfach beachtet die Gewerbepolizeibehörde (Ortspolizei) den Grundsatz der Gewerbefreiheit nicht und läßt Gewerbetreibende zu Gewerben nicht zu, hinsichtlich deren weder die GewO. noch die Landesgesetzgebungen Beschränkungen oder Ausnahmen vorschreiben. Es liegt dann eine mit den allgemeinen Rechtsmitteln nach den §§ 127 ff. LVG. angreifbare polizeiliche Verfügung vor. Oder ein Gewerbetreibender beginnt ein Gewerbe, für das er die zugelassenen Beschränkungen nicht beachtet. Der gewöhnlichste Fall ist der, daß ein Gewerbetreibender ohne Konzession (gewerbepolizeiliche Genehmigung) ein konzessionspflichtiges Gewerbe unternimmt oder fortsetzt oder von den in der Genehmigung festgesetzten Bedingungen abweicht. Abgesehen davon, daß sich der Gewerbetreibende durch diese Tätigkeit strafbar macht, kann die Gewerbepolizei seinem Beginnen mit polizeilichen Mitteln entgegentreten, d. h. die Fortsetzung des polizeiwidrigen Betriebes verhindern (GewO. § 15). Dazu dient eine polizeiliche Verfügung (Erk. v. 9. IV. 79 u. v. 19. V. 94 — OVG. 5 278 u. 22 290). Da es sich aber zunächst nicht um eine zu erzwingende Handlung, sondern um eine zu erzwingende Unterlassung handelt, so könnte es scheinen, daß die Polizei gegen den Gewerbetreibenden eine Geldstrafe androhen kann für den Fall, daß die Unterlassung nicht erfolgt; allein dies würde, wenn die zu unterlassende Handlung lediglich die Nichtfortsetzung des gesetzwidrigen Gewerbebetriebes usw. beträfe, gegen den Grundsatz ne bis in idem verstoßen, weil das Gesetz selbst schon eine Strafe für die Fortsetzung derselben Handlung androht. Bei der Frage, ob der Grundsatz ne bis in idem verletzt wird, ist zu prüfen, ob die angedrohte Strafe dieselbe Handlung oder Unterlassung betrifft, als die von der Polizei in ihrer Verfügung verboten oder geboten ist. Im OVG. 21 328 ist der Fall behandelt, wo die Polizei einem Trödler aufgegeben hatte, binnen einer gesetzten Frist ein Geschäftsbuch anzulegen und darin gewisse Eintragungen nachzuholen. Die Androhung dieser Strafe wurde vom Oberverwaltungsgerichte für zulässig erklärt, weil durch die in Betracht kommende Polizeiverordnung unter Strafandrohung angeordnet sei, daß im Laufe des Tages, an welchem der Trödler Einkaufsgeschäfte abschließe, diese im Geschäftsbuche einzutragen seien, die Polizei aber in der Anordnung die nachträgliche, früher unterlassene Eintragung verlange. Dies sei zweierlei. Von gleichen Grundsätzen ist im

OVG. 22. X. 96 — III 1313 ausgegangen. Es hatte ein Betriebsunternehmer unterlassen, binnen zwei Tagen nach dem Unfalle die unter Geldstrafe angedrohte Anzeige von dem Unfalle zu erstatten (UVG. § 51); die Polizei wurde für befugt erachtet, die nachträgliche Erstattung der Anzeige durch Geldstrafe zu erzwingen. Die Polizei darf mithin einem Gewerbetreibenden unter Androhung einer Geldstrafe nicht aufgeben, die schon mit Strafe bedrohte Fortsetzung des Betriebes zu unterlassen, sie kann aber gemäß LVG. § 132 Nr. 3 unmittelbaren Zwang anwenden, wenn unter Androhung einer Strafe eine Anordnung nicht zulässig, mithin die Anordnung ohne unmittelbaren Zwang unausführbar ist (vgl. S. 176 f. Titel „Zwangsmittel"), sie kann zB. dem Gewerbetreibenden unter Strafandrohung aufgeben, seinen Laden zu schließen, die Gefäße aus dem Laden oder das Schild zu entfernen u. ä. Vielfach werden gewerbepolizeiliche Verfügungen erlassen, um die öffentliche Ankündigung eines Gewerbebetriebes zu hindern, zu dem die erforderliche polizeiliche Erlaubnis nicht erteilt worden ist. Auch dazu ist die Polizei befugt, weil die öffentliche Ankündigung des Beginnes eines nicht konzessionierten Betriebes eine Störung der öffentlichen Ordnung (ALR. II 17 § 10) darstellt (OVG. 1 319). Einem nicht konzessionierten Gewerbetreibenden ist es ferner nicht erlaubt, sich den Anschein zu geben, als sei er im Besitze der zu einem bestimmten Gewerbe erforderlichen Erlaubnis (Konzession usw.), und die Polizei ist berechtigt, hiergegen behufs Verhinderung eines Irrtums des Publikums über das Vorhandensein einer solchen Erlaubnis einzuschreiten (OVG. 4 342, 28 327, 33 350).

Hierbei kommt im Laufe des Verwaltungsstreitverfahrens oft zur Feststellung, ob ein Gewerbebetrieb bereits begonnen habe. Wenn der Begriff des Gewerbes auch eine öftere, auf Erzielung eines Vermögenserwerbes gerichtete berufsmäßige, erlaubte Tätigkeit voraussetzt, die erkennen läßt, daß sie zur Gewinnerzielung in Zukunft wiederholt werden soll, so kann doch unter dieser Voraussetzung schon eine Einzelhandlung als Beginn des Gewerbes angesehen werden (OppRspr. 14 378). Der Gewinnzweck ist immer das Kriterium der Gewerblichkeit eines Unternehmens, das objektive Ergebnis von Überschüssen dabei ist für sich allein in keiner Weise entscheidend (OVG. 11 54). Dagegen kann von einem Gewerbebetriebe keine Rede sein, wo jede Gewinnabsicht fehlt. Unerlaubte Tätigkeiten wie Bettelei, Hehlerei, Kuppelei und Wahrsagerei sind kein Gewerbe, ebensowenig die Tätigkeit eines Beamten.

Die GewO. unterscheidet stehenden Gewerbebetrieb (§§ 14 bis 54) und Gewerbebetrieb im Umherziehen (§§ 55 bis 63). Unter den ersteren fallen solche Betriebe, die nicht ausdrücklich als Gewerbebetrieb im Umherziehen bezeichnet sind (OTrib. v. 2. III. 71 MBl. 151 u. JMBl. 119). Der selbständige Gewerbetreibende (Gewerbsmann) übt die gewerbliche

Tätigkeit auf eigene Rechnung und unter eigener Verantwortlichkeit aus oder läßt sie durch andere auf seine Rechnung ausüben. Deshalb sind die Stellvertreter (§§ 45, 47), der Gewerbegehilfe, der Arbeiter, auch Heimarbeiter, keine selbständige Gewerbetreibenden, dagegen die Hausgewerbetreibenden. Es ist nicht erforderlich, daß der Gewerbsmann in seinem Gewerbe eine eigene Tätigkeit, als Leiter oder Fachmann, entfaltet. Die gewerbliche Tätigkeit begründet die Eigenschaft eines Gewerbsmannes nicht; auf der anderen Seite kann die Eigenschaft eines Gewerbsmannes nicht vorhanden sein trotz gewerblicher Tätigkeit (Seydel, Gewerbepolizeirecht 12).

Das Geschlecht begründet in Beziehung auf die Befugnis zum selbständigen Betriebe eines Gewerbes keinen Unterschied (§ 11), ebensowenig ist, abgesehen von den Fällen der §§ 57a, 60b, 62, ein bestimmtes Alter und die Verfügungsfähigkeit eine Voraussetzung. Ein Minderjähriger, der mit Ermächtigung seines gesetzlichen Vertreters ein Gewerbe betreibt, hat in dem Falle, daß an ihn eine polizeiliche Verfügung erlassen ist, die Prozeßfähigkeit. Wegen der Wirksamkeit der von ihm abgeschlossenen privatrechtlichen Rechtsgeschäfte vgl. §§. 112, 113 BGB. Bei Hebammen (§ 30) und beim Hausierhandel (§ 60b) macht die GewO. einen Unterschied zwischen männlichen und weiblichen Personen. Ehefrauen unterliegen in gewerbepolizeilicher Hinsicht keiner Beschränkung (vgl. § 119). Ob juristische Personen des Auslandes (§ 12) ein Gewerbe ausüben dürfen, bestimmen die Landesgesetze. Die Beschränkungen der Personen des Soldaten- und Beamtenstandes bleiben bestehen.

Zweiter Titel.

Stellvertretung (GewO. §§ 45, 47). **Gewerbegehilfen** (§§ 41 41a).

Die Befugnisse zum stehenden Gewerbebetriebe können durch Stellvertreter ausgeübt werden; diese müssen jedoch den für das Gewerbe vorgeschriebenen Erfordernissen genügen. Im Wandergewerbe ist eine Stellvertretung nicht zulässig. Eine Stellvertretung im Sinne des § 45 GewO. setzt voraus, daß der Vertretene ein stehendes Gewerbe selbstständig betreibt (OVG. 26 277). Sein Stellvertreter übt die Befugnisse, die dem Gewerbetreibenden, dem Vertretenen, auf Grund der Gesetze zustehen, in seinem Namen und für seine Rechnung aus, entweder in der Totalität oder in einem oder mehreren Zweigen des Gewerbebetriebes. Der Stellvertreter als solcher ist kein Gewerbetreibender, er betreibt weder ein eigenes Gewerbe noch das des Vertretenen, er übt nur die Befugnisse des Vertretenen aus, ebensowenig wie der Prokurist, der Handlungsgehilfe usw. ein Kaufmann ist (OVG. 4 294). Das OVG. 12 339 sagt: „Stellvertreter ist der, welcher das Geschäft oder einzelne Zweige desselben im Namen und auf Rechnung des Inhabers verwaltet, d. h. Rechtsgeschäfte für denselben abschließt und zwar nicht einzelne, ihm nur hin und wieder übertragene, sondern alle, welche den ganzen Umfang des Gewerbes oder die ihm anvertrauten Zweige desselben umfassen, einschließlich der öffentlich-rechtlichen, dem Inhaber zustehenden oder obliegenden Befugnisse und Verpflichtungen" (vgl. Kunze-Kautz 2 541, 542). Soweit die Tätigkeit des Stellvertreters öffentlich-rechtliche Verhältnisse erfaßt, ist er der Polizeibehörde an Stelle und für den Machtgeber verantwortlich. Der Stellvertreter trägt also die polizeiliche Verantwortung für den Betrieb; das schließt nicht aus, daß der vertretene Gewerbetreibende unter Umständen von der Polizei ebenfalls verantwortlich gemacht werden kann (OVG. 19 326, siehe weiter unten). Zunächst hält sich die Polizei und der Strafrichter an den Stellvertreter; ihm werden die erforderlichen polizeilichen Auflagen gemacht. Welches sind nun die Erfordernisse, denen der Stellvertreter genügen muß? Zunächst bedarf er nicht einer eigenen Konzession, wenn der Vertretene diese besitzt; er braucht die Übernahme der Stellvertretung nicht einmal der Polizei anzumelden (OVG. 4 300, 12 339, 19 326). Aber wie z. B. ein Schankwirt die Eigenschaft besitzen soll, daß er alles tut, um die Völlerei, Hehlerei, Unsittlichkeit vom Gewerbebetriebe fernzuhalten, oder wie die in § 35 GewO. bezeichneten Gewerbetreibenden zuverlässig in bezug auf diese Gewerbebetriebe sein müssen, ebenso erfordert das Gesetz, daß der Stellvertreter diese Eigenschaften hat. Der Stellvertreter muß danach die persönlichen Eigenschaften besitzen, die das Gesetz an den Inhaber stellt. Während diese persönlichen Eigenschaften bei den konzessionierten Gewerben vor Erteilung der Konzession von der Polizei geprüft werden, kann jemand als Stellvertreter auftreten, ohne daß die Polizei vorher eine solche Prüfung vorzunehmen in der Lage ist. Beginnt die Stellvertretung oder beabsichtigt jemand, als Stellvertreter zu fungieren, so ist er damit der Prüfung der Polizei dahin, ob er die erforderlichen persönlichen Eigenschaften besitzt, ausgesetzt. Fehlen diese Eigenschaften, so kann die Polizei den Stellvertreter durch polizeiliche Zwangsmaßregeln von der Ausübung der Stellvertretung fernhalten. Aus diesen polizeilichen Maßnahmen entwickeln sich zahlreiche Verwaltungsprozesse (OVG. 11 324, 12 339, 19 326, 26 277).

Bei konzessionspflichtigen Gewerben findet häufig eine sog. Verpachtung statt. Zivilrechtlich ist eine solche zulässig z. B. bei einem Schankgewerbe, aber öffentlich-rechtlich darf der Pächter das Gewerbe für seine Rechnung erst dann ausüben, wenn er eine eigene Konzession erhalten hat. Um diese nicht einholen zu müssen, wird der Polizei gegenüber unwahrer Weise oft behauptet, der Pächter sei Stellvertreter. Dagegen kann die Polizei durch Verhinderung der Ausübung des Gewerbes einschreiten. Im übrigen erlischt die Konzession des Inhabers in drei Jahren, wenn er den Gewerbebetrieb eingestellt hat (GewO. § 49). Eine Verpachtung gilt als Einstellung.

Es ist zu unterscheiden zwischen einem Stellvertreter und einem

Gewerbegehilfen (§§ 41, 41a). Einem ungeeigneten Stellvertreter kann die Polizei die Tätigkeit untersagen und den Machthaber durch Zwangsmittel anhalten, ihn zu entlassen. Beim ungeeigneten Gehilfen (z. B. Kellner) hat die Polizei diese Befugnis nicht. Aber gegen den Gewerbetreibenden kann im Wege der Klage auf Entziehung der Konzession vorgegangen werden, wenn er Gehilfen anstellt oder behält, die das Gewerbe im Sinne des § 33 GewO. mißbrauchen helfen (GewO. § 53), und den Gewerbetreibenden dabei zugleich eine Schuld trifft.

Nach § 151 GewO. werden Stellvertreter (und Gewerbegehilfen usw.), die bei der Ausübung eines Gewerbes gesetzliche und polizeiliche Vorschriften übertreten, mit Strafe bedroht. Der Gewerbetreibende ist daneben strafbar, wenn die Handlung mit seinem Vorwissen begangen ist oder wenn er es bei der Beaufsichtigung des Betriebes oder bei der Auswahl des Vertreters usw. an der erforderlichen Sorgfalt hat fehlen lassen. Dann fährt der § 151 im Abs. 2 wörtlich fort:

„Ist an eine solche Übertretung der Verlust der Konzession usw. geknüpft, so findet derselbe auch als Folge der von dem Stellvertreter begangenen Übertretung statt, wenn diese mit Vorwissen des verfügungsfähigen Verteters begangen werden. Ist dies nicht der Fall, so ist der Vertreter bei Verlust der Konzession usw. verpflichtet, den Stellvertreter zu entlassen."

Die Worte „ist an eine solche Übertretung der Verlust der Konzession geknüpft" sind nicht ganz korrekt; denn es gibt jetzt keine strafbare Handlung mehr, an die oder an deren Bestrafung eo ipso der Verlust der Konzession geknüpft wäre. Zur Zeit der Geltung der PrGewO. v. 1845 traf dies zu. Der Sinn des Abs. 2 ist der: Begeht der Stellvertreter eine Handlung (oder Unterlassung), die, wenn von dem Inhaber begangen, die Konzessionsentziehung (GewO. § 53) rechtfertigen würde, so kann das Konzessionsentziehungsverfahren eingeleitet werden, wenn die Handlung mit Vorwissen des Inhabers begangen worden ist. Ist dies nicht der Fall, so muß der Inhaber den Stellvertreter wenigstens sofort entlassen, widrigenfalls die Nichtentlassung einen Grund zur Einleitung des Konzessionsentziehungsverfahrens abgibt. Dies trifft auch zu bei Gewerben, die ohne Konzession gestattet sind, deren Betrieb aber nachträglich untersagt werden kann (§§ 35, 54 GewO.).

Dritter Titel.

Anlagen, die einer besonderen gewerbepolizeilichen Genehmigung bedürfen.

(GewO. §§ 16—26.)

1. Errichtung gewerblicher Anlagen (GewO. §§ 16ff.) im allgemeinen und Einschreiten gegen nicht genehmigungspflichtige Betriebe.

Zur Errichtung von Anlagen, die durch die örtliche Lage oder die Beschaffenheit der Betriebsstätte für die Besitzer oder Bewohner der benachbarten Grundstücke oder für das Publikum überhaupt Belästigungen, Gefahren oder erhebliche Nachteile herbeiführen können, ist die Genehmigung der nach den Landesgesetzen zuständigen Behörde erforderlich. Welche Anlagen dahin gehören, bestimmt der § 16 GewO. Das dort gegebene Verzeichnis kann gemäß Abs. 3 geändert werden. Die gewerbepolizeiliche Genehmigung der Anlage bleibt so lange in Kraft, als keine (wesentliche) Änderung in der Lage oder Beschaffenheit der Betriebsstätte vorgenommen wird. Jede wesentliche Veränderung muß von der Behörde gleichfalls genehmigt werden. Bei der Genehmigung sind die bau-, feuer-, gesundheits-, wasser-, strompolizeilichen Interessen zu berücksichtigen und erforderlichenfalls entsprechende Bedingungen aufzuerlegen. Die gewerbepolizeiliche Genehmigung enthält zugleich den Baukonsens (OVG. 37 309). In Preußen beschließt im Beschlußverfahren der Kreis- und Stadtausschuß, in den einem Landkreise angehörigen Städten mit mehr als 10000 Einwohnern der Magistrat (kollegialische Gemeindevorstand) über Anträge auf Genehmigung zur Errichtung oder Veränderung gewerblicher Anlagen. Gegen den Beschluß findet nur Beschwerde an die Ministerialinstanz statt (ZustG. §§ 109—113, 161, AusfAnw. v. 9. VIII. 99 u. 24. VIII. 00 Ziff. 8—28, technische Anleitung v. 15. V. 95, 9. I. 96, 16. III. u. 1. VII. 98 u. die AusfAnw. v. 1. V. 04 Ziff. 30); in das Verwaltungsstreitverfahren gelangt demnach die Angelegenheit dabei nicht. Es entwickelt sich aber auf anderem Wege. Die in den §§ 16ff. GewO. bezeichneten Anlagen genießen, wenn sie ordnungsmäßig genehmigt sind und wenn sich der Inhaber innerhalb der Konzessionsbedingungen hält, des polizeilichen Schutzes; denn die erteilte polizeiliche Genehmigung bezweckt zugleich die Sicherung des Unternehmens gegen künftige Anfechtung. Sie wirkt wie ein Privilegium. Die Ortspolizeibehörde ist nicht befugt, gegen die nach den Konzessionsbedingungen gehandhabte Anlage einzuschreiten. Sie hat nur die in der Genehmigungsurkunde enthaltenen Betriebsbedingungen zu überwachen. Vielfach verstoßen die Polizeibehörden hiergegen, indem sie neue Bedingungen auferlegen. Wenn gegen ihre polizeilichen Verfügungen Klage erhoben wird, muß geprüft werden, ob die Polizei über die Genehmigungsbedingungen hinausgegangen ist, bzw. ob die Bedingungen vom Gewerbetreibenden aufrecht erhalten worden oder Abweichungen erfolgt sind. Behauptet die Polizei, es sei ohne vorher eingeholte Konzession eine (wesentliche) Änderung im Sinne des § 25 GewO. vorgenommen worden, so ist über die Richtigkeit dieser Behauptung eine richterliche Feststellung zu treffen. Dabei steht in Frage, was unter einer wesentlichen Änderung in der Lage oder Beschaffenheit der Betriebsstätte zu verstehen ist. Es bedarf nicht des Nachweises, durch die Veränderungen seien tatsächlich erhebliche Nachteile, Gefahren oder Belästigungen der in den §§ 16 ff. bezeichneten Art schon herbeigeführt worden, sondern es genügt, daß sie solche Übelstände herbeiführen können. Es ist somit lediglich der Gesichtspunkt entscheidend, ob die Veränderung auf diejenigen Rücksichten einwirken kann, welche im Eingange des § 16 als solche hervorgehoben werden und nach dem Gedanken des Gesetzgebers die Anlage überhaupt genehmigungspflichtig machen (OVG. 10 277, 24 316; Kunze-Kautz 2 581, 584). Vielfach ist dabei streitig, was eine Betriebsstätte ist. Nach der in Theorie und Praxis herrschenden Ansicht ist unter der Betriebsstätte nicht bloß der Raum, in welchem sich die Maschinen usw. befinden und die Herstellung von Fabrikaten erfolgt, sondern der gesamte, zur Ausübung des Gewerbes benutzte Raum mit allem Zubehör zu verstehen (Kunze-Kautz 2 584; OVG. v. 23. IX. 99 PrVBl. 21 268). In einem Falle hatte ein Fabrikant eine zu einem Hammerwerke gehörige Halle durch einen Anbau erweitert, in dem die Fertigfabrikate lagern sollten. Obwohl die Halle mit dem Hammerwerke in keinem direkten Zusammenhange stand und durch eine Giebelmauer von ihm getrennt war, erklärte das Oberverwaltungsgericht die Erweiterung für genehmigungspflichtig, weil die Halle Betriebszwecken diene und ein Zubehör des Hammerwerkes sei, also einen Teil der Betriebsstätte bilde. In einem anderen Falle war durch die Veränderung eines Ringziegelofens die Entwickelung und Verbreitung des Rauches vermehrt worden, das Oberverwaltungsgericht hielt die Änderung für wesentlich (OVG. 10. X. 95 — III 1251).

Werden konzessionierte Anlagen durch Feuer usw. zerstört, so kann die Wiederaufrichtung der Anlage ohne besondere Konzession erfolgen (OVG. v. 28. I. 84 10 283).

Das Oberverwaltungsgericht hat Feldziegelbrände (ohne dauernde Anlage) nicht für genehmigungspflichtig erklärt (33 345); siehe wegen anderer Anlagen die Judikatur bei Kunze-Kautz 2 577 ff. (Schlächtereien, Gerbereien, Kunstwollfabriken usw.).

Während das Recht der Polizeibehörden, gemäß § 10 II 17 ALR. gegenüber den nach §§ 16 ff. GewO. genehmigten Anlagen einzuschreiten, dahin beschränkt ist, daß die Grenze des polizeilichen Einschreitens durch den Inhalt der Genehmigungsurkunde bestimmt wird (OVG. v. 1. VII. 95 — III 878), kann ein Gewerbebetrieb, der nicht konzessioniert ist, untersagt werden, wenn er polizeilich zu schützende Interessen verletzt, zB. wenn er durch Verbreiten schädlicher Dünste, durch Erregung störenden Geräusches Gefahren für das Leben oder die Gesundheit des Publikums zur Folge hat oder die Sicherheit oder Leichtigkeit des Verkehrs auf öffentlichen Wegen beeinträchtigt (OVG. 28. V. 03 — III 1074). Schreitet die Polizei gegen einen nicht genehmigungspflichtigen Betrieb ein, so kann sie bis zur gänzlichen Untersagung des Betriebes gehen, ohne daß nach § 51 eine Entschädigung bezahlt zu werden braucht (siehe unten S. 313 f.). Meist wird sie ihn untersagen, für den Fall, daß der Betrieb den zu schützenden polizeilichen Interessen gemäß in gewisser Zeit nicht eingerichtet wird. Die Verfügung muß daher erkennen lassen, daß, wenn der Gewerbetreibende die Anstände beseitigt, der Betrieb fortgesetzt werden kann. Aufgabe der Polizeibehörde ist es aber nicht, dem Gewerbetreibenden Mittel und Wege an die Hand zu geben, wie der Betrieb gefahrlos usw. gestaltet werden kann; dies ist Sache des Gewerbetreibenden.

Das Vorstehende gilt auch für Betriebe, die ohne polizeiliche Genehmigung errichtet sind, zu einer Zeit, wo die polizeiliche Genehmigung noch nicht vorgeschrieben war. Werden aber wesentliche Änderungen der Anlage vorgenommen, so brauchen sie die Genehmigung aus den §§ 16 ff. GewO.

Zahlreiche Erkenntnisse des Oberverwaltungsgerichts sprechen sich dahin aus (Kunze-Kautz 2 822 ff.), daß und wann die Polizei befugt ist, einen Gewerbebetrieb gemäß § 10 II 17 ALR. zu beschränken. Die S. 162 f. angeführten Entscheidungen sind maßgebend, mag die Gefahr von einem Gewerbebetriebe ausgehen oder von einer anderen Tätigkeit.

Wer eine gewerbliche Anlage, zu der mit Rücksicht auf die Lage oder Beschaffenheit der Betriebsstätte oder des Lokals eine besondere Genehmigung nach §§ 16, 24 GewO. erforderlich ist, ohne diese Genehmigung errichtet oder die wesentlichen Bedingungen, unter welchen die Genehmigung erteilt worden, nicht innehält oder ohne neue Genehmigung eine wesentliche Veränderung der Betriebsstätte oder eine Verlegung des Lokals oder eine wesentliche Veränderung in dem Betriebe der Anlage vornimmt, macht sich strafbar, außerdem kann die Ortspolizeibehörde (nicht etwa die konzessionierende Behörde) die Wegschaffung der Anlage oder die Herstellung des den Bedingungen entsprechenden Zustandes derselben anordnen (GewO. § 147). Mag der Gewerbetreibende bestraft oder freigesprochen sein, die Polizeibehörde ist in ihren Entschließungen an die tatsächlichen Feststellungen des Strafrichters nicht gebunden, sie kann einschreiten, wenn nach dem ihr zu Gebote stehenden Material die Voraussetzungen dafür gegeben sind (OVG. v. 12. X. 89 18 408, v. 19. V. 97 32 290; PrMinErl. v. 31. XII. 93 MBl. 94 22).

2. Stauanlagen für Wassertriebwerke.

(GewO. § 23; AusfAnw. v. 1. V. 04 Ziff. 11ff.)

Bei der Konzessionierung von Stauanlagen für Wassertriebwerke sind außer den Bestimmungen der §§ 17 bis 22 GewO. die dafür bestehenden landesgesetzlichen Vorschriften anzuwenden (§ 23). Genehmigungen von Stauanlagen für Wassertriebwerke werden seit Geltung der RGewO. (§§ 16 ff.) und des ZustG. v. 1. XII. 83 (§§ 109 ff.) nach den darin erlassenen Bestimmungen erteilt; hierbei greift das Verwaltungsstreitverfahren nicht Platz. Die einschlägigen Vorschriften der GewO. dürfen durch die Landesgesetzgebung nicht abgeändert, sondern nur ergänzt werden. Für das Gebiet des ALR. sind zu beachten die §§ 1—9 des Vorflutediktes, für Hannover die §§ 75 ff. des Wassergesetzes, für Teile von Hessen-Nassau das Großh. Hessische G. v. 20. II. 53 und das Landgräfl. Hessische G. v. 15. VII. 62, für die Geestdistrikte der Herzogtümer Schleswig und Holstein die ProvVerf. §§ 12, 16 und die WasserlösungsO. § 9, für Rheinland das Rheinische Ruralgesetz v. 28. IX. 1791 und das Rheinische Ressortreglement v. 20. VII. 18 usw. Wie weit diese Vorschriften in formeller Hinsicht außer Anwendung bleiben (OVG. 29 279) ist bereits im Abschnitte „Wasserpolizei", ausgeführt. Schon die PrGewO. v. 17. I. 45 bestimmte, daß für die Genehmigung der durch Wasser bewegten Triebwerke außer den allgemeinen Bestimmungen der GewO. auch die dafür bestehenden besonderen Vorschriften zur Anwendung zu bringen seien. Gleiches gilt nach der RGewO. hinsichtlich der Stauanlagen für Wassertriebwerke. Deshalb muß z. B. im Geltungsgebiete des VorflutG. v. 15. XI. 11 seit Erlaß der PrGewO. ein Merkpfahl gesetzt werden, der den Sommer- und Winterwasserstand angibt, wenn auch der zulässige höchste Wasserstand für Winter und Sommer gleich sein kann (OVG. 29 279), und es muß seine Höhe durch nivellistische Vergleichung mit nahe belegenen unverrückbaren Gegenständen festgelegt werden. In dem Verfahren bewegt sich alles in den Formen, die in der GewO., im ZustG. v. 1. VIII. 83 (§§ 109—113) und den darin zugelassenen Ministerialanweisungen für die Genehmigung solcher Stauanlagen vorgesehen sind. Es findet mithin in diesem Verfahren keine Anwendung, was das ZustG. für die Festsetzung der Höhe des Wasserstandes bei Stauwerken in den §§ 67 ff. bestimmt, nämlich, daß der Kreisausschuß die dort vorgesehenen Kommissarien ernennt, daß gegen die durch die Kommissare bewirkte Festsetzung des Wasserstandes die Klage im Verwaltungsstreitverfahren stattfindet, daß Streitigkeiten darüber, ob die Höhe des Wasserstandes in rechtsverbindlicher und deutlicher Weise bestimmt sei, ebenfalls im Verwaltungsstreitverfahren zu entscheiden sind.

In letzterer Beziehung bestimmt die GewO. im § 19 vielmehr, daß Einwendungen, die auf besonderen privatrechtlichen Titeln beruhen, von der konzessionierenden Behörde zur richterlichen Entscheidung zu verweisen sind, ohne daß von der Erledigung derselben die Genehmigung der Anlage abhängig gemacht wird.

Dringt der Kläger vor dem ordentlichen Richter durch, so gelten die Vorschriften in § 26 GewO., d. h. das Erkenntnis kann niemals auf Einstellung des genehmigten Betriebes, sodann nur auf Herstellung von Einrichtungen, die die benachteiligende Einwirkung auf Nachbarn ausschließen, oder auf Schadloshaltung gehen. Die Entscheidungen haben daher auf die Entschließuugen des konzessionierenden Kreis- und Stadtausschusses usw. nicht die Wirkung, die den Entscheidungen des Verwaltungsrichters in einem Stauzielsetzungsverfahren bei alten Mühlen (ZustG. § 67) beigelegt ist. Die bei dem Inkrafttreten der GewO. v. 1845 bestehenden Mühlen sind nämlich der nachträglichen Konzessionspflicht nach der PrGewO. und der RGewO. nicht unterworfen. Hatten aber solche Mühlen keinen Merkpfahl, so mußte und muß dieser gemäß §§ 1 ff. VorflutG., RheinRuralG. v. 28. IX. 1791 und § 2 RheinRessortRegl. v. 10. VII. 18 usw. in dem darin vorgesehenen und in § 67 ZustG. abgeänderten Verfahren nachträglich, gewissermaßen als Ergänzung einer unvollständigen Konzessionierung, auf Antrag eines Beteiligten, der durch den Stau leidet (Müller oder Grundbesitzer), gesetzt werden. Dies Verfahren bezieht sich demnach an sich nur auf längst vorhandene Stauwerke. Auf gemäß der gedachten Gewerbeordnungen neu zu konzessionierende Stauanlagen für Wassertriebwerke kommen nur die materiellen Vorschriften, wie oben ausgeführt, neben den Vorschriften der Gewerbeordnungen zur Anwendung. Ebenso greifen die Vorschriften der GewO. wieder Platz, wenn Stauanlagen für Wassertriebwerke bei alten Mühlen eine wesentliche Veränderung erfahren. Als solche wesentliche Veränderung ist es zB. anzusehen, wenn an Stelle eines Wasserrades eine Turbine aufgestellt wird (OVG. 25. II. 99 — III 306 — PrVBl. 20 401, Kunze-Kautz 2 113) oder wenn an Stelle eines aus losen Steinen aufgeschütteten schräg zur Flußrichtung liegenden Wehres ein Wehr mit fester Krone und in rechtwinkliger Lage zum Ufer erbaut werden soll (OVG. 6. II. 98 29 286; Kunze-Kautz 2 111, 112, 113, 114).

Wenn nun in dem gewerblichen Konzessionsverfahren (ZustG. §§ 109 ff.) die Innehaltung eines bestimmten Wasserstandes und die Bezeichnung dieses Wasserstandes durch einen Merkpfahl zur Betriebsbedingung gemacht ist, ist es Sache der Ortspolizei (Gewerbepolizei) für die Erfüllung dieser Bedingung Sorge zu tragen, ebenso hat die Ortspolizei darüber zu wachen, daß der Merkpfahl in der richtigen Lage erhalten und, wenn er verändert oder beseitigt worden, erneuert wird (OVG. 23 230, 26 280; v. 9. XI. 96 — III 1396 — Kunze-Kautz 2 113). Die Polizei erfüllt ihre Aufgabe durch polizeiliche Verfügungen, gegen die die gewöhnlichen Rechtsmittel zulässig sind. In dem dann entstehenden Streitverfahren ist die Prüfung der tatsächlichen und rechtlichen Verhältnisse nach obigen Grundsätzen vorzunehmen. Die polizeilichen Verfügungen können, wenn der in den Konzessionsbedingungen verlangte Merkpfahl fehlt oder verändert ist, dahin gehen, daß der Betrieb bis zur richtigen Anbringung des Merkpfahls untersagt wird. Die Polizei kann auch eine Frist bestimmen, bis zu deren Ablauf der Merkpfahl bei Vermeidung der zwangsweisen Einstellung des Betriebes zu ersetzen oder richtig zu setzen ist.

3. Betriebe, die mit ungewöhnlichem Geräusche verbunden sind.

(GewO. § 27.)

Die Errichtung oder Verlegung solcher Anlagen, deren Betrieb mit ungewöhnlichem Geräusche verbunden ist, muß der Ortspolizeibehörde angezeigt werden, und diese hat, wenn in der Nähe Kirchen, Schulen, Krankenhäuser usw. liegen, die Entscheidung des Bezirksausschusses im Beschlußverfahren (ZustG. §§ 111, 113 und AusfAnw. Ziff. 35) darüber einzuholen, ob die Ausübung des Gewerbes an der gewählten Betriebsstätte zu untersagen oder nur unter Bedingungen zu gestatten sei. Gegen die Entscheidung ist nur die Beschwerde an den Handelsminister gegeben (§ 121 LVG.). Ein Verwaltungsstreitverfahren findet daher hier nicht statt. Wenn der Gewerbetreibende die Anzeige nicht erstattet, kann er von der Polizei dazu nicht gezwungen werden. Die Anzeige liegt in seinem Interesse; denn wenn er einen Betrieb beginnt, der unter den § 27 GewO. fällt, und der Bezirksausschuß ihn hinterher untersagt, so kann diese Untersagung für ihn mit größeren Unzuträglichkeiten verbunden sein, als wenn er vor dem Beginne Anzeige erstattet und die Ortspolizeibehörde die Beschlußfassung des Bezirksausschusses eingeholt hätte. Der Beschluß steht in seinen Wirkungen einem Beschlusse über einen Antrag auf Genehmigung zur Errichtung gewerblicher Anlagen (§§ 16 ff. GewO.) gleich. Auch im Falle des § 27 hat die Ortspolizeibehörde die Aufrechthaltung der von dem Bezirksausschusse gestellten Bedingungen zu überwachen, und die Ortspolizeibehörde kann gegen die Verletzung der Bedingungen mit Verhinderung des ungesetzlichen Betriebes vorgehen. Das Verfahren bei der Beschlußfassung ist in der GewO. nicht vorgeschrieben, es richtet sich nach den Bestimmungen des LVG. Antragstellerin ist die Ortspolizeibehörde. Glaubt die letztere, daß ein nach GewO. § 27 zu genehmigender Betrieb vorliegt, so darf sie vor Einholung der Entschließung des Bezirksausschusses nicht etwa mit polizeilichen Verfügungen gegen den Betrieb vorgehen (Kunze-Kautz 2 585, 586, 587).

Im übrigen enthält der § 27 nicht das äußerste Maß dessen, was behördlich hinsichtlich der nicht nach den §§ 16, 25 genehmigungspflichtigen gewerblichen Anlagen polizeilicherseits gefordert werden darf. Der § 27 spricht nur von Anlagen, deren Betrieb mit ungewöhnlichem Geräusche verbunden ist und die dadurch bewirken, daß Kirchen, Schulen, Krankenhäuser usw. eine erhebliche Störung erleiden. Diejenigen nicht genehmigungspflichtigen gewerblichen Betriebe, die Gefahr für Leben und Gesundheit der Anwohner oder des Publikums überhaupt mit sich bringen, stehen unter der allgemeinen Kontrolle der Ortspolizei gemäß § 10 II 17 ALR., und sie kann gegen sie stets vorgehen, um jene Gefahren zu beseitigen. Vielfach wird von den Beteiligten und den Polizeibehörden der § 51 GewO. hierbei fälschlich hineingezogen. Nach § 51 kann wegen überwiegender Nachteile und Gefahren für das Gemeinwohl die fernere Benutzung einer jeden gewerblichen Anlage durch den Bezirksausschuß im Beschlußverfahren (ZustG. §§ 112, 113, 161) gegen Entschädigung untersagt werden. Aber der § 51 bezieht sich nur auf die Untersagung solcher Anlagen, zu deren Betriebe der Unternehmer durch die erteilte Genehmigung (§§ 16 ff., 30, 33 GewO.) ein Recht erlangt hat, und auf solche nichtgenehmigungspflichtige Anlagen, deren Betrieb, wenn auch mit Nachteilen für das Gemeinwohl verbunden, sich doch innerhalb der durch die Gesetze und polizeilichen Vorschriften gegebenen Grenzen bewegt (OVG. 23. IV. 98 — III 582; Kunze-Kautz 2 587). Dazu gehören nichtgenehmigungspflichtige Betriebe, die mit einer Gesundheitsgefahr für das Publikum verbunden sind, nicht; denn gegen sie kann die Polizei bis zur Untersagung einschreiten. Auch auf Schankwirtschaften bezieht sich § 27 nicht. Dagegen schützt der § 51 die alten Abdeckereiprivilegien. Ist aber in einem solchen Privilegium weder die Betriebsart geregelt noch eine bestimmte Betriebsstätte genehmigt worden, so schützt den Privilegierten das Privilegium zwar dagegen, daß an ihn polizeiliche Anforderungen gestellt werden, die ihm den Betrieb unmöglich machen, nicht aber auch dagegen, daß die Polizei von ihrer gesetzlichen Befugnis aus § 10 II 17 ALR. Gebrauch macht und ihn nötigt, sich mit dem Betriebe derartig einzurichten, daß hieraus keine Gefahren für Leben und Gesundheit anderer entstehen (Erk. v. 11. II. 99 u. v. 21. VI. 06 — OVG. 35 338, 49 295).

4. Untersagung der ferneren Benutzung einer jeden gewerblichen Anlage (GewO. § 51).

Wegen überwiegender Nachteile und Gefahren für das Gemeinwohl kann die fernere Benutzung einer jeden gewerblichen Anlage durch den Bezirksausschuß zu jeder Zeit untersagt werden. Doch muß dem Besitzer für den erweislichen Schaden Ersatz geleistet werden. Gegen den Beschluß findet die Beschwerde an den Minister für Handel und Gewerbe statt. Sofern bei Stauanlagen Landeskulturinteressen in Betracht kommen, ist der Minister für Landwirtschaft zuzuziehen (§§ 112, 113 ZustG.; AusfAnw. Ziff. 58). Nach der Entsch. v. 12. XI. 91 (OVG. 23 254) ist die „Anwendbarkeit des § 51 auf gewerbliche Anlagen, zu deren Betrieb der Unternehmer durch die erteilte Genehmigung ein Recht erlangt hat (§§ 16 ff. 30, 33), und auf solche der Genehmigung nicht bedürfende Anlagen, deren Betrieb, wenn er auch mit Nachteilen für das Gemeinwohl verbunden ist, sich doch innerhalb der gesetzlichen und polizeilichen Vorschriften (§ 10 II 17 ALR.) bewegt. Solche nicht genehmigungspflichtigen Anlagen, die den Gesetzen oder Polizeivorschriften zuwiderlaufen, zB. gesundheitsgefährliche Betriebe, können Gegenstand der in § 51 vorgesehenen Zwangsenteignung sein, und die Befugnis der Polizeibehörden, gegen sie mit Zwangsverfügungen bis zur völligen Untersagung auf Grund des § 10 II 17 ALR. vorzugehen, wird nicht durch § 51 berührt". (Vgl. Erk. v. 16. IV. 91 PrVBl. 12 415, v. 17. XI. 92 PrVBl. 14 248, Erk. v. 3. XI. 97 Kunze-Kautz 2 574).

Sobald der Beschluß rechtskräftig ist, wirkt er wie ein Enteignungsbeschluß, und es beginnt das Verfahren wegen des Schadensersatzes vor dem ordentlichen Richter; die Vorschriften des EnteignungsG. von 1874 sind für diesen Fall nicht gegeben. Es wird der „erweisliche" Schaden ersetzt. Kläger ist der Enteignete. Wer Beklagter ist, bestimmt die GewO. nicht; die Ersatzpflicht richtet sich nach Landesrecht (Art. 109 EinfG. z. BGB.). Dasjenige Rechtssubjekt hat Ersatz zu leisten, zu dessen Gunsten die Enteignung geschieht. Der § 75 Einl. z. ALR. bezeichnet den Staat als ersatzpflichtig; diese Vorschrift beruht aber auf der Voraussetzung, daß die zu entschädigende Aufopferung zugunsten des ganzen Staates erfolgt ist. Ist es ein anderes Gemeinwesen, so ist dies ersatzpflichtig. Wird ein Betrieb zB. lediglich zugunsten eines Kreiskrankenhauses untersagt, so ist der Kreiskommunalverband zum Ersatz verpflichtet. Liegt die Anlage an der Grenze zwischen zwei Gemeinden mit eigenen Polizeibezirken und geschieht die Untersagung im Interesse beider Gemeinden, so werden diese zusammen haftbar sein.

Vierter Titel.

Gewerbetreibende, die einer besonderen Genehmigung bedürfen.

1. Apotheker.

(GewO. §§ 6, 29, 40, 41, 45, 53, 54, 56, ZustG. § 80, Abs. 1, 148 Abs. 8, 153 Abs. 2, 154 Abs. 4).

Während die GewO. auf die Errichtung und Verlegung von Apotheken keine Anwendung findet (§ 6; Erl., betr. Vorschriften über Einrichtung und Betrieb von Apotheken, v. 16. XII. 93 MBl. 94 3, abgeändert durch Erl. v. 18. VI. 95 MBl. 194, v. 22. VI. 96 MBl. 123, Bek. v. 24. XI. 99 MBl. 231, Erl. v. 8. XII. 98 MBl. 99 3, v. 8. V. 99 MBl. 77), enthält sie Vorschriften über die Approbation der Apotheker usw. Der Bundesrat erläßt die Vorschriften über den Nachweis der Befähigung. Die Approbation darf weder auf Zeit erteilt (§ 40) noch vorbehaltlich der Bestimmungen in § 53 widerrufen werden. Der Widerruf erfolgt auf Klage der Ortspolizeibehörde im Verwaltungsstreitverfahren (ZustG. § 120). Die Klage ist bei dem Bezirksausschusse anzubringen und auf die Behauptung zu stützen, daß die Nachweise, auf Grund deren die Approbation erteilt wurde, unrichtig oder daß dem Apotheker die bürgerlichen Ehrenrechte aberkannt seien (GewO. § 53 Abs. 1). Im letzteren Falle geht die Zurücknahme der Approbation nur auf die Dauer des Ehrverlustes. Auch in anderen Fällen tritt das Verwaltungsstreitverfahren in Wirksamkeit. Derjenige, welcher keine vorschriftsmäßige Approbation als Apotheker hat, darf sich Apotheker nicht nennen; aber auch ein approbierter Apotheker, der keine Apotheke, sondern nur eine Drogenhandlung betreibt, darf sich nicht als Apotheker in einer Weise bezeichnen, daß das Publikum über den wahren Charakter des Geschäfts getäuscht wird und die Drogenhandlung für eine Apotheke hält (OVG. 12. III. 98 33 350). Der Fall, der dem Erk. zugrunde lag, war folgender: Der Kläger L., ein approbierter Apotheker, besaß keine Apotheke, er war Mitinhaber eines Drogengeschäftes, das die eingetragene Firma „Apotheker L. & Komp.“ führte. Die Ortspolizei untersagte durch polizeiliche Verfügung diese Bezeichnung, weil sie geeignet sei, den Glauben zu erwecken, als sei die Drogerie eine Apotheke. Das Oberverwaltungsgericht wies die Klage ab und sprach zugleich aus, daß das Einschreiten der Polizei nicht dadurch gehindert werde, daß es sich um den Gebrauch einer im Handelsregister bereits eingetragenen Firma handele; denn wer für sein Geschäft eine Firma wähle, habe sie innerhalb der weiten, ihm hierbei vom Handelsgesetzbuche gelassenen Grenzen in der Weise zu wählen, daß sie nicht gegen berechtigte polizeiliche Anforderungen verstoße.

Die Regierungspräsidenten beanspruchen vielfach ein von der Ortspolizeigewalt (Gewerbepolizeigewalt) verschiedenes Aufsichtsrecht über die Apotheker; ein solches Aufsichtsrecht besteht nicht (OVG. 29. VI. 98 33 356). Die Apotheker stehen unter der gewerbepolizeilichen Aufsicht der Ortspolizei. Wegen der Anbringung des Roten Kreuzes siehe jetzt G. v. 22. III. 02 RGBl. 125.

Nach dem Erl. v. 28. II. 70 (Eulenburg, Medizinalwesen 482 u. Böttger, Apothekengesetze 34) ist die Zulässigkeit einer Stellvertretung im Betriebe der Apotheken nach den §§ 45, 151 GewO. zu beurteilen (vgl. Erl. v. 21. IX. 86 MBl. 198 hinsichtlich der „Verpachtung“) und nach dem OVG. v. 2. XI. 05 48 297 (PrVBl. 28 354) finden die Vorschriften des § 45 über die Stellvertretung der Apothekenbesitzer Anwendung (ebenso RG. v. 7. VI. 99 JW. 496; Pistor, Über das Apothekenwesen 5; die übrige Literatur siehe PrVBl. 28 354).

Die ApothekenbetriebsO. ist vom 18. II. 02 (MBl. 63); vgl. Kaiserl. Vd., betr. den Verkehr mit Arzneimitteln, v. 22. X. 01 (RGBl. 380) u. Strafvorschrift im StGB. § 367 Ziff. 3. Die in dem der Kaiserl. Vd. angeschlossenen Verzeichnisse A aufgeführten Zubereitungen dürfen als Heilmittel, die in dem Verzeichnisse B aufgeführten Stoffe überhaupt außerhalb der Apotheken nicht feilgehalten oder verkauft werden. Der Großhandel ist frei.

2. Ärzte (Wundärzte, Augenärzte, Geburtshelfer, Zahnärzte und Tierärzte).

(GewO. § 29.)

Durch die GewO. ist die gewerbsmäßige Ausübung der Heilkunde grundsätzlich freigegeben, und von diesem die GewO. beherrschenden Grundgedanken aus kann dem daselbst § 6 getroffenen Vorbehalt keine weitere Bedeutung beigemessen werden, als daß die Art der Ausübung der Heilkunde der landesgesetzlichen Regelung überlassen ist, vorbehaltlich jedoch der reichsgesetzlich zugestandenen Freiheit auch dieses Gewerbes und soweit die Reichsgesetze hierüber nicht unmittelbar verfügen (Erk. v. 22. IV. 95 OVG. 28 324 u. Erk. v. 19. VI. 05 — III 1253).

Diejenigen Personen aber, welche sich als Ärzte oder mit gleichbedeutenden Titeln bezeichnen, bedürfen nach der GewO. einer Approbation, über deren Erteilung und Entziehung das, was bei den Apothekerapprobationen gesagt ist, sinngemäß gilt. Die Entziehung erfolgt ebenfalls nur auf Grund des Abs. 1 § 53 GewO., dagegen kann weiblichen Geburtshelfern, Hebammen das Prüfungszeugnis noch aus anderen Gründen (Abs. 2 § 53) abgesprochen werden (siehe S. 317 „Hebammen"). Während die Ausübung der Heilkunde durch männliche Personen, auch hinsichtlich der Behandlung von ansteckenden Krankheiten (OVG. 28 321), gänzlich freigegeben ist und nur weibliche Personen ohne Prüfungszeugnis die Geburtshilfe nicht ausüben dürfen, untersagt das Gesetz (§§ 29, 147 Ziff. 3) den Gewerbetreibenden, die nicht approbiert sind, die Beilegung des Titels als Arzt oder eines ähnlichen Titels, durch den der Glaube erweckt wird, der Inhaber sei eine geprüfte Medizinalperson. Die Polizeibehörde kann gegen die Übertretung dieses Verbots mit einer Untersagungsverfügung (ohne Strafandrohung, ne bis in idem!) oder mit einem Gebote, die ungesetzliche Bezeichnung auf einem Schilde, Briefbogen usw. zu entfernen, oder mit unmittelbarem Zwange vorgehen. Daraus entstehen zahlreiche Prozesse, und das Oberverwaltungsgericht hat vielfach Gelegenheit gehabt, sich darüber auszusprechen, was unter einem „arztähnlichen Titel" zu verstehen ist:

a) Ein Zahntechniker hatte in Amerika den Titel Doctor of Dental surgery erworben; die Polizei untersagte ihm mit Recht, sich einfach mit „Dr." zu bezeichnen (OVG. v. 27. XI. 93 — III 1134).

b) Ein anderer hatte ein Schild mit der Bezeichnung „In Deutschland nicht geprüft, Dr. med. N., in Amerika approbierter Zahnarzt und Homöopath, (nicht hier) im Auslande approbiert". Das Oberverwaltungsgericht ließ diese Bezeichnung zu (OVG. 17 356).

c) Dagegen wurde das Verbot der Polizei an einen Zahntechniker, sich „in Amerika approbierter Zahnarzt" zu nennen, gebilligt (OVG. 30 326, 38 287), weil der Zahntechniker keine ordnungsmäßige amerikanische Approbation besaß.

d) In einem OVG. v. 27. VI. 00 (37 365) wurde das Verbot der Polizei gebilligt, die einem Zahntechniker untersagt hatte, sich Dr. chir. dent. zu nennen, und zwar auf Grund der Vd. v. 7. IV. 97 (GS. 99), betr. die Führung der mit akademischen Graden verbundenen Titel.

e) Die Bezeichnung American Dentist ist im Sinne des § 147 Ziff. 3 GewO. nicht verboten (OVG. v. 20. X. 97 — III 1416).

f) Ein Zahntechniker darf sich nicht „Spezialist für Zahnersatz" nennen, auch nicht seinem Namen die Bezeichnung „Dr." beifügen, wenn er Dr. phil. ist (OVG. 37 367 u. v. 14. II. 95 — I 168).

g) Eine Person, die die Tierheilkunde ohne Approbation ausübt, darf sich nicht „Tierarztlicher Praktikant" nennen (OVG. v. 2. IV. 98 — III 481).

h) Das OVG. ließ die Bezeichnung eines Magnetiseurs „Professeur honoraire à la faculté des sciences magnétiques" zu, weil Professor kein akademischer Grad sei, dies sei nur der Doktor, Lizentiat und Magister (OVG. 37 359, Kunze-Kautz 2 654 ff., wo die angeführten Erk. ausführlich wiedergegeben sind).

Die Gewerbepolizei hinsichtlich der Ärzte (siehe auch den Abschnitt „Hebammen") verwaltet die Ortspolizeibehörde. Weder diese noch der Regierungspräsident haben über sie ein (Beamten-) Aufsichtsrecht (vgl. den Abschnitt „Apotheker" S. 315).

3. Hebammen.

(GewO. § 30.)

Hebammen bedürfen eines Prüfungszeugnisses der nach den Landesgesetzen zuständigen Behörde. In Preußen sind zu beachten die Verf. des Kultusministers v. 6. VIII. 83 (MBl. 211), v. 16. V. 84 (MBl. 124), v. 1. IV. 99 (MBl. 76) u. v. 24. II. 00 (MBl. 100). Das Zeugnis eines anderen Staates gilt nicht ohne weiteres in Preußen, dagegen ist es den in der Nähe der Grenze wohnenden fremdstaatlichen deutschen Hebammen gestattet, ihren Beruf in preußischen Grenzorten auszuüben. Gleiches gilt von belgischen, niederländischen, österreichischen usw. Hebammen. Die gewerbepolizeiliche Aufsicht über die Hebammen übt mit Polizeigewalt die Ortspolizei aus, während die Kreisärzte eine allgemeine technische Aufsicht als Hilfsorgane der Ortspolizei auszuüben und die Nachprüfungen vorzunehmen haben. Eine Polizeigewalt steht den Kreisärzten nicht zu. Während die männlichen Ärzte wegen Unzuverlässigkeit in ihrem Berufe ihrer Approbation nicht verlustig erklärt werden können, kann dies gegenüber einer Hebamme geschehen. Auf sie finden die Abs. 1. u. 2 § 53 Anwendung. Zu diesem Zwecke klagt die Ortspolizeibehörde (OVG. v. 22. XII. 97 — III 1727 — u. v. 15. X. 98 34 310, Kunze-Kautz 2 673, 674) gemäß § 120 ZustG. bei dem Bezirksausschusse. Der Regierungspräsident ist zur Klage nicht legitimiert. Klagegrund kann sein:

a) die Unrichtigkeit der Nachweise, auf Grund deren der beklagten Hebamme das Prüfungszeugnis erteilt worden ist;
b) der Verlust der bürgerlichen Ehrenrechte;
c) Mangel derjenigen Eigenschaften, die bei der Erteilung des Prüfungszeugnisses nach den dafür gegebenen (landesgesetzlichen) Vorschriften vorausgesetzt werden müssen.

Da in Preußen für die Erteilung des Prüfungszeugnisses erforderlich sind: unbescholtener Lebenswandel, sittliche Integrität, gewisse Kenntnisse, Zuverlässigkeit im Berufe, so gilt der Mangel dieser Eigenschaften als Entziehungsgrund. Das Oberverwaltungsgericht hat das Prüfungszeugnis z. B. entzogen, wenn eine Hebamme außerehelich ein Kind geboren, einen Diebstahl begangen, wenn sich bei den Nachprüfungen durch den Kreisarzt herausgestellt hatte, daß die Hebamme keine ausreichenden Kenntnisse mehr besaß, wenn sie sich grober Verstöße gegen die Vorschriften des Hebammenlehrbuches hatte zu schulden kommen lassen (siehe die Entsch. bei Kunze-Kautz 2 673), wenn die Hebamme für ihren Beruf nicht mehr körperlich und geistig befähigt war.

Ist eine Hebamme mit einer ansteckenden Krankheit behaftet, übt aber dennoch ihren Beruf aus und gefährdet dadurch die Wöchnerinnen und Kinder, so kann deshalb die Zurücknahme des Zeugnisses erfolgen. Im übrigen kann die Polizei der Hebamme die Ausübung des Gewerbes durch polizeiliche Verfügung so lange untersagen (ALR. § 10 II 17), als eine Ansteckungsgefahr besteht. Eine nach PrGewO. v. 17. I. 45 § 74 (G. v. 22. VI. 61) statthafte Suspension einer Hebamme ist jetzt nicht mehr zulässig (OVG. v. 11. VI. 98 — III 856 — Kunze-Kautz 2 674, 675).

Im übrigen siehe auch den Aufsatz von Dr. Ziehe im VerwArch. 2 201 ff.

4. Unternehmer von Privatkranken-, Privatentbindungs- und Privatirrenanstalten.

(GewO. § 30 Abs. 1 u. 2.)

Unternehmer von Privatkranken-, Privatentbindungs- und Privatirrenanstalten bedürfen der Konzession des Bezirksausschusses (ZustG. § 115), in Berlin, Charlottenburg, Schöneberg, Rixdorf und Wilmersdorf des Polizeipräsidenten von Berlin (§ 116 a. a. O.; G. v. 13. VI. 00 u. v. 27. III. 07). Für das Verfahren bei der Erteilung oder der Entziehung der Konzession sind zu beachten GewO. §§ 30, 40, 49, 53, 54 u. PrAusfAnw. v. 1. V. 04 Ziff. 2 u. 36. Gegen den versagenden Beschluß des Bezirksausschusses findet binnen zweier Wochen der Antrag auf mündliche Verhandlung, des Polizeipräsidenten die Klage beim Bezirksausschusse mit nachfolgender Revision beim Oberverwaltungsgerichte statt (ZustG. § 118). Für die Begründung der Klage sind nicht etwa die Beschränkungen des § 127 Abs. 3 LVG. maßgebend, vielmehr ist der Verwaltungsrichter ganz frei in der Beurteilung der Sache (OVG. 1. IV. 97 — III 476), d. h. er tritt vollständig an die Stelle der konzessionierenden Beschlußbehörde. Hinsichtlich der Prüfung des Konzessionsgesuches ist zu beachten, daß der Konzessionssucher zuverlässig in bezug auf die künftige Leitung und Verwaltung der Anstalt sein muß. Nach dem OVG. v. 12. V. 80 6 256 soll damit eine Garantie gegeben werden, daß der Unternehmer die notwendige Umsicht, Erfahrung und Kenntnis nach der technischen wie administrativen Seite besitzt; ferner, daß sein Charakter zuverlässig ist. Ist der Unternehmer nicht selbst Arzt, so muß die ärztliche Beaufsichtigung einem ärztlichen Sachverständigen anvertraut sein (OVG. v. 5. III. 96 — III 319 u. v. 15. I. 98 — III 89 — Kunze-Kautz 2 642). Der Unternehmer muß ferner bürgerlich unbescholten sein. Wer von so niedrigem Bildungsgrade ist, daß er keine Gewähr für eine sachgemäße Leitung bietet, darf damit nicht betraut werden (OVG. v. 28. IX. 78 4 337). Unter die in § 30 GewO. genannten Anstalten fallen auch Wasserheilanstalten (OVG. v. 19. I. 98 — III 80 — Kunze-Kautz 2 619), dagegen nicht solche Anstalten, in denen für die zu behandelnden Kranken keine Betten vorhanden sind; denn ohne Betten besteht keine Krankenanstalt im Sinne des § 30 GewO. (OVG. 31 284).

Die baulichen und sonstigen technischen Einrichtungen der Anstalt, wozu auch ein Garten gehören kann (OVG. 31 288), sollen den erlassenen gesundheitspolizeilichen Anforderungen entsprechen (MinErl. v. 19. VIII. 95 MBl. 261 u. v. 26. III. 01 MBl. 164). Gemäß ZustG. § 115 sind diese Anforderungen, welche von den Medizinalaufsichtsbehörden (Regierungs- oder Oberpräsidenten) allgemein zu erlassen sind, für die konzessionierende Behörde (Beschlußbehörde und Verwaltungsrichter) bindend. Sie werden nicht in den Formen einer Polizeiverordnung erlassen, sondern in der Form einer allgemeinen Verfügung oder Bekanntmachung. Die Kreis- und Ortspolizeibehörden sind dafür nicht zuständig (OVG. 40 307, Kunze-Kautz 2 644, 645). Der Sinn der Vorschrift in § 30 Buchst. b GewO. ist nach dem OVG. v. 30. IX. 01 40 307 der, daß die ganze Anstalt, wo und wie sie errichtet werden soll, vom Standpunkte der Gesundheitspolizei darauf geprüft wird, ob dem Gesundheitsinteresse der später in der Anstalt unterzubringenden Kranken durch die sämtlichen Anstaltseinrichtungen genügt wird; der Ausdruck bezieht sich nicht etwa bloß auf die Beschaffenheit und Einrichtung der Anstaltsgebäude selbst. Gelangt die Konzession in das Verwaltungsstreitverfahren, und ändern sich inzwischen die erlassenen allgemeinen Anforderungen, so hat der Verwaltungsrichter diejenigen anzuwenden, die zur Zeit der Fällung des Urteils maßgebend sind (OVG. v. 12. V. 80 u. v. 20. III. 02 — Kunze-Kautz 2 640, 646).

Vor Erteilung der Konzession sind (§ 30 Abs. 2) die Ortspolizei- und Gemeindebehörde zu hören. Widersprechen sie, so werden sie im Verwaltungsstreitverfahren nicht als Parteien oder Beigeladene zugezogen. Sie haben auch kein Klagerecht.

Da die Gewerbeordnung zwischen Kranken-, Entbindungs- und Irrenanstalten in dem Sinne, daß jede dieser gewerblichen Betriebsarten an die Erlaubnis gebunden ist, unterscheidet, ohne zu bestimmen, daß die Erlaubnis für die eine Betriebsart auch diejenige für die anderen in sich schließt (OVG. v. 20. III. 02 a. a. O.), so darf der Unternehmer nur diejenige Art betreiben, die ihm konzessioniert ist. Sonst schreitet die Ortspolizei gegen ihn ein. Die Polizei kann ferner dagegen einschreiten, daß ein Gewerbetreibender, der keine Konzession gemäß GewO. § 30 besitzt, für eine nicht konzessionierte Anstalt einen Ausdruck wählt, der beim Publikum den Irrtum erregt, die Anstalt sei von der Verwaltungsbehörde konzessioniert (OVG. v. 10. VI. 95 28 326). Eine Privatkrankenanstalt „Klinik" zu nennen, ist gestattet, auch wenn die Anstalt nicht Lehrzwecken dient (OVG. v. 11. IX. 90 — III 701 — Kunze-Kautz 2 646).

Die Entziehung der Konzession erfolgt, wenn die Voraussetzungen des Abs. 1 u. 2 des § 53 GewO. vorliegen, auf Klage der Ortspolizeibehörde des Amtsbezirks, wo sich die Anstalt befindet, durch den Bezirksausschuß im Verwaltungsstreitverfahren (ZustG. § 120). Gegen die Entscheidung ist die Berufung an das Oberverwaltungsgericht zulässig. Es sind dabei zu beachten die Ausführungen, welche hinsichtlich der Entziehung der Schankkonzession und anderer unter den § 53 Abs. 2 GewO. fallender Gewerbekonzessionen unten gemacht werden und die sinngemäß hier gelten.

5. Hufbeschlaggewerbe.

(GewO. § 30a)

Der Betrieb des Hufbeschlaggewerbes kann durch Landesgesetzgebung von der Beibringung eines Prüfungszeugnisses abhängig gemacht werden. In Preußen hat das G. v. 18. VI. 84 (GS. 305) die Prüfung eingeführt (Prüfungsordnung v. 23. I. 85 MBl. 31; Erl. v. 14. VI. 94 MBl. 113, v. 1. IV. 96, v. 3. II. 98, v. 31. X. 98 u. v. 31. I. 99; PrAusfAnw. Ziff. 37). Die in Preußen ausgefertigten Prüfungszeugnisse gelten auch in den anderen Staaten und umgekehrt. Die Zeugnisse werden von den Innungen, besonderen vom Staate bestellten oder bestätigten Prüfungskommissionen oder von den Hufbeschlagsanstalten und Militärschmieden ausgestellt. Das Verwaltungsstreitverfahren findet dabei nicht statt.

Für die Entziehung des Zeugnisses tritt das Verwaltungsstreitverfahren gemäß § 120 ZustG. ein. Der Bezirksausschuß entscheidet durch Urteil auf Klage der Ortspolizeibehörde des Betriebsortes (siehe S. 21). Vorher soll die Ortspolizeibehörde die Genehmigung des Regierungspräsidenten einholen. Der Mangel dieser Genehmigung kann aber nicht zur Abweisung der Klage führen. Die Voraussetzungen für die Entziehung enthält der § 53 GewO. Die Berufung an das Oberverwaltungsgericht ist zulässig.

6. Handel mit Giften.

(GewO. § 34.)

Die GewO. (§ 34 Abs. 3) überläßt es den Bundesstaaten, ob sie den Handel mit Giften von einer Genehmigung abhängig machen wollen. In Preußen besteht seit der GewO. v. 17. I. 45 in der Fassung des G. v. 22. VI. 61 § 49 für ihren Geltungsbereich die Vorschrift, daß zu diesem Handel eine Konzession erforderlich sei. Die Vd. v. 24. VIII. 95 (MBl. 265) hatte die Angelegenheit einheitlich geregelt; infolge des Bundesratsbeschlusses v. 17. V. 01 (Protokolle § 327) ist jetzt der MinErl. v. 16. X. 01 (MBl. 292 u. MBl. der Handels- und GewVerw. 263) maßgebend. Über die Erteilung der Erlaubnis befindet im Beschlußverfahren (ZustG. § 114) der Kreis- oder Stadtausschuß (Magistrat). Wird der Antrag abgelehnt, so steht dem Antragsteller innerhalb zwei Wochen der Antrag auf mündliche Verhandlung im Verwaltungsstreitverfahren zu. Als Beklagter ist ein Vertreter des öffentlichen Interesses (§ 74 Abs. 3 LVG.) zu bestellen. Gegen die Entscheidung findet nur die Berufung statt. Die Revision gegen das Berufungsurteil ist ausgeschlossen. Die Zurücknahme der Erlaubnis (§ 53 GewO.) erfolgt im Verwaltungsstreitverfahren auf Klage der Ortspolizeibehörde des Betriebsortes (ZustG. § 119) durch den Kreisausschuß, in Stadtkreisen und in den Städten über 10000 Einwohner durch den Bezirksausschuß. Dagegen sind die gewöhnlichen Rechtsmittel gegeben.

Der § 49 PrGewO. v. 17. I. 45 lautet:

Denjenigen, welche Gifte feilhalten, ist der Beginn des Gewerbebetriebes erst dann zu gestatten, wenn sich die Behörden von ihrer Zuverlässigkeit in bezug auf den beabsichtigten Gewerbebetrieb überzeugt haben.

Danach muß der Antragsteller eine Person sein, die die Gewißheit gibt, daß er den gefährlichen Gewerbebetrieb in Übereinstimmung mit den dafür erlassenen Vorschriften leiten werde. Wer später diese Garantie nicht bietet, wird daraus als unzuverlässig (§ 53 GewO.) entfernt (vgl. AusfAnw. v. 1. V. 04 Ziff. 50 Abs. 2).

Die GewO. unterwirft die Zubereitung von Giften keiner Beschränkung. Eine solche findet sich aber im § 367 Nr. 3 StGB., wonach bestraft wird, wer ohne polizeiliche Erlaubnis Gifte oder Arzneien, soweit der Handel mit ihnen nicht freigegeben ist, zubereitet. In Preußen ist der Handel mit Giften nicht freigegeben. Wer Gifte zubereitet, muß sich gefallen lassen, daß die Polizei seinen dahin zielenden Gewerbebetrieb unterdrückt oder einer Revision unterwirft (Erk. v. 18. X. 99 OVG. 36 377).

7. Pfandleiher, Pfandvermittler, Gesindevermieter und Stellenvermittler.

(GewO. § 34)

Wer das Geschäft eines Pfandleihers, Pfandvermittlers, Gesindevermieters oder Stellenvermittlers (Novelle v. 30. VI. 00 RGBl. 321) betreiben will (GewO. § 34), bedarf dazu der Erlaubnis des Kreis- oder Stadtausschusses (des Magistrats, ZustG. § 114, Vd. v. 30. VII. 00 GS. 308 § 1). Gegen den im Beschlußverfahren gefaßten versagenden Beschluß ist der Antrag auf mündliche Verhandlung im Verwaltungsstreitverfahren zulässig (vgl. dazu das im Abschnitte „Handel mit Giften" Gesagte). Der Bezirksausschuß entscheidet auf Berufung endgültig. Beklagter ist ein zu bestellender Kommissar (§ 74 Abs. 3 LVG.). Die Erlaubnis ist zu versagen, wenn Tatsachen vorliegen, die die Unzuverlässigkeit des Antragstellers dartun. Eine Unzuverlässigkeit liegt vor, wenn ein moralischer Defekt oder die Unfähigkeit zur rechtmäßigen Ausübung des Gewerbes festgestellt wird. Die Ausübung darf das Gemeinwohl nicht schädigen. Diese Feststellung kann aus Handlungen oder Unterlassungen des Antragstellers oder aus sonstigen Tatsachen gewonnen werden. Begangene Unsittlichkeiten, Mangel an Wahrheitsliebe, diebisches Wesen, jugendliches Alter usw. machen den Antragsteller unzuverlässig.

Nach § 34 Abs. 1 GewO. sind die Landesregierungen befugt, zu bestimmen, daß in Ortschaften, für welche dies durch Ortsstatut (§ 142) festgesetzt wird, die Erlaubnis zum Betriebe des Pfandleihgewerbes von dem Nachweise eines vorhandenen Bedürfnisses abhängig sein solle. In Preußen ist der Bedürfnisnachweis durch MinErl. v. 21. IX. 79 (MBl. 253) eingeführt.

Als Pfandleihgewerbe gilt auch der gewerbsmäßige Ankauf

beweglicher Sachen mit Gewährung des Rückkaufsrechts. Im allgemeinen betreibt derjenige das Pfandleihgewerbe, der sich mit dem gewerbsmäßigen Leihen von Geld gegen Verpfändung beweglicher Gebrauchsgegenstände befaßt. Werden Immobilien verpfändet, oder werden Lombardgeschäfte, wie bei Bankiers üblich, betrieben, so fallen sie nicht unter § 34, ebensowenig das Kreditieren von Waren gegen Pfandbestellung. Nach den Motiven sind Pfandvermittler solche Personen, die gewerbsmäßig Pfandgeschäfte in der Weise vermitteln, daß sie zu solchem Zwecke ihnen übergebene Sachen auf ihrem Namen in einem öffentlichen Leihhause oder bei einem Pfandleiher verpfänden und die erhaltenen Darlehen an ihre Auftraggeber abführen. Die Verpfändung muß in eigenem Namen geschehen.

Zu den Stellenvermittlern gehören die Theateragenten und die Heuerbaasen.

Für den Gewerbebetrieb der Pfandleiher bleiben (AusfAnw. Ziff. 53) maßgebend die Vorschriften des G. v. 17. III. 81 (GS. 265) in der Fassung des Art. 41 AusfG. z. BGB. v. 20. IX. 99 (GS. 177), sowie die Bekanntmachungen v. 16. VII. 81 (MBl. 169) und v. 11. VII. 02 (MBl. 135). Es bewendet auch hinsichtlich der Gesindevermieter und Stellenvermittler bei den Bestimmungen v. 10. VIII. 01 (MBl. 184), hinsichtlich der Theateragenten bei den Vorschriften v. 31. I. 02 (MBl. 66), für die Stellenvermittler für Schiffsleute bei den Bestimmungen v. 6. III. 03 (MBl. 70), für die Versteigerer bei den Vorschriften v. 10. u. 11. VII. 02 (MBl. 279, 293).

Die erteilte Konzession wird gemäß § 53 Abs. 1, 2 u. 3 GewO. zurückgenommen und zwar auf Klage der Ortspolizeibehörde des Betriebsortes (nicht des Wohnortes, OVG. 22. IV. 92 12 318 u. v. 23. III. 01 39 289) im Verwaltungsstreitverfahren. Zuständig ist (ZustG. §§ 119 u. 121, § 4 Vd. v. 31. XII. 83 u. § 2 Vd. v. 30. VII. 00) der Kreisausschuß, in Stadtkreisen und in den Städten über 10000 Einwohnern der Bezirksausschuß. Gegen die Entscheidungen finden die gewöhnlichen Rechtsmittel statt. Es kommt nach Abs. 2 u. 3 § 53 GewO. bei der Zurücknahme der Konzession (Untersagung des Gewerbebetriebes) wieder darauf an, ob sich der Gewerbetreibende als unzuverlässig im obigen Sinne erwiesen hat. Handlungen der Ehefrau, der Gewerbegehülfen, die der Gewerbetreibende duldet, können seine Unzuverlässigkeit dartun. Namentlich werden dabei Vergehen gegen das Eigentum in Betracht kommen. Selbst eine einmalige Verfehlung kann ausreichen. Bei Stellen- und Gesindevermittlern kommt es oft vor, daß diese die Stellensuchenden veranlassen, ihre Stellen zu wechseln, daß sie unterlassen, sich nach dem Vorleben der Stellensucher zu erkundigen, daß sie unzuverlässige Personen wissentlich oder fahrlässig empfehlen, daß sie die Stellensucher pekuniär ausbeuten usw. Solche Personen sind vom Gewerbe fernzuhalten.

8. Erteilung von Tanz-, Turn- und Schwimmunterricht, Betrieb von Badeanstalten, Trödelhandel, Besorgung fremder Rechtsangelegenheiten, Handel mit Drogen, Kleinhandel mit Bier usw.

(GewO. § 35 Abs. 1, 2, 3 u. 4.)

Der ursprüngliche § 35 GewO. ist durch die G. v. 23. VII. 79, 1. VII. 83, 19. VI. 93, 6. VIII. 96 u. 30. VI. 00 abgeändert worden. Die jetzt in § 35 Abs. 1, 2, 3 u. 4 genannten Gewerbe sind an sich nicht genehmigungspflichtig, ihr Betrieb kann aber untersagt werden, wenn Tatsachen vorliegen, welche die Unzuverlässigkeit des Gewerbetreibenden in bezug auf diesen Gewerbebetrieb dartun. Die Untersagung erfolgt im Verwaltungsstreitverfahren auf Klage der Ortspolizeibehörde des Betriebsortes (OVG. 22 318) durch Urteil des Kreisausschusses, in Stadtkreisen und in den Städten über 10000 Einwohner des Bezirksausschusses (ZustG. § 119). Eine Beschränkung der gewöhnlichen Rechtsmittel findet nicht statt.

Bei der Untersagung des Gewerbebetriebes hat das Oberverwaltungsgericht zahlreiche Entscheidungen gefällt. In einem Erk. v. 1. X. 98 — III 1324 — Kunze-Kautz 2 599 ist ausgesprochen, daß die Worte in § 35 „wenn Tatsachen vorliegen" nur zum Ausdrucke bringen sollen, daß der Richter seine Überzeugung durch tatsächliche Vorgänge zu begründen habe, keineswegs sollte eine Beweisregel dahin aufgestellt werden, daß sich die Überzeugung stets auf eine Mehrheit von Tatsachen zu stützen habe. Aus den Worten „in bezug auf den Gewerbebetrieb" ist nicht zu folgern, daß bei der Beurteilung der Eigenschaften des Gewerbetreibenden etwa nur in und bei Ausübung des Gewerbebetriebes vorgekommene Tatsachen in Betracht gezogen werden dürfen. Alles, was der Gewerbetreibende überhaupt getan und getrieben hat, ist beachtenswert (OVG. v. 12. II. 96 — IV 255). Als unzuverlässig kann ein Konzipient erachtet werden, der zu jung, geistesschwach, oder geistig und wissenschaftlich nicht genügend vorgebildet ist (Kunze-Kautz 2 603).

Ist die Untersagung rechtskräftig ausgesprochen, so gilt sie ganz allgemein und absolut für das Deutsche Reich, nicht etwa für einen einzelnen Ort (OVG. 26 286, 31 301).

„Die gewerbsmäßige Besorgung fremder Rechtsangelegenheiten und bei Behörden wahrzunehmender Geschäfte, insbesondere die Abfassung der darauf bezüglichen schriftlichen Aufsätze", bildet im Sinne des § 35 Abs. 3 ein einheitliches Gewerbe. Die Untersagung bezieht sich daher auf den ganzen Gewerbebetrieb, mag auch nur eine Seite des Gewerbes betrieben worden sein. Dasselbe gilt „von der gewerbsmäßigen Auskunftserteilung über Vermögensverhältnisse oder persönliche Angelegenheiten" (OVG. 49 303). Eine Klage auf nochmalige Untersagung ist unzulässig. An jedem Orte, wo der Gewerbetreibende das ihm untersagte Gewerbe betreibt oder betreiben will, ist die Ortspolizei befugt, die Betreibung durch Zwangsmittel zu verhindern (OVG. 31 301, 49 303).

Anderseits ist die Klage ausgeschlossen, sobald der Gewerbetreibende das Gewerbe wirklich selbst eingestellt hat und eine Wiederaufnahme nicht in Aussicht genommen ist. Allerdings muß die Einstellung ernstlich gemeint, nicht aber bloß zum Schein oder unter dem Vorbehalte, das Geschäft bald wieder aufzunehmen, geschehen sein (OVG. 11 312). Wird ein Gewerbe in mehreren Ortspolizeibezirken ausgeübt, d. h. mit mehreren Sitzen des Gewerbes, so kann jede Ortspolizeibehörde klagen (OVG. v. 22. X. 98 — III 1428).

Während nach § 53 GewO. die darin genannten Genehmigungen zurückgenommen werden können, wenn die Voraussetzungen dafür gegeben sind, hat der Verwaltungsrichter den Betrieb der in § 35 bezeichneten zu untersagen, wenn sich die Unzuverlässigkeit des Gewerbetreibenden ergibt. Aus der vom Verwaltungsrichter festgestellten Unzuverlässigkeit folgt der Zwang zur Untersagung.

Die Badeanstalten sind unter die Vorschriften des § 35 gebracht worden, weil sie der Erteilung von Schwimmunterricht sehr nahe verwandt sind und auch hier Rücksichten auf Leben und Gesundheit wie auf Sittlichkeit in Betracht kommen. Für die Definition des Begriffes „Badeanstalt" ist von den Anschauungen des Verkehrslebens und dem gewöhnlichen Sprachgebrauche auszugehen. Dampfschwitzbäder fallen darunter (OVG. 46 349).

Der Trödler handelt mit Gegenständen, deren Wert durch Alter und Gebrauch geringer geworden ist. Hat sich der Wert erhöht, so fällt der Betrieb nicht unter § 35 (Antiquar). Zum Begriffe des Trödelhandels gehört ferner notwendig, daß diejenigen Waren, die den Gegenstand eines Trödelhandels bilden, von dem Geschäftsinhaber nicht nur eingekauft, sondern demnächst auch wieder verkauft werden. Die Waren brauchen nicht genau in demselben Zustande wieder verkauft zu werden. Aber es kann von einem Wiederverkauf in obigem Sinne nur die Rede sein, wo die eingekauften Waren ihrem Bestande nach im wesentlichen noch vorhanden und in ihrer Qualität erkennbar sind (MinErl. v. 26. VII. 02 HMBl. 299). Werden z. B. eingekaufte Rohstoffe eingeschmolzen und nur die auf solche Weise hergestellten vollständig neuen Erzeugnisse zum Verkaufe gebracht, so liegt kein Trödelhandel vor (Erk. v. 21. XII. 05 OVG. 49 294). Für die Immobilienmakler, Trödler und Rechtskonsulenten sind Vorschriften über Führung der Bücher unter dem 23. VII. 00 (MBl. 238), v. 30. IV. 01 (MBl. 48) u. v. 26. VII. 02 (MBl. 299), sowie v. 28. XI. 01 (MBl. 349) erlassen.

Im § 35 GewO. nehmen eine besondere Stellung ein der Handel mit Drogen und chemischen Präparaten, die zu Heilzwecken dienen, und der Kleinhandel mit Bier. Der erstere Handel ist zu untersagen, wenn die Handhabung des Gewerbebetriebs Leben und Gesundheit von Menschen gefährdet. Die allgemeine Unzuverlässigkeit (Abs. 1) genügt nicht, es muß jene Gefährdung vom Verwaltungsrichter tatsächlich festgestellt werden. Das Gesetz gestattet ferner nur, den Handel mit solchen Drogen und chemischen Präparaten zu untersagen, die zu Heilzwecken dienen; durch eine solche Untersagung bleibt der übrige Betrieb einer Drogenhandlung unberührt (OVG. 37 318). In der unberechtigten Feilhaltung von Heilmitteln, Drogen usw., die nach der Kaiserl. Vd. v. 27. I. 90 den Apotheken vorbehalten sind, muß an und für sich noch nicht eine Gefährdung von Leben und Gesundheit gefunden werden. Die Klage hat näher zu begründen, daß die Art des Betriebes der gedachten Gegenstände zur begründeten Besorgnis Anlaß gibt, daß Leben und Gesundheit von Menschen in Gefahr gesetzt seien. Im übrigen ist nicht erforderlich, daß ein Schaden bereits eingetreten sei. Es genügt, wenn aus der Handhabung des Betriebs erhellt, daß Leben und Gesundheit dadurch gefährdet werden (Kunze-Kautz 2 650). In der Klage aus § 35 Abs. 4 brauchen die zu Heilzwecken dienenden Drogen, mit denen zu handeln dem Beklagten untersagt werden soll, nicht einzeln aufgeführt zu werden (OVG. 37 328). Liegen die Voraussetzungen für die Untersagung vor, so ist diese schlechthin auszusprechen. Auch der bloße unbefugte Handel mit Giften ist noch keine Gefährdung von Leben und Gesundheit von Menschen (Kunze-Kautz 2 651 ff., wo die Judikatur des Oberverwaltungsgerichts eingehend gewürdigt ist, siehe auch Springfeld, Die Rechte und Pflichten der Gift- und Farbenhändler 83, Rechte und Pflichten der Drogisten 414).

Bei der Festsetzung des Wertes des Streitgegenstandes im Verwaltungsstreitverfahren ist nur das Jahreseinkommen aus dem Handel mit Drogen, die zu Heilzwecken dienen, zugrunde zu legen und dieses mit dem $12^1/_2$fachen Betrage in Ansatz zu bringen (OVG. 37 328).

Der Kleinhandel mit Bier kann untersagt werden, wenn der Gewerbetreibende wiederholt wegen Zuwiderhandlungen gegen die Vorschriften des § 33 bestraft (unbefugte Ausübung der Schankwirtschaft oder des Kleinhandels mit Branntwein oder Spiritus) ist. Andere Untersagungsgründe gibt es nicht. Der Gesetzgeber will verhüten, daß der Gewerbetreibende unter dem Deckmantel des freigegebenen Kleinhandels mit Bier etwa das konzessionspflichtige Gewerbe der Schankwirtschaft oder des Kleinhandels mit Branntwein oder Spiritus (§ 33) betreibt. Auf Bestrafungen, die vor dem 1. I. 97 (Inkrafttreten des G. v. 6. VIII. 96) erfolgt sind, kann die Klage nicht gestützt werden (OVG. 2. IV. 98 PrVBl. 19 483).

Wird ein in § 35 genanntes Gewerbe von einer juristischen Person betrieben, so kann auch dieser auf Klage der Betrieb untersagt werden (Erk. v. 25. I. 06 — III 156 — PrVBl. 28 105).

8. Schauspielunternehmer (§ 32). Theaterpolizei.

Der § 32 GewO. in seiner jetzigen Fassung beruht auf dem G. v. 6. VIII. 96 (RGBl. 685). Während nach der GewO. v. 21. VI. 69 die Erlaubnis einem Schauspielunternehmer erteilt werden mußte, wenn nicht Tatsachen vorlagen, die die Unzuverlässigkeit des Nachsuchenden in Beziehung auf den beabsichtigten Gewerbebetrieb dartaten, ist jetzt die Erlaubnis zu versagen, wenn der Nachsuchende den Besitz der erforderlichen Mittel nicht nachzuweisen vermag, oder wenn die Behörde die auf Tatsachen begründete Überzeugung gewinnt, daß der Unternehmer die nötige Zuverlässigkeit, insbesondere in sittlicher, artistischer und finanzieller Hinsicht nicht besitzt. Es muß also der Schauspielunternehmer bei der Nachsuchung der Konzession seine finanzielle Tüchtigkeit nachweisen, d. h. entweder bare Mittel oder seine Kreditfähigkeit und Kreditwürdigkeit; dann aber darf nichts vorliegen, das seine sonstige Zuverlässigkeit beeinträchtigt; denn in dem künftigen Gewerbe hat er die Pflicht, Unsittlichkeiten fernzuhalten, seine pekuniären Verpflichtungen zu erfüllen, das Unternehmen vom künstlerischen Standpunkte richtig zu leiten.

Die Konzession wird für ein bestimmtes Unternehmen erteilt, also z. B. für das Lessingtheater in Berlin zur Aufführung von Trauerspielen, Dramen, Lustspielen, Pantomimen usw. Will der Unternehmer ein anderes Theater übernehmen oder andere Gattungen von Theatervorstellungen geben oder das bisherige Gebäude gänzlich umbauen, so daß das Unternehmen sich wesentlich ändert, so bedarf er einer neuen Konzession. Er ist nur dann Schauspielunternehmer im Sinne des § 32, wenn er Schauspiele auf eigene Rechnung und unter eigener Verantwortung aufführt; fällt das Aufzuführende unter den Begriff der Singspiele usw. des § 33a, so greifen die Bestimmungen des § 33a daneben Platz. Der Schauspieldirektor, der auf der Bühne eines konzessionierten Theaterunternehmers gegen festes Honorar spielen läßt, bedarf keiner eigenen Konzession; er ist nicht Schauspielunternehmer.

Für Berlin, Charlottenburg, Schöneberg, Rixdorf und Wilmersdorf erteilt der Polizeipräsident von Berlin die Konzession, sonst der Bezirksausschuß im Beschlußverfahren. Gegen die Versagung findet binnen zwei Wochen Klage beim Bezirksausschuß bezw. mündliche Verhandlung im Verwaltungsstreitverfahren statt (§§ 115, 118, 161 ZustG., G. v. 13. VI. 00 GS. 247). Gegen die Endurteile ist nur die Revision zulässig. Beklagter ist der Polizeipräsident, sonst ein nach § 73 Abs. 4 LVG. zu bestellender Kommissar. Die erteilte Konzession kann auf Klage der Ortspolizeibehörde vom Bezirksausschuß im Verwaltungsstreitverfahren zurückgenommen werden (ZustG. § 120) mit Berufung an das Oberverwaltungsgericht. Grundlage für die Klage bilden die Vorschriften in Abs. 1 u. 2 § 32 GewO., z. B. wenn der geführte Nachweis von baren Mitteln sich hinterher als unrichtig dartut oder wenn erwiesen ist, daß der Unternehmer in sittlicher, artistischer oder finanzieller Hinsicht die gestellten Erwartungen getäuscht hat.

Mit der nach § 32 GewO. verliehenen Erlaubnis erlangt der Schauspielunternehmer nicht die Ermächtigung, jedes beliebige Schauspiel auf die Bühne zu bringen; denn er darf bei Ausübung seines Gewerbes die öffentliche Ordnung, namentlich die öffentliche Sittlichkeit, nicht verletzen (ALR. § 10 II 17). In Preußen gibt es eine Theaterzensur (OVG. v. 1. XII. 92 24 311 u. die bei Kunze-Kautz 2 697 ff. erwähnten Entsch.; vgl. MinErl. v. 3. III. 93 MBl. 104, Erl. v. 28. VII. 84 MBl. 210, GewArch. 1 238). Danach hat die Polizei darüber zu wachen, daß das Sittlichkeits- und Schamgefühl nicht in ärgerniserregender Weise verletzt, das Vertrauen zu staatlichen Einrichtungen nicht erschüttert, die öffentliche Ruhe und Sicherheit nicht gestört oder gefährdet wird. Die Frage nach der Gefährlichkeit der Aufführung eines Theaterstückes ist danach zu beurteilen, welches die Wirkungen der beabsichtigten Vorstellungen auf einen Kreis von gewissen Theaterbesuchern sein wird, und diese Wirkung kann eine die öffentliche Ordnung gefährdende sein, gleichviel, ob das Stück eine bestimmte Tendenz verfolgt und wie es bei Behandlung historischer Vorgänge sich die Begebenheiten zurechtlegt. Es ist nicht richtig, daß die Vorführung wahrer Ereignisse stets und überall gestattet ist. Aber der Verwaltungsrichter muß nicht mit einer entfernten Möglichkeit der Gefährdung der öffentlichen Ordnung rechnen, sondern mit einer wirklich drohenden nahen Gefahr (OVG. 4 418, 6 352, 7 377, 9 350, 353, 15 433; Erk. v. 2. X. 93 — III 893). An sich können auch religiöse und konfessionelle Streitfragen auf die Bühne gebracht werden, aber in der Art, wie dies geschieht, kann eine Gefahr für den religiösen Frieden gefunden werden. Jede leidenschaftliche Erregung gegen den Staat oder die christliche Religion muß vermieden werden. Ästhetische Bedenken gegen ein Stück rechtfertigen sein Verbot nicht. Hat die Polizei ein Verbot gegen die Aufführung eines bestimmten Stückes erlassen, so finden die Rechtsmittel nach §§ 127 ff. LVG. statt.

9. Gastwirtschaft, Schankwirtschaft und Kleinhandel mit Branntwein oder Spiritus.

a) Erteilung der Konzession.

Wer Gastwirtschaft, Schankwirtschaft, Kleinhandel mit Branntwein oder Spiritus betreiben will, bedarf der Erlaubnis (§ 33 GewO.). Über die Erlaubnis befindet der Kreis- bzw. Stadtausschuß (§ 114 ZustG.) im Beschlußverfahren. Wird die Erlaubnis versagt, so steht dem Antragsteller innerhalb zwei Wochen der Antrag auf mündliche Verhandlung im Verwaltungsstreitverfahren vor derselben Behörde zu. Über den Antrag ist vor der Beschlußfassung die Gemeinde- und die Ortspolizeibehörde zu hören. Wird von einer dieser Behörden Widerspruch erhoben, so darf die Erlaubnis nur auf Grund mündlicher Verhandlung im Verwaltungsstreitverfahren durch Erkenntnis (nicht durch Vorbescheid) erteilt werden; der Widersprechende gilt als Kläger. In der zu einem Landkreise gehörigen Stadt ist der Magistrat (kollegialischer Gemeindevorstand) die konzessionierende Behörde. Gegen das auf eingelegten Widerspruch ergangene Erkenntnis, mag es die Konzession erteilen oder ablehnen, ist nur die Berufung an den Bezirksausschuß gegeben (die Revision an das Oberverwaltungsgericht ist jetzt ausgeschlossen). Hat der Kreisausschuß in dem Falle, wo kein Widerspruch gegen den Antrag erhoben worden ist, die Konzession durch Beschluß erteilt, so ist dieser Beschluß endgültig im Sinne des § 126 LVG. Er kann deshalb zwar mit der an keine Frist gebundenen (OVG. 36 371) Klage aus § 126 beim OVG. (siehe über diese Klage weiter unten) angefochten werden (OVG. 30 334), dagegen nicht durch die Beschwerde oder die Berufung des Vorsitzenden (Kunze-Kautz 2 516, 517, 518).

Parteien in dem Verwaltungsstreitverfahren sind der Antragsteller und die widersprechende Behörde (Gemeinde- oder Polizeibehörde). Ist kein Widerspruch erhoben, die Erlaubnis aber versagt und mündliche Verhandlung durch den Antragsteller beantragt worden, so gilt der letztere als Kläger und der Vorsitzende der Spruchbehörde hat gemäß § 74 Abs. 3 LVG. einen Kommissar zur Wahrnehmung des öffentlichen Interesses zu ernennen, der die Rolle des Beklagten übernimmt. Ob es angemessen ist, die Gemeinde- oder Ortspolizeibehörde beizuladen, bleibt dem erkennenden Gerichte überlassen.

Wenn der Orts- oder Gemeindevorsteher persönlich beteiligt ist, so kommt es auf seinen Widerspruch nicht an, es ist dann der unbeteiligte Stellvertreter zu hören.

Ist diese Vorschrift unbeachtet gelassen worden, so unterliegt die betreffende Entscheidung der Aufhebung, und das Verfahren ist gänzlich zu wiederholen (OVG. 1 412; siehe auch Kunze-Kautz 2 513 ff.).

Wenn in den zu einem Landkreise gehörenden Städten über 10000 Einwohner der Magistrat an die Stelle des Kreisausschusses bei dem Beschlusse über das Konzessionsgesuch tritt, so ist eine besondere Anhörung der Gemeindebehörde, die ja der Magistrat selbst ist, nicht möglich; sie fällt also fort. Dagegen ist der Magistrat in den einen Stadtkreis bildenden Städten zu hören; denn der beschließende Stadtausschuß ist mit der Gemeindebehörde (ZustG. § 114) nicht identisch (OVG. 27 309). Diejenigen dem Stadtausschusse angehörenden Mitglieder des Magistrats, die bei dessen Beschlußfassung nicht beteiligt gewesen, sind an der Ausübung des Richteramtes im Stadtausschusse bei solchen Anträgen, wo der Magistrat Widerspruch erhoben, nicht behindert (OVG. 27 309, 16 429).

In der Provinz Hannover hat der Gemeindevorsteher die Rechte und Pflichten der Ortspolizeibehörde rücksichtlich der gutachtlichen Anhörung über die Konzessionsanträge (§ 35 Nr. 5 KreisO. für Hannover v. 6. V. 84); er ist auch im Falle seines Widerspruchs Partei im Verwaltungsstreitverfahren.

Während früher nur physische Personen zu dem Gewerbebetriebe (§ 33 GewO.) zugelassen werden durften (OVG. 9 286, 38 314), können jetzt die Konzession auch die in § 33 Abs. 5 u. 6 genannten Vereine erwerben (Art. 3 G. v. 6. VIII. 96; MinErl. v. 27. XII. 96 MBl. 97 12). Die Bestimmungen des § 33 Abs. 1, 2, 3 unter a und 4 finden auf alle nicht bereits unter Abs. 5 fallenden Vereine, einschließlich der schon bestehenden, selbst dann Anwendung, wenn der Betrieb auf den Kreis der Mitglieder beschränkt ist. Ausgenommen sind die militärischen Kasinos und Kantinen, deren Betrieb auf den Kreis der Mitglieder beschränkt ist.

Der § 33 GewO. hat in der Judikatur zu vielen Zweifeln Anlaß gegeben; wegen der Überfülle des Stoffes siehe Kunze-Kautz 2 520 ff. Es sollen hier nur wenige Punkte besprochen werden. Bei der Prüfung der Konzession soll erwogen werden:

a) ob der Antragsteller in persönlicher Beziehung zuverlässig ist; er muß eine Persönlichkeit sein, von der ein Mißbrauch des Gewerbes zur Förderung der Völlerei, des verbotenen Spiels, der Hehlerei oder der Unsittlichkeit nicht zu fürchten ist und
b) ob das zu benutzende Lokal zum Gewerbe brauchbar ist.

Das Lokal braucht bei Einholung oder Erteilung der Genehmigung noch nicht zu bestehen, die Behörde kann sich aus Zeichnungen und Beschreibungen das entsprechende Bild machen. Das Lokal kann in einem Gebäude, in einem Garten usw. liegen, ja es kann gestattet werden, daß der Betrieb auf der Straße stattfindet. Wenn der § 33 GewO. vorschreibt, daß das Lokal den polizeilichen Anforderungen zu genügen habe, so bedeutet dies, daß bei der Konzessionierung abgesehen von der Beachtung der in den Baupolizeiordnungen für jede sonstige Baulichkeit vorgeschriebenen Erfordernisse die Behörde auch zu prüfen habe, ob das Lokal den von der Polizei im allgemeinen (§ 10 II 17 ALR.) zu nehmenden Rücksichten entspricht. Die Grundsätze hierfür stellt die konzessionierende Behörde sich selbst auf.

Wenn eine Baupolizeiordnung zB. vorschreibt, daß Kellergeschosse nur unter bestimmten Voraussetzungen und Bedingungen zu Wohnungen eingerichtet werden dürfen, so handelt es sich dabei nicht um „polizeiliche Anforderungen" im Sinne des § 33 Nr. 2. Es fallen unter den Begriff von „Wohnungen" nur zum Wohnen der Menschen bestimmte Räume, nicht aber die lediglich zum Betriebe der Schankwirtschaft bestimmten Räume. Die letzteren dienen nur zum vorübergehenden Aufenthalte. Es ist unzulässig, daß Polizeiverordnungen im allgemeinen vorschreiben, welche Lokale zum Betriebe der Schankwirtschaft usw. überhaupt nur konzessioniert werden dürfen oder wie solche Lokale beschaffen sein müssen (OVG. 33 341; Kunze-Kautz 2 524, 525). Anweisungen der Minister (vgl. Erl. v. 26. VIII. 86 MBl. 182) oder des Regierungspräsidenten darüber, welche Anforderungen der Regel nach an Gast- und Schanklokale zu stellen sind, können den konzessionierenden Behörden einen Anhalt gewähren, sie sind jedoch keineswegs als die gesetzliche Bestimmungen ergänzenden Normen dergestalt anzusehen, daß die Konzession überall da versagt werden muß, wo diesen Anforderungen nicht genügt ist.

Ist ein bestimmtes Lokal genehmigt worden, dann darf die Polizei oder die Konzessionsbehörde nicht nachträglich neue Anforderungen stellen. Vielmehr genießt das Lokal dieselbe Sicherheit, die einer gewerblichen Anlage nach den §§ 16ff. GewO. zukommt (OVG. 5 286, 8 275). Auf der anderen Seite darf der Konzessionär das konzessionierte Lokal nicht wesentlich verändern; tut er dies, so bedarf er einer neuen Konzession (OVG. 11 328). Wesentlich wird eine solche Veränderung sein, die für die Genehmigung des Lokals von Bedeutung sein konnte oder die hinsichtlich der Lage oder der Beschaffenheit des Lokals die von der konzessionierenden Behörde wahrzunehmenden Rücksichten angeht. Eine Verbesserung des Lokals in hygienischer Hinsicht fällt darunter nicht (OVG. 8 276). Ebensowenig ist eine Erneuerung der Konzession erforderlich, wenn nur Ersatzräume an Stelle der durch Brand usw. eingegangenen konzessionierten alten Räume auf derselben Betriebsstätte wieder hergerichtet werden.

Ein vollständiger Wechsel des Lokals, zB. die Verlegung in ein anderes Haus, in ein anderes Stockwerk ist eine wesentliche Veränderung, und die Polizei kann der unkonzessionierten Ausübung in der neuen Betriebsstätte mit polizeilichen Verfügungen entgegentreten.

Die Erteilung des ortspolizeilichen Konsenses zum Umbau eines Hauses, in dessen Räumen eine Schankstätte ist, enthält nicht die von dem Kreis- oder Stadtausschusse zu erteilende Genehmigung zum Betriebe in den umgebauten Räumen.

Schankwirte, die das konzessionierte Lokal mit einem anderen vertauschen, haben keinen Rechtsanspruch darauf, daß ihnen die für das neue Lokal zu erteilende Konzession auch erteilt wird, während dies allerdings meist Billigkeitsrücksichten entsprechen wird. Bei der Verlegung des Lokals tritt ferner stets eine neue Prüfung der Persönlichkeit und des Bedürfnisses in vollem Umfange ein. Selbst wenn die Anstände gegen die Person nicht ausgereicht hätten, die Konzession zu entziehen, können sie zur Versagung der beantragten neuen Konzession genügen.

Die Prüfung des Bedürfnisses erfolgt nach § 33 Abs. 3 GewO.

und der KabO. v. 7. II. 35 u. 21. VI. 44 in Verbindung mit den ministeriellen Bekanntmachungen vom 14. IX. 79 u. 25. XI. 79 (MBl. 79 254 u. 80 17)

1. allgemein bei Nachsuchung der Konzession zum Ausschänken von Branntwein (wozu Rum, Arrak, Kognak, Liköre [durch Destillation gewonnen — MinErl. v. 17. X. 73 MBl. 303; OVG. 11 322], Cyder, Obstwein, Apfelwein, Kunstwein gehören) oder zum Kleinhandel mit Branntwein oder Spiritus und
2. ferner bei Nachsuchung der Konzesssion zum Betriebe der Gastwirtschaft oder zum Ausschänken von Wein, Bier oder anderen nicht unter die Gattung von Branntwein oder Spiritus fallenden geistigen Getränken in Ortschaften mit weniger als 15000 Einwohnern, sowie in solchen Ortschaften mit einer größeren Einwohnerzahl, für die es durch Ortsstatut (§ 142) festgesetzt ist.

Unter Ortschaft sind nicht nur politische Gemeinden, sondern auch die außerhalb des Gemeindeverbandes liegenden Wohnstätten, z. B. eine Kolonie, ein Abbau zu verstehen. Die Militärbevölkernng wird mitgerechnet.

Unter Bedürfnis ist das an einem Orte (Ortschaft) zutage tretende Bedürfnis nicht sowohl der Einwohner der Ortschaft allein, als vielmehr des daselbst auch von außerhalb verkehrenden Publikums nach einer Schankstätte zu verstehen. Ob die Schankstätte existenzfähig ist, ist gleichgültig. Der Antragsteller hat erforderlichenfalls die nötigen Angaben zur Beurteilung des Bedürfnisses zu machen, und der Verwaltungsrichter hat darüber frei zu befinden. Die Äußerungen der Ortspolizei- und Gemeindebehörden sind nicht ausschlaggebend.

Im allgemeinen wird davon auszugehen sein, daß für jedes Dorf eine Schankstätte Bedürfnis ist. Die Prüfung der Bedürfnisfrage hat nur den Zweck, der Völlerei in geistigen Getränken zu steuern. Die Ansprüche bestimmter Gesellschaftsklassen können berücksichtigt werden. Beantragt jemand die Erteilung einer Konzession mit Ausschluß aller geistigen Getränke, so ist das Bedürfnis nicht zu prüfen.

In der Konzession zur Gast- und Schankwirtschaft ist, wenn die Erlaubnis zum Ausschanke von Branntwein verliehen ist, zugleich die Konzession zum Kleinhandel mit Branntwein enthalten.

Kleinhandel mit Branntwein ist im allgemeinen in Preußen jeder Betrieb, der anders als in Mengen (Gebinden oder Flaschen) von mindestens einem halben Anker (17,175 l) stattfindet. In der Provinz Schleswig-Holstein gilt als Höchstgrenze die Menge von 9 l, in der Provinz Hannover nach § 39 GewO. v. 1. VIII. 47 ein Stäbchen (3,894 l), in den vormals landgräflich hessischen Landesteilen nach Art. 7 G. v. 27. VIII. 52 die Menge von 20 Maß (39,668 l) und in Hohenzollern nach § 1 G. v. 17. V. 56 die Menge von einem Maß (1,8370 l). Auf den Kleinhandel mit denaturiertem Spiritus findet der § 33 keine Anwendung.

Handelt es sich um eine mit einem Grundstücke verbundene, schon vor 1810 begründete und durch die Erwerbsurkunde oder das Grundbuch nachgewiesene Realschankberechtigung, so darf die später nachgesuchte Erlaubnis zum Betriebe des Gewerbes nicht von dem Bedürfnis der Anlage abhängig gemacht werden (OVG. 3 249), dagegen ist die Beschaffenheit (nicht die Lage) des Lokals und die Persönlichkeit zu prüfen (Erk. v. 16. X. 79 — II 1498 u. v. 6. XI. 79 — I 40). Die Realberechtigung darf nicht auf solche Zubehörstücke übertragen werden, die erst nach Entstehung des Realrechts dem berechtigten Grundstücke zugeschlagen worden sind (OVG. 7 301, 8 272). Auch wenn die Berechtigung im Grundbuche nicht eingetragen ist, kann sie bestehen (OVG. 8 272). Die Ersitzung ist kein Titel für den Erwerb der öffentlich-rechtlichen Realberechtigung. Sie ist unteilbar. Der einzelne Konzessionsnachsucher muß sich bei Miteigentum die Rechte der Miteigentümer übertragen lassen (Erk. v. 30. XII. 82 — I 49).

Über das Erlöschen der Konzession, die Einstellung des Betriebes siehe § 49 GewO., über den Widerruf § 46, über Stellvertretung § 45, auch S. 336, 337. Bevor dem Gewerbetreibenden die Konzessionsurkunde nicht ausgehändigt ist, darf er den Betrieb nicht beginnen. Selbst wenn im Verwaltungsstreitverfahren ein Erkenntnis zu seinen Gunsten ergangen ist, besitzt er die Erlaubnis noch nicht. Auf Grund des rechtskräftigen Erkenntnisses fertigt der Kreisausschuß ihm erst die Urkunde aus.

Für den Stadtkreis Berlin hat der Minister des Innern durch Erl. v. 19. VIII. 00 das Verfahren vorgeschrieben.

b) Polizeiliche Überwachung der Ausübung des Gewerbes; Polizeistunde.

Bei Ausübung des Gewerbes hat der Gewerbetreibende die bestehenden bau-, feuer-, gesundheits-, sicherheits- und sittenpolizeilichen Vorschriften zu beachten. Die Polizei kann in Ausübung der nach § 10 II 17 ALR. ihr obliegenden Aufgaben dem Betriebe Schranken auflegen, doch dürfen diese die Konzession nicht ganz oder im wesentlichen hinfällig machen. Zur äußeren Heilighaltung der Sonn- und Feiertage können Polizeiverordnungen, die die Schankbetriebe mittreffen, erlassen werden, ebenso zur Innehaltung der Polizeistunde. Solche Verordnungen widersprechen nicht den §§ 1, 33, 40, 53, 143 GewO. (OVG. 2 390, 39 292, 41 309; Kunze-Kautz 2 568 ff.). In der Zuziehung von weiblicher Bedienung darf ein Schankwirt nicht beschränkt werden (§ 40 GewO.; Kunze-Kautz 2 535 ff.).

Besitzt ein Schankwirt keine Konzession, so kann die Polizei gegen den unbefugten Betrieb einschreiten und ihn hindern. Selbst die öffentliche Ankündigung eines nicht konzessionierten Schankgewerbes fällt darunter (OVG. 1 319). Die Polizei kann zu diesem Zwecke ein unberechtigtes Schild übertünchen, wegnehmen lassen (§ 147 GewO.). Auch hier spielt der Grundsatz ne bis in idem vielfach eine Rolle (S. 302). Das Gebot der Polizeistunde verfolgt namentlich den Zweck, der Völlerei der Gäste in den Wirtshäusern während der Nacht vorzubeugen. Die Einführung der Polizeistunde gründet sich auf den § 190 Tit. 20 Teil II ALR. Infolgedessen werden Polizeiverordnungen erlassen, die eine Polizeistunde, eine Zeit, zu welcher die Schankstuben, Kneipen, öffentlichen Vergnügungslokale geschlossen werden müssen, für den Verwaltungsbezirk allgemein festsetzen. In der Regel wird in den Polizeiverordnungen den Lokalpolizeibehörden die Befugnis gegeben, in geeigneten Fällen von der Innehaltung der Polizeistunde abzusehen, also für einzelne Wirte eine spätere Polizeistunde zu gestatten. Eine solche Abweichung wird stets widerruflich erteilt, der Widerruf kann erfolgen, wenn dafür polizeiliche Gründe vorliegen. Es tritt dann der allgemeine gesetzliche Zustand ein, es wird damit keine Ausnahmemaßregel verhängt. Gründe für den Widerruf sind: Begünstigung der Völlerei oder Unsittlichkeit oder des verbotenen Spiels usw., besonders wenn der Wirt die verlängerte Polizeistunde überschritten oder sich sonst gegen polizeiliche Vorschriften vergangen hat (vgl. § 365 StGB.).

Der Widerruf einer Verlängerung kann mit den Rechtsmitteln nach §§ 127 ff. LVG. angefochten werden, ebenso die Ablehnung der beantragten Verlängerung. Die Polizei braucht im Verwaltungsstreitverfahren keine Gründe für ihre Anordnung anzugeben (OVG. 50 367); gibt sie sie an und sind solche in der Polizeiverordnung besonders vorgesehen, so unterliegen sie der Beurteilung des Verwaltungsrichters nach Maßgabe des § 127 Abs. 3 LVG. Auf keinen Fall darf Schikane oder Willkür vorliegen oder sonst pflichtwidrig verfahren werden. Das Halten weiblicher Bedienung kann ein Grund zum Widerruf sein. Die Gründe müssen im Gewerbebetriebe liegen (OVG. 50 361). Wenn die Polizeistunde durch eine Polizeiverordnung allgemein auf eine bestimmte Stunde festgesetzt, aber der Polizei die allgemeine Befugnis gegeben ist, sie zu verlängern oder zu verkürzen (Erk. v. 5. XI. 06 OVG. 50 366), so hat der Schankwirt kein subjektives Recht, daß die Verlängerung ausgesprochen oder die ausgesprochene Verkürzung aufgehoben wird. Der Fall liegt ähnlich wie die in der OVG. 30 295 u. 32 263 entschiedenen Fälle. Hat niemand ein Recht, von der Polizei zu verlangen, daß ihm eine Tätigkeit gestattet werde, so wird sein Recht nicht verletzt, wenn die Tätigkeit verboten oder zu derselben keine Erlaubnis erteilt wird, nur muß die Polizei stets von polizeilichen Motiven ausgehen und ihre Amtsgewalt nicht mißbrauchen.

c) Entziehung der Konzession.

Die nach § 33 GewO. zu erteilenden Konzessionen können gemäß § 53 Abs. 1 und 2 zurückgenommen werden. Die Zurücknahme erfolgt im Verwaltungsstreitverfahren (ZustG. § 119) durch Erkenntnis des Kreisausschusses, in Stadtkreisen und in den zu einem Landkreise gehörigen Städten mit mehr als 10000 Einwohnern des Bezirksausschusses. Gegen die Entscheidungen finden die gewöhnlichen Rechtsmittel (Berufung, Revision), statt. Aus der reichen Judikatur (Kunze-Kautz 2 544 ff.) sollen nur einzelne Punkte hervorgehoben werden.

Die Klage wird angestellt durch die Ortspolizeibehörde der Betriebsstätte; nach dieser richtet sich der dingliche Gerichtsstand.

Die Zurücknahme der Konzession kann nach § 53 Abs. 2 erfolgen, wenn aus Handlungen oder Unterlassungen des Inhabers der Konzession der Mangel gewisser bei der Erteilung der Konzession vorausgesetzter Eigenschaften hervorgeht, der Inhaber mithin jene Eigenschaften nach der Feststellung des Richters nicht mehr besitzt. Hierbei ist zu bemerken, daß es nur auf Handlungen und Unterlassungen des Inhabers der Konzession ankommt; die Entziehung kann daher nur stattfinden, wenn aus einem in die Zeit nach Erteilung der Konzession fallenden Verhalten des Inhabers die Unzulänglichkeit seiner persönlichen Eigenschaften sich ergibt (klar erhellt). Bei Unterlassungen ist das Obwalten von Umständen irgendeiner Art unerläßlich, die es gestatten, das passive Verhalten des Konzessionsinhabers auf ein Verschulden desselben, auf seine Willensrichtung zurückzuführen, die zu der Annahme einer vertretbaren Unterlassung berechtigen (OVG. 9 294). Der Inhaber muß die Augen offen halten. Mit der Übernahme der Konzession übernimmt der Inhaber gegen die Polizei die Verpflichtung, nichts zu tun, was die Völlerei, Unsittlichkeit, das verbotene Spiel, die Hehlerei fördert, und nach Kräften nichts zu unterlassen, was diese hindert. Verstößt er gegen diese öffentlich-rechtliche Verpflichtung und gewinnt aus diesem Verstoße der Verwaltungsrichter die Überzeugung, daß auch künftig kein Verlaß auf den Inhaber mehr vorhanden sei, so kann er die Konzession entziehen. Diese Überzeugung läßt sich aus einem einzelnen Exzesse oder aus einer Reihe von solchen gewinnen. Ist der Inhaber wegen gewisser Verstöße von dem Strafrichter bestraft worden, so muß der Verwaltungsrichter, falls die Tat bestritten wird, selbständig prüfen und feststellen, ob der Inhaber so verfahren, wie die Klage behauptet, bzw. der Strafrichter angenommen hat (Kunze-Kautz 2 548). Die Bestrafung allein ist keine Handlung oder Unterlassung im Sinne des § 53.

Die dem Inhaber zur Last gelegten Verfehlungen brauchen nicht notwendig im Gewerbebetriebe vorgekommen zu sein. Sie müssen nur einen sicheren Schluß zulassen, daß er bei geeigneter Gelegenheit den Gewerbebetrieb zur Förderung der Völlerei, des verbotenen Spiels, der Hehlerei oder der Unsittlichkeit mißbrauche. So war ein Schankwirt wiederholt wegen Holzdiebstahls bestraft worden. Das Oberverwaltungsgericht folgerte daraus eine Unzuverlässigkeit hinsichtlich der Verpflichtung, die Hehlerei vom Schankgewerbe fern zu halten.

Der Abs. 1 § 53 läßt die Entziehung der Konzession zu, wenn die Unrichtigkeit der Nachweise dargetan wird, auf Grund deren solche erteilt worden sind. Die Anwendung dieser Vorschrift ist gegeben, wenn der Konzessionssucher der Behörde, um die Konzession zu erlangen und seine Zuverlässigkeit darzutun, falsche Angaben gemacht, falsche Atteste vorgelegt hat usw. Sie ist anwendbar, wenn sich nach Erteilung der Konzession ergibt, daß das der Behörde bisher unbekannte Vorleben des Inhabers zu dem sicheren Schlusse berechtigt, er werde die Unsittlichkeit usw. fördern. So war nach Erteilung der Konzession bekannt geworden, daß der Inhaber vor ihrer Erteilung eine Frau geheiratet habe, die, wie ihm bekannt, lange Zeit ein Bordell unterhalten. Das Oberverwaltungsgericht sah darin eine Grundlage für die Entziehung der Konzession.

Der Unterschied der beiden Fälle (Abs. 1 und 2 § 53) ist der: Im Falle des Abs. 1 waltet schon vor oder doch bei der Erteilung der Konzession eine Nichtübereinstimmung zwischen dem wirklichen und demjenigen Zustande ob, welchen die Behörde auf Grund der ihr zugänglichen Nachweise als vorhanden annehmen mußte; nur tritt diese Nichtübereinstimmung und damit die Unrichtigkeit der Nachweise erst später zutage. In dem zweiten Falle dagegen fehlt es zwar zunächst nicht an der Übereinstimmung zwischen dem von der Behörde bei der Erteilung der Konzession als vorhanden vorausgesetzten und dem damaligen tatsächlichen Zustande; es sind aber nachträglich durch Handlungen oder Unterlassungen des Inhabers Veränderungen eingetreten, infolge deren nunmehr allerdings diejenigen Eigenschaften nicht mehr anzutreffen sind, die bei Erteilung der Konzession vorausgesetzt werden mußten und vorausgesetzt worden sind (Erk. v. 24. IV. 78 OVG. 4 314).

Gemäß § 46 GewO. darf nach dem Tode des konzessionierten Inhabers die Witwe kraft Gesetzes, ohne neue Konzessionierung, das Gewerbe durch eine qualifizierte Person (Stellvertreter, § 45) fortsetzen. Die Witwe kann dies selbst sein (Erk. v. 2. XII. 86 OVG. 14 315). Sie gilt dann als Inhaberin, und ihr kann die überkommene Konzession entzogen werden, wenn sie die vom Gesetze vorausgesetzten Eigenschaften während des Betriebes vermissen läßt. Sind Kinder vorhanden, für deren Rechnung zugleich der Gewerbebetrieb fortgesetzt wird, so können die Kinder der Konzession durch Verfehlungen der Witwe nicht verlustig gehen. Verfehlungen der Witwe vor Übernahme des Geschäfts sind keine Grundlagen für die Entziehung der Konzession, dagegen kann ihr die Polizei den Betrieb als Stellvertreterin untersagen. Heiratet die Witwe, so bedarf sie einer neuen Konzession. Ist der Betrieb für Rechnung der Witwe und der minderjährigen Kinder gemeinsam fortgesetzt worden, scheidet aber später ein Teil aus dem Betriebe aus (Erbauseinandersetzung, Verzicht usw.) und geht dadurch der Betrieb auf den anderen Teil allein über, so ist ein nochmaliger Eintritt des ausgeschiedenen Teils nicht ohne weiteres zulässig. Er muß dann eine neue Konzession nachsuchen (Erk. v. 11. I. 99 OVG. 34 311).

Der Sinn des § 46 ist der, daß sowohl die Witwe und die minderjährigen Erben als auch ein Teil allein den Betrieb fortsetzen darf.

Die Entziehung der Konzession darf wegen späteren Mangels der bei der Genehmigung vorausgesetzten Eigenschaften des Betriebslokals nicht erfolgen. Die in den OVG. 2 328, 4 318, 8 275 nach dieser Richtung aufgestellten Rechtsgrundsätze sind später (OVG. 31 291) nicht aufrecht erhalten worden. Übt der Inhaber das Gewerbe in einem anderen als dem konzessionierten Lokale aus oder hat er das konzessionierte Lokal wesentlich verändert oder hat das Lokal sonst die vorausgesetzten Eigenschaften verloren, so kann dagegen die Polizei mit polizeilicher Verfügung vorbeugend einschreiten und den Betrieb verhindern (GewO. §§ 15, 147), weil ein konzessionsloser Betrieb ausgübt wird, aber nicht den Antrag auf Entziehung der Konzession für das konzessionierte Lokal stellen.

Wenn im Laufe eines Konzessionsentziehungsverfahrens der Beklagte stirbt, so ist der Prozeß zu Ende, die Akten sind wegzulegen. Jeder Teil trägt seine Kosten; es liegt gewissermaßen casus, vis major vor. Es ist unzulässig, gegen die Erben den Streit fortzusetzen und mit diesen zu erörtern, ob der Erblasser mit Recht Anlaß zur Klage gegeben habe.

Verzichtet dagegen der Inhaber im Laufe des Verwaltungsstreitverfahren gegenüber der Polizei auf die Konzession, so geht das Verfahrens wegen der Kosten weiter (OVG. 8. III. 94 — III 304). Die bloße Einstellung des Betriebes allein ohne ausdrücklichen Verzicht ist kein solcher; ob letzterer infolge der Einstellung etwa anzunehmen ist, ist wesentlich Tatfrage (OVG. 2. II. 93 — III 117).

Hat jemand zwei Konzessionen, so sind ihm beide zu entziehen; das teilweise Belassen einer der erteilten Konzessionen ist unzulässig (OVG. 19. I. 91 — III 62, u. OVG. 40 316).

Fünfter Titel.

Tanzlustbarkeiten.

(§ 33c.)

Die Abhaltung von Tanzlustbarkeiten richtet sich nach den landesrechtlichen Bestimmungen (§ 33c GewO.). In Preußen sind allgemeine gesetzliche Vorschriften nicht erlassen. Da aber öffentliche Tanzlustbarkeiten der öffentlichen Sittlichkeit, der öffentlichen Ordnung usw. zuwider sein können, dürfen über ihre Abhaltung (ALR. II 17 § 10 in Verbindung mit PolVG. § 6) Polizeiverordnungen erlassen werden, die entweder bestimmte Grundsätze bei der Gestattung der Tanzlustbarkeiten aufstellen oder nur allgemein vorschreiben, daß jede öffentliche Tanzlustbarkeit der polizeilichen Genehmigung unterliegt. Die unberechtigte Versagung der Genehmigung ist ein Eingriff in die Rechtssphäre des einzelnen, und sie bedarf der Rechtfertigung durch auf objektiven Gesichtspunkten beruhende polizeiliche Motive (OVG. 28. V. 94 — III 637). Die Versagung kann mit den Rechtsmitteln aus den §§ 127 ff. LVG. angegriffen werden. Dabei hat der Verwaltungsrichter u. a. zu prüfen, ob der tatsächliche Anlaß zur Versagung auf Wahrheit beruht (OVG. 24. V. 94 — III 622). Die Polizeiverordnung kann u. a. die Zulassung der Tanzlustbarkeit gestatten, wenn dem öffentlichen Bedürfnisse nach Tanzmusiken anderweitig genügt ist. Es ist auch nicht zu beanstanden, wenn die Polizei nur eine bestimmte Zahl von Tanzmusiken in ihrem Bezirke zuläßt, ebensowenig, wenn die Verteilung der Tanzmusiken unter die einzelnen Wirte derartig erfolgt, daß die, die die meisten Garantien für Aufrechterhaltung der öffentlichen Ordnung und Sittlichkeit bieten, in erster Reihe berücksichtigt werden (OVG. 17. V. 99 — III 782).

Zum Begriffe der Tanzlustbarkeit gehört, daß „Mitglieder des Publikums" selbst tanzen; es sind also nicht Tanzlustbarkeiten im Sinne des § 33c, wenn Balletts oder sonstige Tänze von Tanzkünstlern aufgeführt werden; letztere können zu den Lustbarkeiten oder theatralischen Vorstellungen zählen (Olshausen, Die öffentlichen Tanzlustbarkeiten und ihre Regelung, PrVBl. 29 141 ff.). Die Entsch. v. 13. X. 03 (PrVBl. 25 527) geht richtig davon aus, daß es nicht notwendiges Erfordernis einer Tanzlustbarkeit ist, daß sie nach einem gewissen Plane, nach vorgängiger öffentlicher Ankündigung usw. erfolgt. Eine Anzahl Personen, denen sich andere anschließen, kann sich spontan entschließen, eine öffentliche Tanzlustbarkeit abzuhalten, und so jedermann zulassen. Die Tanzlustbarkeit kann im Freien, in einem Tanzsaale, in einer Wirtschaft oder in einem gemieteten Lokale abgehalten werden. Der Begriff der Öffentlichkeit wird vielfach verkannt. Verschiedene Polizeiverordnungen (Erk. v. 7. IV. 02 PrVBl. 23 697) geben falsche Erfordernisse des Begriffs der Öffentlichkeit an (Erk. v. 13. XI. 03 PrVBl. 25 695). Mögen die Tanzlustbarkeiten in einem Wirts- oder in einem Privathause stattfinden, sie sind nicht öffentliche, wenn sie von einer geschlossenen Gesellschaft veranstaltet werden und an ihr nur die Mitglieder der Gesellschaft teilnehmen. Zu einer geschlossenen Gesellschaft gehört ein nach außen hin abgeschlossener Kreis von Personen, die nach innen durch wechselseitige persönliche Beziehungen miteinander verbunden sind (OVG. 29 426 u. 433). Tanzlustbarkeiten, die von Vereinen veranstaltet werden, sind öffentlich, wenn für den Erwerb und Verlust der Mitgliedschaft geringfügige und leicht zu erfüllende Bedingungen vorliegen, so daß der Erwerb der Mitgliedschaft nur ein Deckmantel für die Heranziehung Fremder zu der Tanzlustbarkeit ist, die Mitgliedschaft also wesentlich erworben wird, um an der Tanzlustbarkeit teilzunehmen; ebenso wenn der Verein eine solche Ausdehnung hat, daß ein Inbeziehungtreten der Mitglieder zueinander so gut wie ausgeschlossen ist (OVG. 27 428, 29 434). Die Öffentlichkeit ist bejaht in den Fällen des Erk. v. 3. III. 99 (OVG. 35 440), Erk. v. 8. II. 07 (PrVBl. 28 802). Vielfach wird am Eingange zu dem Tanzsaale ein geringer Beitrag gefordert und daraufhin eine Mitgliedskarte ausgehändigt. Damit wird die Geschlossenheit nicht gesichert.

Mehrere Vereine können sich zu einer privaten Tanzlustbarkeit vereinigen, bei großen Vereinen wird dagegen die Vereinigung oft zu einer öffentlichen Tanzlustbarkeit ausarten (Erk. v. 16. I. 03 PrVBl. 24 781). In dem Erk. v. 9. III. 92 (OVG. 22 418) hat das Oberverwaltungsgericht angenommen, daß es sich um eine geschlossene Gesellschaft gehandelt habe, als ein Bezirksverein, der 269 Mitglieder mit dauernder Organisation hatte und dessen Mitglieder nur durch Abstimmung zur Aufnahme gelangten, für seine Mitglieder eine Tanzlustbarkeit veranstaltete.

Gehen zum Zwecke der Veranstaltung einer einmaligen Tanzlustbarkeit Listen herum, in die von einem Ausschusse besonders aufgeforderte Personen und ferner nicht aufgeforderte Bekannte (Gäste) sich eintragen können, so wird meist eine öffentliche Tanzlustbarkeit vorliegen. Es bestehen vielfach Gesellschaften, die sich zur Aufgabe machen, jährlich mehrere Bälle und Ausflüge zu veranstalten. Die Bälle können öffentlichen und privaten Charakter tragen, letzteren, wenn die Gesellschafter untereinander persönliche Beziehungen haben und der Eintritt in die Gesellschaft von der Zugehörigkeit zu einem gewissen Stande (Offizier, Jurist, Verwaltungsbeamter) oder von einer gewissen Form (Ballotage) abhängig gemacht ist (vgl. OVG. 35 439; Olshausen im PrVBl. 29 141). Die Erlaubnis, Gäste mitzubringen, macht eine private Tanzlustbarkeit nicht unter allen Umständen zu einer öffentlichen, namentlich dann nicht, wenn die Gäste erst dem Vereine oder der Gesellschaft angemeldet werden müssen und darauf von dieser nach Prüfung eingeladen werden. Entscheidet das freie Belieben der Mitglieder, so wird eine öffentliche Tanzlustbarkeit vorliegen (PrVBl. 28 728). So werden oft den Mitgliedern eines Vereins, Klubs usw. oder einem Wirte beliebig viele Karten zur Verfügung gestellt und abgesetzt. Dadurch entsteht eine öffentliche Tanzlustbarkeit. Liegen andererseits nur indirekte Beziehungen der Tanzenden untereinander vor, so macht der Umstand, daß Gäste zu den Kosten der Lustbarkeit beitragen, die letztere oft schon deshalb zu einer öffentlichen (Erk. v. 13. XI. 05 PrVBl. 25 695). In Oberschlesien ist es an vielen Orten Sitte, daß bei Hochzeiten gegen Erlegung eines kleinen Betrages (0,50 Mk.) jedermann am Tanze teilnehmen kann. Dadurch wird die Tanzlustbarkeit zu einer öffentlichen.

Geben die Polizeiverordnungen bestimmte Gründe an, die die Versagung rechtfertigen, so hat sich die Polizei an sie zu halten; sie hat dann kein völlig freies Ermessen. Anders, wenn in der Polizeiverordnung bestimmte Versagungsgründe nicht angegeben, sondern nur vorgeschrieben ist, daß zu jeder öffentlichen Tanzlustbarkeit polizeiliche Genehmigung erforderlich ist. Danach hat niemand ein Recht zur Veranstaltung der Tanzlustbarkeit, aber auf der anderen Seite darf die Polizei nicht die Genehmigung unter Mißbrauch der Amtsgewalt, aus Willkür und Schikane versagen. Gibt sie für ihre Versagung Gründe an, so hat diese der Verwaltungsrichter gemäß § 127 Abs. 3 LVG. zu prüfen (vgl. die Bemerkungen im Titel „Polizeistunde").

Die erteilte Erlaubnis kann aus polizeilichen Gründen zurückgenommen werden; die Zurücknahme stellt eine polizeiliche Verfügung dar.

Wird eine öffentliche Tanzlustbarkeit ohne die erforderliche polizeiliche Genehmigung abgehalten, so kann sie polizeilich verhindert werden (Erk. v. 7. IV. 02 u. v. 13. XI. 03 — PrVBl. 23 697 u. 25 695). Die Polizei kann die Musik entfernen, ja selbst ein Wirtschaftslokal schließen lassen, wenn sonst kein Mittel hilft (siehe im übrigen Olshausen, PrVBl. 29 141ff. u. Kunze-Kautz 2 561ff.).

Sechster Titel.

Tingel-Tangel.

(§ 33a.)

Wer gewerbsmäßig Singspiele, Gesangs- und deklamatorische Vorträge, Schaustellungen, ohne daß ein höheres Interesse der Kunst oder Wissenschaft dabei obwaltet, in seinen Wirtschafts- oder sonstigen Räumen öffentlich veranstalten oder zu deren öffentlicher Veranstaltung seine Räume benutzen lassen will, bedarf der Erlaubnis ohne Rücksicht auf die etwa bereits erteilte Erlaubnis zum Betriebe des Gewerbes als Schauspielunternehmer (§ 33a Abs. 1). Der Abs. 2 Ziff. 1—3 gibt an, wann die Erlaubnis zu versagen ist. Aus den unter Ziff. 1 angeführten Gründen (Verstoß gegen die guten Sitten) kann die Erlaubnis zurückgenommen werden, und Personen, die vor Inkrafttreten der Vorschrift in § 33a den Gewerbebetrieb begonnen haben, kann derselbe untersagt werden.

Die Erlaubnis wird erteilt oder versagt durch den Kreis- oder Stadtausschuß (Magistrat). Gegen den versagenden Beschluß ist der Antrag auf mündliche Verhandlung im Verwaltungsstreitverfahren binnen zwei Wochen zulässig. Dagegen Berufung an den Bezirksausschuß, der endgültig entscheidet (§ 1 Vd. v. 31. XII. 83). Die Zurücknahme der Erlaubnis oder die Untersagung (§ 33a Abs. 3) erfolgt durch den Kreis- oder Bezirksausschuß auf Klage der Ortspolizeibehörde (§ 4 der Vd.). Die Rechtsmittel sind nicht beschränkt.

Die Unternehmer sind an die Polizeistunde gebunden. Werden Singspiele usw. nur gelegentlich, nicht gewerbsmäßig aufgeführt, so bedarf es keiner Erlaubnis nach § 33a GewO. Sie darf übrigens nicht auf Zeit oder unter Bedingungen gegeben werden (§ 40).

Vgl. MinErl. v. 13. I. 95 (MBl. 19). Wegen des Begriffes „öffentliche Veranstaltung" Erl. v. 2. XI. 84 (MBl. 251) u. v. 23. II. 89 (MBl. 38); OVG. 18 422, 22 413 u. 35 436; wegen des Begriffes „des höheren Kunstinteresses" OVG. 34 203 u. AusfAnw. Ziff. 49.

Nach der klaren Vorschrift in § 33a Abs. 1 muß derjenige Schauspielunternehmer, der theatralische Vorstellungen, ohne daß ein höheres Interesse der Kunst oder Wissenschaft obwaltet, gewerbsmäßig in seinem Raume veranstaltet usw., eine Konzession nach § 32 und nach § 33a haben. Ist er ein Schankwirt, so braucht er noch eine dritte Konzession, die Schankkonzession. Werden die Vorstellungen in dem Raume eines Dritten abgehalten, so bedarf auch der Dritte einer Erlaubnis aus § 33a; die Konzession des aufführenden Schauspielunternehmers nach § 32 und § 33a wird nicht entbehrlich.

Beachtet ein Gewerbetreibender diese Vorschriften nicht, so kann die Polizei zur Verhinderung des unbefugten Gewerbebetriebes bis zur Schließung des Lokals gehen, wenn dadurch auch der Gewerbetreibende außerstande gesetzt wird, den Betrieb, der ihm konzessioniert ist, auszuüben (Erk. v. 17. V. 06 — III B 16/06 — PrVBl. 29 282).

Siebenter Titel.

Lustbarkeiten (§ 33b).

Wer gewerbsmäßig Musikaufführungen, Schaustellungen, theatralische Vorstellungen oder sonstige Lustbarkeiten, ohne daß ein höheres Interesse der Kunst oder Wissenschaft dabei obwaltet, von Haus zu Haus oder auf öffentlichen Wegen, Straßen, Plätzen darbieten will, bedarf der Erlaubnis der Ortspolizeibehörde (§ 33b GewO.). Die Versagung der Erlaubnis wird nach den Vorschriften in den §§ 127ff. LVG. angefochten. Nimmt die Polizei fälschlicherweise eine Genehmigungsbefugnis in Anspruch, so liegt in der Versagung ein Gebot, die für genehmigungspflichtig erachtete Handlung wegen Versagung der Genehmigung zu unterlassen (Erk. v. 3. IV. 05 OVG. 47 328). Die Musikaufführungen können in Instrumentalmusik, Drehorgelspielen, Harmonikamusik usw. bestehen (OVG. 32 104, 34 204, 213).

Wird das Gewerbe im Umherziehen betrieben (§ 55 Abs. 1 Ziff. 4 und 60a), so ist ein Wandergewerbeschein und die Erlaubnis nach § 33b erforderlich.

Ein öffentliches Gastwirtslokal ist kein öffentlicher Platz im Sinne des § 33b (OVG. 29 313, 47 328).

Ein Gastwirt, der die Erlaubnis nach § 33a erhalten hat, bedarf der ortspolizeilichen Erlaubnis aus § 33b oder § 60a weder dann, wenn er die in § 33a genannten Lustbarkeiten auf eigene Rechnung in seinem Raume veranstaltet, noch wenn er seinen Raum einem Dritten für dessen Rechnung überläßt. Der Dritte bedarf einer Erlaubnis aus § 33b ebenfalls nicht, und aus § 60a nur dann, wenn er sich auf den stehenden Gewerbebetrieb am eigenen Wohnorte nicht beschränkt. In der Wahl des Arbeits- und Hilfspersonals ist nur der beschränkt, der das Gewerbe im Umherziehen ausübt (OVG. 47 328).

Da die GewO. in § 33b nicht wie in § 33a bestimmte Versagungsgründe angibt, richten sich dieselben nach den Vorschriften des Landesrechts. Die Polizei kann daher (vgl. Titel „Tanzlustbarkeiten") aus allen möglichen polizeilichen Gründen die Erlaubnis versagen. Der Verwaltungsrichter hat nicht zu prüfen, ob er selbst aus gleichen Gründen die Erlaubnis versagt hätte, sondern ob die tatsächlichen Voraussetzungen für die geltend gemachten polizeilichen Gründe vorhanden und ob sie rechtlich zulässig sind. Mißbrauch der Amtsgewalt (Schikane und Willkür) darf niemals vorliegen.

Das StempelG. v. 31. VII. 95 (GS. 413) belegt die Genehmigung von Lustbarkeiten mit einem Stempel von 1,50 Mk. (bei Lustbarkeiten geringfügiger Art beträgt der Stempel 0,50 Mk.). Dazu ist eine allgemeine ministerielle Erläuterung unter dem 15. XI. 96 gegeben (Kunze-Kautz 2 562).

Achter Titel.

Straßengewerbe (§ 37).

Zu den Straßengewerben gehören a) alle Gewerbe, die dem öffentlichen Personen- und Güterverkehre innerhalb der Orte durch Fuhrwerk (Droschken, Omnibus, Kraftwagen), Gondeln, Sänften, Reit- und Lasttiere usw. dienen und b) alle Gewerbe von Personen, welche auf öffentlichen Straßen und Plätzen ihre Dienste anbieten (Dienstmänner, Fremdenführer, Stiefelputzer; vgl. Frhr. von Stengel, Wörterbuch, Art.: Straßengewerbe). Pferde- und elektrische oder Dampfstraßenbahnen gehören nicht zu den Straßengewerben (G. über Kleinbahnen und Privatanschlußbahnen v. 28. VII. 92 GS. 225 und Ausf.-Anw. v. 22. VIII. 92 MBl. 328; OVG. 29. XII. 83 10 198 und vom 1. X. 97 15 286).

Die Regelung der Straßengewerbe ist durch die GewO. absolut in die Zuständigkeit der Ortspolizeibehörden, die Polizeiverordnungen zu erlassen haben, verwiesen bis auf einen Punkt, nämlich wenn einem selbständigen Gewerbetreibenden der Betrieb untersagt werden soll. In dieser Hinsicht sind die Vorschriften in den §§ 20, 21, 40 GewO. zu beachten, und im ZustG. § 119 beachtet worden;

ist nach ortspolizeilicher Verordnung zum Beginne des Betriebes eine polizeiliche Genehmigung erforderlich, so findet auf die Entziehung der Genehmigung der § 40 ebenfalls Anwendung. Anders stehen die Gehilfen der selbständigen Gewerbetreibenden (Kutscher). Auch ihre Zulassung kann von polizeilicher Genehmigung abhängig gemacht werden; wird diese Genehmigung versagt oder die Genehmigung zurückgenommen, so werden diese polizeilichen Maßnahmen als polizeiliche Verfügungen im Sinne der §§ 127ff. LVG. angesehen, und sie können mit den dort angegebenen Rechtsbehelfen (Beschwerde und Klage) angefochten werden. Die Droschkenführer pflegen Fahrlegitimationen zu erhalten, und ist ein solcher Führer zugleich selbständiger Gewerbetreibender, so kann ihm die Fahrlegitimation durch polizeiliche Verfügung entzogen werden, während die Entziehung der Genehmigung zur Ausübung des Fahrgewerbes nur mittelst Klage (ZustG. § 119) der Ortspolizeibehörde vor dem Kreisausschusse oder Bezirksausschusse in Stadtkreisen usw. erfolgen darf. Ebenso werden alle übrigen selbständigen Straßengewerbetreibenden behandelt. Gegen die Entscheidungen des Kreis- und Bezirksausschusses finden die gewöhnlichen Rechtsmittel Anwendung. Das Erk. v. 27. VI. 96 (OVG. 30 323) behandelt die Dienstmänner, die einem Dienstmannsinstitute angehören, und die selbständigen Dienstmänner. In Berlin müssen die ersteren, die von dem konzessionierten Inhaber eines Dienstmannsinstituts angenommen werden, im Besitze eines polizeilich ausgestellten Dienstscheins sein; ihr Gewerbe darf nur auf Grund einer vom Polizeipräsidium erteilten Erlaubnis betrieben werden. Soll der Betrieb des Gewerbes eines selbstständigen Dienstmanns untersagt (die Erlaubnis entzogen) werden, so hat die Ortspolizei gemäß § 119 ZustG. zu klagen, während die Entziehung des Dienstscheins der Institutsdienstmänner durch polizeiliche Verfügung erfolgt (§§ 127ff. LVG.), weil sie kein Gewerbe betreiben. Alles dies setzt voraus, daß eine Polizeiverordnung in den vorgeschriebenen Formen erlassen und die Materie durch sie geregelt ist. Eine solche Verordnung kann auch die Zulassung vom Bedürfnisse abhängig machen. Welche sonstige Bedingungen für die Zulassung zu stellen sind, ist dem Ermessen der Polizei überlassen, als Schranke ihres Ermessens dient, daß sie von polizeilichen Gesichtspunkten ausgeht (Kunze-Kautz 2 590ff.). Das Verwaltungsstreitverfahren entwickelt sich bei der Verweigerung der Zulassung oder der Genehmigung, indem gegen die polizeiliche Versagung die in §§ 127ff. LVG. gegebenen Rechtsmittel eingelegt werden.

Der Begriff des öffentlichen Platzes im Sinne des § 37 GewO. ist im weitesten Umfange aufzufassen, so daß jeder Platz darunter fällt, der dem öffentlichen Verkehre dient, mag dieser sich auch ganz oder fast ausschließlich auf bestimmte Arten oder Zwecke des Verkehrs beschränken. Das OVG. v. 5. II. 94 — III 161 sah als solchen einen Platz an, auf dem die Droschken und Dienstmänner an einem Bahnhofe aufgestellt waren und der dem öffentlichen Verkehre freigegeben war, obwohl der Platz Zubehör der Bahnanlage war und einen Teil des Bahngebietes bildete. Es wurde dabei ausgesprochen, daß die Bahnpolizeibehörde eine gewisse konkurrierende Tätigkeit bei der Ordnung der Ausübung der Gewerbebetriebe auf dem Platze hätte (Standort).

Abfuhrunternehmer, die Fäkalien, Asche usw. aus bewohnten Grundstücken entfernen, betreiben kein Straßengewerbe (OVG. 32 295 und 302). Deshalb ist die Ortspolizeibehörde nicht berechtigt, den Betrieb von einer polizeilichen Erlaubnis abhängig zu machen oder sonst gewisse Unternehmer davon auszuschließen. Dagegen ist es den Stadtgemeinden gestattet, durch besondere statutarische Anordnungen die Fäkalienabfuhr usw. in den Kreis der von ihnen zu erledigenden öffentlichen Aufgaben zu ziehen und sie zu einer Gemeindeangelegenheit zu machen. Daneben kann dann die Ortspolizei durch eine PolVd. die Verpflichtung gegen die Grundbesitzer aussprechen, die Grubenräumung nur durch die seitens der Stadt dazu bestimmten Personen bewirken zu lassen. Die Polizei ist befugt, zur Verhinderung einer Störung dieser Ordnung gegen jedermann einzuschreiten, also auch die Vornahme von Abfuhrarbeiten durch unbefugte Dritte zu verbieten (Erk. v. 16. VI. 97 OVG. 32 302; vgl. Friedrichs im PrVBl. 29 240). Auch auf das Leichenfuhrwesen findet § 37 keine Anwendung.

Neunter Titel.

Erlaubnis zum ambulanten Gewerbebetriebe (§ 42b); Legitimationsschein (§ 43); Legitimationskarte (§ 44a Abs. 1—5); Gewerbelegitimationspapiere (§ 44a Abs. 6); Wandergewerbeschein (§§ 55ff.); Druckschriftenverzeichnis (§ 56 Abs. 4).

Wer zum selbständigen Betriebe eines stehenden Gewerbes befugt ist, darf dasselbe, ohne eine polizeiliche Erlaubnis einzuholen, innerhalb und auch außerhalb des Gemeindebezirks seiner gewerblichen Niederlassung ausüben (§ 42 GewO.). Die Bestimmungen wegen des Gewerbebetriebes im Umherziehen (§§ 55 ff.) bleiben durch diese Vorschrift unberührt. Hiernach ist die Ausübung des stehenden Gewerbes außerhalb der gewerblichen Niederlassung so weit frei, als die GewO. nicht besondere Einschränkungen macht, und die Ausübung des stehenden Gewerbes außerhalb der Betriebsstätte gilt als Ausübung des stehenden Gewerbes selbst, soweit die Vorschriften über das Wandergewerbe (Hausierbetrieb, Gewerbebetrieb im Umherziehen) den Betrieb nicht als Hausierbetrieb ansehen. Auf die Wanderlager (§ 56c) bezieht sich diese Bestimmung nicht, sie gehören zu den Hausiergewerben; anderseits betrifft § 42 die sog. Saisongeschäfte in Bädern usw. Gegenstände, die im Hausierhandel (§ 56) überhaupt nicht feilgeboten werden dürfen (Gifte, Spielkarten, explosive Stoffe usw.), fallen nicht unter den § 42. Die Landesregierung kann dies Verbot weiter ausdehnen; auf der anderen Seite kann die Ortspolizeibehörde das Feilbieten geistiger Getränke bei besonderen Gelegenheiten (Volksfesten, Manövern) gestatten. Durch den Regierungspräsidenten (in Berlin durch den Polizeipräsidenten) kann nach Anhörung der Gemeindebehörde (Gemeindevorstand) für einzelne Gemeinden bestimmt werden, daß Personen, die in der Gemeinde einen Wohnsitz oder eine gewerbliche Niederlassung haben, einer Erlaubnis bedürfen, wenn sie innerhalb des Gemeindebezirks auf öffentlichen Straßen, Plätzen oder ohne vorgängige Bestellung von Haus zu Haus Waren feilbieten wollen usw. (GewO. § 42b). Diese Vorschrift will verhindern, daß Verbrecher von der in § 42 zugelassenen Befugnis ohne weiteres Gebrauch machen (sog. ambulanter Gewerbebetrieb). Die Erlaubnis erteilt der Kreis- und der Stadtausschuß (§ 1 Vd. v. 31. XII. 83) der Magistrat in den zu einem Landkreise gehörigen Städten mit mehr als 10000 Einwohnern (vgl. Bek. v. 27. XI. 96 RGBl. 745). Wird die Erlaubnis versagt, so ist Antrag auf mündliche Verhandlung zulässig. Der auf Berufung angerufene Bezirksausschuß entscheidet endgültig. Gegenpartei ist ein Kommissar zur Wahrnehmung des öffentlichen Interesses (§ 74 Abs. 3 LVG.). Über die Zurücknahme der Erlaubnis entscheidet der Kreisausschuß (Bezirksausschuß) auf Klage der Ortspolizeibehörde (§ 4 Vd. v. 31. XII. 83). Es finden die gewöhnlichen Rechtsmittel statt.

Wer gewerbsmäßig Druckschriften auf öffentlichen Plätzen usw. verbreitet, hat einen auf seinen Namen lautenden Legitimationsschein bei sich zu führen (GewO. § 43). Die Ortspolizeibehörde stellt den Schein aus, gibt darin auch die Zeitdauer an. Gegen die versagende Verfügung ist innerhalb zweier Wochen die Klage beim Kreisausschusse (Bezirksausschusse) zulässig (ZustG. § 116). Gegen die Entscheidungen des Kreisausschusses finden die Rechtsmittel der Berufung, dann der Revision, gegen die des Bezirksausschusses in erster Instanz nur die Revision statt (§ 118) die Beschränkungen des § 127 Abs. 3 LVG. finden nicht statt. Der Verwaltungsrichter ist in der Beurteilung ganz frei. Beklagter ist die Ortspolizeibehörde. Die Zurücknahme der Erlaubnis sieht das Gesetz nicht vor. Gleiches Rechtsmittel steht dem zu, dem die nicht gewerbsmäßige öffentliche Verbreitung von Druckschriften (§ 5 PreßG. v. 7. V. 74 RGBl. 65) verboten worden ist (ZustG. § 116). Die Vorschrift in § 43 bezieht sich nicht auf denjenigen, der Druckschriften außerhalb seines Wohnungs- oder Niederlassungsortes im Umherziehen vertreiben will (§§ 55, 56 Abs. 4 GewO.). Das öffentliche Anschlagwesen, das unentgeltliche öffentliche Verteilen von Aufrufen, Plakaten usw.

unterliegt der Landesgesetzgebung (§ 30 PreßG. v. 7. V. 74, §§ 9, 10, 11 PrPreßG. v. 12. V. 51; OVG. 5 413). Stimmzettel, die nur die Bezeichnung der zu wählenden Personen enthalten, gelten nicht als Druckschriften im obigen Sinne (G. v. 12. III. 84 RGBl. 17).

Ein Gewerbetreibender, der ein stehendes Gewerbe ausübt, darf auch außerhalb des Gemeindebezirks seiner gewerblichen Niederlassung persönlich oder durch Reisende für die Zwecke seines Gewerbebetriebes Waren aufkaufen und Bestellungen suchen (GewO. § 44), es bildet also die Tätigkeit des Reisenden den Ausfluß und Inhalt des stehenden Betriebes, doch müssen die in § 44 auferlegten Beschränkungen innegehalten werden, sonst greifen die Vorschriften des Hausiergewerbes Platz. Diese Reisenden müssen eine Legitimationskarte, auf Antrag des Inhabers des stehenden Gewerbes auf den Namen des Reisenden ausgestellt und auf das Kalenderjahr gültig, bei der Ausübung des Gewerbebetriebes bei sich führen und den zuständigen Behörden und Beamten vorzeigen (GewO. § 44a). Einer Legitimationskarte bedürfen die Gewerbetreibenden nicht, welche durch die in Handelsverträgen vorgesehene Gewerbelegitimationskarte bereits legitimiert sind (GewO. § 44a Abs. 6).

Die Ortspolizeibehörde erteilt und nimmt die Legitimationskarte zurück, während die Gewerbelegitimationskarte durch die für die Ausstellung von Paßkarten zuständigen Behörden erteilt und zurückgenommen wird (AusfAnw. Ziff. 57). Gegen die Verfügungen der Ortspolizeibehörden, durch welche den Reichsangehörigen die Legitimations- oder Gewerbelegitimationskarte versagt oder durch Zurücknahme entzogen wird, findet innerhalb zweier Wochen die Klage bei dem Bezirksausschusse statt, gegen dessen Endurteile nur die Revision zulässig ist (ZustG. §§ 117, 118, 121, § 2 Vd. v. 31. XII. 83). Der Bezirksausschuß ist bei der Beurteilung ganz frei, er entscheidet nicht etwa nur gemäß der in § 127 Abs. 3 LVG. zugelassenen Gesichtspunkte. Ausländer haben nur die Beschwerde bei der vorgesetzten Aufsichtsbehörde (II B Ziff. 2 Abs. 3 Bek. v. 27. XI. 96). Für die Versagung und Zurücknahme der Karten sind die materiellen Vorschriften in Abs. 3, 4, 6 § 44a GewO. zu beachten. Die Klage wegen Versagung der Legitimationskarte steht nur dem Inhaber des stehenden Gewerbes zu (Erk. v. 15. II. 04 PrVBl. 26 29). Vorstehendes gilt für den stehenden Gewerbebetrieb.

Wer ein Gewerbe im Umherziehen (§§ 55 ff. GewO.) betreiben will, bedarf eines Wandergewerbescheines, soweit nicht für die in Ziff. 2 § 55 (Warenbestellungen aufsuchen usw.) bezeichneten Fälle in Gemäßheit des § 44a eine Legitimationskarte genügt. Der Wandergewerbeschein wird für die Dauer des Kalenderjahres erteilt, er darf einem anderen nicht zur Benutzung überlassen werden. Die Erteilung erfolgt durch die für den Wohnort oder Aufenthaltsort zuständige höhere Verwaltungsbehörde, den Bezirksausschuß, gegen dessen versagenden Beschluß Antrag auf mündliche Verhandlung im Verwaltungsstreitverfahren zulässig ist. Im Falle des § 55 Ziff. 4 erfolgt die Erteilung durch die Behörde, in deren Bezirk das Gewerbe betrieben werden soll. Gegner ist ein zu ernennender Kommissar (§ 74 Abs. 3 LVG.). Nur die Revision ist zulässig.

In Berlin erteilt den Wandergewerbeschein der Polizeipräsident, gegen dessen versagenden Bescheid Klage beim Bezirksausschusse binnen zwei Wochen gegeben ist. Die Klage ist bei dem Bezirksausschusse selbst anzubringen. Der Verwaltungsrichter ist in der Beurteilung vollkommen frei (§§ 117, 118, 161 ZustG.). Ausländern erteilt der Regierungspräsident, in Berlin der Polizeipräsident, den Wandergewerbeschein. Gegen den versagenden Bescheid ist nur die Beschwerde an den Oberpräsidenten zulässig (AusfAnw. v. 22. III. 99 Ziff. 18 u. Bek. des Reichskanzlers v. 27. XI. 96 — RGBl. 745 — A Ziff. 11). Die Zurücknahme des Wandergewerbescheins (GewO. § 61) erfolgt auf Klage der Ortspolizeibehörde durch den Bezirksausschuß (§ 5 Bd. v. 31. XII. 83). Zuständig ist der Bezirksausschuß des Wohnortes und des Aufenthaltsortes (§ 61 Abs. 3). Nach dieser Zuständigkeit richtet sich dann, welche Ortspolizeibehörde die Klage anzustellen hat (Kunze-Kautz 2 632); denn dasjenige Merkmal, das für die örtliche Zuständigkeit des Gerichtshofes bestimmend ist, ist auch bestimmend für die Zuständigkeit der klagenden Behörde.

Die GewO. enthält zahlreiche Fälle, in denen der Wandergewerbeschein versagt werden muß (§ 57), in denen er in der Regel zu versagen ist (§ 57a) und in denen er nur bei gewissen Voraussetzungen versagt werden darf (57b). Die Zurücknahme kann erfolgen (§ 58), wenn sich in der Folge ergibt, daß eine der in § 57 Ziff. 1—4, § 57a oder § 57b bezeichneten Voraussetzungen entweder zur Zeit der Erteilung bereits vorhanden gewesen, der erteilenden Behörde aber unbekannt geblieben oder nach der Erteilung eingetreten ist.

Wer Druckschriften usw. im Umherziehen feilbieten will, hat ein Verzeichnis derselben der Behörde (Bezirksausschuß, in Berlin dem Polizeipräsidenten, § 3 Bd. v. 31. XII. 83) des Wohnortes zur Genehmigung vorzulegen. Das Verzeichnis, von dem nicht abgewichen werden darf, hat der Gewerbetreibende während der Ausübung des Gewerbes bei sich zu führen und auf Erfordern den zuständigen Beamten vorzuzeigen. Gegen den versagenden Beschluß finden die oben angegebenen Rechtsmittel statt (Klage oder Antrag auf mündliche Verhandlung im Verwaltungsstreitverfahren, Revision). Der Verwaltungsrichter ist in Beurteilung ebenfalls vollkommen frei. Gegner ist ein zu ernennender Kommissar (§ 74 Abs. 3 LVG.).

Aus der zahlreichen Judikatur des Oberverwaltungsgerichts sollen hier nur wenige Fälle angeführt werden (im übrigen s. Kunze-Kautz 2 618 ff.):

1. Legitimationskarten. Die Erteilung der Legitimationskarte

ist auf den Ankauf von Waren zu beschränken, welcher für die Zwecke des vom Antragsteller betriebenen stehenden Gewerbes geschieht, und zu dem Ende ist die bestimmte Art des stehenden Gewerbes in der Legitimationskarte näher zu bezeichnen, damit ein Mißbrauch der Karte zu einem Aufkaufe von Waren verhütet wird, der nicht für die Zwecke des betriebenen stehenden Gewerbes erfolgt (OVG. 17 394). Wenn am Schlusse des Erk. gesagt ist, daß die Erteilung der Legitimationskarte durch den Landrat geschieht, so ist dies jetzt infolge des Erl. v. 24. X. 99 (MBl. 250) geändert; denn dafür ist die Ortspolizeibehörde zuständig.

Ein Kaufmann, der im stehenden Gewerbe den Warenhandel mit gewissen Artikeln betreibt, ist berechtigt, für diese Artikel auch außerhalb des Gemeindebezirkes Käufer zu suchen.

Wesentlich verschieden hiervon ist die geschäftliche Tätigkeit eines Agenten; Gegenstand seines Gewerbes ist nicht der Handel mit Waren irgendeiner Art, sondern ausschließlich die Vermittelung von Handelsgeschäften für andere Personen (OVG. 20 338). Ein Reisender steht in einem Dienst- und Abhängigkeitsverhältnisse zu einem Kaufmann, dessen Gehilfe er ist; der Agent ist selbständiger Gewerbetreibender. Der Reisende kann Gehalt, Provision oder Tagegelder erhalten, er kann für eine oder mehrere Firmen reisen. Im letzteren Falle bedarf er mehrerer Karten (OVG. 22 323). Die GewO. verbietet, daß Waren beim Aufsuchen von Bestellungen mitgeführt werden (§§ 44, 44a); sie schreibt nicht vor, daß der mit einer Legitimationskarte versehene Reisende behindert sei, die bestellten Waren später zu überbringen (OVG. 26 288).

Über die Bedeutung einer gewerblichen Niederlassung im Sinne des § 44 siehe Kunze-Kautz 2 636 ff. und über die Gründe der Versagung einer Legitimationskarte a. a. O. 638.

2. Wandergewerbescheine. a) Vom Ankauf und Feilbieten im Umherziehen ausgeschlossene Gegenstände. Unter den Arzneimitteln, die im Umherziehen nicht feilgeboten werden dürfen, sind nicht nur die im Verzeichnisse A und B der Vd. v. 27. I. 90 aufgezählten Zubereitungen, Drogen usw. zu verstehen, sondern auch andere Mittel, welchen beim Handel die Eigenschaft einer Heilwirkung beigelegt wird oder welche nach dem Stande der Wissenschaft Heilkraft besitzen. Sie dürfen im Umherziehen auch dann nicht vertrieben werden, wenn sie anderen Stoffen beigemischt sind (OVG. 27 315). Ölkuchen gehören zu den Futtermitteln im Sinne des § 56 Nr. 10 GewO. (OVG. 31 306).

b) Die Worte im § 56 Nr. 12 „in sittlicher Beziehung Ärgernis zu geben geeignet" sind im weitesten Sinne aufzufassen. Der Ausdruck hat nicht das in geschlechtlicher Beziehung Unsittliche allein im Auge, es muß darunter das Unsittliche „im allgemeinen" verstanden werden (OVG. 15

356), dagegen ist „sittlich" nicht gleichbedeutend mit „politisch" (OVG. 36 372 u. Erk. v. 31. III. 90 — III 285).

c) Ein präventives Einschreiten der Polizei gegen gewerbliche Ankündigung in Druckschriften (Reklamen) ist nicht zulässig (OVG. 28 326). Die Polizei darf nur die Beschlagnahme von Reklamezetteln nach Maßgabe des § 23 Ziff. 3 RPreßG. v. 7. V. 74 vornehmen, sie kann nicht auf Grund des § 10 II 17 ALR. die Verbreitung verbieten (OVG. 23 274). Fallen Photographien, indem sie Gedankenäußerungen darstellen, unter den § 2 RPreßG., so gelten für sie zwar einerseits die Pflichten, die dieses Gesetz auferlegt (zB. § 6), anderseits aber auch die Rechte, die es gibt. Sind sie obszön, so kann gegen ihre Ausstellung nicht präventiv eingeschritten werden (Erk. v. 3. X. 01 OVG. 40 298 u. 47 335).

d) Der Titel einer Druckschrift ist ein Teil ihres Inhalts (OVG. 30 418).

e) Personen, denen der Wandergewerbeschein versagt werden muß. Das Gesetz (GewO. § 57) knüpft den zeitweisen Verlust des Rechtes auf den Wandergewerbeschein an alle strafbaren Handlungen, die aus Gewinnsucht begangen worden sind, gleichviel ob die Gewinnsucht zu den Voraussetzungen der Strafbarkeit der Handlung gehört (Kunze-Kautz 2 629). Zur Feststellung der Gewinnsucht ist nicht erforderlich, daß ein bleibender Vermögensvorteil erstrebt wird; es genügt, wenn auch nur die Vermeidung eines (vermögensrechtlichen) Schadens erreicht werden soll. Die Handlung aus Gewinnsucht braucht nicht gegen das Eigentum gerichtet zu sein (a. a. O. 629).

Das Verbrechen des betrügerischen Bankerotts stellt eine strafbare Handlung gegen das Eigentum dar (a. a. O. 628).

f) Ein kinderloser Ehemann, der nur sich und seine Ehefrau zu ernähren hat, gilt als Ernährer einer Familie im Sinne des § 57 Ziff. 1 GewO.

g) Die Vorschrift in § 57a Ziff. 2 will verhindern, daß körperliche oder geistige Gebrechen zum Deckmantel der Bettelei gemißbraucht werden. Erscheint im einzelnen Falle die Erteilung des Wandergewerbescheins ausnahmsweise unbedenklich, so kann sie erfolgen.

Zehnter Titel.

Erlöschen einer gewerblichen Genehmigung. Einstellung des Gewerbebetriebes.

(§§ 49, 50.)

Ist bei der Erteilung der Genehmigung zu einer gewerblichen Anlage (§§ 16 ff.), zur Anlegung von Privatkrankenanstalten usw., zu Schauspielunternehmungen und zum Betriebe der im § 33 gedachten Gewerbe

(Schank usw.) keine Frist für den Beginn festgesetzt worden, so erlischt die Genehmigung, wenn der Inhaber ein ganzes Jahr verstreichen läßt, ohne davon Gebrauch zu machen. Die Konzessionsbehörde kann die Frist verlängern. Hat der Inhaber den begonnenen Gewerbebetrieb während dreier Jahre eingestellt, ohne eine Fristung bei der Konzessionsbehörde nachgesucht und erhalten zu haben, so erlischt die Genehmigung ebenfalls. Diese Vorschriften beziehen sich auch auf die Anlagen, Anstalten und Betriebe, die vor Erlaß der GewO. ohne Genehmigungen errichtet oder begonnen werden konnten, jetzt aber genehmigungspflichtig sind (§ 50; Erk. v. 17. I. 00 Kunze-Kautz 2 576).

Bei Anwendung dieser Vorschriften ist zu beachten, daß die Genehmigung und die Anlage und der Betrieb unteilbar sind. Ist daher ein Teil der Anlage binnen der gestellten oder gesetzlichen Frist ausgeführt, so erlischt die Genehmigung nicht (Erk. v. 8. I. 91 OVG. 20 334). Wenn ferner unter „Gebrauchmachen" in § 49 dasselbe zu verstehen ist, wie unter Beginn und Ausführung der Anlage und Anfang des Betriebes, so kann doch darin, daß der Inhaber bei der Ausführung eines einzelnen Teiles von der Genehmigung abgewichen ist, ein „Nichtgebrauchmachen" nicht erblickt werden. Werden einzelne Teile des Betriebes, zB. der Ausschank von Bier, aber nicht der gleichfalls genehmigte Ausschank von Branntwein ausgeübt, so wird der ganze konzessionierte Betrieb erhalten (vgl. auch Erk. v. 30. III. 83 OVG. 9 300).

Das Wort „Einstellen" bedeutet, sich der ferneren Ausübung des Betriebes überhaupt enthalten; der Gewerbetreibende übt ihn dann also tatsächlich weder selbst noch für sich durch einen Stellvertreter aus. Auf den Grund der Nichtausübung kommt es nicht an, noch auf die Ansichten und Absichten der Beteiligten. Namentlich wird der Verlust der Konzession nicht dadurch ausgeschlossen, daß der Inhaber, ohne Ausübung des Betriebes, manches tat, was er für die Erhaltung der Konzession glaubte tun zu müssen (Erk. v. 6. IV. 03 — III 704 — Kunze-Kautz 2 543). Die Einstellung braucht ferner keine gewollte zu sein (Erk. v. 17. I. 00 PrVBl. 21 341). So übt ein Schankwirt das Gewerbe nicht aus, wenn er unter dem Scheine einer Stellvertretung die Wirtschaft an einen anderen verpachtet, was öffentlich-rechtlich nicht zulässig ist.

Auch der Verzicht ist zulässig (Gerland im PrVBl. 28 565 ff.), er muß nur der Ortspolizeibehörde (nicht der Konzessionsbehörde) gegenüber ausdrücklich oder durch schlüssige Handlungen erklärt werden (Erk. v. 2. II. 93 u. v. 10. IV. 02 — PrVBl. 14 335 u. 24 72, Kunze-Kautz 2 543). Aus privaten Abmachungen, zB. zwischen dem Konzessionsinhaber und einem sog. Käufer oder Pächter kann ein Verzicht nicht geschlossen werden (PrVBl. 14 335, 24 72). Der Verzicht kann auch nicht widerrufen werden.

Sobald die Genehmigung durch Einstellung oder Verzicht erloschen ist, besteht die Genehmigung nicht; die Polizei kann die Berechtigung nicht wiederherstellen, nur eine bei der Genehmigungsbehörde neu beantragte und von ihr bewilligte Genehmigung (vgl. MinErl. v. 30. VI. 92 MBl. 348).

Elfter Titel.

Innungen.

1. Genehmigung der Statuten.

Der Bezirksausschuß (§ 124 ZustG., im Stadtkreise Berlin der Polizeipräsident, § 161 ZustG., AusfAnw. v. 1. V. 04 Ziff. 2) beschließt über die Genehmigung von Statuten einer freien Innung und deren Abänderung (§ 84 GewO. in der Fassung v. 26. VII. 00). Gegen den die Genehmigung versagenden Beschluß findet innerhalb zweier Wochen der Antrag auf mündliche Verhandlung im Verwaltungsstreitverfahren bzw. die Klage statt. Gegen die Entscheidung ist nur die Revision zulässig.

Die Einreichung geschieht durch die Innungsaufsichtsbehörde (§ 96). Darunter ist zu verstehen (AusfAnw. Ziff. 3 u. 4) in den Städten über 10000 Einwohner die Gemeindebehörde, sonst der Landrat, in Hohenzollern der Oberamtmann.

Die Genehmigung ist zu versagen:

1. wenn das Innungsstatut den gesetzlichen Anforderungen nicht entspricht,
2. wenn die durch das Statut vorgesehene Begrenzung des Innungsbezirks die nach § 82 Abs. 1 oder 2 erforderliche Genehmigung nicht erhalten hat.

Der § 83 Abs. 2 enthält, worüber das Statut Bestimmung treffen muß. Ferner darf das Statut keine Bestimmung enthalten, die mit den in der GewO. bezeichneten Aufgaben der Innung nicht in Verbindung steht oder gesetzlichen Vorschriften zuwiderläuft (Abs. 3).

Der Verwaltungsrichter darf andere Gründe der Versagung nicht gelten lassen und nicht geltend machen. Er hat durch Urteil das Statut zu genehmigen oder die Genehmigung zu versagen. Er ist vollkommen frei, wie die Beschlußbehörde.

Das ganze Statut ist zu prüfen; es ist nicht zulässig, bloß über einen von der Beschlußbehörde hervorgehobenen Versagungsgrund zu erkennen (OVG. 25 310). Der Verwaltungsrichter erster Instanz hat nicht etwa die Stellung des Revisionsrichters gegenüber dem Beschlusse der Behörde (Erk. v. 24. IX. 98 — III 1281 — Kunze-Kautz 2 677). Es können neue Anführungen gemacht werden (OVG. 44 361).

Beklagter ist ein vom Vorsitzenden des Bezirksausschusses zu ernennender Kommissar (§ 74 Abs. 3 LVG.).

Sind die Statuten rechtskräftig verworfen worden, so kann der

Antrag auf Genehmigung später wiederholt werden und geht durch die gleichen Instanzen zur Prüfung wie der abgelehnte (OVG. 44 361).

Innungen von Rechtskonsulenten können gebildet werden, dagegen fallen Fischerinnungen und Innungen der Zahntechniker nicht unter den § 124 ZustG. (OVG. 12 348, 50 378). Die letzteren sind überhaupt keine Innungen im Sinne der GewO. §§ 81 ff.

2. Entscheidungen von Streitigkeiten im Sinne des § 96 Abs. 4 und 7 und § 101 Abs. 4 GewO.

Die Innungen unterliegen der Aufsicht der Verwaltungsbehörden. Diese entscheiden Streitigkeiten über die Aufnahme und Ausschließung der Mitglieder, über die Wahlen zu den Innungsämtern sowie über die Rechte und Pflichten der Inhaber dieser Ämter (§ 96 Abs. 4). Gegen die Entscheidungen der Aufsichtsbehörden ist nach § 96 Abs. 7 binnen vier Wochen die Beschwerde zulässig. Die Entscheidung auf Beschwerde ist endgültig (Abs. 7). Die letzteren Vorschriften haben eine Ergänzung durch § 125 Abs. 2 ZustG. erfahren, wonach innerhalb vier Wochen die Klage bei dem Bezirksausschusse stattfindet. Die frühere Vorschrift, daß die Klage bei der Aufsichtsbehörde anzubringen sei (OVG. 22 338), ist fortgefallen; es gilt die Regel des § 63, daß die Klage beim Gerichte einzureichen sei. Unter den Entscheidungen sind aber die Anordnungen der Aufsichtsbehörde, also Aufsichtsverfügungen, nicht zu verstehen, wie dies in dem Erk. v. 3. VI. 89 OVG. 18 320 auseinandergesetzt ist (vgl. auch Spangenberg GewO. Anm. zu § 96). Bei der Fällung von Entscheidungen durch die Aufsichtsbehörde stehen sich zwei Parteien gegenüber, die auch im Verwaltungsstreitverfahren Parteien bleiben, die Aufsichtsbehörde wirkt als richterliche Behörde. Sie ist bei Einlegung der Klage niemals Partei. Die Klagefrist beträgt vier Wochen.

Gegen die Aufsichtsverfügungen (§ 96 Abs. 2) geht die Beschwerde an den Regierungspräsidenten, der auch seinerseits endgültig entscheidet. In Berlin geht die Beschwerde an den Oberpräsidenten.

Sind gemäß § 101 Abs. 4 GewO. Entscheidungen von der Aufsichtsbehörde in Angelegenheiten der Innungsausschüsse gefällt, so gilt das Vorstehende auch von diesen Entscheidungen (§ 125 Abs. 2 ZustG.).

Gegen das Erkenntnis des Bezirksausschusses ist ein weiteres Rechtsmittel nicht gegeben (§ 96 Abs. 7 GewO.).

3. Schließung einer Innung oder eines gemeinsamen Innungsausschusses.

(§§ 97, 102, 100c 100t Abs. 6 GewO. in der Fassung v. 26. VII. 00).

Der Bezirksausschuß (im Stadtkreise Berlin der Bezirksausschuß II, in den Stadtkreisen Charlottenburg, Wilmersdorf usw. der Bezirksausschuß

Potsdam) entscheidet auf fristlose Klage der Aufsichtsbehörde (Gemeindebehörde, Landrat, Oberamtmann, AusfAnw. v. 1. V. 04 Ziff. 3) über die Schließung einer Innung oder eines Innungsausschusses (§ 126 Abs. 1 ZustG.). Gegen die Entscheidung ist die Berufung an das Oberverwaltungsgericht zulässig. Die Klage richtet sich gegen die Innung oder den Innungsausschuß, vertreten durch den Vorstand. Der § 97 GewO. gibt die Fälle an, in welchen die Schließung einer Innung erfolgen kann. Der Abs. 1 Ziff. 1 gilt nicht für Zwangsinnungen; für diese sind die §§ 100b Abs. 4, 100c, 100d Abs. 3, 100t maßgebend. § 102 gilt für Innungsausschüsse und § 104f für Innungsverbände (vgl. Art. 6 Ziff. 1 der Novelle v. 1897 und AusfAnw. Ziff. 93, 94).

Die Schließung der Innung ist eine Zwangsmaßregel behufs Aufhebung der öffentlich-rechtlichen Korporation und nicht zu verwechseln mit der Auflösung, die die Innung selbst beschließt (§ 83 Abs. 2 Ziff. 14, § 93 Abs. 2 Ziff. 10).

Das OVG. 37 348 behandelt den Fall des § 97 Ziff. 4, wenn die Zahl der Mitglieder so weit zurückgeht, daß die Erfüllung ihrer gesetzlichen Aufgaben dauernd gefährdet erscheint. Diese Vorschrift kann nicht angewendet werden, wenn die Zahl nicht geringer ist, als sie zur Zeit der Genehmigung des Statuts war. Das Gesetz macht dabei keinen Unterschied, ob die Mitglieder noch das Gewerbe betreiben oder nicht. Ferner ist ein ursächlicher Zusammenhang zwischen dem Zurückgehen der Mitgliederzahl und der für die Erfüllung der gesetzlichen Aufgaben bestehenden Gefahr notwendig (Erk. v. 30. VI. 00 OVG. 37 351). Auch § 97 Abs. 1 Ziff. 1 kann zu Mißverständnissen Anlaß geben. Die Schließung einer Innung kann erfolgen, wenn sich ergibt, daß nach § 84 die Genehmigung hätte versagt werden müssen und die erforderliche Änderung des Statuts innerhalb einer zu setzenden Frist nicht bewirkt wird. Diese Vorschrift greift nur dann Platz, wenn es sich um die Abänderung eines vorhandenen, vom Bezirksausschusse genehmigten Statuts handelt (Erk. v. 21. I. 07 OVG. 50 378), nicht aber, wenn die Beseitigung einer nach der Auffassung der Aufsichtsbehörde zu Unrecht errichteten Innung in Frage steht (AusfAnw. Ziff. 93 und § 48a KrankVG., wo ebenfalls die Beseitigung eines Kassenstatuts, dem die Genehmigung hätte versagt werden müssen, nicht vorgesehen ist).

Der § 126 Abs. 2 ZustG. enthält noch die Vorschrift:

> Der Bezirksausschuß kann vor Erlaß des Endurteils nach Anhörung des Innungsvorstandes oder des gemeinsamen Innungsausschusses die vorläufige Schließung der Innung oder des gemeinsamen Innungsausschusses anordnen, welche alsdann bis zum Erlaß des Endurteils fortdauert.

Dieser Beschluß darf erst gefaßt werden, wenn die Klage anhängig gemacht wird. Daraus ergibt sich, daß es ein Beschluß des

Verwaltungsgerichts und nicht ein Beschluß der Beschlußbehörde ist. Es wird ferner anzunehmen sein, daß zwar der Bezirksausschuß den Beschluß selbst aufheben kann, daß aber der Beschluß endgültig ist, wie dies § 67 Abs. 3 ausdrücklich bestimmt (vgl. auch § 9 Abs. 2 ZustG.). Er verliert seine Wirksamkeit, sobald eine anderweite rechtskräftige Entscheidung ergangen ist. Das Oberverwaltungsgericht als Berufungsinstanz ist zum Erlasse der vorläufigen Maßregel nicht befugt. Auch an das Oberverwaltungsgericht kann eine Beschwerde über den Beschluß nicht gerichtet werden.

Das bei der Auflösung oder Schließung vorhandene Vermögen einer Innung ist gemäß § 98a GewO. zu verwenden und zu verteilen. Der Rest des Vermögens (Abs. 3) wird, sofern in dem Statut oder in den Landesgesetzen nicht ein anderes ausdrücklich bestimmt ist, der Gemeinde, in welcher die Innung ihren Sitz hatte, zur Benutzung für gewerbliche Zwecke überwiesen. Streitigkeiten zwischen Gemeinde und Innung entscheidet der Bezirksausschuß. Parteien sind Innung und Gemeinde. Es ist die Berufung an das Oberverwaltungsgericht zulässig. Durch das Urteil kann die Innung zu einer Leistung verurteilt werden (OVG. 32 257). Die Gemeinde kann trotz der Schließung der Innung nicht den Einwand erheben, daß sie zur Übernahme der Parteirolle nicht legitimiert sei (vgl. HGB. Artt. 134 ff., 172, 205, 244a; KrankVG. § 47, HilfsKG. § 30).

4. Halten von Lehrlingen.

Gegen die Verfügung der unteren Verwaltungsbehörde (Gemeindebehörde, Landrat, Oberamtmann, AusfAnw. v. 1. V. 04 Ziff. 3), durch welche die Befugnis zum Halten und zur Anleitung von Lehrlingen entzogen wird (§ 126a Abs. 3 GewO.) oder durch welche die Befugnis zum Halten von Lehrlingen beschränkt wird (§ 128 Abs. 1) findet binnen zwei Wochen die Klage beim Kreis- oder Stadtausschusse statt. Die auf Berufung ergehende Entscheidung ist endgültig (Bd. v. 19. VIII. 97 GS. 401). Kläger ist der Meister, beklagte Partei die Verwaltungsbehörde. Zuständig ist der Kreisausschuß (Stadtausschuß), in dessen Bezirk die Verwaltungsbehörde ihren Sitz hat.

Die materiellen Vorschriften ergeben sich aus der GewO.

Bei der Entscheidung ist der Verwaltungsrichter vollkommen frei, sonst aber an die Beschränkungen des § 127 Abs. 3 LVG. gebunden.

Im Gegensatze zur PrGewO. v. 17. I. 45 u. der GewO. v. 21. VI. 69 hat die jetzige RGewO. keine Definition des Begriffes Lehrling. Immer aber ist noch als ein wesentliches Merkmal für die Eigenschaft als Lehrling anzusehen, daß die Beschäftigung ausschließlich oder wenigstens hauptsächlich zum Zwecke der Ausbildung in dem Gewerbe oder Gewerbszweige erfolgt.

Über den Lehrvertrag bestimmt Näheres der § 126b. Ist der Lehrvertrag von dem Lehrlinge und dem Lehrherrn (oder Stellvertreter) nicht unterschrieben, so ist er nicht gültig (OVG. 41 333), es können daraus weder öffentlich-rechtliche noch privatrechtliche Folgen entstehen.

Zwölfter Titel:

Versicherungen.

1. Gesetz über die privaten Versicherungsunternehmungen vom 12. V. 01 (RGBl. 139), dazu AusfAnw. vom 4. V. 02 (MBl. 86).

Das RG. v. 12. V. 01 findet Anwendung auf Privatunternehmungen, die den Betrieb von Versicherungsgeschäften zum Gegenstande haben. Als Unternehmungen im Sinne des Gesetzes sind solche Personenvereinigungen nicht anzusehen, die ihren Mitgliedern zwar Unterstützungen gewähren, aber ihnen keinen Rechtsanspruch darauf einräumen. Die Beaufsichtigung wird, sofern der Geschäftsbetrieb durch die Satzung oder die sonstigen Geschäftsunterlagen auf das Gebiet eines Bundesstaates beschränkt ist, durch Landesbehörden, anderenfalls durch das Kaiserliche Aufsichtsamt für Privatversicherung in Berlin (§ 70) ausgeübt. Die Vd. v. 30. VI. 01 (GS. 141) bestimmt zu aufsichtsführenden Landesbehörden die Regierungspräsidenten, für den Landespolizeibezirk Berlin den Polizeipräsidenten. Im Einvernehmen mit den Landesregierungen kann der Reichskanzler bestimmen, daß für gewisse Unternehmungen (§ 3 Abs. 2) die Landesbehörden die Aufsicht statt des Aufsichtsamtes führen sollen.

Die Beaufsichtigung umfaßt sowohl die Erteilung der Erlaubnis zum Geschäftsbetriebe (§§ 4 ff.) als die laufende Aufsicht (§§ 64 ff.). Sie ist eine materielle (AusfAnw. Einl. Abs. 2). Durch das G. v. 12. V. 01 werden hinsichtlich der Beaufsichtigung die Vorschriften aufgehoben in § 340 Ziff. 6 PrStGB., in § 360 Ziff. 9 RStGB., die §§ 651, 652 I 11 ALR., die KabO. v. 29. IX. 33 (GS. 121), das G. v. 17. V. 53 (GS. 293). Unberührt bleiben (§ 121 G. v. 12. V. 01) die landesrechtlichen Vorschriften über die polizeiliche Überwachung der Feuerversicherungsverträge nach ihrem Abschlusse und der Auszahlung von Brandentschädigungen; dagegen werden aufgehoben die landesrechtlichen Bestimmungen, die den Abschluß von Feuerversicherungsgeschäften von einer vorgängigen polizeilichen Genehmigung abhängig machen, sowie die landesrechtlichen Vorschriften, durch welche der unmittelbare Abschluß von Feuerversicherungsverträgen mit solchen Vertretungen verboten ist, die sich nicht im Staatsgebiete befinden.

Auf Krankenkassen, die nach dem KrankVG. errichtet sind, auf Hilfskassen (G. v. 1. VI. 84), auf Innungsunterstützungskassen findet das G. v. 12. V. 01 keine Anwendung. Öffentliche Unternehmungen im

Sinne des § 119 G. v. 12. V. 01 sind die, welche entweder der Durchführung eines gesetzlichen, öffentlich-rechtlichen Versicherungszwanges dienen, oder welche unter der Verwaltung und Leitung einer Behörde oder zwar eines anderen, jedoch einer Behörde gleichzustellenden Organes stehen.

Ein Verein, der gegen die Leistungen seiner ordentlichen Mitglieder nach deren Tode den hinterbliebenen Kindern einen Rechtsanspruch auf Erziehungsgelder gewährt, betreibt Lebensversicherungsgeschäfte im Sinne des G. v. 12. V. 01, auch wenn er sonst ideale Zwecke verfolgt. Der Rechtsanspruch besteht selbst dann, wenn unter Ausschluß des Rechtsweges nur ein schiedsrichterliches Verfahren zugelassen ist (OVG. 45 347).

Ein Versicherungsverein auf Gegenseitigkeit hat begrifflich nicht zur Voraussetzung, daß ein jedes Mitglied im Versicherungsverhältnisse steht. Es können ihm aber nichtversicherte Personen als Ehrenmitglieder angehören.

Über den Unterschied zwischen Reservefonds und Prämienreservefonds siehe Erk. v. 1. II. 04 OVG. 45 347.

Für das Verfahren der preußischen Behörden ist Landesrecht maßgebend (§ 84 Abs. 2). Es findet deshalb gegen die Entscheidungen des Regierungspräsidenten die Beschwerde an den Minister (des Innern bzw. für Handel und für Landwirtschaft) statt, die an keine Frist gebunden ist. In den Fällen des § 73 Abs. 1 ist jedoch nach § 84 Abs. 1 (Vd. v. 30. VI. 01) innerhalb eines Monats die Klage bei dem Oberverwaltungsgerichte gegen die Aufsichtsbehörde anzubringen. Die entsprechende Vorschrift im § 120 Ziff. 2 ZustG. ist damit aufgehoben.

Die in § 73 Abs. 1 benannten Entscheidungen betreffen u. a.

a) die Erteilung der Erlaubnis zum Geschäftsbetriebe (§§ 4—7);
b) die Genehmigung der Auflösung eines Versicherungsvereins auf Gegenseitigkeit (§ 43);
c) die Untersagung des Geschäftsbetriebes (§ 67);
d) der Erlaß einer Anordnung der im § 69 Abs. 1 Satz 2 Abs. 2 bezeichneten Art.

Die Regierungspräsidenten werden ihre Entscheidungen in Tenor und Gründe teilen und für richtige Behändigung sorgen.

Das Gesetz enthält Vorschriften darüber, unter welchen Voraussetzungen die Erlaubnis zum Geschäftsbetriebe versagt werden darf (§ 7) z. B. dann, wenn nach dem Geschäftsplane die Interessen der Versicherten nicht hinreichend gewahrt sind oder die dauernde Erfüllbarkeit der Verpflichtungen nicht genügend dargetan ist. Dies soll sich (Erk. v. 15. XI. 06 OVG. 50 387) auf die Sicherung der Interessen der Versicherten nach der rechtlichen Seite, insbesondere in bezug auf die Fassung der allgemeinen Versicherungsbedingungen und auf die Prüfung des materiellen Interesses der Versicherten dahin, daß die Grundlage des Unternehmens gesund und die Mittel ausreichend sind, beziehen (vgl. auch Erk. v. 9. VII. 06 OVG. 49 313, insb. 320ff.).

Die Landesregierung kann die Beaufsichtigung auf Grund des § 125 Abs. 2 mehreren Landesbehörden unter örtlicher Abgrenzung ihrer Zuständigkeit übertragen (contra Rehm, Kommentar zum G. v. 12. V. 01 Anm. 9 zu § 2). Die Vd. v. 30. VI. 01 ist gültig (OVG. 49 313). Der von einer Schlächterinnung begonnene Geschäftsbetrieb eines Schlachtviehversicherungsvereins fällt unter das Gesetz.

2. Feuerversicherungen.

Das ReichsG. v. 12. V. 01 hat die Vorschriften in § 18 MobVersG. v. 8. V. 37 (GS. 102) und in §§ 4d u. 12 HannVd. 24. I. 28 (HannGS. 3) bestehen lassen. Jener § 18 lautet:

> Ist nach einem eingetretenen Brande die dem Versicherten gebührende Entschädigungssumme festgestellt und zur Zahlung bereit, so hat die Gesellschaft oder der Agent der Ortspolizeibehörde (des Wohnorts des Versicherten) davon Anzeige zu machen. Die Zahlung darf nur erst dann erfolgen, wenn die Behörde nicht binnen acht Tagen nach erhaltener Anzeige dagegen Einspruch getan hat.

Der Einspruch stellt ein Verbot der Auszahlung dar und kann vom Versicherten und der Gesellschaft (OVG. 7 310) mit den Rechtsmitteln aus den §§ 127ff. LVG. angefochten werden. Der § 18 gilt nicht für Immobilien (vgl. KabO. v. 30. V. 41 GS. 122).

Ferner sind die preußischen Vorschriften, betr. das Verbot und die Strafbarkeit der Überversicherung und der Doppelversicherung bestehen geblieben (§§ 1ff., 20ff., 24 G. v. 8. V. 37, §§ 11, 14 HannVd. v. 24. I. 28).

Die Agenten sind wie bisher zur Führung gewisser Bücher verpflichtet geblieben und die Ortspolizeibehörden haben die Befugnis, die Bücher einzusehen (§ 13 G. v. 1837, § 4e HannVd. v. 1828). Der § 13 ist (OVG. 11 346) strikte dahin auszulegen: die Polizei hat nicht das Recht, zu anderen als den im G. v. 1832 besonders angegebenen Zwecken (Beaufsichtigung der Buchführung, Ermittelung und Verhütung von Kontraventionen) von dem Inhalte der Bücher Kenntnis zu nehmen. Ein allgemeines Recht, die Bücher beliebig einzusehen, besteht nicht. Auf Immobilienversicherung findet der § 13 keine Anwendung. Die Einsichtnahme hat im Geschäftslokale stattzufinden (OVG. 19 339), nicht im Polizeibureau. Deshalb braucht der Agent die Bücher nicht dorthin zu schaffen. Dabei wird vorausgesetzt, daß in dem Geschäftslokale (der Wohnung) der mit der Einsichtnahme verbundene gesetzliche Zweck erreicht werden kann, sonst muß sich der Agent allerdings gefallen lassen, daß er die Bücher an einen anderen Ort schaffen läßt. Wie die AllgVerf. v. 10. XII. 01 (PrVBl. 23 365) richtig bemerkt, sind mit dem 1. I. 02 (Wirksamkeit des

G. v. 12. V. 01) die preußischen Vorschriften über Präventivkontrolle außer Kraft getreten. Deshalb hat vom 1. I. 02 ab die Vorlegung der Feuerversicherungsverträge vor ihrem Abschlusse zur polizeilichen Prüfung und Ausstellung des Unbedenklichkeitsattestes nicht mehr zu erfolgen.

Es gilt ferner noch § 6 der PolVd. für Schleswig-Holstein v. 27. XII. 83. Beachtenswert sind zur Beurteilung des Wesens einer Versicherungsanstalt, der staatlichen Einwirkung auf Privatgesellschaften, des Wesens der Versicherungsanstalten auf Gegenseitigkeit die bei Kunze-Kautz 2 722ff. abgedruckten Entscheidungen des Oberverwaltungsgerichts.

Zweite Abteilung.

Anderweitige Zuständigkeiten der Verwaltungsgerichte.

Erster Abschnitt.

Kompetenzkonflikte.

Der Kompetenzkonflikt zwischen Gerichten und Verwaltungsbehörden ist eine Ressortstreitigkeit. Gerichte und Verwaltungsbehörden sind uneinig darüber, welche Behörde einen Streit zu entscheiden hat. Nimmt jede der Behörden die Zuständigkeit für sich in Anspruch, so liegt ein sog. positiver Kompetenzkonflikt vor, verneinen beide Behörden ihre Zuständigkeit, so wird von einem negativen Kompetenzkonflikte gesprochen.

Die im nächsten Abschnitte besprochenen Konflikte sind keine eigentlichen Kompetenzkonflikte. Zwischen den ersteren und den letzteren besteht (Oppenhoff, Ressortverhältnisse 527) der wesentliche Unterschied, daß Kompetenzkonflikte wider die ungesetzliche, Konflikte wider die bloß mißbräuchliche Angehung des Richters gerichtet sind, daß bei jenen die Kompetenzfrage, bei diesen dagegen die dem Materiellen der Sache angehörige Frage zu entscheiden ist, ob die rechtlichen und tatsächlichen Voraussetzungen zu einer im Prinzipe statthaften gerichtlichen Verfolgung im konkreten Falle fehlen (JMBl. 55 409, MBl. 56 180, JMBl. 57 365).

Schon das Ressortreglement v. 19. VI. 1749 übertrug die Entscheidung von Ressortstreitigkeiten zwischen den Gerichten und Verwaltungsbehörden dem Justizdepartement und dem Generaldirektorium gemeinschaftlich. Seit 1756 trat die Jurisdiktionskommission an deren Stelle. Am 30. VI. 1828 erging eine KabO., welche die beteiligten Minister mit der Entscheidung von ausgebrochenen Kompetenzstreitigkeiten beauftragte. Die Minister konnten den König selbst anrufen oder die Entscheidung dem höchsten Gerichtshofe übertragen. Das G. v. 8. IV. 47 schuf den Gerichtshof zur Entscheidung der Kompetenzkonflikte, der französischen ordonnance v. 1. VI. 28 folgend, welche dem Staatsrat gleiche Entscheidungen übertrug. Der Staatsrat repräsentierte den König en conseil d'état, und er entschied in zweiter Instanz überhaupt alle der Administrativjurisdiktion zufallenden Sachen (Oppenhoff, Ressortverhältnisse 471, 472).

Nach § 17 GVG. entscheiden die Gerichte selbst über die Zulässigkeit des Rechtsweges. Die Landesgesetzgebung kann jedoch die Entscheidung von Streitigkeiten zwischen den Gerichten einerseits und den Verwaltungsbehörden oder Verwaltungsgerichten anderseits über die Zulässigkeit des Rechtsweges besonderen Behörden nach Maßgabe der Bestimmungen des § 17 übertragen. Gemäß § 17 EinfGGVG. ist für Preußen die Vd. v. 1. VIII. 79 (GS. 573) ergangen, ergänzt durch G. v. 22. V. 02 (GS. 145). Danach erfolgt die Entscheidung von Streitigkeiten über die Zulässigkeit des Rechtsweges in den durch die Vd. v. 1. VIII. 79 bestimmten Fällen durch den Gerichtshof zur Entscheidung der Kompetenzkonflikte, der seinen Sitz in Berlin hat. Die Entscheidungen dieses Gerichtshofes ergehen nicht im Verwaltungsstreitverfahren. Der vom Gerichtshofe zur Entscheidung der Kompetenzkonflikte zu entscheidende Streit kann nur dahin gehen, ob das, was der Zivil- oder Strafrichter zu entscheiden hat, seinem Gegenstande nach zu den bürgerlichen Streitigkeiten, für die der ordentliche Richter zuständig ist, bzw. zu den gerichtlichen Strafsachen gehört und deshalb durch den ordentlichen Zivil- oder Strafrichter abzuurteilen ist, oder ob die Angelegenheit zur Zuständigkeit einer Verwaltungs- oder Verwaltungsgerichtsbehörde gehört. Eine solche Streitigkeit ist völlig verschieden von der Entscheidung über einen „Konflikt" im Sinne des G. v. 13. II. 54; denn bei letzterem soll, wie oben bemerkt, befunden werden, ob bei einem dem Rechtswege an sich unterliegenden Gegenstande die zivil- oder strafrechtliche Verfolgung eines Beamten zu unterbleiben habe, weil sie wegen Amtshandlungen erfolgt und der Beamte sich dabei einer Überschreitung seiner Amtsbefugnisse oder der Unterlassung einer ihm obliegenden Amtshandlung nicht schuldig gemacht hat (Erk. v. 11. II. 93 OVG. 24 415). Das Erk. v. 11. II. 93 führt richtig aus, daß bei dem völlig verschiedenen Verhalten beider Rechtsinstitute die Erledigung des Antrags auf Vorentscheidung der einen Art die Erhebung eines Antrags der anderen Art und die Vorentscheidung über diesen nicht ausschließt. Wenn ein Zivilgericht rechtskräftig in einem Zwischenurteile auf die Prinzipaleinrede ausgesprochen hat, daß der Rechtsweg zulässig sei, kann noch bis zur rechtskräftigen Entscheidung in der Hauptsache der Konflikt erhoben werden (siehe den folgenden Abschn. „Konflikte").

Zur Erhebung des Kompetenzkonflikts sind die Zentral- und die Provinzialverwaltungsbehörden (auch die Auseinandersetzungsbehörden) befugt (§ 113 LVG.). Die Erhebung erfolgt bei dem Gerichte, bei welchem die Sache anhängig ist, durch die schriftliche Erklärung, daß der Rechtsweg für unzulässig erachtet werde. Der Erklärung ist eine Begründung beizufügen. Damit wird das Verfahren unterbrochen. Das weitere Verfahren vor dem Gerichtshofe zur Entscheidung der Kompetenzkonflikte regelt die Vd. v. 1. VIII. 79.

Auf Grund der Behauptung, daß in einer im Verwaltungsstreitverfahren anhängig gemachten Sache eine andere Verwaltungsbehörde zuständig sei, findet jene Erhebung des Kompetenzkonflikts nicht statt. Vielmehr haben die Verwaltungsgerichte ihre Zuständigkeit von Amts wegen selbst zu prüfen. Es kann daher eine Zentral- oder Provinzialverwaltungsbehörde gar nicht in die Lage kommen, sich in ein Verwaltungsstreitverfahren, wenn sie nicht Partei ist oder gemäß § 74 einen Kommissar nicht entsendet, einzumischen. Wird von einer Partei in erster Instanz (§ 113 Abs. 4) die Einrede der Unzuständigkeit (OVG. 5 60) erhoben, so kann über diese vorab entschieden werden. Damit wird ein Zwischenurteil erlassen (vgl. oben S. 102ff.). Die Rechtsmittel sind dieselben wie für die Hauptsache (OVG. 38 194). Das rechtskräftige Urteil ist für die Hauptsache präjudizierlich. Die erst in zweiter Instanz erhobene Einrede der Unzuständigkeit kann zu einem Zwischenurteil nicht führen. Die Einrede der mangelnden Aktivlegitimation fällt nicht unter § 113 Abs. 4 (OVG. 1 249).

Haben sich nun in derselben Sache ein Verwaltungsgericht und eine Verwaltungsbehörde (auch Generalkommission, OVG. 21 273) für zuständig erklärt, so entscheidet auf Grund der schriftlichen Erklärungen der über ihre Kompetenz streitenden Behörden und nach Anhörung der Parteien in mündlicher Verhandlung das Oberverwaltungsgericht. Parteien hier sind dieselben, wie im voraufgegangenen Verwaltungsstreitverfahren unter Zuziehung der über ihre Kompetenz streitenden Behörden. Das Verfahren vor dem Oberverwaltungsgerichte ist das Verwaltungsstreitverfahren. Es werden weder ein Kostenpauschquantum noch bare Auslagen erhoben. Ebensowenig findet eine Erstattung der den Parteien erwachsenen Kosten statt (§ 113 Abs. 5 LVG.).

Prozessuale Besonderheiten bietet das Verfahren nicht. Ist das Erkenntnis des Oberverwaltungsgerichts den Parteien und den um ihre Kompetenz streitenden Parteien zugestellt, so richtet sich das weitere Verfahren nach dem, was das Oberverwaltungsgericht entschieden hat. Das Oberverwaltungsgericht hat in seinem Urteile die demselben entgegenstehenden Entscheidungen der streitenden Behörden aufzuheben und die Sache zur anderweiten Verhandlung und Entscheidung an die betreffende Instanz zu verweisen. Das neue Verfahren vor dem Verwaltungsgerichte gilt als Fortsetzung des zu Unrecht unterbrochenen.

Das Gesetz enthält keine Vorschrift, in welcher Weise sich die um ihre Zuständigkeit streitenden Behörden vorab ausgesprochen haben müssen, damit die Voraussetzungen für die Erhebung des Kompetenzkonfliktes vorliegen. Die Verwaltungsgerichte, die nur in Form von Bescheiden und Erkenntnissen ihre Entscheidungen treffen sollen, werden jenen Ausspruch in dieser Form tun müssen; andere Verwaltungsbehörden sind freier. Es genügt jede Äußerung, nicht die der höchsten Instanz, über die Zuständigkeit oder Unzuständigkeit (OVG. 28 261, 44 296).

Auch in der Vollstreckungsinstanz (Erk. v. 4. V. 96 OVG. 30 441) kann der Kompetenzkonflikt noch erhoben werden. In der in diesem Erk. behandelten Angelegenheit hatte der Regierungspräsident für sich eine Aufsichtsbefugnis über die vom Vorsitzenden des Kreisausschusses (§ 60 LVG.) verfügte Vollstreckung einer Entscheidung irrtümlich in Anspruch genommen.

Zweiter Abschnitt.

Konflikte.

Das ALR. stellte keine Beschränkungen hinsichtlich der zivilrechtlichen Verfolgung der Beamten wegen ihrer Amts- und Diensthandlungen auf (§§ 85—91 Tit. 10 Teil II). Nur sollten die Gerichte in gewissen Fällen, wo ihnen die Kenntnisse amtlicher Verhältnisse nicht zuzutrauen war, ein Gutachten der Verwaltung, das nicht bindend war, einholen (§§ 101, 102, 103 des Anh. z. AGO.). Die spätere Gesetzgebung (§ 47 Vd. v. 1808, § 252 Anh. z. AGO., § 36 RheinRessortRegl.; G. v. 25. IV. 35, G. v. 29. III. 44) bestimmte, daß die strafgerichtliche Verfolgung von Beamten in der Regel nur auf den Antrag bzw. mit Genehmigung der vorgesetzten Dienstbehörde stattfinden sollte. Die G. v. 28. VI. 34 u. v. 31. III. 37 über den Waffengebrauch der Grenz-, Revier-, Forst- und Jagdbeamten schreiben vor, daß bei Einleitung von Untersuchungen gegen jene Beamte wegen Mißbrauchs der Waffengewalt die vorgesetzten Dienstbehörden dagegen Widerspruch erheben und über diesen Widerspruch der Kompetenzkonfliktsgerichtshof zu befinden habe. Der Art. 95 der oktroyierten Verfassung v. 5. XII. 48 stellte als Grundsatz auf, daß es keiner vorgängigen Genehmigung der Behörden bedürfe, um öffentliche Zivil- und Militärbeamte wegen der durch Überschreitung ihrer Amtsbefugnisse verübten Rechtsverletzungen gerichtlich zu belangen. Nach Art. 97 VerfUrk. v. 31. I. 50 soll ein Gesetz die Bedingungen feststellen, unter denen öffentliche Beamte wegen durch Überschreitung ihrer Amtsbefugnisse verübter Rechtsverletzungen gerichtlich in Anspruch genommen werden können. Unter dem 13. II. 54 erging hierauf das G., betr. die Konflikte bei gerichtlichen Verfolgungen wegen Amts- und Diensthandlungen (GS. 86). Dies G. ist durch § 11 EinfGGVG. geändert worden. Das letztere bestimmt: „Unberührt bleiben die landesgesetzlichen Vorschriften, durch welche die Verfolgung der Beamten entweder im Falle des Verlangens einer vorgesetzten Behörde oder unbedingt an die Vorentscheidung einer besonderen Behörde gebunden ist, mit der Maßgabe: 1. daß die Vorentscheidung auf die Feststellung beschränkt ist, ob der Beamte sich eine Überschreitung seiner Amtsbefugnisse oder der Unterlassung einer ihm obliegenden Amtshandlung schuldig gemacht hat und 2. daß in den Bundesstaaten, in welchen ein oberster Verwaltungsgerichtshof besteht, die Vorentscheidung diesem .... zusteht."

Für Preußen überweist der § 114 LVG. das Verfahren dem Oberverwaltungsgerichte. Seine Entscheidungen über die in § 11 Nr. 1 EinfGGVG. erwähnte Vorfrage erfolgen auf Grund der schriftlichen Erklärungen der in Betracht kommenden Behörden nach Anhörung der Parteien in mündlicher Verhandlung im Verwaltungsstreitverfahren. Es werden weder ein Kostenpauschquantum noch bare Auslagen erhoben. Ebensowenig findet eine Erstattung der den Parteien erwachsenen Kosten statt.

Der § 11 EinfGGVG. spricht von „öffentlichen Beamten"; dieser Ausdruck ist gleichbedeutend mit „Beamten" in §§ 811 Nr. 7, 850 Nr. 8, 910 ZPO. Es sind dieselben Kategorien, die der § 359 StGB. nennt, mittelbare und unmittelbare Staatsbeamte. Dazu gehören in Preußen die Lehrer an öffentlichen Schulen (Art. 23 VerfUrk.), wenn auch die ZPO. die Lehrer neben den „Beamten" besonders nennt. Die Geistlichen gehören nicht zu den Staatsbeamten. Die Staatsbeamten müssen Landesbeamte sein, da bezüglich der Reichsbeamten der § 13 ReichsbeamtenG. v. 31. III. 73 (RGBl. 61) maßgebend ist (Erk. v. 24. I. 85 OVG. 11 403), der verordnet: „Jeder Reichsbeamte ist für die Gesetzmäßigkeit seiner amtlichen Handlungen verantwortlich." Das jetzt geltende Verfahren bezieht sich auf alle in der preußischen Monarchie angestellten Beamten, da das G. v. 13. II. 54 nach und nach auf alle preußischen Landesteile ausgedehnt worden ist. Ausgeschlossen von der Geltung des Gesetzes sind die in § 7 benannten Beamten, namentlich die richterlichen und Justizbeamten. Zu den Justizbeamten gehören „die bei den Gerichten angestellten oder gerichtliche Geschäfte vornehmende Beamte, Notare, Gerichtsschreiber, Gerichtsvollzieher und Gerichtsdiener, nicht aber die im Justizressort tätigen, ausschließlich mit Verwaltungssachen betrauten Beamten, wie der Justizminister und sämtliche Beamte des Justizministeriums" (Delius im PrVBl. 27 407 ff., OVG. v. 30. V. 05 DJurZ. 06 150). Wird gegen einen Minister ein Prozeß angestrengt, so hat der Unterstaatssekretär oder ein sonstiger Vertreter den Konflikt zu erheben. Dem Minister selbst steht die Konfliktserhebung nicht zu.

Wenn der § 11 EinfGVG. davon spricht, daß die landesgesetzlichen Vorschriften unberührt bleiben, durch die die Verfolgung der Beamten unbedingt an die Vorentscheidung einer besonderen Behörde gebunden ist, so bezieht sich diese Vorschrift in Preußen auf die Bestimmung in § 6 G. v. 11. V. 42, wonach bei dem Regresse gegen Polizeibeamte wegen des Erlasses von polizeilichen Verfügungen vorab auf alle Fälle erst die Verfügung von der vorgesetzten Behörde oder dem Verwaltungsrichter als „gesetzwidrig oder unzulässig" aufgehoben sein muß, ehe ein Beamter auf Schadensersatz verklagt werden kann. Ist die Regreßklage erhoben, so kann in dem gerichtlichen Verfahren dann immer noch der Konflikt mit der Behauptung erhoben werden, daß sich der Beamte einer Überschreitung seiner Amtsbefugnisse oder der Unterlassung einer ihm obliegenden Amtshandlung nicht schuldig gemacht habe. Das Erk. v. 4. II. 82 (OVG. 8 408) spricht sich darüber weitläufig aus.

Der Konflikt kann erhoben werden, wenn gegen einen Beamten eine gerichtliche Verfolgung im Wege des Zivil- oder Strafprozesses eingeleitet ist. Im Zivilprozesse muß die Klage zugestellt sein (Erk. v. 26. II. 97 OVG. 32 451). Was den Strafprozeß anlangt, so kann „eine gerichtliche Verfolgung" im Sinne des § 1 G. v. 13. II. 54 erst als „eingeleitete" gelten, wenn die Staatsanwaltschaft entweder durch einen Antrag auf gerichtliche Voruntersuchung oder durch Einreichung einer Anklageschrift bei Gericht Klage erhoben hat. Das Oberverwaltungsgericht (Erk. v. 28. III. 88 16 417) nimmt aus praktischen Gründen an, daß „alle im Vorbereitungsverfahren gerichtsseitig gegen den Beschuldigten ergriffenen Schritte als gerichtliche Verfolgung" anzusehen seien. Dies scheint bedenklich. Im Privatklageverfahren ist sicherlich erst von der Mitteilung der Klage an den Beklagten die Erhebung des Konflikts zulässig.

Den Konflikt erhebt „die vorgesetzte Provinzial- oder Zentralbehörde" des Beamten. Hat der Beamte unter verschiedenen Provinzialbehörden gestanden, so sind zur Erhebung des Konflikts die Behörde befugt, unter welcher der Beamte zur Zeit der Begehung der Tat gestanden hat, sowie die Behörde, unter der er zur Zeit der Einleitung des gegen ihn schwebenden Verfahrens steht.

Bei einzelnen Beamtenkategorien kann es zweifelhaft sein, welcher Provinzialbehörde der Beamte bei Konfliktserhebungen untersteht. Den Konflikt bei Gendarmen erhebt die Regierung, weil die Gendarmen in Ansehung ihrer amtlichen Wirksamkeit und Dienstleistung den Landräten unterstehen, also Polizeibeamte sind, wie andere Kommunal- oder Kreispolizeibeamte. Hat eine Provinzialbehörde mehrere Abteilungen, so steht die Erhebung des Konflikts dem Plenum zu. Die Landesdirektoren und die Generallandschaftsdirektoren sind zur Erhebung des Konflikts nicht befugt. Ist der Konflikt vom Oberverwaltungsgerichte für nicht begründet erachtet worden, so geht der Zivil- oder Strafprozeß seinen Gang weiter. Die in dem Erkenntnisse des Oberverwaltungsgerichts ausgesprochenen Rechtsgrundsätze haben aber für den ordentlichen Richter keine Richtschnur abzugeben. Spricht sich das Oberverwaltungsgericht zugunsten des Beamten aus und hält den Konflikt für begründet, so ist jedes weitere Verfahren vor dem ordentlichen Zivil- oder Strafrichter unzulässig, es darf nicht weiter fortgesetzt werden.

Die Erhebung des Konflikts erfolgt bei dem Gerichte, bei dem die Sache anhängig ist, durch die schriftliche Erklärung der Provinzial- oder Zentralbehörde, daß der Konflikt erhoben werde, weil der Beamte sich einer Überschreitung seiner Amtsbefugnisse oder der Unterlassung einer ihm obliegenden Amtspflicht nicht schuldig gemacht habe. Der Erklärung ist eine Begründung beizufügen. Das schwebende Prozeßverfahren wird durch die Erhebung des Konflikts für die Dauer des Konfliktsverfahrens, also bis zur Entscheidung des Oberverwaltungsgerichts, unterbrochen. Zu diesem Zwecke erläßt das Gericht einen Beschluß, gegen den kein Rechtsmittel zulässig ist. Die Parteien (Zivilparteien oder im Strafprozeß der Angeklagte und die Staatsanwaltschaft) erhalten Nachricht mit Abschrift der Erklärung der Verwaltungsbehörde. Diese selbst ist ebenfalls von dem Eingange ihrer Erklärung und von der vorläufigen Einstellung des Verfahrens zu benachrichtigen. Schwebt das Verfahren vor einem Zivilgerichte höherer Instanz, so gibt dieses die Akten an den Gerichtsschreiber erster Instanz ab. Innerhalb eines Monats vom Tage der Zustellung der Benachrichtigung an die Parteien können diese eine schriftliche Erklärung abgeben, die von einem Rechtsanwalte unterzeichnet sein muß (§ 9 Vd. v. 1. VIII. 79). Das Gericht hat der Verwaltungsbehörde und der Gegenpartei Abschrift der Schriftsätze mitzuteilen. Dann gehen die Akten an das Oberlandesgericht, und dies berichtet an den Justizminister, der die Akten an das Oberverwaltungsgericht unter Benachrichtigung des dem Beamten vorgesetzten Ministers abgibt. Der Verwaltungschef kann den Konflikt zurücknehmen. Sobald die Sache beim Oberverwaltungsgerichte anhängig ist, richten sich die weiteren Verhandlungen nach den für das Verwaltungsstreitverfahren maßgebenden Vorschriften. Die Parteien und die Behörde, die den Konflikt erhoben hat, werden vom Oberverwaltungsgerichte zur mündlichen Verhandlung geladen. Der Ressortchef des Beamten kann nach § 74 Abs. 2 LVG. einen Kommissar für die mündliche Verhandlung bestellen. Im Strafprozesse sind die Staatsanwaltschaft und der Angeklagte als Parteien zu laden. Das Oberverwaltungsgericht gibt ein Urteil ab. Vor dessen Abgabe kann das Oberverwaltungsgericht, wenn es noch tatsächliche Ermittelungen für erforderlich erachtet, solche selbst veranlassen oder auch die Fortsetzung des begonnenen gerichtlichen Verfahrens bis zu einem zu bestimmenden Ziele anordnen. Wenn der § 114 LVG. die entsprechende Anwendung der für die Verwaltungsstreitsachen ergangenen Verfahrensvorschriften auf die Konfliktssachen anordnet, so können darunter, wie sich das Erk. v. 28. X. 93 (OVG. 25 415) ausdrückt, nur die gemeint sein, die der § 12 Vd. v. 1. VIII. 79 über die Kompetenzkonflikte genauer präzisiert hat, nämlich diejenigen, welche die Vorbereitung und Abhaltung der mündlichen Verhandlung, die Abfassung und Verkündung der Entscheidung, nicht aber die, welche die gegen Endurteile des Oberverwaltungsgerichts nach § 100 LVG. zulässigen Rechtsmittel, nämlich die Klage auf Wiederaufnahme des Verfahrens regeln. Letzteres ist nicht unbedenklich.

Bei Fällung des Urteils muß das Oberverwaltungsgericht die vollständige Überzeugung davon gewinnen, daß dem verfolgten Beamten eine Überschreitung seiner Amtsbefugnisse oder eine Unterlassung einer ihm obliegenden Amtshandlung nicht zur Last fällt. Im Falle eines Strafverfahrens liegt es nicht in dem Berufe des Oberverwaltungsgericht, sich an die Stelle des ordentlichen Strafrichters zu setzen und über die Schuld oder Unschuld des Angeklagten in strafrechtlicher Beziehung zu entscheiden, es ist vielmehr dahin beschränkt, eine materiell wirkende Entscheidung durch Ausschließung des Rechtsweges lediglich in dem Falle zu treffen, wenn es die Anschuldigung eines Vergehens für widerlegt und demnach es für zweifellos erachtet, daß der Beamte sich innerhalb seiner Befugnisse gehalten habe (Erk. v. 1. III. 82 OVG. 9 438).

Während das preußische G. v. 13. II. 54 die Entscheidung über den Konflikt davon abhängig machte, ob der Beamte sich einer zur gerichtlichen Verfolgung geeigneten Überschreitung seiner Amtsbefugnisse usw. schuldig gemacht habe, und so der Berücksichtigung rein subjektiver Momente nach freiem Ermessen des Richters über den Konflikt weiten Spielraum ließ, will das Reichsgesetz (§ 11 EinfGVG.) in bewußtem Gegensatze zu dem so vorgefundenen Rechtszustande lediglich die Vorentscheidung darüber zulassen, ob objektiv eine Überschreitung der Amtsbefugnisse vorliegt, deren sich der Beamte schuldig gemacht hat, d. h. die er als seine eigene freie Handlung zu vertreten hat. Dieser Rechtszustand schließt die Möglichkeit nicht aus, daß eine Überschreitung der Amtsbefugnisse im konkreten Falle nicht anzuerkennen ist, obwohl die amtliche Handlung nicht mit dem objektiven Rechte in Einklang steht, nicht einer sachgemäßen Behandlung desselben entspricht. Hierhin gehören die Fälle, wo ein Beamter Gehorsam in der Ausführung ihm gegebener Befehle schuldig ist, ferner der weite Kreis der amtlichen Handlungen, bei dem das bestehende Recht dem Beamten in der Feststellung und Beurteilung rein tatsächlicher Verhältnisse zum Zwecke der Anwendung des objektiven Rechtes auf dieselben eine pflichtmäßige Untersuchung und freies Ermessen einräumt, so daß bei dieser Funktion tatsächlich geirrt werden kann, ohne daß dadurch die Amtsbefugnisse überschritten werden. (Ebenso Erk. v. 18. X. 04 Kunze-Kautz Erg. 06 und Erk. v. 3. I. 05 OVG. 46 442.)

Aus der großen Anzahl der Entsch. des Oberverwaltungsgerichts sollen hier nur einzelne hervorgehoben werden.

a) Erk. v. 26. VI. 00 (PrVBl. 22 129):

Der Konfliktsrichter hat zu prüfen, ob objektiv eine Überschreitung der Amtsbefugnisse oder eine Unterlassung von Amtshandlungen vorliegt. Über etwa eingetretene Verjährung der Straftat hat er nicht zu befinden. Der Konflikt kann nicht auf die Behauptung gestützt werden, daß der Beamte sich über die Grenzen seiner Amtsbefugnisse im Irrtum befunden habe.

b) Erk. v. 10. I. 95 (PrVBl. 4 192):

Der Befehl des Vorgesetzten deckt einen Beamten nur dann, wenn er blinden Gehorsam leisten muß.

c) Erk. v. 16. VI. 86 (OVG. 14 420):

Ein Polizeibeamter, der auf Grund einer noch nicht in Kraft getretenen Polizeiverordnung eingeschritten ist, macht sich einer Überschreitung seiner amtlichen Befugnisse schuldig (wenn für sein Einschreiten keine sonstige gesetzliche Grundlage gegeben ist).

d) Erk. v. 26. VI. 00 (PrVBl. 22 129):

Der Konflikt kann auf die Behauptung, der Beamte habe sich über die Grenzen seiner Amtsbefugnisse im Irrtume befunden, nicht gestützt werden.

e) Erk. v. 17. XI. 99 (PrVBl. 21 216):

Ein Irrtum über das geltende Recht bei dem rechtswidrig handelnden Beamten schließt die Annahme nicht aus, daß er hierbei seine Amtsbefugnisse überschritten habe. Er kann daher wegen einer rechtswidrigen Handlung, die er aus Rechtsirrtum begangen hat, zivilrechtlich verfolgt werden.

f) Erk. v. 17. XI. 99 (PrVBl. 21 216):

Wenn der Landrat einem Amtsvorsteher eine Anweisung erteilt, der der Amtsvorsteher Folge leisten muß, so wird dadurch der Amtsvorsteher der eigenen Verantwortlichkeit überhoben.

g) Erk. v. 4. X. 82 (OVG. 10 375):

Ein Polizeibeamter ist befugt, so viel physische Gewalt anzuwenden, als zur Überwindung eines ihm rechtswidrig entgegengesetzten Widerstandes erforderlich ist. Wird er beleidigt, so hat er nicht die Befugnis, die Beleidigung zu erwidern. Der Beamte darf sich durch Schläge gegen einen Angreifer nicht rächen und seinerseits zum Angriffe übergehen.

h) Erk. v. 26. XI. 87 (OVG. 15 453):

Das den Lehrern beigelegte Züchtigungsrecht gibt denselben nicht die Befugnis, die ihnen anvertrauten Schüler nach Belieben zu züchtigen. Wie das Recht dem Lehrer nur zur Erhaltung der Schulzucht, zur Förderung der Unterweisung und Erziehung der Kinder gewährt ist, so wird auch durch diesen Zweck die Zulässigkeit seiner Anwendung und das Maß der letzteren bestimmt. Der Lehrer hat in jedem Falle pflichtmäßig zu prüfen, ob ein Verschulden der Kinder und in diesem ein geeigneter Anlaß zur Anwendung der Züchtigung und in welchem Maße derselbe vorliegt. Gelangt er hierbei auf Grund tatsächlichen Irrtums zu einem unrichtigen Entschlusse, so liegt darin möglicherweise ein nach pädagogischen Gesichtspunkten verfehltes und disziplinarisch strafbares Verhalten, nicht aber eine Überschreitung der Amtsbefugnisse. Eine solche ist vielmehr erst vorhanden, wenn der Lehrer absichtlich und vorsätzlich eine dem Verschulden des Kindes nicht entsprechende Strafe verhängt.

Eine Einschränkung des Züchtigungsrechts kann außer durch gesetzliche Bestimmungen (KabO. v. 14. V. 25) auch durch Instruktionen der Schulaufsichtsbehörden erfolgen. Eine Überschreitung solcher Instruktionen stellt eine Überschreitung der Amtsbefugnisse dar.

Die Schulzucht begreift das Erziehungsrecht in sich. Der Lehrer hat die Pflicht, über das sittliche Verhalten der Kinder auch außer der Schulzeit und außerhalb der Schulräume zu wachen. (Ebenso Erk. v. 26. V. 03 OVG. 43 450.)

i) Erk. v. 8. V. 96 (PrVBl. 18 164):

Die Konfliktserhebung ist auch in Sachen zulässig, in welchen der Rechtsweg an sich ausgeschlossen ist.

k) Erk. v. 24. I. 80 — I 404:

Der Landesdirektor ist keine zur Erhebung des Konflikts berufene Provinzialbehörde.

l) Erk. v. 25. XI. 93 (OVG. 25 425):

Hat ein Beamter als Vertreter einer Korporation gehandelt (nicht als Beamter persönlich), so ist der Konflikt nicht gegeben.

m) Erk. v. 22. XII. 96 (OVG. 31 438):

Gendarmen sind zum Waffengebrauch nur nach Maßgabe ihrer Dienstinstruktion v. 30. XII. 20 berechtigt.

n) Erk. v. 26. IV. 95 (OVG. 28 414):

Selbständige Beschlagnahmen stehen den Gendarmen nicht zu Strafverfolgungen zu, wohl aber behufs Hinderung von Beeinträchtigungen polizeilich zu schützender Interessen.

o) Erk. v. 15. XII. 05 (OVG. 49 440):

Wird gegen einen Beamten, der Klage erhoben hat, zum Zwecke der Aufrechnung eine Gegenforderung geltend gemacht, so kann der Konflikt nicht erhoben werden. Der Konfliktsrichter kann die Rechtsverfolgung gegen den Beamten für unzulässig erklären, nicht aber die Unzulässigkeit eines Verteidigungsmittels aussprechen.

p) Erk. v. 4. II. 82 (OVG. 8 408):

Die Verantwortlichkeit eines Polizeibeamten vor dem Zivilrichter ist zunächst abhängig gemacht (§§ 1, 6 G. v. 11. V. 42) von der Aufhebung seiner Anordnung durch die vorgesetzte Behörde oder den Verwaltungsrichter. Ohne diese Aufhebung ist der Rechtsweg überhaupt nicht zulässig. Davon unberührt bleibt die Frage, ob der Beamte bei Erlaß der aufgehobenen Verfügung seine Amtsbefugnisse überschritten hat. Bestreitet dies die Provinzial- oder Zentralbehörde und erhebt den Konflikt, so ist in diesem Konfliktsverfahren über die Vorfrage zu entscheiden.

Dritter Abschnitt.

Landwirtschaftskammern.

Nach dem Gesetz über die Landwirtschaftskammern v. 30. VI. 94 (GS. 126) können durch Königliche Verordnung zum Zwecke der korporativen Organisation des landwirtschaftlichen Berufsstandes Landwirtschaftskammern errichtet werden, die in der Regel das Gebiet einer Provinz umfassen. Die Errichtung erfolgt auf Grund von Satzungen, die den Vorschriften des Gesetzes entsprechen müssen. Die Mitglieder werden von den Kreistagen erwählt. Wählbar sind diejenigen Eigentümer, Nutznießer und Pächter land- oder forstwirtschaftlich genutzter Grundstücke, deren Grundbesitz oder Pachtung wenigstens den Umfang einer selbständigen Ackernahrung hat, und außerdem die in § 6 bezeichneten Persönlichkeiten. Die der Kammer entstehenden Kosten werden durch die Gemeinde- und Gutsbezirke auf Anweisung des Regierungspräsidenten erhoben und durch Vermittelung der Kreis- oder Steuerkassen abgeführt. Die Beitragspflicht ist den gemeinen öffentlichen Lasten gleichzuachten. Ihre Einziehung erfolgt wie Gemeindeabgaben.

Durch Vd. v. 3. VIII. 95 (GS. 363) sind für die Provinzen Ostpreußen, Westpreußen, Pommern, Brandenburg, Posen, Schlesien, Sachsen, Schleswig-Holstein und für die Regierungsbezirke Cassel und Wiesbaden, durch Vd. v. 28. IV. 98 (GS. 69) für die Provinz Westfalen und durch die Vd. v. 15. III. 99 (GS. 31), für die Provinz Hannover und die Rheinprovinz je eine Kammer errichtet und ihre Satzungen veröffentlicht worden. Änderungen der Satzungen haben stattgefunden für Hannover durch Bek. v. 26. IX. 94, für die Rheinprovinz durch die v. 5. X. 94 und für Ostpreußen durch die v. 26. IX. 94.

Die Landwirtschaftskammer hat die rechtliche Stellung einer Korporation. Sie wird nach außen durch ihren Vorsitzenden oder seinen Stellvertreter vertreten (§ 20). Die staatliche Aufsicht führt der Landwirtschaftsminister.

Was die Satzungen enthalten müssen, gibt § 4 an. Die Mitglieder

der Kammer werden gewählt. Die Kammer prüft die Legitimation ihrer Mitglieder. Über Einsprüche gegen die Wahl entscheidet endgültig die Kammer, ein Verwaltungsstreitverfahren findet nicht statt.

Die entstehenden Kosten werden von der Kammer von ihr auf denjenigen Besitzungen, die den in § 6 Ziff. 1 enthaltenen Bedingungen entsprechen, nach dem Maßstabe ihres mit Wegfall der Talerbruchteile abzurundenden Grundsteuerreinertrages verteilt (§ 18). Wenn einzelne Wahlbezirke von einer Einrichtung besondere Vorteile haben, so können diese vorzugsweise belastet werden.

Gegen die eingeforderten Beiträge ist innerhalb zweier Wochen nach der Zahlungsaufforderung Beschwerde an den Vorstand der Kammer zulässig, der über sie beschließt. Gegen den Beschluß findet binnen zwei Wochen nach der Zustellung die Klage bei dem Bezirksausschusse statt (in Brandenburg bei dem zu Potsdam, in den übrigen Bezirken bei dem Bezirksausschusse des Bezirkes, in dem die Kammer ihren Sitz hat). Gegen das Urteil ist nur die Revision gegeben. Die Rechtsmittel haben keine aufschiebende Wirkung. Beklagter ist die Kammer.

Das Gesetz läßt den Ausschluß der innerhalb des Bezirkes der Handelskammer belegenen Stadtkreise nicht zu, derart, daß die Kammer nur die ihrem Bezirke beigeordneten Landkreise umfassen könnte. Deshalb sind die Ländereien innerhalb der Stadtkreise auch beitragspflichtig, obwohl nur den Landkreisen ein aktives Wahlrecht zusteht (OVG. 37 390).

Entscheidend für die Beitragspflicht (und Wählbarkeit) ist der Umfang bzw. der Grundsteuerreinertrag des in den Händen des Eigentümers, Nutznießers oder Pächters befindlichen land- oder forstwirtschaftlich genutzten Grundbesitzes; gleichgültig ist, ob diese Personen auch die Landwirtschaft praktisch betreiben. Beitragspflicht (und Wählbarkeit) ändern sich nicht dadurch, daß die den Anforderungen des Gesetzes entsprechenden Besitzungen sich in den Händen juristischer Personen, Genossenschaften oder Aktiengesellschaften befinden. Zur Entrichtung der Beiträge ist der Eigentümer verpflichtet, auch wenn er seine Besitzung verpachtet hat.

Wird nur ein Teil einer Besitzung landwirtschaftlich genutzt, so ist nur dieser Teil beitragspflichtig. Es kommt nicht darauf an, daß die ganze Besitzung zur Grundsteuer veranlagt ist (OVG. 33 365).

Wird die Nutzung nach dem Betriebsplane zeitweilig unterbrochen, so wird das Grundstück doch im Sinne des Gesetzes landwirtschaftlich genutzt. Grundstücke scheiden aus dieser Nutzung aus, wenn sie, nicht vorübergehend, anderen Zwecken dienstbar gemacht werden.

Über den Begriff „selbständige Ackernahrung" siehe Kunze-Kautz 2 1168, 1189.

Auch Wasserstücke, die zur Grundsteuer veranlagt sind und Nutzungen an Fischerei, Schilf usw. gewähren, sind landwirtschaftlich genutzte Grundstücke (OVG. 33 373, 379). Hofräume und Exerzierplätze sind zu Beiträgen nicht heranzuziehen, dagegen garten- und parkmäßig benutzte, zu einem Grundsteuerreinertrage veranlagte Grundstücke, auch wenn sie zu einem militärischen Dienstgebäude gehören (OVG. 35 354).

Pfarrländereien sind unzweifelhaft beitragspflichtig (OVG. 32 307), ebenso wie fiskalische Grundstücke. Trägerin des Pfarrvermögens ist die Kirchengemeinde, sie hat die Beiträge zu leisten (OVG. 35 360).

Vierter Abschnitt.

Handelskammern.

Das Gesetz über die Handelskammern v. 24. II. 70 (GS. 134) ist durch die Novelle vom 19. VIII. 97 (GS. 343) in den meisten Bestimmungen ergänzt oder abgeändert worden. Der § 44 hat durch das G. v. 22. VI. 02 (GS. 161) einen Zusatz erhalten. Die §§ 134 u. 135 ZustG. sind durch diese neueren Vorschriften in Wegfall gekommen.

Die Errichtung einer Handelskammer unterliegt der Genehmigung des Handelsministers (§ 2). Die Mitglieder werden gewählt. Berechtigt, an der Wahl teilzunehmen, und verpflichtet, zu den Kosten der Handelskammer beizutragen, sind, sofern sie zur Gewerbesteuer veranlagt sind:

1. diejenigen Kaufleute (natürliche und juristische Personen), die als Inhaber einer Firma in eines der für den Bezirk der Kammer geführten Handelsregister eingetragen werden,
2. diejenigen ein Handelsgewerbe treibenden Gesellschaften und Genossenschaften, die in einem der Handels- oder Genossenschaftsregister des Bezirks eingetragen stehen,
3. die im Bezirke den Bergbau treibenden Alleineigentümer oder Pächter eines Bergwerks, Gewerkschaften usw.,
4. die Besitzer von Betriebsstätten, die zu einem außerhalb des Handelskammerbezirks bestehenden, im Handelsregister eingetragenen Unternehmen gehören usw. (§ 3).

Wahlberechtigte Personen (§§ 4, 5) üben das Wahlrecht persönlich aus. Eine Vertretung läßt der § 5 in gewissen Fällen zu.

§ 7 bestimmt, wer passiv wählbar ist. Wer in Konkurs gerät, ist während des Konkursverfahrens, wer seine Zahlungen einstellt, während der Zahlungseinstellung weder aktiv noch passiv wählbar (§ 9).

Die §§ 10—15 geben das Nähere über das Wahlverfahren, die §§ 16—22 über die Dauer der Funktion und den Wechsel der Mitglieder an; Einsprüche gegen die Wahl sind binnen zwei Wochen bei der Handelskammer anzubringen; sie beschließt darüber. Gegen den Beschluß findet binnen zwei Wochen die Klage beim Bezirksausschusse statt, gegen dessen Endurteil nur das Rechtsmittel der Revision gegeben ist (§ 15).

Die Handelskammer legt die Kosten auf die Wahlberechtigten (§§ 3, 4) um. Den Maßstab bildet die staatlich veranlagte Gewerbesteuer. Gewisse Teile bleiben außer Anrechnung. Auch die von der Gemeinde eingeführte besondere Gemeindegewerbesteuer kann zugrunde gelegt werden.

Einsprüche gegen die Heranziehung zu Handelskammerbeiträgen sind innerhalb zweier Wochen nach der Zahlungsaufforderung bei der Handelskammer anzubringen, die darüber beschließt. Gegen den Beschluß findet mit gleicher Frist, gerechnet von der Zustellung, die Klage beim Bezirksausschusse statt (gegen die Entscheidung nur Revision zulässig, § 29). Beklagter ist die Kammer (siehe S. 372).

Es folgen dann die Vorschriften über die Geschäftsführung, den Geschäftskreis, die staatliche Beaufsichtigung, die Auflösung usw.

Die Handelskammer hat die Rechte einer juristischen Person. Sie wird nach außen vertreten durch den Vorsitzenden oder seinen Stellvertreter,

Handelskammern sind öffentliche Behörden; deshalb findet gegen sie die Festsetzung eines Kostenpauschquantums (§ 107 LVG.) nicht statt (OVG. 12 354).

Die Handelskammer kann Mitglieder, gegen welche ein gerichtliches Strafverfahren eröffnet ist, und aus den in § 19 angegebenen Gründen ausschließen. Dagegen findet die Klage binnen zweier Wochen beim Bezirksausschusse statt, darauf Revision (§ 21). Beklagter ist die Handelskammer.

Was das Verwaltungsstreitverfahren hinsichtlich der Anfechtung von Wahlen anlangt, so hat die Handelskammer die Legitimation ihrer Mitglieder von Amts wegen zu prüfen. Wird infolge dieser Prüfung beschlossen, eine Wahl für ungültig zu erklären, so steht dem Zurückgewiesenen die Klage beim Bezirksausschusse gegen die Handelskammer zu. Sie ist die Beklagte. War gegen die Wahl Einspruch erhoben und ist der Einspruch zurückgewiesen worden, so kann gegen diesen Beschluß der Einsprechende klagen, die Klage richtet sich gegen den Gewählten und die Handelskammer, sie sind Streitgenossen. Wenn der I. und II. Senat des Oberverwaltungsgerichts (vgl. Erk. v. 21. XII. 00 PrVBl. 22 324, v. 14. V. 03 OVG. 43 308) angenommen haben, daß eine Beiladung zu erfolgen habe und diese genüge, so ist bei Gemeinde- und anderen Wahlen in diesem Handbuche wiederholt darauf hingewiesen worden, daß diese Ansicht unrichtig ist. Ist die Wahl auf Einspruch kassiert worden, so richtet sich die Klage gegen die Handelskammer und den Einsprechenden. Sie sind Parteien.

Hat die Handelskammer, ohne daß vorher Einspruch erhoben worden, die Wahlen für gültig erklärt, so kann dagegen keine Klage mehr erhoben werden. Nach anderen Gesetzen, zB. § 11 ZustG., steht gewissen

Personen (Gemeindevorstand) dann noch die Klage zu. Eine ähnliche Vorschrift fehlt im G. v. 19. VIII. 97.

Wenn die Handelskammer trotz Einspruchs eine Wahl für gültig erklärt hat und dagegen vom Einsprechenden Klage erhoben ist, so bleibt der Gewählte Mitglied der Kammer, bis der Verwaltungsrichter die Wahl rechtskräftig kassiert hat. Es darf dann erst zu einer Neuwahl geschritten werden.

Der Verwaltungsrichter hat alle formellen Mängel des Wahlverfahrens mit zu prüfen (OVG. 38 301). Das Gesetz unterscheidet zwischen Ergänzungswahlen (§ 16) und Ersatzwahlen (§ 17). Ersatzwahlen (wenn zB. ein Mitglied während der Wahlperiode gestorben ist) sind stets für einen kürzeren Zeitraum zu vollziehen, als Ergänzungswahlen (Lusensky, HKamG. 138 Anm. 4 zu § 17). Sind ausscheidende Mitglieder gemäß § 16 ausgelost worden, so hat sich der Einspruch nicht etwa gegen die der Wahl vorangegangene Auslosung oder die auf Grund des § 12 ansetzende öffentliche Bekanntmachung zu richten. Zum Verständnisse der Auslosung siehe OVG. 38 301.

Muß eine engere Wahl stattfinden, so sind als Wähler sämtliche in der Wählerliste als wahlberechtigt aufgeführten, nicht aber lediglich die zum ersten Wahlgange erschienenen Personen zuzulassen. Hat ein Wähler bei dem ersten Wahlgange auf die Wahl verzichtet, so kann er bei der engeren Wahl doch wählen. Das Ziel der Klage ist stets die Gültigkeit oder Ungültigkeit der Wahl; dahin geht auch der Klageantrag. Was die Folge des Erkenntnisses ist, wie dann zu verfahren, ist nicht Gegenstand der Entscheidung (OVG. 18 330).

Die Heranziehung zu den Beiträgen bietet in formeller Beziehung keine Schwierigkeit. Zwei Wochen nach Zahlungsaufforderung kann das Mitglied bei der Handelskammer Einspruch erheben. Darüber beschließt die Handelskammer. Gegen den Beschluß findet in gleicher Frist die beim Bezirksausschusse einzureichende Klage gegen die Handelskammer statt. Der Einspruch hat keine aufschiebende Wirkung. Die entstehende Streitigkeit betrifft sowohl die Rechtmäßigkeit der Veranlagung, wie die Verpflichtung zur Ermäßigung oder Inabgangstellung wegen inzwischen eingetretener Veränderung und Erstattung zu Unrecht erhobener Beiträge (OVG. 15 165, 21 152, 39 306).

Der Abgang eines veranlagten Beitrages tritt zwar nicht schon auf Grund des Fortfalls der Voraussetzungen für die Abgabenpflicht ein, er darf aber auf Antrag vom Ende des Monats ab, in welchem der Antrag eingeht, nicht mehr gefordert werden (§ 1 Abs. 4 G. v. 18. VI. 40; OVG. 39 306).

Für die Frage, ob ein Gewerbetreibender nach § 3 zu den Kosten der Handelskammer beitragspflichtig ist, genügt es nicht, festzustellen, daß er als Firmeninhaber im Handelsregister eingetragen steht; vielmehr muß noch die unabhängig davon zu prüfende Eigenschaft, daß er Kaufmann sei, hinzukommen. Dafür sind die Vorschriften des Handelsgesetzbuchs maßgebend. Danach sind Handwerker von der Einbeziehung in die Handelskammer ausgeschlossen, auch wenn der Umfang ihres Betriebes ein erheblicher ist (Großhandwerker). Maßgebend dafür, ob der Betrieb eines Handwerks oder ein Handelsgewerbe vorliegt, sind nur die Art und Weise des inneren Betriebes, die gesamten Betriebsverhältnisse, nicht aber der Umstand, daß das gewerbliche Unternehmen nach Art und Umfang einen in kaufmännischer Weise eingerichteten Geschäftsbetrieb erfordert (Kunze-Kautz Erg. 06 264). Siehe dort auch S. 263 ff. die Bedeutung des Begriffs „landwirtschaftliche Genossenschaft" im Sinne des § 3, ferner wie weit Generalagenten von Versicherungsgesellschaften zu den Kosten beizutragen haben.

Wenn in einem Handelskammerbezirke mehrere Betriebsstätten liegen, die zu einem außerhalb des Bezirks bestehenden Unternehmen (§ 3 Nr. 4) gehören, so ist für jede einzelne dieser Betriebsstätten die Notwendigkeit für einen in kaufmännischer Weise eingerichteten Geschäftsbetrieb zu prüfen und nach dem Ergebnisse die Verpflichtung des Besitzers, zu den Kosten der Handelskammer für die betreffende Betriebsstelle beizutragen, festzustellen. Die einheitliche Bemessung der Beitragspflicht des Besitzers nach dem Gesamtumsatze aller seiner im Bezirke belegenen Betriebsstätten ist unzulässig. Liegen die Betriebsstätten in verschiedenen Kommunalbezirken, so ist der Gewerbesteuersatz nach § 38 GewStG. durch den veranlagenden Steuerausschuß von Amts wegen zu zerlegen. Liegen die Betriebsstätten in denselben Kommunalbezirken, so findet das in § 27 HKamG. vorgesehene Zerlegungsverfahren durch den Vorsitzenden des Steuerausschusses auf förmlichen Antrag der Handelskammer statt (Erk. v. 9. XI. 05 OVG. 48 315).

Im übrigen siehe wegen der Heranziehung die Entsch. in Kunze-Kautz 2 1118 ff.

Zwangsetatisierungen läßt das Gesetz nicht zu.

Fünfter Abschnitt.

Börsen. Handelsmakler.

Die Errichtung einer Börse bedarf der Genehmigung der Landesregierung, in Preußen des Handelsministers (§ 3 des EinfGHGB). Der § 1 Satz 1 BörsenG. v. 22. VI. 96 enthält ein Verbotsgesetz. Es dürfen danach keine Börsen ohne obrigkeitliche Genehmigung bestehen. Über die Merkmale einer Börse spricht sich das Erk. v. 26. XI. 98 (OVG. 34 315) dahin aus: „Es müssen Versammlungen einer größeren Zahl von Personen vorliegen, die an einem ein für allemal bestimmten Orte und zu einer allgemein bestimmten Zeit, wenn nicht täglich, so doch in verhältnismäßig kurzen Zwischenräumen von vornherein beabsichtigt ist. Die sich Versammelnden müssen sodann wenigstens vorwiegend selbständige Kaufleute oder kaufmännische Hilfspersonen sein und ihren Geschäftssitz am Orte der Versammlungen oder in dessen Nähe haben. Die Versammlungen müssen weiter dem Handel mit nicht zur Stelle gebrachten vertretbaren Waren dienen und zwar so, daß der in ihnen betriebene Handel wiederum zwar nicht ausschließlich, aber doch in erheblichem Maße ein Handel von Großhändlern untereinander ist". Bilden sich Börsen ohne obrigkeitliche Genehmigung, so kann dagegen die Ortspolizei einschreiten. Sie geht mit einer polizeilichen Verfügung vor, indem sie den Zusammentritt usw. verbietet (§§ 127 ff. LVG.); gegen die Verfügung ist das Verwaltungsstreitverfahren nach allgemeinen Grundsätzen zulässig.

Die Landesregierungen üben die Aufsicht über die Börsen aus. Ihre Aufsichtsverfügungen sind Zwangsverfügungen im Sinne der §§ 127 ff. a. a. O. und werden wie polizeiliche Verfügungen angegriffen. Die unmittelbare Aufsicht (örtliche Aufsicht) kann einem Handelsorgane (Handelskammer, kaufmännische Korporation) übertragen werden. Die von den Handelsorganen erlassenen Verfügungen sind aber dann nicht wie Verfügungen der Polizeibehörden angreifbar. Die Börsenordnungen bestimmen den Beschwerdeweg. Dennoch können die Beschlüsse der Handelskammern oder des Vorstandes einer kaufmännischen Korporation zum Verwaltungsstreitverfahren führen. Dies bestimmt näher der § 137 ZustG. Wenn nämlich durch diese Beschlüsse die Erlaubnis zum Besuche der Börse versagt, auf Zeit oder für immer entzogen wird oder eine Beschwerde über unrichtige Einschätzung zu Börsenbeiträgen zurückgewiesen wird und zugleich ferner nach der Börsenordnung gegen solche Beschlüsse ein Rechtsmittel (Rekurs) an eine staatliche Behörde zulässig ist (OVG. 40 323), dann ist statt des Rekurses die Klage beim Bezirksausschusse binnen zwei Wochen zu erheben (dagegen nur Revision, § 138). In den neueren Börsenordnungen wird von einem Rekurse an eine Staatsbehörde abgesehen. Die Berliner BörsenO. v. 31. III. 03 betraut die Handelskammer zu Berlin mit der unmittelbaren Aufsicht über die Börse. Die Handelskammer erwählt einen Börsenvorstand. Die Börsenbesucher unterstehen den Anordnungen des Börsenvorstandes; der Börsenvorstand erteilt die Eintrittskarten, kann die Ausschließung von der Börse, die Verhängung einer Geldstrafe oder die Erteilung eines Verweises beschließen. Gegen die Verhängung der Strafen findet allein die Beschwerde an die Handelskammer statt, die endgültig entscheidet. Da die Börsenordnung eine weitere Beschwerde nicht zuläßt, fehlt es hier an den Voraussetzungen für einen gemäß § 137 ZustG. gegebenes Verwaltungsstreitverfahren.

Die Vorschriften des Börsengesetzes über Ehrengerichte (§§ 10—28) führen überhaupt nicht zum Verwaltungsstreitverfahren.

Beschwerden über Börsenbeiträge fallen ebenfalls unter den § 137 ZustG. Das BörsenG. v. 22. VI. 96 läßt sich darüber nicht aus. Die Berliner Börse gehört der Korporation der Kaufmannschaft von Berlin; die neue Börsenordnung setzt keine Börsenbeiträge mehr fest; es fehlt also in Berlin an den Voraussetzungen eines Verwaltungsstreitverfahrens hinsichtlich der unrichtigen Einschätzung zu den Börsenbeiträgen. Die Heranziehung zu diesen Beiträgen ist eine innere Angelegenheit der kaufmännischen Korporation. Bei anderen Börsen kann der § 137 noch Platz greifen. Sonst ist der ordentliche Rechtsweg gegeben.

Der § 137 nennt noch die Handelsmakler, die nach Artt. 66 ff. HGB. v. 24. VI. 61 amtlich bestellte Vermittler für Handelsgeschäfte sind, und bestimmt, wann gegen die Verhängung einer Ordnungsstrafe einem Handelsmakler unter gewissen Voraussetzungen das Verwaltungsstreitverfahren offen steht. Wie Staub, HGB.[7] 335 zu § 93 richtig bemerkt, ist das Institut der amtlichen Handelsmakler jetzt abgeschafft. Bei der Feststellung der Kurse wirken nunmehr Kursmakler, und für das Verwaltungsstreitverfahren nach § 137 ist kein Raum.

Sechster Abschnitt.

Kleinbahnen und Privatanschlußbahnen.

Das G. über Kleinbahnen und Privatanschlußbahnen v. 28. VII. 92 (GS. 225), dazu die AusfAnw. v. 22. VIII. 92 (EisenbVBl. 265), v. 19. XI. 92 (MBl. 335), v. 22. IV. 93 (EisenbVBl. 183) und v. 13. VIII. 98 (MBl. 157), RundErl. v. 31. XII. 92 (MBl. 16), Erl. v. 1. III. 93 (EisenbVBl. 147) bezeichnet als Kleinbahnen die dem öffentlichen Verkehre dienenden Eisenbahnen, die wegen ihrer geringen Bedeutung für den allgemeinen Eisenbahnverkehr dem G. v. 3. XI. 38 (GS. 509) nicht unterliegen. Sie vermitteln in der Regel den örtlichen Verkehr innerhalb eines Gemeindebezirkes oder benachbarter Gemeindebezirke. Das Staatsministerium hat geeignetenfalls auf Antrag zu entscheiden, ob die Voraussetzung für die Anwendbarkeit des G. v. 3. XI. 38 vorliegt.

Zur Herstellung und zum Betriebe, zur wesentlichen Änderung des Unternehmens bedarf es der Genehmigung (§ 2). Zuständig ist (§ 3):

1. wenn der Betrieb ganz oder teilweise mit Maschinenkraft beabsichtigt ist, der Regierungspräsident (in Berlin der Polizeipräsident) im Einvernehmen mit der Eisenbahnbehörde,
2. in den übrigen Fällen, und zwar, sofern Kunststraßen (nicht städtische Straßen) benutzt oder mehrere Kreise berührt werden, der Regierungspräsident (in Berlin der Polizeipräsident); sofern mehrere Polizei-

bezirke desselben Landkreises berührt werden, der Landrat; sofern das Unternehmen in einem einzelnen Polizeibezirke bleibt, die Ortspolizeibehörde.

Die Genehmigung wird auf Grund vorgängiger polizeilicher Prüfung erteilt. Der § 4 gibt die betreffenden polizeilichen Gesichtspunkte an.

Soweit ein öffentlicher Weg benutzt werden soll, ist die Zustimmung der Wegebaupflichtigen zu beschaffen (§ 6). Seine Zustimmung kann ergänzt werden durch Beschluß des Provinzialrats, des Bezirksausschusses oder des Kreisausschusses nach Maßgabe der Vorschriften in § 7. In § 7 ist die Beschwerde dagegen offen gehalten.

Bei der Genehmigung ist die Art und Höhe der Sicherstellung für die Unterhaltung und Wiederherstellung öffentlicher Wege vorzuschreiben (§ 11). Für die Ausführung der Bahn und die Eröffnung des Betriebes kann eine Frist festgesetzt und die Erlegung von Geldstrafen für den Fall der Nichtinnehaltung gefordert werden. Die Genehmigung kann dauernd oder auf Zeit erteilt werden.

Rücksichtlich der Erfüllung der Genehmigungsbedingungen und der Vorschriften des Gesetzes ist jede Kleinbahn der polizeilichen Aufsicht der für ihre Genehmigung jeweilig zuständigen Behörde unterworfen (§ 22). Die Genehmigung kann zurückgenommen werden, wenn der Bau oder Betrieb ohne genügenden Grund unterbrochen oder wiederholt gegen die Bedingungen der Genehmigung oder die dem Unternehmer obliegenden Verpflichtungen in wesentlicher Hinsicht verstoßen wird. Über die Zurücknahme entscheidet auf Klage der zur Erteilung der Genehmigung zuständigen Behörde das Oberverwaltungsgericht (§§ 24, 25).

Gegen die Beschlüsse und Verfügungen, für welche die Landespolizeibehörden in Verbindung mit der Eisenbahnbehörde zuständig sind, und gegen Beschlüsse und Verfügungen der eisenbahntechnischen Aufsichtsbehörden findet die Beschwerde an den Minister der öffentlichen Arbeiten statt. Im übrigen greifen die nach den Bestimmungen der §§ 127 bis 130 LVG. zulässigen Rechtsmittel Platz (§ 52), d. h. Beschwerde mit darauf folgender Klage oder sofort Klage. Der § 52 hat lediglich polizeiliche Verfügungen im Auge. Ist der Minister für die Prüfung der Beschwerde zuständig, so scheidet das Verwaltungsstreitverfahren aus. Das Gesetz hat unterlassen, die Frist für die Beschwerde an den Minister anzugeben. Die in § 130 LVG. vermerkte Frist kann nicht Platz greifen, weil sich der § 130 nur auf die an den Oberpräsidenten zu richtende Beschwerde bezieht. Eine allgemeine Vorschrift, daß die Beschwerden über beliebige polizeiliche Verfügungen binnen zweier Wochen anzubringen sind, gibt es nicht; mithin ist die Beschwerde an den Minister an keine Frist gebunden.

Die polizeilichen Verfügungen in Kleinbahnangelegenheiten

des Regierungspräsidenten, des Landrats und der Ortspolizeibehörde werden also gemäß der §§ 127ff. LVG. behandelt, ausgenommen sind die Verfügungen des Regierungspräsidenten, die er in Verbindung mit der Eisenbahnbehörde erläßt. Die selbständigen Verfügungen der letzteren Behörde fallen niemals in den Rahmen der §§ 127ff.

Die Ergänzung der Zustimmung des Unterhaltungspflichtigen (§ 7) ist eine Art Enteignung; die Ergänzung geschieht daher nicht durch die Polizeibehörden, sondern durch die Beschlußbehörden (vgl. Erk. v. 7. III. 96 OVG. 29 401). Ein Verwaltungsstreitverfahren kann sich bei der Ergänzung der Zustimmung niemals entwickeln, der zweite Satz des § 52 bezieht sich nicht auf Beschlüsse über die Ergänzung.

Die Erfüllung einer Genehmigungsbedingung kann nur die Genehmigungsbehörde erzwingen. Andere polizeiliche Auflagen, denen jedermann nachzukommen hat, gehen von der dafür zuständigen Behörde aus. Ist z. B. die Verpflichtung zur Beleuchtung einer Straße in der Genehmigungsurkunde nicht auferlegt, so besteht aus dem Betriebe der Kleinbahn an sich keine öffentlich-rechtliche Verpflichtung, die betreffende Straße zu beleuchten. Die Kleinbahn steht dann rechtlich nicht anders da, als sonstige Gewerbetreibende, die die Straße benutzen. Die Genehmigungsbehörde kann keine Auflage machen. Ebensowenig die Ortspolizeibehörde. Die Frage, wer zu beleuchten hat, richtet sich übrigens nach Grundsätzen (Kunze-Kautz 2 379; OVG. 36 237), die mit dem G. v. 28. VII. 92 nicht in Verbindung stehen. Enthält aber die Genehmigungsurkunde die Verpflichtung zur Beleuchtung, so kann sie die Genehmigungsbehörde allerdings durch polizeiliche Zwangsmittel erzwingen; denn die Urkunde schafft einen öffentlich-rechtlichen Titel.

Neben der Aufsicht der Genehmigungsbehörden unterliegen die Kleinbahnen allerdings auch der allgemeinen polizeilichen Überwachung durch die Ortspolizeibehörde als solche, aber die letztere darf an die Kleinbahn keine polizeilichen Anforderungen stellen, die dem Gebiete der nach dem Gesetze den Genehmigungsbehörden vorbehaltenen Aufsicht angehören. Das letztere ist z. B. nicht der Fall, wenn die Schaffner oder Fahrgäste aus dem Wagen beschmutzende Gegenstände auf die Strafe werfen, wenn sie mit Licht unvorsichtig umgehen usw. Dagegen kann jede Ortspolizei einschreiten. Die Anlage und die ordnungsmäßige Unterhaltung der Bahn, der Gleisanlage, Unterbettung der Schienen stehen dagegen unter der Aufsicht der Genehmigungsbehörden (OVG. 43 390). Das Erk. v. 11. II. 01 (OVG. 38 371) gibt einen Fall an, der zur Zuständigkeit der Ortspolizeibehörde als solcher gehörte.

Wenn ein Teil eines Pferdebahnbetriebes in einen elektrischen Betrieb mit Maschinenkraft umgewandelt wird, so geht die Aufsicht über das ganze einheitliche Unternehmen auf die für die Genehmigung zuständigen Behörden (Regierungspräsidenten im Einvernehmen mit der Eisenbahndirektion) über (OVG. 33 432).

Wegen der Grubenbahnen siehe OVG. 36 281, 286, im übrigen über die Kleinbahnen Kunze-Kautz 2 1101ff. u. Erg. 06.

Bahnen, die dem öffentlichen Verkehre nicht dienen, aber mit Eisenbahnen, die den Bestimmungen des G. v. 3. XI. 38 unterliegen oder mit Kleinbahnen derart in unmittelbarer Gleisverbindung stehen, daß ein Übergang der Betriebsmittel stattfinden kann, bedürfen, wenn sie für den Betrieb mit Maschinen eingerichtet werden sollen, zur baulichen Herstellung und zum Betriebe polizeilicher Genehmigung (Privatanschlußbahnen, § 43 G. v. 28. VII. 92). Zur Erteilung der Genehmigung ist der Regierungspräsident (Polizeipräsident von Berlin) im Einvernehmen mit der Eisenbahndirektion zuständig.

Zur Benutzung öffentlicher Wege bedarf es der Zustimmung der Unterhaltungspflichtigen. Die Zustimmung kann wie bei Kleinbahnen ergänzt werden. Ebenso kann die Genehmigung mittelst Klage beim Oberverwaltungsgerichte zurückgenommen werden. Im übrigen siehe § 47f.

Siebenter Abschnitt.

Eingeschriebene Hilfskassen.

Das ZustG. bestimmt in § 141:

> Der Bezirksausschuß beschließt über Anträge auf Zulassung eingeschriebener Hilfskassen (§ 4 G. v. 7. IV. 76 RGBl. 125). Gegen den die Zulassung versagenden Beschluß findet innerhalb zweier Wochen der Antrag auf mündliche Verhandlung im Verwaltungsstreitverfahren statt. Gegen die Entscheidung des Bezirksausschusses ist nur das Rechtsmittel der Revision zulässig.

Für den Stadtkreis Berlin beschließt an Stelle des Bezirksausschusses der Polizeipräsident; gegen den versagenden Beschluß findet in gleicher Frist die Klage beim Bezirksausschusse statt (§ 161 ZustG.). Das HilfsKG. ist durch G. v. 1. VI. 84 (RGBl. 54) abgeändert und durch Vd. v. 14. XII. 97 (RGBl. 1052) in Helgoland eingeführt worden.

In dem Verwaltungsstreitverfahren gegen den Beschluß des Polizeipräsidenten ist dieser nicht etwa Partei (Beklagter), vielmehr ist gemäß § 74 Abs. 3 LVG. behufs Wahrnehmung des öffentlichen Interesses ein Kommissar zu bestellen. Gleiches geschieht, wenn der Antrag auf mündliche Verhandlung gestellt ist.

Der Verwaltungsrichter ist in dem Verwaltungsstreitverfahren nach ZustG. § 141 ganz frei in der Beurteilung, ob die Zulassung nach den gesetzlichen Bestimmungen zu gewähren ist. Die Zulassung darf nur versagt werden, wenn das Statut den Anforderungen des G. v. 7. IV. 76/1. VI. 84 nicht entspricht.

Der § 142 ZustG. ordnet an:

Der Bezirksausschuß entscheidet auf Klage der Aufsichtsbehörde über die Schließung eingeschriebener Hilfskassen (§ 29 G. v. 7. IV. 76/1. VI. 84).

Klägerin ist in den Städten von mehr als 10000 Einwohnern die Ortspolizeibehörde, sonst der Landrat. Für Hannover bestehen besondere Vorschriften (siehe unten).

Der § 29 G. v. 7. IV. 76/1. VI. 84 gibt die Voraussetzungen an, unter denen der Antrag auf Schließung der Kasse erfolgen darf (Erk. v. 28. IX. 05 OVG. 48 327). Die Klage geht gegen die Kasse, die durch ihren Vorstand vertreten wird. Gegen die Entscheidung ist die Berufung an das Oberverwaltungsgericht zulässig. Vor Erlaß des Endurteils kann der Bezirksausschuß im Beschlußverfahren, ohne daß ein Rechtsmittel zulässig wäre, die vorläufige Schließung der Kasse anordnen (§ 142 Abs. 2 ZustG.). Ist die Zulassung genehmigt (§ 141), obwohl sie hätte versagt werden sollen, so kann die höhere Verwaltungsbehörde der Kasse eine Frist zur erforderlichen Abänderung des Statuts stellen, widrigenfalls die Klage auf Schließung der Kasse erfolgt (§ 29 Nr. 5a a. a. O.). Mit Rücksicht auf diese reichsgesetzliche Vorschrift greift die Bestimmung des § 126 LVG. nicht Platz, wonach endgültige Beschlüsse des Bezirksausschusses vom Regierungspräsidenten mittelst Klage beim Oberverwaltungsgericht angefochten werden können.

Die AusfAnw. v. 14. VII. 84 (durch die Amtsblätter bekannt gemacht) bestimmt, daß, abgesehen von den Vorschriften in den §§ 141, 142, 161 ZustG. die im HilfsKG. den höheren Verwaltungsbehörden überwiesenen Geschäfte von den Regierungspräsidenten, für den Stadtkreis Berlin von dem Oberpräsidenten, wahrzunehmen sind. Unter der Bezeichnung „Gemeindebehörde" sind diejenigen Behörden zu verstehen, die den Vorstand der Gemeinde bilden. Die Aufsicht über die Kassen und ihre örtlichen Verwaltungsstellen wird in den Städten von mehr als 10000 Einwohnern von der Ortspolizeibehörde, im übrigen von dem Landrate, in höherer Instanz von den Regierungspräsidenten, für den Stadtkreis Berlin vom Oberpräsidenten wahrgenommen. In der Provinz Hannover wird die Aufsicht in den Städten, auf die die StädteO. v. 24. VI. 58 Anwendung findet, mit Ausnahme der in § 27 Abs. 2 der KreisO. benannten, von dem Magistrate, im übrigen von dem Landrate, in höherer Instanz vom Regierungspräsidenten ausgeübt.

Nach § 33 HilfsKG. kann die Aufsichtsbehörde die Mitglieder des Vorstandes der Kasse und der örtlichen Verwaltungsstellen, sowie die im Falle der Auflösung oder Schließung der Kasse mit der Abwickelung der Geschäfte betrauten Personen zur Erfüllung der durch das HilfsKG. begründeten Pflichten durch Androhung, Festsetzung und Vollstreckung von Geldstrafen bis zu 100 Mark sowie durch sonstige nach den Landesgesetzen (§ 132 LVG.) ihr zustehenden Zwangsmittel anhalten. Die von der Aufsichtsbehörde erlassenen Verfügungen sind nach Maßgabe der §§ 127—129 LVG. anfechtbar. Danach werden die Kassenaufsichtsverfügungen der Ortspolizeibehörde, des Landrats, des Magistrats (in Hannover) so behandelt, als ob diese Behörden polizeiliche Verfügungen erlassen hätten, es steht den Betroffenen also wahlweise Beschwerde oder Klage zu. Die Begründung der Klage richtet sich ebenfalls nach den Vorschriften in dem § 127 Abs. 3 LVG. Eine Abweichung von der Behandlung der polizeilichen Verfügungen liegt darin, daß auch gegen die Festsetzung von Zwangsmitteln (Geldstrafen) Klage und Beschwerde gegeben ist, während nach § 133 LVG. gegen solche Festsetzung auf polizeiliche Verfügungen nur die Beschwerde an die Aufsichtsbehörde zugelassen ist (vgl. OVG. 18 336). Das Aufsichtsrecht über die freien Hilfskassen und deren Verwaltungsstellen ist ein beschränktes. Sie unterliegen ihm nach § 33 HilfsKG. nur „in bezug auf die Befolgung des Gesetzes". In dem Rechte zur Aufsicht liegt nicht das Recht zu materiellen Entscheidungen über Ansprüche der Mitglieder gegen die Kasse. Die Aufsichtsbehörde darf nur anordnen, daß die Organe der Kasse über erhobene Ansprüche befinden (Erk. v. 19. V. 97 OVG. 32 343). Die in diese Materie einschlagenden Oberverwaltungsgerichtsurteile siehe bei Kunze-Kautz 2 931 ff.

Mitglieder der auf Grund des G. v. 7. IV. 76/1. VI. 84 errichteten Kassen sind von der Verpflichtung, der Gemeindekrankenversicherung oder einer Krankenkasse anzugehören, befreit, wenn die Hilfskasse, der sie angehören, allen ihren versicherungspflichtigen Mitgliedern oder doch derjenigen Mitgliederklasse, zu welcher der Versicherungspflichtige gehört, im Krankheitsfalle mindestens diejenigen Leistungen gewährt, welche nach Maßgabe der §§ 6 u. 7 KrankVG. von der Gemeinde, in deren Bezirk der Versicherungspflichtige beschäftigt ist, zu gewähren sind (§ 75 KrankVG.). Dazu bestimmt der § 76 KrankVG.:

> Die Bestimmungen der §§ 20 Abs. 5, 57b, 58 Abs. 2 finden auf die im § 75 bezeichneten Hilfskassen Anwendung.

Zum Verständnisse des § 76 bemerken die Motive (S. 74, 75): „Es liegt kein Grund vor, den Gemeinden und Armenverbänden, welche versicherten Personen Unterstützung geleistet haben, den freien Hilfskassen gegenüber nicht dasselbe Recht, wie den Zwangskassen gegenüber, zu gewähren. Ebenso entspricht es der Billigkeit, die gesetzlichen Entschädigungsansprüche der Versicherten gegen Dritte unter derselben Voraussetzung und in demselben Umfange auf die Hilfskassen übergehen zu lassen, wie sie nach § 57 Abs. 4 KrankVG. auf die Zwangskassen übergehen." Streitigkeiten über die aus § 57 entstehenden Ersatzansprüche werden, auch wenn Hilfskassen dabei beteiligt sind, auf dem in § 58 Abs. 2 bezeichneten Wege zu entscheiden sein.

Dasselbe gilt von Streitigkeiten, welche zwischen Hilfskassen und Krankenkassen über den Ersatz irrtümlich geleisteter Unterstützungen entstehen." Das Weitere über diese im Verwaltungsstreitverfahren zu entscheidenden Streitigkeiten siehe im Abschnitte „Krankenkassen"; vgl. ferner Kunze-Kautz 2 936 ff. u. OVG. 46 366, 48 329 (Voraussetzungen, unter denen der Armenverband erkrankten Hilfskassenmitgliedern die notwendige Krankenhauspflege trotz ihrer Kassenzugehörigkeit gewähren darf).

Kassen, die sich dem HilfsKG. nicht unterwerfen, stehen unter der KabO. v. 29. IX. 33 bzw. dem PrivVUntG. v. 12. V. 01, das nach seinem § 122 sich auf eingeschriebene Hilfskassen nicht bezieht. Hilfskassen mit irgendwelchem Beitrittszwange unterliegen nach § 87 KrankVG. den Vorschriften des § 85 das.

Achter Abschnitt.

Krankenkassen. Unfall- und Invalidenversicherung.

Erster Titel.

Einleitung. Formelle Bestimmungen über das Verwaltungsstreitverfahren. Befugnisse der Aufsichtsbehörden und Rechtsmittel.

Nachdem das G. v. 27. IV. 85 (GS. 127) erlassen worden, wonach für Streitigkeiten, die nach reichsgesetzlicher Vorschrift im Verwaltungsstreitverfahren zu entscheiden sind, die Zuständigkeit und der Instanzenzug durch Königliche Verordnung bestimmt werden, erging zum Krankenversicherungsgesetze die Vd. v. 12. IX. 85 (GS. 333), die nach Erlaß der Novelle zum KrankVG. v. 10. IV. 92 durch die Vd. v. 9. VIII. 92 (GS. 239) ersetzt wurde. Die Vd. v. 29. VIII. 00 (GS. 317) brachte geringe Abänderungen und eine Erweiterung. Danach unterliegen die nach §§ 58 Abs. 2, 65 Abs. 3, 72 Abs. 4, 73 KrankVG. zu entscheidenden Streitigkeiten der Entscheidung des Bezirksausschusses, gegen dessen Entscheidung nur das Rechtsmittel der Revision stattfindet. Gegen Bescheide der höheren Verwaltungsbehörde, durch die Statuten oder Abänderungen von Statuten der Orts-, Betriebskrankenkassen usw. die Genehmigung versagt wird (§§ 24 Abs. 1 u. 2, 64, 72 Abs. 3, 73 KrankVG., sowie gegen Verfügungen der höheren Verwaltungsbehörde, durch die die Schließung einer Ortskrankenkasse angeordnet oder die Auflösung einer Ortskrankenkasse abgelehnt wird (§ 47 Abs. 3), findet innerhalb zweier Wochen der Antrag auf mündliche Verhandlung im Verwaltungsstreitverfahren vor dem Bezirksausschusse (mit nachfolgender Revision) statt. Gegen Bescheide der höheren Verwaltungsbehörde, durch die die Abänderung der entgegen den Bestimmungen des § 24 genehmigten Statuten der Orts-, Betriebs- und Baukrankenkassen angeordnet wird (§§ 48a Abs. 1, 64, 72 Abs. 3) ist binnen zweier Wochen die Klage beim Oberverwaltungsgericht gegeben. Höhere Verwaltungsbehörde im Sinne der §§ 48a, 64, 72 Abs. 3 ist der Regierungspräsident, für Berlin der Oberpräsident, sonst hinsichtlich der Genehmigung der Statuten (§ 24 Abs. 1 u. 2), der Schließung oder Auflösung einer Ortskrankenkasse (§ 47 Abs. 3) der Bezirksausschuß.

Infolge der Novelle zum KrankVG. v. 25. V. 03 (RGBl. 233) erging die Vd. v. 8. VI. 03 (GS. 191). Entscheidungen der Aufsichtsbehörde, wodurch ein Vorstandsmitglied, ein Rechnungs- oder Kassenführer seines Amtes enthoben wird, können binnen vier Wochen nach der Zustellung durch Klage beim Bezirksausschusse angefochten werden. (Dagegen nur Revision). Binnen gleicher Frist findet die Klage beim Bezirksausschusse gegen die Anordnungen der Aufsichtsbehörden in den Fällen der Artt. I, XVI der Novelle und gegen die Entscheidungen der Aufsichtsbehörde über Streitigkeiten zwischen einem Verbande und den beteiligten Kassen (§ 58 Abs. 3 KrankVG.) statt. Gegen die Erkenntnisse des Bezirksausschusses ist nur die Revision gegeben. Die Entsch. v. 1. II. 06 (OVG. 49 323) spricht sich über den Inhalt und die Grenzen der der Aufsichtsbehörde nach § 45 Abs. 1—5 KrankVG. gegenüber den Krankenkassen zustehenden Befugnisse und die Legitimation des Kassenvorstandes zur Erhebung der Klage gegen die Aufsichtsbehörde gemäß § 45 Abs. 6 aus. Die Klage findet auch gegen solche Anordnungen der Aufsichtsbehörde statt, die keine Androhung, Festsetzung oder Vollstreckung von Ordnungsstrafen (§§ 132, 133 LVG.) zum Gegenstande haben (OVG. 50 400). Die Aufsichtsbehörde darf die Befugnisse und Obliegenheiten der Kassenorgane nach § 45 Abs. 5 nur dann übernehmen, wenn diese ihre gesetzlichen oder statutarischen Obliegenheiten nicht erfüllen und deren Erfüllung verweigern. Ob diese Voraussetzungen vorliegen, hat der Verwaltungsrichter auf erhobene Klage selbständig zu prüfen (OVG. 48 346).

Der § 45 regelt die Befugnisse der Aufsichtsbehörde und die Zulässigkeit der Anfechtung ihrer Anordnungen im Verwaltungsstreitverfahren. Der § 56a verleiht der höheren Verwaltungsbehörde die freie, einer Nachprüfung im Verwaltungsstreitverfahren nicht unterliegende Befugnis, berechtigten Wünschen der Versicherten auf die Bereitstellung von Ärzten, Apothekern und Krankenhäusern über die Grenzen der den Kassenorganen obliegenden Verpflichtungen hinaus Geltung zu verschaffen (Erk. v. 16. XI. 05 OVG. 48 346).

Zweiter Titel:

Streitigkeiten aus § 58 Abs. 2 KrankVG.

Der oben erwähnte § 58 Abs. 2 lautet:

Streitigkeiten über die im § 57 Abs. 2 u. 3 bezeichneten Ansprüche, Streitigkeiten über Ersatzansprüche aus § 3a Abs. 4, §§ 3b u. 57a, ferner Streitigkeiten zwischen Gemeinde-Krankenversicherungen und Krankenkassen über den Ersatz irrtümlich geleisteter Unterstützungen werden im Verwaltungsstreitverfahren entschieden.

Früher enthielt der § 58 Abs. 2 noch die Bestimmung, daß auch die Streitigkeiten aus § 57 Abs. 4 im Verwaltungsstreitverfahren zu entscheiden seien; jetzt ist dafür der ordentliche Rechtsweg gegeben.

Was den § 57 Abs. 2 u. 3 anlangt, so bestimmt er, daß soweit auf Grund armenrechtlicher Verpflichtung Unterstützungen geleistet sind, für welche dem Unterstützten nach dem KrankVG. ein Unterstützungsanspruch zusteht, der letztere im Betrage der geleisteten Unterstützung auf die Gemeinde oder den Armenverband übergeht, von dem die Unterstützung geleistet worden. Gleiches gilt von Betriebsunternehmern und Kassen, welche die den Gemeinden und Armenverbänden obliegende Verpflichtung zur Unterstützung auf Grund gesetzlicher Vorschrift erfüllt haben. Diese Vorschriften haben eine reiche Literatur und Judikatur gezeitigt.

Bei Klagen aus § 57 Abs. 2 sind Kläger: eine Gemeinde als Trägerin der Armenpflegelast oder überhaupt ein Armenverband. Der Anspruch aus § 57 Abs. 2 geht sowohl auf den vorläufig unterstützenden, als auch auf denjenigen Armenverband über, der als endgültig verpflichtet jenem Ersatz gewährt hat. Während früher das Oberverwaltungsgericht davon (und zwar zu Unrecht) ausgegangen war, daß wenn der Anspruch an die Krankenkasse nicht ausreicht, beide Armenverbände voll zu befriedigen seien, für jeden von ihnen eine anteilige Ermäßigung der Forderung nach dem Verhältnisse der Forderungen eintrete (OVG. 21 368), ist das Oberverwaltungsgericht neuerdings (Erk. v. 28. V. 03 OVG. 43 328) der bisher schon vom Bundesamte f. d. Heimatwesen vertretenen Ansicht beigetreten. Danach findet ein doppelter Übergang des Ersatzanspruchs statt. Der vorläufig verpflichtete Armenverband hat aber ein Recht auf volle Befriedigung, er ist zur Teilung mit dem endgültig verpflichteten Armenverbande nicht verbunden. Reicht das, was die Kasse dem vorläufig verpflichteten Armenverbande erstattet, zur Deckung der Auslagen des letzteren nicht aus, so kann sich der Armenverband bis zum tarifmäßigen Betrage an den endgültig verpflichteten Armenverband halten. Der endgültig verpflichtete Armenverband hat also in der Regel keinen Anspruch gegenüber der Kasse. Nur soweit der vorläufig verpflichtete Armenverband den Betrag des Unterstützungsanspruchs des Kassenmitglieds an die Kasse nicht für sich von der Kasse verlangen darf, hat auch der endgültig verpflichtete Armenverband wegen dessen, was er durch Erstattung an den vorläufig verpflichteten Armenverband zu den Gesamtkosten der Armenpflege beigetragen hat, bis zur Höhe des Restes dieses Betrages einen Anspruch an die Kasse, für welchen Anspruch gleichfalls das Verwaltungsstreitverfahren eröffnet ist.

Für den Übergang des Anspruchs an die Kasse ist es unerheblich, ob das Mitglied ein freiwilliges oder Zwangsmitglied ist (ArbVers. 9 100). Der Übergang (gesetzliche Zession) setzt voraus, daß der Armenverband (die Gemeinde) auf Grund der Armenpflegepflicht (nicht aus anderen Gründen) gehandelt, eine gesetzliche Unterstützung, also einem Hilfsbedürftigen geleistet hat. Für die Hilfsbedürftigkeit müssen die objektiven Merkmale, wie sie in der Armengesetzgebung aufgestellt sind, vorliegen, auf die subjektive Meinung des Unterstützenden und des Unterstützten kommt es nicht an, ebensowenig ob der Unterstützte ganz geringe, unzureichende Barmittel oder unrealisierbare ausstehende Forderungen hat. Wird eine Person aus polizeilichen Gründen, z. B. weil sie sonst Konkumbenten geschlechtlich anstecken würde, in ein Krankenhaus aufgenommen, nicht weil sie hilfsbedürftig ist, so greift § 57 nicht Platz; denn es liegt bei der aufgenommenen Person keine Hilfsbedürftigkeit im armenrechtlichen Sinne vor (Kunze-Kautz 2 1019). Bei Irrsinnigen, vor denen andere geschützt werden sollen, gilt Gleiches. Andererseits steht die Unterstützung, die von der Polizeibehörde des Ortsarmenverbandes wegen Säumigkeit der letzteren oder wegen Dringlichkeit des Falles unmittelbar veranlaßt worden ist, einer von dem Ortsarmenverbande einem Hilfsbedürftigen selbst gewährten Unterstützung gleich (Erk. v. 22. VI. 96 OVG. 30 358). Die Hilfsbedürftigkeit kann bei einem Kassenmitgliede nicht angenommen werden, wenn ihm bereits Hilfe der Kasse zu Gebote stand (Erk. v. 29. IV. 89 OVG. 18 u. 357; vgl. auch Kunze-Kautz 2 1021) und der Armenverband, dies mißachtend, Unterstützung eintreten ließ. Eine Krankenkasse, deren Mitglied im Wege öffentlicher Armenpflege Unterstützung, namentlich Krankenhauspflege, erhalten hat, darf dem Armenverbande nicht den Einwand entgegensetzen, daß nach dem Statute das Mitglied sich von dem Kassenarzte hätte behandeln lassen müssen oder keinen Anspruch auf Krankenhausbehandlung habe (OVG. 13 374, 16 359, PrVBl. 2 205, ArbVers. 10 479, 484). Der Armenverband seinerseits hat die Unterstützung nur in der Weise zu gewähren, wie er überhaupt Krankenpflege und Fürsorge zu üben hat; es ist für ihn gleichgültig, in welcher Weise der Hilfsbedürftige seinen Anspruch an die Kasse hätte geltend machen müssen. Der Armenverband tritt nicht für die Kasse mit deren Leistungen ein, er erfüllt nicht deren Verbindlichkeiten, sondern genügt seiner eigenen Pflicht zur Unterstützung der Hilfsbedürftigen. Geschieht dies, so geht der Anspruch des Unterstützten an die Kasse zum Betrage der vom Armenverbande geleisteten Unterstützung auf diesen über. Was auf den Armenverband übergeht, ist das in Geld berechnete Äquivalent dessen, was der Unterstützte von der Kasse auf Grund des Gesetzes und der Statuten zu beanspruchen gehabt hätte, wenn statt des Armenverbandes die Kasse Kur und Verpflegung usw. übernommen hätte (Kunze-Kautz 2 1031).

Bei Anwendung des § 57 Abs. 2 ist zu beachten, daß die Tage, für welche dem Unterstützten ein Anspruch auf Krankengeld und freie ärztliche Behandlung usw. gegenüber der Kasse zustand, und die Tage, an welchen er von dem Armenverbande unterstützt worden, sich decken müssen (ArbVers. 2 50, PrVBl. 15 76, Erk. v. 28. I. 95 OVG. 27 358, Kunze-Kautz 2 1029). Dabei ist es gleichgültig, ob der Armenverband direkt die Hilfe dem Unterstützten gewährt hat oder ob er einem Dritten, der die Leistungen in seinem Namen oder im Auftrage bewirkt hatte, nachträglich die Kosten erstattet, z. B. der Polizei (Erk. v. 12. VI. 02 OVG. 42 312).

Da der Anspruch, der auf den Armenverband übergeht, der des Kassenmitgliedes an die Kasse ist, kann der Armenverband niemals mehr fordern, als der Unterstützte selbst zu fordern berechtigt gewesen wäre. Nach § 6 hat das Mitglied nur Anspruch auf Krankengeld, freie ärztliche Behandlung, Arznei, sonstige Heilmittel; beim Eintritt eines Armenverbandes für die Kasse handelt es sich daher nur um Zahlung des dem Unterstützten für die betreffende Zeit gebührenden Krankengeldes sowie auf Abgeltung der ärztlichen Behandlung, Arznei- und Heilmittel mit der Hälfte des Krankengeldes (§ 57 Abs. 5), sofern „nicht etwa höhere Aufwendungen eben besonders nachgewiesen werden." Durch diesen Zusatz sollten Härten bei der Pauschalierung ausgeglichen werden. Der Betrag des 1½fachen Krankengeldes bestimmt die Obergrenze der Ansprüche des Armenverbandes (Erk. v. 14. II. 95 OVG. 27 362). Dafür, was innerhalb dieser Grenze der Armenverband zu fordern berechtigt ist, sind nicht die Bestimmungen des KrankVG., sondern die armenrechtlichen Vorschriften maßgebend. Alles, was nach Lage der Sache vom Armenverband als angemessen oder notwendig verwandt ist und verwandt werden durfte, ist erstattungsfähig. Daher kann er auch die Kosten für die Unterbringung in eine Irrenanstalt und die des Transports ersetzt verlangen (OVG. 27 362). Bei Beachtung dieses Gesichtspunktes ist es gleichgültig, ob der Unterstützte heilbar oder unheilbar gewesen ist, wenn er nur unterstützungsbedürftig war.

Da das Krankengeld nur im Falle der Erwerbsunfähigkeit zu zahlen ist, so haben die Verwaltungsgerichte vielfach festzustellen, ob solche vorliegt. Das KrankKG. unterscheidet nicht, wie das UnfVG. v. 6. VII. 84, zwischen völliger und teilweiser Erwerbsunfähigkeit. Erwerbsunfähigkeit kann bestehen, obgleich der Unterstützte tatsächlich gearbeitet hat (Erk. v. 10. X. 89 OVG. 18 356, Kunze-Kautz 2 1031), wenn dieses

Arbeiten mit Einsetzen der letzten Kräfte geschehen oder mit einer Verschlimmerung der Krankheit bewirkt worden. Das OVG. 18 355 bezeichnet die Erwerbsunfähigkeit als Unfähigkeit, ohne Verschlimmerung der Krankheit, durch Arbeit einen Erwerb zu gewinnen. In dem Bescheide v. 1. XII. 04 (OVG. 46 363) wird ausgeführt, daß die Erwerbsunfähigkeit im Sinne des KrankVG. nicht die völlige Unfähigkeit zur Arbeit zur notwendigen Voraussetzung habe; sie liege im allgemeinen auch schon dann vor, wenn es an der Fähigkeit zur Fortsetzung derjenigen Arbeit fehle, auf Grund deren die Versicherung bestehe, andere geringere Arbeit aber möglich sei. Die Annahme der Erwerbsunfähigkeit rechtfertige sich auch für den Fall, daß der kranke Arbeiter die Arbeit einstelle, weil er eine nicht ganz unerhebliche Verschlimmerung der Krankheit bei Fortsetzung der Arbeit zu gewärtigen habe (ArbVers. 21 441). Das OVG. 50 409 steht auf demselben Standpunkte. Wenn jedoch ein Arbeiter diejenige seiner Vorbildung und Gewohnheit angemessene Beschäftigung, die seine Versicherung bei einer bestimmten Krankenkasse überhaupt erst begründet, gegen vollen Lohn ununterbrochen fortsetzt, so kann für die Dauer dieser Arbeitsleistung von einem Anspruche auf Krankengeld ihm gegenüber nicht die Rede sein. Bei Arbeitern, die nicht in festen Bezügen stehen, soll das Krankengeld den Ausfall des Arbeitsverdienstes teilweise ersetzen. Fehlt es an einem solchen Ausfalle, so kann kein Krankengeld beansprucht werden. Unberührt bleibt dabei in Fällen, wo die Arbeit nur mit der Gefahr einer Verschlimmerung des Gesundheitszustands fortgesetzt werden kann, die Befugnis des Arbeiters, nach Niederlegung der Arbeit den Anspruch auf Krankengeld zu erheben.

Was die Einwendungen anlangt, die aus dem Verhalten des Unterstützten oder dem Verhalten der Krankenkasse aus der Zeit nach dem Übergange der Forderung erhoben werden können, so steht das Oberverwaltungsgericht (Erk. v. 19. I. 03 OVG. 43 327) auf dem richtigen Standpunkte, daß alle Handlungen und Unterlassungen, wie Zahlungen und Vergleiche, soweit sie überhaupt mit Wirksamkeit zugunsten der Krankenpkasse stattfinden können, die Wirkung auch dem Armenverbande gegenüber haben, wenn die Krankenkasse zu der Zeit, wo sie stattfanden, noch im guten Glauben war, d. h. ihr die den Übergang begründenden Tatsachen noch nicht in glaubhafter Weise bekannt geworden sind. Dies folgt aus dem Wesen des Rechtsüberganges, der entsprechenden Anwendung der bei der Zession von privatrechtlichen Forderungen maßgebenden Bestimmungen (BGB. §§ 407ff.). Als Folge hiervon bezeichnet das Oberverwaltungsgericht, daß auch ein zwischen dem vom Armenverbande Unterstützten und der gutgläubigen Kasse anhängig gewesener und rechtskräftig entschiedener Rechtsstreit über den Anspruch auf Krankenunterstützung dem Armenverbande gegenüber Wirkung hat; der letztere muß das rechtskräftige Urteil gegen sich gelten lassen.

Der Abs. 3 des § 57, der von dem Regresse der Betriebsunternehmer und Kassen gegen die Gemeinden und Armenverbände handelt, hat für Preußen keine Bedeutung, da gesetzliche Vorschriften, wie sie der Abs. 3 in bezug nimmt, nicht bestehen; es kann deshalb über diese Regreßansprüche kein Verwaltungsstreitverfahren eingeleitet werden (Erk. v. 10. IV. 90 OVG. 19 343).

Die Ersatzansprüche aus § 3a Abs. 4 und § 3b bieten kein erhebliches Interesse und können hier übergangen werden. Dagegen werden die Verwaltungsgerichte mit der Entscheidung über die aushilfsweise angeordnete Unterstützungspflicht der Gemeindekrankenversicherungen, Kassen und Unternehmer nach § 57a oftmals befaßt. Es hat nämlich auf Erfordern einer Ortskrankenkasse, wenn ihre Mitglieder im Bezirke einer anderen Kasse wohnen und erkranken, die betreffende Ortskrankenkasse des Wohnorts den erkrankten Mitgliedern dieselbe Krankenunterstützung zu gewähren, die die Mitglieder von ihren eigenen Kassen fordern dürfen. Für die Erstattung der Kosten gilt als Ersatz der im § 6 Abs. 1 Ziff. 1 (Arznei, Heilmittel) bezeichneten Leistungen die Hälfte des Krankengeldes, sofern nicht nachweisbar höhere Aufwendungen notwendig waren. Dasselbe gilt für Gemeindekrankenversicherungen. Die Pflicht, dem Ersuchen zu entsprechen, bezieht sich auf Zwangs- und freiwillige Mitglieder, ebenso auf frühere Mitglieder, die nach § 28 noch ein Anrecht auf Unterstützung haben (ArbVers. 15 118). Über Wesen und notwendigen Inhalt des Ersuchens siehe Hahn in der ArbVers. 12 561, 13 188. Die ersuchte Kasse kann, wenn in dem Ersuchen nicht etwas Gegenteiliges zu finden ist, das erkrankte Mitglied auch in ein Krankenhaus aufnehmen, sie kann verlangen, daß das Mitglied sich durch die von ihr bestimmten Ärzte behandeln läßt. Über die Bedeutung des Begriffs „Wohnen" in § 57a Abs. 1 siehe Kunze-Kautz 2 1037f.

Während der Abs. 1 des § 57a die Unterstützung von Kassenmitgliedern, die außerhalb ihres Kassenbezirks wohnen, betrifft, handelt der Abs. 2 von solchen, die sich vorübergehend in einem anderen Bezirke aufhalten, z. B. auf Reisen sind. Erkranken sie auf der Reise, so haben sie die Berechtigung, solange und sofern ihre Überführung nach dem Wohnorte nicht erfolgen kann, von der Aufenthaltskasse (Gemeindekrankenversicherung) die Leistungen der eigenen Kasse zu beanspruchen. Eines besonderen Antrags der eigenen Kasse bedarf es nicht. Diese Vorschrift findet keine Anwendung auf Mitglieder, die schon krank waren und sich aus dem Wohnortsbezirke entfernten. Ersatzansprüche der unterstützenden Kasse werden im Verwaltungsstreitverfahren verfolgt. Hat ein Mitglied unter der Voraussetzung des § 57a Abs. 2 die Unterstützung einer Krankenkasse seines vorübergehenden Aufenthaltsortes in Anspruch genommen und erhalten, so erfüllt diese Kasse eine ihr obliegende gesetzliche Verpflichtung, mag sie dabei selbst von einem Irrtume geleitet sein oder nicht. Die Erstattung ihrer Auslagen richtet sich nach § 57a und nicht nach den Vorschriften des § 58 Abs. 2 (Kunze-Kautz 2 1039), diese Erstattungsklage ist also keine Bereicherungsklage.

Wenn die vom Kassenmitgliede angegangene Kasse des Aufenthaltsortes die Unterstützung nicht gewähren will, so kann die Aufsichtsbehörde (§ 58 Abs. 1) angerufen werden. Ist inzwischen der Ortsarmenverband eingetreten, weil das Mitglied hilfsbedürftig gewesen, so steht dem Ortsarmenverbande kein Regreß aus § 57 gegen die Kasse des Aufenthaltsortes zu, auf ihn geht nur der Anspruch des Kassenmitgliedes an die Kasse über, der es angehört, wie dies in dem Erk. v. 14. II. 95 (OVG. 28 341) ausführlich erörtert ist.

Der § 58 Abs. 2 überweist ferner Streitigkeiten zwischen Gemeindekrankenversicherung und Krankenkassen über den Ersatz irrtümlich geleisteter Unterstützungen dem Verwaltungsstreitverfahren. Die Klagen müssen auf eine bestimmte Leistung (Summe) gerichtet sein; Feststellungsklagen über diese Materie kennt das Verwaltungsstreitverfahren nicht (ArbVers. 16 507). Es können klagen Gemeindekrankenversicherungen unter sich oder gegen Krankenkassen, die ebenfalls unter sich zur Klage berechtigt sind. Klagefundament ist entweder, daß die Klägerin die einer anderen Kasse obliegenden gesetzlichen Verpflichtungen dem berechtigten Kassenmitgliede gegenüber erfüllt hat oder daß die Klägerin dem Armenverbande, der ein hilfsbedürftiges Kassenmitglied unterstützt hat, Ersatz geleistet hat (§ 57); es fällt unter den § 58 die conditio indebiti und die Bereicherungsklage. Die Klage ist gegeben für alle Fälle, wo eine Kasse die einer anderen Kasse obliegende Unterstützung tatsächlich geleistet hat und das Vermögen der letzteren dadurch ungerechtfertigterweise aus dem Vermögen der ersteren bereichert worden ist (OVG. 27 374, 383, 29 326, 34 367). Das Wort „irrtümlich" ist nicht besonders zu betonen. Das Gesetz hat mit dieser Bezeichnung nur den Hauptfall der entstehenden Ersatzansprüche herausgreifen wollen. Im übrigen soll lediglich eine Ausgleichung der unbillig verrückten Vermögenslagen zweier Kassen stattfinden, deshalb findet der einzuklagende Anspruch seine Grenze einerseits in der Höhe des Schadens und anderseits in der Höhe der Bereicherung, so daß niemals mehr zu erstatten ist, als letztere beträgt. Verzugszinsen vom Tage der Leistung ab braucht die beklagte Kasse nicht zu erstatten; kommt sie aber z. B. durch Mahnung in Verzug, so hat sie solche Zinsen zu zahlen. Darüber ist im Verwaltungsstreitverfahren mit zu entscheiden (Erk. v. 8. XI. 00 OVG. 38 342).

Es muß hier noch hervorgehoben werden, daß, während bei Klagen einer Kasse gegen den Armenverband (§ 57 Abs. 2, 3, 5) auf Ersatz der einem Hilfsbedürftigen geleisteten Unterstützung aus der gesetzlichen Zession des Anspruchs des Mitgliedes an die Kasse geklagt wird und dabei für den

Anspruch die beschränkende Vorschrift des § 57 Abs. 5 maßgebend ist, es sich bei der Klage aus § 58 Abs. 2 um einen auf eigenem Rechte beruhenden Anspruch der irrtümlich unterstützenden Kasse aus der Bereicherung oder nützlichen Verwendung handelt (Erk. v. 20. IX. 94 OVG. 27 374). Der § 57 Abs. 5 greift daher hier nicht Platz.

Hat das Kassenmitglied versehentlich an die Klägerin Kassenbeiträge gezahlt, so können sie von der Beklagten nicht zur Aufrechnung gestellt werden; denn die Parteien stehen nach dieser Richtung nicht in einem Forderungsverhältnisse zueinander (OVG. 27 374); nur das Mitglied hat ein Rückforderungsrecht gegenüber der Klägerin, und die Beklagte hat ein Forderungsrecht auf Kassenbeiträge gegenüber dem Mitgliede.

Auch der Einwand ist nicht zulässig, daß, während die Klägerin dem Mitgliede Krankenhauspflege habe angedeihen lassen, die Beklagte zu solcher nicht verpflichtet gewesen wäre. Der Verwaltungsrichter hat nur zu prüfen, ob das, was die Klägerin geleistet hat, nach Lage des Falles angemessen war, und was die Beklagte bei vernünftigem Ermessen aller Wahrscheinlichkeit nach selbst getan und was diese Aufwendung ihr gekostet hätte. Im Rahmen dieser Kosten hat die Klägerin bis zur Höhe ihrer eigenen Auslagen Ersatz zu verlangen.

Streitigkeiten, die aus den Vorschriften in den §§ 58 Abs. 3, 65 Abs. 3, 72 Abs. 4, 73 KrankVG. entstehen, bieten keine besonderen Schwierigkeiten und sind selten; sie können hier übergangen werden. Gegen die auf Grund des § 76a von der Aufsichtsbehörde gegen die Mitglieder der Gemeindekrankenversicherung und der Kassenvorstände getroffenen Strafverfügungen ist nach § 76e Abs. 2 nur die Beschwerde an die nächst vorgesetzte Behörde, nicht die Klage im Verwaltungsstreitverfahren nach § 45 Abs. 6 zulässig (OVG. 50 404).

Dritter Titel.

Genehmigung von Statuten und ihre Abänderung.

Das Kassenstatut einer Ortskrankenkasse (§ 24) bedarf der Genehmigung des Bezirksausschusses. Die Instruktion der Angelegenheit hat der Regierungspräsident und dieser gibt die Akten an den Bezirksausschuß zur Beschlußfassung im Beschlußverfahren ab. Die Genehmigung darf nur versagt werden, wenn das Statut den Anforderungen des KrankVG. nicht genügt oder wenn die Bestimmungen über die Klassen von Personen, die der Kasse angehören sollen, mit den Bestimmungen des Statuts einer anderen Kasse in Widerspruch stehen. Das Statut darf keine Vorschrift enthalten, die mit dem Zwecke der Kasse nicht in Verbindung steht (OVG. 50 395). Das letztere Erk. läßt sich über die Grenzen für die Versagung der Genehmigung einer Statutenänderung aus (vgl. OVG. 30 365, ArbVers. 22 335, 355). Wird die Genehmigung erteilt, so ist der Beschluß endgültig. Er kann nur von dem Regierungspräsidenten gemäß § 126 LVG. durch Klage gegen die Kasse beim Oberverwaltungsgerichte, wofür eine Frist nicht gesetzt ist (OVG. 25 373), angefochten werden mit der Behauptung, daß der Beschluß die Befugnisse des Bezirksausschusses überschritten habe oder das bestehende Recht verletzt sei. Damit kann jede Vorschrift des Statuts, die gesetzwidrig ist, angegriffen werden. Hat die Klage Erfolg und wird dadurch der die Genehmigung aussprechende Beschluß des Bezirksausschusses kassiert, so hört dadurch noch nicht die rechtliche Existenz der inzwischen ins Leben getretenen Kasse auf; die Kasse besteht vorläufig fort und wird durch den bisherigen Vorstand weiter vertreten (Erk. v. 24. IX. 98 ArbVers. 16 73; Erk. v. 25. I. 99 OVG. 34 352). Die Folge des kassatorischen Urteils geht lediglich dahin, daß der Bezirksausschuß, dessen früherer Beschluß aufgehoben ist, von neuem über das ihm wieder vorgelegte Gesuch um Genehmigung Beschluß zu fassen hat; das Urteilt enthält keine weitere sachliche Entscheidung, namentlich nicht schon eine endgültige Versagung der beantragten Genehmigung (OVG. 32 319).

In dem infolge Versagung der Genehmigung eines ganzen Statuts oder einer Abänderung sich entwickelnden Verwaltungsstreitverfahren ist meistens zu prüfen, ob das Statut (oder eine vorgeschlagene Änderung) den Anforderungen des Gesetzes genügt. Zu diesen Anforderungen gehört (OVG. 19 348), daß das Statut in der vom Gesetze vorgeschriebenen Weise zustande gekommen ist. Bloße Zweckmäßigkeitserwägungen scheiden aus (OVG. 38 330). Statutarische Bestimmungen, die den Mitgliedern weitere als die im Abs. 1 § 21 zugelassenen Unterstützungen zubilligen, sind unzulässig (OVG. 48 331). Das Statut kann nicht vorschreiben, daß die Wahl der Vorstandsmitglieder der Bestätigung der Aufsichtsbehörde bedürfe (OVG. 49 330).

Wie weit Statutenänderungen auf früher begründete Unterstützungsfälle einwirken, siehe Erk. v. 23. I. 01 (OVG. 38 325, Kunze-Kautz 2 957).

Die Existenz der Kasse beginnt nicht vor ihrer Genehmigung (OVG. 29 349).

Das Vorstehende gilt auch für Fabrikkrankenkassen usw. (§§ 64, 72, 73).

Vierter Titel.

Schließung und Auflösung einer Kasse. Zwangsweise Abänderung eines ungültigen Statuts.

Der § 47 gibt Vorschriften darüber, wann die Schließung einer Kasse zu erfolgen hat und wann die Auflösung erfolgen kann. Die Schließung oder Auflösung verfügt der Bezirksausschuß im Beschlußverfahren. Geht der Beschluß auf Schließung einer Kasse, so kann er von der Generalversammlung, sofern durch sie die beantragte Auflösung einer Kasse abgelehnt wird, von der Gemeindebehörde bzw. der Generalversammlung nach Maßgabe des § 24, also durch Antrag auf mündliche Verhandlung im Verwaltungsstreitverfahren, angefochten werden. Die im § 47 enthaltenen Vorschriften beziehen sich auf Ortskrankenkassen aller Art; für größere Kassenorganisationen enthält der § 48 noch weitere Bestimmungen.

In dem Verwaltungsstreitverfahren ist derjenige Kläger, der den Antrag auf mündliche Verhandlung stellt. Hat die Gemeindebehörde unter Zustimmung der Generalversammlung die Auflösung beantragt und ist die Auflösung von dem Bezirksausschusse abgelehnt worden, so kann die Gemeindebehörde oder die Generalversammlung (§ 24) als Klägerin auftreten; als Beklagter ist ein Vertreter des öffentlichen Interesses zu ernennen (§ 74 Abs. 3 LVG). Dementsprechend ist bei der Schließung einer Kasse zu verfahren. Über das Vorverfahren siehe die PrAnw. v. 10. VII. 92.

Ergibt sich, daß einem Kassenstatute nach § 24 Abs. 1 die Genehmigung hätte versagt werden müssen, so hat der Regierungspräsident (Nr. 36 der PrAnw.) diejenigen Bestimmungen, deren Abänderung durch die Kassenorgane erfolgen soll, zu bezeichnen und der Kasse für die Einreichung eines Abänderungsbeschlusses eine Frist zu bestimmen (§ 48a). Gegen diesen Bescheid findet binnen zwei Wochen Klage im Verwaltungsstreitverfahren statt. Beschließt dagegen die Kasse gemäß der Anordnung des Regierungspräsidenten, so hat den Beschluß der Bezirksausschuß im Beschlußverfahren zu genehmigen. Neben der Befugnis des Regierungspräsidenten aus § 48a besteht noch die Möglichkeit, die Unrechtmäßigkeit des Kassenstatuts in einem Verfahren aus § 126 LVG. (Klage beim Oberverwaltungsgericht) darzutun. Ist dann rechtskräftig erkannt, so ist das Erkenntnis möglicherweise die Grundlage für ein Vorgehen aus § 48a.

Fünfter Titel.

Unfall- und Invalidenversicherung.

Gemäß der Vd. v. 29. VIII. 00 (GS. 317) unterliegen die nach § 26 Abs. 2 GUVG. (RGBl. 00 585), § 29 Abs. 1 und 2 und § 31 Abs. 2 UVG. für Land- und Forstwirtschaft (RGBl. 00 641), § 11 Abs. 1 und 2 BauUVG. (RGBl. 00 698), § 30 Abs. 2 und § 156 Abs. 2 SeeUVG. (RGBl. 00 716) entstehenden Streitigkeiten der Entscheidung des Bezirksausschusses im Verwaltungsstreitverfahren. Gegen die Entscheidung ist nur die Revision zulässig. Hier soll nur auf die Ansprüche aus § 26 GUVG. eingegangen werden. Durch die Vorschriften des GUVG. wird die Verpflichtung der eingeschriebenen Hilfskassen, Krankenkassen usw., den von Unfällen betroffenen Arbeitern und

Betriebsbeamten Unterstützung zu gewähren, sowie die Verpflichtung der Armenverbände zur Unterstützung hilfsbedürftiger Personen nicht berührt. Wenn auf Grund solcher Verpflichtung Unterstützungen für einen Zeitraum geleistet werden, für welchen dem Unterstützten nach Maßgabe des GUVG. ein Entschädigungsanspruch zustand oder noch zusteht, so ist hierfür den unterstützenden Kassen, Armenverbänden usw. durch Überweisung von Rentenbeträgen Ersatz zu leisten (§ 25). Während das OVG. v. 20. IV. 03 (PrVBl. 25 218, ArbVers. 20 748) davon ausgeht, daß die Zuständigkeit der Verwaltungsgerichte auf Streitigkeiten über den Anspruch auf Überweisung von Rentenbeträgen beschränkt sei, meint Hahn (KrankVG.[3] 413), daß der Ausdruck „Rentenbeträge" in § 25 Abs. 2 ungenau sei und damit „Entschädigungsbeträge" gemeint seien, so daß die Zuständigkeit der Verwaltungsgerichte auch für Streitigkeiten betreffend die Überweisung von Kosten des Heilverfahrens und von Sterbegeld bestehe (ArbVers. 20 553). Jedenfalls sind die Verwaltungsgerichte nicht nur zur Entscheidung über die Überweisung von künftig fällig werdenden, sondern auch angesammelter rückständiger Rentenbeträge zuständig, selbst wenn letztere von den Erben des Rentenempfängers gefordert werden (OVG. 50 412). Die Ersatzansprüche der in § 25 genannten Kassen, Gemeinden oder Armenverbände, welche den von Unfällen betroffenen Arbeitern Unterstützung gewährt haben, unterliegen der regelmäßigen dreißigjährigen Verjährung (OVG. 50 415).

Parteien im Verwaltungsstreitverfahren sind, wenn auf Ersatz der Kosten einer Krankenkasse geklagt wird, die Kasse, die Berufsgenossenschaft und der Versicherte, falls letzterer widerspricht (Erk. v. 26. IX. 01 ArbVers. 19 99, v. 20. VII. 02 PrVBl. 23 600, v. 7. VII. 02 OVG. 42 331, Kunze-Kautz 2 1073). Die Klage ist gegen alle Beteiligten zu richten; die Beiladung genügt nicht (Erk. v. 15. XII. 02 OVG. 42 341).

Durch die Vd. v. 23. VIII. 99 wurde bestimmt, daß der Bezirksausschuß (mit nachfolgender Revision) zuständig sei für die Entscheidung von Streitigkeiten, die aus den Bestimmungen in den §§ 18, 19, 20, 22 InvVG. v. 13. VII. 99 zwischen den Versicherungsanstalten und den Krankenkassen entstehen, sofern es sich um Ersatzansprüche handelt. Ebenso sind nach § 50 Streitigkeiten zu behandeln, die zwischen den Beteiligten über den Anspruch auf Überweisung von Entschädigungsbeträgen entstehen. Die bisher ergangenen wichtigeren Entscheidungen des Oberverwaltungsgerichts siehe bei Kunze-Kautz 2 1070 ff. und ErgBände.

Neunter Abschnitt.

Disziplinarverfahren.

Erster Titel.

Einleitung.

Die gesetzlichen Grundlagen finden sich, abgesehen von den Provinzial-, Kreis-, Städte- und Landgemeindeordnungen, besonders im Tit. 10 Teil II ALR., dem G. v. 21. VII. 52 (GS. 465), betr. die Dienstvergehen der nichtrichterlichen Beamten, das für die ganze Monarchie gilt. Hier kann eine Darstellung des ganzen Disziplinarverfahrens, wie es auf Grund des G. v. 21. VII. 52 und der dies Gesetz ergänzenden Bestimmungen besteht, nicht gegeben werden, vielmehr soll hier nur das Verfahren, für das die Verwaltungsgerichte zuständig sind, zur Erörterung gelangen. Dies Verfahren spaltet sich in ein reines, nach den Vorschriften des LVG. geregeltes Verwaltungsstreitverfahren und in ein solches, das zwar von den Verwaltungsgerichten zu handhaben ist, aber doch Verschiedenheiten gegen das durch das LVG. begründete Verwaltungsstreitverfahren besitzt (§ 157 LVG.).

Zweiter Titel.

Reines Verwaltungsstreitverfahren.

Nach dem DiszG. v. 21. VII. 52 (§ 14) bestehen die Disziplinarstrafen in Ordnungsstrafen und in Entfernung aus dem Amte. Ordnungsstrafen (§ 15) sind: Warnung, Verweis, Geldbußen und Arreststrafen (von der Verhängung von Arreststrafen soll nach ministeriellen Äußerungen künftig Abstand genommen werden, was allerdings die Verwaltungsgerichte nicht hindert, auf solche zu erkennen oder sie bestehen zu lassen). Während jeder Dienstvorgesetzte zu Warnungen und Verweisen gegen Untergebene befugt ist (§ 18), ist die Verhängung von Geldbußen beschränkt (§ 19). Das DiszG. (§ 21) läßt gegen die Verhängung von Ordnungsstrafen nur die Beschwerde an die vorgesetzte Instanz zu. Unter der Verhängung von Ordnungsstrafen ist die Auferlegung, nicht die Androhung von Ordnungsstrafen zu verstehen.

Die neueren Gesetze haben die Rechtsmittel gegen die Verhängung von Ordnungsstrafen hinsichtlich der Beamten der Selbstverwaltungsverbände neu geregelt. Wird von den Mitgliedern des Provinzialausschusses, des Provinzialrates, des Bezirks-, Kreis- und Stadtausschusses abgesehen, so dürfen gegen den Landeshauptmann (Landesdirektor), die Mitglieder des Hannoverschen Landesdirektoriums und die oberen Provinzialbeamten im Wege der Verfügung überhaupt keine Ordnungsstrafen mehr festgesetzt werden. Behufs solcher Festsetzung ist das auf Entfernung aus dem Amte gerichtete Verfahren einzuleiten, worüber weiter unten die Rede sein wird. Gegen die übrigen Provinzialbeamten kann der Landesdirektor (in Hannover das Landesdirektorium) Ordnungsstrafen, Geldbußen nur bis 30 Mark, verhängen. Hiergegen ist die Klage bei dem Bezirksausschusse innerhalb zwei Wochen zulässig. Die Klage ist bei dem Gerichte anzubringen. Kläger ist der bestrafte Beamte, Beklagter der Landesdirektor. Das Verfahren bewegt sich strikte in den Formen des Verwaltungsstreitverfahrens.

Gegen das Erkenntnis des Bezirksausschusses findet die Berufung an das Oberverwaltungsgericht statt. Die Entscheidung trifft der erste Senat. Vorsteher von Provinzialanstalten dürfen gegen die ihnen unterstellten Anstaltsbeamten, mit Ausnahme der oberen Anstaltsbeamten, Geldbußen bis zu 10 Mark verhängen. Dagegen findet ebenfalls Klage beim Bezirksausschusse binnen zwei Wochen statt (dann Berufung).

Im Geltungsgebiete der KreisO. v. 13. XII. 72 beschließt über die Verhängung von Ordnungsstrafen der Kreisbeamten (§§ 134, 68) im Umfange des den Provinzialbehörden beigelegten Ordnungsstrafrechts (Geldstrafen bis zu 90 Mark, bei besoldeten Beamten nicht über den Betrag eines einmonatlichen Gehalts) der Kreisausschuß (im Beschlußverfahren) und im Umfange des dem Minister beigelegten Ordnungsstrafrechts der Regierungspräsident. Der Landrat hat kein Ordnungsstrafrecht gegen die Amtsvorsteher, dagegen ein solches gegen die Kreisbeamten (§ 134). Gegen den Beschluß des Kreisausschusses findet innerhalb zweier Wochen die Beschwerde an den Bezirksausschuß, gegen die Strafverfügung der Regierungspräsidenten innerhalb gleicher Frist die Beschwerde an den Oberpräsidenten statt. Gegen die Beschwerdebescheide ist binnen zwei Wochen die Klage beim Oberverwaltungsgericht (erster Senat) zulässig. Wird die Klage gegen den Bescheid des Bezirksausschusses gerichtet, so wird für die Rolle des Beklagten gemäß § 74 Abs. 3 LVG. zur Wahrnehmung des öffentlichen Interesses ein Kommissar vom Minister des Innern ernannt.

Der Oberpräsident vertritt sich im Verwaltungsstreitverfahren selbst. Eine Anomalie ist es, daß für die Kreisbeamten gegen die Strafverfügung des Landrats nur die Beschwerde an den Regierungspräsidenten, nicht aber das Verwaltungsstreitverfahren eröffnet ist (OVG. v. 4. II. 91 — I 124).

Die Kreisbeamten in den Prov. Hannover, Westfalen, Schleswig-Holstein, Hessen-Nassau, Rheinprovinz werden nach § 36 ZustG. wie die Gemeindebeamten ländlicher Ortschaften behandelt, es findet mithin gegen die Strafverfügung des Landrats innerhalb zweier Wochen die Beschwerde an den Regierungspräsidenten, gegen die Strafverfügung des Regierungspräsidenten innerhalb gleicher Frist die Beschwerde an den Oberpräsidenten statt. Gegen beide Beschwerdebescheide ist die Klage im Verwaltungsstreitverfahren innerhalb zweier Wochen bei dem Oberverwaltungsgericht (erster Senat) gegeben. In den Hohenzollernschen Landen geht die Klage gegen die Strafverfügung des Regierungspräsidenten direkt an das Oberverwaltungsgericht.

Die Strafverfügungen, die der Regierungspräsident gegen Bürgermeister, Beigeordnete, Magistratsmitglieder und sonstige Gemeindebeamte verhängt, können wie die im vorigen Absatze behandelten Strafverfügungen angegriffen werden (§ 20 ZustG.). In Berlin hat das Strafrecht der früheren Regierungen der Oberpräsident mit Angriff durch Klage beim Oberverwaltungsgerichte. Die Klagen sind überall bei den Gerichten, die Beschwerden bei der Beschwerdeinstanz (vgl. § 122 LVG.) einzureichen.

Der § 20 ZustG. hat das Ordnungsstrafrecht gegen die Bürgermeister usw. nicht vollständig neu geregelt. Es ist in § 20 nur der Instanzenzug gegen die Strafverfügungen des Regierungspräsidenten in dem Umfange, wie sie die Regierungen früher erlassen konnten, neu geordnet, daneben bestehen die Vorschriften in den §§ 18 ff. DiszG. weiter. Daraus folgt, daß auch jetzt noch der Landrat gegen einen Bürgermeister einer zum Kreise gehörigen Stadt, der Polizeiverwalter ist, Ordnungsstrafen festsetzen kann, und daß gegen diese Festsetzung nur die Beschwerde an den Regierungspräsidenten usw., kein Verwaltungsstreitverfahren gegeben ist (Erk. v. 17. XII. 87 OVG. 16 404, ebenso OVG. 20 445). Das Strafrecht der Minister besteht ebenfalls noch.

Die Befugnis, gegen die ländlichen Gemeindevorsteher (Amtmänner in Westfalen, Bürgermeister in der Rheinprovinz), Schöffen, Mitglieder des kollegialischen Gemeindevorstandes und sonstige Gemeindebeamte, sowie gegen Gutsvorsteher Ordnungsstrafen zu verhängen, steht dem Landrate, und im Umfange des den Provinzialbehörden beigelegten Ordnungsstrafrechts dem Regierungspräsidenten zu (ZustG. § 36). Gegen die Strafverfügung des Landrats findet innerhalb zweier Wochen die Beschwerde an den Regierungspräsidenten, gegen die Strafverfügung des Regierungspräsidenten die Beschwerde an den Oberpräsidenten statt, mit nachfolgender Klage beim Oberverwaltungsgerichte (erster Senat). In den Hohenzollernschen Landen ist die Klage gegen die Verfügung des Regierungspräsidenten unmittelbar anzustellen.

Gegen die Ehrenamtmänner in Westfalen und die Ehrenbürgermeister in der Rheinprovinz darf nur der Kreisausschuß Ordnungsstrafen verhängen. Dagegen ist Beschwerde an den Bezirksausschuß gegeben (WestfKreisO. § 27, RheinKreisO. § 24).

Dem Bürgermeister (§ 58 StädteO. v. 30. V. 53) steht das Recht zu, den Gemeindebeamten Geldbußen bis zu 9 Mark und außerdem den unteren Beamten Arreststrafen bis zu drei Tagen (§§ 15, 19, 20 G. v. 21. VII 52) aufzulegen. Gegen die Magistratsmitglieder richtet sich dies Strafrecht nicht. Zu den unteren Beamten rechnen Exekutoren, Boten, Kastellane, Diener und die zu ähnlichen, sowie die zu bloß mechanischen Funktionen bestimmten Beamten. Auch die Polizeisergeanten gehören dazu.

Gegen die Strafverfügungen des Bürgermeisters findet innerhalb zweier Wochen die Beschwerde an den Regierungspräsidenten und gegen den auf die Beschwerde ergehenden Bescheid des Regierungspräsidenten binnen gleicher Frist die Klage bei dem Oberverwaltungsgerichte statt (§ 20 Nr. 2 ZustG.).

Gegen die von dem Amtmann in Westfalen und von dem Bürgermeister in der Rheinprovinz auf Grund der LGemO. v. 19. III. 56 und v. 23. VII. 45 gegen Unterbeamte der Gemeinden, Ämter oder Bürgermeistereien erlassenen Strafverfügungen (Geldbußen bis neun Mark) findet innerhalb zweier Wochen die Beschwerde an den Landrat und dann die Beschwerde an den Regierungspräsidenten mit darauffolgender Klage bei dem Oberverwaltungsgerichte statt.

Den Amtsvorstehern steht eine Strafgewalt gegen die Guts- und Gemeindevorsteher nicht zu. Ebensowenig dürfen in der Provinz Hannover die Hilfsbeamten des Landrats gegen die genannten Beamten Strafverfügungen erlassen.

Auf die Vorsitzenden und die Mitglieder der Provinzialausschüsse, die gewählten Mitglieder der Provinzialräte, sowie der Kreis- und Stadtausschüsse finden die Vorschriften des G. v. 21. VII. 52 über Ordnungsstrafen keine Anwendung. Die Mitglieder des Bezirksausschusses (mit Ausnahme des Regierungspräsidenten) stehen unter dem Gesetz, betr. die Dienstvergehen der Richter, v. 7. V. 51 u. 20. III. 56. Disziplinargericht ist der Disziplinarsenat des Oberverwaltungsgerichts (G. v. 8. V. 89 GS. 107); der Präsident des letzteren ernennt den Vertreter der Staatsanwaltschaft (§ 32 LVG.). Das G., betr. die Abänderung von Bestimmungen der Disziplinargesetze, v. 9. IV. 79 (GS. 345) findet auf die Mitglieder des Bezirksausschusses keine Anwendung,

Dritter Titel.

Förmliches Verfahren auf Entfernung aus dem Amte vor den Verwaltungsgerichten.

Wenn sich nach den stattgehabten Erhebungen die Wahrscheinlichkeit ergibt, daß die Straftat eines dem G. v. 21. VII. 52 unterworfenen Beamten zur Entfernung aus dem Amte führen wird, soll nach den Vorschriften dieses Gesetzes das förmliche Disziplinarverfahren eingeleitet werden. Dieses besteht in der von einem Kommissar zu führenden schriftlichen Voruntersuchung, die nach der absoluten Vorschrift (§ 22) unentbehrlich ist, und in einer mündlichen Verhandlung (§§ 23 ff.). Das förmliche Disziplinarverfahren findet ausnahmsweise (§ 10) auch statt, wenn ein Beamter gegen die wegen unerlaubter Entfernung vom Amte verfügte Einziehung des Diensteinkommens Widerspruch erhoben hat und stets, wenn gegen Landesdirektoren und die ihnen zugeordneten oberen Beamten, sowie gegen die sonstigen leitenden Beamten einzelner Provinzialverwaltungszweige auch nur Ordnungsstrafen verhängt werden sollen. Wird versehentlich von der Voruntersuchung abgesehen, so ist das Verfahren nichtig (Erk. v. 8. IX. 83 OVG. 12 429), das Berufungsgericht hebt die Vorentscheidung auf und weist die Sache an die erste Instanz zur Einleitung der Voruntersuchung zurück. Das G. v. 21. VII. 52 gibt nähere Anleitung über das Verfahren, doch schränkt der § 157 Nr. 2 LVG. dies dahin ein, daß

a) die Entscheidung auf Grund mündlicher Verhandlung vor dem erkennenden Verwaltungsgerichte erfolgt,
b) ein Gutachten des Disziplinarhofes nicht mehr einzuholen ist und
c) das Verfahren nach dem Ausfalle der Voruntersuchung durch Beschluß des in erster Instanz zuständigen Verwaltungsgerichts eingestellt werden kann.

Die Vorschrift in § 157 bedeutet, daß das Verwaltungsstreitverfahren, wie es in dem LVG. vorgesehen ist, nur vorbehaltlich der im G. v. 21. VII. 52 getroffenen Sonderbestimmungen und vorbehaltlich der im § 157 geregelten Ausnahmen, Anwendung findet. Der Ausführung in von Rheinbaben, Die preußischen Disziplinargesetze, ist allerdings beizutreten, wonach die Lücken des Disziplinargesetzes wie früher auch jetzt aus den Vorschriften der jeweiligen Strafprozeßordnung zu ergänzen sind (S. 153, 160) und daß nur da, wo wegen der besonderen Formen des Disziplinarverfahrens vor den Verwaltungsgerichten, der verschiedenartigen Behördenorganisation usw. eine Ergänzung aus den Vorschriften der Strafprozeßordnung nicht tunlich ist, z. B. in allen prozessualen Fragen, die die Zusammensetzung, Spruchfähigkeit, Beschlußfähigkeit der Verwaltungsgerichte, die Leitung des Verfahrens, die Beschwerden dagegen betreffen, die Vorschriften des LVG. maßgebend sind. Das erstere ergibt sich daraus, daß das G. v. 21. VII. 52 bei seinem Erlasse die Lücken durch die Vorschriften des Strafprozesses ausgefüllt haben wollte. Es finden u. a. Anwendung die Vorschriften des LVG. über die Ausschließung und Ablehnung von Gerichtspersonen (§ 61). Hat demgemäß der Angeschuldigte einen Ablehnungsgrund nicht geltend gemacht, ehe er sich in die Verhandlung vor dem Gerichte eingelassen hat, so geht er des Einwandes verlustig. Obwohl das LVG. (§ 112) und die StPO. die Wiedereinsetzung in den vorigen Stand zulassen, will das Oberverwaltungsgericht (16 395) diese für das förmliche Disziplinarverfahren nicht als gegeben ansehen, ebensowenig den Anschluß an ein vom Gegner vorgebrachtes Rechtsmittel (12 431), was beides bedenklich ist. Ebenso muß der Ansicht des Oberverwaltungsgerichtes (42 133) widersprochen werden, daß die Wiederaufnahmeklage (§ 100 LVG.) unzulässig (Beschl. v. 15. XI. 90 D 106) und daß die Berufung in Disziplinarsachen kein beneficium commune sei, daß also ein von der Staatsanwaltschaft eingelegtes Rechtsmittel nicht zugunsten des Gegners wirken könne; das Staatsministerium (Entsch. v. 23. I. 04 von Rheinbaben a. a. O. 221) steht in letzterer Hinsicht auf dem entgegengesetzten Standpunkte. Wenn der Verwaltungsrichter erster Instanz durch Beschluß das Verfahren einstellt, so gilt auch hier, wie allgemein, der § 110 LVG., wonach der Beschluß mit der formlosen und fristlosen Beschwerde an das im Instanzenzuge zunächst höhere Gericht angefochten werden kann. Ist das Verfahren eingestellt, weil dem Beamten kein Vergehen zur Last fällt, so kann nicht etwa der Minister oder der Regierungspräsident noch eine Strafe wegen derselben Tat verhängen. Die Beschwerde ist darauf zu stützen, daß das Gericht das Verfahren gesetzwidrig geleitet, insbesondere ohne die Feststellung, daß dem Angeschuldigten ein Dienstvergehen nicht zur Last falle oder daß trotz der Feststellung des Gegenteils das Verfahren eingestellt sei (Erk. v. 5. X. 94 OVG. 26 425).

Die Einstellung kann auch dann geschehen, wenn der Angeschuldigte aufgehört hat, Beamter zu sein. In der Regel ist allerdings die Einstellung unzulässig, wenn der Angeschuldigte die Anschuldigungsschrift bereits erhalten und zur mündlichen Verhandlung vorgeladen ist; dann ist durch Urteil zu erkennen. Wenn das Gericht erster Instanz innerhalb seiner formellen Befugnis die Einstellung beschlossen hat, so hat der Angeschuldigte kein Beschwerderecht (Erk. v. 19. II. 07 OVG. 50 431). Parteien sind der öffentliche Ankläger (Staatsanwalt) und der angeschuldigte Beamte. Die Verwaltungsgerichte haben ihre Zuständigkeit von Amts wegen zu prüfen. Der § 28 des DiszG. findet keine Anwendung. Entsteht ein positiver oder negativer Kompetenzkonflikt, so hat darüber das Oberverwaltungsgericht gemäß § 113 LVG. Entscheidung zu treffen; an diese Entscheidung sind die betreffenden Disziplinarinstanzen gebunden. Der Ausführung bei von Rheinbaben S. 182 kann nicht beigetreten werden.

Die Einlegung eines Rechtsmittels (der Berufung, nicht der Revision) erfolgt zu gerichtlichem Protokoll oder in schriftlicher Form. Aus der Erklärung muß hervorgehen, daß eine höhere Entscheidung angerufen wird. Auch auf telegraphischem Wege kann ein Rechtsmittel eingelegt werden, sofern kein Zweifel besteht, daß das Telegramm von der Partei herrührt. Die Berufung gegen die Entscheidung des Kreisausschusses geht an das Oberverwaltungsgerichts; sie wird bei der ersten Instanz angemeldet. Die Behandlung der Anmeldung ist die gleiche wie die Anmeldung sonstiger Rechtsmittel im Verwaltungsstreitverfahren. Ist die Anmeldung verspätet eingegangen, so weist sie das Gericht erster Instanz durch Beschluß zurück, gegen den die Beschwerde zulässig ist (§ 86 LVG.). Die Frist zur Anmeldung beträgt vier Wochen (28 Tage), vom Tage der Zustellung des Urteils. Ist mit Gründen verkündet worden und der Angeschuldigte zugegen gewesen, so beginnt die Frist mit der Verkündigung. Zur Rechtfertigung ist eine zweite Frist von zwei Wochen gegeben, die auf Ansuchen verlängert werden kann. Neue Tatsachen, die die Grundlagen einer anderen Beschuldigung bilden, dürfen in zweiter Instanz nicht vorgebracht werden. Die Nichteinreichung einer Rechtfertigung macht den Anrufenden des Rechtsmittels nicht verlustig. Hat der Angeschuldigte das Urteil allein angefochten, so darf auf keine härtere Strafe erkannt werden (StPO. § 372).

Die Entscheidung zweiter Instanz (eine dritte ist nicht gegeben) wird mit der Kundgebung an den Angeschuldigten vollstreckbar. Die Urteile des Oberverwaltungsgerichts werden mit dem Tage der Verkündigung stets vollstreckbar. Seine Entscheidungen werden gemäß G. v. 8. V. 99 (GS. 107) durch den sog. Disziplinarsenat in der Besetzung von zwei Präsidenten und sieben Räten gefällt. Der Präsident des Oberverwaltungsgerichts führt den Vorsitz. Der Minister des Innern ernennt den Vertreter der Staatsanwaltschaft. Das Oberverwaltungsgericht erteilt sofort Abschrift des Urteils, das auf Dienstentlassung geht, der Behörde, die das Verfahren eingeleitet hat, mit.

Das Oberverwaltungsgericht bildet in allen Fällen, wo das DiszG. das Staatsministerium als Berufungsinstanz bestellt, das Gericht zweiter Instanz, so daß diejenigen Sachen, die vom Kreisausschusse in erster Instanz zu entscheiden sind, direkt an das Oberverwaltungsgericht gelangen.

Ebenso ist das Oberverwaltungsgericht in erster Instanz zuständig für die Disziplinarsachen der gewählten Mitglieder des Provinzialrats und für die Subaltern- und Unterbeamten des Oberverwaltungsgerichts (G. v. 27. III. 72 § 6 u. G. v. 3. VII. 75 u. 2. VIII. 80 § 30a).

Das Oberverwaltungsgericht hat vielfach die Frage beschäftigt, ob ein Beamter bestraft werden könne wegen Handlungen und Unterlassungen, die vor dem Eintritte in die gegenwärtige Stellung vorgefallen waren. Im Gegensatze zur Auffassung des Staatsministeriums (Seydel, G. v. 21. VII. 92, Erläuterungen zu § 2) ist das Oberverwaltungsgericht davon ausgegangen, daß Handlungen, die ein Beamter vor dem ersten Eintritte in eine Beamtenstellung begangen, nicht Gegenstand einer selbständigen Bestrafung bilden können (Erk. v. 30. III. 99 OVG. 22 423). Dagegen darf das Disziplinargericht solche Verfehlungen seiner Beurteilung zugrunde legen, die der Beamte in einer früheren Beamtenstellung begangen und dies selbst dann, wenn ein unmittelbarer Staatsbeamter in den mittelbaren Staatsdienst übergegangen ist (Erk. v. 9. III. 06 OVG. 49 415).

In dem vorstehend vorgesehenen Verfahren ist auch über die Tatsache der Dienstunfähigkeit Entscheidung zu treffen.

In dem förmlichen Disziplinarverfahren findet die Erhebung eines

Kostenpauschquantums nicht statt, dagegen bei den im vorigen Titel erwähnten Entscheidungen über Disziplinarverfügungen (OVG. 16 398).

Von den Ordnungsstrafen, die auf Grund der Disziplinargesetze verhängt werden, sind andere Strafen, namentlich die Zwangsstrafen (§ 132 LVG.), zu unterscheiden, durch die eine Staatsaufsichtsbehörde oder ein Dienstvorgesetzter eine Handlung oder Unterlassung des Beamten erzwingen will (Erl. v. 5. VII. 66 MBl. 133; vgl. ferner OVG. 14 409).

Im übrigen siehe Kunze-Kautz 2 1079 ff. u. ErgBde. Die Mitglieder des Oberverwaltungsgerichts unterliegen vorbehaltlich der Bestimmungen der §§ 21 ff. G. v. 3. VII. 75/2. VIII. 80 keinem Disziplinarverfahren. Durch Plenarbeschluß des Oberverwaltungsgerichts kann ein Mitglied seines Amtes und seines Gehalts für verlustig erklärt werden, wenn es zu einer Strafe wegen einer entehrenden Handlung oder zu einer Freiheitsstrafe von längerer als einjähriger Dauer verurteilt ist. Ebenso kann es bei körperlichen Gebrechen oder Schwäche seiner körperlichen oder geistigen Kräfte in den Ruhestand zwangsweise versetzt werden. Das Verfahren regeln die §§ 24 ff. a. a. O.

Zehnter Abschnitt.

Evangelische Kirche.

Erster Titel.

Zwangsetatisierung.

Das G., betr. die evangelische Kirchenverfassung in den acht älteren Provinzen, v. 3. VI. 76 (GS. 125) bestimmt in Art. 27 Abs. 2 u. 3:

> Weigert sich ein Gemeindekirchenrat oder eine Gemeindevertretung, gesetzliche Leistungen, welche aus dem kirchlichen Vermögen zu bestreiten sind oder den Pfarreingesessenen obliegen, auf den Etat zu bringen, festzusetzen oder zu genehmigen, so ist sowohl das Konsistorium als auch die Staatsbehörde (nach Art. III Vd. v. 9. IX. 76 GS. 395 der Regierungspräsident, in Berlin der Polizeipräsident) unter gegenseitigem Einvernehmen befugt, die Eintragung in den Etat zu bewirken und die weiter erforderlichen Anordnungen zu treffen.
>
> Bestreiten die Gemeindeorgane die Gesetzwidrigkeit der beanstandeten Posten oder die Verpflichtung zu der auf Anordnung des Konsistoriums und der Staatsbehörde in den Etat eingetragenen Leistungen, so entscheidet auf Klage der Gemeindeorgane im Verwaltungsstreitverfahren das Oberverwaltungsgericht.

Nach dem ErgG. v. 19. V. 91 (GS. 64) Art. 3 finden die vorstehenden Vorschriften sinngemäße Anwendung, wenn die vereinigten

Kreissynoden von Berlin sich weigern, gesetzliche Leistungen zu genehmigen, die aus der Synodalkasse zu bestreiten sind. Das KirchenG. v. 17. V. 95, betr. die Berliner Stadtsynode und die Parochialverbände in größeren Orten, vereinigt die sämtlichen Kirchengemeinden, die einer der Berliner Kreissynoden angehören, zu einem Gesamtverbande, dessen Vertretung durch die Stadtsynode erfolgt. Auch in anderen Orten können solche Gesamtverbände gebildet werden. Dazu ist das StaatsG., betr. die Berliner Stadtsynode und die Parochialverbände in größeren Orten, v. 18. V. 95 (GS. 175) ergangen. Der § 6 läßt gegenüber diesen Verbänden und der Stadtsynode die Zwangsetatisierung mit nachfolgender Klage (beim OVG.) in entsprechender Weise zu. Kläger sind die Kirchengemeinden oder Verbände, Beklagte die verfügenden Behörden. Eine Frist zur Anstellung der Klage ist nicht vorgeschrieben. Das Oberverwaltungsgericht kann nur darüber erkennen, ob der durch die Verfügung der Behörden in den Etat eingesetzte Ausgabeposten wieder zu streichen ist oder nicht.

Gleichartige Vorschriften bestehen in § 35 G. v. 6. IV. 78 (GS. 145, Schleswig-Holstein u. Konsistorium zu Wiesbaden), in § 24 G. v. 6. VIII. 83 (GS. 295) und § 5 G. v. 5. V. 85 (GS. 135, Hannover), in Art. 21 G. v. 19. III. 86 (GS. 79, Konsistorium zu Cassel), in Art. 8 G. v. 2. VI. 90 (GS. 183, Konsistorium zu Frankfurt a. M.).

Das Konsistorium ist ferner befugt, eine dem Bedürfnisse im Einzelfalle entsprechende Gehaltserhöhung festzusetzen, selbst wenn sie bei Parochialveränderungen eintritt (OVG. 32 174); und im Einverständnisse mit dem Regierungspräsidenten die so festgesetzte Erhöhung in den Kirchenetat zwangsweise einzustellen. Überhaupt soll nach Art. 21 G. v. 3. VI. 76 die Verwaltung der Angelegenheiten der evangelischen Landeskirche, soweit solche bisher von dem Minister oder den Regierungen geübt worden war, auf den Oberkirchenrat und die Konsistorien übergehen, vorbehaltlich bestimmter Ausnahmen. Zu diesen Ausnahmen gehört die Änderung oder Neubildung der Pfarrbezirke, nicht aber die Gehaltsnormierung geistlicher Stellen (OVG. 26 147). In Schleswig-Holstein steht die Beschlußfassung über Parochialveränderungen dem Kultusminister zu. Eine auf Grund einer derartigen Veränderung erforderlich gewordene Dotation der Pfarrstelle kann zwangsweise in den Etat gesetzt werden (OVG. 12 184). Letzteres gilt auch in den anderen Provinzen (OVG. 32 174). Nach dem gemeinen, auch in Hannover geltenden evangelischen Kirchenrechte sind die Kirchengemeinden verpflichtet, für alle kirchlichen Bedürfnisse innerhalb ihrer Bezirke, einschließlich der Besoldung der Kirchendiener, sowohl in vorhandenen wie in neu errichteten Stellen zu sorgen, soweit nicht andere, besondere Mittel dazu vorhanden sind. Solche Leistungen sind gesetzliche, und das Konsistorium kann deren Umfang feststellen. Diese Festsetzung darf der Verwaltungsrichter nicht dahin prüfen, ob sie notwendig oder zweckdienlich ist, weil sich seine Prüfung nur darauf beschränkt, ob eine gesetzliche

Leistung von der zuständigen Behörde festgestellt sei. Gesetzlich würde eine Leistung allerdings dann nicht sein, wenn sie willkürlich festgestellt worden wäre. Der zur Zwangsetatisierung nötigen Zustimmung des Regierungspräsidenten hat eine Untersuchung der Angelegenheit vorherzugehen, die auch darauf auszudehnen ist, ob nicht durch die Vollstreckung konkurrierende Interessen des Staates, insbesondere hinsichtlich der Leistungsfähigkeit der Gemeinde beeinträchtigt werden. Doch steht dem Kläger (der Kirchengemeinde) ein dahin gehender Einwand nicht zu.

Eine Zwangsetatisierung (d. i. einer Art Zwangsvollstreckung gesetzlicher Leistungen) unterliegen insbesondere öffentliche Abgaben (z. B. auch Deichabgaben), Summen, welche durch rechtskräftige Erkenntnisse oder rechtskräftige polizeiliche Verfügungen festgestellt sind, oder welche durch eine interimistische Entscheidung in Kirchen-, Pfarr- und Küstereibausachen (Art. 23 Abs. 2 G. v. 3. VI. 76) festgestellt sind, Synodalkosten usw. Bestimmte Summen können auch in die Etats mehrerer Gemeinden durch eine Verfügung zwangsweise eingestellt werden. Doch hat mit Recht das Oberverwaltungsgericht (Erk. v. 5. VII. 01 OVG. 43 114) angenommen, es sei unzulässig, gegenüber zwei, unter einem Pfarramte vereinigten Kirchengemeinden anzuordnen, daß ein von ihnen zusammen aufzubringender Pfarrbesoldungsbeitrag von gewisser Höhe, auf beide nach dem Verhältnisse des Steuersolls ihrer Mitglieder verteilt, in die beiden Kirchenetats eingetragen werde. Eine Verfügung, die der Kirchengemeinde aufgibt, mehrere Jahre hintereinander eine Summe einzustellen, ist nicht rechtswidrig.

Was die „Regelung von streitigen Kirchen-, Pfarr- und Küstereibausachen" anlangt, so ist sie im Geltungsbereiche des ALR. (§§ 707 ff. II 11) und des G. v. 3. VI. 76 nach Art. 23 Nr. 2 den Staatsbehörden dergestalt verblieben, daß die interimistische Entscheidung der Regierung darüber, ob, was und in welcher Art zur Befriedigung eines kirchlichen Bedürfnisses gebaut werden muß, und von wem (Kirchenärarien, Kirchengemeinde, Patron usw.) und in welchem Verhältnisse die Baukosten zu bestreiten sind, bis zur Abänderung durch die Aufsichtsinstanz (Minister) oder bezüglich des zweiten Punktes bis zum abweichenden Urteil des Zivilrichters für alle Beteiligten, somit auch für Verwaltungsbehörden, maßgebend bleibt. Im Geltungsbereiche des G. v. 6. V. 85 (Hannover) steht dagegen die „einstweilige Entscheidung in streitigen Bausachen" den kirchlichen Behörden zu und ist (§ 2 Nr. 2) lediglich deren Vollstreckung den Staatsbehörden überwiesen. Diese ist nach Art. 4 Vo. v. 24. VI. 85 (GS. 274) von der Regierung, Abt. für Kirchen- und Schulwesen, zu bewirken. Weigert sich die Kirchengemeinde, den Beitrag zu leisten, dann wird von der Kirchenbehörde und dem Regierungspräsidenten die Zwangsetatisierung zur Anwendung gebracht (OVG. 27 127).

Über die Zwangsetatisierung müssen Staats- und Kirchenbehörde in „gegenseitigem Einvernehmen" sein. Versagt eine Behörde die Zustimmung, so ist die von der anderen Behörde erlassene Verfügung aufzuheben. Die Nachholung der Zustimmung im Laufe des Streitverfahrens genügt nicht.

Das Oberverwaltungsgericht hat in ständiger Rechtsprechung daran festgehalten, daß überall, wo seitens der Aufsichtsbehörde öffentlichen Verbänden gegenüber von der Zwangsetatisierung Gebrauch gemacht werden soll, für die Wahl dieses Zwangsmittels ein öffentliches Interesse erkennbar sein muß (Beispiel in OVG. 48 180). Letzteres gilt stets als vorhanden, wenn zur Aufrechterhaltung einer geordneten Verwaltung in der Gemeinde, im Verbande die Zahlung der den Beamten zustehenden Gehälter notwendig ist oder wenn der ungestörte Gang der Verwaltung sonst durch das Unterbleiben einer Leistung beeinträchtigt würde (OVG. 23 105, 28 186, 45 114, 146, 211, 439).

Nach § 12 Abs. 4 PfarrbesoldungsG. v. 2. VII. 98 entscheidet bei den unter einem Pfarramte vereinigten Gemeinden über das Verhältnis, in welchem sie zu den nach diesem Gesetze ihnen obliegenden Leistungen beizutragen haben, in Ermangelung vorhandener Bestimmungen oder rechtsgültiger Vereinbarungen das Konsistorium nach Anhörung des Kreissynodalvorstandes. Diese Entscheidung kann ebenfalls die Grundlage einer Zwangsetatisierung sein.

Im Geltungsbereiche der revidierten Magdeburger KirchenO. v. 9. V. 39 steht der Witwe eines Landpfarrers, wenn es an einem Witwenhause gebricht, ein in erster Linie aus dem Kirchenvermögen zu befriedigender Anspruch auf eine angemessene Mietentschädignng ohne Rücksicht darauf, ob sie unterstützungsbedürftig ist, zu (OVG. 45 184). Darüber befindet das Konsistorium und auf Grund seiner Entscheidung kann eine Zwangsetatisierung vorgenommen werden.

Die nach Vorschrift der discipline des églises réformées de France mit einem consistoire oder Presbyterium versehenen französisch-reformierten Kirchengemeinden unterliegen der Vorschrift in § 49 Abs. 2 der Kirchengemeinde- und SynodalO. v. 10. IX. 73, wonach Gemeinden, die keiner Diözese angehören, einem benachbarten Synodalverbande anzuschließen sind. Nach der Anschließung liegt ihnen dann die gesetzliche Pflicht ob, an der Aufbringung der Synodalkosten teilzunehmen (Erk. v. 27. IX. 04 OVG. 46 163, das die Geschichte jener Gemeinden enthält). Werden diese Synodalkosten durch die Kirchenbehörde festgestellt, so kann die Zwangsetatisierung vorgenommen werden.

2. Titel.

Umlagen für kirchliche Zwecke.

Für die Erhebung von Kirchensteuern sind das KirchenG. v. 26. V. 05 (KirchlGVdBl. 31), die KirchenG. v. 10. III. 06 für Hannover und

Schleswig-Holstein (a. a. O. 19, 23, 263) nebst AusfAnw. des Oberkirchenrats v. 22. III. 06 (a. a. O. 5), das StaatsG., betr. Erhebung von Kirchensteuern in der evangelischen Landeskirche der älteren Provinzen, v. 14. VII. 05 (GS. 277), ferner das G. für Hannover und Schleswig-Holstein v. 22. III. 06 (GS. 41), das G. für Cassel, Wiesbaden, Frankfurt a. M. v. 23. III. 06 (GS. 46) und die dazu ergangenen Verordnungen v. 22. III. 06 (GS. 53 bis 56) maßgebend. Die Vd. v. 23. III. 06 (GS. 53) betrifft die Ausübung der Rechte des Staats.

Die Kirchengemeinden sind berechtigt, zur Befriedigung ihrer Bedürfnisse Steuern zu erheben. Die Beschlüsse bedürfen der Genehmigung der kirchlichen Aufsichtsbehörde und der staatlichen Behörde, des Regierungspräsidenten, in Berlin des Polizeipräsidenten gegenüber dem Berliner Stadtsynodalverbande und den Kirchengemeinden dieses Verbandes (Art. II Vd. v. 23. III. 06 GS. 53).

Steuerpflichtig sind alle Evangelischen, die der Kirchengemeinde durch ihren Wohnsitz angehören. Personen mit mehrfachem Wohnsitze innerhalb der evangelischen Landeskirchen Preußens dürfen in jeder Kirchengemeinde nur mit dem der Zahl aller Gemeinden entsprechenden Bruchteil ihres Einkommens herangezogen werden. Wegen des Einkommens aus Grundvermögen, Bergwerken usw. bei mehrfachem Wohnsitze siehe § 4 KirchenG. v. 26. V. 05, wegen der gemischten Ehen § 5. Die Kirchensteuern sind für das Rechnungsjahr (v. 1. April bis 31. März) einzulegen (§ 9). Als Maßstab können die Staatseinkommensteuer, erforderlichenfalls einschließlich der staatlich veranlagten fingierten Normalsteuersätze, und die staatlich veranlagte Grund-, Gebäude- und Gewerbesteuer dienen. Die Heranziehung der Realsteuern ist aber beschränkt (§ 10). Die Erhebung geschieht in der Form von Zuschlägen zu den Staatssteuern, vorbehaltlich der Vorschrift in § 13. Die Veranlagung erfolgt für jedes Rechnungsjahr durch den Gemeindekirchenrat (Presbyterium, Kirchenkollegium, consistoire), doch können auch Perioden von zwei oder drei Rechnungsjahren gewählt werden (§ 16). Die Erhebung der Steuern ist mit Angabe der Zuschlagsprozentsätze ortsüblich bekannt zu machen, sofern die Aufsichtsbehörde nicht die Zustellung von besonderen Veranlagungsschreiben anordnet (§ 18). Die Einziehung findet auf Grund einer Zahlungsaufforderung statt. Den Herangezogenen steht gegen die Heranziehung bzw. Veranlagung der Einspruch zu (§ 19). Der Einspruch ist binnen einer Frist von vier Wochen, vom Tage der Aufforderung gerechnet, beim Gemeindekirchenrate einzulegen. Einsprüche, die sich gegen die staatliche Veranlagung richten, sind unzulässig. Über den Einspruch beschließt der Gemeindekirchenrat. Gegen den Beschluß ist die Beschwerde zulässig, die binnen einer mit dem ersten Tage nach erfolgter Zustellung des Beschlusses begründeten Frist von einer Woche bei dem Konsistorium einzulegen ist. Das Konsistorium legt die Beschwerde mit seiner Äußerung dem Regierungspräsidenten vor (Art. IV StaatsG. v. 14. VII. 05). Letzterer hat vor seiner Entscheidung den Gemeindekirchenrat zu hören. Durch die Einlegung der Beschwerde direkt beim Regierungspräsidenten wird die Frist gewahrt. Gegen die Entscheidung des Regierungspräsidenten steht dem Steuerpflichtigen wie der Kirchengemeinde die schriftlich einzureichende Klage bei dem Oberverwaltungsgerichte binnen zwei Wochen zu. Wenn der Steuerpflichtige klagt, richtet sich die Klage gegen die Kirchengemeinde und umgekehrt. Die Klage kann nur darauf gestützt werden:

1. daß die angefochtene Entscheidung auf der Nichtanwendung oder der unrichtigen Anwendung des bestehenden Rechts beruhe oder
2. daß das Verfahren an wesentlichen Mängeln leide.

In der Klage ist anzugeben, worin die behauptete Nichtanwendung des bestehenden Rechts usw. gefunden wird. Ist in der Klage kein Anhalt dafür zu finden, welche Rechtsnorm verletzt ist, so hat der Verwaltungsrichter mit Rücksicht auf die bestehende Offizialmaxime die von ihm gefundenen Gesetzesverletzungen von Amts wegen einer Berücksichtigung zu unterziehen. An Stelle des Einspruchs ist der Antrag auf Verteilung kirchensteuerpflichtigen Einkommens auf eine Mehrzahl steuerberechtigter Kirchengemeinden zulässig. Der Antrag ist vom Steuerpflichtigen binnen vier Wochen an das Konsistorium zu richten, in dessen Bezirk eine der beteiligten Kirchengemeinden gelegen ist. Das Konsistorium legt den Antrag mit seiner Äußerung dem Regierungspräsidenten vor, der daraufhin Beschluß faßt. Gegen diesen Beschluß kann ebenfalls die oben angegebene Klage erhoben werden.

Die Staatsbehörde ist befugt, bis zur endgültigen Entscheidung die vorläufige Aussetzung der Vollstreckung anzuordnen (§ 7 Art. IV a.a.O.).

Die Vorschriften des G. v. 14. VII. 05 finden auf die Berliner Stadtsynode und die Parochialverbände in größeren Orten und ihre Organe sinngemäße Anwendung (Art. VI).

Was den Begriff des Wohnsitzes anlangt, so sind die Vorschriften des bürgerlichen Rechts (BGB. §§ 7—11) maßgebend. Danach setzt die Begründung des Wohnsitzes an einem Orte die ständige Niederlassung an diesem Orte voraus. Der Besitz von Grundstücken oder der Betrieb eines Gewerbes genügen für sich allein zur Begründung des Wohnsitzes nicht. Durch den bloßen Aufenthalt in einer Kirchengemeinde wird die Steuerpflicht nicht begründet. Über den Fall, daß sich mehrere Kirchengemeinden der Landeskirche räumlich ganz oder teilweise decken, zB. eine lutherische und eine reformierte Gemeinde denselben Raumbezirk umfassen, oder eine Personalgemeinde sich über das Gebiet mehrerer anderer Kirchengemeinden erstreckt, so genügt zur Begründung der Zugehörigkeit zu einer der Kirchengemeinden die Tatsache des Wohnsitzes für sich allein nicht. Die Anweisung des Oberkirchenrats v. 22. III. 06 zu III B gibt die einzelnen gesetzlichen Bestimmungen an, wie die Fälle zu behandeln sind. Über die Zugehörigkeit der Militärpersonen zur Militärgemeinde spricht sich die Vd. v. 19. VII. 04 (KirchlGVdBl. 05 3) aus.

Elfter Abschnitt.

Katholische Kirche. Umlagen für kirchliche Zwecke.

Für die katholischen Kirchengemeinden und Gesamtverbände enthält das G. v. 14. VII. 05 (GS. 281) ähnliche Bestimmungen über die Erhebung von Kirchensteuern, wie sie für die evangelischen Kirchen erlassen sind. Danach sind (§ 1) die katholischen Kirchengemeinden und die Gesamtverbände dieser Kirche (§ 34) berechtigt, zur Befriedigung ihrer Bedürfnisse Steuern zu erheben. Die Steuerbeschlüsse der Kirchengemeinden bedürfen der Genehmigung der bischöflichen und der staatlichen Aufsichtsbehörde (§ 1). Kirchensteuerpflichtig sind alle Katholiken, die der Kirchengemeinde durch ihren Wohnsitz angehören. Die Steuerpflicht beginnt mit dem ersten Tage des auf die Begründung des Wohnsitzes folgenden Monats (§ 3). Der § 4 enthält die Vorschriften für den mehrfachen Wohnsitz, § 5 für gemischte Ehen.

Die Kirchensteuern sind für das Rechnungsjahr (1. April bis 31. März) umzulegen (§ 9). Der Verteilungsmaßstab ist wie bei den Kirchensteuern der evangelischen Gemeinden.

Die Veranlagung erfolgt für jedes Rechnungsjahr durch den Kirchenvorstand. Es können aber auch Perioden von zwei und drei Jahren gewählt werden (§ 16). Hinsichtlich der Bekanntmachung nebst Zahlungsaufforderung (§ 19) ist das Verfahren wie bei den evangelischen Gemeinden. Der Einspruch ist beim Kirchenvorstande binnen vier Wochen anzubringen. Die Beschwerde gegen die Entscheidung geht an die bischöfliche Behörde (Frist vier Wochen), die letztere legt (§ 23) die Beschwerde mit ihrer Äußerung dem Regierungspräsidenten (in Berlin dem Polizeipräsidenten) vor (Vd. v. 23. III. 06 GS. 56). Gegen die Entscheidung des Regierungspräsidenten ist die Klage binnen zwei Wochen beim Oberverwaltungsgerichte gegeben. Die Klage ist ebenso zu begründen, wie bei den Kirchensteuern für evangelische Kirchengemeinden (§ 27). Parteien sind der Herangezogene und die Kirchengemeinde, niemals der Regierungspräsident (OVG. 50 196).

Zu dem G. v. 14. VII. 05 ist eine umfangreiche Anweisung v. 24. III. 06 (MBl. 121) erlassen worden. Die Klage ist bei dem Oberverwaltungsgerichte schriftlich einzureichen. In der Klage ist ein bestimmter Antrag zu stellen; die Person des Beklagten ist genau zu bezeichnen. Die Klage richtet sich gegen den Steuerpflichtigen, wenn sie von der Kirchengemeinde (dem Gesamtverbande) angestellt wird, gegen die steuerfordernde Kirchengemeinde (den Gesamtverband), wenn der Steuerpflichtige klagt. Wird der auf einen Verteilungsantrag ergangene Beschluß des Regierungspräsidenten angegriffen, so richtet sich die Klage gegen sämtliche beteiligte Gemeinden, deren Teilverhältnis durch den vom Kläger verfolgten Anspruch berührt wird. Die Beiladung genügt nicht.

Alle im Gesetze vorgeschriebenen Fristen sind Ausschlußfristen, bei deren Berechnung der Tag der Zustellung (Aufforderung §§ 21 Abs. 2, 19 Abs. 7, 25) nicht mitgezählt wird, während im übrigen für den Beginn und die Berechnung der Fristen die bürgerlichen Prozeßgesetze maßgebend sind. Die Wahrung der Fristen ist von Amts wegen zu prüfen.

Zwölfter Abschnitt.

Synagogengemeindeangelegenheiten.

Nach dem Gesetz über die Rechtsverhältnisse der Juden v. 23. VII. 47 (GS. 263) sollen die Juden nach Maßgabe der Orts- und Bevölkerungsverhältnisse dergestalt in Synagogengemeinden (Judenschaften, jüdische Kultusgemeinden, israelitische Religionsgemeinden) durch die Regierungen (jetzt Regierungspräsidenten) nach Anhörung der Beteiligten vereinigt werden, daß alle innerhalb eines Synagogenbezirks wohnenden Juden einer solchen Gemeinde angehören (§§ 35, 36). Die Regierungen sind ermächtigt, bestehende Gemeindebezirke zu ändern. Die einzelnen Gemeinden haben die Rechte juristischer Personen. Jede Gemeinde erhält einen Vorstand und eine angemessene Anzahl von Repräsentanten. Die männlichen, volljährigen, unbescholtenen, selbständigen Mitglieder der Gemeinde, die die Gemeindesteuern während der letzten drei Jahre bezahlt haben, wählen die Repräsentanten und diese den Vorstand (§ 41). Der Vorstand wirkt als Organ nach außen, er führt die Verwaltung unter Kontrolle der Repräsentanten usw. Mit Zustimmung der Regierung können Steuern eingeführt werden. Die Gemeinde kann ein vom Oberpräsidenten zu genehmigendes Statut über die inneren Verhältnisse der Gemeinde erlassen. Die Regierung entscheidet auf Beschwerden einzelner über die Verletzung der ihnen als Mitglieder der Gemeinde zustehenden Rechte (§ 49). Bei Erlaß des G. v. 23. VII. 47 war das G. über die Verjährungsfristen bei öffentlichen Abgaben v. 18. VI. 40 (GS. 140), das auch auf Abgaben an die Synagogengemeinden Anwendung findet (Verjährung in vier Jahren), in vollem Umfange gültig; jetzt gilt hinsichtlich der Synagogengemeindeabgaben der § 3 nicht mehr (Erk. v. 12. VI. 85 OVG. 12 235).

Die Umlegung der Abgaben erfolgt gemäß G. v. 23. VII. 47 auf Grund des Statuts. Die Heberollen werden von der Regierung für vollstreckbar erklärt und die Abgaben im Verwaltungswege eingezogen.

Die Regierung kann festsetzen, ob und inwieweit einzelne zerstreut und von dem Mittelpunkte des Bezirks entfernt wohnende Juden zu den Kosten der Gemeinde beizutragen haben. Ist eine solche Festsetzung (jetzt durch den Regierungspräsidenten) erfolgt, so ist sie für den Verwaltungsrichter bei einem Streite nach § 54 ZustG. bindend, sie schafft objektives Recht.

Das G., betr. den Austritt aus den jüdischen Synagogengemeinden, v. 28. VII. 76 (GS. 353) gestattet jedem, ohne Austritt aus der jüdischen Religionsgemeinschaft (dem Judentume) aus derjenigen Synagogengemeinde auszutreten, der er auf Grund eines Gesetzes, eines Gewohnheitsrechts oder einer Verwaltungsvorschrift angehört. Der Austritt mit bürgerlicher Wirkung erfolgt durch Erklärung vor dem Richter (§ 2). Die Austrittserklärung, für welche gewisse Formalitäten zu beachten sind, bewirkt, daß der Ausgetretene an den Rechten der Mitglieder der Synagogengemeinde nicht mehr teilnimmt und daß er zu den Leistungen an die Gemeinde vom Schlusse des auf die Austrittserklärung folgenden Kalenderjahres ab nicht mehr verpflichtet wird (Ausnahmen macht § 6). Die Verpflichtung zu Leistungen an die öffentlichen jüdischen Schulen bleibt bestehen.

Vereinigen sich die Ausgetretenen behufs dauernder Einrichtung eines besonderen Gottesdienstes, so können denselben durch Königl. Vd. die Rechte einer Synagogengemeinde beigelegt werden (§ 8).

Hinsichtlich des Austritts aus dem Judentume finden die Vorschriften des G. v. 14. V. 73, betr. den Austritt aus der Kirche, Anwendung.

Für die neuen Provinzen sind maßgebend: HolstG. v. 14. VII. 63 (HolstGBl. 167), SchleswVd. v. 8. II. 54 (VdBl. 124), beide erg. durch AhErl. v. 24. VI. 67 (GS. 1308); HannG. v. 30. IV. 42 (HannGS. I 211) u. Bek. dazu v. 19. I. 44 (das. I 43); KirchG. v. 30. XII. 23 (KirchGS. 87); NassBek. v. 7. I. 52 (NassVdBl. 6); FrankfDekr. v. 30. I. 12 (FrankfRegBl. 2 9) u. G. 21. III. 99 (GS. 73).

Für die ganze Monarchie gilt der § 54 ZustG.:

> Der Bezirksausschuß entscheidet auf Klagen einzelner wegen der ihnen als Mitgliedern einer Synagogengemeinde oder auf Grund des G. v. 28. VII. 76 zustehenden Rechte oder obliegenden Verpflichtungen zu Abgaben und Leistungen.

Die Rechtsgeschichte des § 54 enthält das Erk. v. 26. II. 07 (OVG. 50 203). Mit ihm sind auch die Fälle getroffen (G. v. 28. VII. 76 §§ 6, 7, 9), wo Ausgeschiedene gewisse Nutzungsrechte und Verbindlichkeiten behalten haben; nach dem G. v. 24. V. 69 (GS. 838) § 3 stand der Rechtsweg offen (ZustG. § 160). Die Vorschrift in § 54 ZustG. kann nicht etwa durch ein Statut der Gemeinde abgeändert werden. Stets handelt es sich um Vermögensrechte, nicht um das aktive oder passive Wahlrecht. — Mit der Klage aus § 54 kann auch ein irrig gezahlter Betrag zurückgefordert werden. Gegen die Entscheidung des Bezirksausschusses ist die Berufung zulässig.

Der Klage muß die Reklamation (Beschwerde oder Einspruch) binnen drei Monaten vom Tage der Bekanntmachung der Heberolle oder, wenn die Steuern im Laufe des Jahres auferlegt werden, binnen drei Monaten nach erfolgter Benachrichtigung bei dem Vorstande vorangehen (§ 1 G. v. 18. VI. 40). Die Klage ist an Stelle des alten Rekurses getreten. Die Klagefrist beträgt zwei Wochen vom Tage der Zustellung des Reklamationsbescheides; die Klage ist beim Bezirksausschusse selbst gegen den Vorstand zu erheben.

Im Gebiete des kurhessischen Rechts sind die Einsprüche (Reklamationen) bei den „Gemeindeältesten" anzubringen. Die Frist zur Klage beträgt hier sechs Monate (Erk. v. 11. VI. 07 OVG. 50 207, 214). Sie ist keine Ausschluß-, sondern eine Verjährungsfrist.

Eine Verwaltungsklage der Mitglieder untereinander oder der Gemeinde gegen die Mitglieder oder über abstrakte Rechte gibt es nicht; es muß stets die Verletzung eines bestimmten Rechtes vorliegen.

Der statutenmäßige Anspruch der Mitglieder auf Gewährung eines unentgeltlichen Begräbnisplatzes gehört zu den Einzelrechten, über die im Streitfalle gemäß § 54 ZustG. im Verwaltungsstreitverfahren zu entscheiden ist. Im allgemeinen sind unter den in § 49 Abs. 3 G. v. 23. VII. 47 erwähnten Rechten nur eigentliche Gemeindenutzungsrechte zu verstehen, Nutzungsrechte, wie sie jedem einzelnen Gemeindemitgliede als solchem und ohne Rücksicht auf dessen zufälligem Beruf oder Gewerbebetrieb zustehen und der Gemeinde als solcher gegenüber geltend gemacht werden können.

Seit dem Inkrafttreten der preußischen Steuergesetze in den neuen Provinzen sind die Kultusgemeinden berechtigt, die Steuern durch Zuschläge zu den Staatssteuern, wie die bürgerlichen Gemeinden, zu erheben (Erk. v. 27. VI. 02 OVG. 42 191).

Dreizehnter Abschnitt.

Staatsangehörigkeit und Landesverweisung.

Erster Titel.

Erwerb und Verlust der Staatsangehörigkeit.

Die Reichsangehörigkeit hängt von der Staatsangehörigkeit in einem deutschen Bundesstaate ab, sie wird durch letztere erworben und erlischt mit deren Verluste (G. v. 1. VI. 70 BGBl. 355 § 1). Die Staatsangehörigkeit wird nunmehr (über die frühere Erwerbung s. G. v. 31. XII. 42 GS. 43 15 u. die für die neu erworbenen Provinzen erlassenen Gesetze; OVG. v. 30. VI. 86 MBl. 202) nur begründet: mittelbar durch

Abstammung (nicht durch Adoption) von einem ehelichen Vater oder einer unehelichen Mutter, durch Legitimation und für die Ehefrau durch Verheiratung, unmittelbar für einen Deutschen durch Aufnahme und für einen Ausländer durch Naturalisation (§§ 6 ff.). Die Aufnahme bzw. Naturalisation erfolgt durch Anstellung im Reichs- oder Staatsdienste (§ 9 u. G. v. 20. XII. 75 RGBl. 324) oder Ausfertigung einer Urkunde. Zuständig ist der Regierungspräsident, in Berlin der Polizeipräsident (§ 155 Abs. 1 ZustG.; § 42 Abs. 2 LVG.).

Die Verleihung der Staatsangehörigkeit erstreckt sich, sofern nicht dabei eine Ausnahme gemacht ist, auf die Ehefrau und die unter väterlicher Gewalt stehenden minderjährigen Kinder.

Die Staatsangehörigkeit geht fortan nur verloren (§ 13): durch Entlassung auf Antrag (§ 14 f.), durch Ausspruch der Zentralbehörde ihres Heimatsstaates (§§ 20, 22), durch zehnjährigen Aufenthalt im Auslande (§ 21), bei unehelichen Kindern durch Legitimation, wenn der Vater einem anderen Staate angehört als die Mutter, bei einer Deutschen durch Verheiratung mit dem Angehörigen eines anderen Bundesstaates oder einem Ausländer. Lediglich durch Aufnahme in einem anderen Bundesstaat geht die bisherige Staatsangehörigkeit nicht verloren (RG. v. 2. I. 81).

Die Entlassung wird durch den Regierungspräsidenten erteilt, wenn der Staatsangehörige nachweist, daß er in einem anderen Bundesstaate die Staatsangehörigkeit erworben hat. In Ermangelung dieses Nachweises darf sie nicht erteilt werden Wehrpflichtigen im Alter vom 17. bis 25. Lebensjahre, bevor sie nicht ein gewisses Zeugnis der Ersatzkommission (§ 15) beigebracht haben, und gewissen Militärpersonen und Reservisten (§ 15 Nr. 2 u. 3). Für die Zeit eines Krieges oder einer Kriegsgefahr können von Reichs wegen besondere Anordnungen erlassen werden (§ 17).

Die Erteilung der Entlassungsurkunde kann nicht deshalb verweigert werden, weil der Antragsteller mit Staatssteuern im Rückstande ist oder weil gegen ihn noch eine Strafe zu vollstrecken ist oder ein Strafverfahren schwebt (OVG. 49 395). Hat die Ersatzkommission bescheinigt, daß die Entlassung nicht zu dem Zwecke nachgesucht sei, sich der Dienstpflicht zu entziehen, so darf der Verwaltungsrichter nicht nachprüfen, ob die Bescheinigung richtig ist. Dagegen kann die Ersatzkommission das Zeugnis zurückziehen, wenn sie sich von der Unrichtigkeit der Bescheinigung überzeugt oder wenn die tatsächlichen Verhältnisse sich geändert haben (Erk. v. 29. X. 87 OVG. 15 410). Hat in Friedenszeiten der Antragsteller das 25. Lebensjahr vollendet, so darf der Regierungspräsident nicht den Nachweis verlangen, daß er die Entlassung nicht bloß in der Absicht, sich dem Militärdienste zu entziehen, nachsuche (Erk. v. 2. VI 99 OVG. 35 407).

Das Oberverwaltungsgericht erkennt dahin, entweder daß die Klage abzuweisen oder daß die Verfügung des beklagten Regierungspräsidenten aufzuheben sei. Die Beschränkungen, welche der § 127 Abs. 3 LVG. bei der Prüfung von polizeilichen Verfügungen durch den Verwaltungsrichter vorschreibt, finden auf die Klage aus § 155 ZustG. nicht Anwendung, weil nicht die Wahlklage gegeben ist. Der Verwaltungsrichter ist mithin bei der Beurteilung des Sach- und Rechtsverhältnisses vollkommen frei.

In Berlin ist der Polizeipräsident zuständig.

Aus den Entsch. des Oberverwaltungsgerichts (siehe Kunze-Kautz 1 921 ff. u. ErgBde.) ist folgendes zu bemerken:

1. Der fünf Jahre lange ununterbrochene Aufenthalt Deutscher in den Vereinigten Staaten von Nordamerika, verbunden mit dem Erwerbe der dortigen Staatsangehörigkeit, begründet den Verlust der Staatsangehörigkeit in Deutschland. Die verlorene Staatsangehörigkeit wird wieder erworben durch Aushändigung der Aufnahmeurkunde und diese Aushändigung setzt den Antrag auf Verleihung voraus; es kann also der ausgewanderte Deutsche sich in Deutschland wieder niederlassen und leben, ohne Reichsangehöriger zu werden. Bis die Aufnahmeurkunde erlangt ist, kann der Betreffende ausgewiesen werden. Dagegen steht ihm die Klage aus § 130 LVG. nicht zu. Jener Aufenthalt von fünf Jahren nimmt dem Ausgewanderten aber nicht das Recht auf Wiedererwerb der Staatsangehörigkeit nach seiner Rückkehr nach Deutschland (OVG. 14 388).

2. Das G. v. 1. VI. 70 macht einen Unterschied zwischen Naturalisation (§ 2 Nr. 5) und Aufnahme (§ 2 Nr. 4). Die letztere kommt in Betracht, wenn Deutsche in einen anderen Bundesstaat übertreten, während, abgesehen von den Ausnahmen des § 21 Abs. 5, frühere Staatsangehörigen deutscher Staaten, selbst wenn sie eine andere Staatsangehörigkeit nicht erlangt haben, die verlorene Staatsangehörigkeit nur durch Naturalisation wiedergewinnen können. Gegen die Versagung der letzteren ist die Klage aus § 155 Abs. 2 ZustG. nicht gegeben, sie bezieht sich nur auf die Ablehnung der Aufnahme (Bescheid v. 1. X. 97 PrVBl. 19 121). Letzteres auch für den Fall, daß ein Deutscher eine Entlassungsurkunde behufs Auswanderung schon erhalten hat (Erk. v. 10. XII. 01 PrVBl. 23 742).

3. Einem Deutschen, der seine Staatsangehörigkeit durch zehnjährigen Aufenthalt im Auslande verloren hat, demnächst, ohne eine andere Staatsangehörigkeit erworben zu haben, in das Reichsgebiet zurückkehrt und sich in einem Bundesstaat niederläßt, muß auf Ansuchen die Aufnahmeurkunde erteilt werden, sofern nicht die Voraussetzungen zutreffen, unter denen nach §§ 2—5 G. v. 1. XI. 67 die Abweisung oder die Versagung der Fortsetzung des Aufenthalts gerechtfertigt ist. Fehlt es an diesen Voraussetzungen, so ist der Regierungspräsident nicht befugt, seinen Anspruch auf Erteilung der Aufnahmeurkunde durch Ausweisung aus dem Staatsgebiete zu vereiteln (Erk. v. 22. V. 96 OVG. 30 399). Ist die Ausweisung verfügt, so ist sie gegenüber dem Aufnahme-

antrage wirkungslos. Der in das Reichsgebiet zurückkehrende, frühere Reichsangehörige (§ 21 Abs. 5 G. v. 1. VI. 70) soll dem Reichsangehörigen, der die Aufnahme in einen anderen Bundesstaat beantragt, gleichgestellt sein.

4. Was unter Niederlassung zu verstehen ist, ist im Erk. v. 11. XI. 91 (OVG. 22 389) dahin beantwortet worden, daß die Voraussetzung für die Entstehung des Anspruchs auf Erteilung der Aufnahmeurkunde in den Fällen der §§ 7 und 21 G. v. 1. VI. 70 die Begründung eines dauernden, ständigen Aufenthaltsverhältnisses ist, und im Anschlusse hieran ausgeführt, daß die Beschaffung einer eigenen Wohnung nicht erforderlich, vielmehr die Gewinnung eines Unterkommens in einem fremden Haushalte ausreichend ist, wenn bei dem Beginn oder bei der Fortsetzung des Aufenthalts irgendwelche Umstände hervortreten, aus denen erkennbar wird, daß dabei ein Mehreres als ein vorübergehender Zustand beabsichtigt worden ist.

5. Ist eine Naturalisationsurkunde von der zuständigen Behörde erteilt worden, so kann sie weder von dieser noch von der ihr vorgesetzten Instanz widerrufen werden (OVG. 13 408). Notwendige Voraussetzung der Erteilung der Urkunde ist, daß der Ausländer an dem Orte, wo er sich niederlassen will, eine eigene Wohnung oder ein Unterkommen findet. Nicht die bereits erfolgte Niederlassung ist notwendig, sondern lediglich die Fähigkeit, Wohnung oder Unterkommen zu finden. Wer im Auslande bleiben will, kann nicht naturalisiert werden.

6. Der Verlust der Staatsangehörigkeit durch die bloße Tatsache eines ununterbrochenen zehnjährigen Aufenthalts im Auslande tritt auch bei Minderjährigen usw. ein, selbst wenn diese ohne Genehmigung des Vaters oder sonstigen gesetzlichen Vertreters im Auslande sich aufhalten (Erk. v. 10. V. 98 MBl. 102).

Zweiter Titel.

Landesverweisung.

Nach § 130 Abs. 3 LVG. steht Personen, die nicht Reichsangehörige sind, die Klage aus § 130 wegen Landesverweisung nicht zu. Diese Vorschrift trifft auch den Fall, wo eine Orts- oder Kreispolizeibehörde unzuständigerweise die Ausweisung verfügt hat. Die allgemeine Beschwerde ist aber zulässig. Wer aus § 130 Abs. 3 klagt, muß sich darauf stützen, daß er Reichsangehöriger ist. Wer eine fremde Nationalität nicht erworben hat und auch mit seinen Anträgen auf Wiederverleihung der preußischen Staats- und damit der deutschen Reichsangehörigkeit abgewiesen worden, ist eine staatlose Person. Er hat die Klage aus § 130 Abs. 3 nicht.

Die Ausweisungsbefugnis ist durch das BGB., das lediglich privatrechtliche Vorschriften und Landesgesetze außer Kraft gesetzt hat, nicht berührt. Die Befugnis wird dadurch nicht beeinträchtigt, daß die auszuweisende Person den Unterstützungswohnsitz an einem Orte besitzt oder als Ehefrau verpflichtet ist, den Wohnsitz des Ehemannes zu teilen (Erk. v. 8. I. 01 Kunze-Kautz 1 931). Ein Reichsangehöriger kann auch nicht dahin klagen, daß die gegen einen Ausländer verfügte Ausweisung aufgehoben wird (Erk. v. 20. XII. 01 — I 2094).

Vierzehnter Abschnitt.
Öffentliche Volksschulen.

Erster Titel.
Einleitung.

Unter öffentlichen Volksschulen im Sinne der nachstehenden Darstellung sind diejenigen öffentlichen Schuleinrichtungen zu verstehen, die zur Erhaltung der allgemeinen Schulpflicht dienen (OVG. 12 197, 17 157). Zu den Volksschulen rechnen nicht die an Rettungsanstalten und Waisenhäusern errichteten Schulen, die Vorschulen höherer Lehranstalten, die mittleren Schulen (G. v. 11. VI. 94), die jüdischen Religionsschulen, die Seminarübungsschulen (soweit sie durch besonderen Vertrag den Ortsschulen in bezug auf Schulbezirke eingegliedert sind, besteht für sie Schulzwang, wenn sie auch in sonstigen Beziehungen keine öffentlichen Volksschulen sind), die Taubstummen- und Blindenschulen; dagegen gehören dazu die in Hannover gemäß der SchulO. v. 5. II. 54 errichteten jüdischen Elementarschulen (OVG. 34 168) und die sonstigen jüdischen Volksschulen (siehe „Jüdisches Schulwesen" bei von Bremen, Die Preuß. Volksschule 102ff.), auf welche Schulen das SchulUG. v. 10. VII. 06 Anwendung findet (siehe weiter unten). Das ZustG. behandelt die Schulangelegenheiten im VII. Titel §§ 45—49; es hat im Gegensatze zur KreisO. v. 13. XII. 72 (§ 135 zu X) und zum KompG. v. 26. VII. 76 nach dem Vorgange bei den Angelegenheiten, betr. die Heranziehung zu städtischen und ländlichen Gemeindeabgaben und zu Beiträgen für die Synagogengemeinden, bei den Räumungs- und Wegebausachen, den früher noch zugelassenen ordentlichen Rechtsweg ausgeschlossen und zahlreiche Streitigkeiten dem Verwaltungsstreitverfahren überwiesen. Das ZustG. ist nach und nach in allen Teilen der Monarchie in Kraft getreten. Der § 45, durch den das Verwaltungsstreitverfahren nicht eingeführt ist, bestimmt, daß über die Feststellung des Geldwertes der Naturalien und des Ertrages der Ländereien bei amtlicher Festsetzung des Einkommens eines Volksschullehrers auf Anrufen eines Beteiligten (Schulgemeinde oder Lehrer oder Drittverpflichteter) der Kreisausschuß (bei Stadtschulen der Bezirksausschuß) im Beschlußverfahren beschließt. Durch den § 20 G. v. 3. III. 97 (GS. 25) ist der

§ 45 ersetzt, und die Vorschrift hat insofern eine Erweiterung erfahren, als bei erheblicher Änderung der tatsächlichen Verhältnisse eine neue Entschließung des Kreis- bzw. des Bezirksausschusses herbeigeführt werden kann.

Der § 46 ZustG. behandelt die Beschwerden und Einsprüche, betr. die Heranziehung zu Abgaben und sonstigen öffentlich-rechtlichen Leistungen für Volksschulen, und die weiteren Rechtsmittel, ferner die Streitigkeiten der Beteiligten untereinander über ihre öffentlich-rechtlichen Verpflichtungen zu Abgaben und Leistungen für Volksschulen. Der § 46 hat seine Geltung in den Provinzen, in denen durch das SchulUG. die Schulen auf die politischen Gemeinden übergegangen sind, zum Teil verloren. Für die jüdischen und christlich-jüdischen Schulgemeinden gilt er weiter. Bei der Oberverteilung der Gesamtschulverbände ist § 54 SchulUG. maßgebend. In den einen eigenen Schulverband bildenden Gemeinden und Gutsbezirken wird der Drittverpflichtete in den Formen des § 46 Abs. 1 ZustG. auch im Geltungsgebiete des SchulUG. herangezogen (von Brauchitsch 7 Anm. 8 zu § 32 SchulUG. und Anm. zu § 46 ZustG.). Wegen des Fremdenschulgeldes ist auf §§ 6 Abs. 5, 54 Abs. 3 SchulUG. zu verweisen, während die Entscheidung über Schulgeldstreitigkeiten sich nach § 46 Abs. 5 ZustG. richtet (von Brauchitsch Anm. zu § 46; OVG. 21 33). Der § 47 ZustG. hat seine Bedeutung behalten, er regelt die Heranziehung zu den Kosten für Neu- und Reparaturbauten, die betreffenden Streitigkeiten der Beteiligten und die Ersatzklage (nach dem Umfange der Vorschriften in §§ 56, 66 ZustG.). Er hat eine Erweiterung durch das SchulUG. insofern erfahren, als die Baukosten bei Gesamtschulverbänden ebenfalls nach ihm verteilt werden.

In § 48 werden die Vorschriften für die Zwangsetatisierung gegeben. Er bezieht sich nicht auf Schulbaukosten und nicht auf Schulen, die von den politischen Gemeinden unterhalten werden, die also Gemeindeinstitute sind. Gemäß § 54 Abs. 8 SchulUG. findet er auf Gesamtschulverbände Anwendung.

In Schulsachen kommen wesentlich ferner in Betracht:

a) Preußische Verfassungsurkunde Art. 20—26;
b) ALR. Teil II Tit. 12 §§ 1 ff.;
c) G. v. 21. VII. 46, betr. den Bau und Unterhaltung der Schul- und Küsterhäuser (GS. 392);
d) Instruktion für die Schuldeputationen v. 26. VI. 11 (von Kamptz Ann. 17 659; Schneider und von Bremen, Volksschulwesen 1 83 und von Brauchitsch 7 221).

Von neueren Gesetzen sind zu berücksichtigen:

a) G., betr. die Pensionierung der Lehrer und Lehrerinnen an den öffentlichen Volksschulen, v. 6. VII. 85 (GS. 298). In diesem Gesetz, das durch das G. v. 26. IV. 90 (GS. 89) geändert und durch das

RuhegehaltsG. v. 23. VII. 93 (GS. 194) und das LehrerbesoldungsG. v. 3. III. 97 (GS. 75) Ergänzungen erfahren hat, ist das Verwaltungsstreitverfahren nicht eingeführt worden. Dazu AusfErl. v. 20. III. 97 (ZentBl. 318); Cremer, Gehalts- und Pensionsgesetze der Lehrer und Lehrerinnen; Kautz, Die Preuß. Gesetze betr. Diensteinkommen der Volksschullehrer; Pogge, Die neuen Preuß. Volksschulgesetze;

b) G., betr. die Feststellungen von Anforderungen für Volksschulen, v. 26. V. 87 (GS. 175; AnforderungsG. genannt). Es findet auf Schulbausachen (§ 47 ZustG.) keine Anwendung und ist auf die Provinz Posen nicht ausgedehnt. Das Verwaltungsstreitverfahren wird darin nicht neu eingeführt. Der Kreis- bzw. Bezirksausschuß befindet im Beschlußverfahren mit Beschwerde an den Provinzialrat über neue und erhöhte Leistungen für Volksschulen;

c) G. v. 14. VI. 88 (GS. 240) und 31. III. 89 (GS. 64), betr. die Erleichterung der Volksschullasten, ergänzt und abgeändert durch G. v. 3. III. 97. In dem letzteren Gesetze ist gegen die Festsetzung der Schulaufsichtsbehörde hinsichtlich Notwendigkeit, Umfang und Einrichtung von Dienstwohnungen (§ 14 Abs. 2) das Verwaltungsstreitverfahren vorgesehen;

d) G., betr. die Fürsorge für die Witwen und Waisen der Lehrer, v. 27. VI. 90 (GS. 211) und v. 4. XII. 99 (GS. 587) nebst Vd. v. 1. IV. 00, betr. Einführung des G. v. 4. XII. 99 in den Stolbergschen Grafschaften. Hier ist kein Verwaltungsstreitverfahren eingeführt;

e) G., betr. die Ruhegehaltskassen für die Lehrer, v. 23. VII. 93 (GS. 194). Durch das Gesetz wird eine Klage im Verwaltungsstreitverfahren gegen den von der Schulaufsichtsbehörde aufgestellten Verteilungsplan (§ 10) über den von den Schulverbänden aufzubringenden Bedarf der Ruhegehaltskassen (§ 12) gegeben. Die Klage erheben die Schulverbände gegen die Schulaufsichtsbehörde bei dem Bezirksausschusse (mit Berufung an das Oberverwaltungsgericht). Über den Umfang des Rechts zur Anfechtung des Planes Erk. v. 18. IV. 05 (OVG. 47 205). Nachforderungen sind unzulässig (OVG. 37 215, 39 163, 44 184). Die Heranziehung von Kassenbeiträgen unterliegt der Anfechtung mittelst Klage im Verwaltungsstreitverfahren, auch wenn sie nicht durch den Verteilungsplan, sondern durch Einzelverfügung von einem Schulverband bewirkt worden ist; es beginnt die vierwöchige Klagefrist mit der Zustellung der Verfügung (OVG. 44 184). Das Gesetz ist durch das SchulUG. nicht aufgehoben oder verändert (AusfErl. v. 20. III. 97 ZentBl. 318);

f) G., betr. die Unterhaltung der öffentlichen Volksschulen, v. 28. VII. 06 (GS. 335), das hierunter in einem besonderen Abschnitte besprochen wird. Das G. ist am 1. IV. 08 in Kraft getreten; es gilt nicht in den Provinzen Westpreußen und Posen. Dazu sind die AusfBest.

a) v. 25. II. 07 (ZentBl. 305),
b) v. 2. VII. 07 (ZentBl. 633),
c) v. 6. XI. 07 (ZentBl. 865),
d) v. 14. III. 08 (ZentBl. 461)

ergangen.

Literatur: von Bremen, Die Preuß. Volksschule, Nachträge, Heft I SchulUG. (1906); von Brauchitsch, Die neuen Preuß. VerwG. 7 (1907) Lezius, Die zweite und dritte Anw. zum SchulUG.

Von Bremen gibt in der Einleitung eine Geschichte der Entwickelung der Schulunterhaltungslast. Bei ihm und bei von Brauchitsch ist die Literatur des weiteren angegeben.

An der Spitze der Verwaltung des Volksschulwesens steht der Minister der geistlichen, Unterrichts- und Medizinalangelegenheiten. Über seine Befugnisse verbreiten sich besonders die Vd. v. 27. X. 1810, v. 3. XI. 17 (GS. 289) und v. 13. V. 67 (GS. 667). Die Vorschriften in § 19 II 12 und §§ 219ff. II 11 ALR., wonach der Minister die Veräußerung von Schulvermögen, soweit es sich um ganze Landgüter und Häuser handelt, zu genehmigen hat, haben keine Veränderung erfahren in dem Falle, daß Schulgrundstücke gemäß G. v. 28. VII. 06 in das Eigentum der Kommunen übergegangen sind; es kommen für diese die Vorschriften über die Veräußerung von Kommunalgrundstücken nicht in Betracht.

Der § 25 SchulUG. bestimmt:

> Über das auf den Schulverband übergegangene Vermögen ist ein genaues Verzeichnis (Matrikel) aufzustellen. Das Vermögen bleibt den allgemeinen oder stiftungsmäßig besonderen Zwecken derjenigen Volksschule erhalten, für welche es bestimmt war. Auf Verfügungen über dieses Vermögen finden diejenigen Vorschriften, welche für das Schulvermögen überhaupt gelten, mit der Maßgabe Anwendung, daß vor der Erteilung der Genehmigung zu einer Veräußerung oder Verwendung für andere Zwecke die Schuldeputation (§§ 43, 47 Abs. 10, 57), die Schulkommission (§§ 45, 48, 55) oder der Schulvorstand (§ 47) anzuhören ist.

Sicher ist, daß sich die Vorschrift nur auf das infolge des SchulUG. übergegangene Vermögen bezieht. Aber streitig könnte sein, wer die staatliche Genehmigung zu erteilen hat. Bestehen Gesamtschulverbände, so ist es die Schulaufsichtsbehörde nach bisherigem Rechte; ist es eine Gemeinde oder ein Gutsbezirk als Schulverband, so ist das Vermögen zwar in das Eigentum der Gemeinde oder des Gutsbezirkes als politische Korporation übergegangen, aber die Kommunalaufsichtsbehörde, die eine sonstige Veräußerung von Gemeindevermögen zu genehmigen hat, tritt hier infolge der Spezialbestimmung in § 25 nicht ein. Die Schulaufsichtsbehörden bleiben zuständig. Die Genehmigung zu Veräußerungen einer öffentlichen Korporation ist ein Ausfluß der Staatsaufsicht, sie braucht nicht von der Behörde auszugehen, die regelmäßig die Staatsaufsicht führt. So führt der Regierungspräsident die staatliche Aufsicht über die Stadtgemeinden, während der Bezirksausschuß die Genehmigung zur Veräußerung von Grundstücken (§ 16 ZustG.) zu erteilen hat. Bei Landgemeinden ist es der Kreisausschuß, während die regelmäßige Staatsaufsicht in den Händen des Landrats ruht. Ähnliche Verhältnisse werden bei Kirchen vorliegen. Die einer Kirchengemeinde gehörenden Grundstücke dürfen nur mit Zustimmung derjenigen Staatsbehörde veräußert werden, die die staatliche Aufsicht nach dieser Richtung zu führen hat (Art. 24 G. v. 3. VI. 76, Art. I Nr. 1 Vd. v. 30. I. 93), dies selbst dann, wenn ein Kirchengrundstück einer politischen Gemeinde gehören sollte.

Nach dem G. v. 28. VII. 06 entscheidet ferner der Unterrichtsminister (§§ 19, 20) über die Oberverteilung der zu den Ergänzungszuschüssen bereit gestellten Staatsmittel, es geht außerdem die Beschwerde im Falle des § 23 über die Feststellung der Schulaufsichtsbehörde betreffs Unterverteilung der Staatsmittel an den Unterrichtsminister; gemäß § 31 regelt der Minister die Verhältnisse der den Schulzwecken gewidmeten nichtstaatlichen Fonds anderweitig; die §§ 35, 38, 65 übertragen ihm den Beschluß über Veränderung des konfessionellen Charakters und die Aufhebung einer Volksschule. Für die Hohenzollernschen Lande (§ 5 LVG.) und für Berlin (§ 43) sind dem Minister noch Funktionen der Provinzialbehörden übertragen.

Wo in den Gesetzen die „Schulaufsichtsbehörde" erwähnt wird ist darunter die Regierung, Abt. für Kirchen- und Schulwesen, in Berliu das Provinzialschulkollegium gemeint (über die Bildung der Schulverbände siehe von Bremen, Die Preuß. Volksschule, SchulUG. 20 ff.).

Zweiter Titel.

Die Vorschriften der §§ 46 ff. ZustG.

a) Heranziehung zu Abgaben und sonstigen nach öffentlichem Rechte zu fordernden Leistungen für öffentliche Volksschulen (§ 46 ZustG.).

Auf Beschwerden und Einsprüche, betreffend die Heranziehung zu Abgaben und sonstigen öffentlich-rechtlichen Leistungen für öffentliche Volksschulen, einschließlich des Schulgeldes, beschließt die örtliche Behörde, die die Abgaben und Leistungen für die Schule ausgeschrieben hat (Vorstand des Schulverbandes, der Schulgemeinde, Schulsozietät, Schulkommune). Gegen den Beschluß findet binnen zweier Wochen die Klage bei dem Kreisausschusse (mit Berufung und Revision), bei Stadtschulen bei dem Bezirksausschusse (mit Berufung) statt. Die Klage ist bei diesen Behörden selbst einzureichen. Der ordentliche Rechtsweg ist ausgeschlossen. Einsprüche gegen die Höhe von Zuschlägen für Schulzwecke zu den direkten Staatssteuern sind, sofern sie sich gegen den Prinzipalsatz der letzteren richten, unzulässig. Die Rechtsmittel haben keine aufschiebende Wirkung. Auf Anordnungen von Neu- und Reparaturbauten, Aufbringung der Baukosten und ihre Verteilung (§ 47) findet die Vorschrift in § 46 keine Anwendung.

Die Beschwerden und Einsprüche (Frist 3 Monate) nebst Klagen werden im allgemeinen so behandelt, wie die gleichen Rechtsinstitute bei Heranziehung zu Gemeindeabgaben; Beklagter ist hier stets der Vorstand des Schulverbandes, Kläger derjenige, den der Schulverband (Schulgemeinde, Schulsozietät, Schulkommune) durch den Vorstand zu den öffentlich-rechtlichen Leistungen des Schulverbandes usw. herangezogen und durch Beschluß abgewiesen hat. Der Schulvorstand kann nie die Klage anstellen. Der § 46 unterscheidet nicht, wie die §§ 18, 34 und 44, Heranziehung und Veranlagung zu den Abgaben. Der Ausdruck „Heranziehung" bedeutet hier im weitesten Sinne jede Äußerung des Vorstandes, daß der Pflichtige (Zensit) in bestimmter Höhe eine Schulabgabe zu leisten habe und die Entrichtung gefordert werde. Der bloße Beschluß, daß fortan die Schulbeiträge nach einem gewissen Maßstabe verteilt werden sollen, ist noch keine Heranziehung. Das G. v. 18. VI. 40 unterscheidet die Ausschreibung durch Heberolle oder (bei Auferlegung der Steuer im Laufe des Jahres) durch besondere Benachrichtigung von dem geforderten Betrage und die Fälle, wo eine periodische Veranlagung und Anfertigung von Heberollen nicht stattfindet. Das Gesetz rechnet mit der Möglichkeit (Erk. v. 2. XII. 02 OVG. 42 164) einer auf die Dauer wirksamen Belastung des Pflichtigen, in der Art, daß ihm regelmäßig wiederkehrende Leistungen ein für allemal und bis zu anderweitiger Feststellung auferlegt werden. Für Schulabgaben gilt dasselbe (Erk. v. 26. III. 92 u. 19. VI. 96 — ZentBl. 93 260 u. 96 681).

Werden Leistungen des Schulverbandes, die ihn selbst als Baulast treffen, innerhalb desselben auf die Zensiten (z. B. die Hausväter) verteilt und die Zensiten dementsprechend herangezogen, so findet das Verfahren nach § 46 ebenfalls Anwendung (nicht nach § 47). Der Zensit kann mit Erfolg die Behauptung nicht aufstellen, der Schulverband sei bei der Oberverteilung (§ 47) zu den Baukosten überhaupt nicht oder nicht in der festgestellten Höhe verpflichtet und hätte gegen die Anordnung oder Verteilung (§ 47) ein Rechtsmittel einlegen müssen. Ebenso liegt der Fall, wenn auf Grund des G. v. 26. V. 87 neue oder erhöhte Leistungen von dem Kreisausschusse festgestellt worden sind. Im Reklamationsverfahren kann auch nicht eingewendet werden, daß die Feststellung das Maß des Angemessenen oder Notwendigen überschritten habe (Erk. v. 5. I. 78 und v. 19. XI. 96 — OVG. 3 42, 30 97). Der Kläger kann die Klage nur darauf stützen, daß die Art der Berechnung der Abgabe falsch sei, indem in der Berechnung andere Zensiten nicht herangezogen seien (Erk. v. 20. u. 27. III. 03

— PrVBl. 25 26 u. 643) oder daß sonstige Fehler, auch Rechenfehler, der Heranziehung zugrunde liegen.

Behauptet der Kläger, daß nicht er, sondern ein Dritter (Beteiligter, Abs. 3) zur Leistung verpflichtet sei, so braucht er nicht, wie im Falle des § 47, um durchzudringen, den Dritten mitzubelangen. Auch eine Beiladung des Dritten ist nur unter der Voraussetzung der nachfolgenden Darstellung zulässig. Die Entsch. v. 17. I. 85 (OVG. 11 190) ist nicht auf alle Fälle anwendbar.

Die Klage geht auf Freistellung von der bestimmten Abgabe, zu der der Kläger herangezogen worden ist, oder Ermäßigung auf einen bestimmten Betrag. Lediglich über die abstrakte Verbindlichkeit kann in einem Reklamationsverfahren gegen den Schulvorstand nicht gestritten werden; der Verwaltungsrichter muß allerdings die abstrakte Verbindlichkeit, falls bestritten, in den Gründen inzidenter feststellen. Demgemäß ist ein Antrag, den Kläger von jeder Schulabgabe freizulassen, unzulässig. Soweit der Einspruch nicht erhoben oder soweit der Beschluß des Schulvorstandes sich mit einzelnen Posten nicht befaßt, kann Klage nicht erhoben werden.

Hat der Kläger die Abgaben inzwischen entrichtet, so geht der Klageantrag dahin, daß das Gezahlte an ihn zurückzuzahlen sei (Erk. v. 19. IX. 99 u. v. 24. IV. 00 — Kunze-Kautz 1 875, 880; vgl. Erk. v. 18. V. 85, 23. I. 95 u. 27. III. 03 — OVG. 12 78, 27 105, 44 207). Eine Verpflichtung, Prozeßzinsen (BGB. § 291) zu zahlen, hat der verurteilte Schulverband nicht; denn die eingelegten Rechtsmittel haben keine aufschiebende Wirkung, d. h. der Zensit hat im öffentlichen Interesse trotz Reklamation die Abgabe vorläufig zu entrichten und bei der Schulgemeinde bis zur rechtskräftigen Entscheidung über die Rechtsbehelfe den Betrag zu belassen (vgl. Erk. v. 4. IV. 81 OVG. 8 16 u. v. 14. V. 95 OVG. 28 115). Der Kläger hat auch keinen Anspruch auf Erstattung von Beitreibungskosten; denn es war seine Pflicht, trotz Reklamation die Steuern vorläufig zu zahlen. Kann oder will ein Schulvorstand einen Zensiten zu Schulsteuern nicht heranziehen usw., so ist die Schulaufsichtsbehörde befugt, von Aufsichts wegen den Schulvorstand dazu anzuweisen oder die Obliegenheiten der Schulvorstände selbst wahrzunehmen oder dem Schulvorstande einen Vertreter (zB. in der Person des Landrats) zu bestellen und diesem die Amtspflichten des Schulvorstandes zu übertragen; dem Vertreter liegt dann die Veranlagung und die Bekanntmachung der Hebelisten ob. Bei ihm ist zu reklamieren, gegen ihn zu klagen (Erk. v. 4. IV. 83 OVG. 9 138, ebenso OVG. 11 190 u. 33 232).

Der Kläger darf in dem Reklamationsverfahren nicht den Einwand der Aufrechnung (BGB. §§ 387f.) gegen eine privatrechtliche Forderung, die er gegen die Schulgemeinde hat, erheben. Der Schulvorstand, gegen den die Reklamationsklage zu erheben ist, vertritt zwar die Schulgemeinde auch in vermögensrechtlicher Beziehung, aber in dem Reklamationsverfahren tritt der Schulvorstand nicht als Vertreter der Schulgemeinde in der genannten Beziehung auf, sondern der Schulvorstand handhabt das Finanzhoheitsrecht der Schulgemeinde gemäß einer Delegation des Staats (vgl. Erk. v. 5. IV. 00 OVG. 37 43). Anders liegt der Fall, wenn der Kläger gegen zu Unrecht an den Schulvorstand früher gezahlte und dem Kläger im Verwaltungsstreitverfahren bereits rechtskräftig zugesprochene Schulsteuern aufrechnen will; dies darf er; denn der Zensit hat als Reklamationsklage auch die Klage auf Rückzahlung des Geleisteten gegen den Vorstand als Vertreter der Finanzhoheit des Schulverbandes.

Für die Heranziehung zu Schulsteuern ist es gleichgültig, ob Geldbeiträge oder Naturalien gefordert werden.

Eine bestimmte Form für die Beschwerde und den Einspruch (Reklamation) ist nicht vorgeschrieben. Jede Eingabe an die veranlagende Behörde, in der der Veranlagte seine Unzufriedenheit über die Veranlagung zu erkennen gibt und Ermäßigung auf ein bestimmtes Maß oder gänzliche Befreiung beantragt, genügt.

Der Klageantrag muß sich bestimmt ausdrücken, inwieweit die veranlagte Steuer herabgesetzt werden soll. Danach ändert das Gericht den mit Klage angegriffenen Beschluß der Veranlagungsbehörde in bestimmter Weise ab, wenn er nicht ganz aufgehoben (außer Kraft gesetzt) wird. Mit der Heranziehungsverfügung selbst braucht sich das Gericht nicht zu befassen, weil die Klage gegen den Beschluß geht und dieser bereits an die Stelle der Verfügung getreten war. Fälschlich pflegen die Verwaltungsgerichte dahin zu erkennen, daß unter Aufhebung des Beschlusses die Heranziehungsverfügung außer Kraft zu setzen oder dahin abzuändern sei, daß usw. Vielmehr ist dahin zu tenorieren, daß der Beschluß aufzuheben oder dahin abzuändern sei, daß usw.

Die Klagen aus § 46 Abs. 2 gegen den Beschluß und aus § 46 Abs. 3 (abstrakte Klage) können nicht miteinander verbunden werden, die erstere geht gegen den Schulvorstand, die zweite gegen den, auf den der Kläger eine Schullast abwälzen will (siehe weiter unten).

In der Reklamationsklage kann auch nicht der Antrag gestellt werden, daß über bestimmte Grundsätze der Heranziehung entschieden werde. Ist die Klage darauf gestützt, daß andere Pflichtige übergangen oder zu niedrig veranlagt sind, so ist das Fundament zu verwerfen. Die örtliche Zuständigkeit für eine Klage aus § 46 Abs. 2 würde sich zwar nach § 57 Ziff. 2 LVG. nach dem Amtssitze der beklagten Behörde zu bestimmen haben; aber mag es sich um die abstrakte Klage oder um die Reklamationsklage handeln, immer ist eine Angelegenheit in Frage, die sich auf Grundstücke, nämlich die Schule, bezieht, und deshalb ist nach § 57 Ziff. 1 das Gericht der belegenen Sache ausschließlich zuständig (vgl. S. 26, 27 dW., Erk. v. 16. III. 00

OVG. 37 206), selbst dann wenn die Schule außerhalb der Grenzen des Schulverbandes liegt.

Der § 46 Abs. 2 ist anders als der § 47 Abs. 2 gefaßt; schon daraus ergibt sich, daß (entsprechend den übrigen Reklamationsklagen) der Zensit seine Befreiung von der Abgabe schon erreicht, wenn er nachweist, daß er nach öffentlichem Rechte zur Abgabe nicht verpflichtet sei. Er braucht also den Dritten, der etwa statt seiner abgabenpflichtig ist, nicht mit zu belangen. Das Gesetz konnte auch die Angelegenheit nicht wie in § 56 Abs. 4 u. § 66 Abs. 3 ZustG. regeln, weil in letzterem Falle immer ein nach öffentlichem Rechte zur Wegereparatur oder Räumung Verpflichteter vorhanden ist oder sein muß, während bei der Klage aus § 46 Abs. 2 die Leistung auch niemand schuldig sein kann. In der Entsch. v. 14. IX. 89 (OVG. 18 169) wird angenommen und näher begründet (ebenso OVG. 25 174, 44 207), daß in Ausdehnung der Vorschriften in §§ 47 Abs. 4, 56 Abs. 6 und 66 Abs. 4 demjenigen Zensiten, der die Schulabgaben für einen andern geleistet hat, die Erstattungsklage im Verwaltungsstreitverfahren auch im Falle des § 46 zulässig sei. Diese Ansicht ist in ihrer Allgemeinheit unrichtig. Bei keiner anderen öffentlichen Abgabe, außer bei § 47, ist die Erstattungsklage im Verwaltungsstreitverfahren allgemein gegeben; der Ansicht des Oberverwaltungsgerichts ist um so weniger zuzustimmen, als die §§ 46 und 47 im Gesetze nebeneinander stehen und der Gesetzgeber sicher denselben Wortlaut gebraucht hätte, wenn er im § 46 überall dieselben Zuständigkeiten wie in § 47 hätte festsetzen wollen. Weder in Staatssteuersachen noch in Kommunalabgabensachen (ZustG. §§ 18, 34 usw.) darf im Verwaltungsstreitverfahren auf Erstattung irrtümlich geleisteter Abgaben gegen einen Drittverpflichteten geklagt werden. Hat der Zensit irrtümlich gezahlt, so ist nur der Verband bereichert, und dieser hat, sofern rechtzeitig reklamiert worden, zu erstatten. Eine Ausnahme ist nur dann zulässig, wenn für einen Beteiligten (§ 46 Abs. 3) eine bestimmte Leistung geschehen ist. Der Fall hinsichtlich einer öffentlich-rechtlichen Erstattungsklage gegen einen Dritten liegt anders, wie bei §§ 56, 66 ZustG.

Wer Schulabgaben aus einem privatrechtlichen Grunde für einen andern verlegt hat, kann aus der nützlichen Verwendung usw. vor dem Zivilrichter Klage erheben. Der Anspruch des Schulvorstandes auf Zahlung von Schulabgaben verjährt in vier Jahren (§ 8 G. v. 18. VI. 40); dieser kurzen Verjährung ist die Erstattungsklage nicht unterworfen. Der Begriff des öffentlichen Rechts in § 46 Abs. 1 und 3 ist übrigens kein anderer wie in Kommunalabgaben-, Räumungs- und Wegesachen.

Der § 46 findet auf solche Schulabgaben und Leistungen, die zu den Gemeindelasten gehören, keine Anwendung. Im übrigen vgl. Kunze-Kautz 1 875ff.

b) Streitigkeiten der Beteiligten gegeneinander nach § 46 Abs. 3 ZustG.

Nach § 46 Abs. 3 ZustG. unterliegen Streitigkeiten zwischen Beteiligten über ihre in dem öffentlichen Rechte begründeten Verpflichtungen zu Abgaben und Leistungen für öffentliche Volksschulen der Entscheidung im Verwaltungsstreitverfahren. Zuständig ist der Kreisausschuß und, sofern es sich um Stadtschulen handelt, der Bezirksausschuß. Die Rechtsmittel sind wie bei der Klage aus § 46 Abs. 2 geordnet. Eine Frist zur Einreichung der Klage ist nicht vorgeschrieben.

Die Klage ist eine Feststellungsklage (positive oder negative) zB. auf Anerkennung, daß nicht der Kläger, sondern der Beklagte abgabepflichtig sei. Sie ist zu behandeln wie die entsprechenden Klagen nach den §§ 56 Abs. 5 und 66 Abs. 3 ZustG. Die Erk. v. 24. V. 93 und 18. VI. 93 (OVG. 25 174 ff.) bringen die Rechtsgeschichte des § 46 ZustG.

Der Kläger muß auch hier ein rechtliches Interesse an der alsbaldigen Entscheidung haben (§ 256 ZPO). Klagt zB. jemand, der als abgabepflichtig in keiner Weise bisher in Betracht gekommen oder in Anspruch genommen worden ist, gegen einen Dritten mit der positiven Feststellungsklage, so wird sie wegen Mangels des rechtlichen Interesses abzuweisen sein (vgl. Erk. v. 20. III. 95 OVG. 28 207).

Das rechtliche Interesse ist ohne weiteres gegeben bei dem Kläger, der von dem Schulvorstande herangezogen worden ist. Wenn nicht der Beklagte, sondern der Kläger selbst zu den in der Klage behaupteten Abgaben verpflichtet ist, so empfiehlt es sich, daß er Widerklage erhebt, mit dem Antrage, zu erkennen, daß der Kläger zu der Abgabe verpflichtet sei.

Partei kann niemals der Schulvorstand sein; denn es handelt sich um eine Klage der Kontribuenten (zB. der Hausväter) untereinander; sie sind nach dem Gesetze „Beteiligte“, und es soll im Verwaltungsstreitverfahren entschieden werden, wer von ihnen die Schulabgaben an den Schulvorstand (den Schulverband) zu leisten habe (OVG. 25 274, Kunze-Kautz I 875 ff.). Die Beiladung des Schulvorstandes erscheint zweckmäßig, damit bei künftigen Reklamationsprozessen auch ihm gegenüber die Rechtskraft des Urteils entgegengesetzt werden kann. Ist der Schulvorstand nicht beigeladen worden und der Sieger im Verwaltungsstreitverfahren wird vom Schulvorstande entgegen der Entscheidung herangezogen, so ist der Verwaltungsrichter im Reklamationsprozesse an die Vorentscheidung nicht gebunden. Der Streit entscheidet nur inter partes.

Der Kläger muß behaupten und dartun, daß der Beklagte nach öffentlichem Rechte zu der Leistung verpflichtet sei. Nach der SchulO. v. 12. XII. 45 kommen die Gemeinden und die Gutsherren (OVG. 31 26), die Anwohner und die Grundherren (OVG. 4 192, 6 182, 8 166, 9 137) in Betracht.

Die abstrakte Klage aus § 46 Abs. 3 kann mit der Reklamationsklage aus § 46 Abs. 2 nicht verbunden werden (OVG. 33 232, Kunze-Kautz 1 877).

Zuständig ist der Kreisausschuß, in dessen Bezirke die Schule liegt. Ist eine Stadtschule in Frage, so entscheidet der Bezirksausschuß, gleichgültig, wer die Parteien sind. Der Stadtausschuß hat keine Zuständigkeit.

Die Entscheidung gibt keinen Zwangstitel.

Die jüdischen und christlich-jüdischen Schulverbände sind durch das G. v. 28. VII. 06 (§ 40) nicht in den politischen Gemeindeverbänden aufgegangen; deshalb greift der § 46 ZustG. für diese noch Platz. Die Juden sind berechtigt, öffentliche, auf jüdische Kinder beschränkte Schulen zu errichten. Diese Schulen gehören entweder jüdischen Schul- oder Synagogengemeinden.

c) Anordnung von Neu- und Reparaturbauten bei Volksschulen; Aufbringung der Baukosten; Verteilung derselben auf Gemeinden, Gutsbezirke, Schulverbände usw. (§ 47 ZustG.).

Das SchulUG. (§§ 13—17) enthält Vorschriften, wie die Mittel für Volksschulbauten innerhalb der Schulverbände bereitzustellen und aufzubringen sind. Die Mittel für kleinere bauliche Reparaturen sind auf jeden Haushaltungsplan zu setzen. Zur Deckung größerer Bauten werden Fonds aufgesammelt, der Staat leistet gemäß § 17 Zuschüsse, hinsichtlich deren der § 47 ZustG. nicht anwendbar ist. Ein Verwaltungsstreitverfahren entwickelt sich bei Ausführung der Vorschriften in §§ 13 ff. überhaupt nicht. Neben diesen Vorschriften bestehen diejenigen in § 47 ZustG. weiter und gelten also in dem bisherigen Umfange für die ganze Monarchie. Sie sind durchaus ähnlich den Bestimmungen in den §§ 56 u. 66 ZustG., und was über diese in den Abschnitten „Wasser- und Wegepolizei" gesagt ist, kann, soweit der § 47 nicht Abweichungen enthält, hier entsprechend auf Schulbauten Anwendung finden.

Die §§ 56, 66 behandeln Anordnungen der Wege- und Wasserpolizei. Die Polizei schreitet zu solchen Anordnungen, wenn der Verpflichtete die ihm obliegende Wegebesserung oder Räumung nicht freiwillig ausführt, oder die dazu erforderlichen Kosten nicht freiwillig aufbringt. Die §§ 56, 66 enthalten sich aber eines Zusatzes in dieser Hinsicht, weil er selbstverständlich wäre. Der § 47 bringt den Vermerk „sofern Streit entsteht". Er ist entbehrlich; denn wie die Wege- und Wasserpolizei keine Anordnung im Sinne der §§ 56, 66 erlassen wird und erlassen soll, wenn die Wegebesserung oder Räumung ohne Anordnung der Polizei ausgeführt wird, oder die Kosten freiwillig verteilt und getragen werden, so wird die Schulaufsichtsbehörde (Regierung, Abt. für

Kirchen- und Schulwesen) nicht einschreiten, wenn „kein Streit besteht", d. h. wenn der Bau freiwillig von dem einen oder von den mehreren Verpflichteten ausgeführt, die Kosten freiwillig übernommen werden. Ebenso wie der Räumungspflichtige auf Aufhebung eines Räumungsbeschlusses mit Erfolg klagen kann, wenn er der gesetzlichen Pflicht genügt hat, so hat auch eine Klage aus § 47 Abs. 2 gegen die Schulaufsichtsbehörde Erfolg, wenn zu einem Beschlusse aus § 47 Abs. 1 keine Veranlassung vorgelegen hat, der Bau vor Erlaß des Beschlusses ausgeführt, die Kosten übernommen waren. Dies hat das Oberverwaltungsgericht in den Erk. v. 21. I. 91 u. v. 30. VI. 99 (OVG. 20 197 u. 36 218) gleichfalls angenommen. Die Worte „sofern Streit entsteht" bedeuten danach nur „sofern berechtigter Anlaß zu der Anordnung vorliegt".

Die Anordnung der Schulaufsichtsbehörde, mag sie im Verwaltungsstreitverfahren aufrecht erhalten oder gar nicht angegriffen worden sein, wird zwar dadurch im uneigentlichen Sinne rechtskräftig (vgl. S. 115 ff., Tit. „Rechtskraft des Urteils"). Die Schulaufsichtsbehörde braucht sie aber nicht zur Vollstreckung zu bringen, sie kann sie zurücknehmen und an ihre Stelle eine andere setzen, die dann wieder mit Klage anfechtbar ist.

Wie in dem Falle der §§ 56, 66 betrifft auch eine Entschließung aus § 47 immer einen bestimmten Baufall, niemals die abstrakte Verbindlichkeit. Die Schulaufsichtsbehörde hat darüber zu befinden, wer den bestimmten Bau auszuführen hat, wie er auszuführen, wer, falls er ausgeführt ist, die Kosten zu tragen oder wie die Kosten unter mehreren Verpflichteten zu verteilen sind (Oberverteilung).

Ist der Bau noch nicht notwendig, aber bevorstehend, so kann die Schulaufsichtsbehörde eine Anordnung erlassen, daß bis zur Bauausführung von den Pflichtigen die Mittel nach und nach angesammelt werden (Erk. v. 8. X. 97 OVG 32 192; MinErl. v. 18. VII. 84 ZentBl. der UntVerw. 236). Diese Anordnung kann namentlich dann erforderlich werden, wenn mehrere Pflichtige vorhanden sind oder die Befolgung der Vorschriften in den §§ 13 ff. SchulUG. den Bau nicht sichert. In den bürgerlichen Gemeinden werden nach § 7 SchulUG. alle Schullasten, einschließlich der von der Gemeinde zu tragenden Schulbaukosten, als Gemeindelast aufgebracht und zwar unter den Zensiten nach den Bestimmungen des KommAbgG. v. 14. VII. 93. Bei Heranziehung eines Zensiten zu den Gemeindelasten kann dieser nicht den Anspruch erheben, daß vorab die Schulaufsichtsbehörde gemäß § 47 ZustG. eine Anordnung trifft und bestimmt, ob und was er zu den Schulbaukosten von den im ganzen verteilten Gemeindeabgaben beizutragen habe; denn der § 47 bezieht sich auf die Pflicht der Zensiten, eine innerhalb der Gemeinde verteilte Gemeindelast zu tragen, nicht (Unterverteilung). Dagegen ist § 47 anwendbar, wenn bei Gesamtschulverbänden gemäß § 54 SchulUG. der Verbandsvorsteher die Leistungen für den Verband auf die Gemeinden, Gutsbezirke und Dritte verteilt (Oberverteilung). Befinden sich unter den Leistungen auch solche für Schulbauten und wird die Verpflichtung bestritten, so ist eine Anordnung der Schulaufsichtsbehörde nach § 47 am Platze. Die Entsch. v. 1. VI. 00 (OVG. 38 185) hat ihre Bedeutung noch nicht verloren.

Über den Begriff und Umfang der Schulbaulast siehe Kunze-Kautz 1 583ff., 644ff., 894ff., von Brauchitsch Anm. 24ff. zu § 47 ZustG., Friedrichs, ZustG. Anm. zu § 47. Der nach § 47 zu fassende Beschluß geht in Berlin von dem Provinzialschulkollegium aus.

Die Klage gegen den Beschluß findet innerhalb zweier Wochen bei dem Kreisausschusse und, sofern Stadtschulen in Betracht kommen, bei dem Bezirksausschusse statt. Die Klage ist, soweit der in Anspruch Genommene zu der ihm angesonnenen Leistung aus Gründen des öffentlichen Rechts statt seiner einen anderen für verpflichtet erachtet, zugleich gegen diesen zu richten. Die Rechtsmittel sind Berufung und Revision, bzw. Berufung gegen die erstinstanzliche Entscheidung des Bezirksausschusses. Die Vorschriften in § 47 weichen insofern von denjenigen in §§ 56 u. 66 ZustG. ab, als nach letzteren gegen die Anordnungen der Wege- und Wasserpolizeibehörde zunächst bei dieser binnen zwei Wochen Einspruch zu erheben und die Verwaltungsklage erst gegen den Einspruchsbescheid zu richten ist. Sollte bei der Schulaufsichtsbehörde Einspruch erhoben worden sein, so läuft der Einsprechende Gefahr, die Klagefrist zu verlieren; denn die Klage ist bei dem Gerichte anzubringen. Die Vorschriften in § 56 Abs. 2 u. 3 gelten hier nicht. Hat sich aber die Schulaufsichtsbehörde auf Grund des Einspruchs, der dann als Gegenvorstellung zu behandeln wäre, von neuem schlüssig gemacht und einen neuen Beschluß gefaßt, so ist dagegen die Klage von neuem gegeben. Es gilt hier dasselbe, was über die Gegenvorstellung bei polizeilichen Verfügungen oben S. 179f. gesagt ist.

Die Klage richtet sich unter allen Umständen gegen die Schulaufsichtsbehörde. Ob sie allein verklagt wird oder mit ihr ein anderer, richtet sich danach, worauf der Kläger seine Klage stützt. Da der Verwaltungsrichter auch die Notwendigkeit und Angemessenheit der Anforderung frei zu prüfen hat, so kann die Klage behaupten, daß die Anforderung nicht notwendig und nicht angemessen, daß sie von einer unzuständigen Behörde ausgegangen, daß sie entgegen gesetzlichen Vorschriften zu viel fordere, daß sie die Kräfte des Herangezogenen übersteige (Kunze-Kautz 1 907, 909, 910ff.), kurz, daß sie überhaupt rechtswidrig sei. Wird die Klage aber darauf gegründet, daß die Anforderung nicht von dem Kläger, sondern von einem andern zu erfüllen sei, so muß der andere zugleich mit verklagt werden (die Beiladung genügt nicht), widrigenfalls dieser Einwand in diesem Verwaltungsstreitverfahren verloren geht und dem Kläger nur die Klage auf Erstattung des Geleisteten

(§ 47 Abs. 4) bleibt. Über die prozessuale Stellung der beiden notwendigen Streitgenossen in der Stellung als Beklagte siehe oben S. 57 ff., 204 ff., 238 f. Der Mitbeklagte hat gegen die Klage selbständig alle obigen Einwendungen, die der Kläger gegen die Anforderung dahin zu machen hat, daß sie rechtswidrig und von niemanden zu erfüllen sei.

Im Falle der Verurteilung des mitbeklagten Dritten kann er sowohl wie die Schulaufsichtsbehörde Berufung einlegen. Legt er nur Berufung ein, so ist die Schulaufsichtsbehörde in der Berufungsinstanz als Partei zu beteiligen, ebenso in der Revisionsinstanz. Ist der Kläger mit der Klage abgewiesen, so steht es bei ihm, ob er die Berufung gegen beide Beklagte oder nur gegen die Schulaufsichtsbehörde einlegen will; im letzteren Falle ist die Behauptung, daß der Drittbeklagte haftbar sei, als fallengelassen anzusehen, und die Berufung kann sich nur auf die anderweitige Rechtswidrigkeit des Beschlusses oder Leistungsunfähigkeit des Klägers stützen.

Wenn sich der Verwaltungsrichter auch hier bei seiner Prüfung an die Stelle der Schulaufsichtsbehörde rücksichtlich des in der Anordnung Geforderten zu stellen befugt ist, so muß er doch andere Beschlüsse der Schulaufsichtsbehörde, die nicht auf Grund des § 47 gefaßt sind, sondern die Grundlage für solche Beschlüsse bilden, als für sich bindend anerkennen, indem sie der Kontrolle des Verwaltungsrichters nicht unterliegen. Hat z. B. die Schulaufsichtsbehörde darüber befunden, was sie nach § 18 RegInstr. darf, daß ein Schulbezirk zu teilen, daß in einem Schulbezirke die Errichtung einer neuen Schule erfolgen soll (Kunze-Kautz 1 903), so muß, wenn sich durch die Anordnung ein Neubau notwendig macht, der Verwaltungsrichter die Entschließung der Schulaufsichtsbehörde als Grundlage für seine Beurteilung anerkennen und darf sich nur fragen, ob danach ein Neubau notwendig sei, in welcher Weise er zu erfolgen habe usw.

Bei letzterer Prüfung hat er das ganze Projekt zu beurteilen, die Höhe der Baukosten, die Lage des Bauplatzes, die zu verwendenden Materialien, die Größe der Schulräume und der Dienstwohnungen und, falls bestritten, die Leistungsfähigkeit des Verbandes.

Der § 47 Abs. 4 bestimmt, wie die §§ 56 u. 66, daß das Verwaltungsgericht zur Vervollständigung der Klage eine angemessene Nachfrist gewähren könne. Aber die Klage selbst muß fristgerecht eingelegt worden sein. Um die Frist zu wahren, muß der Kläger Gründe angeben, weshalb er eine Nachfrist zur Vervollständigung braucht. Meist wird die Nachfrist erbeten werden, weil die Ermittelungen nach dem Rechtssubjekt, gegen das die Klage mit zu richten ist, und das für den Kläger bei der Aufbringung oder Verteilung der Kosten substituiert werden soll, nicht beendet sind. Obwohl nach § 63 LVG. in der Klage die Person des Beklagten genau bezeichnet werden soll, so lassen die Verwaltungsgerichte Klagen gegen den Drittverpflichteten auch zu, wenn in der Klageschrift die Benennung der Beklagten für die Nachschrift vorbehalten ist und in derselben dann wirklich erfolgt. Aus der Klage muß sich aber ergeben, daß die Klage gegen den noch zu ermittelnden Dritten mit gerichtet wird (vgl. S. 70). Ist die Frist vergeblich abgelaufen oder hat es der Kläger überhaupt versäumt, den Dritten mit zu belangen, so bleibt ihm immer noch die fristlose Klage gegen den Dritten auf Erstattung oder Befreiung von der Anforderung.

Ist der Anforderung der Schulaufsichtsbehörde während des Streitverfahrens genügt worden, so verwandelt sich die Klage auf Substituierung des Dritten (Abs. 2) in eine Erstattungsklage.

Wegen der Verbindung der verschiedenen Klagen aus § 47 sind die gleichen Verhältnisse aus den §§ 56, 66 heranzuziehen.

d) Baustreitigkeiten der Beteiligten untereinander (§ 47 Abs. 3 ZustG.).

Nach § 47 Abs. 3 unterliegen Streitigkeiten der Beteiligten (siehe den gleichen Abschnitt unter „Wasser- und Wegepolizei" und über den Begriff „Beteiligte" die Erk. v. 24. V. 93 u. 18. XI. 93 — OVG. 25 174) darüber, wem von ihnen die öffentlich-rechtliche Verbindlichkeit zum Bau und zur Unterhaltung einer öffentlichen Volksschule obliegt, der Entscheidung im Verwaltungsstreitverfahren. Für die Klage ist keine Frist bestimmt. Zuständig ist der Kreisausschuß (mit nachfolgender Berufung und Revision) und bei Stadtschulen der Bezirksausschuß (mit nachfolgender Berufung an das Oberverwaltungsgericht), und zwar dasjenige Gericht, in dessen Bezirk die Schule liegt (§ 57 Abs. 2 zu 1 LVG.).

Die Klage betrifft die abstrakte öffentlich-rechtliche Verbindlichkeit. Mit ihr kann nicht eine Feststellung erreicht werden, was zu leisten ist. Dies wird bei jedem Baufalle von der Schulaufsichtsbehörde bestimmt, und darüber kann gemäß § 47 Abs. 2 zwischen ihr und dem Herangezogenen gestritten werden.

Die Klage ist eine reine Feststellungsklage (vgl. S. 71f.), sie findet nur unter den Beteiligten statt, negativ oder positiv. Nach den Klage- oder Widerklageanträgen soll eine der Parteien als Verpflichteter anerkannt werden. Die Klage unterscheidet sich von der nach § 46 Abs. 3 zulässigen dadurch, daß bei letzterer nur solche abstrakte Verbindlichkeiten in Betracht kommen, die ein Kontribuent bei der Unterverteilung einer Schullast im gegebenen Falle auf Anfordern des Schulvorstandes gegenüber der Schulgemeinde zu erfüllen haben würde, während bei einer Klage aus § 47 Abs. 3 eine Entscheidung herbeigeführt werden soll, wer als selbständiger Träger der allgemeinen Schulbaulast in Betracht kommt und wer von den Parteien diejenige Last zu tragen hätte, die im Einzelfalle, d. h. in einem bestimmten Baufalle, die Schulaufsichtsbehörde bei der

Oberverteilung den selbständigen Trägern der Schulbaulast, den Gemeinden, Gutsbezirken, Schulverbänden oder Dritten auferlegen kann.

Das rechtliche Interesse muß natürlich wie bei der Klage nach den §§ 56, 66 auch hier vorliegen (§ 256 ZPO.; Kunze-Kautz 1 919). Parteien sind die Gemeinden, Gutsbezirke, Schulverbände, Kirchengemeinden, Patrone, solche Dritte, denen die abstrakte Baupflicht obliegen kann. Die Entscheidung wirkt nur unter den Parteien. Damit nicht widersprechende Entscheidungen fallen, empfiehlt es sich, die Schulaufsichtsbehörde beizuladen. Die Entscheidung ist dann auch gegen sie gültig.

Im übrigen siehe Kunze-Kautz 1 916 ff. und ErgBde.

e) Zwangsetatisierung (§ 48 ZustG.).

Unterläßt oder verweigert ein Schulverband (Schulgemeinde, Schulsozietät, Schulkommune) bei öffentlichen Volksschulen in anderen als den im § 47 Abs. 1 (Neu- und Reparaturbauten) bezeichneten Fällen die ihm nach öffentlichem Rechte obliegenden, von der Behörde innerhalb der Grenzen ihrer Zuständigkeit festgestellten Leistungen auf den Haushaltsetat zu bringen oder außerordentlich zu genehmigen bzw. zu erfüllen, so verfügt der Landrat, bei Stadtschulen der Regierungspräsident, die Eintragung in den Etat oder die Feststellung der außerordentlichen Ausgabe. Gegen die Verfügung des Landrats steht dem Schulverbande die Klage bei dem Bezirksausschusse, gegen die Verfügung des Regierungspräsidenten die Klage bei dem Oberverwaltungsgerichte zu. Die Klagefrist beträgt zwei Wochen.

Die Klage ist, soweit der Kläger zu der ihm von der verfügenden Behörde angesonnenen Leistung aus Gründen des öffentlichen Rechts statt seiner einen anderen für verpflichtet erachtet, zugleich gegen diesen zu richten (§ 48). Das Verwaltungsgericht kann zur Vervollständigung der Klage eine angemessene Nachfrist gewähren. Wird die Klage gegen den Dritten nicht mit erhoben, so bleibt der Anspruch auf Erstattung des Geleisteten, der im Verwaltungsstreitverfahren zu verfolgen ist (§ 47 Abs. 4). Über den Begriff Schulverband vgl. OVG. 45 231.

Was über die Zwangsetatisierung gegen Provinzial- und andere Verbände ausgeführt ist, gilt im allgemeinen auch hier. Die Leistungen, von denen der § 48 handelt, beziehen sich nicht auf Neu- und Reparaturbauten, ebensowenig auf Aufbringung und Verteilung von Baukosten (§ 47 Abs. 1); es liegt kein Bedürfnis zur Zwangsetatisierung dieser Kosten vor; denn die Anordnungen nach § 47 können direkt zwangsweise durchgesetzt werden.

Nach der RegInstr. v. 23. X. 17 und den sie ergänzenden Vorschriften ist die Regierung als Schulaufsichtsbehörde u. a. zuständig für: die Besetzung bzw. Bestätigung der Lehrerstellen, die Direktion und Aufsicht über die öffentlichen Schulen, die Aufsicht und Verwaltung des gesamten Elementarschulwesens, die Regulierung des Schulgeldes, die Oberaufsicht über die Verwaltung des Schulvermögens, die Einrichtung von Schulsozietäten und ihre Verteilung, wo Lokalumstände es nötig machen usw. Die Regierung hat mithin solche Anordnungen zu treffen, die im Interesse der öffentlichen Volksschulen ihr erforderlich erscheinen; sie kann Schulbezirke teilen oder zusammenlegen, die Lehrkräfte vermehren, die bestehenden Schulen erweitern, zB. statt einer einklassigen eine mehrklassige Schule einrichten, und bestimmen, daß für gewisse Ortsteile neue Schulen errichtet werden sollen usw. Werden Anordnungen in diesem Sinne erlassen, so sind sie trotz Einführung der Verwaltungsrechtsprechung vom Verwaltungsrichter als bestehend anzuerkennen und nicht auf ihre Zweckmäßigkeit oder Notwendigkeit hin nachzuprüfen (vgl. § 49 Abs. 2 u. 3 ZustG.). Das Gesetz, betr. die Feststellung von Anforderungen für Volksschulen, v. 26. V. 87 hat die Befugnisse der Regierung zum Teil auf die Beschlußbehörden (Kreis- und Bezirksausschuß, Provinzialrat) übertragen. Auf Schulbausachen bezieht sich das Gesetz aber nicht.

Die Rechtslage ist nun folgende: Handelt es sich um „neue oder erhöhte" Leistungen der Schulgemeinden (oder Dritter), so hat der Kreisausschuß, bei Stadtschulen der Bezirksausschuß (§ 2 G. v. 26. V. 87) mit Rücksicht auf das Bedürfnis der Schule und die Leistungsfähigkeit des Verpflichteten beim Mangel des Einverständnisses der Beteiligten die Anforderung, aber nur soweit solche gesetzlich von einer Verwaltungsbehörde nach ihrem Ermessen bestimmt werden darf, festzustellen. Von der Zuständigkeit der Beschlußbehörde sind demnach von vornherein alle Leistungen ausgeschlossen, die durch eine positive, objektive Norm nicht nur bezüglich des Umfanges, sondern auch des Eintritts der Verpflichtung fest bestimmt sind, dergestalt, daß für das behördliche Ermessen, das immer die Voraussetzung der Anwendbarkeit des § 2 G. v. 26. V. 87 ist, kein Raum bleibt. Das letztere Gesetz will nur solche Leistungen treffen, bei welchen zwar eine abstrakte Verpflichtung gesetzlich besteht, aber die Behörde das Erforderliche anordnen darf und anordnet.

Eine solche abstrakte Norm besteht zB. dahin, daß die Schulgemeinde alles im Schulinteresse Erforderliche aufzubringen hat. Auf Grund solcher Norm bestimmt dann die Behörde, was und wie zu leisten ist. Werden die bisherigen Leistungen einer Schulgemeinde überschritten, so gelten die Leistungen als „neu und erhöht". Das „Neue" und „Mehr", das über das bisherige Maß hinausgeht, bestimmt die Beschlußbehörde. Ähnliche Anordnungen, wie sie die Schulaufsichtsbehörde allgemein zu treffen hat, gibt es auch bei anderen öffentlich-rechtlichen Verhältnissen. So geben einzelne Gesetze dem Räumungspflichtigen nur allgemein auf, einen Flußlauf zu räumen oder ihn zu unterhalten. Wird diese Räumungspflicht gesetzlich nicht weiter bestimmt und geregelt, so bestimmt die Wasserpolizeibehörde das „Was“ und „Wie“. In Wegesachen verordnen die Gesetze ebenfalls meist nur, daß der Wegeunterhaltungspflichtige die Wege dem Verkehrsbedürfnisse entsprechend zu unterhalten habe. Die Wegepolizei ordnet dann an, was dazu gehört und wie es zu leisten ist. In den beiden genannten Fällen unterliegt allerdings die Anordnung nach den §§ 66 u. 56 ZustG. der Kritik des Verwaltungsrichters auch nach der Seite des Angemessenen und Notwendigen. Diesen Weg hat das G. v. 26. V. 87 nicht eingeschlagen; von der Verwaltungsbeschlußbehörde werden die Leistungen (also was und wie geleistet werden soll und wer zu leisten hat) festgestellt, und wenn es sich um „neue oder erhöhte“ Leistungen handelt, stellt sie der Kreis- oder Bezirksausschuß statt der Regierung fest. In dem Falle des Erk. v. 6. I. 92 (OVG. 22 147) entschied das Oberverwaltungsgericht hinsichtlich der Voraussetzungen der Anwendbarkeit des G. v. 26. V. 87: „Für die Schulverbände besteht die abstrakte Pflicht, bei Behinderung des Lehrers, soweit das Schulbedürfnis beides erfordert, einen Stellvertreter anzunehmen und angemessen zu remunerieren. Aber ob und wie lange ein solches Bedürfnis obwaltet, ob und welche Remuneration dem Vertreter zu gewähren, ist durch keine positive Vorschrift entschieden, vielmehr durch behördliches Ermessen zu bestimmen und zwar für den Einzelfall.“

Zu beachten ist, daß auf die Beschlußbehörden durch das G. v. 26. V. 87 keine weitergehenden Zuständigkeiten übergegangen sind, als die Schulaufsichtsbehörde selbst früher besessen hat. Gegenüber der Zwangsetatisierung wirken die Beschlüsse beider Behörden gleich.

Unterläßt nun oder verweigert ein Schulverband, die von der Schulaufsichtsbehörde oder dem Kreis- oder Bezirksausschusse zuständigerweise festgestellte Leistung zu genehmigen oder zu erfüllen, so verfügt der Landrat (bei Stadtschulen der Regierungspräsident) die Eintragung in den Etat oder die Feststellung der außerordentlichen Ausgabe, und dagegen ist die Klage zulässig.

Der Beschluß der Schulaufsichtsbehörde und des Kreisausschusses hat sich im Falle des Streites auch mit der Frage zu befassen, wer zu leisten hat. Glaubt der Herangezogene, daß ein Dritter zu der Leistung verpflichtet sei, so muß der Dritte in der Klage gegen die Zwangsetatisierung als Beklagter mit belangt werden, widrigenfalls der Einwand hinfällig ist und dem Kläger nur die Erstattungsklage bleibt. Es ist dies eine Abweichung von den sonst für die Anfechtung von Zwangsetatisierungen geltenden Vorschriften.

Der Verwaltungsrichter hat, wenn die Klage gegen den Dritten nicht mit gerichtet ist, nur zu prüfen, ob die Feststellung im übrigen gesetzmäßig, besonders zuständigerweise erfolgt ist (Erk. v. 4. u. 18. V. 92 — OVG. 23 117 u. 125).

Was die Zuständigkeit der Beschlußbehörden anlangt (vgl. OVG.

24 134, 27 137 u. 141), so ist zu beachten, daß die Feststellung der Beschlußbehörden auf die Feststellung konkreter Leistungen beschränkt ist; sie dürfen nicht abstrakte Normen, nach denen andere, als die bereits geforderten Leistungen in Zukunft festzustellen sind, erlassen (OVG. 27 141, 24 134). So ist es unzulässig, allgemein zu bestimmen, daß den Lehrern bei künftigen Einkommensfestsetzungen stets die auswärts verbrachte Dienstzeit anzurechnen sei.

Während die Beschwerden gegen die Feststellungen der Regierung an den Minister gehen, ist gegen die Beschlüsse des Kreisausschusses (bei Stadtschulen des Bezirksausschusses) die Beschwerde an den Provinzialrat zulässig. Die Beschlüsse des Provinzialrats können mit der Klage aus § 126 LVG. angefochten werden. Gegen Beschlüsse des Kreis- oder Bezirksausschusses ist diese Klage nicht gegeben.

Das Rechtsmittel der Klage gegen den Dritten gemäß § 48 Abs. 2 ZustG. ist nach den Vorgängen bei §§ 56 u. 66 (Wege- und Wasserpolizei) nicht richtig konstruiert. Wird (§ 66) bei einer Räumungsverfügung der Dritte mit beklagt, so steht dem Beklagten der Einwand zu, daß die Anordnung zweckwidrig, nicht notwendig, er leistungsunfähig sei. Diese Einwendungen sind dem aus § 48 Mitbeklagten versagt. Während derjenige, gegen den der Kreisausschuß eine Leistung feststellt, in der Beschwerdeinstanz beim Provinzialrate die Zweckwidrigkeit und seine Leistungsunfähigkeit einwenden kann, darf dies der Dritte im Verwaltungsstreitverfahren gegen die Zwangsetatisierungsverfügung nicht mehr. Das ZustG. (§ 48) hätte überhaupt die sinngemäße Anwendung des § 47 Abs. 2 Satz 2 u. Abs. 4 nicht festsetzen, nur dem Herangezogenen die Klage auf Ersatz des Geleisteten geben sollen. Auch gegen die jetzt zugelassene Ersatzklage kann der Einwand, daß die Leistung unzweckmäßig usw. sei, nicht mit Erfolg erhoben werden. Auf diese Weise wird der Dritte der Einwendungen beraubt, die der zuerst Herangezogene wenigstens im Beschwerdeverfahren anbringen konnte.

Die Schulaufsichtsbehörden haben für gewisse Verhältnisse, zB. für die Berechnung des Schulbrennholzbedarfes, Normativbestimmungen zu erlassen. Diese Normativbestimmungen können den Selbstverwaltungskörpern zum Anhalte dienen, sie binden die letzteren nicht. Die Selbstverwaltungskörper befinden selbständig, ob und wie weit sie sich den Bestimmungen anschließen wollen (Erk. v. 18. VI. 97 OVG. 33 232). Eine Analogie findet sich in Schankkonzessionssachen. Die Konzessionsbehörde (Kreis- oder Stadtausschuß) hat zu prüfen, ob die betreffenden Räume in baulicher und gesundheitlicher Beziehung ausreichen. In dieser Prüfung sind sie frei, obwohl die Ministerialinstanz (MinErl. v. 26. VIII. 86 u. v. 1. III. 90 — MBl. 182 u. 51) eine nähere Anleitung für die Beurteilung gegeben hat. Anders bei der Konzessionierung von Privatkrankenanstalten (§ 30 Abs. 1 GewO.). Hier schreibt das ZustG. (§ 115) ausdrücklich vor, daß die von den Medizinalbehörden innerhalb ihrer gesetzlichen Zuständigkeit getroffenen allgemeinen Anordnungen über die gesundheitspolizeilichen Anforderungen maßgebend sind.

Was die Zustellung der Zwangsetatisierungsverfügung anlangt, so ist zu beachten, daß die Zustellung an eine juristische Person stattzufinden hat, und für diese eine physische Person, die jene vertritt, die Empfängerin ist. Bei Behörden, Gemeinden und Korporationen genügt die Zustellung an den Vorsteher und bei mehreren Vorstehern nach § 171 ZPO. an einen derselben (MBl. 92 133, 84 37 u. 41). Die Vertretung einer Schulgemeinde nach außen steht dem Schulvorstande zu (vgl. §§ 46 ff. SchulUG.).

Im übrigen siehe die Zwangsetatisierungen bei den Kommunalverbänden (§§ 19, 35 usw. ZustG.).

Auf solche Schulen, die die politischen Gemeinden zu unterhalten haben, bezieht sich § 48 ZustG. nicht. Der Paragraph gilt noch in Westpreußen und Posen im bisherigen Umfange.

Der § 54 SchulUG. bestimmt ferner:

> Der § 48 ZustG. findet auf Gesamtschulverbände Anwendung. Sofern eine Stadt beteiligt ist, ist nach den für Stadtschulen geltenden Vorschriften zu verfahren.

Die Vollstreckung der Zwangsetatisierungsverfügung steht dem Landrate bzw. dem Regierungspräsidenten zu, nicht der Schulaufsichtsbehörde (MinErl. v. 13. II. 89 ZentBl. 428), auch wenn Klage erhoben und diese abgewiesen ist. Hat die Klage Erfolg gehabt, so ist der § 60 LVG. maßgebend, d. h. der Vorsitzende des Gerichts hat die Aufgabe, dafür zu sorgen, daß die Feststellungsverfügung keine Wirkung hat.

Dritter Titel.

Das Gesetz, betreffend die Unterhaltung der öffentlichen Volksschulen, v. 28. VII. 06. (GS. 335.)

a) Auseinandersetzung zwischen Schulverbänden (§§ 4, 24).

Das SchulUG. v. 28. VII. 06, das am 1. IV. 08 in Kraft getreten ist und auf die Provinzen Westpreußen und Posen keine Anwendung findet (§ 70), stellt als Grundsatz auf, daß Träger der Schullast nunmehr die bürgerlichen Gemeinden, Gutsbezirke und Gesamtschulverbände sind (Kommunalprinzip). In den Gemeinden werden die Schullasten als Gemeindelast aufgebracht, in den Gutsbezirken vom Gutsbesitzer getragen (Schulverbände). Bei geteiltem Besitze im Gutsbezirke können die andern Besitzer durch ein Statut zu den Schullasten herangezogen werden (§ 8). In den Gesamtschulverbänden erfolgt die Verteilung der Schullasten auf die den Verband bildenden Kommunalverbände nach Maßgabe des § 9. Gutsbezirke als Träger der Schullasten und Gesamtschulverbände haben die Rechte der Körperschaften des öffentlichen Rechts (von Bremen, Das SchulUG. 14ff.). Jede Stadt (vgl. § 16 KommunalbeamtenG. v. 30. VII. 99) bildet in der Regel einen eigenen Schulverband. Stadtgemeinden mit mehr als 25 Schulstellen können mit anderen Schulverbänden nur unter Zustimmung aller Beteiligten zu einem Gesamtschulverbande vereinigt werden (§ 2). Ganze Kreise zu einem Gesamtschulverbande zu vereinigen, ist nicht angängig (PrVBl. 28 609).

Vom 1. IV. 08 ab hatten die neuen Träger der Schullast die Pflichten bereits zu übernehmen gehabt, bis dahin mußten sie gebildet sein (§ 71). Die Schulsozietäten hörten damit ipso jure auf, Träger der Schullast zu sein, ebenso die mit eigener Persönlichkeit ausgerüsteten Schulen. Die neuen Verbände treten gewissermaßen als Erben (§ 1922 BGB.), als Universalsukzessoren, an ihre Stelle (§ 24). Bei dem Übergange der Schullast auf die neuen Träger sind die in den AusfBest. v. 25. II. 07 u. von von Brauchitsch 7 129 erwähnten Fälle zu unterscheiden (vgl. von Tzschoppe, PrVBl. 28 609). Die jüdischen und christlich-jüdischen Schulverbände (§ 40) und die aus national-politischen Rücksichten staatsseitig errichteten Schulen (§ 69) fallen nicht unter § 24.

Bei dem Übergange des Eigentums der alten Verbände auf die neuen Träger der Schullast gehen Aktiva und Passiva über, der Gläubiger kann sich nur an den neuen Träger halten. Die Grundstücke brauchen nicht aufgelassen zu werden (§§ 925, 926 BGB.).

Hat sich der Bezirk der aufgehobenen Schulsozietät über den Bereich mehrerer neuer Schulverbände erstreckt, so treten diese Verbände zusammen als Rechtsnachfolger auf. Es findet zwischen ihnen eine Auseinandersetzung statt. Darüber beschließt zunächst die Schulaufsichtsbehörde (vgl. § 130 LGemO. v. 3. VII. 91). Gegen den Beschluß kann jeder beteiligte Schulverband gegen den anderen innerhalb zweier Wochen die Klage beim Bezirksausschusse (mit Berufung an das Oberverwaltungsgericht) erheben (§ 4). Die Klage ist beim Gerichte einzulegen. Die Frist darf nicht verlängert werden, doch kann das Gericht zur Vervollständigung der Klage eine Nachfrist gewähren. Die Schulaufsichtsbehörde ist nicht Partei, ist auch nicht beizuladen. Hierbei handelt es sich um eine reine Auseinandersetzung (§§ 752ff. BGB.). Eine Ausgleichung der öffentlichen Interessen erfolgt nicht. Juristische Schwierigkeiten bietet das Verfahren nicht.

Über die Bildung, Änderung und Auflösung der Gesamtschulverbände beschließt bei Zustimmung der beteiligten Gemeinden und Gutsbezirke nach Anhörung des Kreisausschusses, sofern eine Stadt beteiligt ist, des Bezirksausschusses, die Schulaufsichtsbehörde. Bei

Widerspruch der Beteiligten kann auf Antrag der Schulaufsichtsbehörde die Zustimmung durch Beschluß des Kreisausschusses, sofern eine Stadt beteiligt ist, des Bezirksausschusses, ergänzt werden (dagegen Beschwerde an den Provinzialrat, § 3). Über die Vermögensauseinandersetzung, die infolge der Bildung, Änderung oder Auflösung der Schulverbände notwendig wird, beschließt ebenfalls die Schulaufsichtsbehörde. Gegen ihren Beschluß steht den Beteiligten gegeneinander die auch im § 24 vorgesehene Klage binnen zwei Wochen beim Bezirksausschusse zu (§ 4).

Da das SchulUG. auf die Provinzen Westpreußen und Posen keine Anwendung findet und anderweitige Vorschriften über die Zulassung des Verwaltungsstreitverfahrens bei Auseinandersetzungen infolge von Veränderungen an Schulsozietäten dort nicht bestehen, so gibt es für diese Provinzen überhaupt kein solches Verwaltungsstreitverfahren. Die Schulaufsichtsbehörde wird daher eine Teilung usw. von Schulverbänden möglichst nur dann anordnen, wenn die Verbände über die Auseinandersetzung vorher einig sind. Der ordentliche Rechtsweg erscheint nicht ausgeschlossen.

Die Vorschrift in § 4 (§ 24) weicht von den Bestimmungen bei Abänderungen von Grenzen der Kommunalbezirke erheblich ab (von Bremen a. a. O. Anm. zu § 4).

In neuerer Zeit (vgl. § 3 LGemO. v. 3. VII. 91, § 3 LGemO. für Schleswig-Holstein v. 4. VII. 92, § 3 für Hessen-Nassau v. 4. VIII. 97, § 3 für Hohenzollern v. 2. VII. 00) erfolgt die Auseinandersetzung bei Änderung der Grenzen von Gemeinden auf erweiterter Grundlage. Die LGemO. v. 3. VII. 91 § 3 spricht direkt von der „Ausgleichung der öffentlich-rechtlichen Interessen". Insbesondere können einzelne Beteiligte im Verhältnisse zu anderen, die bereits vor der Vereinigung für sich allein Fürsorge für gewisse kommunale Zwecke getroffen haben, oder die vorwiegend Lasten in die Gemeinschaft einbringen, zu Vorausleistungen verpflichtet werden. Auch eintretende Erleichterungen dürfen Berücksichtigung finden. Der für die Veränderung der Grenzen von Zweckverbänden geltende § 130 spricht ebenfalls von der Ausgleichung der öffentlichen Interessen und von Vorausleistungen. Nach dem SchulUG. soll nur „eine Auseinandersetzung" des Aktiv- und Passivvermögens stattfinden; danach sind die Bestimmungen der LGemO. für die Auslegung des § 4 SchulUG. nicht bestimmend, vielmehr bietet eine Analogie nur der § 3 KreisO. v. 13. XII. 72. Die Beschluß- oder erkennende Behörde entscheidet danach lediglich als Schiedsrichter ex aequo et bono, ob und wie die Aktiven und Passiven zu teilen sind.

Es ist sinnentsprechend anwendbar, was die Entsch. v. 20. I. 03 (OVG. 42.94) ausspricht:

„Eine Grenzveränderung begründet Ansprüche zwischen den beteiligten kommunalen Körperschaften auf Ausgleichung wegen Mehrbelastung mit kommunalen Pflichten oder Schmälerung der Steuerkraft nicht schon nach allgemeinen Rechtsgrundsätzen, sondern nur insoweit, als das Gesetz die Geltendmachung der etwaigen Ansprüche ausdrücklich zugelassen hat. Im Gebiete des Hannoverschen Provinzialrechts bildet bei dem Fehlen dahingehender gesetzlicher Vorschriften den Gegenstand einer im Verwaltungswege zu bewirkenden Auseinandersetzung nur eine Gemeinsamkeit von Rechten und Pflichten, die durch die Kommunalbezirksveränderung entstanden ist. Unter diesem Gesichtspunkte kann indes außer der Armenlast das Aktiv- und Passivvermögen in die Auseinandersetzung einbezogen werden."

Unbedenklich wird derjenigen Gemeinde, die bei der Auseinandersetzung ein bisher gemeinsames Schulgebäude verliert, ein Ersatz zu geben sein.

Was übrigens eine bürgerliche (politische) Gemeinde oder ein Gutsbezirk ist, wie er entsteht und aufhört zu bestehen, richtet sich nach den Städte- und Landgemeindeordnungen der betreffenden Landesteile. In Schleswig-Holstein bilden in den Kreisen Norder- und Süderdithmarschen und Husum die Kirchspiele, nicht die Bauern- und Dorfschaften die bürgerlichen Gemeinden im Sinne des SchulUG. Die Bauernschaften können aber die Schullasten übernehmen (vgl. von Bremen 14).

b) Rechtsmittel gegen die Veranlagung der Gesamtschulverbände (§ 54), im Gutsbezirke (§ 8).

Der Verbandsvorsteher verteilt (Oberverteilung) die Leistungen für die Schule auf die Gemeinden (Gutsbezirke) und Dritte, die öffentlich-rechtlich dazu verpflichtet sind. Gegen die Veranlagung steht den Gemeinden (Gutsbezirken) und den Dritten, die wie Gemeinden beizutragen haben, binnen vier Wochen (bei der Beschwerde nach § 46 ZustG. beträgt die Frist drei Monate) der Einspruch beim Vorsteher zu. Gegen den Einspruchsbeschluß findet binnen zwei Wochen die Klage im Verwaltungsstreitverfahren statt. Zuständig ist der Kreisausschuß, und sofern eine Stadt beteiligt ist, der Bezirksausschuß. Einsprüche haben keine aufschiebende Wirkung. Der Entscheidung im Verwaltungsstreitverfahren unterliegen ferner Streitigkeiten der Beteiligten untereinander über ihre im öffentlichen Rechte begründeten Verpflichtungen zu Leistungen für den Verband. Die letztere Klage ist fristlos. Sie kann auch als Ersatzklage angestellt werden. Die Zuständigkeit ist wie bei der Reklamationsklage. Die Rechtsmittel sind nicht beschränkt.

Die Unterverteilung auf die einzelnen Gemeindemitglieder (§§ 7, 8) wird durch § 54 nicht betroffen. In Gemeinden werden die Schullasten als Gemeindelast aufgebracht; die Rechtsmittel gegen die Heranziehung richten sich nach den Vorschriften über die Heranziehung von Gemeindelasten. In Gutsbezirken (§ 8) werden die Schullasten vom Gutsbesitzer getragen. Steht ein Gutsbezirk nicht ausschließlich im Eigentume des Gutsbesitzers oder steht innerhalb des Gutsbezirkes einer anderen Person (physischen Person, Gesellschaft, Genossenschaft usw.) ein Erbbaurecht (§§ 1012ff. BGB.) zu oder wohnen im Gutsbezirke Steuerpflichtige, die nicht in einem Lohn- oder Dienstverhältnisse zum Gutsbesitzer stehen, so sind auf seinen Antrag die Schullasten mit der Maßgabe unterzuverteilen, daß die Beitragspflicht und das Verfahren den Vorschriften des KommAbgG. v. 14. VII. 93 angepaßt wird. Die Vorschriften hierüber ergehen durch ein Statut (Muster siehe PrVBl. 29 327), das der Kreisausschuß zu erlassen und der Bezirksausschuß zu bestätigen hat. Die danach zu erhebenden Schullasten gelten mithin als Kommunallasten. Der Gutsvorsteher tritt an Stelle des Gemeindevorstehers, bei ihm ist Einspruch zu erheben und gegen ihn richtet sich die Klage, die beim Kreisausschusse anzubringen ist (das übrige zu vergl. im Abschnitte „Kommunalabgaben" u. § 8 G. v. 8. III. 71 GS. 130 u. § 13 G. v. 23. IV. 06 GS. 159). Die durch das Statut festgesetzte Steuerpflicht kann auch die in Lohn und Dienst des Gutsbesitzers und anderer Dienstherren stehenden Personen ergreifen.

c) Beanstandung der Beschlüsse des Schulvorstandes von Gesamtschulverbänden (§ 53 Abs. 3).

In Gesamtschulverbänden erfolgt die Verwaltung der im § 43 Abs. 1 u. 2 u. § 47 Abs. 2 bezeichneten Schulangelegenheiten durch den Schulvorstand und den Verbandsvorsteher (§ 49). Der Schulvorstand besteht aus Vertretern der zum Schulverbande gehörigen Gemeinden und Gutsbezirke. Der Verbandsvorsteher ist die ausführende Behörde. Er vertritt den Schulverband nach außen (§ 53 Abs. 4).

Beschlüsse des Schulvorstandes, die seine Befugnisse überschreiten, oder die Gesetze, das Gemeinwohl oder das Interesse des Verbandes verletzen, hat der Verbandsvorsteher zu beanstanden. Gegen die Verfügung steht dem Schulvorstande die Klage im Verwaltungsstreitverfahren beim Bezirksausschusse binnen zwei Wochen zu. Der Schulvorstand bestellt sich einen eigenen Vertreter.

Die Vorschrift im § 53 enthält nicht die Worte (aus §§ 15, 29 ZustG.) „mit aufschiebender Wirkung" und „unter Angabe der Gründe"; es ist aber selbstverständlich, daß die Beanstandung aufschiebende Wirkung hat und daß der Verbandsvorsteher Gründe für die Beanstandung angibt.

Abweichend von den sonstigen Bestimmungen für Gemeindeangelegenheiten (ZustG. §§ 15, 29 usw.) soll die Beanstandung auch geschehen dürfen, wenn das Gemeinwohl oder das Interesse des Verbandes verletzt sind.

Beklagter ist der Verbandsvorsteher. Gegen die Entscheidung des

Bezirksausschusses ist die Berufung an das Oberverwaltungsgericht gegeben. Die Klage ist bei dem Bezirksausschusse anzubringen.

Die Schulaufsichtsbehörde darf den Verbandsvorsteher anweisen die Beanstandung auszusprechen.

Im übrigen siehe die Ausführungen zu „Beanstandungen" bei Provinzen, Kreisen, Städten, Landgemeinden.

d) Disziplinarverfahren (§§ 44 III, 45 Abs. 2, 47 Abs. 6, § 48, 50 Abs. 8, 55).

In Stadtgemeinden wird für die Verwaltung der Volksschulangelegenheiten eine Stadtschuldeputation gebildet, die Organ des Gemeindevorstandes und als solches verpflichtet ist, seinen Anordnungen Folge zu leisten (§ 43). Die Schuldeputation übt zugleich die nach dem G. v. 11. III. 72 (GS. 183) den Gemeinden und deren Organen vorbehaltene Teilnahme an der Schulaufsicht aus. Sie besteht:

1. aus Mitgliedern des Gemeindevorstandes (Beigeordnete, Schöffen, Stadtschulräte);
2. aus Mitgliedern der Stadtverordnetenversammlung;
3. aus sachverständigen Personen (Rektoren, Lehrer);
4. aus Geistlichen oder Rabbinern.

Ein Mitglied der Schuldeputation, das die Pflichten verletzt, die ihm als solchem obliegen, oder das sich durch sein Verhalten inner- und außerhalb seiner Tätigkeit als Mitglied der Deputation der Achtung, des Ansehens oder des Vertrauens, die die Zugehörigkeit zu einer Deputation erfordert, unwürdig macht oder gemacht hat, kann, wenn es zu den oben unter Nr. 2—4 bezeichneten Personen gehört, von der Zugehörigkeit zur Schuldeputation durch Verfügung der Schulaufsichtsbehörde ausgeschlossen werden. Gegen diese Verfügung steht dem Mitgliede binnen zwei Wochen die Klage im Verwaltungsstreitverfahren beim Bezirksausschusse zu. Beklagt wird die Schulaufsichtsbehörde. Gegen die Entscheidung ist Berufung gegeben. Die Klage ist bei dem Gerichte einzureichen.

Durch Gemeindebeschluß können als Organe der Schuldeputation für eine oder mehrere Volksschulen Schulkommissionen eingesetzt werden. Auch diese Mitglieder der Schulkommission können wie die Mitglieder der Schuldeputation durch Verfügung der Schulaufsichtsbehörde ausgeschlossen werden; sie haben die gleichen Rechtsmittel. Die Mitglieder der Schuldeputation und Schulkommission der Landgemeinden und Gutsbezirke unterliegen dem gleichen Disziplinarrechte, die Klage geht aber an den Kreisausschuß (mit Berufung und Revision), während die Vorschriften, die hinsichtlich der Mitglieder der Stadtschuldeputation und der Stadtschulkommission erlassen sind, auch auf die Mitglieder der Deputationen und Kommissionen Anwendung finden, die ein Gesamtschulverband einsetzt. Die Vorstände der Gemeinden und die Mitglieder der Vorstände (Bürgermeister, Schulze, Beigeordnete, Schöffen, Stadtschulräte) unterliegen diesen Disziplinarvorschriften nicht. Das Verfahren gegen Mitglieder der Schuldeputation auf Ausschluß ist nachgebildet dem Verfahren wegen Verhängung von Ordnungsstrafen gegen Gemeindebeamte (ZustG. §§ 20 Ziff. 2, 36 Ziff. 1, 2, 3 usw.). Die Einlegung der Klage gegen die Schulaufsichtsbehörde hat aufschiebende Wirkung. In materieller Hinsicht wird auf die Vorschriften des G. v. 21. VII. 52 und den Abschnitt „Disziplinarsachen" verwiesen.

Fünfzehnter Abschnitt.

Provinzen.

Erster Titel.

Einleitung.

Der preußische Staat zerfällt in Provinzen, Regierungsbezirke und Kreise (§ 1 LVG.). Die Stadt Berlin ist aus dem Kommunalverbande der Provinz Brandenburg ausgeschieden (§ 2), der Oberpräsident der Provinz Brandenburg ist zugleich Oberpräsident von Berlin (§ 41). Die Provinzen sind: Ostpreußen, Westpreußen (G. v. 19. III. 77), Brandenburg, Pommern, Posen, Schlesien, Sachsen, Schleswig-Holstein, Hannover, Westfalen, Hessen-Nassau, Rheinprovinz, dazu die Hohenzollernschen Lande. Durch den Staatsvertrag vom 7. XII. 49 sind die Fürstentümer Hohenzollern-Hechingen und Hohenzollern-Sigmaringen mit Preußen vereinigt worden. Für die Hohenzollernschen Lande (Erl. v. 30. IV. 51 MBl. 109) besteht die Regierung zu Sigmaringen und der Bezirksausschuß daselbst (§ 35 LVG.). Soweit die Gesetze nichts anderes vorschreiben, tritt dort an die Stelle des Oberpräsidenten und des Provinzialrats der zuständige Minister (§ 5). Die evangelischen geistlichen Behörden ressortieren von dem Konsistorium in Coblenz, die höheren Schulanstalten vom Provinzialschulkollegium daselbst, die Bergbehörden von dem Oberbergamte in Bonn.

Es bestehen jetzt 35 Regierungsbezirke (Berlin nicht gerechnet): Königsberg, Gumbinnen, Danzig, Marienwerder, Potsdam, Frankfurt a. O., Stettin, Köslin, Stralsund, Posen, Bromberg, Oppeln, Breslau, Liegnitz, Magdeburg, Merseburg, Erfurt, Schleswig, Hannover, Hildesheim, Lüneburg, Aurich, Stade, Osnabrück, Münster, Minden, Arnsberg, Cassel, Wiesbaden, Düsseldorf, Cöln, Trier, Aachen, Coblenz, Sigmaringen. Jede Regierung hat einen Bezirksausschuß. Abgesehen von Cassel, Wiesbaden (Regulativ v. 11. XI. 68 GS. 999 u. v. 17. XI. 71 GS. 299) und Sigmaringen bilden die Regierungsbezirke keine Kommunalverbände. Der Regierungsbezirk Schleswig fällt territorial mit der Provinz Schleswig-Holstein zusammen. Der Kommunalverband der

Hohenzollernschen Lande heißt Landeskommunalverband. Die vier Oberämter wählen je drei Abgeordnete, die Städte Hechingen und Sigmaringen je einen und die Fürsten von Hohenzollern, von Fürstenberg und von Thurn und Taxis senden je einen Abgeordneten in den Landeskommunalverband. Der Kreis Herzogtum Lauenburg gehört nicht zu dem Kommunalverbande der Provinz Schleswig-Holstein (G. v. 23. VI. 70 GS. 170 und Vd. v. 24. VIII. 82 GS. 343), er nimmt aber an den Rechten und Pflichten des Provinzialverbandes, soweit sich dieselben auf die Zwecke der allgemeinen Landesverwaltung beziehen, nach Maßgabe der Vorschriften in Art. V G. v. 27. V. 88 (GS. 191) teil.

Die Provinzen bilden je einen eigenen Kommunalverband zur Selbstverwaltung ihrer eigenen Angelegenheiten. In der Provinz Hessen-Nassau besteht ein solcher Provinzialverband neben den genannten beiden Bezirksverbänden.

Für die Verwaltung von Kreditanstalten und Stiftungen usw. bestehen noch für die Niederlausitz, die Oberlausitz und sieben Landschaften in der Provinz Hannover (Vd. v. 22. IX. 67 GS. 1635) kommunalständische Verbände.

Zum Kommunalverbande jeder Provinz gehören alle innerhalb ihrer Grenzen belegenen Kreise und alle zu diesen Kreisen gehörenden Ortschaften. Nach § 4 ProvO. v. 29. VI. 75/22. III. 81 erfolgt die Veränderung bestehender Provinzialgrenzen durch Gesetz und nach § 3 KreisO. erfolgt die Veränderung bestehender Kreisgrenzen und die Bildung neuer, sowie die Zusammenlegung mehrerer Kreise ebenfalls durch Gesetz. Dadurch sollte aber das bisherige Recht der Krone, die territoriale Begrenzung der Bezirke selbständig zu ändern, auf die gesetzgebenden Faktoren nicht übergehen. Jenes Recht besteht weiter vorbehaltlich etwa notwendiger Regelung durch den Etat bei Geldbedürfnissen. Der scheinbare Widerspruch löst sich damit, daß, wenn öffentliche Körperschaften (Provinzial- und Kreisverbände), die Vermögen besitzen und Verbindlichkeiten eingegangen sind, in ihrem Bestande geändert werden sollen, es dazu allerdings eines Gesetzes bedarf, daß aber, wo solche Änderungen nicht vorgenommen zu werden brauchen, sondern wo lediglich Bezirksgrenzen zu ändern sind, z. B. bei Zuweisung eines Kreises an einen anderen Regierungsbezirk derselben Provinz, die Krone unbeschränkt ist (contra von Rönne, Staatsrecht § 178).

Veränderungen solcher Gemeinde- oder Gutsbezirksgrenzen, die zugleich Provinzialgrenzen sind, ziehen die Veränderung der letzteren (§ 4 ProvO.) und Veränderungen solcher Gemeinde- und Gutsbezirksgrenzen, die zugleich Kreisgrenzen sind, ziehen die Veränderung der Kreisgrenzen ohne weiteres nach sich (§ 3 KreisO.).).

Nach dem Vorbilde der für die sechs östlichen Provinzen erlassenen ProvO. ergingen Provinzialordnungen für Hannover unter dem 7. V. 84, für

Hessen-Nassau unter dem 8. VI. 85, für Westfalen unter dem 1. VIII. 86, für die Rheinprovinz unter dem 1. VI. 87, für Schleswig-Holstein unter dem 27. V. 88. In Posen ist das G. v. 27. III. 24 nur durch die G. v. 19. V. 89 und 4. VIII. 04 teilweise abgeändert und mit dem LVG. und dem ZustG., soweit zulässig, in Übereinstimmung gebracht worden. Sein Provinziallandtag besteht aus den Abgeordneten der Ritterschaft, der Städte und der Landgemeinden. Die Mitglieder des Provinzialausschusses bedürfen der Bestätigung durch den Minister des Innern. Soweit nichts Besonderes vermerkt wird, soll der weiteren Darstellung die für die sechs östlichen Provinzen erlassene ProvO. zugrunde gelegt werden.

Zweiter Titel.

Vertretung und Verwaltung der Provinzialverbände.

(ProvO. v. 29. VI. 75/22. III. 81.)

a) Provinziallandtag.

Der Provinziallandtag besteht aus Abgeordneten der Land- und Stadtkreise der Provinz. Nach der Einwohnerzahl wählen die Kreise ein bis drei Abgeordnete. Die Abgeordneten der Landkreise werden von den Kreistagen gewählt. In den Städten treten der Magistrat und die Stadtverordneten zu einem Wahlkollegium zusammen.

Wählbar zum Mitgliede des Provinziallandtags ist jeder selbständige Angehörige des Deutschen Reichs, der das dreißigste Lebensjahr vollendet hat, sich im Besitze der bürgerlichen Ehrenrechte befindet und seit mindestens einem Jahre der Provinz durch Grundbesitz oder Wohnsitz angehört (§ 17 ProvO.). Ein Wohnsitz gilt als vorhanden, wenn jemand an dem Orte, an dem er eine Wohnung unter Umständen inne hat, die auf die Absicht der dauernden Beibehaltung einer solchen schließen lassen (§§ 23ff. Einl. zum ALR.; §§ 13ff. ZPO.; vgl. OVG. 15 57, 10 1). Der § 7 BGB. bestimmt, daß, wer sich an einem Orte ständig niederläßt, damit an diesem Orte seinen Wohnsitz begründet (OVG. 43 6). Die Angehörigkeit zur Provinz wird begründet, wenn jemand entweder Grundbesitz oder Wohnsitz mindestens ein Jahr, auch abwechselnd, in der Provinz gehabt hat (Erk. v. 25. IV. 76 OVG. 1 15). Die Vorschrift, wonach sich der Wohnsitz eines Staatsbeamten nach dem Sitze der Behörde, bei der er angestellt ist, richtet (notwendiges Domizil), ist aufgehoben (§ 12 G. v. 27. VII. 85). Der Wohnsitz eines Beamten wird nicht anders behandelt, wie der Wohnsitz jedes anderen.

Das Verfahren bei der Wahl der Provinziallandtagsabgeordneten regelt sich nach dem der ProvO. beigefügten WahlRegl. Nach § 6 desselben sind solche Stimmzettel als ungültig anzusehen, aus welchen die Person des Gewählten nicht unzweifelhaft zu erkennen ist. Der Wahlvorstand muß daher über die Person des Gewählten keinen Zweifel haben. Die Gründe dafür sind rein tatsächlicher Natur. Wird Einspruch nnd Klage erhoben, so hat sich das Oberverwaltungsgericht selbst darüber schlüssig zu machen, ob die Person des Gewählten klar erkennbar ist. ist. Dabei wird auf die Meinung des Wahlvorstandes, wenn sie nicht willkürlich erscheint, besonders Gewicht zu legen sein (Erk. v. 2. V. 76 OVG. 1 8).

Hat niemand die absolute Mehrheit erhalten (mehr als die Hälfte der Stimmen), so kommen diejenigen beiden Personen in die Stichwahl, die die meisten Stimmen erhalten haben, gleichgültig, für wieviele Personen überhaupt Stimmen abgegeben sind. Das Los entscheidet nur, wenn mehrere aus der ersten Wahl mit einer gleichen Stimmenzahl hervorgegangen sind und entschieden werden soll, wer in die engere Wahl kommen soll, ferner, wenn bei der engeren Wahl sich wieder Stimmengleichheit ergibt, zur Ermittelung, wer als endgültig gewählt anzusehen ist.

Die Kreistage brauchen die mehreren Provinzialabgeordneten nicht in ebenso vielen Wahlakten zu wählen. Wird nur ein Wahlakt für mehrere zu wählende Abgeordnete vorgenommen, so können auf einem Stimmzettel die sämtlichen Kandidaten angegeben werden (OVG. 8 1). Anders bei den Wahlen zum Kreistage, wo gemäß § 4 WahlRegl. zur KreisO. jeder Kreistagsabgeordnete in einer besonderen Wahlhandlung zu wählen ist. Für den Provinziallandtag kann auch durch Akklamation gewählt werden. Gegen das stattgehabte Wahlverfahren kann jedes Mitglied der Wahlversammlung (aber nicht der Kreistag als solcher) innerhalb zweier Wochen bei dem Vorsitzenden des Wahlvorstandes Einspruch erheben. Die Beschlußfassung darüber steht dem Provinziallandtage zu, der die Beteiligten (die Gewählten und die Wahlversammlung) vorab zu hören hat. Im übrigen prüft der Provinziallandtag stets die Wahlen von Amts wegen und beschließt darüber. Gegen die Beschlüsse findet binnen zwei Wochen die Klage ohne aufschiebende Wirkung bei dem Oberverwaltungsgerichte statt. Bis zur Entscheidung des Oberverwaltungsgerichts dürfen Wahlen zum Ersatz des Gewählten nicht stattfinden (§ 24).

Hat der Provinziallandtag eine Wahl auf Einspruch für ungültig erklärt, so ist Kläger der Gewählte, und ebenso kann sich der Kreistag als klägerische Partei beteiligen, Beklagter ist der Einsprechende und der Provinziallandtag (OVG. 13 29). Sie sind notwendige Streitgenossen (§ 62 ZPO.). Will der Kreistag selbst nicht klagen, weil er die Ungültigkeitserklärung für richtig anerkennt, so fällt seine Zuziehung als Partei fort. Hat der Provinziallandtag eine Wahl von Amts wegen für ungültig erklärt, so hat der Gewählte und der Kreistag die Klage gegen den Provinziallandtag. Die Kläger sind ebenfalls notwendige Streitgenossen. Ist die Wahl gegen den Einspruch für gültig erklärt worden, so richtet sich die Klage des Einsprechenden gegen den Gewählten und den Provinziallandtag. Im Notfalle hat der Verwaltungsrichter die Parteirollen von Amts wegen zu regeln (vgl. Erk. v. 11. VI. 06 OVG. 49 393). Die Ausführungen des Oberverwaltungsgerichts (vgl. OVG. 31 108, 36 187, 40 12, 168), daß die Gewählten zur Vermeidung der Nichtigkeit des Verfahrens als Beigeladene zugezogen werden müssen, sind unrichtig. Die Gewählten sind immer Parteien, ebenso der Einsprechende. Da die Beiladung (§ 70 LVG.) stets nur eine fakultative ist und lediglich in der Hand des Gerichts liegt, kann ein Erkenntnis, das ohne Zuziehung eines Beizuladenden ergangen ist, niemals nichtig sein (vgl. S. 54ff. dieses Handbuchs u. Erk. v. 9. III. 81 — I 1605 u. v. 19. VI. 78 — IV 173, sowie OVG. 4 178, 15 357). Durch die unbegründete Kassation einer Wahl werden subjektive Rechte des Gewählten und des Wahlkörpers verletzt und deshalb haben beide die Klage; bei der unbegründeten Ablehnung des Einspruchs wird umgekehrt das subjektive Recht des Einsprechenden verletzt. Analogien finden sich z. B. bei einem Streite über die jagdrechtliche Stellung einer Waldenklave (OVG. 29 305 u. Kunze-Kautz 2 187) und bei der Klage gegen die Versagung oder Genehmigung einer Ansiedelung (Kunze-Kautz 2 223 u. OVG. 5 400, 30 39). Der Einspruch hat sich gegen das im Wahlverfahren gewonnene Ergebnis zu richten, dies soll beseitigt werden (Erk. v. 26. XI. 85 OVG. 12 1). Wenn Mängel des Wahlverfahrens ohne Einfluß auf das Ergebnis (die Wahl) sind, kann der Einspruch keinen Erfolg haben. Einspruch kann mithin nur nach stattgehabter Wahl erfolgen; Erklärungen und Proteste, die vor der Wahl eingehen, sind rechtlich keine Einsprüche gegen das stattgehabte Wahlverfahren.

Die Klage ist beim Oberverwaltungsgericht selbst anzubringen.

b) Provinzialausschuß.

Der Provinzialausschuß besteht aus einem Vorsitzenden und einer durch das Provinzialstatut festgesetzten Zahl von sieben bis dreizehn Mitgliedern (§ 46). Der Landeshauptmann ist außerdem Mitglied. Der Vorsitzende und die anderen Mitglieder werden vom Provinziallandtage gewählt. Zugleich sind Stellvertreter zu wählen. Wählbar ist jeder zum Provinziallandtage wählbare Angehörige des Deutschen Reiches (§ 17). Nicht wählbar sind der Oberpräsident, die Regierungspräsidenten und die Provinzialbeamten. Der Landeshauptmann darf nicht Vorsitzender sein (§ 47). Jede Wahl verliert dauernd oder vorübergehend ihre Wirkung mit dem gänzlichen oder zeitweisen Aufhören einer der für die Wählbarkeit vorgeschriebenen Bedingungen. Der Provinzialausschuß hat darüber zu beschließen, ob einer der Fälle eingetreten ist. Gegen den Beschluß findet binnen zwei Wochen die Klage bei dem Oberverwaltungsgerichte statt. Die Klage hat keine aufschiebende Wirkung. Sie ist beim Gerichte einzureichen.

Die Klage ist nur gegeben, wenn der Beschluß zuungunsten des Gewählten ausfällt. Er ist dann Kläger und der Provinzialausschuß Beklagter.

c) Provinzialabgaben.

Nach dem Kreis- und ProvinzialabgabenG. v. 23. IV. 06 sind (§ 25) die einzelnen Land- und Stadtkreise zur Aufbringung der Provinzial-(Bezirks-) Steuern verpflichtet. Es gilt hier das System der Kontingentierung, nicht der Individualbesteuerung. Der Provinzial- (Landes-) Ausschuß verteilt den vom Provinziallandtage festgestellten Steuerbedarf auf die Land- und Stadtkreise. Gegen die Verteilung steht den Land- und Stadtkreisen binnen einer Frist von vier Wochen der Einspruch zu, über den der Provinzial- (Landes-) Ausschuß beschließt, wogegen die Klage bei dem Oberverwaltungsgerichte binnen zwei Wochen gegeben ist. Die Klage richtet sich gegen den Ausschuß, Kläger ist der Kommunalverband des Kreises.

Als Maßstab der Verteilung der Steuern dient das Soll der Einkommensteuer und der staatlich veranlagten Realsteuern, einschließlich der Betriebssteuer, wie es in Landkreisen nach den Vorschriften des Kr-ProvAbgG. (mit Ausschluß des § 8) und in Stadtkreisen nach dem KommAbgG., nach Gemeindebeschlüssen und Vereinbarungen mit Steuerpflichtigen der Kreis- oder Gemeindebesteuerung zugrunde zu legen ist. In Landkreisen ist das der Kreisbesteuerung des jeweilig laufenden Rechnungsjahres zugrunde gelegte Steuersoll nach dem Stande des 1. Januar und zwar unter Berücksichtigung der bis dahin endgültig eingetretenen Berichtigungen und Veränderungen (§ 7 Abs. 5) maßgebend. Steuerbeträge, die erst nach dem 1. Januar für das Rechnungsjahr veranlagt werden, werden dem Steuersoll des nächsten Jahres hinzugerechnet. § 7 gibt noch weitere Vorschriften über die Berechnung des Solls.

Der Einkommensteuer sind die auf Einkommen von nicht mehr als 900 Mk. entfallenden Steuerbeträge (§ 38 Abs. 1 KommAbgG.) hinzuzuzählen, indessen kann der Provinziallandtag sie auch gänzlich oder teilweise freilassen oder mit einem geringeren Prozentsatze heranziehen (§ 25 Abs. 3).

In Stadtkreisen ist das Steuersoll des jeweilig vorangegangenen Rechnungsjahres nach dem Stande des 1. Januar gleichfalls unter Berücksichtigung der bis dahin endgültig eingetretenen Berichtigungen und Veränderungen (§ 25 Abs. 4, § 7 Abs. 5) maßgebend.

Die Realsteuern sind mit dem gleichen Prozentsatze heranzuziehen, mit welchem die Einkommensteuer belastet wird (§ 26).

Die auf die Kreise fallenden Kontingente sind nicht unabänderlich;

sie können durch das erfolgreiche Einlegen des Einspruches usw. der Abänderung unterworfen werden.

In dem Einspruche und in der Klage muß ein bestimmter Antrag gestellt werden, der Vorbehalt der eventuellen späteren Begründung und genauen Präzisierung ist nicht zulässig (s. den Abschnitt „Kommunalabgaben, Rechtsmittel").

Hat der Provinziallandtag unter Außerachtlassung des gesetzlichen Maßstabes nur eine vorläufige Verteilung vorgenommen, so ist dies anfechtbar (Erk. v. 3. III. 91 OVG. 20 1).

Siehe übrigens den Abschnitt „Provinzialabgaben" bei Kunze-Kautz 3 10ff., wobei die durch das G. v. 23. IV. 06 eingetretenen Veränderungen zu beachten sind, und die AusfAnw. v. 20. IX. 06 (MBl. 277).

d) Staatliche Aufsicht; Beanstandung von Beschlüssen des Provinziallandtags, des Provinzialausschusses und der Provinzialkommissionen.

Der Inhalt des Aufsichtsrechts über öffentliche Korporationen im allgemeinen (Provinzial- und Kreisverbände, Stadt- und Landgemeinden usw.) kann, wie ich ausführlich in der Zeitschrift „Gesetz und Recht" Heft 12 S. 257ff. dargetan habe (vgl. auch PrVBl. 25 483ff.), dahin zusammengefaßt werden, daß in ihm die obervormundschaftliche Fürsorge des Staates für die Korporation liegt und daß damit das Staatsinteresse mit dem Interesse der Korporation in Einklang gebracht werden soll. Die Aufsichtsbehörde hat dahin zu wirken, daß die Korporation ihre gesetzlichen und statutarischen Zwecke verfolgt und zwar auf einem vom Gesetze und dem Statute zugelassenen oder vorgeschriebenen Wege; die Aufsichtsbehörde kann daher mit den Zwangsmitteln aus § 132 LVG. die Korporation zur Innehaltung dieser Zwecke und Wege anhalten. Hiervon grundsätzlich verschieden ist die Aufgabe der Polizeibehörde. An sich stehen physische und juristische Personen (öffentliche Korporationen) der Polizei gleichmäßig gegenüber. Die Polizeigewalt äußert sich dem einzelnen und einer Mehrheit von Personen gegenüber gleich. Die Polizei hat gewisse öffentliche Zustände mittelst Beschränkung der allgemeinen bürgerlichen Freiheit herbeizuführen oder ihre Veränderung zu verhindern (OVG. 17 415). Ihre Zwangsmittel sind allerdings dieselben, die der Aufsichtsbehörde zustehen (§ 132 LVG.), aber die Rechtsmittel dagegen sind nicht überall die gleichen (siehe S. 150ff. dieses Handbuchs und Kunze-Kühnemann, Jagdpolizeigesetze [2] 85ff.). Die Polizei schreitet gegen eine öffentliche Korporation ein, indem sie ihr aufgibt, einen Weg zu unterhalten, einen Wasserlauf zu reinigen, ein ihr gehöriges Gebäude in einen polizeigemäßen Zustand zu versetzen usw. Alles dies sind Äußerungen der Polizeigewalt, die auch gegen jede physische Person gerichtet werden können. Das Aufsichtsrecht geht nur gegen die Korporation und ihre Organe. In dem Aufsichtsrechte, zugleich als Ausfluß der obervormundschaftlichen Fürsorge, liegt die Befugnis der Aufsichtsbehörde, die Aufnahme von Anleihen, die Belastung ohne gesetzliche Verpflichtung, die Veräußerung von Grundeigentum usw. zu genehmigen; ferner die Zwangsetatisierung und die Beanstandung von Beschlüssen. Die neueren Gesetze unterlassen es, abgesehen von den §§ 115ff. ProvO. und den §§ 177a KreisO., den Inhalt des staatlichen Aufsichtsrechts anzugeben. Der § 139 der revidierten StädteO. v. 17. III. 31, der mit § 174 WestfLGemO. v. 31. X. 41 fast gleichlautet, bestimmte:

„Die Oberaufsicht des Staates über die Städte wird durch die Regierungen ausgeübt.

Diese sind berechtigt und verpflichtet:

a) sich Überzeugung zu verschaffen, ob in jeder Stadt die Verwaltung nach den Gesetzen überhaupt und nach gegenwärtiger Ordnung insbesondere eingerichtet sei;

b) dafür zu sorgen, daß die Verwaltung fortwährend in dem vorgeschriebenen Gange bleibe und angezeigte Störungen beseitigt werden;

c) die Beschwerden einzelner über die Verletzung der ihnen als Mitgliedern der Gemeine zustehenden Rechte zu untersuchen und zu entscheiden;

d) die Stadtgemeinen zu Erfüllung ihrer Pflichten anzuhalten usw."

Auf den gleichen Grundsätzen beruhen die StädteO. v. 30. V. 53, die LGemO. v. 19. III. 56 und anderen Kommunalgesetze. Überall behält sich der Staat die potestas inspectoria vor, wenn auch in den Spezialgesetzen Verschiedenheiten vorkommen. Doch muß das Aufsichtsrecht diskret unter Berücksichtigung, daß das Gesetz die Selbstverwaltung eingeführt hat, ausgeübt werden. Das Aufsichtsrecht darf nicht weiter gehen, als es der strikte Inhalt des Gesetzes notwendig macht.

Gegen die Aufsichtsverfügungen ist nur so weit, als das Gesetz es bestimmt, das Verwaltungsstreitverfahren zugelassen; im allgemeinen ist nur die Beschwerde an die höhere Aufsichtsinstanz gegeben.

Was die ProvO. anlangt, so handhabt der Oberpräsident nach Maßgabe der §§ 114ff. das Aufsichtsrecht. Gegen seine Verfügungen geht die Beschwerde an den Minister des Innern. Das Aufsichtsrecht des Staats gegenüber den Provinzialverbänden ist nicht so ausgedehnt, wie gegenüber anderen Korporationen. So bedarf z.B. der Beschluß des Provinziallandtages (§ 38) über die Veräußerung von Grundstücken und Immobilarrechten keiner staatlichen Genehmigung. Das Beanstandungsrecht ist nach § 118 aufrecht erhalten.

Danach hat der Oberpräsident Beschlüsse des Provinziallandtages, des Provinzialausschusses oder einer Provinzialkommission, welche deren Befugnisse überschreiten oder die Gesetze verletzen, unter Angabe der Gründe mit aufschiebender Wirkung zu beanstanden. Die Befugnisse jener Behörden sind gesetzlich festgelegt und es ist unstatthaft, sie im Wege der Autonomie weiter auszudehnen.

Die Beschlüsse müssen unangefochten eine positive rechtliche Wirkung nach außen haben. Lehnen die Behörden nur ein Vorgehen ab, ist also die Wirkung nur eine negative, so findet die Beanstandung nicht statt (Erk. v. 3. XII. 98 Kunze-Kautz 1 9). Die Beanstandung hat den Zweck, daß die Wirkungen der Beschlüsse durch Außerkraftsetzung beseitigt werden; dies geschieht durch eine schriftliche Verfügung des Oberpräsidenten, welche mittelst der binnen zwei Wochen bei dem Oberverwaltungsgerichte anzubringenden Klage angreifbar ist. Die klagende Behörde kann einen besonderen Vertreter für das Verwaltungsstreitverfahren wählen und bestellen. Sonst vertritt der Landeshauptmann den Provinzialverband; an ihn ist auch die Verfügung zu richten. Die Klage geht dahin, die Beanstandung aufzuheben, und richtet sich gegen den Oberpräsidenten als Beklagten, auch wenn dieser die Beanstandung auf Anweisung des Ministers des Innern ausgesprochen hat. Im übrigen siehe den Abschnitt „Beanstandung von Beschlüssen des Kreisausschusses".

Die Anfechtungsklage aus § 126 LVG. gegen Beschlüsse des Provinzialausschusses findet nicht statt, weil der letztere keine Beschlüsse in Angelegenheiten der allgemeinen Landesverwaltung fassen kann.

e) Zwangsetatisierung.

Unterläßt oder verweigert ein Provinzialverband, die ihm gesetzlich obliegenden, von der Behörde innerhalb der Grenzen ihrer Zuständigkeit festgestellten Leistungen auf den Haushaltsetat zu bringen oder außerordentlich zu genehmigen, so verfügt der Oberpräsident, unter Angabe der Gründe, die Eintragung in den Etat oder stellt die außerordentliche Ausgabe fest. Die Verfügung richtet sich an den Landeshauptmann. Dem Provinzialverbande, vertreten durch den Landeshauptmann, steht dagegen binnen zwei Wochen die Klage gegen den Oberpräsidenten zu (§ 121). Die Klage ist bei dem Gerichte einzureichen. Der Provinzialverband kann durch Beschluß des Provinziallandtags einen besonderen Vertreter bestellen.

Die Zwangsetatisierung ist ein Ausfluß der Aufsicht des Staates über die Verwaltung der Angelegenheiten der Provinzialverbände. Da die allgemeinen Voraussetzungen für eine Zwangsverfügung dieselben sind gegenüber dem Provinzialverbande wie gegenüber anderen öffentlichen Verbänden (§§ 19, 35, 48 ZustG. usw., § 180 KreisO.), so sollen hier in nachstehenden Beispielen jene Voraussetzungen für alle Arten von Zwangsetatisierungen dargelegt werden, um Wiederholungen zu vermeiden.

a) Die Leistung, die dem Verbande obliegt, muß auf gesetzlicher

Grundlage beruhen und von der dazu gesetzlich berufenen Behörde zuständigerweise gegen den Verband (im Rechtssinne) festgestellt sein. Die Gesetze enthalten zahlreiche Fälle, in denen, abgesehen von den ordentlichen Gerichten und Verwaltungsgerichten, eine Behörde befugt ist, öffentlichen Verbänden eine gesetzliche Leistung aufzuerlegen. Nach dem KrProvAbgG. v. 23. IV. 06 (§§ 25ff.) sind die einzelnen Land- und Stadtkreise zur Aufbringung der Provinzialsteuern verpflichtet, und der vom Provinziallandtage festgestellte Steuerbedarf wird vom Provinzialausschusse auf die Land- und Stadtkreise verteilt. Diese Verteilung ist die Auferlegung einer gesetzlichen Leistung im Sinne des § 180 KreisO. Gegen die Verteilung steht zwar den Kreisverbänden Einspruch und Klage zu, doch wird dadurch die gesetzliche Verpflichtung zur vorläufigen Zahlung der Steuern nicht aufgeschoben. Wird die Klage abgewiesen, so wird die Auferlegung der Leistung endgültig. Dies ist ein Fall, wo eine Behörde (der Provinzialausschuß) innerhalb der Grenzen ihrer Zuständigkeit eine gesetzliche Leistung einem Verbande vorläufig oder endgültig auferlegt und im Sinne der Gesetze feststellt. Auf Grund dieser Feststellung kann die dazu berufene Behörde die Zwangsetatisierung verfügen.

Das Gesetz v. 23. IV. 06 enthält noch einen anderen Fall: Zur Aufbringung der direkten Kreissteuern sind die einzelnen Gemeinden und Gutsbezirke verpflichtet (§ 7). Der vom Kreistage festgestellte Kreissteuerbedarf wird auf die Gemeinden und Gutsbezirke vom Kreisausschusse verteilt. Der Beschluß ist trotz Einspruch und Klage vollstreckbar und bildet eine Feststellung einer den Gemeinden und Gutsbezirken obliegenden gesetzlichen Leistung.

b) Nach dem G. über die Polizeiverwaltung v. 11. III. 50 (§ 3) sind die Kosten der örtlichen Polizeiverwaltung von den Gemeinden zu bestreiten. Weigert sich eine Gemeinde, solche Kosten zu übernehmen, so stellt die dafür zuständige obere Polizeibehörde die Leistung fest. Ebenso ist der Regierungspräsident berechtigt, über die Einrichtungen, die die örtliche Polizeiverwaltung erfordert, besondere Vorschriften zu erlassen (§ 4). Zu diesen Einrichtungen gehört z. B. die Anstellung der Polizeibeamten und die Bemessung ihrer Besoldung. Ein Regierungspräsident handelt daher innerhalb der ihm zustehenden Befugnisse, wenn er die Verpflichtung einer Stadtgemeinde zur Erhöhung der Besoldung von Polizeibeamten auf das von ihm erforderte Maß feststellt (Erk. v. 23. XI. 00 Kunze-Kautz 1 322).

Das Oberverwaltungsgericht hat sich in zahlreichen Entscheidungen darüber ausgesprochen, welche Kosten als Polizeikosten überhaupt und welche als unmittelbare und welche als mittelbare Kosten anzusehen sind (Kunze-Kautz 1 319ff.). Unter den unmittelbaren Kosten sind die Ausgaben zu verstehen, die durch die Einsetzung und den Unterhalt des verwaltenden Personals und durch dessen Ausrüstung mit dem zum Dienstbetriebe Erforderlichen an Grundstücken, Materialien, Geräten, Hilfsleistungen Dritter usw. erwachsen. Mittelbare Kosten sind hingegen diejenigen, die erst infolge der verwaltenden Tätigkeit durch die Ausführung der im Verwaltungswege gegen Dritte getroffenen Anordnungen, durch Herstellung polizeimäßiger Zustände in der Außenwelt entstehen.

c) Eine Polizeibehörde kann einen öffentlichen Verband zur Herstellung eines polizeimäßigen Zustandes durch eine polizeiliche Verfügung und nachfolgende Zwangsanwendung (LVG. §§ 127, 132, 133) anhalten; es wird dadurch eine gesetzliche Verpflichtung des Verbandes, jene Handlung oder die durch die polizeiliche Ausführung des Zwangsmittels entstandenen Kosten zu leisten, von der Polizeibehörde festgestellt. Auch solche Feststellung ist eine Grundlage für eine Zwangsetatisierung.

d) Zu den einem öffentlichen Verbande gesetzlich obliegenden Leistungen, zu deren Feststellung die betreffende Verwaltungsbehörde befugt ist, werden gerechnet Armenfürsorgekosten, Deichlasten (OVG. 6 172), Fortschreibungsgebühren (OVG. 13 60), Steuern, Wegeunterhaltungskosten (Erk. v. 7. II. 81 — II 301), schließlich alle öffentlich-rechtlichen und privaten Verpflichtungen, zu denen ein ordentliches Gericht oder ein Verwaltungsgericht den Verband verurteilt hat. Im letzteren Falle gilt das Urteil als die Feststellung der Leistung. Das Urteil ist allerdings zunächst gemäß der dafür erlassenen Vorschriften zu vollstrecken (§ 15 EinfGZPO., § 153 Anhang zu § 45 Tit. 24, § 33 Tit. 35 Teil I AllgGerichtsO., ZustG. § 17 Ziff. 4, § 33 Ziff. 4). So beschließt bei Landgemeinden der Kreisausschuß, bei Stadtgemeinden der Bezirksausschuß über die Art der gerichtlichen Zwangsvollstreckung wegen Geldforderungen. Ebenso stehen einer Polizeibehörde, die eine vollstreckbare polizeiliche Verfügung an einen öffentlichen Verband erlassen hat, die Vorschriften des § 132 LVG. zur Durchführung zur Seite. Aber auch in diesen Fällen kann von der eigenen Vollstreckung der Gerichte und Polizeibehörden Abstand genommen und von dem subsidiären Mittel der Zwangsetatisierung, die an sich ein Akt der Zwangsvollstreckung ist (OVG. 26 145, 27 136, 40 131) Gebrauch gemacht werden, wenn der Verband seinem ausführenden Organe die betreffenden Geldmittel nicht zur Verfügung stellt.

Da die Zwangsetatisierung den Zweck hat, die öffentlichen Korporationen zur Erfüllung der ihnen gesetzlich obliegenden oder gesetzmäßig auferlegten, aber von ihnen verweigerten Leistungen anzuhalten, so kann sie da nicht stattfinden, wo die Leistung tatsächlich, wenn auch unter Vorbehalt oder infolge eines Irrtums bereits erfüllt worden ist (Erk. v. 24. IX. 01 OVG. 40 131).

Voraussetzung der Zwangsetatisierung ist nicht, daß der öffentliche Verband durch Beschluß seiner parlamentarischen Vertretung (Provinziallandtag, Kreistag, Stadtverordneten usw.) die Weigerung zur Erfüllung der gesetzlichen Leistung ausspricht. Es genügt, wenn das ausführende Organ (Landeshauptmann, Magistrat, Kreisausschuß usw.) zu erfüllen sich weigert (OVG. 11 20, 14 1).

Wenn die dem öffentlichen Verbande gesetzlich obliegenden Leistungen ein für allemal ihrem Betrage nach festgestellt werden können, so darf die Behörde in einer Verfügung anordnen, daß die Ausgaben gleich auf mehrere Jahre im voraus in die Etats eingestellt werden. Ist die dagegen eingelegte Klage abgewiesen, so will das Oberverwaltungsgericht (Erk. v. 2. VI. 96 OVG. 30 142 u. OVG. 43 114), wenn sich später die Umstände, welche den Erlaß der Verfügung bewirkt hatten, geändert haben, eine Klage auf Aufhebung der Zwangsetatisierung zulassen. Indessen eine solche Klage gibt es nicht, nirgends ist dafür eine gesetzliche Vorschrift vorhanden (LVG. § 7). Sie muß deshalb als ausgeschlossen gelten, weil sich das Oberverwaltungsgericht an die Stelle derjenigen Behörde setzen müßte, die die Leistung festgestellt hat, während das Oberverwaltungsgericht in dem gesetzlich zulässigen Verfahren nur darüber zu befinden hat, ob die zuständige Behörde eine gesetzliche Leistung des Verbandes richtig festgestellt hat. Abhilfe kann in obigem Falle nur dadurch gefunden werden, daß die letztere Behörde zur Aufhebung der Feststellungsverfügung im Aufsichtswege angegangen wird. Ähnliche Fälle finden sich zB. bei den Klagen aus § 66 Abs. 2 WasserGenG. v. 1. IV. 79. Da ist eine Klage auf Abänderung des ausgesprochenen Erlasses von Beiträgen vom Oberverwaltungsgerichte nicht zugelassen worden. Dagegen ist die Klage allerdings, aber ausdrücklich, durch § 4 G. v. 18. VIII. 02, betreffend die Heranziehung der Fabriken usw. zu Vorausleistungen für den Wegebau, zugelassen, aber auf einer anderen Grundlage insofern, als der Verwaltungsrichter hier über die Höhe und Dauer der Vorausleistungen selbst zu befinden hat.

Der Verwaltungsrichter hat, wie bemerkt, lediglich zu prüfen, ob die Feststellungsverfügung von der gesetzlichen Instanz ausgegangen und ob der Beklagte zur Zwangsetatisierung befugt war, ferner ob die Leistung dem Verbande gesetzmäßig obliegt.

Liegt die Feststellung in einem rechtskräftigen oder vollstreckbaren Erkenntnisse eines Gerichts oder Verwaltungsgerichts, so hat der Verwaltungsrichter nicht etwa noch zu prüfen, ob das Erkenntnis Rechtsirrtümer enthält. Das gleiche ist maßgebend, wenn die Zwangsetatisierung sich auf eine Anordnung stützt, die in einem anderen, besonders geregelten, Rechtsschutz gewährleistenden Verfahren, wie bei dem Erlasse polizeilicher Verfügungen (LVG. §§ 127 ff.), ergangen ist (Erk. v. 22. V. 03 OVG. 43 416).

Bei anderen Feststellungen ist die Prüfung des Verwaltungsrichters schwieriger, sie geht aber niemals dahin, ob die festgestellte Leistung angemessen oder notwendig war, ob sie die Kräfte des Verbandes überschreitet. Sollte die Feststellung absolut zweckwidrig und darum willkürlich erscheinen (Erk. v. 3. II. 94 OVG. 26 141), so würde der Verwaltungsrichter die Zwangsetatisierungsverfügung aufheben müssen. Gegen die Feststellung selbst ist nur die allgemeine Beschwerde im Aufsichtswege gegeben. Die Aufsichtsinstanz kann dann prüfen, ob die Feststellung angemessen und erforderlich war.

Wo das Gesetz die Zwangsetatisierung gegen eine Korporation nicht ausdrücklich vorschreibt, findet sie übrigens nicht statt, zB. bei den nach der JagdO. v. 15. VII. 07 eine öffentliche Genossenschaft bildenden gemeinschaftlichen Jagdbezirken. Der Grund für das Fehlen einer ausdrücklichen gesetzlichen Bestimmung liegt mit darin, daß die Jagdgenossenschaft keine parlamentarische Vertretung hat und die Aufsichtsbehörde den Jagdvorsteher in Handhabung der staatlichen Aufsicht (§ 132 LVG.) anweisen kann, gesetzlichen Leistungen gerecht zu werden.

Wiewohl ein Gutsbezirk im allgemeinen keine öffentlich-rechtliche Korporation ist, ist eine Zwangsetatisierung gegen den Besitzer des Gutes (§ 35 ZustG.) zulässig; ihm steht gegen die Verfügung des Landrats die Klage beim Bezirksausschusse zu.

Die Zwangsetatisierung setzt begriffsmäßig nicht nur die Feststellung in objektiver Hinsicht voraus, daß ein Bestimmtes von einem Verbande oder dem Gutsbesitzer zu leisten ist, sondern auch die Feststellung in subjektiver Hinsicht, daß das Geforderte gerade dem betreffenden Verbande usw. als eine gesetzmäßige Leistung obliegt (Erk. v. 4. V. 92 OVG. 23 117).

Die Feststellung der Leistung und die Eintragung in den Etat, die immer eine bestimmte Summe betreffen muß, sind zwei getrennte Verwaltungsakte, die von derselben Behörde ausgehen können, wenn sie zufällig für beide Akte zuständig ist. Der erstere muß dem zweiten vorausgehen. Es soll auch, wie im Aufsichtswege (Erl. v. 30. XII. 90 MBl. 91 6) angeordnet ist, zwischen der Feststellung und Eintragung in den Etat ein angemessener Zeitraum gelassen werden, indessen erscheint bei Nichtbeobachtung dieser Weisung die Zwangsetatisierung rechtlich nicht unzulässig. Der Zwischenraum dient dazu, daß der Verband die Beschwerde gegen die Feststellung (binnen zwei Wochen) einlegen kann.

Die zweiwöchige Frist zur Erhebung der Klage beginnt von der Zustellung der Zwangsetatisierungsverfügung an das ausführende Organ des Verbandes. Die Gesetze lassen vielfach zu, daß die Vertretung im Verwaltungsstreitverfahren von der Gemeindevertretung, den

Stadtverordneten, dem Provinziallandtage besonders gewählt wird (ProvO. § 121, ZustG. §§ 19, 21 Abs. 2), so daß der ordentliche Vertreter des Verbandes in dem Verfahren ausscheidet.

Hat die Klage Erfolg, so wird die Verfügung, die die Eintragung in den Etat usw. angeordnet hat, aufgehoben. So ist auch zu tenorieren.

Sechzehnter Abschnitt.

Kreise.

Erster Titel.

Einleitung.

Die KreisO. v. 13. XII. 72/19. III. 81 gilt für die Provinzen Ost- und Westpreußen, Brandenburg, Pommern, Schlesien und Sachsen. Später wurde für die Provinz Hannover die KreisO. v. 6. V. 84, für Hessen-Nassau die v. 7. VI. 85, für Westfalen die v. 31. VII. 86, für die Rheinprovinz die v. 30. V. 87, für Schleswig-Holstein die v. 26. V. 88 erlassen. Die KreisO. für Posen v. 20. XII. 28 hat durch die G. v. 19. V. 89 u. v. 4. VIII. 04 Änderungen erfahren. Die Amts- u. LandesO. für Hohenzollern v. 2. IV. 73 ist durch das G. v. 2. VII. 00 (Fassung v. 9. X. 00) in einigen Punkten abgeändert worden.

Die nachfolgende Darstellung beschäftigt sich im wesentlichen mit der KreisO. v. 13. XII. 72/19. III. 81, soweit nicht auf die Verschiedenheiten der anderen Kreisordnungen verwiesen wird.

Die bei dem Erlasse der KreisO. vorhandenen Kreise blieben in ihrer geographischen Begrenzung gesetzlich bestehen. Jeder Kreis bildet einen Kommunalverband zur Selbstverwaltung seiner Angelegenheiten mit den Rechten einer öffentlichen Korporation (§ 2 KreisO., § 89 BGB., §§ 25 ff. II 6, § 69 II 10 ALR.). Der Kreis kann Rechte erwerben, sich verpflichten, klagen, verklagt werden.

Zum Zwecke der Verwaltung der Angelegenheiten des Kreises und der Wahrnehmung von Geschäften der allgemeinen Landesverwaltung wird ein Kreisausschuß (in Hohenzollern ein Amtsausschuß) bestellt (siehe S. 6 ff. dieses Handbuchs).

Diejenigen Kreise, die nur aus einer Stadt bestehen, heißen Stadtkreise, die übrigen Landkreise. Der Stadtkreis Altona ist ausnahmsweise (§§ 134 ff. KreisO. v. 26. V. 88) aus den Städten Altona und Ottensen zusammengesetzt und hat eine besondere Verfassung. Für die Stadtkreise sind in §§ 169 ff. KreisO. besondere Vorschriften erlassen. Sie werden im übrigen nach den Vorschriften der Städteordnungen verwaltet.

Städte, die zu einem Landkreise gehören, sind befugt, einen Kreisverband für sich zu bilden, wenn mit Ausschluß der aktiven Militärpersonen die Einwohnerzahl mindestens 25000 (in Westfalen 30000, in der Rheinprovinz 40000) beträgt. Durch Königliche Verordnung kann nach Anhörung des Provinziallandtages auch Städten von geringerer Einwohnerzahl das Ausscheiden aus dem Landkreise gestattet werden.

Zweiter Titel.

Auseinandersetzung bei Veränderung der Kreisgrenzen und bei Bildung neuer Kreise.

Die Veränderung bestehender Kreisgrenzen und die Bildung neuer, sowie die Zusammenlegung mehrerer Kreise erfolgt durch Gesetz. Der Bezirksausschuß beschließt (§ 3 KreisO., § 2 ZustG.) über die infolge einer solchen Veränderung notwendig werdende Auseinandersetzung zwischen den beteiligten Kreisen. Gegen den Beschluß steht den Beteiligten gegeneinander der Antrag auf mündliche Verhandlung (Klage) bei dem Bezirksausschusse binnen zwei Wochen zu.

Wenn Städte, die über 25000 Einwohner haben, für sich einen Stadtkreis bilden und zu diesem Behufe aus dem bisherigen Kreisverbande scheiden wollen (§ 4), so ist zuvor eine Auseinandersetzung darüber zu treffen, welchen Anteil die ausscheidende Stadt an dem gemeinsamen Aktiv- und Passivvermögen des bisherigen Kreises, sowie etwa an fortdauernden Leistungen zu gemeinsamen Zwecken der beiden neuen Kreise zu übernehmen hat. Gleiches hat stattzufinden, wenn auf Grund Königlicher Verordnung die Stadt ausscheiden soll. Über die Auseinandersetzung beschließt der Bezirksausschuß mit nachfolgender Klage der Beteiligten gegeneinander (Frist zwei Wochen). Bei diesem Ausscheiden der Städte hat somit die Auseinandersetzung vor dem Ausscheiden stattzufinden, so daß ein sich entwickelndes Verwaltungsstreitverfahren dies Ausscheiden aufhält, während im Falle des Ausscheidens durch Gesetz die Auseinandersetzung nachfolgt.

Die Grundlagen für die beiden Arten der Auseinandersetzung nach § 3 und nach § 4 sind sehr verschieden. Die Rechtsgeschichte des § 3 enthält das Erk. v. 28. II. 77 (OVG. 2 1); in neuester Zeit hat der § 3 eine Anwendung in § 4 SchulUG. v. 10. VII. 06 gefunden (siehe die Bemerkungen dazu im Abschnitte „Öffentliche Volksschulen"). Die KreisO. geht davon aus, daß, wenn eine Veränderung von Kreisgrenzen durch Gesetz geschehen soll, dann das betreffende Spezialgesetz die Auseinandersetzung zugleich ordnen werde und, falls eine solche Ordnung nicht stattfindet, jeder Teil des bisherigen Kommunalverbandes ipso jure mit der Veränderung der Kreisgrenzen aus allen Rechten und Verbindlichkeiten, die ihm auf Grund der bisherigen kommunalen Zugehörigkeit zustanden oder oblagen, ausscheide, ohne daß ein Rechtsanspruch auf Entschädigung bestehe, es müßte denn dafür ein besonderer Rechtstitel vorliegen.

In diesem Sinne spricht sich bei gleicher Rechtslage hinsichtlich der Veränderungen von Provinzialgrenzen zutreffend der Kultusminister in dem Erl. v. 17. X. 51 (MBl. 52 2) des Näheren aus. Ebenso hat der Minister des Innern bei ähnlicher Veranlassung bemerkt (OVG. 2 14), daß eine im öffentlichen Interesse als notwendiges Bedürfnis anerkannte Bezirksveränderung niemals zu einem Entschädigungsanspruche — sei es der verkleinerten Korporation wegen verminderter Steuerkraft oder der vergrößerten wegen Vermehrung ihrer Bedürfnisse — führen könne, weil das Anerkenntnis der Notwendigkeit der Veränderung auf der Voraussetzung beruhe, daß das bisherige rechtliche Verhältnis zwischen den beteiligten Korporationen hinsichtlich der kommunalen Bedürfnisse und Pflichten ein unrichtiges gewesen, das eben durch die Veränderung den realen Verhältnissen entsprechend habe berichtigt werden müssen (vgl. ferner OVG. 6 9, 7 57, 42 6).

Dennoch kann der Bezirksausschuß zunächst im Beschlußverfahren, dann auf Klage (Antrag auf mündliche Verhandlung) im Verwaltungsstreitverfahren (mit Berufung an das Oberverwaltungsgericht) nach Billigkeit in einem schiedsrichterlichen Verfahren dazu kommen, eine Abfindung oder Überweisung von Aktivvermögen den Beteiligten zuzusprechen. Wird dabei nur ein kleiner Kreisteil abgetrennt, der nach seiner Lage und den gesamten Lebens- und Verkehrsbeziehungen seiner Bewohner tatsächlich bereits einem anderen Kreise angehört hat, als dem, dessen Glied er rechtlich war, und wird durch die Grenzregulierung dem tatsächlichen Verhältnisse nur die rechtliche Unterlage gegeben, so wird, falls nicht besondere Verhältnisse vorliegen, eine Entschädigung meist eine Unbilligkeit sein (Erk. v. 28. II. 77 OVG. 2 1).

Hat ferner ein Kreis zum speziellen Nutzen der ausscheidenden Teile Chausseen ausgebaut, so würde es wieder unbillig sein, wenn der bisherige Kreis die Lasten weiter zu tragen hätte, während das Fortbestehen der Chausseen für die ausgeschiedenen Kreisteile von wesentlichem Vorteile ist. Der Kreis kann dann, nachdem die Voraussetzung, unter der er die Chausseestrecken früher zum Nutzen des ausgeschiedenen Kreisteils gebaut bzw. deren Unterhaltung übernommen hat, mit der Abtrennung weggefallen ist, die Abnahme der Unterhaltungslast von dem Verbande ganz oder teilweise verlangen, in dessen Bezirk der Nutzen habende Teil eingetreten ist. Mit der Unterhaltungslast sind dem Verbande aber auch natürlich die das Äquivalent dafür bildenden Nutzungen (Chausseegeld, Gras, Bäume) zu überweisen (OVG. 6 9).

Bei der Auseinandersetzung auf Grund des § 4 soll der Bezirksausschuß auf Grund eines Rechtsanspruchs darüber befinden, welchen Anteil die ausscheidende Stadt an dem bisher gemeinsamen Aktiv- und Passivvermögen des Kreises, sowie an fortdauernden Leistungen zu gemeinsamen Zwecken der beiden neuen Kreise zu übernehmen habe.

Damit ist klargestellt, daß dem sog. Restkreise nicht von selbst die vorhandenen Vermögensteile und Schulden verbleiben sollen. Allerdings ist auch hier an eine Entscheidung ex aequo et bono gedacht (Erk. v. 28. VI. 83 OVG. 10 10; vgl. auch OVG. 2 15, 7 61, Kunze-Kautz 1 19ff.). Der Teilungsmaßstab ist gesetzlich nicht vorgesehen, die Leistungsfähigkeit der Kreisteile ist zu berücksichtigen, sodann ob die Kreisinstitute, die dem Landkreise verbleiben, auch von Nutzen für den Stadtkreis sind, ein Umstand, der bei Chausseeschulden und der Chausseeunterhaltung von Bedeutung ist. Die Passiva werden dahin zu teilen sein, daß der Stadtkreis sich entweder an der weiteren Verzinsung und Amortisation mit beteiligt oder einen Teil ganz übernimmt (unbeschadet der Rechte der Gläubiger). Auch Chausseestrecken können ganz zur Unterhaltung und zu Eigentum den Stadtkreisen überlassen werden oder der Stadtkreis zahlt dem alten Kreise eine jährliche Rente oder eine Kapitalabfindung, während die Chaussee im Eigentum des Landkreises bleibt. Die „fortdauernde Leistung zu gemeinsamen Zwecken" nach § 4 findet statt, wenn Kreisinstitute gemeinsam bleiben (z. B. Sparkassen, Krankenhäuser). Die Voraussetzung fortdauernder Leistungen ist eben die Gemeinsamkeit der Zweckbestimmung. Wird von der Überweisung des alleinigen Eigentums eines Aktivums an einen Beteiligten abgesehen, später aber beim Bezirksausschusse deswegen die Auseinandersetzung beantragt, so findet das administrative Auseinandersetzungsverfahren eine Fortsetzung gemäß § 4. Ein Teilungsverfahren nach dem BGB. und der ZPO. ist ausgeschlossen.

Der Bezirksausschuß hat nicht bloße Teilungsgrundsätze auszusprechen, sondern einen vollständigen Teilungsplan (wie z. B. unter Erben) aufzustellen. Jeder einzelne Punkt kann mit Klage angefochten werden. Beiden Teilen steht die Klage zu. Hier wird schon darauf hingewiesen, daß die LGemO. v. 3. VII. 91 (§ 3) für die Auseinandersetzung bei Veränderung der Grenzen der Landgemeinde- und Gutsbezirke noch genauere Vorschriften aufgestellt hat (siehe den Artikel bei „Landgemeinden").

Dritter Titel.

Rechte und Pflichten der Kreisangehörigen.

a) Verpflichtung zur Annahme von unbesoldeten Ämtern in der Kreisverwaltung.

Die Kreisangehörigen sind verpflichtet, unbesoldete Ämter in der Verwaltung und Vertretung des Kreises zu übernehmen (§ 8). Es gelten nur bestimmte gesetzliche Entschuldigungsgründe (anhaltende Krankheit, Alter von 60 Jahren usw.). Wer sich ohne diese Entschuldigungsgründe weigert, ein unbesoldetes Amt zu übernehmen, sowie derjenige, der sich trotz ergangener Aufforderung des Kreisausschusses der Verwaltung solcher Ämter tatsächlich entzieht, kann durch Beschluß des Kreistages für drei bis sechs Jahre der Ausübung des Rechts zur Teilnahme an der Vertretung und Verwaltung des Kreises (aktives und passives Wahlrecht) für verlustig erklärt und um ein Achtel bis ein Viertel stärker als die übrigen Kreisangehörigen zu den Kreisabgaben herangezogen werden. Diese Vorschrift gilt nicht für Stadtkreise. Hier sind die Vorschriften der Städteordnungen maßgebend. Gegen jenen Beschluß des Kreistages findet innerhalb zweier Wochen die Klage bei dem Bezirksausschusse statt, mit nachfolgender Berufung an das Oberverwaltungsgericht. Die Klage ist bei dem Gerichte einzureichen.

Zu den unbesoldeten Ämtern gehören das Amt eines Amtsvorstehers, Amtsvorsteherstellvertreters, Kreistagsabgeordneten, eines Mitglieds des Kreisausschusses oder einer Kreiskommission, eines Kreisdeputierten, eines Mitgliedes der Einkommensteuerveranlagungskommission (§ 50 EinkStG.). Für Ämter in den Landgemeinden kommt LGemO. § 65, für städtische Ämter StädteO. § 74 zur Anwendung.

Die Voraussetzung eines Beschlusses des Kreistages nach § 8 ist, daß der zu Bestrafende von der Behörde oder der Körperschaft, die das Amt überträgt, gewählt ist und daß er ausdrücklich oder durch schlüssige Handlungen die Übernahme des Amtes verweigert hat. Äußerungen vor einer Wahl genügen nicht (OVG. 12 6).

Die Klage geht dahin, den Beschluß ganz oder teilweise aufzuheben. Erklärt sich der Kläger im Laufe des Verwaltungsstreitverfahrens bereit, das Amt zu übernehmen, so braucht der Verwaltungsrichter den Beschluß nicht aufzuheben. In der Beurteilung des Sachverhältnisses und hinsichtlich der Verhängung der Strafe ist er vollkommen frei, er kann die Strafen mildern. Steht der Kläger vor dem 60. Lebensjahre, so können die Nachteile doch über sein vollendetes 60. Lebensjahr hinaus ausgedehnt werden (OVG. 13 209).

Der Kreistag ist Beklagter, er kann sich einen besonderen Vertreter bestellen, sonst vertritt ihn der Kreisausschuß.

b) Verpflichtung zu Kreisabgaben.

Die Materie ist durch das KrProvAbgG. v. 23. IV. 06 neu geordnet. Danach sind die Kreise berechtigt, zur Deckung ihrer Ausgaben Gebühren und Beiträge, indirekte und direkte Steuern zu erheben. Gebühren sind die Vergütungen für die Benutzung der von dem Kreise im öffentlichen Interesse unterhaltenen Veranstaltungen (Anlagen, Anstalten, Einrichtungen). Sie sind im voraus nach festen Normen und Sätzen zu besteuern, dabei sind Abstufungen — auch nach der Leistungsfähigkeit des Benutzenden — zulässig. Beiträge dienen zur Deckung der Kosten der Herstellung und Unterhaltung von Veranstaltungen, die durch das öffentliche Interesse erfordert werden; sie werden erhoben von denjenigen Grundeigentümern und Gewerbetreibenden, denen hierdurch

30*

besondere wirtschaftliche Vorteile erwachsen. Die Beiträge werden nach den Vorteilen bemessen. Will der Kreis für eine künftige Veranstaltung Beiträge erheben, so ist vorher der Plan der Veranstaltung nebst Kostenanschlag gemäß § 5 bekannt zu machen.

Gegen die Heranziehung zu Gebühren und Beiträgen steht den Herangezogenen binnen vier Wochen der Einspruch bei dem Kreisausschusse zu, mit nachfolgender Klage bei dem Bezirksausschusse binnen zwei Wochen. Die Entscheidung des Bezirksausschusses kann nur mit der Revision angefochten werden (§§ 11, 14, 16).

Der Kreistag ist ferner befugt (§ 6), mittels Erlasses von Steuerordnungen indirekte Steuern zu legen

a) auf den Erwerb von Grundstücken und von Rechten, für die die auf Grundstücke bezüglichen Vorschriften gelten,

b) auf die Erlangung der Erlaubnis zum ständigen Betrieb der Gastwirtschaft, Schankwirtschaft oder des Kleinhandels mit Branntwein und Spiritus,

c) auf das Halten von Hunden.

Dabei ist eine Abstufung der Steuersätze, auch nach Kreisteilen, zulässig.

Gegen die Heranziehung zu den indirekten Steuern finden dieselben Rechtsmittel (Einspruch, Klage, Revision), wie gegen die Heranziehung zu Beiträgen und Gebühren statt.

Zur Aufbringung der direkten Kreissteuern sind die einzelnen Gemeinden und Gutsbezirke verpflichtet. Die §§ 7ff. geben den Maßstab der Verteilung an. Handelt es sich um Veranstaltungen des Kreises, die ausschließlich oder in besonders hervorragendem oder geringem Maße einzelnen Kreisteilen zustatten kommen, so kann der Kreistag eine ausschließliche Belastung oder eine nach Umfang und Maßstab näher zu bestimmende Mehr- oder Minderbelastung dieser Kreisteile beschließen. Der Kreissteuerbedarf wird auf die Gemeinden und Gutsbezirke verteilt (§ 11). Gegen die Verteilung steht den Gemeinden und Gutsbezirken binnen vier Wochen der Einspruch beim Kreisausschusse zu. Gegen den Beschluß ist binnen zwei Wochen die Klage beim Bezirksausschusse mit nachfolgender Revision beim Oberverwaltungsgerichte zulässig (§ 11). Beklagter ist der Kreisausschuß.

Während die Gemeinden den auf sie entfallenden Teil des Kreissteuerbedarfs gleich den übrigen Gemeindeabgaben aufzubringen haben, wird in den Gutsbezirken der auf sie entfallende Teil von dem Kreisausschusse gemäß der für die direkten Gemeindesteuern geltenden Bestimmungen des KommAbgG. (mit Ausschluß des § 49 Abs. 2 und des § 50 Abs. 1 Satz 2) sowie des G. v. 14. VII. 93 durch Veranlagung der Steuerpflichtigen direkt unterverteilt. Der Kreisausschuß beschließt über die Art der Steuererhebung in den Gutsbezirken. Gegen die Heranziehung steht den Steuerpflichtigen der Einspruch binnen vier Wochen beim Kreisausschusse, dann Klage binnen zwei Wochen beim Bezirksausschusse (dagegen Revision) zu.

Die Verteilung steuerpflichtigen Einkommens auf eine Mehrzahl steuerberechtigter Gutsbezirke und Gemeinden regelt sich nach den §§ 71 bis 74 KommAbgG. Der Verteilungsantrag ist von dem Steuerpflichtigen innerhalb vier Wochen beim Kreisausschusse, soweit Stadtgemeinden in Betracht kommen, beim Bezirksausschusse anzubringen. Der Kreisausschuß (Bezirksausschuß) setzt den auf jede Gemeinde entfallenden Teil fest, dagegen ist binnen zwei Wochen der Antrag auf mündliche Verhandlung zulässig. Dieser Antrag steht dem Steuerpflichtigen und jeder Gemeinde zu. Die Entscheidungen sind mit der Berufung bzw. Revision angreifbar. Je nach dem Interesse zur Sache gruppieren sich die drei Prozeßparteien als Gegner oder Parteigenossen. Von der Beiladung einer der Gemeinden oder der Steuerpflichtigen kann keine Rede sein, sie sind stets Parteien

Unter den Veranstaltungen, die durch das öffentliche Interesse erfordert werden (§ 5), sind nicht bloß solche Kreiseinrichtungen (§ 13 KreisO.) zu verstehen, bei denen der Kreis eine Anlage oder Anstalt selbst ins Leben ruft und unterhält, sondern auch ein Unternehmen eines anderen, z. B. die Erbauung einer Eisenbahn, für die nur ein Geldbeitrag à fonds perdu oder der Grund und Boden unentgeltlich vom Kreise hergegeben wird. Selbst eine Zinsgarantie kann hierunter fallen (siehe die Erk. des OVG. bei Kunze-Kautz 1 40ff.). Zahlreiche Begriffe, die zur Auslegung des KrProvAbgG. erforderlich sind, werden bei dem Abschnitte „Kommunalabgaben" näher erläutert. Zu dem Gesetze ist die AusfAnw. v. 29. IX. 06 (MBl. 277) erlassen worden.

c) Kreishundesteuer.

Durch Steuerordnungen (§ 6 KrProvAbgG.) kann eine indirekte Steuer auf das Halten von Hunden gelegt werden. Dabei ist eine Abstufung der Steuersätze — auch nach Kreisteilen — zulässig. Da Steuerfreiheit gewisser Arten von Hunden nicht verboten ist, erscheint es zulässig, daß die Steuerordnungen auch Steuerbefreiungen enthalten. Die Steuer wird direkt vom Kreise erfordert und bei dem Kreisausschusse ist Einspruch (dann Klage bei dem Bezirksausschusse, Revision) einzulegen. Beklagter ist der Kreisausschuß. Er ist Partei, nicht der Kreiskommunalverband.

Das Gesagte trifft hinsichtlich der Umsatzsteuer, Grundwertsteuer und der Schanksteuer zu. Vgl. Kunze-Kautz 1 31ff., 162ff.

Vierter Titel.

Beanstandung von Beschlüssen der Kreisorgane.

Wie in der ProvO. (§§ 115, 116) wird in der KreisO. (§§ 177, 177a) der Inhalt der Aufsichtsbefugnisse der Staatsbehörden über die Verwaltung der Angelegenheiten der Landkreise näher angegeben. Die Aufsicht übt der Regierungspräsident, in höherer und letzter Instanz der Oberpräsident aus. Die Beschwerde ist binnen zwei Wochen bei der Beschwerdeinstanz anzubringen. Beschlüsse des Kreistages, der Kreiskommissionen, sowie in Kommunalangelegenheiten des Kreises gefaßte Beschlüsse des Kreisausschusses, die deren Befugnisse überschreiten oder die Gesetze verletzen, hat der Landrat mit aufschiebender Wirkung zu beanstanden. Gegen die Verfügung des Landrats steht dem Kreistage, der Kreiskommission, dem Kreisausschusse innerhalb zweier Wochen die Klage bei dem Bezirksausschusse mit nachfolgender Berufung an das Oberverwaltungsgericht zu. Die Kläger können einen besonderen Vertreter bestellen (KreisO. § 178). Die Beschlüsse des Kreisausschusses als staatlicher Beschlußbehörde, also als Organs der allgemeinen Landesverwaltung, sind, falls endgültig, nur mittelst Klage des Vorsitzenden (§ 126 LVG.) anfechtbar; im übrigen regeln sich die Rechtsmittel gegen solche Beschlüsse nach den §§ 115 ff. LVG.

Mit der Beanstandungsverfügung wird die Ausführung des Beschlusses untersagt. Die beschließende Behörde kann, statt Klage zu erheben, auch den Beschluß unausgeführt lassen oder ihn zurücknehmen. Eine Frist für die Beanstandung ist nicht gegeben. Es findet keine Beanstandung statt, wenn die Verhältnisse, die vor dem Beschlusse bestanden, durch ihn unberührt bleiben; denn die unter Rechtskontrolle gestellte Beanstandung setzt voraus, daß der Beschluß in Ermangelung einer Anfechtung positiv rechtliche oder tatsächliche Wirkungen äußert (OVG. 27 87; Erk. v. 20. III. 00 Kunze-Kautz 1 126). Die Verletzung des Gesetzes kann in unrichtiger Anwendung oder in der Nichtanwendung einer gesetzlichen Vorschrift bestehen (OVG. 7 115).

Das Oberverwaltungsgericht (z. B. 10 44, 13 29, 17 25) spricht sich darüber aus, was eine Kommunalangelegenheit ist; es gehören dazu u. a. die Wahlen zum Kreistage, Aufstellung und Berichtigung der Wahlverzeichnisse, Beschluß auf Einsprüche gegen Kreistagswahlen. Der Kreisausschuß muß die Beschlüsse stets als Kreiskommunalbehörde, in den eigenen Angelegenheiten der Kreiskorporation als deren Organ, gefaßt haben (Erk. v. 23. I. 78 OVG. 3 54). Die Wahl zum Kreistage, der Vertretung der Kreiskorporation, und alles, was damit in unmittelbarem Zusammenhange steht, ist recht eigentlich eine Kommunalangelegenheit.

Die Handhabung des Disziplinarrechts über die Kreisbeamten als mittelbare Staatsbeamten ist keine Kreiskommunalangelegenheit; sie ist, auch wenn sie durch Organe der Kommunen erfolgt, ein Akt der Staatshoheit und vollzieht sich lediglich in Ausübung eines Staatshoheitsrechts (OVG. 3 54, vgl. ALR. Teil II Tit. 6 §§ 171—173, Tit. 10 §§ 68, 69, 98—100, Tit. 20 §§ 333—335).

Eine Überschreitung der gesetzlichen Befugnisse liegt vor,

wenn Beschlüsse gefaßt werden, die die Grenzen des Ressorts (§§ 115, 116, 167 KreisO.) nicht innehalten.

Bedarf der Beschluß, um wirksam zu werden, noch einer höheren Bestätigung, so ist die Beanstandung erst auszusprechen und zulässig, wenn die Bestätigung vorliegt. Es empfiehlt sich aber, daß der Landrat bei der bestätigenden Behörde mit seinen Bedenken gleich vorstellig wird.

Sollte selbst die Ausführung eines Beschlusses begonnen haben, so kann die Beanstandung immer noch erfolgen; die weitere Ausführung muß dann mit der Zustellung der Beanstandung unterbleiben, bis im Verwaltungsstreitverfahren rechtskräftig entschieden ist. Rückwirkende Kraft hat die Beanstandung nicht (Erk. v. 7. XII. 94 OVG. 27 87).

Für die Beanstandung braucht nicht ein besonderes öffentliches Interesse nachgewiesen zu werden; das öffentliche Interesse ist dadurch berührt, daß die beanstandeten Beschlüsse das Recht verletzt haben. Daß der Beschluß auf Willkür beruhe oder bewußt das Recht verletze, ist nicht erforderlich. Die Rechtsverletzung kann auch in der Verletzung einer wesentlichen Formvorschrift bestehen. Wird in der Beanstandung ein von der Behörde geübtes Ermessen angegriffen, so kann die Beanstandung doch bestehen, wenn das Ermessen auf Willkür oder Schikane beruht.

Ist der Beschluß gänzlich ausgeführt, so findet die Beanstandung nicht mehr statt. Beschlüsse aber, die sich nicht durch einen Rechtsakt erschöpfen, sondern dauernde Wirkungen haben, können, solange diese Wirkungen andauern, beanstandet werden.

Im übrigen vgl. den Aufsatz, betr. die Zwangsetatisierung gegenüber kommunalen Verbänden, im PrVBl. 18 1ff., 13ff. und die Ausführung in diesem Handbuche bei „Provinzen" S. 444ff.

Fünfter Titel.

Kreistag.

A. Verteilung der Abgeordneten auf die einzelnen Wahlverbände.

Nach der KreisO. (§§ 89—112a) erfolgt die Verteilung der Kreistagsabgeordneten auf die einzelnen Wahlverbände (§§ 89, 90), die Bildung von Wahlbezirken für die Landgemeinden und die zum Verbande derselben gehörigen selbständigen Gutsbezirke, Gewerbetreibenden und Bergwerksbesitzer, sowie die Verteilung der Abgeordneten der Landgemeinden auf dieselben (§ 91), ingleichen die Verteilung der städtischen Abgeordneten auf die einzelnen Städte, bzw. die Bildung von Städtewahlbezirken (§ 92) auf den Vorschlag des Kreisausschusses durch den Kreistag und ist durch das Kreisblatt bekannt zu machen (§ 111). Gegen die gefaßten Beschlüsse des Kreistages steht den Beteiligten binnen zwei Wochen nach Bekanntgabe (§ 112a) die Klage bei dem Bezirksausschusse (mit nachfolgender Revision bei dem OVG.) zu. Als beteiligt gelten nur solche Personen oder Korporationen, die direkt oder indirekt an der Wahl mitwirken; es muß in ihr subjektives Recht eingegriffen sein (OVG. 17 8, 26 6). Sämtliche Kreisangehörige als solche sind damit nicht gemeint. Nach § 92 wird z. B. die Zahl der vom Wahlverbande der Städte zu wählenden Abgeordneten auf die einzelnen Städte nach Maßgabe der Seelenzahl verteilt. Ist die Verteilung entgegen diesem Grundsatze erfolgt, so kann jede Stadtgemeinde die Klage anstellen (der Magistrat als solcher oder die Stadtverordneten sind nicht beteiligt). Oder: Zur Wahl der von dem Wahlverbande der größeren Grundbesitzer zu wählenden Abgeordneten treten die zu diesem Verbande gehörigen Grundbesitzer, Gewerbetreibenden und Bergwerksbesitzer zusammen (§ 94). Wird deren Recht zur Teilnahme an der Wahl verletzt, so steht ihnen die Klage zu. Das Oberverwaltungsgericht hat eine Reihe von Entscheidungen über die ganze Materie (Kunze-Kautz 1 127ff.) gefällt, aus denen hier einzelne angeführt werden sollen:

a) Die gesetzliche Regel des § 49 HannKrO über die Ausgleichung der sich bei der Verteilung der städtischen Abgeordneten ergebenden Bruchteile findet keine Anwendung bei der nach § 48 zu bewirkenden Feststellung der Voraussetzung, unter der mehrere Städte eines Kreises behufs der Wahl mindestens eines gemeinschaftlichen Abgeordneten zu einem Wahlbezirke vereinigt werden (Erk. v. 26. VI. 88).

b) Die Regelvorschrift in § 93 KreisO., betr. die Ausgleichung von Bruchteilen, die sich bei der Verteilung der Abgeordneten auf den Wahlverband der Städte ergeben, findet keine Anwendung, soweit es sich um die Vereinigung mehrerer Städte zu einem Wahlbezirke handelt (Erk. v. 10. V. 01).

c) Wird für einen Kläger die Zugehörigkeit zum Wahlverbande der Landgemeinden nachgewiesen, so ist damit zugleich dessen subjektives Recht dargetan, seinem Wahlverbande die volle, ihm gebührende Zahl der Abgeordneten gesichert zu sehen; er ist deshalb klageberechtigt (Erk. v. 25. IX. 88).

d) Der Umstand, daß die gesetzlich vorgeschriebene neue Verteilung der Abgeordneten nicht alsbald nach Ablauf der dreijährigen Periode stattgefunden hat (RhKreisO. §§ 38ff., 52, 55, 101), macht die nachträglich stattgehabte Verteilung nicht ungültig.

e) Soweit Bevölkerungszahlen entscheidend sind, ist die letzte Volkszählung zugrunde zu legen (Erk. v. 30. VI. 94), und zwar das definitive Ergebnis derselben (Erk. v. 15. III. 01).

f) Die Wahlbezirke, die zum Zwecke der Wahl der Abgeordneten der Landgemeinden zu bilden sind (§ 91 KreisO.), müssen mindestens eine Landgemeinde umfassen, können aber aus mehreren Landgemeinden bestehen. Eine Wahlbezirksbildung dergestalt, daß eine einzige Landgemeinde in mehrere Wahlbezirke zerlegt wird, ist ausgeschlossen (Erk. v. 16. X. 00 OVG. 38 1).

Die Klage geht dahin, die Beschlüsse des Kreistages, der die Rolle des Beklagten hat, aufzuheben. Der Bezirksausschuß kann an Stelle der aufgehobenen Beschlüsse keine neuen setzen. Nach Aufhebung hat der Kreisausschuß dem Kreistage von neuem eine Vorlage zu machen. Der Verwaltungsrichter ist in der Beurteilung der Sachlage frei, er kann auch die Zweckmäßigkeit prüfen (OVG. 48 4).

B. Aktives Wahlrecht.

a) Im Wahlverbande der größeren ländlichen Grundbesitzer.

Die §§ 84—114 KreisO. haben durch G. v. 6. VI. 00 (GS. 147) für die Kreise Teltow und Niederbarnim eine Änderung erfahren, im übrigen verordnet der § 86 über die Bildung des Wahlverbandes der größeren ländlichen Grundbesitzer.

Die in dem für drei Jahre aufgestellten Verzeichnisse der Mitglieder des Wahlverbandes der größeren Großgrundbesitzer aufgeführten Wahlberechtigten sind zur Ausübung des Wahlrechts nicht mehr befugt, wenn nach Abschluß des Verzeichnisses im Laufe der dreijährigen Periode ihre Eigenschaft als Großgrundbesitzer des Kreises in Fortfall gekommen ist. Der Grundbesitz, der dabei in Frage kommt, muß dem Wahlberechtigten selbst gehören; der Grundbesitz, der nur in seinem Verwaltungs- oder Nutzungsrechte steht (als Ehemann, Vater) zählt dabei nicht mit. Ob Eigentum vorliegt, richtet sich nach den Vorschriften des Privatrechts. Der erforderliche Grundbesitz muß in einer Hand liegen, oder auch im Miteigentum mehrerer. Ist ein größeres Gut zersplittert, so haben die sämtlichen Besitzer der verschiedenen abgezweigten Parzellen nicht etwa ein gemeinsames Wahlrecht. Unter ein Miteigentum fällt auch nicht das Besitztum von sog. adeligen Anteilsgütern, auf denen die Besitzer gutsherrliche Rechte und Pflichten gemeinsam ausüben, wenn das einzelne Anteilsgut nicht den Steuersatz des § 88 KreisO. erreicht. Der Großgrundbesitz braucht nicht in kommunaler Hinsicht selbständig (Gutsbezirk) zu sein, doch muß er sich als ein wirtschaftlich selbständiges, geschlossenes Gut darstellen (OVG. 5 1). Ein Mühlenetablissement, dessen Wert nicht in Grund- und Boden, sondern hauptsächlich in den dem Gewerbebetrieb dienenden Gebäuden, Einrichtungen usw. liegt, kann als ein größeres Gut im Sinne des § 97 [2] KreisO. nicht angesehen werden; dabei wäre es unerheblich, ob das Etablissement einen eigenen Gutsbezirk bildet (Erk. v. 18. II. 90 PrVBl. 12 14). Die Auslegung des § 97 KreisO. hinsichtlich der Vertretung der Wahlberechtigten hat vielfach Schwierigkeiten bereitet. Bei der Auslegung ist darauf zu achten, daß in Abs. 2 die Bestimmung enthalten ist:

„Die Vertreter, mit Ausnahme der unter Nr. 7 bezeichneten

(Ehefrauen), müssen in dem Kreise entweder einen Wohnsitz haben oder in demselben Grundeigentum besitzen."

Daraus folgt, daß u. a. ein Bürgermeister, der im übrigen befugt ist, eine Stadtgemeinde zu vertreten, die Vertretungsbefugnis im Wahlverfahren nicht hat, wenn er im Kreise nicht wohnt oder nicht angesessen ist.

Eltern können durch ihre Söhne vertreten werden, wenn den letzteren die Verwaltung eines selbständigen Gutes ganz übertragen ist; Pächter brauchen die Söhne nicht zu sein. Unverheiratete Besitzerinnen können sich durch Vertreter aus der Zahl der ländlichen Grundbesitzer des Kreises vertreten lassen. Dasselbe Recht haben Witwen. Ehefrauen werden durch ihre Ehemänner vertreten.

Die Beglaubigung der Vollmachten ist nicht unbedingt erforderlich; dennoch kann ein Vertreter zurückgewiesen werden, wenn Anlaß vorliegt, die Richtigkeit der Unterschrift zu beanstanden.

b) Im Wahlverbande der Landgemeinden.

Zum Wahlverbande der Landgemeinden gehören die Vertreter der einzelnen Landgemeinden, die Besitzer der selbständigen Güter, soweit sie nicht bei den Großgrundbesitzern wählen, und gewisse Gewerbetreibende und Bergwerksbesitzer (§ 98). Unter selbständigen Gütern im Sinne des § 98 sind kommunalrechtlich selbständige Gutsbezirke zu verstehen. Gleiche Bedeutung haben die Worte in §§ 99, 101, 102, 103. Für die Entstehung eines Gutsbezirks in der Zeit nach der Einführung des ALR. muß der Erwerb der kommunalrechtlichen Selbständigkeit durch landesherrlichen Akt nachgewiesen werden. Das Verzeichnis (§ 10) der zum Wahlverbande gehörigen Besitzer usw. ist alle drei Jahre aufzustellen. Dies Verzeichnis hat nur für die bevorstehende Wahl, für die es angefertigt und veröffentlicht ist, Gültigkeit. Eine Besitznachfolge, die nach der Veröffentlichung eintritt, bewirkt keine Veränderung. Berichtigungen des Verzeichnisses können im Laufe der dreijährigen Periode bei eingetretenem Wechsel nicht vorgenommen werden. Danach sind Besitznachfolger eine Zeitlang von dem ihnen an sich gebührenden Wahlrechte ausgeschlossen.

C. Passive Wählbarkeit zum Wahlmann und Kreistagsabgeordneten.

Der § 106 KreisO. regelt die passive Wählbarkeit zum Mitgliede des Kreistages und zum Wahlmann. (Für die Kreise Teltow und Niederbarnim ist das G. v. 6. VI. 00 maßgebend.) Wählbar in dem Wahlverbande der größeren Grundbesitzer und der Landgemeinden ist ein jeder seit einem Jahre im Kreise angesessene ländliche Grundbesitzer und jeder, der in einer Versammlung dieser Verbände ein Wahlrecht ausübt und seit einem Jahre im Kreise einen Wohnsitz hat. Unter dem Wahlrechte in einer Versammlung „dieser Verbände“ ist das Wahlrecht nach § 86 letzter Absatz, § 98 Nr. 3, sowie nach § 46 LGemO. zu verstehen; auch sind die in § 97 KreisO. benannten Vertreter gemeint, vorausgesetzt, daß sie seit einem Jahre im Kreise einen Wohnsitz haben (Instr. v. 10. III. 73 Art. 13; OVG. 3 21, 31, 35). Die Vertreter müssen als solche ein Wahlrecht ausüben und für den bestimmten Wahltermin mit Vollmacht versehen oder gesetzliche Vertreter sein. Der § 106 Nr. 2 verlangt entweder einjährigen Besitz an Grundstücken oder die Ausübung eines Wahlrechts in einer Versammlung der oben bezeichneten Verbände, verbunden mit einjährigem Wohnsitz im Kreise. Auf die Zugehörigkeit zu einer Gemeindevertretung kommt es nicht an (Kunze-Kautz 1 146). Jede Wahl verliert dauernd oder vorübergehend ihre Wirkung, wenn sich ergibt, daß die für die Wählbarkeit vorgeschriebenen Bedingungen nicht vorhanden sind oder wenn diese Bedingungen gänzlich oder teilweise aufhören (§ 113 Abs. 3). Die Feststellung nach dieser Richtung gehört mit zur Prüfung der Legitimation der Mitglieder des Kreistages. Letzterer nimmt diese Prüfung von Amts wegen vor und beschließt darüber. Der Beschluß des Kreistags ist an eine Frist nicht gebunden (OVG. 12 18). Bis zum Beschlusse bleiben die Gewählten Mitglieder des Kreistages. Wird die Wahl vom Kreistage beanstandet, so kann dagegen binnen zwei Wochen Klage, die keine aufschiebende Wirkung hat, beim Bezirksausschusse erhoben werden (§ 113 Abs. 1). Erst wenn die Klage rechtskräftig abgewiesen ist, hat eine Ersatzwahl stattzufinden. Kläger ist, dessen Wahl beanstandet ist, Beklagter der Kreistag.

Nach § 96 geht das Wahlrecht verloren, wenn der Betreffende aufhört, Angehöriger des Deutschen Reiches und selbständig zu sein oder sich im Besitze der bürgerlichen Ehrenrechte zu befinden. Ehrenrührigkeit ohne richterliche Absprechung der Ehrenrechte schließt die Wählbarkeit nicht aus. Unter der „gerichtlichen Haft“ in § 96 ist die gerichtliche Untersuchungshaft zu verstehen. Eine „gerichtliche Untersuchung“ gilt nur dann als „eingeleitet“, wenn das Gericht die Eröffnung des Hauptverfahrens beschlossen hat (OVG. 18 1).

D. Wahlverfahren; Prüfung der Legitimation.

Die Vorschrift in § 107, daß alle drei Jahre die Hälfte bzw. die der Hälfte am nächsten kommende Zahl der Abgeordneten eines Wahlverbandes ausscheidet und durch neue zu ersetzen ist, findet auch dann Anwendung, wenn sich nicht eine dementsprechende Anzahl durch Ablauf der sechsjährigen Wahlperiode erlöschender Mandate innerhalb des Wahlverbandes vorfindet. Auch in diesem Falle entscheidet das Los, wer auszuscheiden hat (OVG. 6 71). Haben die Ergänzungswahlen aus irgendeinem Grunde nicht im November, sondern später stattgefunden, so werden dadurch die Wahlen nicht ungültig.

Dem Wahlvorstande der Wählerversammlungen steht formell die Berechtigung nicht zu, einen Gewählten von der Ausübung des Wahlrechts auszuschließen. Ist dies dennoch geschehen, so begründet eine solche Ausschließung die Ungültigkeit der Wahl dann nicht, wenn gerade die Teilnahme des Ausgeschlossenen die Wahl ungültig gemacht haben würde. Das der KreisO. angehängte WahlRegl. und die dazu erteilte Instruktion enthalten teils wesentliche, teils unwesentliche Vorschriften. Die Innehaltung der ersteren ist unerläßliche Bedingung der Gültigkeit der Wahlen. Dem Verwaltungsrichter ist die Befugnis beigelegt, frei zu befinden, was nach Lage des besonderen Falles auf die Wahl Einfluß geübt hat. Haben gewisse Versehen auf die Wahl Einfluß geübt, so gehören sie zu den wesentlichen Mängeln des Wahlverfahrens. Die Verpflichtung der Beisitzer, des Protokollführers und der Stimmzähler mittels Handschlags an Eides Statt (Kunze-Kautz 1 148) ist an sich keine unbedingt zu beobachtende Förmlichkeit. Das WahlRegl. bestimmt nicht, wie die Beisitzer gewählt werden sollen. Die Wahl kann durch Akklamation oder durch mündliche Abstimmung erfolgen. Stimmzettel, die nicht unrichtig, sondern nur unvollständig infolge von Abkürzungen, Fehlens des Vornamens sind, brauchen nicht für ungültig erklärt zu werden, wenn sie keine Zweifel über die Person des Gewählten zulassen.

Das Oberverwaltungsgericht hat als wesentliche Mängel des Wahlverfahrens angesehen, wenn der Name des Klägers in das Verzeichnis nicht aufgenommen war (OVG. 9 15), wenn bei der engeren Wahl Wähler zugelassen werden, die sich an dem ersten Wahlgange nicht beteiligt haben (OVG. 3 18) usw.

Die Wahlprotokolle sind von dem Wahlvorstande zu unterzeichnen. Fehlt eine Unterschrift wegen Weigerung eines Beisitzers, oder wird die Unterschrift nicht im Wahllokale geleistet, so wird dadurch die Wahlhandlung nicht ungültig.

Der Wahlvorstand hat diejenigen für gewählt zu erklären, die die Hälfte der Stimmen erhalten haben; eventuell entscheidet das Los. Die vom Wahlvorstande als gewählt erklärten Personen gelten zunächst als Mitglieder des Kreistages. Der Wahlvorstand hat sich sofort darüber schlüssig zu machen, wen er für gewählt hält. Einer besonderen öffentlichen Verkündigung in der Wahlversammlung bedarf es nicht; sie ist aber üblich. Gemäß des Beschlusses des Wahlvorstandes ist der Gewählte aufzufordern, sich über Annahme oder Ablehnung innerhalb längstens fünf Tagen zu erklären. Wird die Frist versäumt, so ist die Wahl unwirksam. Eine Verlängerung der Frist ist ausgeschlossen. Entsteht über die rechtzeitige Annahme zwischen dem Gewählten und dem Vorsitzenden Streit, so hat darüber der Kreistag zu beschließen.

Das Klagerecht des Einsprechenden gilt als entstanden, wenn der Einspruch vom Kreistage durch Beschluß zurückgewiesen ist; doch rechnet die zweiwöchige Klagefrist von dem Tage, an dem der Kläger von der Zurückweisung des Einspruchs Kenntnis erhalten hat. Ist die Klage vor Zustellung des Beschlusses eingelegt, so ist sie nicht verfrüht oder unzulässig.

Gegen das Wahlverfahren, den eigentlichen Wahlakt (§ 113), kann jedes Mitglied einer Wahlversammlung innerhalb zweier Wochen Einspruch bei dem Vorsitzenden des Wahlvorstandes erheben. Die Beschlußfassung über den Einspruch, über den die Beteiligten (die Gewählten, deren Wahl angegriffen wird) vorab zu hören sind, steht dem Kreistage zu. Der Vorstand wird bei Überreichung des Einspruchs sich über denselben zu äußern haben. Gegen den Beschluß, der dem Einsprechenden und dem, dessen Wahl angegriffen ist, behändigt werden muß, kann der Einsprechende oder der, dessen Wahl kassiert ist, Klage binnen zwei Wochen beim Bezirksausschusse erheben. Dritte Personen, die nicht Einspruch erhoben haben, sind nicht klageberechtigt. Parteien und Gegenparteien sind die genannten und der Kreistag (OVG. 13 29). Hat der Kreistag die Wahl kassiert, so sind er und der Einsprechende Beklagte und notwendige Streitgenossen. Die Beiladung genügt nicht. Die Ausführungen in OVG. 31 108, 36 187, 40 12, 168 sind unrichtig. Im übrigen siehe die Ausführungen unter „Provinziallandtag" S. 442 und „Passive Wählbarkeit" S. 462f.

Sechster Titel.

Zwangsetatisierungen.

Unterläßt oder verweigert ein Kreis, die ihm gesetzlich obliegenden, von der Behörde innerhalb der Grenzen ihrer Zuständigkeit festgestellten Leistungen auf den Haushaltsetat zu bringen oder außerordentlich zu genehmigen, so verfügt der Regierungspräsident, unter Angabe der Gründe, die Eintragung in den Etat oder die Feststellung der außerordentlichen Ausgabe (§ 180). Gegen die Verfügung, die an den Kreisausschuß zu richten ist (OVG. 11 15), steht dem Kreise innerhalb zweier Wochen die Klage bei dem Oberverwaltungsgericht zu. Beklagter ist der Regierungspräsident. Zur Ausführung der Rechte des Kreises kann der Kreistag einen besonderen Vertreter bestellen (§ 4 ZustG.). Das über die Zwangsetatisierung von Provinzialausgaben Gesagte (S. 446ff.) gilt hier sinngemäß. Die Weigerung des Kreisausschusses ist die Weigerung des Kreises; eine Weigerung kann in einem bloß negativen Verhalten gefunden werden.

Die Behörden, welche Leistungen des Kreises feststellen können, sind u. a. folgende:

a) Zur Aufbringung der Provinzialsteuern sind die einzelnen Kreise verpflichtet. Der Provinzialausschuß verteilt den vom Provinziallandtage festgestellten Steuerbedarf auf die Kreise (KrProvAbgG.

§§ 25, 28). Demgemäß ist es der Provinzialausschuß, der die Leistung feststellt. Die Feststellung liegt in dem Verteilungsbeschlusse.

b) Fortschreibungsvermessungsgebühren werden in Hebelisten nachgewiesen, die der Katasterkontrolleur aufstellt, der Katasterinspektor prüft und feststellt und die Regierung, Abt. für direkte Steuern, mit dem Festsetzungsvermerke versieht. Damit ist eine Feststellung im Sinne des § 180 KreisO. gegeben.

c) Die Kosten, welche in einem rechtskräftig entschiedenen Gerichts- oder Verwaltungsstreitverfahren den Kreisen auferlegt sind, gelten in gleichem Sinne als festgestellt. Die Zwangsetatisierung wird sich dann empfehlen, wenn dem Kreisausschusse weder im Etat noch sonstwie vom Kreistage die erforderlichen Mittel bereitgestellt sind.

d) Eine gegen den Kreis ergangene polizeiliche Verfügung (§ 127 LVG.) stellt auch die Feststellung einer Leistung dar, wenn darin eine solche gefordert ist. Hier gilt das zu c) Gesagte.

Über die Rechtskontrolle des Verwaltungsrichters sprechen sich die OVG. 8 48, 10 138, 13 57, 236, 14 107, 20 65 aus; siehe ferner Kunze-Kautz 1 164 ff. Die Rechtskontrolle ist dieselbe, wie bei anderen Zwangsetatisierungen (formelle Berechtigung des Regierungspräsidenten, Berechtigung der Feststellungsbehörde, gesetzliche Leistung).

Siebzehnter Abschnitt.

Amtsbezirke in den östlichen Provinzen und Schleswig-Holstein.

Behufs Verwaltung der Polizei und Wahrnehmung anderer öffentlicher Angelegenheiten wird jeder Kreis, mit Ausschluß der Städte, in Amtsbezirke geteilt (§ 47 KreisO.). Jeder Amtsbezirk soll tunlichst ein räumlich zusammenhängendes und abgerundetes Flächengebiet umfassen. Gemeinden, die aus eigenen Kräften die Kosten der Amtsverwaltung bestreiten können, dürfen zu einem Amtsbezirke erklärt werden. Gleiches gilt für Gutsbezirke. Alle übrigen Landgemeinden und Gutsbezirke werden zu Amtsbezirken vereinigt. Die Bildung der Amtsbezirke und ihre Abänderung erfolgt durch den Minister des Innern (§ 49). Der Minister kann auch Gutsbezirke und Landgemeinden, die innerhalb der Feldmark einer Stadt liegen oder an sie unmittelbar grenzen, hinsichtlich der Polizeiverwaltung mit dem Stadtbezirke vereinigen (§ 49a).

Die Amtsbezirke haben nicht gleich den politischen Gemeinden und Kreisen eine gesetzlich nicht umgrenzte Vollmacht bekommen, Ausgaben im Interesse der Amtsverbände zu beschließen. Ihre Befugnisse sind vielmehr durch §§ 52, 69 scharf begrenzt. Selbst mit Zustimmung der beteiligten Gemeinden und Gutsbezirke dürfen Ausgaben über diese Grenzen hinaus nicht übernommen werden (Erk. v. 11. IV. 88 OVG. 16 44).

Die Organe der Amtsverwaltung in den Amtsbezirken sind der Amtsvorsteher und der Amtsausschuß (§§ 50 ff.). Die Befugnisse des Amtsausschusses bestimmt der § 52. Es gehört dazu namentlich die Kontrolle sämtlicher und die Bewilligung derjenigen Ausgaben, die vom Amtsbezirke aufgebracht werden (§§ 69, 70 Abs. 4). Für die nach der KreisO. den Gemeinden und Gutsbezirken gemeinsamen Angelegenheiten stehen dem Amtsverbande die Rechte einer Korporation zu. Sie wird nach außen durch den Amtsvorsteher vertreten (§ 55). Er bedarf zur Prozeßführung keiner besonderen Ermächtigung des Amtsausschusses. Soweit die Kosten der Amtsverwaltung durch die vom Staate überwiesenen Beträge ihre Deckung nicht finden, trägt sie das Amt. In den zusammengesetzten Amtsbezirken gilt für die Aufbringung der Verwaltungskosten in Ermangelung einer Vereinbarung unter den Beteiligten der nach Maßgabe des Gesetzes in dem Kreise für die Kreisabgaben festgestellte Maßstab (§ 70). Die Gemeinden und Gutsbezirke haben den auf sie entfallenden Anteil an den Kosten der Amtsverbände als Kommunallast zu tragen und aufzubringen (OVG. 4 139). In nicht zusammengesetzten Amtsbezirken werden die Kosten der Amtsverwaltung gleich den übrigen Kommunalbedürfnissen aufgebracht (§ 71). Was zu den Kosten der Amtsverwaltung gehört, ist in Kunze-Kautz 1 181 ff. behandelt.

Ein Verwaltungsstreitverfahren entwickelt sich in mehrfacher Hinsicht bei der Amtsverwaltung:

Nach § 54a hat der Amtsvorsteher Beschlüsse des Amtsausschusses, die seine Befugnisse überschreiten oder die Gesetze verletzen, mit aufschiebender Wirkung zu beanstanden. Gegen die Verfügung ist die Klage bei dem Kreisausschusse innerhalb zweier Wochen zulässig. Es gilt hier sinngemäß, was bei den Kreisen und Provinzen gesagt ist. Kläger ist der Amtsausschuß, Beklagter der Amtsvorsteher, der den Amtsausschuß, obwohl sein sonstiger gesetzlicher Vertreter, in diesem Verfahren nicht vertreten darf. Der Amtsausschuß muß daher einen besonderen Vertreter bestellen. Gegen die Entscheidung des Kreisausschusses ist auch Berufung, dann die Revision zugelassen.

In zusammengesetzten Amtsbezirken beschließt der Amtsausschuß auf Beschwerden und Einsprüche, betreffend das Recht zur Mitbenutzung der öffentlichen Einrichtungen und Anstalten des Amtsbezirks und die Heranziehung oder die Veranlagung zu den Kosten der Amtsverwaltung oder zu anderen Amtsausgaben (§ 70a). Die Beschwerden und Einsprüche der letzteren Art sind innerhalb zweier Monate nach Bekanntmachung der Abgabenbeiträge bei dem Amtsvorsteher anzubringen. Gegen den Beschluß des Amtsausschusses findet innerhalb zweier Wochen die Klage bei dem Kreisausschusse statt (später Berufung, dann Revision). Die Einsprüche bei Heranziehung oder Veranlagung zu den Amtsausgaben usw. können nur die einzelnen Gemeinden und Gutsbezirke erheben; sie sind Kläger, nicht die einzelnen Amtseingesessenen (OVG. 2 72, 22 4). Einen Streit der Gemeinden und Gutsbezirke untereinander über ihre im öffentlichen Rechte begründeten Berechtigungen oder Verpflichtungen zu den Nutzungen der öffentlichen Einrichtungen und Anstalten bzw. zu den Lasten kennt das Gesetz nicht (OVG. 40 26). Hinsichtlich der Benutzung der Provinzialanstalten gibt es ebenfalls eine solche Klage der Beteiligten untereinander nicht. In den zulässigen Streitigkeiten über die Heranziehung zu den Kosten der Amtsverwaltung usw. gilt als Beklagter der Amtsausschuß, vertreten durch den Amtsvorsteher.

Auch die Zwangsetatisierung, und zwar durch den Landrat, ist bei den zusammengesetzten Amtsverbänden zugelassen (§ 72). Der Amtsausschuß kann statt des Amtsvorstehers einen besonderen Vertreter zur Ausführung der Rechte des Amtsverbandes bestellen. Die Klage ist beim Bezirksausschusse gegen den Landrat binnen zweier Wochen anzustellen, darauf Berufung an das Oberverwaltungsgericht. Besonderheiten gelten hier nicht.

Wegen der Ämter in Westfalen und der Landbürgermeistereien in der Rheinprovinz siehe Kunze-Kautz 1 199ff.

Achtzehnter Abschnitt.

Stadtgemeinden.

Erster Titel.

Einleitung.

Die Städte sind solche Gemeinden, welche Stadtrecht besitzen. Das Stadtrecht verleiht der König. Einer Landgemeinde kann durch Königliche Verordnung die Annahme der Städteordnung, d. i. des Stadtrechts, verliehen werden. Ebenso kann einer Stadt die Annahme der Landgemeindeordnung gestattet werden; damit verliert sie das Stadtrecht.

Der frühere Unterschied von Immediat- und Mediatstädten hat aufgehört. Die Vorschriften in den §§ 7 bis 21 ZustG. finden auch auf die in § 1 Abs. 2 StädteO. v. 30. V. 53 und auf die in §§ 94ff. des G. v. 14. IV. 69 (Schleswig-Holstein) erwähnten Flecken Anwendung. Für die sieben östlichen Provinzen mit Ausschluß von Neuvorpommern und Rügen gilt die StädteO. v. 30. V. 53, dazu die Instr. v. 20. VI. 53 (MBl. 138), die Instr. v. 17. VII. 54 (MBl. 128) und die Instr. für die Stadtmagistrate v. 25. V. 35 (von Kamptz Ann. 733).

Für Neuvorpommern und Rügen ist die StädteO. v. 19. III. 56, für Westfalen die vom 19. III. 56, für die Rheinprovinz die v. 15. V. 56, für die Stadt Frankfurt a. M. die v. 25. III. 67, für die Städte und Flecken der Provinz Schleswig-Holstein das Gesetz v. 14. IV. 69 erlassen. Die revidierte StädteO. für das ehemalige Königreich Hannover v.

24. VI. 58 ist durch eine neuere StädteO. nicht ersetzt. Für Hessen-Nassau (mit Ausnahme von Frankfurt a. M.) gilt die StädteO. v. 4. VIII. 97; Hohenzollern hat keine StädteO., hier ist die GemO. v. 3. VII. 00 jetzt auch für die Städte maßgebend.

Zweiter Titel.

Veränderungen der Grenzen der Stadtbezirke. Streitigkeiten über bestehende Grenzen.

Den städtischen Gemeindebezirk, Stadtbezirk, bilden alle diejenigen Grundstücke, für die die Verfassung der Stadt Geltung hat, mögen sie auch besondere Namen haben (Vorstadt, Abbau, Kolonie).

Soweit nach den maßgebenden Gemeindeverfassungsgesetzen eine Beschlußfassung der Aufsichtsbehörde zusteht (vgl. § 2 StädteO. v. 30. V. 53), beschließt der Bezirksausschuß über die Veränderung der Grenzen des Stadtbezirks (§ 8 ZustG.). Darunter fallen nicht die Fälle, wo durch Gesetz oder Königliche Entschließung Stadtbezirksveränderungen vorkommen (z. B. Rheinische StädteO. § 2). Da nach § 147 GemTeilO. v. 7. VI. 21 Abfindungsländereien ein Ersatz der dadurch abgelösten Berechtigungen sind, so hatte von jeher die Generalkommission die Befugnis, Abfindungsländereien der städtischen Feldmark zuzuschlagen. Die Befugnis ist durch § 8 ZustG. nicht aufgehoben worden (vgl. Erk. v. 8. XII. 77 OVG. 3 99). Über die Auseinandersetzung, die infolge der Veränderung der Grenzen notwendig wird, beschließt ebenfalls der Bezirksausschuß, gegen den Beschluß ist binnen zwei Wochen der Antrag auf mündliche Verhandlung (Klage) zulässig (darauf Berufung an das Oberverwaltungsgericht). In Berlin beschließt der Oberpräsident, gegen dessen Beschluß die Klage beim Oberverwaltungsgerichte binnen zwei Wochen gegeben ist. Parteien sind die Gemeinden (Gutsbezirke), deren Grenzen verändert worden sind. Haben sich die Parteien untereinander geeinigt, so ist dieser Vergleich dennoch vom Bezirksausschusse zu genehmigen, da er öffentlich-rechtliche Natur hat; die Genehmigung wird unbedenklich zu erteilen sein, wenn durch den Vergleich die öffentlichen Interessen gewahrt sind. Der § 8 ZustG. gibt keine Grundsätze für die Auseinandersetzung an. Beim Mangel anderer Bestimmungen liegen die Verhältnisse hier ebenso, wie bei der Veränderung von Kreisgrenzen auf Grund des § 3 KreisO. (nicht des § 4), worüber oben im Abschnitte „Kreise“ das Erforderliche gesagt ist. Es greifen indessen die neueren Vorschriften der LGemO. v. 3. VII. 91 § 2 Platz, über die im Abschnitte „Landgemeinden“ das Nähere mitgeteilt werden soll, wenn Teile einer Landgemeinde oder eines Gutsbezirks mit berührt werden. Deshalb gilt § 8 nur für den Fall, daß es sich nur um Stadtbezirke handelt.

Streitigkeiten über die bestehenden Grenzen der Stadtbezirke unterliegen der Entscheidung des Bezirksausschusses (dagegen Berufung) im Verwaltungsstreitverfahren (§ 9 ZustG.). Handelt es sich um die Grenzen der Stadt Berlin, so entscheidet das Oberverwaltungsgericht. Parteien sind die betreffenden Gemeinden. Die Klage kann jederzeit angestellt werden. Solange die Streitigkeit im Verwaltungsstreitverfahren nicht zum Austrage gebracht ist, kann der Bezirksausschuß (in Berlin der Oberpräsident) einen interimistischen Beschluß über die Grenzen fassen. Dieser Beschluß ist endgültig und bis zur rechtskräftigen Entscheidung im Verwaltungsstreitverfahren auf Klage eines Beteiligten maßgebend (vgl. § 67 Abs. 3 ZustG.).

Der Beschluß wirkt inter omnes, ebenso das im Verwaltungsstreitverfahren ergehende Erkenntnis; das gesamte öffentliche Rechtsgebiet hat sich danach zu richten. Die Anfechtung des Beschlusses steht nur den Beteiligten zu, nicht einem Dritten. Die Wirkung inter omnes zeigt sich z. B., wenn die Grenzen eines gemeinschaftlichen Jagdbezirks streitig sind. Es würden die beiden Jagdvorsteher darüber untereinander streiten können. Hat aber der Bezirksausschuß nach § 9 einen Beschluß gefaßt, so ist dieser bis auf weiteres auch maßgebend für die gemeinschaftlichen Jagdbezirke (vgl. S. 262) so lange, bis im Verwaltungsstreitverfahren eine anderweitige Entscheidung rechtskräftig ergangen ist. Der Regierungspräsident ist bei den Streitigkeiten aus § 9 nach § 74 Abs. 2 LVG. befugt, einen Kommissar zur Wahrnehmung des öffentlichen Interesses für die mündliche Verhandlung zu bestellen. Von der Bestellung eines Kommissars nach § 74 Abs. 3 kann keine Rede sein, da die Parteien gegeben sind. Sollten allerdings die Beteiligten mit Klage nicht vorgehen, so steht nichts entgegen, daß ein Kommissar nach § 74 Abs. 3 die Klage erhebt. Wie sich die Beteiligten dann gruppieren, als Gegner oder Streitgenossen, hängt von dem Inhalte des Beschlusses und der Stellung der Parteien dazu ab.

Wer sind die Beteiligten? Die Streitigkeit soll zum Austrage bringen, zu welchem Kommunalbezirke einzelne Grundstücke gehören, insbesondere ob sie Teile einer Stadtgemeinde sind. Die Besitzer dieser Grundstücke müssen, da ihr rechtliches Interesse an der Entscheidung ebenso groß ist als das der Gemeinden, als Parteien im Verwaltungsstreitverfahren zugezogen werden. Die Gemeinden sind es ebenfalls (Erk. v. 18. I. 98 PrVBl. 20 3). Unrichtig ist die Annahme des Oberverwaltungsgerichts (10 92, 12 183), daß die Beiladung der Besitzer die Parteistellung ersetzt, ebenso unrichtig, daß die unterlassene Beiladung ein Revisionsgrund ist, da die Unterlassung einer Beiladung niemals einen solchen abgeben kann. Klagt der Grundstücksbesitzer, so wird er die Klage gegen die Gemeinde richten, welche ihm die kommunale Zugehörigkeit versagt; die Gemeinde, welche seinem Antrage beitritt, ist seine Streitgenossin. Ohne die Zuziehung der Gemeinde als Partei kann der Streit nicht entschieden werden (ZPO. § 62). Der Fall liegt hier ebenso wie bei einem Streite über die jagdrechtliche Stellung einer Grundfläche als Waldenklave; Parteien sind der Waldbesitzer, der Jagdvorsteher und der Enklavenbesitzer. Die Zuziehung des letzteren zum Streite könnte unterbleiben, wenn er z. B. die Enklaveneigenschaft anerkannt hat (OVG. 18 295, 29 303 u. Kunze-Kautz 2 187). Dann würde die Beiladung genügen. Gleiches würde im Falle des § 9 ZustG. maßgebend sein. Die Streitigkeit kann auch zu dem Ziele führen, daß das in Frage stehende Grundstück als zum Stadtgebiete gehörig nicht angesehen wird, ohne daß gleichzeitig ein positiver Ausspruch über seine sonstige kommunale Zugehörigkeit erfolgt (Kunze-Kautz 1 225). Wird vom Besitzer eines Grundstücks behauptet, daß es kommunalfrei sei, während die Stadt behauptet, es gehöre zum Stadtgebiete, so sind Parteien die Stadtgemeinde und der Grundbesitzer.

Der § 9 ZustG. enthält nicht die ausdrückliche entsprechende Vorschrift aus § 26, daß über die Eigenschaft einer Ortschaft als Stadtgemeinde im Verwaltungsstreitverfahren zu entscheiden sei. Der Fall wird selten vorkommen. Es ist aber mit von Brauchitsch, Anm. zu § 9, anzunehmen, daß die entsprechende Klage im Verwaltungsstreitverfahren zulässig ist.

Dritter Titel.

Bürgerrecht. Bürgerrechtsgeld. Teilnahme an den Wahlen zur Gemeindevertretung usw.

(§ 10 ZustG.)

Die Gemeindevertretung beschließt auf beim Gemeindevorstande anzubringende Beschwerden und Einsprüche, betreffend den Besitz oder den Verlust des Bürgerrechts, des Rechts zur Teilnahme an den Wahlen zur Gemeindevertretung, des Rechts zur Bekleidung einer den Besitz des Bürgerrechts voraussetzenden Stelle in der Gemeindeverwaltung oder -vertretung, die Verpflichtung zum Erwerbe oder zur Verleihung des Bürgerrechts, zur Zahlung von Bürgergewinngeldern und zur Leistung des Bürgereides, die Zugehörigkeit zu einer bestimmten Bürgerklasse, die Richtigkeit der Gemeindewählerliste, über die Gültigkeit der Wahlen zur Gemeindevertretung. Einsprüche gegen die Richtigkeit der Wählerliste sind während der Dauer der Auslegung zu erheben. Im übrigen setzt das ZustG. keine Frist für den Einspruch oder die Beschwerde fest (§ 10 das.). Gegen den Beschluß der Gemeindevertretung findet die Klage binnen zwei Wochen bei dem Bezirksausschusse statt. Auch der Gemeindevorstand kann die Klage erheben (§ 11). Die Klage ist bei dem Bezirksausschusse direkt anzubringen. Für den Einsprechenden beginnt die Frist mit der Zustellung, für den Gemeindevorstand, dem der Beschluß zur Ausführung überwiesen wird, mit der Überweisung, nicht mit der Zustellung an den Einsprechenden. Gegen die Entscheidung des Bezirksausschusses ist die Berufung gegeben. Die Gemeindevertretung kann im

Verwaltungsstreitverfahren einen besonderen Vertreter bestellen, dies wird erforderlich sein, wenn der Gemeindevorstand (§ 11) die Klage selbst erhebt. Die Klage hat in den Fällen des § 10 unter 1 u. 2 keine aufschiebende Wirkung (§ 11).

Der Einspruch (die Beschwerde) ist schriftlich anzubringen. Der Einsprechende kann nicht verlangen, daß er von der Gemeindevertretung zu Protokoll genommenwird. Ist aber auf einen mündlichen Einspruch ein Beschluß gefaßt, so ist letzterer die gesetzliche Grundlage für die Klage. Der Beschluß ist schriftlich abzufassen und dem Einsprechenden zuzustellen. Fehlt es an der Zustellung und ist dennoch die Klage erhoben, so darf nicht etwa der Beschluß als nicht vorhanden und nicht anfechtbar angesehen werden; höchstens kann angenommen werden, daß der Lauf der Klagefrist nicht beginnen konnte (Erk. v. 21. III. 99 OVG. 35 135).

Die Gemeindevertretung kann gegen den verspäteten Einspruch (§ 52 Abs. 2 LVG.) in freier Weise Wiedereinsetzung in den vorigen Stand bewilligen (Erk. v. 13. XI. 93 OVG. 26 254). Auch eine stillschweigende Wiedereinsetzung kann aus konkludenten Handlungen der Gemeindevertretung gefolgert werden, es muß dabei aber der Wille, die Wiedereinsetzung zu bewilligen, erkennbar sein. Ist der Gemeindevertretung die Fristversäumnis offenbar entgangen, so ist die Folgerung unzulässig (vgl. Erk. v. 21. III. 99 OVG. 35 135).

Die Gemeindevertretung ist in den östlichen Provinzen, in Westfalen, in der Rheinprovinz, in Schleswig-Holstein, Frankfurt a. M. die Stadtverordnetenversammlung, in Neuvorpommern und Rügen das bürgerschaftliche Kollegium, in Hannover das Bürgervorsteherkollegium, im vormaligen Kurfürstentum Hessen der Gemeindeausschuß, im Regierungsbezirk Wiesbaden die Stadtverordnetenversammlung bzw. der Bürgerausschuß, letzterer ebenso in Hohenzollern.

Beschwerden und Einsprüche sind die alte Reklamation. Es kommt nicht darauf an, welchen Namen der Reklamant dem Rechtsmittel gibt, es ist eine Anrufung der Behörde, die einen Anspruch erhoben oder abgewiesen hat oder die Wählerliste aufgestellt hat, mit dem Antrage, die Angelegenheit gemäß des Antrags des Beschwerdeführers in erneute Erwägung zu ziehen. Die Anrufung, die den Ausdruck der Unzufriedenheit nach bestimmter Richtung zu enthalten hat, soll aus praktischen Gründen das weitläufigere Verwaltungsstreitverfahren möglichst vorab unnötig machen; von Brauchitsch (1 Anm. 18 zu § 10 ZustG.) erblickt in der Beschwerde die Unzufriedenheit mit den bereits vollzogenen, in dem Einspruche die Unzufriedenheit mit dem noch zu vollziehenden fremden Willen. Richtiger ist es wohl, das Rechtsmittel Beschwerde zu nennen, wenn Anträge oder Ansprüche des Beschwerdeführers von der Stadtgemeinde abgewiesen sind, und Einspruch, wenn ohne solchen Antrag und Anspruch seitens des Beteiligten die Stadtgemeinde selbst gegen ihn einen Anspruch erhebt oder ihn einer bestimmten Bürgerklasse zuweist, die Wählerliste unrichtig aufstellt. Die Beschwerde kann auch gegen die Festsetzung der Zugehörigkeit zu einer bestimmten Bürgerklasse eingelegt werden. Solche Festsetzungen finden in den Städten in Neuvorpommern und Rügen (Kaufleute, selbständige Handwerker, Tagelöhner usw.), im Geltungsgebiete der KurhGemO., des GroßhHessG. v. 3. V. 56, der HechStädteO. und der SigmGemO. statt (von Brauchitsch Anm. 19 zu § 10 ZustG.). Das ZustG. enthält sich einer Äußerung, welches Gemeindeorgan zu dem Einspruche oder der Beschwerde Anlaß gegeben haben muß. Dies ist nicht immer die Gemeindevertretung, es kann auch der Gemeindevorstand sein. Jedenfalls muß der Anlaß von dem zuständigen Gemeindeorgane ausgegangen sein. Zwischen dem Gemeindeorgane und dem Beschwerdeführer muß das Rechtsverhältnis streitig sein (Analogie § 53 WassGenG. v. IV. 79).

Der Einspruch gegen die Richtigkeit der Gemeindewählerliste kann von jedem Mitgliede der Stadtgemeinde erhoben werden, mit der Behauptung, daß die Liste in bestimmt zu bezeichnender Weise unrichtig sei. Damit wird auch ohne weiteres die Klage begründet, wenn der Einspruch zurückgewiesen worden ist. Nach der StädteO. ist die Liste nach Wahlabteilungen und nach Wahlbezirken einzuteilen. Nach Offenlegung und während dieser Zeit kann jedes Mitglied der Gemeinde Einspruch erheben (StädteO. § 20). Sollte auf Beschluß der Gemeindevertretung der Name eines Eingetragenen wieder gestrichen werden, so ist ihm dies acht Tage vorher von dem Magistrat unter Angabe der Gründe mitzuteilen, und diese Mitteilung gilt als Beschluß, gegen den die Klage stattfindet. Die Klage richtet sich stets gegen die Gemeindevertretung. Ist der Einspruch berücksichtigt worden, so hat derjenige, der dadurch etwa aus der Liste gestrichen wird, die Klage gegen die Gemeindevertretung und den Einsprechenden. Der letztere ist Partei. Dies wird vom Oberverwaltungsgericht übersehen; die Beiladung genügt nicht. Solange das Gesetz jedem Mitgliede der Stadtgemeinde das Recht des Einspruchs gibt (eine Art Popularklage), ist es nicht angängig, beim Siege des Einsprechenden diesen im Verwaltungsstreitverfahren auszuschalten, da er das Rechtsmittel des Einspruchs ergriffen hat und anzunehmen ist, daß er die dafür geltend gemachten Gründe in erster Linie im Verwaltungsstreitverfahren vertreten wird. Die vom Oberverwaltungsgericht in dem Erk. v. 17. IX. 86 (OVG. 14 56) zurückgewiesene Analogie mit dem AnsiedlG. v. 25. VIII. 76 liegt in der Tat vor. Wenn in der Klage die Zuziehung des Einsprechenden als Partei nicht beantragt ist, wird sie vom Gerichte zu erfolgen haben. Das Gerichte hat die Parteirollen von Amts wegen zu ordnen.

Nach der Begründung zu § 10 ZustG. ist unter den Worten „Besitz oder Verlust des Bürgerrechts“ je nach dem System und dem Sprachgebrauche der Gemeindeverfassungsgesetze die (mittelst besonderen Aktes zu erwerbende) Gemeindemitgliedschaft überhaupt oder nur das (beim Vorhandensein der vorgeschriebenen Bedingungen dem Einwohner der Stadtgemeinde kraft Gesetzes zustehende) Recht zur Teilnahme an den Gemeindewahlen zu verstehen. Nach § 5 StädteO. v. 30. V. 53 (abgeändert durch EinkStG. v. 24. VI. 91 GS. 175) erwirbt jeder Preuße das Bürgerrecht, wenn er seit einem Jahre

1. Einwohner des Stadtbezirks ist und zur Gemeinde gehört (§ 3),
2. keine Armenunterstützung aus öffentlichen Mitteln empfangen,
3. die ihn betreffenden Gemeindeabgaben gezahlt hat und außerdem
4. entweder:
   a) ein Wohnhaus im Stadtbezirke besitzt, oder
   b) ein stehendes Gewerbe selbständig als Haupterwerbsquelle und in gewissem Umfange betreibt, oder
   c) zur Einkommensteuer oder zu einem fingierten Normalsteuersatze von vier Mk. veranlagt ist oder ein Einkommen von mehr als 660 bis 900 Mk. bezieht.

Ist aber in einzelnen Städten ein Bürgerrechtsgeld eingeführt (§ 6 G. v. 14. V. 60 GS. 237), so darf vor dessen Berichtigung das Bürgerrecht nicht ausgeübt werden. Diese Bedingung bleibt bestehen, auch wenn der Anspruch auf das Bürgerrechtsgeld bereits verjährt ist. (Verjährungsfrist zwei Jahre nach Ablauf des Jahres, in dem die Verbindlichkeit entstanden). Will hiernach jemand seine Eintragung in die Wählerliste erreichen, muß er vorher das verjährte Bürgerrechtsgeld entrichten. Dabei ist zu beachten, daß von der Bezahlung das Bürgerrechtsgeldes nicht der Erwerb des Bürgerrechts, sondern nur die Ausübung der Rechte abhängt (OVG. 25 14). Von einem Nichtpreußen kann das Bürgerrechtsgeld nicht erhoben werden. Steuertechnisch wird das Bürgerrechtsgeld als eine indirekte Gemeindeabgabe behandelt, weil die Heranziehung an den Eintritt einer Tatsache anknüpft (OVG. 33 12).

Die RGewO. (§ 13) hat die früheren preußischen Vorschriften über das Bürgerrechtsgeld geändert; denn auf Verlangen der Gemeindebehörde ist der Gewerbetreibende drei Jahre nach begonnenem Gewerbebetriebe verpflichtet, das Bürgerrecht zu erwerben. In diesem Falle darf von ihm das sonst vorgeschriebene oder übliche Bürgerrechtsgeld nicht gefordert (auch nicht verlangt werden, daß er sein anderweit erworbenes Bürgerrecht aufgebe). Alle sonstigen, das Bürgerrecht betreffenden Vorschriften, sind von § 13 nicht berührt (OVG. 13 87). Treffen bei einem Gewerbetreibenden andere Voraussetzungen zu, unter denen jeder Einwohner das Bürgerrecht erwerben muß, z. B. der Besitz eines Wohnhauses im Stadtbezirke, so ist auch der Gewerbetreibende hierzu und zur Zahlung von Bürgerrechtsgeld verpflichtet (OVG. 21 26; Kunze-Kautz 1 227).

Ist der Anspruch auf Bürgerrechtsgeld entstanden, so besteht er weiter, auch wenn hinterher der Inanspruchgenommene aufgehört hat, Bürger zu sein. Die nachträgliche Einforderung ist daher gerechtfertigt.

Zahlreiche Entscheidungen des Oberverwaltungsgerichts lassen sich über die Befreiungen vom Bürgerrechtsgeld aus (Kunze-Kautz 1 229ff.).

Nach der HannStO. v. 24. VI. 58 bedarf es zum Erwerbe des Bürgerrechts, abgesehen von den Fällen der Wahl zum Magistratsmitgliede und der Anstellung als städtischer Beamter, der ausdrücklichen Verleihung. Einen stillschweigenden Erwerb kennt das Gesetz nicht. Bis zur Einverleibung des Königreichs Hannover in den Preußischen Staat konnte das Bürgerrecht an Ausländer nicht verliehen werden. Hieran ist durch die spätere Gesetzgebung nichts geändert. Auch das ReichsG. v. 1. VI. 70 ist darauf ohne Einfluß geblieben. Die Erwerbung des Bürgerrechts ist nicht eine Voraussetzung für die Niederlassung und den Gewerbebetrieb, sondern deren Folge (§ 27).

Das Hannoversche Bürgergewinngeld wird „für die Erteilung des Bürgerrechts" entrichtet. Es ist fällig, sobald das Bürgerrecht erworben ist (OVG. 15 22). Der Ehemann hat nicht persönlich für das von der Ehefrau zu entrichtende Bürgergewinngeld zu haften.

Die Verpflichtung zur Ableistung des Bürgereides gemäß § 30 HannStädteO. ist durch die neuere Gesetzgebung nicht beseitigt (OVG. 35 107). Wird jemand zur Leistung des Bürgereides aufgefordert, so kann er dagegen Beschwerde erheben. Ist die Beschwerde verworfen oder die Klage abgewiesen, so kann der Magistrat die Ableistung erzwingen. Die Zwangsmittel sind aber nicht mit den Rechtsmitteln aus § 133 LVG. angreifbar, sondern nur lediglich mit der Beschwerde bei der Kommunalaufsichtsbehörde. Die §§ 132, 133 a. a. O. sind deshalb nicht anwendbar, weil es sich nicht um Anordnungen handelt, die in Ausübung der Staatsaufsicht in der allgemeinen Landesverwaltung getroffen sind (OVG. 37 106).

Wo das Bürgerrecht von einem bestimmten Steuersatze abhängig ist (StädteO. v. 30. V. 56 § 5, RhStädteO. § 5 usw.), kann die Aufnahme in die Wählerliste nur dann stattfinden, wenn die Veranlagung bereits stattgefunden hat. Ein Steuersatz ist erst vorhanden, wenn die Behörde die Steuer festgesetzt hat. Ist der Zensit steuerfrei veranlagt oder übergangen, oder ist die Veranlagung noch nicht abgeschlossen, weil noch Erhebungen stattfinden, so fehlt die Voraussetzung für die Eintragung in die Wählerliste (OVG. 38 49).

Nach § 10 Ziff. 2 ZustG. beschließt die Gemeindevertretung über die Gültigkeit der Wahlen zur Gemeindevertretung von Amts wegen. Einsprüche Dritter sind innerhalb zweier Wochen nach Bekanntmachung des Wahlergebnisses bei dem Gemeindevorstand anzubringen. Gegen den Beschluß der Gemeindevertretung, an die der Einspruch abzugeben ist, findet die Klage bei dem Bezirksausschusse (auch in Berlin) statt mit

Berufung an das Oberverwaltungsgericht (§ 21). Die Klage steht dem Gemeindevorstande zu, er hat die öffentlichen Interessen der Gemeindeverwaltung zu wahren (OVG. 17 117); ferner kann der Einsprechende oder der, dessen Wahl für ungültig erklärt wurde, klagen. Beklagte ist stets die Gemeindevertretung; wer Kläger oder Mitbeklagter ist, richtet sich nach dem Inhalte des Beschlusses. Die Beiladung einer der genannten Parteien genügt nicht, namentlich nicht die des Gewählten, da sich der Klageantrag, seine Wahl für ungültig zu erklären, direkt gegen ihn richtet; dagegen kann der Gemeindevorstand, wenn er die Klage nicht erhoben hat und dem Beschlusse der Gemeindevertretung beigetreten ist, beigeladen werden.

Jeder steuerfähige Bürger, gleichviel zu welcher Abteilung er als Wähler gehört, kann gegen das Wahlverfahren Einspruch erheben (OVG. 18 38). Nachdem die Wählerliste abgeschlossen ist (§ 20 StädteO.), ist es unzulässig, darin Änderungen vorzunehmen und Namen zu streichen. Diese Änderungen sind nur zulässig, wenn sie in dem Listenberichtigungsverfahren bewirkt werden. Wird die Gültigkeit der vollzogenen Wahlen im Verwaltungsstreitverfahren angefochten, so ist vom Verwaltungsrichter zu prüfen, ob die festgestellten Verstöße derart die Wahlen beeinflußt haben, daß letztere nicht bestehen können. § 27 StädteO. nennt sie erhebliche Unregelmäßigkeiten. Unerhebliche Dinge machen eine Wahl nicht ungültig. Die Wählerliste, wie sie ausgelegen hat bzw. berichtigt ist, ist die Grundlage für das Wahlverfahren. Die Liste muß in Wahlabteilungen schon bei der Auslegung eingeteilt und die Auslegung (fünfzehn Tage lang) muß vorschriftsmäßig erfolgt sein. Ist Einspruch erhoben und der Einspruch für begründet erachtet worden, ohne daß darauf eine Berichtigung der Liste stattgefunden hat, so kann die Nichtberichtigung von wesentlichem Einflusse auf die Wahl gewesen sein.

Das Wahlverfahren beruht jetzt auf dem Gesetz, betr. Abänderung und Ergänzung einiger Bestimmungen wegen der Wahl der Stadtverordneten, v. 1. III. 91 (GS. 20), wodurch die Vorschriften der StädteO. für die östlichen Provinzen, für Westfalen, die Rheinprovinz, Frankfurt a. M. und Schleswig-Holstein abgeändert worden sind; ferner auf dem Gesetz, betr. Änderung des Wahlverfahrens, v. 29. VI. 93 (GS. 103), dessen § 5 aber wieder durch das G., betr. die Bildung der Wählerabteilungen bei den Gemeindewahlen, v. 30. VI. 00 (GS. 189) aufgehoben worden ist. Das letztere Gesetz gilt für die ganze Monarchie, mit Ausnahme von Hohenzollern.

Wenn mehrere Personen zu wählen sind, so hat jeder Wähler entsprechend ebensoviele Personen zu bezeichnen; es findet aber nur eine Wahlhandlung statt; die einheitliche Handlung der Wahl darf nicht in so viele einzelne Akte zerlegt werden, als Stadtverordnete zu wählen sind (OVG. 14 66, 32 4). Erfolgen daher Ergänzungs- und Ersatzwahlen in einem Wahlakte, so hat jeder Wähler getrennt zunächst so viele Personen zu bezeichnen, als zur regelmäßigen Ergänzung und sodann so viele Personen, als zum Ersatze der innerhalb der Wahlperiode ausgeschiedenen Mitglieder zu wählen sind. Trotz dieser Trennung bleibt der Wahlakt ein einheitlicher (OVG. 18 37). Der Fall liegt ebenso, als wenn nur mehrere Ergänzungsabgeordnete gleichzeitig gewählt werden sollen. Bei Berechnung der absoluten Majorität entscheidet die Zahl der Wähler, welche überhaupt Stimmen abgegeben haben. Es ist also die Zahl der abstimmenden Wähler, nicht die Zahl der abgegebenen Stimmen entscheidend (OVG. 14 64, 32 4). Wird bei jeder Wahl dieselbe Person bezeichnet, so ist die Wiederholung wirkungslos, sie begründet aber keine Ungültigkeit (Erk. v. 5. IV. 92 — II 384). Die Vorbereitungen für die Wahl können von wesentlicher Bedeutung für die Ungültigkeitserklärung einer Wahl sein. Der Magistrat kann die Wähler durch besondere Schreiben oder durch ortsübliche Bekanntmachung einladen. In diesem freien Ermessen kann er durch Ortsstatut oder Gemeindebeschluß beschränkt werden. Hat der Magistrat die schriftliche Einladung gewählt, so genügt, wenn die Einladungen zur Absendung gelangt sind; es ist unerheblich, wenn Einladungen als unbestellbar zurückgelangen. Die Einladung soll zwei Wochen vor der Wahl ergangen sein, eine spätere Einladung macht die Wahl nicht ungültig, wenn die Wähler zur Wahl erschienen sind. Eine frühere Einladung ist zulässig. Allerdings muß sich eine Fristerweiterung in einer verständigen Grenze halten (Kunze-Kautz 1 270). Die vierzehntägige Frist ist gewahrt, wenn die Bekanntmachung am 14. Tage vor der Wahl erfolgt ist. Es ist nicht nötig, daß 14 volle Tage dazwischen liegen (OVG. 25 14, 34 13).

Die Bekanntmachung muß vom Magistrat ausgehen, nicht vom Wahlvorstande. Die Einladung zur Stichwahl muß aber der Wahlvorstand bewirken (OVG. 40 33).

Die Vorgänge bei der Wahl selbst können das Wahlergebnis ebenfalls so beeinflussen, daß die Wahlen ungültig werden.

Der § 25 Abs. 1 StädteO. bestimmt:

„Jeder Wähler muß dem Wahlvorstande mündlich und laut zu Protokoll erklären, wem er seine Stimme geben will. Er hat so viele Personen zu bezeichnen, als zu wählen sind."

Bezeichnet ein Wähler weniger Personen als zu wählen sind, so steht ihm dies frei, da er sich der Wahl auch ganz enthalten kann. Die Stimmen für die von ihm bezeichneten Personen sind jedenfalls gültig. Die absolute Stimmenmehrheit ist nach der Zahl der Wähler zu berechnen, nicht stets schlechthin nach dem arithmetischen Mittel der abgegebenen gültigen Stimmen. Das Erk. v. 2. 11. 86 (OVG. 14 64) gibt ein Beispiel: Gesetzt, von 200 Wählern sind drei Stadtverordnete zu wählen; 100 wählen je drei wählbare Personen = 300 Stimmen, 100 wählen je zwei wählbare und je eine nicht wählbare Person; dies macht 200 gültige Stimmen; im ganzen sind 500 Stimmen abgegeben, wovon $1/6$ oder $83^1/_3$ Stimmen das arithmethische Mittel bilden würden. Diese Berechnung ist aber falsch. Das arithmetische Mittel (d. h. die Zahl der zu wählenden Personen wird mit 2 vervielfältigt und die abgegebenen Stimmen werden durch die gefundene Ziffer geteilt) ist nur zulässig, wenn sämtliche Wähler so viele Personen bezeichnet haben, als zu wählen sind. Im andern Falle muß sich der Teiler nach der Zahl derjenigen Personen richten, die die Wähler wirklich bezeichnet haben. Die Stimmen, welche von den Wählern vollständig (für drei Personen) abgegeben sind, sind durch 3, dagegen die, die nur zwei gewählt haben, durch 2 zu teilen. Der in der Entsch. v. 2. 11. 86 (OVG. 14 64) behandelte Fall lag so: Es waren drei Stadtverordnete zu wählen, es stimmten 206 Wähler; 205 Wähler hatten je drei Stimmen, einer nur zwei Stimmen abgegeben. Die Gesamtzahl der abgegebenen Stimmen betrug also 617 (während $206 \times 3 = 618$ ist). A. erhielt 177, B. 129, C. 103 und D 94 Stimmen. A. und B. hatten unzweifelhaft die meisten Stimmen und die absolute Stimmenmehrheit (mehr als die Hälfte der Stimmen). Dem C. fehlte aber eine Stimme zur absoluten Majorität, die 104 betrug.

Der Wahlvorstand besteht (§ 24 StädteO.) in jedem Wahlbezirke aus dem Bürgermeister oder einem von diesem ernannten Stellvertreter als Vorsitzenden und aus zwei von der Gemeindevertretung gewählten Beisitzern (zwei Stellvertretern). Die Wahl kann durch Akklamation erfolgen. Wird eine Wahl unter Leitung eines in ungesetzlicher Weise gebildeten Wahlvorstandes vollzogen, so ist sie zu behandeln, als ob sie ohne Wahlvorstand vorgenommen wäre, sie ist ungültig. Es ist unzulässig, daß mehr Stellvertreter, als § 24 verordnet, bestellt werden. Sind während einer langandauernden Wahlhandlung Ungesetzlichkeiten vorgekommen, so ist zu beachten, daß der ganze Wahlakt nicht in der Art eine Einheit bildet, daß die Ungültigkeit eines jeden, wenn auch noch so geringen Teiles unbedingt die Ungültigkeit des ganzen Wahlgeschäftes zur Folge haben muß. Die Ungültigkeit ist anzunehmen, wenn die unvollständige Besetzung so lange gedauert hat, daß davon das Ergebnis der Wahl selbst beeinflußt ist. Die Mängel berühren dann nicht das Ergebnis, wenn nach verständigem Ermessen die Annahme ausgeschlossen ist, daß durch die Zahl der Stimmen, die während der Dauer des gesetzwidrigen Verfahrens allenfalls hätten abgegeben werden können, eine Änderung des Wahlergebnisses möglich geworden sei (OVG. 17 117). Sind Wähler einer anderen als der gerade abstimmenden Abteilung im Wahllokale anwesend, so wird dadurch die Wahl nicht ungültig (OVG. 14 70). Das Gesetz (StädteO. § 25) hat die Öffentlichkeit des Wahlaktes nicht ausdrücklich angeordnet, aber auch nicht ausdrücklich ausgeschlossen.

Wenn sich bei der ersten Abstimmung nicht für so viele Personen, als zu wählen sind, die absolute Mehrheit ergeben hat, so wird eine Stichwahl vorgenommen; bei dieser ist die absolute Stimmenmehrheit nicht erforderlich (StädteO. § 26). Wird wegen eines bei der engeren Wahl stattgehabten Formfehlers eine anderweite Wahl notwendig, so ist eine völlig neue Wahl vorzunehmen, die engere Wahl ist nicht etwa zu wiederholen (OVG. 19 18, 20 15). Der Wahlvorstand stellt die Namen der Personen, die nächst den gewählten die meisten Stimmen erhalten haben, so weit zusammen, daß die doppelte Zahl der noch zu wählenden Mitglieder erreicht wird. Diese Zusammenstellung gilt alsdann als die Liste der Wählbaren. Dies ist (OVG. 43 94) dahin zu verstehen, daß zur Ausführung der Stichwahl die Aufstellung der doppelten Zahl geeigneter Kandidaten erforderlich ist. Wenn daher Hausbesitzer in Frage kommen, so müssen sich in der Liste doppelt so viele Hausbesitzer befinden, als zu wählen sind. Es sind also bei Aufführung der Hausbesitzer alle Nichthausbesitzer, auch wenn sie mehr Stimmen erhalten haben, auszuscheiden. Sind bei der Hauptwahl zwei Stadtverordnete und darunter ein Hausbesitzer zu wählen und haben nur zwei Nichthausbesitzer die absolute Mehrheit erlangt, so ist nur die Wahl desjenigen, der die meisten Stimmen erhalten hat, gültig, die des zweiten ungültig. Die Hausbesitzer kommen allein auf die Stichwahl.

Die Städteordnungen bestimmen nichts über die Zuziehung von Protokollführern. Wird ein solcher zugezogen, so darf er keine selbständige Tätigkeit ausüben; seine Tätigkeit muß eine mechanische sein und gilt als die des Wahlvorstandes, dessen Zusammensetzung das Gesetz vorschreibt.

Das Gesetz verordnet nicht, wie lange die Wahlzeit zu dauern hat. Der Magistrat hat nach vernünftigem Ermessen und den örtlichen Verhältnissen Rechnung tragend die Stunden, in denen gewählt werden soll, zu bestimmen. Durch die getroffene Anordnung darf aber das Wahlrecht nicht verkümmert, nicht ein Teil der Wähler gehindert werden die Wahl auszuüben (Erk. v. 17. X. 93 OVG. 25 7); dasselbe gilt für den Ort der Wahl.

Die Bezeichnung der zu wählenden Person soll möglichst nach Stand, Vor- und Zunamen, Wohnung stattfinden, damit keine Zweifel über die Identität bestehen. Dem Wahlvorstande ist es aber im allgemeinen überlassen, darüber zu befinden, ob die Bezeichnung ausreichend ist. Einwendungen dagegen sind im Verwaltungsstreitverfahren nach der Richtung zulässig, daß der Wählende eine andere Person bezeichnen wollte, als der Wahlvorstand angenommen hat. Jedenfalls ist der ausgesprochene Name entscheidend. Der Wahlvorstand darf nicht eine Auslegung darüber anstellen, was der Wähler gegenüber einem klar ausgesprochenen Namen etwa gemeint haben könnte und ob der Wähler etwa irrtümlich einen falschen Namen genannt habe (OVG. 34 21). Wähler können sich anderer Personen zum Vorlesen von einem ihrerseits mitgebrachten Zettel bedienen; es muß nur klar sein, daß sie die Verlesenen wählen wollten (OVG. 31 6).

Veränderungen in der Person des Gewählten nach der Wahl haben keinen Einfluß auf die Prüfung des Verwaltungsrichters; er hat nur zu entscheiden, ob schon zu der Zeit, wo die Wahl erfolgte, die Voraussetzungen der Wählbarkeit vorlagen. Stirbt der Gewählte während des Verwaltungsstreitverfahrens, so ist die Klage in der Hauptsache durch casus erledigt; wegen der Kosten kann das Verfahren fortgesetzt werden.

Die Klage wegen Anfechtung der Wahlen hat keine aufschiebende Wirkung; Ersatzwahlen dürfen vor ergangener rechtskräftiger Entscheidung nicht vorgenommen werden. Die letztere Bestimmung sollte besser heißen:

„Jedoch dürfen Neuwahlen zum Ersatze für solche Wahlen, die durch Beschluß der Gemeindevertretung für ungültig erklärt worden sind, vor ergangener rechtskräftiger Entscheidung nicht vorgenommen werden."

So ist die Vorschrift in § 67 LGemO. v. 3. VII. 91 gefaßt.

Sind Neuwahlen notwendig, weil Stadtverordnete gestorben, fortgezogen sind usw., so finden die Ersatzwahlen gemäß § 21 StädteO. statt.

Mit der Wahl und der Erklärung ihrer Gültigkeit durch die Gemeindevertretung erwirbt der Gewählte Sitz und Stimme in der Versammlung. Erst mit der rechtskräftigen Entscheidung, die auf Ungültigkeit seiner Wahl lautet, geht sein Recht verloren (OVG. 31 108).

Vierter Titel.

Mitbenutzung der öffentlichen städtischen Gemeindeanstalten. Teilnahme an den Nutzungen und Erträgen des städtischen Gemeindevermögens.

(§ 18 ZustG.)

Auf Beschwerden und Einsprüche, betr. das Recht der Mitbenutzung der öffentlichen Gemeindeanstalten, sowie zur Teilnahme an den Nutzungen und Erträgen des Gemeindevermögens beschließt der Gemeindevorstand (ZustG. § 18). Gegen den Beschluß findet binnen zwei Wochen die Klage im Verwaltungsstreitverfahren statt. Zuständig ist der Bezirksausschuß, mit Berufung an das Oberverwaltungsgericht. Die Klage ist beim Gerichte einzureichen. Beschwerde und Einspruch sowie Klage haben keine aufschiebende Wirkung.

Öffentliche Gemeindeanstalten sind gewöhnlich Badeanstalten, Schlachthäuser, Friedhöfe, Markthallen, Abfuhreinrichtungen, Kanalisation, Wasserversorgung, Gas- und Elektrizitätswerke, Wärmestationen, Armenhäuser, Waisen- und Findelhäuser, Sparkassen, Leihanstalten, Bibliotheken, Lesehallen, Museen, Schulen usw. Ob sie aber unter den § 18 fallen, hängt davon ab, ob sie allen Einwohnern oder gewissen Klassen — sei es unter Ausschluß oder unter Zulassung Fremder — zum öffentlichen Gebrauche und zur Benutzung eingeräumt sind; dies allgemeine Benutzungsrecht, das das Wesen der „Öffentlichkeit" der Anstalt ausmacht, kann auf einem Ortsstatute oder auf einem Beschlusse der städtischen Organe oder auch nur auf einer stillschweigenden Willenserklärung dieser Organe, die damit einen öffentlichen Titel für die Benutzung abgeben, beruhen; der Anspruch auf Benutzung muß öffentlich-rechtlich sein, und der öffentliche Titel muß den Berechtigten in ihrer Eigenschaft als Gemeindemitgliedern zur Seite stehen; die Gemeindemitgliedschaft bildet dann die Voraussetzung der Berechtigung zum Gebrauche oder zur Benutzung. Sind Nutzungen einer Gemeindeanstalt in Frage, die lediglich auf privatrechtlichen Titeln beruhen, so bleibt der § 18 außer Anwendung. Stellt sich z. B. eine Gemeinde hinsichtlich des Verkaufs von Gas aus der städtischen Gasanstalt auf einen privatrechtlichen Standpunkt, indem sie, wie eine Gas fabrizierende Privatperson, die Fabrikation und Abgabe von Gas als Gewerbe betreibt, so handelt es sich niemals um ein öffentliches Recht zur Benutzung der Gasanstalt. Die Lieferung des Gases an einen Einwohner richtet sich dann ganz nach privatrechtlichen Grundsätzen, und die Rechtsbehelfe aus § 18 finden nicht Anwendung. Das Wasser pflegt man aus städtischen Wasserwerken durch Privatvertrag an die Hausbesitzer abzugeben, ohne daß diese einen öffentlichen Anspruch auf die Abgabe von Wasser hätten. Bei Pferde- oder elektrischen Bahnen, Omnibus- und Abfuhrunternehmungen, Markthallen usw. liegt meist dasselbe Rechtsverhältnis vor. Die Betriebe sind zwar im Sinne des § 56 Nr. 3 StädteO. städtische Gemeindeanstalten, ein Recht der Mitbenutzung aus öffentlichem Rechte findet aber nicht statt.

Das „Recht zur Teilnahme an den Nutzungen und Erträgen des Gemeindevermögens" kann (Erk. v. 14. XI. 83 OVG. 10 107) auf die mannigfachste Weise streitig werden, sei es, daß das Gemeindevermögen zwar der Nutzung unmittelbar durch die Gemeindeglieder überlassen wird und der einzelne behauptet, hierbei zu Unrecht ausgeschlossen oder in dem Maße der Nutzung beschränkt zu sein, oder daß es zwischen der Gemeindeverwaltung und dem einzelnen streitig wird, ob und in welchem Umfange Gemeindevermögen der Nutzung unmittelbar durch die einzelnen Gemeindeglieder überlassen werden muß, ortsverfassungsmäßig sog. Kämmereivermögen oder Gemeindegliedervermögen ist, oder aber aus letzterem in ersteres verwandelt werden kann.

Ferner sind Rechtsbehelfe aus § 18 auch da gegeben, wo nur die Bedingungen streitig sind, unter denen die Gemeinde die Mitbenutzung einer öffentlichen Gemeindeanstalt gestattet (Erk. v. 11. I. 01 OVG 38 58).

Die Klage richtet sich stets gegen den Gemeindevorstand. Eine Feststellungsklage gegen den letzteren oder von dem letzteren über das abstrakte Recht kann nicht angestrengt werden. Der Kläger kann mit der Klage nur diejenige einzelne Nutzung erstreiten wollen, die ihm der Gemeindevorstand streitig gemacht hat; meist sind es Jahresnutzungen, die sich in Zahlen darstellen lassen (zB. das Recht, eine bestimmte Anzahl Groß- oder Kleinvieh auf die Gemeindeweide treiben zu lassen).

Die Beteiligten (§ 18 Abs. 3 ZustG.) können, ohne daß es vorher eines Einspruchs bedürfte, gegeneinander über das abstrakte Recht zur Benutzung der öffentlichen Gemeindeanstalten oder zur Teilnahme an den Nutzungen und Erträgen des Gemeindevermögens im Verwaltungsstreitverfahren streiten. So können zwischen verschiedenen Klassen der Gemeindemitglieder Streitigkeiten über die Nutzungen entstehen (§ 31 Tit. 7 Teil II ALR.). Da das ergehende Erkenntnis nicht Recht inter omnes, sondern nur zwischen den Parteien macht, zu denen die Stadtgemeinde nicht gehört, so empfiehlt es sich, den Gemeindevorstand beizuladen, in welchem Falle auch ihm gegenüber die Entscheidung gültig ist. Weigert darauf der Gemeindevorstand entgegen der Entscheidung die Mitbenutzung, so steht ihm res judicata entgegen.

Hier soll bemerkt werden, daß die Gemeinden befugt sind, Gemeindegliedervermögen in Kämmereivermögen, mit Genehmigung des Bezirksausschusses (ZustG. § 16), umzuwandeln. An dem Kämmereivermögen stehen der Stadtgemeinde Eigentum und Nutzungen zu (§§ 139, 140 II 8 ALR.), es ist zur Bestreitung der allgemeinen Ausgaben bestimmt; Bürgervermögen (Gemeindegliedervermögen, Allmenden, Gemeinheiten) stehen zwar im Eigentume der Gemeinde, aber die Nutzungen hat nicht die Gemeinde als Korporation, sondern diese stehen den einzelnen Gemeindemitgliedern zu. Die Teilnahme an den Gemeindenutzungen ist vielfach von der Entrichtung eines Einkaufsgeldes abhängig.

Siehe unter dem Abschnitte „Landgemeinden" die Unterabteilung „Teilnahme an den Nutzungen und Erträgen des Gemeindevermögens", sowie Kunze-Kautz 1 312ff.

Fünfter Titel.

Beanstandung von Beschlüssen der städtischen Behörden.

(§ 15 ZustG.)

Beschlüsse der Gemeindevertretung oder des kollegialischen Gemeindevorstandes, die deren Befugnisse überschreiten oder die Gesetze verletzen, hat der Gemeindevorstand bzw. der Bürgermeister, mit aufschiebender Wirkung, unter Angabe der Gründe zu beanstanden. Gegen die Beanstandungsverfügung steht der Gemeindevertretung (dem kollegialischen Gemeindevorstande) die Klage binnen zwei Wochen offen (ZustG. § 15). Die Klage ist beim Bezirksausschusse (in Berlin beim Oberwaltungsgerichte) anzubringen. Gegen das Erkenntnis des Bezirksausschusses ist Berufung zulässig (§ 21). Beklagter ist der Gemeindevorstand (Bürgermeister). Die in der StädteO. etwa noch begründeten weiteren Beanstandungen der genannten Beschlüsse sind nicht mehr zulässig. In den östlichen Provinzen, in Westfalen, in Schleswig-Holstein und in den Städten der Rheinprovinz, die einen kollegialischen Gemeindevorstand haben, beanstandet der Magistrat die Beschlüsse der Gemeindevertretung. Nach dem Erk. v. 18. IV. 02 — II 684 ist der Bürgermeister befugt, in der Magistratssitzung mündlich einen Beschluß des Magistrats zu beanstanden. Damit beginnt die Frist für die Einlegung der Klage. Wenn ein kollegialischer Gemeindevorstand besteht, ist nur dieser, nicht der Bürgermeister befugt, Beschlüsse der Gemeindevertretung zu beanstanden. Sollte dabei der technische Ausdruck „Beanstandung" nicht gebraucht sein, so muß ersichtlich gemacht werden, daß der Beschluß aus den in § 15 ZustG. angegebenen Gründen unausgeführt bleiben soll (Erk. v. 21. I. 02 PrVBl. 24 295). Es gilt hier im allgemeinen, was von anderen Beanstandungen (s. Beanstandung von Beschlüssen der Provinzial- und Kreisorgane S. 444 ff. u. 457 ff.) bereits gesagt ist.

Der § 17 ZustG. gibt die Möglichkeit, bei Meinungsverschiedenheiten zwischen dem Magistrat und der Gemeindevertretung den Bezirksausschuß anzurufen. Beruht die Meinungsverschiedenheit eben darauf, daß der Gemeindevorstand meint, die Gemeindevertretung habe ihre Befugnisse überschritten oder das Gesetz verletzt, so ist die Beanstandung der richtige Weg zur Beseitigung des Beschlusses (vgl. OVG. 45 16). Ein Verwaltungsstreitverfahren entwickelt sich daraus nicht.

Der § 15 kann ferner mit § 19 (Zwangsetatisierung) in Konkurrenz treten (vgl. Erk. v. 1. XI. 92 OVG. 23 76). Wenn nämlich der Etat einer Stadtgemeinde gesetzwidrige Ausgaben vorsieht, so kann der Gemeindevorstand dieselben beanstanden. Fehlen aber im Etat gesetzliche Ausgaben, so wird es einfacher sein, die Zwangsetatisierung zu betreiben. Das Beanstandungsrecht ist eine Beanstandungspflicht.

Eine bemerkenswerte Entscheidung hat das Oberverwaltungsgericht am 10. III. 86 (OVG. 13 89) gefällt; es handelte sich um die Grenzen des Rechts der Magistrate und Stadtverordneten zum Petitionieren. Die Stadtverordneten zu Stettin hatten eine Petition an den Reichstag gegen die Erhöhung der Getreidezölle beschlossen. Das Oberverwaltungsgericht erklärte die Petition für erlaubt, weil sie zum Gegenstande und Zweck habe, die besonderen lokalen Interessen des Verkehrs, des Handels und der Schiffahrt von Stettin, also wichtige materielle Interessen der städtischen Bevölkerung, nach Maßgabe der besonderen Verhältnisse dieser Stadt zu vertreten. Sie beträfe daher Gemeindeangelegenheiten, über die die Stadtverordneten nach § 35 StädteO. zu beschließen zuständig gewesen seien. Für die Umgrenzung des Rechts der Gemeindeorgane zum

Petitionieren in staatlichen Angelegenheiten sei keine andere Norm gegeben, als für die Grenzen aller kommunalen Tätigkeit überhaupt, die Beschränkung auf die Interessen der örtlichen Gemeinschaft, auf die Vertretung lokaler Interessen in ihrer Beziehung und in ihrem Konflikte mit denen der staatlichen Gesamtheit.

Hierbei wird zu bemerken sein, daß die städtischen Kollegien sich der städtischen Angelegenheiten nicht zum Deckmantel einer politischen Agitation bedienen dürfen. Sollte diese Selbstzweck sein, so wäre eine Beanstandung allerdings rechtsgültig.

Das Erk. v. 29. III. 04 (OVG. 45 16) untersucht die Frage, ob dem Gemeindevorstande neben der ihm in § 11 ZustG. eingeräumten Befugnis, Beschlüsse der Gemeindevertretung über die Gültigkeit der Wahlen usw. mit der Klage direkt anzugreifen, auch das Recht zustehe, solche Beschlüsse, wenn die Voraussetzungen nach § 15 vorliegen, zu beanstanden. Das Oberverwaltungsgericht bejaht mit Recht die Frage. Indessen ist zu bemerken: die Klage aus § 11 ist befristet, die Beanstandung nicht; die erstere hat in den Fällen des § 10 Ziff. 1 u. 2 keine aufschiebende Wirkung. Will der Gemeindevorstand die letztere erzeugen, so wird er von der Beanstandung, die aufschiebende Wirkung hat, Gebrauch machen. Er wird sogar letztere auch dann wählen, wenn er bereits Klage nach § 11 erhoben hat, wenn der Aufschub erforderlich erscheint. Aber der Verwaltungsrichter wird der Klage gegen die Beanstandung vorläufig keinen Fortgang geben, solange über die Klage aus § 11 nicht rechtskräftig entschieden ist.

Sechster Titel.

Zwangsetatisierung.

(§ 19 ZustG.)

Unterläßt oder verweigert eine Stadtgemeinde, die ihr gesetzlich obliegenden, von der Behörde innerhalb der Grenzen ihrer Zuständigkeit festgestellten Leistungen auf den Haushaltsetat zu bringen oder außerordentlich zu genehmigen, so verfügt der Regierungspräsident unter Anführung der Gründe die Eintragung in den Etat bzw. die Feststellung der außerordentlichen Ausgabe.

Gegen die Verfügung des Regierungspräsidenten steht der Gemeinde die Klage binnen zwei Wochen bei dem Oberverwaltungsgerichte zu (§§ 19, 21 ZustG.). Beklagter ist der Regierungspräsident.

Was bei den Provinzialverbänden, Kreisen, Landgemeinden usw. über die gegen sie auszuübende Zwangsetatisierung gesagt ist, trifft auch hier sinnentsprechend zu.

Gegenüber der Stadt Berlin verfügt der Oberpräsident die Zwangsetatisierung. Er ist Beklagter.

Die Zwangsetatisierungsverfügung ist (§ 56 Nr. 5 u. 8 StädteO.) dem

Magistrat zu Händen des Bürgermeisters zuzustellen. Von dieser Zustellung an läuft die zweiwöchige Frist zur Anstellung der Klage (Erk. v. 2. II. 87 OVG. 14 89; ebenso OVG. 11 15, 19 118); sie läuft nicht etwa erst von der Zeit, wo der Stadtverordnetenvorsteher oder die Stadtverordneten Kenntnis von der Verfügung erhalten haben. Der Bürgermeister (Magistrat) ist zur Wahrung der Frist verpflichtet, dem Stadtverordnetenvorsteher rechtzeitig von der Zwangsetatisierungsverfügung Kenntnis zu geben. Die Klage selbst können der Magistrat ebenso wie die Stadtverordneten erheben. Die letzteren sind befugt, sich einen besonderen Vertreter zu bestellen (Erk. v. 18. XII. 89 OVG. 19 111, das den § 21 ZustG. richtig auslegt).

Ist die Klagefrist versäumt, so kann nur das Oberverwaltungsgericht Wiedereinsetzung in den vorigen Stand gemäß § 112 LVG. bewilligen (vgl. S. 136 ff.). Die Wiedereinsetzung wird aber nicht bewilligt werden können, wenn der Bürgermeister (Magistrat) pflichtwidrig unterlassen hat, dem Stadtverordnetenvorsteher Kenntnis von der Verfügung zu geben; denn der Bürgermeister (Magistrat) ist im vorliegenden Falle gesetzlicher Vertreter der Stadtverordneten.

Neunzehnter Abschnitt.

Landgemeinden und Gutsbezirke.

Erster Titel.

Rechtliche Stellung und kommunale Eigenschaft der Landgemeinden und Gutsbezirke.

A. Einleitung.

Die Landgemeinden bilden wie die Städte Körperschaften des öffentlichen Rechts. Sie unterscheiden sich von den Städten (und Flecken) dadurch, daß auf sie die Städteordnungen keine Anwendung finden; es gelten für sie die Landgemeindeordnungen.

Für die sieben östlichen Provinzen ist die LGemO. v. 3. VII. 91 (GS. 233) erlassen worden. Sie hält vorbehaltlich der Vorschriften in § 2 die bis dahin bestandenen Landgemeinden und Gutsbezirke aufrecht und gestattet (§§ 128 ff.) die Verbindung nachbarlicher Landgemeinden und Gutsbezirke zu Zweckverbänden. In Schleswig-Holstein wurde die LGemO. v. 3. VII. 91 mit wenigen Abänderungen durch G. v. 4. VII. 92 eingeführt; dann erging für Hessen-Nassau die LGemO. v. 4. VIII. 97 u. für Hohenzollern die v. 2. VII. 00. Die neueren Ordnungen nahmen zugleich die Vorschriften in den §§ 24 ff. ZustG. mit Abänderungen in sich auf, so daß diese nur noch zur Anwendung kommen auf die Landgemeinden, Gutsbezirke und Städte in Hannover, welche letzteren von der Städteordnung ausgenommen sind, auf die Gutsbezirke, Landgemeinden und solche Städte in Westfalen, für welche die StädteO. keine Anwendung findet, und die Landgemeinden und Städte der Rheinprovinz, welche nach der RhLGemO. v. 23. VII. 45 und Ergänzungen verwaltet werden. In der Rheinprovinz gibt es keine selbständigen Gutsbezirke. In Helgoland ist es bei der alten Gemeindeverfassung geblieben.

Die Ämter in Westfalen und die Bürgermeistereien in der Rheinprovinz sind den Vorschriften der §§ 24 ff. ZustG. unterworfen. Sie bilden sog. Samtgemeinden mit Korporationsrechten zur Durchführung von kommunalen Aufgaben. Die Aemter sind nicht zu verwechseln mit den Amtsbezirken der KreisO. v. 13. XII. 72. Über ihre Bildung usw. läßt sich das Erk. v. 14. XII. 98 (OVG. 34 119) des näheren aus.

Auch die SchleswHolstLGemO. enthält (§§ 128 ff.) Vorschriften für Samtgemeinden.

Die Aufsicht des Staates über die Verwaltung der Angelegenheiten der Landgemeinden, der Aemter in Westfalen und der Bürgermeistereien in der Rheinprovinz, sowie der Gutsbezirke wird in erster Instanz von dem Landrate als Vorsitzenden des Kreisausschusses, in höherer und letzter Instanz von dem Regierungspräsidenten geübt. Beschwerden bei den Aufsichtsbehörden sind innerhalb zweier Wochen anzubringen (§ 24 ZustG.). Ein Verwaltungsstreitverfahren findet dabei nicht statt. Ist der Landrat behindert, so tritt nicht der Kreissekretär, sondern der allgemeine Vertreter des Landrats, insbesondere das vom Kreisausschusse gewählte Mitglied an seine Stelle (OVG. 19 134, 26 143).

Der Amtmann in Westfalen hat keine staatliche Aufsicht über den Gemeindevorsteher.

Den Aufsichtsbehörden stehen die Zwangsbefugnisse aus § 132 LVG. zu. Wenn sie Geldstrafen androhen, so kann dagegen auch nur die Aufsichtsbeschwerde eingelegt werden.

B. Streitigkeiten über die Eigenschaft einer Ortschaft als Gemeinde oder eines Gutes als Gutsbezirk (§ 26 ZustG.).

Streitigkeiten über die Eigenschaft einer Ortschaft als Gemeinde oder eines Gutes als Gutsbezirk unterliegen der Entscheidung im Verwaltungsstreitverfahren. Sofern das öffentliche Interesse es erheischt, beschließt vorläufig der Kreisausschuß im Beschlußverfahren, ohne daß eine Beschwerde stattfindet. Bei dem Beschlusse behält es bis zur rechtskräftigen Entscheidung im Verwaltungsstreitverfahren sein Bewenden. Der Beschluß wirkt inter omnes für alle Rechtsverhältnisse, die davon abhängig sind, ob eine Ortschaft eine Gemeinde oder selbständigen Gutsbezirk bildet. Wenn die Entscheidung im Verwaltungsstreitverfahren von dem Beschlusse abweicht, so tritt die Abweichung mit der Rechtskraft des Urteils an die Stelle des Beschlusses.

Zuständig für die Klage ist der Kreisausschuß (mit nachfolgender Berufung an den Bezirksausschuß und Revision an das Oberverwaltungsgericht). Die Klage kann die organisierte Landgemeinde, vertreten durch ihren Vorstand, erheben; Beklagter ist dann ein vom Vorsitzenden des Kreisausschusses gemäß § 74 Abs. 3 zu ernennender Kommissar zur Wahrnehmung des öffentlichen Interesses, sofern es sich nicht darum handelt, daß die sog. Gemeinde Teil einer anderen oder eines Gutsbezirks ist. Der Kommissar bleibt Partei für das ganze Verfahren. Auch er kann die Klage gegen die Gemeinde erheben.

Die einzelnen Besitzer werden, wenn ihr Besitztum eine organisierte Gemeinde bildet, und nicht darum gestritten wird, ob sie zu einer anderen Gemeinde gehören, im Verfahren nicht zugezogen; sie werden durch die Gemeinde bzw. den Kommissar vertreten.

Handelt es sich um einen Gutsbezirk, so ist der Gutsvorsteher Kläger oder Beklagter. Hat aber weder die Gemeinde noch der Gutsbezirk eine Organisation, so wird die Klage von den Grundbesitzern erhoben. Auch hier ist ein Kommissar zu bestellen.

Die üblichsten Fälle werden folgendermaßen liegen:

Der Kreisausschuß beschließt, daß zB. eine Kolonie, deren Gemeindeangehörigkeit zweifelhaft ist, die aber bisher als zu einer Gemeinde gehörig angesehen wurde, zu einem Gutsbezirke gehört. Die Klage haben die Gemeinde und die Kolonisten gegen den Gutsvorsteher mit dem Antrage, zu erkennen, daß sie nicht zum Gutsbezirke, sondern zur Gemeinde gehören. Die Kolonisten könnten auch Klage erheben mit dem Antrage, anzuerkennen, daß die Kolonie eine eigene Gemeinde bilde.

Oder eine bisher als Gemeinde organisierte Kolonie ist zu einem Teile eines Gutsbezirks durch Beschluß des Kreisausschusses zugeschlagen worden. Die Gemeinde, vertreten durch den Gemeindevorsteher, klagt gegen den Gutsvorsteher (nicht den Gutsbesitzer oder die zum Gutsbezirke gehörenden Besitzer) auf Anerkennung, daß eine eigene Gemeinde besteht. Der Gutsvorsteher kann Widerklage anstellen mit dem Antrage, zu erkennen, daß die Kolonie zum Gutsbezirk gehöre.

Ist es streitig, ob ein e i n z e l n e s G r u n d s t ü c k, das keinen Gutsvorsteher hat, zu einem Gutsbezirke oder zu einer Gemeinde gehört oder einen eigenen Gutsbezirk bildet, so ist Partei stets der Besitzer des Grundstücks. Die Beiladung genügt nicht. Wegen des Klageantrags, zu erkennen, daß ein e i g e n e r Gutsbezirk vorliegt, bedarf es der Ernennung eines Kommissars (OVG. 8 98, 12 178).

Wie sind die Rechtsverhältnisse, wenn durch Urteil eine organisierte Gemeinde verurteilt wird, anzuerkennen, daß sie Teil eines anderen Gemeindebezirks ist? Die Verurteilung wirkt nicht ex tunc. Die früheren

32*

Rechtsakte der Gemeinde sind nicht etwa nichtig. Das Vermögen der aufgelösten Gemeinde geht auf die Gemeinde, die obgesiegt hat (vgl. letzten Satz des § 3 Abs. 2 LGemO. v. 3. VII. 91) als Ganzes nach Analogie eines Erbfalls (§ 1922 BGB.) über. Der Fall liegt so wie bei der Auflösung einer früheren Schulsozietät nach § 24 G. v. 10. VII. 06. Der alte Gemeindevorsteher hat die Überleitung zu bewirken, die Liquidation vorzunehmen, ähnlich wie es der Fall ist bei Auflösung der Gesellschaften des Handelsrechts, einer eingeschriebenen Hilfskasse (§ 30 G. v. 7. IV. 86/1. VI. 84, einer Ortskrankenkasse (§ 47 KrankVG.), einer eingetragenen Genossenschaft (§ 81 G. v. 1. V. 89), einer Innung (OVG. 31 251) usw. Bis zur Beendigung der Liquidation und nur für diesen Zweck bleiben die bisherigen Gemeindeorgane bestehen.

Die Entscheidung aus § 26 Abs. 1 ZustG. wirkt inter omnes und für alle Rechtsverhältnisse.

Über die Entstehung von Landgemeinden vor Publikation des ALR. siehe das Erk. v. 2. XII. 82 (OVG. 9 91). Nach Publikation des ALR. bedurfte es zur Erlangung der Rechte einer Korporation als Landgemeinde (§ 25 II 6 ALR.) der staatlichen Genehmigung. Diese mußte und muß noch heute ausdrücklich erteilt werden. Hierzu ist jetzt nur der König befugt (Erk. v. 20. X. 80 u. v. 23. IV. 87 — OVG. 7 201 u. PrVBl. 9 5). Ist es streitig, ob ein Gemeindeleben in einer Ortschaft vorhanden gewesen und vorhanden ist, so gelten als sicherste Kennzeichen solche, die sich auf den Organismus der Gemeinde selbst beziehen, das Vorhandensein einer Ortsverfassung, ein verfassungsmäßiger Gemeindevorstand, gemeinsame Objekte, dauernde Einrichtungen, die den Zwecken einer Landgemeinde entsprechen (Gemeindeweide, öffentliche Wege, Gräben, Schutzvorrichtungen, Nachtwächter, Beleuchtung, Bullen, gemeinsame Hirten usw.), endlich eine auf Gemeindezwecke gerichtete Tätigkeit nach innen und außen, Heranziehung des einzelnen für das Ganze, Verkehr mit nebengeordneten oder übergeordneten Rechtssubjekten und Behörden usw. (Erk. v. 21. III. 81 OVG. 7 204, vgl. die Entsch. in Kunze-Kautz 1 363 ff.).

Das ALR. kennt als kommunalen Verband auf dem Lande nur die Gemeinde (OVG. 7 177). Weder der zweite Abschnitt des Tit. 7, noch der Tit. 6 Teil II finden auf die Rittergüter, adligen Güter, Gutsherrschaften Anwendung. Das ALR. beschränkt sich hinsichtlich dieser auf die Regelung der Rechtsverhältnisse zwischen dem Gutsherrn und seinen Untertanen, und damit wird als Grundlage einer Gutsherrschaft gekennzeichnet: das Untertänigkeitsverhältnis. Die §§ 91 f. II 7 bestimmen, wer Untertanen haben kann. Aus diesen Gutsherrschaften haben sich infolge der Edikte v. 9. X. 1807 u. v. 14. XI. 11 (vgl. OVG. 2 117) die selbständigen Gutsbezirke gebildet, deren Besitzern die spätere Gesetzgebung diejenigen Rechte und Pflichten in kommunaler Beziehung beigelegt hat, die in den Landgemeinden von deren Organen geübt und erfüllt werden (OVG. 1 102). Ist eine Besitzung notorisch kein Rittergut, kein adliges Gut, so muß der Besitzer das Recht seines Gutes, Untertanen haben zu können, nach § 92 durch Berufung auf Provinzialgesetze, Privilegien oder Verjährung gründen. Die Verjährung muß vor Aufhebung der Erbuntertänigkeit vollendet sein (OVG. 7 177).

Die Anerkennung eines Gutes als selbständiger Gutsbezirk ist nicht von dem Nachweise abhängig, daß der Gutsbesitzer tatsächlich Untertanen gehabt hatte. Es kommt nur darauf an, daß die Vorbesitzer Gutsherren über das Territorium waren, daß sie nach der rechtlichen Qualität ihres Besitzes Untertanen haben konnten (Erk. v. 27. V. 84 Kunze-Kautz 1 380).

Über den Begriff eines selbständigen Gutsbezirks spricht sich das Erk. v. 13. X. 76 (OVG. 1 102) aus; über die Entwickelung des Begriffs siehe OVG. 2 117, 162, 5 116, 149, 6 89, 7 177, 8 80, 14 231 (Unterschied zwischen Gemeinde- und Gutsbezirk); Voraussetzungen und Beweis der Eigenschaft einer ländlichen Besitzung als Gutsbezirk (OVG. 1 102, 147, 7 177, 8 80, 16 224, 20 170); der Erbzinsmann als Gutsherr (OVG. 8 80); die Bildung von Gutsbezirken durch den Abverkauf einzelner Domänenvorwerke in Gemäßheit der Domänen-Veräußerungsinstruktion (OVG. 10 93), durch die Veräußerung eingezogener geistlicher Güter (OVG. 10 95); Begriff der Gutsbezirke nach Ost- und Westpreußischem Provinzialrechte (OVG. 16 223, 21 115, 22 104).

Die Grenzen der Landgemeinden und des Gutsbezirks können durch privatrechtliche Verfügungen nicht geändert werden (OVG. 7 177; 10 94); deshalb hört ein Gutsbezirk durch Abverkäufe vom Gute nicht auf Gutsbezirk zu sein. Die Eigenschaft als Gutsbezirk kann nur durch einen Akt der Staatshoheit aufgehoben werden (OVG. 1 147, 7 203, 16 350; vgl. § 2 LGemO. v. 3. VII. 91). Umgekehrt gehören nicht alle Grundstücke, die im Eigentume des Gutsherren stehen, ohne weiteres zum Gutsbezirke. Ihre kommunale Zugehörigkeit hängt vielmehr von ihrem Ursprunge und Erwerbe ab. Es bedarf der Ermittelung, ob sie von alters her herrschaftlichen Besitz darstellen oder aus solchen ursprünglich bäuerlichen Liegenschaften bestehen, die in Übereinstimmung mit den damals bezüglich der Umwandlung von bäuerlichem Besitz in Gutsland geltenden Bestimmungen vom Gutsherrn eingezogen sind, bzw. ob sie sonst auf eine solche Weise in den Besitz des Gutsherrn gekommen sind, daß sie den Charakter von Dominialgrundstücken erlangten oder in den Verband des Gutsbezirks, sofern ein solcher bereits bestand, eintraten (Erk. v. 9. VII. 94 Kunze-Kautz 1 381). Wenn ein Rittergutsbesitzer eine bäuerliche Stelle erwirbt, so bleibt die Stelle im bisherigen Gemeindeverbande.

Wurden Rittergüter in einer Hand vereinigt, so behielten sie ihre Selbständigkeit.

Die Frage, wer bei völliger Zerstückelung des Gutes als Gutsherr anzusehen ist, läßt sich nicht allgemein, sondern nur je nach den besonderen Umständen des einzelnen Falls beantworten (Erk. v. 24. I. 91 Kunze-Kautz 1 383). Sofern die Zerstückelung nicht erweislich unter Vorbehalt der gutsherrlichen Rechte und Pflichten vor sich gegangen ist, wird die Gutsherrschaft in der Regel auf den Erwerber des eigentlichen Rittersitzes als des Stammes vom Gute übergegangen sein, dies dagegen dann nicht, wenn der Rittersitz (castrum) zunächst und mit Vorbehalt der Gutsherrlichkeit für das Restgut veräußert worden ist. Durch Auflösung solcher zerstückelter Gutsbezirke läßt sich den bisher bestehenden großen Schwierigkeiten jetzt abhelfen (§ 2 LGemO. v. 3. VII. 91). Wird ein Gutsbezirk einer Gemeinde einverleibt, so tritt die Gemeinde an die Stelle des letzteren in öffentlich-rechtlicher Beziehung und wird zur ausschließlichen Trägerin kommunaler Rechte und Pflichten (OVG. 26 98).

Mit der geschichtlichen Entwickelung der Gemeinde- und Gutsbezirke befassen sich OVG. 2 119, 164, 5 120, 39 103, 124, in Westpreußen 16 224, 22 98, in Ostpreußen 37 148, in Hannover 37 165, mit der rechtlichen Existenz einer Gemeinde 7 181, 203, 9 91, 25 153, mit der rechtlichen Existenz eines Gutsbezirks 7 181, 203, 19 152, 20 170, 22 98, 31 113, 37 148, 158, 162.

C. Streitigkeiten über die bestehenden Grenzen eines Gemeinde- oder Gutsbezirks (§ 26 ZustG.).

Streitigkeiten über die bestehenden Grenzen eines Gemeinde- oder Gutsbezirks (§ 26 Abs. 1 ZustG.) unterliegen der Entscheidung des Kreisausschusses, soweit hierbei Stadtgemeinden in Betracht kommen, des Bezirksausschusses (§ 4 LGemO. v. 3. VII. 91). Gegen die Entscheidungen sind die gewöhnlichen Rechtsmittel zulässig. Die Klagen sind fristlos.

In dem Streite klagt eine Gemeinde (Gutsbezirk) gegen eine andere (einen Gutsbezirk) mit dem positiven Antrage, festzustellen, daß ein bestimmtes Grundstück zum klägerischen Gemeindebezirke gehört, bzw. dem negativen Antrage, daß es nicht zum klägerischen Gemeindebezirke gehörig ist. Es kann mit einem dieser Anträge Widerklage erhoben werden. Die Klage ist auch dem Besitzer eines kommunalfreien Grundstücks gegeben, wenn eine Gemeinde (Gutsbezirk) es für ihren Gemeindebezirk in Anspruch nimmt. Der Besitzer des Grundstücks ist dann Partei.

Klagen die genannten Parteien gegeneinander, so ist kein Kommissar nach § 74 Abs. 3 LVG. zu bestellen, dagegen kann neben der Partei ein Kommissar nach § 74 Abs. 2 bestellt werden. Klagt der Besitzer eines Grundstücks auf Anerkennung, daß das Grundstück nicht zu einer Gemeinde gehört, sondern einen eigenen Gutsbezirk bildet, so ist ein Kommissar nach § 74 Abs. 3 zu ernennen.

Der Besitzer des Grundstücks, um dessen Gemeindestatus es sich in dem Verfahren nach § 26 Abs. 1 ZustG. handelt, ist Partei; er ist deshalb als solcher zum Verfahren zuzuziehen. Sollte er die klägerischen Ansprüche von vornherein anerkennen, so bedarf es seiner Zuziehung als Partei nicht; er kann dann beigeladen werden; er stellt sich auf seiten des Klägers, falls er am Prozesse teilnimmt. Das Erkenntnis wirkt inter omnes. Über die Feststellung der bestehenden Grenzen hinaus geht der Klageantrag nicht (Erk. v. 11. VI. 81 OVG. 8 86 u. v. 10. X. 83 PrVBl. 5 52).

Über die kommunalen Eigenschaften von Trennstücken eines Gutsbezirks, von ehemaligen Bauerstellen und Landabfindungen siehe Kunze-Kautz 1 407f., über die kommunale Zugehörigkeit der Kirchen- und Pfarrländereien, der Dorfauen, öffentlichen Flüsse, Gewässer, Land- und Heerstraßen a. a. O. 412ff. Im übrigen sind die Ausführungen über die Streitigkeiten, betr. die bestehenden Grenzen von Stadtbezirken (§ 9 ZustG.), hier sinnentsprechend anzuwenden, auch in Beziehung auf den vorläufig vom Kreisausschusse oder Bezirksausschusse zu fassenden Beschluß, der ebenfalls inter omnes Recht schafft. Nur die Behörde erster Instanz ist zur Fassung des Beschlusses zuständig. Selbst wenn das Verwaltungsstreitverfahren schon in zweiter Instanz schwebt, kann nur der Kreisausschuß (Bezirksausschuß) den vorläufigen Beschluß fassen. Eine Beschwerde dagegen ist ausgeschlossen.

D. Über die infolge einer Veränderung der Grenzen der Landgemeinden und Gutsbezirke notwendig werdenden Auseinandersetzungen.

Die zur Zeit des Inkrafttretens der verschiedenen Landgemeindeordnungen vorhandenen Landgemeinden und Gutsbezirke blieben in ihrer bisherigen Begrenzung bestehen. Hat eine Veränderung nach den gesetzlichen Vorschriften stattgefunden, so beschließt über die infolge der Veränderung der Grenzen notwendig werdende Auseinandersetzung zwischen den Beteiligten der Kreisausschuß und, soweit hierbei Stadtgemeinden in Betracht kommen, der Bezirksausschuß. Den Beteiligten steht binnen zwei Wochen die Klage gegeneinander im Verwaltungsstreitverfahren bei diesen Behörden zu. Die Rechtsmittel sind die ordentlichen. Bis zum Erlasse der neueren LGem-Ordnungen (vgl. auch die StädteO. für Hessen-Nassau v. 4. VIII. 97) galt bei Veränderungen der Bezirksgrenzen von Landgemeinden und Gutsbezirken die Regel des § 25 Abs. 4 ZustG., daß der von einer Gemeinde (Gutsbezirk) abgetrennte Teil, soweit nicht besondere Rechtstitel ein anderes begründeten, auch aus allen Rechten und Pflichten der bisherigen kommunalen Zugehörigkeit ohne weiteres ausschied; ein gegenseitiger Rechtsanspruch auf Entschädigung, insbesondere wegen etwaiger Mehrbelastung mit kommunalen Pflichten, bestand nicht. Eine Ausnahme machte die Armenlast (§§ 8f. G. v. 8. III. 71, vgl. Erk. v. 26. II. 97 OVG. 33 133).

Durch § 3 LGemO. v. 3. VII. 91 (und die gleichlautenden Bestimmungen der anderen LGemOrdnungen und der StädteO. v. 4. VIII. 97) ist der bisherige Rechtszustand für die in Betracht kommenden Landesteile erheblich verändert worden. Der § 3 LGemO. will eine Auseinandersetzung der durch die Veränderung der Bezirke entstandenen Gemeinsamkeit von kommunalen Rechten und Pflichten und, falls erforderlich, eine Ausgleichung öffentlich-rechtlicher Interessen der Beteiligten herbeiführen, das letztere unter der Voraussetzung, daß eine Ausgleichung nach Lage des Falles, also aus besonderem Grunde (nicht weil lediglich eine Bezirksveränderung vorgenommen worden) angezeigt erscheint (OVG. 33 151). Es können einzelne Beteiligte im Verhältnisse zu anderen Beteiligten, die für gewisse kommunale Zwecke bereits vor der Vereinigung für sich allein Fürsorge getroffen haben, oder solche Beteiligte, die vorwiegend Lasten in die neue Gemeinschaft bringen, zu Vorausleistungen verpflichtet werden. Auch kann, wenn eine Gemeinde (oder der Besitzer eines Gutsbezirks) durch die Abtrennung von Grundstücken eine Erleichterung in öffentlich-rechtlichen Verpflichtungen erfährt, der Gemeinde, welcher oder dem Gutsbezirke, welchem jene Gutsbezirke einverleibt werden, ferner der neuen Gemeinde (Gutsbezirke), welche aus letzteren gebildet wird, eine Beihilfe zu den neuen Ausgaben bis zur Höhe des der anderen Gemeinde (Gutsbesitzer) dadurch entstehenden Vorteils zugebilligt werden.

Das Gesetz will Vorsorge treffen, daß nicht eine unbillige Erleichterung und ein ungerechtfertigter Vermögensvorteil der durch die Loslösung von Grundstücken zunächst entlasteten Gemeinde (Gutsbezirks) eintrete. Ob und welche Beihilfe zu gewähren, ist in das billige Ermessen der zum Beschlusse (zur richterlichen Entscheidung) berufenen Behörden (Kreisausschuß, Bezirksausschuß, Oberverwaltungsgericht) gestellt. Dabei ist die Art der Beihilfe vom Gesetze nicht näher bestimmt. Der Begriff „Beihilfe" schließt nicht aus, daß letztere sowohl in Form einer Kapitalabfindung als in Gestalt von jährlichen Zuschüssen gewährt und daß im letzten Falle auch die Ablösung solcher Zuschüsse ausdrücklich vorbehalten werden kann. Beide Arten von Beihilfen können auch verbunden werden (OVG. 33 133). Von dem Grundsatze, daß besondere Billigkeitsgründe einen Ausgleich rechtfertigen sollen, ist besonders auch in dem Falle auszugehen, wo es sich um die Neubildung eines Gutsbezirks handelt, der aus einem anderen Gutsbezirke ausscheidet. Eine Beihilfe ist aber nicht schon deshalb begründet, weil der Besitzer des Gutes durch Schaffung des Gutsbezirks Lasten überkommt, deren Tragung dem Besitzer gesetzlich stets obliegt. Auch der Umstand, daß der bisherige Gutsherr in seinen Ausgaben erleichtert wird, nötigt keinesfalls dazu, ihn zur Leistung einer Entschädigung an die neue Gemeinde in der Höhe der Erleichterung zu verpflichten, wenn die neue Gemeinde erheblich leistungsfähig ist und einer Beihilfe nicht bedarf.

In der Erhebung eines Guts zu einem Gutsbezirke und in dem Genusse der damit verbundenen Vorteile kann schon eine Ausgleichung wegen der damit verbundenen Lasten liegen (Erk. v. 14. X. 98 Kunze-Kautz 1 421). Das Auseinandersetzungsverfahren ist auch zulässig, wenn ein ganzer Gutsbezirk in eine Landgemeinde umgewandelt wird (Erk. v. 15. X. 97 OVG. 33 168). Alle die Lasten, um die es sich handelt, müssen öffentlich-rechtlicher Natur sein. Die Jagdnutzung gehört nicht zu den Gegenständen der Auseinandersetzung (OVG. 39 109). Die Aufzählung der Fälle in § 3 Abs. 2, in denen ein Ausgleich erfordert werden kann, ist nicht erschöpfend (Erk. v. 8. VI. 00 Kunze-Kautz 1 425). Im übrigen siehe die zahlreichen vom Oberverwaltungsgerichte behandelten Fälle bei Kunze-Kautz 1 417 f., für Hannover Erk. v. 20. I. 03 (OVG. 42 95). Ebenso die Ausführungen im Abschnitte „Kreise".

Die Festsetzungen im Beschluß- oder Verwaltungsstreitverfahren sind öffentlich-rechtlichen Inhalts. Sie bilden ebenfalls eine Grundlage für eine Zwangsetatisierung.

Der § 25 Abs. 4 ZustG. gilt zugleich bei der Veränderung der Grenzen der Ämter in der Provinz Westfalen und der Bürgermeistereien in der Rheinprovinz.

Die Abänderung der Amtsbezirke und Landbürgermeistereien selbst erfolgt durch den Minister des Innern nach Anhörung der Beteiligten und des Kreistages und nachdem sich der Bezirksausschuß damit einverstanden erklärt hat (§ 22 WestfKreisO., § 22 RhKreisO.).

Wegen der Bildung neuer Gemeinde- und Gutsbezirke in Westfalen, Rheinland und Hannover siehe die betreffenden LGemOrdnungen und Kreisordnungen (OVG. 19 152, für die Auseinandersetzung in Hannover zu beachten OVG. 42 94).

Es kann in Hannover nur eine Auseinandersetzung wegen der durch die Bezirksveränderung geschaffenen Gemeinsamkeit von Rechten und Pflichten stattfinden in der Weise, daß außer der Armenlast das gemeinsame Aktiv- und Passivvermögen geteilt wird.

Unter den „Beteiligten", die den Antrag auf Auseinandersetzung zu stellen und Klage zu erheben befugt sind, können nur die von der Bezirksveränderung Betroffenen verstanden werden (Erk. v. 5. II. 01 OVG. 41 109). Darunter sind in erster Reihe gemeint: die Gemeinden und Gutsbezirke, deren Grenzen sich ändern, ferner solche Rechtssubjekte, die den Bezirken angehören, deren kommunalrechtliche Verhältnisse durch die Änderung direkt betroffen werden, wie kommunalfreie Grundstücke, endlich der frühere Träger der gutsherrlichen Rechte und Pflichten im Falle der Auflösung des Gutsbezirks (Erk. v. 19. I. 00 u. v. 5. II. 01 — OVG. 36 145, 39 109). Dagegen erscheint es ausgeschlossen, zu den Beteiligten solche Gemeinden zu rechnen, deren Bezirk gar nicht verändert wird, deren Pflichten aber eine Erweiterung erfahren, weil z. B.

die Teilnahme einer Gutsherrschaft an der ihnen obliegenden Schulunterhaltung infolge der Auflösung des Gutsbezirks wegfällt.

Ist die Gemeinde beteiligt, so sind die zu ihr gehörigen Grundbesitzer nicht etwa zum Verfahren zuzuziehen; denn nur die Gemeinde als solche kann Ausgleichansprüche erheben, und solche Ansprüche können nur gegen sie als öffentliche Korporation erhoben werden. Auch eine Beiladung von zur Gemeinde gehörigen Grundbesitzern ist zulässig. Bei Veränderung von kommunalfreien Grundstücken sind die Besitzer Partei, wenn sie selbst Ansprüche erheben oder solche gegen sie erhoben werden; gleiches gilt vom Gutsbesitzer.

Zweiter Titel.

Gemeinderecht.

A. Inhalt, Besitz und Verlust des Gemeinderechts (§§ 39, 40, 41—45, 66 LGemO.; §§ 27, 28 ZustG.).

Gemeindeglieder sind die Gemeindeangehörigen, welchen das Gemeinderecht zusteht. Das letztere umfaßt (§ 40 LGemO.):

1. Das Recht zur Teilnahme an dem Stimmrechte in der Gemeindeversammlung oder, wo die letztere durch eine gewählte Gemeindevertretung ersetzt ist, zur Teilnahme an den Gemeindewahlen,
2. das Recht zur Bekleidung unbesoldeter Ämter in der Verwaltung und Vertretung der Gemeinde.

Der § 40 spricht sich nicht über das Recht zur Teilnahme an den Gemeindenutzungen (§ 28 II 7 ALR.) aus; darüber disponiert der § 70. Nach diesem Paragraph sind die Gemeindeangehörigen zur Teilnahme an den Gemeindenutzungen gemäß der alten Verleihungsurkunden, Gewohnheiten usw. berechtigt. Im übrigen erfolgt die Verteilung nach den Verhältnissen, in welchen die Gemeindeangehörigen zu den kommunalen Lasten beizutragen haben.

Der § 41 setzt die Voraussetzungen für den Erwerb und Besitz des Gemeinderechts fest. Die Nummern 6 b und c sind später abgeändert teils durch G. v. 14. VII. 93 teils durch das KommAbgG. Nach § 41 Nr. 6c hat das Gemeinderecht zur Voraussetzung, daß der Gemeindeangehörige entweder zur Staatseinkommensteuer veranlagt ist oder zu den Gemeindeabgaben nach einem Jahreseinkommen von mehr als 660 Mk. herangezogen wird. Dagegen ist das Gemeinderecht nicht davon abhängig, daß ein zur Staatseinkommensteuer veranlagter Gemeindeangehöriger auch zu den Gemeindeabgaben von seinem Einkommen herangezogen ist. Erhebt z. B. die Gemeinde solche Abgaben nicht, so reicht zwar die Tatsache der Veranlagung zur Staatseinkommensteuer für die Begründung des Gemeinderechts aus, falls seine sonstigen Voraussetzungen (§ 41 Nr. 1—5) vorliegen. Anderseits reicht, wenn eine Veranlagung zur Staatssteuer nicht erfolgt ist, die Tatsache der Veranlagung zu einem fingierten Normalsteuersatze (EinkStG. § 74) nach einem Jahreseinkommen von mehr als 660 Mk. zur Begründung des Gemeinderechts nicht aus; es bedarf hierzu vielmehr einer Heranziehung zu den Gemeindeabgaben in Höhe des Normalsteuersatzes (Erk. v. 21. XII. 97 Kunze-Kautz 1 449).

Der § 41 Nr. 3 verlangt einen Wohnsitz in dem Gemeindebezirke seit einem Jahre. Einen Wohnsitz hat nur jemand an dem Orte, wo er eine Wohnung unter Umständen inne hat, die auf die Absicht dauernder Beibehaltung einer solchen schließen lassen. Eine juristische Person, eine Erwerbsgesellschaft, eine eingetragene Genossenschaft usw. kann eine Wohnung nicht haben, weil bei ihr ein Bedürfnis allgemeiner Lebenshaltung undenkbar ist (Erk. v. 27. V. 02 OVG. 41 165). Die juristischen Personen haben in der Gemeinde nicht dieselben Rechte wie die physischen Gemeindeangehörigen; die Teilnahme an den Gemeindeabgaben und -lasten, zu denen sie verpflichtet sind, ist nicht gleichartig der Gemeindeabgabepflicht derjenigen, die einen Wohnsitz in dem Gemeindebezirke haben. Es ist auch aus den §§ 39, 41, 45 nicht herzuleiten, daß sie als Gemeindemitglieder und folglich auch als Gemeindeangehörige zu betrachten sind. Namentlich erschöpft sich das Gemeinderecht nicht in dem Rechte zur Teilnahme am Stimmrechte in der Gemeindeversammlung oder an den Gemeindewahlen und an der Wählbarkeit zum Gemeindeverordneten (§ 50 Abs. 2), sondern es umfaßt auch das Recht zur Bekleidung von unbesoldeten Ämtern in der Gemeindeverwaltung; dieses ist aber weder den im § 45 bezeichneten Stimmberechtigten noch ihren Vertretern beigelegt worden (OVG. 41 165).

Steuerzahlungen und Grundbesitz der Ehefrau (§ 41 Abs. 4) werden deren Ehemann, Steuerzahlungen und Grundbesitz der in väterlicher Gewalt befindlichen Kinder dem Vater angerechnet. Die erstere Vorschrift findet Anwendung, selbst wenn der Grundbesitz nicht im gemeinschaftlichen Eigentume der Eheleute steht (OVG. 43 140). Die Ehefrau hat dann kein durch den Ehemann auszuübendes besonderes Stimmrecht.

Das Gemeinderecht und die unbesoldeten Gemeindeämter gehen verloren, sobald eines der im § 41 Nr. 1 und 6 vorgeschriebenen Erfordernisse (Angehörigkeit zum Deutschen Reiche und Besitz eines Wohnhauses im Gemeindebezirke oder Veranlagung oder Heranziehung zu Steuerabgaben) nicht mehr zutrifft oder der Wohnsitz im Gemeindebezirke aufgegeben wird (§ 43). Der § 43 bestimmt weiter, wie der Verlust der bürgerlichen Ehrenrechte, die Aberkennung der Fähigkeit zur Bekleidung öffentlicher Ämter und die Verurteilung zur Zuchthausstrafe auf das Gemeinderecht einwirken. Es ruht (§ 44) u. a., wenn ein Gemeindeglied in Konkurs verfällt, bis zur Beendigung des Verfahrens und wenn und solange trotz Mahnung die Gemeindeabgaben nicht entrichtet werden. Ein „Verfallen in Konkurs" liegt aber nicht schon dann vor, wenn die Grundstücke in gerichtliche Verwaltung genommen werden, während das Gemeindemitglied in der Verfügung des übrigen Vermögens frei ist. Die Mahnung muß in den Formen der Vd. v. 15. XI. 99 und der Anw. v. 28. XI. 99 geschehen sein (Kunze-Kautz 1 446 Anm.). Sind die Abgaben von einem Dritten, z. B. einem Pächter oder Administrator bezahlt, so gilt die Zahlung als vom Besitzer bewirkt. Schuldig gebliebene Kreisabgaben stehen den Gemeindeabgaben nicht gleich (OVG. 40 147).

Nach § 45 ist auch derjenige stimmberechtigt, der, ohne im Gemeindebezirke einen Wohnsitz zu haben, in dem Bezirke seit einem Jahre ein Grundstück besitzt, das wenigstens den Umfang einer die Haltung von Zugvieh zur Bewirtschaftung erfordernden Ackernutzung hat oder auf welchem sich ein Wohnhaus oder eine Fabrik oder andere gewerbliche Anlage befindet, die dem Wert einer solchen Ackernutzung mindestens gleichkommen, wenn bei ihm die im § 41 unter Nr. 1, 2, 4 und 5 bezeichneten Voraussetzungen vorhanden sind. Gleiches trifft bei juristischen Personen usw. zu. Dabei ist zu beachten, daß es nicht auf das tatsächliche Halten von Zugvieh ankommt, sondern darauf, ob nach landwirtschaftlich richtigen Grundsätzen die Haltung von Zugvieh angebracht erscheint (OVG. 6 142).

Der § 66 LGemO. bestimmt über die Rechtsmittel bei Verkümmerung des Gemeinderechts durch ein Organ der Gemeinde. Es beschließt die Gemeindevertretung, wo eine solche nicht besteht, der Gemeindevorsteher auf Beschwerde und Einspruch, betreffend den Besitz oder den Verlust des Gemeinderechts. Der Einspruch oder die Beschwerde sind bei dem Gemeindevorsteher anzubringen. Gegen den Beschluß findet die Klage im Verwaltungsstreitverfahren statt, die, wenn der Beschluß von der Gemeindevertretung gefaßt ist, auch dem Gemeindevorsteher zusteht. Die Klage ist binnen zwei Wochen bei dem Kreisausschusse anzubringen, die Frist läuft vom Tage der Behändigung des Beschlusses. Die Gemeindevertretung kann sich einen besonderen Vertreter bestellen. Die Rechtsmittel sind Berufung und Revision. Es liegt actio nata vor, wenn die Gemeindevertretung oder der Gemeindevorstand auf Beschwerde irgendeinen abweisenden Bescheid erteilen (PrVBl. 18 65).

Der Bescheid kann, wenn der Gemeindevorsteher zuständig ist, auch mündlich erteilt werden. Von der mündlichen Eröffnung an beginnt dann die Klagefrist (Erk. v. 22. VI. 81 OVG. 8 118).

Die §§ 27, 28 ZustG., die gleiche Vorschriften enthalten, gelten noch für die Landesteile, die keine neueren Landgemeindeordnungen erhalten haben, also für Westfalen, Rheinprovinz, Hannover. Der § 27 Abs. 4 ist durch die LGemO. für Hessen-Nassau vom 4. VIII. 97 gegenstandslos geworden.

In Westfalen fassen den Beschluß die Gemeindeverordneten, in der Rheinprovinz der Gemeinderat (Schöffenrat), in Hannover der Gemeindeausschuß (Gemeinderat). Gemeindevorstand ist in Westfalen der Gemeindevorsteher, in der Rheinprovinz der Bürgermeister, in Hannover der Gemeindevorsteher.

Im übrigen vgl., was bei dem Abschnitte „Stadtgemeinden, Bürgerrecht" ausgeführt ist und hinsichtlich der Rechtsprechung des Oberverwaltungsgerichts Kunze-Kautz 1 453 ff. (Abschnitt Provinzialrecht).

B. Gemeindestimmrecht; Wählerliste; Wahlen zur Gemeindevertretung.

In den östlichen Landgemeinden, in welchen die Zahl der Stimmberechtigten mehr als 40 beträgt, tritt an die Stelle der Gemeindeversammlung eine Gemeindevertretung (§ 49 LGemO.). Durch ortsstatutarische Anordnung kann die letztere auch bei einer geringeren Anzahl von Stimmberechtigten eingeführt werden. In der Provinz Hannover bestimmen die Beteiligten, ob eine Gemeindevertretung (Gemeindeausschuß) einzuführen ist. In den Landgemeinden von Westfalen und Rheinprovinz wird eine Gemeindevertretung (Gemeindeversammlung, Gemeinderat) gewählt, sobald 18 Stimmberechtigte vorhanden sind. Abweichungen können durch Ortsstatut begründet werden. In Schleswig-Holstein und Hessen-Nassau gilt die gleiche Bestimmung wie in den östlichen Provinzen. In den Hohenzollernschen Landen tritt bei 30 Stimmberechtigten eine Gemeindevertretung (Bürgerausschuß) ein. In Hannover hat die Gemeindeversammlung in gewissen Fällen auch ein Beschlußrecht (§ 52 LGemO v. 28. IV. 59).

Für die Wahlen der Gemeindeverordneten werden die sämtlichen Stimmberechtigten einer Landgemeinde nach Maßgabe der von ihnen zu entrichtenden direkten Staats-, Gemeinde-, Kreis- und Provinzialsteuern (mit Ausnahme der Steuer für den Gewerbebetrieb im Umherziehen) in drei Abteilungen geteilt, und zwar in der Art, daß auf jede Abteilung ein Dritteil der Gesamtsumme der Steuerbeträge aller Wähler entfällt (G. v. 29. VI. 93). Niemand darf zwei Abteilungen zugleich angehören. Mindestens zwei Drittel der Mitglieder der Gemeindevertretung müssen Angesessene (§ 41 Nr. 6a u. b, § 45) sein (§ 52). Die weiteren Bestimmungen siehe im Gesetze. Gehören zu einer Abteilung mehr als 500 Wähler, so kann die Wahl nach dazu gebildeten Wahlbezirken geschehen. Ist dies der Fall, so hat der Gemeindevorsteher (Gemeindevorstand) vor der Wahl für jeden Wahlbezirk die Anzahl nicht nur der überhaupt, sondern auch der aus den Angesessenen und aus den Nichtangesessenen zu wählenden Gemeindeverordneten festzusetzen. Die Vorschrift im § 52, daß, sofern in einer Abteilung mehr Nichtangesessene gewählt sind, als zulässig gewesen, diejenigen als nicht gewählt gelten, die die geringste Stimmenzahl erhalten haben, findet keine Anwendung bei Wahlen, die zwar in derselben Abteilung, aber in verschiedenen Wahlbezirken stattgefunden haben. Die Gültigkeit einer Wahl hängt von dem Ausfalle der Wahl in einer anderen Wahlversammlung nicht ab; die Zulässigkeit der Wahl eines Nichtangesessenen ist nicht dadurch bedingt, daß nicht eine andere Wahlversammlung einem Nichtangesessenen eine größere Anzahl Stimmen gibt (Erk. v. 26. IV. 01 OVG. 40 169). Die Anzahl der in einer Wählerabteilung wählbaren Nichtangesessenen steigert sich nicht dadurch, daß in einer der beiden anderen Abteilungen eine über das gesetzliche Maß hinausgehende Zahl Angesessener gewählt worden (OVG. 41 163).

Die Gemeindevertretung (§ 49) besteht aus dem Gemeindevorsteher und den Schöffen, sowie den gewählten Gemeindeverordneten (12 bis 24, je nach Bestimmung des Ortsstatuts). Der Gemeindevorsteher und die Schöffen kommen auf die gesetzlich zulässige Höchstzahl der Nichtangesessenen in Anrechnung, soweit sie zu den letzteren gehören.

Die Gemeindevertretung wird auf sechs Jahre gewählt (§ 54). Alle zwei Jahre scheidet aus jeder Abteilung ein Drittel der Gemeindeverordneten aus und wird die Gemeindevertretung durch neue Wahlen ergänzt. Außerordentliche Wahlen zum Ersatze innerhalb der Wahlperiode ausgeschiedener Mitglieder müssen angeordnet werden, wenn die Gemeindevertretung oder der Gemeindevorsteher oder der Kreisausschuß dies für erforderlich erachtet.

Die nach § 39 Abs. 2 zu führende Liste der stimmberechtigten Gemeindeangehörigen wird den Wahlen zugrunde gelegt (§ 53) und nach Wahlabteilungen (und geeignetenfalls nach Wahlbezirken) eingeteilt. Die Auslegung erfolgt in der Zeit vom 15. bis 30. Januar (§ 56). Während dieser Zeit kann jeder Stimmberechtigte gegen die Richtigkeit der Liste bei dem Gemeindevorsteher Einspruch erheben. Über den Einspruch beschließt die Gemeindevertretung (wo eine solche nicht besteht, der Gemeindevorstand). Gegen den Beschluß findet binnen zwei Wochen die Klage bei dem Kreisausschusse (mit den nachfolgenden ordentlichen Rechtsmitteln) statt (ZustG. § 27, LGemO. §§ 66, 67). Die Klage gegen die Gemeindevertretung kann auch der Gemeindevorstand, in Westfalen der Amtmann anstellen.

Da die Einlegung des Einspruchs nur während der Zeit der Auslegung der Listen zulässig ist, so erlischt das Recht dazu, nachdem die Auslegung beendet ist. Die Richtigkeit der Listen kann daher auch nicht etwa mit der Klage gegen den Einspruch, der sich gegen die Gültigkeit einer vollzogenen Wahl richtet, angefochten werden (Erk. v. 13. XII. 93 Kunze-Kautz 1 485).

Die Wählerliste hat den Zweck, den Kreis der stimmberechtigten, nicht etwa den der wählbaren Personen festzustellen (OVG. 19 18, 41 108). Solange die Liste nicht abgeschlossen und ausgelegt ist, ist der Einspruch nicht gegeben. Zum Einspruche ist nicht bloß derjenige befugt, dessen Wahlrecht durch die Fehlerhaftigkeit der Liste beeinflußt wird, sondern jeder Stimmberechtigte, selbst wenn er bei Änderung des

Steuersolls nach Maßgabe seines Einspruchs in derselben Wahlabteilung verbleiben würde (Erk. v. 11. X. 95 OVG. 28 97). Ohne Einspruch hat sich die Gemeindevertretung mit der Wählerliste und ihrer Berichtigung nicht zu befassen. Ein allgemein gehaltener Einspruch, z. B. dahin, daß die Listen Unrichtigkeiten enthalten, hat keine Gültigkeit; der Einspruch muß bestimmte Angaben, worin die Unrichtigkeiten bestehen, enthalten (OVG. 13 76, 25 119).

Die Klage erhebt der, dessen Einspruch zurückgewiesen ist, gegen die Gemeindevertretung oder den Gemeindevorsteher, wenn die Gemeindevertretung die Wählerliste auf Einspruch geändert hat, gegen den Einsprechenden und die Gemeindevertretung. Ist jemand infolge des Beschlusses aus der Wählerliste gestrichen worden, so steht auch ihm die Klage gegen die Gemeindevertretung und den Einsprechenden als Streitgenossen zu.

Der Einspruch und Beschwerde (§ 66) mit darauffolgender Klage sind ebenso gegeben, wenn es sich um die Wählbarkeit zu einer Stelle in der Gemeindeverwaltung oder Gemeindevertretung, die Ausübung des Stimmrechts durch einen Dritten, um die Berechtigung der Ablehnung oder Niederlegung einer Stelle in der Gemeindeverwaltung und -vertretung, die Gültigkeit der Wahlen zur Gemeindevertretung handelt. Die §§ 45f. enthalten die erforderlichen Vorschriften, wie die Vertretung der Stimmberechtigten zu handhaben ist. Frauen sind zwar stimmberechtigt, aber zur Ausübung des Stimmrechts nicht befugt. Ehefrauen werden durch ihren Ehemann vertreten (§ 46), Minderjährige durch ihren Vater, Stiefvater oder Vormund, unverheiratete Besitzerinnen und Witwen durch Gemeindeglieder; auswärts wohnende Stimmberechtigte und auswärts wohnende Vertreter Stimmberechtigter können sich durch männliche Gemeindeglieder vertreten lassen. Mehrere durch schriftliche Vollmacht legitimierte Vertreter desselben Stimmberechtigten müssen sich über die Person des zu Wählenden einigen und über das Ergebnis eine Erklärung abgeben. Nicht beglaubigte Vollmachten sind zuzulassen, wenn keine berechtigten Zweifel an der Echtheit der Unterschrift bestehen (Kunze-Kautz 1 471, 472). Vollmachten können auch in blanco ausgestellt sein. Vor der Übergabe an den Wahlvorstand müssen sie aber ausgefüllt werden. Wenn Vollmachten durch eine amtliche Person beglaubigt werden, so erleidet die Echtheit der Unterschrift keinen Abbruch, wenn der beglaubigende Beamte bei der Vollziehung der richtigen Unterschrift nicht zugegen gewesen ist.

Der Einspruch gegen die Gültigkeit der Wahlen zur Gemeindevertretung ist innerhalb zweier Wochen nach Bekanntmachung des Wahlergebnisses bei dem Gemeindevorstande (Gemeindevorsteher) anzubringen (ZustG. § 27, LGemO. § 63), der ihn vor die Gemeindevertretung zur Beschlußfassung bringt. Der Beschluß ist dem Einsprechenden und dem, dessen Wahl angegriffen ist, zu behändigen. In der Entsch. v. 8. X. 01 (OVG. 40 165) hält das Oberverwaltungsgericht es für erforderlich, daß der Beschluß auch dem Gemeindevorstande zugestellt wird.

Der Einspruch muß gegen das Endergebnis eines abgeschlossenen Wahlverfahrens gerichtet werden; es müssen Wahlen wirklich schon vorliegen und die Bekanntmachung erfolgt sein. Ist Einspruch gegen die Richtigkeit der Wählerliste erhoben worden, so braucht die Beendigung dieses Verfahrens (Beschluß, Erkenntnis) nicht abgewartet zu werden. Sowohl die Gemeindevertretung wie der Verwaltungsrichter können nur Beschlüsse fassen oder Entscheidungen treffen, die nach allen Richtungen abschließend wirken; deshalb haben beide Behörden über sämtliche Einsprüche und Beschlüsse in einem Verfahren zu befinden, das inter omnes wirkt. Eine Wahl kann nur jedem Beteiligten gegenüber entweder gültig oder ungültig sein (Erk. v. 2. V. 94 OVG. 26 119). Ebenso kann nur die bekannt gemachte Wahl für gültig oder ungültig erklärt werden, nicht aber dahin erkannt werden, wer für den abgelehnten Gewählten einzutreten hätte; denn im Falle der rechtskräftigen Ungültigkeitserklärung einer Wahl ist eine Neuwahl anzusetzen. Eine Direktive nach dieser Richtung hat der Verwaltungsrichter nicht zu geben.

Die Klage richtet sich stets gegen die beschließende Behörde (Gemeindevertretung, Gemeindevorstand, Gemeindevorsteher) und wenn der Einsprechende klagt, zugleich gegen den Gewählten, eine Beiladung genügt nicht. Der Gemeindevorstand ist stets zur Klage berechtigt.

Während des Streitverfahrens behält der Gewählte Sitz und Stimme in der Gemeindevertretung; denn die Klage hat keine aufschiebende Wirkung (LGemO. § 67). Sind Formfehler bei einer engeren Wahl vorgekommen, die die Wahl ungültig machen, so wird der ganze Wahlakt kassiert und ist zu wiederholen. Handelt es sich um die Ergänzungswahl infolge der Auslosung eines Gemeindeverordneten, so kann mit der Klage die Gültigkeit der vorgenommenen Auslosung angefochten werden. Ist die Auslosung ungültig gewesen, so ist es auch die Ergänzungswahl. Unerheblich ist dabei, ob etwa die Gemeindevertretung die Auslosung durch einen Beschluß für gültig erklärt hat (Erk. v. 28. X. 98 Kunze-Kautz 1 486). Die Gemeindevertretung hat die Gültigkeit der Wahlen von Amts wegen zu prüfen. Ist dabei eine Wahl für ungültig erklärt worden, so hat die Klage der, dessen Wahl für ungültig erklärt ist, und der Gemeindevorsteher gegen die Gemeindevertretung, die einen eigenen Vertreter bestellt.

Was die Förmlichkeiten bei einer Wahl anlangt, so ist folgendes hervorzuheben: Eine Woche vor dem Wahltage werden die in der Wählerliste (§ 55) verzeichneten Wähler durch den Gemeindevorsteher mittelst ortsüblicher Bekanntmachung zu den Wahlen berufen (§ 59). Die Bekanntmachung muß den Raum, den Tag und die Stunden, in welchen die Stimmen bei dem Wahlvorstande (Gemeindevorsteher und zwei Beisitzern, § 60) abzugeben sind, genau bezeichnen. Eine ganze Woche (sieben volle Tage) bis zur Wahl braucht nicht frei zu sein (§ 59). Die Frist ist keine Ladungsfrist im Sinne des § 217 ZPO. Die in § 59 LGemO. benannte Frist ist eine Wochenfrist; sie beginnt mit dem Tage der Woche, dessen Benennung dem Wochentage entspricht, an dem die Frist ablaufen wird (von Dienstag zu Dienstag). Erscheint die Bekanntmachung in einer Zeitung, so ist entscheidend, wann das Blatt regelmäßig erscheint. Sollten in einzelnen Ortsteilen einzelne Nummern des Blattes später erschienen sein, so hat dies keinen Einfluß (Erk. v. 4. X. 93 OVG. 25 114). Bei der ortsüblichen Einladung durch Zettelumlauf trifft dasselbe zu. Die Wahlen können auch auf Sonntage angesetzt und so abgehalten werden. Zur Stimmabgabe brauchen nicht mehrere Stunden angesetzt zu werden.

Die Nichteinhaltung der für das Wahlverfahren vorgeschriebenen Fristen hat die Ungültigkeit der Wahl zur Folge, ohne Rücksicht darauf, ob nachgewiesen wird, daß das Wahlergebnis dadurch beeinflußt worden sei; denn es handelt sich um wesentliche Vorschriften des Wahlverfahrens.

Der Stellvertreter des Vorsitzenden des Wahlvorstandes muß immer ein Schöffe sein. Ist dagegen verstoßen worden, hat aber der unrichtig ernannte Stellvertreter als Vorsitzender nicht gewirkt, so liegt kein wesentlicher Mangel des Wahlverfahrens vor. Die Beisitzer müssen stets von der Wahlversammlung gewählt sein; Wahl durch Zuruf ist zulässig ebenso daß der Vorsitzende die Beisitzer vorschlägt und die Wahlversammlung stillschweigend dem Vorschlage zustimmt.

Der Wahlvorstand kann Wähler wegen Unzurechnungsfähigkeit (Trunkenheit) von der Wahl ausschließen; er kann Vertreter zur Wahl zulassen, wenn auch z. B. die Vollmacht nicht vorgelegt wird, sofern nur die Bevollmächtigung wirklich stattgefunden hat.

Über die Wahl ist ein Protokoll zu führen. Die Führung des Protokolls hat durch ein Mitglied des Wahlvorstandes stattzufinden. Wenn ein Dritter, z. B. der Gemeindeschreiber, die mechanische Arbeit des Schreibens besorgt und lediglich unter Billigung und in Gegenwart des Wahlvorstandes dies ausführt, so liegt darin kein wesentlicher Mangel (Kunze-Kautz 1 471, 479); dies gilt auch in Hessen-Nassau, wo ausdrücklich vorgeschrieben ist (§ 31 HNLGemO. v. 4. VIII. 97), daß ein Beisitzer das Protokoll zu führen habe.

Die Gesetze schreiben nicht ausdrücklich vor, daß die Wahlen öffentlich sein sollen, die Wähler müssen nur dem Wahlvorstande mündlich zu Protokoll erklären, wem sie die Stimme geben. Demnach sind Einrichtungen unzulässig, die bezwecken und zur Folge haben, daß die Stimmabgabe der einzelnen Wähler nicht zur Kenntnis der übrigen anwesenden Wähler gelangt, indem z. B. nur immer ein einzelner Wähler vor den Wahlvorstand gelassen wird (Erk. v. 22. XII. 99 OVG. 36 168); dies würde die Wahl ungültig machen, gleichgültig, welchen Einfluß das unzulässige Verfahren auf den Wahlakt auszuüben geeignet war.

C. Annahme und Ablehnung unbesoldeter Ämter; Zuwiderhandlungen gegen die Geschäftsordnung und unentschuldigtes Ausbleiben.

Die Gemeindemitglieder sind verpflichtet (LGemO. § 65), unbesoldete Ämter in der Verwaltung und der Vertretung der Gemeinde zu übernehmen, sowie ein angenommenes Amt mindestens drei Jahre lang zu versehen. Für die Ablehnung oder frühere Niederlegung gelten gewisse Entschuldigungsgründe (anhaltende Krankheit, Alter von 60 Jahren, Verwaltung eines unmittelbaren Staatsamtes usw.). Unentschuldigte Weigerung kann neben der Entziehung der Teilnahme an der Verwaltung und Vertretung der Gemeinde auf drei bis sechs Jahre (Verlust des aktiven und passiven Wahlrechts) dadurch bestraft werden, daß das Gemeindemitglied um ein Achtel bis ein Viertel stärker als die übrigen Gemeindeangehörigen herangezogen wird; die verhängten Nachteile können über die Zeitdauer hinaus ausgedehnt werden, während deren das Amt von dem Pflichtigen mindestens hätte verwaltet werden müssen (OVG. 13 209). Der Beschluß gebührt der Gemeindevertretung, wo eine solche nicht besteht, dem Gemeindevorstande (Gemeindevorsteher, auch in Hannover OVG. 17 225). Gegen den Beschluß ist Klage bei dem Kreisausschusse (darauf Berufung und Revision) binnen zwei Wochen gegeben. Beklagt wird das Gemeindeorgan, das den Beschluß gefaßt hat. Die Klage ist beim Gerichte einzureichen.

Gegen Personen, welche die Annahme des Amts eines Gutsvorstehers ablehnen, finden die gleichen Maßregeln nicht statt (OVG. 5 110); namentlich hat der Gutsbesitzer nicht die Verpflichtung zur persönlichen Annahme des Amtes als Gutsvorsteher (des Verwalters der obrigkeitlichen Funktionen des Gutsbezirks), sondern nur zur Fürsorge für diese Verwaltung. Der Verpflichtete hat die Wahl, das Amt in Person zu verwalten oder durch Stellvertreter auszuüben. Legt der Besitzer sein Amt vorzeitig nieder, ohne für die Stellvertretung zu sorgen, so kann er (abgesehen von der Zulässigkeit der kommissarischen Verwaltung des Amts) im Disziplinarwege zur Erfüllung seiner Pflichten angehalten werden. Er kann seines Amtes entsetzt werden.

Zu den unbesoldeten Gemeindeämtern (§ 65) gehört das Amt des Gemeindevorstehers, des Schöffen, der Gemeindeverordneten, des Waisenrats; das Amt eines Mitgliedes der Voreinschätzungskommission ist ein Staatsamt. Mehr als ein Gemeindeamt braucht kein Gemeindemitglied zu übernehmen. Der § 27 Nr. 3 ZustG. stimmt mit dem § 66 Nr. 3 LGemO.

überein, nur bezieht sich der erstere noch auf die Strafen, welche gegen Mitglieder der Gemeindevertretung wegen Zuwiderhandlungen gegen die Geschäftsordnung oder wegen unentschuldigten Ausbleibens nach Maßgabe der Gemeindeverfassungsgesetze zu verhängen sind. Die letzteren Vorschriften finden sich in der Westfälischen LGemO. § 78, der Rheinischen Art. 18, der Hannoverschen § 45. Gegen die Festsetzung von Strafen findet die oben behandelte Klage ebenfalls statt.

Die Ausschließung aus dem Gemeinderate und der Bürgermeistereiversammlung in der Rheinprovinz (§§ 46, 110, 111 RhLGemO. v. 23. VII. 45) kann auch die sog. geborenen Gemeinderatsmitglieder treffen (OVG. 33 220).

D. Gemeindevermögen; Teilnahme an den Nutzungen und Erträgen.

Auf Beschwerden und Einsprüche, betreffend

1. das Recht zur Teilnahme an den Nutzungen und Erträgen des Gemeindevermögens,
2. die besonderen Rechte einzelner örtlicher Teile des Gemeindebezirks oder einzelner Klassen der Gemeindeangehörigen in Ansehen der Ansprüche zu Nr. 1

beschließt der Gemeindevorsteher (Gemeindevorstand, § 71 LGemO.).

Gegen den Beschluß findet innerhalb zwei Wochen die Klage bei dem Kreisausschusse (mit nachfolgender Berufung und Revision) statt. Die gleiche Bestimmung hat § 34 ZustG., nur daß hier noch das Recht der Mitbenutzung der öffentlichen Gemeindeanstalten erwähnt wird. Der Entscheidung im Verwaltungsstreitverfahren unterliegen desgleichen Streitigkeiten zwischen den Beteiligten über ihre in dem öffentlichen Rechte begründete Berechtigung zu den oben bezeichneten Nutzungen (§ 71 LGemO.; § 34 ZustG.). Zuständig für die letztere Streitigkeit ist der Kreisausschuß (darauf Berufung und Revision).

Die Gemeinden besitzen Gemeindevermögen und Gemeindegliedervermögen (Allmenden, Bürgervermögen). Beide Arten sind Gemeindekorporationsvermögen. Das erstere dient zur Bestreitung der Lasten und Ausgaben der Gemeinde, die Einnahmen fließen zur Gemeindekasse. Zu den Nutzungen, über deren Verkümmerung Beschwerde geführt werden kann, gehören nur die persönlichen und direkten Nutzungen der Gemeindeangehörigen am Gemeindegliedervermögen (Weide-, Torfstich-, Sand-, Lehmgruben und Holzberechtigungen, Gemeindekirchhöfe OVG. 21 124), nicht auch diejenigen Vorteile, die die Gemeinde ihren Gliedern als solchen in der Mitbenutzung aller öffentlichen Gemeindeanstalten (Wege, Brunnen, Schulen, Krankenhäuser) notwendig bieten muß, ebensowenig diejenigen Vorteile, die alle Gemeindeangehörigen mittelbar aus den der Gemeinde als solcher zufließenden, die Steuerlast vermindernden Erträgen ihres Kämmereivermögens genießen (MinErl. v. 26. IX. 74 MBl. 237; Erk. v. 4. V. 89 OVG. 18 135). Bei dem Gemeindegliedervermögen haben die Gemeindeangehörigen einen selbständigen in der Gemeindeverfassung begründeten und von dem Willen der Gemeinde unabhängigen Anspruch an ihren Nutzungen. Dadurch, daß die Gemeinde beschließt, einen Teil des Gemeindevermögens nicht für die allgemeinen Gemeindezwecke nutzbar zu lassen, sondern allen Gemeindegliedern oder bestimmten Klassen zur Nutzung zu geben, wird der Teil noch nicht zum Gemeindegliedervermögen (Erk. v. 11. VI. 95 Kunze-Kautz 1 507). Hierzu muß kommen, daß den nutzenden Gemeindegliedern zugleich ein selbständiges Recht, den Widerruf des Beschlusses zu hindern, eingeräumt wird.

Das Nutzungsrecht der Gemeindeangehörigen am Gemeindegliedervermögen muß auf öffentlichem Rechte, meist dem Herkommen, beruhen. Das Gemeindegliedervermögen ist nicht zu verwechseln mit dem sog. Interessentenvermögen (Dekl. v. 26. VII. 47 GS. 327); letzteres beruht auf dem Privatrechte. Ist z. B. durch einen Auseinandersetzungsrezeß den Separationsinteressenten eine Schmiede zum „gemeinschaftlichen Eigentum" überwiesen, so steht den Interessenten ein privatrechtliches Miteigentum an der Schmiede zu. Die politische Gemeinde hat daran kein Eigentum. Der Gemeindevorsteher ist nur dann zur Vertretung der Separationsinteressenten befugt, wenn er durch die Generalkommission gemäß G. v. 2. IV. 87 zum Vertreter bestellt ist. Das Vermögen des gemeinschaftlichen Jagdbezirks (§§ 10f. JagdPolG. v. 7. III. 50) wurde nach den früheren Rechtsanschauungen für Interessentenvermögen (fälschlich) gehalten, es ist Vermögen der Jagdgenossenschaft, die ebenfalls eine Korporation des öffentlichen Rechts ist (§ 16 G. v. 15. VII. 07 GS. 207).

Das Teilnahmerecht der Gemeindemitglieder an den Nutzungen des Gemeindegliedervermögens kann auf die mannigfachste Weise streitig werden, sei es, daß der einzelne behauptet, von der Nutzung zu Unrecht ausgeschlossen oder in dem Maße der Nutzungen beschränkt zu sein, sei es, daß es zwischen der Gemeindeverwaltung und dem einzelnen streitig wird, ob und in welchem Umfange Gemeindevermögen der Nutzung unmittelbar durch die einzelnen Mitglieder überhaupt überlassen ist, ob es ortsverfassungsmäßig sog. Kämmereivermögen ist oder ob es aus letzterem in ersteres verwandelt werden kann oder worden ist. Im Geltungsgebiete der RhGemO. besteht nicht der Grundsatz, daß Gemeindemitglieder unter allen Umständen an den Gemeindenutzungen gleichmäßig beteiligt sein müssen (OVG. 20 90). Die Gemeinden können dort beschließen, daß nur derjenige zum Genusse der Gemeindenutzungen berechtigt sei, der einen eigenen Herd besitzt, d. h. für sich eigene Haushaltung und eigenen Tisch führt. Solche Beschlüsse bedürfen der Zustimmung des Kreisausschusses (OVG. 20 89, 21 129, 27 105, 35 149).

Gemeindegliedervermögen kann unter Zustimmung des Kreisausschusses in Gemeindevermögen umgewandelt werden; doch dürfen Nutzungsrechte, die nicht den sämtlichen, sondern nur einzelnen Gemeindegliedern oder Einwohnern als solchen zustehen, wider ihren Willen nicht entzogen oder geschmälert werden (LGemO. § 69, ebenso in Schleswig-Holstein, Hessen-Nassau).

Die in § 34 Nr. 1 ZustG. gewährte Rechtshilfe ist, wie die des § 18 Nr. 1, auch da gegeben, wo zwar nicht die Mitbenutzung als solche streitig ist, wohl aber darüber gestritten wird, ob gewisse, für das Mitbenutzungsrecht aufgestellte Bedingungen oder sonstige Modalitäten, wie besondere Erschwernisse, Leistungen, Einkaufsgeld, berechtigt sind oder nicht (vgl. OVG. 38 58 u. Kunze-Kautz 1 516).

Nach § 6 FischG. v. 30. V. 74 sollen Fischereiberechtigungen, die bisher von allen Einwohnern oder Mitgliedern einer Gemeinde ausgeübt werden durften, künftig in dem bisherigen Umfange nur der politischen Gemeinde zustehen. Mithin stehen der Gemeinde nunmehr sowohl das Eigentum und die Nutzungen als das Recht zur Ausübung zu (OVG. 15 188).

Bei einem Streite der Beteiligten sind Kläger und Beklagte Gemeindeangehörige, niemals die Gemeinde. Die Klage ist nicht befristet.

Im übrigen siehe den Abschnitt „Stadtgemeinden".

Dritter Titel.

Aufsicht des Staates. Beanstandung von Beschlüssen der Gemeindeorgane, der Aemter in Westfalen und der Bürgermeistereien in der Rheinprovinz.

Die Aufsicht des Staates über die Verwaltung der Angelegenheiten der Landgemeinden, Gutsbezirke und Gemeindeverbände wird (unbeschadet der gesetzlich vorgesehenen Mitwirkung des Kreisausschusses und des Bezirksausschusses) in erster Instanz von dem Landrate als Vorsitzenden des Kreisausschusses, in höherer und letzter Instanz von dem Regierungspräsidenten geübt (§ 139 LGemO., § 24 ZustG.). Während die KreisO. (§ 177a) und die ProvO. (§§ 115ff.) den Inhalt der Aufsichtsbefugnis näher erläutern, sehen die Landgemeindeordnungen davon ab. Beschwerden bei den Aufsichtsbehörden in den genannten Angelegenheiten sind innerhalb zweier Wochen anzubringen.

Wenn auch die formelle Beschwerde an die weiteren Aufsichtsinstanzen, insbesondere den Minister, jetzt fortgefallen ist, so hat damit die Einwirkung dieser Instanzen auf die nachgeordneten Behörden nicht aufgehört. Es kann also eine formlose Beschwerde an die obersten Instanzen immer noch gerichtet und die höheren Instanzen können den Regierungspräsidenten und Landrat mit Anweisung versehen; die allgemeine Aufsicht in Gemeindeangelegenheiten ist ihnen geblieben. Direkte Aufsichtsverfügungen in Kommunalangelegenheiten an Gemeindeorgane dürfen die höheren Instanzen nicht mehr erlassen. Ein Verwaltungsstreitverfahren entwickelt sich nach diesen Richtungen nicht.

Indem die Aufsichtsbehörden darüber zu wachen haben, daß die Gemeindeversammlung, die Gemeindevertretung, der kollegialische Gemeindevorstand oder der Zweckverband (§§ 128 ff.) nicht Beschlüsse fassen, die deren Befugnisse überschreiten oder die Gesetze verletzen, verleiht das Gesetz dem Staate das Beanstandungsrecht gegenüber solchen gesetz- und kompetenzwidrigen Beschlüssen (§ 29 ZustG., § 140 LGemO.). Die Beanstandung geschieht, nötigenfalls auf Anweisung des Landrats, durch eine Verfügung des Gemeinde(Verbands)vorstehers, des Amtmanns und des Bürgermeisters in der Rheinprovinz, die aufschiebende Wirkung hat und die Gründe der Beanstandung enthalten soll. Die Verfügung ist an die beschließende Behörde zu richten; gegen die Verfügung ist die Klage im Verwaltungsstreitverfahren binnen zwei Wochen bei dem Kreisausschusse zulässig (darauf Berufung und Revision). Die Gemeindevertretung usw., die stets Klägerin ist, bestellt einen eigenen Vertreter; Beklagter ist der beanstandende Beamte.

Das Gesetz beschränkt das Beanstandungsrecht ausdrücklich auf Überschreitung der Befugnisse (Kompetenz) und Gesetzwidrigkeit. Verletzen nach Ansicht des Gemeindevorstehers (der Verbandsvorsteher hat das Recht nicht) Beschlüsse der Gemeindevertretung (Gemeindeversammlung) das Gemeinwohl oder das Gemeindeinteresse, so ist der Gemeindevorsteher verpflichtet, die Ausführung des Beschlusses auszusetzen (§ 88 LGemO.), und, wenn die Gemeindevertretung (Gemeindeversammlung) bei nochmaliger Beratung bei ihrem Beschlusse beharrt, innerhalb zweier Wochen die Entscheidung des Kreisausschusses im Beschlußverfahren einzuholen. In das Verwaltungsstreitverfahren gelangt die Angelegenheit nicht. Die Befugnis des Gemeindevorstehers entspricht dem Rechte des Magistrats in den Städten, Beschlüsse der Stadtverordneten, die gesetzlich dem Magistrate zur Ausführung überwiesen sind, dem Bezirksausschusse bei Meinungsverschiedenheit zwischen Magistrat und Stadtverordneten zu unterbreiten (§ 17 ZustG.).

Bei Beanstandungen prüft der Verwaltungsrichter wie ein Revisionsrichter, ob eine Verletzung eines Gesetzes oder einer Zuständigkeitsvorschrift vorgekommen ist; andere Rücksichten sind für seine Entscheidung nicht maßgebend. Hat der Gemeindevorsteher auf Anweisung der Aufsichtsbehörde die Beanstandung ausgesprochen, so hat er die erforderlichen ihm aufgetragenen Erklärungen als die seinigen im Verwaltungsstreitverfahren zu vertreten (coactus tamen voluit). Sollten Bedenken gegen seine loyale Führung des Prozesses vorliegen, so kann gemäß § 74 Abs. 2 LGemO. ein Kommissar zur Wahrung des öffentlichen Interesses neben ihm bestellt werden.

Der Beschluß einer Gemeindevertretung kann insofern ihre Kompetenz überschreiten, als sie dem Gemeindevorsteher auf einem Gebiete, das ihm verschlossen ist, Weisungen für die Behandlung einer Angelegenheit erteilt (Beispiel OVG. 38 116). Wie oben bei den Angelegenheiten der Stadtgemeinden ausgeführt ist, muß ein zu beanstandender Beschluß rechtliche Wirkungen nach außen äußern. Diese Wirkungen müssen eintreten, wenn der Beschluß unbeanstandet bleibt. Hat z. B. eine Gemeindevertretung den Gemeindevorsteher ermächtigt, einen Vertrag zu schließen, durch dessen Abschluß das Gesetz verletzt wird, so ist die Beanstandung nur so lange zulässig, als der Vertrag nicht abgeschlossen ist (OVG. 27 87). Wird durch den Beschluß nur ein Antrag abgelehnt, der einen vorhandenen Zustand in keiner Weise beeinflußt, so ist die Beanstandung nicht angebracht.

Durch das Erkenntnis des Verwaltungsrichters wird der Beschluß aufgehoben und die Angelegenheit in den Stand versetzt, als wenn kein Beschluß zustande gekommen wäre. Ist der Beschluß zum Teil ausgeführt worden, so wird diese Ausführung nicht aufgehoben; das Erkenntnis wirkt nur für die Folgezeit.

Im übrigen siehe die betreffende Materie in den Abschnitten „Stadtgemeinden", „Provinzialverbände" und „Kreise".

Nach § 29 ZustG. ist in der Provinz Westfalen auch der Amtmann zur Beanstandung der in § 29 benannten Beschlüsse befugt. In der Rheinprovinz darf nur der Bürgermeister die Beanstandung vornehmen (vgl. OVG. 20 73).

Vierter Titel.

Zwangsetatisierungen.

Unterläßt oder verweigert eine Landgemeinde (ein Amt in Westfalen, Bürgermeisterei in der Rheinprovinz), ein Gutsbezirk oder ein Zweckverband die ihnen gesetzlich obliegenden, von der Behörde innerhalb der Grenzen ihrer Zuständigkeit festgestellten Leistungen auf den Voranschlag zu bringen oder außerordentlich zu genehmigen oder zu erfüllen, so verfügt der Landrat, unter Anführung der Gründe, die Eintragung in den Voranschlag oder die Feststellung der außerordentlichen Ausgabe (§ 35 ZustG., § 141 LGemO.).

Gegen die Verfügung des Landrats steht der Gemeinde (Gemeinde-, Amts-, Bürgermeistereiversammlung, dem Besitzer des Guts, dem Verbande) die Klage bei dem Bezirksausschusse (darauf Berufung) binnen zwei Wochen zu. Die Gemeindevertretung usw. kann statt des Gemeindevorstehers usw. einen besonderen Vertreter bestellen (§§ 141, 144 LGemO.; §§ 35, 37 ZustG.).

Die Verfügung des Landrats ist dem Gemeindevorsteher, Amtmann, Bürgermeister, Gutsbesitzer oder Verbandsvorsteher zu behändigen. Von da an beginnt die Klagefrist.

Die Einlegung der Klage hat aufschiebende Wirkung. Die Klage ist bei dem Gerichte einzureichen.

Über die Zwangsetatisierung im allgemeinen ist bereits in den Abschnitten „Provinzialverbände", „Kreise", „Stadtgemeinden" gehandelt. Hier seien noch einige besondere Bemerkungen hinzugefügt:

Die Zwangsetatisierungsverfügung ersetzt den ordnungsmäßigen Beschluß der Gemeinde, des Amts, des Verbandes auf Einfügung einer bestimmten Summe in den Voranschlag oder Bewilligung derselben zur Bestreitung der Ausgabe auf außerordentliche Weise über den Voranschlag. Ist die Verfügung rechtskräftig geworden, so darf der Gemeindevorsteher über die fragliche Summe, als wenn sie der von der Gemeinde genehmigte Voranschlag auswiese, verfügen. Leistet der Gemeindevorsteher die Ausgabe trotzdem nicht, so kann er dazu im Disziplinarwege von der Kommunalaufsichtsbehörde angehalten werden.

Eine vertragliche Leistung, die die Gemeinde übernommen hat (zB. den Chausseebau, der auf Freiwilligkeit beruht) oder sonstige privatrechtliche Zuschüsse an andere Verbände, fallen nicht unter die gesetzlichen Leistungen. Sie kann durch Verfügungen von der Verwaltungsbehörde, auch wenn sie die Weigerung zur Erfüllung für unberechtigt ansieht, nicht festgestellt werden. Ihre Erzwingung geschieht durch den Zivilrichter und die daraufhin zulässige Zwangsvollstreckung, die von dem Kreisausschusse (§ 121 LGemO., § 33 ZustG.) zu regeln ist. Dennoch ist es nicht unzulässig, eine rechtskräftige, vor dem Zivilrichter gegen die Gemeinde erstrittene Forderung zwangsweise auf den Etat zu bringen. Das Urteil bildet dann die Feststellung der Leistung.

Der Verwaltungsrichter hat die Zwangsetatisierungsverfügung dahin zu prüfen, ob der Landrat (der Beklagte) sich innerhalb der Grenzen des Zwangsetatisierungsrechts gehalten hat, ob es sich in der Tat um eine der Gemeinde gesetzlich obliegende Leistung handelt und ob diese Leistung von der zuständigen Behörde festgestellt worden ist. Der Verwaltungsrichter darf nicht die Notwendigkeit und das Maß des Erforderlichen nachprüfen, es müßte sich denn die Feststellung als so absolut untauglich und zweckwidrig darstellen, daß sie völlig willkürlich erscheint.

Die Feststellung der gesetzlichen Leistung muß der Zwangsetatisierung vorangehen. Die letztere setzt voraus, daß die Gemeinde trotz Feststellung die aufgegebene Leistung unterläßt. Ist die Feststellung vom Landrate selbst ausgegangen, so dürfen beide Verwaltungsakte nicht in einer Verfügung vorgenommen werden.

Bezüglich der Frage, ob und inwieweit Feststellungen, daß eine zu polizeilichen Zwecken erforderliche Leistung der Gemeinde als eine gesetzliche Pflicht obliegt, in die Zuständigkeit der Kommunalaufsichtsbehörde fallen, spricht sich das Erk. v. 7. IX. 89 (OVG. 18. 139) des Näheren aus. Handelt es sich lediglich darum, der Gemeinde die Erhaltung ihres Eigentums (Grundstücke und Sachen) in polizeilichem Zustande aufzuerlegen, so erläßt die Polizei an sie eine polizeiliche Verfügung (§§ 127 ff. LVG.). Ist die Verfügung rechtskräftig geworden, so steht damit eine von der Polizeibehörde festgestellte Leistung fest, auf Grund welcher eine Zwangsetatisierung zulässig ist. Als Korporation des öffentlichen Rechts liegt aber den Gemeinden noch eine weitere besondere öffentlich-rechtliche Verbindlichkeit ob, nämlich zu Leistungen und Ausgaben, die infolge polizeilicher Einrichtungen im Gemeindebezirke erforderlich werden und zu deren Tragung ein Dritter nicht verpflichtet ist. Die Erfüllung dieser Aufgabe vollzieht sich in zweifacher Art. Entweder hat die Gemeinde die zur Erreichung der polizeilichen Aufgaben unentbehrlichen Anstalten und Einrichtungen selbsttätig errichtet und unterhält und verwaltet sie unter dem Schutze und der Aufsicht der Polizei (zB. das Armenwesen, die öffentlichen Straßen, Beleuchtung, Feuerlöschanstalten). In diesem Falle erläßt die Polizei ebenfalls gegen die Gemeinde eine polizeiliche Verfügung, und die rechtskräftige Verfügung (zB. eine wegebaupolizeiliche Verfügung) gilt dann als Feststellung einer gesetzlichen Leistung. Oder die Gemeinde überweist der Polizeibehörde nur die erforderlichen Geldmittel zur Ausführung der von der Polizeibehörde selbst für erforderlich erachteten und selbsttätig ohne weitergehende Mitwirkung der Gemeinde ins Werk gesetzten Maßregeln und Einrichtungen. Bei Anforderungen dieser Art handelt es sich um Beschaffung der Geldmittel zur Regelung des inneren Dienstbetriebes der Polizei (Lokal, Schreibmaterialien, Gehälter usw.). Diese Anforderungen können nur von der Aufsichtsbehörde über die Gemeinden ausgehen; die Aufsichtsbehörde setzt auf Grund des § 4 PolVerwG. v. 11. III. 50 fest, welche Einrichtungen für die örtliche Polizeiverwaltung erforderlich sind (OVG. 15 418, 18 139). Da nach § 24 ZustG. der Landrat als Vorsitzender des Kreisausschusses die Aufsicht des Staats über die Verwaltung der Landgemeinden (Ämter, Bürgermeistereien, Gutsbezirke) hat, steht ihm das Recht zu, die zu polizeilichen Zwecken erforderlichen Leistungen aus kommunalen Mitteln festzustellen. Diese Grundsätze sind auch in den neuen Provinzen maßgebend.

Nach dem KommunalbeamtenG. v. 30. VII. 99 (§ 18) ist es den Gemeinden freigestellt, die Besoldungsverhältnisse der Gemeindebeamten durch ein vom Kreisausschusse genehmigtes Ortsstatut zu regeln. Besteht ein solches nicht, so kann der Landrat den Antrag bei dem Kreisausschusse stellen, zu beschließen, ob und inwieweit die Vorschriften der §§ 8, 9, 10, 12—15 des G. auf alle Beamten oder einzelne Klassen entsprechende Anwendung zu finden haben. Auf Antrag der Gemeinde oder des Landrats beschließt der Kreisausschuß über die Festsetzung der Besoldungen und sonstigen Bezüge der Landgemeindebeamten (Beamte der Amtsbezirke, Zweckverbände). Gegen den Beschluß ist Beschwerde an den Bezirksausschuß zulässig. Der rechtskräftige Beschluß bildet eine

Feststellung einer gesetzlichen Leistung und die Grundlage für eine Zwangsetatisierung.

Bei dem Abschnitte „Provinzialverbände" ist bereits bemerkt und gilt auch hier, daß eine auf mehrere Jahre hinaus wirkende Zwangsetatisierung zulässig ist, sofern die Leistung ein für allemal dem Betrage nach festgestellt ist.

Siehe überhaupt die Ausführungen im Abschnitte „Provinzialverbände" und bei Kunze-Kautz 1 520 ff., sowie 17 ff., 164 ff., 319 ff.

Zwanzigster Abschnitt.

Kommunalabgaben.

Erster Titel.

Einleitung. Arten der Kommunalabgaben.

Das KommAbgG. v. 14. VII. 93 (GS. 152) ist für den Umfang der Monarchie mit Ausschluß der Hohenzollernschen Lande und der Insel Helgoland erlassen worden. Zu dem Gesetze sind die Novellen v. 30. VII. 95 (GS. 409) u. v. 24. VII. 06 (GS. 377, betrifft die Abänderung des § 53) und eine Deklaration zu den §§ 7, 20, 27 v. 24. VII. 06 (GS. 376) ergangen (vgl. auch die AusfAnw. v. 10. V. 94). Durch die Hohenzollernsche GemO. v. 2. VII. 00 (GS. 189) ist das KommAbgG. hinsichtlich der Gemeindeabgaben mit gewissen Maßgaben sinngemäß in den Hohenzollernschen Landen eingeführt worden.

Die Gemeinden sind berechtigt, zur Deckung ihrer Ausgaben und Bedürfnisse nach Maßgabe des KommAbgG. Gebühren und Beiträge, indirekte und direkte Steuern zu erheben, sowie Naturaldienste zu fordern. Das Gesetz bestimmt die materiellen und formellen Voraussetzungen der Einführung aller dieser Abgaben.

Was zunächst die Gebühren anlangt, so werden Gebühren im engeren Sinne (§§ 4, 5, 8, 11) und Verwaltungsgebühren (§§ 6, 8) unterschieden. Die Gemeinden, Amtsbezirke, Ämter und Landbürgermeistereien haben das Recht, für die Genehmigung und Beaufsichtigung von Bauten, für die ordnungs- und feuerpolizeiliche Beaufsichtigung von Messen und Märkten, sowie von Lustbarkeiten Verwaltungsgebühren zu erheben (Art. 6 AusfAnw.). Diese Gebühren sind Vergütungen für einzelne Handlungen der Gemeindeorgane. Die Gemeinde läßt sich ihre eigene Tätigkeit oder die Tätigkeit der Polizei, deren Kosten sie trägt, bezahlen. Wird die Baupolizei durch Staatsbeamte (Königliche Polizeidirektionen) verwaltet, so findet § 6 nicht Anwendung (AhErl. v. 30. XII. 95 GS. 96 8; MinErl. v. 1. IV. 96 MBl. 68, v. 1. IX. 96 MBl. 162 u. OVG. 35 103). Die Gebühren im engeren Sinne sind dagegen Vergütungen, welche die

Gemeindeangehörigen zu entrichten haben, dafür, daß sie die von den Gemeinden im öffentlichen Interesse unterhaltenen Gemeindeanstalten benutzen. Die beiden Arten von Gebühren sind im voraus und nach festen Normen und Sätzen zu bestimmen. Unbemittelte können dabei besonders berücksichtigt werden. Die Gemeinde setzt zu diesem Zwecke Gebührenordnungen fest, die sie möglichst öffentlich bekannt zu machen hat. Auch ohne solche Bekanntmachung sind sie aber bindend und bilden ortsstatutarisches Recht.

Alle Gebühren haben öffentlich-rechtlichen Charakter. Der letztere wird bei den Gebühren im engeren Sinne dadurch erzeugt, daß die Gemeindeanstalt im öffentlichen Interesse von der Gemeinde unterhalten wird und daß die Finanzhoheit der Gemeinde ihre Einführerin ist, nicht die Gemeinde als bloße juristische Person. Die letztere kann, wie jedes andere Rechtssubjekt, gewerbliche Unternehmungen betreiben (§ 3) und zwar aus reinem gewerblichen Interesse oder zugleich auch (aber gewissermaßen in zweiter Linie) aus einem öffentlichen Interesse, das anderweitig nicht befriedigt wird. Das KommAbgG. hat den Unterschied zwischen den Gebühren im engeren Sinne und den Vergütungen für die Benutzung eines gewerblichen Unternehmens nicht scharf genug hervorgehoben. De lege ferenda empfiehlt es sich, für Einführung von Gebühren stets die staatliche Genehmigung durch den Bezirks- bzw. Kreisausschuß vorzubehalten, wodurch der Stempel der öffentlich-rechtlichen Gebühr aufgedrückt werden könnte.

Wenn eine Gemeinde Unterrichts- und Bildungsanstalten, Krankenhäuser, Heil- und Pflegeanstalten, Wasserwerke errichtet und unterhält, so wird dies meist im öffentlichen Interesse geschehen, wiewohl alle diese Anstalten auch rein gewerbsmäßig von Privaten errichtet zu werden pflegen. Auf der anderen Seite sind elektrische und Pferdeeisenbahnen, Omnibus, Fähren, Gasanstalten Unternehmungen, die in unzähligen Fällen von Gewerbetreibenden ausgehen, und doch könnte es vorkommen, daß zB. eine Fähre, die zwei Ortsteile verbindet, von der Gemeinde im öffentlichen Interesse beschafft werden muß, weil sich kein Privatunternehmer dazu bereit findet. Haben nun die für die Benutzung der Fähre geforderten Vergütungen die Natur einer Gebühr nach § 4 oder einer Vergütung nach § 3? Nach dem Gesetze würde die zweite Alternative vorliegen, wenn die Gemeinde die Vergütung so festsetzt, daß sie mit Überschüssen rechnet, wenn sie sie in Wirklichkeit auch nicht immer erlangt. Aber dies scheint nur ein schlecht gewähltes Kriterium. Das Gesetz will nämlich aus dem beabsichtigten finanziellen Erfolge der Vergütung und der Veranlassung zur Einführung der Veranstaltung den privaten oder öffentlichen Charakter der Vergütung herleiten.

Für die Beitreibung der Vergütungen, sofern die Unternehmung zugleich einem öffentlichen Interesse dient (§ 3), und der Gebühren (§ 4) ist übrigens das Verwaltungszwangsverfahren nach Maßgabe der Vd. v. 15. XI. 99 (GS. 545) u. v. 18. III. 04 (GS. 36) nebst AusfAnw. v. 28. XI. 99 zugelassen, hinsichtlich der Vergütungen allerdings nur, wenn von der Aufsichtsbehörde (Kreis- bzw. Bezirksausschuß) der Tarif festgesetzt ist (§ 90, Art. 58 AusfAnw.).

Die Tariffestsetzung hätte auch benutzt werden können, um zu prüfen, ob eine Anstalt lediglich im öffentlichen Interesse (§ 4) unterhalten wird. Würde die Aufsichtsbehörde diese Frage bejahen, ohne sonst in die Selbstverwaltung der Gemeinde weiter einzugreifen, so könnte sie den Tarif festsetzen mit der Wirkung, daß damit die Vergütung zu einer öffentlich-rechtlichen Gebühr gemacht würde. Die Entsch. v. 30. III. 89 u. v. 3. II. 91 (OVG. 17 249 u. 20 22) sprechen sich über den Unterschied von Gebühr und Vergütung aus.

Der Begriff der gewerblichen Unternehmung fällt fort, sobald für die Gemeindeangehörigen ein Zwang zur Benutzung des Unternehmens, zur Annahme der an Waren oder Leistungen hervorgebrachten Güter gegen Zahlung einer Vergütung besteht. Denn ein solcher Zwang kann seine Rechtfertigung eben nur in dem Überwiegen des öffentlichen Interesses finden, und es liegt in der Natur der Sache, daß in demselben Falle die Gemeinde bei der Bestimmung des Preises ihrer Waren und Leistungen nicht frei und unabhängig sein darf (StenBHerrenh. 1892/93 S. 314). Der Zwang braucht nicht durch die Polizei oder Ortsstatut bewirkt zu werden. Es genügt, wenn der Gemeindeangehörige ohne erheblichen Schaden auf die Benutzung nicht zu verzichten vermag (Erk. v. 24. VI. 96 OVG. 30 99). Auf der anderen Seite ist das Fehlen des Zwanges kein sicherer Beweis für das Vorhandensein eines gewerblichen Unternehmens (Erk. v. 7. X. 02 PrVBl. 24 618).

Über Gebühren siehe Kunze-Kautz 3 46ff. Einige Entscheidungen sollen hier Erwähnung erfahren:

a) Erk. v. 1. IV. 96 (OVG. 39 58): Eine Gebühr wird für die — vom Pflichtigen gewollte — Benutzung einer öffentlichen Veranstaltung entrichtet, und zwar als Entgelt bezüglich des durch diese Benutzung entstehenden Vorteils und als Entschädigung hinsichtlich der dem Hebungsberechtigten erwachsenen Ausgabe.

b) Erk. v. 26. V. 99 (Kunze-Kautz 3 52): Die Erhebung einer Gebühr ist unzulässig, wenn es sich um eine Veranstaltung, zB. um einen Entwässerungskanal handelt, der nur im besonderen Interesse der Gemeindeverwaltung eingerichtet ist und nicht der öffentlichen Benutzung, den Zwecken der Allgemeinheit oder der Anschließenden zufolge öffentlichen Rechts dient.

c) Erk. v. 19. XI. 96 (OVG. 30 97): Mängel einer öffentlichen Gemeindeanlage befreien nicht von der Zahlung der Gebühren; die

Befugnis zur Erhebung beruht nicht auf einem Privatvertrage, sondern auf dem autonomen Hebungsrechte der Gemeinde.

d) Erk. v. 24. VI. 96 (OVG. 30 99): Der Abs. 3 des § 4 in Verbindung mit § 8 KommAbgG. kann nur dahin verstanden werden, daß, falls der Tatbestand der im Abs. 3 vorgesehenen Verpflichtung bzw. des Angewiesenseins vorliegt, einmal eine entsprechende Ermäßigung der Gebührensätze und sogar ein Verzicht stattfinden darf, und ferner die etwaige Festsetzung von Gebühren seitens der Aufsichtsbehörde genehmigt werden muß.

e) Erk. v. 11. XI. 96 (OVG. 30 89): Ein Ortsstatut über die Erhebung von Kanalisationsabgaben kann eine Steuerordnung darstellen. Kanalisationsanlagen, die für die Benutzung öffentlicher Entwässerungskanäle, also begrifflich als Gegenleistung für die spezielle Inanspruchnahme einer im öffentlichen Interesse unterhaltenen Veranstaltung erhoben werden, sind Gebühren, auch wenn die Polizei zur Benutzung zwingt.

Einer solchen Abgabenforderung gegenüber kann der Zensit den Ermäßigungsanspruch nicht durch Angriffe gegen die tatsächliche Richtigkeit einzelner Positionen des Gemeindeetats begründen.

Ferner siehe über Gebühren bei Wasserleitungen, für die Abfuhr von Abfallstoffen, Schlachthausgebühren, Baupolizeigebühren Kunze-Kautz 3 59 bis 76.

Die Gemeinden können behufs teilweiser Deckung der Kosten für Herstellung und Unterhaltung von Veranstaltungen, die durch das öffentliche Interesse erfordert werden, von denjenigen Grundeigentümern und Gewerbetreibenden, denen hierdurch besondere wirtschaftliche Vorteile erwachsen, Beiträge zu jenen Kosten erheben (§ 9). Die Beiträge sind nach den Vorteilen zu bemessen, die die genannten Verpflichteten von den Veranstaltungen voraussichtlich haben werden. Der Beschluß der Gemeindeorgane, durch den der Plan der Veranstaltung, seine Kosten und die Art der Beitragspflicht festgesetzt sind, wird mit der Angabe, wo und während welcher Zeit Plan und Kostennachweis eingesehen werden können, öffentlich bekannt gemacht. Gegen den Beschluß und seine Einzelheiten können binnen einer bestimmt zu bezeichnenden Frist von mindestens vier Wochen Einwendungen beim Gemeindevorstande erhoben werden. Der Gemeindevorstand gibt die Einwendungen an die Aufsichtsbehörde (bei Stadtgemeinden an den Bezirksausschuß, bei Landgemeinden an den Kreisausschuß, § 77) zur Entscheidung ab. Gegen die Entscheidung ist Beschwerde an den Provinzialrat bzw. den Bezirksausschuß zulässig. Die Beschwerde hat aufschiebende Wirkung.

Auch wenn keine Einwendungen erhoben sind, bedarf der Beschluß der Genehmigung durch den Bezirks- bzw. Kreisausschuß.

Die Veranstaltungen (Anlagen, Anstalten, Einrichtungen), um die es sich in § 9 handelt, fallen dem Wortlaute nach auch unter den § 4 und § 20, es werden aber der Regel nach nur die Anlegung von öffentlichen Verkehrsanstalten, von Straßen, Passagen, Plätzen, Kais, Kanälen, Ent- und Bewässerungsanlagen, oder die Asphaltierung von Straßen, Einrichtung von Schmuckplätzen, Regulierung an Wasserläufen (§ 31 G. v. 4. VIII. 04 GS. 197), die Pflasterung und Verbreiterung einer historischen Straße (OVG. 32 122, 37 24) in Betracht kommen.

In Übereinstimmung mit Nöll-Freund, Das Kommunalabgabengesetz, Anm. zu § 9, muß davon ausgegangen werden, daß in dem gegen den Plan und den Kostenanschlag einzulegenden Einspruchverfahren bzw. in dem Genehmigungsverfahren allein zu prüfen ist, ob die geforderten Beiträge in einem angemessenen Verhältnisse zu den zu erwartenden Vorteilen der Zensiten stehen, und daß der Verwaltungsrichter nicht etwa den Plan verwerfen darf, wenn sich gegen die Erwartung der Gemeinde und der Aufsichtsbehörde später ergibt, daß ein Herangezogener keinen oder keinen entsprechenden Vorteil hat oder daß die ganze Gemeindeanlage verfehlt ist (Kunze-Kautz 3 81ff.). Der Fall liegt hier anders als bei öffentlichen Wassergenossenschaften, hinsichtlich deren das G. v. 1. IV. 79 ausdrücklich (§ 66) gestattet, diejenigen von Beiträgen freizulassen, die von dem Unternehmen keinen Vorteil haben.

Beim Vorliegen des § 9 hat der Verwaltungsrichter nur die Gesetzmäßigkeit, nicht die Angemessenheit oder Zweckmäßigkeit zu prüfen (OVG. 32 110).

Unter die Beiträge des § 9 fallen nicht:

a) die Beiträge, welche Adjazenten gemäß des BauflG. v. 2. VII. 75 zu zahlen haben,
b) die Vorausleistungen zum Wegebau,
c) die Beiträge aus §§ 29, 45, 55 G., betr. die Umlegung von Grundstücken in Frankfurt a. M., v. 28. VII. 02,
d) die Beiträge der §§ 29ff. G., betr. Maßnahmen zur Verhütung von Hochwassergefahren, v. 3. VII. 00,
e) die Schulbeiträge als Teile der Unterhaltungslast einer Schule,
f) die Handelskammerbeiträge,
g) die Beiträge für die Landwirtschaftskammern und ähnliche Beiträge.

Die Kosten der Veranstaltungen können auch durch Gebühren gedeckt werden, während den Gemeinden untersagt ist (§ 9 Abs. 2, § 4, § 20), Steuern zu diesem Zwecke einzuführen. Sie können Beiträge wegen einer bestimmten Art von Vorteilen ausschreiben, wegen Vorteilen anderer Art aber Gebühren fordern.

Die Beiträge können auch nach Ausführung des Plans beschlossen werden (OVG. 32 122).

Wegen des Straßennetzes vgl. die Ausführungen bei Nöll-

Freund zu § 9; diesen Ausführungen wird unter Verwerfung derjenigen des Oberverwaltungsgerichts beigetreten. Die Neuanlegung oder Verbreiterung einer einzelnen Straße kann im Gegensatze zu dem gesamten Straßennetze, das das Oberverwaltungsgericht hinsichtlich seiner Unterhaltung als eine Einheit ansieht, eine selbständige Veranstaltung bilden (Erk. v. 22. VI. 00 Kunze-Kautz 3 79).

Beispiel: Ein Platz in einer Gemeinde hat das Aussehen der übrigen Plätze, ist einfach gepflastert, hat keinen Schmuck. Die Gemeinde kann gemäß § 9 im öffentlichen Interesse beschließen, diesen Platz gärtnerisch auszubilden, mit einem kostbaren Springbrunnen zu versehen usw. Die Kosten sind nicht unerheblich. Da die Häuser um den Platz wirtschaftlich erheblich gewinnen, beschließt die Gemeinde, von den Hausbesitzern einen Beitrag zu fordern. Dies ist zulässig.

Im übrigen braucht die Veranstaltung keine von der Gemeinde selbst ausgeführte zu sein, sie kann sich damit begnügen, zu einer fremden Veranstaltung einen Zuschuß im öffentlichen Interesse zu geben. Beispiel: Eine Gegend bei Berlin ermangelt eines Stadtbahnhofes. Die Gemeinde geht den Fiskus an, einen neuen Bahnhof zum Vorteile der Gegend anzulegen, und verpflichtet sich, einen Zuschuß zur Anlage zu zahlen. Dieser Zuschuß kann ebenfalls durch Beiträge der Haus- oder Grundbesitzer zum Teil aufgebracht werden.

Wegen der Zuschüsse zu den von Dritten unterhaltenen Veranstaltungen siehe „Kreise, Kreisabgaben" S. 457.

Die Beiträge ruhen auf den Grundstücken, haben die Natur der Reallast. Die Miteigentümer haften auf das Ganze (OVG. 32 110). Die Beiträge können auf einmal oder in Raten eingefordert werden.

Das KommAbgG. (§ 10) hat die Vorschriften des BauflG. v. 2. VII. 75 mit der Maßgabe aufrechterhalten, daß die in § 15 daselbst vorgesehenen Beiträge (Anliegerbeiträge) nach einem anderen als dem dort angegebenen Maßstabe, insbesondere auch nach der bebauungsfähigen Fläche der Adjazenz bemessen werden dürfen. Die Beitragspflicht der Anlieger nach § 15 hat zwei Voraussetzungen, einmal: den Ausbau der Straße durch die Gemeinde und die Möglichkeit, die Kosten des Ausbaues der Straße zu berechnen, also ihre Fertigstellung, und zweitens: die Errichtung eines Gebäudes an der Straße. Ist das Gebäude bereits vor der Fertigstellung der Straße errichtet worden, so kann ein Beitrag nicht hinterher gefordert werden (OVG. 39 52). Das Gebäude braucht dabei nicht direkt an die Straße zu grenzen, sofern es nur wirtschaftlich mit der Straße in Verbindung und Beziehung steht (OVG. 41 98). Wenn es auch im übrigen auf die Kenntnis des Bauenden von seiner statutarischen Beitragspflicht und auf einen etwaigen Irrtum über die letztere nicht ankommt, so genügt doch, um seine Beitragspflicht zu begründen, daß die Gemeindeorgane in irgendeiner nach außen erkennbaren Weise mit der Absicht und dem Beschlusse, die Straße fertig zu stellen, hervorgetreten sind, spätestens durch Feststellung der Baufluchtlinien (OVG. 36 62, 38 145)

Nach § 15 aaO. werden die Kosten nach Verhältnis der Länge der Grundstücke an der neuen Straße verteilt. Der § 10 KommAbgG. läßt es zu, daß die bebauungsfähige Fläche den Maßstab abgibt oder noch ein anderer Maßstab gewählt wird. Was bebauungsfähige Fläche ist, bestimmt sich nach der betreffenden Bauordnung. Es kommt nicht darauf an, ob der Anlieger die ganze bebauungsfähige Fläche auch gleich bebaut.

Der § 15 bezieht sich übrigens nicht auf die Anlegung von Plätzen und nicht auf historische Straßen (Friedrichs, BauflG. 109ff., 150ff., 204). Wo der § 15 aber maßgebend ist und Anwendung findet, also bei Anlegung einer neu projektierten Straße, Verlängerung einer bestehenden durch Ausführung eines neu projektierten Straßenteils, Ausbau einer schon vorhandenen, aber nicht historischen Straße kann die Gemeinde nicht etwa gemäß § 9 KommAbgG. Beiträge fordern; dasselbe gilt bei der Neuanlegung von Bürgersteigen in historischen Straßen (Erk. v. 12. XII. 02 MBl. 03 26). Nach § 15 können ferner statutarisch Nichtanlieger zu den Anliegerbeiträgen nicht herangezogen werden, aber die Anlieger dürfen verpflichtet werden, die gesamten Kosten der Straßenanlage der Gemeinde zu ersetzen. Ist ein Statut nach § 15 nicht erlassen, so kann § 20 Platz greifen, und es dürfen dann die Anlieger sowie andere Klassen von Gemeindeangehörigen durch Mehrbelastung herangezogen werden, doch nicht über das Maß des § 15 hinaus; ebensowenig dürfen dann die Gesamtkosten durch Mehr- oder Minderbelastung eines Teils des Gemeindebezirks oder bestimmter Klassen von Gemeindeangehörigen den Pflichtigen auferlegt werden; ein Teil der Kosten trifft stets die Gesamtgemeinde. Ist der Fall des § 15 überhaupt nicht anwendbar (zB. bei Plätzen und historischen Straßen), so kann auch § 10 nicht Platz greifen, dagegen §§ 9 und 20 (Nöll-Freund, Anm. zu § 11).

Beispiel: Aus einer Gemeinde führt ein öffentlicher Kommunikationsweg, der bisher nicht angebaut gewesen, aber auch keine historische Straße ist. Die Gemeinde setzt Baufluchtlinien fest und erläßt auf Grund des § 15 BauflG. und des § 10 KommAbgG. ein Ortsstatut, wonach die Anlieger für den Quadratmeter der gemäß der geltenden Bauordnung zu berechnenden bebauungsfähigen Fläche ihrer Grundstücke 2 Mk. zu den Kosten der Herstellung der Straße zu entrichten haben. Damit sind die Gesamtkosten gedeckt. Die Straße ist fertig und ein Anlieger baut. Mag er nur einen kleinen Teil seines Grundstücks bebauen, er muß den ganzen Beitrag für das Grundstück entrichten; denn die Gemeinde hat die ganzen Kosten der Straße, wie sie durfte, auf die nach der Bauordnung zulässige Baufläche der ganzen Adjazenz verteilt. Hat die Gemeinde kein Ortsstatut gemäß § 15 BauflG. (§ 10 KommAbgG.) errichtet, so kann sie gemäß § 20 KommAbgG. Steuern auf die Adjazenten der Straße und auf Nachbaradjazenten, wenn ihrem Bezirke in hervorragender Weise der Ausbau der Straße zustatten kommt, legen, darf aber nicht, wie es nach § 15 BauflG. zulässig war, sich an diesen wegen der ganzen Kosten erholen. Einen Teil hat dann die Gemeinde selbst zu tragen.

Ist der Kommunikationsweg eine historische Straße oder handelt es sich um die Anlegung eines Platzes, so greift § 15 BauflG. niemals Platz; die Gemeinde kann nur nach den §§ 9 oder 20 KommAbgG. Beiträge fordern, aber nicht die Gesamtkosten der Anlage von den Interessenten einfordern (wegen des Begriffes der historischen Straße siehe S. 258 dieses Handbuchs).

Selbst wenn nach dem BauflG. der Kommunikationsweg neue Baufluchten erhalten hat und die Anlieger, die gebaut haben, einmal Anliegerbeiträge in Höhe der Herstellung der Straße gezahlt haben, kann die Gemeinde, wenn sie den Charakter der Straße hinterher ändert und zB. eine sog. Prachtstraße baut, dennoch zwar nicht auf Grund des § 15, aber auf Grund der §§ 9 oder 20 Beiträge als Zuschuß zu den neuen Kosten fordern. Die Anliegerbeiträge sind bei Kunze-Kautz 3 86 bis 139 und ErgBände behandelt, ferner unter „Baupolizei"; auch siehe den Begriff der historischen Straße 2 305 ff.

In Badeorten, klimatischen und sonstigen Kurorten können die Gemeinden für die Herstellung und Unterhaltung ihrer zu Kurzwecken getroffenen Veranstaltungen Vergütungen (Kurtaxen) erheben (§ 12). Das Oberverwaltungsgericht (34 197) erkennt zwar an, daß die Kurtaxen eine öffentlich-rechtliche Natur haben (sie können auch im Verwaltungszwangsverfahren beigetrieben werden, wenn die Aufsichtsbehörde den Tarif festgestellt hat), aber es spricht aus, daß nur der ordentliche Rechtsweg zulässig, die Bestimmungen wegen Heranziehung zu Gemeindeabgaben nicht anwendbar, mithin das Verwaltungsstreitverfahren ausgeschlossen sei. Den Ausführungen kann nicht beigetreten werden. Wenn das Kommunalabgabengesetz die Kurtaxen nicht unter die Vorschriften der §§ 69 ff. hätte bringen wollen, hätte es eine Ausnahmebestimmung treffen müssen. Die Kurtaxen werden aber in einem Gesetze über Kommunalabgaben behandelt und gesetzlich geregelt, und, abgesehen von ihrer in § 12 angegebenen Sonderbestimmung, unterliegen sie wie andere öffentliche Abgaben hinsichtlich der Rechtsmittel den dafür im Gesetze gegebenen Vorschriften.

Die Gemeinden sind ferner zur Erhebung indirekter Steuern innerhalb der durch die Reichsgesetze gezogenen Grenzen befugt (§ 13). Nöll-Freund, Anm. zu § 13, gibt die indirekten Steuern an, die sich zur Einführung nicht eignen. Die Einführung einer Wildbret- und Geflügelsteuer ist selbst in den früher nicht mahl- und schlachtsteuerpflichtigen Gemeinden zulässig. Gestattet ist die Besteuerung von Lustbarkeiten, einschließlich der musikalischen und deklamatorischen Vorträge, sowie von Schaustellungen umherziehender Künstler (§ 15). Ebenso kann das Halten von Hunden besteuert werden (§ 16). Die Einführung neuer und die Veränderung bestehender indirekter Gemeindesteuern kann nur durch Steuerordnungen, die der Genehmigung der Minister des Innern und der Finanzen (§ 77) bedürfen, erfolgen (§ 18). Bei Kunze-Kautz 3 146ff. werden die Verbrauchssteuern, 150ff. die Lustbarkeitssteuern, 157ff. die Umsatzsteuern, 187ff. die Hundesteuern behandelt.' Vgl. auch die ErgBde. und im Abschnitt „Kreise" die Hundesteuer S. 457.

Die Hundesteuer wurde früher als eine direkte Steuer angesehen, weshalb Militärpersonen davon frei waren; jetzt sind letztere heranzuziehen. Derjenige, der einen Hund hält, braucht nicht Eigentümer zu sein. Der Haushaltungsvorstand ist zur Zahlung der Steuer verpflichtet, wenn ein zu seinem Haushalte gehöriges Familienmitglied sich einen Hund hält (OVG. 41 76).

Steuern im Gegensatze zu Gebühren und Beiträge sind Geldleistungen, die der Staat, die Gemeinde, Kreis usw. kraft seines Steuerrechts den diesem Rechte unterworfenen Personen auferlegt, ohne eine besondere Gegenleistung dafür zu gewähren (Nöll-Freund, Anm. 5 zu § 1). Das Erk. v. 18. I. 87 (OVG. 14 54) spricht aus, daß die Begriffe der direkten und indirekten Steuern in Preußen gemäß positiver Gesetzesvorschrift festgelegt sind und daß es gleichgültig ist, ob die Wissenschaft die Begriffe anders unterbringt. Jedenfalls sind danach Grund-, Gewerbe-, Einkommen-, Ergänzungs-, Miet- und Wohnungssteuern direkte.

Die direkten Gemeindesteuern sind auf alle der Besteuerung unterworfenen Pflichtigen nach festen und gleichmäßigen Grundsätzen zu verteilen (§ 20 Abs. 1). Handelt es sich aber um öffentliche Gemeindeanstalten, die in besonders hervorragendem oder geringem Maße einem Teile des Gemeindebezirks oder einer Klasse von Gemeindeangehörigen zustatten kommen, und werden Beiträge nach §§ 9, 10 nicht erhoben, so kann die Gemeinde eine entsprechende Mehr- oder Minderbelastung dieses Teils des Gemeindebezirks oder dieser Klasse von Gemeindeangehörigen beschließen (§ 20 Abs. 2). Der Beschluß bedarf der Genehmigung des Bezirks- bzw. des Kreisausschusses (§ 77). Eine Steuerordnung braucht nicht erlassen zu werden.

Die direkten Gemeindesteuern werden bei Kunze-Kautz 3 193 ff. behandelt, in den Abschnitten „Realsteuern", „Wohnungssteuern", „Gemeindeeinkommensteuer", „Verpflichtung der Betriebsgemeinden zur Leistung von Zuschüssen", „Verteilung des Steuerbedarfs auf die verschiedenen Steuerarten", „Zeitliche Begrenzung der Steuerpflicht" usw.

Es ist dort auch die Literatur angegeben.

Nach § 68 können die Steuerpflichtigen durch Gemeindebeschluß zu Naturaldiensten (Hand- und Spanndiensten) herangezogen werden. Handdienste sind von sämtlichen Steuerzahlern gleichheitlich zu leisten. Diese Dienste können, mit Ausnahme von Notfällen, durch taugliche Stellvertreter abgegolten werden. Die Gemeinde kann gestatten, daß an Stelle des Naturaldienstes ein angemessener Geldbeitrag geleistet wird. Kunst- und handwerksmäßige Arbeiten, Naturallieferungen dürfen nicht gefordert werden (Kunze-Kautz 3 449). Die Spanndienste sind von den gespannhaltenden Grundbesitzern zu leisten.

Die Dienste müssen für die Gemeinde selbst, nicht etwa für einzelne Interessenten (z. B. die Separationsinteressenten) gefordert werden (OVG. 22 250). Gemeindebeschlüsse über die Heranziehung zu Naturaldiensten bedürfen der Genehmigung nur, wenn und soweit in ihnen Abweichungen von den gesetzlichen Regeln vorgesehen sind (OVG. 30 138); denn die Naturaldienste sind weder direkte noch indirekte Steuern, sie sind eine besondere Art von Gemeindelast. Befreiungen aus besonderem Rechtstitel (§ 21) sind nicht zulässig; Ansprüche auf Befreiung können sich nur auf § 68 stützen. Der Fiskus braucht aber nach KabO. v. 8. VI. 34 keine Naturaldienste zu leisten. Die Naturaldienste können entrichtet werden nach Maßgabe der Staatssteuern. Aus der rechtlichen Natur der Naturaldienste folgt, daß der Pflichtige sie normalerweise mit eigener Kraft leisten soll und nicht verbunden ist, über dasjenige Maß von Arbeits- und Gespannkräften hinaus, über das er tatsächlich verfügt, oder das doch nach der Ortsverfassung bei ihm vorhanden sein soll, weitere Leistungen durch gemietete Arbeiter oder Gespanne zu übernehmen (OVG. 20 156). Auch Nachtwacht- und Botendienste gehören zu den zulässigen Naturaldiensten (Kunze-Kautz 3 456ff.). Im übrigen siehe Kunze-Kautz aaO. 449ff.

Zweiter Titel.

Rechtsmittel gegen die Heranziehung (Veranlagung) zu Gebühren, Beiträgen, Steuern und Naturaldiensten.

Gegen die Heranziehung (Veranlagung) zu Gebühren, Beiträgen, Steuern und Naturaldiensten steht nach § 69 den Abgabepflichtigen der Einspruch zu. Der Einspruch (Beschwerde nach § 37 LGemO. v. 3. VII. 91 und den jüngeren Gemeindeverfassungsgesetzen, sowie §§ 18, 34 ZustG.) ist binnen vier Wochen bei dem Gemeindevorstande anzubringen.

Der Lauf der Frist beginnt:

a) soweit die Bekanntmachung durch Auslegung der Hebelisten erfolgt ist, mit dem ersten Tage nach Ablauf der Auslegungsfrist,

b) soweit eine besondere Mitteilung vorgeschrieben ist, mit dem ersten Tage nach erfolgter Mitteilung,

c) in allen übrigen Fällen mit dem ersten Tage nach der Aufforderung zur Zahlung bzw. Leistung.

Zu den Fällen unter c gehören diejenigen, in welchen Gebühren und Beiträge erfordert, Naturaldienste in Anspruch genommen werden, oder die Bekanntmachung der Steuern durch eine in ortsüblicher Weise bewirkte Veröffentlichung der zu erhebenden Prozentsätze erfolgt ist (§ 65).

Der Einspruch hat keine aufschiebende Wirkung. Er ist unzulässig, wenn er sich gegen den der Gemeindeveranlagung zugrundeliegenden Staatssteuersatz (§§ 26, 30, 36, 38) und bei besonderen Gemeindeeinkommensteuern (§ 37) gegen die Höhe des zur Staatseinkommensteuer veranlagten Einkommens richtet.

Die Vorschriften in §§ 69, 70 (Rechtsmittel) gelten sinngemäß auch für Gutsbezirke. Doch ist im allgemeinen eine Unterverteilung der Ortskommunallasten, der Kosten der Amtsverwaltung und des Standesamtes auf die Gutseinsassen öffentlich-rechtlich unzulässig (MinErl. v. 31. I. 75 u. 9. IV. 78 — MBl. 76 14 u. 78). Die Kreislasten werden direkt vom Kreise auf die im Gutsbezirke wohnhaften Kreisangehörigen verteilt.

Nur die Kriegsleistungen (§§ 6, 8 G. v. 13. VI. 73 RGBl. 129) und die Kosten der Armenpflege (§§ 8ff. G. v. 8. III. 71 GS. 130) können in Gutsbezirken von diesen selbst öffentlich-rechtlich unterverteilt werden (vgl. § 34 Abs. 6 ZustG.). In Westfalen bewendet es bei der Vorschrift in § 26 Abs. 4 WestfKreisO. v. 31. VII. 86.

Der § 69 spricht nur vom Einspruche; in ihm liegt die Beschwerde nach §§ 18, 34 ZustG. (vgl. S. 480 u. 505).

Über den Einspruch beschließt der Gemeindevorstand (§ 70), selbst wenn die Veranlagung durch den besonderen Steuerausschuß (§ 61) erfolgt war. Der Beschluß ist vom Gemeindevorstande schriftlich abzufassen und durch einen öffentlichen Beamten unter Bescheinigung der Behändigung dem Steuerpflichtigen zuzustellen. Die Post kann um die Bewirkung der Zustellung ersucht werden (Art. 43 AusfAnw. enthält die näheren Vorschriften). Für die Zustellung gilt jetzt Art. 28 der zur Vd. v. 15. XI. 99 (GS. 545) erlassenen AusfAnw. v. 28. XI. 99 (Mitt. aus der Verw. der dir. Steuern Nr. 40 S. 35). Im Bereiche der LGemO v. 3. VII. 91 hat der Gemeindevorsteher zu beschließen (Erk. v. 21. III. 99 OVG. 35 136).

Gegen den Beschluß steht dem Pflichtigen binnen einer mit dem ersten Tage nach erfolgter Zustellung beginnenden Frist von zwei Wochen die Klage im Verwaltungsstreitverfahren offen (§ 70). Zuständig in erster Instanz ist für Landgemeinden und Gutsbezirke der Kreisausschuß, für Stadtgemeinden der Bezirksausschuß. Der Gemeindevorstand kann für das Verwaltungsstreitverfahren einen besonderen Vertreter bestellen. Gemeindevorsteher, die als solche legitimiert sind, bedürfen nicht etwa einer Vollmacht der Gemeinde. Der Gemeindevorstand oder Gemeindevorsteher kann ohne weiteres einen Dritten bevollmächtigen.

Gegen die Entscheidung des Bezirksausschusses in erster Instanz ist nur das Rechtsmittel der Revision zulässig (vgl. ZustG. §§ 18, 21, 34, 37), während gegen die Entscheidung des Kreisausschusses Berufung und dann Revision eingelegt werden kann. Die Klage ist beim Gerichte einzureichen. Kläger ist stets der Pflichtige, Beklagter stets der Gemeindevorstand.

Was anderweitig (vgl. „Stadtgemeinden" S. 472f.) über den Einspruch (Beschwerde) gegen Veranlagungen und Heranziehungen zu Abgaben gesagt ist, gilt auch hier. In allen Instanzen sind die Fristen von Amts wegen zu prüfen. Wird die Einspruchsfrist versäumt, kann der Gemeindevorstand Wiedereinsetzung (auch durch konkludente Handlungen, stillschweigend) gewähren (§ 52 Abs. 2 LVG.); bei der stillschweigenden Wiedereinsetzung muß sich der Gemeindevorstand über die Gewährung klar sein. Nach § 112 LVG. kann der Verwaltungsrichter für die Klage und andere Streithandlungen Wiedereinsetzung bewilligen (vgl. S. 136). Ist die Wiedereinsetzung vom Gemeindevorstand gewährt, so steht dem Verwaltungsrichter keine Prüfung der Gründe für die Gewährung zu.

Da unter die bezüglichen Vorschriften des KommAbgG. auch die nach § 15 BauflG. v. 2. VII. 75 zu entrichtenden Anliegerbeiträge fallen, muß auch gegen die betreffende Heranziehung, und zwar binnen vier Wochen der Einspruch (dann Klage binnen zwei Wochen) erhoben werden (OVG. 33 94).

Der Einspruch setzt eine wirklich erfolgte Heranziehung zu Gebühren, Beiträgen, Steuern usw. voraus; er kann nicht im voraus gegen eine erst in Zukunft erwartete Heranziehung gerichtet werden. Wenn der Gemeindevorsteher einem Pflichtigen nur mitteilt, daß er bei der Heranziehung nach bestimmten Grundsätzen künftig verfahren werde, so ist dies keine Heranziehung. Ebensowenig liegt eine Heranziehung zu Gemeindediensten vor, wenn nur die Dienstliste ausgelegt ist. Der Einsprechende muß zu einer bestimmten Dienstleistung tatsächlich herangezogen sein (Erk. v. 2. III. 00 Kunze-Kautz 3 480). Eine Form für den Einspruch ist nicht vorgesehen. Ein mündlicher Einspruch, auf den der Gemeindevorsteher schriftlichen Bescheid erteilt, gilt als solcher. Der Gemeindevorstand braucht einen mündlichen Einspruch nicht entgegenzunehmen (OVG. 7 148). Der mündlich vorgetragene, zu Protokoll genommene Einspruch ist gültig. Der Einspruch muß erkennen lassen, daß der Pflichtige die Heranziehung entweder für gänzlich unrechtmäßig hält oder inwieweit er eine Herabminderung beantragt. Die bloße Anmeldung, der Pflichtige wolle Einspruch erheben, genügt nicht. Ein Anspruch auf Rückzahlung einer bereits eingezogenen Abgabe oder Ersatz für geleistete Naturaldienste stellt ebenfalls einen

Einspruch gegen die Heranziehung dar (OVG. 33 215, 34 178). Bei Verweigerung der Zahlung und Einziehung der Abgabe im Wege der Zwangsvollstreckung kann der Pflichtige die Kosten der Zwangsvollstreckung nicht zurückfordern. Ist der Pflichtige bei Beginn des Steuerjahres richtig herangezogen, erlischt aber im Laufe des Steuerjahres die Steuerpflicht, so kann er mittelst Einspruchs (hier richtiger Beschwerde genannt) reklamieren. Eine Frist ist hierbei nicht vorgeschrieben. Erklärt der Gemeindevorstand auf seinen Einspruch, er sei unzuständig oder wolle überhaupt keine Erklärung über den Einspruch abgeben, so liegt darin ein gültiger Einspruchsbescheid (Erk. v. 6. V. 02 OVG. 41 76); es muß aus dem Bescheide nur hervorgehen, daß der Gemeindevorstand sich weigere, dem Einspruchsantrage stattzugeben. Anderseits ist Klage gegen den Bescheid des Gemeindevorstandes zulässig, wenn der Bescheid ohne gültigen Einspruch, aber als Einspruchsbescheid erlassen (z. B. der Gemeindevorstand eine sonstige Eingabe als Einspruch erachtet) oder der Bescheid nicht richtig zugestellt war.

In einzelnen älteren Steuerordnungen ist eine längere als vierwöchentliche Frist vorgesehen; die Bestimmung ist nunmehr ungültig und der Einspruch ist stets binnen vier Wochen einzulegen.

Die Klage (Reklamationsklage) muß den Antrag enthalten entweder, daß der Kläger unter Aufhebung oder Abänderung des Bescheides von der Abgabe ganz frei gestellt, oder daß die Heranziehung in bestimmter Weise ermäßigt werde. Kann der Kläger nicht bestimmt angeben, um wieviel sich die Abgabe ermäßigt, weil ihm die dafür erforderlichen Unterlagen durchaus fehlen (Beispiel Erk. v. 2. X. 96 PrVBl. 18 89), so ist die Klage zuzulassen, und der Verwaltungsrichter hat die Berechnung anzustellen, nachdem er sich die Unterlagen selbst beschafft hat. Dem Kläger liegt ob, ihm dafür die nötigen Anhaltspunkte an die Hand zu geben. Soweit Einspruch nicht erhoben ist, wird die Heranziehung unanfechtbar (rechtskräftig). Die Klage darf somit auch nicht weiter gehen, als Einspruch erhoben ist und der Bescheid die Heranziehung aufrecht erhalten hat.

Nimmt der Gemeindevorstand im Laufe des Streitverfahrens den Bescheid ohne Uebernahme der Kosten zurück, so ist die Hauptsache damit erledigt und die Parteien streiten dann nur darüber, wer die Kosten zu tragen hat. Dabei wird eine Entscheidung ohne materielle Prüfung selten möglich sein. Auch der Kläger kann im ganzen Laufe des Verfahrens bis zum Erlasse des Revisionserkenntnisses die Klage zurücknehmen. Der Widerruf der Zurücknahme ist aber unzulässig.

Wie bei allen Reklamationsklagen kann der Klageantrag nicht lediglich auf die Feststellung eines Rechtsverhältnisses (ZPO. § 256) gehen. Das Prinzip wird nur inzidenter entschieden. Eine Klage dahin, daß der Pflichtige zu gewissen Abgaben überhaupt nicht oder künftig nicht heranzuziehen sei, ist unzulässig. Nur eine einzelne, bereits dem Kläger abgeforderte Leistung, niemals die allgemeine Verpflichtung zur Leistung der betr. Art oder die Zulässigkeit des bei der Veranlagung oder bei der Verteilung von Leistungen auf die Pflichtigen angewendeten Maßstabes oder Grundsatzes kann die Klage zum Gegenstande haben. Die Klage ist unzulässig, wenn ein Einspruchsbeschluß überhaupt noch nicht ergangen ist; denn die Klage darf sich nur gegen den Beschluß richten.

Hat der Gemeindevorstand (in den Städten der östlichen Provinzen der Magistrat) einen Bescheid nicht erlassen, sondern ist dem Pflichtigen nur der Beschluß des Gemeindesteuerausschusses mitgeteilt worden, so liegt noch kein mit Klage anfechtbarer Einspruchsbescheid des Gemeindevorstandes vor. Der Magistrat muß einen eigenen Bescheid mit selbstständiger Entschließung erteilen. Dies ist auch im Bereiche der HannLGemO. v. 28. IV. 59 rechtens (OVG. 41 177). Ist eine Steuerdeputation oder eine andere Verwaltungsdeputation (§ 59 StädteO. v. 30. V. 53) mit der selbständigen Bearbeitung der Steuerangelegenheiten betraut, so gilt ihr Bescheid als Einspruchsbescheid (OVG. 34 85). Dem Steuergläubiger (Beklagten) liegt es ob, die Grundlage der Abgabepflicht, dem Kläger, die Tatsachen, die seinen Freilassungs- oder Ermäßigungsanspruch begründen, darzutun. Der Kläger muß daher insbesondere seine Ueberbürdung beweisen (OVG. 15 41). Er ist, falls erforderlich, zur ausführlichen und erschöpfenden Angabe seines Einkommens verpflichtet (OVG. 16 211). Die Klage entspricht nicht den Erfordernissen des § 63 LVG., wenn in dem Schriftstücke nur Klage gegen den Bescheid ohne eine sichere Andeutung, wie erkannt werden soll, erhoben ist. Das Schriftstück muß erkennen lassen, was Kläger beantragt und wie weit der Bescheid angegriffen wird und abgeändert werden soll. Die Nachholung dieser wesentlichen Punkte nach Ablauf der Klagefrist ist unzulässig; denn weder die §§ 18 u. 34 ZustG. noch § 70 KommAbgG. enthalten eine den §§ 47 Abs. 4, 56 Abs. 6, 66 Abs. 4 ZustG. entsprechende Bestimmung, wonach das Verwaltungsgericht zur Vervollständigung der Klage eine angemessene Nachfrist gewähren darf (vgl. S. 70); dagegen kann die Klage bis zur mündlichen Verhandlung und in dieser gemäß § 71 LVG. geändert und können die tatsächlichen und rechtlichen Anführungen ergänzt oder berichtigt werden. Die Klageänderung bewegt sich aber immer innerhalb des Rahmens des Einspruchs, des Einspruchsbescheides und des ursprünglichen Klageantrages, und es kann mit ihr hinsichtlich des Klageantrages nur eine geringere Herabminderung, als bisher beantragt war, oder bei vorliegendem Antrage auf gänzliche Freistellung nur eine Herabminderung der Abgabe verlangt werden. Geht aus der Klage hervor, daß im Sinne des Einspruchs erkannt werden soll, so genügt dies.

Wenn der Verwaltungsrichter die Klage auf Steuerermäßigung für begründet ansieht, so hat er sich an Stelle der Veranlagungsbehörde zu setzen und das, was der Kläger zu leisten hat, rechnerisch selbst festzustellen; er darf die Sache nicht etwa zur zahlenmäßigen Feststellung an die Veranlagungsbehörde zurückverweisen. Die Tätigkeit des Gemeindevorstandes ist kein Teil des Verwaltungsstreitverfahrens.

Der Kläger kann die Klage nicht damit begründen, daß er gegen die Gemeinde eine zur Kompensation reife privatrechtliche Gegenforderung habe; denn der Gemeindevorstand ist in dem auf Einspruchsbescheid zulässigen Streitverfahren nicht legitimiert, die Stadtgemeinde in irgendwelchen privatrechtlichen Beziehungen zu vertreten (Erk. v. 5. IV. 00 OVG. 37 43); er vertritt lediglich die der Gemeinde verliehene Finanzhoheit. Ebensowenig ist die Klage darauf zu stützen, daß die Gemeinde zu Unrecht einen Posten auf ihren Etat genommen habe, wodurch der Kläger genötigt sei, mehr Steuern zu zahlen (Erk. v. 11. XI. 96 OVG. 30 88).

Auch die Behauptung, daß die der Gemeindesteuer zugrunde liegende Staatssteuerveranlagung falsch sei, ist kein Fundament der Klage. Die Behauptung kann erst dann das Fundament abgeben, wenn infolge einer Reklamation gegen die staatliche Veranlagung eine Veränderung zugunsten des Pflichtigen eintritt. Diese Veränderung bildet eine neue Tatsache, durch welche die ursprünglich richtige Gemeindeveranlagung (infolge Beseitigung ihrer gesetzlichen Grundlage) nachträglich unrichtig wird. Damit sind die Voraussetzungen für die sog. Beschwerde (statt Einspruchs) gegeben. Diese Beschwerde steht dem Einspruche gleich, und der Gemeindevorstand hat darauf einen Beschluß zu fassen, gegen den dann die Klage stattfindet (Kunze-Kautz ErgBd. 06 167).

Findet der Verwaltungsrichter, daß der Kläger mehr, als in der Klage beantragt ist, hätte ermäßigt werden müssen, so darf er darauf nicht erkennen; das Plus steht, weil dagegen keine Klage erhoben, rechtskräftig gegen den Kläger fest.

Die Vorschrift, daß bei Landgemeinden der Kreisausschuß zuständig ist, findet auch bei solchen Stadtgemeinden Anwendung, für die eine Landgemeindeordnung (und keine Städteordnung) maßgebend ist (vgl. § 1 WestfLGemO. v. 19. III. 56, § 4 HannStädteO. v. 24. VI. 58, § 2 HannLGemO. v. 28. IV. 59).

Das Verwaltungsstreitverfahren ist ferner zulässig für eine Klage des Steuerpflichtigen, der wegen eingetretener Veränderungen in den Vorbedingungen der Steuerpflicht, z. B. Verlegung des Wohnsitzes, von einem bestimmten Zeitpunkte ab von der veranlagten Gemeindesteuer ganz oder teilweise freigelassen werden will. Auch er hat vorher Beschwerde beim Gemeindevorstande zu erheben. Diese Ermäßigungsklage darf sich ebenfalls nur auf einen bestimmten Steuerbetrag richten. Der Kläger muß die Unterlagen für den Anspruch erbringen (OVG. 15 165). Die

Beschwerde ist nicht auf die vierwöchige Frist beschränkt (OVG. 15 135, 21 152, 26 63).

Schließlich ist das Verwaltungsstreitverfahren für eine Klage auf Erstattung einer bereits früher getilgten und dann nochmals gezahlten Steuerschuld gegeben (OVG. 21 152). Vorher ist Beschwerde zu erheben.

In dem Erk. v. 21. XII. 97 (Kunze-Kautz 3 476) I 1910 ist folgender Grundsatz aufgestellt worden:

> Ist durch Ablauf der Klagefrist ein den Einspruch gegen eine Veranlagung ablehnender Bescheid des Gemeindevorstands endgültig geworden, so kann durch einen zweiten Einspruch, auch wenn dieser fristzeitig angebracht ist, die Veranlagung nicht mehr rückgängig gemacht werden. Die Endgültigkeit des ersten Bescheides ist unanfechtbar.

Dieser Ausführung kann nicht beigetreten werden (vgl. das bei „Polizeiliche Verfügungen" S. 179 Gesagte). Die Sache liegt vielmehr so, daß der Gemeindevorstand sehr wohl einen von ihm gefaßten Bescheid zurücknehmen und abändern kann, dies ausdrücklich oder stillschweigend. Sind zwei Einsprüche eingelegt und auf den zweiten ein Bescheid erteilt, der mit dem ersten nicht bestehen kann, so gilt der erste für aufgehoben, und die Klage ist gegen den zweiten und zwar nur gegen den zweiten gegeben. Die Grundsätze in dem Erk. v. 6. V. 98 — I 847 — bei Kunze-Kautz 3 484 sind dagegen als richtig anzuerkennen. Hat der Gemeindevorstand auf Einspruch den Einsprechenden freigestellt oder ermäßigt, so kann er nachträglich denselben zu seinem Schaden durch Zurücknahme des Beschlusses nicht wieder heranziehen (OVG. 42 110 u. Kunze-Kautz 3 484, 485).

Vielfach werden die Rechtsmittel des V. Titels des KommAbgG. gegen die Beitreibung im Zwangsverfahren ergriffen; diese Rechtsmittel sind aber dafür nicht gegeben (OVG. 22 250). Wer sich lediglich dagegen beschweren will, daß der Gemeindevorstand die Zwangsvollstreckung verfügt hat und wie sie ausgeführt wird, muß sich beschwerdeführend an die Kommunalaufsichtsbehörde wenden.

Ist die Entscheidung des Verwaltungsrichters dahin gegangen, daß die Klage wegen bestimmter, für einen gewissen Zeitraum vom Kläger geforderter Abgaben abzuweisen sei, so macht diese Entscheidung nicht res judicata, wenn eine gleiche Abgabe für einen späteren Zeitraum gefordert wird. Der Vorprozeß betraf nur die frühere Heranziehung; es liegt nicht eadem causa vor (OVG. 4 139).

Wie bei den Provinzialabgaben, Kreissteuern usw. steht dem Verwaltungsrichter bei der Reklamationsklage gegen die Heranziehung zu Gemeindelasten nur die Prüfung zu, ob das örtliche Steuerrecht richtig zur Anwendung gebracht ist, nicht aber, ob die Gemeinde von ihrem

Etats- und Ausgaberechte den zulässigen Gebrauch gemacht habe (Kunze-Kautz 3 503).

Die Beiladung in Reklamationsprozessen ist gänzlich ausgeschlossen. Wenn der Verwaltungsrichter sie dennoch anordnet, so kann die Entscheidung dem Beigeladenen gegenüber nicht gültig sein, weil das Interesse des Beigeladenen durch die Entscheidung gar nicht berührt werden konnte.

Ein solcher unrichtig Beigeladener kann keine Rechtsmittel einlegen. Das Erk. v. 11. IV. 85 (OVG. 6 257), soweit darin ausgesprochen ist, die Beiladung habe den Zweck, dem Richter eine erschöpfende Erörterung zu ermöglichen, ist falsch. Im übrigen siehe die Zusammenstellung der Entsch. des OVG. bei Kunze-Kautz 3 472—486 u. ErgBde.

Dritter Titel.

Verteilungsverfahren.

Über die Verteilung gemeindesteuerpflichtiger Einkommen auf eine Mehrzahl steuerberechtigter (Wohnsitz-, Aufenthalts-, Belegenheits-, Betriebs-) Gemeinden gemäß der Vorschriften des KommAbgG. (§§ 47 bis 51 in Verbindung mit §§ 33 u. 52) beschließt auf Antrag des Steuerpflichtigen unter Zugrundelegung der Einschätzung der einzelnen Gemeinden der Kreisausschuß und, soweit die Stadt Berlin oder andere Stadtgemeinden in Betracht kommen, der Bezirksausschuß nach Anhörung sämtlicher beteiligter Gemeindevorstände.

Der Antrag des Steuerpflichtigen ist binnen vier Wochen, vom Tage der Bekanntmachung der Steuer (§ 65) seitens der zweiten oder einer weiteren eine Steuerforderung erhebenden Gemeinde ab gerechnet, zu stellen. Der Antrag tritt an Stelle des Einspruchs gegen die Heranziehung (Veranlagung) zu den bezüglichen Steuern in jeder der beteiligten Gemeinden. Der Kreis- oder Bezirksausschuß hat nach verhandelter Sache den auf jede Gemeinde entfallenden Teil des steuerpflichtigen Einkommens und den von demselben zu entrichtenden Steuerbetrag festzusetzen (§ 71). Gegen den Beschluß findet binnen zwei Wochen der Antrag auf mündliche Verhandlung im Verwaltungsstreitverfahren (Klage) statt. Die Klage steht dem Steuerpflichtigen und jeder Gemeinde (Gemeindevorstand), auf deren Steuerforderung sich der Beschluß erstreckt, zu. Beklagte sind diejenigen Gemeinden (Gemeindevorstände), deren Teilverhältnis durch den Klageanspruch berührt wird. Der Steuerpflichtige ist stets Partei; er kann als Kläger oder Beklagter auftreten; er ist notwendiger Streitgenosse (§ 62 ZPO.); ohne ihn kann das Verfahren nicht abgeschlossen werden. Ebenso ist jeder beteiligte Gemeindevorstand Partei.

Hinsichtlich der Voraussetzungen einer Verteilung ist zu bemerken: Der Gemeindeeinkommensteuer sind unterworfen (§ 33):

1. diejenigen Personen, welche in der Gemeinde einen Wohnsitz (§ 1 G. v. 24. VI. 91) haben, hinsichtlich ihres gesamten innerhalb und außerhalb des preußischen Staatsgebietes gewonnenen Einkommens (Ausnahmen vorbehalten §§ 49, 50);
2. diejenigen Personen, die in der Gemeinde Grundvermögen, Handelsanlagen usw. besitzen, hinsichtlich des ihnen aus diesen Quellen in der Gemeinde zufließenden Einkommens;
3. Aktiengesellschaften, Berggewerkschaften, eingetragene Genossenschaften usw. hinsichtlich des ihnen aus dem Betriebe in der Gemeinde zufließenden Einkommens;
4. der Staatsfiskus als Besitzer von Eisenbahnen, Bergwerken, Domänen und Forsten usw.

Neuanziehende, deren Aufenthalt drei Monate übersteigt, können wie andere Gemeindeeinwohner herangezogen werden (§ 33).

Die Verteilung des gemeindesteuerpflichtigen Einkommens aus dem Besitze oder Betriebe einer sich über mehrere Gemeinden erstreckenden Unternehmung erfolgt in der Weise (§ 47), daß

a) bei Bank-, Kreditgeschäften usw. diejenigen Gemeinden, in welchen die Leitung des Gesamtbetriebes stattfindet, der zehnte Teil des Gesamteinkommens vorab überwiesen, dagegen der Überrest nach Verhältnis der in den einzelnen Gemeinden erzielten Bruttoeinnahme verteilt,

b) in den übrigen Fällen das Verhältnis der in den einzelnen Gemeinden erwachsenen Ausgaben an Gehältern, Löhnen usw. zugrunde gelegt wird.

Für die Eisenbahnen sind besondere Bestimmungen erlassen (§ 47).

Bei der Heranziehung zur Einkommensteuer der physischen Personen in den Wohnsitzgemeinden ist derjenige Teil des Gesamteinkommens außer Berechnung zu lassen, der außerhalb des Gemeindebezirks aus Grundvermögen, Handels- und gewerblichen Anlagen usw. gewonnen wird. Die Gemeinde, in der der Steuerpflichtige seinen Wohnsitz hat, ist jedoch, wenn das Einkommen weniger als ein Viertel des Gesamteinkommens beträgt, berechtigt, durch Gemeindeabschluß ein volles Viertel des Gesamteinkommens für sich zur Besteuerung in Anspruch zu nehmen. Der Anspruch verteilt sich verhältnismäßig auf die übrigen Teile des außerhalb des Gemeindebezirks zufließenden Einkommens und unter entsprechender Verkürzung des diesen Gemeinden zufallenden Einkommens. Steht der Anspruch mehreren Wohnsitzgemeinden zu, so ist dieser Bruchteil nach Maßgabe des § 50 zu verteilen (§ 49). Sonach ist das Einkommen aus Grundvermögen usw. der Belegenheits- oder Betriebsgemeinde zu belassen und das übrige Einkommen unter die in § 50 näher bezeichneten Wohnsitzgemeinden nach der Zahl derselben gleichmäßig zu verteilen.

Wohnsitzgemeinden, in welchen der Steuerpflichtige sich im Laufe des voraufgegangenen Rechnungsjahres überhaupt nicht oder kürzere Zeit als drei Monate aufgehalten hat, werden hierbei nicht mitgezählt.

Ist das der Staatseinkommensteuer unterliegende Gesamteinkommen eines Steuerpflichtigen nach seinen Teilen in mehreren preußischen Gemeinden steuerpflichtig, so darf das in diesen Gemeinden steuerpflichtige Einkommen im ganzen den Höchstbetrag derjenigen Steuerstufe nicht übersteigen, in der der Pflichtige bei der Veranlagung zur Staatseinkommensteuer eingeschätzt worden ist. Zu diesem Behufe sind die Teile geeignetenfalls verhältnismäßig herabzusetzen.

Wird während des schwebenden Verteilungsverfahrens (Beschluß- oder Verwaltungsstreitverfahren) eine weitere Forderung auf Zahlung von Gemeindesteuern erhoben, so hat der Steuerpflichtige binnen vier Wochen vom Tage der Bekanntmachung ihre Einbeziehung in das schwebende Verfahren bei der Behörde zu beantragen, bei welcher die Sache gerade anhängig ist. In diesem Verfahren ist gleichzeitig über die neue Steuerforderung zu beschließen oder zu erkennen.

Hieraus folgt, daß, wenn die Sache bereits vor dem Verwaltungsrichter schwebt, sogar in der Berufungsinstanz der Richter die neue Teilung vorzunehmen hat. Der Revisionsrichter ist dazu nur in der Lage, wenn er die Vorentscheidung aufgehoben hat und zur freien Beurteilung gelangt ist.

Der Antragsteller ist Partei gegenüber allen übrigen Beteiligten; ist er Berufungsbeklagter gewesen, so wird er durch Stellung des Antrags insoweit Berufungskläger.

Auch wenn nach rechtskräftig entschiedener Sache eine neue Steuerforderung erhoben wird, kann der Steuerpflichtige das Verteilungsverfahren durch die erste Instanz (im Beschlußverfahren) ändern lassen, wobei das rechtskräftig festgesetzte Anteilsverhältnis der bei dem ersten Verfahren beteiligt gewesenen Gemeinden in dem zweiten Verfahren nicht mehr geändert, in dem letzten vielmehr nur noch darüber beschlossen oder erkannt wird, welchen Betrag die früher aufgetretenen Steuergläubiger dem späteren nach dem rechtskräftig festgestellten Anteilsverhältnisse zu erstatten haben (§ 74). Dieses Beschlußverfahren verwandelt sich ebenfalls in das Verwaltungsstreitverfahren durch Stellung des Antrags auf mündliche Verhandlung (Klage).

Die Verteilung nach Maßgabe des KommAbgG. bietet nicht unerhebliche Schwierigkeiten. Der § 47 setzt zunächst voraus, daß sich das Unternehmen über mehrere preußische Gemeinden erstreckt. Dabei sind nur einheitliche Unternehmungen, deren Betriebsstätten in verschiedenen Gemeinden liegen, in Betracht zu ziehen; hat der Zensit mehrere selbständige Unternehmungen, so greift § 47 nicht Platz. Zur Einheitlichkeit des Unternehmens gehört die Einheitlichkeit des Unternehmers, sei dies eine physische Person, selbst unter verschiedenen Firmenbezeichnungen (Erk. v. 15. XII. 97 OVG. 32 32), sei es dieselbe Erwerbsgesellschaft. Für die Verteilung kommen nur solche Gemeinden in Betracht, in denen sich der Sitz, eine Zweigniederlassung, eine Betriebs-, Werk- oder Verkaufsstätte oder eine solche Agentur des Unternehmers befindet, die ermächtigt ist, Rechtsgeschäfte im Namen und für Rechnung des Unternehmers selbst abzuschließen, so daß der Anspruch, einen Verteilungsplan gemäß § 48 zu erhalten, nur denjenigen Gemeinden zusteht, die eins der nach § 35 die Abgabenberechtigung erzeugenden Momente für sich geltend machen können (Erk. v. 9. VI. 91 OVG. 21 61). In der Entsch. v. 9. VI. 91 ist der Unterschied zwischen Haupt- und Zweigniederlassung klargelegt.

Der § 47 zu 6 bestimmt, daß eine Verteilung auch stattzufinden habe nach dem Verhältnisse der in den einzelnen Gemeinden erwachsenen Ausgaben an Gehältern und Löhnen. Erstreckt sich eine Betriebsstätte über den Bezirk mehrerer Gemeinden, so hat die Verteilung nach Lage der örtlichen Verhältnisse unter Berücksichtigung des Flächenverhältnisses und der den beteiligten Gemeinden durch das Vorhandensein der Betriebsstätte erwachsenen Kommunallasten zu erfolgen. Dabei ist nicht etwa das einfache Flächenverhältnis nach dem Quadratmeter einzustellen. Das Gesetz gestattet vielmehr eine verschiedene Bewertung der Flächen je nach ihrer Beschaffenheit, je nachdem sie bebaut oder unbebaut sind; es ist nicht ausgeschlossen, zu den ersteren nur solche zu rechnen, die mit aufstehenden Gebäuden besetzt sind, im Gegensatze zu solchen, die von Röhren unterirdisch durchzogen sind (OVG. 34 108).

Anderseits kann eine unterirdische Leitung eine erhöhte Bedeutung haben und deshalb der von ihr berührte Flächenraum höher einzusetzen sein, wie ein oberirdisch bebauter Raum. Der § 47 benennt zwei Faktoren, die jeder für sich und beide im Verhältnisse zueinander gewürdigt werden müssen: Flächenverhältnis und kommunale Lasten. Diese Faktoren ergeben absolute Zahlen, die leicht festgestellt werden können; sie dürfen aber nicht ohne weiteres als Rechenfaktoren bei der Verteilung eingesetzt werden. Sie sind vielmehr nur als Unterlagen in ihrer relativen (in Prozentziffern auszudrückenden) Bedeutung zu benutzen. Auch dürfen sie nicht unterschiedslos verwertet werden, weil dem billigen Ermessen und der Würdigung der gesamten örtlichen Verhältnisse die Beurteilung vorbehalten bleiben muß, ob das gleiche, ev. welches Gewicht der räumlichen Ausdehnung der Betriebsstätte im Verhältnisse zu der durch diese veranlaßten Kommunallastenvermehrung zukommt (Erk. v. 9. VII. 00 OVG. 26 53, wo ein kleines Beispiel aufgestellt wird).

Was die Verteilung des steuerpflichtigen Einkommens einer physischen Person (§§ 49ff.) zwischen Wohnsitz- und Forensalgemeinden und zwischen mehreren Wohnsitzgemeinden anlangt, so gilt der Grundsatz, daß das in einer anderen Gemeinde objektiv steuerpflichtige Einkommen in der Wohnsitzgemeinde überhaupt nicht steuerpflichtig ist, gleichgültig, ob eine Forenselgemeinde oder eine von mehreren Wohnsitzgemeinden ihr Steuerrecht ausübt oder nicht; so ist namentlich das in einem Gutsbezirke erwachsene Einkommen der Bestimmung der Wohnsitzgemeinde entzogen (OVG. 35 22).

Durch die Nov. v. 30. VII. 95 ist das außerpreußische Forensaleinkommen dem preußischen gleichgestellt, auch hinsichtlich der sog. Quarte, so daß das Gesamteinkommen, das der Berechnung des Steuerbetrages für die Wohnsitzgemeinde zugrunde zu legen ist, nicht nur die in preußischen Gemeinden steuerpflichtigen, sondern die Steuern aller im In- und Auslande aufkommenden Reineinnahmen umfaßt. Das volle Viertel (Quarte), das nach §§ 49 ff. den Wohnsitzgemeinden zur Besteuerung anheimfällt, ist, wenn ausländisches Einkommen vorhanden ist, von dem dieses Einkommen mit umfassendem Gesamteinkommen zu berechnen. Insoweit hierbei auch Teile eines staatssteuerfreien (im außerpreußischen Deutschland erzielten) Einkommens der Besteuerung durch preußische Gemeinden unterliegen, fehlen die Voraussetzungen des Grundsatzes im § 51 Abs. 1, daß das in mehreren preußischen Gemeinden steuerpflichtige Einkommen im ganzen den Höchstbetrag derjenigen Stufe nicht übersteigen darf, in die der Steuerpflichtige bei der Veranlagung zur Staatseinkommensteuer eingeschätzt worden ist (OVG. 36 35 u. 38).

Gesamteinkommen ist das Roheinkommen nach Abrechnung der zulässigen Abzüge. Wenn das Gesamteinkommen aus mehreren Quellen fließt, so kommen diese zunächst in der Art in Betracht, daß die Gesamtsumme aller Quellenreinerträge zusammenzurechnen ist, um so das Gesamtroheinkommen festzustellen; da das Gesamtreineinkommen sich aber erst ergibt, nachdem das Gesamtroheinkommen um die dieses, also nicht eine einzelne Quelle belastenden Abzüge gekürzt ist, so folgt daraus, daß die einzelne Quelle nur so beteiligt wird, daß ihr Reineinkommen erst noch um einen dem Verhältnis ihres Ertrags zu dem Gesamtroheinkommen entsprechenden Teil der allgemeinen Lasten verringert wird (OVG. 43 62).

Bei der Konkurrenz mehrerer Wohnsitzgemeinden wird das ihnen mindestens verbleibende Viertel des Gesamteinkommens nicht unter alle Beteiligte, sondern nur unter diejenigen verteilt, deren steuerpflichtiges Einkommen ein Viertel nicht erreicht. Dieses Viertel wird nicht vom Gesamteinkommen genommen, sondern ist ein Viertel des dem Gesamteinkommen entsprechenden Steuersatzes (OVG. 32 12).

Der in mehreren Gemeinden Veranlagte hat gegen jede Veranlagung nach seiner Wahl entweder den Einspruch (§ 69) oder den Antrag auf Verteilung (§ 71), dies jedoch mit der Einschränkung, daß, nachdem der Antrag auf Verteilung gestellt ist, wegen der späteren nur die Einbeziehung in das Verteilungsverfahren zulässig bleibt (§ 73), und daß, wenn der Antrag auf Verteilung wegen einer späteren Heranziehung gestellt worden, dieser nach § 71 Abs. 2 an die Stelle des Einspruchs gegen die frühere Heranziehung in jeder der einzelnen beteiligten Gemeinden tritt. Der Antrag auf Verteilung ist danach zeitlich zulässig erst gegen die zweite, dann aber bis vier Wochen nach der letzten Heranziehung dergestalt, daß durch diesen Antrag jede frühere Heranziehung selbst dann streitig wird, wenn sie früher mittelst Einspruchs nicht angefochten und wegen Ablaufs der Einspruchsfrist unanfechtbar geworden ist. Da ferner der „Antrag an Stelle des Einspruchs tritt", so muß notwendig auch das Antragsverfahren (§§ 71, 72, 73) an die Stelle des Einspruchsverfahrens (§ 70) bezüglich aller früheren Heranziehungen treten, gegen die vor dem Antrage der Einspruch, später die Klage erhoben worden, über die aber noch nicht rechtskräftig erkannt bzw. beschlossen ist. Der Gemeindevorstand, der über den Einspruch noch nicht beschlossen hat, und der Verwaltungsrichter, bei dem die Sache schwebt, sind, sobald sie Kenntnis haben, daß das Verteilungsverfahren beantragt ist, nicht mehr befugt, weiter zu verhandeln. Zur Entscheidung über die ursprünglich durch den Einspruch streitig gewordene frühere Steuerforderung ist nur noch der nach § 71 zuständige Kreis- oder Bezirksausschuß befugt. Der bis dahin zuständig gewesene Verwaltungsrichter gibt die Sache mittelst einer „die Leitung des Verfahrens" betreffenden Verfügung (§ 110 LVG.) an die Beschlußbehörde ab (OVG. 31 20); damit endet seine Kompetenz.

Ist in einem Reklamationsverfahren inzwischen rechtskräftig erkannt worden, so behält es dabei sein Bewenden. Gleiches gilt, wenn ein Einspruchsbeschluß nicht rechtzeitig durch Klage angefochten worden. Dennoch wird diese Steuerforderung in das Verteilungsverfahren gemäß des rechtskräftigen Beschlusses oder des Erkenntnisses mit einbezogen.

Die im § 71 Abs. 2 für den Antrag auf Verteilung gestellte Frist von vier Wochen ist gewahrt, wenn innerhalb derselben der Verteilungsantrag gestellt wird bei einem der Gemeindevorstände, die die letzte oder eine der früheren (noch nicht durch Einspruchsbescheid oder Endurteil rechtskräftig erledigten) Heranziehungen bewirkt haben, oder bei der zur Beschlußfassung über den Verteilungsantrag zuständigen Beschlußbehörde (Kreis- oder Bezirksausschuß), oder endlich — falls deren mehrere in Frage kommen — bei der Behörde, die gemäß § 58 LVG. und § 71 Abs. 4 KommAbgG. vom Regierungspräsidenten (oder Oberpräsidenten oder Minister des Innern) endgültig zu bestimmen ist.

Die Vorschriften in § 72 Abs. 1 Satz 2 sind überflüssig, weil der vom Regierungspräsidenten für das Beschlußverfahren bestimmte Kreisausschuß stets für das Verwaltungsstreitverfahren zuständig bleibt, wenn gegen den Beschluß der Antrag auf mündliche Verhandlung gestellt wird (vgl. OVG. 17 450 und oben im Allgemeinen Teile S. 25).

Sollte ein Verteilungsantrag fälschlich als Reklamation behandelt worden sein, so hat der Verwaltungsrichter den Einspruchsbescheid außer Kraft zu setzen, damit das Verteilungsverfahren von der Beschlußbehörde eingeleitet werden kann.

Siehe den Abschnitt „Vermeidung der Doppelbesteuerung" bei Kunze-Kautz 3 380 ff.

Nach dem § 70 Abs. 2 KommAbgG. unterliegen auch Streitigkeiten zwischen Beteiligten über ihre in dem öffentlichen Rechte begründete Verpflichtung zu den in § 69 Abs. 1 bezeichneten Lasten (Gebühren, Beiträge, Steuern, Naturalleistungen) dem Verwaltungsstreitverfahren. Zu den Beteiligten gehört die Gemeinde bzw. der Gemeindevorstand nicht. Beklagter ist der, den der Kläger statt seiner für abgabepflichtig hält (vgl. §§ 18, 34 ZustG., § 38 LGemO. v. 3. VII. 91 usw.). Die Klage geht auf Befreiung oder Zahlung oder auf Anerkennung der abstrakten Steuerverpflichtung (vgl. OVG. 25 131). Die Beiladung des Gemeindevorstandes empfiehlt sich. Die Klagen kommen selten vor.

Einundzwanzigster Abschnitt.

Armenverbände.

Erster Titel.

Einleitung.

Gesetzlich werden unterschieden die Armenverbände, die zur vorläufigen und die zur endgültigen Unterstützung Hilfsbedürftiger verpflichtet sind. Wenn der Hilfsbedürftige einen Unterstützungswohnsitz hat, ist der Ortsarmenverband des Unterstützungswohnsitzes, sonst der Landarmenverband zur öffentlichen Unterstützung unter dem Vorbehalte des Regresses gegen die Personen, die aus öffentlich- oder privatrechtlichen Gründen dazu verpflichtet sind, verbunden. Die Verpflichtung zur vorläufigen Unterstützung entsteht für die Ortsarmenverbände, wenn die Hilfsbedürftigkeit in ihren Bezirken entsteht und bemerkbar wird. Der vorläufig unterstützende Ortsarmenverband hat einen öffentlich-rechtlichen Anspruch auf Erstattung der Kosten gegen den endgültig verpflichteten Armenverband. Gibt es keinen Ortsarmenverband, der die Armenlast endgültig zu tragen hat, so ist dazu der Landarmenverband verpflichtet.

Gewährt ein Armenverband dem Hilfsbedürftigen keine Unterstützung, so hat dieser kein Klagerecht gegen den Verband, nur die Beschwerde (§ 41 ZustG.). Die Beschwerde geht an den Bezirksausschuß, wenn eine Stadt mit mehr als 10 000 Einwohnern beteiligt ist (Beschluß ist endgültig), sonst an den Kreisausschuß. Die Polizei kann diese Beschwerde ebenfalls einlegen. Beschwerden von Ortsarmenverbänden gegen Verfügungen der Landarmenverbände darüber, ob und in welcher

Höhe und in welcher Weise Beihilfen zu gewähren sind (§ 36 G. v. 8. III. 71) unterliegen der endgültigen Beschlußfassung des Provinzialrats (§ 42 ZustG.). Ein Verwaltungsstreitverfahren findet nicht statt.

Nimmt ein Armenverband Regreß gegen einen aus einem privatrechtlichen Titel Verpflichteten (Eheleute, Eltern, Kinder), so ist nur der ordentliche Rechtsweg zulässig. Doch kann in dringenden Fällen der Kreisausschuß (§ 43 Ziff. 2 ZustG.) den verpflichteten Angehörigen gemäß §§ 53, 65 G. v. 8. III. 71 zur Unterstützung anhalten. Der Beschluß ist endgültig.

Streitigkeiten zwischen Armenverbänden, wozu auch die Landarmenverbände gehören, wegen öffentlicher Unterstützung Hilfsbedürftiger werden in erster Instanz von dem Bezirksausschusse entschieden (ZustG. § 39). Es handelt sich bei diesen Streitigkeiten nur um Ersatzansprüche des vorläufig unterstützenden Armenverbandes auf Übernahme des Hilfsbedürftigen oder um Erstattung der Kosten, die durch eine vorläufige Unterstützung entstanden sind (§ 28 G. v. 12. III. 94 RGBl. 259). Gegen diese Entscheidungen steht die Berufung an das Bundesamt für das Heimatwesen offen. Die Berufung ist binnen zwei Wochen anzumelden und binnen weiteren vier Wochen zu rechtfertigen. Über dies Verfahren soll hier nicht weiter gehandelt werden. Zu bemerken ist nur, daß auch die Landarmenverbände die Klage anstellen können. Partei ist bei Gutsbezirken der Gutsvorsteher.

Die Landarmenverbände sind verpflichtet, unvermögenden Ortsarmenverbänden ihres Bezirks, die anderen Ortsarmenverbänden die zur vorläufigen Unterstützung Hilfsbedürftiger aufgewendeten Kosten zu erstatten haben, im Falle des Unvermögens des erstattungspflichtigen Verbandes Beihilfen zu gewähren (Erk. v. 26. VI. 86 OVG. 13 1). Der Provinzialrat beschließt über die Beihilfe (ZustG. § 42), setzt im Sinne des § 121 ProvO. die Leistung des Landarmenverbandes fest, und diese Festsetzung ist dann die Grundlage einer Zwangsetatisierung durch den Oberpräsidenten mit den bekannten Rechtsmitteln.

Wenn die Kosten der Landarmenpflege nicht mit den übrigen Provinziallasten zusammen aufgebracht, sondern gesondert ausgeschrieben und erhoben werden, so beschließt auf Beschwerden und Einsprüche der Vorstand des Landarmenverbandes oder der Vorsitzende der Vertretung des Gesamtarmenverbandes (§ 29 G. v. 8. III. 71). Gegen den Beschluß ist innerhalb zweier Tage die Klage beim Bezirksausschusse (mit darauffolgender Revision) zulässig (§ 44 ZustG.). Kläger sind die einzelnen Verbände, Kreise, Gemeinden und Gutsbezirke; Beklagter ist der Vorstand des Landarmenverbandes.

Zweiter Titel.

Teilnahme an den Lasten der Armenverbände.

Auf Beschwerden und Einsprüche, betreffend die Verpflichtung zur Teilnahme an den Lasten der Armenpflege in Gutsbezirken (§ 8 G. v. 8. III. 71) beschließt der Gutsvorsteher (§ 44 ZustG.). Gegen seinen Beschluß findet binnen zwei Wochen die Klage beim Kreisausschusse statt (dagegen Berufung und Revision). Kläger sind die einzelnen Herangezogenen, Beklagter der Gutsvorsteher.

Nach § 8 G. v. 8. III. 71 muß das auf Antrag des Gutsbesitzers erlassene Statut wegen Regelung der Armenpflegekosten im Gutsbezirke den gesetzlichen Vorschriften über die Verteilung der Kommunallasten in den ländlichen Gemeinden folgen. Die Beteiligten sind zu hören, sonst ist es ungültig. Die Bestätigung durch den Bezirksausschuß entzieht dem Verwaltungsrichter nicht die Befugnis zur Prüfung der Gesetzlichkeit des Statuts (OVG. 45 190).

Die Heranziehung von Aktiengesellschaften ist nicht ausgeschlossen (Erk. v. 25. X. 01 Kunze-Kautz 1 212), selbst wenn sie im Gutsbezirke weder Wohnsitz noch Grundbesitz haben, wenn nur ihre Heranziehung zu Kommunallasten zulässig ist.

Die Rechtsmittel gegen die Heranziehung oder Veranlagung zu den Lasten der Landarmenverbände (§ 29 G. v. 8. III. 71) sind ähnlich geordnet. Der Vorstand des Landarmenverbandes faßt den Beschluß auf Einspruch oder Beschwerde (§ 44 ZustG.). Die Klage ist binnen zwei Wochen beim Bezirksausschusse anzubringen; gegen die Entscheidung ist aber nur die Revision zugelassen. Diese Vorschriften greifen dort nicht Platz, wo die Landarmenbeiträge mit den Provinzial- und Kreisabgaben zusammenfallen (OVG. 45 3), es müssen also selbständige Landarmenbeiträge ausgeschrieben sein.

Dritter Titel.

Beihilfen der Kreise an die Ortsarmenverbände.

Nach Art. 1 G. v. 11. VII. 91 (§ 31) sind die Landarmenverbände verpflichtet, für Bewahrung, Kur und Pflege der hilfsbedürftigen Geisteskranken in geeigneten Anstalten Fürsorge zu treffen; gemäß § 31a hat der Landarmenverband die allgemeinen Verwaltungskosten usw. zu tragen, während er im übrigen, sofern es sich nicht um hilfsbedürftige Landarme handelt, berechtigt ist, Ersatz der Kosten von dem endgültig unterstützungspflichtigen Ortsarmenverbande zu verlangen. Die Erstattung erfolgt durch Vermittelung des Kreises, dem der Ortsarmenverband angehört. Der Kreis hat dem Ortsarmenverbande mindestens zwei Drittel der von ihm aufzubringenden Kosten als Beihilfe zu gewähren. Streitigkeiten zwischen den Ortsarmenverbänden und Kreisen nach dieser Richtung unterliegen der Entscheidung im Verwaltungsstreitverfahren. Zuständig ist der Bezirksausschuß; gegen seine Entscheidung ist die Berufung an das Oberverwaltungsgericht gegeben. In dem Streitverfahren kann es sich nur um die Höhe einer Beihilfe zu den Kosten handeln, die der endgültig verpflichtete Ortsarmenverband zu erstatten hat. Bevor der Landarmenverband den Hilfsbedürftigen in eine Anstalt aufgenommen hat, liegt actio nata nicht vor. Auch kann lediglich eine Feststellungsklage über die allgemeine Erstattungspflicht des Kreises nicht angestellt werden (Erk. v. 9. II. 94 OVG. 26 17).

Voraussetzung des Anspruchs des Ortsarmenverbandes gegen den Kreis ist stets, daß ein Erstattungsanspruch gegen den endgültig verpflichteten Ortsarmenverband vorab zur rechtlichen Existenz gelangt und festgestellt ist, entweder in einem gemäß § 39 ZustG. entstandenen Streite oder durch Anerkenntnis. Der Landarmenverband muß daher ein Recht auf Erstattung gegen den Ortsarmenverband haben (Erk. v. 3. XI. 96 — I 1308 — Kunze-Kautz 1 216). Auf letzterem ruht allein die Ersatzpflicht. Der Kreis ist gegenüber dem Landarmenverbande nicht Träger der Armenlast. Daneben steht das Rechtsverhältnis zwischen Kreis und Ortsarmenverband; alle ihre Streitigkeiten werden im Verwaltungsstreitverfahren wegen der Beihilfe und ihrem Umfange ausgefochten (OVG. 41 196). Vermindern sich die Kosten des Ortsarmenverbandes z. B. durch Beiträge Dritter, so vermindert sich auch die Beihilfe des Kreises. In dieser Beihilfe liegen nur die Kosten der Aufnahme und Bewahrung, Kur und Pflege der Kranken, nicht auch die Kosten, die aus der Beschaffung der von den Kranken nach Maßgabe des Anstaltsreglements in die Anstalt mitzubringenden Bekleidung und aus ihrer Überführung dorthin entstehen (OVG. 29 136).

Bei Erhebung des Anspruchs des Landarmenverbandes gegen den Ortsarmenverband auf Erstattung soll sich der Landarmenverband der Vermittelung des Kreises bedienen. Dabei prüft zugleich der Kreis den Erstattungsanspruch. Ein Streitverfahren zwischen dem Landarmenverbande und dem Kreise kann sich dabei niemals entwickeln. Dagegen wird es sich, wenn Streit zwischen dem Land- und dem Ortsarmenverbande über die Ersatzpflicht entsteht, empfehlen, den Kreis beizuladen, damit gegen ihn festgestellt wird, ob und in welcher Höhe der Ortsarmenverband dem Landarmenverbande ersatzpflichtig ist. Ist die Beiladung nicht erfolgt, so hat bei einem Streite zwischen dem Kreise und dem Ortsarmenverbande wegen der Beihilfe der erstere immer noch der Einwand, daß der Ortsarmenverband zu der Erstattung nicht oder in dem verlangten Umfange nicht verpflichtet gewesen.

Die in § 31 c Abs. 1 G. v. 11. VII. 91 eingeführte Klage geht auf Gewährung der verweigerten und auf Rückgewähr der zu Unrecht an den Ortsarmenverband geleisteten Beihilfe. Hat der Kreis dem Landarmenverbande die Kosten direkt erstattet, so kann er die Rückerstattung

35*

vom Ortsarmenverbande nach Ansicht des Oberverwaltungsgerichts nicht mit der Verwaltungsklage verlangen. Dafür soll nur der ordentliche Rechtsweg gegeben sein (Erk. v. 14. V. 95 OVG. 28 141). Dieser Ansicht kann nicht beigetreten werden; es wird vielmehr die Verwaltungsklage für zulässig erachtet, wenn der Streit um die öffentliche Verpflichtung zur Leistung der Beihilfe geht und nicht etwa unter Anerkennung der öffentlich-rechtlichen Verpflichtung lediglich die nützliche Verwendung das Klagefundament ist (vgl. OVG. 30 305, 311). In gleichliegenden Fällen hat das Oberverwaltungsgericht die Verwaltungsklage zugelassen. Ich erinnere an die Vorschrift in § 46 Abs. 3 ZustG. Bei diesen Streitigkeiten kann die Klage des einen Kontribuenten gegen den anderen auf Erstattung oder auf Uebernahme des ganzen Betrages gerichtet werden, um welchen der Kläger durch Freilassung des Beklagten überbürdet worden ist.

Vierter Titel.

Einschreiten der Ortspolizeibehörde gegen einen Armenverband.

Im Interesse eines Hilfsbedürftigen und zur Wahrung der öffentlichen Ordnung (§ 10 II 17 ALR.) ist die Ortspolizeibehörde berechtigt, in dringenden Fällen mit polizeilicher Verfügung einzuschreiten und von dem vorläufig verpflichteten Armenverbande die Erfüllung der öffentlich-rechtlichen Verpflichtung (§ 63 G. v. 8. III. u. § 51 G. v. 24. VI. 71) zu verlangen. So werden durch polizeiliche Hilfe vielfach obdachlose Personen untergebracht; es wird für die Beerdigung der Leiche eines Unbekannten gesorgt. Kann die Polizei wegen großer Dringlichkeit die Befolgung einer an den Armenverband zu erlassenden polizeilichen Verfügung (§§ 127 ff. LVG.) zur Unterbringung des Hilfsbedürftigen nicht abwarten, so kann sie durch unmittelbaren Zwang (Einsetzung des Hilfsbedürftigen in ein dem Armenverbande gehöriges Armenhaus) oder durch Unterbringung auf Polizeikosten an einem dritten Orte einschreiten, alsdann die entstandenen Kosten von dem Armenverbande durch polizeiliche Verfügung einfordern. Hat ein Armenverband einen Hilfsbedürftigen abgeschoben, so kommt für die Polizei nur der Armenverband in Betracht, in dem nunmehr die Hilfsbedürftigkeit wieder hervorgetreten ist; gegen den Verband, der abgeschoben hat, kann die Polizei nicht mehr vorgehen.

Zwischen Polizei und Armenverband entspinnt sich auf Beschwerde und Klage das in den §§ 127 ff. vorgesehene Verwaltungsstreitverfahren, während der Armenverband, der vorläufig infolge der polizeilichen Verfügung unterstützt oder die Kosten der Polizei erstattet hat, gegen den definitiv Verpflichteten die Klage (§ 39 ZustG.) auf Erstattung im Verwaltungsstreitverfahren hat (vgl. OVG. 7 129, 133, 41 189).

Anhang.

I.

Gesetz über die allgemeine Landesverwaltung.

Vom 30. VII. 83 (GS. 195).

(Die durch die spätere Gesetzgebung erfolgten Abänderungen sind möglichst berücksichtigt.)

Erster Titel.

Grundlagen der Organisation.

§ 1. Die Verwaltungseinteilung des Staatsgebiets in Provinzen, Regierungsbezirke und Kreise bleibt mit der Maßgabe bestehen, daß die Stadt Berlin aus der Provinz Brandenburg ausscheidet und einen Verwaltungsbezirk für sich bildet.

§ 2. In der Provinz Hannover bleiben die Landdrosteibezirke als Regierungsbezirke bestehen. Die Abänderung der Kreis- und Amtseinteilung der Provinz Hannover erfolgt mittelst besonderen Gesetzes.

§ 3. Die Geschäfte der allgemeinen Landesverwaltung werden, soweit sie nicht anderen Behörden überwiesen sind, unter Oberleitung der Minister, in den Provinzen von den Oberpräsidenten, in den Regierungsbezirken von den Regierungspräsidenten und den Regierungen, in den Kreisen von den Landräten geführt.

Die Oberpräsidenten, die Regierungspräsidenten und die Landräte handeln innerhalb ihres Geschäftskreises selbständig unter voller persönlicher Verantwortlichkeit, vorbehaltlich der kollegialischen Behandlung der durch die Gesetze bezeichneten Angelegenheiten.

§ 4. Zur Mitwirkung bei den Geschäften der allgemeinen Landesverwaltung nach näherer Vorschrift der Gesetze bestehen für die Provinz am Amtssitze des Oberpräsidenten der Provinzialrat, für den Regierungsbezirk am Amtssitze des Regierungspräsidenten der Bezirksausschuß, für den Kreis am Amtssitze des Landrats der Kreisausschuß.

An die Stelle des Kreisausschusses tritt in den durch die Gesetze vorgesehenen Fällen in den Stadtkreisen, in welchen ein Kreisausschuß nicht besteht, der Stadtausschuß, in den einem Landkreise angehörigen Städten mit mehr als 10000 Einwohnern der Magistrat (kollegialische Gemeindevorstand).

In Stadtgemeinden, in welchen der Bürgermeister allein den Gemeindevorstand bildet, treten für die in dem zweiten Absatze bezeichneten Fälle an die Stelle des Magistrats der Bürgermeister und die Beigeordneten als Kollegium.

§ 5. In den Hohenzollernschen Landen tritt, soweit nicht die Gesetze anderes bestimmen, an die Stelle des Oberpräsidenten und des Provinzialrats der zuständige Minister, an die Stelle des Kreises der Oberamtsbezirk, an die Stelle des Landrats der Oberamtmann, an die Stelle des Kreisausschusses der Amtsausschuß.

§ 6. In bezug auf die amtliche Stellung, die Befugnisse, die Zuständigkeit und das Verfahren der Verwaltungsbehörden bleiben die bestehenden Vorschriften in Kraft, soweit dieselben nicht durch das gegenwärtige Gesetz abgeändert werden.

§ 7. Die Verwaltungsgerichtsbarkeit (Entscheidung im Verwaltungsstreitverfahren) wird durch die Kreis- und Stadtausschüsse und die Bezirksausschüsse als Verwaltungsgerichte, sowie durch das in Berlin für den ganzen Umfang der Monarchie bestehende Oberverwaltungsgericht ausgeübt. Die Entscheidungen ergehen unbeschadet aller privatrechtlichen Verhältnisse.

Die sachliche Zuständigkeit dieser Behörden zur Entscheidung in erster Instanz wird durch besondere gesetzliche Bestimmungen geregelt.

Die Bezirksausschüsse treten überall an die Stelle der Deputationen für das Heimatwesen.

Wo in besonderen Gesetzen das Verwaltungsgericht genannt wird, ist darunter im Zweifel der Bezirksausschuß zu verstehen.

Zusatz A.

G. zur Ergänzung des § 7 LVG. v. 27. IV. 85 (GS. 127).

Für Streitigkeiten, welche nach reichsgesetzlicher Vorschrift im Verwaltungsstreitverfahren zu entscheiden sind, kann die Zuständigkeit der nach § 7 in Verbindung mit § 4 Abs. 2 und 3 LVG. bezeichneten Behörden, soweit dieselbe nicht anderweit gesetzlich feststeht, sowie der Instanzenzug, durch königliche Verordnung bestimmt werden.

Zweiter Titel.

Verwaltungsbehörden.

I. Abschnitt.

Provinzialbehörden.

1. Oberpräsident.

§ 8. An der Spitze der Verwaltung der Provinz steht der Oberpräsident. Demselben wird ein Oberpräsidialrat und die erforderliche Anzahl von Räten und Hilfsarbeitern beigegeben, welche die Geschäfte nach seinen Anweisungen bearbeiten. Auch ist der Oberpräsident befugt, die Mitglieder der an seinem Amtssitz befindlichen Regierung, sowie die dem Regierungspräsidenten daselbst beigegebenen Beamten (§ 19 Abs. 1) zur Bearbeitung der ihm übertragenen Geschäfte heranzuziehen.

§ 9. Die Stellvertretung des Oberpräsidenten in Fällen der Behinderung erfolgt, soweit sie nicht für einzelne Geschäftszweige durch besondere Vorschriften geordnet ist, durch den Oberpräsidialrat. Die zuständigen Minister sind befugt, in besonderen Fällen eine andere Stellvertretung anzuordnen.

2. Provinzialrat.

§ 10. Der Provinzialrat besteht aus dem Oberpräsidenten bzw. dessen Stellvertreter als Vorsitzenden, aus einem von dem Minister des Innern auf die Dauer seines Hauptamtes am Sitze des Oberpräsidenten ernannten höheren Verwaltungsbeamten bzw. dessen Stellvertreter und aus fünf Mitgliedern, welche vom Provinzialausschusse aus der Zahl der zum Provinziallandtage wählbaren Provinzialangehörigen gewählt werden. Für die letzteren werden in gleicher Weise fünf Stellvertreter gewählt.

Von der Wählbarkeit ausgeschlossen sind der Oberpräsident, die Regierungspräsidenten, die Vorsteher Königlicher Polizeibehörden, die Landräte und die Beamten des Provinzialverbandes.

§ 11. Die Wahl der Mitglieder des Provinzialrats und deren Stellvertreter erfolgt auf sechs Jahre.

Jede Wahl verliert ihre Wirkung mit dem Aufhören einer der für die Wählbarkeit vorgeschriebenen Bedingungen. Der Provinzialausschuß hat darüber zu beschließen, ob dieser Fall eingetreten ist. Gegen den Beschluß des Provinzialausschusses findet innerhalb zwei Wochen die Klage bei dem Oberverwaltungsgerichte statt. Die Klage steht auch dem Vorsitzenden des Provinzialrats zu. Dieselbe hat keine aufschiebende Wirkung; jedoch dürfen bis zur Entscheidung des Oberverwaltungsgerichts Ersatzwahlen nicht stattfinden.

§ 12. Alle drei Jahre scheidet die Hälfte der gewählten Mitglieder und Stellvertreter, und zwar das erstemal die nächstgrößere Zahl, aus und wird durch neue Wahlen ersetzt. Die Ausscheidenden bleiben jedoch in allen Fällen bis zur Einführung der Neugewählten in Tätigkeit. Die das erstemal Ausscheidenden werden durch das Los bestimmt. Die Ausscheidenden sind wieder wählbar.

Für die im Laufe der Wahlperiode ausscheidenden Mitglieder und Stellvertreter haben Ersatzwahlen stattzufinden. Die Ersatzmänner bleiben nur bis zum Ende desjenigen Zeitraums in Tätigkeit, für welchen die Ausgeschiedenen gewählt werden.

§ 13. Die Dauer der Wahlperiode kann durch das Provinzialstatut auch anders bestimmt werden.

§ 14. Die gewählten Mitglieder und stellvertretenden Mitglieder des Provinzialrats werden von dem Oberpräsidenten vereidigt und in ihre Stellen eingeführt.

Sie können aus Gründen, welche die Entfernung eines Beamten aus seinem Amte rechtfertigen (§ 2 G. vom 21. VII. 52, GS. 465) im Wege des Disziplinarverfahrens ihrer Stellen enthoben werden.

Für das Disziplinarverfahren gelten die Vorschriften des genannten Gesetzes mit folgenden Maßgaben:

Die Einleitung des Verfahrens, sowie die Ernennung des Untersuchungskommissars und des Vertreters der Staatsanwaltschaft erfolgt durch den Minister des Innern.

Disziplinargericht ist das Plenum des Oberverwaltungsgerichts.

§ 15. Der Provinzialrat ist beschlußfähig, wenn mit Einschluß des Vorsitzenden fünf Mitglieder anwesend sind. Die Beschlüsse werden nach Stimmenmehrheit gefaßt. Bei Stimmengleichheit gibt die Stimme des Vorsitzenden den Ausschlag.

3. Generalkommissionen.

§ 16. Die Generalkommission für die Provinzen Pommern und Posen zu Stargard in Pommern wird aufgehoben. An die Stelle derselben tritt für die Provinz Pommern die für die Provinz Brandenburg bestehende Generalkommission.

Für die Provinzen Ost- und Westpreußen und Posen wird eine gemeinsame Generalkommission gebildet. Die Generalkommission für die Provinz Hannover fungiert zugleich für die Provinz Schleswig-Holstein.

II. Abschnitt.

Bezirksbehörden.

1. Regierungspräsident und Bezirksregierung.

§ 17. An die Spitze der Bezirksregierung am Sitze des Oberpräsidenten tritt, unter Wegfall des Regierungsvizepräsidenten, ein Regierungspräsident. Der Oberpräsident ist fortan nicht mehr Präsident dieser Regierung.

§ 18. Die Regierungsabteilung des Innern wird aufgehoben. Die Geschäfte derselben werden, soweit nicht durch das gegenwärtige Gesetz abweichende Bestimmungen getroffen sind, von dem Regierungspräsidenten mit den der Regierung zustehenden Befugnissen verwaltet.

§ 19. Dem Regierungspräsidenten wird für die ihm persönlich übertragenen Angelegenheiten ein Oberregierungsrat und die erforderliche Anzahl von Räten und Hilfsarbeitern, von denen mindestens einer die Befähigung zum Richteramte haben muß, beigegeben, welche die Geschäfte nach seinen Anweisungen bearbeiten.

Diese Beamten können zugleich bei der Regierung beschäftigt werden und nehmen an den Plenarberatungen derselben nach Maßgabe der für die Regierungsmitglieder bestehenden Vorschriften teil.

Die Mitglieder der Regierung können von dem Regierungspräsidenten zur Bearbeitung der ihm übertragenen Geschäfte herangezogen werden.

§ 20. Die Stellvertretung des Regierungspräsidenten in Fällen der Behinderung erfolgt durch den ihm beigegebenen Oberregierungsrat und, wenn auch dieser behindert ist, durch einen Oberregierungsrat der Bezirksregierung. Die zuständigen Minister sind befugt, in besonderen Fällen eine andere Stellvertretung anzuordnen.

§ 21. Die Geschäfte der Regierungen zu Stralsund und zu Sigmaringen, soweit sie zur Zuständigkeit der Regierungsabteilungen des Innern gehören, werden nach Maßgabe des § 18 von den Regierungspräsidenten verwaltet. Die Mitglieder der Regierung bearbeiten diese Geschäfte nach den Anweisungen des Präsidenten.

Die Stellvertretung des Präsidenten in Fällen der Behinderung erfolgt durch ein von den zuständigen Ministern beauftragtes Mitglied der Regierung.

§ 22. Bei den Regierungen zu Danzig, Erfurt, Münster, Minden, Arnsberg, Coblenz, Cöln, Aachen und Trier tritt an die Stelle der Abteilung des Innern für die bisher von derselben bearbeiteten Kirchen- und Schulsachen eine Abteilung für Kirchen- und Schulwesen.

§ 23. Die landwirtschaftlichen Abteilungen der Regierungen zu Königsberg und Marienwerder, sowie die bei den Regierungen der Provinzen

Ost- und Westpreußen und zu Schleswig bestehenden Spruchkollegien für die landwirtschaftlichen Angelegenheiten werden aufgehoben. Die Zuständigkeiten dieser Behörden, sowie diejenigen der Abteilungen des Innern der Regierungen zu Gumbinnen, Danzig und Schleswig als Auseinandersetzungsbehörden gehen auf Generalkommissionen (§ 16) über.

Abs. 2 fällt fort.

§ 24. Der Regierungspräsident ist befugt, Beschlüsse der Regierung oder einer Abteilung derselben, mit welchen er nicht einverstanden ist, außer Kraft zu setzen und, sofern er den Aufenthalt in der Sache für nachteilig erachtet, auf seine Verantwortung anzuordnen, daß nach seiner Ansicht verfahren werde. Andernfalls ist höhere Entscheidung einzuholen.

Auch ist der Regierungspräsident befugt, in den zur Zuständigkeit der Regierung gehörigen Angelegenheiten an Stelle des Kollegiums unter persönlicher Verantwortlichkeit Verfügungen zu treffen, wenn er die Sache für eilbedürftig oder, im Falle seiner Anwesenheit an Ort und Stelle, eine sofortige Anordnung für erforderlich erachtet.

§ 25. In der Provinz Hannover treten an die Stelle der Landdrosteien und der Finanzdirektion sechs Regierungspräsidenten und Regierungen, welche, gleich dem Oberpräsidenten, die Verwaltung mit den Befugnissen und nach den Vorschriften führen, welche dafür in den übrigen Provinzen gelten, bzw. in dem gegenwärtigen Gesetz gegeben sind.

Welche der vorbezeichneten Regierungen nach dem Vorbild der Regierung zu Stralsund zu organisieren sind, bleibt königlicher Verordnung vorbehalten.

§ 26. Die Zuständigkeiten der Konsistorialbehörden in der Provinz Hannover in betreff des Schulwesens, sowie die kirchlichen Angelegenheiten, welche bisher zum Geschäftskreise der katholischen Konsistorien zu Hildesheim und Osnabrück gehörten, werden den Abteilungen für Kirchen- und Schulwesen der betreffenden Regierungen überwiesen.

Die genannten katholischen Konsistorien werden aufgehoben.

§ 27. Den evangelischen Konsistorialbehörden in der Provinz Hannover verbleiben, bis zur anderweitigen gesetzlichen Regelung, in Kirchensachen ihre bisherigen Zuständigkeiten.

2. Bezirksausschuß.

§ 28. Der Bezirksausschuß besteht aus dem Regierungspräsidenten als Vorsitzenden und aus sechs Mitgliedern.

Zwei dieser Mitglieder, von denen eins zum Richteramte, eins zur Bekleidung von höheren Verwaltungsämtern befähigt sein muß, werden vom Könige auf Lebenszeit ernannt. Aus der Zahl dieser Mitglieder ernennt der König gleichzeitig den Stellvertreter des Regierungspräsidenten im Vorsitze mit dem Titel Verwaltungsgerichtsdirektor. Zur sonstigen Stellvertretung des Regierungspräsidenten im Bezirksausschusse und zur Stellvertretung jedes der beiden auf Lebenszeit ernannten Mitglieder ernennt der König ferner aus der Zahl der am Sitze des Bezirksausschusses ein richterliches oder ein höheres Verwaltungsamt bekleidenden Beamten einen Stellvertreter. Die Ernennung der Stellvertreter erfolgt auf die Dauer ihres Hauptamts am Sitze des Bezirksausschusses.

Die vier anderen Mitglieder des Bezirksausschusses werden aus den Einwohnern seines Sprengels durch den Provinzialausschuß gewählt. In gleicher Weise wählt letzterer vier Stellvertreter, über deren Einberufung das Geschäftsregulativ bestimmt.

Wählbar ist mit Ausnahme des Oberpräsidenten, der Regierungspräsidenten, der Vorsteher Königlicher Polizeibehörden, der Landräte und der Beamten des Provinzialverbandes jeder zum Provinziallandtage wählbare Angehörige des Deutschen Reichs. Mitglieder des Provinzialrats können nicht Mitglieder des Bezirksausschusses sein.

Im übrigen finden auf die Wahlen beziehungsweise die gewählten Mitglieder die Bestimmungen der §§ 11, 12 und 13 sinngemäße Anwendung.

§ 29. Wo der Geschäftsumfang es erfordert, können durch Königliche Verordnung Abteilungen des Bezirksausschusses für Teile des Regierungsbezirks gebildet werden. In solchen Fällen gehören der Vorsitzende, und sofern nicht für die verschiedenen Abteilungen besondere Ernennungen erfolgen, die ernannten Mitglieder allen Abteilungen an. Die gewählten Mitglieder und deren Stellvertreter müssen für jede Abteilung gesondert bestellt werden. Im übrigen gelten die für den Bezirksausschuß gegebenen Vorschriften sinngemäß für jede Abteilung.

§ 30. Der Vorsitz im Bezirksausschusse geht in Behinderungsfällen von dem Regierungspräsidenten bzw. dem Verwaltungsgerichtsdirektor auf das zweite ernannte Mitglied, sodann auf den Stellvertreter des Verwaltungsgerichtsdirektors über. Der Regierungspräsident gilt als behindert in allen Fällen, in welchen über eine Beschwerde gegen die Verfügung eines Regierungspräsidenten verhandelt wird.

§ 31. Den ernannten Mitgliedern darf eine Vertretung des Regierungspräsidenten oder eine Hilfsleistung in den diesem persönlich überwiesenen Geschäften nicht aufgetragen werden. Beide nehmen an den Plenarberatungen der Regierung nach Maßgabe der für die Regierungsmitglieder bestehenden Vorschriften teil. Im übrigen ist ihnen die Führung eines anderen Amtes nur gestattet, wenn dasselbe ein richterliches ist oder ohne Vergütung geführt wird.

§ 32. Die gewählten Mitglieder und stellvertretenden Mitglieder werden durch den Vorsitzenden vereidigt. Alle Mitglieder und stellvertretenden Mitglieder unterliegen in dieser ihrer Eigenschaft den Vorschriften des G. vom 7. V. 51 bzw. vom 26. III. 56.

Disziplinargericht ist das Plenum des Oberverwaltungsgerichts; der Vertreter der Staatsanwaltschaft wird von dem Präsidenten des Oberverwaltungsgerichts ernannt.

§ 33. Der Bezirksausschuß ist bei Anwesenheit von fünf Mitgliedern, in Streitsachen unter Armenverbänden bei Anwesenheit von drei Mitgliedern beschlußfähig, unter denen sich in allen Fällen mit Einschluß des Vorsitzenden mindestens zwei ernannte, darunter ein zum Richteramte befähigtes, und ein gewähltes Mitglied befinden muß.

Die Beschlüsse werden nach Stimmenmehrheit gefaßt. Bei gerader Stimmenzahl scheidet, wenn außer dem Vorsitzenden zwei ernannte Mitglieder anwesend sind, das dem Dienstalter nach jüngste ernannte, wenn außer dem Vorsitzenden nur ein ernanntes Mitglied anwesend ist, das dem Lebensalter nach jüngste gewählte Mitglied mit der Maßgabe aus, daß das Stimmrecht vorzugsweise

1. unter den ernannten Mitgliedern einen zum Richteramte befähigten, sofern es dessen zur Beschlußfähigkeit bedarf,
2. im übrigen dem Berichterstatter

verbleibt.

§ 34. Die gewählten Mitglieder und deren Stellvertreter erhalten Tagegelder und Reisekosten nach den für Staatsbeamte der vierten Rangklasse bestehenden gesetzlichen Bestimmungen.

Alle Einnahmen des Bezirksausschusses fließen zur Staatskasse. Derselben fallen auch alle Ausgaben zur Last.

§ 35. In den Hohenzollernschen Landen kommen in betreff des Bezirksausschusses die Bestimmungen der §§ 28, 30, 32, 33, 34 mit der Maßgabe zur Anwendung, daß die zu wählenden Mitglieder von dem Landesausschusse aus der Zahl der zum Kommunallandtage wählbaren Angehörigen des Landeskommunalverbandes gewählt werden. Der Regierungspräsident, die Oberamtmänner und die Beamten des Landeskommunalverbandes sind von der Wählbarkeit ausgeschlossen.

III. Abschnitt.

Kreisbehörden.

§ 36. An der Spitze der Verwaltung des Kreises steht der Landrat. Derselbe führt den Vorsitz im Kreisausschusse. Im übrigen wird die Zusammensetzung des Kreisausschusses durch die Kreisordnungen geregelt.

§ 37. Der Stadtausschuß besteht aus dem Bürgermeister bzw. dessen gesetzlichem Stellvertreter als Vorsitzenden und vier Mitgliedern, welche vom Magistrate (kollegialischen Gemeindevorstande) aus seiner Mitte für die Dauer ihres Hauptamtes gewählt werden.

Für Fälle der Behinderung sowohl des Bürgermeisters wie seines gesetzlichen Stellvertreters wählt der Stadtausschuß den Vorsitzenden aus seiner Mitte. Derselbe bedarf der Bestätigung des Regierungspräsidenten, in dem Stadtkreise Berlin des Oberpräsidenten der Provinz Brandenburg.

Der Vorsitzende oder ein Mitglied des Stadtausschusses muß zum Richteramt oder zum höheren Verwaltungsdienst befähigt sein.

§ 38. In Stadtkreisen, in denen der Bürgermeister allein den Gemeindevorstand bildet, werden die außer dem Vorsitzenden zu bestellenden Mitglieder von der Gemeindevertretung aus der Zahl der Gemeindebürger gewählt.

Die Wahl erfolgt auf sechs Jahre.

Alle drei Jahre scheidet die Hälfte der gewählten Mitglieder aus und wird durch neue Wahlen ersetzt. Die Ausscheidenden bleiben jedoch in allen Fällen bis zur Einführung der neu Gewählten in Tätigkeit.

Die das erstemal Ausscheidenden werden durch das Los bestimmt. Die Ausscheidenden sind wieder wählbar.

Für die im Laufe der Wahlperiode ausscheidenden Mitglieder haben Ersatzwahlen stattzufinden. Die Ersatzmänner bleiben nur bis zum Ende desjenigen Zeitraums in Tätigkeit, für welchen die Ausgeschiedenen gewählt wurden.

Im übrigen gelten in betreff der Wählbarkeit, der Wahl, der Einführung und der Vereidigung der Mitglieder, sowie des Verlustes ihrer

Stellen unter einstweiliger Enthebung von denselben, die für unbesoldete Magistratsmitglieder bestehenden gesetzlichen Vorschriften.

§ 39. Die gewählten Mitglieder des Kreis- oder (Stadtausschusses können aus Gründen, welche die Entfernung eines Beamten aus seinem Amte rechtfertigen (§ 2 des G. vom 21. VII. 52), im Wege des Disziplinarverfahrens ihrer Stellen enthoben werden.

Für das Disziplinarverfahren gelten die Vorschriften des genannten Gesetzes mit folgenden Maßgaben:

Die Einleitung des Verfahrens, sowie die Ernennung des Untersuchungskommissars erfolgt durch den Regierungspräsidenten. Die entscheidende Behörde erster Instanz ist der Bezirksausschuß, die entscheidende Behörde zweiter Instanz das Plenum des Oberverwaltungsgerichts.

Der Vertreter der Staatsanwaltschaft wird für die erste Instanz von dem Regierungspräsidenten, für die zweite Instanz von dem Minister des Innern ernannt.

§ 40. Der Kreis- oder Stadtausschuß ist beschlußfähig, wenn mit Einschluß des Vorsitzenden drei Mitglieder anwesend sind. Die Beschlüsse werden nach Stimmenmehrheit gefaßt. Ist eine gerade Zahl von Mitgliedern anwesend, so nimmt das dem Lebensalter nach jüngste gewählte Mitglied an der Abstimmung nicht teil. Dem Berichterstatter steht jedoch in allen Fällen Stimmrecht zu.

IV. Abschnitt.

Behörden für den Stadtkreis Berlin.

§ 41. Der Oberpräsident der Provinz Brandenburg ist zugleich Oberpräsident von Berlin.

Ingleichen fungieren das Provinzialschulkollegium, das Medizinalkollegium, die Generalkommission und die Direktion der Rentenbank für die Provinz Brandenburg auch für den Stadtkreis Berlin.

§ 42. An Stelle des Regierungspräsidenten führt der Oberpräsident die Aufsicht des Staates über die Verwaltung der Gemeindeangelegenheiten der Stadt Berlin. Auf welche Behörden die sonstigen Zuständigkeiten der Regierungsabteilung des Innern zu Potsdam in betreff Berlins übergehen, wird durch königliche Verordnung bestimmt.

Im übrigen, und soweit nicht sonst die Gesetze anderes bestimmen, tritt für den Stadtkreis Berlin an die Stelle des Regierungspräsidenten der Polizeipräsident von Berlin (vgl. G. v. 26. I. 81 GS. 14, G. v. 12. VI. 89 GS. 129, G. v. 13. VI. 00 GS. 247, G. v. 7. III. 08 GS. 2).

§ 43. An die Stelle des Provinzialrats tritt in den Fällen, in welchen derselbe in erster Instanz beschließt, der Oberpräsident, in den übrigen Fällen der zuständige Minister.

Für den Stadtkreis Berlin besteht ein besonderer Bezirksausschuß. Auf denselben finden die Bestimmungen der §§ 28, 30 Satz 1, 31 Satz 3, 32, 33, 34 mit folgenden Maßgaben Anwendung:

1. An Stelle des Regierungspräsidenten tritt ein vom Könige ernannter Präsident. Die Ernennung dieses Beamten kann im Nebenamte auf die Dauer seines Hauptamtes in Berlin erfolgen. Beamte des Polizeipräsidiums sind von dieser Ernennung ausgeschlossen.
2. Die zu wählenden Mitglieder werden durch den Magistrat und die Stadtverordnetenversammlung unter dem Vorsitz des Bürgermeisters ge-

wählt. Dasselbe Kollegium beschließt an Stelle des Provinzialausschusses über das Aufhören einer der für die Wählbarkeit vorgeschriebenen Bedingungen, sowie über die Abänderung der Dauer der Wahlperiode. Die Mitglieder des Magistrats und der Stadtverordnetenversammlung sind von der Wählbarkeit ausgeschlossen.

Zur Zuständigkeit des Bezirksausschusses für den Stadtkreis Berlin gehören die im Verwaltungsstreitverfahren zu behandelnden Angelegenheiten und diejenigen im Beschlußverfahren zu behandelnden Angelegenheiten, welche im einzelnen durch die Gesetze seiner Zuständigkeit überwiesen werden; in betreff der übrigen im Beschlußverfahren zu behandelnden Angelegenheiten tritt für den Stadtkreis Berlin der Oberpräsident an die Stelle des Bezirksausschusses, soweit nicht in den Gesetzen ein anderes bestimmt ist.

§ 44. In Angelegenheiten der kirchlichen Verwaltung tritt für den Stadtkreis Berlin an die Stelle der Regierungsabteilung für Kirchen- und Schulwesen der Polizeipräsident.

Bezüglich der Verwaltung des landesherrlichen Patronats und des Schulwesens verbleibt es bei den bestehenden Bestimmungen.

§ 45. Die Geschäfte der direkten Steuerverwaltung werden an Stelle der Regierungsabteilung für direkte Steuern, Domänen und Forsten, für den Stadtkreis Berlin von der „Direktion für die Verwaltung der direkten Steuern" wahrgenommen.

Diese Behörde wird in betreff der Zuständigkeit in Disziplinarsachen den im § 24 Nr. 2 des G. vom 21. VII. 52 bezeichneten Provinzialbehörden gleichgestellt.

§ 46 fällt fort.

§ 47. Für diejenigen Kategorien der in Berlin angestellten Beamten, bezüglich deren nicht die Zuständigkeit einer anderen Behörde in Disziplinarsachen begründet ist, behält es bei den Bestimmungen des § 25 des G. vom 21. VII. 52 mit der Maßgabe sein Bewenden, daß die Einleitung des Disziplinarverfahrens, sowie die Ernennung des Untersuchungskommissars und des Vertreters des Staatsanwalts für die erste Instanz dem Oberpräsidenten von Berlin zusteht.

V. Abschnitt.

Stellung der Behörden.

§ 48. Die dienstliche Aufsicht über die Geschäftsführung des Kreis- und Stadtausschusses wird von dem Regierungspräsidenten, in Berlin von dem Oberpräsidenten, die Aufsicht über die Geschäftsführung des Bezirksausschusses von dem Oberpräsidenten, die Aufsicht über die Geschäftsführung des Provinzialrats von dem Minister des Innern geführt.

Vorstellungen gegen die geschäftlichen Aufsichtsverfügungen des Regierungspräsidenten unterliegen der endgültigen Beschlußfassung des Oberpräsidenten, Vorstellungen gegen die Aufsichtsverfügungen des Oberpräsidenten der endgültigen Beschlußfassung des Ministers des Innern.

Die Aufsichtsbehörden sind zur Vornahme allgemeiner Geschäftsrevisionen befugt.

§ 49. Die im § 48 bezeichneten Behörden haben sich gegenseitig Rechtshilfe zu leisten. Sie haben den geschäftlichen Aufträgen und Anweisungen der ihnen im Instanzenzuge vorgesetzten Behörden Folge zu leisten.

Dritter Titel.
Verfahren.

I. Abschnitt.
Allgemeine Vorschriften.

§ 50. Das Gesetz bestimmt, in welcher Weise Verfügungen (Bescheide, Beschlüsse) in Verwaltungssachen angefochten werden können. Zur ersten Anfechtung dienen in der Regel die Beschwerde oder die Klage im Verwaltungsstreitverfahren.

Die Beschwerde ist ausgeschlossen, soweit das Verwaltungsstreitverfahren zugelassen ist, vorbehaltlich abweichender besonderer Bestimmungen des Gesetzes.

Unberührt bleibt in allen Fällen die Befugnis der staatlichen Aufsichtsbehörden, innerhalb ihrer gesetzlichen Zuständigkeit Verfügungen und Anordnungen der nachgeordneten Behörden außer Kraft zu setzen, oder diese Behörden mit Anweisungen zu versehen.

§ 51. Wo die Gesetze für die Anbringung der Beschwerde gegen Beschlüsse des Kreis- oder Stadtausschusses, des Bezirksausschusses oder des Provinzialrats, oder der Klage bzw. des Antrags auf mündliche Verhandlung im Verwaltungsstreitverfahren eine andere als zweiwöchentliche Frist vorschreiben, beträgt die Frist fortan zwei Wochen. Das gleiche gilt von den im § 11 des G. vom 14. VIII. 76, betreffend die Verwaltung der den Gemeinden und öffentlichen Anstalten gehörigen Holzungen in den Provinzen Preußen, Brandenburg, Pommern, Posen, Schlesien und Sachsen, (GS. 373) und im § 91 G. vom 1. IV. 79, betreffend die Bildung von Wassergenossenschaften, (GS. 297) vorgeschriebenen Fristen.

§ 52. Die Fristen für die Anbringung der Beschwerde und der Klage bzw. des Antrags auf mündliche Verhandlung im Verwaltungsstreitverfahren sowie alle Fristen im Verwaltungsstreitverfahren sind präklusivisch und beginnen, sofern nicht die Gesetze anderes vorschreiben, mit der Zustellung. Für die Berechnung der Fristen sind die bürgerlichen Prozeßgesetze maßgebend.

Bezüglich der Beschwerde kann die angerufene Behörde in Fällen unverschuldeter Fristversäumung Wiedereinsetzung in den vorigen Stand gewähren.

Für eine im Verwaltungsstreitverfahren zu gewährende Wiedereinsetzung in den vorigen Stand sind lediglich die für das Verwaltungsstreitverfahren besonders getroffenen Bestimmungen maßgebend (§ 112).

Zusatz B.

Deutsche Zivilprozeßordnung in der Fassung des G. v. 17. V. 98.

§ 221. Der Lauf einer richterlichen Frist beginnt, sofern nicht bei Festsetzung derselben ein anderes bestimmt wird, mit der Zustellung des Schriftstücks, in welchem die Frist festgesetzt ist, und, wenn es einer solchen Zustellung nicht bedarf, mit der Verkündung der Frist.

Der Lauf einer gesetzlichen oder richterlichen Frist, deren Beginn von einer Zustellung abhängig ist, beginnt mit dieser auch gegen diejenige Partei, welche die Zustellung hat bewirken lassen.

§ 222. Für die Berechnung der Fristen gelten die Vorschriften des Bürgerlichen Gesetzbuchs.

Fällt das Ende einer Frist auf einen Sonntag oder allgemeinen Feiertag, so endigt die Frist mit Ablauf des nächst folgenden Werktages.

Bei der Berechnung einer Frist, welche nach Stunden bestimmt ist, werden Sonntage und allgemeine Feiertage nicht mitgerechnet.

§ 53. Die Anbringung der Beschwerde, sowie der Klage bzw. des Antrags auf mündliche Verhandlung im Verwaltungsstreitverfahren hat, sofern nicht die Gesetze anderes vorschreiben, aufschiebende Wirkung. Verfügungen, Bescheide und Beschlüsse können jedoch, auch wenn dieselben mit der Beschwerde oder mit der Klage bzw. dem Antrag auf mündliche Verhandlung im Verwaltungsstreitverfahren angefochten sind, zur Ausführung gebracht werden, sofern letztere nach dem Ermessen der Behörde ohne Nachteil für das Gemeinwesen nicht ausgesetzt bleiben kann, vorbehaltlich der Bestimmung im § 133 Abs. 3 dieses G.

§ 54. Das Verfahren des Kreis- oder Stadtausschusses und des Bezirksausschusses in Angelegenheiten der allgemeinen Landesverwaltung ist entweder das Verwaltungsstreitverfahren oder das Beschlußverfahren.

Das Verwaltungsstreitverfahren tritt in allen Angelegenheiten ein, in welchen die Gesetze von der Entscheidung in streitigen Verwaltungssachen oder von der Erledigung der Angelegenheit im Streitverfahren oder durch Endurteil oder von der Klage bei dem Kreisausschusse, dem Bezirksausschusse oder einem Verwaltungsgerichte sprechen, und wo sonst dieses Verfahren gesetzlich vorgeschrieben ist.

In allen anderen Angelegenheiten ist das Verfahren des Kreis- oder Stadtausschusses und des Bezirksausschusses das Beschlußverfahren.

Das Oberverwaltungsgericht verfährt nur im Verwaltungsstreitverfahren, der Provinzialrat nur im Beschlußverfahren.

§ 55. Der Vorsitzende des Kreis- oder Stadtausschusses, des Bezirksausschusses und des Provinzialrats beruft das Kollegium, leitet und beaufsichtigt den Geschäftsgang und sorgt für die prompte Erledigung der Geschäfte. Er bereitet die Beschlüsse der Behörde vor und trägt für deren Ausführung Sorge. Er vertritt die Behörde nach außen, verhandelt namens derselben mit anderen Behörden und mit Privatpersonen, führt den Schriftwechsel und zeichnet alle Schriftstücke namens der Behörde.

§ 56. Soweit Geschäftsgang und Verfahren des Kreis- oder Stadtausschusses, des Bezirksausschusses und des Provinzialrats nicht durch die nachstehenden oder durch besondere gesetzliche Bestimmungen geregelt sind, werden dieselben durch Regulative geordnet, welche der Minister des Innern erläßt.

§ 57. Die örtliche Zuständigkeit für das Verwaltungsstreit- und Beschlußverfahren bestimmt sich wie folgt:

Zuständig in erster Instanz ist:

1. in Angelegenheiten, welche sich auf Grundstücke beziehen, die Behörde der belegenen Sache;
2. in allen sonstigen Fällen die Behörde desjenigen Bezirks (Kreis, Regierungsbezirk, Provinz), in welchem die Person wohnt oder die

Korporation bzw. öffentliche Behörde ihren Sitz hat, welche im Verwaltungsstreitverfahren in Anspruch genommen wird oder auf deren Angelegenheit sich die Beschlußfassung bezieht. Wenn die Korporation oder öffentliche Behörde ihren Sitz außerhalb ihres räumlichen Bezirks hat, ist diejenige Behörde zuständig, welcher dieser Bezirk angehört.

Bezüglich des Kommunalverbandes der Provinz Brandenburg ist der Bezirksausschuß zu Potsdam zuständig.

§ 58. Sind die Grundstücke in mehreren Bezirken belegen, oder ist es zweifelhaft, zu welchem Bezirke sie gehören, so wird die zuständige Behörde

1. für das Verwaltungsstreitverfahren durch den Bezirksausschuß und, wenn die Grundstücke in verschiedenen Regierungsbezirken liegen, durch das Oberverwaltungsgericht,
2. für das Beschlußverfahren durch den Regierungspräsidenten, den Oberpräsidenten oder den Minister des Innern, je nachdem die betreffenden Bezirke demselben Regierungsbezirke, derselben Provinz, aber verschiedenen Regierungsbezirken. oder verschiedenen Provinzen angehören,

endgültig bestimmt.

Dasselbe findet statt, wenn die Personen oder Korporationen, deren Angelegenheit den Gegenstand der Entscheidung oder Beschlußfassung bildet, in mehreren Bezirken wohnen oder ihren Sitz haben.

§ 59. Ist bei einer Angelegenheit, welche zur Zuständigkeit des Kreis- oder Stadtausschusses gehört, die betreffende Kreiskorporation (Stadtgemeinde) als solche beteiligt, so wird

1. für das Verwaltungsstreitverfahren von dem Bezirksausschusse und, wenn ein Stadtkreis beteiligt ist, von dem Oberverwaltungsgerichte,
2. für das Beschlußverfahren von dem Regierungspräsidenten, für Berlin von dem Oberpräsidenten

ein anderer Kreis- oder Stadtausschuß mit der Entscheidung oder Beschlußfassung beauftragt.

§ 60. Die Vollstreckung im Verwaltungsstreitverfahren und im Beschlußverfahren erfolgt im Wege des Verwaltungszwangsverfahrens. Die Vollstreckung wird namens der Behörde, welche in der ersten Instanz entschieden bzw. beschlossen hatte, von deren Vorsitzendem verfügt. Über Beschwerden gegen die Verfügungen des Vorsitzenden entscheidet die Behörde. Gegen die Entscheidung der Behörde findet innerhalb zwei Wochen die Beschwerde an die im Instanzenzuge zunächst höhere Behörde statt.

Die Entscheidung der letzteren ist endgültig.

II. Abschnitt.

Verwaltungsstreitverfahren.

1. Von der Ausschließung und Ablehnung der Gerichtspersonen.

§ 61. Die Bestimmungen der bürgerlichen Prozeßgesetze über Ausschließung und Ablehnung der Gerichtspersonen finden für das Verwaltungsstreitverfahren sinngemäße Anwendung.

Aus der innerhalb seiner Zuständigkeit geübten amtlichen Tätigkeit des Landrats bzw. des Regierungspräsidenten darf kein Grund zur Ablehnung desselben wegen Besorgnis der Befangenheit entnommen werden.

Zusatz C.

Deutsche Zivilprozeßordnung §§ 41, 42, 49.

§ 41. Ein Richter ist von der Ausübung des Richteramtes kraft Gesetzes ausgeschlossen:

1. in Sachen, in welchen er selbst Partei ist, oder in Ansehung welcher er zu einer Partei in dem Verhältnisse eines Mitberechtigten, Mitverpflichteten oder Regreßpflichtigen steht;
2. in Sachen seiner Ehefrau, auch wenn die Ehe nicht mehr besteht;
3. in Sachen einer Person, mit welcher er in gerader Linie verwandt, verschwägert oder durch Adoption verbunden, in der Seitenlinie bis zum dritten Grade verwandt oder bis zum zweiten Grade verschwägert ist, auch wenn die Ehe, durch welche die Schwägerschaft begründet ist, nicht mehr besteht;
4. in Sachen, in welchen er als Prozeßbevollmächtigter oder Beistand einer Partei bestellt oder als gesetzlicher Vertreter einer Partei aufzutreten berechtigt ist oder gewesen ist;
5. in Sachen, in welchen er als Zeuge oder Sachverständiger vernommen ist;
6. in Sachen, in welchen er in einer früheren Instanz oder im schiedsrichterlichen Verfahren bei der Erlassung der angefochtenen Entscheidung mitgewirkt hat, sofern es sich nicht um die Tätigkeit eines beauftragten oder ersuchten Richters handelt.

§ 42. Ein Richter kann sowohl in den Fällen, in welchen er von der Ausübung des Richteramts kraft Gesetzes ausgeschlossen ist, als auch wegen Besorgnis der Befangenheit abgelehnt werden.

Wegen Besorgnis der Befangenheit findet die Ablehnung statt, wenn ein Grund vorliegt, welcher geeignet ist, Mißtrauen gegen die Unparteilichkeit eines Richters zu rechtfertigen.

Das Ablehnungsrecht steht in jedem Falle beiden Parteien zu.

§ 49. Die Bestimmungen dieses Titels finden auf den Gerichtsschreiber entsprechende Anwendung; die Entscheidung erfolgt durch das Gericht, bei welchem der Gerichtsschreiber angestellt ist.

§ 62. Über das Ablehnungsgesuch beschließt das Gericht, welchem der Abgelehnte angehört, und wenn der Vorsitzende des Kreis- oder Stadt- bzw. des Bezirksausschusses abgelehnt werden soll, das nächst höhere Gericht.

Der Beschluß, durch welchen das Gesuch für begründet erklärt wird, ist endgültig. Wird das Gesuch für unbegründet erklärt, so steht der mit demselben zurückgewiesenen Partei innerhalb zwei Wochen die Beschwerde an das im Instanzenzuge zunächst höhere Gericht zu. Das letztere entscheidet endgültig. Die Verhandlung über die Ablehnung erfolgt in nicht öffentlicher Sitzung.

Das im Instanzenzuge zunächst vorgesetzte Gericht entscheidet desgleichen endgültig und bestimmt das zuständige Gericht, wenn das Gericht, dem das ausgeschlossene oder abgelehnte Mitglied angehört, bei dessen Ausscheiden beschlußunfähig wird.

2. Von dem Verfahren in erster Instanz.

§ 63. Die Klage ist bei dem zuständigen Gericht schriftlich einzureichen. Die Klage beim Kreisausschusse kann zu Protokoll erklärt werden. In der Klage ist ein bestimmter Antrag zu stellen, und sind die Person des

Beklagten, der Gegenstand des Anspruchs, sowie die den Antrag begründenden Tatsachen genau zu bezeichnen.

§ 64. Stellt sich der erhobene Anspruch sofort als rechtlich unzulässig oder unbegründet heraus, so kann die Klage ohne weiters durch einen mit Gründen versehenen Bescheid zurückgewiesen werden.

Scheint der erhobene Anspruch dagegen rechtlich begründet, so kann dem Beklagten ohne weiteres durch einen mit Gründen versehenen Bescheid die Klaglosstellung des Klägers aufgegeben werden.

Namens des Kreisausschusses steht auch dem Vorsitzenden desselben, namens des Bezirksausschusses auch dem Vorsitzenden im Einverständnis mit den ernannten Mitgliedern der Erlaß eines solchen Bescheides zu.

In dem Bescheide ist den Parteien zu eröffnen, daß sie befugt seien, innerhalb zwei Wochen, vom Tage der Zustellung ab, entweder die Anberaumung der mündlichen Verhandlung zu beantragen oder dasjenige Rechtsmittel einzulegen, welches zulässig wäre, wenn der Bescheid als Entscheidung des Kollegiums ergangen wäre.

Wird mündliche Verhandlung beantragt, so muß dieselbe zunächst stattfinden.

Hat einer der Beteiligten mündliche Verhandlung beantragt, ein anderer das Rechtsmittel eingelegt, so wird nur dem Antrag auf mündliche Verhandlung stattgegeben.

Wird weder mündliche Verhandlung beantragt, noch das Rechtsmittel eingelegt, so gilt der Bescheid als endgültiges Urteil.

§ 65. Wird ein Bescheid nach den Bestimmungen des § 64 nicht erlassen, so ist die Klage dem Beklagten mit der Aufforderung zuzufertigen, seine Gegenerklärung innerhalb einer bestimmten, von einer bis zu vier Wochen zu bemessenden Frist schriftlich einzureichen. Wenn das Verfahren bei dem Kreisausschusse anhängig ist, so kann die Gegenerklärung auch zu Protokoll erklärt werden.

Die Frist kann in nicht schleunigen Sachen der Regel nach nicht über zwei Wochen verlängert werden. Die Gegenerklärung des Beklagten wird dem Kläger zugefertigt.

§ 66. Allen Schriftstücken sind die als Beweismittel in bezug genommenen Urkunden im Original oder in Abschrift beizufügen. Von allen Schriftstücken und deren Anlagen sind Duplikate einzureichen.

Das Gericht kann geeignetenfalls gestatten, daß statt der Einreichung von Duplikaten die Anlagen selbst zur Einsicht der Beteiligten in seinem Geschäftslokale offen gelegt werden.

§ 67. Ist weder vom Kläger noch vom Beklagten die Anberaumung der mündlichen Verhandlung ausdrücklich verlangt, so kann das Gericht auch ohne solche Verhandlung schon auf Grund der Erklärung der Parteien seine Entscheidung in der Form eines mit Gründen versehenen Bescheides fällen. Dabei gelten die Bestimmungen der Absätze 4 bis 7 des § 64.

§ 68. Hat dagegen auch nur eine Partei die Anberaumung der mündlichen Verhandlung gefordert oder erachtet das Gericht eine solche für erforderlich, so werden die Parteien zur mündlichen Verhandlung unter der Verwarnung geladen, daß beim Ausbleiben nach Lage der Verhandlungen werde entschieden werden.

Das Gericht kann zur Aufklärung des Sachverhältnisses das persönliche Erscheinen einer Partei anordnen.

Den Parteien steht es frei, ihre Erklärungen, auch ohne dazu besonders aufgefordert zu sein, vor dem Termine schriftlich einzureichen und zu ergänzen. Das Duplikat solcher Erklärungen ist der Gegenpartei zuzufertigen. Kann dies nicht mehr vor dem Termine zur mündlichen Verhandlung bewirkt werden, so ist der wesentliche Inhalt der Erklärungen in dieser Verhandlung mitzuteilen.

§ 69. Wo die Gesetze zur Einleitung des Verwaltungsstreitverfahrens statt der Klage den Antrag auf mündliche Verhandlung im Verwaltungsstreitverfahren geben, erfolgt auf den Antrag ohne weiteres die Vorladung der Parteien zur mündlichen Verhandlung.

Der Antrag muß alles enthalten, was nach § 63 für den Klageantrag erfordert wird, soweit dasselbe nicht aus den Vorverhandlungen bei der Behörde sich ergibt.

§ 70. Das Gericht kann auf Antrag oder von Amts wegen die Beiladung Dritter, deren Interesse durch die zu erlassende Entscheidung berührt wird, verfügen. Die Entscheidung ist in diesem Falle auch den Beigeladenen gegenüber gültig.

§ 71. In der mündlichen Verhandlung sind die Parteien oder ihre mit Vollmacht versehenen Vertreter zu hören.

Dieselben können ihre tatsächlichen oder rechtlichen Anführungen ergänzen oder berichtigen und die Klage abändern, insofern durch die Abänderung nach dem Ermessen des Gerichts das Verteidigungsrecht der Gegenpartei nicht geschmälert oder eine erhebliche Verzögerung des Verfahrens nicht herbeigeführt wird. Sie haben sämtliche Beweismittel anzugeben und, soweit dies nicht bereits geschehen, die schriftlichen ihnen zu Gebote stehenden Beweismittel vorzulegen; auch können von ihnen Zeugen zur Vernehmung vorgeführt werden.

Der Vorsitzende des Gerichts hat dahin zu wirken, daß der Sachverhalt vollständig aufgeklärt und die sachdienlichen Anträge von den Parteien gestellt werden.

Er kann einem Mitgliede des Gerichts gestatten, das Fragerecht auszuüben.

Eine Frage ist zu stellen, wenn das Gericht diese für angemessen erachtet.

§ 72. Die mündliche Verhandlung erfolgt in öffentlicher Sitzung des Gerichts.

Die Öffentlichkeit kann durch einen öffentlich zu verkündigenden Beschluß ausgeschlossen werden, wenn das Gericht dies aus Gründen des öffentlichen Wohls oder der Sittlichkeit für angemessen erachtet.

Der Vorsitzende kann aus der öffentlichen Sitzung jeden Zuhörer entfernen lassen, der Zeichen des Beifalls oder des Mißfallens gibt oder Störung irgend einer Art verursacht.

Parteien, Zeugen, Sachverständige, welche den zur Aufrechterhaltung der Ordnung erlassenen Befehlen des Vorsitzenden nicht gehorchen, können auf Beschluß des Gerichts aus dem Sitzungszimmer entfernt werden. Gegen die bei der Verhandlung beteiligten Personen wird sodann in gleicher Weise verfahren, wie wenn sie sich freiwillig entfernt hätten.

§ 73. Die Parteien sind in der Wahl der von ihnen zu bestellenden Bevollmächtigten nicht beschränkt.

Das Gericht kann Vertreter, welche, ohne Rechtsanwälte zu sein, die Vertretung vor dem Gerichte geschäftsmäßig betreiben, zurückweisen. Eine Anfechtung dieser Anordnung findet nicht statt.

Gemeindevorsteher, welche als solche legitimiert sind, bedürfen zur Vertretung ihrer Gemeinden einer besonderen Vollmacht nicht.

§ 74. Liegt einer öffentlichen Behörde als Partei die Wahrnehmung des öffentlichen Interesses ob, so kann auf deren Antrag der Regierungspräsident für die mündliche Verhandlung vor dem Bezirksausschusse, und der Ressortminister für die mündliche Verhandlung vor dem Oberverwaltungsgerichte einen Kommissar zur Vertretung der Behörde bestellen.

Der Regierungspräsident bzw. der Ressortminister kann in geeigneten Fällen auch ohne Antrag einer Partei einen besonderen Kommissar zur Wahrnehmung des öffentlichen Interesses für die mündliche Verhandlung bestellen. Der Kommissar ist vor Erlaß des Endurteils mit seinen Ausführungen und Anträgen zu hören, zur Einlegung von Rechtsmitteln aber nicht befugt.

Der Vorsitzende des Kreis- oder Stadtausschusses bzw. des Bezirksausschusses und der Ressortminister hat behufs der erforderlichen Wahrnehmung des öffentlichen Interesses einen Kommissar zu bestellen, wenn das Gesetz die öffentliche Behörde, welche die Rolle des Klägers oder des Beklagten wahrzunehmen hat, nicht bezeichnet.

§ 75. Die mündliche Verhandlung erfolgt unter Zuziehung eines vereidigten Protokollführers. Das Protokoll muß die wesentlichen Hergänge der Verhandlung enthalten. Dasselbe wird von dem Vorsitzenden und dem Protokollführer unterzeichnet.

§ 76. Das Gericht ist befugt — geeignetenfalls schon vor Anberaumung der mündlichen Verhandlung — Untersuchungen an Ort und Stelle zu veranlassen, Zeugen und Sachverständige zu laden und eidlich zu vernehmen, überhaupt den angetretenen oder nach dem Ermessen des Gerichts erforderlichen Beweis in vollem Umfange zu erheben.

§ 77. Das Gericht kann die Beweiserhebung durch eines seiner Mitglieder oder erforderlichenfalls durch eine zu dem Ende zu ersuchende sonstige Behörde bewirken lassen. Es kann verordnen, daß die Beweiserhebung in der mündlichen Verhandlung stattfinden soll.

Die Beweisverhandlungen sind unter Zuziehung eines vereidigten oder von der betreffenden Behörde durch Handschlag zu verpflichtenden Protokollführers aufzunehmen; die Parteien sind zu denselben zu laden.

§ 78. Hinsichtlich der Verpflichtung, sich als Zeuge oder Sachverständiger vernehmen zu lassen, sowie hinsichtlich der im Falle des Ungehorsams zu verhängenden Strafen kommen die Bestimmungen der bürgerlichen Prozeßgesetze mit der Maßgabe zur Anwendung, daß im Falle des Ungehorsams die zu erkennende Geldbuße den Betrag von einhundertfünfzig Mark nicht übersteigen darf.

Gegen die eine Strafe oder die Nichtverpflichtung des Zeugen oder Sachverständigen aussprechende Entscheidung steht den Beteiligten innerhalb zwei Wochen die Beschwerde an das im Instanzenzuge zunächst vorgesetzte Gericht, gegen die in zweiter Instanz ergangene Entscheidung des Bezirksausschusses die weitere Beschwerde an das Oberverwaltungsgericht zu.

§ 79. Das Gericht hat nach seiner freien, aus dem ganzen Inbegriffe der Verhandlungen und Beweise geschöpften Überzeugung zu entscheiden. Beim Ausbleiben der betreffenden Partei oder in Ermangelung einer Erklärung derselben können die von der Gegenpartei vorgebrachten Tatsachen für zugestanden erachtet werden. Die Entscheidungen dürfen nur die zum Streitverfahren vorgeladenen Parteien und die in demselben erhobenen Ansprüche betreffen.

§ 80. Die Entscheidung kann ohne vorgängige Anberaumung einer mündlichen Verhandlung erlassen werden, wenn beide Teile auf eine solche ausdrücklich verzichtet haben.

§ 81. Die Verkündigung der Entscheidung erfolgt der Regel nach in öffentlicher Sitzung des Gerichts. Eine mit Gründen versehene Ausfertigung der Entscheidung ist den Parteien und, sofern ein besonderer Kommissar zur Wahrnehmung des öffentlichen Interesses bestellt war (§ 74 Abs. 2), gleichzeitig auch diesem zuzustellen. Die Zustellung genügt, wenn die Verkündigung in öffentlicher Sitzung nicht erfolgt ist.

3. Von dem Verfahren in den weiteren Instanzen und von der Wiederaufnahme des Verfahrens.

§ 82. Gegen die in streitigen Verwaltungssachen ergangenen Endurteile der Kreisausschüsse und gegen die Bescheide in den Fällen der §§ 64 und 67 steht, soweit nicht gemäß besonderer gesetzlicher Vorschrift diese Urteile endgültig oder die gegen dieselben stattfindenden Rechtsmittel in abweichender Weise geregelt sind, den Parteien und aus Gründen des öffentlichen Interesses dem Vorsitzenden des Kreisausschusses die Berufung an den Bezirksausschuß zu.

Will der Vorsitzende des Kreisausschusses gegen eine Entscheidung des letzteren die Berufung einlegen, so hat er dies sofort zu erklären. Die Verkündigung der Entscheidung bleibt in diesem Falle einstweilen, jedoch längstens drei Tage ausgesetzt. Sie erfolgt mit der Eröffnung, daß im öffentlichen Interesse die Berufung eingelegt worden sei. Ist die Verkündigung ohne diese Eröffnung erfolgt, so findet die Berufung im öffentlichen Interesse nicht mehr statt. Die Gründe der Berufung sind den Parteien zur schriftlichen Erklärung innerhalb der im § 86 gedachten Frist mitzuteilen. Nach Ablauf der Frist sind die Verhandlungen dem Bezirksausschusse einzureichen und die Parteien hiervon zu benachrichtigen.

§ 83. Gegen die in streitigen Verwaltungssachen in erster Instanz ergangenen Endurteile der Bezirksausschüsse und gegen die Bescheide in den Fällen der §§ 64 und 67 steht, soweit nicht gemäß besonderer gesetzlicher Vorschrift diese Urteile endgültig oder die gegen dieselben stattfindenden Rechtsmittel in abweichender Weise geregelt sind, den Parteien und aus Gründen des öffentlichen Interesses dem Vorsitzenden des Bezirksausschusses die Berufung an das Oberverwaltungsgericht zu.

Das Recht der Berufung des Vorsitzenden findet in den Formen statt, welche in § 82 Abs. 2 vorgeschrieben sind.

§ 84. Die Vertretung der aus Gründen des öffentlichen Interesses von dem Vorsitzenden des Kreisausschusses oder des Bezirksausschusses eingelegten Berufung erfolgt vor dem Bezirksausschusse durch den von dem Regierungspräsidenten, vor dem Oberverwaltungsgerichte durch den von dem Ressortminister zu bestellenden Kommissar.

§ 85. Die Frist zur Einlegung der Berufung beträgt vorbehaltlich der Bestimmungen der §§ 82 Abs. 2, 83 Abs. 2 und 157 dieses G. zwei Wochen.

§ 86. Innerhalb der im § 85 gedachten Frist ist, bei Verlust des Rechtsmittels, die Berufung bei dem Gerichte, gegen dessen Entscheidung dieselbe gerichtet ist, schriftlich anzumelden und zu rechtfertigen.

Das Gericht prüft, ob die Anmeldung rechtzeitig erfolgt ist. Ist dies der Fall, so wird die Berufungsschrift mit ihren Anlagen der Gegenpartei zur schriftlichen Gegenerklärung innerhalb einer bestimmten, von einer bis zu vier Wochen zu bemessenden Frist zugefertigt.

Zur Rechtfertigung der Berufung, sowie zur Gegenerklärung kann in nicht schleunigen Sachen eine angemessene, der Regel nach nicht über zwei Wochen zu erstreckende Nachfrist gewährt werden.

Ist die Frist versäumt, so ist die Berufung ohne weiteres durch einen mit Gründen versehenen Bescheid zurückzuweisen. Namens des Kreisausschusses steht auch dem Vorsitzenden, namens des Bezirksausschusses dem Vorsitzenden im Einverständnis mit den ernannten Mitgliedern der Erlaß eines solchen Bescheides zu. In demselben ist dem Berufungskläger zu eröffnen, daß ihm innerhalb zwei Wochen vom Tage der Zustellung ab die Beschwerde an das Berufungsgericht zustehe, widrigenfalls es bei dem Bescheide verbleibe.

§ 87. Der Berufungsbeklagte kann sich der Berufung anschließen, selbst wenn die Berufungsfrist verstrichen ist.

§ 88. Nach Ablauf der Frist sind die Verhandlungen dem Berufungsgerichte einzureichen. Die Parteien sind hiervon unter abschriftlicher Mitteilung der eingegangenen Gegenerklärungen zu benachrichtigen.

§ 89. Bezüglich der von einer Partei eingelegten Berufung findet die Bestimmung des § 67 für das Berufungsgericht entsprechende Anwendung mit der Maßgabe, daß gegen den Bescheid nur der Antrag auf mündliche Verhandlung zulässig ist.

Die Abänderung der durch Berufung angefochtenen Entscheidung findet nur nach vorgängiger Anberaumung der mündlichen Verhandlung statt.

§ 90. Die Ladung der Parteien zur mündlichen Verhandlung erfolgt unter der Verwarnung, daß beim Ausbleiben nach Lage der Verhandlungen werde entschieden werden. In gleicher Weise erfolgt in den Fällen der Berufung aus Gründen des öffentlichen Interesses die Ladung des zur Vertretung desselben bestellten Kommissars.

Das Gericht kann zur Aufklärung des Sachverhältnisses das persönliche Erscheinen einer Partei anordnen.

§ 91. Ist die Berufung von dem Vorsitzenden des Kreisausschusses oder des Bezirksausschusses aus Gründen des öffentlichen Interesses eingelegt, so entscheidet das Berufungsgericht zunächst über die Vorfrage, ob das öffentliche Interesse für beteiligt zu erachten ist. Wird die Vorfrage verneint, so weist das Berufungsgericht, ohne im übrigen in die Sache selbst einzutreten, die Berufung als unstatthaft zurück.

§ 92. Die §§ 66, 70, 71 — mit Ausschluß der Bestimmungen über die Abänderung der Klage —, §§ 72—81 sind auch für das Verfahren in der Berufungsinstanz maßgebend.

Die Zufertigung der Entscheidung erfolgt durch Vermittelung desjenigen Gerichts, gegen dessen Entscheidung die Berufung eingelegt worden war.

§ 93. Gegen die von den Bezirksausschüssen in zweiter Instanz erlassenen Endurteile steht, soweit nicht gemäß besonderer gesetzlicher Vorschrift diese Urteile endgültig oder die gegen dieselben stattfindenden Rechtsmittel in abweichender Weise geregelt sind, den Parteien das Rechtsmittel der Revision an das Oberverwaltungsgericht zu.

Soweit das Rechtsmittel der Revision überhaupt zugelassen ist, steht dasselbe aus Gründen des öffentlichen Interesses auch dem Vorsitzenden des Bezirksausschusses zu.

§ 94. Die Revision kann nur darauf gestützt werden:

1. daß die angefochtene Entscheidung auf der Nichtanwendung oder auf der unrichtigen Anwendung des bestehenden Rechts, insbesondere auch der von den Behörden innerhalb ihrer Zuständigkeit erlassenen Verordnungen beruhe;
2. daß das Verfahren an wesentlichen Mängeln leide.

§ 95. Die Bestimmungen des § 66, des § 71 — mit Ausschluß der Bestimmungen über die Abänderung der Klage —, sowie der §§ 72—75, 80 und 81, 82 Abs. 2, 84—90 sind auch für die Frist zur Einlegung und Rechtfertigung der Revision, sowie für das Verfahren in der Revisionsinstanz maßgebend.

Die Anmeldung und Rechtfertigung der Revision hat bei demjenigen Gerichte zu erfolgen, welches in erster Instanz entschieden hat.

§ 96. In der Revisionsschrift ist anzugeben, worin die behauptete Nichtanwendung oder unrichtige Anwendung des bestehenden Rechts oder worin die behaupteten Mängel des Verfahrens gefunden werden.

§ 97. Das Oberverwaltungsgericht ist bei seiner Entscheidung an diejenigen Gründe nicht gebunden, welche zur Rechtfertigung der gestellten Anträge geltend gemacht worden sind.

§ 98. Erachtet das Oberverwaltungsgericht die Revision für begründet, so hebt es die angefochtene Entscheidung auf und entscheidet in der Sache selbst, wenn diese spruchreif erscheint. Die Zufertigung der Entscheidung erfolgt durch Vermittlung desjenigen Gerichts, welches in erster Instanz entschieden hat.

§ 99. Ist die Sache nicht spruchreif, so weist das Oberverwaltungsgericht dieselbe zur anderweitigen Entscheidung an die dazu nach der Sachlage geeignete Instanz zurück und verordnet die Wiederholung oder Ergänzung des Verfahrens, soweit es nach seinem Ermessen mit einem wesentlichen Mangel behaftet ist.

§ 100. Gegen die im Verwaltungsstreitverfahren ergangenen, rechtskräftig gewordenen Endurteile findet die Klage auf Wiederaufnahme des Verfahrens unter denselben Voraussetzungen, in demselben Umfange und innerhalb derselben Fristen statt, wie nach den bürgerlichen Prozeßgesetzen die Nichtigkeitsklage bzw. die Restitutionsklage. Zuständig ist ausschließlich das Oberverwaltungsgericht. Erachtet das Oberverwaltungsgericht die Klage für begründet, so hebt es die angefochtene Entscheidung auf, verweist die Sache zur anderweitigen Entscheidung an die dazu nach der Sachlage geeignete Instanz und verordnet die Wiederholung oder Ergänzung des Verfahrens, soweit dasselbe von dem Anfechtungsgrunde betroffen wird.

Zusatz D.

Deutsche Zivilprozeßordnung §§ 578—583, 585—589.

§ 578. Die Wiederaufnahme eines durch rechtskräftiges Endurteil geschlossenen Verfahrens kann durch Nichtigkeitsklage und durch Restitutionsklage erfolgen.

Werden beide Klagen von derselben Partei oder von verschiedenen Parteien erhoben, so ist die Verhandlung und Entscheidung über die Restitutionsklage bis zur rechtskräftigen Entscheidung über die Nichtigkeitsklage auszusetzen.

§ 579. Die Nichtigkeitsklage findet statt:

1. wenn das erkennende Gericht nicht vorschriftsmäßig besetzt war;
2. wenn ein Richter bei der Entscheidung mitgewirkt hat, welcher von der Ausübung des Richteramts kraft des Gesetzes ausgeschlossen war, sofern nicht dieses Hindernis mittelst eines Ablehnungsgesuchs oder eines Rechtsmittels ohne Erfolg geltend gemacht ist;
3. wenn bei der Entscheidung ein Richter mitgewirkt hat, obgleich derselbe wegen Besorgnis der Befangenheit abgelehnt und das Ablehnungsgesuch für begründet erklärt war;
4. wenn eine Partei in dem Verfahren nicht nach Vorschrift der Gesetze vertreten war, sofern sie nicht die Prozeßführung ausdrücklich oder stillschweigend genehmigt hat.

In den Fällen Nr. 1, 3 findet die Klage nicht statt, wenn die Nichtigkeit mittelst eines Rechtsmittels geltend gemacht werden konnte.

§ 580. Die Restitutionsklage findet statt:

1. wenn der Gegner durch Leistung eines Parteieides, auf welche das Urteil gegründet ist, sich einer vorsätzlichen oder fahrlässigen Verletzung der Eidespflicht schuldig gemacht hat;
2. wenn eine Urkunde, auf welche das Urteil gegründet ist, fälschlich angefertigt oder verfälscht war;
3. wenn durch Beeidigung eines Zeugnisses oder eines Gutachtens, auf welche das Urteil gegründet ist, der Zeuge oder der Sachverständige sich einer vorsätzlichen oder fahrlässigen Verletzung der Eidespflicht schuldig gemacht hat;
4. wenn das Urteil von dem Vertreter der Partei oder von dem Gegner oder dessen Vertreter durch eine in Beziehung auf den Rechtsstreit verübte Handlung erwirkt ist, welche mit einer im Wege des gerichtlichen Strafverfahrens zu verhängenden öffentlichen Strafe bedroht ist;
5. wenn ein Richter bei dem Urteile mitgewirkt hat, welcher sich in Beziehung auf den Rechtsstreit einer Verletzung seiner Amtspflichten gegen die Partei schuldig gemacht hat, sofern diese Verletzung mit einer im Wege des gerichtlichen Strafverfahrens zu verhängenden öffentlichen Strafe bedroht ist;
6. wenn ein strafgerichtliches Urteil, auf welches das Urteil gegründet ist, durch ein anderes rechtskräftig gewordenes Urteil aufgehoben ist;
7. wenn die Partei
   a) ein in derselben Sache erlassenes, früher rechtskräftig gewordenes Urteil oder
   b) eine andere Urkunde auffindet oder zu benutzen in den Stand gesetzt wird, welche eine ihr günstigere Entscheidung herbeigeführt haben würde.

Diese Bestimmung kommt in dem unter b bezeichneten Falle nicht zur Anwendung, wenn das angefochtene Urteil darauf beruht, daß auf Grund einer

Eidesleistung des Gegners die betreffende Tatsache oder deren Gegenteil für bewiesen erachtet ist.

§ 581. In den Fällen des vorhergehenden Paragraphen Nr. 1—5 findet die Restitutionsklage nur statt, wenn wegen der strafbaren Handlung eine rechtskräftige Verurteilung ergangen ist, oder wenn die Einleitung oder Durchführung eines Strafverfahrens aus anderen Gründen, als wegen Mangels an Beweis nicht erfolgen kann.

Der Beweis der Tatsachen, welche die Restitutionsklage begründen, kann durch Eideszuschiebung nicht geführt werden.

§ 582. Die Restitutionsklage ist nur zulässig, wenn die Partei ohne ihr Verschulden außerstande war, den Restitutionsgrund in dem früheren Verfahren, insbesondere durch Einspruch oder Berufung oder mittelst Anschließung an eine Berufung geltend zu machen.

§ 583. Mit den Klagen können Anfechtungsgründe, durch welche eine dem angefochtenen Urteile vorausgegangene Entscheidung derselben oder einer unteren Instanz betroffen wird, geltend gemacht werden, sofern das angefochtene Urteil auf dieser Entscheidung beruht.

§ 585. Auf die Erhebung der Klagen und das weitere Verfahren finden die allgemeinen Vorschriften entsprechende Anwendung, sofern nicht aus den Bestimmungen dieses Gesetzes sich eine Abweichung ergibt.

§ 586. Die Klagen sind vor Ablauf der Notfrist eines Monats zu erheben.

Die Frist beginnt mit dem Tage, an welchem die Partei von dem Anfechtungsgrunde Kenntnis erhalten hat, jedoch nicht vor eingetretener Rechtskraft des Urteils. Nach Ablauf von fünf Jahren, von dem Tage der Rechtskraft des Urteils an gerechnet, sind die Klagen unstatthaft.

Die Vorschriften des vorstehenden Absatzes finden auf die Nichtigkeitsklage wegen mangelnder Vertretung keine Anwendung; die Frist für Erhebung der Klage läuft von dem Tage, an welchem der Partei und bei mangelnder Prozeßfähigkeit dem gesetzlichen Vertreter derselben das Urteil zugestellt ist.

§ 587. In der Klage muß die Bezeichnung des Urteils, gegen welches die Nichtigkeits- oder die Restitutionsklage gerichtet wird, und die Erklärung, welche dieser Klagen erhoben werde, enthalten sein.

§ 588. Als vorbereitender Schriftsatz soll die Klage enthalten:

1. die Bezeichnung des Anfechtungsgrundes;
2. die Angabe der Beweismittel für die Tatsachen, welche den Grund und die Einhaltung der Notfrist ergeben;
3. die Erklärung, inwieweit die Beseitigung des angefochtenen Urteils und welche andere Entscheidung in der Hauptsache beantragt werde.

Dem Schriftsatze, durch welchen eine Restitutionsklage erhoben wird, sind die Urkunden, auf welche dieselbe gestützt wird, in Urschrift oder in Abschrift beizufügen. Befinden sich die Urkunden nicht in den Händen des Klägers, so hat er zu erklären, welchen Antrag er wegen Herbeischaffung derselben zu stellen beabsichtigt.

§ 589. Das Gericht hat von Amtswegen zu prüfen, ob die Klage an sich statthaft und ob sie in der gesetzlichen Form und Frist erhoben sei. Mangelt es an einem dieser Erfordernisse, so ist die Klage als unzulässig zu verwerfen.

Die Tatsachen, welche ergeben, daß die Klage vor Ablauf der Notfrist erhoben ist, sind glaubhaft zu machen.

§ 101. Das Gericht, an welches die Sache in den Fällen der §§ 99, 100 gewiesen wird, hat bei dem weiteren Verfahren und bei der von ihm anderweitig zu treffenden Entscheidung die in dem Aufhebungsbeschlusse des Oberverwaltungsgerichts aufgestellten Grundsätze, sowie in den Fällen des § 100 die dem Aufhebungsbeschlusse zugrunde gelegten tatsächlichen Feststellungen als maßgebend zu betrachten.

4. Von den Kosten des Verwaltungsstreitverfahrens.

§ 102. Das Verwaltungsstreitverfahren ist stempelfrei.

§ 103. Dem unterliegenden Teile sind die Kosten und die baren Auslagen des Verfahrens, sowie die erforderlichen baren Auslagen des obsiegenden Teils zur Last zu legen. Die Gebühren eines Rechtsanwalts des obsiegenden Teils hat der unterliegende Teil nur insoweit zu erstatten, als dieselben für Wahrnehmung der mündlichen Verhandlung vor dem Bezirksausschusse oder dem Oberverwaltungsgerichte zu zahlen sind. An baren Auslagen für die persönliche Wahrnehmung der mündlichen Verhandlung vor dem Bezirksausschusse und dem Oberverwaltungsgerichte kann die obsiegende Partei nicht mehr in Anspruch nehmen, als die gesetzlichen Gebühren eines sie vertretenden Rechtsanwalts betragen haben würden, es sei denn, daß ihr persönliches Erscheinen von dem Gerichte angeordnet war.

Im Endurteile ist der Wert des Streitobjektes festzusetzen.

Die Gebühren der Rechtsanwälte bestimmen sich nach den für dieselben bei den ordentlichen Gerichten geltenden Vorschriften.

§ 104. Die Kosten und baren Auslagen bleiben dem obsiegenden Teile zur Last, soweit sie durch sein eigenes Verschulden entstanden sind.

§ 105. Die Entscheidung über den Kostenpunkt (§§ 103, 104) kann nur gleichzeitig mit der Entscheidung in der Hauptsache durch Berufung oder Revision angefochten werden.

§ 106. An Kosten kommt ein Pauschquantum zur Hebung, welches im Höchstbetrage bei dem Kreisausschusse und bei dem Bezirksausschusse sechzig Mark, bei dem Oberverwaltungsgerichte einhundertfünfzig Mark nicht übersteigen darf. Für die Gebühren der Zeugen und Sachverständigen gelten die in Zivilprozessen zur Anwendung kommenden Vorschriften, für die Berechnung des Pauschquantums kann von den Ministern der Finanzen und des Innern ein Tarif aufgestellt werden.

§ 107. Die Erhebung des Pauschquantums findet nicht statt:

1. wenn der unterliegende Teil eine öffentliche Behörde ist, insoweit die angefochtene Verfügung oder Entscheidung derselben nicht lediglich die Wahrung der Haushaltsinteressen eines von der Behörde vertretenen Kommunalverbandes zum Gegenstande hatte; die baren Auslagen des Verfahrens und des obsiegenden Teils fallen demjenigen zur Last der nach gesetzlicher Bestimmung die Amtsunkosten der Behörde zu tragen hat;
2. wenn die Entscheidung ohne vorgängige mündliche Verhandlung erfolgt ist;

   Ziffer 3 fällt fort.

4. bei dem Bezirksausschusse und bei dem Oberverwaltungsgerichte, soweit die Berufung oder die Revision von dem Vorsitzenden des Kreisausschusses bzw. des Bezirksausschusses eingelegt worden war;

5. von denjenigen Personen, mit Ausnahme jedoch der Gemeinden in den die Verwaltung der Armenpflege betreffenden Angelegenheiten, denen nach den Reichs- oder Landesgesetzen Gebührenfreiheit in bürgerlichen Rechtsstreitigkeiten zusteht.

§ 108. Die Kosten und baren Auslagen des Verfahrens werden für jede Instanz von dem Gerichte festgesetzt, bei dem die Sache selbst anhängig gewesen ist.

Die von der obsiegenden Partei zur Erstattung seitens des unterliegenden Teils liquidierten Auslagen werden für alle Instanzen von demjenigen Gericht festgesetzt, bei dem die Sache in erster Instanz anhängig gewesen ist.

Gegen den Festsetzungsbeschluß des Kreisausschusses findet innerhalb zwei Wochen die Beschwerde an den Bezirksausschuß, gegen den in erster Instanz ergangenen Festsetzungsbeschluß des Bezirksausschusses findet innerhalb gleicher Frist die Beschwerde an das Oberverwaltungsgericht statt.

§ 109. Dem unterliegenden Teile kann im Falle des bescheinigten Unvermögens nach Maßgabe der Bestimmungen des § 30 des Ausführungsgesetzes zum Deutschen Gerichtskostengesetze vom 10. III. 79 (GS. 145), oder wenn sonst ein besonderer Anlaß dazu vorliegt, gänzlich oder teilweise Kostenfreiheit bzw. Stundung bewilligt werden. Gegen den das Gesuch ablehnenden Beschluß des Kreisausschusses findet innerhalb zwei Wochen die Beschwerde an den Bezirksausschuß, gegen den in erster Instanz ergangenen ablehnenden Beschluß des Bezirksausschusses innerhalb zwei Wochen die Beschwerde an das Oberverwaltungsgericht statt.

Zusatz E.
G. vom 10. III. 79 § 30.

Hinsichtlich der Stundung und Niederschlagung der Kosten wegen Armut kommen folgende Vorschriften zur Anwendung:

Ein nach den Vorschriften der Deutschen Zivilprozeßordnung § 109 Abs. 2 für den Schuldner eines Kostenbetrages ausgestelltes Zeugnis soll in der Regel ausreichen, um die völlige oder teilweise Niederschlagung oder die Stundung des Kostenbetrages zu begründen. Der Schuldner ist jedoch verpflichtet, auf Verlangen der Kassenverwaltung nach den Vorschriften des § 711 der Deutschen Zivilprozeßordnung sein Vermögen anzugeben und den Offenbarungseid zu leisten.

Durch die Niederschlagung der Kosten wird deren spätere Einziehung nicht ausgeschlossen.

Über Beschwerden wegen verweigerter Niederschlagung oder Stundung wird, unbeschadet der Wirkungen des erlangten Armenrechts, von den der Kasse vorgesetzten Behörden entschieden.

5. Schlußbestimmungen für das Verwaltungsstreitverfahren.

§ 110. Auf Beschwerden, welche die Leitung des Verfahrens bei den Kreis- und Bezirksausschüssen zum Gegenstande haben, entscheidet das im Instanzenwege zunächst höhere Gericht endgültig.

§ 111. Alle Beschwerden sind innerhalb der für dieselben vorgeschriebenen Frist bei dem Gerichte, gegen dessen Entscheidung sie gerichtet sind, einzulegen.

Das Gericht verfährt bei Versäumung der vorgeschriebenen Frist nach Bestimmung des Schlußabsatzes des § 86.

Für das angerufene Gericht kommt § 64 zur Anwendung; an die Stelle des Antrags auf Anberaumung der mündlichen Verhandlung bzw. der Einlegung des Rechtsmittels tritt der Antrag auf Entscheidung durch das Gericht.

Wird die Beschwerde der Vorschrift des ersten Absatzes zuwider innerhalb der gesetzlichen Frist bei demjenigen Gericht angebracht, welches zur Entscheidung darüber zuständig ist, so gilt die Frist als gewahrt. Die Beschwerde ist in solchen Fällen von dem angerufenen Gerichte zur weiteren Veranlassung an dasjenige Gericht abzugeben, gegen dessen Beschluß sie gerichtet ist.

§ 112. Die Wiedereinsetzung in den vorigen Stand kann beantragen, wer durch Naturereignisse oder andere unabweisbare Zufälle verhindert worden ist, die in dem gegenwärtigen Gesetze oder die in den Gesetzen für Anstellung der Klage bzw. für den Antrag auf mündliche Verhandlung im Verwaltungsstreitverfahren vorgeschriebenen Fristen einzuhalten. Als unabwendbarer Zufall ist es anzusehen, wenn der Antragsteller von einer Zustellung ohne sein Verschulden keine Kenntnis erlangt hat. Über den Antrag entscheidet das Gericht, dem die Entscheidung über die versäumte Streithandlung zusteht. Die versäumte Streithandlung ist, unter Anführung der Tatsachen, mittelst deren der Antrag auf Wiedereinsetzung begründet werden soll, sowie der Beweismittel, innerhalb zwei Wochen nachzuholen; der Lauf dieser Frist beginnt mit dem Ablauf des Tages, mit welchem das Hindernis gehoben ist. Nach Ablauf eines Jahres, von dem Ende der versäumten Frist an gerechnet, findet die Nachholung der versäumten Streithandlung bzw. der Antrag auf Wiedereinsetzung nicht mehr statt. Die durch Erörterung des Antrags auf Wiedereinsetzung entstehenden baren Auslagen trägt in allen Fällen der Antragsteller.

§ 113. Die Zentral- und die Provinzialverwaltungsbehörden sind auch für die im Verwaltungsstreitverfahren zu verhandelnden Angelegenheiten zur Erhebung des Kompetenzkonflikts befugt.

Die Erhebung des Kompetenzkonflikts auf Grund der Behauptung, daß in einer im Verwaltungsstreitverfahren anhängig gemachten Sache eine andere Verwaltungsbehörde zuständig sei, findet nicht statt.

Die zur Entscheidung im Verwaltungsstreitverfahren berufenen Behörden haben ihre Zuständigkeit von Amts wegen wahrzunehmen.

Wird von einer Partei in erster Instanz die Einrede der Unzuständigkeit erhoben, so kann über dieselbe vorab entschieden werden.

Haben sich in derselben Sache die zur Entscheidung im Verwaltungsstreitverfahren berufene Behörde und eine andere Verwaltungsbehörde für zuständig erklärt, so entscheidet auf Grund der schriftlichen Erklärungen der über ihre Kompetenz streitenden Behörden und nach Anhörung der Parteien in mündlicher Verhandlung das Oberverwaltungsgericht. Das Gleiche gilt in dem Falle, wenn beide Teile sich in der Sache für unzuständig erklärt haben. In beiden Fällen werden weder ein Kostenpauschquantum noch bare Auslagen erhoben. Ebensowenig findet eine Erstattung der den Parteien erwachsenden Kosten statt.

§ 114. Die gemäß § 11 des EinfG. zum GVG. vom 27. I. 77 (RGBl. 77) dem Oberverwaltungsgerichte zustehenden Vorentscheidungen erfolgen in dem durch den letzten Absatz des § 113 dieses G. vorgeschriebenen Verfahren, für welches im übrigen die Vorschriften über das Verwaltungsstreitverfahren entsprechende Anwendung finden.

Zusatz F.

Einführungsgesetz zum Gerichtsverfassungsgesetze.

§ 11. Die landesgesetzlichen Bestimmungen, durch welche die strafrechtliche oder zivilrechtliche Verfolgung öffentlicher Beamten wegen der in Ausübung oder in Veranlassung der Ausübung ihres Amtes vorgenommenen Handlungen an besondere Voraussetzungen gebunden ist, treten außer Kraft.

Unberührt bleiben die landesgesetzlichen Vorschriften, durch welche die Verfolgung der Beamten entweder im Falle des Verlangens einer vorgesetzten Behörde oder unbedingt an die Vorentscheidung einer besonderen Behörde gebunden ist, mit der Maßgabe:

1. daß die Vorentscheidung auf die Feststellung beschränkt ist, ob der Beamte sich einer Überschreitung seiner Amtsbefugnisse oder der Unterlassung einer ihm obliegenden Amtshandlung schuldig gemacht habe;
2. daß in den Bundesstaaten, in welchen ein oberster Verwaltungsgerichtshof besteht, die Vorentscheidung diesem, in den anderen Bundesstaaten dem Reichsgerichte zusteht.

III. Abschnitt.

Beschlußverfahren.

§ 115. Betrifft der Gegenstand der Verhandlung einzelne Mitglieder der Behörde oder deren Verwandte und Verschwägerte in auf- und absteigender Linie oder bis zum dritten Grade der Seitenlinie, so dürfen dieselben an der Beratung und Abstimmung nicht teilnehmen. Ebensowenig darf ein Mitglied bei der Beratung und Beschlußfassung über solche Angelegenheiten mitwirken, in welchen es in anderer als öffentlicher Eigenschaft ein Gutachten abgegeben hat, oder als Geschäftsführer, Beauftragter oder in anderer als öffentlicher Stellung tätig gewesen ist.

§ 116. Wird infolge des gleichzeitigen Ausscheidens mehrerer Mitglieder gemäß § 115 die Behörde beschlußunfähig, und kann die Beschlußfähigkeit auch nicht durch Einberufung unbeteiligter Stellvertreter hergestellt werden, so wird von dem Regierungspräsidenten bzw. Oberpräsidenten oder Minister des Innern, je nachdem es sich um einen Kreis- oder Stadtausschuß, Bezirksausschuß oder Provinzialrat handelt, ein anderer Kreis- oder Stadtausschuß, Bezirksausschuß oder Provinzialrat mit der Beschlußfassung beauftragt.

Für den Stadtkreis Berlin steht die Beauftragung an Stelle des Regierungspräsidenten dem Oberpräsidenten zu.

§ 117. Der Vorsitzende des Kreis- oder Stadtausschusses ist befugt, in Fällen, welche keinen Aufschub zulassen, oder in welchen das Sach- und Rechtsverhältnis klarliegt und die Zustimmung des Kollegiums nicht im Gesetz ausdrücklich als erforderlich bezeichnet ist, namens der Behörde Verfügungen zu erlassen und Bescheide zu erteilen.

Die gleiche Befugnis steht dem Vorsitzenden des Bezirksausschusses und des Provinzialrats mit der Maßgabe zu, daß eine Abänderung der durch Beschwerde angefochtenen Beschlüsse des Kreis- oder Stadtausschusses bzw. des Bezirksausschusses nur unter Zuziehung des Kollegiums erfolgen darf.

In den auf Grund der vorstehenden Bestimmungen erlassenen Verfügungen und Bescheiden ist den Beteiligten, sofern deren Anträgen nicht stattgegeben wird, zu eröffnen, daß sie befugt seien, innerhalb zwei Wochen auf Beschlußfassung durch das Kollegium anzutragen oder dasjenige Rechtsmittel einzulegen, welches zulässig wäre, wenn die Verfügung bzw. der Bescheid auf Beschluß des Kollegiums erfolgt wäre.

Wird auf Beschlußfassung angetragen, so muß solche zunächst erfolgen. Hat einer der Beteiligten auf Beschlußfassung angetragen, ein anderer das Rechtsmittel eingelegt, so wird nur dem Antrag auf Beschlußfassung stattgegeben. Wird weder auf Beschlußfassung angetragen, noch das Rechtsmittel eingelegt, so gilt die Verfügung bzw. der Bescheid als endgültiger Beschluß. Für den Antrag auf Beschlußfassung des Kollegiums finden die nach §§ 52 und 53 für die Beschwerde geltenden Bestimmungen Anwendung.

Der Vorsitzende hat dem Kollegium von allen im Namen desselben erlassenen Verfügungen und erteilten Bescheiden nachträglich Mitteilung zu machen.

§ 118. An den Verhandlungen der Behörde können unter Zustimmung des Kollegiums technische Staats- oder Kommunalbeamte mit beratender Stimme teilnehmen.

§ 119. Die Behörden fassen ihre Beschlüsse auf Grund der verhandelten Akten, sofern nicht das Gesetz ausdrücklich mündliche Verhandlung vorschreibt.

Die Behörden sind befugt, auch in anderen als in den im Gesetze ausdrücklich bezeichneten Angelegenheiten die Beteiligten bzw. deren mit Vollmacht versehene Vertreter behufs Aufklärung des Sachverhalts zur mündlichen Verhandlung vorzuladen.

In betreff der mündlichen Verhandlung finden im übrigen die Vorschriften der §§ 68, 71, 72, 73 und 75 sinngemäße Anwendung.

§ 120. Für die Erhebung und Würdigung des Beweises kommen die Vorschriften der §§ 76—79 sinngemäß und mit der Maßgabe zur Anwendung, daß gegen den eine Strafe oder die Nichtverpflichtung eines Zeugen oder Sachverständigen aussprechenden Beschluß des Kreis- oder Stadtausschusses den Beteiligten die Beschwerde an den Bezirksausschuß, gegen den in erster oder zweiter Instanz ergangenen Beschluß des letzteren oder des Provinzialrats innerhalb gleicher Frist die Beschwerde an das Oberverwaltungsgericht zusteht.

§ 121. Gegen die Beschlüsse des Kreis- oder Stadtausschusses findet innerhalb zwei Wochen die Beschwerde an den Bezirksauschuß, gegen die in erster Instanz ergehenden Beschlüsse des Bezirksausschusses innerhalb gleicher Frist die Beschwerde an den Provinzialrat statt, sofern nicht nach ausdrücklicher Vorschrift des Gesetzes:

1. die Beschlüsse endgültig sind,
2. die Beschlußfassung über die Beschwerde anderen Behörden übertragen ist.

Die auf Beschwerden gefaßten Beschlüsse des Bezirksausschusses und die Beschlüsse des Provinzialrats sind endgültig, sofern nicht das Gesetz im einzelnen anderes bestimmt.

Die vorstehenden Bestimmungen finden auf die nach Maßgabe der Gesetze von dem Landrate unter Zustimmung des Kreisausschusses, von dem Regierungspräsidenten unter Zustimmung des Bezirksausschusses, von dem Oberpräsidenten unter Zustimmung des Provinzialrats gefaßten Beschlüsse entsprechende Anwendung.

§ 122. Die Beschwerde ist in den Fällen des § 121 bei derjenigen Behörde, gegen deren Beschluß sie gerichtet ist, anzubringen. Der Vorsitzende prüft, ob das Rechtsmittel rechtzeitig angebracht ist.

Ist die Frist versäumt, so weist der Vorsitzende das Rechtsmittel ohne weiteres durch einen mit Gründen versehenen Bescheid zurück. In demselben ist dem Beschwerdeführer zu eröffnen, daß ihm innerhalb zwei Wochen die Beschwerde an diejenige Behörde zustehe, welche zur Beschlußfassung in der Sache berufen ist, widrigenfalls es bei dem Bescheide verbleibe.

Ist die Frist gewahrt und ist eine Gegenpartei vorhanden, so wird die Beschwerdeschrift mit ihren Anlagen zunächst dieser zur schriftlichen Gegenerklärung innerhalb zwei Wochen zugefertigt. Die Gegenpartei kann sich dem Rechtsmittel anschließen, selbst wenn die Frist verstrichen ist.

Abschrift der eingegangenen Gegenerklärung erhält der Beschwerdeführer. Zur näheren Begründung der Beschwerde sowie zur Gegenerklärung kann in nicht schleunigen Sachen eine angemessene, der Regel nach nicht über zwei Wochen zu erstreckende Nachfrist gewährt werden. Hierauf werden die Verhandlungen mittelst Berichts derjenigen Behörde eingereicht, welcher die Beschlußfassung über die Beschwerde zusteht.

Wird die Beschwerde der Vorschrift des ersten Absatzes zuwider innerhalb der gesetzlichen Frist bei derjenigen Behörde angebracht, welche zur Beschlußfassung darüber zuständig ist, so gilt die Frist als gewahrt. Die Beschwerde ist in solchen Fällen von der angerufenen Behörde zur weiteren Veranlassung an diejenige Behörde abzugeben, gegen deren Beschluß sie gerichtet ist.

§ 123. Die Einlegung der Beschwerde steht in den Fällen des § 121 aus Gründen des öffentlichen Interesses auch den Vorsitzenden der Behörden zu.

Will der Vorsitzende von dieser Befugnis Gebrauch machen, so hat er dies dem Kollegium sofort mitzuteilen.

Die Zustellung des Beschlusses bleibt in diesem Falle einstweilen, jedoch längstens drei Tage, ausgesetzt. Sie erfolgt mit der Eröffnung, daß im öffentlichen Interesse die Beschwerde eingelegt worden sei. Ist die Zustellung ohne diese Eröffnung erfolgt, so gilt die Beschwerde als zurückgenommen.

Die Gründe der Beschwerde sind den Beteiligten zur schriftlichen Erklärung innerhalb zwei Wochen mitzuteilen.

Nach Ablauf dieser Frist sind die Verhandlungen der Behörde einzureichen, welcher die Beschlußfassung über die Beschwerde zusteht.

Eine vorläufige Vollstreckung des mit der Beschwerde angefochtenen Beschlusses (§ 53) ist in diesen Fällen ausgeschlossen.

§ 124. In dem Beschlußverfahren wird ein Kostenpauschquantum nicht erhoben, ebensowenig haben die Beteiligten ein Recht, den Ersatz ihrer baren Auslagen zu fordern.

Jedoch können die durch Anträge und unbegründete Einwendungen erwachsenden Gebühren für Zeugen und Sachverständige demjenigen zur Last gelegt werden, welcher den Antrag gestellt bzw. den Einwand erhoben hat.

Die sonstigen Kosten und baren Auslagen des Verfahrens fallen demjenigen zur Last, der nach gesetzlicher Bestimmung die Amtsunkosten der Behörde zu tragen hat.

Bei den Vorschriften der Gewerbeordnung behält es sein Bewenden.

§ 125. Über Beschwerden, welche die Leitung des Verfahrens und die Kosten betreffen, beschließt endgültig die in der Hauptsache zunächst höhere Instanz.

§ 126. Der Oberpräsident kann endgültige Beschlüsse des Provinzialrats, der Regierungspräsident endgültige Beschlüsse des Bezirksausschusses und der Landrat, bzw. der Vorsitzende des Kreis- oder Stadtausschusses endgültige Beschlüsse dieser Behörde mit aufschiebender Wirkung anfechten, wenn die Beschlüsse die Befugnisse der Behörde überschreiten oder das bestehende Recht, insbesondere auch die von den Behörden innerhalb ihrer Zuständigkeit erlassenen Verordnungen, verletzen. Die Anfechtung erfolgt mittelst Klage beim Oberverwaltungsgericht.

Die Behörde, deren Beschluß angefochten wird, ist befugt, zur Wahrnehmung ihrer Rechte in dem Verfahren vor dem Oberverwaltungsgerichte einen besonderen Vertreter zu wählen.

Vierter Titel.

Rechtsmittel gegen polizeiliche Verfügungen.

§ 127. Gegen polizeiliche Verfügungen der Orts- und Kreispolizeibehörden findet, soweit das Gesetz nicht ausdrücklich anderes bestimmt, die Beschwerde statt, und zwar:

a) gegen die Verfügungen der Ortspolizeibehörden auf dem Lande oder einer zu einem Landkreise gehörigen Stadt, deren Einwohnerzahl bis zu 10 000 Einwohnern beträgt, an den Landrat und gegen dessen Bescheid an den Regierungspräsidenten;

b) gegen die Verfügungen der Ortspolizeibehörden eines Stadtkreises, mit Ausnahme von Berlin, einer zu einem Landkreise gehörigen Stadt mit mehr als 10 000 Einwohnern, oder des Landrats an den Regierungspräsidenten und gegen dessen Bescheid an den Oberpräsidenten;

c) gegen ortspolizeiliche Verfügungen in Berlin an den Oberpräsidenten.

Gegen den in letzter Instanz ergangenen Bescheid des Regierungspräsidenten bzw. des Oberpräsidenten findet die Klage bei dem Oberverwaltungsgerichte statt.

Die Klage kann nur darauf gestützt werden,

1. daß der angefochtene Bescheid durch Nichtanwendung oder unrichtige Anwendung des bestehenden Rechts, insbesondere auch der von den Behörden innerhalb ihrer Zuständigkeit erlassenen Verordnungen den Kläger in seinen Rechten verletze;

2. daß die tatsächlichen Voraussetzungen nicht vorhanden seien, welche die Polizeibehörde zum Erlasse der Verfügung berechtigt haben würden.

Die Prüfung der Gesetzmäßigkeit der angefochtenen polizeilichen Verfügung erstreckt sich auch auf diejenigen Fälle, in welchen bisher nach § 2 des G. vom 11. V. 42 (GS. 192) der ordentliche Rechtsweg zulässig war.

Die Entscheidung ist endgültig, unbeschadet aller privatrechtlichen Verhältnisse.

§ 128. An Stelle der Beschwerde in allen Fällen des § 127 findet die Klage statt und zwar:

a) gegen die Verfügungen der Ortspolizeibehörden auf dem Lande oder einer zu einem Landkreise gehörigen Stadt, deren Einwohnerzahl bis zu 10 000 Einwohnern beträgt, bei dem Kreisausschusse;

b) gegen die Verfügungen des Landrats oder der Ortspolizeibehörden eines Stadtkreises oder einer zu einem Landkreise gehörigen Stadt mit mehr als 10 000 Einwohnern bei dem Bezirksausschusse.

Die Klage kann nur auf die gleichen Behauptungen gestützt werden, wie die Klage bei dem Oberverwaltungsgerichte (§ 127 Abs. 3 und 4).

§ 129. Die Beschwerde im Falle des § 127 Abs. 1 und die Klage im Falle des § 128 sind bei derjenigen Behörde anzubringen, gegen deren Verfügung sie gerichtet sind.

Die Behörde, bei welcher die Beschwerde oder Klage angebracht ist, hat dieselbe an diejenige Behörde abzugeben, welche darüber zu beschließen oder zu entscheiden hat. Der Beschwerdeführer bzw. Kläger ist hiervon in Kenntnis zu setzen.

Die Frist zur Einlegung der Beschwerde und zur Anbringung der Klage gegen die polizeiliche Verfügung, sowie gegen den auf Beschwerde ergangenen Bescheid beträgt zwei Wochen.

Die Anbringung des einen Rechtsmittels schließt das andere aus. Ist die Schrift, mittelst deren das Rechtsmittel angebracht wird, nicht als Klage bezeichnet oder enthält dieselbe nicht ausdrücklich den Antrag auf Entscheidung im Verwaltungsstreitverfahren, so gilt dieselbe als Beschwerde. Bei gleichzeitiger Anbringung beider Rechtsmittel ist nur der Beschwerde Fortgang zu geben. Das hiernach unzulässigerweise angebrachte Rechtsmittel ist durch Verfügung der im Abs. 1 bezeichneten Behörde zurückzuweisen. Gegen die zurückweisende Verfügung findet innerhalb zwei Wochen die Beschwerde an die zur Entscheidung auf die Klage berufene Behörde statt.

Wird die Beschwerde oder Klage der Vorschrift des ersten Absatzes zuwider innerhalb der gesetzlichen Frist bei derjenigen Behörde angebracht, welche zur Beschlußfassung oder Entscheidung darüber zuständig ist, so gilt die Frist als gewahrt. Die Beschwerde oder Klage ist in solchen Fällen von der angerufenen Behörde zur weiteren Veranlassung an diejenige Behörde abzugeben, gegen deren Beschluß sie gerichtet ist.

§ 130. Gegen polizeiliche Verfügungen des Regierungspräsidenten findet innerhalb zwei Wochen die Beschwerde an den Oberpräsidenten und gegen den vom Oberpräsidenten auf die Beschwerde erlassenen Bescheid innerhalb gleicher Frist die Klage bei dem Oberverwaltungsgerichte nach Maßgabe der Bestimmungen des § 127 Abs. 3 und 4 statt.

Gegen polizeiliche Verfügungen des Regierungspräsidenten in Sigmaringen findet innerhalb zwei Wochen unmittelbar die Klage bei dem Oberverwaltungsgericht statt.

Gegen die Landesverweisung steht Personen, welche nicht Reichsangehörige sind, die Klage nicht zu.

§ 131. Der § 6 des G. vom 11. V. 42 findet auch Anwendung, wenn eine polizeiliche Verfügung im Verwaltungsstreitverfahren durch rechtskräftiges Endurteil aufgehoben worden ist.

Fünfter Titel.
Zwangsbefugnisse.

§ 132. Der Regierungspräsident, der Landrat, die Ortspolizeibehörde und der Gemeinde- (Guts-) Vorsteher (-Vorstand) sind berechtigt, die von ihnen in Ausübung der obrigkeitlichen Gewalt getroffenen, durch ihre gesetzlichen Befugnisse gerechtfertigten Anordnungen durch Anwendung folgender Zwangsmittel durchzusetzen:

1. Die Behörde hat, sofern es tunlich ist, die zu erzwingende Handlung durch einen Dritten ausführen zu lassen und den vorläufig zu bestimmenden Kostenbetrag im Zwangswege von den Verpflichteten einzuziehen.
2. Kann die zu erzwingende Handlung nicht durch einen Dritten geleistet werden, — oder steht es fest, daß der Verpflichtete nicht imstande ist, die aus der Ausführung durch einen Dritten entstehenden Kosten zu tragen, — oder soll eine Unterlassung erzwungen werden, so sind die Behörden berechtigt, Geldstrafen anzudrohen und festzusetzen, und zwar:
   a) die Gemeinde- (Guts-) Vorsteher bis zur Höhe von fünf Mark;
   b) die Ortspolizeibehörden und die städtischen Gemeindevorsteher (-vorstände) in einem Landkreise bis zur Höhe von sechzig Mark;
   c) die Landräte sowie die Polizeibehörden und Gemeindevorsteher (-vorstände) in einem Stadtkreise bis zur Höhe von einhundertfünfzig Mark;
   d) der Regierungspräsident bis zur Höhe von dreihundert Mark.

   Gleichzeitig ist nach Maßgabe der §§ 28, 29 des Strafgesetzbuchs für das Deutsche Reich die Dauer der Haft festzusetzen, welche für den Fall des Unvermögens an die Stelle der Geldstrafe treten soll. Der Höchstbetrag dieser Haft ist

   in den Fällen zu a — ein Tag,
   „ „ „ „ b — eine Woche,
   „ „ „ „ c — zwei Wochen,
   „ „ „ „ d — vier Wochen.

   Der Ausführung durch einen Dritten (Nr. 1) sowie der Festsetzung einer Strafe (Nr. 2) muß immer eine schriftliche Androhung vorhergehen; in dieser ist, sofern eine Handlung erzwungen werden soll, die Frist zu bestimmen, innerhalb welcher die Ausführung gefordert wird.
3. Unmittelbarer Zwang darf nur angewendet werden, wenn die Anordnung ohne einen solchen unausführbar ist.

§ 133. Gegen die Androhung eines Zwangsmittels finden dieselben Rechtsmittel statt, wie gegen die Anordnungen, um deren Durchsetzung es sich handelt. Die Rechtsmittel erstrecken sich zugleich auf diese Anordnungen, sofern dieselben nicht bereits Gegenstand eines besonderen Beschwerde- oder Verwaltungsstreitverfahrens geworden sind.

Gegen die Festsetzung und Ausführung eines Zwangsmittels findet in allen Fällen nur die Beschwerde im Aufsichtswege innerhalb zwei Wochen statt.

Haftstrafen, welche an Stelle einer Geldstrafe nach § 132 Nr. 2 festgesetzt sind, dürfen vor ergangener endgültiger Beschlußfassung oder rechtskräftiger Entscheidung auf das eingelegte Rechtsmittel bzw. vor Ablauf der zur Einlegung desselben bestimmten Frist nicht vollstreckt werden.

§ 134. Die Bestimmungen des gegenwärtigen und des vierten Titels finden sinngemäß Anwendung auf die besonderen Beamten und Organe, welche zur Beaufsichtigung der Fischerei vom Staate bestellt sind (§ 46 des FischereiG. vom 30. V. 74).

Die Vorschriften der §§ 127, 128 finden in den Fällen des § 2 Abs. 2 des G., betreffend die Ausführung des ReichsG. über die Abwehr und Unterdrückung von Viehseuchen, vom 12. III. 81 (GS. 128) keine Anwendung.

§ 135 fällt fort.

Sechster Titel.

Polizeiverordnungsrecht.

§ 136. Soweit die Gesetze ausdrücklich auf den Erlaß besonderer polizeilicher Vorschriften (Verordnungen, Anordnungen, Reglements usw.) durch die Zentralbehörden verweisen, sind die Minister befugt, innerhalb ihres Ressorts dergleichen Vorschriften für den ganzen Umfang der Monarchie oder für einzelne Teile derselben zu erlassen und gegen die Nichtbefolgung dieser Vorschriften Geldstrafen bis zum Betrage von einhundert Mark anzudrohen.

Die gleiche Befugnis steht zu:

1. dem Minister der öffentlichen Arbeiten in betreff der Übertretungen der Vorschriften der Eisenbahnpolizei-Reglements;
2. dem Minister für Handel und Gewerbe in betreff der zur Regelung der Strom-, Schiffahrts- und Hafenpolizei zu erlassenden Vorschriften, sofern dieselben sich über das Gebiet einer einzelnen Provinz hinaus erstrecken sollen.

Zum Erlasse der im § 367 Nr. 5 des StGB. für das Deutsche Reich gedachten Verordnungen sind auch die zuständigen Minister befugt.

§ 137. Der Oberpräsident ist befugt, gemäß §§ 6, 12 und 15 des Gesetzes über die Polizeiverwaltung vom 11. III. 50 (GS. 265) bzw. der §§ 6, 12 und 13 der Verordnung vom 20. IX. 67 (GS. 1529) und des Lauenburgischen G. vom 7. I. 70 (Offizielles Wochenblatt 13) für mehrere Kreise, sofern dieselben verschiedenen Regierungsbezirken angehören, für mehr als einen Regierungsbezirk oder für den Umfang der ganzen Provinz gültige Polizeivorschriften zu erlassen und gegen die Nichtbefolgung derselben Geldstrafen bis zum Betrage von sechzig Mark anzudrohen.

Die gleiche Befugnis steht dem Regierungspräsidenten für mehrere Kreise oder für den Umfang des ganzen Regierungsbezirks zu.

Die Befugnis der Regierung zum Erlasse von Polizeivorschriften wird aufgehoben.

§ 138. Die Befugnis, Polizeivorschriften über Gegenstände der Strom-, Schiffahrts- und Hafenpolizei zu erlassen, steht, vorbehaltlich der Bestimmungen des § 136 Abs. 2 Nr. 2, ausschließlich dem Regierungspräsidenten und, wenn die Vorschriften sich auf mehr als einen Regierungsbezirk oder auf die ganze Provinz erstrecken sollen, dem Oberpräsidenten, soweit aber mit der Verwaltung dieser Zweige der Polizei besondere, unmittelbar von dem Minister für Handel und Gewerbe ressortierende Behörden beauftragt sind, den letzteren zu. Die Befugnis des Regierungspräsidenten erstreckt sich auch auf den Erlaß solcher Polizeivorschriften für einzelne Kreise oder Teile derselben.

Für Zuwiderhandlungen gegen diese Verordnungen können Geldstrafen bis zu sechzig Mark angedroht werden.

Bei den Vorschriften des Gesetzes vom 9. V. 53, betr. die Erleichterung des Lotsenzwanges in den Häfen und Binnengewässern der Provinzen Preußen und Pommern (GS. 216), behält es mit der Maßgabe sein Bewenden, daß an die Stelle der Bezirksregierung der Regierungspräsident tritt.

§ 139. Die gemäß §§ 137, 138 von dem Oberpräsidenten zu erlassenden Polizeivorschriften bedürfen der Zustimmung des Provinzialrats, die von dem Regierungspräsidenten zu erlassenden Polizeivorschriften der Zustimmung des Bezirksausschusses. In Fällen, welche keinen Aufschub zulassen, ist der Oberpräsident sowie der Regierungspräsident befugt, die Polizeivorschrift vor Einholung der Zustimmung des Provinzialrats bzw. des Bezirksausschusses zu erlassen. Wird diese Zustimmung nicht innerhalb drei Monaten nach dem Tage der Publikation der Polizeivorschrift erteilt, so hat der Oberpräsident bzw. der Regierungspräsident die Vorschrift außer Kraft zu setzen.

§ 140. Polizeivorschriften der in den §§ 136, 137 und 138 bezeichneten Art sind unter der Bezeichnung „Polizeiverordnung" und unter Bezugnahme auf die Bestimmungen des § 136 bzw. der §§ 137 oder 138 sowie in den Fällen des § 137 auf die in demselben angezogenen gesetzlichen Bestimmungen durch die Amtsblätter derjenigen Bezirke bekannt zu machen, in welchen dieselben Geltung erlangen sollen.

§ 141. Ist in einer gemäß § 140 verkündeten Polizeiverordnung der Zeitpunkt bestimmt, mit welchem dieselbe in Kraft treten soll, so ist der Anfang ihrer Wirksamkeit nach dieser Bestimmung zu beurteilen, enthält aber die verkündete Polizeiverordnung eine solche Zeitbestimmung nicht, so beginnt die Wirksamkeit derselben mit dem achten Tage nach dem Ablaufe desjenigen Tages, an welchem das betreffende Stück des Amtsblatts, welches die Polizeiverordnung verkündet, ausgegeben worden ist.

§ 142. Der Landrat ist befugt, unter Zustimmung des Kreisausschusses nach Maßgabe der Vorschriften des G. über die Polizeiverwaltung vom 11. III. 50 bzw. der Vd. vom 20. IX. 67 und des Lauenburgischen G. vom 7. I. 70 für mehrere Ortspolizeibezirke oder für den ganzen Umfang des Kreises gültige Polizeivorschriften zu erlassen und gegen die Nichtbefolgung derselben Geldstrafen bis zum Betrage von dreißig Mark anzudrohen.

§ 143. Ortspolizeiliche Vorschriften (§§ 5ff. des G. vom 11. III. 50 bzw. der Vd. vom 20. IX. 67 und des Lauenburgischen G. vom 7. I. 70) soweit sie nicht zum Gebiete der Sicherheitspolizei gehören, bedürfen in Städten der Zustimmung des Gemeindevorstandes. Versagt der Gemeindevorstand die Zustimmung, so kann dieselbe auf Antrag der Behörde durch Beschluß des Bezirksausschusses ergänzt werden.

In Fällen, welche keinen Aufschub zulassen, ist die Ortspolizeibehörde befugt, die Polizeivorschrift vor Einholung der Zustimmung des Gemeindevorstandes zu erlassen. Wird diese Zustimmung nicht innerhalb vier Wochen nach dem Tage der Publikation der Polizeivorschrift erteilt, so hat die Behörde die Vorschrift außer Kraft zu setzen.

§ 144. In Stadtkreisen ist die Ortspolizeibehörde befugt, gegen die Nichtbefolgung der von ihr erlassenen polizeilichen Vorschriften Geldstrafen bis zum Betrage von dreißig Mark anzudrohen. Im übrigen steht die Erteilung der Genehmigung zum Erlasse ortspolizeilicher Vorschriften mit einer Strafandrohung bis zum Betrage von dreißig Mark gemäß § 5 der im § 137 angezogenen Gesetze dem Regierungspräsidenten zu.

Ingleichen hat der Regierungspräsident über die Art der Verkündigung orts- und kreispolizeilicher Vorschriften, sowie über die Form, von deren Beobachtung die Gültigkeit derselben abhängt, zu bestimmen.

§ 145. Die Befugnis, orts- oder kreispolizeiliche Vorschriften außer Kraft zu setzen, steht dem Regierungspräsidenten zu. Mit Ausnahme von Fällen, welche keinen Aufschub zulassen, darf diese Befugnis nur unter Zustimmung des Bezirksausschusses ausgeübt werden.

Bei der Befugnis des Ministers des Innern, jede (orts-, kreis-, bezirks- oder provinzial-) polizeiliche Vorschrift, soweit Gesetze nicht entgegenstehen, außer Kraft zu setzen (§ 16 G. vom 11. III. 50), behält es mit der Maßgabe sein Bewenden, daß diese Befugnis hinsichtlich der Strom-, Schiffahrts- und Hafenpolizeivorschriften (§ 138) auf den Minister für Handel und Gewerbe übergeht.

Siebenter Titel.

Übergangs- und Schlußbestimmungen.

§ 146. Die Stellvertretung des Regierungspräsidenten bei der Regierung kann den gegenwärtig mit derselben betrauten Oberregierungsräten für die Dauer ihres Amtes belassen werden.

§§ 147, 148, 149, 150, 151 fallen fort.

§ 152. Die bisherigen Bezirksverwaltungsgerichtsdirektoren übernehmen mit dem Inkrafttreten des gegenwärtigen Gesetzes am Sitze ihres bisherigen Amts das Amt des Verwaltungsgerichtsdirektors (§ 28).

Denselben ist gestattet, die bis dahin verwalteten nicht richterlichen Nebenämter, auch sofern mit denselben eine Vergütung verbunden ist, beizubehalten.

§ 153. Die Bezirksräte und die Bezirksverwaltungsgerichte werden aufgehoben. An deren Stelle treten die Bezirksausschüsse.

§ 154. Das gegenwärtige Gesetz tritt mit dem 1. IV. 84, jedoch nur gleichzeitig mit dem Gesetze über die Zuständigkeit der Verwaltungs- und Verwaltungsgerichtsbehörden, in Kraft, vorbehaltlich der Bestimmungen des § 155.

Gleichzeitig treten das G. über die Organisation der allgemeinen Landesverwaltung vom 26. VII. 80 und die §§ 1—16a, 31—87a und 89 des G., betr. die Verfassung der Verwaltungsgerichte und das Verwaltungsstreitverfahren vom $\frac{\text{3. VII. 75}}{\text{2. VIII. 80}}$, außer Kraft.

Auf die vor dem Inkrafttreten des Gesetzes bereits anhängig gemachten Sachen finden in Beziehung auf die Zuständigkeit der Behörden, das Verfahren und die Zulässigkeit der Rechtsmittel die Bestimmungen der früheren Gesetze, jedoch mit der Maßgabe Anwendung, daß an Stelle des Bezirksrates und des Bezirksverwaltungsgerichts der Bezirksausschuß tritt.

§ 155. In den Provinzen Posen, Schleswig-Holstein, Hannover, Hessen-Nassau, Westfalen und in der Rheinprovinz tritt das gegenwärtige Gesetz erst in Kraft, je nachdem für dieselben auf Grund besonderer Gesetze neue Kreis- und Provinzialordnungen erlassen sein werden. Der betreffende Zeitpunkt wird für jede Provinz durch königliche Verordnung bekanntgemacht.

Die Geltung der Bestimmungen des § 16 und des § 23 Abs. 1 wird jedoch hierdurch nicht berührt.

Inwieweit die Bestimmungen der §§ 127 und 128 auf die selbständigen Städte in der Provinz Hannover Anwendung finden, bleibt der Kreisordnung für diese Provinz vorbehalten.

§ 156 fällt fort.

§ 157. Durch das gegenwärtige Gesetz werden nicht berührt:
1. die Bestimmungen der §§ 20, 21 der GewO. vom 21. VI. 69;
2. die Bestimmungen des G. vom 21. VII. 52, betreffend die Dienstvergehen der nicht richterlichen Beamten usw. (GS. 463); dieselben finden jedoch für das Verwaltungsstreitverfahren mit folgenden Maßgaben Anwendung: die Entscheidung erfolgt auf Grund mündlicher Verhandlung; das Gutachten des Disziplinarhofs ist nicht einzuholen; das Disziplinarverfahren kann mit Rücksicht auf den Ausfall der Voruntersuchung durch Beschluß der in erster Instanz zuständigen Behörde eingestellt werden; die Erhebung eines Kostenpauschquantums findet nicht statt;
3. die Bestimmungen des ReichsG. über den Unterstützungswohnsitz vom 6. VI. 70 (BGBl. 360).

§ 158. Aufgehoben sind:
1. die §§ 40—48, 50—56 des G. vom 8. III. 71, betr. die Ausführung des BundesG. über den Unterstützungswohnsitz;
2. die §§ 141—163, 165 der KreisO. vom 13. XII. 72, soweit sie das Verfahren in streitigen Verwaltungssachen zum Gegenstande haben, sowie die §§ 187—198 derselben KreisO.;
3. der fünfte Abschnitt des zweiten Titels, sowie die §§ 2 Absatz 2 und 126 der ProvO. vom 29. VI. 75 und die Titel I bis IV, sowie die §§ 168, 169, 170 Nr. 2, 4 und 5 und der § 174 des G. vom 26. VII. 76, betr. die Zuständigkeit der Verwaltungsbehörden und der Verwaltungsgerichtsbehörden usw.

§ 159. Mit dem Tage des Inkrafttretens des gegenwärtigen Gesetzes treten alle mit demselben im Widerspruche stehenden Bestimmungen außer Kraft.

II.

Gesetz über die Zuständigkeit der Verwaltungs- und Verwaltungsgerichtsbehörden.

Vom 1. VIII. 1883 (GS. 237).

(Die durch die spätere Gesetzgebung erfolgten Abänderungen sind möglichst berücksichtigt.)

Erster Titel

Angelegenheiten der Provinzen.

§ 1. Gegen den auf die Reklamation eines Kreises wegen Verteilung der Provinzialabgaben erlassenen Beschluß des Provinzialausschusses findet innerhalb zwei Wochen die Klage bei dem Oberverwaltungsgerichte statt.

Der letzte Abs. des § 112 ProvO. vom 29. VI. 75 kommt in Wegfall

Zweiter Titel.

Angelegenheiten der Kreise.

§ 2. In den Fällen der Veränderung der Kreisgrenzen und der Bildung neuer Kreise, sowie des Ausscheidens großer Städte aus dem Kreisverbande beschließt der Bezirksausschuß über die Auseinandersetzung der beteiligten Kreise, vorbehaltlich der den letzteren gegeneinander innerhalb zwei Wochen zustehenden Klage bei dem Bezirksausschusse.

§ 3. Gegen die Entscheidung des Bezirksausschusses, betreffend die Heranziehung oder die Veranlagung zu den Kreisabgaben, ist nur das Rechtsmittel der Revision zulässig.

§ 4. Der zweite Abs. des § 180 KreisO. vom 13. XII. 72 wird dahin geändert:

Gegen die Verfügung des Regierungspräsidenten steht dem Kreise innerhalb zwei Wochen die Klage bei dem Oberverwaltungsgerichte zu.

Zur Ausführung der Rechte des Kreises kann der Kreistag einen besonderen Vertreter bestellen.

Dritter Titel.

Angelegenheiten der Amtsverbände.

§ 5. Der erste Absatz des § 55c KreisO. vom 13. XII. 72 wird dahin abgeändert:

Die Aufsicht des Staates über die Verwaltung der Angelegenheiten der Amtsverbände wird unbeschadet der vorstehenden Bestimmungen in erster

Instanz von dem Landrat als Vorsitzenden des Kreisausschusses, in höherer und letzter Instanz von dem Regierungspräsidenten geübt.

§ 6. Im Geltungsbereiche der KreisO. vom 13. XII. 72 erfolgt fortan die Revision, endgültige Feststellung und Abänderung der Amtsbezirke (§ 49 Abs. 2), die Vereinigung ländlicher Gemeinde- und Gutsbezirke bezüglich der Verwaltung der Polizei mit dem Bezirke einer Stadt (§ 49a Abs. 1), sowie die Ausscheidung der ersteren aus dem Amtsbezirk (§ 49a Abs. 3) durch den Minister des Innern im Einvernehmen mit dem Bezirksausschusse nach vorheriger Anhörung der Beteiligten und des Kreistages.

Vierter Titel.

Angelegenheiten der Stadtgemeinden.

§ 7. Die Aufsicht des Staates über die Verwaltung der städtischen Gemeindeangelegenheiten wird in erster Instanz von dem Regierungspräsidenten, in höherer und letzter Instanz von dem Oberpräsidenten geübt, unbeschadet der in den Gesetzen geordneten Mitwirkung des Bezirksausschusses und des Provinzialrats.

Für die Stadt Berlin tritt an die Stelle des Regierungspräsidenten der Oberpräsident, an die Stelle des Oberpräsidenten der Minister des Innern.

Beschwerden bei den Aufsichtsbehörden in städtischen Gemeindeangelegenheiten sind in allen Instanzen innerhalb zwei Wochen anzubringen.

§ 8. Der Bezirksausschuß beschließt, soweit die Beschlußfassung nach den Gemeindeverfassungsgesetzen der Aufsichtsbehörde zusteht, über die Veränderung der Grenzen der Stadtbezirke.

Der Bezirksausschuß beschließt über die infolge einer Veränderung der Grenzen der Stadtbezirke notwendig werdende Auseinandersetzung zwischen den beteiligten Gemeinden, vorbehaltlich der den letzeren gegeneinander zustehenden Klage im Verwaltungsstreitverfahren.

§ 9. Streitigkeiten über die bestehenden Grenzen der Stadtbezirke unterliegen der Entscheidung im Verwaltungsstreitverfahren.

Über die Festsetzung streitiger Grenzen beschließt vorläufig, sofern es das öffentliche Interesse erheischt, der Bezirksausschuß. Bei dem Beschlusse behält es bis zur rechtskräftigen Entscheidung im Verwaltungsstreitverfahren sein Bewenden.

§ 10. Die Gemeindevertretung beschließt:

1. auf Beschwerden und Einsprüche, betreffend den Besitz oder den Verlust des Bürgerrechts, insbesondere des Rechts zur Teilnahme an den Wahlen zur Gemeindevertretung, sowie des Rechts zur Bekleidung einer den Besitz des Bürgerrechts voraussetzenden Stelle in der Gemeindeverwaltung oder Gemeindevertretung, die Verpflichtung zum Erwerbe oder zur Verleihung des Bürgerrechts, beziehungsweise zur Zahlung von Bürgergewinngeldern (Ausfertigungsgebühren) und zur Leistung des Bürgereides, die Zugehörigkeit zu einer bestimmten Bürgerklasse, die Richtigkeit der Gemeindewählerliste;
2. über die Gültigkeit der Wahlen zur Gemeindevertretung;
3. über die Berechtigung zur Ablehnung oder Niederlegung von Ämtern und Stellen in der Gemeindeverwaltung oder -vertretung, über die Nachteile, welche gegen Mitglieder der Stadtgemeinde wegen Nicht-

erfüllung der ihnen nach den Gemeindeverfassungsgesetzen obliegenden Pflichten, sowie über die Strafen, welche gegen Mitglieder der Gemeindevertretung wegen Zuwiderhandlungen gegen die Geschäftsordnung nach Maßgabe der Gemeindeverfassungsgesetze zu verhängen sind.

Einsprüche gegen die Richtigkeit der Wählerliste sind während der Dauer der Auslegung der letzteren, Einsprüche gegen die Gültigkeit der Wahlen zur Gemeindevertretung innerhalb zwei Wochen nach Bekanntmachung des Wahlergebnisses und in allen Fällen bei dem Gemeindevorstande zu erheben.

§ 11. Der Beschluß der Gemeindevertretung (§ 10) bedarf keiner Genehmigung oder Bestätigung von seiten des Gemeindevorstandes oder der Aufsichtsbehörde. Gegen den Beschluß der Gemeindevertretung findet die Klage im Verwaltungsstreitverfahren statt. Die Klage steht in den Fällen des § 10 auch dem Gemeindevorstande zu.

Die Klage hat in den Fällen des § 10 unter 1 und 2 keine aufschiebende Wirkung; jedoch dürfen Ersatzwahlen vor ergangener rechtskräftiger Entscheidung nicht vorgenommen werden.

§ 12. Der Bezirksausschuß beschließt, soweit die Beschlußfassung nach den Gemeindeverfassungsgesetzen der Aufsichtsbehörde zusteht,

1. über die Zahl der aus jeder einzelnen Ortschaft einer Stadtgemeinde zu wählenden Mitglieder der Gemeindevertretung;
2. über die Vornahme außergewöhnlicher Ersatzwahlen zur Gemeindevertretung oder in den Gemeindevorstand.

§ 13. Soweit die Bestätigung der Wahlen von Gemeindebeamten nach Maßgabe der Gemeindeverfassungsgesetze den Aufsichtsbehörden zusteht, erfolgt dieselbe durch den Regierungspräsidenten.

Die Bestätigung kann nur unter Zustimmung des Bezirksausschusses versagt werden. Lehnt der Bezirksausschuß die Zustimmung ab, so kann dieselbe auf den Antrag des Regierungspräsidenten durch den Minister des Innern ergänzt werden.

Wird die Bestätigung vom Regierungspräsidenten unter Zustimmung des Bezirksausschusses versagt, so kann dieselbe auf Antrag des Gemeindevorstandes oder der Gemeindevertretung von dem Minister des Innern erteilt werden.

§ 14. Über die Gültigkeit von Wahlen solcher Gemeindebeamten, welche der Bestätigung nicht bedürfen, beschließt, soweit die Beschlußfassung der Aufsichtsbehörde zusteht, der Bezirksausschuß.

§ 15. Beschlüsse der Gemeindevertretung oder des kollegialischen Gemeindevorstandes, welche deren Befugnisse überschreiten oder die Gesetze verletzen, hat der Gemeindevorstand, beziehungsweise der Bürgermeister, entstehendenfalles auf Anweisung der Aufsichtsbehörde, mit aufschiebender Wirkung, unter Angabe der Gründe, zu beanstanden. Gegen die Verfügung des Gemeindevorstandes (Bürgermeisters) steht der Gemeindevertretung, beziehungsweise dem kollegialischen Gemeindevorstande, die Klage im Verwaltungsstreitverfahren zu.

Die in den Gemeindeverfassungsgesetzen begründete Befugnis der Aufsichtsbehörden, aus anderen als den vorstehend angegebenen Gründen eine Beanstandung der Beschlüsse der Gemeindevertretung oder des kolegialischen Gemeindevorstandes herbeizuführen, wird aufgehoben.

§ 16. Gemeindebeschlüsse über die Veräußerung oder wesentliche Veränderung von Sachen, welche einen besonderen wissenschaftlichen, historischen oder Kunstwert haben, insbesondere von Archiven oder Teilen derselben, unterliegen der Genehmigung des Regierungspräsidenten.

Hinsichtlich der Verwaltung der Gemeindewaldungen bewendet es bei den bestehenden Bestimmungen.

Im übrigen beschließt der Bezirksausschuß über die in den Gemeindeverfassungsgesetzen der Aufsichtsbehörde vorbehaltene Bestätigung (Genehmigung) von Ortsstatuten und sonstigen die städtischen Gemeindeangelegenheiten betreffenden Gemeindebeschlüssen.

Abs. 2 und 3 fallen fort.

§ 17. Der Bezirksausschuß beschließt, soweit die Beschlußfassung nach den Gemeindeverfassungsgesetzen der Aufsichtsbehörde zusteht,

1. abgesehen von den Fällen des § 15, über die zwischen dem Gemeindevorstande und der Gemeindevertretung beziehungsweise dem Bürgermeister und dem kollegialischen Gemeindevorstande entstehenden Meinungsverschiedenheiten, wenn von einem Teile auf Entscheidung angetragen wird und zugleich die Angelegenheit nicht auf sich beruhen bleiben kann,
2. an Stelle der Gemeindebehörden, im Falle ihrer durch widersprechende Interessen herbeigeführten Beschlußunfähigkeit,
3. an Stelle der nach Maßgabe der Gemeindeverfassungsgesetze aufgelösten Gemeindevertretung.

Der Bezirksausschuß beschließt ferner an Stelle der Aufsichtsbehörde:

4. über die Art der gerichtlichen Zwangsvollstreckung wegen Geldforderungen gegen Stadtgemeinden (§ 15 zu 3 des EinfGZPO. in der Fassung vom 17. V. 98),
5. über die Feststellung und den Ersatz der Defekte der Gemeindebeamten nach Maßgabe der Vd. vom 24. I. 44; der Beschluß ist vorbehaltlich des ordentlichen Rechtsweges endgültig.

§ 18. Auf Beschwerden und Einsprüche, betreffend

1. das Recht zur Mitbenutzung der öffentlichen Gemeindeanstalten, sowie zur Teilnahme an den Nutzungen und Erträgen des Gemeindevermögens,
2. die Heranziehung oder die Veranlagung zu den Gemeindelasten,

beschließt der Gemeindevorstand.

Gegen den Beschluß findet die Klage im Verwaltungsstreitverfahren statt.

Der Entscheidung im Verwaltungsstreitverfahren unterliegen desgleichen Streitigkeiten zwischen Beteiligten über ihre in dem öffentlichen Rechte begründete Berechtigung oder Verpflichtung zu den im Abs. 1 bezeichneten Nutzungen beziehungsweise Lasten.

Die Beschwerden und die Einsprüche, sowie die Klage haben keine aufschiebende Wirkung.

§ 19. Unterläßt oder verweigert eine Stadtgemeinde, die ihr gesetzlich obliegenden, von der Behörde innerhalb der Grenzen ihrer Zuständigkeit festgestellten Leistungen auf den Haushaltsetat zu bringen oder außerordentlich zu genehmigen, so verfügt der Regierungspräsident unter Anführung der Gründe die Eintragung in den Etat, beziehungsweise die Feststellung der außerordentlichen Ausgabe.

Gegen die Verfügung des Regierungspräsidenten steht der Gemeinde die Klage bei dem Oberverwaltungsgerichte zu.

Eine Feststellung des Stadtetats durch die Aufsichtsbehörde findet fortan nicht statt; auch in den Städten von Neuvorpommern und Rügen ist jedoch eine Abschrift des Etats gleich nach seiner Feststellung durch die städtischen Behörden der Aufsichtsbehörde einzureichen.

§ 20. Bezüglich der Dienstvergehen der Bürgermeister, Beigeordneten, Magistratsmitglieder und sonstigen Gemeindebeamten kommen die Bestimmungen des G. vom 21. VII. 52 mit folgenden Maßgaben zur Anwendung:

1. Gegen die Bügermeister, Beigeordneten und Magistratsmitglieder sowie gegen die sonstigen Gemeindebeamten kann an Stelle der Bezirksregierung und innerhalb des derselben bisher zustehenden Ordnungsstrafrechts der Regierungspräsident Ordnungsstrafen festsetzen. Gegen die Strafverfügungen des Regierungspräsidenten findet innerhalb zwei Wochen die Beschwerde an den Oberpräsidenten, gegen den auf die Beschwerde ergehenden Beschluß des Oberpräsidenten findet innerhalb zwei Wochen die Klage bei dem Oberverwaltungsgerichte statt. In Berlin findet gegen die Strafverfügungen des Oberpräsidenten innerhalb zwei Wochen unmittelbar die Klage bei dem Oberverwaltungsgerichte statt.
2. Gegen die Strafverfügungen des Bürgermeisters findet innerhab zwei Wochen die Beschwerde an den Regierungspräsidenten, und gegen den auf die Beschwerde ergehenden Beschluß des Regierungspräsidenten innerhalb zwei Wochen die Klage bei dem Oberverwaltungsgerichte statt.
3. In dem Verfahren auf Entfernung aus dem Amte wird die Einleitung des Verfahrens von dem Regierungspräsidenten beziehungsweise dem Minister des Innern verfügt und von demselben der Untersuchungskommissar ernannt; an die Stelle der Bezirksregierung beziehungsweise des Disziplinarhofes tritt als entscheidende Disziplinarbehörde erster Instanz der Bezirksausschuß; an die Stelle des Staatsministeriums tritt das Oberverwaltungsgericht; den Vertreter der Staatsanwaltschaft ernennt bei dem Bezirksausschusse der Regierungspräsident, bei dem Oberverwaltungsgerichte der Minister des Innern.

In dem vorstehend bezüglich der Entfernung aus dem Amte vorgesehenen Verfahren ist entstehendenfalls auch über die Tatsache der Dienstunfähigkeit der Bürgermeister, Beigeordneten, Magistratsmitglieder und sonstigen Gemeindebeamten Entscheidung zu treffen.

Gegen Mitglieder der Gemeindevertretung findet ein Disziplinarverfahren nicht statt.

§ 21. Zuständig in erster Instanz ist im Verwaltungsstreitverfahren für die in diesem Titel vorgesehenen Fälle, sofern nicht im einzelnen anders bestimmt ist, der Bezirksausschuß, für den Stadtkreis Berlin in den Fällen des § 8 Abs. 2, § 9 und § 15 das Oberverwaltungsgericht. Die Frist zur Anstellung der Klage beträgt in allen Fällen zwei Wochen.

Die Gemeindevertretung, beziehungsweise der kollegialische Gemeindevorstand können zur Wahrnehmung ihrer Rechte im Verwaltungsstreitverfahren einen besonderen Vertreter bestellen.

Gegen die Entscheidung des Bezirksausschusses in den Fällen des § 18 unter 2 ist nur das Rechtsmittel der Revision zulässig.

§ 22. Die Bestimmungen dieses Abschnittes kommen zur Anwendung im Geltungsbereiche der StädteO. vom 30. V. 53 auch auf die § 1 Abs. 2 daselbst erwähnten Ortschaften (Flecken),

in der Provinz Schleswig-Holstein auch auf die §§ 94ff. des G. vom 14. 4. 69 erwähnten Flecken.

§ 23 fällt fort.

Fünfter Titel.

Angelegenheiten der Landgemeinden und der selbständigen Gutsbezirke.

§ 24. Die Aufsicht des Staates über die Verwaltung der Angelegenheiten der Landgemeinden, der Ämter in der Provinz Westfalen und der Bürgermeistereien in der Rheinprovinz, sowie der Gutsbezirke wird, unbeschadet der Vorschriften der Kreisordnungen und der in den Gesetzen geordneten Mitwirkung des Kreisausschusses und des Bezirksausschusses, in erster Instanz von dem Landrate als Vorsitzenden des Kreisausschusses, in höherer und letzter Instanz von dem Regierungspräsidenten geübt.

Beschwerden bei den Aufsichtsbehörden in den vorbezeichneten Angelegenheiten sind in allen Instanzen innerhalb zwei Wochen anzubringen.

§ 25. Der Kreisausschuß beschließt, soweit die Beschlußfassung nach den Gemeindeverfassungsgesetzen der Aufsichtsbehörde zusteht, über die Veränderung der Grenzen der ländlichen Gemeindebezirke und der Gutsbezirke.

Abs. 2 fällt fort.

In den im Abs. 1 bezeichneten Fällen findet neben der Beschlußfassung des Kreisausschusses die in den Gemeindeverfassungsgesetzen vorgeschriebene Anhörung des Kreistages nicht mehr statt. An die Stelle der sonst für kommunale Bezirksveränderungen, einschließlich der Fälle des zweiten Absatzes, in den Gemeindeverfassungsgesetzen vorgeschriebenen Anhörung des Kreistages tritt die Anhörung des Kreisausschusses.

Über die infolge einer Veränderung der Grenzen der Landgemeinden und Gutsbezirke, sowie der in Abs. 2 erwähnten Ämter und Bürgermeistereien notwendig werdende Auseinandersetzung zwischen den Beteiligten beschließt der Kreisausschuß, vorbehaltlich der den letzteren gegeneinander zustehenden Klage im Verwaltungsstreitverfahren.

§ 26. Streitigkeiten über die bestehenden Grenzen der ländlichen Gemeinde- und Gutsbezirke, sowie über die Eigenschaft einer Ortschaft als Gemeinde oder eines Gutes als Gutsbezirk unterliegen der Entscheidung im Verwaltungsstreitverfahren.

Über die im ersten Abs. bezeichneten Angelegenheiten beschließt vorläufig, sofern es das öffentliche Interesse erheischt, der Kreisausschuß. Bei dem Beschluß behält es bis zur rechtskräftigen Entscheidung im Verwaltungsstreitverfahren sein Bewenden.

§ 27. Die Gemeindevertretung, wo eine solche nicht besteht, der Gemeindevorstand, beschließt:

1. auf Beschwerden und Einsprüche, betreffend den Besitz oder den Verlust der Gemeindemitgliedschaft, sowie des Gemeindebürgerrechts, des Stimmrechts in der Gemeindeversammlung, des Rechts zur Teilnahme an den Gemeindewahlen, die Zugehörigkeit zu einer bestimmten Klasse

von Stimmberechtigten, die Wählbarkeit zu einer Stelle in der Gemeindeverwaltung oder Gemeindevertretung, die Ausübung des Stimmrechts durch einen Dritten, sowie über die Richtigkeit der Gemeindewählerliste;

2. über die Gültigkeit der Wahlen zur Gemeindevertretung;
3. über die Berechtigung der Ablehnung oder Niederlegung einer Stelle in der Gemeindeverwaltung oder Gemeindevertretung, über die Nachteile, welche gegen Angehörige (Mitglieder) der Gemeinde wegen Nichterfüllung der ihnen nach den Gemeindeverfassungsgesetzen obliegenden Pflichten, sowie über die Strafen, welche gegen Mitglieder der Gemeindevertretung wegen Zuwiderhandlungen gegen die Geschäftsordnung oder wegen unentschuldigten Ausbleibens nach Maßgabe der Gemeindeverfassungsgesetze zu verhängen sind.

Einsprüche gegen die Richtigkeit der Wählerliste sind während der Dauer der Auslegung der letzteren, Einsprüche gegen die Gültigkeit der Wahlen zur Gemeindevertretung innerhalb zwei Wochen nach Bekanntmachung des Wahlergebnisses, und in allen Fällen bei dem Gemeindevorstande anzubringen.

§ 28. Die Beschlüsse der Gemeindevertretung, beziehungsweise des Gemeindevorstandes in den Fällen des § 27 bedürfen keiner Genehmigung oder Bestätigung von seiten des Gemeindevorstandes oder der Aufsichtsbehörde.

Gegen die Beschlüsse findet die Klage im Verwaltungsstreitverfahren statt. Die Klage steht in den Fällen des § 27, wenn der Beschluß von der Gemeindevertretung gefaßt ist, auch dem Gemeindevorstande, sowie in der Provinz Westfalen dem Amtmanne zu.

Die Klage hat in den Fällen des § 27 unter 1 und 2 keine aufschiebende Wirkung; jedoch dürfen Neuwahlen vor ergangener rechtskräftiger Entscheidung nicht vorgenommen werden.

§ 29. Beschlüsse der Gemeindeversammlung, der Gemeindevertretung oder des kollegialischen Gemeindevorstandes, welche deren Befugnisse überschreiten oder die Gesetze verletzen, hat der Gemeindevorsteher, in der Provinz Westfalen auch der Amtmann, entstehenden Falles auf Anweisung der Aufsichtsbehörde, mit aufschiebender Wirkung unter Angabe der Gründe, zu beanstanden. Gegen die Verfügung des Gemeindevorstehers beziehungsweise Amtmannes steht der Gemeindeversammlung, Gemeindevertretung, beziehungsweise dem kollegialischen Gemeindevorstande die Klage im Verwaltungsstreitverfahren zu.

Die in den Gemeindeverfassungsgesetzen begründete Befugnis der Aufsichtsbehörde, aus anderen als den vorstehend angegebenen Gründen eine Beanstandung von Beschlüssen der Gemeindevertretung oder des kollegialischen Gemeindevorstandes herbeizuführen, wird aufgehoben.

§ 30. Gemeindebeschlüsse über die Veräußerung oder wesentliche Veränderung von Sachen, welche einen besonderen wissenschaftlichen, historischen oder Kunstwert haben, insbesondere von Archiven oder von Teilen derselben unterliegen der Genehmigung des Regierungspräsidenten.

Hinsichtlich der Verwaltung der Gemeindewaldungen bewendet es bei den bestehenden Bestimmungen.

§ 31. Im übrigen beschließt der Kreisausschuß, soweit die Beschlußfassung in den Gemeindeverfassungsgesetzen der Aufsichtsbehörde zusteht, über die Bestätigung (Genehmigung) von Ortsstatuten und sonstigen, die ländlichen Gemeindeangelegenheiten betreffenden Gemeindebeschlüssen, sowie über die Herbeiführung und erforderlichenfalles Anordnung einer Ergänzung oder Abänderung der in Ansehung des Gemeindestimmrechts bestehenden Ortsverfassung.

In den vorstehend bezeichneten Fällen findet neben der Beschlußfassung des Kreisausschusses die in den Gemeindeverfassungsgesetzen vorgeschriebene Anhörung des Kreistages nicht mehr statt.

Abs. 3 und 4 fallen fort.

Die §§ 33 und 34 Tit. 7 T. II ALR., die KabO. vom 25. I. 31, betreffend die Erwerbung von Rittergütern durch Dorfgemeinden oder deren Mitglieder (GS. 5), und der § 4 des Anhangs zur AllgGerO. sind aufgehoben.

§ 32. Der Kreisausschuß beschließt, soweit die Beschlußfassung nach den Gemeindeverfassungsgesetzen der Aufsichtsbehörde zusteht:

1. über die Zahl der aus jeder einzelnen Ortschaft einer Gemeinde zu wählenden Mitglieder der Gemeindevertretung;
2. über die Vornahme außergewöhnlicher Ersatzwahlen, zur Gemeindevertretung oder in den Gemeindevorstand;
3. über die Vermehrung der Zahl der Mitglieder des Gemeindevorstandes, der Schöffen und der Ortsvorsteher, sowie über die Bestellung besonderer Ortsvorsteher für verschiedene Ortschaften eines Gemeindebezirks;
4. über die Festsetzung der Besoldungen der Dienstunkostenentschädigungen und der baren Auslagen der Gutsvorsteher und sonstiger kommissarisch bestellten Beamten.

Der Kreisausschuß beschließt ferner:

5. an Stelle der Aufsichtsbehörde über die Feststellung und den Ersatz der bei Kassen und anderen Verwaltungen der Landgemeinden vorkommenden Defekte nach Maßgabe der Vd. vom 24. I. 44 (GS. 52). Der Beschluß ist vorbehaltlich des ordentlichen Rechtweges endgültig.

§ 33. Der Kreisausschuß beschließt, soweit die Beschlußfassung nach den Gemeindeverfassungsgesetzen der Aufsichtsbehörde zusteht:

1. abgesehen von den Fällen des § 29 über die zwischen dem Gemeindevorstande und der Gemeindevertretung oder zwischen dem Gemeindevorsteher und dem kollegialischen Gemeindevorstande entstandenen Meinungsverschiedenheiten;
2. an Stelle der Gemeindebehörden im Falle ihrer durch widersprechende Interessen herbeigeführten Beschlußunfähigkeit oder im Falle wiederholter Beschlußunfähigkeit;
3. an Stelle der, nach Maßgabe der Gemeindeverfassungsgesetze aufgelösten Gemeindevertretung.

Der Kreisausschuß beschließt ferner an Stelle der Bezirksregierung:

4. über die Art der gerichtlichen Zwangsvollstreckungen wegen Geldforderungen gegen Landgemeinden (§ 15 zu 3 EinfG. z. ZPO. in der Fassung v. 17. V. 98).

§ 34. Auf Beschwerden und Einsprüche, betreffend

1. das Recht der Mitbenutzungen der öffentlichen Gemeindeanstalten, sowie zur Teilnahme an den Nutzungen und Erträgen des Gemeindevermögens,
2. die Heranziehung oder die Veranlagung zu den Gemeindelasten,

3. die besonderen Rechte oder Verpflichtungen einzelner örtlicher Teile des Gemeindebezirks oder einzelner Klassen der Gemeindeangehörigen in Ansehung der zu Nr. 1 und 2 erwähnten Ansprüche und Verbindlichkeiten,

beschließt der Gemeindevorstand.

Gegen den Beschluß findet die Klage im Verwaltungsstreitverfahren statt.

Der Entscheidung im Verwaltungsstreitverfahren unterliegen desgleichen Streitigkeiten zwischen Beteiligten über ihre in dem öffentlichen Rechte begründete Berechtigung oder Verpflichtung zu den im Absatz 1 bezeichneten Nutzungen bzw. Lasten.

Die Beschwerde und die Einsprüche, sowie die Klagen haben keine aufschiebende Wirkung.

Die vorstehenden Bestimmungen finden sinngemäß Anwendung auf Beschwerden und Einsprüche, betreffend die Heranziehung oder die Veranlagung von Grundbesitzern und Einwohnern eines Gutsbezirks zu den öffentlichen Lasten desselben.

§ 35. Unterläßt oder verweigert eine Landgemeinde (Amt, Burgermeisterei) oder ein Gutsbezirk, die ihnen gesetzlich obliegenden, von der Behörde innerhalb der Grenzen ihrer Zuständigkeit festgestellten Leistungen auf den Haushaltsetat zu bringen oder außerordentlich zu genehmigen bzw. zu erfüllen, so verfügt der Landrat, unter Anführung der Gründe, die Eintragung in den Etat bzw. die Feststellung der außerordentlichen Ausgabe.

Gegen die Verfügung des Landrats steht der Gemeinde bzw. dem Besitzer des Gutes die Klage bei dem Bezirksausschusse zu.

§ 36. Bezüglich der Dienstvergehen der Gemeindevorsteher, Schöffen, Mitglieder des Gemeindevorstandes und sonstigen Gemeindebamten, sowie der Gutsvorsteher kommen die Bestimmungen des G. vom 21. VII. 52 mit folgenden Maßgaben zur Anwendung:

1. Die Befugnis, gegen die Gemeindevorsteher (Amtmänner in Westfalen, Bürgermeister in der Rheinprovinz), Schöffen, Mitglieder des kollegialischen Gemeindevorstandes und sonstige Gemeindebeamten, sowie gegen Gutsvorsteher Ordnungsstrafen zu verhängen, steht dem Landrate und im Umfange des den Provinzialbehörden beigelegten Ordnungsstrafrechts dem Regierungspräsidenten zu.

   Gegen die Strafverfügungen des Landrats findet innerhalb zwei Wochen die Beschwerde an den Regierungspräsidenten, gegen die Strafverfügungen des Regierungspräsidenten innerhalb gleicher Frist die Beschwerde an den Oberpräsidenten statt.

2. Gegen die von dem Amtmann in Westfalen oder von dem Bürgermeister in der Rheinprovinz auf Grund des § 83 der WestfLGemO. vom 19. III. 56, bzw. der §§ 83 und 104 der RhGemO. vom 23. VII. 45 gegen Unterbeamte der Gemeinden, Ämter oder Bürgermeistereien erlassenen Strafverfügungen findet innerhalb zwei Wochen die Beschwerde an den Landrat und gegen den auf die Beschwerde ergehenden Beschluß des Landrats innerhalb zwei Wochen die Beschwerde an den Regierungspräsidenten statt.

3. Gegen den auf die Beschwerde in den Fällen zu 1 und 2 in letzter Instanz ergehenden Beschluß des Regierungspräsidenten bzw. des Oberpräsidenten findet innerhalb zwei Wochen die Klage bei dem Oberverwaltungsgerichte statt.

4. In dem Verfahren auf Entfernung aus dem Amte wird die Einleitung des Verfahrens von dem Landrate oder von dem Regierungspräsidenten verfügt und von denselben der Untersuchungskommissar und der Vertreter der Staatsanwaltschaft ernannt. Als entscheidende Disziplinarbehörde erster Instanz tritt an die Stelle der Bezirksregierung der Kreisausschuß; an die Stelle des Staatsministeriums tritt das Oberverwaltungsgericht. Der Vertreter der Staatsanwaltschaft bei dem Oberverwaltungsgerichte wird von dem Minister des Innern ernannt.

In dem vorstehend zu 4 vorgesehenen Verfahren ist entstehendenfalles auch über die Tatsache der Dienstunfähigkeit der ländlichen Gemeindebeamten Entscheidung zu treffen.

§ 37. Zuständig in erster Instanz ist im Verwaltungsstreitverfahren für die in diesem Titel vorgesehenen Fälle, sofern nicht im einzelnen anders bestimmt ist, der Kreisausschuß. Die Frist zur Anstellung der Klage beträgt in allen Fällen zwei Wochen.

Die Gemeindeversammlung, die Gemeindevertretung, bzw. der kollegialische Gemeindevorstand können zur Wahrnehmung ihrer Rechte im Verwaltungsstreitverfahren einen besonderen Vertreter bestellen.

§ 38 fällt fort.

Sechster Titel.

Armenangelegenheiten.

§ 39. Streitigkeiten zwischen Armenverbänden wegen öffentlicher Unterstützung Hilfsbedürftiger werden im Verwaltungsstreitverfahren entschieden.

Zuständig in erster Instanz ist der Bezirksausschuß.

Im übrigen behält es bei den Bestimmungen des ReichsG. über den Unterstützungswohnsitz vom 6. VI. 70 sein Bewenden.

§ 40. Der Bezirksausschuß beschließt endgültig über die Bestätigung der in den §§ 8, 9, 10 und 12 des G. vom 8. III. 71 und des Lauenburgischen G. vom 24. VI. 71 gedachten Statuten zur Regelung der Armenpflege in den nicht ausschließlich im Eigentum des Gutsbesitzers stehenden Gutsbezirken und in den Gesamtarmenverbänden, sowie über die Genehmigung zur Wiederauflösung von Gesamtarmenverbänden (§ 14).

Soweit die Feststellung der Statuten bisher dem Kreistage oblag, erfolgt dieselbe fortan durch den Kreisausschuß.

Ist den Statuten die Bestätigung wiederholt versagt worden, so stellt der Bezirksausschuß dieselben endgültig fest.

§ 41. Beschwerden von Armen gegen Verfügungen von Ortsarmenverbänden darüber, ob, in welcher Höhe und in welcher Weise Armenunterstützungen zu gewähren sind (§ 63 G. vom 8. III. und § 51 des G. vom 24. VI. 71), unterliegen:

1. sofern eine Stadt von mehr als 10000 Einwohnern an dem Armenverbande beteiligt ist, der endgültigen Beschlußfassung des Bezirksausschusses;
2. andernfalls der endgültigen Beschlußfassung des Kreisausschusses.

Desgleichen unterliegen Beschwerden von Armen gegen Verfügungen von Landarmenverbänden über die Art und Höhe der Unterstützung der endgültigen Beschlußfassung des Bezirksausschusses, sofern die Landarmenverbände nur aus einem Kreise bestehen.

§ 42. Beschwerden von Ortsarmenverbänden gegen Verfügungen der Landarmenverbände darüber, ob, in welcher Höhe und in welcher Weise Beihilfen zu gewähren sind (§ 36 des G. vom 8. III. 71), unterliegen der endgültigen Beschlußfassung des Provinzialrats.

§ 43. Der Kreis- (Stadt-) Ausschuß beschließt:

1. an Stelle der in den §§ 60—62 des G. vom 8. III. 71 und in den §§ 48—50 des Lauenburgischen G. v. 24. VI. 71 bezeichneten Kreiskommission über Streitigkeiten zwischen Armenverbänden im schiedsrichterlichen und sühneamtlichen Vermittelungsverfahren;
2. an Stelle des Landrats bzw. des städtischen Gemeindevorstandes auf den Antrag eines Armenverbandes gegen die zur Unterstützung eines Hilfsbedürftigen verpflichteten Angehörigen gemäß § 65 bzw. § 53 a. a. O.

Die Beschlüsse des Kreis- (Stadt-) Ausschusses sind, vorbehaltlich des ordentlichen Rechtsweges im Falle zu 2, endgültig.

§ 44. Auf Beschwerden und Einsprüche, betreffend

1. die Verpflichtung zur Teilnahme an den Lasten der Armenpflege in Gutsbezirken und in Gesamtarmenverbänden (§§ 8ff. des G. vom 8. III. 71),
2. die Heranziehung oder Veranlagung zu den Lasten der Landarmenverbände (§ 29 a. a. O.),

beschließt in den Fällen zu 1 der Gutsvorsteher bzw. der Vorsitzende der Vertretung des Gesamtarmenverbandes, in den Fällen zu 2 der Vorstand des Landarmenverbandes.

Gegen den Beschluß findet innerhalb zwei Wochen die Klage im Verwaltungsstreitverfahren statt. Zuständig ist in den Fällen zu 1 der Kreisausschuß, in den Fällen zu 2 der Bezirksausschuß. Gegen die Entscheidung des Bezirksausschusses ist in allen Fällen nur das Rechtsmittel der Revision zulässig.

Einsprüche gegen Zuschläge zu den direkten Staatssteuern, welche sich gegen den Prinzipalsatz der letzteren richten, sind unzulässig.

Die Beschwerden und die Einsprüche, sowie die Klagen haben keine aufschiebende Wirkung. Dieselben stehen in den Fällen zu 2 nur den unmittelbar zur Aufbringung der Kosten der Landarmenpflege herangezogenen einzelnen Verbänden, Kreisen und Gemeinden zu.

Siebenter Titel.

Schulangelegenheiten.

§ 45. Über die Feststellung des Geldwertes der Naturalien und des Ertrages der Ländereien bei amtlicher Festsetzung des Einkommens der Elementarlehrer beschließt auf Anrufen von Beteiligten der Kreisausschuß und, sofern es sich um Stadtschulen handelt, der Bezirksausschuß. Der Beschluß des Bezirksausschusses in erster oder zweiter Instanz ist endgültig.

§ 46. 1. Auf Beschwerden und Einsprüche, betr. die Heranziehung zu Abgaben und sonstigen nach öffentlichem Rechte zu fordernden Leistungen für Schulen, welche der allgemeinen Schulpflicht dienen, beschließt, vorbehaltlich der Bestimmungen des § 47, die örtliche Behörde, welche die Abgaben und Leistungen für die Schule ausgeschrieben hat (Vorstand der Schulgemeinde, Schulsozietät, Schulkommune usw.).

2. Gegen den Beschluß findet innerhalb zwei Wochen die Klage im Verwaltungsstreitverfahren statt.
3. Der Entscheidung im Verwaltungsstreitverfahren unterliegen desgleichen Streitigkeiten zwischen Beteiligten über ihre in dem öffentlichen Rechte begründete Verpflichtung zu Abgaben und Leistungen für Schulen, welche der allgemeinen Schulpflicht dienen.
4. Zuständig in erster Instanz ist im Verwaltungsstreitverfahren der Kreisausschuß und, sofern es sich um Stadtschulen handelt, der Bezirksausschuß.
5. Die Entscheidung über streitige Abgaben und sonstige nach öffentlichem Recht zu fordernde Leistungen für Schulen der bezeichneten Art oder für deren Beamte, sowie über streitiges Schulgeld für solche Schulen nach § 15 des G. vom 24. V. 61 (GS. 241) erfolgt fortan im Verwaltungsstreitverfahren.
6. Einsprüche gegen die Höhe von Zuschlägen für Schulzwecke zu den direkten Staatssteuern, welche sich gegen den Prinzipalsatz der letzteren richten, sind unzulässig.
7. Die Beschwerden und die Ensprüche, sowie die Klage haben keine aufschiebende Wirkung.
8. Die Vorschriften dieses Paragraphen finden auf solche Abgaben und Leistungen für Schulen, welche zu den Gemeindelasten (§§ 18, 34) gehören, keine Anwendung.

§ 47. Über die Anordnung von Neu- und Reparaturbauten bei Schulen, welche der allgemeinen Schulpflicht dienen, über die öffentlich-rechtliche Verpflichtung zur Aufbringung der Baukosten, sowie über die Verteilung derselben auf Gemeinden (Gutsbezirke), Schulverbände und Dritte, statt derselben oder neben denselben Verpflichtete beschließt, sofern Streit entsteht, die Schulaufsichtsbehörde.

Gegen den Beschluß findet die Klage im Verwaltungsstreitverfahren statt. Dieselbe ist, soweit der in Anspruch Genommene zu der ihm angesonnenen Leistung aus Gründen des öffentlichen Rechts statt seiner einen anderen für verpflichtet erachtet, zugleich gegen diesen zu richten.

Auch im übrigen unterliegen Streitigkeiten der Beteiligten (Abs. 1) darüber, wem von ihnen die öffentlich-rechtliche Verbindlichkeit zum Bau oder zur Unterhaltung einer der Erfüllung der allgemeinen Schulpflicht dienenden Schule obliegt, der Entscheidung im Verwaltungsstreitverfahren.

Die Klage ist in den Fällen des zweiten Absatzes innerhalb zwei Wochen anzubringen. Die zuständige Behörde kann zur Vervollständigung der Klage eine angemessene Nachfrist gewähren. Durch den Ablauf dieser Fristen wird jedoch die Klage im Verwaltungsstreitverfahren auf Erstattung des Geleisteten gegen einen aus Gründen des öffentlichen Rechts verpflichteten Dritten nicht ausgeschlossen.

Zuständig im Verwaltungsstreitverfahren ist in erster Instanz der Kreisausschuß und, sofern es sich um Stadtschulen handelt, der Bezirksausschuß.

§ 48. Unterläßt oder verweigert ein Schulverband (Schulgemeinde, Schulsozietät, Schulkommune usw.) bei Schulen, welche der allgemeinen Schulpflicht dienen, in anderen als den im § 47 Abs. 1 bezeichneten Fällen die ihm nach öffentlichem Rechte obliegenden, von der Behörde innerhalb der Grenzen ihrer Zuständigkeit festgestellten Leistungen auf den Haushaltsetat zu bringen oder außerordentlich zu genehmigen beziehungsweise zu erfüllen, so verfügt der Landrat und, sofern es sich um Stadtschulen handelt, der Regierungspräsident die Eintragung in den Etat beziehungsweise die Feststellung der außerordentlichen Ausgabe.

Gegen die Verfügung des Landrats steht dem Schulverbande die Klage bei dem Bezirksausschusse, gegen die Verfügung des Regierungspräsidenten die Klage bei dem Oberverwaltungsgerichte zu. Dabei finden die Bestimmungen des § 47 Abs. 2 Satz 2 und Abs. 4 sinngemäße Anwendung.

§ 49. Die Vorschriften des § 47 finden auch Anwendung, wenn die Schule mit der Küsterei verbunden ist.

Für die im Verwaltungsstreitverfahren nach § 47 zu treffenden Entscheidungen sind die von den Schulaufsichtsbehörden innerhalb ihrer gesetzlichen Zuständigkeit getroffenen allgemeinen Anordnungen über die Ausführung von Schulbauten maßgebend.

Die der Schulaufsichtsbehörde nach Maßgabe des Gesetzes zustehende Befugnis zur Einrichtung neuer oder Teilung vorhandener Schulsozietäten bleibt unberührt.

Achter Titel.

Einquartierungsangelegenheiten.

§ 50. Über die Bestätigung von Gemeindebeschlüssen oder Ortsstatuten wegen Verteilung der Quartierleistungen und sonstigen Naturalleistungen (Vorspann, Naturalverpflegung, Furage) (§ 7 Abs. 3 bis 5 des G. vom 25. VI. 68, BGBl. 523, und § 7 Abs. 2 des G. vom 13. II. 75, RGBl. 52) beschließt der Kreisausschuß, in Städten der Bezirksausschuß.

Der Kreisausschuß beschließt über die Festsetzung des Umfangs der Quartierleistung für solche Gutsbezirke, welche eine Vereinigung mit einer Gemeinde nicht abgeschlossen haben (§ 7 letzter Abs. des G. vom 25. VI. 68).

§ 51. Werden gegen die für die Verteilung der Quartierleistungen aufgestellten Kataster (§ 6 Abs. 4. des G. vom 25. VI. 68) innerhalb der gesetzlich bestimmten Frist von 21 Tagen Einwendungen erhoben, so hat hierüber in betreff der Städte der Gemeindevorstand, in betreff der übrigen Ortsbehörden der Kreisausschuß zu beschließen.

Gegen den Beschluß findet innerhalb zwei Wochen die Beschwerde an den Bezirksausschuß statt.

Der Beschluß des Bezirksausschusses ist endgültig.

Neunter Titel.

Sparkassenangelegenheiten.

§ 52. Die Errichtung von Sparkassen durch Kreise, Stadt- und Landgemeinden und andere über den Umfang eines Kreises nicht hinausgehende kommunale Verbände bedarf der staatlichen Genehmigung auch in denjenigen Landesteilen, in welchen eine solche bisher nicht vorgeschrieben war.

Diese Genehmigung, sowie die Bestätigung der bezüglichen Statuten steht dem Oberpräsidenten zu. Die Genehmigung (Bestätigung) darf nur unter Zustimmung des Provinzialrats versagt werden. Ingleichen bedarf es der Zustimmung des Provinzialrats zu Statutenänderungen und zur Auflösung von Sparkassen, soweit solche der Oberpräsident nach bestehendem

Rechte gegen den Willen der Kreise, Gemeinden oder sonstigen Verbände vorzunehmen ermächtigt ist.

§ 53. Die Aufsicht über die Verwaltung der im § 52 bezeichneten Sparkassen wird durch die geordneten Kommunalaufsichtsbehörden geübt.

Wo bezüglich dieser Verwaltung in bestehenden Gesetzen oder in den Statuten eine ausdrückliche staatliche Genehmigung vorgeschrieben ist, erteilt dieselbe der Regierungspräsident, in Berlin der Oberpräsident. Die Versagung der Genehmigung darf nur unter Zustimmung des Bezirksausschusses erfolgen.

Zehnter Titel.

Synagogengemeindeangelegenheiten.

§ 54. Der Bezirksausschuß entscheidet auf Klagen einzelner wegen der ihnen als Mitglied einer Synagogengemeinde, oder auf Grund des G. vom 28. VII. 76 (GS. 353) zustehenden Rechte und obliegenden Verpflichtungen zu Abgaben und Leistungen.

Elfter Titel.

Wegepolizei.

§ 55. Die Aufsicht über die öffentlichen Wege und deren Zubehörungen, sowie die Sorge dafür, daß den Bedürfnissen des öffentlichen Verkehrs in bezug auf das Wegewesen Genüge geschieht, verbleibt in dem bisherigen Umfange den für die Wahrnehmung der Wegepolizei zuständigen Behörden. Sind dazu Leistungen erforderlich, so hat die Wegepolizeibehörde den Pflichtigen zur Erfüllung seiner Verbindlichkeit binnen einer angemessenen Frist aufzufordern und, wenn die Verbindlichkeit nicht bestritten wird, erforderlichenfalls mit den gesetzlichen Zwangsmitteln anzuhalten. Auch ist die zuständige Wegepolizeibehörde befugt, das zur Erhaltung des Gefährdeten oder zur Wiederherstellung des unterbrochenen Verkehrs Notwendige, auch ohne vorgängige Aufforderung des Verpflichteten, für Rechnung desselben in Ausführung bringen zu lassen, wenn dergestalt Gefahr im Verzuge ist, daß die Ausführung der vorzunehmenden Arbeit durch den Verpflichteten nicht abgewartet werden kann.

§ 56. 1. Gegen die Anordnungen der Wegepolizeibehörde, welche den Bau und die Unterhaltung der öffentlichen Wege oder die Aufbringung und Verteilung der dazu erforderlichen Kosten oder die Inanspruchnahme von Wegen für den öffentlichen Verkehr betreffen, findet als Rechtsmittel innerhalb zwei Wochen der Einspruch an die Wegepolizeibehörde statt.

2. Wird der Einspruch der Vorschrift des ersten Absatzes zuwider innerhalb der gesetzlichen Frist bei denjenigen Behörden erhoben, welche zur Beschlußfassung oder Entscheidung auf Beschwerden gegen Beschlüsse oder Verfügungen der Wegepolizeibehörde zuständig sind, so gilt die Frist als gewahrt.

3. Der Einspruch ist in solchen Fällen von den angerufenen Behörden an die Wegepolizeibehörde zur Beschlußfassung abzugeben.

4. Über den Einspruch hat die Wegepolizeibehörde zu beschließen. Gegen den Beschluß findet die Klage im Verwaltungsstreitverfahren statt. Dieselbe ist, soweit der in Anspruch Genommene zu der ihm ange-

sonnenen Leistung aus Gründen des öffentlichen Rechts statt seiner einen anderen für verpflichtet erachtet, zugleich gegen diesen zu richten. In dem Verwaltungsstreitverfahren ist entstehendenfalls auch darüber zu entscheiden, ob der Weg für einen öffentlichen zu erachten ist.

5. Auch im übrigen unterliegen Streitigkeiten der Beteiligten darüber, wem von ihnen die öffentlich-rechtliche Verpflichtung zur Anlegung oder Unterhaltung eines öffentlichen Weges obliegt, der Entscheidung im Verwaltungsstreitverfahren.

6. Die Klage ist in den Fällen des vierten Absatzes innerhalb zwei Wochen anzubringen. Die zuständige Behörde kann zur Vervollständigung der Klage eine angemessene Nachfrist gewähren. Durch den Ablauf dieser Fristen wird jedoch die Klage im Verwaltungsstreitverfahren auf Erstattung des Geleisteten gegen einen aus Gründen des öffentlichen Rechts verpflichteten Dritten nicht ausgeschlossen.

7. Zuständig im Verwaltungsstreitverfahren ist in erster Instanz der Kreisausschuß, in Stadtkreisen, in Städten mit mehr als 10000 Einwohnern, und sofern es sich um Chausseen handelt, oder ein Provinzialverband, Landeskommunal- oder Kreiskommunalverband als solcher, oder — in der Provinz Hannover — ein Wegeverband beteiligt ist, oder wenn die Klage gegen Beschlüsse des Landrats gerichtet ist, der Bezirksausschuß.

8. Wird ein Weg im Verwaltungsstreitverfahren für einen öffentlichen erklärt, so bleibt demjenigen, welcher privatrechtliche Ansprüche auf den Weg geltend macht, der Antrag auf Entschädigung gegen den Wegebauverpflichteten im ordentlichen Rechtswege nach Maßgabe des § 4 des G. vom 11. V. 42 (GS. 192) vorbehalten.

§ 57. Über Einziehung oder Verlegung öffentlicher Wege beschließt — vorbehaltlich der in den §§ 58 und 60 für die Provinzen Schleswig-Holstein und Hannover im Anschluß an die dortige Wegegesetzgebung getroffenen besonderen Bestimmungen — die Wegepolizeibehörde, nachdem das Vorhaben mit der Aufforderung, Einsprüche binnen vier Wochen zur Vermeidung des Ausschlusses geltend zu machen, in ortsüblicher Weise, sowie durch das Kreisblatt und das Amtsblatt veröffentlicht worden ist. Gegen den Beschluß der Wegepolizeibehörde steht den mit dem Einspruche Zurückgewiesenen innerhalb zwei Wochen die Klage bei dem Kreisausschusse, beziehungsweise dem Bezirksausschusse nach Maßgabe der Vorschrift in § 56 Abs. 7 zu.

Wird die beantragte Verlegung oder Einziehung eines öffentlichen Weges von der Wegepolizeibehörde von vornherein oder nach dem Einspruchs- (Ausschließungs-) Verfahren abgelehnt, so ist dem Antragsteller nur das Anrufen der Aufsichtsbehörde gestattet.

Der Art. VI der KreisO. vom 13. XII. 72 und die Ergänzung derselben vom 19. III. 81 wird aufgehoben.

§ 58. In der Provinz Schleswig-Holstein unterliegt der Beschlußfassung des Kreisausschusses, in Stadtkreisen des Bezirksausschusses:

1. Die Bestätigung von Bestimmungen der Gemeinden in betreff der Anlegung, Verlegung oder Einziehung von Nebenwegen, öffentlichen Fußsteigen oder Landwegen nach §§ 226, 234 Abs. 1, 235 der Wegeverordnung für die Herzogtümer Schleswig und Holstein vom 1. III. 42

und § 7 Abs. 1 der WegeVd. für das Herzogtum Lauenburg vom 7. II. 76;

2. die Anordnung der Verlegung von Nebenwegen nach § 226 Satz 1 der WegeVd. vom 1. III. 42, sowie die Anordnung der Anlegung neuer Landwege oder der Verlegung oder besseren Einrichtung bestehender Landwege im Kreise Herzogtum Lauenburg nach § 7 Abs. 2 der WegeVd.;
3. die Genehmigung des Zusammentretens von Gemeinden und Gutsbesitzern zu einem Verbande behufs gemeinsamer Herstellung und Unterhaltung von Nebenwegen nach § 13 des G. vom 26. II. 79 (GS. 94);
4. die Anordnung der im Interesse der Sicherheit der Wegebenutzung nach § 14 der WegeVd. zulässigen Beschränkungen der Benutzung von Grundstücken in der Nähe öffentlicher Wege.

§ 59. In der Provinz Schleswig-Holstein beschließt der Bezirksausschuß:

1. über die Zulassung einzelner Ausnahmen von den Regeln hinsichtlich der Breite und der Herstellungsart der Nebenwege nach § 221 der WegeVd. vom 1. III. 42;
2. über die Herstellungsart derjenigen neu auszubauenden Nebenlandstraße, hinsichtlich welcher die Kreise aus Provinzialmitteln eine Unterstützung nicht erhalten, nach § 146 der WegeVd. und § 7 Abs. 3 des G. vom 26. II. 79.

§ 60. In der Provinz Hannover beschließt:

1. in Landkreisen der Kreisausschuß, in Stadtkreisen sowie in den bezüglich der Verwaltung der allgemeinen Landesangelegenheiten selbständigen Städten der Bezirksausschuß:
   a) über Beschwerden Beteiligter gegen Bestimmungen der Gemeinden darüber, welche Wege als Gemeindewege anzulegen, aufzugeben oder für solche zu erklären sind (§ 11 des HannG. vom 8. VII. 51 über Gemeindewege und Landstraßen);
   b) über Beschränkungen des Gebrauchs von Gemeindewegen auf bestimmte Zwecke des Verkehrs oder hinsichtlich einzelner Arten der Beförderungsmittel (§ 17);
   c) über Beschwerden Beteiligter gegen die Anordnung der gesetzlichen Gemeindevertretung in betreff der Teilung eines Gemeindebezirks in Unterbezirke zur abgesonderten Anlegung oder Unterhaltung von Gemeindewegen (§ 24 Abs. 2 Nr. 2 und Abs. 4).
2. Der Bezirksausschuß über zeitweilige Beschränkungen des Gebrauchs von Landstraßen hinsichtlich der Zwecke des Verkehrs oder der Beförderungsmittel (§ 18).
3. Über die Verbindung mehrerer benachbarter Ortsgemeinden zur gemeinschaftlichen Anlegung und Unterhaltung der für sie alle wichtigen Gemeindewege innerhalb des einen oder andern Bezirks (§ 24 Abs. 2 Nr. 1 und Abs. 3 a. a. O.) beschließt:
   a) der Kreisausschuß, wenn die beteiligten Gemeinden demselben Kreise angehören,
   b) der Bezirksausschuß, wenn ein Stadtkreis oder eine bezüglich der Verwaltung der allgemeinen Landesangelegenheiten selbständige Stadt beteiligt ist, oder die Gemeinden verschiedenen Kreisen, aber demselben Regierungsbezirk angehören,

c) der Provinzialrat, wenn die Gemeinden verschiedenen Regierungsbezirken angehören.

§ 61. Für den Umfang des Regierungsbezirks Kassel beschließt der Bezirksausschuß an Stelle der Bezirksregierung:

über die Heranziehung der Gemeinden und Gutsbezirke zum Wegebau außerhalb ihrer Gemarkungen, sowie über die Verteilung der Wegebaulast (§§ 2, 3 und 4 des G. vom 16. III. 79 — GS. 225).

§ 62. Für den Umfang des vormaligen Herzogtums Nassau beschließt der Bezirksausschuß über die Feststellung des Beitrages der Gemeinden zu den Kosten der Herstellung chaussierter Verbindungsstraßen nach Maßgabe der §§ 5 und 6 des Nassauischen G. vom 2. X. 62.

Die im § 7 dem Amtsbezirksrate vorbehaltene Beschlußfassung steht dem Kreisausschusse zu. Gegen diesen Beschluß steht der Chausseebauverwaltung und den beteiligten Gemeinden binnen zwei Wochen die Beschwerde an den Bezirksausschuß offen.

§ 63. Für den Umfang der vormals Großherzoglich Hessischen Landesteile beschließt der Kreisausschuß über die Erteilung der Genehmigung:

Ziffer 1 fällt fort.

2. zur Bildung von Vizinalwegeverbänden in Gemäßheit des Großherzoglich Hessischen G. vom 6. XI. 60.

§ 64 fällt fort.

Zwölfter Titel.

Wasserpolizei.

A. Räumung von Gräben, Bächen und Wasserläufen.

§ 65. Über den Erlaß von Reglements (Regulativen) wegen Räumung von Gräben, Bächen und Wasserläufen beschließt in den durch die nachstehend bezeichneten Gesetze vorgesehenen Fällen an Stelle der bisher zuständigen Behörde der Kreis- (Stadt-) Ausschuß (§ 3 des VorflutG. für Neuvorpommern und Rügen vom 9. II. 67; Art. 10 und 15 des Großherzoglich Hessischen G. vom 18. II. 53; Art. 39 des Landgräflich Hessischen G. vom 15. VII. 62.

§ 66. 1. Gegen die Anordnungen der für die Wahrnehmung der Wasserpolizei zuständigen Behörde wegen Räumung von Gräben, Bächen und Wasserläufen, bzw. wegen Aufbringung oder Verteilung der dazu erforderlichen Kosten findet als Rechtsmittel innerhalb zwei Wochen der Einspruch an die Wasserpolizeibehörde statt. Dabei finden die Vorschriften des zweiten und dritten Absatzes des § 56 sinngemäße Anwendung.

2. Über den Einspruch hat die Wasserpolizeibehörde zu beschließen. Gegen den Beschluß der Behörde findet die Klage im Verwaltungsstreitverfahren statt. Dieselbe ist, soweit der Inanspruchgenommene zu der ihm angesonnenen Leistung aus Gründen des öffentlichen Rechts statt seiner einen anderen für verpflichtet erachtet, zugleich gegen diesen zu richten.

3. Auch im übrigen unterliegen Streitigkeiten der Beteiligten darüber, wem von ihnen die öffentlich-rechtliche Verbindlichkeit zur Räumung von Gräben und sonstigen Wasserläufen obliegt, der Entscheidung im Verwaltungsstreitverfahren.

4. Die Klage ist in den Fällen des zweiten Absatzes innerhalb zwei Wochen anzubringen. Die zuständige Behörde kann zur Vervollständigung der Klage eine angemessene Nachfrist gewähren. Durch den Ablauf dieser Fristen wird jedoch die Klage im Verwaltungsstreitverfahren auf Erstattung des Geleisteten gegen einen aus Gründen des öffentlichen Rechts Verpflichteten nicht ausgeschlossen.
5. Zuständig im Verwaltungsstreitverfahren ist in erster Instanz der Kreisausschuß, in Stadtkreisen und, wenn die Klage gegen Beschlüsse des Landrats gerichtet ist, sowie in Städten mit mehr als 10000 Einwohnern der Bezirksausschuß.
6. Auf Gräben, Bäche und Wasserläufe im Bezirke eines Deichverbandes finden die vorstehenden Bestimmungen keine Anwendung.

B. Stau-, Entwässerungs- und Bewässerungsanlagen, sowie Verschaffung der Vorflut.

I. Vorschriften für den betreffenden Geltungsbereich folgender Gesetze:
1. G. vom 15. XI. 11 wegen des Wasserstauens bei Mühlen und Verschaffung von Vorflut;
2. Rheinisches RuralG. vom 28. IX. 1791;
3. Rheinisches Ressortreglement vom 20. VII. 18;
4. G. vom 11. V. 53, betr. die Anwendung der VorflutG. auf unterirdische Wasserleitungen;
5. G. vom 14. VI. 59 wegen Verschaffung der Vorflut in den Bezirken des Appellationsgerichtshofes zu Cöln und des Justizsenats zu Ehrenbreitstein, sowie in den Hohenzollernschen Landen;
6. VorflutG. für Neuvorpommern und Rügen vom 9. II. 67;
7. G. über die Benutzung der Privatflüsse vom 28. II. 43;
8. Vd. vom 9. I. 45, betreffend die Einführung des Gesetzes vom 28. II. 43 über die Benutzung der Privatflüsse im Bezirke des Appellationsgerichtshofes zu Cöln;
9. G. vom 23. I. 46, betreffend das für Entwässerungsanlagen einzuführende Aufgebots- und Präklusionsverfahren;
10. WiesenO. für den Kreis Siegen vom 28. X. 46.

a) Festsetzung der Höhe des Wasserstandes bei Stauwerken.

§ 67. Behufs Festsetzung der Höhe des Wasserstandes bei Stauwerken erfolgt die Ernennung der sachverständigen Kommissarien endgültig durch Beschluß des Kreis- (Stadt-) Ausschusses. Eine Zuziehung des Gerichts findet ferner nicht statt.

Gegen die durch die Kommissarien beim Mangel rechtsverbindlicher deutlicher Bestimmungen bewirkte Festsetzung des Wasserstandes steht den Beteiligten die Klage bei dem Kreis- (Stadt-) Ausschusse zu.

Streitigkeiten darüber, ob die Höhe des Wasserstandes in rechtsverbindlicher und deutlicher Weise bestimmt sei, unterliegen der Entscheidung im Verwaltungsstreitverfahren vor dem Kreis- (Stadt-) Ausschusse. Der Kreis- (Stadt-) Ausschuß ist befugt, durch endgültigen Beschluß einen Wasserstand, welcher bis zur rechtskräftigen Entscheidung im Verwaltungsstreitverfahren inne zu halten ist, vorläufig festzusetzen (§§ 1—7 des G. vom 15. XI. 11; §§ 4—11 des G. vom 9. II. 67; Tit. II Art. 16 des Rheinischen RuralG. vom 28. IX. 1791; § 2 Nr. 3 und 4 des Rheinischen Ressortregl. vom 20. VII. 18).

b) Verschaffung von Vorflut.

§ 68. Der Kreis- (Stadt-) Ausschuß beschließt:

1. über Anträge auf Verschaffung von Vorflut, und zwar nach einer vorgängigen, von ihm anzuordnenden örtlichen Untersuchung (§§ 103—109 und 113—116 T. I Tit. 8 ALR.; §§ 11—18 des VorflutG. vom 15. XI. 11; Art. 3 des G. vom 11. V. 53; §§ 14—16, 18—21 des G vom 9. II. 67; §§ 4ff. des VorflutG. vom 14. VI. 59). Das schiedsrichterliche Verfahren nach den Bestimmungen der §§ 15ff. des VorflutG. vom 15. XI. 11 findet auch auf die Fälle der §§ 103—109 und 113—116 T. I Tit. 8 ALR. Anwendung;
2. über Anträge auf Mitbenutzung einer Entwässerungsanlage und auf Abänderungen eines Entwässerungsplanes (§§ 17, 20 G. vom 9. II. 67).

Gegen den Beschluß findet innerhalb zwei Wochen der Antrag auf mündliche Verhandlung im Verwaltungsstreitverfahren statt.

§ 69. Die Aufforderung zur Schiedsrichterwahl, die Ernennung des Obmanns, sowie der von den Beteiligten nicht rechtzeitig gewählten Schiedsrichter und die Ermächtigung des Schiedsgerichts erfolgt endgültig durch den Beschluß des Kreis- (Stadt-) Ausschusses (§§ 22, 23, 25, 27 des G. vom 15. XI. 11; §§ 23, 24, 26 des G. vom 9. II. 67).

§ 70. Der Kreis- (Stadt-) Ausschuß beschließt:

1. über die Rechtmäßigkeit der Ablehnung des Schiedsrichteramtes (§ 30 G. vom 15. XI. 11; § 24 G. vom 9. II. 67);
2. über die Zurückweisung unzulässiger Schiedsrichter (§§ 28, 29 G. vom 15. XI. 11; § 24 G. vom 9. II. 67);
3. über die Festsetzung der Vergütung der Schiedsrichter (§ 33 G. vom 15. XI. 11; § 27 G. vom 9. II. 67);
4. über die Festsetzung der Vergütung der Kommissaren (§ 27 G. vom 9. II. 67).

Gegen die Beschlüsse des Kreis- (Stadt-) Ausschusses steht innerhalb zwei Wochen den Beteiligten der Antrag auf mündliche Verhandlung im Streitverfahren zu, in welchem der Kreis- (Stadt-) Ausschuß endgültig entscheidet.

§ 71. Die Anfechtung der schiedsrichterlichen Entscheidung erfolgt innerhalb sechs Wochen im Wege der Klage bei dem Kreis- (Stadt-) Ausschusse (§§ 25, 26 G. vom 15. XI. 11; § 26 G. vom 9. II. 67).

§ 72. Die Vorschrift in § 28 G. vom 9. II. 67 wegen exekutivischer Einziehung von Kosten und Kostenvorschüssen durch die Bezirksregierung ist aufgehoben.

c) Bewässerungsanlagen.

§ 73. Der Bezirksausschuß beschließt über die Beschränkung der Ableitung des Wassers, wenn durch eine Bewässerungsanlage das öffentliche Interesse gefährdet oder der notwendige Wasserbedarf den unterhalb liegenden Einwohnern entzogen wird (§ 15 G. vom 28. II. 43; § 3 WiesenO. für den Kreis Siegen vom 28. X. 46).

§ 74. Der Kreis- (Stadt-) Ausschuß faßt den Präklusionsbescheid bei Bewässerungsanlagen ab (§§ 19—22, bzw. 6—9 a. a. O.). Gegen die Präklusion ist das Restitutionsgesuch innerhalb zwei Wochen bei dem Kreis- (Stadt-) Ausschusse anzubringen, welcher darüber im Verwaltungsstreitverfahren entscheidet. Auf Berufung entscheidet der Bezirksausschuß endgültig

Das gleiche gilt bezüglich des Präklusionsverfahrens bei Entwässerungsanlagen (G. vom 23. I. 46, Art. 3 G. vom 11. V. 53, § 29 des G. vom 9. II. 67).

§ 75. Über Widersprüche gegen eine Bewässerungsanlage des Uferbesitzers (§§ 16a und b, 17, 23 Abs. 1 und 2 des G. vom 28. II. 43, § 12 der WiesenO.) entscheidet der Kreis- (Stadt-) Ausschuß im Verwaltungsstreitverfahren.

§ 76. Die Anträge eines Uferbesitzers auf Einräumung oder Beschränkung von Rechten behufs Ausführung oder Erhaltung von Bewässerungsanlagen sind bei dem Kreis- (Stadt-) Ausschusse anzubringen.

Behufs Prüfung des Antrags an Ort und Stelle und Vernehmung der Beteiligten ernennt der Kreis- (Stadt-) Ausschuß einzelne seiner Mitglieder oder andere Sachverständige, welche das Ergebnis der Erhebung unter Beifügung ihres Gutachtens festzustellen haben.

Demnächst beschließt der Kreis- (Stadt-) Ausschuß über die Vorfrage, ob ein überwiegendes Landeskulturinteresse vorwalte (§§ 30—32 G. vom 28. II. 43).

§ 77. Der Kreis- (Stadt-) Ausschuß ernennt endgültig die Kommissarien für das fernere Verfahren und beschließt über die erhobenen Widersprüche gegen den von den Kommissarien entworfenen Plan, sowie über die Frist zu seiner Ausführung.

Gegen den Beschluß findet innerhalb zwei Wochen der Antrag auf mündliche Verhandlung im Verwaltungsstreitverfahren statt (§§ 33—44 a. a. O.).

§ 78. Der Kreis- (Stadt-) Ausschuß ernennt endgültig die Taxatoren und stellt die Entschädigung durch Endurteil fest.

Gegen das Endurteil steht dem Berechtigten nur die Berufung an das Oberlandeskulturgericht zu (§§ 43—47, 54 und 55 a. a. O.).

§ 79. Die Einziehung und Auszahlung oder Hinterlegung der festgestellten Entschädigungssumme liegt dem Landrate, in Stadtkreisen dem Gemeindevorstande ob.

§ 80. Über den Antrag auf vorläufige Gestattung der Anlage und die Höhe der zu erlegenden Kaution beschließt der Kreis- (Stadt-) Ausschuß.

II. Vorschriften für den Geltungsbereich der provisorischen Verfügung für die Geestdistrikte des Herzogtums Schleswig vom 6. IX. 63 (Chronologische Samml. 232).

§ 81. Gegen die Anordnungen, Festsetzungen und Erkenntnisse der Wasserlösungskommissionen und der Schauungsmänner findet innerhalb zwei Wochen die Klage bei dem Kreis- (Stadt-) Ausschusse statt. Derselbe kann zur Vervollständigung der Klage eine angemessene Nachfrist gewähren.

Die Wasserlösungskommission und bzw. die Schauungsmänner entscheiden durch Erkenntnis auch:

1. auf Beschwerde gegen Verfügungen der von den Wasserlösungskommissionen Kommittierten (§ 22 a. a. O.);
2. in Streitigkeiten der Beteiligten untereinander über die ihnen aus dem Gesetz oder den rechtlich bestehenden Regulativen zustehenden Rechte und Pflichten.

Im Falle des Schlußsatzes des § 17 a. a. O. entscheidet der Kreis- (Stadt-) Ausschuß im Verwaltungsstreitverfahren.

Gegen Verfügungen des Landrats an die in Wasserlösungsangelegenheiten Beteiligten steht denselben innerhalb zwei Wochen die Klage bei dem Bezirksausschusse zu.

III. Vorschriften für den Geltungsbereich der WasserlösungsO. für die Geestdistrikte des Herzogtums Holstein vom 16. VII. 57 (G. und MBl. 208) und der WasserlösungsO. für den Kreis Herzogtum Lauenburg vom 22. V. 57 (G. und MBl. 135).

§ 82. Die Entscheidung

1. über Beschwerden gegen Verfügungen der Behörden, durch welche die Beteiligten zur Erfüllung der durch das Gesetz oder durch die rechtlich bestehenden Regulative bestimmten Verpflichtungen angehalten werden;
2. über Streitigkeiten unter den Beteiligten über die ihnen aus dem Gesetz oder aus den rechtlich bestehenden Regulativen entspringenden Rechte und Pflichten

erfolgt nach Maßgabe der §§ 10 und 12, bzw. §§ 9 und 11 der gedachten Verordnungen.

Gegen die Entscheidung findet innerhalb zwei Wochen die Klage im Verwaltungsstreitverfahren statt. Zuständig ist in erster Instanz der Kreisausschuß, in Stadtkreisen und in Städten über 10000 Einwohner, sowie, wenn die Beschwerde gegen die Verfügung des Landrats gerichtet ist, der Bezirksausschuß.

Über Anträge auf Regulierungen, insbesondere über den Erlaß von Regulativen, durch welche die Rechte und Pflichten der an einer Wasserlösung Beteiligten nach Maßgabe der §§ 2—9 und 11, bzw. §§ 2—8 und 10 der gedachten Verordnungen bestimmt werden sollen, beschließt der Kreis- (Stadt-) Ausschuß.

Die betreffenden Schaukommissionen sind vor dem Beschlusse zu hören und haben auf Erfordern des Kreis- (Stadt-) Ausschusses die Untersuchung und Vermittelung vorzunehmen.

Gegen den Beschluß des Kreis- (Stadt-) Ausschusses findet innerhalb zwei Wochen der Antrag auf mündliche Verhandlung im Verwaltungsstreitverfahren statt.

IV. Vorschriften für den Geltungsbereich des Hannoverschen G. vom 22. VIII. 47 über Ent- und Bewässerung der Grundstücke, sowie über Stauanlagen (HannGS. 262).

§ 83. In erster Instanz beschließt der Bezirksausschuß an Stelle der Landdrostei und der Kreis- (Stadt-) Ausschuß — in den bezüglich der Verwaltung der allgemeinen Landesangelegenheiten selbständigen Städten der Bezirksausschuß — an Stelle der Obrigkeit (§§ 98, 99 a. a. O.). Über die nach jenem Gesetze (§§ 4, 47, 53, 68, 74, 86, 87, 90) für die Vorrichtung neuer Entwässerungs-, Bewässerungs- und Stauanlagen, sowie für die Änderung und Aufhebung solcher Anlagen erforderliche vorgängige Genehmigung der zuständigen Behörde (zu vergleichen jedoch § 84 Ziffer 1).

§ 84. Der Kreis- (Stadt-) Ausschuß beschließt über Anträge:

1. auf Zulassung neuer Entwässerungs-, Bewässerungs- oder Stauanlagen, oder auf Änderung oder Wegräumung derartiger Anlagen gegen den Widerspruch Beteiligter (§ 97 a. a. O.);
2. auf Setzung eines Stauziels usw. (§§ 75—77 a. a. O.) für vorhandene Stauanlagen (§ 79 a. a. O.);

3. auf den Eintritt in eine oder auf den Austritt aus einer Entwässerungs- oder Bewässerungsgenossenschaft, welche auf Grund des Hannoverschen G. vom 22. VIII. 47 oder vor Erlaß desselben errichtet und als öffentliche Genossenschaft im Sinne des Gesetzes vom 1. IV. 79, betreffend die Bildung von Wassergenossenschaften, nicht begründet ist (§§ 47—52, §§ 68 und 69 a. a. O.).

Gegen den Beschluß des Kreis- (Stadt-) Ausschusses findet innerhalb zwei Wochen der Antrag auf mündliche Verhandlung im Verwaltungsstreitverfahren statt.

V. Vorschriften für den Geltungsbereich der Kurhessischen Vd. vom 31. XII. 24, des Kurhessischen G. vom 28. X. 34 und des Kurhessischen G. vom 17. XII. 56.

§ 85. Der Bezirksausschuß beschließt über die Erteilung der nach §§ 16 und 17 Abs. 2 der Vd. vom 31. XII. 24 erforderlichen Genehmigung zu den dort bezeichneten Wasserbauanlagen und zu Veränderungen an vorhandenen derartigen Anlagen (zu vergleichen jedoch § 86 Ziffer 1 und 3).

§ 86. Der Kreis- (Stadt-) Ausschuß beschließt über Anträge:

1. auf Zulassung oder Veränderung der im § 85 bezeichneten Wasserbauanlagen gegen den Widerspruch Beteiligter;
2. auf Setzung von Eichpfählen bei vorhandenen Stauanlagen und über den Widerspruch Beteiligter;
3. auf Führung von Bewässerungs- oder Entwässerungsgräben oder Drains durch fremde Grundstücke, auf Gestattung von Vorarbeiten für Drainsanlagen auf fremden Grundstücken, oder auf Anlegung von Werken zum Stauen oder zur Hebung des Wassers auf fremden Grundstücken, nach §§ 6—9 des G. vom 28. X. 34 und nach dem G. vom 17. XII. 57;
4. auf Feststellung des Beitrags, welchen Gemeinden oder Private nach § 3 Abs. 2 der Vd. vom 31. XII. 24 zu den Kosten von Wasserbauten zu leisten haben, welche nach ihrem Gegenstande und Zwecke nicht nur als Staats-, sondern zugleich als Gemeinde- oder Privatbauten erscheinen, nach § 18 der Vd. vom 31. XII. 24.

Gegen den Beschluß des Kreis- (Stadt-) Ausschusses findet innerhalb zwei Wochen der Antrag auf mündliche Verhandlung im Verwaltungsstreitverfahren statt.

VI. Vorschriften für den Geltungsbereich der Nassauischen Vd. vom 27. VII. 58, der Großherzoglich Hessischen G. vom 18. II. 53, vom 19. II. 53, vom 20. II. 53 und vom 2. I. 58, der Landgräflich Hessischen G. vom 15. VII. 62 und vom 15. VII. 62.

§ 87. Der Bezirksausschuß beschließt an Stelle der Bezirksregierung:

1. Fällt fort;
2. über die Genehmigung zu einer Bachregulierung, zu Ent- und Bewässerungsanlagen oder zur Anlage von Wassertriebwerken nach §§ 2, 19, 25 und 26 der Nassauischen Vd. vom 27. VII. 58 (zu vergleichen jedoch § 89 Ziffer 1 und 4);
3. über die Genehmigung zur Anlegung oder Veränderung von Wassertriebwerken nach §§ 1 und 15 der Großherzoglich Hessischen Vd. vom 20. II. 53 und des Landgräflich Hessischen G. vom 15. VII. 62 (zu vergleichen jedoch § 89 Ziffer 4).

§ 88. Der Kreisausschuß beschließt über die Anlegung von Schwellen in den Sohlen regulierter Bäche nach § 5 der Nassauischen Vd. vom 27. VII. 58 und Art. 20 des Großherzoglich Hessischen G. vom 19. II. 53.

§ 89. Der Kreisausschuß beschließt über Anträge:

1. auf Zulassung von Bachregulierungen, sowie neuer Ent- und Bewässerungsanlagen gegen den Widerspruch Beteiligter nach § 2 der Nassauischen Verordnung;
2. auf Ausführung von Entwässerungsanlagen gegen den Widerspruch Beteiligter nach §§ 1, 21 und 32 des Großherzoglich Hessischen G. und des Landgräflich Hessischen Entwässerungsgesetzes;
3. auf Entscheidung über Widersprüche von Gemeinden gegen eine Bachregulierung oder gegen die Übernahme der durch eine Bachregulierung entstehenden Kosten und über das Verhältnis, in welchem die Kosten einer Bachregulierung auf mehrere Gemeinden zu verteilen sind, nach Art. 10, 7 und 8 des Großherzoglich Hessischen G.;
4. auf Genehmigung zur Errichtung, sowie zur Veränderung von Triebwerken an Bächen und deren Seitengräben gegen den Widerspruch Beteiligter nach §§ 19, 25, 26 und 27 der Nassauischen Vd., bzw. Art. 8 und 10 des Großherzoglich Hessischen G. und des Landgräflich Hessischen G.;
5. auf Setzung von Eichpfählen an bereits bestehenden Triebwerken nach § 28 der Nassauischen Vd., bzw. Art. 20 und 21 des Großherzoglich Hessischen G. und des Landgräflich Hessischen G.

Gegen den Beschluß des Kreisausschusses findet innerhalb zwei Wochen der Antrag auf mündliche Verhandlung im Verwaltungsstreitverfahren statt.

VII. Vorschriften für den Geltungsbereich des Bayerischen G. über Benutzung des Wassers vom 28. V. 52.

§ 90. Der Bezirksausschuß beschließt:

1. über die im Interesse der Erhaltung des nötigen Wasserbedarfs für eine Ortschaft erforderlichen Beschränkungen hinsichtlich der Abteilung des Wassers nach § 58 a. a. O.;
2. über Anträge auf Genehmigung zur Errichtung oder Abänderung von Stauanlagen nach Art. 61 und 82 a. a. O. (zu vergleichen jedoch § 91 Ziffer 4).

§ 91. Der Kreisausschuß beschließt über Anträge:

1. auf Genehmigung zu einer Abweichung von der gesetzlichen Beschränkung der Uferanlieger in der Benutzung des Wassers nach Art. 54 Abs. 2 und § 58 a. a. O.;
2. auf Verteilung des Wassers unter die Berechtigten bei Verminderung des Wasserstandes nach Art. 60 a. a. O.;
3. auf Zuweisung von Wasser für Grundstücke, welche nicht an dem Flusse liegen, nach Art. 62 und 63 a. a. O.;
4. auf Genehmigung zur Errichtung oder Abänderung von Stauvorrichtungen und Triebwerken oder auf Setzung eines Stauziels gegen den Widerspruch Beteiligter nach Art. 61, 73, 76, 77, 83 und 84 a. a. O.;
5. auf Zuleitung oder Ableitung des für eine Be- und Entwässerung erforderlichen Wassers durch fremde Grundstücke.

Gegen den Beschluß des Kreisausschusses findet innerhalb zwei Wochen der Antrag auf mündliche Verhandlung im Verwaltungsstreitverfahren statt.

VIII. Vorschriften für den Geltungsbereich der MühlenO. für das Fürstentum Hohenzollern-Sigmaringen vom 8. XI. 45.

§ 92. Der Bezirksausschuß beschließt über die Feststellung von Instruktionen für die Einrichtung und Benutzung der Mühlenhauptkanäle nach § 37 Nr. 12 a. a. O.

§ 93. Der Amtsausschuß beschließt über die Einrichtung von Flutschleusen an Mühlenwehren zur Verhütung von Überschwemmungen nach § 27 Nr. 13 a. a. O.

Der Amtsausschuß beschließt ferner über Anträge:

1. auf Errichtung, Veränderung oder Wiederherstellung von Wassermühlen nach § 23 II, § 5 III, § 8 a. a. O.,
2. auf Gewährung einer Entschädigung an einen Mühlenbesitzer für die Einrichtung von Flutschleusen nach § 27 Nr. 13 a. a. O.,
3. auf Benutzung des Wassers für Mühlen und die Gewährung bezüglicher Entschädigungen nach § 25 Abs. 2 a. a. O.

Gegen den Beschluß des Amtsausschusses in den Fällen zu 1 bis 3 findet innerhalb zwei Wochen der Antrag auf mündliche Verhandlung im Verwaltungsstreitverfahren statt.

C. Allgemeine Bestimmungen.

§ 94. Das G., betreffend die Bildung von Wassergenossenschaften, vom 1. IV. 79 kommt fortan mit folgenden Maßgaben zur Anwendung.

Die in § 49 Abs. 3 dem Kreis- (Stadt-) Ausschusse, in der Beschwerdeinstanz dem Bezirksausschusse übertragene Aufsicht über Wassergenossenschaften wird fortan vom Landrat als Vorsitzenden des Kreisausschusses, in Stadtkreisen von der Ortspolizeibehörde in der Beschwerdeinstanz vom Regierungspräsidenten geführt. In den Fällen der §§ 51, 53, 71 behält es bei der Zuständigkeit des Kreis- (Stadt-) Ausschusses sein Bewenden.

An die Stelle des zweiten Abs. des § 50 tritt folgende Bestimmung:

> Gegen die Verfügung oder Feststellung des Landrats oder der Ortspolizeibehörde steht der Genossenschaft innerhalb zwei Wochen die Klage bei dem Bezirksausschusse, gegen die Verfügung oder Feststellung des Regierungspräsidenten die Klage bei dem Oberverwaltungsgerichte zu.

In betreff der Rechtsmittel gegen die Androhung, Festsetzung und Ausführung des Zwangsmittels in den Fällen des § 54 finden die Bestimmungen der §§ 132 ff. LVG. Anwendung.

Bei dem Verfahren zur Begründung öffentlicher Wassergenossenschaften tritt, sofern das Genossenschaftsgebiet die Grenzen eines Regierungsbezirks nicht überschreitet, in den Fällen der §§ 73, 75, 76, 77, 93 und 94 der Regierungspräsident an die Stelle des Oberpräsidenten, und im Falle des § 72 Ziff. 2 der Landrat, in Stadtkreisen der Gemeindevorstand an die Stelle der Regierung. Die Befugnis zur Übertragung der Leitung des Verfahrens an eine Auseinandersetzungsbehörde (§ 77 Abs. 1 Satz 2) verbleibt dem Oberpräsidenten.

Die §§ 53 Abs. 3, 97 und 98 sowie der im § 57 daselbst für den Fall einer anderweitigen Organisation der höheren Verwaltungsbehörden gemachte Vorbehalt treten außer Kraft.

§ 95. Durch die Vorschriften des gegenwärtigen Titels werden nicht berührt:

1. die Zuständigkeiten der zur Wahrnehmung der Strom-, Schiffahrts- und Hafenpolizei berufenen Behörden;
2. die Zuständigkeiten der Auseinandersetzungsbehörden zur Regelung der mit einer Auseinandersetzung verbundenen Wasserstau-, Ent- und Bewässerungsanlagen;
3. die Bestimmungen der RGewO. über Stauanlagen für Wassertriebwerke und die darauf bezüglichen Zuständigkeitsvorschriften in §§ 109ff. des gegenwärtigen Gesetzes.

Dreizehnter Titel.

Deichangelegenheiten.

§ 96. Der Bezirksausschuß beschließt, soweit es sich um Deiche handelt, welche zu keinem Deichverbande oder Deichbande gehören:

1. über die Genehmigung für neue und für die Verlegung, Erhöhung oder Beseitigung bestehender Deichanlagen nach §§ 1 bis 3 G. vom 28. I. 48, §§ 16 und 17 der Kurhessischen Vd. vom 31. XII. 24, Art. 10, 36 und 40 des Bayerischen G. vom 28. V. 52,
2. über die Herstellung ganz oder teilweise verfallener oder zerstörter Deiche und die Heranziehung der Pflichtigen zur Erhaltung oder Wiederherstellung nach §§ 4 und 5 des G. vom 28. I. 48,
3. über die interimistische Tragung der Deichbaulast und die Verteilung der Beiträge nach §§ 6 bis 8 a. a. O.,
4. über die Beschränkung oder Untersagung der Nutzung eines Deiches nach § 24 a. a. O.

Die Beschwerde findet an den Minister für Landwirtschaft statt.

§ 97. Befugnisse, welche hinsichtlich der Deichverbände den Bezirksregierungen (Landdrosteien) in Gemäßheit des G. vom 28. I. 48 übertragen worden sind, können durch Statut oder Statutenänderung den Kreis-(Stadt-) Ausschüssen, den Bezirksausschüssen oder Provinzialräten überwiesen werden.

Auch können den vorbezeichneten Behörden Befugnisse hinsichtlich der Deichverbände und der Sielverbände (Schleusen-, Wettern-, Wasserlösungs- usw. Verbände) durch Statuten übertragen werden, mittels welcher die innere Organisation der Deich- und Sielverbände im Geltungsbereiche der besonderen Deichordnungen nach Art. IV des G. vom 11. IV. 72 neu geregelt und festgestellt wird.

Vierzehnter Titel.

Fischerpolizei.

§ 98. Der Bezirksausschuß beschließt:

1. über den Erlaß von Regulativen, betreffend die Beaufsichtigung und den Schutz der Laichschonreviere (§ 31 des FischereiG. vom 30. V. 74),
2. über die Genehmigung zur Ausführung von Fischpässen (§§ 36 und 39 a. a. O.),
3. darüber, in welchen Zeiten des Jahres der Fischpaß geschlossen gehalten werden muß und in welcher Ausdehnung oberhalb und unterhalb des Fischpasses für die Zeit, während welcher der Fischpaß geöffnet ist, jede Art des Fichfanges verboten ist (§§ 41 und 42 a. a. O.).

§ 99. Der Bezirksausschuß beschließt ferner:

1. über die Gestattung von Ableitungen nach § 43 Abs. 2 des G. vom 30. V. 74 und über die Anordnungen von Vorkehrungen nach § 43 Abs. 3 a. a. O., sofern die betreffende Ableitung nicht Zubehör einer der im § 16 RGewO. als genehmigungspflichtig bezeichneten Anlagen ist.

   Die Schlußbestimmung des § 43 des FischereiG. wird in betreff der im § 16 der RGewO. nicht erwähnten Anlagen aufgehoben,
2. über die Gestattung von Ausnahmen von dem Verbote des Flachs- und Hanfrötens in nicht geschlossenen Gewässern (§ 44 a. a. O.).

§ 100. Der Kreis- (Stadt-) Ausschuß führt die Aufsicht über die nach den §§ 9 und 10 des FischereiG. gebildeten Genossenschaften.

Behauptet die Genossenschaft, daß eine im Aufsichtswege getroffene Verfügung dem Statute oder dem Gesetze widerspricht, so steht ihr innerhalb zwei Wochen der Antrag auf mündliche Verhandlung im Verwaltungsstreitverfahren zu.

§ 101. Wird die Verpflichtung zur Teilnahme an den Lasten der nach §§ 9 und 10 a. a. O. gebildeten Genossenschaften, oder

wird das Recht zur Teilnahme an den Aufkünften aus der gemeinschaftlichen Fischereinutzung (§ 10 a. a. O.) bestritten,

so hat hierüber der Genossenschaftsvorstand Bescheid zu erteilen. Gegen den Bescheid findet innerhalb zwei Wochen die Klage bei dem Kreis- (Stadt-) Ausschusse statt. Die Entscheidung des Kreis- (Stadt-) Ausschusses ist vorläufig vollstreckbar.

§ 102. Der Entscheidung des Bezirksausschusses unterliegen:

1. Streitigkeiten über die Frage, ob ein Gewässer als ein geschlossenes anzusehen ist (§ 4 a. a. O.).
2. Klagen der Fischereiberechtigten oder Fischereigenossenschaften auf weitere Beschränkung oder gänzliche Aufhebung von Fischereiberechtigungen, welche auf die Benutzung einzelner bestimmter Fangmittel oder ständiger Fischereivorrichtungen gerichtet sind (§ 5 Ziff. 2 a. a. O.).

Fünfzehnter Titel.

Jagdpolizei.

§ 103. In Jagdpolizeisachen beschließt, soweit die Beschlußfassung nach bestehendem Rechte den Verwaltungsbehörden zusteht, unbeschadet der nachfolgenden Bestimmungen, der Landrat, in Stadtkreisen die Ortspolizeibehörde.

Gegen Beschlüsse dieser Behörden, durch welche Anordnungen wegen Abminderung des Wildstandes getroffen oder Anträge auf Anordnung oder Gestattung solcher Abminderung abgelehnt werden, findet statt der allgemeinen Rechtsmittel innerhalb zwei Wochen die Beschwerde an den Bezirksausschuß statt. Der Beschluß des Bezirksausschusses ist endgültig.

§ 104. Der Kreisausschuß, in Stadtkreisen der Bezirksausschuß, beschließt, soweit die Beschlußfassung nach bestehendem Rechte den Verwaltungsbehörden zusteht,

1. über die Genehmigung zur Bildung mehrerer für sich bestehender Jagdbezirke aus dem Bezirke einer Gemeinde (Gemarkung, Feldmark),
2. über die Anordnung der Vereinigung mehrerer Gemeindebezirke (Gemarkungen, Feldmarken) zu einem gemeinschaftlichen Jagdbezirke ge-

mäß § 6 der Naussauischen Vd. vom 30. III. 67 und § 8 des Lauenburgischen G. vom 17. VII. 72.

Bestimmungen, wonach es zur Annahme eines Ausländers als Jagdpächters einer besonderen Genehmigung bedarf, finden auf Angehörige des Deutschen Reichs fortan keine Anwendung.

§ 105. Streitigkeiten der Beteiligten über ihre in dem öffentlichen Rechte begründeten Berechtigungen und Verpflichtungen hinsichtlich der Ausübung der Jagd, insbesondere über

1. Beschränkungen in der Ausübung des Jagdrechts auf eigenem Grund und Boden,
2. Bildung von gemeinschaftlichen Jagdbezirken, Anschluß von Grundstücken an einen gemeinschaftlichen Jagdbezirk, oder Ausschluß von Grundstücken aus einem solchen,
3. Ausübung der Jagd auf fremden Grundstücken, welche von einem größeren Walde oder von einem oder mehreren selbständigen Jagdbezirken umschlossen sind, sowie den Eigentümern der Grundstücke zu gewährende Entschädigung

unterliegen der Entscheidung im Verwaltungsstreitverfahren.

Zuständig im Verwaltungsstreitverfahren ist in erster Instanz der Kreisausschuß, in Stadtkreisen der Bezirksausschuß.

§ 106. Auf Beschwerden und Einsprüche, betreffend die von der Gemeindebehörde oder dem Jagdvorstande festgestellte Verteilung der Erträge der gemeinschaftlichen Jagdnutzung, beschließt die Gemeindebehörde bzw. der Jagdvorstand.

Gegen den Beschluß findet innerhalb zwei Wochen die Klage bei dem Kreisausschuß, in Stadtkreisen bei dem Bezirksausschuß statt.

Die im ersten Absatz gedachte Feststellung bedarf keiner Genehmigung oder Bestätigung von seiten der Aufsichtsbehörde.

§ 107. Der Bezirksausschuß beschließt über die Verlängerung, Verkürzung oder Aufhebung der gesetzlichen Schonzeit, soweit darüber nach bestehendem Rechte im Verwaltungswege Bestimmung getroffen werden kann. Der Beschluß ist endgültig.

§ 108. Der Bezirksausschuß beschließt über die Erneuerung der auf den Schleswigschen Westseeinseln bestehenden Konzessionen zur Errichtung von Vogelkojen, sowie über die Erteilung neuer Konzessionen (§ 6 des G. vom 1. III. 70).

Sechzehnter Titel.

Gewerbepolizei.

A. Gewerbliche Anlagen.

§ 109. Der Kreis- oder Stadtausschuß, in den einem Landkreise angehörigen Städten mit mehr als 10000 Einwohnern der Magistrat (kollegialische Gemeindevorstand), beschließt über Anträge auf Genehmigung zur Errichtung oder Veränderung gewerblicher Anlagen (§§ 16 bis 25 der RGewO., soweit konzessionspflichtige Anlagen der nachbezeichneten Art in Frage stehen:

Gasbereitungs- und Gasbewahrungsanstalten, Anstalten zur Destillation von Erdöl, Anlagen zur Bereitung von Braunkohlenteer, Steinkohlenteer und Koks, Asphaltkochereien und Pechsiedereien, Glas- und

Rußhütten, Kalk-, Ziegel- und Gipsöfen, Metallgießereien, Hammer werke, Schnellbleichen, Firnissiedereien, Stärkefabriken, Stärkesirupfabriken, Wachstuch-, Darmsaiten-, Dachpappen- und Dachfilzfabriken, Darmzubereitungsanstalten, Leim-, Tran- und Seifensiedereien, Knochenbrennereien, Knochendarren, Knochenkochereien und Knochenbleichen, Hopfenschwefeldarren, Zubereitungsanstalten für Tierhaare, Talgschmelzen, Schlächtereien, Gerbereien, Abdeckereien, Strohpapierstoffabriken, Stauanlagen für Wassertriebwerke, Fabriken, in welchen Dampfkessel oder andere Blechgefäße durch Vernieten hergestellt werden, Anstalten zum Imprägnieren von Holz mit erhitzten Teerölen, Kunstwollefabriken und Degrasfabriken, endlich Dampfkessel mit Ausnahme der für den Gebrauch auf Eisenbahnen bestimmten Lokomotiven und der zum Betriebe auf Bergwerken und Aufbereitungsanstalten bestimmten Dampfkessel, Fabriken, in welchen Röhren aus Blech durch Vernieten hergestellt werden, Anlagen zur Erbauung eiserner Schiffe, zur Herstellung eiserner Brücken oder sonstiger eiserner Baukonstruktionen, Anlagen zur Destillation oder zur Verarbeitung von Teer und Teerwasser, Anstalten zum Trocknen und Einsalzen ungegerbter Tierfelle, Anlagen zur Herstellung von Gußstahlkugeln mittels Kugelschrotmühlen (Kugelfräsmaschinen).

Im Falle fernerer Ergänzung des Verzeichnisses der konzessionspflichtigen Anlagen gemäß § 16 letzter Abs. der RGewO. bleibt die Bestimmung darüber, für welche der in das Verzeichnis nachträglich aufgenommenen Anlagen der Kreisausschuß (Stadtausschuß, Magistrat) zuständig ist, königlicher Verordnung vorbehalten.

§ 110. Der Bezirksausschuß beschließt über Anträge auf Genehmigung zur Errichtung oder Veränderung gewerblicher Anlagen, soweit die Beschlußnahme darüber nicht nach § 109 dem Kreis- oder Stadtausschusse (Magistrat) überwiesen ist.

Der Bezirksausschuß beschließt ferner im Einvernehmen mit dem zuständigen Oberbergamte über die Zulässigkeit von Wassertriebwerken, welche zum Betriebe von Bergwerken oder Aufbereitungsanstalten dienen (§ 59 Abs. 3 des AllgBergG. vom 24. VI. 65).

§ 111. Der Bezirksausschuß beschließt auf Antragung der Ortspolizeibehörde darüber, ob die Ausübung eines Gewerbes in Anlagen, deren Betrieb mit ungewöhnlichem Geräusch verbunden ist, an der gewählt ten Betriebsstätte zu untersagen oder nur unter Bedingungen zu gestatten ist (§ 27 der RGewO.).

§ 112. Die Befugnis, gemäß § 51 der RGewO. die fernere Benutzung einer gewerblichen Anlage wegen überwiegender Nachteile und Gefahren für das Gemeinwohl zu untersagen, steht dem Bezirksausschusse zu.

§ 113. In Fällen der §§ 109 bis 112 findet die Beschwerde an den Minister für Handel und Gewerbe statt. Sofern bei Stauanlagen Landeskulturinteressen in Betracht kommen, ist der Minister für Landwirtschaft zuzuziehen.

B. Gewerbliche Konzessionen.

§ 114. Über Anträge auf Erteilung der Erlaubnis zum Betriebe der Gastwirtschaft oder Schankwirtschaft, zum Kleinhandel mit Branntwein oder Spiritus, sowie zum Betriebe des Pfandleihgewerbes und zum Handel mit Giften (§§ 33, 34 der RGewO.) beschließt der Kreis- oder Stadtausschuß.

Wird die Erlaubnis versagt, so steht dem Antragsteller innerhalb zwei Wochen der Antrag auf mündliche Verhandlung im Verwaltungsstreitverfahren vor dem Kreis- oder Stadtausschusse zu.

Über Anträge auf Erteilung der Erlaubnis zum Betriebe der Gastwirtschaft, zum Ausschänken von Branntwein oder von Wein, Bier oder anderen geistigen Getränken, sowie zum Kleinhandel mit Branntwein oder Spiritus ist zunächst die Gemeinde- und Ortspolizeibehörde zu hören. Wird von einer dieser Behörden Widerspruch erhoben, so darf die Erteilung der Erlaubnis nur auf Grund mündlicher Verhandlung im Verwaltungsstreitverfahren erfolgen.

Die Entscheidung des Bezirksausschusses ist endgültig.

In den zu einem Landkreise gehörigen Städten mit mehr als 10000 Einwohnern tritt an die Stelle des Kreisausschusses der Magistrat (kollegialische Gemeindevorstand).

§ 115. Über die Anträge auf Erteilung:

a) der Konzession zu Privatkranken-, Privatentbindungs- und Privatirrenanstalten (§ 30 Abs. 1 der RGewO.),

b) der Erlaubnis zu Schauspielunternehmungen (§ 32 a. a. O.)

beschließt der Bezirksausschuß.

Gegen die im Verwaltungsstreitverfahren in den Fällen zu a zu treffenden Entscheidungen sind die von den Medizinalaufsichtsbehörden innerhalb ihrer gesetzlichen Zuständigkeit getroffenen allgemeinen Anordnungen über die gesundheitspolizeilichen Anforderungen, welche an die baulichen und sonstigen technischen Einrichtungen der unter a bezeichneten Anstalten zu stellen sind, maßgebend.

§ 116. Gegen Verfügungen der Ortspolizeibehörde, durch welche die Erlaubnis zum gewerbsmäßigen öffentlichen Verbreiten von Druckschriften (§ 43 der RGewO.) versagt, oder die nicht gewerbsmäßige öffentliche Verbreitung von Druckschriften (§ 5 des G. über die Presse vom 7. V. 74) verboten worden ist, findet innerhalb zwei Wochen die Klage bei dem Kreisausschusse, in Stadtkreisen und in den zu einem Landkreise gehörigen Städten mit mehr als 10000 Einwohnern bei dem Bezirksausschusse statt.

§ 117. Gegen Verfügungen der unteren Verwaltungsbehörden, durch welche Reichsangehörigen die Legitimationskarte:

1. zum Ankauf von Waren oder zum Aufsuchen von Warenbestellungen (§ 44 RGewO.),

Ziffer 2 fällt fort.

versagt worden ist, findet innerhalb zwei Wochen die Klage bei dem Bezirksausschusse statt. Über Anträge wegen der Erteilung von Wandergewerbescheinen beschließt der Bezirksausschuß. Gegen den versagenden Beschluß findet innerhalb zwei Wochen der Antrag auf mündliche Verhandlung im Verwaltungsstreitverfahren statt.

§ 118. In den Fällen der §§ 115, 116 und 117 ist gegen die Endurteile des Bezirksausschusses nur das Rechtsmittel der Revision zulässig.

§ 119. Der Kreisausschuß, in Stadtkreisen und in den zu einem Landkreise gehörigen Städten mit mehr als 10000 Einwohnern der Bezirksausschuß, entscheidet auf Klage der zuständigen Behörde:

1. über die Untersagung des Betriebes der im § 35 RGewO. und der im § 37 a. a. O. gedachten Gewerbe;
2. über die Zurücknahme von Konzessionen zum Betriebe der Gast- und Schankwirtschaft, zum Kleinhandel mit Branntwein und Spiritus, sowie zum Betriebe des Pfandleihgewerbes und zum Handel mit Giften (§ 53 a. a. O.).

§ 120. Der Bezirksausschuß entscheidet auf Klage der zuständigen Behörden über die Zurücknahme:

1. der im vorstehenden § 119 Nr. 2 nicht gedachten, im § 53 RGewO. aufgeführten Approbationen, Genehmigungen und Bestallungen, mit Ausnahme der Konzessionen der Markscheider;

   Ziffer 2 fällt fort.

3. der Konzessionen der Handelsmakler;
4. der Patente der Stromschiffer (§ 31 Abs. 3 RGewO.);
5. der Prüfungszeugnisse der Hebammen (§ 30 Abs. 2 a. a. O.).

§ 121. Insofern durch Reichsgesetz bestimmt wird, daß außer den in §§ 114 bis 120 aufgeführten Gewerbetreibenden noch andere einer Konzession (Approbation, Genehmigung, Bestallung) zum Gewerbebetriebe bedürfen oder noch anderen Gewerbetreibenden der Gewerbebetrieb untersagt oder die ihnen erteilte Konzession zurückgenommen werden kann, so wird die zur Erteilung der Konzession, Untersagung des Gewerbebetriebs, bzw. Zurücknahme der Konzession zuständige Behörde durch Königliche Verordnung bestimmt (vgl. Vd. v. 31. XII. 83 GS. 84 S. 7, v. 19. VIII. 97 GS. 401 u. v. 30. VII. 00 GS. 308.)

C. Ortsstatuten.

§ 122. Der Bezirksausschuß beschließt über die Genehmigung von Ortsstatuten, betreffend gewerbliche Angelegenheiten (§ 142 RGewO. und § 57 Nr. 2 der V. vom 9. II. 45, GS. 93.)

D. Innungen.

§ 123 fällt fort.

§ 124. Der Bezirksausschuß beschließt über die Genehmigung von Innungsstatuten und deren Abänderung (§ 84 RGewO. in der Fassung vom 26. VII. 00).

Gegen den die Genehmigung versagenden Beschluß findet innerhalb zwei Wochen der Antrag auf mündliche Verhandlung im Verwaltungsstreitverfahren statt.

Gegen die Entscheidung des Bezirksausschusses ist nur das Rechtsmittel der Revision zulässig.

§ 125. Der Entscheidung des Bezirksausschusses unterliegen Streitigkeiten zwischen Ortsgemeinden und Innungen infolge der Auflösung der letzteren gemäß (§ 98a Abs. 4 RGewO.).

Ingleichen findet in den Fällen des § 96 Abs. 7 und § 101 Abs. 4 RGewO. in der Fassung vom 26. VII. 00 innerhalb der gesetzlichen Frist von vier Wochen gegen die dort erwähnten Entscheidungen der Aufsichtsbehörde die Klage bei dem Bezirksausschusse statt.

§ 126. Der Bezirksausschuß entscheidet auf Klage der Aufsichtsbehörde über die Schließung einer Innung oder eines gemeinsamen Innungsausschusses (§§ 97, 102, 100c, 100t Abs. 6 RGewO. in der Fassung vom 26. VII. 1900).

Der Bezirksausschuß kann vor Erlaß des Endurteils nach Anhörung des Innungsvorstandes oder des gemeinsamen Bezirksausschusses die vorläufige Schließung der Innung oder des gemeinsamen Innungsausschusses anordnen, welche alsdann bis zum Erlaß des Endurteils fortdauert.

E. Märkte.

§ 127. Der Provinzialrat beschließt über die Zahl, Zeit und Dauer der Kram- und Viehmärkte.

Gegen den Beschluß findet die Beschwerde an den Minister für Handel und Gewerbe statt.

§ 128. Der Bezirksausschuß beschließt über die Zahl, Zeit und Dauer der Wochenmärkte, über die fernere Gestattung des herkömmlichen Wochenmarktverkehrs mit gewissen Handwerkerwaren von seiten der einheimischen Verkäufer (§ 64 RGewO.), sowie darüber, welche Gegenstände außer den im § 66 a. a. O. aufgeführten, nach Ortsgewohnheit und Bedürfnis im Regierungsbezirke, überhaupt an gewissen Orten zu den Wochenmarktsartikeln gehören.

Die Festsetzungen über Zahl, Zeit und Dauer der Wochenmärkte erfolgen unter Zustimmung der Gemeindebehörden des Marktortes.

§ 129. Sofern bei Aufhebung von Märkten der in den §§ 127 und 128 bezeichneten Art Entschädigungsansprüche von Marktberechtigten in Frage kommen, bedürfen die bezüglichen Beschlüsse der Zustimmung des Ministers für Handel und Gewerbe.

§ 130. Der Bezirksausschuß beschließt über die Einführung neuer, sowie über die Erhöhung oder Ermäßigung oder anderweite Regulierung bestehender Marktstandgelder (G. vom 26. IV. 72, GS. 513).

Bei der Bestimmung des § 5 Abs. 2 des G. vom 26. IV. 72 behält es sein Bewenden.

F. Öffentliche Schlachthäuser.

§ 131. Der Bezirksausschuß beschließt:

1. über die Genehmigung der auf Grund der §§ 1 bis 4 G. vom 18. III. 68 (GS. 277) gefaßten Gemeindebeschlüsse, sowie über die Bestätigung von Verträgen zwischen einer Gemeinde und einem Unternehmer in betreff der Errichtung eines öffentlichen Schlachthauses (§ 12 a. a. O.);
2. über Entschädigungsansprüche der Eigentümer und Nutzungsberechtigten von Privatschlachtanstalten wegen des ihnen durch die Errichtung öffentlicher, ausschließlich zu benutzender Schlachthäuser zugefügten Schadens (§§ 9 bis 11 a. a. O.).

In den Fällen zu 1 findet die Beschwerde an den Minister für Handel und Gewerbe, in den Fällen zu 2 nur der ordentliche Rechtsweg gemäß § 11 a. a O. statt.

G. Kehrbezirke.

§ 132. Der Bezirksausschuß beschließt über die Einrichtung, Aufhebung oder Veränderung der Kehrbezirke für Schornsteinfeger (§ 39 RGewO.).

H. Ablösung gewerblicher Berechtigungen.

§ 133. Der Bezirksausschuß entscheidet über Anträge auf Ablösung von Gewerbeberechtigungen und auf Entschädigung für aufgehobene Gewerbeberechtigungen.

Gegen die Endurteile des Bezirksausschusses findet unter Ausschluß anderer Rechtsmittel nur die Berufung an das Oberverwaltungsgericht statt.

Siebzehnter Titel.

Handelskammern, kaufmännische Korporationen, Börsen.

§ 134 fällt fort.

§ 135 fällt fort.

§ 136. Gegen Beschlüsse des Vorstandes einer kaufmännischen Korporation über die Aufnahme, die Suspension oder die Ausschließung von Mitgliedern, die Gültigkeit der Vorstandswahlen, die Rechte und Pflichten der Mitglieder und die Verhängung von Ordnungsstrafen gegen Mitglieder findet, soweit nach dem Statut gegen dergleichen Beschlüsse der Rekurs an eine Behörde zulässig ist, an Stelle desselben innerhalb zwei Wochen die Klage bei dem Bezirksausschusse statt.

§ 137. Gegen Beschlüsse der Handelskammer oder des Vorstandes einer kaufmännischen Korporation, durch welche die Erlaubnis zum Besuche der, der Aufsicht der Handelskammer oder kaufmännischen Korporation unterstellten Börse versagt, auf Zeit oder für immer entzogen, eine Beschwerde über unrichtige Einschätzung zu den Börsenbeiträgen zurückgewiesen oder über einen Handelsmakler eine Ordnungsstrafe verhängt wird, findet, soweit nach der Börsen- oder Maklerordnung gegen dergleichen Beschlüsse der Rekurs an eine Behörde zulässig ist, an Stelle desselben innerhalb zwei Wochen die Klage bei dem Bezirksausschusse statt.

§ 138. Gegen die Endurteile des Bezirksausschusses in den Fällen der §§ 135 bis 137 ist nur das Rechtsmittel der Revision zulässig.

Achtzehnter Titel.

Feuerlöschwesen.

§ 139. Der Kreisausschuß beschließt, soweit die Vorschriften über das Feuerlöschwesen nicht entgegenstehen, über die Genehmigung und erforderlichenfalls über die Anordnung zur Bildung, Veränderung und Aufhebung von Verbänden mehrerer Landgemeinden oder Gutsbezirke behufs gemeinschaftlicher Anschaffung und Unterhaltung von Feuerspritzen (Spritzenverbänden).

Über die gemeinschaftlichen Angelegenheiten jedes Spritzenverbandes, insbesondere über die Aufbringungsweise und die Verteilung der Kosten, sind, soweit dies notwendig ist, die erforderlichen Festsetzungen durch ein unter den Beteiligten zu vereinbarendes Statut, welches der Bestätigung des Kreisausschusses bedarf, zu treffen. Kommt eine Vereinbarung über das Statut binnen einer von dem Kreisausschusse zu bemessenden Frist nicht zustande, oder wird dem Statute die Bestätigung wiederholt versagt, so stellt der Kreisausschuß das Statut fest.

§ 140. Über die infolge Veränderung oder Aufhebung eines Spritzenverbandes notwendig werdende Auseinandersetzung zwischen den Beteiligten beschließt der Kreisausschuß.

Gegen den Beschluß findet innerhalb zwei Wochen der Antrag auf mündliche Verhandlung im Verwaltungsstreitverfahren statt.

Streitigkeiten zwischen den beteiligten Gemeinden oder Gutsbezirken über Berechtigung oder Verpflichtung zur Teilnahme an den Nutzungen bzw. Lasten des Spritzenverbandes unterliegen der Entscheidung des Kreisausschusses im Verwaltungsstreitverfahren.

Neunzehnter Titel.

Hilfskassen.

§ 141. Der Bezirksausschuß beschließt über Anträge auf Zulassung eingeschriebener Hilfskassen (§ 4 G. über die eingeschriebenen Hilfskassen vom 7. IV. 76).

Gegen den die Zulassung versagenden Beschluß findet innerhalb zwei Wochen der Antrag auf mündliche Verhandlung im Verwaltungsstreitverfahren statt.

Gegen die Entscheidung des Bezirksausschusses ist nur das Rechtsmittel der Revision zulässig.

§ 142. Der Bezirksausschuß entscheidet auf Klage der Aufsichtsbehörde über die Schließung eingeschriebener Hilfskassen (§ 29 a. a. O.).

Der Bezirksausschuß kann vor Erlaß des Endurteils nach Anhörung des Kassenvorstandes die vorläufige Schließung der Hilfskasse anordnen, welche alsdann bis zum Erlasse des Endurteils fortdauert.

Zwanzigster Titel.

Baupolizei.

§ 143. Der Bezirksausschuß beschließt über die Anwendung der in den Städten geltenden feuer- und baupolizeilichen Vorschriften bei Gebäuden auf solchen zum platten Lande gehörigen Grundstücken, welche innerhalb der Städte oder im Gemenge mit städtischen bebauten Grundstücken liegen, gemäß den Vorschriften der Vd. vom 17. VII. 46.

§ 144. Über die Anwendung der Bestimmungen der Vd. vom 21. XII. 46 auf andere öffentliche Bauausführungen (Kanal- und Chausseebauten usw.) gemäß § 26 der gedachten Verordnung beschließt:

1. insoweit es sich um Bauten der Kreis-, Amts- und Wegeverbände oder Gemeinden handelt, der Regierungspräsident unter Zustimmung des Bezirksausschusses;
2. insoweit es sich um Bauten des Provinzialverbandes handelt, der Oberpräsident unter Zustimmung des Provinzialrats;
3. für den Stadtkreis Berlin der Oberpräsident.

§ 145. Über Dispense von Bestimmungen der Baupolizeiordnungen beschließt nach Maßgabe dieser Ordnungen der Kreisausschuß, in Stadtkreisen und in den zu einem Landkreise gehörigen Städten von mehr als 10000 Einwohnern der Bezirksausschuß, soweit die Angelegenheit nicht nach diesen Ordnungen zur Zuständigkeit anderer Organe gehört. Verfügungen der letzteren unterliegen der Anfechtung nur im Wege der Beschwerde an die Aufsichtsbehörde.

Der Bezirksausschuß tritt in betreff der Zuständigkeit zur Erteilung von Dispensen in allen Fällen an die Stelle der Bezirksregierung.

Zur Einlegung der Beschwerde gegen den Beschluß ist auch die zur Erteilung der Bauerlaubnis zuständige Behörde befugt, welcher der Beschluß zuzustellen ist.

Gegen den Beschluß des Bezirksausschusses in erster Instanz findet die Beschwerde an den Minister der öffentlichen Arbeiten statt.

§ 146. Die §§ 17 und 18 des G. vom 2. VII. 75 (GS. 561) werden aufgehoben.

Die Wahrnehmung der in den §§ 5, 8, 9 a. a. O. dem Kreisausschusse beigelegten Funktionen liegt für den Stadtkreis Berlin dem Minister der öffentlichen Arbeiten, für die übrigen Stadtkreise, sowie für die zu einem Landkreise gehörigen Städte mit mehr als 10000 Einwohnern dem Bezirksausschusse ob. Die Bestätigung der Statuten nach den §§ 12 und 15 a. a. O. erfolgt für den Stadtkreis Berlin durch den Minister des Innern.

Einundzwanzigster Titel.

Dismembrations- und Ansiedelungssachen.

§ 147. Die §§ 22 und 23 des AnsiedG. vom 25. VIII. 76 treten außer Kraft.

§ 148. Die in den §§ 1 bis 4 des Lauenburgischen G. vom 4. XI. 74 dem Landrate zugewiesene Entscheidung über die Gestattung neuer Ansiedelungen ist von der Ortspolizeibehörde zu treffen.

Gegen den Bescheid, welcher mit Gründen zu versehen und dem Antragsteller, sowie denjenigen, welche Widerspruch erhoben haben, zu eröffnen ist, steht den Beteiligten innerhalb zwei Wochen die Klage im Verwaltungsstreitverfahren bei dem Kreisausschusse zu.

§ 149. Im Geltungsbereiche des Lauenburgischen G. vom 22. I. 76, betreffend die Verteilung der öffentlichen Lasten bei Grundstückszerstückelungen, tritt

1. an die Stelle der im § 12 Abs. 2 den Beteiligten und der Patronatsbehörde offen gehaltenen Beschwerde gegen die Lastenverteilung, innerhalb der dort bestimmten Frist von zwei Wochen, die Klage beim Kreisausschusse im Verwaltungsstreitverfahren, und
2. an die Stelle der vorläufigen Festsetzung des Landrats über die Lastenverteilung (§ 16 a. a. O.) die vorläufige Festsetzung durch Beschluß des Kreisausschusses, gegen welche eine Beschwerde nicht stattfindet.

Zweiundzwanzigster Titel.

Enteignungssachen.

§ 150. Die Befugnisse und Obliegenheiten, welche in dem G. vom 11. VI. 74 über die Enteignung von Grundeigentum den Bezirksregierungen (Landdrosteien) beigelegt worden sind, werden in den Fällen der §§ 15, 18—20, 24 und 27 von dem Regierungspräsidenten, in den Fällen der §§ 3, 4, 5, 14, 21, 29, 32—35 und 53 Abs. 2 von dem Bezirksausschusse im Beschlußverfahren, in dem Stadtkreise Berlin von der ersten Abteilung des Polizeipräsidiums wahrgenommen.

Auch gehen auf den Bezirksausschuß bzw. die erste Abteilung des Polizeipräsidiums in Berlin die nach den §§ 142ff. AllgBergG. vom 24. VI. 65 der Bezirksregierung zustehenden Befugnisse über.

Gegen die in erster Instanz gefaßten Beschlüsse des Bezirksausschusses bzw. der ersten Abteilung des Polizeipräsidiums findet, soweit nicht der ordentliche Rechtsweg zulässig ist, innerhalb zwei Wochen die Beschwerde an den Minister der öffentlichen Arbeiten statt.

Bei der für die Erhebung der Beschwerde in § 34 G. vom 11. VI. 74 bestimmten Frist von drei Tagen behält es sein Bewenden.

§ 151. Die nach § 53 Abs. 1 G. vom 11. VI. 74 dem Landrate (in Hannover der betreffenden Obrigkeit) zugewiesene Entscheidung ist durch Beschluß des Kreis- oder Stadtausschusses zu treffen.

Der § 56 des gedachten Gesetzes tritt außer Kraft.

§ 152. Soweit nach den für Enteignung im Interesse der Landeskultur im § 54 Nr. 1 G. vom 11. VI. 74 aufrecht erhaltenen Gesetzen, in Verbindung mit dem LVG., der Regierungspräsident über die Enteignung Entscheidung zu treffen haben würde, beschließt der Bezirksausschuß, jedoch — unbeschadet der Vorschriften in § 97 des gegenwärtigen Gesetzes — mit Ausnahme der Enteignungen für die Zwecke von Deichen, welche einem Deichverbande angehören, und für die Zwecke der Sielanstalten in den Verbandsbezirken.

§ 153. Der Bezirksausschuß beschließt endgültig vorbehaltlich des ordentlichen Rechtsweges über die Feststellung der Entscheidung in den Fällen der §§ 39 ff. G. vom 21. XII. 71, betreffend die Beschränkungen des Grundeigentums in der Umgebung von Festungen.

Dreiundzwanzigster Titel.

Personenstand und Staatsangehörigkeit.

§ 154. Die staatliche Aufsicht über die Amtsführung der Standesbeamten wird in den Landgemeinden und Gutsbezirken von dem Landrat als Vorsitzenden des Kreisausschusses, in höherer Instanz von dem Regierungspräsidenten und dem Minister des Innern, in den Stadtgemeinden von dem Regierungspräsidenten, in höherer Instanz von dem Oberpräsidenten und dem Minister des Innern, im Stadtkreise Berlin von dem Oberpräsidenten und in höherer Instanz von dem Minister des Innern geführt.

Die Festsetzung der Entschädigung für die Wahrnehmung der Geschäfte des Standesbeamten in den Fällen des § 7 Abs. 2 G. vom 6. II. 75 (§ 5 Abs. 1 G. vom 8. III. 74) erfolgt in den Stadtgemeinden durch Beschluß des Kreisausschusses. Beschwerden über die Festsetzung sind in beiden Fällen innerhalb zwei Wochen bei dem Bezirksausschusse anzubringen. Der Beschluß des Bezirksausschusses ist endgültig.

§ 155. Die durch das ReichsG. vom 1. VI. 70 über die Erwerbung und den Verlust der Bundes- und Staatsangehörigkeit der höheren Verwaltungsbehörde beigelegten Befugnisse übt fortan der Regierungspräsident aus.

Gegen den Bescheid des Regierungspräsidenten, durch welchen Angehörige eines anderen deutschen Bundesstaates oder einem früheren Reichsangehörigen die Erteilung der Aufnahmeurkunde, oder einem preußischen Staatsangehörigen die Erteilung der Entlassungsurkunde in Friedenszeiten versagt worden ist (§§ 7, 15, 17 und 21 letzter Abs. a. a. O.) findet innerhalb zwei Wochen die Klage bei dem Oberverwaltungsgericht statt.

Vierundzwanzigster Titel.

Steuerangelegenheiten.

§ 156 fällt fort.

Fünfundzwanzigster Titel.

Ergänzende, Übergangs- und Schlußbestimmungen.

§ 157. Durch den in dem gegenwärtigen Gesetze vorgeschriebenen Beschwerdezug an einen bestimmten Minister wird die in den bestehenden Vorschriften begründete Mitwirkung anderer Minister bei Erledigung der Beschwerde nicht berührt.

§ 158. Durch die den Behörden in diesem Gesetze beigelegten Befugnisse zur Entscheidung beziehungsweise Beschlußfassung in Wegebausachen und in wasserpolizeilichen Angelegenheiten werden die der Landespolizeibehörde und dem Minister der öffentlichen Arbeiten nach §§ 4 und 14 des Gesetzes über die Eisenbahnunternehmungen vom 3. X 38 und nach § 7 G. vom 1. V. 65 zustehenden Befugnisse in Eisenbahnangelegenheiten nicht berührt.

§ 159. Die in den §§ 7 und 22 G. über die Eisenbahnunternehmungen und nach § 9 G. vom 1. V. 65 der Bezirksregierung beigelegten Befugnisse gehen auf den Minister der öffentlichen Arbeiten über.

In Streitsachen zwischen Eisenbahngesellschaften und Privatpersonen wegen Anwendung des Bahngeld- und Frachttarifs (§ 35 des ersteren G.) entscheidet fortan der ordentliche Richter.

§ 160. In den Fällen der §§ 1, 18, 34, 44, 46, 47, 54 und 140 des gegenwärtigen Gesetzes, sowie des § 53 G., betreffend die Bildung von Wassergenossenschaften vom 1. IV. 79 ist die Zuständigkeit des Kreis- oder Stadtausschusses, des Bezirksausschusses und des Oberverwaltungsgerichts auch insoweit begründet, als bisher durch § 79 Titel II ALR. bzw. §§ 9, 10 des G. über die Erweiterung des Rechtsweges vom 24. V. 61 oder sonstige bestehende Vorschriften der ordentliche Rechtsweg für zulässig erklärt war.

Der Grundsatz, daß die Entscheidungen unbeschadet aller privatrechtlichen Verhältnisse ergehen (§ 7 LVG.), bleibt hierbei unberührt.

§ 161. Für den Stadtkreis Berlin ist der Bezirksausschuß auch in den Fällen der §§ 14, 17 Nr. 2 und 5, 42, 110, 111, 112, 123, 128, 130, 132, 145 und 154 Abs. 3 dieses Gesetzes zuständig.

In den Fällen der §§ 115, 117, 124 und 141 beschließt für den Stadtkreis Berlin an Stelle des Bezirksausschusses der Polizeipräsident; gegen den versagenden Beschluß desselben findet innerhalb zwei Wochen die Klage bei dem Bezirksausschusse statt.

§ 162. Maßgebend für die Berechnung der Einwohnerzahl einer Stadt ist in betreff der Bestimmungen dieses Gesetzes die durch die jedesmalige letzte Volkszählung ermittelte Zahl der ortsanwesenden Zivilbevölkerung.

§ 163. Das gegenwärtige Gesetz tritt gleichzeitig mit dem LVG. in Kraft.

Bezüglich der vor diesem Zeitpunkte anhängig gemachten Sachen sind die Vorschriften des § 154 Abs. 3 des letzteren Gesetzes maßgebend.

§ 164. Mit dem Tage des Inkrafttretens des gegenwärtigen Gesetzes kommt das Gesetz, betreffend die Zuständigkeit der Verwaltungsbehörden und der Verwaltungsgerichtsbehörden usw. vom 26. VII. 76 in allen seinen Teilen in Wegfall.

Ingleichen treten mit dem gedachten Zeitpunkte alle mit den Vorschriften des gegenwärtigen Gesetzes in Widerspruch stehenden Bestimmungen außer Kraft.

Sachverzeichnis.

Die Zahlen geben die Seiten des Buches an; von dem Anhange sind der Hauptsache nach nur die Abschnittsüberschriften berücksichtigt. Fettdruck der Seitenzahlen deutet auf ausführlichere Erörterung des betr. Gegenstandes. Wiederkehrende Stichwörter oder deren Teile sind durch Gedankenstriche ersetzt.

iF. = im Falle; iS. = im Sinne; iVerh. = im Verhältnis; sa. = sieh' auch; sd. = sieh' dort; ua. = unter anderem.

A.

B.

C.

D.

F.

G.

H.

J.

K.

P.

T.

Z.

Druck von A. W. Hayn's Erben, Potsdam

FSC
www.fsc.org
MIX
Papier | Fördert
gute Waldnutzung
FSC® C083411

Kolibri 360 GmbH
Ferdinand-Jühlke-Straße 7
99095 Erfurt, Deutschland
produktsicherheit@kolibri360.de